伯林文集

以赛亚·伯林爵士

（Sir Isaiah Berlin，1909—1997）

英国哲学家、观念史学家、20世纪著名自由主义知识分子。生于俄国犹太家庭，童年目睹俄国革命，1921年随父母前往英国。1928年进入牛津大学攻读哲学，1939年撰写《卡尔·马克思》，1944年转向观念史研究。1957年就任牛津大学社会与政治理论教授，发表具有开创性的“两种自由概念”演说，同年获封爵士。1966年参与创办牛津大学沃尔夫森学院并出任首任院长。作为杰出的观念史学家和学科主要奠基人，先后被授予耶路撒冷文学奖和伊拉斯谟奖。

伯林文集

卡尔・马克思（1939）
启蒙的时代（1956）
俄国思想家（1978）
概念与范畴（1978）
反潮流（1979）
个人印象（1980）
扭曲的人性之材（1990）
现实感（1996）
人类的恰当研究（文选，1997）
浪漫主义的根源（1999）
观念的力量（2000）
启蒙的三个批评者（2000）
自由及其背叛（2002）
自由论（2002）
苏联的心灵（2004）
浪漫主义时代的政治观念（2006）
伯林书信集 卷一（2004）
伯林书信集 卷二（2009）
伯林书信集 卷三（2013）
伯林书信集 卷四（2015）

特别收录

伯林谈话录（1992）
伯林传（1998）
未完的对话（2006）

伯林书信集

Building: Letters 1960－1975

卷三

建业年代:1960—1975(上)

[英国] 以赛亚·伯林____著

[英国] 亨利·哈代 马克·波特尔____编

陈小慰 叶长缨 张慧仁____译

陈小慰____统校

译林出版社

图书在版编目（CIP）数据

伯林书信集（卷三），建业年代：1960—1975/（英）以赛亚·伯林（Isaiah Berlin）著；（英）亨利·哈代（Henry Hardy），（英）马克·波特尔（Mark Pottle）编；陈小慰等译．—南京：译林出版社，2020.7

（伯林文集）

书名原文：Building: Letters 1960—1975

ISBN 978-7-5447-8289-0

I. ①伯… II. ①以… ②亨… ③马… ④陈… III. ①伯林（Berlin, Isaiah 1909—1997）- 书信集 IV. ①B561.59

中国版本图书馆 CIP 数据核字（2020）第 078052 号

For more information about Isaiah Berlin visit: https://isaiah-berlin.wolfson.ox.ac.uk

伯林书信集（卷三），建业年代：1960—1975　［英国］以赛亚·伯林／著　陈小慰等／译

责任编辑　陈　锐
装帧设计　韦　枫
校　　对　孙玉兰
责任印制　单　莉

原文出版　Chatto & Windus, 2013
出版发行　译林出版社
地　　址　南京市湖南路 1 号 A 楼
邮　　箱　yilin@yilin.com
网　　址　www.yilin.com
市场热线　025-86633278
排　　版　南京展望文化发展有限公司
印　　刷　恒美印务（广州）有限公司
开　　本　850 毫米 ×1168 毫米　1/32
印　　张　41.25
插　　页　8
版　　次　2020 年 7 月第 1 版
印　　次　2020 年 7 月第 1 次印刷
书　　号　ISBN 978-7-5447-8289-0
定　　价　188.00 元

编　　辑：亨利·哈代　马克·波特尔

资料补充：布里吉德·阿兰　维多利亚·本纳　詹姆斯·查普尔
乔治娅·爱德华兹　休·伊夫利　杰森·法瑞尔
斯蒂芬·戈洛伯（大斯蒂芬）　尼古拉斯·豪尔
塞丽娜·莫尔　埃莱奥诺拉·帕格尼尼
特伊莎·鲁杰罗　帕特里克·怀斯—沃尔什

档案研究：迈克尔·休斯

俄语专家顾问：塔季扬娜·波兹尼亚科娃
约瑟芬·冯·齐泽维茨

希伯来语专家顾问：诺曼·所罗门

誊　　写：贝蒂·库尔奎恩　艾斯特·约翰逊

枯燥乏味的人偶尔也会提供有用的事实信息，他们以各种不同方式使学术知识得以积累充实。而富于想象力的人往往对这些方式太没有耐心，根本不屑于去尝试一做。

——伯林致丹·达文，1968 年 4 月 24 日

纪念琼·弗拉德（1915—2013）

教育史——而不是教育理论——是世上最引人入胜的话题之一。至于教育理论……我就不加评论了，就此打住。

——伯林致伊加尔·阿隆，1972年6月7日

谨言慎行是一个了不起的公共美德，却会在一定程度上摧毁人的个性。我是这么看的。

——伯林致汉密尔顿·费希·阿姆斯特朗

1969年12月4日

立刻将此信烧毁！即便我的信件不太可能被忠实的档案学家们仔细审查，这种带有损害他人名誉内容的信件还是不要乱扔为好。

——伯林致梅耶·威斯格，1961年9月21日

一切都必须出版——无论那些内容是伟大还是琐屑，黑或白，尴尬或崇高。[……]

——伯林致塞缪尔及米利亚姆·桑伯斯基

1968年12月2日

目　录

序 言

我希望在有生之年的某个时候，能够尝试靠自己的力量来组织各方资源，从事一项建设；同时，内心里也常常涌动着某种尽力克制的隐秘渴望，希望能够利人行善。这个职位可以为我的想法提供用武之地。[1]

我一如既往地陷入绝望：**为什么**就做不到**简明扼要**？唉，为时已晚！垂垂老矣，再难弥补。[2]

一

上一卷书信集结尾时，以赛亚·伯林已经是牛津大学全灵学院社会与政治理论教授，十一年的教授任期已经进入第三年。与此同时，他与艾琳的幸福婚姻也已步入第四个年头。这段婚姻一直持续到三十七年后他与世长辞。卷二中最后一封信的写信日子，恰逢约翰·F. 肯尼迪接受美国民主党总统竞选提名；而本卷（卷三）的第一封信则直面阿道

[1] 致信朋友们，1953 年 11 月，关于受邀任纳菲尔德学院院长。
[2] 致帕特·乌捷欣，1974 年 8 月 22 日。

夫·艾希曼在耶路撒冷受审判的事件。

六年后，随着一次次徒劳无功的尝试，全灵学院在研究生招生方面已束手无策，伯林决定放弃教授职位，到牛津大学新开办的一所研究生院任首任院长——这所学院开始叫伊夫雷学院，不久便更名为沃尔夫森学院。他在院长一职上干了九个年头，取得了令人瞩目的成就。离开时，他为继任留下了一个欣欣向荣、蓬勃兴旺的研究团队，活跃于牛津北面查威尔河畔卓尔不凡的新大楼群里，带着他与常人迥异的个性特点，包容开放，兼收并蓄，标新立异，丝毫也不墨守成规。在其学院院长任期届满的前一年，他担任了另一个院长[1]：英国社会科学院院长，直至 1978 年。1975 年 3 月 15 日，他从沃尔夫森学院退休，本卷书信也在此画上句号。

1969 年至 1975 年，不论对英国还是对整个世界，都是一段不平凡的岁月。其间发生的公共事件贯穿于以赛亚·伯林的书信当中，同时他也写下了对这些事件的反应和看法。在世界舞台上，我们目睹了肯尼迪就任总统及之后遭暗杀；达格·哈马舍尔德在空难中丧生；阿尔及利亚革命；古巴导弹危机（在危机开始之初，伯林有机会得以近距离观察这

[1] 有相当一段时间，本卷草拟书名即为《院长任上》，这个想法至今仍欲罢不能，特此一书。目前该题名被用来作为书中小节的标题。同样，另一小节的题目“教授生涯”，原来是卷二的标题，后被忍痛割爱。无可否认，本卷开头时间段的来往书信绝不仅限于伯林如何行使教授职责，但该教职是他的正式头衔，是他在牛津的支柱以及他写信时具备的身份。

一事件）；戴高乐总统对英国加入欧洲经济共同体一事在投票中行使了否决权；列昂尼德·勃列日涅夫在莫斯科取代尼基塔·赫鲁晓夫上台；另一位肯尼迪遇刺，阿拉伯—以色列发生“六日战争”；亚历山大·杜布切克的“布拉格之春”宣告终结；理查德·尼克松出任美国总统及后来辞职；亚西尔·阿拉法特出任巴勒斯坦解放组织领袖；再就是越南战争，它带来了旷日持久的人间苦难。在英国国内，性爱革命在《查泰莱夫人的情人》的审判案中得到充分体现；麦克米兰在“长刀之夜”式的清算行动中，开除了内阁的七名成员；休·盖茨凯尔的英年早逝动摇了工党的根基；约翰·普罗富莫因其与应召女克莉丝汀·基勒的绯闻，不得已辞职；《弗兰克斯委员会报告》将改革之风吹进了牛津大学（尽管遭到以全灵学院为首的一些学院的反对）；南非板球巡回赛因为种族隔离政策被迫取消；中央情报局资助《文汇》杂志一事遭人披露（导致斯蒂芬·斯彭德辞去该刊主编职位）；英国加入欧洲共同市场；牛津大学本科男子学院开始招收女生；玛格丽特·撒切尔成为保守党领袖。

这期间，伯林本人的生活也高潮迭起，波澜壮阔。如今，他已卓有建树，是赫赫有名的公共知识分子和观念史学家。尽管他惯于拖延推诿的名声，几乎已如同史诗般无人不知，但还是出版了一生中最重要的几部作品。其中包括一篇洋洋万言的导读长文，这篇文章回应了评论家们针对《自由四论》提出的质疑，而这是他自认为最重要的一本书；另外还包括对詹巴蒂斯塔·维柯和 J. G. 赫尔德思想的深入研究；对科学历史观进行反击；捍卫政治理论学科，并坚持宣称知识并不总能解放思想。在他发表的文章中，话题论及列奥·托尔斯泰、哈伊姆·魏茨曼、L. B. 纳米尔、亚历山大·赫尔岑、朱塞佩·威尔第、俄国知识分子、本杰明·迪斯雷利与卡尔·马克思、莫里斯·鲍拉、乔治·索雷尔、尼可罗·马基亚维利、伊万·屠格涅夫、战时华盛顿犹太复国主义政治、民族主义、J. L. 奥斯丁及牛津哲学、以色列建国二十五周年、自然科学与人文学科分离以及浪漫主义。他继续在 BBC 第三套节目发表广播演说（1970 年该节目更名为第三广播电台），同时也在电视和电影纪录片中出现。他是柯芬园皇家歌剧院董事会的成员，受命选拔功绩勋章人选并出任亚里士多德学会主席。他获得十项荣誉博士学位，并多次以不同身份出访美国，长达数月。在哈佛大学、纽约城市大学和普林斯顿大学，他是客座教授；在帕萨迪纳市的哈克尼斯基金会，他是评审顾问；而在另外一些时候，他赴美则纯是为了拜访朋友。他参加了在日内瓦、尼科西亚和威尼斯举办的重要大会，前往以色列参加音乐节，以及耶路撒冷希伯来大学董事会议；他四处讲学，足迹遍布哈佛大学、芝加哥大学、肯塔基大学、纽约大学、普林斯顿大学、圣安德鲁斯大学、斯坦福大学、多伦多大学、威尼斯大学、华盛顿地区（其关于浪漫主义的梅隆系列讲座美誉远扬）以及华盛顿大学；夏天，他在意大利的波托菲诺和帕拉吉度假（还与妻子在帕拉吉盖了一幢楼

房)；此外，他的游历足迹还遍及阿巴诺泰尔梅矿泉疗养胜地、爱琴海、巴巴多斯、印度、伊朗、巴黎、尼斯及瑞士。 xiv

一如既往地，他的信中自始至终充溢着八卦说笑和严肃深邃的思考评论，既有讽刺挖苦的幽默，又有温馨感人的私人情感流露。他笔下的话题无所不包，通信对象遍及世界各地，其中不少是赫赫有名的杰出人物。他讲述自己的观点，对自己在各地游历中接触、交往、涉足的人和地方总是有感而发。社会和知识的喜剧再一次找到其理想完美的观察者和解说者，即便在重大事件发生之时也不为所动，始终如一。在其鼓舞人心同时又令人抓狂的复杂本性之下，他让自己的独特个性得到了充分展示。毫无疑问，他是 20 世纪最出色的写信高手之一。

二

> 我将所有信件塞进一个个大袋子，它们顿时消失在我母亲位于汉普斯特的家中。此后，我再未对其中任何一封看上一眼——曾经有一次，我把手伸进陈年信堆里，瞬间的感觉可怕至极——太多昨是今非的一幕幕在我脑海中泛起——曾经温馨的友谊如今岌岌可危；而过去的争吵，虽然早已愈合，但种种不快却可能一触即发，即便不是伤疤重揭，至少也会触及旧痛——于是我再没去碰过。[1]

[1] 伯林致西瑞尔·康诺利，1972 年 5 月 18 日。

对所有缺点都毫无遗漏地保留，才谈得上忠实还原了对人物的肖像描写。唯有将一切都完整地呈现于大庭广众，批评家们才没有机会指责编辑删除了不利的细节。至于最终浮现的［……］是哪一种形象，这并不重要：即便他的老友对这里或那里的某些内容感到难堪，历史和真相却将得益于此。[1]

本卷收入的信件从数量上比起之前的两卷要少许多。原因很简单，就是因为这段时期内幸存的信件数量更多。在转录为文字的信件中，这里所呈现的仅不足其四分之一，而在现存的语料库中，转录为文字的信件又所占极少。换言之，未收入的信件中有很大一部分质量极高，这一点是本卷与前面两卷略有不同之处。因此，在此有必要予以强调：那些希望看到伯林来往书信全貌的读者，有必要全部或部分阅读未收入的信件。在一定时候，我们准备至少在以赛亚·伯林著作托管会的官网“伯林虚拟图书馆”（http：//berlin.wolf.ox.ac.uk/）上，出版更多的信件以飨读者。

尽管如此，我们还是希望这里选登的书信绝不仅是全貌的浅尝辄止，同时希望它充分尊重了本小节第二条格言的精神，虽然这条格言绝不可以仅从字面上盲目遵从。诚然，个人兴趣爱好不可避免会影响我们的选择，但我们还是尽力将

[1] 致瑞纳·塞缪尔，1969 年 8 月 12 日。

最有价值的书信收编在内，包括所涉内容趣味性高且意义重大，或是充分展示伯林通过书信表现出来的迷人个性。与前 xv 两卷一样，为了收纳尽可能多样化的题材，我们剪裁了部分信件内容，但希望依旧能保持整个脉络的清晰与贯通。至于在其他方面，我们的筛选原则与卷二《启蒙岁月》中所阐述的基本一致；此外，由于本卷所涉时间距离现在更近，一些人士仍然健在，考虑到个人感受，我们感觉有义务（个别情况下属于不得已而为之）删除掉一些敏感内容。不过，与之前一样，我们并未对可能不利于作者形象的内容进行任何删节。

本卷最大的变化与一位特殊通信人有关。伯林的遗孀艾琳·伯林终于同意我们选收一些伯林给她的私人信件，这令我们喜出望外，因为前两卷里没有这方面内容。这是一个巨大的收获，对伯林夫人的慷慨允诺，我们感激不尽。这些信件从 1962 年伯林以客座教授身份远赴哈佛大学开始，这是他婚后第一次长时间与爱妻分离。信中一方面表现了伯林独具特色的炽热情感，另一方面仍然一如既往地充斥着闲聊八卦。这些信件展示了伯林不太多见的重要一面，折射出他经常被人提及的对“非理性”婚姻制度的热情。这里得添上一句，这种热情延伸至他通过婚姻获得的家庭新成员。他给艾琳的三个儿子的信，表现出他是一位充满柔情爱意的继父，煞费苦心与其继子们友好相处。

与前面两卷一样，本卷书信集得以完成，很大程度上依靠团队的集体努力。倘若不是有幸得到各方人士的大力相助，本书恐怕难以完成，至少也要耗费更多个年头。以赛亚·伯林著作托管会的其他受托人，包括艾琳·伯林、彼得·哈尔本、阿兰·莱恩、乔恩·斯托沃思及帕特里西娅·威廉斯，都曾二话不说慷慨伸出援手，审读选编书信的初稿，直言不讳地提出意见和建议，并在关键时刻给予支持和指导。曾任沃尔夫森学院副院长和财务主管的迈克尔·布洛克，将其个人对沃尔夫森学院乃至对整个牛津大学无人可敌的深入了解和全面知识，毫无保留地奉献出来供我们使用；他的妻子埃莉诺也将其个人对沃尔夫森学院建院初期及伯林的个人记忆慷慨赐予我们。我们的成果建立在研究者、誊写员、编目员、管理者的前期工作基础之上——特别是布里吉德·阿兰、维多利亚·本纳、詹姆斯·查普尔、贝蒂·库尔奎恩、杰森·法瑞尔、斯蒂芬·戈洛伯（大斯蒂芬）、塞琳娜·摩尔、埃莱奥诺拉·帕格尼尼、特伊莎·鲁杰罗及迈克尔·休斯。在办公室里，休·伊夫利、帕特里克·怀斯—沃尔什、乔治娅·爱德华兹及尼克·霍尔承担起了繁重的工作任务，相比于整个过程，其高质量的最终成果是对他们的更好报答。面对浩如烟海的大量信件，艾斯特·约翰逊持之以恒地继续着转录文字的工作，从无半句怨言。约瑟芬·冯·齐泽维茨与塔季扬娜·波兹尼亚科娃则分别以非凡的
xvi 耐心，承受了有关俄语翻译和俄语出处的接连不断的迂腐询问并予以解答；奈杰尔·里斯慷慨相助，为来源不明、难以捉摸的引言提供出处；文本设计师保尔·卢纳再一次将其无与伦比的印刷天赋交给我们任意支配；排字工彼得·博斯维尔则完成了使其成型的复杂任务。感谢詹妮弗·霍姆斯，她为我们排查

出了不少错误，其中一些错误严重到令人瞠目。

对我们的出版商及其自由作家们，我们满怀谢意。面对我们羞于一一列举的不当行为，他们表现出忍耐和宽容。我们深深地感激来自贝基·哈迪、罗威娜·斯凯尔顿—华莱士、尼基·内文、尼尔·布拉德福德和克里斯·波特的耐心帮助，但我们同样不会忘记，还有其他许多幕后无名英雄：安东尼·希皮斯利校对文稿的眼光如鹰眼般犀利，惊世骇俗，特别在事关俄语部分；维姬·罗宾逊则赶在由于我们自己的拖延而更加紧迫的截止日期到来之前，心情愉快地完成了时间紧、任务重的索引部分。

此外，我们还分别得到了众多个人的帮助，包括凯伦·艾布拉姆森、诺玛·奥勃汀—波特、什洛莫·阿维内里、西蒙·贝利、约书亚·L. 凯尔尼斯、理查德·戴维斯、杰里米·德鲁、罗伯特·埃文斯、琼·弗拉德、西蒙·格林、萨姆尔·格滕普兰、西蒙·黑德、威廉·J. 范登·赫维尔、莱奥弗兰克·霍尔福德—斯特雷文斯、恩里克·克劳泽、戴维·兰斯洛、哈维尔·劳拉·贝扬、凯文·刘易斯、约翰·莱丁厄姆、费格斯·米勒、彼得·奥本海默、斯蒂芬·普罗金、贝阿塔·波兰诺夫斯卡—塞古尔斯卡、詹姆斯·兰德尔、罗伯特·西尔弗斯、亚当·西斯曼、凯伦·西瑞特、詹妮弗·索普、克莱尔·伍德科克、塞西尔·伍尔夫以及许多其他人。尤其是档案馆员、图书馆员和其他政府机构官员，面对我们的咨询，他们的回答和表现常常尽善尽美，远远超出职责的要求。但因人数众多，无法在此一一详尽列举。最后还有一个人物不可不提。玛丽·梅里对与其名字头韵相同的马克编辑也提供了非凡的个人支持。

值得庆幸的是，搪塞推诿、不愿出手相助的档案员、版权所有人和已故作家的遗著保管人只是少数，至少可以这么说。另外，在与反应迟钝、不予合作的人打交道的过程中，我们也的确体验到一些有趣逗乐但又令我们分心抓狂的经历，这些都可能使我们的信件和信息搜集工作卡壳受阻。当善意真诚的研究人员无法顺利得到某个档案馆的资料时，他们会想不通（除非明令禁止使用，这种情况有时也的确发生过），既然如此，这些资料为何要在那里保管。对其中的细节，出于谨慎起见，我们就不多说了。

最后，我们要斗胆宣称，我们这对搭档是态度积极并富有成效的工作组合，并在此向对方互致谢意。编这本书历尽沧桑，感谢对方在其间给予的帮助和支持。至于其中的酸甜苦辣，留待来日得便再叙。但愿能有那么一天。

亨利·哈代

xvii 马克·波特尔[1]

[1] 马克·克里斯托弗·波特尔（生于1959年），历史学家、教师、编辑；1992—1999年及2011年后任沃尔夫森学院研究员；薇奥莱特·伯纳姆·卡特日记书信集主编；联合主编了一系列首次披露的第一次世界大战相关文献；2000—2002年任《牛津国家人物传记词典》助理研究员。亨利·哈代，见原文第523页注2。

书 信

教授生涯

1960—1965：社会与政治理论讲席教授（续）

我努力专心准备讲义，但什么也读不进去，整个状态就是一种典型的官僚主义生活。即便在这里，在这样一个比起苏联或美国，官僚主义气息少得多的地方，教授生活也让人深感压抑。

——伯林致马丁·马里亚，1960年12月10日

可是，由于这里要上的课程，要批改的作业，要审核的博士学位论文，以及所有其他种种身为教授必须完成的骇人听闻的繁重日常事务（据弗雷迪·艾耶尔说，牛津大学的工作量是伦敦大学的三倍），我不想误导你或我自己，以为我有可能履行先前许下的诺言。

——伯林致彼得·卡沃科雷西，1961年1月13日

这里是一个盎格鲁—撒克逊的学术世界，与拉丁语世界完全不同。拉丁语世界对所有教授的评价标准只看其学术知名度或政治观点，**从不**考虑他们与学生的关系如何，甚至这种关系几乎就不曾存在。教授们是那么遥不可及，难以亲近，那么崇高显赫。在我们的大学里，特别是牛津和剑桥，也许正是因为人们高谈阔论太多，著书立说才相对太少。

——伯林致理查德·克罗斯曼，1963年3月6日 1

1960年5月23日，以色列总理戴维·本—古里安[1]在以色列议会上宣布，主要负责组织实施“最终解决方案”的罪魁祸首逃亡纳粹党卫军军官阿道夫·艾希曼[2]，已在以色列被捕，并将在该国接受审判，就其反犹太人的罪行面临死刑指控。自20世纪50年代早期开始，艾希曼就隐居在阿根廷，正是在那里，摩萨德特工于1960年5月中旬将其绑架并用飞机带回以色列。他戏剧性的被捕与审判引起了国际上的关注。随后，以色列通过电视，播出了引起广泛争议的审判过程，全世界都观看了这一审判。对审判过程的公开播放不仅仅是展现他们司法公正的方式，更是用来强调其象征内涵。在纽伦堡，诉讼案件大部分建立在书面证据的基础上，但在耶路撒冷，却是通过幸存者活生生的人证，判定“有史以来最大

[1] 戴维·本—古里安*（1886—1973），生于波兰，犹太复国主义者，以色列国的主要创建者之一。（关于本—古里安以及文中提到的其他著名人物，均在脚注中第一次提到时如上用星号标出，其详细生平信息在“重要人物生平”中提供。）

[2]（卡尔）·阿道夫·艾希曼（1906—1962），1932年加入纳粹党卫军，1941年升为陆军中校；盖世太保的犹太事务专家，1942—1945年间作为党卫军国家安全部“IV–B–4”分部长官，指挥了针对纳粹控制的欧洲境内约六百万犹太人的集中、运输及大规模屠杀；1946年逃脱美国监禁，之后藏匿于阿根廷；1961年4月11日至8月14日因多项战争罪在以色列被审判，1961年12月15日被判死刑，1962年5月31日以绞刑处死。

的战争罪犯之一”[1]有罪。这是本—古里安的原话。“从某种意义上来说，历史上没有任何其他审判比它更容易理解，”《泰晤士报》评述道，“[……] 但与此同时，也没有任何其他审判较之引发了更为复杂的思考——法律上，道德上，以及政治上。”[2]

致泰迪·科莱克[3]

1960年7月27日［手稿］

波托菲诺

［意大利马雷波托菲诺的西普利西纳别墅］

亲爱的泰迪：

［……］审判看来是不可避免了。这么做有什么政治目的？让世界重新回忆起那场大屠杀吗？显然不是，对此它避之不及；对有人老是喜欢提起哪怕是相隔甚近的死亡幽灵的举动，它甚至为之气恼，耿耿于怀：抑或它是要掩起耳朵；直接给罪犯定罪，包括德国人、英国人等？这么做倒是解气，但对一个国家来说，却并非政治上的明智之举：这种奢侈作为个人可以尽情享受，好比古巴蒙特克里斯托雪茄，但

[1]“盖世太保迫害犹太人头号犯罪分子十五年后被捕归案：将在以色列法庭受审”，《泰晤士报》1960年5月24日第12d版。

[2]“艾希曼”，社评，《泰晤士报》1961年4月7日第15b版。

[3] 西奥多（“泰迪”）·科莱克＊（1911—2007），1952—1964年间任本—古里安政府行政部门总负责人，“迄今为止以色列最出色的新闻发言人”（伯林致诺曼·本特威奇，1961年10月18日）。

集体却切不可沉溺其中；抑或这是要提醒全体犹太人，他
们是不可分割的同一体，却身处流散世界各地[1]的危险境地
里？对此他们也许清楚，也许不清楚：但这并不能令任何人 3
改变信仰。又或者为了正义本身？那么受害者不必等待审
判：他们尽可以报复，暗杀，给予惩罚，而不是审判。不管
怎么说，审判看来是势在必行了。如果真是如此，期待着定
罪后艾希曼将被移交给另一方——德国人、阿根廷人、埃及
人——任由他们处置，像处置不洁之物一般，不就毫无希望
了吗？——我十分确信的是，世界上再没有什么事情，比一
个人口稀少、备受伤害，但拒绝被赶尽杀绝的民族的某个
举动，更能给这个世界留下如此深刻的印象。我想这全都在
本—古里安的运筹帷幄之中——我知道舆论会沸腾，尤其是
那些集中营的受害者，肢体被打上烙印的人，等等，但是，
他们仍然可以勇敢克制自己对报复甚至正义的渴望。这一道
德效应将十分巨大。正如在1948—1949年间适时而为，提
供一笔资金用来转移阿拉伯人，将在意料不到的地方赢得许
多盟友，而这正是今天以色列所缺乏的；诸如此类的举动
（我将乐观其成，看着埃及人在边境如何接待艾希曼！）将
堵住许多批评家的口。即便在我们的世界里，高姿态也不会
没有效果。可是，要怎么做完全取决于本—古里安：但愿我

[1] 伯林此处原文为：Galuth。

们那些像维克托·戈兰茨[1]一样道貌岸然、喜欢出风头的同胞们，不会主动公开下跪来拯救艾希曼的生命！如果有什么支持死刑的呼吁，那才恰恰是它喜欢大喊大叫的反对者们的语气和性格（犹太复国主义永远以这种方式提出自己的观点）——不过，暂且撇开那些同意我观点的人，我依然强烈认为，应该赦免艾希曼并放逐他。公开的政治审判加上人民正义——基督，圣女贞德，查理一世，路易十六，以及所有被德国人、俄国人、纽伦堡等所审判的——只会让人对死刑执行者们的动机产生怀疑。[……]

爱你的

以赛亚 [……]

致罗兰·博登—穆勒[2]

1960年9月16日［8月口述］

［意大利马雷波托菲诺的西普利西纳别墅；寄自］
全灵学院

亲爱的罗兰：

艾琳[3]说收到你的来信，你在信中怪我没有给你回信。你的委屈合乎情理，但请一定不要对我过于责备：我刚过了个惨

[1] 维克托·戈兰茨（1893—1967），1965年受封爵士；出版商、作家；由自由主义逐渐倾向社会主义，主张和平主义；五星期前曾写信给《泰晤士报》称："我恳求不要绞死艾希曼。"（1960年6月22日第13e版）

[2] 罗兰·博登—穆勒*（1893—1980），艺术鉴赏家。

[3] 艾琳·伊丽莎白·伊冯娜·伯林*（生于1915年），以赛亚·伯林的妻子。

兮兮的夏天。从某个方面说，夏季学期对于我是最难过的日子：因为不用讲课，便觉得应该花更多时间在各类大学生社团活动上，又由于我从来做不来即兴演讲，于是写了一篇又一篇的文章，在这上面浪费了大量的时间，并且到期末也没落得什么好处，反而总是陷入某种令人苦恼的病痛中。[……]

好吧，不管怎么说，5 月没一点儿时间，因为有太多的
工作要完成，6 月又整个儿被一件巨大的任务给吞掉了，我 4
得到威尼斯做一个有关托尔斯泰的演讲，纪念这位伟大作家逝世五十周年。大会由契尼基金会承办，这是一个颇有声望的机构，会议在威尼斯圣乔治岛上举行，旨在促进“文化活动”，两年前这里还举办过世界哲学大会，许多其他的世界性团体也在这里开过会。正如你可能料想到的，基金会的创始人是一个法西斯时代的伯爵[1]，优雅，富有，极其和蔼可亲，文质彬彬，仪表堂堂——刚被任命为梵蒂冈的行政长官——也是我所遇到过的最令人敬畏的人物之一。一位出色的“大众之友”，人人都喜欢他。但我觉得，他是一个圆滑迷人的恶棍，虽然此言毫无根据——一位仅次于博尔皮[2]

[1] 维托里奥·契尼（1885—1977），蒙塞利切伯爵，金融家，1943 年 2 月由墨索里尼任命为交通部长；与墨索里尼决裂后被扣押在达豪集中营；他的儿子乔治通过贿赂看守使他得以释放；1949 年乔治死于飞机失事，为纪念他，其父在圣乔治·马焦雷岛上创立了乔治·契尼基金会。
[2] 朱塞佩·博尔皮（1877—1947），米苏拉塔伯爵，意大利商人和政治家；1925—1928 年墨索里尼统治下的财政部长。他巧妙通过谈判，争取到了意大利对英国和美国债务的特许权，并于 1932 年设立了威尼斯国际电影节。

的人物，能够在法西斯体制下左右逢源。不管怎么说，他的儿子死于战争，为纪念这个儿子他重建了岛上的圣乔治修道院——一样精美绝伦，就在斯拉夫人堤岸和利多岛之间的环礁湖心。这次纪念活动就在那里进行，十分独特。因此，当托尔斯泰迷人的外孙女之一艾伯丁尼夫人[1]——我认识，是一位非常友好、开朗的女士——请我为此次活动做些什么事情时，我感到无法拒绝，并且说服戴维·塞西尔[2]也一同前来参加，在场的还有来自巴黎的塞吉·托尔斯泰博士[3]，简直就和年轻时的托尔斯泰本人一模一样，还有其他许多托尔斯泰的家族成员［……］。

参加纪念大会的有来自众多国家的诸多人士。包括一个颇为庞大的印度代表团——印度人往往无聊乏味，他们也别无两样——因为印度是唯一真正对托尔斯泰顶礼膜拜的国家。还有一个奇特的美国代表团，成员中包括乔治·凯南[4]——亲爱的乔治，觉察到苏联代表团认为其原来准备的发言政治性太强了点，就干脆放弃，改变话题，做了一个冗

[1] 塔迪娜·米哈伊洛芙娜（“塔尼亚”）·索克郝丁—托尔斯泰·艾伯丁尼（1905—1996），托尔斯泰的外孙女。

[2] 戴维·塞西尔＊（1902—1986），牛津大学英国文学教师。

[3] 谢尔盖（法语为“塞吉”）·米哈伊洛维奇·托尔斯泰（生于1922年），托尔斯泰的曾孙。

[4] 乔治·弗罗斯特·凯南（1904—2005），美国外交官、苏联专家、历史学家；一个有影响力的遏制苏联政策倡导者；1961—1963年任驻南斯拉夫大使；此后任职普林斯顿大学高等研究院。

长无比、情绪激昂的演讲，大谈特谈托尔斯泰是怎样一个失败的作家，其中有句话语出惊人："托尔斯泰一生都被性问题折磨：我们则凭借幽默感解决了这些问题。"戴维·塞西尔马上传给我一张纸条，说他十分好奇这会以什么样的方式实现。纳博科夫[1]也来了——我说的是尼古拉斯——同时递给我一张纸条，说此话令他对凯南夫人[2]有了全新的认识。[……] 托尔斯泰当然憎恶威尼斯——虽然他从未去过那儿，但显然那是一座欲望和奢侈之城，仅此一点，便足以令他厌恶。在《安娜·卡列尼娜》里，当写到那对男女私奔到威尼斯时，我想他是我所知道的唯一一位居然能够成功抵抗诱惑，没用任何笔墨来描述威尼斯的作者。[……] 美国方面的代表还有厄内斯特·西蒙斯教授[3]，曾写过一部宏大的托尔斯泰传记，尽管相当粗俗——他做了一个非常精彩的演讲。还有斯洛尼姆教授[4]，对苏联人极尽嘲讽，声称他们都过于抬高托尔斯泰了，仿佛他本人就是作家协会[5]的成员似的。此言十分有趣，但多少有失分寸。

[1] 作曲家尼古拉斯·纳博科夫 *（1903—1978），此次纪念大会主要由他组织。
[2] 1931 年，乔治·凯南和安妮丽丝·瑟伦森（1910—2008）结婚，她是挪威人，乔治在柏林学习期间与其认识。
[3] 厄内斯特·约瑟夫·西蒙斯（1903—1972），文史学家；美国的俄罗斯研究先驱；他的重要著作《列夫·托尔斯泰》（波士顿，1946）1960 年在纽约分两卷再版。
[4] 马可·斯洛尼姆（1894—1976），《俄罗斯文学史：从起源到托尔斯泰》（纽约，1950）的作者，伯林为其曾作书评，发表于《党派评论》第 17 期（1950），第 617—623 页。
[5] 苏联作家协会，1932 年成立，旨在扩大共产党对文学的管制：被排除在协会之外意味着作品不得出版。

现在来说说苏联代表团。起初我们没把握他们是否能来，但最后他们还是派了一个团来。其中有作家协会的秘书，一个来自西伯利亚，毫不知名的雇佣文人，没有人听说过他的名字；还有一个大嗓门的批评家，没什么重要的文学价值，可能在 20 世纪 20 年代某个吵吵闹闹的党派狂热分子集会中发表过几篇演讲；一位老教授，非常诚恳，但枯燥乏味至极，反复解释审阅托尔斯泰的手稿有多么困难，在他那几乎难以辨认的手稿中努力分清表示吗啡的单词和表示氯的单词是多么不容易，诸如此类；最后说说陪同苏联代表团到意大利的人。他叫布雷德堡[1]，才智过人，显然在苏联身居要位。虽然表面上只是一个组织者和翻译人员，但据常识判断，他显然是代表团的负责人物。布雷德堡先生身边明明是自己的苏联同行者和朋友，却刻意对他们置之不理，反过来对我百般讨好，最后还送给我两瓶伏特加酒和两小盒鱼子酱。我心里纳闷，不知自己做了什么值得获此殊荣：难道我被认为是某些重要链条中最容易攻破的一环吗？的确，他们在英格兰开明的知识分子中没有盟友，这千真万确。当然这里不乏共产主义者，但是所有过去的“同路人”都因为俄国人的种种暴行而与之疏远，并和真正的小共产主义雇佣文人及查尔斯·斯诺爵士[2]

[1] 谢苗·莫伊谢耶维奇·布雷德堡（1899—1970），托尔斯泰研究专家，主编了大量有关托尔斯泰的著作。

[2] 查尔斯·珀西·斯诺（1905—1980），1957 年受封爵士，1964 年成为终身贵族；作家、科技管理人员与专家；其小说在苏联广受欢迎。

分道扬镳，后者是一位彻头彻尾令人厌恶的领导者，所以他们没有人可以求助。我在想这是不是一种与之慢慢培养情感的方法，尽管这些人不准备宽恕一切，但必要时却可能投票支持继 6
续与他们保持关系，而不是相互隔离。当然，他们目前正在经受的这种隔离状态，完全是由于自己的过错所致。毕竟，在法国和意大利，还是有许多强有力的知识分子党派站在他们一边。要是在美国，任何支持苏联观点的形式，理所当然就会成为一种阴谋，人们要么私下里热烈支持，要么就公开激烈反对。不管怎么说，我们彼此都表现得温文尔雅，总体上这次大会获得了成功。至于托尔斯泰家族是否认为它充分纪念了他们的曾祖父，我就不得而知了。[……] 之后我回到英国，就像每一次愉快经历之后，立刻感到不适起来。然而，这一次我坚忍地把难受撇到一边，前去参加了美国人的舞会，虽然其他人可能都很开心，但就我个人来说，舞会简直沉闷得不可思议。[1] 第二天我去了意大利，有大约五天的时间感觉相当不错，之后便患上了一连串持续不断的风寒和流感，到现在也没全好。[……] 曾是罗瑟米尔夫人的弗莱明太太 [2] 将于周一来和我们同住，莫里斯爵士也将或早或晚从某个希腊岛屿或其他地方来看

[1] 可能指一年一度的美国独立日晚宴和舞会，由位于伦敦的美国学会主办，7 月 4 日在多切斯特酒店举行。

[2] 安·杰拉尔丁·玛丽·弗莱明（1913—1981），婚前姓查特里斯，社交名媛；其第二任丈夫（1945 年结婚）为埃斯蒙德·塞西尔·哈姆斯沃斯，罗瑟米尔子爵二世（1898—1978），报业老板；1951 年离异，原因是她对伊恩·弗莱明（詹姆斯·邦德的创造者）移情别恋，1952 年与之结婚。

我们。但我必须向你承认，我一点也不期盼这些拜访。因为我情绪极其低落，完全打不起精神来——这种状态可不能让我母亲[1]知道，否则她可能不顾自己上了年纪直接飞到这儿来照顾我——越多的人来，我就越感到有责任为他们做些什么，我也就越感到自己做不了什么。毕竟，从本性上来说，艾琳比我更不善社交。所以，真的，我认为这个夏天不太愉快。不过，我的继子们却非常享受这个夏天。[……]

在彻底病倒之前，我们的最后一次社交活动是去参加了一个噩梦般的宴会，是艾琳在这儿的一个朋友举办的，此人叫贝利格兰迪。[……] 艾琳不巧坐在一个康特·穆拉里[2]式的人物旁边，向她反复解释当今唯一管用的政府就是南非政府了，至少白人在反对令人厌恶的黑人方面表明了某种立场。美国放弃了它对白人世界的领导，真叫人深感遗憾，而意大利在战争期间又十分无耻地辜负了德国人的期望。我不知道他在讲这些事情，只是看到艾琳不安地微笑着，试图与其他邻近的人说话。但意大利就是如此，持这种过激观点的人无处不在。战争刚结
7 束时，他们小心翼翼地三缄其口，但现在全都肆无忌惮了。

我很高兴在慕尼黑火车站装作不认识克拉里夫妇，他们是斯帕洛[3]最好的朋友。克拉里目不转睛地盯着我，显然记

[1] 玛丽·伯林＊（约 1880—1974）。
[2] 康特·塞巴斯蒂亚诺·穆拉里·德拉·科尔特·布拉将军（1879—1945），在墨索里尼军队服役。
[3] 约翰·斯帕洛＊（1906—1992），1952—1977 年任全灵学院院长。

起两年以前，还有三年以前，他在威尼斯不止三次遇到过我，我想当时应该是和维克托·康诺德[1]、斯帕洛以及可怜的莫莫·马里奥特[2]在一起。但之后当他信口开河，说莫斯利[3]——他在威尼斯时去听了他的演讲——所谈的一切完全正确，只是过于理想化时，我找到了所有假装不认识他的理由。这对夫妇的确让人讨厌。[……] 如果有片刻闲暇，请一定坐下来给我回信。我正处在阅读朋友来信的最佳状态中。而对其他我不得不阅读的东西——如为讲课和演讲所需的卡尔·马克思[4]之类——却怎么也记不住。请原谅我这封情绪无比低落的信——你收到的最消沉的一封——也不要责怪我的沉默。不为别的，只是因为身体上的精疲力竭，有时会导致智力上的殚精竭虑。

你永远的

I. B.　　[……]

[1] 维克托·康诺德（1898—1960），两次世界大战之间《泰晤士报》驻外国记者；1941—1946 年任职于英国外交部政治情报部门。

[2] 莫德·艾米莉·沃尔夫（“莫莫”）·马里奥特（1897—1960），婚前姓卡恩，纽约银行家及慈善家奥托·赫尔曼·卡恩（1867—1934）之女，“宁”·莱恩（原文第 39 页注 5）的姐姐；一段长期而痛苦的疾病之后死于 1960 年 10 月。

[3] 奥斯瓦尔德·厄纳尔德·莫斯利（1896—1980），男爵六世；法西斯政治家；1932 年成立英国反犹太法西斯联盟；第二次世界大战期间作为危险分子被关押。

[4] 卡尔·海因里希·马克思（1818—1883），德国政治理论家、经济学家以及革命者；与弗里德里希·恩格斯共同创立了现代共产主义，并合作撰写了《共产党宣言》；1939 年伯林（原文第 485 页注 4）著名传记作品的主人公；对该作品的源起和接受情况，参阅原文第 544—545 页。

致杰奎琳·德·普鲁瓦亚尔[1]

[1960年9月中旬；副本]

[意大利马雷波托菲诺的西普利西纳别墅]

[亲爱的杰奎琳：]

[……] 我读了你为演讲准备的笔记手稿，很受打动，兴奋不已。此刻我比任何时候都为错过了你在威尼斯的演讲而倍感遗憾。我想你说得完全正确。[……] 从基督教角度而言，托尔斯泰与宗教无关，他不妄自谦卑，向自己袒露心灵，而不是上帝。他无情地揭露笔下的人物和他自己的做作与伪善，因为他相信真理可以在尘世间通过充分的纯洁、真诚、自省、启示而获得，荡涤所有的欺骗和腐败。事实上，
8 他信仰的恰恰是形形色色的存在主义者们所信仰的反面——不论是无宗教信仰者还是无神论者：他们认为，所有演绎生存法则的努力，所有源自事实——不论是科学的、历史的还是来自超验的启示——对道德的、知识的、社会的或政治立场的辩护都注定会失败，因为事物和事实本身并没有模式、理性或目的。在这方面，他们接受了休谟[2]，认为倚赖宇宙

[1] 杰奎琳，普鲁瓦亚尔·德·贝勒斯科特伯爵夫人（生于1927年），婚前姓埃梅·德·拉·乔弗利亚，法国俄语语言文学研究者；1959—1987年任普瓦捷人文学院讲师；鲍里斯·帕斯捷尔纳克的朋友，她曾帮助俄语原版《日瓦戈医生》出版；1958年诺贝尔文学奖（帕斯捷尔纳克获奖）提名委员会成员。她在威尼斯发表的演讲题目为“列夫·托尔斯泰与骄傲”。

[2] 大卫·休谟（1711—1776），原名霍姆，苏格兰哲学家及历史学家；启蒙运动的中心人物，尤其与卢梭交往亲密；公认的怀疑论者。在其《人性论：介绍推理

只是一种软弱的形式，一种找到不在场证明的企图，因为我们太过懦弱或受骗上当，不敢倚靠自己——到外部去寻求真理是因为我们过于恐惧，不敢审视内心，意识不到真理是被我们自己所创造——因此拒绝所有的神学、形而上学以及理性主义等。

托尔斯泰用他整个天性反对这一切。他相信关于该做什么和存在什么的真理是可以被发现的，但这只有在我们去除遮蔽目光的翳障之后才能做到，并且要经历某种苦行[1]（如卢梭[2]或其他什么人所言）。[……] 他像大多数18世纪天真的乐观主义者们一样强烈信仰人类自身——“只要人们肯做各种尝试，摆脱掉各种梦魇般沉重的负担，停止某个不好的生活和工作方式，制止某种愚蠢的、邪恶的、不必要的观念或行为，回到某个理想的x点，那么，死亡就会被征服，世界将由真理主宰，人人敞开心扉，一派和谐升平。所有问题都能轻而易举地迎刃而解；道德的力量，真理感，

实验方法的尝试》（伦敦，1739—1740，卷三）中，他提出了现在被称为“是—应该是的难题”，也就是“自然主义谬误”问题：从“是”推导出“应该是”，从“经验前提”推导出“道德结论”是不可能的。

[1] 伯林此处原文为：askesis。

[2] 让—雅克·卢梭（1712—1778），生于瑞典，法国哲学家，相信人潜在的善良本性以及文明的腐败影响。他的《社会契约论》（1762）将统治权赋予人民，设想了一个基于自由、博爱和平等的社会，这些理想促使了法国大革命的发生。其评论家有时会将这场革命的过激行为归咎于他并予以指责。卢梭是伯林1952年为英国广播公司第三套节目所做演讲“自由及其背叛：人类自由的六个敌人”六个主题中的一个，该系列演讲于2002年以此标题为书名出版。

就是我们所需的一切，它能确保我们自身并带动他人抵达顶峰。”

这就是你讲到的乐观主义。他认为顶峰是可以企及的，它就在身边。这是对他更加真实的分析，远非那个虚无主义的、破坏性的、怀疑的、愤怒的、野蛮的托尔斯泰，远非那个摆脱了所有羁绊，在软弱的知识分子、自由主义者等的不满情绪中欣然自得的托尔斯泰。[我希望我] 对你的解读是正确的！你认为，[就是] 在心理上，他的**焦虑**源于他十足的活力，升华的困难，孤身一人奋力追求光明所面临的黑暗，对所有事物的瑕疵经常性的视而不见，这一点你也完全
9 正确。对于拥有如此惊人的锐利视野的人，说他是一个逃避现实者是不对的——不论这个词是什么意义。因为有人的确这么说过，但未免有失公正。他当然确实尝试过逃往高加索，逃往农民，逃往孩童，逃往纯朴，等等，但他从未被欺骗，因为他非常清楚，不好就是不好。他的焦虑来自对真理的洞察力——现实世界中的真理——基于事实的真理——呈现给现实视野的真理——在一个一方面极其犀利而另一方面又具有实现自己欲望的超常力量的男人身上——而不是绝望的某个人。对此人来说，世界实际上只是毫无意义的轮回，某个取决于不可理喻的恩典的物体，某个对那些毁灭性的问题不包含任何回答的物体。这些问题只能要么被当作在这里无法解决的难题提出来，要么就是通过任何可以沟通或理性的方式都无法解决 [……]。

你对我崇拜的英雄赫尔岑[1]怎么看？托尔斯泰说他既深刻又富有才华，一种很少见的素质组合。我喜欢想起1861年时的他，矮矮胖胖，闪电般地冲下楼去迎接满心狐疑的托尔斯泰：他是唯一一个立刻就完全吸引住令人敬畏的托尔斯泰的人。而托尔斯泰这位伟大的诋毁者从来就没有对赫尔岑发表过真正批评指责的言论——尽管他因身边簇拥着众多女性而常遭人非难，而且喜欢发表令人无法容忍的自由主义观点［……］。

你永远的

［以赛亚·伯林］

致罗伯特·克拉夫特[2]

1960年10月10日

海丁顿宅

亲爱的罗伯特：

我分明清楚你想要哪种隽语格言，却一时什么也想不起来。［……］唯一想到的是所有俄罗斯爱国格言中最缺乏新意的一句，来自普希金的《鲁斯兰与柳德米拉》，开头处——在描述各种俄罗斯神话产物后，他说道："这就是俄

[1] 亚历山大·伊凡诺维奇·赫尔岑（1812—1870），革命社会主义思想家和作家；由于他极力捍卫个人自由，反对极端主义，并且为在追求乌托邦目标过程中使用暴力手段进行辩护，而成为以赛亚·伯林的知识界英雄之一；出版的著作有：政论文集《彼岸书》（1850）和回忆录《往事与随想》（1852—1868）。

[2] 罗伯特·劳森·克拉夫特（生于1923年），美国乐队指挥及作家，与伊戈尔·斯特拉文斯基的友情甚笃，二人艺术合作十分密切。

罗斯精神……这里散发着俄罗斯的味道。”[1] 但愿我能想起一些更加恰当的给你。

关键是整个的俄罗斯文学完全沉迷于自我，从 18 世纪晚期的喜剧，到《日瓦戈医生》及其以后，始终如一。德国人已经够以自我为中心了，但若与俄罗斯人相比，简直就算不了什么。俄罗斯是俄罗斯人写作的唯一主题，即便在屠格
10 涅夫最具西方色彩且唯美趣味十足的小说里也是如此。这一现象似乎如此普遍，被人们认为理所当然——有时几乎成为一种下意识——很少有人专门点到俄罗斯的艺术家是世界上自我意识最强这个问题。还有像 19 世纪 60 年代及更早先俄罗斯民族音乐被创造出来的时候，它获得成功不是因为人为的沙文主义的结果，而只是表达了一种在任何情形下都四处弥漫的情绪，经常争论的主题，意识和关注的中心，绝不只是一种褊狭的崇拜——蓄意的仿古主义，来自被隔绝的群体的刻意尝试，为的是唤醒沉睡的记忆，诸如此类，如同在其他许多国家发生的一样。俄罗斯人完全不同，一旦他们感觉到“俄罗斯精神的存在”，马上就会陷入发自内心而非人为做作的狂喜之中，其结果尽管经常不无夸张，有时甚至扭曲走样，却不是陌生怪异或人为做作的。[……]

你的

以赛亚 [……]

[1] 该诗（1820）“序曲”中第 41 行（准确地说，“这里”应为“那里”）。

致罗兰·博登—穆勒

1960 年 10 月 11 日

海丁顿宅

最亲爱的罗兰：

不用说，你一定收到了我那封在波托菲诺口述、签名，**至少**三周以前就已经寄给你的冗长无比的信了吧？[1] 如果没有，那就太不可思议了。就像布赖恩和阿弗丽达［·厄克哈特］[2] 可能已经告诉过你的，我差不多整个夏天得了一种可怕的传染病，还被当地的意大利医生误诊——更别指望他有可能会治好我了［……］。

其他人似乎个个都过得相当不错。传说斯帕洛会作为反对方出席即将开庭的审判，指控由 D. H. 劳伦斯所写的《查泰莱夫人的情人》这本黄书的出版商（我支持出版，是因为我反对所有的审查；但必须承认它的确不是一本好书），不过这并非实情——我认为这只是由他自己发起的一个传闻，来看看它会传播得多远，产生多大影响。[3] 11

[1] 指以上 9 月 16 日那封信。

[2] 布赖恩·爱德华·厄克哈特（生于 1919 年），后（1986）受封高级圣迈克尔和乔治勋爵；自联合国 1945 年成立以来任其高层工作人员，1974—1986 年任副秘书长；1944 年与阿弗丽达·亨廷顿结婚（1963 年离婚）。

[3] 企鹅出版集团计划于 1960 年 8 月出版未经删节的 D. H. 劳伦斯的《查泰莱夫人的情人》一书，从而引发了一场具有里程碑意义的审判（10 月 20 日到 11 月 2 日），判决结果支持出版，理由是“为了公众利益”。原告律师只传唤了一个证人，伊夫林·沃对判决表示争议，认为作品“在许多地方乏味、荒谬，内容做作虚假”：致迈克尔·鲁宾斯坦，1960 年 8 月 21 日，收入《查泰莱夫人的情人》

亲爱的斯图尔特[1]显然很乐意待在伦敦，正准备发表教授就任演讲，恰好是关于“情感与表达”，或诸如此类的话题，听上去更像是他自己的性格，而不是哲学。[……]

戴安娜·库珀[2]的回忆录你读了吗？［……］我觉得读起来十分有趣，尽管她提起某位挚友的死亡时说了句“真叫人难过”，在令人羡慕的真诚之下，透露出某种冷漠。说明她并没有比此言更多的感受，于是只能那么说。当然，一些老生常谈的习惯性表达会让人生厌，偶尔却也会产生冲击效果。总之，在以下场景中，普鲁斯特把这一切都描绘得非常真实，令人震惊。斯旺告诉盖尔芒特公爵和公爵夫人他得了致命的疾病，当时他们正在为晚宴盛装打扮，虽然很难过，但还是必须继续为晚宴盛装打扮并出门赴宴。整个场景中，他的情感变化被分析得十分到位。[3]如果你还没有读过这卷，我可

五十周年纪念版（伦敦，2010），第345页。在《文汇》（1962年2月，第101页）上一篇有争议性的文章中，约翰·斯帕洛也对判决提出异议，指出这部作品提倡鸡奸，属非法行为。

[1] 斯图尔特·汉普希尔刚接替A. J. 艾耶尔，成为伦敦大学哲学格罗特讲席教授，1960年10月25日他做了关于“情感与表达”的就任演讲，1961年由伦敦大学学院出版，后被收录其文集《精神的自由：文集》（普林斯顿，1971）。

[2] 戴安娜·库珀夫人（1893—1986），婚前姓曼纳斯，演员、社交女主人及作家，外交家及政治家、诺维奇子爵一世（阿尔弗雷德）·达夫·库珀（1890—1954）的妻子。伯林曾经谈到她的回忆录第三卷，也是最后一卷《峭壁上的号角》（伦敦，1960）：“在她最开心的时候，戴安娜·库珀夫人是位迷人的自我报道者；而在最伤心的时候，则像一个可怜兮兮、噘着嘴的富家小女孩。”（《泰晤士报》1960年10月27日第15e版）

[3] 伯林特别喜欢马塞尔·普鲁斯特《追忆似水年华》（巴黎，1913—1927）的第三卷《盖尔芒特家那边》（该卷分为两部分出版：巴黎，1920—1921）中的这个场景。

以寄给你，没问题，除了《星期日泰晤士报》上的选段之外，
我自己也没有读过。我现在不再去见戴安娜了，因为她变得
非常苛刻，我不可能为她牺牲掉艾琳、我的工作以及其他所
有事情，而毫无疑问这是她对所有朋友的要求；不过，我还
是喜欢她并仰慕她。肖—斯图尔特[1]曾经这么评价：“她缺乏
真心，但她的大脑安放在正确的地方。”此言离事实不远，却
未免有失公正。她容易心血来潮，对世界是怎样的、人是怎
样的并没有概念，就像一个上了年纪的演员，把每件事情都
弄糟，自己受苦，把感情放错地方，误解别人对它的反应，
等等。这并不像是一个冷酷无情、自作聪明的人的行为，而
是“水女神”[2]之类的人物，生性脆弱，不堪一击，被放置于
一个压根儿就不属于她的世界，通过发明一个用来应对不可
能应对之局面的高超技巧，展现她的存在，我想你明白我的 12
意思。我得停笔了，此刻我连握笔的力气都没有了，能做点
儿事的就这么半小时的时间，差不多得回到床上去了。有点
儿担心你并未收到我早先写的一封信。请务必回信让我放心。

你永远的

以赛亚

[1] 帕特里克·休斯顿·肖—斯图尔特（1888—1917），1910 年任全灵学院研究员，巴林银行董事；戴安娜·库珀夫人战前众多崇拜者中最有才华的人之一；1917 年 12 月 30 日在法国阵亡。

[2] 弗里德里希·海因里希·卡尔·德·拉·莫特，福凯男爵（弗里德里希·德·拉·莫特·福凯）所著通俗童话故事（柏林，1811）的标题，其中与标题同名的水妖在与凡人胡布兰特骑士结婚后获得灵魂——从此感受到人类的痛苦。

致欧文·辛格[1]

1960年11月2日

海丁顿宅

亲爱的欧文：

太多太多年未见了。[……] 你在做些什么？写些什么？你也想问我这些问题吧——我只发表了一些零零散散的小文：在新办刊物《历史与理论》[2]上发表了一篇关于历史的文章，想必你已经看到了；在《文汇》上发表了一篇关于托尔斯泰的文章；在名不见经传的伦敦意大利研究所的简报上发表了一篇关于维柯[3]的文章；在一个更加默默无闻的名叫基督教徒与犹太教徒理事会的机构宣读了一篇关于约翰·斯图尔特·密尔[4]的文章，这是一家无害但没什么实质

[1] 欧文·辛格（生于1925年），毕业于哈佛大学的哲学家；1959—1969年任麻省理工学院哲学系副教授；1969年起任教授。

[2]“历史与理论：科学史观”，《历史与理论》第1期（1960），第1—31页，后以“科学历史学的概念”为名在《概念与范畴》和《人类的恰当研究》中转载。

[3] 詹巴蒂斯塔·维柯（1668—1744），意大利哲学家和法学家；“一位影响深远、具有独创精神的思想家，尽管他的光芒被同时代的孟德斯鸠掩盖，但从那时起，其思想价值就不时被人挖掘出来。他的思想对当代的影响远比对他那个时代的影响更为深远”（伯林致埃德蒙·格雷，1966年9月6日）。伯林信中提到的“关于维柯”的文章全名为“詹巴蒂斯塔·维柯的哲学思想”，发表于《18世纪意大利的艺术与思想：在意大利研究所的演讲，1957—1958》（罗马，1960），第156—233页；在《维柯与赫尔德》和《启蒙的三个批评者：维柯、哈曼与赫尔德》中转载。

[4] 约翰·斯图尔特·密尔（1806—1873），哲学家和经济学家，伯林非常钦佩他为个人的自由与个性抗争；他也是《论自由》（1859）与《功利主义》（1861）的作者。伯林于1959年发表了纪念罗伯特·威利·科恩的演讲《约翰·斯图尔特·密尔与生活的目的》（伦敦，1959），并转载于《自由论》，以纪念《论自由》发表百年。

内容的组织，他们可能会在一两年内以小册子形式发表该文。仅此而已，没干出什么大事，也没发表过什么真正有分量的东西。我还没能达到那样一种境界，能够对攻击我的文章视若无睹。与你不太亲近的同事马歇尔·科恩[1]在苏格兰《哲学评论》[2]上发表了攻击我的文章，言辞激烈，毫不 13
留情。他曾来过牛津与我喝茶，但我已不记得他的相貌，也不想过问关于他的任何事情（也许是因为我太过于偏爱德雷本[3]，才使我惹上了麻烦）。这件事给我伤害很大。他除了寄来这篇对我进行人身攻击的文章之外，还亲笔附言，称我是他最尊敬的人，等等。我想，你无须相信理论与实践的统一，或是行为主义，又或是操作主义，单凭那篇刻薄的文章就知道他的话不足为信。日子就这么一天天过去，在设想了各种强有力的反驳内容之后，我认为不予回信才是最好的选择。[……]

至于我近况如何？我幸福地结婚了，有了三个继子。如

[1]（斯蒂芬）·马歇尔·科恩（生于 1929 年），美国哲学家；就读于哈佛大学和牛津大学，曾于耶鲁大学等执教，后成为南加州大学法学系教师。

[2] 马歇尔·科恩火药味十足的评论“伯林与自由传统”刊登于苏格兰哲学协会与圣安德鲁斯大学法院合办的期刊《哲学季刊》第 10 卷第 40 期（1960 年 7 月）第 216—227 页上。他在开头段对伯林极尽赞美，而后很快便直入主题：“伯林的哲学修养不足，思想也很狭隘。”

[3] 伯顿·斯宾塞·德雷本（1927—1999），美国哲学家；听从伯林的建议，1950—1951 年在牛津大学莫德林学院任富布赖特研究员期间师从约翰·兰索·奥斯丁；1956—1961 年任哈佛大学哲学系副教授；1961—1973 年任教授；1973—1975 年任艺术与科学研究生院院长。

今住在海丁顿的一栋大房子里。我厌恶了当教授，每天授课、工作的日子。现在，我不像过去那样宾朋满座，见许多人，生活变得平平淡淡，波澜不惊。春天和夏天，我喜欢故地重游，总体而言，我很享受这种按部就班、简单平凡的生活；不像过去那样读那么多书，也不再说那么多话，如果条件允许，我计划并决心完成三本书，分别是：《政治理论：18 世纪浪漫主义出现时的重要转折点》、《论别林斯基[1]》以及《论马克思主义》，但也可能无法完成。[……] 还是谈谈你吧，谈谈你对谁感兴趣，谁让你感到激动，你信仰谁，你讨厌谁？真的，我还和上次分别时一样，没什么变化，只是人越来越衰老、身体越来越虚弱罢了。我一点儿也没感觉自己是个教授。你会感觉自己是个要对年轻人的思想和命运担当起责任的师长吗？ [……]

请给我写信。

永远爱你的

以赛亚

在阿尔及利亚独立战争（1954—1962）中，阿尔及利亚在民族解放阵线上建立了游击部队，沉重打击了主要通过征召入

[1] 维萨里昂·格里戈洛维奇·别林斯基（1811—1848），激进的记者和文学评论家，他认为文学评价不能以对道德和改革的影响为标准。因此，他“改变了其所在国家对于评论家的定义”（《俄国思想家》，第 210 页）。

伍的法国殖民军部队。在随后的战争中，双方都实施了极端暴行。1960 年 11 月，有关方面邀请伯林公开谴责这种行为，同时明确表态，支持解放阵线的斗争。他婉言拒绝了。这么做也预示了日后他不愿参与任何类似倡议，如正面支持古巴卡斯特罗政权、反对越南战争等。

致伊尼亚奇奥 · 西洛内[1]

1960 年 11 月 3 日 ［副本］

海丁顿宅

亲爱的西洛内先生：

感谢您 10 月 28 日的来信。信中话语让我十分感动
[……]。这是一份庄严高贵的文件，我理应感到自豪并迫 14
不及待地签上自己的名字，但唯有第三段末尾的一句话我不敢苟同［……］。让我感到困扰的是，它不仅仅谴责［阿尔及利亚］战争，倡导反对征兵的权利（我完全同意这两点），还强调积极援助民族解放阵线。您所说的不服从的权利是一种极端的权利，它只能用于极端的情况。这点我表示同意。不错，人当然拥有消极抵抗以及不服从的权利，但是对于积极援助，使用恐怖手段的权利呢？使用阴

[1] 伊尼亚奇奥 · 西洛内（1900—1978），意大利社会主义政治家和作家；1921 年意大利共产党创始人之一；第二次世界大战后加入反共文化自由大会，任意大利分会会长。

谋的权利呢？我能同意吗？如果您同意，也就表明您认为人们有权创造条件，瓦解某个民主国家或其他性质的国家。当然，如果某个国家和政府已经足够糟糕，人们有权这样做——例如，用暴力抵抗俄国帝制政权，抵抗奥地利入侵意大利，抵抗纳粹和法西斯，抵抗佛朗哥，抵抗俄罗斯侵略东欧，所有这些，都似乎再正当不过。可是，反对戴高乐[1]？从情理上讲，真的合理吗？我认为，当一个人认为没有什么比当下的政权更折磨人时，才有权运用所有武器推翻它。佛朗哥、希特勒、斯大林、巴蒂斯塔[2]等符合这种情况。我总是在想，如果戴高乐政府倒台了，继任政府绝不会成为一个公正民主的第六共和国政府，而是什么什么将军的政府、苏斯戴尔[3]之流的政府，然后是共产主义的政府，反之亦然。这样会更好吗？且不说阿尔及利亚独立战

[1] 查尔斯·安德烈·约瑟夫·玛丽·德·戴高乐（1890—1970），法国将军和政治家；第一次世界大战法国军队的老兵，1940—1944 年率领流亡的自由法国人继续抗击德军；1944—1946 年任临时政府总统；1958 年 6 月 1 日，第四共和国政府由于阿尔及利亚人民的反抗而倒台后，重新掌权；1959 年成为第五共和国总统；1962 年从阿尔及利亚撤军；同年，他使总统成为公职，由民众直接选举产生。1969 年，从总统职位卸任。
[2] 富尔亨西奥·巴蒂斯塔·萨尔迪瓦（1901—1973），残暴、腐败的古巴独裁者；1940—1944 年及 1952—1959 年任总统，但自 1934 年起便已实际掌控国家大权。1959 年新年凌晨，在菲德尔·卡斯特罗的革命军队包围首都前逃离了哈瓦那。
[3] 雅克·苏斯戴尔（1912—1990），戴高乐亲密的战时同盟。1960 年因阿尔及利亚独立问题与长官戴高乐关系破裂，随后加入了秘密军队恐怖组织；1961—1968 年一直过着流亡生活，直到获得大赦。

争造成的恐怖后果，答案也显然是否定的；即便如此，难道有人想要与阿尔及利亚恐怖分子合作的权利吗（抑或说实际上是一种责任）？总之，即便我对其不加以谴责，也不愿主动支持鼓励恐怖主义（它与不服从的权利截然相反），即便是将其作为武器，以暴制暴，对抗恐怖主义。我觉得这和巴勒斯坦的犹太人（对其事业，我曾经全力以赴地予以支持）开始暗杀行动一样可怕［……］。

你真挚的

［以赛亚・伯林］ 15

1960年11月20日是托尔斯泰逝世五十周年纪念日。苏联当局邀请托尔斯泰的孙女塔迪娜・艾伯丁尼出席。对是否接受邀请，她拿不定主意，写信向伯林求教，希望能从他那里得到一些建议。

致塔迪娜・艾伯丁尼

1960年11月8日［副本］

海丁顿宅

亲爱的塔迪娜：

你向我提的问题的确很严肃，思虑再三，打算严格按照公事公办的方式回复你。现在，就让我们来分析一下此事的利弊吧。

1. 利：你能够享受到贵宾级待遇。能够更容易、更频繁地见到各方面熟人，不同的作家，演员和身份显赫的人。你能够去想要去的任何地方。别人与你见面会非常安全，他们会渴望与你见面。而且，你也有机会与老朋友、熟人以及“有趣”的人等进行私下交谈。这些都是很难得的。

2. 弊：毫无疑问，你将要参加令人讨厌的宴会，接受令人恶心的祝酒词，以及参观你祖父在莫斯科和雅斯纳亚波良纳的故居[1]。你不得已要听取关于列宁以及列宁对于托尔斯泰态度的演讲；会提到托尔斯泰是俄国革命之父，工人阶级、爱国战士以及赫鲁晓夫[2]等人的拥护者，是腐败、圆滑、奸诈、颓废的西方国家的敌人，等等。这些都将令你难以忍受。更糟糕的是，还会有西方国家的来宾发表讲话。我不知道谁会出席，那就让我们假设来的人有 M. 阿拉贡[3]、意大利的著名作家或是我们的普利斯特利先生[4]（在那些场合下，他往往表现出无所不能——毛姆[5]是不会去的）或是查尔斯·斯诺。毫无疑

[1] 托尔斯泰的田庄和出生地，离莫斯科南部大约一百二十英里。他在此创作了《战争与和平》，去世后埋葬在此处的一片森林里。

[2] 尼基塔·谢尔盖耶维奇·赫鲁晓夫（1894—1971），苏联领导人，1953—1964年任苏共第一书记，1958—1964 年任总理；在进入政坛前是一名钳工，未接受过多少正规教育。

[3] 路易斯·阿拉贡（1897—1982），法国作家和诗人；1927 年加入共产党，之后致力于撰写文章支持共产党。

[4] J.（约翰）· B.（波因顿）· 普利斯特利（1894—1984），作家。写作取材范围极广，撰写了大量书籍。在他的祖国常被认为观点狭隘，但在国外很受欢迎。他最著名的剧本《巡官登门》（又译《罪恶之家》）于 1946 年在莫斯科和列宁格勒首次公演。

[5] 威廉·萨默塞特·毛姆（1874—1965），作家和剧作家。20 世纪作家之一，其作品获得了巨大的商业成功，同时也获得批评家的好评。

问，你会被“利用”。他们会要求采访你，让你谈谈对这个国
家的印象。所以，你不得不编造一大堆不痛不痒的客套话，
在尽可能不得罪你主人的同时，传递尽可能少的信息，且还
要听起来不那么虚假。你会觉得此事极为麻烦，在道义上也
难以忍受。我想，这些你自己都清楚，毫无疑问，它将成为你 16
和赛吉·托尔斯泰逃避这个邀请的理由。但如果你拒绝出席，
又会产生另一个问题——将来他们就不会顺利给你签证，无论
是以红十字会成员的名义或是其他名义，都将障碍重重。他
们会毫不留情地拒绝签证：这将成为一个污点，给你今后带
来许多困扰。那究竟该怎么做呢？（你祖父常常说这句话。）

［……］不要去，如果我是你，我不会去。我认为人要按照自己的直觉行事，如果硬要违背——你将在暂时的兴奋和欢愉中飘飘然，但之后会被内疚感吞噬，不得不想尽办法来弥补，谁也不愿平白无故遭受心灵创伤。另一方面，你自然不想因为得罪苏联当局，而失去以私人或半私人的名义获得签证的机会。所以，就让我给你一条狡诈滑头的建议吧。如果我是你，我会先愉快地答应下来，假装为行程积极做准备，该做的事一件不落。到了要出席的时候，你就学习他们惯用的伎俩——患上某种“外交疾病”——为无法出席找个突如其来、让人无法拒绝的理由，就像你的熟人为无法前来威尼斯所找的理由那样。你要表现出极度的悲伤和遗憾，表示你真的很想参加，但因为突然的原因不能出席让你心碎不已——无管是什么理由——反正是无法逾越的障碍，让人无法反驳。不

管他们是否能看透这一点都不重要。即便被他们看穿，也不要紧。对他们而言，难以忍受的是公然的怠慢和羞辱，只要你的行为遵从常规、合乎礼仪，表现出足够的热情，无论看起来多么虚伪，都会被原谅。这是我对他们官方行为的解读。这样，明年你想去时，我想他们就不会拒绝你的签证请求。从你个人考虑，可能花费会大得多，但在良心和道义上却会感觉好很多。当然，到时你无法作为苏联当局的贵宾，也不太容易见到各界人士，但只要你公开提出，还是有机会见到他们。我想，哪怕你发表声明，强调《战争与和平》已经印刷了六千万册是多么了不起的成就，强调托尔斯泰值得其所属的民族尊重，也比你在官方宴会上遭遇种种令人无法忍受的事情强许多。不知道我这种判断是否正确，这个建议也不一定可行，但我想如果我是托尔斯泰的孙子，我就会这么做。不过，这种想法太古怪了，我不敢再任意展开想象。[……]

你的

[以赛亚]

1954年12月末，伯林受命任职伦敦柯芬园英国皇家歌
17 剧院的董事会，1956年6月加入歌剧分委会并于年末成为主
任委员。该分委会负责剧目遴选、作品创作及演员确定。伯林对这一工作十分积极主动，努力使“本国歌唱家与外国‘大腕’之间、国际与本国风格之间、原创与引进剧本之间、每个歌剧院都会上演的公认杰作与相对较少上演的剧目和新

作品之间”[1]达到平衡。分委会的影响力受到歌剧院院长兼战后剧院发展的主要设计师之一戴维·韦伯斯特的左右，但伯林对他看法不佳，认为韦伯斯特颇为轻视为他建言献策的社会贤达。与分委会关系紧密的另一个重要人物为音乐总监格奥尔格·佐尔蒂[2]（伯林称其为“乔治”），自1961年起至关重要的十年里，佐尔蒂志在使柯芬园成为“纯粹的、世界最好的歌剧院”[3]，在许多人眼中，他做到了。佐尔蒂个性独特，从不受分委会的束缚，很快，伯林开始对“韦伯斯特—佐尔蒂式的独裁”感到不满[4]，但他并未因佐尔蒂缺乏民主而忽视他作为音乐总监的才能及他在皇家歌剧院取得的成就。

致琼·萨瑟兰[5]

1960年11月11日［副本］

海丁顿宅

亲爱的萨瑟兰小姐：

这封信只是想告诉您，您在11月3日星期四出演的《梦游女》宛如天籁之音，是我此生梦寐以求、唯愿一闻的最美的演唱。今天，我不是以剧院分委会主任委员的名义，

[1] 伯林致约翰·图利，1960年10月21日。
[2] 原文第22页注5。
[3] 诺埃尔·古德温，《独立报》1997年9月8日第16版。
[4] 伯林致加勒特·德罗希达，1962年7月。
[5] 琼·萨瑟兰（1926—2012），生于悉尼的歌剧女高音歌手，于1952年加入柯芬园英国皇家歌剧院。她在事业上的辉煌成就与皇家歌剧院紧密相关。

而纯粹是以个人的名义写信给您。尽管我这辈子听过许多歌剧，但从来没有以一个粉丝的身份向歌唱家写信表达我对您的崇敬。“音乐”体验会对人生产生重大影响，比如 1938 年托斯卡尼尼在萨尔茨堡音乐节任指挥的《福斯塔夫》[1]，夏里
18 亚宾[2]出演的《鲍里斯》，施纳贝尔[3]演奏的贝多芬奏鸣曲，拉赫玛尼诺夫[4]和李帕蒂[5]演绎的肖邦，这些在 11 月 3 日之前都是令我赞赏的作品。但您此次的演出比扮演露西娅[6]时更臻完美。伦敦的评论家没有引以为傲、欣喜若狂，只能说明他们将自招非议。[……]

您真诚的

[以赛亚・伯林]

[1] 阿图洛・托斯卡尼尼（1867—1957），意大利指挥家；伯林心目中的英雄，不仅因为他杰出的音乐造诣，还因为他拒绝在法西斯政权统治下担任指挥。伯林记错了名剧《福斯塔夫》（朱塞佩・威尔第的最后一部歌剧，1893）的演出时间，应该是在 1937 年的夏天（1934—1937 年托斯卡尼尼任萨尔茨堡音乐节指挥）。

[2] 费道尔・伊凡诺维奇・沙尔亚宾（夏里亚宾）（1873—1938），俄罗斯男低音，在 1928—1929 年演出季演唱穆索尔斯基《鲍里斯・戈杜诺夫》的剧名角色，给听众留下深刻印象。伯林曾经回忆 1916 年在彼得格勒听他演唱该角色的情形。

[3] 阿图尔・施纳贝尔（1882—1951），生于波兰的钢琴家和作曲家，因演奏贝多芬钢琴奏鸣曲而闻名。

[4] 谢尔盖・瓦西里耶维奇・拉赫玛尼诺夫（1973—1943），俄罗斯作曲家、指挥家和钢琴家，1939 年 3 月在伦敦举办了最后一场独奏会。

[5] 迪努・李帕蒂（1917—1950），罗马尼亚钢琴家和作曲家，1946—1948 年间数次出访英国；因患上霍奇金氏病而英年早逝。伯林为沉重悼念他的离世曾撰文《哀李帕蒂》（1952 年 3 月，《房子与花园》第七辑第 3 期，第 91—98 页）。

[6] 1959 年 2 月 17 日，萨瑟兰在柯芬园皇家歌剧院扮演弗兰科・泽菲雷里创作的《拉美莫尔的露西娅》的剧名角色，引起轰动，并因此闻名中外。后又于 1960—1961 年间分别在巴黎歌剧院、斯卡拉大剧院和大都会歌剧院出演该剧首演秀，广受好评。

致佩吉·杰伊[1]

1960 年 11 月 28 日［副本］

［海丁顿宅］

亲爱的佩吉小姐：

［……］我已经见过［彼得］[2]两次了，他情绪十分颓废。我认为，从某种意义上来讲，当然，无法进入全灵学院是一种不幸。很多人经历过这种不幸，然而这并没有摧毁他们的精神，比如赫伯特[3]、戴维·塞西尔、特雷弗—罗珀[4]以及数不清的其他人。但他的情况比较特殊——从小到大，始终受到父亲的教育，认为进入全灵学院是一种了不起的成就，并笃信不疑，自然这种结果令他难以接受。在那个要命的星期六之后，我已经在周一找他长谈了一番。我力图用你后来建议的方法告诉他，这个打击只是让虚荣心破碎了，仅此而已——虽然这种创伤最令人痛苦，但说到底是最不具破坏性的。我还告诉他，他完全有能力获得圣约翰学院提供的研究员职位。如果他愿意

[1] 玛格丽特·克里斯蒂安（"佩吉"）·杰伊（1913—2008），婚前姓加内特，地方政府官员，工党激进分子，1933 年与道格拉斯结婚。道格拉斯·帕特里克·托马斯·杰伊（1907—1996），经济学家，1930—1937 年在全灵学院任职，同时也是工党政治家（二人于 1972 年离婚）。

[2] 彼得·杰伊（生于 1937 年），作家兼播音员，佩吉和道格拉斯的儿子（见前注）；1961—1964 年任英国财政部副部长，1964—1967 年任《泰晤士报》经济版编辑，1972—1977 年任（英国）独立电视台《周末世界》主持人，1977—1979 年任驻美大使。

[3] 赫伯特·莱昂内尔·阿道弗斯·哈特＊（1907—1992），法哲学家兼院长。

[4] 休·特雷弗—罗珀＊（1914—2003），历史学家兼院长。

的话，还可以进入新学院。以他即将出任的财政部的荣耀职位，展现在他眼前的这个世界更加真实，不知会有许多适婚年龄的女性对他心生崇拜。而且，全灵学院并不像外界传言得那么好，也不再是他父亲那个时代的全灵学院了（我发誓所言无假！毫不夸张地说，它已经黯然失色了），我顺着这些话一直说，但能看出这些话对他并没有多大作用。很明显，他受到了
19 沉重的打击，需要一些时间才能恢复。

我并不像有些人那样，认为幸运快乐的聪明人需要经历这种磨难来提升自己——这是典型的加尔文主义观点，我举双手反对。收到你的来信后，我又见到他了——某个业内活动场合——他的精神看起来好多了。[……]

天哪，他老是让我想起道格拉斯——他们的头脑一样敏捷；一样善于借助敏锐深沉的手段，将某个论点或对手牢牢钉死在可怕的绞刑架上，让你不得翻身；一样拥有既鲜活有力又犀利无情的过人才智。但是，我必须告诉你，彼得的写作水平远不如道格拉斯——请千万别告诉彼得——这是他无法进入全灵学院的原因之一。在一般测试部分，他写的那些东西尽管不乏自己的见解，但大部分没有经过很好组织，显得杂乱无章，丝毫没有体现出温切斯特学院学生应有的特质（我认为那是个值得褒扬的长处）。至于他的哲学考试，你最好问问斯图尔特·汉普希尔[1]，他是哲学部分的主考人，我觉

[1] 斯图尔特·汉普希尔*（1914—2004），哲学家。

得道格拉斯真应该找他谈谈。无论如何，当我问彼得为什么不想得到哲学研究员奖学金时，他的回答令我印象深刻。他说已经学会了相关技能，知道如何做事，并把它们做好，但对这些事情的答案却不是很感兴趣——他对伦理学和政治哲学很感兴趣，对其逻辑和认识论则不然。在他这个年纪能够意识到，尽管一个人能出色地完成某个工作，但这份工作不是他喜欢的，不做也罢，这种想法非常明智。多么希望我在牛津大学新学院任教时就已经意识到了这一点——经过了多少年，我才意识到自己不是一个真正意义上的哲学家——浪费了多少时间，得到了多少羞辱，让自己逆意愿而动！我向你承诺，我将尽我所能让［彼得］尽快振作起来。等他过了这一段“磨合期”，工作上手之后，我会邀请他到全灵学院用餐。

你永远的

［以赛亚］

致德怀特·麦克唐纳[1]

1960 年 11 月 29 日

海丁顿宅

亲爱的德怀特：

相信我，你犯了一个大错。你的所见、所闻和判断，都

[1] 德怀特·麦克唐纳（1906—1982），美国作家、编辑和记者，态度由经济大萧条时期的托洛茨基激进主义转向冷战时期的反斯大林主义；20 世纪 60 年代反对越南战争，强调保护学生抗议的权利。

与受害者的主观情感并不相符。相信我（虽然你不愿意，但是你必须相信，因为这千真万确），事实上，每次上课和演讲，我都处于紧张状态，自始至终痛苦煎熬[1]；即便是在牛
20 津大学日复一日的教学工作中，在我最熟悉的领域，面对我之前谈过的话题时也是如此。我不知道这是出于什么原因，但这的确令人头疼。这次讲座也一样，我先是独自关在房间里手忙脚乱地翻看笔记（无法如委员会成员希望的与他们谈笑风生）；演讲开始后，我注意到梅耶多夫男爵[2]坐在前排，他大概在1908年左右任俄罗斯杜马的副总统。我想他认识托尔斯泰，并一眼看穿我不是这个话题的行家。我不敢演讲太久，而且中途我的笔记和演讲稿混在一起，于是我加快语速，迫切希望早点讲完，还试着跳过了几页，结果的确比我预想的快了许多就结束了。这对于听众来说无疑是件好事，因为本想大声朗读的六页讲稿已不知去处［……］。另一个和我有着同样遭遇的人是埃德加·温德博士[3]，是我听说过的最好的演说家。他总是在演讲前两天把自己关起来，把要

[1] 伯林于1960年11月23日在位于伦敦尤思顿的老友酒店做了赫蒙·乌尔德纪念演讲（由国际笔会赞助）“托尔斯泰与启蒙”（收入《俄国思想家》）。
[2] 亚历山大·费利克索维奇·梅耶多夫（1869—1964），俄国十月党人，1907年起成为国家杜马成员。于1918年离开彼得格勒到里加，1919年（乘坐英国布雷飞机）离开里加到英格兰；1922—1934年任伦敦经济（与政治）学院俄罗斯制度与经济学讲师。
[3] 埃德加·马塞尔·温德（1900—1971），哲学家与艺术史学家；1955—1967年任牛津大学首位艺术史教授；伯林是创设该教授讲席并由温德任该职的支持者之一。

演讲的内容整个背下来。即便如此，假如我的演讲和他的一样好，那也值得。[……]

再过一两天，我就会宽恕你对我演讲状态所做的不当评价了。

你的

以赛亚

致《泰晤士报文学副刊》编辑

[发表于 1960 年 12 月 2 日][1]

全灵学院

尊敬的先生：

在上一期报纸的社论当中，您分析了我为纪念托尔斯泰所作的赫蒙 · 乌尔德演讲，总体而言，您的评价十分精准，宽宏大量。您说托尔斯泰想知道是否“因为农民自己无法欣赏贝多芬和荷马,便要停止伟大的艺术作品创作?”[2] 在我的演讲中，我已尽力［说明］，但可能还是没有说清楚，显然，托尔斯泰相信艺术作品具有改变人心的功效，是展现真与美 21
的途径，这是科学无法做到的；他专门将《伊利亚特》（以及《圣经》和民歌）与莫扎特和普希金等人的作品进行了比

[1] 在第 779 页，标题为“托尔斯泰与启蒙”。
[2] ［克里斯托弗 · 蒙塔古 · 伍德豪斯］，“托尔斯泰与启蒙”，《泰晤士报文学副刊》，1960 年 11 月 25 日，第 759 页。

较，认为前者因为通俗易懂、明白晓畅而成为真实感人的艺术作品；后者则因纯粹来自高雅人士，并且投其所好（因此导致腐败）（如他自己），存在某种程度的虚假成分。

以赛亚 · 伯林

致加勒特 · 德罗希达 [1]

1960 年 12 月 3 日

海丁顿宅

亲爱的加勒特：

［……］2 月份我就要回到原来的生活了，但我还是想请求您让我们寻找具有某种音乐才华的人。这样，我们就能很快完成莱格 [2] 的作品了。莱格不久前写信给我，说过了三年才知道我是一位多么可怕的马基亚维利 [3]——这全是因为我严重“背叛”了朱利尼 [4]，也就等于背叛了他——因此，

[1] 加勒特 · 莫尔 *（1910—1989），1957 年受封德罗希达伯爵十一世；报社所有人及歌剧院经理。

[2]（哈利）· 沃尔特 · 莱格（1906—1979），乐队指挥和音乐制作人；1945 年成为爱乐乐团创始人；推动战后百代唱片品牌获得成功；在伯林眼中，他总是在柯芬园英国皇家歌剧院董事会的审议中积极建言；“坚持不懈地追求自己的目标，而这些目标无一例外地与音乐艺术相关”（马特兰德 · 彼得，《牛津国家人物传记词典》）。

[3] 马基亚维利一直被视为“非道德主义”的典型代表，受到人们的谴责。——译注

[4] 卡洛 · 玛丽亚 · 朱利尼（1914—2005），意大利指挥家；1958—1967 年任柯芬园客座指挥；1969—1972 年（与佐尔蒂一道）任芝加哥交响乐团指挥；1973—1976 年任维也纳交响乐团首席指挥。

我觉得进一步合作的可能性较小。也许我是错的——何况他在过去真的发挥了巨大作用。我们必须承认，过去我们取得的一些成就很大程度上应该归功于他，而不是行政管理层。他的建议总是比乔治［·哈伍德］[1]的建议好很多，甚至可以说是最好的。我应该再使把劲，尽力把他吸引回来，但不知道能否成功。我尽可能在1月和他面谈。如果不行，我们就只能把所有希望放在佐尔蒂[2]身上，但天知道结果会如何。他和“顽固的守旧者”韦伯斯特[3]不是默契的搭档，韦伯斯特也清楚这一点——再清楚不过了。所以，你我以及我们大家唯一能做的就是（原谅这一强加的建议），首先要冷静，别急躁；其次不要被佐尔蒂和韦伯斯特所说的左右，我们要坚持我们认为对的事情，尽可能不走曲折难走的弯路。 22
如果我错了，那倒更好。这样就能让我想起将近一年前自己可怜兮兮的允诺！如果我错了，我定会如约设宴款待戴维·韦伯斯特[4]先生，再邀请他所有的好友一并赴宴。如你

[1] 乔治·亨利·休伯特·拉塞尔斯（1923—2011），哈伍德伯爵七世，歌剧院院长；1950—1953年任《歌剧》（杂志）创始主编；1951—1953年及1969—1972年任柯芬园英国皇家歌剧院董事。

[2] 格奥尔格·佐尔蒂（1912—1997），1971年受封男爵，匈牙利指挥家，1961—1971年在柯芬园英国皇家歌剧院任音乐指挥；1969—1991年任芝加哥交响乐团音乐指挥；1972—1975年任巴黎交响乐团音乐指挥。

[3]“顽固的守旧者”，“惯耍花招的无赖”，是伯林为戴维·韦伯斯特取的两个外号。

[4] 戴维·拉姆斯登·韦伯斯特（1903—1971），1960年受封爵士，戏院、歌剧院主管。1946—1970年任伦敦柯芬园英国皇家歌剧院行政主管；1962—1971年任伦敦歌剧中心主任、行政主管。

所知，我是多么热爱那个世界！

你永远的〈致以真挚的问候〉

以赛亚

致莫顿・怀特[1]

1960 年［应为 1961 年］1 月 10 日

海丁顿宅

亲爱的莫顿：

我同你一样，深陷于恐怖至极的泥淖，在行政责任和学术责任之间辗转挣扎。因此，虽然很不情愿，但也只能长话短说。

1. 查尔斯・泰勒[2]：他人很好，待人真诚，志向远大，品德高尚，外加相貌英俊。我们真的都很喜欢他（就像梅耶・夏皮罗[3]过去常常说你的那样）。这里的“我们”包括汉普希尔、艾耶尔[4]、伯纳德・威廉斯[5]等人。他是个真正的改革者、传教士，深受法国半马克思主义者梅洛—庞蒂[6]、

[1] 莫顿・怀特＊（生于 1917 年），哲学家、思想史家。
[2] 查尔斯（“查克”）・泰勒＊（生于 1931 年），加拿大哲学家。
[3] 梅耶・夏皮罗＊（1904—1996），艺术史学家、艺术家、博学家。
[4] 阿尔弗雷德・朱尔斯（“弗雷迪”）・艾耶尔（1910—1989），哲学家。
[5] 伯纳德・威廉斯＊（1929—2003），哲学家、学院院长。
[6] 莫里斯・梅洛—庞蒂（1908—1961），法国现象学哲学家；1952—1961 年任法兰西学院哲学教授。与萨特一起创建《当代》杂志并任主编，之后在朝鲜战争（1950—1953）问题上与萨特分道扬镳，并背弃共产主义。

萨特[1]，以及多个在巴黎风头正盛的马克思主义阐释者的影
响。他还是《新左派评论》的活跃分子，核裁军的积极推动
者。他的思路虽不十分清晰，但力图让自己对知识的阐释清
晰明了、诚实坦率、富有逻辑。他丝毫也不弄虚作假，更不
摇摆不定，和他争论十分有趣。尽管他的推论并不十分严
密，但他有所谓的立场——真正的哲学理念［和世界观］，
存在主义和马克思主义的混合物（同时还夹杂着各种基督教
色彩），这与约翰·怀尔德完全不同，但字里行间与汉普希 23
尔上一本书有些许类似。[2] 他的举止颇像一名信徒，待人真
挚、品德高尚、善解人意，有着贵格会教徒特有的明亮双
眸。他试图说服人们相信经验主义存在缺陷，社会科学（认
识论也是一样）若离开（准）目的论理念站不住脚，至少没
有（人类）目标理念是行不通的。他认为，这种理念是乏
味无趣的实证主义者（和经验主义者）所不能容忍的。[3] 他

[1] 让—保罗·查尔斯·艾马尔·萨特（1905—1980），法国哲学家、小说家、戏剧家和评论家，存在主义代表人物。于 1964 年获诺贝尔文学奖，却拒绝领取该奖。其作品《辩证理性批判》（1960）尝试将马克思主义与存在主义相结合。

[2] 约翰·丹尼尔·怀尔德（1902—1972），美国哲学家，存在主义与现象学代表人物。受到萨特和梅洛—庞蒂的作品启发，于 1962 年与他人共同建立现象学和存在哲学协会。1927—1961 年在哈佛大学任教；1961—1963 年在美国西北大学任教；1963—1969 年在耶鲁大学任教；1969—1972 年在佛罗里达大学任教。

[3]《思想与行动》（伦敦，1959）。“仅就该书中大胆的理性主义，就标志着当代哲学的新开端，在未来的很多年里，人们都会感到这本书对传统哲学的挑战。”格申·韦勒，《哲学季刊》II，第 45 期（1961 年 10 月），第 382 页。

在别的一些方面简直就像男版的艾丽丝·默多克。[1] [……] 事实上，他是个十分纯正的左翼思想家（具有逻辑学和哲学方面的良好素养），这在我们这个时代、在整个哲学界都非常罕见。另一方面，我认为他并不能讨得哲学系的喜欢。他在牛津大学学习了“现代人文学科”[2]，在哲学、政治学、经济学这三门课程上均获学业优秀一等奖学金，他在全灵学院时，完全无视传统惯例，不顾保守派的种种猜疑，光明正大地致力于各类社会和意识形态工作，这就激怒了我那些傲慢自大的同事。我真的很喜欢他，真的。在我看来，他在哈佛大学所受的考验可谓有益无害。他的哲学理念与巴利奥学院的黑尔[3]针锋相对。正如你能想到的，赖尔[4]对他颇多质疑。

[1]（琼）·艾丽丝·默多克（1919—1999），1987 年受封英帝国高级女勋爵，小说家、哲学家。1948—1963 年任牛津大学圣安学院哲学导师，1948—1999 年任圣安学院研究员。1963—1967 年任英国皇家艺术学院讲师。

[2] 当时对“PPE”的称法，具体包括：哲学、政治学和经济学。古典希腊罗马历史、文学、哲学，又称人文科学，是古典文学课程的第二部分，课程包括哲学和西洋古代史。

[3] 理查德·默文·黑尔（1919—2002），牛津大学巴利奥学院哲学研究员、导师。1966—1983 年任道德哲学怀特讲席教授及牛津大学圣体学院研究员。1942—1945 年，作为战俘，在新加坡、缅甸至泰国铁路部门工作。

[4] 吉尔伯特·赖尔（1900—1976），1945—1968 年任牛津大学形而上学哲学韦恩弗利特讲席教授、牛津大学莫德林学院研究员。1947—1971 年接任乔治·爱德华·莫尔，任《心灵》杂志主编一职。他是牛津大学语言哲学的领军人物，约翰·兰索·奥斯丁曾十分贴切地评论他，说他“可以被拙劣模仿，但绝不可能模仿到其精髓，因为这就是他的风格”（摘自《20 世纪名人录》，牛津，1999）。奥斯丁此言出自对赖尔所著《心灵的概念》一书所写的书评，见《泰晤士报文学副刊（宗教典籍栏目）》（原文如此），1950 年 4 月 7 日，第 xi 页。

略显尴尬的是，他和盖尔纳[1]同处一个阵营，因此他可能会与我的敌人马歇尔·科恩团结一致。

在我看来，马歇尔·科恩有关我政见的文章是对我的
人身攻击，充斥着（在我看来，犹太式的）思维，疯疯癫
癫，令人难堪。他曾将其文章复印了一份寄给我，还附带
了一张字迹潦草的便条，上面写着，这个世界上没有人比
他更崇拜我。这让我很是恼火，愤然不予回复。上帝清楚，
我总认为，任何打击我的话必定有其根据或道理。但以我
之见，唯有他这篇文章毫无根据（简直是一派胡言），内容
与我说过的绝大多数话毫无关联，完全误解或曲解了我的
观点和言论。或许因为他对我怀有偏见，或是我们之间存
在误解。〈不管怎样，我从盖尔纳那里得知，马歇尔·科 24
恩已宣誓加入他的阵营，而这一点绝不能让查尔斯·泰
勒的那些牛津大学朋友知道。所有了不起的政客和宗派主
义者，都像19世纪50年代的共产主义那样喜欢争吵。〉
[……]

你永远的

以赛亚 [……]

[1] 厄内斯特·安德烈·盖尔纳（1925—1995），社会哲学家，（后成为）人类学家；1962—1984年任伦敦经济（与政治）学院哲学教授。所著的《言与物》（伦敦，1959）抨击了语言哲学以及主要集中在牛津大学的该学说拥护者。另外，赖尔拒绝在《心灵》杂志上对此书发表评论，引发了《泰晤士报》的长篇通信评论。

致《文汇》[1]编辑：

1961 年 1 月 21 日［副本；未寄出］

海丁顿宅

[先生—]

我与伯纳德·贝伦森[2]并不十分熟悉，但在他生命的最后几年里拜访过他六次。倘若与他素未谋面，可能就会出于对我朋友夏皮罗先生见解的尊重，而接受其贬低贝伦森人格的言论。事实上，我认为这里面存在误会。我并无资格谈及贝伦森的价值观及其作为历史学家、艺术评论家所取得的成就。但是，夏皮罗先生以义愤填膺的言辞来形容对贝伦森品格的总体印象，在我看来却极不公正。

贝伦森具备强大的知识分子人格。当他钟情于某一主题，或对拜访者心怀兴趣时（我并无资格谈及他的艺术作品，但他对人与人之间或观念与观念之间的细微差别极其敏感），他的谈话见解犀利，引人入胜，且观点独到，颇具新意。非同寻常的是，他在思维敏锐的同时，还能口若悬河，逼着谈话对象的思维速度也随之加快。他是一个举止文雅、彬彬有礼又有着强烈自我意识的唯美主义者，这是我对他的第一印象。但此刻我意识到自己当时面对的是一个知识渊博、记忆

[1]《文汇》杂志在其 1961 年的 1 月刊中登载了梅耶·夏皮罗对贝伦森的批评文章："贝伦森先生的价值观"。

[2] 伯纳德·贝伦森＊（1865—1959），艺术史学家、收藏家、意大利文艺复兴研究的权威。

超群的人，此人头脑敏锐，擅长讽刺，富有教养，而最为特
别的是，他不仅精力特别旺盛，还个性独特（且不说他具有
创造性天赋），是个典型的天才。他说话字字珠玑，一语中
的，恕我词穷，无法言尽其中精妙，况且我根本不打算去试
图说个明白。在我见过的人里，能够像他这样通过谈话中
表达的想法和观念而致“升华人生”之效者，只有寥寥三
人：帕斯捷尔纳克、凯恩斯和弗洛伊德[1]。或许夏皮罗先生 25
所言非虚，但其所表达的对贝伦森人格的看法错误百出，竟
然将其人格贬低为无可救药、浅薄愚陋、势利谄媚、矫揉造
作，说他是一个庸俗狡猾、唯利是图的虚伪小人。我可以由
衷地向您作证，当贝伦森与志同道合的学者交流观点、谈论
书籍、讨论人物时，他与夏皮罗所述的那个贝伦森完全相
反。夏皮罗先生谈到他对犹太人的态度。关于这一点，贝伦

[1] 伯林于 1945 年访问苏联期间，多次会见了苏联诗人、小说家和翻译家鲍里斯·莱奥尼多维奇·帕斯捷尔纳克（1890—1960），他著有小说《日瓦戈医生》（1957 年出版）。伯林拜访了帕斯捷尔纳克郊外的别墅，还从这位诗人住在牛津的姐妹约瑟芬和莉迪亚那里收到了礼物。1956 年二人再次见面，伯林偷偷带了一份《日瓦戈医生》原稿的复印件回到英国。在两次世界大战之间，经济学家约翰·梅纳德·凯恩斯（1883—1946）造访华盛顿期间，与伯林开始有了交往，伯林对其钦佩不已。二人第一次见面是在 20 世纪 30 年代剑桥大学国王学院的高桌晚宴上，但是首次见面不欢而散。凯恩斯对伯林带来的哲学论文（《论快乐》）冷嘲热讽，不屑一顾。奥地利心理学家西格蒙德·弗洛伊德（1856—1939），伯林只见过他一次，时间是在 1938 年 10 月，当时弗洛伊德刚刚流亡到伦敦，同时已是癌症晚期。伯林与他会面后“感到他花了一小时陪伴的不是一个天才，而是一个年事已高的犹太医生，这个医生聪明睿智、说话尖刻却博学多才”（迈克尔·伊格纳季耶夫，《伯林传》，第 92 页）。

森时常跟我提及。像海涅[1]（贝伦森感觉对其有一种亲近感），或许也像马克思一样（这就好比与圣保罗[2]和斯宾诺莎[3]进行类比，是一个非常典型的诙谐语，别无他意）。他早年脱离了东欧犹太人的社会环境，年少就立志远离他所憎恨的“犹太人定居区”[4]，离得越远越好。他也许一度感到就要实现这一目标，但在他生命快要终结之时，这目标对他来说却陡然变得既遥不可及，也不再令他向往。我认为他并不因为自己的出身而感到难堪，而根本就是对其强烈反感，所以他痛斥犹太人，毫不留情地指责他们在别的民族那里煽动激起的民族情感。当我与他初识时，他就开诚布公地谈到这层令他不快的关系，即使有非犹太裔在场，也丝毫没有住口的意思。就这一整个话题来说，我坚决反对他的观点（这点上我与夏皮罗先生相同，但出于不同原因），也直言不讳地发表了自己的看法。他争论时彬彬有礼，立场坚定，慧眼独具，旁征博引。即便在嘲讽他人时，也是一副开心模样，所以我没有任何理由觉得他是在故作姿态。在我看来，他的观点和帕斯捷尔纳

[1] 海因里希·海涅（1797—1856），诗人，生于德国，颇具影响的激进思想家，于 1825 年由信仰犹太教改信基督教。

[2] 即塔尔苏斯的保罗（约 5—67），开始时迫害基督教教徒，但见到拿撒勒人耶稣神奇显现之后，皈依基督教，取名保罗，成为基督教传教士。

[3] 巴鲁（或“本尼迪克特”）·德·斯宾诺莎（1632—1677），荷兰理性主义哲学家、自由思想家，生于阿姆斯特丹的一个犹太人家庭，之后为逃离迫害，举家移居西班牙；其作品《神学哲学论》出版于 1670 年。

[4] 该区域位于沙俄帝国的西部省份，与普鲁士、奥匈帝国、黑海接壤，在此区域内允许犹太人永久居住，但禁止其越过该区域。

克[1]在《日瓦戈医生》里表达的想法类似，都有失偏颇，夏皮罗
先生认为贝伦森的两次信仰转变都是出于同一种动机，即为了
社会和谐，人类进步。对此，我不敢苟同。在我看来，任何
与贝伦森没有深度了解的人都无权对他说三道四。与其祖辈
不同，他精于世故，追求享乐，重视物质需求，不仅有自知之
明，还善解人意，渴望能从生活中获取它所赐予的一切。偶尔
他会疑惑，在这样坚持不懈追求享受的过程中，自己是否挥霍
了太多身上拥有的天赋。我很高兴认识他。其中不仅有友谊带 26
来的快乐，还能让我更好地认识到一个具有超常意志力的人能
为实现道义和学术的独立做些什么。而夏皮罗先生却把贝伦森
看作龌龊的社会价值观囚禁的奴隶。在我看来，不管贝伦森之
前如何，我认识的那个贝伦森明辨事理、品行端正、思想自由。

[以赛亚·伯林]

致沃尔特·莱格

1961 年 1 月 28 日 [副本]

[海丁顿宅]

亲爱的沃尔特：

我已不再期望能见上你一面，但这绝非我的本意！实

[1] 伯林于 1945 年在莫斯科拜访帕斯捷尔纳克时，意识到这个作家正努力使自己的犹太人出身和俄罗斯人身份相一致。十一年后，帕斯捷尔纳克把一份《日瓦戈医生》的手稿托付给伯林，伯林“离开后阅读了书中的几个章节，立刻意识到帕斯捷尔纳克的身份认同危机已经化解”（迈克尔·伊格纳季耶夫：《伯林传》，第 147 页）。

在是万不得已：我正集中精力，不遗余力地向某个听众群体讲授卡尔·马克思的思想。这些听众半是心怀疑虑，半是迟钝愚笨，不能理解我讲述的内容；又或者怀疑我图谋不轨，十分狂热地对我充满敌意。一帮典型的女权激进分子，扎着马尾辫[1]，双眼布满血丝，恶狠狠地怒视着我，同时字迹潦草地记着笔记，准备在新政权下对我处以极刑时派上用场，距期末考试大限之日已屈指可数。我要一直到3月份才逃离此地。你说我能否最迟在2月15日，或在开分委会会议的时候与你见面？我想不行。你真该参加上次的分委会会议，在那次会议上佐尔蒂解释了自己为什么爱上《仲夏夜之梦》这出剧，还谈了自己在纽约的经历。对了，你安排的剧目表非常对我胃口。但这一学期我快忙疯了，只能等空闲时再去伦敦，这一切都拜去年夏天罹患的疾病所赐，手头堆积了太多工作，但我很想参加三四个报上宣传的戏剧节。请问你能请你的同事帮个忙，送几张票给我吗？当然，如果太麻烦，我也可以通过正常渠道弄到票。[……] 不过你是不会回信的，这样两人就互不相欠，这一点我再清楚不过。

你的

[以赛亚]

[1] 伯林此处原文为：chevelures。

致阿瑟·劳里[1]

1961年3月3日［副本］

［海丁顿宅］

亲爱的阿瑟：

你来信询问圣凯瑟琳学院院长[2]的情况，他真的是一个很好的人。我同他很熟，他是约克郡人，精力充沛，活泼热情，肯定前途无量。我相信他不会永远待在牛津大学，以后 27
会是英国广播公司的总裁，或是一位能干的编辑，又或是身居公职，地位显赫、富有影响力。到目前为止，他一切顺利，并且刚刚收到了马莎百货公司捐给这个新办学院的一万英镑，因而对犹太人、对以色列都颇有好感。另一方面，如你所知，他也是希特勒和贝文[3]的传记作者。他脾气急躁，出于某些耿耿于怀的原因，认为所有犹太人都与他心目中的英雄贝文为敌，在这一点上，他争论起来言辞尖锐，咄咄逼人。一旦选择为这两个人写传，他就避免不了会遭到严词质问，至于这是否会令他大感不快，得由你自己判断。正如马库斯·约瑟

[1] 阿瑟·劳里（1903—1978），南非裔律师、犹太复国主义者。1957—1960年任以色列驻加拿大大使，1960—1965年任以色列驻伦敦大使。

[2] 阿兰·布洛克*（1914—2004），历史学家。1960—1980年任牛津大学圣凯瑟琳学院创始院长。

[3] 欧内斯特·贝文（1881—1951），工会主义者、工党政治家。布洛克所著的《欧内斯特·贝文的一生与时代》对其大加赞扬，该书分为三卷出版（伦敦，1960—1983）。其中，最后一卷叙述了贝文于1945—1951年间任外交部长的经历。当时犹太复国主义者的愿望和巴勒斯坦的阿拉伯人的期盼之间存在矛盾，而他正面临如何调和这一矛盾的难题。犹太人大屠杀之后，他决心限制来自欧洲的犹太移民，这在犹太人及犹太人支持者眼中不可饶恕。

夫·西弗[1]所说，布洛克是否能与志同道合的伙伴并肩作战，我会回答“是的”。但倘若他被某个典型的以色列文化导游带着四处参观，那我就对自己的回答没有把握了。只有当他引起足够多的关注时，当本—古里安不再粗鲁对待他时，他才可能被允许去那里。但他喜欢那个国家，喜欢她的活力，喜欢她的质朴。总而言之，他既是朋友，又是同盟。这就是我的观点。

你的

[以赛亚]

致迈克尔·布洛克[2]

1961 年 3 月 3 日［副本］

［海丁顿宅］

亲爱的布洛克：

奉同事哈罗德·汉柏里[3]之命，我致信阁下，此函与我之前请求有关。当时我申请在南院教室[4]安装一个扩音器，

[1] 马库斯·约瑟夫·西弗（1913—2001），后（1971）受封爵士，是（男爵）伊斯雷尔·摩西·西弗（1889—1972）（1967—1971 年任马莎百货公司总裁）在世的小儿子，也是迈克尔·马科斯（1894 年在利兹市建立马莎百货公司）的孙子。马库斯·西弗于 1935 年加入公司，1967—1983 年任公司联营公司总经理，1972—1984 年任公司董事长。

[2] 迈克尔·布洛克*（生于 1920 年），历史学家、教务长。

[3] 哈罗德·格雷维尔·汉柏里（1898—1993），法学家；全灵学院研究员，1949—1964 年任英国法瓦伊纳讲席教授。

[4] 牛津大学于 20 世纪建成了气势恢宏的考试院教学楼，此为该教学楼中的一个大讲堂。1960—1966 年，迈克尔·布洛克任该教学楼代理（也即执行）主任。

以作讲课辅助工具之用。学校管理人员当时应我所求，热情
地提供了一个。虽然这个扩音器有些小毛病，却依然大大便
利了教学工作。拜其所赐，热门话题（例如马克思主义）的
讲座火爆异常，吸引了众多听众。之前我走进南院，便发现
自己在其他种种不足之外又多了一种缺陷：嗓音不够洪亮。 28
在这个音响效果极差的教室里，简直就如同呢喃细语，让坐
在教室后排的同学听得十分吃力。我虽声嘶力竭，后排同学
却仍恍若未闻。我必须承认，教室外头街上传来的刻板单调
的机械施工声，是我不期而遇的全新对手。中午开讲座时，
我与其较量了差不多四十分钟。但即使没有这一“对手”，
“听不听得见”这一问题仍十分严峻。扩音器安装之后，情
况有所好转，但由于这个装置变幻无常，我的声调会时而变
高，发出尖叫，时而又低沉不已，如窃窃私语。然据学生证
实，总的来说，效果已然好很多。但我们还可以把事情做得
更好，像几乎所有的美国教室那样，没有必要在教学时非
得扯着嗓子呐喊，同时减少声如洪钟的讲师与其声若游丝
的同类之间与生俱来的不平等状况。汉柏里说我作为在此事
上智慧与权威的最终来源，应该致信与您。我早该想到对安
装公共广播系统提出建议，该系统包括在教室四周装上间隔
较远、对称安装的扩音器，这样一来教师就不必扯着嗓子，
声嘶力竭，还能使讲课更加精彩，使所探讨的话题更加深
入。至少对于教师来说，难以做到一边思考一边吼叫。这样
也能使一些讲座话题更受听众的欢迎。幸运的是，乘《伊西

斯》[1] 对扩音器问题尚未发难，我们仍可以留有尊严、快速高效地处理此事，在骚乱任性的消费者对此抱怨连连之前，尽早弥补扩音器的缺陷。[……]

您永远的

[以赛亚·伯林]

致罗兰·博登—穆勒

[1961 年 3 月中旬；手稿]

伦敦大学学院医院

亲爱的，亲爱的罗兰：

我在鼻子上动的小手术已经完成。[2] 目前正在读书，内心平静。据这儿幽默风趣的马斯格雷夫先生说，美国的医生们 1944 年没把我的病看好，把该做的活儿留给了他。1944 年那会儿，正是因为我同意让巴尔的摩神经质的 J. W. 加勒特太太将我送往约翰·霍普金斯医院，于是，我的鼻窦炎，以及眼皮总是跳个不停的种种毛病就此开始。后来我们两人
29 就互不待见对方了。[3] [……] 我最近一次印象深刻的体验

[1] 牛津大学学生杂志，创刊于 1892 年，以其讽刺风格闻名。

[2] 伯林于 1961 年 3 月 10 日在伦敦大学学院接受了小手术，手术切除了一块鼻息肉，于一周后回家休养。“我鼻子做了手术，对身体不好也不坏。这是所有手术所能期盼的最好结果，因此我相当满意。”（致翁贝托·莫拉，1961 年 6 月 5 日）

[3] 艾丽丝·沃德·加勒特（1877—1952），约翰·沃克·加勒特（1872—1942）的妻子，1929—1933 年任美国驻意大利大使。巴尔的摩著名的社交女主人。我们没有找到伯林与其不和的原因。

是在苏塞克斯[1]，与苏联代表们在一起。当时的计划是，他们派出一些人与其英国同行见面，包括记者、大学老师、国会议员等，一起对“互利共存”进行“自由开放”的讨论。[……] 开始的两天我并未加入讨论，但我安排他们晚上去观看歌剧《费德里奥》的首场演出，演出异彩纷呈，由举世无双的克伦佩勒[2]任指挥，而苏联人显然对这一安排十分抗拒，问了些“为什么去听音乐？”“为什么和文化有关？”之类的问题。他们来是为了讨论“互利共存”，而这明显与其无关，只是徒增干扰。然而，负责此事的是一位贵格会教徒，他立场坚定，称一切已安排妥当，坚决要求他们照安排办事。一旦下了命令，他们表现得就像普鲁士人和温顺的羔羊。我和艾琳还有奥地利女大使施瓦岑贝格公主一同参加了在柯芬园举办的招待会。这些苏联人看上去就像，或者说简直就是一群恶棍。威斯顿庄园曾经是德国人学习英国民主政治[3]的地方，所以里面满是用德文写的通知和布告。在乘巴士前往威斯顿庄园的路上，苏联人对此大为光火，还有用德

[1] 一个十三人以上的苏联代表团应英苏协会之邀，于 2 月 20 日抵达伦敦，之后在位于西苏塞克斯的威斯顿庄园中围绕“互利共存”这一主题进行了会谈。
[2] 奥托·克伦佩勒（1885—1973），德国裔指挥家，因其英国第一指挥的地位，曾得到马勒推荐。他与沃尔特·莱格的爱乐乐团长期合作，因而闻名于英国。1959 年，成为该乐团终身首席指挥。1961—1963 年及 1969 年任柯芬园客座指挥。
[3] 威斯顿庄园自 1951 年 1 月以来就是“威尔顿庄园”民主论坛的举办地，该论坛由英国政府于 1946 年 1 月建立，旨在让德国战俘为参与战后德国政府的民主建设做好准备。

语演唱的《费德里奥》也成了他们的愤怒之源。坐在车上，苏尔科夫先生[1]开始跟我解释为什么帕斯捷尔纳克的情妇[2]接受帕斯捷尔纳克国外图书的稿酬而不得不入狱八年。她被说成是一个下流荡妇，不仅窃取国库，还败坏苏维埃国家的道德政治，是一个十足的骗子，代表歪风邪气。他还跟我说哈马舍尔德[3]是自由和正义的敌人——当这个血案累累的杀人犯杀了卢蒙巴[4]的时候，英国人都拍手称快。而那个下流
30 荡妇——她使一位天才作家写出了最为糟糕的作品，一文不

[1] 阿列克谢·苏尔科夫（1899—1983），苏联诗人、小说家，因其第二次世界大战期间所作的爱国诗而闻名。1961 年 2 月带领俄罗斯代表团前往英国。作为苏联作家协会的第一届秘书长，在反鲍里斯·帕斯捷尔纳克的运动中表现突出，致使帕斯捷尔纳克遭协会开除，并使之无法接受 1958 年的诺贝尔文学奖。

[2] 奥尔加·维斯沃洛多弗娜·伊文斯卡娅（1912—1995），俄罗斯诗歌翻译、鲍里斯·帕斯捷尔纳克的智囊与情妇，1946 年任《新世界》（期刊）文学编辑时，二人相识。之后被捕，1946—1953 年间关押于古拉格劳改集中营，监禁原因可能与她和帕斯捷尔纳克的交往有关。斯大林去世后得以释放，定居于位于彼列杰尔金诺的作家村，在那里她任帕斯捷尔纳克的文学助理，二人工作关系密切。1960 年 12 月，因私吞《日瓦戈医生》销售所得稿酬的罪名被判处八年监禁，其女儿也被判三年监禁。之前 1960 年 5 月，帕斯捷尔纳克死前曾表达了对伊文斯卡娅命运的担忧。西方世界把伊文斯卡娅的判刑视为纯粹的政治迫害。

[3] 达格·耶马尔·阿格尼·卡尔·哈马舍尔德（1905—1961），1953—1961 年任联合国秘书长，在促进联合国维和作用方面功不可没。曾援引《联合国宪章》第 99 条，在刚果危机中发起倡议，采取预防性外交措施。1961 年 9 月 18 日，在罗德西亚北部（今赞比亚）因空难去世，当时他正试图增强该国的外交主动权。

[4] 帕特里斯·埃默里·卢蒙巴（1925—1961），原名伊莱亚斯·奥基阿松布，自刚果共和国（之前是比利时殖民地）独立以来任总理。泛非主义及刚果联盟主要倡导者。之后被免职，于 1961 年 1 月 17 日，在叛变的加丹加省遭暗杀。卢蒙巴之前曾请求联合国的保护，苏联将其死因归咎于他自己。尽管遭到苏联恶语中伤，他去世后仍被授予 1961 年的诺贝尔和平奖。

值的《日瓦戈医生》——的皮条客费尔特里内利[1]，借潜入苏联的间谍之手给了她十万美元，作为帕斯捷尔纳克背叛祖国所得的非法稿酬。当她因为收受这笔赃款而获刑时，英国人却虚伪地发出恐惧的呐喊，于是整个伟大的英国人民也都惊恐地举手附和。“你知道我同情谁吗？我同情她 1941 年自杀的丈夫。为什么？因为她丈夫发现了她的秘密日记，里面写了她至少有七十四个情人——七十四个啊！”他把数字重复说了一遍，其声洪亮如雷，回响在可怜的巴士上。这就是英国公众同情的那个娼妓，罗素伯爵[2]还曾在《泰晤士报》上发表过关于她的文章，等等。我只能机智地反驳道：对他们陈述的事实，我无法核实或否认——这次审判并没有外国记者出席。但是，首先，不管他的所作所为是否正当，帕斯捷尔纳克都是当今世界上第二有名的作家，自然，任何与他有关的事情都能激起全世界的反响；其次，不管此事是否真实，由于政治迫害动机过于明显，没有人会相信苏联方面的说法。……他们尽可以如其所愿，将“歪风邪气”囚禁起来（但现在看来，显然他们是欲将帕斯捷尔纳克圣人化，依

[1] 吉安贾科莫·费尔特里内利（1926—1972），意大利左翼政治活动家、出版商，也是第一个出版《日瓦戈医生》（1957，意大利语版）的出版商。伊文斯卡娅是帕斯捷尔纳克与费尔特里内利之间交易的关键中间人。
[2] 伯特兰·阿瑟·威廉·罗素（1872—1970），罗素伯爵三世，剑桥大学哲学家、政治活动家，曾获诺贝尔文学奖，他对伊文斯卡娅及其女儿所受的“残暴刑罚”“深表遗憾”，并把判刑都归因于一点：“他们是帕斯捷尔纳克的朋友”（《莫斯科的恶习》，书信，《泰晤士报》1961 年 1 月 30 日第 11e 版）。

照“打不过他们，毋宁与其同流合污”的原则，尽管帕斯捷尔纳克确实非常厌恶他们）。但在西方世界导致了忧郁感伤的情绪。他们这么做，甚至可能离间左翼知识分子，诸如此类。直到我们抵达威斯顿庄园，双方论战才告暂停。[……]上床时，已是凌晨两点，大家筋疲力尽。第二天，我们“争论”得热火朝天。苏联人只会扯着大嗓门，进行政治宣传。例如，他们称《泰晤士报》为法西斯的报纸，而那可怜的外籍编辑艾夫拉克·麦克唐纳[1]就在会上，此人极其温和、中庸，也算是一位亲苏人士，听到后差一点勃然大怒。苏联人又说他们不读《卫报》，因为它是毫无价值的自由主义报刊，令一同前来的《卫报》主编听后愤然离去。他们还抱怨新闻媒体没有提供足够的版块，来报道他们的发言；而只能读到编造痕迹明显的莫斯科新闻，其内容冗长乏味，实在无法忍受。害得“我们的”代表团成员，尤其是社会主义者，心里十分难过。我对这些诋毁并不介意，因为这是他们的一贯伎俩。在对我们持续不断的人身攻击之后，用餐时他们又变得和蔼可亲起来，似乎什么都无关紧要。他们感觉处于战争状态，既然是战争，就得遵从某些规矩，例如：停战时，大家和平相处；一旦停战结束，便立刻大开杀戒。如果不是亲眼
31 所见，很难理解这些本性质朴的人，在人为影响或在命令之

[1] 艾夫拉克·麦克唐纳（原文如此）（1908—2006），苏格兰高地人，俄语言文学家。1952—1965 年任《泰晤士报》外籍编辑。

下，会变得多么反常，多么没有人性。这不是外交手腕，而是军事训练的结果。相比之下，我更喜欢不虚伪做作的人，而不是像苏尔科夫、马利克[1]那样的伪君子，在我看来，他们肮脏至极。新来的大使索达脱夫[2]（大概是这样叫的），人就好多了。总的来说，我很喜欢同他交谈，也喜欢他们的语言。我看见的，或者说我认为我看见的他们的言行举止和他们所想之事，以及个中原因，都对我富有教益。在去往布赖顿穹顶宫参加由市长举办的市民招待会的行程中，我感到十分有趣，因为我看到他们对这个穹顶宫是幽默滑稽还是肃穆庄严拿不定主意，还因为看到他们笑着对布哈拉风格和中国风格相结合的洛可可式建筑风格[3]表示钦佩。我喜欢他们坚持要有一个联合声明的态度，虽然这个声明双方都不同意[……] 否则他们回到莫斯科就会因为花了钱却“一无所成”而受到谴责。我向苏尔科夫抱怨说自己被一家苏联刊物说成是“一个渴望学习 20 世纪俄罗斯文化的不学无术者，吐着肮脏的胡话，人云亦云地诽谤列宁”[4]。他友善地笑了，说

[1] 雅科夫·亚历山大洛维奇·马利克（1906—1980），乌克兰籍苏联外交官，1952—1960 年，接替安德雷·葛罗米柯，任苏联驻伦敦大使。之后任苏联外交部副部长，1968—1972 年任苏联驻联合国大使。

[2] 亚历山大·阿历克谢耶维奇·索达缇夫（1915—1999），苏联外交官，1960—1966 年接任雅科夫·马利克成为驻伦敦大使。

[3] 宏伟的布赖顿皇家穹顶宫建于 1787—1823 年，为摄政王也即后来的乔治四世所建，其设计包含丰富的东方元素，十分奢华。“布哈拉风格”指融合阿拉伯风格和东方风格的独特风格。位于乌兹别克斯坦的布哈拉地区，横跨古代丝绸之路。

[4] 维克托·阿尔森耶维奇·马利宁（1921—1999），在其一篇有关弗朗科·文图

我没有像托马斯·斯特恩斯·艾略特、哈马舍尔德、奥登[1]和盖茨凯尔[2]那样被叫成畜生的名字（例如鬣狗），那就不要紧，那些名字才叫要命！之后，我们就分别了。衷心向你问候，请一定回信，你上封信写得真是文采飞扬。

伯林

致安·弗莱明

1961年3月17日［副本］

［海丁顿宅］

最亲爱的安：

原谅我不能亲手给你写信，但我做完一场可怕的手术之后身体虚弱。手术虽说不是痛得厉害，但可怕之处在于我必须每
32 两小时被叫醒一次，打一针可的松。后来才发现，根本没必要
这么做，而是外科医生交代戈德曼[3]的医嘱被曲解了！我成功

里的《革命的根源：19世纪俄罗斯民粹派与社会主义运动历史》（伦敦，1960）的评论文章中（文章发表于《海外社科新书目》，1961年1月第1期，第40—47页中的第46—47页），抨击了伯林写的序言（该文后以“俄国民粹主义”为题收入《俄国思想家》）。伯林此处提到的文章是这样写的：“就俄罗斯社会观念史来说，显然，这个‘专家’完全是个不学无术之人，他一本正经又镇定自若地说着些蠢话［……］人云亦云地诽谤列宁主义。”

[1] 维斯坦·休·奥登（1907—1973），诗人兼作家；自大学时代起就是伯林一生挚友斯蒂芬·斯彭德的至交。

[2] 休·托德·内勒·盖茨凯尔（1906—1963），1955—1963年任英国工党领导人。因其属于修正主义的社会主义，又自愿为苏联政治犯辩护，遭到苏联报刊的批评。

[3] 卡尔·海因茨·戈德曼（1904—1992），犹太裔全科医生，生于莱比锡。20世纪30年代逃离德国；1935年在英国获得行医资格；第二次世界大战期间服务于英国皇家陆军军医队，后成为伦敦最负盛名的时尚社会医生之一。

地致使三位医生——外科医生、内科医生和麻醉师——在医疗建议上相互矛盾，自我矛盾，看着这场面我有点幸灾乐祸。他们最终的争论结果更像是联邦首脑们和维沃尔德博士[1]之间的争论——完全无法达成一致方案，并因此对我产生怨恨（这是真正的问题所在）。他们明白，我意识到了他们所说的一切都不是真话，意识到了唯一的问题在于到底是谁在说假话，说了多少假话，说假话又是为了掩盖什么，意识到了普遍的道德混乱。尽管如此，我依然在逐渐康复：你送来的美味礼物，里里外外都一样漂亮，以最精致的中式包装的蛋中蛋加快了我原本缓慢的康复进度。唉，我可怜的鼻子！你读过果戈理写的一个关于鼻子[2]的故事吗？那是部美妙的超现实主义作品，许多作曲家为它谱了曲。它说的是有个人为了去除鼻子上的小脓包，一天晚上在患处涂了药膏，第二天早上发现，鼻子原来的位置居然变成了一片光滑的平面。他担心同事会察觉，于是来到街上，居然发现自己的鼻子穿着皮大衣，戴着精致的大礼帽，陪伴两位漂亮的女士上了马车。这鼻子非常勇敢快乐，经历了各种奇遇，使一路追随观察它的主人看了既惊讶又羡慕。整个过

[1] 兰卡斯特宫联邦首脑会议在经过旷日持久的辩论后，于 1961 年 3 月 15 日决定，南非成立共和国后（当年 5 月 31 日）将脱离英联邦：此举源于诸首脑反对亨德里克・弗伦施・维沃尔德博士（1901—1966）执政政府的种族隔离政策。维沃尔德于 1958—1966 年任南非首相。

[2]《鼻子》（1836），收录于尼古拉・瓦西里耶维奇・果戈理（1809—1952）创作的《圣彼得堡故事》。德米特里・肖斯塔科维奇（1906—1975）于 1930 年将其改编为同名歌剧。

程持续了许多天：一个十分有趣的故事。而我的鼻子依旧是一介平民，安于现状。

斯帕洛刚刚打来电话说，他大败了莫里斯（千万别跟别人说起！否则后果不堪设想，比南非的局势更加严重）。毫无疑问，我们马上就会听到莫里斯大败斯帕洛的消息；难怪康诺利[1]要说，相隔十五年，重回牛津大学的讲台，听到的议论仍然是“你知道莫里斯是怎么说罗伊[2]的吗……”，要么就是“你知道全灵学院和莫德林学院之间激烈的争吵吗？”云云，真是一针见血。

33 阿瓦[3]专门写信来说，她受到希腊王后[4]的拜访，这位王后颇有哲学造诣——我庆幸没有赶赴希腊大使诚邀的午宴，那里一定有许多知识精英位列各位王公陛下面前。与轻佻又名不副实的德国女学究聊着轻松的抽象话题，加上右有莫里斯的吼叫，左有诺埃尔·安南[5]的咆哮，对于像我这样远离人群且

[1] 西瑞尔·弗农·康诺利（1903—1974），作家、文学评论家；1950 年起任《星期日泰晤士报》首席文学批评家直到去世；与古典主义者、瓦德汉姆学院院长莫里斯·鲍拉（1898—1971），以及罗伊·哈罗德（见下注）为牛津大学差不多同时代的人物。

[2]（亨利）·罗伊·福布斯·哈罗德（1900—1978），1959 年受封爵士，经济学家；1924—1967 年任牛津大学基督教堂学院现代史与经济专业研究员；1952—1967 年任纳菲尔德学院国际经济学讲师；约翰·梅纳德·凯恩斯的官方传记作者。

[3] 阿瓦·韦弗利（1896—1974），婚前姓博德利，政治名媛，第二任丈夫是约翰·安德森（1882—1958），1952 年受封韦弗利子爵一世。尽管“不参与公共生活”，但阿瓦·韦弗利可能“比同代人中的其他女性发挥了更多的间接影响”（《泰晤士报》1974 年 12 月 24 日第 12e 版）。

[4] 汉诺威的弗雷德丽卡王妃（1917—1981），伊丽莎白二世和爱丁堡公爵、亲王菲利普的远房表妹，希腊国王保罗（1901—1964）之妻。保罗于 1947—1964 年在位。

[5] 诺埃尔·安南 *（1916—2000），剑桥大学国王学院院长。

身无长处的大学老师来说，可算不上是个安静的下午。

上述文字是否读起来怨天尤人？我想这都是身体状况造成的。不久后我就会恢复以往攻无不克但令人厌恶的宽容仁慈了。我们几时能在此地再度见面？上回见面非常愉快。

你的

[以赛亚]

1959 年，菲德尔·卡斯特罗[1]领导的古巴革命取得成功，推翻了在美国支持下以富尔亨西奥·巴蒂斯塔为首的残暴独裁统治，华盛顿认为这是对美国利益的严重威胁。卡斯特罗迅速进行了彻底的社会主义改革，沉浸在革命的豪言壮语中。1960 年美国总统大选民主党候选人约翰·F. 肯尼迪称，古巴已经成为“共产主义在加勒比海地区的首个根据地”[2]。肯尼迪执政期间不断试图打垮卡斯特罗的这一立足之地，他批准了美国中央情报局罢黜卡斯特罗的秘密计划，该计划由肯尼迪前任德怀特·D. 艾森豪威尔发起。但是，这一政策在死伤惨重的“猪湾”入侵事件中告终。1961 年 4 月 17 日至 19

[1] 菲德尔·亚历翰德罗·卡斯特罗·鲁斯（生于 1926 年），古巴革命领导人、政治家；1959—1976 年任古巴总理，1976—2008 年任总统；领导起义，推翻巴蒂斯塔独裁统治；因古巴经济在很大程度上需要依赖苏联援助，1961 年起，与苏联结为更紧密的盟友；成为世界解放运动偶像。

[2] 出自 1960 年在辛辛那提的讲话，收录于《约翰·F. 肯尼迪 8 月 1 日至 11 月 7 日的演讲、谈话、记者招待会及论述》（华盛顿，1961），第 511 页。下一段的引文出自同一页。

日，一支经过中央情报局特殊训练、由古巴流亡人士组成的准军事旅在古巴西南海岸登陆后旋即战败。原本希望借由入侵古巴而引发的民众反卡斯特罗暴动也因此未能发生。这一事件反而向世界证明，古巴共产党政权已深入民心。

卡斯特罗得到国际知识界的大力支持，其中一位支持者是英国戏剧评论家肯尼斯·泰南[1]。他与其他学者在 1960 年 4 月 6 日出版的《纽约时报》整版广告上签了名。“公平对待古巴委员会”赞助了此次活动，该组织抗议西方媒体表现出的反卡斯特罗偏见；其他签名者还包括西蒙娜·德·波伏瓦、让—保
34 罗·萨特、诺曼·梅勒和杜鲁门·卡波特。不过，卡斯特罗政权反民主的问题也一再遭到非议。肯尼迪 1960 年 10 月说：“卡斯特罗及其团伙背叛了古巴革命的理想以及古巴人民的期望。”

致肯尼斯·泰南

1961 年 4 月 26 日［副本］

［海丁顿宅］

亲爱的泰南先生：

感谢您 4 月 21 日的来信。您邀请我声援建立捍卫古巴委员会，恕我无法响应。我的理由如下：我曾与两位古巴民主人士交谈，他们认为卡斯特罗博士是双手沾满鲜血的暴

[1] 肯尼斯·皮科克·泰南（1927—1980），记者、作家、戏剧评论家；曾创作获得巨大成功的音乐剧《加尔哥答风情画》（1969）；社会主义者、核裁军支持者。

君。我不完全接受此观点，但我认为，他与早期的布尔什维克党人高度相似，我也无法说服自己为他更加冷酷的镇压行为辩护。捍卫行动向来是善恶并存之举，有得必有失，好比做煎蛋必须打破蛋：对此事，肯尼迪总统毫无疑问也会要求其提供正当理由。若我身为政治家，哪怕只是担当下院议员，我也理所当然有责任做出决定，在煎蛋和蛋之间，判断何为无法避免的必要之恶，并做出选择。而身为普通公民，我认为没有义务非要表明自己的态度。[……]

您真诚的

[以赛亚·伯林]

致肯尼斯·泰南

1961 年 5月 1 日 [副本]

[海丁顿宅]

亲爱的泰南先生：

请原谅，我得就古巴问题再说几句话。我在《泰晤士报》上看到了您的信，您说相信卡斯特罗具有诸多优秀品质。[1] 对此我不敢苟同。我认为，他的经济和教育成就并未

[1] 泰南早前率领一个由十六位知名人士组成的团体，于 4 月 18 日投书《泰晤士报》，抗议美国插手“猪湾”入侵事件。4 月 28 日，他再次单独投书，重申自己的立场，反对指责卡斯特罗为不实行民主的独裁主义者：他相信卡斯特罗政权正大踏步迈向社会平等，并称“在紧急状态下，政府实施审查制度可以得到原谅”(4 月 19 日第 13e 版；4 月 29 日第 9e 版)。

如其宣传的那样显著；另外，他的镇压行动，早在任何入侵或反革命威胁出现之前就开始了：一如1917—1918年俄国的情景，也一样出于相似的意识形态原因。卡斯特罗可能不是共产主义者，但我感到，他和列宁或托洛茨基一样，对公民权利和个体命运毫不关心。不过，即便我上述的想法全
35 为误判——也许某一日，证据将会浮现，将对错大白于天下——也不代表美国插手入侵的行为明智或正确；若您在早先的信件中只论及此事，并将其认定为愚蠢或错误之举，我就不会反对签名，尽管联名上书的形式遭到许多人厌恶，委员会的影响力也有限，诸如此类，这些我都可以置之不顾。但我必须承认，对古巴局势，我并非单纯地感到愤怒，因为这种情绪会让所有冷静的思考化为乌有。

当人面对穷凶极恶而真切感受到恐惧时，他当然应该顺从自己的本能，而非诉诸理智。莫斯科审判、慕尼黑、希特勒、墨索里尼（超过A. J. P. 泰勒先生[1]）、西班牙内战、阿比西尼亚战争、佛朗哥、萨拉查、斯大林、布达佩斯、迫害同性恋、维尔沃德、鞭刑、《日瓦戈医生》事件及其骇人听闻的后续影响（伊文斯卡娅夫人及女儿）——这些都不容置疑。可是，苏伊士运河危机（可能是我在情感上偏向以色列——尽管我不愿相信其真实性）、阿尔及尔和法国的民族解放阵线恐怖主义、巴勒斯坦的犹太恐怖主义、核裁军运

[1] A. J. P. 泰勒＊（1906—1990），历史学家。

动、艾希曼、中国的集体化运动——它们至少不会使我产生这种本能反应。卡斯特罗（对我来说）便属于此类。阿尔及利亚那些参与叛乱的将军根本就是与我所信奉的一切格格不入的公敌，但是卡斯特罗——包括受侵略威胁出现之前许久就业已开始实施的监禁和处决（我同意，外国入侵给了他真正的理由，同时也是借口来做某些事。这些事情明显绝非一时兴起想要打击，因而结局也就更为悲惨）、与赫鲁晓夫之间的联系——所有这些同样无法带来正义或自由。我无意非难卡斯特罗政权。您带着鲜明的诚挚之心和政治（于我而言）同情心而发表的言辞，我愿意相信其中大多数都真实确凿——巴蒂斯塔和马查多[1]（美国协助古巴推翻其政权）之流，仅凭温和与文明的手段确实无法撼动。然而，我也不准备为卡斯特罗政权辩护。在这样的思想状态中，我若发声，实乃不诚之举。并非因为我签不签名事关紧要——我开始想，您或许已将我之前和此次的来信视为傲慢自大的表现。这类联名信，实在签得太多了，我的签名已变得一文不值——如果从前还值点钱的话。即便如此，当受邀签名反对佛朗哥的监狱——尽管这意味着与多列士[2]及其他共产主义

[1] 热拉尔多·马查多·伊·莫拉莱斯（1871—1939），1924—1933 年任古巴总统，1928 年修改宪法，使自己得以在几乎没有任何反对意见的情况下顺利连任，并变得日益专制独裁；举国动乱之后，其政权倒台，古巴政局因此而更加激进。
[2] 莫里斯·多列士（1900—1964），法国共产党领导人；忠诚的斯大林主义者，在他的影响下，法国共产党拒绝接受赫鲁晓夫 1956 年提出的“个人崇拜”指控。

者的名字出现在同一版面，而他们并不拥有抗议此类事件的道德权利（在这个意义上，你们给《泰晤士报》投书中的一
36 些签名颇具妥协意味）[1]——我仍愿意签署；因为别无选择；在南非板球队员访问牛津大学一事上也是如此——在这个问题上[2]，我曾说，抵制是完全正义的行为，并因此与某些高尚完人展开激烈辩论。但卡斯特罗似乎属于全然不同的另一类人——对他的许多恶行，人们不得不忍气吞声，给予宽恕，并为其辩解、搪塞。对他，我感觉不到任何道德冲动。[……]

您真诚的

[以赛亚·伯林]

1961 年 1 月，戴高乐就其阿尔及利亚政策进行的公投获得彻底胜利。该政策将严重削弱恐怖组织 OAS（秘密军事组织）及支持它的高级军官的抵抗独立行动。但在 1961 年 4 月 22 日星期六，四名退役将军发动政变，控制了阿尔及尔政府，并威胁到第五共和国本土。虽然“将军叛乱”持续时间很短，

[1] 金斯利·马丁（原文第 95 页注 1）和埃里克·霍布斯鲍姆（原文第 378 页注 2），泰南 4 月 18 日联名信（发表于 4 月 19 日）签名者。这封信显然没有谴责斯大林主义。

[2] 1960 年 5 月，伯林连同另外五十五位牛津大学资深教授共同发起抗议，反对该校板球俱乐部决定举办比赛，抵制巡回来访牛津的南非板球队。他们在信中称，该赛事只会“在体育竞赛中容忍种族歧视行为，并使公众把牛津大学和种族歧视联系起来”（《泰晤士报》1960 年 5 月 10 日第 7a 版）。

但毫无疑问，法国政府对此深感担忧，尤其不放心军队是否忠诚。在星期日的早间广播中，法国总理米歇尔·德勃雷[1]警告，叛军正准备空降至巴黎附近的机场，拉开夺权的序幕："警报声响起时，"他鼓动民众道，"不管走路去还是坐车去，都请快速赶到那里，尽你们所能说服他们，让他们明白自己犯下的巨大错误。"[2]当晚，戴高乐强烈呼吁全体国民抵制他所谓"由一群巴黎人和怀有野心的狂热军官"发动的"可恶又愚蠢的冒险行为"："我们的政府因此遭到挫败，国家遭到挑衅，国力遭到削弱，国格遭到羞辱，我们在非洲的作用和地位遭到损害。[……]诸位国民，不分男女，睁大眼睛，看看法国偏离既有的正确方向，正在面临怎样的危难。诸位国民，速伸援手！"[3]

致罗兰·博登—穆勒

1961年5月14日

海丁顿宅

亲爱的罗兰：

原谅我无法写长信给你——你说得没错，这是我最繁忙

[1] 米歇尔·德勃雷（1912—1996），1959—1962年任法国总理，1966—1968年任法国经济与财政部长，1968—1969年任法国外交部长，1969—1973年任法国国防部长。
[2] 见《泰晤士报》1961年4月24日第14a版。
[3] 见《泰晤士报》1961年4月24日第14a、14c版。

的一段时期，课程教学、本科生、委员会、各种严重耗费
37 时间的事务，正从四面八方吞噬着我。我觉得我在浪费时间——说过的、写过的东西都毫无价值。发表在例如《听众》杂志上对我作品的批评，迫使我沉浸于毫无意义的争论，这也让我颇不开心。[……]

至于法国及其将军叛乱事件，还真是刺激。我们从意大利都灵坐火车到法国——当时是晚上十点，火车还在都灵时（大概四五天前），喇叭里就反复通知无法保证火车能到达巴黎，因为法国方面可能在凌晨四点开始罢工，乘客须自担风险。[……] 但罢工并未发生，我们顺利到达巴黎。我们见到了乔·艾尔索普[1]，不用说，他那时非常沮丧，但同时又对古巴那些丑恶的交易津津乐道 [……]。然后，乔在星期六一大早[2]就来找我们，问我们是否不认为那是个坏消息。我们依然以为是指古巴，但他发现我们还不知道发生了将军叛乱，便开始眉飞色舞地说了起来。他向我们绘声绘色地描述将军叛乱的可怕细节，语气耸人听闻，并预测叛军会入侵突尼斯（我估计会俘虏皇太后——这可是一份丰厚的战利品——以此邀功请赏，跟随突尼斯总统左右）。他似乎很乐于渲染令人毛骨悚然的场面。那天的巴黎气氛确乎有些紧

[1] 约瑟夫·赖特（“乔”）·艾尔索普＊（1910—1989），新闻专栏作家及外交事务评论员。
[2] 4 月 22 日。

张，但我们没有看到坦克或军队出现。我们晚上安全到达剧院，观看了一出俄罗斯戏剧，次日，又见到许多老朋友，与兰博德[1]夫妇共进晚餐。半夜回来后，大约十二点半时，赛勒姆打电话跟我们说，他很抱歉打扰我们睡觉，但我们一定很想知道德勃雷总理发表了讲话，称空降兵即将在四五个小时内现身——强烈呼吁所有的爱国人士马上前往机场。但我们想这话不适用于外国人。无论如何，我必须在星期一乘坐“黄金箭”海陆联运列车前往伦敦。新学期已经开始，我已经迟到了，为此我感到羞愧，在巴黎的时间早已延长到极限——可我又觉得十分不愿离开，很想看看下一步会发生什么。这里顺便提一下，宝琳·德·罗斯柴尔德夫人[2]——你可以称呼她宝琳·波特——专门为艾尔索普在星期一晚上筹备了一场盛大的晚宴，届时出席的人员，将有包括戴高乐在内的法国内阁全体成员及其夫人，此外还有众多女演员和

[1]（霍勒斯）·安东尼·（克劳德）·兰博德（1911—1983），1962 年受封圣迈克尔和圣乔治高级勋爵，外交家；1960—1963 年任英国驻巴黎公使；1965—1967 年任英国驻泰国大使及东南亚条约组织（SEATO）英国代表；1967—1970 年任英国驻奥地利大使。第一位妻子为菲丽西蒂·安（1917—1984），婚前姓贝利（1974 年离婚）。
[2] 宝琳·德·罗斯柴尔德（1908—1976），婚前姓波特；生于巴黎的富裕美国移民家庭，1954 年再婚，其夫为菲利普·德·罗斯柴尔德男爵（1902—1988）；在伦敦和巴黎为女装设计师斯基亚帕雷利工作，后独立设计服装；协助丈夫翻译英语诗歌（特别是伊丽莎白的作品）。

38 阿隆[1]夫妇、各路美国记者、来自伦敦的布鲁斯[2]和冯·霍夫曼斯塔尔[3]等，有七八十人，而我数星期前已表示拒绝赴宴，理由是厌恶在法国参加这种过于拘泥于形式、乏味无聊的活动——虽然艾琳倒是十分愿意前往。不过这会儿，艾琳也开始觉得举办大型晚宴也许真的不太合适。随后，立刻就有消息说想来的人尽管可以前来，但晚宴决定取消了。可别说，正在阿尔及利亚首都阿尔及尔执行危险且敏感任务的若克斯先生[4]还真来了！因此，晚宴改成了小型非正式聚会，有三四十人——聚会说是非正式，可当有位女士只穿了小礼服出席，没有意识到严格来说应该穿正式一点的长裙的时候，女主人通知她不能参与用餐，这位女士乞求留下，希望不要再回到公寓更换衣服，于是女主人同意她上楼找一件自己的长裙换上。与此同时，星期六到达这里准备参加罗斯柴

[1] 雷蒙·阿隆（1905—1983），法国社会主义者和政治哲学家领军人物；1965—1968 年任巴黎大学社会学教授；《费加罗报》定期撰稿人；1933 年与苏珊娜·戈岑（1907—1997）结婚。

[2] 戴维·柯克帕特里克·艾斯特·布鲁斯（1898—1977），美国外交家；1961—1969 年任美国驻英国大使；1945 年与第二任妻子伊万杰琳（婚前姓贝尔）（1914—1995）结婚。

[3] 雷蒙德·冯·霍夫曼斯塔尔（1906—1974），美国亲英派，偶尔任《时代》杂志的伦敦特约记者，奥地利诗人雨果·冯·霍夫曼斯塔尔（1874—1929，《玫瑰骑士》剧作者）之子。“他堪称真诚的伙伴、慷慨的主人、理想的客户，颇具智慧，思想开放，理解并珍视艺术、爱情、人类社会和人际关系，并视其高于公共生活价值。”（伯林，《泰晤士报》1974 年 4 月 20 日第 20f 版）

[4] 路易斯·若克斯（1901—1991），戴高乐政府部长，1960—1962 年负责处理阿尔及利亚事务；受命就阿尔及利亚独立问题进行谈判，并于 1962 年 3 月达成《埃维昂协议》。

尔德家庭聚会的宁·莱恩[1]，决定星期日直接返回伦敦的家。她一直紧张地问我，是否觉得她表现太畏缩。

我对艾琳说，宁愿她带着孩子跟我回英国。之前他们一直跟父亲待着。假如分隔两地，老得从牛津打电话联系，又时时被告知电话出问题，那就太伤脑筋了。正好她也急着想回，于是把孩子们叫到一起，我们顺利买到了火车票，在星期一中午离开法国。

其间，丽兹酒店挤满了有钱人，他们急着预约车辆，准备逃往沿海地区或瑞士，因为他们觉得火车已经不再可靠；人们纷纷大量提现，银行出纳员那里已经很难提取现金；整体情况真的非常糟糕。我对不得不离开心怀恐惧，特别是电梯司机询问我是否真的准备走时更是如此。戴高乐政府正
在溃败，到时即便我再怎么解释，又有何用？星期二一大 39
早，我得参加一个女学生的博士学位考试，下午还有课要上。我们上了火车，并不拥挤，旅途顺利——整个事件中最令人害怕的部分，在于无论是戴高乐的激昂演讲，还是德勃雷，或其他什么人，都没有只言片语提到军队[2]；这清

[1] 玛格丽特·多萝西（“宁”）·莱恩（1901—1995），婚前姓卡恩，银行家、慈善家奥托·卡恩之女；热心赞助艺术；1928 年与约翰·巴里·莱恩（1900—1966）结婚；“她热爱艺术（尤其是音乐）[……]；熟悉一切文化价值”（伯林，《独立报》1995 年 2 月 10 日第 16 版）。

[2] 其实，二人在演讲中都曾提到了军队：戴高乐在声明中呼吁，“我不许任何法国人，尤其是任何军人”执行叛军的命令；德勃雷则强调，政府命令“已下达给［伞兵］部队，要求其务必，我强调是务必，击退这场疯狂的袭击”（《泰晤士报》1961 年 4 月 24 日第 14c、14d 版）。

楚说明军队不受信任。这点对法国而言太可怕了：如果戴高乐突然消失——死亡，遭枪杀，或以其他方式被清除——谁也不知道下一步会发生什么。共产党人可以轻易筹划政变——现时没有其他人能够做到——尽管这么做的动机不明，除非得到苏联命令。但是，随便找个法国人聊聊，就会知道法国领袖根本就后继无人——有传言说戴高乐想要培养莱昂·诺埃尔[1]让他接自己的班——我记得他是个好人，但没什么能力，缺乏突出个性。这段时间，阿瑟·施莱辛格[2]也找过我们，解释了他对古巴局势的看法。他非常反对"猪湾"入侵行动[3]，这点我相信，为此他还跟《观察家报》的编辑人员闹了不愉快。那些社会主义者没有表现出暴躁：他们在肯尼迪身上投入了太多股份，虽然股价急剧下跌，也不太可能卖出，因为他们已经无处可以投资；他们并不支持卡斯特罗，因为他们发现，美好的社会主义除非立刻与共产主义挂上关系、废除言论自由、枪毙无辜之人，否

[1] 莱昂·菲利普·朱尔斯·阿瑟·诺埃尔（1888—1987），法国外交家、政治家；1935—1940 年任法国驻波兰大使；1959—1965 年任戴高乐政府的宪法委员会主席。
[2] 小阿瑟·施莱辛格 *（1917—2007），历史学家、政治顾问。
[3] 施莱辛格是新政府团队中少数几位公开发声反对"猪湾"入侵的顾问之一，虽然后来他自责未能在关键的几次委员会议上更为强硬地表达自己的观点。他当时的做法是给总统提交了几份备忘录。后来，麦乔治·邦迪曾经向肯尼迪提起其中一份，肯尼迪回答说："要是他能花些时间，为我的执政团队写本书，那就太好了。但他最好别在我有生之年公开这份备忘录。"道格拉斯·马丁，"阿瑟·施莱辛格，大权在握的历史学家，享年八十九岁"，发表于《纽约时报》2007 年 3 月 1 日第 C14 版。

则就无法在拉丁美洲得到实践。承认这一点对他们来说简直难以忍受。而共产主义者却乐见其成。我对此感到十分郁闷。

你的

致以问候

以赛亚

1953 年 5 月 12 日，伯林在伦敦经济（与政治）学院发表了奥古斯特·孔德纪念基金会创立演讲，主题为历史决定论的不可持续性，标题为“以历史为托词”。此次演讲稿经修订后，以《历史必然性》（伦敦，1954）为名于次年出版。
它与《刺猬与狐狸》和《两种自由概念》一道，是伯林最著 40
名的三篇文章。此次参加伦敦政经学院演讲的听众之一是 E. H. 卡尔[1]，他和伯林在这之前已经有过数年的文字交战，伯林曾经批评卡尔的《布尔什维克革命，1917—1923》[2] 将历史描述为“由不可阻挡之定律支配事件发展的过程”。[3]“以历史为托词”是对其观点的延伸阐述。演讲中伯林或明或暗地提到了卡尔的著作，他的批评令卡尔很不高兴。八年后，1961 年，卡尔在剑桥大学举行的特里维廉系列演讲中回击了

[1] E. H. 卡尔 *（1892—1982），外交家、政治家。
[2] 见其撰写的《苏联史》（伦敦，1950—1953）第一卷。
[3] 评论，《星期日泰晤士报》1950 年 12 月 10 日第 3 版。

伯林，演讲内容以《什么是历史？》为书名在当年出版，并获得巨大成功：

> 以赛亚·伯林爵士是当之无愧、广受欢迎的作家和饱学之士。过去五六年中，在我国或美国，几乎每个曾经写过历史文章，甚至包括那些曾经对历史著作做过严肃评论的人，都会心照不宣地对黑格尔、马克思和历史决定论竖起大拇指，并指出，未能认识到历史事件的作用是十分荒谬的。要让以赛亚爵士对其门徒负责任可能不太公平。甚至当他胡言乱语时，都以其魅力四射和引人入胜的谈话方式赢得了我们的纵容。但他的门徒重复了这些无意义的话，却未能继承其吸引力［……］。是波普尔教授和以赛亚·伯林爵士一直在白费心力，将死马当活马鞭策，制造出马在奔跑的假象；要拨开迷雾需要一点儿耐心[1]。

卡尔演讲的剪辑稿在英国广播公司播出，并见诸《听众》杂志。在这本杂志的读者来信专栏，刊登了伯林回应卡尔的来信。

[1] E. H. 卡尔，《什么是历史？》（伦敦，1961），第91—93页；“死马”描述见下页。

致《听众》编辑

[1961年5月18日发表]

牛津

先生：

我的朋友 E. H. 卡尔先生在严词批评反对者时，终于不用戴着以往常用的匿名面具，可喜可贺。韦奇伍德小姐在5月4日的《听众》杂志[1]上，实际上已经对卡尔的指控做出了回应。卡尔·波普尔[2]教授自己会处理好针对他的言论；而我则想借用你们的杂志，就卡尔迄今为止针对我（被他频 41
繁攻击但一直默默忍耐的受害者）的指控做一回应。卡尔先生坚持认为，我的观点是：(1) 历史决定论一定是错误的；(2) 历史学家不应寻找人类行为的原因；(3) 探讨重要历史人物的行为时，给予他们正面或负面评价乃历史学家的积极义务。卡尔先生称，这些看法毫无意义，并谴责我的“门徒们”应为散播这些言论负责。我很好奇这些神秘的门徒是谁，他们又在哪里散播这些有害的学说。至于把上述说法都推到我身上，我只能说后两条显得既幼稚又怪异；我不

[1]《听众》1961年5月4日第788页。（西塞莉）·维罗妮卡·韦奇伍德(1910—1997)，1968年受封（二等）高级英帝国女勋爵，1969年获颁功绩勋章，历史学家；尽管没有固定教职，韦奇伍德仍经常发表演讲，出版了大量著作，特别关注有关英国内战的主题。

[2] 卡尔·雷蒙德·波普尔（1902—1994)，1965年受封爵士；生于奥地利，哲学家；1949—1969年任伦敦经济（与政治）学院逻辑学和科学方法教授；著有《开放社会及其敌人》(1945) 和《历史决定论的贫困》(1957)。

知道现今有谁会主张其中任何一条。不用说，我从来不曾持有这些观点。我的主张是：(a) 如果历史决定论是正确的，姑且这么说，某些令人不安的隐含影响便会随之而来，而决定论者几乎对此视而不见，敢于面对它们的人就更少了；(b) 支持历史决定论的一些理由根本站不住脚（卡尔先生的系列演讲提供了其中一些极好样本）；(c) 将人类行为归结于自然力的历史学家，实乃谬误。避开所有价值判断，甚至连隐含的价值判断都不愿触及的历史学家，不必要地剥夺了他们自己在自由社会中理应享受的人权；而狂热追求非道德客观主义，并试图将大多数历史学家（包括卡尔先生）在他们的日常话语中所包含的评价力（道德或其他）痕迹剥夺殆尽的人，其实是在对并不存在的疾病开一剂无效的药方。

我过去曾捍卫这些主张，今后也打算再度捍卫。卡尔先生未将这些主张归咎于我（对我和你们的读者来说可谓幸事），在此就没有必要重复我的论点。不过，卡尔先生肯向我们展示他如何看待观念史上最艰深、最折磨人的议题之一，倒也不是一件坏事。他的文章总是条理清晰、富有活力且讨人喜欢，不太可能像我的文章那样，似乎轻易就会在卡尔先生的心中产生误会。但是，他面对个体自由和责任问题时（如卡尔先生恐怖的隐喻，称波普尔教授和我“将死马当活马鞭策”），所采取的捷径为我们敲响了警钟，即无论一个人有多么博学或多么睿智，当他跨入距离自己太过遥远的领域时，会发生什么。

卡尔先生说到他对我愚蠢思想的纵容。对此，我很高兴地向他表示同情以作回应，愿他在深奥、多变又陌生的历史哲学领域的道路上，一路摸索走好。

谨上

以赛亚·伯林 42

致亨丽埃塔·赫什曼[1]

1961 年 5 月 22 日［副本］

海丁顿宅

亲爱的赫什曼夫人：

［……］听说你遇到了我的老熟人埃里希·莱因斯多夫先生[2]。他在波士顿担任指挥，是一位出类拔萃的音乐家，当之无愧的维也纳神童。他的长臂如金蛇般伸展，带来一场场精彩绝伦的演出。虽然在他身上，我看不到什么天才的影子，但现如今，天才恐怕已经难以寻觅。［……］他还

[1] 亨丽埃塔·利奥波多芙娜·赫什曼（1885—1970），婚前姓莱昂，莫斯科制造商、收藏家、艺术赞助者弗拉基米尔·欧西珀维奇·赫什曼（1867—1936）的遗孀，常任画家瓦伦丁·谢洛夫（《伯林书信集（卷二）》，原文第 594 页注 6）的模特。

[2] 埃里希·莱因斯多夫（1912—1993），奥地利指挥家，1934—1937 年曾任阿图洛·托斯卡尼尼和布鲁诺·沃尔特在萨尔茨堡艺术节上的助手，1937 年移居美国任大都会剧院指挥，并在 1942 年正式成为美国公民；1962—1969 年任波士顿管弦乐队音乐总监。

是一个很和气的人，比明希[1]更平易近人，这一点我可以保证。他的水平和当下任何一位指挥家相比都毫不逊色。但我更偏向柯芬园现任指挥家朱利尼，他是那么严谨、华贵、投入，犹如圣人一般。和我遇到过的音乐家相比，他更加远离世俗，率性而为，在他身上仿佛看不到普通人的缺点（这一点有时候让人对他望而生畏，觉得他过于严肃，不好接近）。他指挥意大利歌剧尤其出色，无人能及。他不像坎泰利[2]那样是个艺术鉴赏家，也不是管弦乐队们最爱的那种激情洋溢、一丝不苟的音乐家。身处斯卡拉歌剧院的种种勾心斗角包围之下，他始终坚守一份纯真（那些人没有意识到他们拥有一位多么优秀的指挥家）。不管怎么说，由于我是在 19 世纪 40 年代、60 年代、80 年代那些老派的俄罗斯人建立的道德观影响下长大的，他是我心中的榜样。说到音乐总监，不得不提到格奥尔格·佐尔蒂先生，他是匈牙利人，风格和朱利尼截然不同：他激情、奔放、华丽，才华横溢，活力充沛，不急于收敛自己的风华，也从不会拜倒在他人的才艺天赋之下。[3]毫无疑问，世界由各色人等构成，但在柯芬园，

[1] 查尔斯·明希（1891—1968），婚前姓明希，阿尔萨斯指挥家；波士顿交响乐团的音乐总监（1949—1962），于 1967 年创立巴黎交响乐团。

[2] 圭多·坎泰利（1920—1956），意大利指挥家，被任命为拉·斯卡拉歌剧院音乐总监后不久，于巴黎奥利的一场空难中逝世。

[3] 伯林随后在给帕特·乌捷欣的信中写道：“佐尔蒂总是抱怨在英国很少人宣传他。他是个无可救药的狂妄之人，从不知足。这是他的秘密手法之一。我们都知道，有些人就喜欢这样的行事方式。”（1962 年 1 月 10 日）

我们则人才荟萃——云集了克伦佩勒、佐尔蒂、朱利尼、坎普[1]等一群指挥家——其他剧院在这一点上望尘莫及。我的生活一分为二，一半分给我在牛津大学的教职，另一半专注于绞尽脑汁，考虑由谁来任指挥。不管是古巴、老挝、原子 43
弹，还是柏林，我都无暇理会。美国大使布鲁斯先生曾和我谈到这些事，我尽量认真回答，但其实脑袋中想的都是威尔第的《法斯塔夫》和勋伯格的《摩西和亚伦》[2]。[……]

致以深切问候

你的

[以赛亚]

致加勒特·德罗希达

1961 年 5 月 29 日［副本］

［海丁顿宅］

亲爱的加勒特：

1. 关于艾迪[3]，是的，我的反应的确十分强烈。我曾和

[1] 鲁道夫·坎普（1910—1976），德国指挥家，在柯芬园英国皇家歌剧院享有盛誉，1955 年 9 月指挥过《尼伯龙根的指环》，1961 年 3 月继托马斯·比彻姆后成为英国皇家管弦乐队首席指挥家，1964 年任艺术总监，1970 年被授予终身名誉指挥。

[2]《摩西和亚伦》，伯林大力支持这部作品在柯芬园上演（见原文第 181 页注 4）。

[3] 爱德华·查尔斯（“艾迪”）·萨克威尔—韦斯特，1962 年受封萨克威尔男爵五世，音乐评论家和作家，曾多年任柯芬园英国皇家歌剧院的音乐总监。“用业余爱好者这个最原始、最巧妙的词来形容他最合适不过了。换言之，只是单纯出于热爱，他愿意为艺术奉献一切。”（《泰晤士报》1965 年 7 月 6 日第 14e 版）

杰克[1]还是谁谈过这点，他们大体上都赞同我的意见。让他和吉米[2]继续留下来，我觉得没什么坏处，因为他们代表的是业余爱好者这个群体，否则就没人代表了。而且，艾迪只是偶尔过来，不至于使委员会[3]人满为患。当然，我同意原则上只聘请一两年，而不是长期。倒是莱格的确说过会来参加上一次的会议，临了却没来，为此我并没有责怪他，也不打算去责怪他。如果他执意要无视我们，我觉得也没什么坏处。杰克告诉我你想让我对他严厉点儿。从我们的角度来说，我觉得，这并没有多大好处，虽然也许这是一件令人愉快的事。[……] 我们实在没有必要在这么美好的韶光里，在已经发生的事情上，只为执行那些刻板严苛的规章制度，而去平添一分恶意与伤害。因此，我还是不要去招惹他，让他对自己那一点儿都不讨喜的行为负责去吧！（麻烦千万不要把这封信存档！如果有人碰巧在柯芬园官方文献里看到这封信，那可就糟了！）读完后就把信烧掉吧，因为我接下来要说的也都是希望不要留存下来的。

[1] 约翰·乔治·斯图尔特（“杰克”）·唐纳森（1907—1998），1967 年被授予终身贵族，农场主出身。1958—1974 年任英国皇家歌剧院总监，同时于 1963—1974 年任萨德勒威尔斯剧场总监，随后在 1976—1979 年出任艺术部部长。1935 年与伊夫林·沃和爱德华八世的传记作者弗朗西斯·朗斯代尔（1907—1994）结婚。“唐纳森在乎的并不是他的职业生涯，而是热切地推动人们对艺术的兴趣。”（苕姆·戴利埃尔，《独立报》1998 年 3 月 10 日第 13 版）

[2] 詹姆斯·弗雷德里克·阿瑟（“吉米”）·史密斯（1906—1980），音乐总监，1948—1961 年任萨德勒威尔斯剧场主席，1950—1961 年任柯芬园剧院主席。

[3] 这里指的是剧院分委会，不是皇家歌剧院全体董事会。

2. 关于佐尔蒂：除了他自己，我想他不会听命于任何其他人。不过现在看来，他有时也确实会俯首帖耳，但他只 44
服从于那些在他看来举足轻重的头面人物。而对于这些人，他会准确地判定是属于你和戴维的圈子而不是我的圈子，他颇擅此道。虽然我很有信心我们之间会一如既往地保持这种十分和平的关系，但萌生在我和朱利尼之间真正意义上的感情联系，是不可能出现在他那乏味枯燥甚至不无奸诈圆滑的土地上的。不过，当然，我还是愿意见到他。[……]

你的

[以赛亚]

致加勒特·德罗希达

1961 年 6 月 1 日

海丁顿宅

亲爱的加勒特：

谢谢你的来信。你听起来很生气，甚至可能勃然大怒，但是，我对于要做的事情心安理得。容我一一道来。

1. 关于剧院分委会会议日期的变更。我每年都作此要求，因为 6 月的第三个星期三恰好是牛津大学校庆典礼午餐会，而我一直有幸得以获邀出席。[……] 下一次，我保证先发一份已付电报知会你一声，然后通过电话征得你的亲口同意——除此之外我还能再做些什么呢？此外，很遗憾你不能来参加分委会会议，特别是如果佐尔蒂也来的话——显然

这一重大会议他肯定会来的。难道你真的不来了？［……］

2. 在我给你的信中，你可以看到，吉米总是受制于艾迪。因此，我完全赞成他从董事会辞职，但是我真觉得没必要把他从分委会除名，他虽然默默无闻，却尽职尽责。艾迪来得少（这是唯一留下他的理由），吉米却勤勤恳恳，不断积累实用信息，积少成多。我倒希望阿姆斯特朗[1]或丹尼森[2]能有他一半的用处。（恐怕这封信也得烧掉了！不过我确信这次你肯定不会像上次那么内疚。）现在来说说莱格，事实上他并未告诉我他不来。［……］我的建议［……］看来完全正确，不卑不亢，既不会因为缺少他而低声下气、焦虑不安，也不会因此恼羞成怒、嗤之以鼻。当然，基于我们的利益考虑，我们不能和他作对，而且做到这点也不是太
45 难。你可以看出，对以上问题，我的态度倾向是希望和解，更不用说息事宁人了。很遗憾，我性格上的这种特点让我对戴维，甚至对于任何人，都毫无威慑力。也正因如此，我不能向戴维抱怨我跟不上佐尔蒂的行踪或意图，一旦我这么做了，你知道的，他只会将其视作遥远的犬吠之声而不予重视。你说过，剧院委员会的主席必须在音乐总监出声之前先

[1] 托马斯·亨利·韦特·阿姆斯特朗（1898—1994），1958年受封爵士，1933—1955年任基督教堂学院风琴演奏员，1955—1968年任英国皇家音乐学院校长，1958—1969年任皇家歌剧院总监。

[2] 约翰·劳·丹尼森（1911—2006），1948—1968年任大不列颠艺术委员会音乐总监，1965—1976年任南岸剧院总监。

一步了解他的想法，这一点再正确不过。但是，如果你选择的这个人身在牛津，无法让自己对那些强硬又野心勃勃的人产生震慑之力，可又不得不依赖他们获取信息，这个懦弱的人在某种程度上被习惯性无视的情况就必定会发生。[……] 我当然会写信邀请佐尔蒂加入分委会——19 号那天给他发个电报也许是最佳办法。但是我想，你会发现，一旦让佐尔蒂掌控大权，我们所有的权力都会受到严重削弱，而且他并不是一个好相处的人，鉴赏品位也与我们的大不相同。尽管如此，我想我们之前邀请他还是正确的选择，正如当初邀请莱格一样。我觉得过去两年中，成效似乎还是相当明显的。[……]

下面谈谈你提到的其他具体细节。值得一提的是克雷斯平[1]——她是一名优秀的艺术家，但歌唱方面却表现平平，她扮演的角色必须经过认真选择，以突出她的雍容华贵，而非音色优美。[……] 至于迪·斯苔芳诺[2]，我担心他的巧言令色没有引起你足够的重视——他总是缺席事先已经约定的斯卡拉剧院的演出，是一个臭名远扬的爽约者。不过，我

[1] 雷吉娜·克雷斯平（1927—2007），法国女高音，1950 年于米卢斯首次登台演出，1960 年在柯芬园上演的《玫瑰骑士》中饰演玛莎琳公主。但自从她的最高音区出现问题后，辉煌的职业生涯便戛然而止。
[2] 朱塞佩·迪·斯苔芳诺（1921—2008），意大利男高音，20 世纪 50 年代因与玛丽亚·卡拉斯的合作演唱而闻名于世。1947 年在斯卡拉歌剧院首次登台，1961 年在柯芬园剧目《托斯卡》中饰演卡瓦纳多希。

们还是要尽可能地留住他。关于斯科托[1]，你的看法很正确，比如说你提到她将会是另一个出色的泽琳娜。至于泰巴尔迪[2]，她的问题比较棘手。你想让她演什么角色好呢？我更希望她出演，比方说，《茶花女》这部剧，因为她的唱功很好，甚至比萨瑟兰更好——可是，当然不会让我们这么做的。她的戏路很窄，因为她的嗓音发挥极不稳定，时而优美，时而糟糕——这也是为什么一直都没有关于她嗓音的可靠报道。[……]

同时，我要郑重地提醒你，你答应过5号过来剧院贵宾席观看《鲍里斯》。演出在晚上七点开始。为此我特地为你预留了一个小包厢，在幕间的时候，我们可以愉快地就上述
46 问题唇枪舌剑一番。[……] 尽管你对我如此严苛，我还是很期待5号那天能够见到你——真希望我对戴维、佐尔蒂或其他人也能如此包容！ [……]

你的

[以赛亚]

[1] 雷娜塔·斯科托（生于1933年），意大利女高音，因其对普契尼以及威尔第的独到诠释而闻名。1954年在斯卡拉歌剧院首次登台，1962年在柯芬园演出。泽琳娜是莫扎特歌剧《唐·乔瓦尼》中的一个乡村姑娘，逃避浪荡子唐·乔瓦尼的追求。

[2] 雷纳塔·艾西莉亚·克罗泰尔德·泰巴尔迪（1922—2004），意大利女高音，1946年被托斯卡尼尼选中在重建后的斯卡拉歌剧院表演，随后1949—1954年她在该剧院长期演出，1955—1973年加入大都会剧院。

致雅各布·托曼[1]

1961 年 6 月 8 日［副本］

全灵学院

亲爱的雅可夫：

［……］如果你有看《听众》的话，想必你会对于我和爱德华·H. 卡尔之间那场旷日持久的争论感到有趣发笑。我都不知道，原来我批评他的观点会让他如此恼火，以至于在剑桥举办的特里维廉系列演讲中，他的整个中心论点几乎都是在围绕我的观点进行驳斥。也许我该把此事当作一种荣幸。可是他的论点，在我看来——无疑我也一样带有偏见——似乎总是与那种没有人会去质疑的真理相违背，要么就是无中生有，抨击一种并不存在的观点。当然，这可能有点儿不太公平，因为他上一封信在回应我的批评时，态度明显缓和了。也许我们不该这样引导公众舆论，但本次论战基本还是保持在理性、体面的范围之内。我也没有表现得不可一世。我偶尔见到他，不过不是在牛津。他还是老样子，与戴高乐相比，构成了我们这个时代最伟大的落伍人物之一。

很遗憾，你没能说服布洛克去以色列。而泰勒，他的上一本书实在是太反叛了，搞得他即使在极左翼的圈子里也声

[1] 雅各布（雅可夫）·莱伯·托曼（1916—1980），生于波兰，以色列历史学家、极权主义研究专家。1949—1960 年任耶路撒冷希伯来大学的讲师；1960—1980 年任现代史教授。

名俱裂，你没有用他是你的万幸。[1] 现在的他在我看来，似乎就是一个成天只想着讨好比弗布鲁克男爵 [2] 的人，虽然他声称只是为了钱。但他这么做，一部分是为了出名，一部分是因为没有得到想要的教授职位而愤愤不平，因此就想要让某个正派的观点，不管其属于左派或是右派，尝尝痛苦和难堪的滋味，这才写就了他那些疯狂的悖论，获得了莫斯利和
47 所有德国新纳粹报纸的推崇。他那些忠实的追随者对此感到尴尬不已，而乔尔 [3] 和贝劳福 [4] 还有马昆德 [5] 溢美讨好的评

[1] 泰勒的修正主义作品《第二次世界大战的起源》（伦敦，1961），因作品中弱化希特勒对于战争的个人责任而引起争议："这是一个没有英雄的故事，甚至也没有恶棍。"（第 17 页）伯林认为，这是"害人不浅的无稽之谈，但写作手法精湛［……］，在我看来，很有可能因其精练的文笔而受到年轻人的推崇，而这会造成巨大的道德和政治损害"。（致泰迪·科莱克，1961 年 5 月 9 日）

[2] 威廉·马克斯韦尔·艾特肯（1879—1964），1917 年受封比弗布鲁克男爵一世，报业大亨、政治家。泰勒为其《人与权力，1917—1918》（1956）一书撰写了热情洋溢的评论，这是"他们之间亲密友谊的开始"（D. 乔治·博伊斯，《牛津国家人物传记词典》）；泰勒随后在比弗布鲁克男爵的《周日快报》任高薪专栏作家，并在《每日快报》大楼内的比弗布鲁克图书馆任馆长。

[3] 詹姆斯·比雅斯·乔尔（1918—1994），1946—1950 年在牛津大学新学院任政治学研究员与导师；1951—1967 年任圣安东尼学院研究员；1967—1981 年任伦敦大学国际史史蒂文森讲席教授。曾发表评论文章"奔向深渊"（《观察家》1961 年 4 月 21 日第 561 版）。

[4] 马克斯·贝劳福（1913—1999），历史学家；1951—1974 年任牛津大学政府与公共管理格莱斯顿讲席教授，同时任全灵学院研究员，曾发表评论文章"暴风前夕"（《星期日电讯报》1961 年 4 月 16 日第 6 版）。

[5] 戴维·伊恩·马昆德（生于 1934 年），学者、政治家、政治评论员，1959—1962 年任《卫报》社论作家；1962—1964 年任圣安东尼学院研究员；1964—1966 年任苏塞克斯大学政治学讲师；1966—1977 年任阿什菲尔德的工党议员。他的评论文章名为"泰勒法则"（《新政治家》1961 年 4 月 21 日第 627—628 版）。其父为工党议员希拉里·马昆德（1901—1972）。

论无异于搬起石头砸自己的脚，效果适得其反。我想，可能大家对他的反应过于激烈了——他是一个聪明之人，也是一位不错的作家。然而，如同大多数社会党人一样，他无法让人与之亲切对话——有时甚至出卖自己获取名气，并耿耿于怀，对那些谨慎、老实、严谨、理想主义的人施以报复。[……]

你永远的

[以赛亚] [……]

针对伯林信中就其《什么是历史？》的评论，E. H. 卡尔作了回复，发表于6月1日的《听众》杂志。

致《听众》主编

[1961年6月15日发表]

牛津

先生：

我回复卡尔先生的目的，只是为了重申被卡尔先生猛烈抨击的那次演讲中我的立场，而并非意在改变。如果因此造成了卡尔先生的困惑不解，那只能说是我的表达技能欠佳。然而，除了再一次尽可能清楚地概括我认为正确的观点，纠正卡尔先生一心错误地以为我持有的观点以外，我还能做些什么来修补目前的局面呢？（造成这样的局面我真心感到抱歉。）

1. 我对于“决定论一定是错误的”这个看法不置一词，原因很简单——无论是过去还是现在，我并不清楚它究竟是否对错。[……] 我之前曾经说过，直到现在仍坚持认为，赞成决定论的那些论点难以服人，更谈不上证据确凿，毋庸置疑。要人接受这一观点，逻辑上需要对我们一些习以为常的想法和观点进行比以往更加彻底的修正。比如说，认为在特定环境中有特定行为方式的人，有可能在一定的界限内，在同样的环境中做出不同的行为，而不仅仅是逻辑意义上的“可能”。在我看来，这就是上述论点的一个典型案例。

在演讲中，我提到，这个假定为一般思想和大多数群众
48 以及大多数历史学家（包括卡尔先生）的语言奠定了基础，然而这并不意味着信奉决定论，如同卡尔先生说的那样，或许还恰恰相反。这一事实虽然可能会引发人们对于决定论的质疑，却当然不能等同于表明决定论是谬误，更不能说它本来就是谬误。但是，如果这是一个站得住脚的假说，无论出于什么实际目的，那么，大多数历史学家或者普通人（包括卡尔先生）所假定或信奉的，将变成谬误。

我还认为，我们无法真正拥抱决定论，也就是说，将其纳入我们的思想和行为当中，除非我们的语言和世界观发生巨大的革命性变化（有些在我们的日常用词和想法中是很难想象的），远远大过卡尔先生的哲学思想所能想象。另一方面，卡尔先生认为我的那个决定论观点，也就是个人（事实上是任何人）的行为完全由某个特定时期可以识别的原因决

定，这一点与个人责任观无法共存兼容，他说得丝毫不错。卡尔先生认为“常识和常规”支撑着这两者不可调和的立场，而我认为只有常规才是普通人能够设想到的。恰恰是这一矛盾，构成了自由意志这个问题的核心。同时，正如我先前承认过的，我并不知道有什么解决方案。正是这个问题，被卡尔先生弃之为“死马”，恰如在他之前许多也试图研究过这个问题的出色的思想家们一样。遗憾的是，那些思想家们没能解决这个问题，恐怕卡尔先生也将无功而返。

2. 如果卡尔先生认为，我否认“能够了解一切事物，便能宽恕一切事物”这一观点，那么，他再一次说对了。但是，如果他是从我所持有的观点，即历史学家们不应该运用他们自己的力量来理解和阐释人类行为这一点推论出来的话，那么他就大错特错了。举个例子吧：在我看来，我们越了解自身，就越不容易原谅自己的所作所为。但是并不能因此就认为，历史学家们不应该找寻“两次世界大战的社会或经济原因”，因为他们的发现也许会为特定的某个个体所承担的道德责任开脱；也许能也许不能。去理解和给予解释是历史学家们的事。只有在他们认为解释的目的是根据事实为其正名或者开脱罪责，他们才是错误的。这一不言自明的真理本来是不需要解释的，但是，某些现代史学家们在面对那些浅薄、轻狂、庸俗的道德判断（以及无知或者对于社会和经济原因视而不见）时，所表现出来的可以理解的反应，往往倾向于走向相反的极端，即刨除所有历史作用的影响，只将其视为超越人类意识控制的社会力量的产物。

3. 承认历史学家们有权使用具有道德力量的语言是一回事，但是命令或者建议他们做出道德判断又是另一回事。我只能再一次强调，试图想要净化历史学家们的语言，使之
49 不具有任何评价力，这既不可取也不可能。但是，邀请或者请求历史学家们对于“历史上的伟人”做出评价——这是我被指摘的罪名——又与这种情况完全不同。我觉得，在道德判断的问题上，历史学家们拥有同样的权利和义务，也面临着同样的困难，也会和其他作家或者寻求揭露真相的人一样，容易犯同样的错误。

因此，对于卡尔先生提出的三个问题，我想做出如下回应：

(a) 对于卡尔先生所理解并使用的决定论这个术语，我不予定论。但不能就此推导决定论就一定或事实上为谬误。不论对错，我都不觉得它能与个人责任的常识性概念相提并论。

(b) 和马克思一样，我认为没有必要否认人对于自身行为享有有限的自由，但仅在于很大程度上他们不能主动选择的情况之下。无论在我的演讲或我的信件中，都没有对产生这些条件的社会原因或经济原因的存在提出质疑，它们的重要性在以前一直被严重低估。但是，如果就此假设这些条件的形成一定充分包含了每个个体行为的原因，我看理由也不够令人信服。

(c) 我并不认为历史学家有义务赞颂或指责某个历史人物，但是他和任何人一样都拥有这个权利。

这是我在演讲最后得出的结论，我的这两封信不过是重述我的观点。这些观点也许有错，但无论如何，绝不是卡尔先生强加给我的那些观点。所以，我真心希望，在他即将出版的书中——我会去拜读的，像他其他的作品一样，并带着极大的热忱——他不会因为我们俩均不持有的莫须有的观点对我横加指责。我知道他不会刻意这么做。

谨上

以赛亚·伯林

致塔迪娜·艾伯丁尼

1961 年 6 月 23 日［副本］

［海丁顿宅］

［亲爱的塔尼亚：］

我有太多的事想要恳求你的原谅，却一时不知从何说起。首先请原谅我没能及时回复你两三个月前就寄给我的信。［……］不过，这一段我们的生活有点癫狂：过于频繁地奔波在牛津和伦敦之间，想做太多的事，不够放松享受，所以眼下筋疲力尽，疲惫不堪，期盼着安宁、休整和朋友的慰问。当然，同时我也正在做接下去的安排，具有毁灭性的那种——只会给我们带来麻烦、疲惫和数不清的小
灾小病——比如说去印度，去美国等地旅行。人虽然可以 50

自由行动，但与此同时，却是处于强迫之下，这是哲学上的一种矛盾，在此不再详述。这是我的近况，艾琳和我差不多。

[……] 我们会在家里待到7月14号，然后坐火车去日内瓦这个可恨又可怕的城市。那里将举办一场会议，叫作“当代现实在苏联的反映”，我竟然同意主持这个会议，真是疯了。这是一个糟糕透顶的决定。会上没有来自所谓“铁幕”的苏联代表，因此所有来自英国、美国、意大利、法国等国家的名流显要，都将肆无忌惮地谴责苏联，控诉其歪曲现实、谎言连篇、作品无法充分反映当代历史等，并乐此不疲。这么做太容易了，随后会议情况将交由媒体报道，简单地作为冷战中的又一步行动。但这并不是一件让人愉快的事。谴责可怜的苏联历史学家们的缺点当然轻而易举，但谴责的方式却有失体面和公平。如果有人想要抨击美国，那又是另一回事。但是这些可怜的历史学家们，至少他们中的一部分人在极其艰难的条件下尽了自己最大的努力——他们很容易成为抨击的目标，不过，如果能够客观地描述他们正在俄罗斯做些什么，为什么这么做，他们的工作有意识或无意识中违背了哪些潮流，以及他们关于历史、政治、社会发展、对外态度的作品之间有什么联系等，而不是热衷于诱人却无端的抨击，那势必会有趣得多。我会力劝本次大会这么做，但又担心我人微言轻，甚至可能被直接打上又一个为冷战摇旗呐喊的狂人标签。我会尽力避

免这种情况发生，但此刻却意识到，接下这个任务真是个错误。同时，我也为自己现在就放弃努力感到羞愧。一些与会的历史学家都是我的老朋友，临阵逃脱想必到时候也会让他们感到失望。这让我痛苦不堪，寝食难安，不断自责自己的软弱、困惑，以及虚度光阴。[……] 眼下正在伦敦巡回演出的列宁格勒芭蕾舞团表演十分精彩。但评论家们——他们的审美眼光更加挑剔——却认为其表演水平低劣。我敢肯定，任何一位受过狄亚基列夫影响的人都会这么认为——低俗粗犷，现实逼真，“走平民路线”，舞台布景丑陋荒谬，制作粗糙。[1] 但是，舞蹈演员们自然流露的激情、饱满的精神、真诚的态度和活力，以及非凡的技巧却是那么令人叹为观止，男演员们也个个孔武有力，能够轻松自如地稳稳接住腾空飞跃而起的女演员，而不像我们一些举止高雅的男舞者一样紧张挣扎——他们的表演和哑剧是那么生动、激情，富有感染力，令人观之几入忘我之境——至少我的感受是这样。连续两个小时观看芭蕾舞蹈而不觉得无聊，这是一种别有情趣的体验，我想，英国人是不会明白的。[……]

[以赛亚] 51

[1] 列宁格勒基洛夫芭蕾舞团备受期待的芭蕾舞季持续四周，于 6 月 19 日在柯芬园拉开帷幕，评论家对其褒贬不一。《泰晤士报》从舞蹈中看出政治说教意味——“对道德的热忱”最终沦落为“戏剧性的俗套”(1961 年 6 月 20 日第 16b 版)。

致乔治·哈伍德

1961 年 6 月 26 日［副本］

［海丁顿宅］

亲爱的乔治：

十分感谢你的来信。它不仅价值连城、意义重大，同时读来趣味盎然。希望能征得你的同意，让我可以在分委会成员中传阅这封信。［……］在我评论之前，我想先强调一句，如你所知，我们言论上的自由希望能保持不变，但我们行动方向上的自由却不可避免地将受到一位音乐总监[1]的限制。戴维总是警告我们这一点，就像以色列人想要为他们自己选举一位像扫罗一样的国王时，塞缪尔先知警告他们一样。然而也像以色列人民一样，我们并不会因此却步。我们将自己承担后果，不论是好是坏，日后终将见分晓。

我同意你的大部分观点，但并不是所有观点。按照你信中的顺序来说吧。我很清楚分委会那些漫不经心的指责性议论，一定（而且是一直）让管理层大为恼火。[2]如果你也被卷入这样一场痛苦与责任交织的精心策划中，那些来自目光短浅且几乎都是业余水平的人漫不经心的批评——即便他们心存善意——显然会令人感到厌恶至极。从这一点上来说，我真是相当的无辜（也就是最无辜）。（我应该牢记我对于

[1] 指格奥尔格·佐尔蒂，即将在那年秋天走马上任。

[2] 哈伍德前段时间去参加爱丁堡艺术节，恰好不在皇家剧院。

《特洛伊人》充满厌烦的态度，事实上还包括萨瑟兰和《露西娅》——在我心里，这两部作品可笑至极，也许还有其他。）尽管如此，对我来说，这样的安排还是利大于弊。只要最终责任不是落在一位拿破仑式的主管或总监，而是落在一个由一半或者四分之一成员都是业余爱好者组成的团队——从我们目前在英国的总体安排来看这已不可避免——那么，任何能促成言论自由的事物都是（肯定是）有利的，而任何阻挠言论自由的事物则是有害的。对此，我已经做好准备，来捍卫这种极度的自由与放任，甚至无须依靠在这一领域无人能出其右的罗宾斯勋爵[1]的帮助。这种不经意的闲谈海聊不仅能催生偶尔的灵光闪现，同时也是聚集四方精英的唯一方式，让他们觉得自己和剧院的日常运营息息相关（如果不这么做的话，他们会感觉自己只是一个不相干的顾问团体，没有任何用处）。因此，要让他们参与到方方面面的细节中来。当然，不得不承认，对管理层而言，这么做会 52
很烦人。[……] 但说实话——不许分委会的任何人（尤其是主席）对细节小题大做，或只是提一些看似不起眼的小建议——我觉得是不对的，尽管从功利角度出发，这么做会有明显效果。我完全理解你的看法，你所说的也都合乎常理，

[1] 莱昂内尔·查尔斯·罗宾斯（1898—1984），1959 年受封终身贵族；1929—1961 年在伦敦经济学院任经济学教授，1955—1981 年任柯芬园英国皇家剧院总监，1961—1964 年任政府高等教育委员会主席（原文第 167 页注 3），1961—1970 年任《金融时报》董事长，1962—1967 年任英国社会科学院院长。

但是具体到实际情况，我实在无法苟同。

另一方面，关于你所说的其他内容，我表示热烈赞同，同时很高兴你能直言相告，我定当竭尽全力予以支持。我觉得有一点千真万确，我们总是时不时——起码是在不自知的情况下——忘记在保留剧目、改编作品、新创作品，还有我们自己的制作人的诉求之间找到平衡点。我不认为我们就因此罪孽深重——我尚未看完过去全部的剧目，但不知你是否感觉到，在过去的三年间，这些剧目有着悬殊的差异？比如，一直以来，我们是否都太过侧重保留剧目，以至于忽略了所有的新创作品，或者未能将过去的重要作品进行改编翻新，因而损害了其价值，或与潮流格格不入[1]？［……］

［……］你觉得谈论作品应该仅局限于作品本身，这一点我完全同意，但随后我发现根本做不到，因为某位歌手无法出演，或者公众的反应难以预料，这些都对剧院造成很大压力，使其经营难以为继。此外，这里还存在着一个永恒的问题，就是我们的歌手和观众，与佐尔蒂想要建立一个常设本地演出公司计划之间的平衡（我忍不住要为他祈祷，因为库贝里克[2]在大约七年前就信誓旦旦能完成这个计划）。这

[1] 伯林此处原文为：dernier cri。

[2]（杰罗尼姆）·拉法埃尔·库贝里克（1914—1996），捷克指挥家、作曲家，1955—1958 年任英国皇家剧院音乐总监，格奥尔格·佐尔蒂的前任。在任期间他曾颁布了一项饱受争议的方案，即用本地语言演唱歌剧，任何本地演出公司均可承担演出："这期间，柯芬园并不景气，库贝里克 1958 年离任后，他关于使用英语演唱的政策便随之被推翻了。"（《泰晤士报》1996 年 8 月 22 日第 19a 版）

种平衡，必须要与新老之间的完美平衡相结合，好比面包奶油与鱼子酱之间的完美平衡。但从本质上来说，你当然是对的。我们要像斯卡拉剧院（我猜想维也纳剧院也一样）那样未雨绸缪，而不要像大都市剧院和巴黎剧院一样临渴掘井。仅这一点，就能使我们的设想更具有条理性、稳定性、连续性、方向性。不过我想，管理层必须要忍受对于昨晚演出的各种细节和反应的纷扰与折磨，忍受最受欢迎的和最惹人厌的歌手，忍受那些内行人十分熟悉但外行人知之甚少的细枝末节——因为如果放弃这一切，就谈不上即时性和自由度了，不过我必须承认，我是真的明白你的意思。不管怎么说，还是要取决于佐尔蒂怎么做。回信告诉我你希望我怎么做，我会照办——是要把你的信（删掉某些句子）给分委会（以及/或者董事会）的人看，或者只是列个清单，由你或我写个前言，概括你的观点，给他们看？

再次感谢你的来信。

你的

[以赛亚] 53

〈附言：我完全同意你的看法，主唱应该由我们负责推荐给伦敦。可是，如果完全不去关注什么样的作品对他们是合适的“剧目”，我们又如何能做到这点呢？〉

在尚未得到允许的情况下，伯林把哈伍德的来信给英国皇家剧院董事会主席加勒特·德罗希达看了。

致加勒特·德罗希达

1961 年 6 月 28 日

海丁顿宅

亲爱的加勒特：

请不要告诉乔治你看了他给我的来信——千万不要。我会把我们讨论的内容写信告诉他，并询问他是否介意我不作任何评论，将删掉部分内容的他的来信给大家传阅。我会告诉他，在 9 月份之前，我们什么都做不了——我已经和帕维特[1]说过此事，他表示，我们实际演出的剧目和乔治提议的没什么两样。那就更好了。我觉得他有点儿自寻烦恼，也就是说，对于他提议的内容中有价值的部分我们已经明确在给予支持，而没得到我们同意的内容事实上也没多大用处。然而我应该鼓励他，并告诉他，他所有的提议都非常有趣且珍贵，诸如此类——用我能做到的最友善的方式。

愿上帝与你同在

〈以赛亚〉

[1] 伯内特·帕维特（1908—2002），1956—1971 年任罗氏（制药）公司英国分公司总经理；1958—1980 年任英国皇家歌剧院总监，并任剧院委员会主席多年。“伯内特有时候太过温和，即便内心强烈反对，也不会直截了当地说出来。但在私底下聊天的时候，他却表现得无比犀利、客观公正，不比我认识的任何人差。”（伯林，引自伊恩·洛厄，《独立报》2002 年 9 月 5 日第 18 版）

致杰克·唐纳森

1961 年 6 月 28 日［手稿］

海丁顿宅

亲爱的杰克：

很遗憾，因为种种原因，在上次的董事会上没能见到你。[……]

随信附上乔治写给我的一封信，这封信我曾偷偷给加勒特和伯内特看过，并发誓他们不会说出去，就像我发誓你不会说出去一样。这封信我不打算再给其他人看。信中也附上了我的回信。伯内特觉得这有点儿无聊，他讲话方式就像某个公务员谈论下议院一样。他真该好好想想他目前站在哪个立场。再没有比被人指责妨碍行政管理，提一些不着边的愚 54
蠢建议更让人抓狂——无疑我们正属于这种人，不过，这些人有时还是能够提供一些辅佐助力的好点子的，尤其是沃尔特——例如，我们推举克劳斯[1]而不是其他人出演《托斯卡》，就取得了极佳效果，他的表演无与伦比。等到《摩西》上演时，此项任务也将由我们负责。整个朱利尼乐团今后绝对不会再继续保持目前这种在戴维和乔治手下的兴旺景象和

[1] 奥塔卡·克劳斯（1909—1980），捷克裔英籍男中音；1951—1973 年加盟柯芬园英国皇家歌剧院，1960 年 12 月剧院重新上演《托斯卡》时演唱斯卡皮亚一角："奥塔卡·克劳斯先生出演的斯卡皮亚一角在戏剧表演上极具难度，音乐也非常动听，只是声音力度不够，无法掌控局面，比如像第一幕中宏大壮丽的高潮阶段。"（《泰晤士报》1960 年 12 月 7 日第 15d 版）

精气神了，这点我敢向你保证。但重点是，这点乔治说得很对——我们得制定一个切实可行的规划，能够将其持续三到四年，这样等我们将来离开时，至少心里清楚我们都曾经干了些什么。

不管怎么说，你知道，我给他回了封言辞动听的信，极尽阿谀奉承之能事，言不由衷地对他那些毫不可取的想法大加赞赏，希望你对我的行为予以宽恕。另外，还是别看他的信了吧，寄回给我——要是弄丢的话后果不堪设想。

你的

以赛亚

我有没有欠你钱？请务必直言相告——这个问题目前正压迫着我，令我作为犹太清教徒的良心为之深感不安。

致杰克·唐纳森

1961 年 6 月 29 日［手稿］

布鲁克斯大学

亲爱的杰克：

加勒特简直令人无法容忍。我把乔治的信给他看，寄给你的那封，并请求他千万别说，没想到他立马就告诉了乔治——乔治此刻也许正暴跳如雷（也难怪：信中有一些粗话很不礼貌），为我毫无来由地挑拨离间大发雷霆。我刚给乔治写了信，卑躬求饶，说我的确把他的信给加勒特和伯内特看过，但我实在无法再承认我把信也给你看了。因此，千万别出卖我：至于我的回信，只有乔治见过（再有就是悄悄给你看过）。总之，我想一切最终都会归于平静。乔治不会再那么信任我：这不要紧。可是加勒特，怎么可以这样！算了，就不了了之了吧。

以赛亚 55

致 E. H. 卡尔

1961 年 7 月 3 日

海丁顿宅

亲爱的特德：

感谢你的来信。必须承认，我们在《听众》上的通信评论终于可以告一段落，我为此感到如释重负。为学术刊物写信，无论怎么刻意避免，人们使用的语言还是会带着一股故弄玄虚之气，华而不实，虚伪做作，完全违反自己的本意。而在私人信件交往中，这是完全不需要发生的。

你要求我写一篇文章重申我的立场。这种做法公众肯定难以忍受，即便有人愿意将其付印。很遗憾，我就像政治上极端保守的波旁皇族一样，真的没有很多想去改变的，如果要我再次重申，也许只会在语言上更加温和，更加清晰而已，而不是再论及我在《听众》上反驳你时采取的立场。

至于道德判断等，我真诚地为自己辩护，我的确被误解了。密尔认为，即便我们不喜欢某些事情，比方说，酒瘾或烟瘾，但只要不伤害他人，我们就无权利用法律对其加以禁止。比照这一点，就是我对说教的立场。我认为，对事物做出道德判断，不论是含蓄的（尤其在带有道德指控内涵的语言选择上，无法完全避免），还是公开的（当一些精彩绝伦或可恶至极的事情发生），在能够发声的社会里，都是一种自然萌发的人类的需要。因为只要是人，都“不可避免地”会从道德价值观的角度考虑问题，不论他们是否意识到这点。显然，满足这种需要的权利不应该被滥用（原谅我如此直言不讳），但这么说并不意味着应该收回这个权利。就我所知，事实上，没有一个历史学家是不做道德判断的，在这方面，他们从不会有过错或遗漏。毕竟我们自己便能识别判断，一些力量或个人是进步的，而另外一些则一无是处或反动透顶、无可救药［……］。我真的不是要敦促人们说教，而是要告诉他们，这是一件身不由己、无法控制的事情。同时很难知道一旦控制会产生什么后果——一个完全客观的历史阐述会是什么样子；如果压制所有评价，是否任何正常意义上的人类或事件压根儿就不会出现。这绝非等同于敦促人们高声赞许和痛斥谴责，难道不是吗？谴责过分的说教，无疑就是在道德（或美学）上予以谴责——因为它使我们感到无聊，浪费我们的时间，或是为了坚持自己的主观趣味和偏好而扭曲事实。我们究竟以何种身份发出这些不满和非难？当然是以历史学家或者至少历史鉴赏家的身份不是吗？不过，我不会再长篇大论向你说教，因为这些意思均已包含在我原先那篇拙作中。

我希望同时也以为自己已经从 1953 年 [1] 的那篇东西中 56
走出来。就像你说的，思想活跃的人总是不安于现状，而我似乎很安于现状，想到此我感到很是伤心。但想归想，除了保持沉默，我又能做什么？因此，在你的书问世后，我想我只能以斯多葛式的忍气吞声，默默承受你过于严苛的非难。[……]

我从同事 A. L. 罗斯 [2] 那里收到了一张明信片，听到这点你一定很高兴。他是你之前的特里维廉讲席讲师。他告诉我说，他的书《历史之用》中有一个章节，圆满解决了我们提出的所有问题，因此，这些话题已不再需要你我再来画蛇添足。他的明信片以他一如既往的个性特点结尾："你们

[1] 伯林指当时酝酿《历史必然性》（伦敦，1954）的过程，这篇东西给了卡尔以灵感，1961 年 1—3 月他在剑桥大学的特里维廉系列演讲就是受其启发而作。按照安东尼·奎因顿的话，这篇东西"是对思维能力骑兵式的勇猛冲击——波澜壮阔，激动人心，光彩四射，丰富多样，同时又多少有些不成章法"（《泰晤士报文学副刊》，1956 年 12 月 21 日，第 769 页）。
[2] 阿尔弗雷德·莱斯利·罗斯（1903—1997），历史学家；1925—1974 年任全灵学院研究员；1958 年任剑桥大学特里维廉讲席讲师，坚信自己为旁人不识的旷世天才——"我是一个天才，雷蒙德［·卡尔］也是天才，可大家都说我一钱不值"。莫里斯·鲍拉，"罗斯说"，《古老钟楼上的新蝙蝠：松动的砖块散记》，亨利·哈代和詹妮弗·霍姆斯主编（牛津，2005）。他抱怨说，他的书斯帕洛一本也没读过。"'你知道我写的《都铎王朝的康沃尔郡》吗？''不知道，'约翰回答，并指着站在他右边的那个人问，'你认识斯图尔特·汉普希尔吗？'"（A. N. 威尔逊，"艰难时代"，《伦敦书评》1998 年 10 月 1 日第 27 版）伯林对罗斯深恶痛绝。其《历史之用》于 1946 年在伦敦首次出版。

有谁感到读起来吃力吗？”我从没有这个感觉，将来也不会有。你当然也不会。如果他在什么地方评论你的书，他会把我们两人都称作傻瓜，理论白痴，在公共档案馆时间待得不够长，苦功下得不够——这一指责对你比起对我更不公平。可我这位同事从不会因沉甸甸的正义感或现实感而负担过重。（请一定来看我们——我想，将来有一天你我二人可以出一本对话录。）

你永远的

以赛亚

1961年7月至9月间，伯林在波托菲诺待了五个星期，之后前往以色列（途经罗马）参加首届古典音乐艺术节。音乐节在古城凯撒利亚的罗马剧场举行。他之所以前往，如他致伯内特·帕维特的信中所述，此人是他的朋友、皇家歌剧院董事会成员：“只是因为我答应了尼古拉斯·纳博科夫和另外一两个其他人要这么做——艾琳在最后一刻打了退堂鼓，不去了。这个决定的确明智。至于我，只是不太喜欢想到要离开这个充满美味、寂寞孤独（我指的是游客熙熙攘攘，挤得水泄不通）的国度，去到一个烈日炎炎、喜欢小题大做的地方。但我认为我必须去。”[1] 结果没想到此行十分愉快，从此成为他经常参加的欢乐节日。该艺

[1] 致伯内特·帕维特，1961年9月5日（口述录音时间更早一些）。

术节在未来几年里迅猛发展，扩大了它的文化视野和地理
范围。 57

致艾琳·伯林

[1961年9月] 4日 [手稿]

罗马的西斯提纳大道67—71号

（特里尼塔迪蒙蒂教堂附近）德拉维尔别墅大酒店

亲爱的艾琳：

这里正刮着大风——是所谓的西罗科热风吗？——希望飞机不会因此太过颠簸——我要带着这三卷书回去——带回牛津。我热切地爱着你，始终不渝：此刻，我没有外出散步，而是静坐在阳台上，思念着你，想着我们俩，想着孩子们，想着计划中帕拉吉[1]的家——不由得心花怒放，对未来满怀憧憬。我们真的比周围人都幸运得多——包括塞西尔夫妇[2]——大家羡慕嫉妒我们也在情理之中。我是那么爱你，崇拜你，连自己都不由得羡慕起自己。

以赛亚

[1] 伯林夫妇计划在波托菲诺附近港湾边上建一座海景房。
[2] 1932年，戴维·塞西尔与雷切尔（1909—1982）结婚。她婚前姓麦卡锡，是文学评论家德斯蒙德·麦卡锡的独生女："雷切尔·麦卡锡与其丈夫是天作之合。[……] 二人共同度过了非常幸福的五十年时光，并让他们的许多朋友也一起分享他们的幸福。"（雷切尔·特里克特，《牛津国家人物传记词典》）

致艾琳·伯林

星期四晚［1961 年 9 月 7 日；手稿］

提比里亚的加雷基内瑞特酒店

亲爱的艾琳：

深深地爱恋着你。很享受今天上午我俩的交谈，从遥远的耶路撒冷与你隔空对话［……］。纳博科夫正饱受热浪的煎熬，雅各布 [1] 却处之泰然。纳博科夫说你不该来，而雅各布则极力怂恿，说孩子们一定会喜欢 10—12 日哪儿也不去，就待在耶路撒冷，然后去沙仑，一天到内盖夫，再一天到提比里亚，就够了 [2]。他们能够受得了。不过我有点儿动摇。为什么不春天来呢？为什么不干脆点说走就走？从伦敦直飞，然后回到罗马和帕拉吉，待上一两天，办完事情后回国。这么做似乎更理性些。昨天我们和本—古里安夫妇吃饭，他一点儿都不喜欢我，但他夫人一直夸奖你，称你是我的理想伴侣，因为有了你，我变得通人情多了。[3] 他们有个活泼可爱的女儿。科莱克帮我们找的导游其他什么也不介绍，只会一个劲儿地谈考古和爱国战争——对此我们没什么兴趣，由他说去。雅各布心情很好，自得其乐［……］假

[1]（纳撒尼尔·查尔斯）·雅各布·罗斯柴尔德（生于 1936 年），1990 年受封罗斯柴尔德男爵四世，银行家兼慈善家；伯林夫妇的至交。

[2] 伯林此处原文为：basta。

[3] 戴维·本—古里安与宝拉·蒙巴兹（1892—1968）结婚（1917 年在纽约）。她是一位社会主义犹太复国主义活动分子。二人育有三个子女：格拉、阿莫斯、里娜纳。

如我准备听卡萨尔斯[1]的演出，那就一直得待到 18 号，然后飞回国，躲开妈妈，在牛津猫到 21 号？不可否认，我在此地过得十分愉快，即便是作为游客，身边熙熙攘攘挤满了 58
“外族”[2]人群——雅各布专门计算了下，多达四分之三——我喜欢不同的面孔，还有那些石头。在这里感觉十分舒适，精神放松，自在安逸。一点儿也不在乎外界的纷扰和身体的疲惫。纳博科夫爱死这里了；妈妈说得一点儿不错，他就是喜欢犹太人，讨厌阿拉伯人。拒绝去约旦，憎恶拿撒勒城，对这里的人充满同情。我们尚未去见萨莎[3]，老实说对此我有点儿发怵。关于这个地方我和斯图尔特与泰丝[4]的看法不同：尽管这里少有新鲜感、混乱不堪、缺乏尊严、嘈杂无序，我却并不介意。因为此地没有呆板僵化，没有严酷无情，没有指责非难。我和雅各布（只有他）一起去了科莱克家，与高官们就艾希曼的问题进行了激烈的争论。他们态

[1] 保罗·查尔斯·萨尔瓦多（“巴勃罗”）·卡萨尔斯·伊·迪非罗（1876—1973），加泰罗尼亚大提琴手、钢琴家、指挥家和作曲家。被公认为他那一代最杰出的大提琴家。西班牙内战结束后，选择自愿流亡他国，并拒绝在一些国家演出——包括多年来拒绝到英国和美国演出——因为他认为这些国家对佛朗哥政权采取了放任容忍的态度。
[2] 伯林此处原文为：goyim；希伯来语和意第绪语 Goy 的复数形式。
[3] 亚历山大·施奈德（原文第 469 页注 1），“一个有点儿无赖的老友”（致玛丽·伯林，1963 年 12 月 24 日）。
[4] 特雷萨·乔吉娜（“泰丝”）·罗斯柴尔德（1916—1996），婚前姓梅耶，1946 年与罗斯柴尔德男爵三世（纳撒尼尔·梅耶）·维克托·罗斯柴尔德（1910—1990）结婚。她就读于剑桥大学，第二次世界大战期间邂逅她的未来丈夫，当时是军情五处的情报官员；她与斯图尔特·汉普希尔的友谊也始于那个阶段。

度强硬，言语间甚至粗鲁不堪。不过我一点儿也不在乎。倒是本周《新政治家》杂志里的一句刻薄话让我难过了三个小时，是戴维·马昆德[1]写的一则评论，关于一位卡尔布先生。这句话甚至还剥夺了我些许睡眠，为之没太睡好觉。真是太软弱、太愚笨、太荒唐！但我很快就恢复过来，因为这里的气氛不利于内向的自我撕裂。请代我亲吻彼得与菲利普：他们会喜欢的。随信附上一张适合你的明信片。我会试着再打打电话。与你结婚是我此生中唯一一件得意之为，它让我喜不自胜，无比快乐：其他诸事则均有遗憾，令我时时自责。对此本—古里安夫人说得再正确不过。

爱你的

以赛亚

自 1961 年 9 月 1 日开始的五个月里，斯图尔特·汉普希尔成为伊利诺伊大学香槟分校的哲学乔治·A. 米勒客座教授。虽然勒内[2]与之同行（二人在那里结婚），他却因远离英

[1] 见戴维·马昆德针对马文·卡尔布《龙在克里姆林宫》评论文章的“结语”部分，文章充满火药味，刊登于 1961 年 9 月 1 日的《新政治家》杂志。在第 277 页上有这样一句：“一部我前所未读的关于严肃题材的愚蠢书籍。”关于伯林的一些话看上去更像是取笑卡尔布而不是伯林：“在巴黎［……］，他遇见了以赛亚·伯林爵士（‘西方杰出知识分子之一’）。他对伯林说急于了解俄中联盟关系，因为他感觉整个文明社会正在遭受一种强大而神秘的联合力量的威胁。以赛亚爵士表示赞同。‘一点儿不错，’他回答，‘这种威胁神秘而强大。’”

[2] 勒内·汉普希尔＊（1909—1980），斯图尔特·汉普希尔的妻子。

国文化环境，陷入极度的孤独。在伯林眼中，那个环境是他标志性的所属和依赖。

致斯图尔特·汉普希尔

1961年10月9日［副本］

海丁顿宅

亲爱的斯图尔特：

你可能想不到，论及孤独，我也算是个行家。首先，孤独一人时，我也感觉非常痛苦；但至少我心里对其了然， 59
如今已经能够做到尽一切可能避免受其影响。过去的这些年，我曾经有过三次无比痛苦的独处经历：第一次是在慕尼黑度过的四天。第二次是在1932年初的新学院，当时我已经是个讲师，正好莫里斯到外地去了，而9月和10月期间我还不认识几个人——幸好我对新学院的研究员们充满排斥心理，才略微排解。第三次是1949年在哈佛大学。当时我人地生疏，因为害怕寂寞孤独的漫漫长夜，每天晚上总是早早上床，读不进书，吃不下饭，羞于到纽约或华盛顿去，虽然那里有我许多朋友［……］。身处美国的孤独［……］，至少在我身上，首先引发的是极度的郁闷，一种可怕的孤独感，无依无靠，让人干什么都提不起劲儿来，只觉得再也见不到熟悉的世界了：［……］我从来没有考虑过要在美国定居，原因就在于此。这种厚重的孤独感无处不在，弥漫在周边环境中——尽管在美国的一些地方充满热情、仁爱，生活悠闲从容，没有压力，但这里人际之间的交往却明显比在欧洲要困难得多。加上自我贫穷化的倾向——一味给予而毫无吸纳——体现出十足的冷酷无情。我想我充分了解你的处境并表示同情。你为什么要去呢？[……]

11月9日我准备前往印度。[1]之前出于道德层面的考量，我已经拒绝了六次，但现在无法拒绝了，因为收到了校长[2]的一封正式来函，指示我参加，并且给了我四个星期的公假。他告诉我，这是我能为学校、为国家、为世界提供的最佳服务，诸如此类。我希望乘飞机去，途经莫斯科和塔什干，但艾琳说喜马拉雅山脉地区太危险。这话可千万别传到我妈妈的耳朵里。顺便在这里对你说声感谢，你抵达时还给她电话问候。非常感谢。

以色列之行非常成功。纳博科夫喜欢这个国家胜过任何人喜欢任何事物。他始终不断地宣称他感到多么自由自在，多么开心快乐，这种程度的喜悦心情自1917年以来不曾有过。这一切也感染了主人，回报以同样的快乐情绪。就

[1] 伯林受邀参加德里举办的一个文学大会。为纪念诗人兼作家拉宾德拉纳特·泰戈尔（1861—1941）诞辰一百周年，印度举行了长达一年的庆祝活动，该大会为系列活动之一。
[2] 阿瑟·莱昂内尔·普格·诺林顿（1899—1982），1968年受封爵士；1954—1970年任三一学院院长；1960—1962年任牛津大学校长；1970—1974年任温切斯顿学院院长，是20世纪60年代牛津大学杰出的改革家。

连雅各布也为之所动［……］。我们在斯德伯克[1]本—古里
安的夏宫度过了极其美妙的时光。只见本—古里安身穿棕
色短裤，四处奔忙，大声呼吁着要将那些盖在看上去巨大
无比的沙漠豁口边上的一排小房子建成高等教育中心，当
然，也包括神秘主义研究，明显是要跟魏茨曼研究所[2]对着 60
干。看到这些，艾萨克·斯特恩[3]，一位出色的小提琴手，
人很好，但不是非常聪明，对纳博科夫说："知道他让我想
起什么吗？他让我想起亚伯拉罕——的确，他就像亚伯拉
罕。你不觉得吗？"简直叫人忍俊不禁。在场的有你的老朋
友沃特·伊坦[4]，他正忙着起草电报，祝贺戴高乐虎口脱险。
午餐时分，大家交谈甚欢。话题主要围绕一个俄语短语确
切该怎么翻译。这个短语意为"生活的任务"，本—古里安
想使用，而对伊坦这样有点儿类似日耳曼智力水平的人来
说，却显得太书卷气了。纳博科夫兴致勃勃地在一旁帮忙

[1] 位于内盖夫北部山脉的基布兹，本—古里安居住于此直至去世；附近有在他鼓励下兴建起来的教育研究中心米德雷什特斯德伯克：这座鸟瞰锌谷壮观景色的建筑物于 1962 年动工。

[2] 由哈伊姆·魏茨曼＊（1874—1952，以色列首任总统）1934 年创立于耶路撒冷西部的雷霍沃特。资金来自其挚友伊斯雷尔·西弗、西蒙·马科斯及哈利·萨谢尔。

[3] 艾萨克·斯特恩（1920—2001），美国小提琴家，公认的 20 世纪杰出小提琴家之一；生于克列梅涅茨（今乌克兰境内），父母为犹太人，但在旧金山长大，1936 年参加城市交响乐团演出，崭露头角；经常在以色列演出。

[4] 沃特·乔治·伊坦（1910—2001），原名艾廷豪森，外交官；生于慕尼黑，与伯林同一时期就读圣保罗学校和牛津大学；1948—1959 年任以色列外交部首任总干事；1959—1970 年任以色列驻法国大使。

打下手，快乐无比。雷蒙德也在。他的好友是大卫王酒店的调酒师。我感到他对这一切并不像其他人一样开心。克莱尔[1]到了，看上去比以往任何时候都更加疯狂，居然孤身一人在特拉维夫附近住了三天，刻意寻求孤独。之后他又向我打听被称为“基布兹”的以色列聚集区有哪个地方总体来说最适合独处和私人生活。我尽力解释建立基布兹的目的不是完全为了私人生活，如果他要的是这个，他得另找去处。于是，他眼里带着狂喜的神情就出发了，朝着北边方向，这会儿我想应该已抵达吉努萨尔——也就是你所知的吉尼萨里斯——我觉得他在那里不会太开心。虽然不清楚究竟是哪里出错，但肯定有什么地方不对头。我问他准备去哪里消磨夜晚，他总是回答“我要出门。准备去大卫王酒店给一位巴西姑娘读 T. S. 艾略特的诗”，可往往一刻钟之后就回来了，说巴西姑娘不在那，被她母亲迅速转移了，很显然，她已预见到最坏的后果。确实有某个地方螺帽松动了——嘎嘎作响，令人不安。音乐节大获成功，尤其是卡萨尔斯在凯撒利亚剧院的演出，全场鸦雀无声。唯一令人担心的时刻是，两位身穿紫色条纹宽外袍的罗马士兵

[1] 阿拉斯代尔·克莱尔（1934—1984），“哲学家、经济学家、抒情诗人、诗人、小说家、歌唱家”（《泰晤士报》1984 年 1 月 13 日第 12 版）；1959 年获全灵学院成绩优异奖学金，亲手结束了自己的生命。“世界在他脚下，超凡的知识储备和艺术技能掌握在手中，［……］但他从未能够去专心着力开发任何这些天赋。”（出处同上）

突然出现。我眼前展现出噩梦般的图景，心想这个品位可太煞风景了——好比吹响银色小号，或是用拉丁文演讲——于是赶紧问科莱克能否制止。幸好他们原来是刚刚演完一 61
个关于凯撒利亚的短喜剧的演员，来不及脱下宽外袍，就过来观看演出了。你说得对，这里没有压力。这或许正是我，敢说也是尼古拉斯，最喜欢这整个国家的地方。“兼具贵族的沉稳自信与艺术家的大胆不羁”——当尼古拉斯在一次音乐会上坚定从容地走到以色列总统[1]跟前，并执意要我帮忙介绍时，雷蒙德不无醋意地在一旁这样评价。一副厚道农民模样的总统，当时就邀请他随时可以前来拜访。尼古拉斯为此很是飘飘然：他认为这与白宫真是太不相同了。尽管如此，我个人过得非常开心，这一切都令我喜出望外。

这里的高尔夫俱乐部[2]——你见过吗？——极富喜剧色彩，尤其是那些绅士派头十足的男士们，身穿短裤，手拿烟斗，极力摆出一副农场主的样子，绅士派头十足地在酒吧里聊天。这的确代表着一种被极力压制的渴望，希望重新回到

[1] 指伊扎克·本—兹维（1884—1963），乌克兰裔希伯来学者和犹太复国主义者；1952—1963 年任以色列总统（接任魏茨曼）。
[2] 凯撒利亚高尔夫乡村俱乐部，1961 年 1 月正式开放，是高尔夫球迷詹姆斯·阿芒·德·罗斯柴尔德（1878—1957）的创意之作：“由吉米·罗斯柴尔德斥巨资建成——极具苏格兰之风，葱绿一片，身着短裤的男士们喝着威士忌，大部分来自南非，就像帝国等级烟草广告，完全是英国式的交谈风格。”（伯林致不明身份通信人，1961 年 11 月 1 日）

托管地[1]的怀抱。这种情绪并非四处弥漫，但一旦触发，却颇令人伤感和心动。这段时间，莫里斯正与伊丽莎白[2]乘游轮到叙利亚旅行——显然，伊丽莎白一路举止乖张，不断提出各种要求，要好的舱位，好的灯具，好的食物，连续坐车一小时就吵吵闹闹，行为古怪，老是做出刻薄和令莫里斯吃惊的举动。不过，他费尽周折，还是做到了让她循规蹈矩，他是这么说的，伊丽莎白自己也承认，他是一位出色的协调人，一切都安排得妥妥帖帖，有条不紊。并且，虽然游轮上的其他游客都很糟糕，莫里斯却喜欢每一个人，始终兴致勃勃。而之前，她从未见他如此活跃过。比彻姆小姐曾经散布过谣言，说莫里斯失聪，但伊丽莎白和我做过试验，推翻了这一谣言。

克莱尔的小说引发了一些不怀好意的恶评[3]；我敢说其中原因在于他任由凯普出版社在封面上打出他是全灵学院研究员的信息，这点他做得不够明智。你应该已经读到过一些，特别是那篇麦克因斯还是奈保尔写的，要么就是他们中的某一位，即便不说它像是一幅二十六岁年轻人写的敏感小说的漫画，至少好比一篇敏感的二十六岁年轻人写的

[1] 1920—1948 年为英国政府托管巴勒斯坦时期，国际联盟授权自 1923 年始。
[2] 应该指的是守寡、膝下无子女的伊丽莎白·鲍恩（原文第 468 页注 3），而非作为妻子和母亲的伊丽莎白·朗福德。
[3] 阿拉斯代尔·克莱尔唯一的小说《窗户》，1961 年由乔纳森·凯普出版社在伦敦出版。

典型小说。[……] 我目前的工作是要说服斯特拉文斯基[1]，
将《旧约》的开篇文字谱成曲，歌词就用希伯来语原文（这 62
是我的想法，也许不太好），在 1963 年以色列音乐节[2]上演
出。他们那里很担心，因为斯特拉文斯基宣称自己是反犹
太主义者，但我觉得这并不代表什么。[3]纳博科夫歇斯底里
似的急着要阻止他前往俄罗斯 [……]。他们到底能从斯特
拉文斯基身上获得多少资本呢？[4]他的态度肯定是强硬和愤
世嫉俗的——他们会欢呼他的到来，但他对世界和平的祝
福却很难成为头条新闻。为什么尼古拉斯会如此疯狂？显
然跟他无法前往有关。斯蒂芬[5]希望能与我一道访问印度，
但很奇怪，他们并不情愿邀请他——一定是他去过太多次
了。要是我也会厌烦，这是不用说的。但是，你一定会喜

[1] 伊戈尔·斯特拉文斯基 *（1882—1971），作曲家。

[2] 这项工作的最终成果是《亚伯拉罕与以撒》（原文第 72—73 页）。

[3] "本质上而言，斯特拉文斯基对纳粹政权持有的是一种实用主义的态度，这可能导致他对犹太人产生排斥心理，但并不就一定意味着他同情纳粹。与同阶层的许多俄国人一样，他虽然是个反犹太者，却从未倡导或支持使用暴力或政治手段反对犹太人 [……]。他与瓦格纳不同，似乎从未用屈尊或傲慢的态度，或者以某种明显的特别方式对犹太朋友另眼看待；他经常发表一些令人反感的反犹言论，但主要出现在他与其他反犹太者的来往信件中，这些人包括贝诺瓦、狄亚基列夫和莱因哈特。"斯蒂芬·沃尔什，《新格罗夫斯特拉文斯基》（纽约，2002），第 30 页。

[4] 斯特拉文斯基于 1962 年秋访问苏联，根据罗伯特·克拉夫特的记述，他双脚重新踏上俄罗斯土地的刹那，内心深有感触；但这次访问既没有在苏联重新恢复他的音乐地位，也没有让他对故乡产生向往之情。（出处同上，第 46 页）

[5] 斯蒂芬·哈罗德·斯彭德（1909—1995），诗人；1953—1967 年任《文汇》杂志合作主编；1970—1977 年任伦敦大学学院英语教授；斯彭德是伯林大学时代的同学，伯林与他十分要好。

欢听我说说我们在以色列的经历——斯特恩、伊斯托明和罗斯的三重唱小组是迄今为止世界上最完美的组合[1]。他们在恩·盖夫演唱，而我自1929年聆听了毕亚第高斯基、施纳贝尔和弗莱施的三重唱组合后，就再未听到过如此美妙的天籁之音。[2]他们曾经在南部的一个犹太定居点演出，听众们就坐在一袋袋的稻草上，当时一个十分友好的外交部长还发表了一个亲切演讲，称纳博科夫是位“无比伟大的作曲家”。那次的演出格外不同寻常——巨大的满月，明亮的星星——耀眼、蔚蓝的天空和毫无杂质、极其亮丽的各种天际色彩近在咫尺，不由得让人心生感慨：天堂是如此的近在眼前，以其触之可及的强大存在主宰着宇宙。从古犹太城到加利利贯穿南北的通道，实际上就是从《旧约》到《新约》的旅程。自然环境随之变化，而加利利海的魅力也和《旧约》的风格几乎没有关联。但我必须终止行程，因为我觉得这一路的旅途颠簸对艾琳来说过于勉为其难了。我必须重新开始思考政治哲学、牛津、学生，以及所有相关事项。[……]

63 [沙耶]

[1] 1960年，斯特恩与钢琴家尤金·伊斯托明（1925—2003）以及大提琴家伦纳德·罗斯（1918—1984）共同组建了广受赞誉的三重唱小组。
[2] 格雷戈尔·毕亚第高斯基（1903—1976），生于俄罗斯，大提琴家；卡尔·弗莱施（1873—1944），匈牙利小提琴家；阿图尔·施纳贝尔，钢琴家。1930年10月，这个三重唱组合曾在女王音乐大厅和威格摩尔大厅进行演出。

致不明身份通信人

1961年11月1日［副本］

［海丁顿宅］

因为流感和霍乱并发，我正卧床休息，这肯定是之前我使用的注射剂引起的。在感觉上，或许并不比你所想的好过多少。但是，我安于如此躺着，也喜欢如此躺着。我不喜欢介入任何活动，喜欢观察而不是插足其中。在我的一生中，尤为恐惧的就是参与。我怎么就成了婚姻一方，这在我至今都是一个巨大的谜团。我间接地获得生活体验已经太久太久，如今直接体验生活感觉无比陌生和奇特。我真希望能起床去见你，对你讲述我和雷蒙德、纳博科夫先生以及雅各布·罗斯柴尔德在以色列度过的两个星期——雅各布·罗斯柴尔德与一位天主教女士[1]秘密登记结婚，此事是一个时代的标志（伊夫林·沃[2]会四处写信，语气干巴地后悔背叛教义，也是再自然不过）。以色列的一大特点在于，完全没有等级族群之分——尽管那里嘈杂粗俗，城镇丑陋不堪，到处是缺乏文明教养、横冲直撞、你推我搡的人群，一幅精力充沛的维多利亚时代的人口景象，以极度严肃认真和一本正经的态度，深信善恶共存，认定工作必能带来救赎，如同最最虔诚的新教徒——尽管如此，事实是，你可以用几乎完全平

[1] 雅各布·罗斯柴尔德和塞丽娜·玛丽·邓恩于1961年结婚。
[2] 伊夫林·阿瑟·圣约翰·沃（1903—1966），小说家；1930年皈依天主教。

等的语气与任何一个人交谈，从总统到最卑微的劳动者。还有你根本看不出来，为你服务的店主可能拿到了维也纳的音乐学博士学位，而那位酒店预订员则来自葡萄牙一个神秘的家族（我那位预订员就是如此；不过，这变得像雷蒙德·莫蒂默[1]的纪事了，那可太没意思了，至少对我来说，没有比它更讨厌的）。现在我必须前往印度。东方神秘的魅力，在我生命中还从未体验过。我必须要发表一个关于泰戈尔的演讲。但是，我于泰戈尔算什么？泰戈尔于我又算什么？你问得很好。他的诗歌经翻译后就如同赫门兹女士[2]和埃拉·惠勒·威尔科克斯[3]的诗歌一样。《吉檀迦利》[4]！平淡、伤感的琐事——至少是用英语写的。然而，这有可能因为他是一位伟大的印度诗人。[……] 我已经完成一份关于泰戈尔和民族主义的演讲稿，文字铿锵有力。我会像格莱德温[5]

[1]（查尔斯）· 雷蒙德 · 贝尔 · 莫蒂默（1895—1980），批评家；1948—1952 年任《星期日泰晤士报》文学评论家；从 1952 年开始，任首席文学评论家；其《海峡邮船》（伦敦，1942）是一部备受瞩目的游记。

[2] 费利西亚 · 多萝西娅 · 赫门兹（1793—1835），婚前姓布朗，诗人；多产的诗歌作家，诗作包括“卡萨维安卡”（1826），这是她为纪念尼罗河战争中在法国战舰“东方”号上英勇牺牲的法国男孩而作：“少年挺立在燃烧的甲板上 / 除他之外所有人都已奔逃四散［……］。”

[3] 埃拉 · 惠勒 · 威尔科克斯（1850—1919），美国诗人：“笑时世人皆欢喜；泣时独自暗流泪。”（“孤独”，1883）

[4]《吉檀迦利》（“献歌”）是泰戈尔英译自己的孟加拉语诗作而成的诗集，为其赢得 1913 年诺贝尔文学奖。

[5]（休伯特 · 迈尔斯）· 格莱德温 · 杰布（1900—1996），1960 年受封格莱德温男爵一世，外交家；1954—1960 年任英国驻巴黎大使；1965—1988 年任上议院自由党副主席：“最后的自由党号角”（伯林致罗兰 · 博登—穆勒，1974 年 4 月 2

那般，镇定自若地发表演讲。每次 race（种族、竞争）一词出现时，艾琳都让我删掉，包括 leave the unequal race（意为“离开这个不平等的种族”或“离开这个不平等的竞争”。——译注），因为该说法在意义上模糊不清，即便我是指“不平等的竞争”，印度人还是有可能因此恼羞成怒。[1] 64

[……] 你认识尼赫鲁先生吗？[2] 我从未见过他，却对此人满腹疑惑：不用说，他在哈罗公学和剑桥大学旅居时一定产生了深深的自卑感，饱受其苦，他才会有那种表现。我和艾琳将从印度前往波斯，我确信那是一个优美的国度——我讨厌印度的艺术却对波斯艺术喜爱有加——但我得再说一遍，路上可千万不要像雷蒙德—莫蒂默一样。[……]

我会从印度给你寄一张明信片。你认为“压抑的哀伤在胸口沸腾”是一句好诗吗？这是我最重要的赞助人写的，他现在就住在那座城市。[3] 我有三个学生在德里，他们准备请我吃饭，为我接风洗尘。真是无聊啊，让人烦恼透顶！人可

日）。伯林与其在第二次世界大战期间认识，当时杰布在英国外交部工作。二人的友谊从此开始。

[1] 伯林于 11 月 13 日发表“拉宾德拉纳特 · 泰戈尔与民族意识”的演讲，这也是在德里举行的泰戈尔诞辰一百周年庆典的一部分。

[2] 贾瓦哈拉尔 · 尼赫鲁（1889—1964），一名克什米尔的婆罗门，曾就读于哈罗公学和剑桥大学三一学院；印度独立运动的主要领导人之一；1947—1964 年任印度首任总理（独立之后）以及外交部长。

[3] 胡马雍 · 查希尔丁 · 阿米里 · 卡比尔（胡马雍 · 卡比尔）（1898—1969），教育家、政治家、诗人、哲学家；1931 年在埃克塞特大学学习哲学、政治学和经济学课程，是伯林在牛津大学的同时代人；他的《诗集》（牛津，1932）收入了“大海”，其中有“压抑的哀伤在胸口沸腾”等诗句。

以不为自己的国家做些什么吗？祝愿你们大家身体健康。

[沙耶]

致艾琳·伯林

星期四［1961 年 11 月 9 日；手稿］

新德里乔治国王大道 2 号

［……］

亲爱的艾琳：

飞行十分顺利。在机上我遇到了佐尔蒂，口气含糊地邀请他和妻子 1 月份来牛津吃中饭——只能在星期天，彼得返回学校后的第一个星期天——但这只是暂定的。在苏黎世机场，有位年轻女人来接他，我不记得她是谁，她向你（“艾琳”）问好，说她在牛津与我们相识——我得假装之前见过她，她皮肤暗沉，不太漂亮，瑞士人？不会是佐尔蒂太太（我感觉）——太奇怪了。坐在我身旁的，是一位很讨人喜欢的澳大利亚商人，没想到，他对《圣经》文字的准确性深信不疑——一个非犹太人，却坚定支持犹太复国主义，狂热喜爱以色列，而我作为犹太人（我很快便对此坦言），却并不相信耶利米准确地预言了整个世界历史，他对此很是震惊。不过，他还是原谅了我。尽管他是虔诚的教徒，还是兴致勃勃地向我讲述了他与京都艺妓度过的一夜情。此人极度
65 简单、坚定，是狂热的宗教信徒，性欲旺盛。刚才在伊斯坦布尔机场没什么看头：这会儿到了德黑兰机场：土耳其的玩

具娃娃要比波斯做得好多了：波斯的礼物盒样子难看，但鱼子酱一千克只要约 9.1 英镑——质量好坏就不得而知了。最长的一段航线是从德黑兰到德里，很是沉闷乏味。所幸一路飞行非常顺利：除了不停地供应食物和饮料外，其他一切都好。来接我的人一定没想到我长得如此不起眼：这些人中有德里科学院的秘书，还有这位秘书的秘书：此人一直手捂额头低着头。我是第一次如此强烈地感受到东方主义和印度风情（除了一名印度空姐，她在伊斯坦布尔上了飞机，穿着像艾耶尔太太 [1] 那样的两件套女装衬衫和裙子）。另外还有高级专员公署的斯科特先生——一位年轻的外交官：与其他外交官别无两样——态度和蔼可亲，殷勤周到。戈尔—布思夫妇 [2] 要到今天三点半才从孟买回来。当然不可能睡觉：我试图小睡一会儿，但是那些奴隶般俯首帖耳的服务生们，身着华丽制服，戴着头巾，上面有挺括的羽饰 [3]，不是羽毛，不停地迈着大步进进出出——我不敢叫他们不要打扰，反倒被这十足的封建文化深深吸引。[……]

在你来之前，纳博科夫组织的大会已经为我安排了一

[1] 1960 年，A. J. 艾耶尔娶了第二任妻子阿尔伯塔·康斯坦丝（“迪”）·韦尔斯（1925—2003），婚前姓查普曼，新闻记者、小说家和播音员。

[2] 保罗·亨利·戈尔—布思（1909—1984），1969 年受封终身贵族，外交家；1960—1965 年任英国驻印度高级专员；1965—1969 年任英国外交部常任次臣；1968—1969 年任英国外交大臣；1940 年与帕特里西娅·玛丽·埃勒顿（1921—2012）结婚。

[3] 指头饰上的羽毛，是以有羽冠的白鹭命名的。

次招待会：英国人认为他们此事办得不太聪明但没有恶意。[……] 大会的使者跟我说，其他代表的论文有多好——奥尔德斯·赫胥黎[1]，俄国人，埃及人，等等——真令人讨厌。[……] 除了有点儿累，我身体都好。特别想你，感觉寂寞孤独：你能带给我一件薄背心吗？或者我在这里买一件。我会在飞机上读很多书：我现在是飞机的狂热爱好者：好喜爱它们：对其是既害怕又欢喜。奇怪。这里气候温暖，充分展现了印度风情。我要等戈尔—布思夫妇到了后再去寄这封信，那样我可以告诉你关于衣服的事。再有就是要对你说，我爱你胜过你爱我：远远胜过：又因为我肯定你的确爱我，而感到心满意足。我在伊斯坦布尔给菲利普写了信，在这里给彼得写了信。

[……] 告诉我妈妈和你妈妈，我现在非常幸福。虽然实际情况并非如此。但我已经相当满足。明天要去录制广播演讲。我爱你，带着看似毫无必要的激情。在五十二岁的年纪！ [……]

66 沙耶

[1] 奥尔德斯·伦纳德·赫胥黎（1894—1963），小说家和散文家。伯林并不喜欢赫胥黎的作品，但在他去世后，伯林写道："我真的觉得他那神秘的腐朽并不那么腐朽，我认为他是蹒跚前行在某个事物的边缘上，而这件事在未来会变得越来越有趣。"（致诺埃尔·安南，1970 年 5 月 25 日）赫胥黎的论文"文学与现代生活"与伯林的论文同一天在泰戈尔纪念大会上宣读，都是 11 月 13 日。

致查尔斯·泰勒

1961 年 12 月 28 日

［海丁顿宅］

亲爱的查克：

我不想用与审查委员会[1]漫长又无聊的谈判过程来烦扰你。事情刚开始发生时，我不得不针对以下指责为你辩护：（1）论文题目与其内容不相符；（2）这篇论文是写心理学的，应该提交给心理学评审委员会；（3）评审人宣布他们不具备能力对其价值做出判断，但事实上已经给了自己很高的评价；（4）社会科学评审委员会应该宣布它没有能力来任命评审人；等等。

在迅速进行了一番战术思考之后，我做出决定：对第（1）点主动认错，对（2）（3）（4）点强势出击，坚决不服。这套策略确实管用。委员会可不喜欢被人告知说自己在做什么都不清楚；委员会很欣赏我对第（1）点的自我认错态度，认为评审人的报告有点儿迂腐。而我担心的是，他们会将论文送回来让一些心理学家审阅，那样的话肯定会产生难以预料的结果。然而，他们并没有那么做。经过几番态度

[1] 伯林和伊丽莎白·安斯康姆（原文第 370 页注 5）合作指导查尔斯·泰勒的博士论文，在 1961 年秋季学期（米迦勒节前后或米迦勒节开始时），他在社会科学学院委员会的会上主持对其的最终审查。论文的最后标题是《社会科学解释》，替换了原先的《目的与现代心理学理论解释》。泰勒的《行为的解释》于 1964 年在伦敦出版。

上不祥的摇摆不定，加上赖尔居心叵测地评论之后，给出的条件是要改变论文的题目，这是为了不要误导牛津博德莱安图书馆的某些研究者们，他们可能会想参考这篇论文。接下来的事你都知道了。

事情第二次被提出来，是因为赖尔反对那个新构想，但是在我说，我完全同意他的意见，提出构想的是很难说话的涅尔[1]，之后赖尔绝望地举起双手投降了，毕竟涅尔是赖尔最喜欢的所有牛津哲学教授的候选人。

就此，这一长途跋涉总算到达终点。我很高兴：我们都知道头衔并不能说明什么，也都是伟大的平等主义者，然而我们同样也知道，不去接受一个自己申请的头衔（例如，就像全灵学院院长未能获得质量管理证书一样）[……] 会引起个人神经官能症和来自公众的质疑和麻烦。

你希望在加拿大人中生活，我完全理解：但你的离开仍然是一起不容小觑的重大事件。新左派似乎让自己陷入了某
67 个无足轻重的琐碎小事并纠缠其中。拉斐尔·塞缪尔[2]和来自西印度群岛的那个人，他的名字我想不起来了，他们没有

[1] 见原文第 535 页注 3。

[2] 拉斐尔·埃尔肯·塞缪尔（1934—1996），英国马克思主义历史学家，西蒙·阿布拉姆斯基的侄子；1962—1996 年在罗斯金任教。他像爱德华·帕尔默·汤普森一样，二人之间有很多共同点，1956 年苏联入侵匈牙利，他离开了英国共产党，此后全身心投入新左派组织，新左派“致力于从斯大林的黑暗时代和社会民主实用主义中解放社会主义精神”（《泰晤士报》1996 年 12 月 11 日第 11a 版）。

足够的能力让事情继续下去：同时，我发现可以跟麦金太尔[1]亲切又颇有所得地进行交谈。他是个很能激发人情绪的谈话对象，在我看来，在牛津，似乎也就他与我至少有几分兴趣相投。不用说，别的任何人都不行。

我看到了自己的肖像画，很有趣。是斯图尔特·汉普希尔为《纽约客》杂志画的（你看了梅塔写的那篇关于牛津哲学的文章吗？）[2]，文中的我是一个孤独的思想者，极力想放弃形式哲学，一个因缺乏同道而自说自话的孤家寡人，绝不是一个牛津哲学家，或根本就不是一个哲学家。我想知道你读完文章后会有什么想法。

这期间，我收到伯恩鲍姆[3]的一堆信，他在找工作，需要担保人之类——我试着写了一封推荐信，推荐他去伦敦经

[1] 阿拉斯代尔·查默斯·麦金太尔（生于 1929 年），1957—1961 年任利兹大学的哲学讲师；1961—1962 年任牛津大学纳菲尔德学院研究员；1962—1963 年任人文科学委员会高级研究员，兼任普林斯顿大学客座教授；1963—1966 年任牛津大学大学学院哲学研究员兼导师；1966—1970 年任埃塞克斯大学社会学教授；1970—1972 年任布兰代斯大学思想史教授；1972—1980 年任波士顿大学哲学与政治学荣誉大学教授。
[2] 维德·帕卡什·梅塔（生于 1934 年），印度作家和新闻记者（后成为美国公民），四岁时失明，就读于牛津大学巴利奥学院和哈佛大学。他的文章“与艺术一道飞得更远更高”（在《飞翔与飞瓶》一书中转载；伦敦，1963）发表在 1961 年 12 月 9 日的《纽约客》杂志上，这是一篇关于牛津哲学的评论，其写作缘由是赖尔决定不为盖尔纳的《言与物》写评论而引起争论。
[3] 诺曼·伯恩鲍姆（生于 1926 年），美国社会学家；1953—1959 年任教于伦敦经济（与政治）学院；1959—1966 年任牛津大学纳菲尔德学院研究员；1960 年成为《新左派评论》编辑部创立人之一。

济学院，在那里，连讨厌的格拉斯[1]都提名他，希望这样会令他与麦克雷[2]都落选，最终学院只能任命盖尔纳。然而，这一巨大的阴谋最终告败。不管怎么说，作为一个社会学教授，盖尔纳当然不行，至少迄今为止是如此——结果最后是麦克雷，此人我闻所未闻，似乎便在党派的鹬蚌相争中渔翁得利，得到那份工作了。此事就说到这里［……］。

68 这段时间里，我还确定了一件事，哈曼[3]就是那个人。他真的是一个神秘莫测的人，在加里宁格勒单枪匹马鏖战康德[4]——与其唇枪舌剑，［……］为英国和法国说话，这两

[1] 戴维·维克托·格拉斯（1911—1978），社会学家和人口学家；1948—1978年任伦敦经济（与政治）学院社会学马丁·怀特讲席教授。“有些人认为戴维·格拉斯是个不受外界影响的隐居之人，性格内向又清心寡欲。另一些人则喜欢看到他谈论书籍和印度时温和的样子。［……］伦敦经济（与政治）学院将永远铭记他，因为他是为这个独特的学术机构做出杰出贡献的伟人之一。”（《泰晤士报》1978年9月27日第16g版）

[2] 唐纳德·冈恩·麦克雷（1921—1997），1961—1978年任伦敦经济（与政治）学院社会学教授，1978—1987年任社会学马丁·怀特讲席教授（接替戴维·格拉斯）。

[3] 约翰·格奥尔格·哈曼（1730—1788），德国虔信派神学家和反理性主义哲学家，浪漫主义的主要先驱之一：“他是启蒙运动最热情、最专注、最极端和最难以和解的敌人，也是［……］他所处的时代里形形色色的理性主义的敌人［……］。他直接或间接地，在浪漫主义与普世主义和任何伪装下的科学方法的对抗中发挥着巨大甚至至关重要的影响。”（《启蒙的三个批评者：维柯、哈曼与赫尔德》，第255页）“一个不喜欢启蒙运动的分析性理性主义，却在情感、语言，尤其是‘人类母语’的诗歌当中看到更多创造性力量的新教神秘主义者”：迈克尔·詹姆斯·因伍德，《德国哲学》，《牛津哲学指南》（牛津，2008）；因伍德的引文源于《美学简论》，收入约翰·格奥尔格·哈曼的《全集》，约瑟夫·纳德勒主编（维也纳，1949—1957），ii 197. 15。

[4] 伊曼纽尔·康德（1724—1804），德国哲学家，现代哲学的核心人物和集大成者；生于普鲁士加里宁格勒，在那里的大学学习和任教，并成为逻辑与形而上学

个国家他都去过。显然，除了虔信派教徒和神秘主义者，他没有被任何其他思想家所影响。然后，就是让休谟与原教旨主义结合起来——休谟可以摧毁理性主义以及先验思想，这种思想认为任何发现都依赖先验的方法——例如，为信仰的产生提供空间。如果信仰桌子是我们不能证明的，那为什么不能信仰上帝呢？结合以下这个命题，即语言和思想完全相同，因此上帝之言只能通过阅读希伯来语或希腊语来理解，而不是通过翻译，因为意义不能与传递意义的文字分离，其他象征符号只能传递相似的意义，但相似不等于相同——这种关于思想和语言的唯名论和实证主义理论对当今世界尤其重要。[1] 这种结合成就了赫尔德 [2] 的理论，促使学界群起而攻之，广泛反对知性主义、一般命题、科学、西方、外部世界、证据、抽象、永恒真理，以及人类“异化和疏远”自己而陷入的其他幻想和谬见。

在哈曼看来，理性主义哲学家的所有建构似乎只是众多毫无生命的面具，芸芸众生利用这些面具来隐瞒或扭曲自己

教授（1770—1796）；他所关注的形而上学经常被人拿来与大卫·休谟的怀疑论经验主义进行比较，而其绝对命令学说宣称存在绝对的道德法则。正是因为康德的介入，才使同样生于加里宁格勒的哈曼有机会受聘为那里的低级公务员。

[1] 参见《启蒙的三个批评者：维柯、哈曼与赫尔德》，第 359—361 页。

[2] 约翰·戈特弗里德·冯·赫尔德（1744—1803），德国哲学家、诗人和评论家；德国浪漫主义的创始人，影响过歌德，反对启蒙运动，强调思想和语言之间不可分离。根据伯林的看法，他在很大程度上是民粹主义、表现主义以及（文化和价值）多元主义的创始人（《启蒙的三个批评者：维柯、哈曼与赫尔德》，第 176—177 页）。

的真实特征。类似的演讲和类似的表态一定也发生在德国和瑞士，我怀疑这是最终造成卢梭憎恨形式、规则和制度的原因。因为这些形式、规则和制度禁锢和扭曲了人类的自由精神，歪曲了自己的形象——如《拉摩的侄儿》[1]，以及整个早期的异化文学。我打算读一些哈曼的著作——用德文撰写，形状可憎，不堪卒读，比任何人的书都难读——然后写一篇关于他的随笔，探讨他如何作为所有这些好事坏事之源头。要想做到不夸大，不过多追溯过去的事很难办到，因为这些事往往到后来才被人发现。但我会尽力而为。

69 这段时间里，我还完成了一篇关于你过去的导师卡尔的评论。如你所知，他已将其特里维廉系列讲座内容结集出版。不出所料，在这部作品里，黑格尔[2]和马克思是英雄，而我和波普尔则是恶棍。为《新政治家》写该书评论时，我不得不在一开始就指出，我不得已对该书产生兴趣，是因为在其中我被提及的频率仅比黑格尔和马克思少一点点，虽然提到我的语气不是那么恭敬。你应该读读这本书：这是一本

[1]《拉摩的侄儿》是德尼·狄德罗（原文第 391 页注 4）写的简短对话录，被公认为是他的代表性作品；大约在 1760 年时开始创作，在他死后的 1804 年首次出版了由歌德翻译的德文版；书中想象了在“我”（狄德罗）和“他”（让·弗朗索瓦·拉莫，作曲家让·菲利普·拉莫的侄子）之间的对抗，前者的道德观与后者不讲道德、玩世不恭的犬儒主义针锋相对，就启蒙运动和旧制度社会的价值观提出质疑。

[2] 格奥尔格·威廉·弗里德里希·黑格尔（1770—1831），德国哲学家；著有《精神现象学》（1807）和《逻辑学》（1812—1816）；1818 年成为柏林大学的哲学教授；他的目的论历史观和推理辩证法深刻地影响了马克思和恩格斯。

非常生动、辛辣、易读和欢快的小书，但是，尽管他相信社会进步、达成目的，以及这代人必须要为下代人做出牺牲等思想，并因为罗素提出一百年前的世界比当今世界更自由而对其严加斥责——谁的自由更少了呢？俄国人，还是印度人？诸如此类——尽管这些在一定程度上会唤醒你本能的同情心，但从整体来说，它会让你失望——太过粗糙，太过简单，太过肤浅。书中讨论哲学问题的方式过于轻佻欢快又大胆不羁，但其实与所涉问题毫无关联，因为他并没有理解那些知识问题或思想——从未理解过——正如已故的奥斯丁[1]一定会说的那样："他只是在肩膀上少了一个哲学头脑"——不是说他需要这个头脑，而是说假如他要踏入这片水域，就该先去学习游泳。

在《听众》杂志上，我曾和他有过一次愉快的争论，这些讲座最早就刊登在这本杂志上。我当时愤怒地否认了所有强加于我的愚蠢观点。（例如，历史学家应该停止寻找行为发生的原因；或者，他们应该始终如一地将人贴上好人坏人的标签；片刻也不能停止说教，否则就是疏忽其责——完

[1] 约翰·兰索·奥斯丁（1911—1960），1952—1960 年任牛津大学伦理学怀特讲席教授和语料库研究员；伯林的好友，对其学术生活产生重要影响的因素之一；语言哲学牛津学派领军人物，反对 A. J. 艾耶尔的逻辑实证主义："奥斯丁和艾耶尔在知识方面的不断创新和巨大力量，使他们始终处于几乎连续不断的冲突当中——艾耶尔像一颗不可抵挡的导弹，而奥斯丁则好比一个无法移动的障碍物——好在二者撞击并未陷入僵局，而是引发了最最自由、热烈和趣味盎然的哲学讨论，是我前所未闻的。"（《个人印象》第二版，第 144 页）

全是用一种拙劣的方式模仿我的观点，这点我的确隐约可辨——我担心，其他人完全可能就此认为这根本就是有理有据的公正批评。）不过，还是要去读一读。此事足以让人多加小心，引以为戒，证明那些没有接受过哲学训练的人根本无法理解那个稀奇古怪，可能还显得奢侈多余，但仍有无穷吸引力的主题。

这段时间里，我还去了印度——当地人热情似火，见识不多，把人折腾得精疲力尽，但尼赫鲁很特别。他很清楚自己在做什么：知道自己运用了双重道德标准，但丝毫没有为此感到羞愧；知道自己在与非洲人和亚洲人同行，而将俄罗斯视为自己的旅伴，他大体上认为西方已经出局。他想比中国走得更温柔些，他也认为他那四亿印度人——如此庞大、柔弱、温和、低能、沉重的数量庞大的群体——将一如既往地吸收所有外国毒素，然后再找出自己的拯救方法。相
70 比那些地处其东方和西方，更加铁腕无情、严格军事化管理的民族，他觉得找出自救方法会更容易些，虽然国家会更加混乱。

他特别好虚荣。俄国人在塔什干[1]冲破警戒线，将他团团围住，向他表示真挚热烈的欢迎，这点深深打动了他，从那时他便已然成为俄国人的朋友；同样，他也喜欢日本人，

[1] 1961 年 9 月尼赫鲁访问苏联期间，他被带到塔什干，目睹了苏联政府在那片落后地区可能带来的积极影响。

因为日本人也向他表达了类似的情感；至于英国人，他的整个政治观——跟着感觉走的态度，偶尔为之的任性狂妄，经验主义，提到马克思主义时的轻蔑态度，大不敬地认为其在19世纪会引人关注，但对今天的我们来说明显过于粗糙——简直就是从英国派生出来的。他很敏感，有强烈的自我意识，像其他人一样希望得到认可。毋庸置疑，黑格尔对任何人都有最深刻的洞察，因为他意识到在这个世界上，人们最想要的就是得到认可——不管他们是个人、民族还是阶级——他还意识到，所有的侵略都是源自对这种独特渴望的创伤。当尼赫鲁开始谈到，他惊讶地发现，一些三流印度电影在莫斯科大获成功，那里的人们个个都哼着这些影片的插曲，此时他脸上流露出容光焕发的神情。其兴致之勃勃，是在我们漫长采访中的其他时间段不曾见到的；在我参加的纪念大会上，当那些印度人得知，俄国人非常尊敬泰戈尔，视其为世界上最伟大的诗人之一，专门为纪念他铸造了一枚纪念章和四张邮票，六万名小学生参加纪念活动等，他们比听到任何话语都更感到欣喜。

印度人想要被认可为一种新型的异国文化，他们的诗人是世界上最好的，他们的小说家比普鲁斯特更光辉灿烂，受人敬仰的感觉会冲昏他们的头脑，还有与英国的全方位联通，因此——从某种意义上说，关于他们，世人知道得太多了，不像中国或日本或中亚地区，躲在幕墙之后，这是他们深恶痛绝的——他们想要开始全新的生活。

如果有人对发生在果阿[1]的事情感到惊讶（我说，怎么突然改变了话题），我会觉得非常奇怪。谁若认为尼赫鲁或亚洲的任何人是相信规则或原则的，即便只是为了临时变通，因为相比强权政治，这是一种省力的策略，并有可能以更小的代价来产生对发展有利的条件，那么此人必定脑筋错乱了。在我看来，尼赫鲁对联合国似乎连最起码的尊重都没有，而是将其视为一种记录权力平衡变化的工具，而不是一个拥有属于自己的某种协商或行政特性的实体。这是我无意中考虑这个问题时得出的结论。尼赫鲁对公众舆论极其敏感，但
71 是他认可的公众舆论首先来自印度国内，接着依次来自亚洲、非洲、铁幕国家，对来自西方的舆论几乎完全不予认可。自然而然地，由于美国势力强大，它必须与之友好相处。他很享受与西方的接触——他个人是很喜欢它们的，对它们充满好奇，也喜欢与一些健美帅气的西方女士逗乐调情，恰如一个大力士参孙可以同时对若干个妖妇大利拉实施外交冒险政策；此外，他对西方的企业情有独钟。有点儿像罗斯福[2]——这个男人背

[1] 在紧张局势持续加剧了几个星期之后，1961 年 12 月 18—19 日，印度军队从果阿、达曼和迪乌驱逐了葡萄牙人，这是他们在印度西海岸上的三个殖民飞地。尼赫鲁随后受到谴责，因其违反了联合国避免军事行动的要求。
[2] 尼赫鲁致力于“在一个极度保守和贫穷的社会里发起一场激进的社会和经济革命”（《泰晤士报》1964 年 5 月 28 日第 16a 版）。据说，美国第三十二任总统富兰克林·德拉诺·罗斯福（“FDR”）（1881—1945）也是如此，他为应对经济“大萧条”而向美国穷人承诺实行“新政”，包括兴建市政工程项目和建立社会保障体系；之后其政敌宣称他背叛了自己的阶级。

叛了他的阶级，成为一个受欢迎的偶像——他对自己的精湛技艺感到高兴，在他眼前时常闪现的是国民党的命运——一个僵化的党派，早已日渐腐败没落，终于在共产主义到来时寿终正寝。于是，便有了梅农[1]的特殊地位，尼赫鲁一直把他带在身旁，我认为，其中不仅因为情感的纽带将二人联系在一起，还因为这么做可以防止他自己失去或看起来失去舒适、抚慰、名望和舒适的半资本主义政权，尽管他很清楚，这个政权意味着停滞不前，并将最终瓦解和失败。不管怎么说，这是我对他复杂又独特的性格的解读。

我确实和印度的学生交谈过，他们让人感到放松，没有戒备心，令人愉快。但与他们的交谈并无多少收获：感觉不到他们对获取知识的渴望，没有坚定的信念，更谈不上吃苦好学精神，就这么轻轻松松、欢欣鼓舞地顺利走过一片沼泽之地。处于顶端的是玩世不恭的聪明人，在底层的则为被动消极、逆来顺受、温和耐心之人。如果真正的社会正义与合理性能够进入印度，这一定是由一些富有魅力的演说家实现的。人们不会费尽心机与之相抵触，相反，在那些演说家魅力的蛊惑下，他们会乐于沦落。否则的话，种姓制度将仍然

[1] 克利须那·梅农（1896—1974），1957—1962 年任印度国防部长："他的素质加上人格缺陷让他远离了印度主流政治生活［……］，也使他成为一位边缘人物，这一状况因不断将共产主义妖魔化的美国记者和一些印度人的抨击而更为严重，这些印度人在不敢拿尼赫鲁怎么样的时候，就会转向抨击梅农。"（《泰晤士报》1974 年 10 月 7 日第 14f 版）

极其坚固地存在，随波逐流，四处弥漫着宽容和妥协的气氛。他们以为自己可以吸收所有来自邻国的经验，并以某种方式化为己用。我这么猜想。

你都好吗？写信说说你的近况。最近在看什么书，写些什么呢？你准备发表关于原因和目的的文章了吗？

你永远的

[以赛亚]

1958年9月在威尼斯国际艺术双年展期间，伯林观看了斯特拉文斯基的歌剧《俄狄浦斯王》和他的芭蕾舞剧《春之祭》，由这位作曲家亲自担当指挥。观看后情绪激动的
72 伯林给斯特拉文斯基写了一封热情洋溢的信，表达对他的崇拜之情——“这封信语气过于浮夸，到了荒唐可笑的地步，一寄出去我便后悔莫及”[1]，之后他向作曲家的合作者及朋友罗伯特·克拉夫特这样坦言。然而，正是此信促成了二人间的友情。同年12月，作曲家与伯林夫妇在海丁顿宅共进午餐。1961年10月，在另一个类似场合上，伯林听说斯特拉文斯基正准备为以色列艺术节写一部作品，便建议将《亚伯拉罕与艾萨克》（《创世记》22：1—18）的圣经故事作为该作品的主题。伯林用希伯来语大声朗读了故事文

[1] 致罗伯特·克拉夫特，1958年9月21日，《伯林书信集（卷二）》（1946—1960），原文第648页。表达崇拜的信同上，原文第646—647页。

本，其和谐的韵律激发了斯特拉文斯基的想象力。在斯特拉文斯基的请求下，伯林将文字用音译的方式，加上英文音标提供给他。斯特拉文斯基将其作为歌词采用。最终，这部歌剧问世，复杂而又变化丰富的男中音独唱及全体合唱时长十二分钟，堪称“不可思议的旷世杰作”[1]。1962 年 1 月正式接受委托编写制作，1964 年 8 月在以色列艺术节上首演。

致罗伯特·克拉夫特

1962 年 1 月 12 日

海丁顿宅

亲爱的鲍勃：

[……] 我迫不及待要告诉你一条重要消息，《亚伯拉罕与艾萨克》的委托金终于确定下来了——我是说以色列当局方面已保证会给该剧提供一笔资助（一万五千），我可以正式对外宣布这个消息了。我真的很高兴能有这样的结果，坚信这是一个辉煌杰作，热切希望其前程一帆风顺，不会遇到任何阻碍。1963 年夏我一定会安排自己前往以色列。或许不是在夏天，因为目前的计划是在 10 月份举办艺

[1] 斯蒂芬·沃尔什，《伊戈尔·斯特拉文斯基，第十章：最后的岁月，1959—1971》，《格罗夫音乐在线》和《新格罗夫音乐及音乐家字典》（伦敦，2001），第 24 章，第 554 页。

术节。那时天气凉快得多，酒店等也没那么拥挤，一切条件都会好得多。非常抱歉这个夏天不能去那里，但愿一切能够进展顺利。我当然希望能够前往——觉得自己可以提醒大家关注生活和大自然中精彩有趣的方方面面。这些方面往往表现得不太明显且容易被忽略。我可以充当相当出色的向导、调停者和缓冲器的角色（不会有剧烈冲撞，但可能因过分好意，会发生一些内部小争吵，或者说一定程度的你推我挤，诸如此类的情况）。我希望8月底对你来说不会太热。耶路撒冷的夜晚天气十分宜人，但特拉维夫市的空气令人窒息，凯撒利亚也是如此。我开始怀疑卡萨尔斯是否愿意安排时间前去那里：他之所以能够接受，其中原因之一，显然是因为会上演他的宗教清唱剧《马厩里
73 的小耶稣》[1]。这部歌剧长达三个半小时，演出起来不会被人视为令人难忘的显赫之作（其实一部作品能达三个半小时本身就显然令人难忘——每分钟都仿佛永恒），不管是该剧本身还是题材，对以色列人来说可能都难以接受。
[……]

你永远的

以赛亚

[1] 卡萨尔斯的宗教清唱剧《马厩里的小耶稣》，取材于加泰罗尼亚民间习俗，1960年12月在墨西哥进行全球首演。

致梅耶·威斯格[1]

1962年1月15日［副本］

［海丁顿宅］

亲爱的梅耶：

情况日趋乐观。现在我基本肯定，我和家人有可能在4日或5日到达。［……］

至于整个活动的高潮——罗马盛宴、雪白的枕头、盈满的酒杯等——要是你能安排些适合我继子们的活动那就再好不过了，而不只是追求精致讲究，虽然那是你我二人再习惯不过的相处方式。我想我们已经讨论过了：要么安排参观一个规模不太大的基布兹农场（布伦纳[2]可能太大了），要么在雷霍沃特附近参加一个青年读经文逾越节家宴，与那些天真又怀有理想的年轻人相处，他们肯定感觉要自在得多。比起在类似场合中你我周围坐满上年纪的酒色之徒要好多了。还有，我是否必须提前预订第二天早上耶路撒冷犹太教堂里

[1] 梅耶·沃尔夫·威斯格（1894—1977），犹太复国主义者，生于波兰，自1905年移居美国，先后任记者、编辑、剧院经理等，兼任资金募集者；1940年9月任哈伊姆·魏茨曼的私人代表；1949—1966年任魏茨曼科学研究所执行委员会主席；1966年9月任总统；1970年7月任总理。“他的生活［……］最终是在其臣民的祭坛上无止境地做出牺牲。他们的过去对他来说意味着一切，其不足令他既同情又愤慨，他怀着自豪、绝望及一种爱恨交加的复杂心情面对他们的现在，而对于他们不确定的未来则仍深感忧虑和不安。”伯林，为《梅耶·W. 威斯格》（纽约，1964）一书所撰文章，该文以“一个宽宏大量、富于想象的理想主义者”为题，转载于爱德华·维克托主编的《七十岁的梅耶·威斯格》（伦敦，1966），第87—89页中的第89页。

[2] 基瓦特·布伦纳，位于雷霍沃特南部，是以色列最大的基布兹之一。

的席位，好让他们能够感受那里特有的氛围？艾萨克[1]先生在耶路撒冷的犹太教堂是我去过的最肮脏的地方。我们的朋友雷蒙德的钱包里至今还保存着那里的一张卡片，上面印着“教区成员不得在祷告仪式进行过程中喧哗”，落款为“经理部”，就像在影院或酒店里一样。在特拉维夫你有什么可推荐的教堂吗？还是我们必须得回到可亲的老叶舒伦那家？此事就交给你了，但务必记住，就像肯尼迪家族一样，我们也是虔诚笃实、关系密切、易受惊吓的一家。都属于十分敏感的老派传统之人，没有教会建议不敢迈出一步。因此，必须恭敬以待。

你永远的

74 [以赛亚] [……]

致莫顿·怀特

1962年1月15日

海丁顿宅

亲爱的莫顿：

听说你要来普林斯顿，而那个时间我可能正好在哈佛大学，真叫人遗憾——不过，我想还是可以安排机会见个面。或许我们可以写两本书，各自就这个题目写一本，具体

[1] 艾萨克·沃尔夫森 *（1897—1991），商人、慈善家、沃尔夫森学院的同名捐助者。

等讨论后定。我对这个题材依旧很感兴趣，相信你也一样。卡尔的书[1]只是更刺激了我的胃口罢了。你阅读时一定也发现，这本书有点儿过于粗糙——不错，毫无疑问，作者的情感奋发向上，渴望在科学上成就丰功伟绩，然而对相关问题的知识储备却远远不够。他不久前曾邀请我共进晚餐，席间极尽阿谀奉承的问候。不过，与马歇尔·科恩先生给我的杂志上他那些令人厌恶的文字相比，要有诚意多了。尽管如此，我们仍保持着某种特殊关系。我认为他的想法是，虽然二人在公共场合常以一种典型知识分子的方式机智活跃地相互调侃对方，但本质上，二人都鄙视和厌恶这个平庸无比的世界——这个想法未必正确。不过，我轻易就会掉进这个模式，在相互唇枪舌剑之后很可能又与他一同用餐。[……]

有生以来，我是第一次收到粉丝来信——令人颇为尴尬的来信——出自不同人群，有些人对我的不堪境遇表示理解，有些人公然抨击卡尔——但令我深感好奇的是，多数都站在左翼立场。我还不曾有过可怕又尴尬的右翼拥护者，这些人对我的生活是永久的威胁，可能使我在完全无意识打算这么做的情况下尽我最大能力去引起他们的关注。[……]

卡尔并非十恶不赦的坏人——虽然他曾被境遇所伤。由

[1] E. H. 卡尔，《历史论集》（伦敦，1962：麦克米兰）。另见“什么是历史？”（与 E. H. 卡尔的通信），《听众》第 65 期（1961），第 877 卷，第 1048—1049 页；“卡尔先生的大军”，评 E. H. 卡尔的《历史论集》，《新政治家》，第 63 期（1962），第 15—16 页。

于多年待在外交部，养成了平庸的个性，其想法和哲学观常遭人鄙视。多伊彻[1]曾在《泰晤士报文学增刊》称赞他是我们这个时代最伟大的思想家之一，同时又以一种隐晦暧昧的口吻告知他误用了absolute（绝对）一词。诸如此类的问
75 题，使他陷于波普尔和我本人[2]的两面夹击。他书中的主要问题是，大部分内容好比在洞开的大门里阔步穿行：多数命题看似无懈可击却少有新意，寡然无趣——在《新政治家》中，我之所以表现得比我内心真实想法彬彬有礼得多，因为我是受害者——你会理解这类评论作者的心境。我一直想说却没说的是，虽然有些话生动有力，直击各式各样的学术老朽，但大部分内容并不值得一提。不过我想，这并非历史评论家的普遍观点：他们多数认为卡尔的理论是了不起的突破。他是一名勇士，朝着辉煌的未来，迈着乐观的步伐昂首前进，逆流而行（我怕因情绪激动会滥用隐喻），正确地与历史的力量一道，迎接世界正在经历的巨变，而不是悲观盲

[1] 艾萨克·多伊彻（1906—1967），生于波兰，犹太历史学家、左翼评论员，著有《斯大林传》（牛津，1949）和《托洛茨基传》（三卷本，牛津，1954—1963）等备受推崇的作品。他的历史决定论的观点，以及对苏维埃成就积极肯定的态度——评论家们视他为斯大林主义的辩护者，即便并非全心全意——所有这些都使其与伯林产生争执。而针对犹太主义和以色列问题截然不同的态度，更是加剧了二人之间的意见分歧。伯林认为他虽然才华横溢，却歪曲了真理："卡尔、多伊彻或C. P. 斯诺所说的一切，都不会使人们忘记俄国革命索取的代价。我相信'最后审判'一说，你呢？"（伯林致理查德·克罗斯曼，1963年3月6日）

[2] 多伊彻对卡尔《历史论集》的赞扬性评论"过去与未来之间"登于《泰晤士报文学副刊》，1961年9月17日，第813页。

目地退缩不前。

[……] 从根本上来说，他是那些在人生的敏感阶段，未能得到社会认可的受伤者之一，对整个自由体制怀有强烈的憎恨之情。他渴望任何可以破坏他所厌恶的迫害者的力量，即便这种如大力士复合体般的力量也会摧毁他自己。这并非出于对权力的崇拜，如同其他性格软弱且神经质的人所表现的那样，也不是类似戈培尔[1]那样的跛子发自对美丽的崇拜，而是一种对某个社会予以报复的强烈欲望。这个社会曾经羞辱过他，使他无法置身其中。他将像先知以利沙把黑熊唤出丛林那样的方式进行报复，你应该记得这个故事。他写的关于苏联历史的书是一部了不起的鸿篇巨著——条理清晰，完整全面，但从整个体系上看，除了官方说辞，其他一切都被忽略不提。因为在他看来，失败者不值得被聆听，他们属于坍塌的世界，他们的观点因此而必然变态和邪恶，而胜利者正在创造我们的世界；客观性是胜利者创造的世界观，我们最好予以接受，否则便可能产生误解，导致毁灭(这两者实际上是同义关系)。这是一种极为极为肤浅的将黑格尔与马克思哲学混为一谈的表现。[……]

你的

以赛亚 [……] 76

[1] (保罗)·约瑟夫·戈培尔（1897—1945），纳粹公共启蒙与宣传部部长，因右腿残疾而行走不便。

致维德·梅塔

1962年1月17日

海丁顿宅

亲爱的维德：

你想知道我的同事对你在《牛津哲学》上发表的那篇文章有何反应。我并没有对很多人提起，比如说，没有跟汉普希尔、黑尔、默多克小姐、赖尔或斯特劳森[1]谈到过，但只要是我提到此事的那些人，都不同程度地表现出激动和愤慨。这点我不想对你隐瞒。他们大多数人我都十分了解：如果一个人从事一份严肃且艰难的职业，比如哲学研究，当他被指为相信并主张那些与其苦思冥想并希望能够精确做出解释的事物恰好相反的观点时，至少是会感到愤愤不平的。《纽约客》是一本讽刺性杂志，我想，任何一部讽刺作品，其出发点就带有某个动机，不能准确反映真理。无论如何，只有严肃的哲学学者才会孜孜不倦钻研于斯。[……]

很感激你没有对我做任何评论，我认为这篇文章从土鲁斯—罗特列克式贵族的角度来说，可谓获得了巨大成功，就像托尔斯泰毫不留情地批评德国式的理论，或是伏尔泰（和

[1] 彼得·弗雷德里克·斯特劳森（1919—2006），1977年受封爵士，1948—1968年任大学学院哲学研究员及讲师；1968—1987年任莫德林学院形而上哲学韦恩弗利特讲席教授和研究员。

拉塞尔），对，好比说吧，中世纪经院学者们[1]的反思。但我深深理解我同事们的心情。当他们被人嘲笑，使《纽约客》成为弹冠相庆的节日时，他们对你大作的感觉就如同基督徒对吉本[2]的感觉一样。不管怎么说，你尽可以拙劣地模仿，这是你的权利，而受害者提出抗议，不用说，也当然是他们的权利。[……]

你真诚的

以赛亚　[……]

致诺埃尔·安南

1962年1月18日

海丁顿宅

亲爱的诺埃尔：

是的，我完全明白全灵学院和国王学院的院长之间对有 77
关《查泰莱夫人的情人》一书的争议为什么毫无教益[3]——

[1] 也被称为“经院哲学家”：指中世纪欧洲教授各种哲学和神学“学派”的教师，其系统化的亚里士多德逻辑学为知识界带来了巨大进步，后在文艺复兴时期被蒙上污名，认为其是在用晦涩难懂、不合规范的拉丁文宣传迂腐蒙昧主义。该学派最终不敌各种新方法、新途径的挑战。

[2] 爱德华·吉本在其不朽之作《罗马帝国衰亡史》（伦敦，1776—1788）第一卷的第15—16章中，对早期教堂进行了臭名昭著的负面描写。

[3] 安南是《查泰莱夫人的情人》一案辩方请到的三十六位证人之一：他声称其“虽然不是劳伦斯最好的长篇小说，却是极为重要的一部”（“取证结束，尚有三十五名证人未出庭”，《泰晤士报》1960年9月1日第6c版）。关于约翰·斯帕洛的观点，见原文第11页注3。

虽然它进一步证明了性在公共意识中占据的地位，远比宗教、进化论和无神论要早上一百多年。[……]

莫里斯踌躇满志，状态极好。不久前刚向我抨击过斯帕洛的文章，说它不仅琐碎和毫无条理，且论证无据、未提供任何确切结论。他还写信给斯帕洛，说自己对他的文章评价如何之高。斯帕洛很是感动，认为他终究还是一位友善之人。难道我能够不震惊吗？是的，我至今仍惊讶不已。如果你要问为什么托尼[1]有那么多名誉学位而莫里斯没有，这就是原因所在。天哪，不过你一定得把此信烧毁！

你的

以赛亚 [……]

致加勒特·德罗希达

1962年1月29日

海丁顿宅

亲爱的加勒特：

今天，我的牛津大学同事索尔特勋爵[2]向我提了个意

[1] 理查德·亨利·托尼（1880—1962），1931—1949年任伦敦大学经济史教授，1949—1962年任荣誉教授。在托尼生命结束之际，他拥有九所大学的荣誉博士学位（包括伯明翰大学、芝加哥大学、格拉斯哥大学、伦敦大学、曼彻斯特大学、墨尔本大学、牛津大学、巴黎大学和谢菲尔德大学），而鲍拉实际拥有十所大学的荣誉博士学位（马赛大学、哥伦比亚大学、都伯林大学、哈佛大学、赫尔大学、牛津大学、巴黎大学、圣安德鲁斯大学、德黑兰大学和威尔士大学）。

[2]（詹姆斯）·阿瑟·索尔特（1881—1975），1922年受封高级巴思勋爵，1953年受封基德灵顿索尔特男爵一世（和末世）；公务员、政治家、政治理论家；

见。他说有好几次，他和朋友买不到柯芬园的演出票，理由是剧院的票售完了，但贵宾席那里明明是空的。为此，他们感到很气愤。他认为像他那样的纳税人，有权要求剧院，除非已经满座，否则就没有理由拒绝售票。他正在思考是否在上议院提出来，要求建立一种与新的补贴政策相联系的查询系统，以探索一种最为经济的剧院运营模式，等等。他实在搞不明白，如果在某个特定时间，那些有权选择贵宾席的人明确说明他们不需要，为什么贵宾席的票就不能卖给普通社会大众。我努力平息他的情绪，但他仍坚持谈论这个话题。他提到一些我不认识的人名，说他曾跟他们谈论过此 78
事，他们有同他相似的感受，其中一些是在上议院、下议院等颇具影响力的人物。我之所以向你汇报此事是因为它确有价值，就不知道是否可行［……］。我问索尔特他和朋友有几次发现贵宾席是空的，他斩钉截铁地说在近两年来发现这种情况已超过六次。我最后让他平静下来了——至少我是这么认为的，并答应会把他的这些意见在合适的场合反映上去。

你永远的

［以赛亚］　　　　抄送戴维·韦伯斯特

1934—1944 年任政治理论与制度格莱斯顿讲席教授和全灵学院研究员，1974—1975 年成为荣誉研究员；1937—1950 年任牛津大学独立议员；1951—1953 年任奥姆斯柯克和政府大臣的保守党议员。

附言：如果认为在那些有权坐在贵宾席的人不需要那些位置时，贵宾席就可以由皇家歌剧院员工取而代之，这样的想法不切实际，我还有另外一个建议。或许可以制作些董事蜡像，或至少是与他们相关的部分（包括他们可能邀请的男女客人），然后有选择地把这些各具性格特点的蜡像放在贵宾席上，你看如何？

在 1952 年 2 月份的激烈竞选中，约翰·斯帕洛打败了 A. L. 罗斯，开始了他作为全灵学院院长的长期任职。想到罗斯有可能成为院长，伯林毫不犹豫声称自己是“激进的斯帕洛拥护者”[1]，但在十年多一点的时间里，他对朋友管理学院的方式逐渐变得越来越不抱任何幻想。1960 年夏天，在一场学院纠纷中，斯帕洛对哲学家迈克尔·达米特[2]很是不敬，当众嘲弄了他。为此，伯林写了一封抗议信对其加以警告：

> 我希望 [……] 全灵学院能够成为一个伟大光荣、广受敬重的地方：如果你不能使自己受到众人的爱戴和崇敬（而不仅仅是崇拜、畏惧或被某几个人喜欢），这将无从谈起。就是这样。但是，在机会以释放我们自身

[1]《伯林书信集（卷二）》，第 272 页。
[2] 原文第 96 页注 4。

的魔鬼为代价降临时，只要你不过于耽于其中和忘乎所以，实现这一目标就轻而易举。因为所谓魔鬼，就在我们自身。[1]

20世纪60年代初，全灵学院的研究员在改革问题上出现了截然不同的意见，并越来越针锋相对。牛津开始感受到影响战后高等教育的变革力量，包括开始日益重视更多贴近社会需求以及加强研究生的教育和研究水平。作为牛津大学里最富有和最有声望的学院之一，全灵学院万事俱备，只等在改革中一马当先，起带头作用。但斯帕洛否定了几乎所有建言和倡议，只支持伯林称之为“穴居人或‘全灵学院堡 79
垒’党”的一方。这批人主要由年长研究员组成，决意要维持学院俱乐部式的氛围，希望“尽可能没有外来人加入”。与之相对立的一方则被列入“走极端的猛兽派”[2]——大多数是年轻教师，他们希望全灵学院能够更多地参与大学事务，共同迎接挑战。伯林虽然在个人情感上忠诚于斯帕洛，但无论从性格还是原则上都偏向改革派一方。1962年的春天，战线开始拉开，准许女性研究员进入全灵学院的议案——尽管成功希望渺茫——提前打响了还击院长弓箭的一发象征性子弹。

[1] 伯林致约翰·斯帕洛，1960年7月27日。
[2] 本段所有引言均出自1964年2月17日伯林致亨利·费希尔的信。

致查尔斯·泰勒

1962 年 2 月 23 日［副本］

［海丁顿宅］

亲爱的查克：

［……］克莱尔从以色列回来了——他说非常喜欢基布兹的生活——或许他确实喜欢，虽然我很惊讶对个人隐私向来十分敏感且极力保护的他，居然能受得了那里的应酬与喧闹，而且应付自如。你去过那里吗？你会和我一样喜欢那里。我丝毫不认为你我不看重隐私。恰恰相反，我用满腔热情捍卫它，如同捍卫以各种形式表现出来的消极自由，但在现实生活中，我却以同样热切的欲望逃离隐私。

全灵学院里，一如既往的无稽之谈仍在继续——我们计划推选两位研究员——此事进行得还算顺利——唯一一个古板的候选人是一位上年纪的考古学家，我认为他很有可能被新派的左翼思潮所否定，对此，院长冷嘲热讽，并极力反对。他的做法就好比在世纪末大洪水灾难来临之前，明知自己濒临溺亡，却要拉尽可能多的人在其身边一道共赴没顶之灾。另外就是有人提出议案，废除禁止女性参与研究员推选的限制——因为目前并没有合适的女候选人可以考虑，其动机显然十分恶毒，意在让院长痛苦——这个议案不会通过，众所周知也不可能通过，但此举意在表明青年教师的愤怒和敌意，因此斯图尔特计划投票对其加以否决。至于我自己，我尚不确定要怎么做。我的导师J. S. 密尔[1]不用说一定会大力支持，我对该举措也不反对——但是，它必定会让栖息在全灵学院的四五个老顽固备感不适，对他们而言，男权社会是不可缺少的生活形式。一旦这个举措获得通过，它将招引来女性访客，更重要的是，研究员的夫人们将会频繁光临； 80
坐在麦卡特尼夫人和汉柏里[2]夫人之间的景象，仿佛一件人们没有理由去创造的多余的粗毛衬衣。从所有这些事当中，你可以看出这里毫无变化。[……]

你永远的

[以赛亚]

致罗兰·伯登·马勒

1962年2月26日

海丁顿宅

我亲爱的罗兰：

请原谅我如此之久没给你写信，因为一直处于极其忙碌的状态，我自己也不知道为什么——我在伦敦参加了五个委

[1] 在1865—1868年短暂任威斯敏斯特自由党议员期间，密尔针对迪斯雷利1867年选举法案里倡议的女性与男性一样，以同等条件享有选举权提出修正案；虽然以失败告终，却是女性最终获得选举权道路上一座重要的里程碑；两年后他出版了颇具影响力的《女性的屈从》（伦敦，1869）一书。

[2] 内代拉（1899—1989），婚前姓马马尔切夫，保加利亚裔，其夫卡莱尔·艾莱默·麦卡特尼（1895—1978）为匈牙利史学家，1936—1965年任全灵学院研究员；安娜·玛格丽特·格尔姆伊德恩·汉柏里（1901—1980），婚前姓德雷尔，是哈罗德·汉柏里教授的妻子。

员会，其中只有两个名副其实［……］。

没有什么大事可汇报的：努里耶夫，你很快就会在美国见到他，他是一位杰出的、最具吸引力的舞蹈家，却遭到伦敦愚蠢的芭蕾评论家公然抨击——一两个，并非全部——至于什么原因，我并不清楚。[1] 的确，很难邀请到一流的歌手和歌唱家去伦敦演出，因为我们这儿的评论家刚正不阿，毫不留情：他们抨击起艺术家来比其他任何人都要严厉。而报刊短评对于艺术家来说至关重要，如果不好的话，会直接被对手扩散到世界各国，从此断送他们的艺术生涯。相比之下，观众的掌声远不会来得如此猛烈。知名报刊上的一条负面短评，可能要四十次谢幕才能弥补，他们中有三人已经声明，今后不会再踏足伦敦——一个是舒瓦兹科普夫[2]（我感觉稍微松了口气：虽然她是个优秀的歌唱家，是我柯芬园

[1] 鲁道夫·克哈默托维奇·努里耶夫（1938—1993），1962 年 2 月 21 日，作为《吉赛尔》中玛歌·芳婷的对手携同英国皇家芭蕾舞团首次登台。1961 年，在随同列宁格勒基洛夫芭蕾舞团做巡回演出期间，滞留法国寻求政治庇护。当时他身为该演出公司冉冉上升的耀眼明星，因此在巴黎相当轰动：“他会征服柯芬园，［……］这或许是人们可以预料到的，但仅此而已。”（《泰晤士报》1962 年 2 月 22 日第 13b 版）

[2]（奥尔加·玛丽亚）·伊丽莎白·弗里德里克·舒瓦兹科普夫（1915—2006），1992 年受封英帝国高级女勋爵，德国女高音；1938 年加入德意志歌剧院，次年加入纳粹党：“她是纳粹党一员，参演了约瑟夫·戈培尔的诸多宣传影片，并在 1941 年现身巴黎街头［……］为德国占领军摇旗呐喊，所有这些，都成为日后人们谈论其这段演艺生涯时的主要话题。”（雷蒙德·霍尔登，《牛津国家人物传记词典》）她的纳粹党员身份暴露于 1981 年；1953 年与犹太人沃尔特·莱格结婚。

董事会的同事沃尔特·莱格的夫人，但我忘不了人们对我
说过，战争期间她曾经是波兰刽子手约瑟夫·弗朗克[1]的情 81
妇，如果这是事实，那即便到今天也会让人不寒而栗，浑身起鸡皮疙瘩）；一个是尼尔森[2]（不过，他有可能回来）；还有一个是谢皮[3]，他说他在《唐·乔瓦尼》中的出色表演以及泽菲雷里的舞台装饰，在我看来过于华丽铺张，未能得到充分肯定，甚至根本没有引起应有的关注。[4]这点还真让人无可奈何，评论家们个个不可一世、独立且刚正不阿；他们不说好话，只能自认倒霉。我不认为毫无魅力的戴维·韦伯斯特，仅靠举办几场温馨的小型午餐会就能让他们心情好转。董事会主席加勒特·德罗希达不断向报业老板投书，愤怒声讨这些人的恶行，但报社业主总是百般为其评论家辩

[1] 即汉斯·弗朗克（1900—1946），1939 年 11 月攻占波兰后任纳粹总督；出现在纽伦堡大审判席上的第七位被告，“直接判决有罪的第一人”（《泰晤士报》1946 年 4 月 20 日第 3e 版）；最终被处以绞刑。

[2] 比尔吉特·尼尔森，比尔吉特·玛尔塔·斯文森（1918—2005）的艺名，瑞典女高音，长年与拜罗伊特合作；多次在柯芬园演出；1969 年她在柯芬园演出时扮演的理查德·施特劳斯《艾丽卡》的剧名角色，令人“肃然起敬”（彼得·韦马克，《泰晤士报》1970 年 9 月 28 日第 4d 版）。

[3] 切萨雷·谢皮（1923—2010），意大利男低音，大都会歌剧院的常驻演员，主演鲁道夫·宾首季《唐·卡洛斯》中的《菲利普二世》；尤以其扮演的莫扎特歌剧角色备受称赞，特别是费加罗和唐·乔瓦尼这两个角色。

[4] 在一篇关于 2 月 9 日首演之夜的评论长文中，谢皮扮演的乔瓦尼一角脱颖而出，备受赞赏，与泽菲雷里“过于精美讲究的布景”完全不同。（“浪漫与忧郁遮蔽的莫扎特”，《泰晤士报》1962 年 2 月 10 日第 4a 版）弗兰科·泽菲雷里（生于 1923 年），原名奇安弗兰科·科西，后（2004）受封荣誉英帝国高级勋爵；意大利电影、戏剧和歌剧导演。

护。这令我情绪振奋，在某种意义上增添了对生活的热爱。[……]

屋外大雨倾盆，艾琳求我出去散步——她酷爱户外运动。她问你会来巴黎的丽兹酒店吗？她说那里除了旺多姆广场尽头一个不显眼的地方可以坐坐，点点酒喝之外，再找不到第二家酒吧了。她说那个地方毫不起眼，[1] 对此我表示好奇。

关于政治，设想一下，我几乎是平生第一次与萨冈小姐[2]、其他三位法国作家以及两名演员同台出现在一档电视节目里，你会为我感到高兴的。他们各自述说自己为什么要在反对阿尔及利亚战争[3]宣言书上签名——其中一人还为自己身为法国人而深感羞愧，而我只是心平气和地发表了一段简短谈话，内容涉及艺术家本质及其政治担当。法国大使馆急于阻止这个特别节目，但得知我也在其中后，便认定这个节目要比他们之前预想的多了几分体面色彩。为此我感到遗

[1] 1948—1979 年间，艾琳任巴黎丽兹酒店的主管之一，1961 年参与了酒店的修缮工作。

[2] 弗朗索瓦丝·萨冈，弗朗索瓦丝·奎雷兹（1935—2004）的笔名，法国小说家，十八岁时出版第一部长篇小说《你好，忧愁》（1954）：“堪称法国的一大传奇，在当时的法国，四十岁以下却能与加缪、萨特和阿努伊这些大作家相提并论的作家，她是唯一一个。”（“萨冈小姐的新小说”，《泰晤士报》1957 年 9 月 4 日第 13c 版）

[3] 一封由一百二十一位法国知识分子和公众人物签署的抗议阿尔及利亚战争的公开信，签署人包括弗朗索瓦丝·萨冈、让—保罗·萨特、弗朗索瓦·特吕弗和皮埃尔·布莱兹。这封信后被称为《一二一宣言》；于 1960 年 9 月 6 日刊登于法国杂志《真理与自由》。

憾，也颇令我扫兴。不过，如果我大逆不道的名声能够有助于一个革命性的伟业，那倒也不错。此外，我在一封反对我 82
国新颁布的移民法案的呼吁信上签字，因为该法案将损害全世界黑色人种和黄色人种的利益，[1] 为此也招惹了德文郡公爵，令他大为光火。由此可见，你对我的影响已深入血液，如同延迟反应，正在缓慢发挥作用。但是，等我前往马萨诸塞州的坎布里奇时，我想又会重新回到过去习惯的生活，沉默寡言，远离政治。[……]

这里正酝酿着几场精彩争论，全都在极小的区域范围内。但我一贯认为，只有小地方的事才格外有趣，大地方发生的事件太过遥远，模糊不清，其后果太难断定。又因为事不关己，盘根错节而难以将其置于任何焦点或视角之中——当人们和我谈论政治时，我的态度依然是满怀敬意，同时心生狐疑，提不起兴趣，恰如当年父亲[2] 跟我谈政治时一样，一知半解，感觉无比遥远。第一个争论为是否要在这里授予查理·卓别林名誉学位。[3] 对此我表示赞同，因为我认为他是一个天才，加之其英国人的身份，足以荣膺。然而，

[1] 指麦克米兰政府颁布的限制性《英联邦移民法案》，1962 年 7 月 1 日生效，因其对待英联邦公民“几乎与外国人相同”，并可能“涉及种族歧视，即便只是偶发事件”，而遭到广泛攻击。（“一个糟糕的法案”，《泰晤士报》1961 年 11 月 14 日第 11b 版）

[2] 门德尔·伯林 *（1884—1953），木材商。

[3] 查尔斯·斯宾塞（“查理”）·卓别林（1889—1977），电影演员及导演；1962 年 6 月 27 日被牛津大学授予文学名誉博士学位。

有些人认为他不过是个搞笑小丑，授学位给佩勒姆·格雷维尔·沃德豪斯[1]是在羞辱我们自己，既然我们不会授学位给格鲁乔·马克斯或者是在阿尔罕布拉宫表演的杂技演员，为什么要授予卓别林呢？唯一让我感到厌恶的是他偶尔发表的关于伦理和政治的声明，浮夸而虚假，极尽矫揉造作之能事，非常不堪。尽管如此，他是个天才，这点不容置疑。

第二个争论是牛津大学全灵学院是否应该招聘女研究员。你能够想象约翰·斯帕洛对此的看法。我认为一旦这点获得通过——可能性微乎其微——他将会提出辞职。想到某个女性坐在全灵学院配餐室的景象真的会让他发疯。艾琳认为，那将比在丽兹酒店新增四个酒吧更加糟糕。她是个典型的反女权主义者，也始终在身体力行自己的观点。[……]

每回口述信给你都一样，这会儿又是大约凌晨两点半了，就此吧。艾琳在隔壁屋轻声提抗议了，我不能再影响她睡觉了。[……]

你永远的

83 以赛亚

[1] 1939 年，将文学名誉博士学位授予喜剧人物伯蒂·伍斯特和吉夫斯的创作者、作家佩勒姆·格雷维尔·沃德豪斯（1881—1975）的决定，被“广泛认为是一种学究式的古怪做派”（伊恩·斯普罗特，《牛津国家人物传记词典》）。

致休·特雷弗—罗珀

1962 年 3 月 6 日［副本］

［海丁顿宅］

亲爱的休：

感谢你寄给我关于卡尔的文章。[1] 你问这对那个老魔头是否公平——在我看来你对他是太过慷慨了。他可不是当今时代的麦考利 [2]，就连弗路德 [3] 也算不上。当然，值得补充的是，他对历史和板球的类比——只记载杰克·霍布斯 [4] 获得的百分，而全然忽视其他人得的零分——意味着他比麦考利的历史观更为低俗。在这种历史观下，我们所做的就只有得分，并像球场歌手一样只歌唱赢家的胜利，似乎历史不过是一场比赛，其唯一价值就是显示成败。此外，还有一点值得一提，他坚决对失败者、殉道者和少数群体的历史事实视而不见，哪怕只是谴责都没有，迄今还没有哪个享有盛名的历

[1] 对卡尔《什么是历史？》的评论文稿：伯林的许多评点文字收录在特雷弗—罗珀的“E. H. 卡尔的成功故事”一文中，《文汇》，1962 年 5 月，第 69—76 页。

[2] 托马斯·巴宾顿·麦考利（1800—1859），1857 年受封麦考利男爵一世，历史学家、散文家和诗人，其作品《詹姆斯二世继位以来的英国史》（五卷本，1849—1861），大获成功，影响深远，被奉为从辉格党角度解读历史的鸿篇巨著，有纪念碑式的重要意义。

[3] 詹姆斯·安东尼·弗路德（1818—1894），历史学家；1892—1894 年任牛津大学近代史钦定讲席教授；其《红衣主教沃尔西灭亡至伊丽莎白女王逝世时期的英国历史》（十二卷本，1856—1870）一书十分畅销，虽然在语气上更为温和谨慎，但某种程度上可与麦考利的杰作相媲美。

[4] 约翰·贝瑞（“杰克”）·霍布斯（1882—1963），1953 年受封爵士，萨里和英国的板球开局击球手，在板球顶级赛中获得 197 个百分。

史学家公然这么尝试过，就连俄国共产党人也不曾这么做过。[……]

如果你不是如此乐于以牺牲我为代价，不惜把我形容成好比希腊勇士赫克托一样被迫害者的战车拖拽、在尘埃中打滚的那副情状，那便是给了我莫大的帮助。第 5 页的前面部分非常有趣，但我不太喜欢在大庭广众之下被公然取笑。更糟糕的是第 11 页里出现的“猪棍”一词，太过残忍粗野——你真得换一个少几分嗜虐意味的词汇。

这篇评论写得十分出彩，我非常喜欢。卡尔不会在意的。他不太在意别人对他的批评，尽管我的批评明显深至入骨，却并不妨碍我和他仍然保持着交往关系，好比你和阿兰·泰勒的关系一样。在某种程度上，我甚至是喜欢他的，但一点儿也不尊敬他——我想你对阿兰也是这种感觉吧。你有没有受邀为阿兰的纪念文集撰稿？[1] 至少卡尔没有那样的雄心壮志。你不该认为卡尔是一个政治哲学家，他凭什么是呢？他倒像某种法则下的社会思想家——但他对诸如概念或信条之类无甚兴趣。你认为自己的信仰表白和他只是稍有不同（实际上有很大不同）——二者却有天壤之别。把历史看
84 作汽车专用高速公路，对将受害者引入沼泽的所有旁道支路

[1] 马丁·吉尔伯特（主编），《一个世纪的冲突，1850—1950：A. J. P. 泰勒纪念文集》（伦敦，1966）；在几经周折后，伯林为其撰写了文章“L. B. 纳米尔：个人印象”（《个人印象》中转载）。

完全视而不见（如他所做的那样），或是将其视为一种在曾经有着同等可能性的道路之间不断做出的选择，这些道路有的通往前方，有的向后倒退（像你做的那样），是以人类、选择、自由、进步、成功等完全不同的概念内涵为先决条件的。我知道你想刻意淡化这点：但不要太过轻描淡写！《文汇》杂志如饥似渴的读者们如同饥饿的羔羊，应该让他们清楚了解有营养的食物和腐败的食物之间的区别。在英国，我甚至敢说在欧洲，和你同时代的人当中数你最了解历史的本质，这是无须掩盖的事实。

你永远的

[以赛亚]

致安德烈·瓦利茨基[1]

1962年3月13日［副本］

［海丁顿宅］

亲爱的瓦利茨基：

［……］我已收到马里亚关于赫尔岑[2]的书。你读过吗？如果没有的话我很乐意寄给你。厚厚一本，写得很好，

[1] 安德烈·瓦利茨基＊（1930），波兰社会和政治历史学家。

[2] 马丁·爱德华·马里亚（1924—2004），历史学家和苏联问题专家；1958—1964年任加州大学伯克利分校历史学助理教授，1964—1991年任教授。所著《亚历山大·赫尔岑与俄国社会主义的诞生，1812—1855》（马萨诸塞州坎布里奇和伦敦，1961）一书，根据其在哈佛期间受其教授迈克尔·卡波维奇以及伯林的启发所撰论文修订而成。

整体来说是一部杰作——我的朋友康奈尔大学的乔治·费歇尔教授[1]，刚从莫斯科回来，声称当地学者将其视作一部有价值的重要作品，并打算撤回他们一贯对西方无知、肤浅、对俄罗斯事务漠不关心、俗不可耐、盲目和自以为是的指责。很高兴得知你正致力于研究斯拉夫派和西方派之争。[2] 在西方这类研究不太受人看重——在俄罗斯也不算什么：不过就是些学术著作，向人们介绍他们是谁，什么时候出生，读过哪些书，办过什么展览，[……] 但所有这些，除了涉及偏见和不同解读的问题，归根结底只展现了博学的一面，属于编撰作品而不是解读或批判性作品。然而，毋庸置疑的是，争论双方的观点新颖独到，引人入胜，写得比西
85 方同类文章要好。我现在更爱读赫尔岑，甚或巴枯宁[3]，而

[1] 乔治·费歇尔（生于 1923 年），1947—1961 年任哈佛大学俄罗斯研究中心助理研究员；1958—1960 年任布兰代斯大学历史助理教授；之后任教于康奈尔大学、哥伦比亚大学和城市大学。

[2]“西方派”和“斯拉夫派”在 19 世纪俄罗斯学术界掀起了一场激烈论战。“西方派”主张进一步认同支撑欧洲政治、社会和经济进步的文化价值观，而“斯拉夫派”则倾向于从爱国主义的角度认同俄罗斯文化的独特性。之后瓦利茨基出版了《亲斯拉夫之争》（牛津，1975），伯林对其的评论文章发表在《斯拉夫与东欧评论》第 59 卷第 4 期（1981 年 10 月），第 572—586 页。

[3] 米哈依尔·亚历山大洛维奇·巴枯宁（1814—1876），俄罗斯无政府主义革命者，马克思专制社会主义的批判者；在《国家主义与无政府状态》（1873）中提出替代无产阶级专政独裁的其他选择。“我从未针对［巴枯宁］写过任何评论，我想，一旦我这么做的话，我会被各种无政府主义者、新无政府主义者、政见不同的马克思主义者等群起而攻之，因为我居然胆敢对这样一个伟人说三道四。他几乎是首当其冲，明确提出我们必须首先清理好地面，拨开云雾，然后才能看清事物的第一人——任何对革命的不好结果有所准备和有所计划的人都是反动派——这种说法即便不是玩世不恭，至少也是浅薄轻浮的，仅仅为了追求轰动效

不是读起来死气沉沉的卡莱尔[1]或罗斯金[2]。我最不容易沉迷其中的，是以下这些作家的作品——爱默生[3]、罗斯金、爱德华·卡彭特[4]，以及其他世俗牧师般的说教作家——唯有甘地除外，这令我想起11月在印度度过的时光［……］真美好啊。我参加了纪念泰戈尔诞辰一百周年的会议。没有波兰代表出席，但有三位俄罗斯人，其中一位不会英语只会讲孟加拉语的女士——孟加拉语在印度人当中非常流行——还有我非常欣赏的作家弗塞沃洛德·伊万诺夫[5]。我们一起伴

应，仅仅因为感到这个世界令人憋气，为了闹着玩，而迫切地想要把事情说得言过其实，任意夸大。”伯林致保罗·罗岑，1970年10月29日；事实上，1955年他就发表了“赫尔岑与巴枯宁论个体自由”（在《俄国思想家》中转载），表达了这一观点。

[1] 托马斯·卡莱尔（1795—1881），哲学家、散文家和历史学家，狄更斯受其三卷本《法国革命》（伦敦，1837）启发，创作了《双城记》（伦敦，1859）；虽然他对维多利亚时期的同代人产生了重要影响，但“20世纪的读者并不喜欢他错综复杂以及充满戏剧色彩、修饰华丽的散文风格”（弗雷德·卡普兰，《牛津国家人物传记词典》）。

[2] 约翰·罗斯金（1819—1900），作家、艺术家、社会改革家和慈善家；分别于1870—1878年及1883—1884年任牛津大学首位美术施莱德讲席教授；所在时代最重要的艺术评论家，前拉斐尔派的拥护者。

[3] 拉尔夫·沃尔多·爱默生（1803—1882），美国散文家、演说家、诗人和哲学家，新英格兰超验主义运动的主要人物之一。

[4] 爱德华·卡彭特（1844—1929），社会主义作家和诗人，倡导发展一系列进步事业，公然表达其赞成同性恋、素食主义和简单舒适生活的观点；影响了西格弗里德·萨松、E. M. 福斯特和D. H. 劳伦斯，被托尔斯泰评为“堪称卡莱尔和罗斯金的继承者”（都筑卓司，《牛津国家人物传记词典》）。

[5] 弗塞沃洛德·维亚切斯拉沃维奇·伊万诺夫（1895—1963），苏联作家和剧作家，内战时期在西伯利亚与红军并肩作战；其插图战争小说《铁甲列车14—69》（1922），后改编为戏剧（1927），在俄罗斯传统保留剧目中永远占有一席之地。

着月光参观了泰姬陵。印度是一个不同寻常的国度：生机勃勃，人们对生活和知识充满渴望。与此同时，又随处可见古老的宗教迷信，年代久远的礼节仪式，安坐针床上的神职人员，时常做出暴力自残行为的苦行僧们，外加核反应堆，极其聪明和愤世嫉俗的现代经济学家，技能高超的政治家，等等，所有这些杂糅一起构成别样的组合。我和尼赫鲁先生一起度过的一个半小时趣味盎然。我很喜欢他，也意识到［……］英国和美国报纸对他的批判避重就轻，未能看到他所点出的问题的实质，对他提出的解决方法也一无了解。简而言之，我支持他，反对批评他的人。因此我敢说，车尔尼雪
86 夫斯基[1]也会这么认为，尽管我坚信，民粹派[2]们一定会感觉置身于我见过的那些体面并带有贵族气派的婆罗门阶层及梵文教师当中，体会乡村地区安宁（且贫困）的生活，要更自在舒服得多。在这些乡村里，粗野的农夫们的确具有赫尔岑崇拜的那类面孔。

说起赫尔岑，我现在不怎么研究他了，除了得给新出

[1] 尼古拉·加夫里洛维奇·车尔尼雪夫斯基（1828—1889），编辑、文学评论家和革命家。其小说《怎么办？》（1863）在他受人诬陷被指控企图颠覆政权等待判决期间创作而成，影响深远。上述罪名迫使其长期流放西伯利亚做苦工：此书"比马克思的《资本论》更重要，［它］提供了最终促成俄国革命爆发的情感动因"［约瑟夫·弗兰克，"N. G. 车尔尼雪夫斯基：俄罗斯乌托邦"，《南方评论》第3期（1967），第68页］。
[2] 19世纪晚期俄罗斯农业社会主义运动，致力于推翻沙皇统治，把农民阶级当作国家振兴的基本力量。

的赫尔岑自传[1]英文版写一篇前言外——其英文书名为*My Past and Thoughts*（《往事与随想》），仅看这个书名就可以判断不会是什么好的翻译，但我对此无能为力。前言没什么内容，只是向英国读者介绍其生平事迹，称赞这部作品是一部杰作——在我看来是一部越写越悲观的杰作。说它悲观，我指的是赫尔岑开篇描绘了一个理想的世界图景——空想也好，现实也罢，正确与否也无关紧要——但至少这个图景蕴含了彻底变革现有秩序，以及降低斯大林曾经提倡的铁腕经济规律和社会法则价值的可能性。但逐渐地，他开始越来越偏向关注固定法则，人类的相对缺乏灵活性和不变性，改革者和革命家面对的任务之艰巨，传统力量之强大（在英国期间他对此既嗤之以鼻又钦佩不已），普通大众对自由缺乏兴趣，一些空洞口号以其为名行杀戮之实，即便是最最激进的政治家也照样内心空虚，无所寄托。在他眼中，极端左翼分子的理想冷漠无情，自由主义者软弱无能，保守主义者面目可憎，文明难以协调，社会大众对“知识分子与平民”之间的差距意识日渐清醒，这已成为俄罗斯思想界避之不及的话题。[……] 所有这一切，与其说是1848年革命的结果，倒不如说是个人不幸和对自然界深刻质疑的结果。我甚

[1] 赫尔岑的回忆录*My Past and Thoughts*，英译者为康斯坦丝·加内特（1861—1946）（伦敦，1968）；伯林写的前言在《反潮流》和《人类的恰当研究》中转载。

至敢说，这是一种他从未真正放弃过的一般意义上的现实主义。

说起学者，我出色的同事、亚当·沙夫[1]的朋友 A. J. 艾耶尔教授，在莫斯科《哲学问题》杂志上刊登了一篇文章，并的确准备在春天去莫斯科发表演讲。他属于那种顽固守旧的老派逻辑实证主义者，与新兴的英国半实证主义论
87 战——维特根斯坦[2]在其晚期著作中以丰富的成果对其进行了论证，在我看来，艾耶尔是注定要输的。相比于 20 世纪 30 年代维也纳和其他地方坚定的卡尔纳普[3]追随者，维特根斯坦的理论影响更广泛，内容更宽容，更具人性色彩。不过，艾耶尔能力出众，魅力十足，是一名杰出的演说家。希望你在莫斯科的时候能见他一面——此人值得一见。不知是

[1] 亚当·沙夫（1913—2006），波兰马克思主义哲学家，1941—1946 年在莫斯科从事研究，回国后任华沙大学哲学和社会学研究所主任；被认为是 20 世纪 50 年代波兰主要的共产主义思想家，但 60 年代思想转为偏向修正马克思主义，并于 1968 年被波兰联合工人党中央委员会（波兰共产党）除名。

[2] 路德维希·约瑟夫·约翰·维特根斯坦（1889—1951），维也纳裔英国哲学家，1911—1913 年在剑桥大学学习，是伯特兰·罗素的门徒及合作者；1930 年开始在剑桥大学任教；1939—1948 年任哲学教授；1939 年加入英国国籍；其《逻辑哲学论》，刊登于《自然哲学年鉴》第 14 期（1921），第 185—262 页，后由查尔斯·凯·奥格登等翻译出版（英文）（伦敦 / 纽约，1922）。该理论对维也纳学派的逻辑实证主义学派，以及两次世界大战之间发展起来的剑桥分析学派很有启发；他身后出版的《哲学研究》一书，由格特鲁德·伊丽莎白·玛格丽特·安斯康姆翻译（牛津，1953），影响了战后牛津大学分析哲学的发展。

[3] 鲁道夫·卡尔纳普（1891—1970），德国经验主义哲学家和逻辑学家；20 世纪 30 年代维也纳学派的领军人物之一，逻辑实证主义的代表；之后任加州大学洛杉矶分校哲学教授（1954—1962）。

谁邀请他去的——迄今为止，我只知道和他通信的是一个叫梅尔维尔[1]的人，显然是一个俄国人，至少是一名俄语作家。弗雷迪·艾耶尔曾读过我写的关于马克思的书（已经被伽利玛出版社翻译成法语）[2]，并且赞同我的观点。但他远离社会和政治思想之外，却提出要研究一下他几乎不可能喜欢的辩证唯物主义。如果他对此有什么赞词，那也是出于习惯性的礼貌而并非发自内心的信仰。不过，等他回来，一定会对自己的亲眼所见印象深刻，那定会非常有趣。[……]

不要抛弃俄国思想家！我知道你为什么喜欢密茨凯维奇[3]。我确信，相比于头脑相对简单的俄罗斯人，他的观点更为丰满，更具诗意，更加引人入胜，但你还是有义务向更多人介绍俄国思想家们的观点［……］。令人纳闷的是，莫斯科的那些人怎么就搞不明白，采用清晰明了的语言，严谨的学术态度，适度有节、感同身受（这点最重要）地阐释 19 世纪俄国主要思想家的观点，正如你擅长的那样，远要比呆板机械、不堪卒读，只管从自己的各类报刊媒体连篇累牍向外发送，就连他们国外最亲密的朋友、最忠实的共产

[1] 尤里·康斯坦丁诺维奇·梅尔维尔（1912—1993），苏联哲学家，其职业生涯从冷战初期开始一直到苏联时代结束；西方哲学尤其是美国哲学专家；1968—1985 年任莫斯科国立大学外国哲学史系主任。

[2] 著名法国出版社，1911 年由加斯顿·伽利玛（1881—1975）创办。

[3] 亚当·伯纳德·密茨凯维奇（1798—1855），波兰浪漫主义诗人，安德烈·瓦利茨基的《密茨凯维奇巴黎演说集与俄国斯拉夫文化优越论》（剑桥，1968）的主要写作对象。

主义者都为之感到沮丧的官方说辞更能为国添光，也将更有效地向西方乃至非洲和亚洲国家宣传这些学者目前的思想及其特点。但是，要让官僚主义者们相信学术成果的价值和重要性真是太难了——所有国家的官僚主义者对此都抱怀疑态度，当然，苏联也不会例外。

你若想看看现实生活中活跃着的斯拉夫派和西方派，得去印度。在那里，他们相互攻击，各执一词，闹得正欢。如果你去印度，别忘了去尼泊尔——这个拥有一千三百年历史的王国，1950 年才向游客开放。政府和议会被关进监狱（我指的是民主选举出来的那位），由国王直接统治国家，被
88 称作“直接民主”——可谓直接，名副其实。我们的导游，不知是的确天真还是故意装样，问我们怎么看待直接民主的统治方法，还解释说他本人是一名自由记者，但遗憾的是，因为所有报刊都遭到压制而无处投稿。那里有五位外国大使——分别来自英国、美国、苏联、中国和印度——中国大使无法在饭桌上与美国大使交谈，整个就像萧伯纳与杂耍歌舞剧演员之间的无声对话。这个国家美丽绝伦，到处可见来自西藏的喇嘛，纯粹的中世纪生活样貌已荡然无存。出于某些宗教原因，这里禁止携带动物，全部按人头登记，每人页记录；这个国家人口的 40% 是佛教徒，30% 是印度教徒当地居民像久睡初醒的小孩一般瞪大眼睛打量着游客和外国人，态度殷勤友好。他们单纯敏感，易受感动。对游客的要求反应积极，令人愉快。此景不会长久：印度和中国，不知

今后谁对它影响更大。我认为当前摇摇欲坠的专制独裁不会永久持续下去。[……]

近来相当多有关马克思主义的论著面世——重点都是早期的马克思主义比晚期的更重要；马克思好，恩格斯[1]不好；历史相对论好，实证主义不好。我正在考虑对这些评论写一个综述，可是天哪，有太多学生需要我辅导，太多演讲需要我应付，当然我敢说，这全是因为我自身的性格之过，不能怪罪周遭环境：我确实有必要尽力一试，至少写出一本——比如说别林斯基研究报告——不可再这样四处分散精力。[……]

祝愿你身心健康——尤其要心情愉悦，但身体健康或许更为重要。健康关系重大，因为身心的关系谈不上辩证，却直接相关，有时身体不适会让人思想停滞，令人蒙受奇耻大辱。

你的

以赛亚·伯林 [……]

1961年秋，伯林听说有计划任命一个名叫乔治·怀斯

[1] 弗里德里希·恩格斯（1820—1895），德国政治理论家，卡尔·马克思的多年老友，二人偶尔合作著书立说，1848年革命时同为记者和鼓动家，主动服过兵役，1849年开始流放英国。自1859年起，开始记录马克思的生平，服务于社会主义大众，创造性地提出了“历史唯物主义”一词。1883年马克思去世后，他整理出版了马克思的手稿，特别是第二卷和第三卷《资本论》，并为马克思的许多作品重写引言和注释，使之得以再版。

博士[1]的富商为耶路撒冷希伯来大学的校长："作为美国理事们提出的压力性策略，"他评论道，"这个策略既有趣又骇人听闻。"[2]伯林作为理事之一，对提名怀斯作候选人表示反对：
89 其中原因：一是他认为此人行为咄咄逼人，不可一世，且气焰日益嚣张；二是因为伯林觉得，任命如此重要的学术职位，其候选人唯一可以胜任的资格却仅为他的财富，这与"让我们深受吸引、触动和高尚的整个以色列道德和学术理想"背道而驰。潜在的问题与学术独立性有关："大学必须自主管理，不然很快就会退化堕落；或许还需要引进一些外来的卓越人才，但美国大学之所以失败，就在于缺乏学术上的自我管理。这就是为什么只有四五所美国大学可与欧洲的好大学相媲美的原因。"[3]

1961年9月伯林从以色列一回到国内，即将大部分精力投入到反对怀斯任校长的活动当中，9月27日他在给维克托·罗斯柴尔德的信中写道："如你所知，我刚从耶路撒冷回来，对它我感到从未有过的热情和满腔忠诚——如此抛开玩世不恭的态度，执着于某事，在我是一个变化。"英国理事们提出各种根据，坚决反对怀斯当选，并试图将校长任命决定推迟到1962年春。12月28日伯林在给泰迪·科莱克的信中

[1] 乔治·施内维斯·怀斯（1906—1987），教师、商人、慈善家；1953—1962年任耶路撒冷希伯来大学理事长。
[2] 致维克托·罗斯柴尔德，1961年9月27日。
[3] 致辛努尔·扎尔曼先生，1961年10月23日。

写道：

> 就经济压力而言，目前最糟糕的情况是，[美国理事们] 怒不可遏地表明态度，假如校长选举会议从11月份往后推，到明年5月前他们将不再承担为该大学筹集资金的任何经济责任，并在此期间停止一切援助。这或许不会比我们暗示他们的更为糟糕，即如果怀斯当选校长，英国将停止为其进一步筹集资金，但至少我们的想法远远出现在他们之后！看得出来，美国人可能以为英国理事分为两种：一类是狂妄自大，老派过气的势利小人，比如塞缪尔议员，[诺曼·] 本特威奇[1]和其他19世纪的老顽固们；另一类是不切实际的学究们，像克雷布斯和我这样的。这两种人携手并肩，共同瞧不起这帮俗气有钱的美国人（的确如此），并想象着我们仍在进行某种英美战争。这种想法既蕴含事实，也不无正当合理之处。我赞同伦敦和纽约以后需加强交流。

1962年3月，学校理事会在耶路撒冷大卫王酒店举行，会上火药味十足，围绕上述事项的危机达到紧急关头。伯林出席了这次会议："此事非常令人痛心：每个人都变得毫无风度，我想，他们只有在牛津、剑桥、哥伦比亚和哈佛大学里

[1] 见原文第277页注4。

才会循规蹈矩，行为得体。”[1]

致艾琳·伯林

星期二［1962年3月27日；手稿］

耶路撒冷大卫王酒店

亲爱的艾琳：

真是一波三折。一切从飞机上开始。［……］我坐在理
90 事金贝尔夫人[2]旁边，她满脸无辜而又带着怪罪的语气，跟我诉说候选人乔治·怀斯博士是如何“运作”的。一到洛德，立刻安排我们与拉卡[3]见面：地点就在贵宾等候室里。然后在车子里：我反复受到卡莱克的代表和拉卡及同事的接见。令人颇为尴尬。第二天连续作战，精心谋划。其间我表现出自己不常采用的态度，不参与争论，摆出高高在上的样子，没让自己陷入其中。［……］会上大家群情沸腾，火药味十足。昨天，几场小范围争论之后，那位饱受争议的理事会主席乔治·怀斯博士出人意料地宣布辞职，傲然走出房

[1] 致伊莱·金斯伯格，1962年10月15日。

[2] 埃莉诺·金贝尔（1896—1983），婚前姓斯坦纳，之后改姓赫斯，女商人和慈善家，1927年嫁给（二婚）路易斯·斯坦利·金贝尔；耶路撒冷希伯来大学美国老友会女性分会的创始人和主席；利伯曼啤酒公司董事长（生产瑞格尔德啤酒）。

[3] 朱利奥·拉卡（1909—1965），意大利物理学家，1939年移民巴勒斯坦；1939年开始任耶路撒冷希伯来大学理论物理学教授，1946—1948年任自然科学院院长，1961—1965年任教务长和代理校长；对光谱学发展做出重要贡献；1970年耶路撒冷希伯来大学拉卡物理研究所以他的名字命名成立。

间，前去看望他生病的岳父。美国代表团也暂时退场，双方分庭抗礼，各自开起了会议。[……] 此刻我正坐在会场上，美国人拒绝参加这个会议——当地报纸铺天盖地地报道这个消息——还有伊拉特[1](昨晚我和他一起吃饭——5月份他俩都要来牛津——至少要待一夜吧)，准备寄给我几篇有趣的俄文随笔。希望在周五或周六去雷霍沃特之前，我能联系上所有耶路撒冷需要帮助的亲友——托曼及同事哈勒维[2]等。所有的，除了伊达[3]之外。她 [……] 生活很贫困，却拒不收钱，因为她觉得够花：能支付一年两次的手术费用。如果可以的话，请你给迪基打个电话，问他我们是否需要得到英格兰银行的许可，才能给她汇钱，比如说汇个四百英镑：从5月份开始，每三个月一次，分四次付清。此事不要让我母亲知道：她坚持认为钱并非所需之物：伊达也这么认为，其实不是这样的。当然，这里每个人，无论是谁，都问你好。[……] 本—古里安先生对我不怎么热情，只是冷冷

[1] 依里亚胡·伊拉特（1903—1990），原姓爱泼斯坦，记者和外交家；1948—1950 年任以色列首位驻华盛顿大使；1952—1959 年任驻英大使；1962—1967 年任耶路撒冷希伯来大学校长。

[2] 伯林的姨妈伊达嫁给伊扎克·萨姆诺夫（见下注）。伊扎克的妹妹丽芙卡（1892—1971）嫁给埃利泽·哈勒维（1897—1976），见《伯林书信集（卷一）》，原文第 10 页注 2；她们的儿子埃弗拉姆（生于 1934 年），1961 年开始在摩萨德（以色列情报机关）工作（1998—2002 年任局长）。即伯林的姨妈嫁给了埃弗拉姆的舅舅。

[3] 伊达·萨姆诺夫（1887—1985），婚前姓沃什诺克，伯林的姨妈（玛丽·伯林的妹妹）；其丈夫伊扎克·萨姆诺夫（1886—1950）去世后成了寡妇。

地打了声招呼；但你来之后，南方之行[1]途经贝尔谢巴附近的斯德伯克，我们只能硬撞上门麻烦他们了。我并不真正在意他会怎么想，但孩子们看到他管辖下的犹太避难地的独特风情，可能会很开心。而且，就算他冷落我，我也不会（太过）在意。他太太会喜欢你的。我们应该从伊朗给她带点东西。我可以肯定，对不被认可这点，我不会像你那么放在心上。前司法部长——菲利克斯·罗森（布鲁斯）[2]——与德
91 雷福斯派交情[3]甚好，与我至少见过六次。他当着我的面问他们我说什么语言，居然连我叫什么名字也不问一下。我有点儿尴尬但并不为此生气。如此而已。尽管我在这里一样很愉快——却不比和雅各布—纳博科夫在一起的日子，都怪那些争论不休的会议和令人神经紧张的气氛——没有你的日子简直无法忍受。[……]

爱你爱你爱你，生生不息。总之吧：我长夜难眠：睡不着时我就想念你，想我们，想我们的未来而不是过去。我真的好爱你，永无止境：比你爱我更多，的确如此，绝无虚言。

以赛亚

[1] 他们真的去了，与艾琳的两个年轻儿子一道，这是他们初访以色列。

[2] 平哈斯·罗森，原名菲利克斯·罗森布鲁斯（1887—1978），生于柏林，律师，犹太复国主义领导者和以色列政治家；1948 年美国进步党创始人之一；1948—1961 年的大部分时间任司法部长，为以色列法律体系奠定了基础。

[3] 伯林此处原文为：tutoyer。法语中用“tu”而不是“vous”，也就是关系亲密的意思。

致马丁·吉尔伯特[1]

1962年5月1日

海丁顿宅

亲爱的吉尔伯特：

我多么希望能够参与撰写纪念文集[2]，但我无法参与——不是因为传说中布洛克等人给出的那些理由——只是因为我自己清楚无法按时完成。我的创作效率太低，我也因此甚感羞愧：我创作文学作品时，情绪波动不定，如同坏脾气的大象。而且，到明年年底我要是写不出五篇“原创性”文章，会很丢脸，因此其他无论什么文章，我都没法再承担了。如你所知，我特别喜欢 A. J. P. 泰勒，很乐于不顾一切，向他表示我的敬意。但既然办不到，也就不该参与了。[……] 假如你能找到谁代我撰写，我很乐意付他十英镑作为小费。真希望自己不要如此清楚地了解自己：我答应要写评论却还没写的书一本本陈列在书架上，似乎在指责我犯下了这许多窃贼般的行为：还有对编辑和出版商们的一次次食言。在这方面，你不可能比我对自己的批评更加严厉。

你永远的

以赛亚·伯林

[1] 马丁·约翰·吉尔伯特（生于1936年），后（1995）受封爵士；1962—1994年任牛津大学默顿学院研究员；1962—1967年任伦道夫·丘吉尔研究助理；1968年开始任温斯顿·丘吉尔官方传记撰稿人。
[2] 纪念 A. J. P. 泰勒的文集：见原文第84页注5。

致塞缪·伯尔曼[1]

1962 年 5 月 28 日

海丁顿宅

亲爱的塞缪：

看了你的信我深受触动。对菲利克斯[2]，我是全心全意
92 充满爱戴之情。依他的性格和习惯，再没有什么比以这种方式丧失工作能力更可怕的了。我确信那位医生所言属实——关于此事，我还从未在迪恩·艾奇逊[3]嘴里听到过如此讽刺挖苦的话。在伦敦见到他时，他告知我，玛丽安[4]对他说，她认为菲利克斯这次得的虽然是罕见疾病，却比他以往患的病好多了。对于玛丽安，我是既热爱又崇敬。但是，她这人极端自私，只想着自己，这在她与菲利克斯的关系及她的世界观中可见一斑。她让我想到已经逝去的弗吉尼亚·伍

[1] 见原文第 110 页注 6。

[2] 菲利克斯·法兰克福特（1882—1965），生于维也纳，律师和法官；被罗斯福总统任命为美国最高法院法官（1939—1962）；1962 年患中风之后退休。伯林初次与他相识是在 1933—1934 年间，当时他是牛津大学的客座教授。正是这位“大法官”在战争期间引荐伯林，使其进入华盛顿。

[3] 迪恩·古登汉姆·艾奇逊（1893—1971），美国律师及公职人员；1949—1953 年杜鲁门第二届总统任期内任国务卿；北大西洋公约组织及马歇尔援助计划发起人之一；在肯尼迪及约翰逊总统任期内任外交政策顾问。

[4] 玛丽安·A. 法兰克福特（1890—1975），婚前姓丹曼，1919 年与菲利克斯·法兰克福特结婚。“当时，反对玛丽安的呼声甚嚣尘上，却完全没有根据。作为证人，我站出来为她说话。她为菲利克斯的病情深感难过，为此忧伤流泪，倾尽全力照顾他，守着他。虽然艾奇逊及其他人并不这么看。”（伯林致莫里斯·鲍拉，1963 年 1 月 20 日）

尔夫[1]，她在这方面的天赋也无人可比。她的世界五彩缤纷，从未有人能够像她那样将事物刻画得入木三分，哪怕是在她状态最差之时。但是，她却将其包裹得严严实实，没有任何一扇窗子可以吹进外边的空气。

务必继续来信，让我了解菲利克斯的近况。我曾从以色列给他写了一封长信，内容是关于艾希曼的，我想他没读这封信。审判会我去参加了，持续了大约半个小时；现场可以说全是德国人——法官、律师、警察，全都是德国犹太人。整个庭审过程有条不紊。关在玻璃间中的囚犯头一直低着，不停地写着什么，偶尔会舔一下嘴唇；看起来像一只患上轻度癌热的小老鼠，他长得既不像北欧人，也不太像犹太人，虽然这一点已经有人提过了。我希望他们不要对他处以绞刑，但恐怕他们会这么做。法官们无法像为萨兰[2]请求减轻罪责那样对待眼前这位囚犯（我深刻理解并同情戴高乐总统对于萨兰将军逃脱罪行事件的愤怒），但是总统可以决定采用其他惩罚措施，至少改变死刑判决。我的感受大抵如此：该审判不仅仅只是为了践行最基本的公正之举，更是为了清楚表明，如有其他纳粹分子正潜伏于拉美国家，冰岛或是也

[1]（艾德琳）· 弗吉尼亚 · 伍尔夫（1882—1941），婚前姓斯蒂芬，作家及出版商；关于伯林对伍尔夫的最初印象，详见《伯林书信集（卷一）》，第 68—72 页。
[2] 1962 年 5 月 23 日，拉乌尔 · 萨兰将军（1899—1984）在巴黎进行的军事审判中受审。他曾是秘密军事组织领袖，该组织曾谋求通过暗杀戴高乐总统及发动其他恐怖行动反对阿尔及利亚独立，审判中萨兰被判犯有五项死罪。但由于法庭审判中的情感因素，大多数法官提出可使其罪行减轻的理由，使他免于死刑。

门，他们并不会派出特别行动小组对其实行抓捕。但只要这些纳粹分子碰巧出现在以色列，哪怕是在已经由以色列人通过合法手段保证其安全的情况下，就可以对其进行类似的审判。对此，大家已达成共识。如果想了解其中缘由，似乎很
93 显然就在于审判的目的，如众所周知，是为了所谓的教化：为了向世界，向犹太人阐述发生过的事实，那些丑恶恐怖但无法忘怀的往事。如果整个事件只是关乎正义，就不会有人认为：因为已经对一名谋杀犯处以死刑，就应对其他谋杀犯施以宽恕，因为没必要一而再，再而三地向公众施加道义压力。因此，在我看来，此次审判公开及隐含的动机在某种程度上具有政治、教育或是历史意义，而并不只是简单的司法审判。如果的确如此，我们便尽可以去思考这次惩处产生的公共影响，而不仅仅是此次司法审判是否正确。在我看来，如果他们对他处以死刑，人们就会说："犹太人总算找到牺牲品了。血债血还，六百万犹太人的生命由一人偿还。如今好了，既然已经一报还一报，也是时候遗忘他们曾经遭受的恐怖过去了，今后不要再喋喋不休地老是提起，让全世界为之心烦。他们已经找到牺牲品，并将之屠杀，可以休矣，不要再向世人反复唠叨他们经历的苦难，应该彻底将其遗忘。"在某种意义上，处死艾希曼将被视为结束这一事件的象征性标志。但这肯定不是人们期望看到的结果。他们依然渴望通过杀戮，报仇雪恨；对于外部世界，他们并无多少兴趣，只是满心渴望将其处以死刑。因此，我害怕他们最终还是会对

他实施绞刑。这么做从任何方面来看都没有好处，但是他们听不进来自外界的建议。

这个春天我在以色列过得十分开心，但是大学选举工作却举步维艰。为此理事们千方百计，总算没有让美国提名的一个叫乔治·S. 怀斯的博士选上，他住在墨西哥，是一位十分富有的造纸商。我认为此人并非善类。英国的理事们有点儿过于学究：个个文质彬彬，如盎格鲁—撒克逊时代的老派贵族一般，其中包括汉斯·克雷布斯爵士[1]、本·洛克斯皮泽爵士[2]、以赛亚·伯林爵士、纽伯格教授[3]等。但那些美国人更像一只犹太人的巡洋舰在加勒比海地区游弋：衣冠楚楚，小地方的布尔乔亚，他们远离大学、知识、奖学金和莘莘学子，就像伊冯娜·汉密尔顿一样，甚至更为遥远。我们等人对他们推举的人选表示反对，令他们大为光火。我曾碰巧与一位金贝尔夫人乘同一架飞机过来，在飞机上她告诉我她实际上并非犹太人，而是几代自由思想者的后人——她接着还告诉我，怀斯博士未能当选，是自耶稣基督在耶路撒冷

[1] 汉斯·（阿道夫）·克雷布斯（1900—1981），1958 年受封爵士；曾就读于哥廷根大学、弗莱堡大学、慕尼黑大学及柏林大学；1933 年离开德国，1939 年加入英国国籍；1953 年获得诺贝尔生理医学奖；1954—1967 年任英国剑桥大学三一学院生物化学怀特利讲席教授及研究员。
[2] 本杰明（“本”）·洛克斯皮泽（1891—1990），1946 年受封爵士；生于伦敦，曾在剑桥大学就读，航空工程师，犹太—波兰裔高级政府行政官员后代；1949—1956 年曾在枢密院科学与工业研究委员会任秘书。
[3] 艾伯特·纽伯格（1908—1996），生于德国，曾在维尔茨堡大学学习；1933 年离开德国前往伦敦；1955—1973 年在圣玛丽医院任化学病理学教授。

94 受难以来犹太人再一次在此地受难。你认识她吗？她是莱茵戈德啤酒公司的所有人，值得一见。她在肯尼迪总统委员会做事，是死了丈夫，靠非法手段获得财富的蠢女人，毫无魅力，我见过的女性当中很少有比她更乏味的。说她对耶路撒冷大学感兴趣，倒不如说她对抽象艺术或是卡巴拉有兴趣。毫无疑问，像她们这样的人十分富有，应当从事一些有意义的事业，而非毫无价值的事情；可是到头来，她们中有太多人，付出了太多的精力，却毁坏了她们所钟情的事业的名声，不但收益甚微，最后甚至造成亏损，事倍功半，得不偿失。请告诉我她的情况——我是说埃莉诺·金贝尔夫人——应该是叫这个名字——和她交谈非常有趣：她告诉我她与金斯利·马丁[1]和贝纳尔[2]教授都是好朋友，这让我想起了C. P. 斯诺。我开始意识到她一定是30年代的“同路人”，在人生中的某个阶段转向以色列，就因为那里是更稳妥的奋斗目标。我想，追求某些目标，比如自杀或镇静剂，是繁荣带来的附属品之一。这一点在以色列并不多见——在我看来，这是我所见过的最快乐的社会——越是粗鄙，越是没有吸引力，越是不知羞耻，越是嘈杂喧闹，越是没有审美眼

[1]（巴西尔）· 金斯利 · 马丁（1897—1969），政治新闻记者；1931—1960 年任《新政治家》编辑，1961—1962 年任编辑部主任；曾努力将该刊创办为“左派旗舰周刊”（阿德里安 · 史密斯，《牛津国家人物传记词典》）。
[2] 约翰 · 德斯蒙德 · 贝纳尔（1901—1971），物理学家及马克思主义者；1963—1968 年任伦敦大学伯贝克学院晶体学教授，著有《马克思与科学》（伦敦，1952），1953 年获得斯大林国际和平奖。

光，就越是幸福快乐。假如我年龄不到三十岁，追求享乐生活，那我不用说会选择住在这里，而不是西方。的确如此，接下来我得连作几场讲座，明天在史莱德学校，后天到雷丁大学，之后则要在牛津大学开讲，面向三百名博士。[……]

我发觉来信中你透露出一丝忧郁，我也一样。或许我们两个同病相怜之人见面会产生积极效果——无论别人怎么说，两黑相遇有时的确会擦出白色，所以机不可失，切莫拖延，尽早见面为宜。当然，如果你我八十岁时还能够像斯特拉文斯基或是我母亲的状态一样，见面倒也并非迫在眉睫。但恐怕我们做不到，因此还是尽早见面吧。

你永远的

〈致以深切问候

以赛亚〉

1962年春，招聘女性学者进入全灵学院的议案未能获得通过，这点就连议案的推动者也早有所料。但是，学院方面决定不推选才华横溢的数理逻辑学家格奥尔格·克赖泽尔任研究员，却引起了愤怒和诧异。在牛津大学的学院中，全灵学院比较独特，它是不招收学生的。学院成员全部由各个学科领域的研究员组成，这些职位的推选工作使得学院异常热闹起来，其他事情很少会这样。全灵学院的研究员中有很小 95
一部分为声名显赫的非学术人士，他们经营的事业通常在伦敦。其中有些人不仅游离于学术活动之外，而且学院召开会议时常常匆匆抵达，寥寥数言，让人不由得怀疑是事先经过了游说。正是在这种情况下，克赖泽尔因为看上去性格孤僻，而受到圈外非学术人士和内部保守派们的反对。非学术的评判标准在此过程中占据很大分量（从某种意义上说也是出于对外邦人士的厌恶心理），但在伯林看来，此事有损牛津大学全灵学院的声誉。这一事件成为伯林对学院看法转变的分水岭。

致詹姆斯·乔尔

1962 年 5 月 28 日［副本］

海丁顿宅

亲爱的詹姆斯：

现在该轮到我来通报一下牛津大学的情况了。除了令人憎恶的事一如往常地继续存在之外，没有其他什么值得一说的。本学期末我被迫参加了三次研究员推选，结果令我颇为郁闷。每一次推选都给人带来不同的痛苦。首先，在全灵学院的一次推选中，我们选出了麦克·史密斯 [1]（此人还行）和 M. 马洛温教授 [2]。M. 马洛温教授是阿加莎·克里斯蒂的

[1] 丹尼斯·麦克·史密斯（生于 1920 年），意大利史学家；1947—1962 年任剑桥大学彼得豪斯学院研究员；1962—1987 年任牛津大学全灵学院高级研究员。

[2] 马克斯·埃德加·吕西安·马洛温（1904—1978），后（1968）受封爵士，西亚考古学家；1947—1962 年任伦敦大学西亚考古教授；1947—1961 年任伊拉克英国考古学院院长；在伊拉克期间，他开始着手其鸿篇巨著《尼姆鲁德及其遗迹》（两卷本，伦敦，1966）的写作工作，并于 1962—1976 年任全灵学院研究员时完成；1930 年，他与犯罪小说家（戴姆）·阿加莎·玛丽·克拉丽莎·克里斯蒂（1890—1976）结婚。

丈夫，想必是位百万富翁，根本不需要我们的钱。他目前是伦敦大学的教授，竞选该职位仅仅是为了提高声望，换言之，只是为了将他的考古学研究成果写进大学概况一览。他是一位相当值得尊敬的学者，只是这么做未免浪费金钱。那是我第一次在公众场合勃然大怒，因为连克赖泽尔[1]这样一位令达米特[2]都顶礼膜拜的数理逻辑天才，居然没有获得足够的选票纳入选拔考虑范围。他性格是不那么招人喜欢，不选他也可能有种种理由，但在我看来，反对他纯粹出于个人偏见。[……] 这么一帮不懂学术的人群起而攻之，简直令人不堪目睹，无法接受。我平生以来第一次，希望也是最后一次，对布兰德男爵[3]口出粗言，同时对约翰·斯帕洛说话气势汹汹，让他几乎不敢相信自己的耳朵。选拔结果是由 96
学院内部的老顽固与外部对专业知识一窍不通的人共同造成的。他们排斥所有的陌生人，自己从不邀请宾客，同时也憎恨其他人的宾客，他们往往会使全灵学院在社会上遭人反感。你可以体会出我的言中之意。[……]

[1] 格奥尔格·克赖泽尔（生于 1923 年），后（1966）成为皇家学会会员，奥地利裔数理逻辑学家；在德奥合并前被派往英国并在英国剑桥大学三一学院学习，师从维特根斯坦；1962—1985 年任斯坦福大学逻辑与数理基础教授。
[2] 迈克尔·达米特（1925—2011），哲学家、弗雷格研究专家，同时擅长占卜纸牌和选举改革，反种族主义运动发起人；1950—1979 年任牛津大学全灵学院研究员；1979—1992 年任牛津大学哲学威克汉姆讲席教授。
[3] 罗伯特·亨利·布兰德（1878—1963），1946 年成为艾顿的布兰德男爵一世，商业银行家（瑞德公司）及公职人员；1901—1932 年及 1937—1963 年任全灵学院研究员。

第二场是推选社会学讲师。竞选者是伯恩鲍姆，尽管其素质令人叹息，我依然对其喜爱有加。但在他的佐证材料中，居然没有提供任何哪怕是小小的作品评论，对此赫伯特·哈特颇有微词。之后珍妮弗[1]传开说，他试图去弥补，想放几篇没什么价值的小评论进去，此话后来又传到伯恩鲍姆的耳朵里，他不禁怪哈特出言轻率，背叛朋友，不够学术风范，诸如此类。但愿你还记得从前的学校。当时也有个类似的波兰人参选，此人在才学上脱俗超凡，但我们听说，他在跟随联合国教科文组织在智利工作期间，竟然告发自己的同事是共产党特工，并写信给每一个拉美国家领导人报告此事。这里面或许有点儿夸张的成分，但不管怎么说，这个传闻仍不免让我对此人望而却步。后来，我们选举了一位令人肃然起敬的平凡学者，即来自利兹大学的威尔逊[2]。

第三次推选是在耶路撒冷。这次选举中，一位来自墨西哥令人厌恶的造纸商凭借其财富想要当选校长，投入大量财富后，还是不敌可敬的伊拉特，被取而代之。伊拉特虽并非理想人选，但为人正派，值得尊重。结果，一名享有盛誉的干将却被遗落野外，他叫拉卡，是意大利佛罗伦萨的物理学家。此人拥有意大利人无可非议的迷人性格且智慧超群。这

[1] 珍妮弗·哈特*（1914—2005），历史学家，H. L. A. 哈特的妻子，自 1950 年开始成为伯林的初恋情人。

[2] 布莱恩·罗纳德·威尔逊（1926—2004），1962—1993 年任牛津大学社会学讲师；1963—1993 年任牛津大学全灵学院研究员。

一切都让我郁闷痛苦——好长时间才恢复过来。我讨厌任选举人，将来会婉言谢绝类似的使命：人生短暂，但我却对这些东西太过在意，真不值得（我感觉说话口气像罗斯）。

新学期开始情况有所好转。从图宾根引进的恩斯特·布洛克[1]教授给我们做了一场盛大、热烈的有关新马克思主义和修正主义的演说，与我们认定的哲学完全不同，深情感人，却令人困惑不解，更像是《泰晤士报文学增刊》的标题文章，而不是在分享知识。学院还来了一位十分逗乐的苏联评论家，名叫丘柯夫斯基[2]，他已经八十岁高龄，来此接受 97
荣誉学位。不久前他刚在苏联顶住来自共产党的反对，获得了列宁奖。非常爱开玩笑，称莫里斯是一个缺乏激情的热情派——将任何事都描绘得“神乎其神”，却不带丝毫情感或兴致。他此前来过英国两次，第一次是作为一名身无分文的房屋油漆工[3]；第二次是在1916年，当时他与米留科

[1] 恩斯特·布洛克（1885—1977），犹太人后裔，德国马克思主义哲学家；1948年结束在美国的流亡生活，回到德意志民主共和国（东德），在莱比锡大学任哲学教授；支持1956年的匈牙利十月革命事件，之后被迫退休；1961年柏林墙建起之际，他正在西德访问，随后便留在该地，在图宾根大学任荣誉教授。
[2] 科尼·伊凡诺维奇·丘柯夫斯基（尼古拉·瓦西里耶维奇·科尼丘柯夫）(1882—1969)，作家、文学评论家、翻译家、出版商；以诗歌、散文等儿童文学作品著名。在儿童奇幻文学被苏联官方审查宣布禁止后，他大声呐喊，赞颂苏联儿童，蔑视苏联审查制度：“他认为，儿童们带着自己的玩具娃娃及奇幻诗歌走入‘地下’，他们为自己赢得了胜利。”(《泰晤士报》1962年5月21日第8c版)
[3] 大约在1903年，丘柯夫斯基作为敖德萨报纸驻英国记者在伦敦工作了两年，这使他受到了英国文学文化的宝贵熏陶。

夫[1]同行，作为俄国自由党代表团成员，汇报英国在战争中对俄国的支持。那次他与德文郡公爵待了一段时间，此人身份显赫。[……]

我们正盼望着罗兰到来，但谁也不想过来与他共进午餐，就连皮尔斯[2]、斯图尔特或斯帕洛都不愿意。我倒相反，很愿意见见他——喜欢听他高声大嗓喋喋不休，以及他与众人截然不同的世界观。[……] 事实上，我发现这与贝伦森——还记得他吧——告诉我们的恰好一致，他最喜欢见到战败的一方，比如一位刚刚遭遇溃败的元帅，或是遭遇惨败的总理。我喜欢看到某种文化或是风格临近衰落前的代表人物——丘柯夫斯基博士就是俄国革命前知识分子的最后一位代表 [……] ——还有尼古拉斯·纳博科夫，也是苟延残喘，吐出最后一息的一位——还有斯特拉文斯基，以他自己的方式表现——在以色列有很多这类人，你完全可以想象他们各自代表的是哪类群体。我正是怀着这样的心情，参加了庆祝伯特兰·罗素九十寿辰的晚宴。[3]

[1] 帕维尔·尼古拉耶维奇·米留科夫（1859—1943），俄国自由政治家及历史学家；宪法民主党创始人之一；1917 年里沃夫王子执政期间任外交部长，1917 年 7 月，发生了“米留科夫照会”事件，该照会向联盟国承诺，俄国将继续支持世界大战，这一事件导致了彼得格勒骚乱，随后他离开政府；1916 年获得剑桥大学荣誉法学博士学位。

[2] 戴维·弗朗西斯·皮尔斯（1921—2009），哲学家；1950—1972 年任牛津大学讲师，1972—1985 年任讲师；1950—1960 年任牛津大学圣体学院研究员及导师；1960—1988 年任基督教堂学院学者。

[3] 庆祝罗素九十寿辰的晚宴（1962 年 5 月 18 日）。

我在这里认识的人并不多。乔治·保罗[1]的去世令人震惊，至今我依然未能平静下来给他的遗孀写信以示安慰。[……]

就此告别

你永远的

[以赛亚]

致玛格丽特·保罗[2]

1962年5月30日［手稿］

全灵学院

亲爱的玛格丽特：

惊闻乔治去世的消息，对此完全不敢想象。他去世许久之后我才得知噩耗，当时身在国外，是偶然听说的。我跟乔 98
治并不很熟，但或多或少对他有所了解。自从我近四十岁时与他认识，就一直深深地喜欢他，敬仰他并对他心怀畏惧。我们之间的关系发展并非很顺利，每次见到他我就感觉自己轻佻、世俗、荒谬可笑。我知道，他那不知疲倦的眼睛可以在任何真实而有价值的东西中探测到细微的偏差。而我

[1] 乔治·安德鲁·保罗（1912—1962），1945—1962年任大学学院研究员及讲师；1955—1962年任学院财务主管。在科尼斯顿湖翻船后受风寒去世。

[2] 玛格丽特·伊丽莎白·保罗（1917—2002），乔治·保罗的遗孀（二人于1938年结婚，育有四个女儿），婚前姓拉姆齐，其兄是哲学家弗兰克·拉姆齐，即后来的坎特伯雷大主教米歇尔·拉姆齐，1952—1964年曾任圣希尔达学院经济学导师。

本性使然，喜欢说话，喜欢夸张，喜欢添枝加叶，喜欢夸大其词。但在他的威严面前——我是这么觉得的——这一切全然遁形。我坚信，不管任何时候他都是对的，我都是错的；坚信无阴影的干光永远最佳，他的自我批评及自我惩罚方式也无比正确。通过这样的方式的确可以沙里淘金，获取他人要奋力挖掘才能获得的金子。只是以他的方式，所获得的金子比大多数人的都大——至少比我之前在匆匆涉入的任何一条溪流中淘到的金子都大得多。每当我看到他行走在大街上的身影，我就感到十分开心，只因为世上还有如此独立之人——超凡脱俗，远离芸芸大众——与我们同生共存。我曾经有幸，作为这里为数不多被选中的参加者，聆听了他有关洛克的精彩演讲。我不会忘记我们的初次见面：那是在剑桥大学，当时我三十七八岁，正在读一篇记得题目叫“论快乐”的文章。我看到在布雷思维特[1]的办公室里，那张我平生见过的最最才华横溢的脸庞（我是这么认为的）。只听他开口说了一两句话，便将我的宏伟大厦敲开了一个大洞，我顿时意识到眼前是位高人。于是我撕掉了那篇文章，赶紧向人打听这位竞争对手的情况。这世界并不会因为他逝去了而我还活着而有所获益。请您原谅，我不会前去参加他的追悼

[1] 理查德·贝文·布雷思维特（1900—1990），1924—1990 年任剑桥大学国王学院研究员；1934—1953 年任剑桥大学伦理学西奇威克讲席讲师；1953—1967 年任伦理哲学奈特布里奇讲席教授。

会。写这封信只是出于道义或是某种相对遥远的关系。很高兴追悼会正在进行。恳请您不用麻烦回复此信，任何形式都不用。

您永远的

以赛亚

致彼得·哈尔本[1]

1962年6月8日［副本］

［海丁顿宅］

亲爱的彼得：

非常感谢你送我的礼物——我非常喜爱洛斯·安赫莱斯[2]小姐和费歇尔—迪斯考[3]的歌唱作品。见到你时，我会
跟你好好说说梅耶勋爵的宴会：其盛大无比，远超出我们的 99
预想，而且我们被安排坐在礼遇极高的位置，高过我们应得的，因此招来一些显赫之人的嫉恨，他们没有充分理由地被

[1] 彼得·哈尔本（生于1946年）*，伯林的继子。

[2] 维多利亚·德·洛斯·安赫莱斯（1932—2005），婚前姓维多利亚·德·洛斯·安赫莱斯·洛佩兹·加西亚，生于巴塞罗那，西班牙女高音，1950年在柯芬园做首次演出，1951年在大都会歌剧院进行演出，此后定期在这两家剧院演出直至1961年。

[3] 迪特里希·费歇尔—迪斯考（1925—2012），德国男中音，其所在时代最伟大的演唱家之一，以演唱德国抒情民谣著称，尤其是舒伯特组歌；后应征加入德军。1945年在意大利成为美军战俘；1962年5月30日在重建的考文垂大教堂为本杰明·布里顿的电影《战争安魂曲》首映献唱。1971年，他成为首位在以色列演出的德国音乐家。

安排在次等位置。人不可以过于受宠的。

你对博登—穆勒的评价很对：他是个奇怪的老先生，但对人非常亲切。再过五十年，你依然会满怀喜悦地想起他；他属于那个已经消亡并且远去的世界，这一点往往令人陶醉。

再谢

你的

[以赛亚]

致约翰·斯帕洛

星期四［1962年6月21日；手稿］

全灵学院

我亲爱的老朋友：

这样的称呼方式往往暗示着某种危机；不过，我高兴地说，它无关个人，说的只是这所可亲可爱的学院，因此应该更容易忍受。你可以想象，我对于周六的会议议程有诸多感受。按说在众人当中，不至于这么容易受影响，这里面既有代表“中立”态度的灰色地带，也有大胆敢干的吉布斯[1]之

[1] 诺曼·亨利·吉布斯（1910—1990），1953—1977年任全灵学院意大利战争史齐切利讲席教授及研究员。“很大程度上是由于他的谨慎行事方法，才使得具有变革意义的研究员访学项目能够于1966年在全灵学院这样一个相对保守的学院顺利推出并获成功。在其创办的头五年关键期，吉布斯负责该项目。同样，在战争期间及战后初期经济紧缩的日子里，他还成功为学院募集到了资金。”（布莱恩·威尔逊，《独立报》1990年5月21日第14版）

类的人物。他们认为过分强调“俱乐部”，与学院的学科发展背道而驰，这一危险已日益严重，大大危害了学术尊严。而更加极端的是年轻一辈。他们希望在下周六的会上发表一些更加猛烈的言论，并将其与“她们”的问题联系起来，这是鲍勃·布［兰德］对女性的称呼，在他看来，对于女性的排斥是社会现象，因此类似顾虑不应该被夸大（这是否为赘述？）我讨厌这样的混乱场景，它们让人无端受到伤害，不管老朋友间可以多么随意，在公众场合也不可以表现得如此激烈，我将尽力劝说阻止这种情况发生，劝说他们必须将两件事——学术与俱乐部以及女性（与什么？）区分开来，如果有什么想法，可考虑形成积极的建言向上提交，而不是徒劳无益地愤怒发泄一通而已。贝劳福提议召开相关研究员的秘密会议，考虑如何应对这一“局面”——说实话，我还真没想到除我以外还会有其他任何人对此事感受如此深刻——结果出乎意料，我（不无惊讶地）发现，自己充其量只能算 100
是某一类人，与自己所标榜的独特个性相差甚远。此次会议是秘密召集举行的——我发现自己的名字在会议召集人当中，与贝劳福的名字写在一起——我从未授权这么做，却并不介意，因为我认为，在那些激情澎湃的话语后面，是我孜孜追求的道义。当然，我会那样对你破口而出——连我自己也感到惊讶；我一边说，一边惊奇地听着自己所说的话，后来回想起来，觉得太不像自己了，完全不是我的性格。我希望此次的秘密会议可以缓和某些事情，劝阻某些愚蠢举措不让其发生。[……] 大家情绪高涨，很奇怪的是吉布斯们（的确如此）及其一伙[1]对克赖泽尔的态度。吉布斯责备我为什么不提起克赖泽尔，并不断颂扬他多么杰出卓越；他（吉布斯）反对麦克·史密斯当选，反对马洛温的态度则更加坚决。我十分震惊，竟然有十二位研究员不希望学院考虑麦克·史密斯（在第一轮投票中他仅获得了三十票，勉强获得通过）。这不是有点儿可怕吗？就连贝蒂都获得了四十票：她是竞选者当中实力最弱、最保守、最没有竞争力的。这说明了一个糟糕的状况，相信这一点你也认同，因为这是一个俱乐部，至少是一流的俱乐部，还是一流的研究机构，而不是下三烂的什么地方。但即便你认为这么说有失公平，也会认同此事做得有点儿过了。写这封信并不是要呼吁你采取行动，也不是要你让大家知道，而只是因为所谓的“机密”。我不可能背着你去参加这样一个严肃会议。他们有些人或许会认为我是你的特工或“密探”，随他们怎么去想吧。希望你不要跟别人说：一旦面对向你传递这一信息的指责，我将毫无愧色地公开承认。我不会参与任何私下密谋。不是有“我说出来了……”那么一说吗？[2]你最近可好？给我打打电话如何？如果你打来，我会像以往一样，毫无保留地告诉你一切。

[1] 伯林此处原文为：et hoc genus omne。
[2] 伯林此处原文为：Dixi et etc，其全文为：‘Dixi et salvavi animam meam’（我说出来了，我的灵魂就获得了拯救），是卡尔·马克思《哥达纲领批判》(1875) 的结束语。

你的

致以所有的问候（这是我们三十多岁时常说的话——我想是戈伦韦[1]的习惯用语），你永远的

以赛亚 [……]

致罗伯特·克拉夫特

1962 年 6 月 25 日

海丁顿宅

亲爱的鲍勃：

[……] 我认为《洪水》[2]一剧相当不错。寄了篇愚蠢的评论给你，是《泰晤士报》上刊登的，希望已经抵达。布里 101
顿的《战争安魂曲》[3]引发了轰动热捧——评论家们感动至深，暂时无法下笔，想必须要给他们一两周时间，从这种决定他们整个世界观的全新体验中回过神来。他无疑是一名别具天赋的作曲家，但是在向外宣传这些反响的语气中，却存

[1]（摩根）·戈伦韦·里斯（1909—1979），作家，1953—1957 年任阿伯里斯特维斯威尔士大学学院院长，因与间谍盖伊·伯吉斯关系密切而一直被跟踪（他的一只狗就起名为伯吉斯）。里斯从大学时代就是伯林的好友，1932 年 12 月，是他告诉伯林当选全灵学院研究员的消息（里斯本人于 1931—1946 年及 1951—1954 年任研究员）。

[2] 克拉夫特从《创世记》中挑选并编撰了剧本，配上斯特拉文斯基的《洪水》，这是一部由乔治·巴兰钦编排的舞剧，1962 年 6 月在美国哥伦比亚广播公司的电视频道上演；《泰晤士报》驻纽约特派记者认为它“前后脱节，无聊且做作”（《泰晤士报》1962 年 6 月 20 日第 15f 版）。

[3] 本杰明·布里顿的《战争安魂曲》，曾被用来作为新建的考文垂大教堂落成献礼作品——该教堂原址在 1940 年德军轰炸中被毁。

在某些不妥之处。诸如（“艾迪”）·萨克威尔—韦斯特，即如今的萨克威尔—韦斯特勋爵，在座位上从始至终泪流满面；戴维·德鲁先生[1]从此不敢提笔写作；《泰晤士报》记者认为以这一重大事件为准，所有作品都已陈旧过时[2]，等等；读起来是否像一个超稀奇古怪的评论，即便在近一百年不到的时间内也闻所未闻？你的猜测与我想必相近，但我感觉我们的猜测应该一模一样。[……]

你的

以赛亚 [……]

致斯捷潘·沃尔克博士[3]

[1962年] 7月9日 [副本]

海丁顿宅

亲爱的沃尔克博士：

非常感谢您寄来的三本关于别林斯基的书；其中一本我已经有了。但我们学校肯定有图书馆乐意收藏。不好意思，这里还想向您再提个要求，如果方便的话，希望您能送我一本

[1] 戴维·欧内斯特·德鲁（生于1938年），芭蕾舞演员；1961年在柯芬园皇家芭蕾舞团任独舞，1974年任领舞。

[2] “这部作品出类拔萃，各部分搭配得当，经过精心设计。尽管它让人产生屈辱不安之感，实际上却绝妙无双，每一次演出都应该成为一个重要时刻。”（1962年5月31日第16e版）

[3] 斯捷潘·斯捷潘诺维奇·沃尔克（1921—1993），苏联历史学家；1950—1969年任苏联社会科学院历史研究所列宁格勒分会会员，《消息报》驻外国特派记者。

马·雅·波利亚科夫的《维萨里昂·别林斯基：人格、思想及时代[1]》，1960年在莫斯科出版。在此先表谢意。我整个下学期都会待在哈佛大学，哈佛大学图书馆收藏的关于19世纪俄国的资料比牛津大学多得多。但我将忙于一些与俄国无关的研究项目。准备写两本书，一本是关于政治哲学史中重要转折点的，另一本关于启蒙运动的反对派。对这些反对派的观点我不敢苟同，但正如许多对我们坚信的观点持反对意见的人那样，他们会从自己的立场看到别人的不足，这点值得注意。恨如同爱一样，可以使人的目光更加敏锐：在某种意义上，我们可以 102
从对手那里学到比朋友更多的东西，至少是我向维柯（他在评论启蒙主义时并未与之为敌，并且发表了许多精辟见解）、哈曼和德伯爵[2]敬奉的烈酒，他们真的是充满激情和天赋的非理性主义者。[3]之后的某一天，我可能会回到我挚爱的别林斯基和赫尔岑等人身边。加内特女士用古英语翻译的《往事与随想》即将在此重版，我也会尽快为其写序。此项工作本该在两年前完成，但我至今还没有动笔！我必须要停笔了，否则这封

[1] 伯林此处原文为：lichnost，idei，epokha。
[2] 约瑟夫·马里·迈斯特伯爵（1753—1821），法国教皇绝对权力主义作家，视法国大革命的恐怖威胁为神对启蒙运动现世主义的审判。伯林在1966年12月27日致乔治·斯坦纳的信中写道：“在所有的黑人思想家当中，他最令我着迷。”
[3] “[……] 所有对启蒙运动思想进行尖锐批评，甚至直接攻击的人，虽然有时太过暴力，但其中蕴含的真理可能更适用于我们当下的状况，而非其攻击的时代，因为三大思想家最悲观的预言在19世纪末得到了充分证实。”（伯林致弗娜·约翰逊，1964年1月30日）

信又会继续拖延下去。请原谅。

您真诚的

[以赛亚·伯林]　　　　[……]

致 A. J. 艾耶尔

1962 年 7 月 9 日

海丁顿宅

亲爱的弗雷迪：

[……] 听说你对《布尔什维克》杂志对你的攻击感到十分吃惊，但这实在是经常发生的事——类似经历我遭受得太多了，这对下一步何去何从丝毫没有影响，也几乎不被个人意见左右，完全由苏联的路线决定。弗兰克·罗伯茨[1]正准备离开莫斯科，听他说你的房东梅尔维尔目前情绪非常低落——我想，这是因为他只顾着对你表示和善，没有充分考虑到迪是个记者。但我听说你有了个动物昵称——好像叫拥有打字机的土狼——对既往之事的悔悟[2]。有一篇关于列宁《黑格尔笔记》的短文中写道，他从这些笔记中获得过灵感，这会让你立刻喜欢上它们。如果你要说是我让你打开眼

[1] 弗兰克·凯尼恩·罗伯茨（1907—1998），1953 年受封高级圣迈克尔和乔治勋爵，外交官；1960—1962 年任驻苏联大使；1963—1968 年任驻德意志联邦共和国大使。
[2] 1948 年 8 月，苏联小说家、苏联作家协会创始人之一亚历山大·法捷耶夫（1901—1956），说了一句批评西方作家的名言："倘若胡狼学会了打字，土狼拥有了钢笔，说不定也能写出类似亨利·米勒、艾略特和萨特等人所写的东西来。"（《真理报》1948 年 8 月 29 日第 5 版）

界，认识到了这珍贵的灵感来源，那无异将有助于修补我的地位。如果你不这么做的话，我们只会被查尔斯·斯诺先生称为自作自受的傻子，而如果你够胆那样说的话，索利先生[1]也会那么叫你。相信我，无论未来你和沙夫家、梅尔维 103
尔家的关系多么缓和、礼貌、友善……一切让这个过程变得不可能的事都会像墙一样阻挡着你。有些人对此明白得早，有些人明白得晚，而另外还有些人，诸如亲爱的塞巴斯蒂安·斯普罗特[2]等，则永远也不会明白——真是奇怪。

你的

沙耶

致杰克·唐纳森

[1962年] 7月13日

海丁顿宅

亲爱的杰克：

[……] 你可能已经从《泰晤士报》上看到了我们可敬

[1] 索利·朱克曼爵士（1904—1993），1956年受封爵士，后（1971）受封终身贵族，科学家、公务员；1943—1968年任伯明翰大学桑兹·考克斯讲席教授；1969—1974年任东安格利亚大学客座教授；1974年起任英国工业生物学研究协会会长；加入多个政府咨询委员会；作为沃尔夫森基金会的受托人（1965—1987），他强烈反对伯林为建立沃尔夫森学院申请基金。

[2] 沃尔特·约翰·赫伯特（"塞巴斯蒂安"）·斯普罗特（1897—1971），社会学家；1948—1960年任诺丁汉大学哲学教授，1960—1964年任心理学教授；以凯恩斯朋友的身份加入布卢姆斯伯里文化圈，在那里大家均称他"塞巴斯蒂安"，而在其母校剑桥大学，"斯普罗特"则成为"时尚才智的标签"（A. H. 哈尔西，《牛津国家人物传记词典》）。

的音乐总监宣布普里查德[1]将指挥《摩西和亚伦》,布鲁克[2]将任其制作人[3]的消息。我看到这个消息时非常恼怒，不是早就告知我们这出歌剧将交由某个享誉国际的大腕来执掌吗？［……］而且，无论其他人怎么看普里查德，我觉得他还是没有，没有到达那个层次，总之不够水平［……］。不管怎么说，我向可怜的加勒特发了顿火，他已经给佐尔蒂写了封信，义正词严地要求其做出解释。我收到了信的复印件，然后打电话给这个狡猾的无赖[4]，他也说，如果我去了新闻发布会，一定会对那里发生的一切惊叹不已，说他不会占用我的时间来详细解释事情经过（为什么不呢？）。但事实上，普里查德应该无法承担此任，因为他与格林德伯恩音乐节早已签了合约，不可能允许他这么做。但重要的不是这点。我完全清楚分委会的地位并不重要，但道德准则必须坚守，不管怎么说，这件事有必要告知全体董事会成员。我看得出来，他［佐尔蒂］想在新闻发布会上就《摩西和亚伦》说点儿什么，但这需要得到许可，对吧？无论如何我不打算就这个

[1] 约翰·迈克尔·普里查德（1921—1989），后（1983）受封爵士；1952—1977 年任格林德伯恩音乐节指挥；1967—1977 年任格林德伯恩歌剧院首席指挥，1969—1977 年任音乐总监；1952—1977 年任柯芬园皇家歌剧院客席指挥。

[2] 彼得·斯蒂芬·保罗·布鲁克（生于 1925 年），皇家莎士比亚剧院剧场总监、电影导演、制作人、联合董事；1947—1950 年任伦敦柯芬园英国皇家歌剧院制作总监。

[3] 格奥尔格·佐尔蒂于 1962 年 7 月 9 日星期一，在一场新闻发布会上宣布了《摩西和亚伦》的上演计划。

[4] 戴维·韦伯斯特（原文第 23 页注 1）。

问题跟他吵架，要是他因此抛弃了我们跑到芝加哥去做年薪五万美元的工作，我岂不要遭人责怪。尽管如此，我还是很 104
高兴加勒特好好刺了佐尔蒂一下，正如他经常对你我所做的那样，毫无疑问出乎佐尔蒂的意料，会令他气恼不已。我个人认为，如果他自己不能指挥的话，我们就必须把演出推迟到明年。评论家们都非常清楚（我之所以这样说，是因为我和他们中的三个人就柏辽兹在圣巴多罗买大教堂的精彩演出进行了交流），这很可能是我们今年上演的最重要的剧目，而将之托付给一位按部就班的指挥家并不妥当。[……]

你的

以赛亚

致查尔斯·泰勒

1962 年 9 月 14 日［副本］

［海丁顿宅］

亲爱的查克：

[……] 我非常严肃地告诫你，不要进入议会，你身处议会之外反而更能发挥作用，不骗你。如果你进入议会，即便你成为最高贵、最激进的党派一员，也不可能进入执政阶层。那样的话，你会发现自己至少有一只手和一只脚被绑上了，凡事只能随大流，迈向你并不一定赞同的方向。倘若你是在个人权力和影响力达到顶峰时（我相信你将来一定能够做到）进入议会，就像约翰·斯图尔特·密尔那样，那倒

也还无妨。但不是在羽毛未丰的现在。[……]

如今，你非常清楚自己将要离开日渐衰落的同盟。[……] 也许我过于悲观了，但我认为，在某种意义上，目前的现状是，思想已经定型，成为一种习惯，且软弱无力，失去了权威，捍卫它的勇士们无法有效地团结起来。他们更愿意看到工党执政，那样他们就有可能在其中成为类似投石党的叛乱分子：眼下，真正的现实问题是支持和反对欧洲共同市场两派之间的争斗。这场争斗还真具有一定的史诗特性，几乎能在接下来的很长时间里直接影响英格兰的命运。在工作范围之外，盖茨凯尔和麦克米兰[1] 彼此仇视，盖茨凯尔认为麦克米兰是个不折不扣的演技派，在其装腔作势的态度背后毫无真诚信仰可言。我却不以为然：他的确很会演，所说的也毫无疑问完全是“政治性”言论，但我认为就欧洲共同市场而言，即使这完全取决于个人意见，他毕竟察觉
105 到了皮尔、威尔逊和国际联盟[2] 在《谷物法》废除前的情绪。

[1] (莫里斯)·哈罗德·麦克米兰（1894—1986），后（1984）受封斯托克顿伯爵一世，出版商、保守党政治家；1955 年任英国外交大臣，1955—1957 年任财政大臣，1957—1963 年任英国首相，1963—1974 年任麦克米兰有限公司董事长，1974—1986 年任总裁；1960—1986 年任牛津大学名誉校长。

[2] 罗伯特·皮尔（1788—1850），英国首相（1834—1835 年及 1841—1846 年），其废除《谷物法》以保护英国农业的决定导致其于 1846 年辞职、保守党分裂、辉格党执政。民主党人伍德罗·威尔逊（1856—1924），美国第二十八任总统，也在原则问题上遭到政治惨败——美国在 1918 年根据他的“十四点和平原则”支持包括国际联盟的成员国地位在内的和平协议。基于该事件，在 1918 年的中期选举上，民主党丧失了对国会两院的控制。

他知道自己可能会分裂党，也可能被人打败，可能所有事情都会变得一团糟：尽管他留着小胡子、喜好怪癖、出入俱乐部，有时还会装模作样地摆点小架子，但他对历史有哲学思考，而非浅薄的经验主义者。我感觉他在本质上是个悲观主义者，认为野蛮人最终会胜出。但又坚信自己能够筑起堤坝，抵御这一切发生，并且能长期坚守，欧洲共同市场就是防御手段之一。幸运的话（外加上帝相助——他当然认为，会以一种冷酷的苏格兰方式出现：与罗尼·诺克斯[1]的友谊绝非偶然，而当下的孤立无友，要说有什么不同的话，只会令他对长老会更加笃信不疑），可能会相互妥协，那么他所信仰的一切就不会尽数崩塌了。这会让整个事态增添几分尊严，依我看，你要在此地的话也会这么想。至于以最佳形式体现的社会主义——它兼具发自内心的理论信仰和实际行动能力——不会出现在像英格兰和斯堪的纳维亚半岛这些形势缓和的国家，而会出现在意大利，那儿敌人非常凶猛，非常阴暗［……］。

至于我嘛，目前在哈佛大学做福特研究教授，不需要开讲座或上课——事实上，也确实没有从事这类工作。只是在耶鲁大学开设了“政治思想史的三个转折点”课程，关于这

[1] 罗纳德·阿巴思诺特·诺克斯（1888—1957），罗马天主教传教士、作家。1912 年被授予英国国教牧师之职，1917 年改信天主教，1919 年被授予天主教牧师之职，1926—1939 年任牛津大学天主教牧师。他于 1910 年辅导麦克米兰，因拒绝麦克米兰夫人不让他与其子谈论宗教的要求而中断；不过，二人却因此成为终生朋友。

门课真得找个机会跟你说说。另外就是写书，准备起名为《启蒙的三个批评者》的，这本书跟你聊得可是太多了。我目前手头上没有赶着要完成的急活——实在要算的话就是那篇序言，在其中我驳斥了（我希望如此）所有批评我的人，看起来就像一个支持中庸的乏味沉闷的卫道士。我不像你，如果我仍然相信 C. I. 刘易斯所说的“真理一旦被发现，将不再有趣[1]”这一真理，我能做些什么呢？

无论如何，请打电话到洛厄尔楼找我，或者我打给你也行，请告诉我往哪里打，很想见到你。

你永远的

106 [以赛亚]

致戴维·韦伯斯特

[1962 年] 9 月 17 日

海丁顿宅

我亲爱的戴维：

我今天启程去美国待四个月，是去哈佛大学——波士顿

[1] 伯林最喜欢引用的话之一，通常以“真理一旦被发现，就一定会变得有趣，这种想法不存在任何先验理由”的形式出现（会有不同变体）。此言来自刘易斯的《心灵与宇宙秩序：知识理论概要》（纽约，1929）第 339 页：“如果真理本身错综复杂并带有幻灭色彩，那么，用富有戏剧色彩并抚慰人心的简明语言来替换它仍然不算是美德。”伯林对它进行了具有其典型风格特点的“改进”。克莱伦斯·欧文·刘易斯（1883—1964），1920—1953 年任教于哈佛大学；1948 年当选哲学埃德加·皮尔斯讲席教授；是美国分析哲学发展的领军人物。

没有值得一提的歌剧，即便是大都会歌剧院略逊一筹的剧目（与柯芬园相比）也远在千里之外。所以，我得度过一段没有音乐的苦日子，只能看一些莱因斯多夫指挥的演出聊以替代。但我还是期待能收到董事会和分委会的会议纪要，那肯定会比那些可怕的批评家们能让我了解到更多的情况。对我来说，伦敦的批评家比其他任何地方的都更刁钻[……]——有时人会向往巴黎批评家们讨巧的职业道德，唏嘘他们很少会背离权威者为其设定的路线，知道要如何与这些人保持良好关系：觉得哪怕有一两个这样的批评家也不错。但每每脑海出现这种想法，盎格鲁—撒克逊人的是非标准就会占据上风，于是我坚决将头脑中所有那些为个人利益相互拉关系的腐败念头都驱赶出去。

说点儿临别前的祝福吧。老实说，我觉得我们从来没有过——或者不如说广大公众从来没有过——这么好的气象。我觉得佐尔蒂和你之间合作关系发展得那么好，产生了那么高尚及令人难以忘怀的影响真是让人不可思议，任何不承认这一点的人不是聋子就是动机不良。[……] 我知道你一定会认为（我从图利[1]写给我的一封语气冰冷的信中猜测），我在歌剧部分的汇报中对佐尔蒂的夸赞言过其实了；但那是我的真实想法；或许不是他全貌的真实反映，但所言内

[1] 约翰·图利（生于1924年），1979年受封爵士，1960—1970年任伦敦柯芬园英国皇家歌剧院总经理助理；1970—1980年任总经理。

容绝对真实——绝不比众人的批评意见更多几分添油加醋。[……] 两位心有灵犀、持续合作的天才人物将给歌剧院带来无上的荣耀，就像大都会歌剧院的托斯卡尼尼和加蒂—卡萨扎[1]，实际上，他们的合作早在斯卡拉大剧院时就开始了；还有第二次世界大战前萨尔茨堡的莱因哈特和沃尔特[2]。一定要让我们也朝着这个方向继续努力！只要刻意为之，持之以恒，就好比即便知道是别人盘中的黄油，我们为什么就不
107 能取一点点——甚至堂而皇之地来一大块呢？这些只是为了引发思考而随口说说的话；我至少四个月内不会在英国纠缠和打扰你，同时为不管不顾地将这些观点强加于你而后悔莫及。[……]

你永远的

以赛亚

1962年秋，伯林赴哈佛大学休学术假，身份为福特客座

[1] 朱利奥·加蒂—卡萨扎（1868—1940），意大利歌剧经理人；1898—1908年任斯卡拉大剧院总导演；托斯卡尼尼是其亲密无间的工作伙伴，并在其于1908—1935年任职大都会歌剧院总导演时随其移居纽约。

[2] 马克斯·莱因哈特（1873—1943），原名戈德曼，奥地利演员、剧场导演、歌剧经理人；1920年萨尔茨堡音乐节创始人之一。他拒绝了戈培尔提供的"荣誉雅利安人"身份，于1937年永久移居美国。布鲁诺·沃尔特（1876—1962），原名沃尔特·施莱辛格，生于德国，钢琴家和指挥家，自1925年任柏林国家歌剧院音乐总监开始与萨尔茨堡音乐节结缘，开始了长期合作；1933年被迫从德国移居奥地利，1938年又从奥地利移居法国，1939年定居美国，之后任大都会歌剧院和纽约交响乐团指挥。

研究教授。在此期间，他完成了著作《启蒙的三个批评者：维柯、哈曼与赫尔德》。还在法学院的赞助下，在耶鲁大学开设了三场斯托尔斯系列讲座，主要围绕其撰写的“政治思想史的三个转折点”：“前来听讲座的人比我预想的要多得多，简直超出了讲座本身具有的价值。”[1]尽管在哈佛大学没有特定工作，他还是在俄国研究中心举办了研讨会，这是获得政府部门赞助的公开讲座，前来聆听的为多个学生社团的成员。（除了耶鲁大学之外）他还访问了普林斯顿大学、哥伦比亚大学、康奈尔大学、印第安纳大学、伊利诺伊大学和布朗大学，“主要是为了会见与自己研究领域相同的学者——在所有这些场合，我都坦然承认，之所以会开设公共讲座，也是考虑到思想史领域的教师实在太缺乏了，我若拒绝的话很不妥当”。在哈佛大学期间，伯林住在他熟悉的洛厄尔楼——一栋简单温馨的本科生宿舍，他第一次造访此地是在 1949 年 1 月。这是他婚后第一次长时间离开艾琳，让他重新经历悲惨的单身生活。尽管他在哈佛大学“宏伟壮观的”怀德纳图书馆里度过的时间富有成效，也在华盛顿和纽约参加了光彩夺目的社交聚会，却无法抑制他对艾琳的思念。艾琳于 11 月的第一个星期来美国陪伴他，然后在 1963 年 1 月和他一起返回英格兰。

[1] 本段中的所有引用文字均来自伯林 1964 年 1 月 30 日致弗娜·约翰逊的信。讲座内容是关于希腊（以“希腊个人主义的诞生”为名收入《自由论》出版）、马基亚维利和浪漫主义。

致艾琳·伯林

1962 年 9 月 20 日星期四［手稿］

洛厄尔楼 G24 号

亲爱的艾琳，最最亲爱的艾琳：

我过得不好也不坏，最好就这么一天天按部就班地过下去。飞行非常顺利。机身偶尔会有点颠簸，只要一开始微微颤动，乘务员就让我们系紧安全带。通常这样的颠簸只会持续三四十秒，我甚至都感觉不到。航班准点到达［……］。下飞机后我立即去了哈佛大学的合作商店[1]订购物品，然后回到房间。住宿条件实在太差了，房间太小，差不多是牛津大学普通本科生带淋浴蓬头的宿舍那么大。没有专门的浴
108 室，只有淋浴蓬头、厕所和洗面台。我知道他们无法用四个月里支付我的三百五十美元为我提供多好的条件，但我突然觉得特别郁闷。这比我 1951 年和 1953 年的境遇还要糟糕，差不多比得上 1949 年了。不过，我仍然决心从事这份工作。［……］我从来没有像现在这样疯狂地渴望跟某个人在一起，那个人就是你。我独自一人坐在硬木椅子上，那把椅子很漂亮，背靠着很舒服。我会止不住地回想起过去我们曾经经历的许多老“画面”，不仅如此，我爱你已经到了在文学作品或他人的话语里都找不出更热烈的词语来形容的地步。人

[1] 哈佛大学的合作社是由学生经营的校园商店，1882 年起创办；其零售服务后来扩展到麻省理工学院。

生中如此晚来的爱情！肉体、道德以及所有的一切已浑然一体，时间所剩无几，即便存在工作、孩子和这样那样的事，两人却要分离，实在是太奇怪了，但我还是要坚持这么做，只为了表示我能够工作——唯有上帝知道要做给谁看，又为了什么［……］。我刚收到你的电报。是的，是的，我的确应该回家：这个提议合情合理，但我还是不能回去。我应该为此感到羞愧。现在我的房间看上去比之前要好很多了：我买了一把水壶、一个家用火炉、三只平底无脚玻璃杯、三只普通杯子；三把勺、一个磅秤、一把剃须刀和一个电动擦鞋箱。最终还是没有买锡水壶，但我有电视、收音机、口述录音机和半个秘书（下周来）。没有任何人来访！我坐着不停地咳嗽（体温已经上升到 99.2 华氏度了，很快就会感冒）。不过你不要担心，唯一的问题是吃饭，但我觉得这个好解决。我必须暂时搁笔了，门口那个人刚叫我去参加导师会议。我在这里谁都不认识，会像老亨伯特·亨伯特[1]那样——来自欧洲的教授，无比遥远，但笑容可掬，欣然答应参加感恩节的邀请。不过，今年不会有人邀请我，我向你发誓，除非你在这里。过会儿再接着写，这会儿我在邮局，买了些封缄明信片，感觉它们就像连接我俩的细绳。真是太奇怪了！我断断续续常在这个地方居住，但这次不一样，我觉

[1] 用来形容从欧洲移居至新英格兰写作的人。亨伯特·亨伯特是弗拉基米尔·纳博科夫小说《洛丽塔》(1955，巴黎）中的三十七岁反面主人公。

得孤独寂寞，有一种失去亲人般的凄凉，与世隔绝，鳏夫一般——简直悲惨无比。除了想你、想孩子、想赫伯特·哈特以外，我什么也不想，甚至也不想我母亲——她已经成为过去的回忆了。当然，纳博科夫打了电话过来，接着是斯特恩——他非常愤怒，因为纳博科夫安排了他自己和我与玛丽埃塔[1]共进晚餐，却没有邀请他，于是他问了很多诸如“这位女士是谁？你的好朋友吗？”之类的问题。这回玛丽埃塔总算邀请了斯特恩夫妇[2]，他们欣然接受了。[……] 我真的会，一定一定会端坐在这儿，安安静静地工作，减少交际往来。遇到心情不好的时候（我想缺少浴缸也没什么，这点我的确做到了），我会把自己想象成鳏夫，或是在地震中失去了所有亲人的孤寡男人，希望尽快（在 11 月）去天堂与亲
109 人团聚。贡布里希[3]和吉尔伯特[4]昨晚打了电话过来，我给

[1] 玛丽·恩迪科特（“玛丽埃塔”）·特利（1917—1991），婚前姓皮博迪，美国社交名媛，民主党政治活动家；1939 年嫁给德斯蒙德·菲茨杰拉德；1947 年离异；之后嫁给（阿瑟）·罗纳德·兰伯特·菲尔德（“罗尼”）·特利（1897—1976），成为其第二任妻子。特利是有美国血统的英国绅士，生活富裕，1933—1945 年任哈伯勒选区保守党议员，1940—1943 年先后任三位信息部长的首席私人秘书。

[2] 艾萨克·斯特恩于 1951 年娶了第二任妻子薇拉·林登布里特（生于 1927 年），1994 年离异。

[3] 理查德·弗朗西斯·贡布里希（生于 1937 年），1965—1976 年任牛津大学梵语和巴利语讲师；1966—1976 年任沃夫尔森学院研究员；其父为美术史学家恩斯特·贡布里希。（见原文第 213 页注 3）

[4] 菲利克斯·吉尔伯特（1905—1991），生于德国，历史学家；1936 年移居美国；1946—1962 年任教于布林莫尔学院；1962—1975 年任普林斯顿大学高等研究院研究员；除此之外还为《意大利文艺复兴》写作。

他们泼了冷水。这就像可怕的魔笛考验[1]一样。明天是星期五，我会再写信给你。我想，等你来的时候我们不妨就高调一回，住丽兹酒店，让这些学生宿舍见鬼去吧。你知道丽兹酒店配有独立小厨房吗？

爱你

以赛亚

致艾琳·伯林

凌晨一点［1962年9月25日；手稿］

洛厄尔楼

亲爱的艾琳—亲爱的，亲爱的—

我已“完成”纽约之行。［……］中午和斯特恩、尼古拉斯一起吃了饭，尼古拉斯看上去更老态、更虚弱了，再这样下去他将命不久矣，于是我试着劝他学会“放下”。［……］接着，我去参加了玛丽埃塔的晚宴，她打扮得十分艳丽，非常性感——在那儿，我遇见了阿德莱·史蒂文森（对我出奇的友善）[2]、尼古拉斯及其儿子和太

[1] 莫扎特的歌剧《魔笛》中，帕米娜和塔米诺必须经受魔力的考验来证明他们的爱情。

[2] 阿德莱·尤因·史蒂文森（1900—1965），民主党政治家，1949—1953年任伊利诺伊州州长，1952年、1956年任总统候选人；1960年在民主党候选人提名竞争中败给约翰·菲茨杰拉德·肯尼迪；新总统任命其为美国驻联合国大使（1961—1965）；他和玛丽埃塔长期保持婚外情。

太[1](他们热情十足地向你问候),还有伦纳德·伯恩斯坦[2],他先去参加了新落成的林肯中心开业典礼——肯尼迪总统发表了长篇演讲——A. 施莱辛格也在,他很迟才到,喝得酩酊大醉,明显过得不好,令人担心。另外还见到巴克夫妇[3](不过在晚宴开始前就离开了——他们也问起你)。伯尔曼[4]没来(生病了)——尽管很忙乱——玛丽埃塔还是为来宾提供了四间客房,但我坚持当晚坐飞机回波士顿,这是原则问题——这也是我为什么来这里的理由,他们所有人都无法理解。以色列爆发了危机,联合国也制订了新的阿拉伯难民计划。斯特恩夫人急着要在聚会上对史蒂文森和施莱辛格施加"影响"(他不知何故也卷入其中),而我则被拉到一个角落,告知我有"责任"留下来参与密谋。这无论如何是不可能的,而且多少有点儿卑鄙肮脏。我固执地离开了,斯特恩

[1] 如果此处"尼古拉斯"是指尼古拉斯·纳博科夫,并且如果"太太"是指其妻而不是其儿媳的话,就是指他的第四任妻子——玛丽—克莱尔·波莱特·约瑟芬·布罗(生于 1921 年),二人于 1953 年结婚(1970 年离异)。同样,"儿子"应指他们的儿子亚历山大·尼古拉耶维奇·纳博科夫(生于 1954 年)。但是,如果"妻子"是指他儿子的妻子,"儿子"则应为伊万·尼古拉耶维奇·纳博科夫(生于 1932 年),"妻子"为克劳德·泰蕾兹·纳博科夫(生于 1929 年)。
[2] 伦纳德·伯恩斯坦(1918—1990),美国作曲家、指挥家、钢琴家;1958—1969 年任纽约交响乐团音乐总监;1957 年为音乐剧《西区故事》作曲。
[3] 巴克夫妇指乔治·巴克(1903—1974)及其第二任妻子伊夫林·施特劳斯("艾薇")(婚前姓韦伊)(1905—1971);他是犹太血统的民主党政治家、犹太复国主义者,1939—1942 年任《纽约邮报》出版商及主编。
[4] 塞缪(尔)·纳桑·伯尔曼(1893—1973),毕业于哈佛大学,剧作家、电影编剧、作家,因其百老汇喜剧作品而出名,代表作《没空演喜剧》(1940)被改编成詹姆斯·斯图尔特主演的电影。

开车载我至爱德怀德，他对我真是太好了。[……] 我对纽约的聚会有种恐惧心理：一切都那么虚假、那么阴暗、那么做作。玛丽埃塔的聚会总是众星荟萃，名流云集，相互看不 110
上眼。伯恩斯坦倒非常友善，我们彼此欣然相约经常见面。但我内心却无意这么做，猜想他们也一样。我想说的是，无论是我之前提到的谁——斯蒂芬·斯彭德也好，奇普也好，格雷厄姆[1]也好，看上去都比上次见面时苍老了许多，精神状态也不好。阿瑟身体状况正在迅速滑坡，我很喜欢他。他跟我在一起时状态要好得多，因为我总让他跟我说他擅长的知识话题，这让他非常放松，心情也更好，说话时也更有底气。你大概是对的，或许我就不该离开。但既然我来了，就必须坚持下去。我跟秘书无缘——想必第一次面试时就会将她们吓跑。这里为我聘请了秘书，可她在为我订购了录音电话机后就逃走了，目前这台价格不菲的机器只能毫无用处地摆放着。天知道我该怎么办。我的确过于依赖秘书了。我感到筋疲力尽，但心境还算平和。明天我会坐在图书馆里苦干一天。我太爱你了，万千思绪都汇聚在你身上，好想回到你身旁。社交生活越无聊，我就越想自己是多么幸运能和你过上实实在在的幸福生活——宁的聚会气氛过于传统，到了可

[1] 凯瑟琳（"凯"）·格雷厄姆＊（1917—2001），报纸出版商，其夫菲利普（"菲尔"）·莱斯利·格雷厄姆（1915—1963），律师（菲利克斯·法兰克福特以前的学生）、记者，自 1946 年起成为《华盛顿邮报》出版商。菲尔·格雷厄姆后来酗酒并患上躁郁症，于 1963 年自杀，由其遗孀凯瑟琳接手《华盛顿邮报》。

笑的地步，而玛丽埃塔的晚宴则千篇一律，单调乏味、劳心伤神。这些人中没有谁看上去和其他人之间存在任何实质性的关系。他们的婚姻也很空虚［……］人们没有意识到自己是在和完全功能化的人交谈——每个人都自始至终不顾一切地试图取悦他人——就像库尼兹先生[1]那样——一切都变得那么悲惨、支离破碎，他们全都成为精神分析的猎物[2]。斯图尔特通过完全陷入梦魇般的幻想来逃避现实，从来不敢坦然面对。这么说似乎太自大了，但我真的认为我们在生活，而他们不是——当然，我想，他们都被社会腐蚀了。飞行途中当我坐在机舱里读一些不是太好但还算严肃的文学作品时，我感到比坐在沙发上与那些名人交谈——阿瑟、玛丽埃塔、史蒂文森、伯恩斯坦，我想他们都是天赋异禀、风趣幽默，甚至颇有责任感的、乐善好施的“好”人——比看到穷困潦倒的尼古拉斯和他抑郁的儿子要愉快、有趣多了！老实说，博登·穆勒都比他们要好得多！［……］我全身心地爱着你，倘若不是这样，我便没有了活下去的理由。我（从波士顿）给可怜的妈妈打过电话了。

爱你的

以赛亚

[1] 哈利·库尼兹（1908—1968），多产的电影编剧，（尤其）为丹尼·凯伊写喜剧，并创作了神秘故事《马可·佩吉》。
[2] 伯林此处原文为：gibier。

我不写信给你就无法上床睡觉。但如果太累，就只能对不起了。道德上我是个尚可之人。 111

致艾琳·伯林

9月26日［1962年；手稿］

洛厄尔楼

亲爱的艾琳：

我坐在这儿，周围全是些电子玩意儿：收音机、电视、擦鞋机、茶壶、咖啡壶、浸没式插头等。我太想家了。昨晚和哈蒙德夫妇[1]聊天，他们对你很感兴趣，哈蒙德先生还为查理·卓别林的学历感到震惊。我推说这都是莫里斯干的，但我很赞同，我们还为此展开了一番平和的争论。哈［蒙德］夫人非常讨厌新英格兰和稳固牢靠的保障，渴望生活和冒险。梅森腿脚不便，但人很好。昨晚虽然气氛沉闷，在道德高度上却尽如人意。[……]

这次没人对我感兴趣了。不出名的感觉好极了，相信我。不过，电话铃一直没有响起，倒促使我不得不扪心自

[1] 梅森·哈蒙德（1903—2002），1950—1973年任哈佛大学拉丁语言文学波普讲席教授；1935年与弗洛伦斯·霍布森·哈蒙德（婚前姓皮尔逊，1909—1999）结婚。

问：要不要去见见雅各布森[1]、皮克曼夫人[2]等？答案是不要。在这片荒岛上，我自然是一点儿都高兴不起来［……］，但我过得也没那么惨。我强迫自己做不喜欢的工作，再就是除了想你之外其他什么也不想。在我们结婚前，即便是在 1955 年，那时我基本还只属于自己，有心也有能力将自己奉献给他人。现在情况已大不一样。我是休假在外，我所有的一切以及我的全部都在别处。我只是在这儿机械运转：不介意自己过得是好是坏，是喜是悲，工作做得是好是差：这有点儿像征兵一样，必须要完成，但绝非个人自发行为，而是强制的、按部就班的工作。真正的生活却在别处。多可笑啊。过去我是身处什么地理位置，心也就在那里。可如今这样把身体和情感，肉体上的所作所为与真实个性分割开来，真是太奇怪了。一个人还能再爱到什么程度呢？

以赛亚　　　　［……］

[1] 罗曼·欧西珀维奇·雅各布森（1896—1982），生于俄罗斯的著名心理学家和语言学家，俄罗斯批评家和俄国革命后由批评家和文史学家组成的形式主义学派创始会员；1941 年定居美国；1949—1965 年任哈佛大学斯拉夫语言文学教授；1957—1970 年任麻省理工学院研究所客座教授；伯林于 1945 年在华盛顿与其认识并逐渐对他表示欣赏；1981 年被哈佛大学授予荣誉文学博士学位。
[2] 海斯特·马里恩·皮克曼（1893—1990），婚前姓钱勒，伯林于 1949 年在哈佛大学与其结识，在伯林眼里，她是“典型的天主教徒，性格欢快，有教养，非常真实——在我周围的人当中，确实隐藏着一些保留古老遗风、未受尘世影响、充满个性光辉的爱德华时代式的人物”（《伯林书信集（卷二）》，原文第 95 页）。

致艾琳·伯林

星期五［1962年9月28日；手稿］

洛厄尔楼

我亲爱的艾琳：

你的第二封信刚刚抵达。此刻是上午八点三十分。
［……］我正在收听WHXR摇滚乐广播电台（当地版！全
天播放古典音乐）。外面下着大雨，西南风已经结结实实刮 112
了三天三夜（这里人人都称之为“老西南风”。斯图尔特听
到一定会觉得有趣）。我在图书馆里埋头读书工作，陶醉其
中，乐不思返。在那里，我一坐就是一整天。虽然我知道洛
厄尔楼的住处一定有电话找我，但我不就是冲着怀德纳图书
馆汗牛充栋的藏书来的吗？那些书籍和资料可以任由我使
用，这种感觉真是太奇妙了。我准备这个周六打打电话，毕
竟连续六天不跟任何人交往有些克己有余了（事实上，康斯
特布尔夫妇[1]和哈蒙德夫妇究竟有多么重要？）。因此，当宁
邀我去参加在纽约阿特兰蒂达酒店举行的沙龙时，我并不觉
得在道义上有义务拒绝。宁的沙龙尽管荒诞，比起玛丽埃塔
的死气沉沉和寡淡乏味，还是更吸引我些——在玛丽埃塔的
沙龙上，客人们被扔到一边各顾各的，无聊至极［……］。
很奇怪，过去我一旦不得已孤身一人独处，总是要害怕得抓

[1] 威廉·乔治（“W. G.”）·康斯特布尔（1887—1976），艺术史家、美术馆馆长；1935—1937年任剑桥大学美术施莱德讲席教授；1938—1957年任波士顿美术馆油画分馆馆长；1926年与奥利维亚（婚前姓罗伯茨，1901—1987）结婚。

狂尖叫，而如今却对此习以为常：清教徒式的简单生活和孤身一人并非不可忍受。唯一难以忍受的是你不在身旁。在所有与专业无关的时刻，在不读书也不写作的时候，我头脑里无时无刻不想着你。天哪，完全被爱情征服！［……］我想应该去买双橡胶雨鞋了。哦，亲爱的，也许我根本就不该离开你。但此刻我不能多想这个。开始工作吧！瓢泼大雨，狂风呼啸，对任何其他人都不感兴趣，对几乎每个人都避而不见（在我看来，是他们对我避而不见，很伤自尊，但我想自己的确会让人感觉既亲近又遥远——九年的时光不算短——或许又出现了其他受人欢迎的名流）：詹姆斯［·乔尔］会来这里吗？我猜想他也许是对的。我读了《星期日纽约时报》头版上那些过目即忘的文章，听了音乐，见了伯林夫妇[1]，还有纽约公寓，萨姆·巴伯[2]以及在纽约郊外的同性国际[3]村度过的宁静的几个星期。开始工作！

爱你

以赛亚

[1] 杰拉尔德·阿什（“杰瑞”）·伯林（1919—2012），律师、音乐家和音乐评论家，1961—1970 年任马萨诸塞州公民自由联盟的董事会主席；其妻为米利亚姆·H.（“米米”）·伯林（生于 1926 年），婚前姓哈斯克尔，1958—1975 年任卫斯理学院俄国、欧洲及中东史助理教授。与以赛亚·伯林没有亲戚关系。
[2] 可能指塞缪尔·巴伯（1910—1981），美国作曲家。最广为人知的曲子有《弦乐柔板》，在他弦乐四重奏第二乐章作品 11 号的基础上创作（1936）。该曲在肯尼迪去世时由各媒体播放，但并未在其葬礼上演奏（与传说的不同）。
[3] 衍生自“共产国际”一词，由莫里斯·鲍拉创造，用来形容共济会的同性恋者。该词后来广为流行。

非常感激彼得充满同情心的短笺，我会尽快回复。非常非常爱你。不可救药地思念你。所有这一切都是对我们的考验吧，非得以这种愚蠢的方式吗？ 113

致艾琳·伯林

星期二［1962 年 10 月 2 日；手稿］

洛厄尔楼

亲爱的艾琳：

星期六和星期一与你通话，真是令我**欣喜若狂**，尽管有关菲利普[1]的消息不太好。你收到这封信时，我应该已经收到了你的电报。没什么可担心的，相信我。我赞成动手术，反正迟早都得动。菲经常突发阵痛，看来就是这个原因了。只要动了手术，恢复正常，这是一定的，你就可以轻松愉快地过来。对此类事情，我当然是很“冷静的”。别太焦急，动手术一点儿都不可怕。我在这里的生活也安排得十分合理：极少见人和参加社交活动，刚刚又拒绝了“安妮”［·莱因斯多夫］[2]赎罪日前夜共进晚餐的邀请。但真正的原因我没说：不想让他们觉得太过尴尬。把我作为宗教狂热分子的典型代表，你是肯定不愿我给他们这种印象的。我目前处于一种平静和抑制的状态，平和安宁，静止不动，如处于

[1] 他需要动阑尾炎手术。
[2] 安妮·莱因斯多夫（1917—2012），婚前姓弗朗克内希特，1939—1968 年为埃里希·莱因斯多夫的妻子。

真空或保温瓶中。因此，我的所有思维都自然而然转向现实生活：斯图尔特怎么**可能**在这里生活？对欧洲人而言，这种生活简直一点儿都不真实！这里所有人都知道他接受了普林斯顿大学的邀请：到时他该如何艰难度日！不过他绝不会开口承认。一个涉及勒内的错误是无法公开承认的，好比谁也不敢说上帝在《圣经》中讲了不正确的话。他会死掉的，因为他生活在梦里，生活在依赖的状态中。唉，这个极度理性、崇尚科学、善于自我批评、眼界开阔的男人！再过一刻钟，我得去见来自柏林的威利·勃兰特[1]：待上四十五分钟，然后回到图书馆，看书到晚上十点——之后回家，到冰箱里找点儿吃的，咖啡、犹太香肠，加上些苹果。不过，我可不是快乐的单身汉：绝对不是！我热烈地爱恋着你，忠贞不贰，除了你，心中再无他人。如果我能坚持下去，专注工作，那倒也还值得。可是你，我怕你一定要无聊透顶了！一定是的。坎布里奇真的就好比地狱一般，但相比而言，英国更糟。不管怎么说，我居然能够像这样坚持下来，内心充满了一种荒谬的自豪感［……］。我好爱好爱你，难以言表。下星期天我会再给你电话，好吗？再见。——真想立刻回家。

114 以赛亚

[1] 威利·勃兰特（1913—1992），原名赫伯特·恩斯特·卡尔·弗拉姆，德国政治家，社会党反纳粹活跃人士（曾逃往挪威，使用假名勃兰特以躲避被捕）；1957—1966 年任西柏林市长；1964—1987 年任德国社会民主党领袖；1966—1969 年任德意志联邦共和国副总理，1969—1974 年任总理。

致苏珊·玛丽·艾尔索普[1]

1962年10月5日［副本］

［洛厄尔楼］

最最亲爱的苏珊·玛丽：

我一定会在15号周一到达，虽然目前唯有天知道我该怎么去。因为我已经信誓旦旦地答应会在缅因州的北港——我最想去的地方——与我很久很久以前的老朋友奥布里·摩根夫妇[2]共度周末，这件事我必须办到。随后我得从缅因州的罗克兰过去——无论如何，我大约会在15号的午后抵达，16号从你那离开，继续我疯狂的、追求快乐的生活，参加在波士顿举行的列宁格勒交响乐团音乐会。

［……］你看过《愤世嫉俗》[3]吗？该剧正在这里上演，译本很好，是理查德·威尔伯[4]翻译的，虽然演得很差劲，还是给我留下了难以磨灭的深刻印象。剧中的主人公，显然

[1] 苏珊·玛丽·艾尔索普（1918—2004），乔·艾尔索普的妻子。见原文第631页。

[2] 奥布里·尼尔·摩根（1904—2004），生于威尔士，1942—1945年任职英国情报处副总干事；1948—1952年任英国驻华盛顿大使（奥利弗·弗兰克斯爵士）私人助理；其妻为康斯坦丝·卡特·摩根（1913—1995），美国驻莫斯科大使德怀特·莫罗之女；二人均为伯林的战时同事及朋友。弗兰克斯回忆奥布里·摩根时曾说，他“勇敢迎接生活的挑战，坚信人类事业并为之而战”（《泰晤士报》1985年9月25日第14版）。

[3] 莫里哀的五场讽刺喜剧——莫里哀为笔名，其真名为让·巴蒂斯特·波克兰（1622—1673），该剧1666年首演，通常被认为是莫里哀的杰作。

[4] 理查德·珀迪·威尔伯（生于1921年），美国诗人、翻译家，曾获普利策奖；1957—1977年任卫斯理学院英语教授，以其翻译的莫里哀和拉辛的作品著名。

在莫里哀的笔下是一个荒唐可笑的人物，到了世纪末却成为一位浪漫主义英雄。反正，每回我观看优秀作家写的古典剧作——比如易卜生和拉辛，以及类似的作家——都会在我身上产生一种效果，好比从未喝过酒的人一口气灌下满满一杯——我会感觉：为什么没有评论声四起？为什么不见人们街谈巷议？为什么不可以有一个剧院专门就演出这三四百种经典巨作——至少得有这个数量——持续不断地上演——（与潮水般出现的经典作品简易本堪有一比，这些简易本在我看来一无是处）——而不是像现在这样任由乏味沉闷的东西充斥剧院。还是就此打住这些无趣的遐思吧。我得向你说对不起，周末不能与你同聚，只能一路带着冲刷过缅因州海岸的冰冷海水，突然降临到你面前。请接纳我这个无足轻重的人吧。低调、舒适，没有太高要求，默默无名，这种人我最喜欢与之为伴！比起十年前，或者比起乔早先邀请我赴宴，我从头到尾只是沉默不语，拘谨羞涩，而他始终不予放弃（为此我要一辈子感激他）的那个时候，我现在更害怕
115 其他人了。我还记得那个可怕的 C. P. 斯诺[1] 说的一个故事，此人我仅见过一次，他当着我的面说，“H. G. 韦尔斯[2] 和我

[1] 此处可能是 C. P. Scott 的笔误：斯诺比韦尔斯小三十九岁，仍然健在，伯林有很多机会与其见面。而他仅与斯科特见过一面，在 1932 年为《曼彻斯特卫报》作专访期间。

[2] 赫伯特·乔治·韦尔斯（1866—1946），小说家和社会评论家；他相信自由性爱，并自封“知识分子中的唐璜”：H. G. 韦尔斯，《韦尔斯自传》（伦敦，1934），ii，第 465 页。

追求同一个女人。让人不可思议的是，她居然跟某个一点儿名气也没有的人跑了！”我乐意与之为伍的就是这类人，但我敢说，在我去参加你那个隆重、愉快、迷人的晚餐，去见亲爱的波伦夫妇[1]及其他朋友之前，这种胆怯的心情绝不会有了。

你永远的

[以赛亚]

附言：我是否太无聊了？我觉得是的。

致彼得·哈尔本

1962年10月5日［副本］

洛厄尔楼

亲爱的彼得：

十分感谢你的来信。

刚抵此地时，我的确非常郁闷——房间看上去空空荡荡，没什么家具，又小又暗；没有浴室；我想自己已经全然忘了结婚前曾经过着多么恶劣的生活——这些年，我的确是被海丁顿宅的优越生活给惯坏了。

于是，我首先去哈佛大学合作商店买了一个设计精巧的

[1] 查尔斯（“奇普”）·波伦*（1904—1974），美国外交家和苏联专家，其妻为埃维斯（1912—1981），婚前姓泰耶尔。

电动浸没式加热器——就是那种一头插在接线孔里，另一头金属棒放进杯子，自己就能热起来的玩意儿，可用来在杯子里煮咖啡、茶或烧开水。你知道，我向来喜欢摆弄各种小电器，因此立刻就买了这样东西。每个步骤我都完全按照说明书上写的去做，就在这时，外面房间的电话铃响了，我赶紧跑去接。很快，我闻到一股奇怪的味道，开始时没太在意，因为我自认为鼻子不太敏感，从来就不太相信它。可是，当黑烟进入房间时，我意识到发生状况了，赶紧停止聊天，放下电话，冲进卧室，发现床铺烈焰熊熊，报纸、书籍等烧得正欢，毯子、床垫和床单也都陷入火海。显然是出事故了——一定是杯子里的电热棒掉出来，把这些东西烧着了。
116 可我仅有一个小杯子，只能不停地往床上浇水。最后，总算把火扑灭，但那些烧焦的毛毯以及床垫的味道你一定难以想象。黑烟包围着我，尽管开了窗，却不愿往外走，只是慢吞吞地一点点散去。正在这时，大楼管理人进来了。见到他我非常高兴，可我对住房条件的投诉顿时变得如同无病呻吟：因为道义上我正处于十分不利的境地，理屈词穷，开不了口。好在他帮我买了新的床垫、毛毯和其他东西，我总算安顿下来了。

很高兴你上了高年级。同时也很遗憾你不得不把那三门课重新修一遍。不过，欧洲史很值得一上。爵士乐的事深感同情：住在我对面的邻居成天都在播放从 1680 年到 18 世纪 40 年代的音乐——巴赫、维瓦尔第等——因此我还是要比你幸运。很高兴你喜欢波托菲诺，我也是，特别是这次。请继续来信。

你真诚的

[以赛亚]

致艾琳·伯林

[1962年] 10月5日星期五 [手稿]

洛厄尔楼

亲爱的艾琳：

不论何时只要你感到苦闷，就**立刻**坐下给我写信。这对我们两人都是一个上佳之策。我已下定决心，绝不倒下。[……] 很高兴菲利普明天终于要动手术了，总算松了口气，小手术，真不用担心的。这（下）个星期天，我们又可以畅谈了——这是我目前生活中最快乐的幸福时刻。至于这里其他的“文明”生活——与数学家或哲学家或俄国专家共进午餐；或是参加各种音乐会，听 [理查德·] 贡布里希大师演唱由莱因斯多夫指挥的斯特拉文斯基交响曲诗篇；诸如此类—— [……] 不适合我（或你）。我不会再去马萨诸塞州的坎布里奇城了。纽约有可能，或者是华盛顿，但不会去某个文化中心。这是你对我产生的影响：对此我心怀喜悦。[……] 只是毫无张力、平淡乏味的生活质量有点儿不太适合我。在牛津我不在乎，可在这里，却时时让人感觉到不自在，好比一本正经的苏黎世或海法城。为了能够坚持下去，我认为得每星期跟你通两次电话：至少两星期三次。像这样给你写写信，我就已经感觉好多了（和你一样）。我们今后再不要分开——这一点确定无疑。[……] 请帮我问问唐纳森，我向董事会提交的刻意支持佐尔蒂的呼吁不知有何结
117 果？我很想知道。宾[1]邀请我任何晚上都可以去他的剧院听音乐会，还请我共进午餐。这份情我心领了，但必须小心行事。类似心计通常让我心烦。贝伦斯成天对自己的健康状况神经兮兮，或许真的得病了：我一直还没见到他。我爱你！

以赛亚

致阿瑟·施莱辛格

1962 年 10 月 8 日 [副本]

[洛厄尔楼]

亲爱的阿瑟：

[……] 感谢你向尊贵的朋友提起我——这么说毫无讽刺之意——我准备 15 日前往华盛顿，与乔和苏珊·玛丽共进晚餐——是专门为奇普和埃维斯举办的送别晚宴，据说某位重量级的尊贵要人将大驾光临。[2] 想到这点，我心生恐

[1] 鲁道夫·弗朗茨·约瑟夫·宾（1902—1997），英帝国高级勋爵，生于奥地利，后入英国籍，剧院经理；1947 年协助成立了爱丁堡音乐节；1950—1972 年任大都会剧院总经理。

[2] 艾尔索普夫妇邀请了伯林和 J. F. 肯尼迪及其他客人，参加 10 月 16 日为波伦夫妇举办的晚宴。他们正准备前往美国驻巴黎使馆赴任，这是伯林与肯尼迪的第一次会面。

惧；在乔专横的主持风格下，根本没法建立起任何人脉关系，但我无法拒绝他。在那之前，我将在缅因州北部的某个地方，与奥布里·摩根和他太太一道度过一个宁静的周末。去赴宴就好比要上屠宰场一样。实际上，说到底这些事根本无关紧要，不知道为什么我会如此神经紧张。可我总是如此。在我看来，不像我这样成为社交的奴役——这样缺乏独立性——是在乔身上，甚至在迪恩·艾奇逊和罗兰身上最可贵的品质——他们可能在身后贻害，却无须一直寻找善良和富有同情心的伙伴，以及安全感和可靠性［……］。你呢？我认为你根本不会被这些事烦扰。不管怎么说，我认为你是独立的，无忧无虑。为此，我羡慕你和奇普，还有总统。盖茨凯尔很崇拜他，称其极具理性，积极乐观——或许有些过于乐观了。你可千万不能离开华盛顿。如果想知道为什么我坚持这点，可以跟我谈谈。

你的

以赛亚　［……］

致艾琳·伯林

1962 年 10 月 11 日

洛厄尔楼

〈亲爱的艾琳：〉

请提供以下问题答案：英国使馆正在举行聚会。A 注意到 B 不耐烦至极，于是跟 C 说起，C 对 A 说：“赶紧想个

118 办法救救 B，否则他会走掉的。”A 回答：“啊——我们得找位漂亮姑娘给他。你觉得 D 怎么样？”C 应道：“别，千万别这么做。D 毫无情趣，E 刚才说得一点儿没错。”这里的 A、B、C、D、E 分别是谁？〈A= 施莱辛格，B= 总统，C= 肯（尼迪）夫人，D= 伊万杰琳 · 布（鲁斯），E= 以赛亚 · 伯林。这太讨厌了！很不诚实，居心不良，这事一定会传出去。〉

[……] 晚饭是和老施莱辛格夫妇[1]一起吃的，阿瑟也在。他也很讨人喜欢。他说阿德莱只对世界上两个人没辙——一个是美国总统，一个就是我。真奇怪，我怎么就那么喜欢阿瑟。他目前处境十分困难，诽谤中伤来自四面八方，斯文扫地，毫无尊严。他父亲是位极好的老人，母亲格外亲切，为此都深受伤害。他的孩子们也来了，他们倒还好。他的太太仍待在华盛顿。

在这里别人称你夫人或太太，你得学会习惯。全都这么叫，不含任何恶意。我得赶紧跟［理查德 · ］贡布里希大师联系，我刚到时他帮了很多忙，而我还没去探望他。这里生活最大的好处在于有怀德纳图书馆。真是如在天堂。只要置身那些书籍当中，我就不再感到孤独或不快。欧洲没有任何图书馆可与之相比，相信将来某一天，我还会回到这里，从

[1] 老阿瑟 · 梅尔 · 施莱辛格（1888—1965），美国历史学家，其妻为伊丽莎白 · 哈丽特，婚前姓班克罗夫特（1886—1977），伯林的朋友小阿瑟 · 施莱辛格的父母。

事某个项目，但不会与哈佛或洛厄尔楼或其他地方有任何瓜葛。这里每个人都问你什么时候来，怎样才会见到你，等等。幸好我房间不够大，没办法搞聚会，但无疑奥利维亚［·康斯特布尔］一定会热心帮忙的（上天保佑，别让她这么做）。

〈我必须上床了！明天得随摩根夫妇到北方去。今晚在马萨诸塞州历史学会与一帮儒雅无聊的波士顿贵族度过，十足的上流社会做派[1]。帕金斯一直想让我（我这么认为）做客索姆塞特俱乐部[2]（入会条件想必非常苛刻），觉得你我两人都应该加入。可我们不需要。不过我没有阻止他。邀请威斯格去那里用餐应该会很有趣。埃德蒙·威尔逊[3]终于和莱文[4]闹翻了，他对我倒是极为和蔼可亲。威尔逊目前“状态不佳”。够了，不说了。我越来越爱你，情深意切，不可自

[1] 上流社会（与非上流社会相对），二者的区分由南希·米特福德在其《位高责重：英国贵族识别特征研究》（伦敦 / 纽约，1956）一书中首次提出。

[2] 埃利奥特·帕金斯（1901—1985），1937—1969 年在哈佛大学教哲学；1940—1963 年任洛厄尔楼负责人。索姆塞特俱乐部是一家入会条件讲究的波士顿老派社交俱乐部，成立于 1852 年。

[3] 埃德蒙·威尔逊（1895—1972），生于纽约，普林斯顿大学毕业生，文学评论家、作家和社会评论家；1926—1931 年任《新共和》周刊副主编，长期为《纽约客》写书评；但威尔逊 1954 年的访牛津之行很不成功，对几乎所有眼见之物和所见之人均不满意。伯林对他很是尊敬，称他为“伟大的批评家，高尚感人之人”（伯林，《个人印象》第二版，第 181 页）。

[4] 哈利·塔奇曼·莱文（1912—1994），文学评论家、作家；1960—1983 年任哈佛大学比较文学欧文·巴比特讲席教授；伯林从内心里不喜欢他。“我了不起的朋友哈利·莱文在图书馆的书堆中与我见面。在他嘴里黄油都不会融化：居然说什么他们必须见我，诸如此类。［……］我没去理会。我是很注重保持崇高的礼貌，是的，某个时候，但不是现在。此刻我们只是繁忙的教授。”（伯林致艾琳·伯林，1962 年 10 月 5 日）

119 制，仿佛我们再不能相见。希望这份情感在星期天我们通话后能够传递给你。我不应该当大学老师的。应该干一些更适合我们两人的、更快乐的事，你说呢？渴望着——

以赛亚〉

1961 年 4 月，“猪湾”入侵告败，而该事件中美国的介入使菲德尔·卡斯特罗更加确认了对美国动机的怀疑，并进一步拉近了古巴与苏联的关系。1962 年 2 月，美国宣布对古巴岛实行经济禁运。在这种情况下，苏联领导人尼基塔·赫鲁晓夫于 1962 年 5 月决定在古巴部署核导弹。此举用意十分明显，为了阻止由美国支持的反古巴进攻行为再次发生。1961 年 8 月，苏占区开始在柏林建造柏林墙之后，两个超级大国之间的局势已经剑拔弩张。1962 年 5 月底，卡斯特罗同意在古巴部署核导弹，普遍认为第一批导弹于 9 月 15 日抵达古巴。10 月 14 日，一架美国 U–2 侦察机侦察到导弹基地，10 月 16 日麦乔治·邦迪 [1] 向总统呈交了不容置疑的证据，说明美国面临的威胁迫在眉睫。随后，10 月 22 日，肯尼迪总统就古巴核导弹危机问题向全体美国人发表广播和电视讲话，当时他已决定了将如何应对：包括实行海上封锁，“隔离”古巴；要求联合国安理会召开紧急会议；并以个人名义呼吁苏

[1] 麦乔治（“麦克”）· 邦迪 *（1919—1996），学者和政府行政官员，时任肯尼迪国家安全顾问。

共最高领导人赫鲁晓夫，“将世界从毁灭的深渊中拉回来”，“共同努力，加入这一具有历史意义的行动，结束危险的军备竞赛，改变人类历史”。[1]

总统讲话的语气和内容清楚表明了他临危不惧的坚定决心：“我们不会以全球发生核战争为代价铤而走险，贸然行事，因为这样的战争一旦挑起，即便是胜利的果实也将只是我们口中的灰烬——但是，我们任何时候也决不会在必须面对的风险前退缩。”10 月 28 日，苏联同意将导弹撤离古巴，交换的条件是，美国承诺不再侵犯古巴。值此，即将面临的危机得到了化解。这一保全面子的解决方案无法隐藏赫鲁晓夫的虚张声势，该事件也多少导致了两年后他从苏共最高领导人职位下台。相比之下，这一事件极大提高了肯尼迪的地位。

伯林再次有机会近距离观察总统是在华盛顿的一次宴会上，那天肯尼迪刚刚得知古巴导弹的消息——当时伯林并没有意识到危机迫在眉睫——后来他在信中称其为“这个国家有史以来第一个真正的君王”[2]。再后来，他回想起那天晚上总统的举止行为： 120

[1]“就苏联在古巴的核军备问题向美国人民发表的广播电视讲话”，1962 年 10 月 22 日，约翰 · F. 肯尼迪：《扭转颓势》（华盛顿，1962—1964），ii，第 807—808 页。
[2] 致格莱德温 · 格莱德温，1963 年 1 月 24 日。

他兴致勃勃，这很是异乎寻常，因为那天早上他才刚刚看到苏联在古巴部署导弹的照片。我得说，在这样一个本该特别心事重重的日子里，他所表现出的临危不乱和不同寻常的自制能力，充分展现了他惊人的自制力和意志力，这是我所罕见的。[1]

致艾琳·伯林

1962年10月17日下午四点［手稿］

华盛顿飞往波士顿的美国航空公司航班

我亲爱的艾琳：

我真应该坐下来，利用独处的机会口述我那本书（耶鲁大学的系列演讲稿）。周末在诺斯黑文与摩根一家度过——那是一个远离缅因州海岸线的荒凉小岛，岛上住着百万富豪，感觉非常舒服。大部分时间用来读书，与主人聊得也很开心。我喜欢他们夫妇俩：丈夫生机勃勃，太太敏感内敛。富贵却低调，显示出极好的教养。这个住宅区非常私密，限制外人进入：只能穿过惊涛骇浪从罗克福德坐船过来。［……］房子内部装修十分漂亮，看得出女主人富有想象力，品位高雅：令我印象深刻。刚才我们乘出租到了拉瓜

[1] 对小阿瑟·施莱辛格的采访，1965年4月12日，见〈http：//www.jfklibrary.org/Asset-Viewer/Archives/JFKOH-IB-01.aspx〉，I；“肯尼迪其人”，《纽约书评》，1998年10月22日，第31—37页，此言见第31页。

迪尔机场，在那里我甩掉了J. 科恩博士[1]，那是二十分钟前，接着登上飞机。从华盛顿到纽约空中飞行需三十八分钟，从纽约到波士顿则还得五十分钟。噢，飞机开始升空了，不停地摇晃、摆动，且慢！我得告诉你一个年轻政要的故事——拿破仑式的人物——身边簇拥着波伦、艾尔索普、格雷厄姆等诸元帅；阿瑟·施莱［辛格］算不上元帅：充其量只是一位中将。埃维斯人真好。真的非常非常亲切。苏珊·玛丽邀请我们俩参加11月16日的聚会——正好在我耶鲁系列讲座之后。我二话不说就接受了。苏珊·玛丽不论与总统还是杰奎琳[2]都相处不好。可这无关紧要。乔对他们可是**无比崇拜**。格雷厄姆夫妇和波伦夫妇也是（格雷厄姆夫妇更强烈些）——菲尔是他的完美随从：好开玩笑、精力充沛、机智灵活，外加神经官能症和赤胆忠诚。对这一切，K.（肯尼迪）报之以年轻大亨的饶有趣味和兴致勃勃——真是属于美国人的世纪——会说些大胆帅气，颇有青年政要之风的笑话。但完全不是我喜欢的风格。（飞机在颠簸，不过我不去管它。）起初，大家只是在“自己的”“圈子内”聊些轻松的话题：这些人中有奇普、埃维斯、凯、苏珊·玛丽，还

[1] 约瑟夫·科恩（1904—1986），生于德国，科学家；哈伊姆·魏茨曼的私人助理，多年任西弗研究所美国事务代表；自1955年起任魏茨曼科学研究所欧洲委员会执行副总裁。
[2] 杰奎琳·李·布维尔·肯尼迪（1929—1994），婚前姓布维尔，1953年与参议员约翰·J. 肯尼迪结婚。

有一位某某人的太太［……］。随后气氛变得拘谨僵硬，通常皇室贵人加入后总是会发生这种状况。没穿小礼服（K. 不喜欢这类穿戴）。为了拜见他，我专门去理了头：剪得太短了，整个人看起来显得怪怪的。不过，**他的确**符合人们的想象：不咋咋呼呼，说话口气有点儿随便（你好教授！
121 医生还是教授？），一举一动颇为紧绷（乔认为他特别“放松”），思维敏捷，机智灵活，从不开怀大笑，但会从桌子对面不时对老朋友抛出一两句有趣的笑话，包括他深恶痛绝的埃尔韦[1]。奇普、乔和菲尔轮番出场，将我“强卖”给他。我没有与他单独谈话，只是在晚宴（十分美味）之后在男士休息室被安排坐在总统旁边：他用怀疑的目光打量着我，就像一位实干家面对一个声名狼藉、故弄玄虚，甚至满口讽刺挖苦之言的知识分子：说到盖茨凯尔时，我被反复追问了一番，不用说，他对其言论很是反感。他并不急于取悦他人（这点像尼赫鲁），不喜欢讲故事（这点像麦克米兰），也不急于讨论什么严肃问题（这点像盖茨凯尔：更像盖茨凯尔爱开玩笑的情绪，除了其间夹杂着些许公事公办的态度）。当埃尔韦说起戴高乐应该如何对付塞古·杜尔[2]时，柏林问题立刻被拿来与古巴问题相提并论）。很明显，

[1] 埃尔韦·阿尔方（1907—1994），1956—1965 年法国驻美国大使。
[2] 艾哈迈德·塞古·杜尔（1922—1984），马克思主义者，1958—1984 年任几内亚总统，成功抗击戴高乐继续让法国统治其非洲领土的计划，使几内亚获得独立。

我的朋友们争先恐后想将我拉入谈话："总统先生，以赛亚对这个问题了如指掌，比任何人都了解"，对此，K. 会很不情愿地转向说话的这位外交高手，一副似听非听的样子。可是，我刚简短说了几句，好比讨厌飞行的我刚刚**痛苦无比地腾空起飞**，那种感觉如同与尼赫鲁共处，菲尔或奇普便插话进来，于是 K. 便如释重负地将话题转到美国国内的政治斗争、宾夕法尼亚州或密西西比州的投票上来，神情一下变得严肃——诸如"纽约州的历任州长都很了不起：全是天才"，或是"他无事不晓，但谁都不喜欢"等。我觉得他不像我朋友们所希望的那样，对我有什么印象。让我在总统面前露脸的想法本身就不靠谱。他很快就放弃了我，我是这么想的，并松了口气似的将我转交给他的夫人，说"请你坐到杰基旁边去，她想和你单独谈谈"。后来我逢人便说我**喜欢**他。不这么说的话会把他们吓坏的。他当时说完就亲切有加地走开了。她着实和蔼可亲。完全不像纳博科夫所形容的。随和，真诚，同时十分有趣。她脸上的表情刚开始时很像科莱特·克拉克[1]，可一开口说话，表情立刻便生动活泼起来，而脸完全没有转动。她谈起贝伦森、尼赫鲁、阿尤布·汗[2]，让人感觉十分亲切，很好相处。清新脱

[1] 科莱特·克拉克（生于1932年），艺术史家肯尼斯·克拉克（原文第177页注3）之女。
[2] 阿尤布·汗（1907—1974），1958—1969年任巴基斯坦总统。

俗，不像她妹妹。（我在雷蒙德和伊丽莎白那里［冯·霍夫
曼斯塔尔家］第二次见到她，感觉她就像一个空心的社交
机械装置。）而肯尼迪夫人则举止得体，在任何上流社会都
会广受欢迎；奇怪的是，她身上完全没有好莱坞式的花哨
做作。相反，我感觉她精明世故，很不开心，毫无吸引力；
至于纳博科夫反复强调的那些特质，诸如沉默寡言、外表
性感等，我一点儿看不出来：没什么难为情的。我没有为
她“着迷”，却替她感到难过：她说对杰克不再当总统以后
自己的前途心怀恐惧：波士顿会变成一个可怕的地方（确实
如此）。而他，杰克，则会坠入他那些家庭习惯中，这些习
惯与她的截然不同。真是坦率得奇特。我向她谈起博登—穆
勒：她很感兴趣。总之，比起总统，我与她相处更好——更
122 不用提苏珊·玛丽了［……］。回到工作。在华盛顿度过的
十六个小时很是开心：肯尼迪不愧为领袖，无比强大，但是
又小心谨慎，很是奇特，有点儿大众化（所以怎么能不讨父
母们喜欢？）但与此同时，又不易动感情，脚踏实地，坚忍
不拔、敏捷机智、自主独立、冷漠无情。他天赋极高，做事
认真，只要可能，随时随地都努力抓住一切机会，争取有所
收获。希望你能与他见面：我觉得你不会喜欢他也不会在
乎他，而他会非常喜欢你：他看人是很有眼光的。我爱你，
无尽地思念你。我寂寞至极。各种遐想不停地在我脑海中
泛起。

以赛亚

致艾琳·伯林

星期一［1962年10月22日；手稿］

洛厄尔楼

亲爱的艾琳：

我的上帝，这里太无聊了，乏味压抑［……］。今晚，与这里的大学生们一同听了肯尼迪的七点讲话——学生们一片沉默，情绪沮丧——之后，我与四位“斯拉夫精英”一起用了晚餐，他们都非常聪明，但乏味至极，这是我第一次与学生进行教学之外的近距离接触。我恐怕自己是“迷倒”他们了，因为他们立刻就自告奋勇要开车送我去耶鲁大学做首次演讲。我无法拒绝：希望你不会为此在意：更可笑的是，他们并非犹太人。晚上雅各布打来电话，很高兴他们也在此地。他不喜欢纽约，可我喜欢。我非常爱你，此刻正陷入一种不停“遐想”的状态——我怎样才能熬到5号？［……］莱因斯多夫夫妇一定会一次次不停地邀请我们吃饭，答应去一次总是要的，不过，你尽可以假装生病，趁机飞到纽约去。有两件事我永远不会再做，一是我永远不会再与你分开。不管怎么说，孩子们到将来不会再那么需要你。二是我永远不会再到哈佛来。麻省理工学院给了我一份薪水很高，一年只需干一学期的工作——而在这里，不过只是一般的生活，却几乎就要令我入不敷出，难以为继了——所有东西都极其昂贵。我累了，筋疲力尽，提不起精神来口授令人恐惧的系列演讲稿——也就是组成书稿的各个章节。当然，我会努力的。关于你的“首任丈夫”和汉斯[1]，真有趣。我完全理解。他们爱你，你也爱他们。这一点是美国人缺乏的。他们坠入爱河，然后便进入各种状态，一个个都成了心理分析学家。就连大街上最最愚蠢，没受过什么教育的女孩都会说，“你对一日三餐有强迫性神经症吗？我交往的男友有阳具嫉妒的犯罪情结”，诸如此类。可怜的斯图尔特！常年处于这种状况，加上普林斯顿的气氛压抑，令人厌恶。她[2]真是一个魔鬼。［……］至于肯尼迪发表的讲话，他必须有所行动，只要他说的是事实（这点我肯定），何况导弹基地真真切切正在古巴建立，也许只是作为恐吓敲诈的武器，用来对付类似柏林的敌人。新政治家和艾丽丝·默［多克］会为此甚嚣尘上：探讨英国如何进行海上搜索。可我的感觉是：首先，肯尼迪坚信通过此时采取行动，可以防止产生类
123 似 30 年代时对希特勒的连锁反应。他一贯认为，英国带给那场战争的只有软弱和盲目——古巴好比希特勒或是德国的莱茵兰地区之类[3]。他也许说得有理，但他的话对古巴人

[1] 汉斯·哈尔本＊（1908—1964），核物理学家，1943—1955 年为艾琳·伯林的第二任丈夫。

[2] 指勒内·汉普希尔，伯林将其丈夫事业中出现的普林斯顿插曲怪罪于她。

[3] 在 1962 年 10 月 22 日晚向全国发表的电视讲话中，肯尼迪指出：“20 世纪 30 年代给我们的教训清楚表明：对任何侵略行为，如果不积极挑战和应对，任其发展，最终必然导致战争。这个国家是反对战争的。”上述引文见原文第 120 页注 2 及第 807 页。总统在哈佛大学所写的毕业论文题即为：“慕尼黑的绥靖政策：英国民主从裁军到重整军备政策的缓慢转换导致的不可避免的结果”（1940 年 3 月），以《英国为何沉睡》为书名出版，十分畅销。

民却显得虚伪做作。他不该说他们缺乏自由之类的话。[1] 其次，他对这十年中避免战争不抱乐观态度；再次，他希望成为理智之人、勇敢之人，一个真正的领袖，不惧与赫鲁晓夫一决高下。他害怕自己被侵蚀，坚信必须行动，必须有所作为，必须小心翼翼地生活，居安思危：生活好比战争，人必须始终不断地生活在死亡的阴影之下。这种想法极其浪漫又颇为骇人，我终于明白乔和菲尔为什么对他那么爱戴：对他们而言，他就像亚历山大大帝，戴着用羽毛装饰的头盔，时刻准备向野蛮人宣战。他已经从美国式的单调乏味中成功突围，具有历史观，勇于决斗，立志留下不朽的声名。本—古里安也没有什么不同。相类似的还有戴高乐。海明威式的英雄气概。一种充满美学色彩的英雄主义——希腊人式的英雄观。我在这里很不习惯——尤其在这个时候。你和菲利普就更不习惯了。我爱你，啊，尽在不言中！

I.

[1] 虽然没有直接点菲德尔·卡斯特罗的名字，肯尼迪在讲话中严厉谴责了古巴政权，“囚笼一般的岛国”，“最后，我想对遭古巴俘虏的人说几句话，这些话将直接通过无线电专用设施传递给你们。[……] 我们知道，你们的生活和土地正被那些剥夺了你们自由的人当作抵押品。历史上，古巴人民曾多次奋起反抗，推翻摧毁了他们自由的暴君。今天，我毫不怀疑，大多数古巴人正在翘首盼望，他们获得真正自由的那一天能够尽早到来”（见原文第 120 页注 2 及第 807、809 页）。

致迈克尔·斯特劳斯[1]

1962年10月25日［副本］

洛厄尔楼

亲爱的迈克尔：

请别为艾丽丝·默多克担心——我本来打算在飞机上看的，不过现在不看也罢，可以等到我回英国后。我在哈佛的日子过得十分平静，主要待在怀德纳图书馆。虽然我不停地跟自己说，必须从早上九点工作到下午七点，实际上并没有真正做到。一日三餐可以说都被各种各样的老朋友给管了，因此，尽管住宿条件很差，总体而言我过得还算愉快。不过，目前我已做到完全电气化，这使我的生活增色不少。我有了冰箱、电视、电话、收音机、电热水壶、电平底锅、电咖啡壶、电擦鞋器及其他各种可爱的小电器；我的生活迎来了新时代。[……]

所有熟悉的老面孔都和从前一样熟悉和毫无变化。对我
124 而言，这个地方的魅力已经在某种程度上挥发殆尽。或许是因为太久没来这里，又或许因为来得过于频繁。再就是总有一种压迫感。这是一种心理状态，它并非源于客观条件，而是来自我的自身性格。关于这点你母亲说得一点儿没错——我总觉得自己工作不够勤奋，担心完不成演讲稿，担心自己写的东西学术性不够，注释不够详尽，整篇东西过于像印象

[1] 迈克尔·斯特劳斯*（生于1936年），伯林的继子，1959年娶玛格丽·唐威（生于1932年）为妻。

派作品，应该与自己的原有风格不同，等等。当然，我自己也希望能克服这个缺点。

对于参议院选举，近来［讨论］得异常热烈；候选人中有一个是我的老朋友，斯图尔特·休斯。[1] 所有波士顿的名门望族和社会精英都支持他当选，原因有以下几条：首先，共和党盲目反动；其次，马萨诸塞州的民主党腐败至极；再次，尽管休斯有很多缺点，但至少开明、诚实、勇敢。当然，他不会当选参议员，但我想，只要他得到足够多的选票，显示舆论的实力，就会使这个事件发生根本的逆转。[2]

［……］我喜欢这里的合作商店，每次去怀德纳图书馆的路上，我都要进去买些无用的东西。我强忍住没有买领尖钉有纽扣的衬衣，因为害怕你妈妈会说。我会继续这么下去。帕金斯正千方百计安排我们在索姆塞特俱乐部找到一个住处，非常豪华和高大上，不过我并不认为它会适合我们。当然，也难说。住在那里会显得非常可笑，其中原因很多，你母亲很清楚，你或许也明白。我会很乐意邀请沃尔夫

[1]（亨利）·斯图尔特·休斯（1916—1999），文化及知识史学家；1957—1975 年任哈佛大学历史学教授；1969 年起任历史与政治科学格尼讲席教授；其父曾任美国联邦副司法部长，其祖父为 1916 年共和党总统候选人。

[2] 休斯以无党派身份，竞争总统空出的马萨诸塞州参议员席位。他在民意调查中排名第三，最终胜出者为总统的弟弟爱德华·肯尼迪（民主党）。古巴导弹危机让休斯支持裁军的立场显得脱离实际，导致他仅获得一小部分的选票。《纽约时报》评论道，爱德华·肯尼迪“帅气上镜，年轻有为，精力充沛”，而休斯则“离经叛道”（1962 年 11 月 5 日第 11f 版）。

森[1]，或者是俄罗斯研究中心某位长着典型东欧面孔的成员上那里吃饭。今晚，我参加了一个晚宴，是一个极其庄重奢华、名为马萨诸塞州历史学会的机构举办的，我是该学会的成员——天知道他们为什么吸收我——在那里我听了一场极其豪华的演讲，演讲者是一位极其善良的波士顿人——周围端庄漂亮的面孔让我仿佛置身于 19 世纪中叶的英国地方集会。这是我在美国最喜欢的一点——那些温和严肃儒雅的面
125 孔，带着简单的幽默感，外加彬彬有礼和可爱迷人的举止。这只有在新英格兰才能见到。明天我将同朋友奥布里·摩根夫妇一道，出发前往缅因州，在那里的一个小岛上待三天。大家都跟我说，那里寒冷刺骨，没什么好待的，可我相信自己会喜欢那个地方，因为我认为，旅行的快乐来自跟谁同行，而不在自然景观，那些都可以忽略不计——如果跟讨厌的人同行，我会患上感冒；而若是我喜欢的同伴，我就会活蹦乱跳。我想斯图尔特说得一点儿没错，我的所有疾病都是由心理因素引起的。我遵照博登—穆勒的教导，买了一个热水壶和几种药，准备全副武装起来。这里除了我，所有人都已穿上开襟衬衫、卡其布裤子和白袜子，而我还是严严实实地裹在羊毛背心、厚羊毛衫和粗花呢西服里，只有这样，

[1] 哈利·奥斯特里恩·沃尔夫森（1887—1974），生于立陶宛，宗教史及哲学学者，以其关于公元 1 世纪犹太哲学家菲罗和斯宾诺莎的论著知名。1925—1974 年任哈佛大学希伯来文学及哲学纳桑·立陶尔讲席教授。

才能保证我在有中央空调取暖的房间里足够暖和。

愿上帝与你和玛格丽同在。如果有什么我能够为你做的，请一定写信给我。埃德蒙·威尔逊已经不再与哈利·莱文往来。哈利·莱文明明一点儿都不喜欢我，却对我殷勤有加，两次邀请我吃饭。这也太阴险了。[……]

你的

[以赛亚]

致彼得·哈尔本

1962年10月25日［副本］

[洛厄尔楼]

亲爱的彼得：

非常感谢你的来信。接到信真是令人高兴。我在这里过着宁静的生活，每天去怀德纳图书馆，读了很多书，做了不少笔记，可日复一日，就是把写书的任务一拖再拖，真是胆小鬼的行为。我相信你一定能体会到做读书笔记多么有趣，而真正要写东西却多么痛苦。波士顿有许多家出色的“非商业”广播电台，不论白天或夜晚，都经常连续播放古典音乐。每当我感觉疲倦，无法继续工作时，就会打开收音机，心满意足地听上一阵子。还有波士顿交响乐团的音乐会，精彩极了，由我们的老朋友莱因斯多夫指挥。我还去观看了新落成的纽约林肯中心，里面音乐厅已经建好，但歌剧院尚未竣工——音乐厅外观宏伟壮观，就像一个大型机场，如今大多数现代建筑都是这个模样。

我最好能在纽约动手术[1]，但事先尚未做任何安排。说到底，并不需要“取出什么东西”，只是普通的修补，你应该明白我的意思。只要到时候我妈妈能够不在一旁焦虑地守
126 着我，一切就好得多。我希望自己不要成天担心：担心没在写书；写成之后又为写的书担心；担心别人会怎么评价，担心其他人书写得好，而自己的书却总有点像拼凑之物，等等。我想这一定是性格之过而非［作品］本身之过。如果人不停地预想失败，就会不停地猜想怀疑事情究竟能否成功，以这样一种患得患失的心态做事，其结果肯定不如充满自信地去做。只需掌握好马鞍，马儿自会驮着你顺利前行。我羡慕自信的人，羡慕从容不迫的人，羡慕那些能够真正放下一切轻松度假的人，而不是一边度着假，一边对此忧心忡忡，心里不停想着这呀那的还没做。事实上，写写回信，有如麻醉药——对实际工作能起到极大的舒缓作用。

［……］请原谅，这封信写得空洞无物。当人们并非出于必须，不得不在信中思考问题并试图写一些“有意义”的内容，而只是随意聊天，信口开河时，这种信写起来容易得多。就给我写这样的信吧。

永远爱你的

［以赛亚］

[1] 疝气手术，1963 年 4 月中下旬在伦敦大学学院医院进行。

致菲利普·哈尔本[1]

1962年10月25日［副本］

洛厄尔楼

最亲爱的菲利普：

非常感谢你的来信，文笔优美细腻。[……] 一点儿不错，我把自己的卧室点燃了。真了不起——之前我可从未纵过火。火焰烧得很旺，最终我好不容易才用一杯接一杯的冷水将其浇灭。如果你没有经历过，就无法想象那番狼藉景象，房间里毯子、床单、床垫全都湿漉漉的，冒着黑烟，呛得人直流眼泪，根本睁不开眼。除了这件事外，我的生活非常宁静，过得相当开心。我想你应该也过得很好吧。说起动手术，也许我比你喜欢得多，很期待12月的手术，如果能定下来的话。当然，我不会擅自做任何决定，要等你妈妈来之后听她的。一贯如此，任何事我都按她的指示照办。来，告诉我，寄宿生的体验有何感受？很陌生吗？很艰苦吗？很别扭吗？即便在哈佛大学，牛津龙校（杰格恩学校）[2] 也闻名遐迩：感觉它似乎举世闻名——真希望我从前能去这样的好学校。那样的话，我现在会是一名更加出色的学者——从前我的拉丁文和希腊文一直不好，数学更差。所以，我都是怎么过来的真是一个谜团。我当 127
时经常用小抄，现在想起真是后悔莫及。但另一方面，在做

[1] 菲利普·哈尔本（生于1950年），伯林的继子。

[2] 牛津北部的预备学校，创办于1877年，专门为牛津大学教师们的孩子（主要为男孩）提供高水平教育。

拉丁文和希腊文的翻译时，我又是最认真的，尽管完成得并不好。我属于“大器”晚成之辈，希望你能够早早出息。不论如何，威斯敏斯特要强于圣保罗学校，相信你一定会越来越喜欢它。我刚去了华盛顿，在那里见到了许多老朋友，包括沃克夫妇[1]、波伦夫妇（塞莉斯廷如今是大约十二岁的姑娘，已经把法语忘了，但希望趁她父亲在巴黎任大使期间，把法语再捡回来）。也许夏天他们全家都会来波托菲诺，真希望他们能来。再次感谢你的来信，很喜欢读。希望你一切顺利。

你的（非常爱你）

以赛亚

致尼古拉斯·纳博科夫

1962年10月25日

洛厄尔楼

最亲爱的尼古拉斯：

[……] 艾琳尚未抵达此地。我正在怀德纳图书馆奋力工作，尽量不过［生活］，只顾工作。很遗憾，5月份我无法与利伯曼[2]和你同行，因为那个时间我还在牛津上课，无法

[1] 约翰（“约翰尼”）·沃克三世（1906—1995），美国博物馆馆长、作家；与伯纳德·贝伦森在伊塔蒂别墅合作从事过研究；1934—1956年任华盛顿国家艺术馆馆长，1956—1969年任董事；1937年与婚前姓德鲁蒙德的玛格丽特·格温德伦·玛丽（“玛吉”）夫人（1905—1987）结婚，她是珀斯伯爵十六世（詹姆斯）·埃里克·德拉蒙德（1876—1951）的长女，二人在罗马相识，当时其父为英国大使。

[2] 罗尔夫·利伯曼（1910—1999），瑞士作曲家及音乐总监，擅长各种类型的音乐；1959—1973年任汉堡国立歌剧院总监；1973—1980年任巴黎歌剧院总监。

抽身外出。不过，听我说，你不该再如此频繁地到处奔波。密斯·奥利和我都认为你看上去状况很不好，还是劝你少动为宜。好好在家休息一段时间，安心静养。何必无端地缩短自己的寿命呢？瞧瞧斯特拉文斯基——冷酷无情，对任何事都不管不顾，头脑里只想着金钱、享乐和朋友，逍遥自在地颐养天年，多划得来。听我的劝告没错。在经过了华盛顿声色犬马的生活之后，目前我愈加感到平静生活的可贵。在那里，大家关注的是谁谁谁正在从事毫无意义的工作，可我们谈论的各种细微渺小的工作，却恰恰处于生活的中心。[1] 所有这些都带着罗马民族的盛气凌人之势，而我则感觉如希腊人般拘谨守旧，更不用说像犹太人般严苛传统了。我现在完全明白了倘若在公元 128
3 世纪野蛮人压境时去访问罗马会是什么景象，而五角大楼则卷入政治行动之中。和平，和平，我之偶像[2]。

你的

以赛亚

[1] 不久以后，伯林写信给罗伯特·奥本海默（原文第 251 页注 1），谈到乔·艾尔索普“强迫性的地缘政治演讲，它让人感觉极其渺小和微不足道”（1962 年 12 月 4 日）。

[2] 伯林此处原文为：Pace，pace，idolmio，显然是有些混淆了两部莫扎特与达·彭特联合创作的歌剧：“Pace，pace，miodolcetesoro”（“和平，和平，我之珍宝”）一句出自《费加罗的婚礼》；而 idolmio 则出自《女人心》。其他类似的表达还有如“Pace，pace，miodio”（“和平，和平，我之上帝”：威尔第，《命运之力》），以及“Restainpace，idolomio”（“安息吧，我之偶像”：契玛罗萨，《贺拉斯家族与库里阿斯家族》）。

致莫里斯·鲍拉

1962年10月27日

洛厄尔楼

亲爱的莫里斯：

让我尽快跟你说说最近发生的事吧。整体而言平淡乏味，波澜不惊。詹姆斯夫妇离开之后，这里的文明生活中心随之转移，没有人能够替代他们，哪怕是些微相似的人都无法找寻。就连你的老朋友，那个女杀手般的金斯利·波特夫人，也终于寿终正寝了。施莱辛格夫妇的离开也让人深切地感到不舍，关于他的蜚短流长仍在持续。教授们急于论证他从事的工作微不足道，邦迪的工作则重要得多（这点不容置疑）。他们的举动非常像元帅们簇拥着那儿的拿破仑——阿瑟忙的就是这个，因此招来众多非议——反动报刊不停攻击他，说他是典型的哈佛“书呆子理论家”。普遍认为，总统不停地对外解释，他并没有受阿瑟的影响，只是让他参与完成一些无关紧要的工作——很显然，他还没有昏庸到只要自己的白宫班子成员遭到攻击，便将其一辞了之的地步——在这种状况下对手下人保持忠诚，是任何权势在握之人和成功人士的最起码素质。阿瑟很不开心，对华盛顿既爱又恨，不知道该走还是留。[……] 我见到乔了，他容光焕发，还见到了总统本人，不用说，是个大人物。肯尼迪夫人确实很和蔼——完全不像她照片或传说中给人的印象——你一定会非常喜欢她。她性格开朗，平易近人，说话和蔼坦率，相处起来舒适宜人，不感觉半点儿别扭。而他则格外坚忍不拔，不由分说，强势有力，很显然，希望成为亚历山大大帝式的人物。元帅们簇拥在其周围，他看上去的确不同凡响。对我来说，他过于政治化和冷酷无情，却是一个伟人，至少是一个潜在的伟人。他心目中的英雄是丘吉尔，并且在见解和看法上也与自己的父亲不同。他始终保持警觉，从不得过且过。在他的内心，始终不断地流动着某种电波，无时无刻不在思考政治问题，从没有一秒钟的松懈。一般来说，他心情放松 129
的时候会说些粗俗的笑话，虽然不像怀特俱乐部[1]里的绅士们所说的普通笑话，但也颇为类似。他是20年代牛津年轻人的美国版本，F. E. 史密斯[2]的朋友和忠实门徒。他总是保持清醒状态，随从们都对他极其爱戴，在这方面有一种类似希腊的情形。[……]

你的

以赛亚

[1] 伦敦一个十分独特的绅士俱乐部，以“赌金簿”而出名，其中记载着会员们各式各样的奇异赌术。

[2] 弗雷德里克·埃德温·史密斯（1872—1930），1922年受封伯肯海德伯爵一世，律师和政治家，以才华出众闻名，其口齿伶俐机智令对手闻风丧胆。例如：“法官：你说话太冲了，年轻人。史密斯：事实上，你我二人说话都很冲，唯一不同的是，我是尽力让自己把话说得冲些，而你根本是控制不住。”［弗雷德里克·］伯肯海德伯爵［二世］，《弗雷德里克·埃德温，伯肯海德伯爵（卷一）》（伦敦，1933），第115页。

致艾琳·伯林

1962年10月30日［经数日口述而成］

洛厄尔楼

〈亲爱的艾琳：〉

我在洛厄尔楼和学生们一起收听了总统发表的讲话[1]。大家对它的反应有点儿奇妙：多数人感到震惊，某个人刚欲为总统讲话中特别打动人心之处鼓掌喝彩，就被其余人制止住了，究竟是因为鼓掌妨碍了他们收听总统演讲，还是出于其他什么原因，不得而知。负责为我打扫的“清洁”女工问我是否会发生战争，我对她说不会的，这个回答令她大大松了口气。昨晚我参加了一个会议，由斯图尔特·休斯发表主旨演讲。同时还有一些很无聊的发言，发言人水平显然不高。会堂内挤得水泄不通，另外还有上千人被拒之门外。人们对政府的态度既非好战也不仇视：共同的心态是焦虑。大多数人认为总统“必须采取行动”，可是谁也不清楚他所做的是否正确，会有什么样的结果——在我的世界里，既谈不上信心满满，也谈不上缺乏信心。有点儿像苏伊士运河危机前夕的英国，只是少了工党。

昨天的晚餐，我是同莱昂内尔·赛勒姆[2]一起吃的。他

[1] 10月22日关于古巴导弹危机的讲话。
[2] 莱昂内尔·赛勒姆（生于1937年），法国化学家和银行家；后（1993—1999）创立法国科学技术推广中心及国家科学研究中心并任中心主任。

很像他的父母：认为美国人都是些驯服的绵羊，温顺地紧跟总统，对其言听计从。根本没有什么民主原则在发挥作用，说到苏联体制和美国体制，实际上没有什么可选择的——两种体制都是一样的天真、愚蠢等等。总之，他就像一个来自巴黎的愤青，话语犀利尖刻。在他家的楼上，住着一位优雅的法国和挪威混血女孩，吃饭时她也来了，另外还有一个加 130
拿大科学家和两位“苏联事务专家”——颇有英伦风度，开朗可爱。我们一起去了斯图尔特·休斯的演讲会，莱昂内尔对整个活动感到极其蔑视和愤怒。观察他的反应，英国人的反应，挪威和法国混血女孩的反应，以及美国人的反应，真是特别有趣。我可以借此写篇小文，谈谈民族特点问题。

[……] 我真该立刻坐下来，口述我那些演讲稿——要不是因为这件事，这里的生活不会那么压抑。但沉闷的乌云已经开始密布——你说得对，我这人爱焦虑——可是，唉，亡羊补牢，为时已晚。希望你到这里时，“最难的部分”已经完成。

[……] 昨晚我和哈蒙德夫妇一道用晚餐，很显然，他希望我能就目前的政治局势发表一个简短的讲话，但我用玩笑的方式巧妙地推脱了。希望不至于太无礼。我当时说：“不行，不行，短话我说不来。你是要我只说几句话吗？”大家哈哈大笑，但愿是开心的笑。于是，没有人谈论古巴问题，大家过了一个极其愉快的夜晚。桑蒂利亚

纳[1]也在，他表达了一个柏拉图式的愿望，说哪天来看我。可他的太太和我根本谈不来——尽管我对她完全没有成见。她现在是罗兰的好朋友，他对她也是！等你过来，我们可以好好跟他们打打交道。这个周末艾丽丝·奥利高[2]会到这里过两个晚上，我会在晚饭后找个时间与她见上一面。我讨厌参加晚上九点左右开始的正式晚宴，但常常身不由己。每个人都站起身，以极其炫耀的方式隆重介绍给大家——礼貌的程度如同刀切一般层阶分明。我还为我们俩约了吉尔默夫妇[3]。无奈，无奈啊！但我真的在尽力将这些应酬减少到最低限度。你来时最好用人类学观念全副武装起来，牢记人生路漫漫，万物必消逝，一切都将如过眼云烟。

你的〈爱你（如同对所有美国人说的）

以赛亚〉 [……]

[1] 佐治奥·迪亚兹·德·桑蒂利亚纳（1902—1974），1954—1967 年任麻省理工学院科学史及哲学科学教授。其《冒险时代：文艺复兴时期的哲学家》（1956）与伯林的《启蒙时代：18 世纪的哲学家》（1956），以及莫顿·怀特的《分析时代：20 世纪的哲学家》（1955）以同一系列出版。1948 年结婚，对象为多萝西·汉考克（1904—1980），婚前姓蒂尔顿；婚后的大部分时间他们居住在马萨诸塞州的贝弗利。

[2] 艾丽丝·玛格丽特·奥利高（1902—1988），婚前姓卡亭，作家和传记作家，1924 年结婚，丈夫为安东尼奥·奥利高（1892—1980），大部分时间生活在托斯卡纳；后成为伯纳德·贝伦森的至交，他曾是她母亲的情人。

[3] 迈伦·派珀·吉尔默（1910—1978），研究文艺复兴时期的学者，1954—1974 年任哈佛大学历史学教授，1964—1973 年任佛罗伦萨伊塔蒂别墅哈佛大学意大利文艺复兴时期研究中心主任；妻子谢拉（1917—1995）是英国人，婚前姓德恩，二人于 1938 年结婚。

〈明天又要启程前往华盛顿，参加白宫的餐会——我想 131
我无法拒绝——但又害怕见到德文郡一家[1]及他们奢侈享乐的生活——我迫不及待想见到你！归心似箭，真是难以忍受！〉

致杰奎琳·肯尼迪

1962年11月10日［手稿］

波士顿丽思卡尔顿酒店

亲爱的肯尼迪夫人：

艾琳和我对您深表感激。这是我在美国，包括其他地方（仅有一个例外），度过的最最难忘的夜晚。[2]很抱歉，我喋喋不休说了那么多废话，而且还说得飞快，可我飘飘然宛如身在快乐天堂，根本停不下来。但还是希望您能够原谅我。我应该表现得更矜持些，更有英国范儿。另外，我还得立刻向您坦白，虽然我极力保留您送给我的瓷器碎片，但禁不住玛丽安·施莱辛格[3]索要，只好忍痛割爱，送给她了。虽然

[1] 见原文第323页注6。这个餐会似乎推迟到艾琳抵达后才举行。

[2] 很显然，在第一夫人的鼓动下，伯林和艾琳受到邀请，参加“后导弹危机时期”白宫举行的晚宴。此处提到的“一个例外”一定指的是十七年前伯林与安娜·阿赫玛托娃在列宁格勒的会面。

[3] 玛丽安·坎农·施莱辛格（生于1912年），婚前姓坎农；1940年结婚，丈夫为小阿瑟·施莱辛格（二人1970年离婚）。所谓“瓷器碎片”，指的是伯林在餐桌上打碎的一件瓷器，显然此事令第一夫人感觉十分可乐。11月20日，她又送了一件给他——完好无缺，还带有仿制的验证证书——此物后来捐献给了大英博物馆，或者是东京考古研究所的列国神师馆（关于这件奇妙的艺术品见下注）。

割爱痛苦，拒绝人会更痛苦。我的确非常高兴，不仅出于公
心，而是从个人角度由衷地感到欣喜，老日本的野蛮神师们
事实上最终未能战胜总统这样的强硬好汉。[1] 我非常愿意为
他效劳。过去我对富兰克林·R.（罗斯福）也是这种感觉。
当时在英国使馆，我们接到的命令是对他的思想、语言和行
为保持中立态度。可我怎么也做不到。也许我天生就是一位
英雄崇拜者，无法不拜倒在英雄脚下：但如此渴望为他人效
劳，不管对方需不需要，在我一生中这是第二次。那天晚上
艾尔索普举办的宴会结束后，您和总统已经离开，菲尔·格
雷厄姆对我说："请你客观点；尽量做到公平公正、不偏不
倚。我们都爱他。"我可不希求什么公平、客观，只要是所
谓的亲身经历过，就不可能希望保持明智与冷静。我还是
132 赶紧打住吧，不要再这样絮絮叨叨，用这些无端的感怀没完
没了地烦扰您。马尔罗先生 [2] 是个天才，有权这么做：可我

[1] 1943 年 8 月 2 日凌晨，在所罗门群岛南部的布莱克特海峡，日本"天雾"号驱逐舰撞沉中尉约翰·F. 肯尼迪的巡逻鱼雷快艇 PT–109 号。肯尼迪后因带领其船员安全脱险，并成功获救而被授勋。这一传奇经历被写进吉米·迪恩的歌曲《PT–109 号的传奇》而经久传世，该曲也因此得名，1962 年全年居于美国单曲排行榜榜首。信中提到的晚宴结束时，杰基·肯尼迪唱的便是这支歌。该合唱曲的结束句为："老日本的野蛮神师们，呵呵，以为他们战胜了一条强硬好汉。"肯尼迪夫人在她 11 月 20 日的来信（前注）中，邀请伯林再次做客白宫，并提到《PT–109 号的传奇》另外有十一个版本，她和肯尼迪会很乐意教会他唱。而实际上，该曲真正发行的只有另外四个版本。

[2] 安德烈·马尔罗（1901—1976），法国小说家；布鲁斯·查特温回忆伯林时曾说，"在口才方面，伯林堪称马尔罗最杰出的对手"：《我在这里做什么》[原文如此]（伦敦，1989），第 132 页。

不行。对我而言，唠唠我们之间的交谈——在我是无比愉悦与迷人，十分乐意为之——但对您却可能显得无礼和放肆。请允许我再次表示对您的深切感激之情，与您见面我深感荣幸。

您忠诚的

以赛亚·伯林

致加勒特·德罗希达

1962 年 11 月 29 日

洛厄尔楼

亲爱的加勒特：

早该给你写信，让你了解这里街谈巷议的热门话题。其中古巴问题最受人关注。我与一大帮学生一道收听了总统的讲话，听完后，学生情绪低落了大约三个小时，而我很快就恢复过来。我参加了好些个激进的会议，会上说的话和英国自由党说的话差不多——这里没有人像我们那的核裁军主义者那样左派激进——至少我没有遇到过——但整整一个礼拜，我生活在一种疯狂的乐观状态中——真是疯狂，华盛顿熟悉内情的人都这么说我，因为据他们讲，情况真的很危急，差点儿就要发生可怕的大事了。我的乐观毫无根据。尽管如此，我总莫名地感觉战争前夕，到处会弥漫着一种不同寻常的气氛，会有一种预兆，一种先觉，而这次明显缺乏这种气氛。因此，我没有心情郁闷地四处游荡，而是去了纽约，观看《名歌手》的演出，十分精彩——看得出，全部由当地天才制作。艾琳去听了《埃尔纳尼》，也说非常之好，由蕾昂泰茵·普莱斯[1]和其他你能想到的名角儿担当主演。宾对佐尔蒂崇拜得五体投地，认为他是一位天才指挥家，虽然我怀疑，对他个人他不是太喜欢，不过会尽力把他留下来。因此，总有一天，一场激烈的竞争会真正开始。当然我们不能把他输给美国人。[……] 不论真假与否，宾态度肯
133 定地认为，至少和我交谈时表现出来的是，卡拉斯[2]的时代已经结束。如果连乔治也这么说，是否意味着这是真的了？但毕竟这是一个痛苦的问题，我不想成为不负责任，胡乱发表意见的人。斯特拉文斯基访问俄国回来后我见过他，他正处于极端兴奋的状态——他们对他招待得很好，可是，虽然他很开心，并且很喜欢与 K 先生的交谈，认为福尔采娃[3]夫人是一位具有不可抗拒的魅力和智慧的女人，我没见过她，你是认识的——他太太也有同感——但是，他是一位精明的

[1] 玛丽·薇奥莱特·蕾昂泰茵·普莱斯（生于 1927 年），美国女高音，先后于 1958 年及 1960 年在柯芬园皇家歌剧院和斯卡拉大剧院做首场演出。

[2] 玛丽亚·卡拉斯（1923—1977），婚前姓安娜·玛丽亚·苏菲亚·塞西莉亚·卡罗戈洛普洛斯，具有传奇色彩的美国裔希腊女高音。到 20 世纪 60 年代，不断复发的声带问题使她逐渐退出舞台；她最后一次参加歌剧演出是在 1965 年，在柯芬园出演托斯卡。

[3] 叶卡捷琳娜·阿列克谢耶芙娜·福尔采娃（1910—1974），杰出的苏联政治家，1956 年任苏共中央委员会秘书，1957 年成为苏联最高苏维埃主席团成员中唯一一位女性；1960—1974 年任文化部长。

老狐狸，什么也骗不了他。例如，俄国人为制止由巴兰钦[1]主演的《阿贡》上演，曾温和地加以阻挠，但遭挫败。作品上演时，观众反响强烈，热情疯狂。当局为此有些恼羞成怒。通过无线广播，当斯特拉文斯基被问到正在进行哪部作品创作时，他回答说，正在为以色列国写一部《圣经》题材的歌剧[2]——主持人反应非常冷淡。没有进一步问他未来计划的问题，采访一下子便僵住了。但他似乎很快就恢复过来，因为他接着便被邀请到雅尔塔或其他什么地方度假，他显然打算在某个时候故地重游，只要生命和精力允许。

这里的气氛与英国的确非常不同。尽管人们陷入困境，却处处感觉到能量。他们几乎一心只想着国家，至少在华盛顿是这样——想着他们能做什么，俄国人和中国人能做什么——我恐怕在他们心目中，欧洲人多少有点儿像依赖他人的附属品。在他们看来，英国内阁拥有麦克米兰，他是真正的男人——还有霍姆[3]也是，尽管他的观点会遭到开明人士

[1] 乔治·巴兰钦（1904—1983），原名乔治·梅里东诺维奇·巴兰奇瓦泽，俄裔美国芭蕾舞演员及舞蹈编导，被誉为美国古典芭蕾的首席设计师。在任狄亚基列夫俄罗斯芭蕾舞团首席舞蹈编导期间，他遇见了斯特拉文斯基，二人由此开始了一生的合作。他的芭蕾舞剧目《阿贡》，由斯特拉文斯基作曲，于 1957 年在美国首次演出。

[2]《亚伯拉罕与以撒》（原文第 72—73 页）。

[3] 亚历山大·弗雷德里克（“亚力克”）·道格拉斯—霍姆（1903—1995），保守党政治家，1951 年继任赫舍尔霍姆男爵及霍姆伯爵十四世，但 1963 年宣布终身放弃贵族地位；1962 年受封爵士；1974 年受封终身贵族；1960—1963 年及 1970—1974 年任外交大臣，1963—1964 年任首相。

（一点儿不错）的批评，但大家都认为他独立、强大，富有
影响力。至于其他人就要打折扣了。没什么关于希思[1]的消
134 息，麦克劳德[2]似乎暂时失踪，消失在云端后面了（此处无
双关意味），拉伯[3]被人认为十分软弱。他们几乎完全以人来
判断一切——这点在这个国家处处存在。比如在华盛顿，你
若问人们在从事什么工作，他们不会说“我在财政部工作”
或“我在内政部工作”，而是回答“我在麦克纳马拉[4]手下工
作”，或“我在麦乔治·邦迪手下工作”，或随便哪个人物。
我们的驻美大使[5]——那天在华盛顿我第一次与他见面——

[1] 爱德华·理查德·乔治（“特德”）·希思（1916—2005），保守党政治家，1960—1963年任政府外交事务首席督导和掌玺大臣；1963—1964年任工业大臣及贸易董事会主席；1965—1970年任反对党领袖；1970—1974年任首相；1974—1975年任反对党领袖。

[2] 伊恩·诺曼·麦克劳德（1913—1970），保守党政治家，1959—1961年任殖民地事务大臣；1961—1963年任英国兰开斯特公爵和下议院领袖；1963—1965年任《观察家报》主编；1970年任英国财政大臣（上任后不久即去世）。“他在殖民地事务部的激进举措，使他失去一定程度的支持，不仅在议会上，在选区也是如此。”（戴维·戈兹沃西，《牛津国家人物传记词典》）

[3] 理查德·奥斯丁（“拉伯”）·巴特勒（1902—1982），后成为终身贵族（1965）和嘉德勋位爵士（1971）；保守党政治家，1957—1962年任英国内政大臣；1962—1963年任副首相；1963—1964年任外交大臣；1965—1978年任剑桥大学三一学院院长；在苏伊士运河危机后的选战中，不敌哈罗德·麦克米兰。后者接替安东尼·艾登，成为英国首相和保守党领袖。

[4] 罗伯特·斯特兰奇·麦克纳马拉（1962—2009），1961—1968年肯尼迪和约翰逊执政期间任美国国防部长；1968—1981年任世界银行主席；后人普遍认为他是越南战争的始作俑者。对在这场冲突中自己所起的作用他深感懊悔，并公开认错。

[5]（威廉）·戴维·奥姆斯比—戈尔（1918—1985），1964年受封哈莱克男爵五世，1961—1965年任英国驻华盛顿大使；詹姆斯·爱德华·休伯特·加斯科因—塞西尔（1861—1947）的孙子，索尔兹伯里侯爵四世。

很招人喜欢，塞西尔家族的魅力在任何地方都能所向无敌，收到完美效果。他领导下的使馆里全是些股票数据般的人物，我不知他们身为何人，但总体印象是那里没有什么可以谈得上话的。战时状况显然不同，根本不是这样。当时好几个使馆成员都个性鲜明，每个人都与美国政府中的各色人等有很好的私交关系，这使得情况极为不同。[……] 如果你有机会见到莫德林[1]，不妨告诉他，希望他能够派一些政府代表前来——我认为外交部以及使馆的人员编制简直让人绝望，他们只会充满嫉妒但又寸步不离地紧跟工会——派来的人必须个性鲜明，有思想，即便是超越其工作职责，甚至偶尔因为走得太远，说得太多而使自己陷入麻烦也无伤大碍，远胜过谨慎、温和、明智、沉闷的政府公务员。[……] 我不该继续这么说话——它将我带回到当年，编发战时通讯的那个时候——这件事我很乐意为之，可现如今我是既没有素材，也没有机会做了。唉，真是一派胡言。这里空气中弥漫着政治香槟的味道，令人为之振奋。就连肯夫人对艺术的鼓励——虽然遭到无关之人的嗤之以鼻和瞧不起，认为它过于势利和虚假——也使活动添色不少。对“文化”的鼓励直接来自［白宫］，这十分罕见，而为诺贝尔奖得主、作曲家和画家举办的聚会也是新格局的一部分。就连最高法院的法官

[1] 雷金纳德·莫德林（1917—1979），保守党政治家，1959—1961 年任贸易委员会主席，1961—1962 年任殖民地事务大臣；1962—1964 年任英国财政大臣；1970—1972 年任内政大臣。

也变得愉快八卦——帕米拉夫人[1]如果前来此地一定非常开
135 心，不过肯夫人不太喜欢她——想必与她说的一些话有关，或许是因为她说的有关其妹李[2]的话。就此打住吧，否则我恐怕自己会信口开河，将我们俩陷入麻烦之中。

你永远的

以赛亚

致伯特尔·奥尔曼[3]

1962年12月18日

洛厄尔楼

亲爱的伯特尔：

来信收悉，十分欣慰，很高兴你的论文快做完了。普拉门内兹[4]是一位公正严厉的评审，同时也很善解人意。我完

[1] 帕米拉·玛格丽特·伊丽莎白·贝瑞（1914—1982），婚前姓史密斯，伯肯海德伯爵一世 F. E. 史密斯的次女；其夫为报业老板（威廉）·迈克尔·贝瑞（1911—2001），后（1968）受封终身贵族；著名的社交女主人，伯林的好友。

[2]（卡罗琳）·李·拉齐维尔（生于1933年），婚前姓布维尔，美国社交名媛，杰奎琳·肯尼迪的妹妹。

[3] 伯特尔·奥尔曼（生于1935年），马克思政治理论家，伯林在牛津的学生（1963年准博士，1967年博士）；1963—1966年在西印度群岛大学任教；1967年起任教于纽约大学（成为政治学教授）；妻子为波勒·伊冯娜（生于1939年），婚前姓哥德玛尔。

[4] 约翰·佩特罗夫·普拉门内兹（1912—1975），生于南斯拉夫黑山，社会政治理论家；经过选拔，以一篇曾经被主考们枪毙的牛津博士论文获得全灵学院研究员职位。在伯林看来，这篇被主考们枪毙的博士论文“也许是我这一代最大的一个学术不公审判案例”（《个人印象》第二版，第148页）；1936—1951年任全灵学院研究员；1950—1967年任牛津大学社会政治理论讲师；1967—1975年接替伯林，任社会政治理论齐切利讲席教授。

全相信他的判断，一定会帮助你的。因此，切记要给他好印象。至于我，有很多事值得一说——华盛顿的气氛的确不同寻常，变化迅猛，速度快得令人难以置信，为之惊叹。所有当年主张新政的老熟人，都在这种速度和方向[1]面前感到茫然不知所措。[……] 还是来谈谈更严重的问题吧：你准备怎么补贴你的经济状况？在这个国家我能为你做些什么吗？告诉我需要找谁，我会尽力去做的。[……] 我和马尔库塞[2]很谈得来，他是一位与我志趣相投的马克思主义者，才华横溢，十分讨人喜欢。他一针见血地指出，E. H. 卡尔对任何一种思想都既缺乏理解也缺乏兴趣，应该阻止他写文章探讨这些思想。我怎么能不喜欢有这种想法的人？总体而言，我更喜欢有思想的知识分子，不论他们判断多么错误，执迷不悟，也胜过狭隘的专业人士，不论其见解多么正确，无懈可击——重要的是思想的广度，而不是一致性或一些肤浅的与事实对应的形式——至少，这是在见过这里形形色 136
色各类人等之后对我的影响。在我看来，心灵渺小，就好比

[1] 肯尼迪在华盛顿实行了“新一代务实年轻活动人士”计划，后被称为“新拓荒者”计划（见理查德·霍尔布鲁克，“‘鸽派有理’：麦乔治·邦迪在其生命终结之时重新评估他给约翰逊总统的建议”，《纽约时报》2008 年 11 月 28 日第 B12 版）。这批人被称为“实干的知识分子”，该称呼由记者西奥多·怀特在其同名文章“实干的知识分子”中提出，见《生活》杂志，1967 年 6 月 9 日，第 43—76 页。

[2] 赫伯特·马尔库塞（1898—1979），德裔美国哲学家，法兰克福学派的杰出人物；其《单向度的人》（1964）一书探讨了在先进科技社会中人类异化的原因，在当时反叛的学生当中广为流传。

沉迷于某个小格局，让思想在其间舒舒服服地睡大觉，再没有什么比这一说法更有说服力——这顶帽子适合谁，我就留给你去裁决了，无论如何，不会是黑格尔或马克思——但他们的某些门徒倒极有可能。我得搁笔了，要赶往纽约，说真话，是去过一个当之无愧的假期（绝非这里的午餐或晚餐，我怎么觉得，它们最后都变成了学术研讨会）。一定告诉我如何在经济上能够帮到你——我觉得这是目前的紧要大事，比任何其他事都来得重要。如果你想到什么，立刻告诉我，就寄到这个地址。代艾琳和我向波勒致以最深切的问候。

你的

[以赛亚]

致塞缪尔·伯尔曼

1963年1月8日

洛厄尔楼

最亲爱的塞缪尔：

谢谢你给我寄来詹姆斯·鲍德温的小说[1]。形容它读起来令人愉快远远不够，简直是令人胆战心惊。除了反复出现的腐朽堕落情节，以及个人愤怒情感的大爆发，小说写得非

[1] 詹姆斯·阿瑟·鲍德温（1924—1987），美国小说家、剧作家和社会评论家。其“心灵一隅的来信”一文描写了美国国内非洲裔美国人的生活状况，写得极其动人；发表于《纽约客》，1962年11月17日，第59—144页；转载于其《下一次将是烈火》（纽约，1963）。

常真实，有惊世骇俗的力量。如果由于遗传的结果，纽约的大部分人口是黑人，事情会怎么样？前些天，我脑海里突然出现了一个噩梦般的景象，派克大街和第5大街上所有那些趾高气扬的大楼里白人们统统消失，只剩下有色人种，身穿蓝色中国棉衣川流不息——当然，是在革命之后。依我看来，贫民区最终总是要滋生暴力。想到这个国家将逃避这一命运，我应该感到放心才是，可我并不觉得那么肯定。当他描写一个黑人孩子在了解到自己未曾得到一个普通公民应有的权利，并在他长成年轻小伙子后，周围人还在不断地将这一不公平待遇强加给他时，内心所有的感受，我想它勾起了我对发生在某个其他地方同类事情的回忆——例如，在沙皇俄国的西部地区，发生在你我并不陌生的人身上。天哪，真令人为之心感不安。[……]

你的〈致以深情问候

以赛亚〉 137

致薇拉·魏茨曼[1]

1963年1月9日

洛厄尔楼

[……] 我听这里的人谈起迪克·克罗斯曼[2]在哥伦比

[1] 薇拉·魏茨曼＊（1882—1966），婚前姓查兹曼，哈伊姆·魏茨曼的夫人。
[2] 理查德·克罗斯曼＊（1907—1974），工党政治家，坚定的犹太复国主义者，其《一个国家的重生：魏茨曼、贝京和本—古里安的以色列》1960年在伦敦出版。

亚大学做的演讲，是关于魏茨曼博士的。我没有到场亲耳聆听，也没有读过演讲稿，但从各种讲述来看，这个演讲应该不是我喜欢听的类型。他一方面不断强调他最为崇拜魏茨曼博士的几个方面——例如坚忍不拔，实事求是，对非犹太人和机会主义者的反感，等等——无限吹捧、极尽夸大之能事——另一方面，又将魏茨曼博士比作某种冷酷无情、为权疯狂的典型代表，在具有欺骗性的绸缎手套之下，隐藏着一个威力无比的雄性铁拳。这点在我眼里，是对其所谈对象可怕的不公。不错，他更不喜欢其对手，但他似乎在利用他作为急先锋，以败坏英国及其他地方他意欲诋毁的政治家的声誉——例如，我不相信魏茨曼博士与他谈话的真实性。（您能证明这点真实吗？希望不能！）照他说的，魏茨曼博士问他："你是反犹分子吗？"他回答："当然是。"魏茨曼博士又说："每个异教徒都反犹。很高兴你说了实话。"魏茨曼博士根本不可能说这些话，我甚至对他会问那样一个问题都表示怀疑。我之所以反应如此激烈，也许部分原因是魏茨曼博士的形象，就连敌对势力的有识之士也希望他能够在我们所处时代的历史想象力中留下印记；再有部分原因就是，迪克在文章里和其他地方，历来总是不怀好意地诋毁我，抹黑我。因此，这也会使我的判断出现偏差——人往往不希望残忍之人与自己站在同一边，看到他们与自己为伍，会感到如坐针毡。[……]

你永远的〈致以深情问候

以赛亚〉

致维德·梅塔

1963年1月17日

纽约

亲爱的维德：

[……] 关于纳米尔[1]和我的故事不太准确——即便你是听纳米尔夫人[2]亲口所言。当年的真实情况是，纳米尔来看我，带走了一本《历史必然性》——也可能是我送给他的——因为在书中我引用了他的观点。他的确给我写了信，说“你一定聪明绝顶，居然能够理解自己说的话”[3]，此言让我觉得十分有趣。这封信一直由我私人保管，直到有一天E. H. 卡尔也过来喝茶，我说了此事，以证明纳米尔的辛辣幽默。卡尔后来将其发表在某个星期日报刊上，或者是告诉了某个人，而那个人把它公之于众了。我本人倒不是太在乎，可纳米尔认为我一定心情郁闷，便写了一封长信，解释说那个话并不代表他对我的真诚与真心，希望我不要生气，说他很想知道究竟是谁如此卑鄙，居然把它透露给 138

[1] 刘易斯·伯恩斯坦·纳米尔（1888—1960），原名卢德维克·涅米罗斯基，1952年受封爵士，历史学家；1929—1931年任犹太事务局巴勒斯坦问题政治秘书，1931—1953年任曼彻斯特大学近代史教授。1966年伯林发表了回忆他的文章，后在其《个人印象》中转载。

[2] 纳米尔1947年结婚（第二次），妻子是尤利娅·（茱莉亚）·米哈伊洛夫娜·德·博索布勒（1893—1977），婚前姓卡扎琳娜；她写的传记《刘易斯·纳米尔》1971年在纽约出版。

[3] 关于这件事，以及伯林1956年5月25日致纳米尔的信，细节请见《伯林书信集（卷二）》，原文第530页注1及第531页。

了八卦专栏作家，如此等等。我为此回信安慰他，告诉他我们的友谊和我对他的敬仰不会因此事受到损害。但是，这些真的算不上什么，虽然我脸皮薄，但还不至于敏感到这个地步。我相信，纳米尔夫人会为她丈夫写出一部最最杰出的传记，但不认为里面的事实都能准确无误，因为他本人也做不到绝对严谨、一丝不苟——有时这么说，有时又那么说。记忆中，有好几件类似相矛盾的事，不过这没什么。总有一天，我会亲自为他勾勒上几笔。在我认识的人当中，他是最杰出者之一。[……] 在生命的最后几年，纳米尔对 [A. J. P.] 泰勒的态度明显非常敌对，毫不掩饰。至少从他和我的交谈中感觉是这样。他认为泰勒辜负了自己的天赋，在为钦定讲席教授的事一阵闹腾之后，这事你知道，泰勒与他断绝了关系，严重伤害了纳米尔，并因此增加了他对泰勒整体行为毫不留情的不满情绪，包括其学术行为和个人行为，特别在最后的五六年里更甚。[1] 他，我是说纳米尔，在才华和个性方面与卡尔·马克思存在某种程度的相像之处。不过，这又是另外一个故事了，需要限定条件。巴特菲尔

[1] 1930 年，泰勒得到曼彻斯特大学的讲师职位，明显是出于“他的教授刘易斯·纳米尔的影响，但他后来否认了这点”。1938 年，又是来自刘易斯·纳米尔的大力支持起到关键作用，使他得以回到牛津，成为莫德林学院的研究员；但是，泰勒未能在 1957 年当上钦定讲席教授，纳米尔在其间发挥了不曾对外披露的作用，此事“始终只是一个不曾得到确定的传言，但这并没有阻止一个愤怒的人由此诋毁他所热爱的大学”（A. F. 汤普森，《牛津国家人物传记词典》）。

德[1]为泰勒的书叫好，我并不觉吃惊，但我知道纳米尔会说什么——他会持部分赞成、部分反对的态度，但这与他对泰勒的评价及对战争起源的看法，对我和对许多其他人而言，并不具相关性。不过，这无关紧要，你有你的消息渠道，也自有自己的结论。但我认为特雷弗—罗珀说得一点儿不错，倘若大师还活着，泰勒永远不会出这本书，绝不会！不出才理所应当。因此，纳米尔去世的悲剧意义在又一个方面显现。[……]

你永远的

〈以赛亚・伯林〉 139

致杰克・唐纳森

1963 年 [1 月 18 日?]

洛厄尔楼

我正准备给你写一封长信，聊聊八卦，包括音乐、柯芬园等，可是休・盖茨凯尔的离世[2]顿时让我的脑袋陷入一片空白。可以想象，你一定比我更感悲痛。因为你们俩早就认识，又是真正的至交，而我只是认识他，喜欢他而已。在我

[1] 赫伯特・巴特菲尔德（1900—1979），后（1968）受封爵士；1944—1963 年任剑桥大学近代史教授，1963—1968 年任钦定讲席教授，1955—1968 年任彼得学院院长。此处提到的书见原文第 47 页注 2。

[2] 盖茨凯尔于 1 月 18 日夜在米德尔塞克斯医院辞世，死因为全身性红斑狼疮。该自体免疫疾病在男性中较为罕见，病情发展迅猛。

看来，这件事从任何一个角度说都是一个可怕的灾难。每到这种时候，我就会真真切切地认识到，而不仅仅是相信，E. H. 卡尔以及马克思主义者罪过深重——个人因素、机会和运气以最明显的方式进入历史，否认这点，无异于盲从、逃避和懦弱。我不久就会回国，给我电话——接听人付费。

以赛亚

致杰克·史蒂芬森[1]

[1963 年 1 月 21 日，副本]

[洛厄尔楼]

亲爱的杰克：

距离太遥远，我的生活又居无定所。你过得好吗？非常理解你与母亲共度的周末——请向她转达我最最深情的问候。我母亲也一样，完全不年轻了，没能与她同住在一个小镇上，那么多时间让她孤身一人，我感到很内疚——想想她的护工如果突然因为什么原因不干了，那该如何是好？让她孤零零一人待在房子里？每天一到晚上这个念头就让我坐立不安，白天还好些，因为要忙于其他工作。[……] 我来这里貌似要完成三本书——完不成三本书要比完不成一本书容

[1] 杰克·史蒂芬森·维尔（1909—1973），1922—1928 年与伯林一同就读于圣保罗学校，二人友谊持续一生；1928—1932 年在剑桥大学耶稣学院攻读古典学；政府公务员。

易多了——可是，这里每个人都太热情好客。我很熟悉这所学校，实际上是第四次来了，我也很清楚，是些什么事情让我无法完成书稿。比如上课啊，发表一些推不掉的演讲啊，如果拒绝所有邀请，会给他们留下极坏印象。问题是我做得过头了，心里为之后悔，又自己折磨自己，为西非报刊写哲学文章，发表在《星期日泰晤士报》[1]上——很高兴你觉得 140
它对你学生不是太艰涩无用——诸如此类。我对自己写的任何东西都毫无信心。就像钱币——如果是自己造的，感觉就像是假币。[……] 对自己的作品抱有这种态度，无疑是一种神经质的表现，客观来看，也的确无理荒唐。可是，我这一生都是这么感觉过来的。因此对自己做的所有事情都缺乏自信。毫无疑问，精神分析学家能够解释这种现象——为它辩解，甚至改变——但老狗学新把戏，还是为时过晚了。因此，我想自己应该就是这个样，不会有大改变了。盖茨凯尔的离世让我非常忧伤，我认识他，喜欢他；他是一个非常聪明和尊贵的人。很难想象布朗先生[2]领导的政府——而威尔

[1]“哲学的目的”，《洞察》（尼日利亚），第1卷，第1辑（1962年7月），第12—15页，受（安东尼）·海德子爵、尼日利亚首任高级专员（1960—1963）委托而作；在《星期日泰晤士报》1962年11月4日第23、26版转载。
[2] 乔治·阿尔弗雷德·布朗（1914—1985），后（1970）受封终身贵族，1960—1970年任工党副领袖；1964—1966年任第一国务大臣和经济事务大臣；1966—1968年任外交大臣；1963年2月，在盖茨凯尔去世后举行的大选中败给哈罗德·威尔逊。

逊先生[1]领导的政府则更难想象。

顺便向你和贝蒂致以爱与节日的问候，祝你们新年快乐。

你的

[以赛亚]

致格莱德温·格莱德温

邮戳日期1963年1月24日［副本］

洛厄尔楼

亲爱的男爵：

我永远不会再试图亲笔给你写信——太费力，而且太容易写错字。非常喜欢你的来信。首先，我要伤心地告诉你，这个夏天我们无法前往希腊群岛了——虽然它是那样的诱人——考虑到我继子们的时间，与游轮出发时间正好冲突，不好安排，是他们父亲定的，到时我们只能待在坚实的意大利海岸——要说，整件事还真像一团难解的乱麻。休的去世令我非常难过。简直就像一场大灾难降临。他既聪明又尊贵，感觉敏锐，想象力丰富。完全不像艾德

[1]（詹姆斯）·哈罗德·威尔逊（1916—1995），1947年9月，成为艾德礼领导下自皮尔以来最年轻的内阁大臣；1960年11月在领导人选举中惨败给盖茨凯尔，但在1963年2月成功战胜乔治·布朗，成为工党领袖；1964—1970年及1974—1976年任英国首相；1963—1964年及1970—1974年任反对党领袖。尽管乔治·布朗有反复无常和酗酒成性的恶名，但公认为他本质上诚实勇敢，而威尔逊则虽然才华出众，却不值得信赖，是个机会主义者。

礼[1]，没有仇外思想，做事理性，兼具原则性和权宜考量，在我看来几乎到达理想境界。我想，他偶尔也会犯错，但比起战后英国政界的其他人还是要好多了。总体而言，那些公 141 众面孔在我眼中似乎相当可怕：他们身上是有让人崇拜之处，有让人着迷之处，有让人满意和令人兴奋之处，但更多的是，由于他们身处公众生活，在某些方面显得不近人情：说话太刺耳、太残酷，似乎由非人类物质构成——过于粗糙和无所顾忌，不适于建立私人关系。我觉得这点对成功和失败的政治家都一样适用，相差无几，例如丘吉尔和克罗斯曼。而盖茨凯尔，在我看来，还保留了人性的一面，还拥有一份良心，这份良心既不会折磨他，也不会束缚他。不过，我这份讣告得停笔了。

在这里望去，英国的确就像一个极小的岛屿——其中的原因我了然于心——其作为卫星国的感觉就连英王室也不会羞于承认——白宫的确不同寻常——它是这个国家拥有的真正意义上的第一朝廷［……］。

你的

以赛亚

[1] 克莱门特·理查德·艾德礼（1883—1967），1951 年获英国功劳勋章，1955 年受封伯爵一世；1956 年受封嘉德勋爵。工党政治家；1942—1945 年任副首相，1945—1951 年任首相；1951—1955 年任反对党领袖。伯林认为他是反犹太主义者（原文第 568 页），这应该是造成他不良判断的背后原因。

伯林的文章“政治理论还存在吗?”先于1961年以法文发表，后以最初的英文形式在1962年出版的论文集[1]中转载。根据某个评论家的观点，“他的答案极其微妙，但十分明确地给人以希望”[2]。理查德·克罗斯曼在《曼彻斯特卫报》[3]上发表了一篇评论,口气就不那么友善了。对整个论文集和伯林的文章都提出了批评。他哀叹大多数的撰稿人——包括伯林——“无法专注于某一个政治哲学，甚至无法就政治的任何方面提出理论。[……]学术政治哲学，就像学术经济学一样，已经成为一种既枯燥又艰苦的精神自律行为，将其学生送到一个用巧妙的理由装备起来的世界，用来解释政治不作为和社会失信现象。”作为社会政治理论教授，伯林当然不可能听任这样的攻击而不予反击，尤其是这位攻击者曾经是他的同事。此人野心勃勃，梦想成为下一任工党政府大臣，并且众所周知，“不怀好意地一心旨在进行大刀阔斧的改革，而这种改革不可能对牛津和剑桥体现任何善意”[4]。

[1] 彼特·拉斯略与W. G. 兰斯曼（合编）的《哲学、政治与社会》，系列论文集(2)（牛津，1962)。
[2] [A. H. 汉森]《泰晤士报文学副刊》，1963年5月3日，第318页。
[3] 理查德·克罗斯曼，“知识分子的鸦片”，《卫报》1962年12月21日第8版。
[4] A. H. 哈尔西，“弗兰克斯委员会”，收入布莱恩·哈利森（主编）的《牛津大学校史》，卷八，《20世纪》（牛津，1994)，第723页。

致理查德·克罗斯曼

1963 年 1 月 31 日

海丁顿宅

亲爱的迪克：

我购得一份《曼彻斯特卫报》，上面登有你的评论，真希望没有读到……看来，你又回来啃咬折磨老骨头了——那 142
些无足轻重的牛津大学教师，沉闷而怯懦的学究们，日日埋头于琐碎并具破坏力的工作，而身外的世界正在崩溃，许多重大问题迫切需要解决。我怀疑即便面对 20 世纪 20 年代末和 30 年代初的敌人，如今的你殷勤而急不可待地围着他们打转，是否也能做到不偏不倚。但确凿无疑的是，你批评这本书作者们的话既不正确，更有失公正。[……] 这本书中，最具代表性的当代政治哲学家当然非威廉斯莫属。他是一位充满激情的社会主义者，除此之外，更重要的是，有其独具特色的理性主义观点。这使他成为目前伦敦几乎是最好的哲学教授——他频频做客电视节目，鼓舞和振奋了多少年轻人，这些全都直接源于他对政治问题的深切关注——其间并不缺乏积极正面的学说教义，也敢于面对当代出现的种种问题。事实上，这么做获得了巨大成功。[……]

至于可怜的我自己——说到我的文章标题，你认为极尽细致微妙且慎之又慎，但它并非我的发明，而是那本法国政治期刊定的题目，我向他们召开的研讨会提交了论文[1]，所以你得责怪所有那些来自巴黎的黑格尔主义者和马克思主义者。至于我说 20 世纪没有占主导地位的政治论述——或者其他——我仍坚持这一说法［……］。我十分清楚地记得，大约在 20 世纪 30 年代初，你和理查德·佩尔斯[2]之间的对话，关于《我的奋斗》在作为政治理论书方面，是否比理查德支持的某位作家——好像是托尼或格雷厄姆·沃拉斯[3]——来得更为重要。我的观点是，不可否认，在短期内，希特勒会更有影响力，倘若以产生的效果来看，或许在长时间内也是如此。但那并不重要——真正经得起时间侵蚀的是知识的深度与力量，而不是某种政治宣传，将心灵束缚在立竿见影的实用目的上，永远无法腾起超越。列宁唯一论及政治理论的严肃作品是《国家与革命》[4]，但就连这样一部书，其中一半内容都淹没在死气沉沉的争论的重压之下，与共产主义的理论与实践缺少关联度，甚至比不上他自

[1]“政治理论存在吗？”，《法国政治科学杂志》，第 11 期（1961），第 309—337 页（英文版收入《概念与范畴》及《人类的恰当研究》）。

[2] 理查德·佩尔斯（1902—1958），历史学家；1921—1945 年及 1954—1958 年任全灵学院研究员；1945—1954 年任爱丁堡大学历史学教授；“也许是他那一代牛津教师中最受人钦佩和敬仰的一位”（伯林，《个人印象》第二版）。

[3] 格雷厄姆·沃拉斯（1858—1932），1914—1923 年任伦敦大学政治学教授；社会主义者，费边社成员；著有《政治中的人性》（伦敦，1908）及《伟大的社会：心理分析》（伦敦，1914）。托尼的作品包括《平等》（伦敦，1931）。

[4] 卷二，见 N. 列宁［即弗拉基米尔·伊里奇·列宁］，《国家与革命：马克思主义国家学说和无产阶级革命的任务》（列宁格勒，1918；英文版，底特律 / 墨尔本，1918）。在书中，他预见到“无产阶级专政”（将在世界各地）取代资产阶级国家，最终建立起一个崭新的、消灭国家的世界秩序。

己或其他人的共产主义作品——你难道不同意吗？

教会人们如何看穿拙劣的论点、站不住脚的推理，以及伪装成论点的凌乱思路和情感，我觉得没有害处——实际 143
上，这点其他人做的比我高明得多，出色得多，因为我也许对观念的历史演变和思维模式更感兴趣。有些指责不无道理，说我在试图将太多的生命力注入已然消亡的反动派和革命者的声名狼藉的旧观念中时分析不足。如果你想攻击的是墨守成规，那么，俄罗斯、中国和罗马教堂在这方面，与我们西方的大学相比，有过之而无不及，他们几乎都是一丝不苟、小心谨慎地试图了解其对手的思想，并因此遭到他们鄙视。早在19世纪，德国形而上学的爱国者们——扬[1]、阿恩特[2]等——就曾有过怨言，指责他们的教授只懂专业和学术，而不把年轻人充分武装起来，以捍卫德意志民族和德国理想。不久后，便出现了特赖奇克、西贝尔[3]之流及其他的

[1] 弗里德里希·路德维希·扬（1778—1852），普鲁士教育家和民族主义者，在拿破仑击败普鲁士后，提倡建立各种体操协会，作为振兴民族的手段。虽然在其所处的那个时代，他被公认为是一位自由派改革家，但其思想却被19世纪德国军国民族主义者加以歪曲利用。

[2] 恩斯特·莫里茨·阿恩特（1769—1860），德国散文作家、诗人及民族主义者，强调语言在定义德国民族性方面的重要作用："与费希特或浪漫主义艺术家相比，他无疑更贴近现实，但他绝不堕落到扬的粗鲁与庸俗。"汉斯·科恩，"阿恩特与德国民族主义特征"，《美国历史评论》，第54卷，第3辑（1949年7月），第802页。

[3] 海因里希·戈特哈德·冯·特赖奇克（1834—1890），普鲁士历史学家、作家和民族主义者；反犹、反英——他在柏林大学挤满学生的教室里，对英国人大加羞辱，赢得了学生们的一片喝彩。海因里希·卡尔·卢多尔夫·冯·西贝尔（1817—1895），德国历史学家和政治家，1859年创办历史学刊物《历史杂志》；在他之后由特赖奇克接任主编。

政治学教授们，他们高声呐喊，充分酝酿，为1871年的德国统一和1914年德国发起第一次世界大战提供了充足的意识形态温床。当然，迈内克的《德国的浩劫》一书[1]——我们这个时代最高贵的政治宣传，为那些想要教授们凭借三寸不烂之舌，用真诚动人的方式向学生们填塞政治课程和意识形态的人提供了有力的回答。老实说，我认为你正试图复活一些非常古老的死马，想赋予其神韵、技巧和文采，使其不愧于一个更高尚的事业。

至于我自己，可谓处在前后夹攻的尴尬境地：你认为我是一个谨慎小心、难以捉摸的逃避者和懦弱的学究；而几乎所有其他人都指责我争论问题时过于锋芒毕露，喜欢一概而论，过于任性。再有就是不够谨慎，纠结于细枝末节，未能保持足够的学术中立态度。所以我左右不讨好，做该死，不做也该死。不过，我没关系。只希望借此能够说服你，对类似那本你评论的书籍，即便它们在圈子里不算特别出色，还是比程序化的口号要好得多，就算从政治方面来看也一样。[……] 我担心并未说服你。不过，你不应该如此猛烈地棒打无辜牛津教师的头，只因他们让你想起了一些在我们共同拥有的过去岁月中不愿想起的鬼魂。我依然认为你关于柏拉图的书[2]极为出色，

[1] 弗里德里希·迈内克（1862—1954），德国自由主义历史学家，1896—1935年继特赖奇克之后任《历史杂志》主编；其著作《德国的浩劫》（威斯巴登 / 慕尼黑，1946），确定普鲁士军国主义为纳粹主义的前身。
[2] R. H. S. 克罗斯曼，《今日柏拉图》（伦敦，1937；第二版，1959）。

并很高兴为它写了封底简介，虽然为此我也遭到了严厉批评。144 如果我认为你真的抱有你在《卫报》评论文章中的想法，说实话，就不会给你写这封信了——但我相信，它是建立在对所发生的一切的一个极其错误的印象上。你说的任何话都不会改变我的想法，相信你不会希望只是以一只文学恶虎的形象出现，只要能够满足对鲜血的渴望，咬谁都不在乎。

不需要回这封信，但我希望你能回。

你的

〈以赛亚〉

致理查德·克罗斯曼

1963年2月11日

海丁顿宅

我亲爱的迪克：

十分感谢你给我回了这么长的信，同时感谢你在十分活跃和繁忙的生活中，对显然不可能有太多时间关注的问题给予如此关注。[……]

看来你的确非常鄙视牛津大学的教师，特别是他们在哲学、经济学、政治学，以及实际上整个人文学科领域中拘泥于细节，孜孜专注于技术和专业的一面，我想，你一定是认为这种方法毁了这些学科。但在我看来，任何进步，至少自文艺复兴以来，总是由其自身一定显得深奥和需要某种技术的思想促成的——例如笛卡尔、莱布尼茨、康德、黑格尔，甚至伯克利[1]和休谟，他们对受过良好教育、头脑机灵、“务实肯干的政治家”来说，一定看起来都属于这样的人。历史上的各种革命，就是由这类“技术人员”引发的一点点进步而最终产生的，然后由洛克和伏尔泰、卢梭、卡莱尔、拉斯基等广为传播。他们本人可能是也可能不是原创者，但肯定是建立在前辈和同时代人相对深奥的著作上的。[……]

好，来谈谈达伦多夫[2]。相比赫伯特·哈特，我更同意你的看法。赫伯特认为达伦多夫的文章毫无价值，体现的是社会学家当中的低水准。我不像你那么夸张：但它给我的感受和你相同，即它给我震撼，促使我思考。对一篇文章而言，没有什么比类似这样的冲击力更为重要——或许我说这话也有点儿过了——至少，没有什么比这样的冲击力更
145 好，除非它包含了某些新颖、独到的真理。重读达伦多夫，我现在认为他只是用一种新颖且有用的形式，重复帕累托[3]一直在论述的关于精英循环的观点，即总是有内部群体和外

[1] 乔治·伯克利（1685—1753），哲学家，1734—1753 年任克罗因区主教；提出唯心论学说，该学说否认在心灵之外存在任何外部现实世界（这一看法常被称为主观唯心主义），见《人类知识原理》第一部分（都柏林，1710，未见第二部分）。
[2] 拉尔夫·达伦多夫（1929—2009），后受封二等高级英帝国勋爵（1982）和终身贵族（1993）；德裔社会学家及政治家；1960—1966 年任图宾根大学社会学教授，后任伦敦政治经济学院院长（1974—1984）和圣安东尼学院院长（1987—1997），并入籍成为英国国民（1988）。在评论中，克罗斯曼形容达伦多夫的文章“关于社会不平等的起因”为整本书中“显然是最好的一篇”（原文第 142 页注 1）。
[3] 维尔弗雷多·费德里科·达马索·帕累托（1848—1923），意大利经济学家和社会学家，对经济分析方法有巨大贡献（参见“帕累托最优法”一词）。

部群体存在，不平等在社会结构中是自身固有的。那么，我很想知道：是什么使得一些社会比其他社会更加平等？在我看来，社会赖以生存，同时对其凝聚力必不可少的林林总总的价值观，来源于各种观念和思想。其中，平等观一定不能缺少。这种观点认为，无论在出生或世袭或身体或精神条件方面，不存在天生的不平等。总体而言，人与人没什么两样，等等。这也许不够真实，也许是一个神话，但只要它在一个特定的社会里是一个占据中心主导地位的价值观，内部群体就始终会觉得，除非它解除外部群体因为这点而产生的担忧，否则它自身永远都不会有安全感——同时，不给外部群体这样一个印象，即他们这些内部群体的人，并不在某些方面有特别支配权。当然，每个社会都有发号施令的人和俯首听命的人，这一不言自明的真理就连托尼（实际上，几乎包括每个写过关于平等论述的人）也坦然承认——我想，只有彻头彻尾的无政府主义者不在此列，他们认为，管理人的政府和协调事的行政部门都没有必要存在。姑且不考虑这些人，如果你具体研究一下那些试图实现平等的社会，例如新西兰或澳大利亚（不考虑原住民），或斯堪的纳维亚或以色列，所有这些都明显要比例如英国这样的社会更加平等。它们从根本上讲，是一个尊重人的社会，但仍然孜孜以求——最引人注目的是，管理阶层仍需千方百计巴结讨好他们的选民，并将国家治理得让所有普通人都能够安于现状，不会过多怀疑精英们有什么千秋不倒的野心，或执政集团需要享受任何特殊的专属条件或优越地位。如果他们真是以这种方式俯就其民众，这一点本身就能使这样的内部群体更加开放，更可渗透，更容易推翻——事实上，也就实现了民主。[……]

接下来，谈谈林赛[1]和拉斯基[2]。关于林赛，我已准备好妥协。在我看来，他的思想好比伦敦浓浓大雾中隐约驶来，
146 但很快又被黑暗吞没的大型公共汽车。但是，其庞大的身影仍然依稀可见，显然来源于 T. H. 格林[3]以及其他一些卓有洞见的杰出人物。我很明白你为什么要向他学习，完全不否认你思路清晰，并且在某些方面有毫不宽容的学术标准。我很熟悉林赛，喜欢他作为政治家的形象，同时深受他个性影响。我想他代表了某种东西：他关于民主的鸿篇巨著或许遭

[1] 亚历山大・邓洛普・林赛（1879—1952），1945 年受封伯克的林赛男爵一世；1924—1949 年任巴利奥学院院长；1949—1952 年任北斯塔福德郡（基尔大学，1962）大学学院院长；自由主义思想家，著有《现代民主国家》（伦敦，1943）；1938 年《慕尼黑协定》签订后，在一次著名的补选活动中，作为反绥靖政策的独立进步候选人竞选牛津市市长，但告败。

[2] 哈罗德・约瑟夫・拉斯基（1893—1950），1926—1950 年任伦敦政治经济学院政治学格雷厄姆・沃拉斯讲席教授；1936—1949 年任工党执行委员会委员，1945—1946 年任主席；先后为多元论、费边主义和马克思主义思想家；“普遍认为他的早期著作最有深度，后来就写得太多了，论战替代了严肃分析。[……] 尽管如此，很少有人像他这样投入极大精力，做出真诚努力，用理论术语将自由、平等和国际主义结合起来，并通过教学和参与公众生活宣传这些理想。”（迈克尔・纽曼，《牛津国家人物传记词典》）

[3] 托马斯・希尔・格林（1836—1882），自由主义唯心主义思想家；1878—1882 年任牛津大学道德哲学怀特讲席教授；信奉积极公民权，强调哲学的实用价值，培养了一代公众人物（如：H. H. 阿斯奎斯），一位“半世俗的道德进步主义者”（H. C. G. 马修论阿斯奎斯，《牛津国家人物传记词典》）。

到了不该有的忽视。[……]

拉斯基就是另外一回事了。我确实认为他是一个肤浅的雄辩家，林赛本人也这么看，他毁了这个话题。这并不仅仅因为他像林赛所说的思绪混乱，如果你带着任何问题读他的著作，永远不可能找到哪怕是相接近的解决方案。你说到他的数千名学生，或者不如说他“遍布世界各地的学生，他们会认为，你说他‘使这个话题泛滥成灾’[1]的批评，是对一个非常伟大老师的荒谬诽谤”。如果他们这么想，他们就错了。我确实见过他的学生，在印度，在以色列，在美国，我想，还包括在英国。根据他们的说法，我相信他们，他是一位才华横溢的讲师，一个非常善良和敬业的老师，一个喜爱自己学生的尽职的老师，对同事非常友好，总是不厌其烦、兴致勃勃，对别人的话报以兴趣、愤怒或惊叹。所有这些我都一概承认。但在我看来，他的著作里，每一页中思想的含量，可以说却低得荒唐可笑，结果便造成这样一个结果：虽然他作为一个真诚的社会主义鼓动者具有强大的影响力——常常口是心非，但或许大多数时间的确投以发自内心的激情——可是，他对其门徒的影响，是让他们把语言误以为思想，把对语言的表述误以为对事物的表述。我认为，林赛属于传统派，对传统我并不比你少丝毫尊重。但我真的认为，拉斯基是传统的背叛者。一方面，厄内斯特·巴

[1] 其 1 月 31 日的信的一部分，本卷未收入。

克[1]从右的角度，喋喋不休其陈词滥调；另一方面，拉斯基则摇唇鼓舌，从左的角度同样老生常谈——这一点，比逻辑实证主义更甚，我认为也是导致这一切不如人意的原因之一，毫无疑问，即所谓的外部环境。你指责我是我这一代太典型的代表：力图让今天的年轻人阅读拉斯基，看看会有什么结果。[……] 任何一位有杰出思想的人——无论从事哪种行业的工作——在我看来，都不可能被拉斯基所塑造，塑造他们的是林赛、托尼，以及整个巴利奥学院传统，或许还包括格
147 雷厄姆·沃拉斯和费边主义。拉斯基在我看来更像是一个德国社会民主主义的文字编织者，给了魏玛共和国恶名，而不是美名。我听过一两次他的讲座；灿烂如绚丽烟花，令人赏心悦目，听起来非常过瘾，但听完后，如果你想回忆一下都说了什么，却除了兴奋感，什么也没留下。[……]

如果你认为当前牛津大学教政治学的传统是让伟大的哲学家们“变成猴子”，你就大错特错了。我当然记得你指的是什么事情。考虑到他们只会在课堂上满嘴谬论，任何一年级本科生都能轻易揭穿，以这样一种方式怎么教授洛克或柏拉图？居然使学生无法理解他们为什么能够获得巨大声誉。

你说你通读了整本书，但我认为，恐怕你没读完我那篇

[1] 厄内斯特·巴克（1874—1960），1944 年受封爵士，政治理论家；1928—1939 年任剑桥大学彼得学院政治学教授及研究员；强烈主张个人自由；他的著作为 20 世纪末复兴英国政界和社会的政治多元化做出了极大贡献；强烈支持张伯伦式的绥靖政策，认为其“现实可行”。

文章。倒不是说它值得一读，而是说如果你从头到尾读完，肯定就会明白我整篇文章的观点，即政治理论是伟大模式或模型的继承和演替，它将人类从先前的模式或模型中解放出来，然后它自己又成为刻板成见；它照亮了被其他模型所掩盖的事实，但与此同时，通常又会掩盖了被其他模型照亮的事实；当人们遇到与旧困境和老问题相类似的情况再次发生时，他们会重新回到旧模型中，以寻找解决方案。因此，要试图了解政治理论，首先必须掌握症结所在，是什么社会环境、什么问题让人痛苦，为什么新模式，如柏拉图提出的按几何形式构建的社会，或亚里士多德提出的按生物物种构建的社会，或斯多葛学派提出的自动组合的社会，还有如社会契约论，或社会有机体论，或公意论，或经济基础与上层建筑等具有伟大意义的隐喻，似乎在解放和启迪思想的同时，又如此控制和禁锢着社会和教师们的想象力：这是首先必须解决的一点，然后才能致力于解决逻辑混乱、前后不一和不连贯的问题。否则，毫无疑问，整个人类思想史会变得难以理解，社会或政治理论的功能和效果也将随之变得不知所云。

[……] 我仍然认为你对牛津以及它的所有模式存在反感心理：你完全想歪了，将它跟 20 世纪 30 年代的极度迂腐与卖弄学问混为一谈。跑着读不了的书便不值得一读。但求你允许，我还是想尽力说服你，你真的有失公平。

你永远的

以赛亚

[……] 148

致理查德·克罗斯曼

1963 年 3 月 6 日［经手写多处修改的打字稿］

海丁顿宅

我亲爱的迪克：

之所以没有立刻回信，主要是出自想宽恕你的愿望；不知怎么这个愿望就减弱了［……］。

为什么没有人写一部有关政治哲学的鸿篇巨著？这也许是因为我们生活方式的主要目的不是政治，甚至不是经济，而是社会：社会哲学没有学术专业，没有纯粹的传统观念；它一方面繁育（通常是局部和琐碎的）和积累社会学数据，另一方面从涂尔干[1]或韦伯[2]身上生产巨大、乏味的美国气球；此外，之所以没有宏大杰作出现，还有一个原因，那就是还没有人对我们的政治体制深恶痛绝——没有到那个地步——或者事实上，尚未对它的威胁感到无法容忍。如果共产主义在英格兰的威胁更大，更迫在眉睫，我想它会引发一场适当的辩论：但在欧洲的任何地方，都没有人愿意为资本主义而死；人们更愿意接受的是修正的集体主义；并且斤斤计较于多少才不触及原则问题；在美国，他们也没感觉到

[1] 埃米尔·涂尔干（1858—1917），法国社会学家，被认为是该当代学科的创始人之一；巴黎索邦大学的首位社会学教授（1913）。
[2] 马克斯（米利安）·卡尔·埃米尔·韦伯（1864—1920），德国哲学家和经济学家，当代社会学的创始人之一；著有《新教伦理与资本主义精神》（1904—1905，修订版，1920），英文版由塔尔科特·帕森斯翻译（伦敦 / 纽约，1930）。

太多威胁。而我认为，杰作，唯有在危机四伏的情况下，才有可能产生——不一定需要在战争和动乱中间。以休谟为例，他当时就是预感到在法国可能发生可怕的震荡，担心激进分子们已经走得太远，对可能产生的后果不寒而栗。[1] 我们似乎处于这样一个状况：对俄罗斯不以为然，对冷战不以为然，对原子弹也不以为然；今天的英格兰，看不到真正的开膛破肚的意识形态之战——不像在 20 世纪 30 年代，甚至还包括 20 世纪 40 年代中期。今天的“愤怒”文学，关注的是腐败没落的教育——“宗教”因素在所有关于分离感的讨论中，在核裁军运动中，在所有自由卢梭主义—D. H. 劳伦斯主义中［……］非常突出——还有虚假的文化价值观、社会分化等，没有人关注为什么 X 应该服从 Y，或“谁是主宰，谁是仆从？”，这大概属于政治关心的话题；人们不满的是心理不适、虚伪不实，以及缺乏爱心、缺乏理解、缺乏宽容，再有就是“分离感”、阶级意识和阶级教育等问题，
很少关心邪恶或蒙受蛊惑的少数人，腐败的官僚机构以及流 149

[1] 休谟于法国的拉弗莱撰写了《人性论》（伦敦，1739—1740），但伯林此处的“预感到在法国可能发生可怕的震荡”一语如果与这部作品有关，其具体所指并不清楚，因为法国大革命一直到五十年后才发生。倒是埃德蒙·伯克的《法国革命论》（伦敦，1790）更符合此言，当然，真说到该书，伯林的话又显得太轻描淡写了。

氓帮派等如何压迫绝大多数人——就像道森[1]和张伯伦[2]，或是艾德礼和贝文[3]，又或者是盖茨凯尔和布朗——应该把他们赶出英国。然而，不论这一做法多么具有社会学意义，与美学意义多么背道而驰，它对正义、政治和经济平等或参与政府管理或民族主义和反民族主义并没有迫切要求；它不是功利主义或反功利主义，支持或反对个人价值观和自由；而更像一种基督教社会主义——但求建立一个精神上健全的社会，清除壁垒，呼吁某种基于心理学和社会学信息和假设的平静、温和、小英格兰式的理性社会秩序。这根本不是政治，即便表现激烈，也大多与青少年犯罪或对上帝或父母或社会秩序的信仰坍塌有关，而不是马克思和列宁所感兴趣的事物，与密尔就更风马牛不相及，甚至与你我现在和曾经的兴趣也丝毫无涉。本质上，这是一个反政治的情绪，并且

[1]（乔治）· 杰弗里 · 道森（1874—1944），原名罗宾逊；1898—1906 年及 1911—1944 年任全灵学院研究员；1912—1919 年及 1923—1941 年任《泰晤士报》主编；20 世纪 30 年代末，鲍勃 · 布思比曾认为他是“当权派的秘书长，绥靖政策狂热的拥趸者”：罗伯特 · 罗兹 · 詹姆斯，《鲍勃 · 布思比的肖像画》（伦敦，1991），第 175 页。

[2]（阿瑟）· 内维尔 · 张伯伦（1869—1940），1923—1924 年及 1931—1937 年任英国财政大臣；1924—1929 年任卫生大臣；1937—1940 年任首相；他是广受质疑的绥靖政策的干将，虽然不是唯一的制定者。1938 年 9 月召开了慕尼黑会议，会上，在捷克斯洛伐克缺席的情况下，通过了纳粹德国将吞并捷克苏台德区的决议，会后，他凯旋，受到崇拜和赞美。

[3] 安奈林（“奈”）· 贝文（1897—1960），南威尔士矿工及矿工领袖；1945—1951 年任艾德礼战后政府卫生大臣；1951 年任劳工大臣；1948 年创立国民医疗服务体系的主要推动力量。

是世界性的——这里有，俄罗斯有，德国有，当然在美国也普遍存在，我想在其他地方肯定也有。没有需求，就没有供给：在我看来，这种解释似乎强过邪恶的、弄虚作假的逻辑实证论者：或者倒不如说我们是与**时代精神**相同的副产品。

可是，他们也有需要自己承担的责任，这点我不否认。

你的

以赛亚

致史蒂文·卢克斯[1]

1963 年 4 月 4 日

海丁顿宅

亲爱的卢克斯：

感谢你寄来的文章[2]，待会儿我会对它略加点评。本来很乐意与你当面讨论一下——可是很遗憾，我得在星期天赶到法国，14 号回来，可立刻又得上医院动手术［……］。 150

我从内心赞同你们的总体思路——尤其是你们对因为某些选民样本表现出冷漠、无知等，便认为这是一个无法治愈

[1] 史蒂文·迈克尔·卢克斯（生于 1941 年），政治社会理论家；1962—1964 年纳菲尔德学院研究生，1964—1966 年任研究员；1966—1988 年任巴利奥学院研究员，1967—1988 年任大学政治学讲师。

[2] 格雷姆·邓肯与史蒂文·卢克斯，“新民主主义”，《政治研究》，第 11 卷，第 2 辑（1963），第 156—177 页。根据伯林的反对意见，他们在发表的文稿中加了一个脚注（第 176 页注 4）。

同时也是理想状态的命题的反驳。对我来说，似乎整个概念共识是怀疑；它抨击了心照不宣的社会契约，后者将公众这端对政府采取的冷漠和疏远的态度等同于赞成与认同——例如像在大多数时候、在大多数国家农民的态度，或在希特勒统治下大多数非纳粹德国人的态度，而事实上，它是大多数似是而非的保守论证的基础，从伯克开始，用来反对个体积极参与管理自己的社会——要把一切都交给专家、精英分子、专业人士等管理。这与政治对普通的体面个体来说要么太重要，要么太无耻（或二者兼具），不宜他们涉足的观念如出一辙。关于这一切，要说的太多了——追根溯源，它始于斯多葛等学派，这点我们可以再找时间谈。

对了，你问我是否因为引用了我演讲中的话而感到生气。我是生气了。你把我与主张将冷漠作为和平政府的一个必要条件的人相提并论，让我与整个反民主人士为伍。的确，所谓消极自由，我指的是免受干扰的自由。但首先，我不认为这一点必须不惜任何代价地加以捍卫，不惜以牺牲其他价值观为代价，如正义、福利与发展各种社会功能与特性，这些是任何社会要保持生机所必须拥有的——我至多只需守卫一个最低限度的区域不被侵犯，并寻求建立这样的理念，即其他那些同样重要的价值观，为了要支持它们，有时自由必须被搁置一边，但它们不可自诩为自由，否则就会产生知识混乱和邪恶的行为；其次，欲望由自己决定，而不是外部力量，这是基础，正是因为曲解了这一点，才导致了极权主义的后果——在你的文章里，我与之为伍的是对此发出警告的人，就其本身而论，便可能导致对自由主义的颠覆；再次，我从来没有写过不利于民主的内容——个人能够最大可能地参与其公共生活的愿望——即便是康斯坦[1]，我的想法当然来自他，也认为民主是对任何程度的个人自由的唯一保障，虽然一些民主国家比一些开明专制国家更常将其碾压。所以我认为，让我与这些人同流合污，是极大的不公，彻底歪曲了我的立场。因此，如果你能把我的名字拿掉，我将不胜感激。

[……] 我没有说过也不相信，只有在选民表现出合理的冷漠时，个人自由才可以生存，好的政府才可能蓬勃 151
发展。当今最健全的平等社会，如丹麦、以色列、新西兰等，从来不会明目张胆地镇压个人自由或民主行动；然而，在你文章中，却好似我主张的是其反面。请求还我公正！[……]

因此，这封信的目的，一是提出抗议，二是希望你到医院来看我，或在5月初我们约个日子在牛津见面。

你忠诚的

以赛亚·伯林

[1]（亨利）·本杰明·康斯坦·（德·瑞贝克）（1767—1830），生于瑞士，自由主义政治思想家，在拿破仑以及后来波旁王朝领导下的法国政界十分活跃；他倡导个人自由，反对潜在暴政，这些都使他对同胞卢梭的思想提出强烈批评。

致安娜·卡琳[1]

[1963 年 4 月初；手稿]

海丁顿宅

最亲爱的尼乌塔[2]：

“我无法用俄语写信：无论是文字还是感情。有些事我想说，可那些单词甚至字母却逃得远远的：也许这是因为我在孩提时代便停止用俄语思考——所以我只能用那个语言表达‘幼稚’的内容——请你原谅，下面我将改用英语，这个语言既不悦耳，也不带个人情感，更毫无亲密可言。”[3] 我知道，我知道你对此事多年前已心有准备，然而，当它真的发生，却和所料想的完全不同，更糟糕的是，一切都从此改变了。我父亲去世后，我就开始害怕哪一天又会失去母亲，非常害怕，就是这种心情。在某种程度上，我觉得你母亲[4] 很幸运：背井离乡已经够可怕的了，但只要某个联系还存在，无论你们多少次吵吵和和，便都可以容忍，这个过程是一个永恒的具有俄罗斯特色的进程，它不断维持着，使你的母亲

[1] 安娜（“尼乌塔”）· 卡琳 *（1896—1984），伯林 BBC 第三套广播节目制作人。

[2] 伯林此处原文为：Нюта。

[3] 伯林此处原文为：Я не умею писать по русски：ни слов ни чувств. Есть как будто что сказать а слова и даже буквы не идут：может быть потому что я пересталъ мыслить по русски еще ребенком-и поэтому только ‘детское’ умею выражать на этом языке. Простите мне [sc.меня] -я ерейду на неуютный，неличный неинтимный английский язык.

[4] 伊达 · 卡琳（1871/2—1963），其夫为塞缪尔 · 卡琳（1871/2—1941）。

（或许也包括你）免于陷入疏离。[1] 我可怜的妈妈才真的是孤
单：我也去看望她，也和她争吵，但远远不够：我心感内疚，
却不知道补救。孤独，即没有足够多的人理解我们所说，是
我们这些东欧移民 [2] 不得不习惯——却永远不愿去习惯——
的命运。你妈妈去世时感觉很累吗？希望如此。当人充满活
下去的希望——特别恐惧死亡，却不得不撒手人寰，这种情
况更糟。九十一岁已经是高寿了：而且一生被人所爱，被人
关心，无憾了。天哪！好想说点儿什么，可所有语言就像干
巴巴的铅字——什么话都想不起来——我只想说，你写信给 152
我，仅这一点就令我感动不已［……］。就是这样，太不够
了。说出口的全都干巴巴枯燥无味，而且全在说我自己。言
犹未尽，一切或许只能尽在无言中了。生活还得按部就班地
继续下去，还得勇敢坚强，努力挺住：虽然不清楚为什么要
这样。这只是某种犹太人返祖现象——经受磨炼——因为我
们生活在陌生人当中 [3]——不让步——不低头——只管前行
就好。

　　对于这点，我感受十分强烈：我们好比一支想象出来的

[1] 伯林此处原文为：Entfremdung。

[2] 伯林此处原文为：выходцы из вост［очной］Европы。

[3] 伯林此处原文为：вот и все，совсем недостаточно и выходитъ сухо и все о себе а остальное так и остается недосказанным и никогда вероятно сказано не будет. А пока нужно routine продолжать и быть молодцом и держаться во всю：а зачем-не ясно.Вот толко какой то еврейский атавизм-дисциплина-живем у чужих。

军队之中的一员，这支军队不断遭到摧毁和破坏，但始终朝着某个未知却必须到达的目标大步向前——就像卡夫卡一般[1]。我不能再唠叨下去了。去信只是为了祝你好上加好：如果心情尚可，欢迎星期六晚上光临贵宾席——只有我母亲、艾琳、迈克尔［·斯特劳斯］、斯图尔特和我——不需要盛装打扮（上演剧目为《唐·卡洛斯》）。

深切的问候

沙耶[2]

致杰克·唐纳森

1963年5月29日

海丁顿宅

亲爱的杰克：

随信附上一则剪报，是《周日快报》上的文章[3]，我那位可悲且堕落的同事A. J. P. 泰勒写的。此人正如罗宾斯勋

[1] 弗朗茨·卡夫卡（1883—1924），犹太小说家，生于布拉格，讲德语。其作品探讨个体的孤独和疏离，以及难以忍受的存在噩梦。

[2] 伯林此处原文为：Шая。“沙耶”为家人对“以赛亚”的昵称，伯林年轻时代的朋友也使用。

[3] 在“人们为什么必须为附庸风雅付出代价？”（《周日快报》1963年5月26日第16版）一文中，泰勒将人们关注的焦点引向柯芬园英国皇家歌剧院董事会成员的财富和影响力，其中提到“以赛亚·伯林爵士，英帝国高级勋爵，著名的社交名流，同时也是牛津大学社会政治理论教授”——是一个与文化相关，却不太悦耳的话题，并说，“柯芬园得到政府补贴，是因为其上流社会的地位，而不是因为它的艺术价值”。

爵在董事会上对我们说的，已成为众矢之的，遭到大家的藐视，因此，它不太可能给你带来愉悦。约翰·丹尼森向我表示了颇为虚情假意的慰问，而伯内特·帕维特则发自内心地感到震惊，认为作者真是下流透顶。为此，加勒特向马克斯·艾特肯提出抗议（这么做很有好处），叫他赶紧罢手。泰勒实际上已成为比弗布鲁克勋爵那帮人中走狗式的人物，为了取悦他们，随时准备对任何一个手无寸铁的路人扑上去咬一口——这仅仅只是整个反文化宣传的一部分，《标准晚报》已实施了多年。泰勒，自从他未能获得教授职位，便以出卖灵魂为荣——从本质上来看，他并非极端邪恶之人，可现在怕是却成了一个可悲的骗子。更让人不愉快的是，戴维·韦伯斯特不仅非常喜欢那篇文章，还把这种喜爱告诉我，完全不顾及我的感受：你能够喜欢这样一个人吗？［……］ 153

与此同时，我有一种不安的感觉，如果比弗布鲁克办的报纸与左翼的社会党人勾结在一起，专门围绕上流社会文化进行抨击，那么，第三套节目[1]，以及柯芬园等，便可能紧随其后受到伤害。只靠任命一个像伯纳德·威廉斯这样善良、温和、认真的正人君子，我们将无法与之抗衡，以充分保护自己，虽

[1] 指 BBC 电台的第三套全国广播节目（位居国内广播节目和娱乐节目之后），于 1946 年开始广播，后（1970）被并入新的第三套广播节目；如其坦言，该节目内容格调高雅，受众群体狭小，属于小众精品节目。

然理所当然我们应该这么做。为此，我们必须拥有更强大的力量：首先要聘请一位真正的作曲家——如果布里顿不行，因为他不想来，可以考虑蒂皮特；[1] 要么就是伦诺克斯·伯克利。[2] 他们是否能发挥积极的作用并不重要——董事会成员中不能把专业音乐家完全排除掉。并且，佐尔蒂也需要有人制约。此外，我本人将支持把布思比勋爵吸纳进来。[3] 他的确会让大家抓狂，可是，一旦我们失去了沃尔特，他至少在某种程度上忠诚得多，虽然有些捣蛋。如果请求他，他一定会利用所有媒介，有力捍卫董事会，并全面得胜；相比所得，他会付出更多；为我们做出巨大贡献，就像当年布兰登·布拉肯 [4] 在英国情报部所起的作用一样。由于人们害怕被他公开嘲笑，在他接管后，情报部在下议院受到的攻击比起从前明显减少。

[1] 迈克尔·坎普·蒂皮特（1905—1998），后（1966）受封爵士，英国作曲家；尤以宗教剧《我们时代的孩子》（1944）著名。

[2] 伦诺克斯·兰德尔·弗兰西斯·伯克利（1903—1989），后（1974）受封爵士，英国作曲家；1946—1968 年任皇家音乐学院作曲教授，本杰明·布里顿的至交。

[3] 罗伯特·约翰·格雷厄姆（“鲍勃”）·布思比（1900—1989），1953 年受封英帝国高级勋爵，1958 年成为终身贵族；保守党政治家；曾短期任职于丘吉尔的战时政府，后因在财政上存在违法问题被迫辞职。1962—1975 年任英以协会主席。他时常任电视和电台时事节目评论员，在英国家喻户晓：“（他）的个人生活难有尊严可言，但对政治问题却极少出现错判。”（伯林致泰迪·科莱克，1970 年 4 月 14 日）

[4] 布兰登·布拉肯（1901—1958），1952 年受封布拉肯子爵一世，保守党政治家；丘吉尔战争时代“傲慢、顽强、玩世不恭的政治‘调停人’”；任命他为信息大臣时（1941—1945），“每个人都抱怀疑态度，结果却证明此举实属高明”（詹森·托姆斯，《牛津国家人物传记词典》）。

[……] 经过认真考虑，我已得出结论，他（戴维）实际上不是个好人，不希望我们好，对歌剧毫无兴趣，只是在他的能力范围内经营着罢了，因为他就是这样的人。他看重能力，享受自己的地位，但内心里对我们谁都不喜欢，基本上认为巴格里特[1]比我们重要得多，因为他没有那么多关于美学的废话，可以在一个愉快的商业基础上进行对话。相信我，我没有夸大其词。[2]我知道，要想软化他，跟他搭上话， 154
必须以朋友身份，用玩笑的方式跟他打交道，过去我就是这么做的。但是，如果跟一个人交往，必须以远离歌剧、角色、演出原则等为前提，而一旦谈到这些话题，他脸色就会一下变得阴沉、不耐烦，摆出一副厌恶样子，那就实在太无聊了。我并不是说如果是宾这样的人，我们会与之更好相处，但至少管理层必须有能力，能够像比恩先生[3]那样，既懂得经营，同时又能保持高度的人类善良与美好，体面正派和理想主义。

[1] 莱昂·巴格里特（1902—1979），1962 年受封爵士；1957—1962 年任埃利奥特自动化有限公司副总裁，1963—1973 年任总裁；1963 年起任科技投资公司董事；1962—1970 年任英国皇家歌剧院董事；柯芬园定期资助者协会创始人（1962），1962—1969 年任主席。

[2] 伯林在 1964 年 2 月 12 日致加勒特·德罗希达的信中，说了韦伯斯特得知他（伯林）准备从皇家歌剧院董事会辞职的消息后的反应："我刚刚告诉了戴维·韦伯斯特我准备离开——居然连一滴眼泪也没有！——真是一只没有眼泪的鳄鱼，冷漠无情！他藐视我们所有人（包括杰克，他还坚持爱他）！唯有巴格里特除外——或许吧——在他心目中，此人颇令他敬畏。"

[3] 托马斯·欧内斯特·比恩（1900—1983），1928—1944 年任《曼彻斯特卫报》发行部经理助理；分别于 1944—1951 年及 1951—1965 年任曼彻斯特哈里音乐会协会和伦敦皇家节日音乐厅总经理；1965—1971 年任伦敦交响音乐会董事会秘书。

回来后尽快让我知道，我会向你报告前方的最新进展情况。

你的

以赛亚

1961年下半年，陆军大臣约翰·普罗富莫[1]与克莉丝汀·基勒有了短暂恋情。[2]她是一位模特和舞女，年轻貌美，同一时间与苏联驻伦敦的海军武官叶夫根尼·伊万诺夫[3]也有染。伊万诺夫和基勒都是社交界整骨理疗专家斯蒂芬·沃德[4]的朋友。他的客户包括阿斯特子爵；[5]正是在阿斯特的克莱夫登宅院举行的一个聚会上，普罗富莫第一次遇到基勒，当时她正在游泳池中裸泳。1961年12月，内阁部长警告说必

[1] 约翰·丹尼斯（“杰克”）·普罗富莫（1915—2006），意大利王国男爵五世；1940—1945年及1950—1963年任保守党议员，1960—1963年任陆军大臣（1963年6月4日辞职）；1975年受封二等英帝国勋爵，以表彰他对慈善事业的贡献。值此，他的公众形象重新得到恢复与确认。

[2] 克莉丝汀·玛格丽特·基勒（生于1942年），舞女、模特与社交伴侣；是20世纪60年代一张标志性摄影照片的主人公，摄影师为刘易斯·莫利，照片上的她裸体跨坐在一把阿纳·雅各布森设计的三脚“蚁椅”上，椅子摆放的角度恰到好处。

[3] 叶夫根尼·米哈伊洛维奇·伊万诺夫（1926—1994），1960—1963年任伦敦苏联大使馆助理海军武官和情报官员。

[4] 斯蒂芬·托马斯·沃德（1912—1963），整骨理疗专家和艺术家。他的社交客户中有阿斯特子爵三世威廉·沃尔多夫（“比尔”）·阿斯特（见下注）。沃德以象征性租金租用了子爵在克莱夫登的别墅，并自1959年起断断续续与克莉丝汀·基勒居住此地，但二人关系并不亲密。在普罗富莫丑闻发生后，沃德成了替罪羊，在中央刑事法庭被判有罪，罪名为拉皮条；在审判的最后一天早晨，他服药自杀，药量足以致命。

[5] 威廉·沃尔多夫（“比尔”）·阿斯特（1907—1966），1952年受封阿斯特子爵三世；分别于1935—1945年及1951—1952年任东富勒姆区和巴克斯郡威科姆区的保守党议员。

须断绝与沃德及其社交圈子的来往，普罗富莫结束了与基勒的关系。但她披露二人恋情的尴尬文字，却引诱他故意误导首相助手，使其无法对事件的真正本质做出正确判断。随后，1963年3月22日，他又在下议院坚决否认曾经有任何不当行为，此举无异于政治自杀。随着记者和政客们深入探究此事与伊万诺夫的关联，许多相反的直接证据不断堆积，直指他的行为很可能已经破坏到国家安全。虽然事实上并未造成恶果，但普罗 155
富莫仅是私人生活轻率这点如今已经成为一个公开的谎言。在妻子的鼓励下，他决定全盘托出，于1963年6月4日向首相递交了辞职信，信中承认他故意误导其同僚及议会。

普罗富莫丑闻发生之时，正逢社会日益开放宽容的年代，《查泰莱夫人的情人》的案子在人们心中仍记忆犹新——它引发了全国性的大辩论，专门对公共生活中的道德标准进行讨论。此事给人一种不断变化的时代感，集中体现在年老的哈罗德·麦克米兰被这一丑闻弄得完全乱了方寸，似乎失去了对权力的掌控。同年10月，他提出辞职。

致罗兰·博登—穆勒

1963年6月20日

海丁顿宅

亲爱的罗兰：

[……] 关于普罗富莫案，我并不比其他任何人更合适来告诉你。我真不知道还有什么其他的隐情。黑尔什姆子

爵[1]周末到访全灵学院，向我们详细讲述了整件事的来龙去脉，与前些天首相在下议院的讲话中所披露的情况大致相同，在此不再重复。我觉得，不同寻常的倒是普罗富莫居然有如此胆量，撒了这么个弥天大谎——当人清楚自己的行为明显是犯罪，却以诽谤罪起诉他人，这的确需要一些勇气。奇怪的是，没有人拿他的意大利佬祖先说事来攻击他：只说他的家族来自西西里岛，也有人说是撒丁岛，另外还有人说是的里雅斯特。他的父亲是英国二等高级爵士，祖父不用说是意大利人，母亲是英国人，非常富有。[2]他的姐夫是英奇利的贝尔福男爵，写了一封颇具胆量的信给《泰晤士报》[3]，他是比弗布鲁克勋爵的僚属之一，这或许就是为什么《每日快报》没有对普罗富莫穷追不放的原因，它本来是会这么做的——信中说他是怎样一个好人，如何善待他的家人，对他

[1] 昆汀·麦加勒尔·霍格（1907—2001），1950 年受封黑尔什姆子爵二世（1963 年放弃贵族身份；1970 年成为终身贵族）；1931—1938 年及 1961—2001 年任全灵学院研究员；律师和保守党政治家；在艾登和麦克米兰政府中任多个大臣职务；后（1970—1974 年及 1979—1987 年）成为英国上议院大法官。
[2] 普罗富莫的父系祖先来自撒丁岛，家族财富来源于他的祖父，一个节俭生活协会的创始人。
[3] 哈罗德·哈林顿·贝尔福（1897—1988），1945 年受封英奇利的贝尔福男爵一世，约翰·普罗富莫的姐夫，报刊记者、商人和保守党政治家；针对黑尔什姆勋爵于 1963 年 6 月 13 日在电视访谈中发表了臭名昭著的以下言论："一个伟大的政党，不会因为一个水性杨花的女人和一个货真价实的骗子的丑闻而被推翻。"（"对公共道德的巨大一击，超越你我想象：黑尔什姆勋爵口无遮拦"，1963 年 6 月 14 日第 9a 版）贝尔福以其议会同事的身份写信给《泰晤士报》，认为应该以基督慈善为怀并考虑普罗富莫的为人美德温和对待此事，不应如此发难。（"缺乏怜悯之心的黑尔什姆勋爵"，1963 年 6 月 17 日第 13d 版）

的选民多好，多么忠于首相，是一个多么优秀的陆军大臣，156
对军队多么全力以赴，还说像黑尔什姆勋爵这样高贵强大的基督徒，真应该在他对待堕落同僚的态度中找到一些基督慈善成分。[……]

麦克米兰才真正是身处困境：他在加尔布雷斯问题上没处理好，加尔布雷斯显然行为轻率，却并非不当，而他又不想再次被人指责为难自己的大臣。[1] 从本质上来说，他是一个非常不错的人，他信奉个人自由，对性之类的话题极端恐惧，避之不及——“我年轻那会儿，大家都把女性奉为偶像”，他曾经这么对我说，我敢说这仍然是他的态度。因此，当普罗富莫向他保证，对他的指控毫无根据时，他很难会继续穷追不放——倘若一个首相不相信其同僚的话，仅根据可疑的黑社会成员提供的信息，便毫无来由地调查他们的私人生活，再没有什么比这更打压内阁士气的了。此外，对麦克米兰来说，很难在下议院愤然而起，发出雷鸣般的宣言，重申家庭生活的神圣和私人道德的重要性，因为实际上，他自己的生活就处于一个奇怪的境地——他本人一直行为体面，却是一个受害者，就像你知道的那样，被和蔼可亲、讨

[1] 托马斯·加罗韦·邓洛普（“塔姆”）·加尔布雷思（1917—1982），后（1982）受封高级英帝国勋爵，麦克米兰政府的一位次臣，1962 年 11 月 8 日辞职，起因是他的一个直接下属，海军部的一位同性恋职员约翰·瓦萨尔，因间谍罪被关押，而他与此人有私人信件来往，虽然与罪行本身毫无牵连。加尔布雷思后来被证明无罪，麦克米兰因接受其辞职遭到批评，虽然他心里相信后者是“捕风捉影行动的受害者”（《泰晤士报》1962 年 11 月 9 日第 12a 版）。

人喜欢但毫无原则的 B 勋爵[1]欺负。尽管他终其一生坦坦荡荡，洁身自好，充满勇气，荣誉等身，但在个人生活上却遭受重创。如你所知，这阻碍了他表明自己的道德立场，而这是《泰晤士报》希望他做出的。《泰晤士报》上的头版文章全是泛滥的伪善之言和虚伪说教——所刊登的大量信件也是如此。[2]斯帕洛写了一封精彩绝伦的信给《泰晤士报》，[3]谴责普罗富莫，但同时也抗议那些令人作呕的维多利亚式的垃圾文章，多数是科茨沃尔德区具有男子气的女士们投给《泰
157 晤士报》的，而该报则迫不及待地将其付印发表。所有这些都怪我的主编朋友[4]，他是一位老派的自由主义者，自视为

[1] 1929 年，布思比开始与麦克米兰的妻子有了婚外情，他妻子即多萝西・伊夫林夫人（1900—1966），婚前姓卡文迪许。二人的情事断断续续持续到她去世，并有可能生育了女儿莎拉・麦克米兰；在英国政界，这桩情事无人不知，并阻碍了布思比的事业发展；但麦克米兰坚忍地接受了这一现状，表面上仍与妻子的情人友好相处。

[2] 1963 年 6 月 11 日刊登的头版文章为"这是一个道德问题"——紧接着，6 月 13 日又发表了整版的读者来信，全是赞同叫好的：如"你们关于道德标准的头版文章是希望的象征，至少在那些对当今低俗的道德标准日益感到灰心失望的人们看来是如此"（希尔达・M. 斯托厄尔，1963 年 6 月 13 日第 13g 版）。

[3] 斯帕洛驳斥了"一个大臣身上的失误代表普遍的腐败现象"的看法：认为"这个不幸事件给英国公众已经留下深刻印象，不需要任何清教徒式的宣传攻势在议会或媒体再加以强化"（总题为"这是一个道德问题：选民表达意见的权力"的几封信件之一，1963 年 6 月 13 日第 13e 版）。

[4] 威廉・约翰・哈利（1901—1987），1946 年受封圣迈克尔和圣乔治高级勋爵，1944—1945 年任 BBC 总干事；1952—1966 年任《泰晤士报》主编。哈利为该报撰写了 6 月 11 日的头版文章（见原文第 157 页注 3），该文成为"一份具有历史意义，针对麦克米兰政府的控告书（在他看来，这个政府由一帮暴徒组成）。[……] 其道德观形成了他对政府政策的态度"（西恩・尼古拉斯，《牛津国家人物传记词典》）。

这个腐败社会的萨沃纳罗拉[1]，我希望他不要这样。[……]

四天前的晚上，我们一起在白金汉宫进餐，迎接印度总统[2]。场面华丽壮观，宫务大臣科博尔德爵士[3]，虽然带着他的随从，看起来有点儿古怪，但他们红色天鹅绒垫子上光彩夺目的黄金饰物——看得出来是詹姆士一世时期和斯图亚特王室时代的产物——在宴会厅明亮灯光下的映照下，显得格外富丽大气。还有我们进餐用的金色餐具。食物本身就像一个大学，不好不坏，但那些鲜花——玫瑰、矮牵牛花等，在金碗中喷涌盛开——灿烂夺目，前所未见。我敢说所有这一切都是专门为印度人安排的，因为他们喜欢东方的绚丽多彩。总之，一切都非常有趣，某些方面甚至充满喜剧色彩。可怜的麦克米兰坐在我旁边的沙发上，看起来疲惫不堪。我把这些讲给布兰德勋爵听，可他居然说从未到过白金汉宫，渴望能有机会前往，令我惊讶不已——这意味着他不在任何排行榜上。

[1] 吉罗拉莫·萨沃纳罗拉（1452—1498），多米尼加僧人和宗教改革家，领导清教徒运动反对世俗腐败现象，其中包括“焚烧名利之心”运动；曾于1494—1495年短时期统治佛罗伦萨，但随后被教皇宣布为异端；他在西尼约里亚广场（领主广场）被公开绞死，尸体被焚烧。
[2] 萨瓦帕利·拉达克里希南（1888—1975），1931年受封爵士，哲学家及政府公务员；1936—1952年任全灵学院东方宗教与伦理斯伯丁讲席教授兼研究员；1952—1962年任印度副总统，1962—1967年任总统。任期内曾到英国进行国事访问，其间他被女王授予功绩勋章的荣誉。
[3] 卡梅伦·弗罗曼蒂尔·科博尔德（1904—1987），1960年受封科博尔德男爵一世，1963年获维多利亚大十字勋章，1949—1961年任英格兰银行主管，1963—1971年任王室的宫务大臣。

梅森·哈蒙德很快会抵达，无疑会对我们的道德状况表示震惊——我必须挺身而出，奋力捍卫。罗尼和玛丽埃塔也来了，准备周五来看我们。如今的英格兰，家家户户都在谈论普罗富莫案，在我看来其他地方也一样，可谓无处不在。从未有一个话题让大家如此感兴趣，如此津津乐道。[……]

知道吗？目前我们正在开展净化国民生活运动！我想，有许多内阁成员，议员们就更不要说了，都得对他们各种存在猫腻的社会关系进行清算。除此之外，过去的几星期里，这里充满了超自然力大师拉斯普京的味道，而过去的这几天，则让人想到旧体制时代[1]。总之，就像公爵夫人可怕的
158 尿失禁一样，加尔布雷斯、瓦萨尔、弗莱彻—库克[2]等，一样也都是丑闻人物。我认为这么说是公平的。主教们认为，《查泰莱夫人的情人》应该要求基督徒阅读，等等，令人作呕的喜剧演员，某种类似左翼思想和颓废生活的情绪，魏玛之流的思潮，的确弥漫在我们当中。也许这一切无伤大雅。但我感觉到，一代人真的从舞台上消失了——在白金汉宫时，麦克米兰向我保证他不会接受荣誉爵位："作为一个贫穷佃农的孙子，能够给人颁授嘉德爵位，这对我来说是一

[1] 伯林此处指1917年俄国罗曼诺夫王朝的灭亡，及其对宫廷僧侣以及神秘的超自然力大师格里高利·叶菲莫维奇·拉斯普京（约1869—1916）的腐蚀性影响。
[2] 查尔斯·（弗莱彻）·弗莱彻—库克（1914—2001），后（1981）受封爵士；1951—1983年任兰开夏郡达温镇保守党议员；1961—1963年任内政部联合议会政务次官；后辞职，坊间猜测缘起于他与一位年轻男子的暧昧关系，这位男子开着弗莱彻—库克的车，因超速被警察逮捕。

大乐事。可一旦自己接受，就索然无趣了。”他说：“我不想坐在下议院高谈阔论，发表些没人爱听的空谈，也不想无所事事待在上议院，做些同样无聊的事情——不，不，我要回到出版社出版书籍。”我们等着看好了。我喜欢他，尊重他，不希望他过得不开心。总体上他做人很好，对他目前所处的状况，我很难过。[……]

〈致以深切问候〉

以赛亚

致罗兰·博登—穆勒

1963 年 7 月 19 日

海丁顿宅

我亲爱的罗兰：

花了好长时间，饶有兴味地拜读了你那一大番重磅抨击，可谓是当下时代最强有力的谴责。其力度之大，此刻仍令我有晕眩之感。我想有必要逐一予以回答，否则你会认为我是那帮肮脏下作之人的盟友，不惜洋洋万言，痛加鞭笞。[……]

首先，你认为我对哈利和基勒小姐的批评，远比对阿斯特勋爵和普罗富莫来得严厉。的确如此。普罗富莫已经受到惩罚。他做了什么？不过是与一名妓女有染，当有人警告那个整骨治疗师是个危险人物，最好远离——他立刻甩开了此人。他之所以继续与基勒小姐交往，显然是已沉醉其中，不能自拔。但就我们所知，他并未向其透露任何国家机密，只是欺骗了自己的妻子[1]，对政府和议会说了谎而已。任何心智正常的人都不会希望在这些指控上为其免罪。他的主要罪行当然不是因为有婚外情——记不清楚是谁说的了，格莱斯顿还是哪一位，说他毕生只认识两位首相不曾与其他女人通奸的；你只要想想劳埃德·乔治[2]都做了些什么［……］相
159 比之下，普罗富莫几乎算得上天使了。我仅见过普罗富莫一两次，并不喜欢他，可他所犯之罪充其量也就是存在赌博侥幸心理，以为靠撒谎可以蒙骗过关。殊不知，他把赌注押在了政府的信用上［……］。无论如何，《泰晤士报》为此惊恐万状到那种地步，好像就因为某位内阁大臣玩弄妓女，英国的整体国民生活便会就此沉沦——该报主编明明知道，在过去的五六十年里，我们一些大臣们的私生活（曾经）多么糟糕——如此惺惺作态、虚假伪善[3]，令我深感震惊。

[1] 普罗富莫于 1954 年娶舞台和电影演员（芭贝特·路易莎）·瓦莱丽·哈夫洛克—艾伦（1917—1998）为妻，婚前姓霍布森；普罗富莫对妻子坦白了自己与基勒的失检行为后，其妻劝他向公众坦陈一切，他照办了，之后其妻坚定地与他站在一边。
[2] 戴维·劳埃德·乔治（1863—1945），1945 年受封劳埃德·乔治伯爵一世，自由党政治家；1916—1922 年任首相。其子理查德在为父亲撰写的自传《劳埃德·乔治》（伦敦，1960）中对他有如下描述，“作为一个性欲过剩，善于玩弄女性的男人”（转引自肯尼斯·摩根，见《牛津国家人物传记词典》），他至少与三位自由党议员的太太有染，并与他的秘书兼情妇弗朗西斯·史蒂文森在外另有家室。
[3] 理查德·克洛斯曼写道，普罗富莫的罪行“是被逮了个正着，他的诸多同事照样这么做却毫发无损。在英国政坛，逃避有九成是出于天真无知”；这个事件暴露出，“忠诚、虚伪、谎言和借口，所有这些，润滑着政治制度的车轮。［……］。X 和 Y 放任伯吉斯和麦克莱恩，却照样得到了他们的贵族身份，而普罗富莫却命运如此，至今我依然感到义愤填膺”。（“来自坟墓的恳求”，《新政治家》，1972 年 2 月 25 日，第 242 页）

我对基勒小姐本人真没什么反感，除了她的散文体回忆录令人作呕的文字[1]，我读了大约五行——即便那些我也但愿自己不曾阅读。不过，散文体不是一切。

其次，[……] 身份高贵的人与水性杨花的女性见面，外加一些英国贵族伴随左右，这种情况在 18 世纪非常普遍，到 19 世纪也只是略微少见了些；在 18 世纪的英国和法国，与十六岁以下的女孩有性交易简直令人无法接受；有一点我是赞同你的，要怪就怪这个体制，在这个体制中，富人可以这样的方式剥削穷人。但如果我们将这一切汇集到其逻辑顶点，那当然便意味着我们必须废除这个社会，因为在这个社会当中，有些人明显要比其他人富有，而实际上这可能理所应当，名正言顺；只要有人比其他人富裕得多，卖淫便将继续，无须费尽心机试图加以隐藏——比如说，优雅帅气的男人可以拥有漂亮美丽的情妇，只要不到处声张——此举只是为了最终阻止丑闻爆发。这将直接指向共产主义道德观。而我与之不同的看法是，也许在这种情况下，我们为废除卖淫付出的代价过高，因为它会摧毁许多属于我们文化的东西——就像在俄罗斯已经明显发生的那样——而那些东西是我们倍加珍视的。在暴力改革或革命开始之前，我们必须权衡孰重孰轻。但我完全同意你说的，如果在一个社会里，靠金钱可以买到性快感，卖淫被认为

[1]《世界新闻报》为基勒的“忏悔”付了二万三千英镑的稿费，为此报业委员会谴责道：“如此通过利用罪恶与性来获得商业利益，《世界新闻报》伤害了公共福利和整个报业。”（《泰晤士报》1963 年 10 月 7 日第 7f 版）

普遍正常，那这个社会将令人感到痛恨悲哀。我本人并不相信贵人施惠或富者施惠——这个公式太有失平等。当然，内阁大臣和达官贵人们应该行为检点，以免危及他们所信奉的，以及以他们为象征的政府机构。普罗富莫就属于行为拙劣不当。不过我与《泰晤士报》看法不同，以我的观点，这不是一个道德问题，而是一个社会政治问题。从直觉出发，我的反应恰恰相反：我厌恶不正当行为；厌恶性自由，其程度之甚，就连踏入
160 夜总会也难以接受——即便是最体面的夜总会——并且远远避开放荡不羁的波希米亚文化，哪怕是最轻微的接触也避之不及，更不用说任其玷污了。但我不能为此辩护；这只属于个人爱好。我不希望仅仅因为它令我不快，冒犯了我，便剥夺他人的行为自由。与约翰·斯图尔特·密尔一样，总体而言，我认为任何行为，只要不直接损害到他人，就应该得到宽恕，即便这个行为令人厌恶；换句话说，它不应受到惩罚，虽然人们完全有权对其任意评论。[……]

你批评说，现在已根本不存在什么优雅温良的高贵善举。我很明白你的意思。我认为，那是为了争取更大平等所必须付出的一部分代价。尽管财富差异依然存在，这种平等无疑正在所有的社会中日渐发展。沙俄时代比起如今的苏联，就能见到更多的高贵善举和守范行为——或许并非出于更高的社会或个人道德，但毫无疑问行为更加得体。[1] 在路

[1] 伯林此处原文为：tenue。

易十六和路易十五时代，循规守矩的行为也胜过拿破仑统治时代。那时，农民受到的压迫较少，无辜的鲜血并不那么常流，遭受不公和残酷待遇的恐怖经历也不那么频繁发生。

我并不是说一个人就必然要成为另一个人的代价，但历史似乎的确在告诉我们，追求社会公正的行为，必然导致贵族准则以及贵族礼仪的毁灭。具有真正贵族气质，并且在贵族环境中教育长大的人拥有激进思想，一心要将自己所属阶级的价值观破坏殆尽，没有什么比这点更令人瞩目——这样的人在我们生活中司空见惯。但就他们取得的成功而言，尽管下一代可能生活在一个更加公平的宇宙空间，却必然失去贵族气质，因为其本身便是尖锐并令人备感痛苦的不平等的产物，而且通常被压迫者和受害者、上层地主和下层农民毫无怨言地接受。

你说普罗富莫居然在对议会撒了弥天大谎之后，立即便跟随王太后去了赛马会，真是毫无品位，愚蠢至极。的确如此。当然，他这么做是为了试图装出自己没有做错，以逃脱处罚。如果他侥幸得逞——要不是那位整骨治疗师的神秘行径，此人是或不是出于敲诈的目的，均有可能，他很可能轻易就得逞了——那么，他行为规矩、正人君子的形象将得以保持，一切都将瞒天过海地掩盖起来，不为人知。几位好友亲信可能偶尔会在市政厅或议会对此聊作谈资，轻声一笑，但人们通常没有什么理由就此说三道四。所以，我们只能说他运气不佳。他行为拙劣，这一点毫无疑问，但行为拙劣之

161 人何其多哉——诸如帕麦斯顿[1]、劳埃德·乔治、阿斯奎斯[2]，以及其他达官贵人——他们之所以没有在公众面前丢脸蒙羞，是因为他们手段高明，好运庇护，而并非因为他们道德过人。

至于丹宁勋爵，他正在津津有味地阅读有关阿盖尔郡公爵夫人离婚案的报道。[3] 不可以的！有失公允！毋庸置疑，普罗富莫的确表现欠佳，阿斯特的确品位堕落。但是，还有许多更令人发指的恶行并没有在《泰晤士报》得到同样的谴责——残酷、背叛、懦弱、贫穷，或者更确切地说，没有表达出足够的愤慨。我终于彻底看清，为什么在法国人眼中，英国人口是心非了。

[1] 亨利·约翰·坦普尔（1784—1865），帕麦斯顿子爵三世，英国辉格党政治家，1830—1834 年、1835—1841 年及 1846—1851 年任外交大臣；1855—1858 年及 1859—1865 年任首相。帕麦斯顿外号为"丘比特"，是一位"相当善于玩弄女人的好色之徒"[……]。他对自己的男性雄风颇为自得，将自己性交往的成败得失均写入随身私人日记。他在男女情事方面，与对其他事情一样，颇有手段。（戴维·斯蒂尔，《牛津国家人物传记词典》）

[2] 赫伯特·亨利·阿斯奎斯（1852—1928），1925 年受封牛津及阿斯奎斯伯爵一世，自由党政治家，1908—1916 年任首相。阿斯奎斯的坏名声主要在无节制的放纵行为，倒并非对妻子不忠，但他喜欢聪明能干和有吸引力的年轻女性陪伴左右，并与其女儿薇奥莱特的好友弗尼夏·斯坦利（后姓蒙塔古）建立了深厚友谊和爱情。阿斯奎斯致弗尼夏·斯坦利的书信后来被比弗布鲁克勋爵收藏，并在罗伊·詹金斯撰写《阿斯奎斯小传》（伦敦，1964）时提供给了他。

[3] 1963 年，伊恩·道格拉斯·坎贝尔，也即阿盖尔郡公爵十一世（1903—1973），因其妻子［艾瑟尔·］玛格丽特（婚前姓惠格姆，1912—1993）通奸提出的离婚案中，披露出来的淫荡细节包括一张公爵夫人与一位身份不明的男性伴侣的口交照片。有传言称，该男子是一名政府大臣。迫于压力，案件由［阿尔弗雷德·汤普森·］丹宁勋爵（1899—1999）展开调查。丹宁勋爵 1957 年受封终身贵族，曾负责普罗富莫绯闻事件的政府调查。

如往常一样，我准备25日前去以色列，8月5日到意大利。哎呀！我这亲以色列的情绪恐怕要像上封信一样惹恼你了——但我要斗胆再加上一句，那个可怜的贫穷小国——毫无疑问它的确贫穷，你甚至不能否认它既贫穷又弱小——至少不会像金罗斯的朋友们似乎正在做的那样，向当地村庄投放让人身上长疱疹的炸弹。不过，我还是不要继续拿你我之间的分歧开玩笑了。我想，阿斯特勋爵得为自己在法国找个房子——毕竟，这场风暴并不像王尔德[1]所处的境况那么糟糕，而可怜的麦克米兰，正如你说的，他是一位好首相，正人君子，行为优雅——尽管伯纳姆·薇奥莱特·卡特夫人[2]自苏伊士危机起就对他恨之入骨，如今称他为，或是在给我的一封信中称他为“久恋职位、难以摆脱的杂耍演员”——想必他很快就要离开大众视线，伤心流亡，重操出版旧业了。我们和温德姆夫妇共度了周末，刚回来——一起的

[1] 奥斯卡·芬戈尔·欧弗雷泰·威尔斯·王尔德（1854—1900），作家；1895年因与男妓的不当关系被判犯严重猥亵罪，并被判处两年劳役；1897年从雷丁监狱出来后，定居欧洲大陆，主要在巴黎，过着自我放逐的生活，并于1900年在当地去世。
[2]（海伦）·薇奥莱特·伯纳姆·卡特（1887—1969），婚前姓阿斯奎斯。1953年受封二等高级英帝国女勋爵，后（1964）成为终身贵族；H. H. 阿斯奎斯和第一任太太海伦·梅兰德的独生女；自由党活动领袖及公众人物。1969年2月去世后，伯林曾写信给多利·德·罗斯柴尔德：“薇奥莱特不在了，我感到非常非常难过。我真的好喜欢她，敬仰她，听她说话，看她摆出那精神气十足、无所畏惧，有时冷漠、有时高尚的公共姿态，感觉十分有趣。她真的属于一个更壮丽的年代——丘吉尔——托马斯·比彻姆爵士——还有吉米（詹姆斯·德·罗斯柴尔德）本人。”（1969年3月5日）

还有彼得·奎奈尔[1]、弗雷德·沃纳[2]、首相和多萝西·麦克米兰
162 夫人以及布里奇曼夫人[3]；艾琳开始还很不情愿离开家，但在外共度的二十四个小时令她十分开心。我们星期六中午抵达，星期天中午离开；大家只字未提任何丑闻；首相谈笑风生，而我则大谈特谈托尔斯泰、狄更斯和巴利奥学院以及历史和西方世界；他是一个老到的演员，但与此同时，也不乏得体优雅的举止和聪明才智。不论他的继任者是谁，都无法与之相比。

至于说对菲尔比也该狠狠敲打敲打，就未免太过分了。[4]从伯吉斯[5]和麦克莱恩[6]出逃那刻起，我便一直认定他就是

[1] 彼得·考特尼·奎奈尔（1905—1993），后（1992）受封爵士，1951—1979年任《今日历史》主编。

[2] 弗雷德里克·阿奇博尔德·（弗雷德）·沃纳（1918—1995），后（1972）受封圣迈克尔和圣乔治高级勋爵，外交官。早期仕途曾因与盖伊·伯吉斯的友情暂时受挫。1969—1972 年任大使及英国常驻联合国副代表；1972—1975 年任驻日大使。

[3] 玛丽·凯思琳·布里奇曼（1905—1981），婚前姓莱恩—福克斯；其夫为罗伯特·克莱夫·布里奇曼（1896—1982），布里奇曼子爵二世。

[4] 间谍哈罗德·阿德里安·罗素（“金姆”）·菲尔比（1912—1988）于 1963 年 1 月底逃到俄罗斯。1 月初以来，他一直面对由英国情报部门指控的犯罪证据；在逃往莫斯科途中，他追随唐纳德·麦克莱恩和盖伊·伯吉斯的足迹，这二人均为间谍，曾在 1951 年 5 月叛逃。美国报刊长期以来一直猜测，菲尔比是该间谍组织所谓的“第三人”，尽管军情五处当时早已确认他的背叛行为，但直到 1955 年 11 月，外交大臣麦克米兰才在下议院将菲尔比除名。

[5] 盖伊·弗朗西斯·德·芒西·伯吉斯（1911—1963），间谍，1938 年加入英国情报部门，后设法使金姆·菲尔比进入军情六处；戈伦韦·里斯在其所著书籍《接踵而来的灾祸》（伦敦，1972）中关于“伯吉斯污秽肮脏的家庭生活”的描写，被理查德·克罗斯曼认为是“书中最精彩的部分”（《新政治家》，1972 年 2 月 25 日，第 242 页）。

[6] 唐纳德·杜阿尔特·麦克莱恩（1913—1983），外交官加间谍，卖国贼安东尼·布伦特、盖伊·伯吉斯，金姆·菲尔比的剑桥同学，第二次世界大战期间伯林在英国驻华盛顿大使馆的同事。

那个“第三人”。虽然我从未见过他，也不认识他，却知道他与那二人私交甚笃，关系亲密，几乎不可能不是他们的一员。令我心生疑虑的是，他们为什么要花这么长时间才确认下来。我承认，整个事件让我想到魏玛共和国的结束：那么，诸如商品交易和丑闻，皮条客、左翼妓女和黑鬼，以及异性装扮癖、粗俗的夜总会和推崇街头暴力等就一样存在。

我以自己的方式，和你一样沉迷于过去，并对现在一样备感恐惧——可爱的斯图尔特总是问我，我那么喜欢1914年以前的世界，那么不喜欢当今的种种现状，是否其中包含什么邪恶可疑的成分。对此我坚决予以否认，并且尽力不去做太多主观判断，虽然不太奏效。老一辈总有一些可笑的东西，千方百计对年轻人的错误不依不饶。然而，理解就意味着原谅，再没有比这个说法更不可信的了——以我自己为例，我越了解自己，便越发现难以原谅。那么，又为何将此善举推及别人呢？［……］

致以深切问候

以赛亚

〈附言：今天收到你对普罗富莫的第二篇激烈抨击。你
为什么认为我认识普罗富莫？我仅在公共场合见过他两次，
从真正意义上讲并不算认识——即便在街头相遇，应该我们
都不太可能停下脚步，聊上一阵儿。我不觉得自己与这件事 163
有任何牵扯：也没有任何理由认为普罗富莫会把基勒小姐带

进他妻子的卧室。这全都是匈牙利记者毫无证据、捕风捉影的八卦。普罗富莫确定无误的过错只有一个——的确如此——那就是将自己的职业生涯放在了公共责任和义务之上。帕内尔和迪尔克的情况不可与之相比[1]，但劳埃德·乔治却毫无疑问如出一辙，帕麦斯顿也一样，他们的个人道德的确过于放纵——至于18世纪，则没有可比性，完全没有：那时的年轻人，如果有什么不同的话，奉行清教徒式的生活态度：他们对放荡极其反感，性自由只是他们对其摄政时期的父母亲优雅恶行的一种抗议形式罢了。他们从不酗酒，苛求婚姻质量，他们是威尔斯或萧伯纳喜欢的那类人：严肃认真，生活邋遢，不修边幅，参加反核游行，严厉苛刻，男女滥交，喜欢刁难：他们不是通常意义上的臭名昭著，信奉性自由；而是出于原则，并非本心或天性使然。不用说，毒品、皮条客、嫖客、势利、苏联特工等恶行均与其相关，听起来很让人不齿：但与种族骚乱和集中营相比，他们不过是自由社会所必须付出的小小代价。要说我比你更讨厌它：但缺了它，就谈不上优雅的生活。伯林〉

[1] 爱尔兰民族主义领袖查尔斯·斯图尔特·帕内尔（1846—1891）在1890年离婚法庭上与凯瑟琳（“基蒂”）·奥谢夫人（1845—1921）的通奸关系遭到揭露，之后政治名誉一败涂地。二人一年后结婚。自由党党魁兼大臣查尔斯·温特沃斯·迪尔克准男爵二世（1843—1911）本来前途一片光明，也一样在离婚案中发生命运逆转——尽管在这个案件中，迪尔克几乎肯定是受冤枉背上了共同被告的罪名；后来他重回政界，但始终未能进入高层。

致伯纳德·威廉斯

[1963年] 9月13日

全灵学院

亲爱的伯纳德：

[……] 我接到斯图尔特的来信，信中语气非常令人沮丧；他本体自由的缺乏似乎并没有在他熟悉的领域里得到补偿。移民的想法显然对他而言极其痛苦——我想汉普希尔夫人无法忍受任何人对她的过去提出质疑，更别说来自美国官员了。黑格尔曾经在哪里说过（这是现如今任何陆欧论文的典型开头），哲学代表了一个社会的镜像之类的话[1]——当然，就我们这位令人钦佩、富有天赋并且思想深沉的朋友来看，对决策、自由、自主、自决的关注，也是某种事物的镜像——而汉普希尔夫人的种种幻想，压抑情绪、迫害感以及热烈并富有想象力的变态心理，深深植根于非理性世界，而不是一般的偏见和迷信。我敢说，这一 164
点如果发生在普通人或是他朋友身上，一定会令他大为震惊。关于我对自己那场演说的沮丧心情，他说得很对——

[1] 可能指以下这段话："哲学从本质上就是深奥的东西 [……]；唯有哲学，因为它直接与理智对立，因此也更加与常识对立，对此我们指人类在时空上的局限性；就这点而言，哲学的世界本身就是一个颠倒的世界。"为《哲学评论杂志》作的序（1802年，作者弗里德里希·谢林）：格奥尔格·威廉·弗里德里希·黑格尔：《黑格尔全集》，赫尔曼·格洛克纳主编（斯图加特，1927—1951），i，第185页。

这里指的是在亚里士多德学会[1]发表的会长致辞。这种沮丧心情的程度同演讲内容与该场合的格格不入成正比。但愿过后没有人谈论它，因为如果有的话，任何人都可以很容易在我说的几乎任何一句话中找出漏洞。演讲主题十分靠近我哲学思想的核心（一个多么可怕的表达），但越是靠近，我的思想和力图想表达我所思所想的言语就越模糊不清——似乎可怕的海森堡效应[2]正在发生，即（越是）显而易见的观点，就似乎越是有必要说出来，采用的手段就越是混乱，努力就越不容易成功；反之，越是遥远和陌生的观点，人们对其越缺乏深切关注，切入的视角就越独到，采用的手段就越清晰和越优雅——这也是一个值得研究的话题。[……]

你的

[伯林，代签] [……]

[1]“从希望和恐惧中解脱”，《亚里士多德学会学报》（1963—1964），第1—30页；后于《概念与范畴》和《人类的恰当研究》中转载。

[2] 沃纳·卡尔·海森堡（1901—1976），德国理论物理学家；1946—1958年任哥廷根大学教授和马克斯·普朗克物理研究所主任，因其在创立量子力学方面的贡献，荣获1932年诺贝尔物理学奖。他的不确定性原理（1927）提出，某些物理性能配对的准确性判断始终处于权衡状态，因此，例如，测量粒子所处位置的精度越大，测量其动量就没那么准确。伯林此处运用该理论试图说明，观察行为本身会影响被观察的事物。

致谢拉·索科洛夫·格兰特[1]

1963 年 11 月 7 日

海丁顿宅

亲爱的谢拉：

是这样的，如同以往经常和一贯发生的那样，我消失了一段时间，如今很高兴又回到我亲爱的老朋友中间。不过，我可是身体稍作休整，就立刻给你回信了啊，因此，我还是觉得没有理由被哪怕是小钉子刺，更不用说大锤敲打了。[……]

这期间，我收到一部装帧精美的书籍，书中既有优美华丽的致谢语，将你称作杰出的作家，向你和兰珀特博士[2]表示感谢；同时也包含极其恶毒的攻击，目标有我和马丁·马里亚，他曾写过有关赫尔岑的书，几乎可以算得上现有相关作 165

[1] 谢拉·索科洛夫·格兰特（1913—2004），婚前姓格兰特·达夫，作家兼记者。她与伯林的友情始于本科生年代（1931—1934 年就读于玛格丽特夫人会堂学院，主修哲学、政治学和经济学）。20 世纪 30 年代在德国和捷克斯洛伐克任驻国外记者；后成为捷克的强硬支持者。其所著《欧洲与捷克》（哈芒斯沃斯，1938）导致对绥靖政策日益增长的幻灭情绪。1942 年她与诺埃尔·弗朗西斯·纽萨姆结婚（1906—1976），其夫为英国广播公司欧洲台的创立者和战时负责人。1952 年二人离婚后不久，谢拉便嫁给迈克尔·索科洛夫（1923—1998），他是俄罗斯人，英国皇家海军志愿后备队军官（结婚前改名为索科洛夫·格兰特）。

[2] 尤金（“吉尼亚”）·兰珀特（1914—2004），俄罗斯研究学者；生于白俄罗斯流亡家庭，在德国和法国学习，1939 年抵达英格兰定居；1965 年在英国基尔大学创建俄罗斯研究课程，1968—1976 年任教授。

品中写得最好的一部，还写过有关其他一些邪恶西方人[1]的作品。攻击我俩也就罢了，更有甚者，该书作者是一位即便在莫斯科，也没有人愿意与他说话的人[2]，因为他是个罪大恶极的坏蛋，至少有十位无辜的知识分子因为他惨遭折磨甚至致死——是从苏联到英国来访的人告诉我的，因此在这里说说应该无伤大碍。这么说你没什么好伙伴可以同行了：[……] 不过，去莫斯科的签证想必没有问题——倘若你与我一道去，对

[1] 该书由尤利安·格里戈洛维奇·奥克斯曼（原文第168页注4）主编，书名为《赫尔岑研究中的问题》（莫斯科，1963），所谓"恶毒的攻击"来自雅科夫·叶菲莫维奇·艾尔斯伯格的《赫尔岑留给我们时代遗产的意识形态之战》，艾尔斯伯格对伯林的攻击（第437—445页）在其对赫尔岑的态度。在他1956年为赫尔岑的《彼岸书》所写的序言中，他极力捍卫正统的苏联观念，这一观念源自列宁有关该问题的声明。这一捍卫立场与冷战时期艾尔斯伯格对伯林所写的关于对立的政治体制的争论有密切关系。艾尔斯伯格十分赞成《彼岸书》出英文译本，但批评伯林对其的解读，以及伯林对赫尔岑书中其他方面缺少关注。他认为马丁·马里亚对赫尔岑研究做出了更为重要的贡献。

[2] 在回复亨利·哈代询问的信中，伯林（1993年10月25日的来信）解释说："艾尔斯伯格（原名沙皮尔施泰因，1901—1976）曾经任加米涅夫的秘书，加米涅夫是最早的布尔什维克革命者之一，但最终还是被斯大林如期处决了。很自然，这使他作为秘书的地位变得十分艰难：他被遣送到西伯利亚，不得不千方百计寻找重回政界的路子。他曾经是苏联科学院成员，无疑是一位知识渊博、聪明能干的学者。但因为他在20世纪30年代向秘密警察出卖了那么多人，他们不想重新接纳他；事实上，他们驱逐了他：后来是迫于赫鲁晓夫施加的压力，他们才重新接纳了他。因为显而易见的原因，他向我发起猛烈攻击，只是为了表示完全忠实于官方对赫尔岑和别林斯基等的看法。兰珀特博士，他可能还活着，是位十分亲苏的人。我觉得与他相处得挺好，他过去从苏联回到英国时，常常会屏住气息告诉我，那里的学者认为我产生了非常险恶的影响，因为我错误解读了19世纪的革命者。然而，我在牛津大学图书馆的确遇到过一个苏联学者——一位非常亲切的莎士比亚专家，陪同他的是一位名叫阿斯穆斯的哲学家——二位都是尊贵体面的谦谦君子：我向他们抱怨这些攻击我的人，其中一个回答，'这只会让你增加无上的荣誉'，虽然没有明说，此话却明显在暗示，我的对手是一个恶棍——事实上也的确如此。"

此我求之不得，到时人们迎接你的眼神会好似你正与一只法西斯恶龙手挽手并行。对此情形我乐以观之，就不知你感觉如何。我收到一封兰珀特寄来的信，信中对他（白）和我（黑）之间令人遗憾的对立颇感烦恼，他认为，这全是因为他做得不够好，未能让苏联主人们深刻感受到他主编的书中有关赫尔岑的文章就是为我写的，就是受到了我的启发，诸如此类——我害怕在压力下他会否认与我的友情，或至少不再坚持他力所能及的立场——鉴于目前的情势，也不能太怪罪于他，因为人们通常在被指控与对手过于亲密时，总是急于取悦批评者。外表和蔼可亲但内心挣扎，努力摆脱推诿，让步妥协：但过后却良心不安，迷茫困惑，对他狠心一刀两断的人深怀内疚。我想还是采取宽宏大量的态度吧，说我一切都理解，他无须自责。

两天前遇见道格拉斯，他非常搞笑，说："想想看，一年前社会党是由绝对诚实正直的人在领导，保守党的掌门人则是卑鄙下流的老骗子，而现如今却似乎正好相反……"他 166
应该只说到"而现如今"就闭嘴了，其他内容很可能是我添油加醋。相较威尔逊，他明显更喜欢霍姆；谁会为此责怪他呢？板球、褊狭、伊顿公学与温彻斯特公学之战，所有这些都在道格拉斯的内心根深蒂固，远远高于集体所有制和卡尔多 / 巴洛夫的世界。[1] 一旦韦奇伍德·贝恩坚持推动这个法

[1] 二人均为匈牙利裔经济学家，均为哈罗德·威尔逊为首的工党政府顾问。尼古拉斯（原名米克洛什）·卡尔多（1908—1986），后（1974）受封终身贵族；

案获得通过，[1] 让精力充沛的英国贵族得以骏马奔驰，在英国乡村四处游历，用其上流社会的魅力和时尚精英的活力捕获当地民众的心，这种美名早已广为传扬，没有任何英国人可以抗拒［……］于是［他们］进入催眠状态，乖乖投票给这些令人愉快、性格开朗、蓝眼金发的典型英国青年才俊，而不是那些狡猾肮脏的政客。如果真是如此，那就太具有讽刺意味了。但我感觉这一切不太可能发生；但足以混淆是非，吓唬老派的工党调停者。这是一个有趣的景象。自由党到处散播说，麦克米兰的辞职本身就能够对这个国家产生营养滋补的效果，仿佛处于选举后的状态：不需要再举行一场新的选举。“应该允许新人步入轨道，给他机会，因为这一新人的出现，人们不会再对那帮老家伙感到无聊和疲惫。”究竟是否如此，我不得而知。但在一旁观看还是很有趣的。教育是迄今为止最深层的问题：关键的不是知识，也不是培训，而是地位、阶级、口音。如果保守党真的光头抵制《罗

1934 年加入英国籍，1949 年起任剑桥国王学院研究员；1952—1965 年任剑桥大学经济学讲师，1966—1975 年任教授；1964—1968 年及 1974—1976 年任财政大臣特别顾问。托马斯·巴洛夫（1905—1985），1968 年受封终身贵族；1945—1973 年任巴利奥学院研究员；1960—1973 年任牛津大学经济学讲师；1973—1976 年任牛津大学利华休姆研究员。作为工党经济顾问，巴洛夫在 1964 年大选时与哈罗德·威尔逊密切合作，并在工党胜利后于 1964—1970 年任职内阁办公室。

[1] 1960 年 11 月，安东尼·尼尔·韦奇伍德（“托尼”）·贝恩（生于 1925 年），布里斯托东南区工党议员，原本继承了其父亲斯坦斯盖特勋爵的贵族身份，在下议院被取消席位。他发起运动，要求允许贵族放弃爵位，此举导致 1963 年推出《贵族法案》，他也因此恢复了下院席位，并在威尔逊和卡拉汉政府内阁任职。

宾斯报告》，我想，他们会成功的。但我希望他们不会。

务必回信。

你的

以赛亚

10月23日，罗宾斯委员会就英国高等教育问题发表了影响深远的报告[1]，要求快速并持续增加大学生人数，并强调研究生教育在各学科方向的发展。报告认识到技术时代的行业需求，同时也承认社会需要更高程度的平等。在社会平等方面，报告对牛津和剑桥提出了批评：罗宾斯建议在古老大 167
学的招生程序方面，应实行更多的英才教育模式，在管理方面进一步提高效率和开放度。牛津很快做出回应。1964年3月18日，奥利弗·弗兰克斯[2]被任命为大学委员会主席，负责开展彻底的内部审查。后来闻名遐迩的弗兰克斯委员会，就是20世纪60年代进行的最著名的大学内部审查。学校的开明人士们决心利用这一机会促使牛津向前大步迈进。在这一努力当中，伯林踌躇满志，准备大干一场。在致一位教育改革家的信中，他将“古老的大学传统”概括性地比喻为——“好比红木和银饰，坚果和美酒”[3]，但战后时期，他

[1]《高等教育：由首相任命之罗宾斯勋爵负责的委员会报告，1961—1963》（伦敦，1963）。

[2] 奥利弗·弗兰克斯*（1905—1992），哲学家、政府公务员。

[3] 致麦乔治·邦迪，1966年5月18日。

在美国多所大学，尤其是普林斯顿和哈佛大学度过的大段岁月，让他敏锐地意识到牛津急需改变。

致吉尼亚·兰珀特

[1963年] 11月7日

海丁顿宅

亲爱的吉尼亚：

非常感谢你留给我这本书。如果我早知道是艾尔斯伯格，就不需要担心了；毕竟，就连谨慎圆滑的丘柯夫斯基来牛津时都告诉我们，艾尔斯伯格因为蓄意冤枉好人，致使至少十位无辜知识分子惨遭折磨致死，已被苏联作家协会开除。据马里亚带回的消息，我在那里的消息人士称，莫斯科正派人都不跟他来往了。这一点也得到雅各布森的证实。这篇文章着实充满了老掉牙的斯大林式哗众取宠的空话。[……]

我颇为快速地读完了这篇文章，完全不介意自己被人诽谤为无耻、无知的吹鼓手。因为正如西蒙斯[1]告诉我的，这完全在意料之中。但文中到底是什么让你觉得见解过人？赫尔岑毕生都是一位革命者，从某种意义上说当然不假，我不否

[1] 约翰·西蒙·加布里埃尔·西蒙斯（1915—2005），1949—1969年任牛津大学图书馆员兼讲师，负责斯拉夫语书籍管理；1969—1970年任俄罗斯和斯拉夫语文献书目学讲师；1970—1982年任全灵学院图书管理员和高级研究员；在创建牛津大学斯拉夫语研究文献书目基地中发挥了重要作用。著有极其珍贵的《俄罗斯文献书目：所在图书馆和档案馆》（特威克纳姆，1973）。

认。但《致一位老同志的信》在某种程度上是站在马克思主义立场的命题——因为提到了工人之类的——却是一个老掉牙的斯大林主义的陈词滥调，如马里亚所言，所有真正的学者，特别是奥克斯曼[1]，都对此感到羞愧难当。[……] 据我所知，苏联评论家们并没有对赫尔岑的思想做出独特并具有启发意义的 168
探讨——除了在文献书目方面。我曾经问丘柯夫斯基为什么会这样：他直截了当地回答，他本人非常敬爱赫尔岑和喜欢别林斯基（他读不了车尔尼雪夫斯基），但写不了评论文章，因为不允许讲真话。而他又不愿只是机械照搬陈词滥调——这就是为什么他将自己的评论限于四流或五流的激进分子。对这部分人，总的来说，他可以畅所欲言，也可以涉及道德问题。不过，还是请告诉我，你在艾尔斯伯格的文章中究竟发现了什么积极聪明的见解。他提到赫尔岑理解普通大众，或一些诸如此类的话，还有一些不属于赫尔岑，他也从未声称拥有的东西。他并未公开说过反动派比他和他的朋友们拥有更高的尺度。执政当局对我心目中英雄的作品究竟有着什么样的期望？

你的

以赛亚

[1] 尤利安·格里戈洛维奇·奥克斯曼（1895—1970），俄国文学批评家；曾就读于波恩大学、海德堡大学及圣彼得堡大学。曾任政府官员和学者；1937—1946年受到批判，并关押在古拉格监狱；释放后恢复其学术生涯，从1958年开始与西方斯拉夫语言文化研究者建立了联系，尤其是格列布·斯特鲁维，他们协助他出版关于“白银时代”诗人的作品；他匿名在西方出版书籍的行为被发现后，被官方剥夺所有权利，1964年10月被苏联作家协会开除。

致吉尼亚·兰珀特

1963年11月19日

海丁顿宅

亲爱的吉尼亚：

继续我们的谈话吧，对此我很享受；但我不会写太长，因为我觉得最好见个面好好谈谈。

[……] 我担心艾尔斯伯格正在往回爬，或努力往回爬，不惜践踏我可怜的尸体，以重新得宠——我倒希望面对的是一位可敬的杀手。他将你我进行对比，因为你被认为是一个具有善意的人，而我则是幸灾乐祸的坏人：如你所知，这些东西在苏联是相当粗糙的，如果否认这点就大错特错了。倘若你准备对某位政治学者展开尖锐批评，比如说针对压制赫尔岑对马克思和马克思主义（更多的是针对马克思而不是马克思主义）不友好态度的种种企图进行批评，你也同样难逃失宠的厄运。[……]

说到赫尔岑对资产阶级的态度，你无法对我就此事的态度说三道四，你能吗——我在自己写的所有关于赫尔岑的文章里，一再反复强调他对资产阶级充满仇恨——就连艾尔斯伯格都对此发表了评论 [……]。但我不认为赫尔岑反资产阶级的态度让他更接近官方的政治道德标准——苏联共产主义——它在所有相关领域所实行的正是他在资产阶级身上所厌恶的做法——正如在《致一位老同志的信》中他所预测到的，如果革命发生得太早，也就是说，倘若新的建筑是由

“古老监房的石头”[1]砌成，这一切便可能发生。我认为，赫尔岑的伟大之处在于，他对人类特定群体，诸如法国工人、俄罗斯农民等特定群体了不起和犀利辛辣的了解，虽然我并不认为他了解得足够透彻——这使他提出，如果过早开展革命，那么，由于革命者自身就是在某些资产阶级的习性中培育长大起来，会在革命的幌子下复制这些习性。这种状况在俄罗斯的确已经发生，那里的文化，不容否认，在某种程度上就是属于典型的小资产阶级。[……] 169

至于马里亚对奥克斯曼说的话[2]，我觉得完全难以置信。也许他这么说是为了让奥克斯曼感觉好过些——我从没听说过有谁在研究19世纪时（写20世纪的不多），感觉有必要往文章中“加入他们的颜色”，或高喊几句反共口号，才能够获得编辑认可。你知道，我并不希望捍卫美国人极端愚蠢的言行以及麦卡锡主义之流，但我和马里亚那么熟悉，他从未跟我提起曾经为了安抚哪个人而写下哪怕只言片语——事实上，尽管他始终秉持左翼观点，却一直在试图阻止我向赫

[1] 很显然，此句“引文”出自赫尔岑的《彼岸书》：“[1848年法国激进分子的]致命错误是［……］，他们自己尚未得到解放，便试图解放他人［……］。他们想要的，是在不改变（监狱）高墙的情况下，使之发挥新的功能，好比希望把一个适用于监狱的计划用于自由生存。”亚历山大·赫尔岑，《赫尔岑作品集三十卷》（莫斯科，1954—1966），第6卷，第51页；亚历山大·赫尔岑，《彼岸书》，莫拉·布德伯格译，《俄国人民与社会主义》，理查德·魏赫姆译，伯林作序（伦敦，1956），第57页。
[2] 据兰珀特说，马里亚曾告诉他，为了文章能够顺利发表，他（马里亚）曾不得不小心套用了常见的美国式反共语句。

尔岑建议，在他的晚年生活中哪怕是微微接近马克思主义的观点。他认为这么做完全错误（我相信他是对的，我本人受苏联评论家影响过深），并说这不过是马克思主义的一个噱头，奥克斯曼和他所有的朋友都恳求他不要受骗上当。

这里谁在说真话？千万别用你完全可以理解的反资产阶级情感，让自己被说服，对美国产生某种看法，就像冷战分子听信蛊惑，对苏联学者抱有某种看法一样。在美国，学者们撰写俄罗斯历史，完全不存在任何压力，即使是最温和的压力也不存在。坚持认为赫尔岑是一位暴力革命家，共产党人，对列宁充满期待，他思想的光辉闪烁其中，等等，所有这些观点不会让任何一位美国教授在政治上陷入困境，尽管在学术上（合情合理）完全可能。你不太相信我说的话。你说你有自己的经历。那么请告诉我。

再来看共产主义和无知：毋庸置疑，人们反对的不是共产主义，而是无知，反对的是食婴的野蛮人，不论他是谁。在俄国，大量的婴儿被吞食，数量多过除德国人之外的其他地方。以婴换婴，难道你真的坚持认为，在美国，有更多的婴儿遭到吞噬？或者是品种更优良的婴儿？要么就是那些吞
170 噬他们的人，带着更加玩世不恭或更加残酷冷血的神情舔着他们的骨头？美国是一个在许多方面陷入困境的社会，粗糙俗气，在有些方面甚至残忍野蛮。许多参议员和商人等毫无疑问，如同猪猡一般下流卑贱；但即便是现在，也不可能单单靠犬儒主义和机会主义在美国出人头地，相反，这在俄国

却似乎仍然可行——在人生旅途的某个阶段，你可能会暴露在公众面前，一路上也会遇到许多体面善良之人——到处都是困惑和混乱，似乎越乱越好；而在俄国，混乱很久以前就被消灭殆尽，存留下来的，在我看来，是私人关系中个人的尊严，与公众面孔和公众态度完全隔断。

你认为在俄国和在西方国家一样，不再有什么集体主义的呓语。我不同意。我见过的俄国人都知道——都认识到——同事们发表的公开意见和循规蹈矩的声明全是彻头彻尾的胡言乱语，而这些满嘴道貌岸然的人，在我看来，实际上比他们的西方同僚们更愤世嫉俗，更邪恶堕落。他们更混乱、更困惑，更容易轻信上当，更难以归类，难以成为公众表率接受公开嘉奖。不管怎么说，像布莱克特[1]这样，多年来置官方立场于不顾，与苏联始终保持最最热情友好关系的人，能够在牛津大学获得荣誉学位；还有斯诺[2]，这个机会主义者加叫卖小贩式的人物，居然被选举任圣安德鲁斯大学举足轻重的职位；却没有来自官方的任何一个喇叭，吹奏起对其邪恶之行的谴责浪潮。这种谴责倘若发生在斯诺身上，我唯一在意的事实是，它会令他以一个正人君子和殉道者的

[1] 帕特里克·梅纳德·斯图尔特·布莱克特（1897—1974），物理学家、政府顾问；1963 年获牛津大学颁发的荣誉理学博士称号；1967 年获英国功绩勋章，1969 年受封终身贵族。

[2] 查尔斯·珀西·斯诺 1961 年经学生组织——传统意义上的选民——选举任圣安德鲁斯大学校长，并在该职位上任期三年。

面目出现；当米特福德小姐因为披露了殡葬业者的生活，[1]而被控破坏了美国的生活方式，这本身便成了一个喜剧事件，而不是悲剧。但若是在俄国……我们有可能对此持相同观点吗？或许不能。

至于对我毫无根据的谩骂，你有何理由要为此赎罪？约翰·西蒙斯说得很对，我应该料到会遭此待遇，任何口无遮拦说出真话或自认为是真话的人，都应该想到这一后果。[……]

你的

以赛亚 [……]

1963 年 11 月 22 日午后，总统车队驶过得克萨斯州的达拉斯大街时，约翰·F. 肯尼迪被枪手击中，不治身亡。当时，他正在该州协助解决民主党人之间的分歧。疑凶李·哈
171 维·奥斯瓦尔德，前海军陆战队员，被达拉斯警方拘捕，但两天后在提审的路上，他本人被当地夜总会老板杰克·鲁比枪杀身亡。

伯林在苏塞克斯大学听到总统去世的消息，当时他刚刚

[1] 杰西卡·露西·（弗里曼）—米特福德（1917—1996），作家、记者，自我宣认的共产党员，米特福德家六姐妹中的老五。一生中大部分时间生活在加州，与其第二任丈夫，律师鲍勃·特鲁哈福特“合作撰写了一部揭露殡葬业者生活的《美国式死亡》（1963）。这部以死亡为主题、带有讽刺意味的小说成为畅销书，并奠定了她作为对其适应的社会进行机智有效针砭的批评者的地位”（安妮·齐索姆，《牛津国家人物传记词典》）。

抵达那里，准备发表关于马基亚维利的演讲。

我和主人共进晚餐后，走向讲堂，这时身旁有人对我说："真是太可怕了，对吧？"当时我愚蠢地心想，他是指前去演讲是一件可怕的事情，因为他和我所有的朋友一样，知道我之前在公共场合说话遭受的痛苦，不管在任何场合都概莫能外。因此，我答道："是啊，我的确感觉很紧张，但必须挺过去。"又走了几步，另外一个人对我说："真是令人震惊的消息。"直到这时，我才意识到有什么不寻常的事情发生了。他们告诉我，肯尼迪总统遭人暗杀。我霎时间迈不开脚步，无法继续前行——上一次我身上发生这种反应（当时情况更严重）是在1945年，当时我读到罗斯福总统的死讯［……］。听说肯尼迪遇刺身亡的消息，我虽然感觉没有那么强烈，但他一样也是一位解放者和英雄，尽管他有这样那样的明显缺点，但在所有至关重要的公共事务问题上，始终都能坚定站在正确的一方。我恳求主办方允许给我一刻钟左右的时间稳定情绪，然后才开始演讲。他们同意了。我一口气喝了两大杯冷水，整个人恢复过来后，以完全正常的表现发表了我的演讲。[1]

[1] 收入桑德拉·马丁和罗杰·霍尔（主编），《君在何处？20世纪难忘大事件回顾》（多伦多等，1981），第206—207页。

阴谋论之说很快就开始流传开来，人们对在达拉斯发生的事件众说纷纭。在1963年的圣诞前夜，伯林写信给帕特·乌捷欣[1]，信中说："美国对肯尼迪遭暗杀非常内疚。他们没有把这一事件归罪于共产党或阴谋家，奇怪得很，国家的偏执狂们采取了高贵得多的内疚形式，思考自身哪里出了差错，居然导致如此罪大恶极的事件发生。全体国民陷入深深的自卑，就像俄国知识分子，但并非出于巫术或政治迫害，尽管巫术完全可能存在。"

致阿瑟·施莱辛格

[1963年] 11月28日

海丁顿宅

亲爱的阿瑟：

1963年真是最最多舛不吉的一年。一开始是盖茨凯尔去世，接着中间是约翰二十三世教皇[2]离世，然后是这个巨大灾难从天而降。我不想渲染夸大：也许此事与人们听到亚历山大大帝驾崩时的感受无法相提并论，但它如此突如其来，那种给予大多数人不同寻常的希望突然在半空中被打得

[1] 帕特里西娅（"帕特"）·乌捷欣＊（1927—2008），伯林的私人秘书。
[2] 安吉洛·朱塞佩·隆卡利（1881—1963），1958—1963年任约翰二十三世教皇；1963年6月3日去世。当选时他已七十七岁，大家只是将他作为临时代理人看待；但他用行动证明，他是一个积极活跃的改革家，倡导"内部改革与外部调解"（《泰晤士报》1963年6月4日第13a版）；"很少有哪个教皇职位，会引起全世界如此大的想象力"（出处同上，第11版）。

粉碎的失落感，我想，在我们的一生中都是独特罕见的——就好比罗斯福在1935年惨遭暗杀，而希特勒和墨索里尼之流却逍遥法外，还有许许多多张伯伦和达拉第[1]一类的人也自在地活着。我听说这一噩耗，是在给苏塞克斯大学的学生做演讲前的五分钟，之前休·盖茨凯尔的死讯传到我耳边，是在我要给哈佛法学院俱乐部演讲前的十分钟。看起来这只是一个极具自我中心色彩的消息，突如其来地触动了我们的内心，但它与我们每个人的关联，甚至其客观上具有的重要意义，都早已深深渗入我们的血液，特别是对有些人而言，他们不得不花上一个小时与之搏斗，试图挣脱出来，就像努力摆脱一场噩梦，或像拉奥孔一样，拼命挣脱某个可怕的蟒蛇般的纠缠。不过，尽管我想应该让死者安息，却无法办到——我不断地沉浸在对过去的回想中。帕米拉夫人已经在迫不及待重新整理对约翰逊总统的回忆，如影随形地，对迪恩、阿德莱、阿维里尔[2]等命运的各种揣测也风声四起——我也做着同样的事，但羞愧感充满了内心。 172

[……] BBC邀请我继续谈话节目，和其他人一道聊聊肯尼迪，我没去，因为我无法忍受在公开场合表达悲

[1] 指绥靖主义者爱德华·达拉第（1884—1970），1933年、1934年及1938—1940年任法国总理，与张伯伦、希特勒和墨索里尼一道签署了（不带任何幻想）1938年9月的《慕尼黑协定》。

[2]（威廉）·阿维里尔·哈利曼（1891—1986），美国资深外交官和民主党政治家；1961年由肯尼迪任命为巡回大使；1961—1963年任负责远东事务的助理国务卿；1963—1965年任负责政治事务的国务次卿；1965—1969年任巡回大使。

伤——丹尼斯·布洛根[1]在这点上表现出众——同时，我愤怒地拒绝了《观察家报》让我谈谈希科里山庄[2]奇闻轶事的请求。

不能再这么叨叨不休了；记得给我电话。比起任何其他人，你是我们最想见的。问玛丽安好——有机会来纽约。

你的

以赛亚

致伯特尔·奥尔曼

[1963年] 12月3日

全灵学院

亲爱的伯特尔：

[……] 肯尼迪去世的消息如晴天霹雳，这里的人对此不同程度地感到震惊——你不会仅从其表象判断这一事件，对此我毫不怀疑——尽管我希望自己能建立一些假设来证明它完全合理。我的确对肯尼迪敬仰有加——人们津津乐道他如何代表青春、活力和勃勃向上的进取心，这些绝非传说；的确，国家元首的行踪没有人去关注预测实属罕见。事实上，就我来看，华盛顿根本没人去预言总统在这个或那个

[1] 丹尼斯·威廉·布洛根（1900—1974），1963年受封爵士，美国史专家；1939—1968年任剑桥大学政治学教授。

[2] 该宅院位于弗吉尼亚州，先是由约翰·F. 肯尼迪参议员居住，自1957年开始，由其兄弟罗伯特与其大家族共同居住。

时刻会做些什么，我认为这正是他值得称道之处——它体现了一种能够进行个人管控的自信，也就是某些人喜欢称之为 173
自由的东西——在特定情况下尽最大可能不受他人或环境的操控——我认为，相比起当今能干得力的任何一位英国领导人，他似乎是更丰满、更富有说服力的典型。圣西门[1]，还有继他之后的黑格尔，如你所知，都曾经说过，为了成就伟大的事业，必须对其付之激情[2]——他就是这样一个全力以赴、倾注全身心的人。当他全神贯注，略微突出的眼睛盯着你发问，等着回答，并对任何回答都不会躲闪或含糊其词的那副样子，是极其令人印象深刻的；他有一个巨大的欲望，想从生活中像挤橙子一样，挤出尽可能多的汁来，有所收获——不让任何东西擦肩而过，不随波逐流，不把任何事视为理所当然；所有的谈话都经过精心设计，要么为获得乐趣，要么为获得利润——总之能够启智开慧，扩大知识；或怡情开怀，愉悦心情。他从不像大多数人那样，漫无目的地与人交谈。我相信他被刺遇害会成为众人永久谈论的话题，

[1] 克劳德—亨利·德鲁弗鲁瓦·圣西门伯爵（1760—1825），法国理想主义社会理论家，公认的社会主义和社会学创始人之一。
[2] 据说，临终前，圣西门曾告诉他的赞助人，即法国银行家和社会改革者（本杰明）·欧林·罗德里格斯（1795—1851）："记住，若要成就任何大事，首先你必须充满激情。"（"历史记录 1：圣西门"，《圣西门全集》（巴黎，1865—1878），i，第 121 页）黑格尔在他关于历史哲学系列讲座的第一讲（1832）中写道："世界上的伟大成就无一不是带着巨大的激情完成的。"［前引（原文第 164 页注 2），xi，第 52 页］

就像德雷福斯案[1]，即便最终发布了令人完全信服的结论，社会上各式各样的人还是会坚持认为，真实状况并非如此，完全不是那样，真相与之全然不同；我敢说，这个事件将在美国人的意识中造成重大创伤，尽管我并不知道它的影响究竟是什么，也不清楚究竟是谁造成了这些影响［……］。

你的

以赛亚　　［……］

1963 年，罗伯特·克拉夫特出版了《对话与日记》，该书为系列丛书之一，记录了他与斯特拉文斯基长达一生的密切交往。书中有几段关于伯林的文字，其中一幅小插图记载了 1961 年 10 月伯林与斯特拉文斯基及诗人罗伯特·格雷夫斯的见面场景。在此过程中，克拉夫特观察到，格雷夫斯用“羡慕”的眼光倾听斯特拉文斯基与伯林用俄语交谈。在另一个场合，克拉夫特曾经说道，“一种带有讽刺意味的欢乐情绪”始终作为基调，衬托着伯林的所有讲话。但他为此向读者提供的一个典型例证，却令伯林感到不安，并促使他写信表示强烈抗议。该例证如下：

[1] 阿尔弗雷德·德雷福斯（1859—1935），犹太人，法国陆军上尉，1894 年 12 月受冤枉被判叛国罪；该事件揭示了法国社会持久深远的分裂状况，突出表现为两极分化的反犹太主义。

[1962年] 5月15日。巴黎。以赛亚·伯林准备与伊戈尔·斯特拉文斯基探讨《亚伯拉罕与以撒》一剧。他习惯用先扬后抑的方式结束句子，前面通常是一长串夸张高调的形容词，结尾突然急转而下。例如：X是一位“聪明、迷人、能干，彻头彻尾的骗子”。以赛亚称，他最喜欢的英国乐曲是《听到春天的第一只土拨鼠》。谈到美国作曲家——皮斯顿、舒曼、巴伯等——他说，他们的曲子“就像《纽约客》上的短篇小说：完全没必要去阅读”[1]。 174

致罗伯特·克拉夫特

1963年12月26日［副本］

［纽约卡莱尔酒店］

亲爱的罗伯特：

你在《对话与日记》第203页上对我的介绍令我深感震惊和不安，至今难以释怀。书中还有其他一些地方对我进行了不实描写，最严重的是第203页上的那段，标题为：“法国，1962年5月15日”，简直就好像故意让我在大庭广众前出丑，让大家一齐来嘲笑和蔑视我。我在此郑重重申，这段话中的内容没有一句是实情，甚至绝大部分完全与事实不

[1] 伊戈尔·斯特拉文斯基与罗伯特·克拉夫特合著的《对话与日记》（纽约，1963），第203页，第一小段标题为“法国”（这段话在1968年伦敦出版的版本中被删除）。

符。尤其是，将那幅讽刺漫画“春天的土拨鼠”说成是我所作（我从来没有看到或听说过这可憎的小笑话，直到在你的书里第一次读到），实在是令我感到羞辱无比。

你能否要求你的出版商——达博岱出版社——在今后任何形式的再版发行时，删除掉1962年5月15日这段话？并保证在美国之外的任何地方不以任何形式复制出现？如果你不答应，我只好通知我的律师，对达博岱出版社采取适当措施。

我希望知道是什么促使你做了这件事；因为我确信自己从未让你承受过任何伤害。

你真诚的

[以赛亚]

1963年12月初，伯林以哈克尼斯基金会任命委员会成员的身份，前往加州的帕萨迪纳市，访问太平洋沿岸美国大学的英联邦研究员；他到美国不久，艾琳也过来与他团聚，二人在东海岸度过了圣诞节和1964年的新年。

致凯·格雷厄姆

1964年1月5日［手稿］

卡莱尔酒店

亲爱的凯：

华盛顿之行真是无比奇妙和令人愉快——奇普和乔的争

吵，以其无比熟稔的几个回合，将我带回懵懂、快乐的过去 175
时光——所有的争吵——普里奇[1]——菲尔[2]——奇普和乔，如同穆特与杰夫[3]——还有麦克莱恩[4]等等。当时吵得那么激烈，简直水火不容，如今却成为不可磨灭和弥足珍贵的记忆，往昔的土壤，就是由这些令人愉快的成分累积而成的，令我时时徜徉其中，流连忘返。

谢谢你，真的非常非常感谢你。开幕晚宴和布兰登的结束词[5]都非常精彩，不过，我得承认，你的晚餐才是我翘首期待的。我爱纽约，它就像一个超大型的玩具店，里面精彩纷呈，琳琅满目——那里只有玩乐，没有工作，美妙的建筑，稀奇古怪的人（身穿露膝苏格兰裙，戴着丝绒帽子和优雅手套的大胡子男人；接着是两位身着长袍的佛教徒，盯着机械修理店的橱窗）。我喜欢它，华盛顿是我青春植根之

[1] 小爱德（华）· 弗莱威尔 · 普里查德（“普里奇”）（1915—1984），美国律师。战争期间为罗斯福工作；1943 年夏天伯林和他在华盛顿同住一所房子；自 1949 年被控在肯塔基州参议员选举中舞弊，他在政治生涯上的所有希望毁于一旦。后来，他通过发展公共事业，尤其是大力提倡高等教育，重建了公众声誉。

[2] 1952 年 3 月，伯林与菲尔 · 格雷厄姆之间发生了一场“可怕的争吵”，导致二人在一段时间内互不理睬，最后总算达成“正式”和解（《伯林书信集（卷二）》，原文第 516 页）。

[3] 美国著名漫画中同名闹剧人物，由画家 H. C.（巴德）· 费希尔自 1907 年开始创作。

[4] 关于战时伯林与间谍唐纳德 · 麦克莱恩的争吵，见原文第 524 页，以及《伯林书信集（卷一）》，原文第 532 页。

[5] 应该是指为伯林结束华盛顿访问举办的晚宴，主人为（奥斯卡）· 亨利 · 布兰登（1916—1993），原名布兰代斯，1949—1983 年任《星期日泰晤士报》驻华盛顿记者。

地——一过三十岁，我就永远失去二十来岁时的青春活力了。我对它情有独钟［……］。每次进入乔治城，我的眼光都充满不解和困惑。要不是你在一旁，我定会感到惊慌和沮丧：唯一后悔的是没机会来一场无所顾虑、出格跌宕的长谈，比起与那里的任何人交谈都更加开诚布公［……］。所以，如果你能来欧洲就太好了——波托菲诺或牛津都可以——艾琳会非常高兴。她一直认为她的到来会给他人带来麻烦，没想在华盛顿受到如此热烈的欢迎，她为之深受感动。

深切问候

以赛亚

致哈米什·汉密尔顿[1]

［1964年］1月14日

海丁顿宅

亲爱的杰米：

这个时候，我想，你应该已经从艾丽丝·奥利高那里听说了，关于她在为《日记》所写的序言中引用了贝伦森的话一事，我给她写了一封充满怨气的信。事情是这样的，一个在伯克利学习的意大利研究生卡尔，带了一本《大西洋月刊》，不期而至来到我的寝室。我顺手读了读，一下被吸引了，很是欣赏，直至看到与我相关的几段文字。刹那间，我的情绪一落千

[1] 哈米什（“杰米”）·汉密尔顿（1900—1988），出版商。

丈。如果你说我太过敏感，我可能不会反对，然后你会说你早 176
就知道，如果你真这么说，我一样不会反对。[1]

毫无疑问，所读的文字涉及自己和事关他人，二者读起来的感觉是不同的。纳米尔、我本人和霍罗维茨[2]，用从我们丰富多彩的（但迄今为止仍神秘隐藏的）贫民窟的经历中挖掘出来的意第绪语趣闻轶事，令那位年长的人文学者愉悦无比，此番景象着实奇怪。我从不曾认为纳米尔有一丝丝可能——或者说根本没有任何可能——以这种方式来激发老男孩的兴趣。至于过世的霍罗维茨先生，我说不清，也许他做到了。但真正做到这点的，毫无疑问为塞姆·伯尔曼莫属（说实在，我想是他这么告诉我的。这也许就是造成混乱的来源）。如果我懂意第绪语，有机会玩这么一件娱乐快事，可以在欢乐的聚会上轮换角色（比如像维克托·戈兰茨），我会很乐于为之并以此为傲。但我似乎感觉，这是以一种极为独特的方式扭曲所发生的一切。正如我对艾丽丝所言，这就好比她被人说成是一个讲黄色美国佬故事的人，或者是K. 克拉克[3]被形容为回到原教旨主义，扔掉文明文化的外

[1] 1963 年新年前夕，伯林写信给帕特·乌捷欣，信中说："真要命，我对斯特拉文斯基与贝伦森新书中关于我的评论有点儿反应过度了。实际上，没什么可大惊小怪的。"

[2] 贝拉·霍罗维茨（1898—1955），生于匈牙利，1923 年在维也纳创立费顿艺术出版社；说服恩斯特·贡布里希为该社撰写《艺术的故事》，大获成功。

[3] 肯尼斯·麦肯齐（"K"）·克拉克（1903—1983），后（1969）受封终身贵族，1976 年获英国功绩勋章，历史学家；1946—1950 年及 1961—1962 年任牛津大学

衣，用当地人的大白话和哈利·劳德[1]的本土方式，讲述华丽宏大的苏格兰故事。倘若（你能想象吗？）K. 克拉克真的有这般天分，并且为了取悦朋友而这么做了，也许他不会介意别人对他做如此报道。但是，没办法了。伯纳德已经将它写出来，并且写得像真的一样；尼基[2]专门用它来说明其品位（事实的确如此，也是对他未能把握现实的证明）。日记是神圣的，不容篡改。尽管我一点儿都不喜欢被人以这种可笑的方式写出来，我也不希望对故事做如何改变，尤其这个故事是由一位虽谈不上仁慈，却极为风趣杰出的长者讲的。不过，当然，几乎每回见面，我都和他谈起过犹太人——或者不如说，他对我说起他们：但从未以怀旧的方式，追忆他称之为“妈妈的烹饪味道”，而总是以一种悲伤凄惨、黯然神伤的口气加以述说。我曾经从那不勒斯给他写过一封信，语气严肃地向他描述一艘驶向以色列的轮船登船时的情形。
177 我就在那艘船上，以色列人和美国犹太人的行为完全不同。据尼基说，他很喜欢这封信，信中既没有油腔滑调的调侃，

美术斯莱德讲席教授；1954—1957 年为首任独立电视管理局主席；其创作的著名电视系列片《文明的轨迹》1969 年在 BBC 播放；1925—1927 年克拉克曾经在伊塔蒂别墅与贝伦森密切合作过。

[1] 亨利·(哈利)·劳德（1870—1950），1919 年受封爵士，原为苏格兰矿工，后成为音乐剧院演唱家：“虽然他并未发明舞台上的苏格兰人，却做了大量工作，助推并强化了苏格兰身份的特定概念”（戴夫·罗素，《牛津国家人物传记词典》）；他的舞台名作包括《别挠痒痒了，大兵》（1905）。

[2] 伊丽莎白（“尼基”）·玛丽阿诺，1919 年受贝伦森聘请任其图书馆员和秘书，后成为其情妇和生活中不可缺少的同伴，一直在伊塔蒂别墅工作。

也没有拉拉扯扯套近乎，更没有贫民窟的记忆。[1] 在接下来的一段里，他将自己与我进行最令人尴尬的比较。但严格来说，我没有什么可抱怨的：除了说我们来自相似的背景这点并不真实。我一直到九岁前都在最最传统、典型资产阶级做派的中产阶级家庭中长大——先是在颇有德国风的城市里加的一座石头大宅里生活，后来到了彼得格勒，在一个乏味无比的家庭教师的管教下，接受最最严厉的中产阶级价值观教育：后来迁往伦敦的 NW3 区——没什么可夸耀的，但显然不同于贝伦森的童年。[2] 不过，既然他非要选择相信我们俩是文化上的同卵双胞胎，就让它去吧。艾丽丝给我来了封信，谈到他对我的"困惑加嫉妒"——如果情况属实，就太奇怪了。嫉妒什么？又困惑什么？不过我们暂且先不讨论这个。我只是不希望这些话在序言中一再重复，那样势必起到强调的作用，引起格外的关注，而事实上它们传达的是与事实不符的错误印象。但是，日记作者有权抒发自己的主观感受，甚至包括编造谎言，这就是为什么我不可能要求对该文本做任何更改的原因——正如我说的，必须保持其神圣的地位（我想）。但那些话还是务必请从序言中拿掉。我要求的就是这个，别无其他。

哦，天哪——我真希望是因为被如此有趣之人提到而感

[1] 1958 年 4 月 11 日的信，见《伯林书信集（卷二）》，原文第 617—612 页。

[2] 贝伦森的父亲是一位贫穷的立陶宛犹太人，1874 年移民到波士顿，1875 年孩子们也随之一同前往。

到高兴，而不是如此这般迫不及待想拨乱反正。但是，不论从精神还是肉体我都感到软弱无力：当梅耶·夏皮罗写文章谴责贝伦森时，我差点就要发表一封公开信，慷慨激昂地为他辩护[1]，而不是像本·尼科尔森[2]一样，说支持却只是半心半意（或仅有四分之一的心意）。那封信之所以最终没有公开，只是因为我不愿伤害梅耶的感情，对他，我可是忠心耿耿。而如今，我看到了贝伦森是怎么说我的，坚定的立场瞬间瓦解：至少所剩无几，几近飞灰湮灭。人际关系居然有这么大作用，不是很可怕吗？布卢姆斯伯里在这方面可谓登峰造极，但我不确定它是否过于滥情了。我宁愿是花岗岩做的，公正不二，不偏不倚，客观冷静。[……]

你的

178 以赛亚　　[……]

致马丁·吉尔伯特

[1964 年] 1 月 22 日

海丁顿宅

亲爱的吉尔伯特：

我太无动于衷了，的确如此。泰勒公然羞辱我到如此地

[1] 1961 年 1 月 21 日的信，见原文第 25—27 页。

[2]（莱昂内尔）·本（尼迪克特）·尼科尔森（1914—1978），哈罗德·尼科尔森与维塔·萨克威尔—韦斯特，自 20 世纪 30 年代起在牛津大学就是伯林的挚友；艺术史家；1947—1978 年任《伯灵顿杂志》主编。

步，就连那家报纸的编辑都给我写信，含含糊糊地向我表示了某种歉意，就连他都觉得，这么做有点太不地道。因此，不管我对泰勒抱有何种情感，也没必要公开为他歌功颂德。这在我看来似乎是典型的基督徒处事态度——谦逊是一种美德，怎么强调也不过分。因此，以我目前的精神状态，我并不打算去这么做，同时也无法理解为什么你会去做：泰勒关于犹太人和异族婚姻的新见解，再怎么糟糕也值得韦尔斯或乔德[1]关注——就算是马格瑞奇[2]，在痛苦地做出类似忠告前也会踌躇迟疑。我感觉泰勒过去曾经是朋友——但那个朋友现在已经死了。记得打电话给我，一起吃个饭，聊聊这个问题——我会很乐意的。

你真诚的

以赛亚·伯林

致哈米什·汉密尔顿

[1964年] 1月22日

海丁顿宅

亲爱的杰米：

我身陷厄运。加上尼基又来了一封非回不可的信，信中

[1] 西瑞尔·埃德温·米钦森·乔德（1891—1953），1930—1953年任伦敦大学伯克贝克学院哲学系主任，BBC广播节目《智囊团》著名嘉宾，致力于通过电台普及哲学知识。他最著名的口头禅是，“这取决于你想用……表达什么意思”。

[2]（托马斯）·马尔科姆·马格瑞奇（1903—1990），记者、电台评论员；1953—1957年任《笨拙周报》主编；以他直言不讳的电视主持风格大获成功。

她责备自己怎么会允许“犹太人贫民窟”一词出现。但这点完全不是我在意的；因为我并非生于这样一个环境，即便从贝伦森的意义上说也与之毫无牵连。因此，一点儿都不会对此感觉不自在——假如我真有这种感觉，哪怕只是片刻，我也一定羞于承认，包括对我自己。所以，现在我必须给她写封信，解释当初为什么没有给她写信的原因，以及但愿自己来自贫民窟的心情，等等，真是无聊透顶，令人讨厌。尼基信中给出的奇怪但明确的解释是，实际上那个老男孩完全清楚他说的并非真话——在那里，或许还在别处。但这点不用明说我们已心知肚明。贝伦森非常清楚什么是诚信人格，但在他的众多才华禀赋中并不包含这点。尽管如此，我不会落井下石，朝他的坟墓吐口水，为此，我刚刚拒绝了《观察家
179 报》让我评论这本书的邀请。我想知道雷蒙德·莫蒂默等人在《星期日泰晤士报》上会对他如何评论。贝伦森曾经告诉我，他鄙视雷蒙德的程度，远甚过任何英国人，接着又说：“不对。在‘阴郁斯伯里’（此处原文为 Gloomsbury，与 Bloomsbury 发音相近；Gloom 有‘阴沉、郁闷’之意。——译注），还有些人更加小气卑鄙[1]，比如克莱夫·贝尔。”[2] 我力图为她们辩护，但苍白无力。他很可能是在说我

[1] 伯林此处原文为：mesquin。
[2]（阿瑟）·克莱夫·休厄德·贝尔（1881—1964），艺术评论家和作家；1907年与画家凡妮莎（1879—1961）结婚。凡妮莎婚前姓斯蒂芬，是弗吉尼亚·伍尔夫的姐姐。1920 年，布卢姆斯伯里文化圈的凡妮莎·贝尔、约翰·梅纳德·凯

们大家，虽然各人来自不同时期。但尼基聪明能干，对多数人都充满善意——而他［贝伦森］是否这么想我不知道：（我希望）它在任何出版物中都不要出现，你自己也千万要确保不对他［莫蒂默］或任何人提起。但鉴于雷蒙德一定会说的话，我忍不住还是要告诉你——他在玩什么游戏，编织何种奇怪精致的网，他是怎样一个有趣的男人，时而自我欣赏，时而自我排斥，对世间一切既爱又恨，除了人。对人他可是自觉高出一等的。就此打住。让那本书适得其所吧。

你的

以赛亚

致加勒特·德罗希达

[1964 年] 1 月 27 日

海丁顿宅

亲爱的加勒特：

想到要让乌斯季诺夫[1]任《魔笛》制作人，越想，心里就越觉得可怕。我想，在分委会上，我本该对这个问题更加直言不讳，明确发表看法［……］。乌斯季诺夫待人宽容，

恩斯和画家邓肯·詹姆斯·科罗尔·格兰特（1885—1978）结伴拜访了伊塔蒂别墅；贝尔很不喜欢贝伦森的做派，整个拜访过程中，她自始至终，“表情郁郁不乐，绷着脸，一言不发”：这无疑证实了贝伦森的“阴郁斯伯里”的看法。厄内斯特·塞缪尔，《伯纳德·贝伦森》（马萨诸塞州坎布里奇，1987），第 273—274 页。

[1] 彼得·亚历山大·乌斯季诺夫（1921—2004），演员、戏剧作家、电影导演；曾在柯芬园、汉堡、巴黎、爱丁堡音乐节等任导演。

有一种长不大的、在校生式的幽默，而《西班牙时刻》毫无品位，语言粗糙，俗不可耐；同样，《詹尼·斯基基》[1]的许多角色也好不了多少——后者的布景十分精彩，指挥和演唱也非常出色，但我认为，演员的动作过于夸张，抛媚眼的举动也做得有点儿过火了，令人颇为尴尬——在拉威尔的作品中，这点表现得更加突出。当然，我们尽可以附和乔治对《魔笛》似乎抱有的看法——这一切都是由帕帕盖诺的恶作剧所主导的；而不是走向另一个极端——托斯卡尼尼关于爱的音乐，以及一切与庙宇和太阳相关的崇高理念——或是
180 克伦佩勒的崇高美与引力——这些是我无限喜爱的，而对其反面可能轻易导致的后果则嗤之以鼻——那些任意胡闹和寻欢作乐——杰兰特·伊万斯[2]和乌斯季诺夫两位天才的结合——以及音乐厅的诸多布景，严肃场景中的故作多情替代了古典美，这些都是我所不齿的。

因此，如果你对佐尔蒂还有点儿影响力，请务必阻止他

[1] 格奥尔格·佐尔蒂在柯芬园任音乐总监的第一年，以三个风格迥异的歌剧作为结束，它们是勋伯格的《期望》和两个滑稽歌剧——拉威尔的《西班牙时刻》和普契尼的《詹尼·斯基基》。据《泰晤士报》报道，彼得·乌斯季诺夫作为这个节目的制作人，可谓“闪亮登场”。他“聪明能干，潮流时尚，总是敏于发现音乐和戏剧的互动交叉之处”（1962 年 6 月 18 日第 5a 版）。

[2] 杰兰特·勒维林·伊万斯（1922—1992），后（1969）受封爵士；1948—1984 年任皇家歌剧院男中音主唱；扮演了六十多个主要角色，其中，“最为成功的大多为喜剧角色，例如莫扎特的费加罗、帕帕盖诺和莱波雷洛［……］，或者是威尔第的福斯塔夫；从最广泛的意义而言，他是为喜剧而生的天才”（克里夫·摩根，《独立报》1992 年 9 月 21 日第 11 版）。

过早接触乌斯季诺夫。我不会把这封信的副本寄给任何人，只求你恳请佐尔蒂至少暂时先别出手，容我们再想想，看还有没有其他途径，也许明天可以问问大家，是否有什么好主意。毁了《魔笛》几乎是不可避免的了，但只要我们足够努力，还是有可能找到解决方案。[……] 乌斯季诺夫属于所谓“搞笑派”，让他出演《魔笛》，就好比让格罗克出演《仲夏夜之梦》，可以好好满足莎剧中的顽皮小妖精，其结果往好里说可能像罗西尼，更有可能是像奥芬巴赫，最最可能是像杂耍表演。[1] [……]

你的

[伯林，代签]

1961 年 6 月，在接手柯芬园的几个月内，格奥尔格·佐尔蒂宣布他打算举行勋伯格戏剧清唱剧《摩西和亚伦》的英语首演。之前这部作品仅上演过两次，一次是 1957 年在苏黎世，另一次是 1959 年在柏林。对任何演出公司，这都是一项雄心勃勃的计划。这一计划在柯芬园皇家歌剧院经历了漫长时日才成为现实。1963 年 7 月一份对佐尔蒂任剧院负责人头两年管理业绩的考核报告中，《泰晤士报》的音乐评论家认

[1] 柯芬园制作的下一个《魔笛》版本是在 1966 年 7 月，制作人为彼得·霍尔；该剧广受好评，但霍尔本人记忆中并未觉得它有多好。见芭芭拉·艾森伯格的采访，《洛杉矶时报》，1993 年 1 月 24 日，《大事记》，第 60—89 页，此处在第 89 页。

为，一些音乐总监的“最佳方案”遭到阻力或被迫推迟，[1] 其中包括一部勋伯格的歌剧。伯林虽不了解这部歌剧，但认为它是一部旗舰式的作品，对柯芬园的发展和国际声誉至关重要。1964 年 2 月，他看出佐尔蒂对这部剧的干劲正在减退，于是在加勒特·德罗希达的怂恿下，给佐尔蒂写了一封热情洋溢，充满鼓励的信件。不久，剧院宣布《摩西和亚伦》将列入 1964—1965 年的演出季计划，佐尔蒂本人也加入其领导团队。该剧将以规模宏大的阵势华丽上演，角色阵容庞大，令人难忘的设计由约翰·伯里担当，新锐大胆的制作则由彼
181 得·霍尔负责。[2] 排练六场演出花了近两个月的时间。在首夜演出之前（1965 年 6 月 28 日），佐尔蒂形容这一巨大努力为“我毕生最难也最有价值的工作”，并说：“如果我们都很好地完成了自己的工作，它应该是一种难忘的体验。”[3] 实践证明的确如此。大家普遍认为，这部歌剧“不仅有力证明了我们工作的价值，更是验证了皇家歌剧院战后所取得的巨大

[1]《泰晤士报》1963 年 7 月 26 日第 16e—g 版。早在 1962 年，伯林就怀疑佐尔蒂对这部作品并不热心。他在 7 月 19 日给德罗希达的信中写道：“伯内特认为，佐尔蒂可能根本不会允许我们完成这部作品，因为他本人对它不感兴趣。”1964 年 2 月 6 日德罗希达写信给伯林，明确证实：“[佐尔蒂] 现在不希望我们做摩西。[……] 他已经认定，这并非一部伟大之作。”

[2] 彼得·雷金纳德·弗雷德里克·霍尔（生于 1930 年），后（1977）受封爵士；戏剧、电影和歌剧导演；1960 年成立皇家莎士比亚公司，作为一个常设的歌舞剧团；1960—1968 年任伦敦埃文河畔斯特拉特福奥德维奇剧院董事总经理；1968—1973 年任国家剧院副总经理，1973—1988 年任国家剧院总经理；曾计划与科林·戴维斯在柯芬园共事，合作导演作品，但最终未能实现。

[3]《泰晤士报》1965 年 6 月 7 日第 4f—g 版。

成功”。[1] 该剧还因其一些不太光彩的细节而臭名远扬，获得了反面成功，因为剧中有一表现纵酒狂欢的场景，“其中一大群裸体的‘处女’”围绕在金牛犊周围尽情嬉戏。坐在正厅后排的佐尔蒂抱怨说，从他那个角度，他是剧院里看不见她们的人之一。[2] 首夜演出后不久，伯林写道：“尽管音乐总监有很多缺点，却用行动向我们展现和证明了他的巨大价值；他的确改变了柯芬园的现状和形象。”[3]

致格奥尔格·佐尔蒂

[1964 年] 2 月 10 日 [副本]

海丁顿宅

亲爱的格奥尔格：

首先，让我对上周五的事件 [4] 再次向你表示慰问。遇到不可抗力，就连我们大家一起祈祷都不管用，更不用说保险公司投保了。我认为我们每个人的行为都具有英雄气概，完全没有理由就这一特殊情况作任何自我批评或自我谴责。第

[1] 斯蒂芬·福洛斯，《牛津国家人物传记词典》“佐尔蒂”词条。
[2] 出处同上。
[3] 致加勒特·德罗希达，1965 年 7 月 5 日。
[4] 柯芬园 1964 年制作的歌剧《弄臣》——在伯林看来是“世界上最有趣的歌剧”（致伯纳德·威廉斯，1964 年 1 月 25 日）——却不想遭到厄运。在其职业演唱生涯中首次担当主角的杰兰特·伊万斯，突然告恙，首晚开幕演出不得不延迟推后。到了新的演出日，虽然身体尚未完全恢复，他仍然勇敢站上舞台。但嗓子还是把事情弄砸了，演出结束后他亲自向观众道歉。

一个场景可谓大获全胜，如果伊万斯可以穿过黑暗隧道，重新出发，他有可能在我们的意识中塑造一个《弄臣》的全新形象。他身上具有艺术气质——至于他的声音是否适合表现这点是另一个问题——那个夜晚对他的职业生涯一定是一个最最可怕的打击。我相信，没有任何男中音愿意永远只演唱帕帕盖诺、莱波雷洛，甚至福斯塔夫、伊阿古和费加罗。总之，我想此事关乎训练和演纪问题，在这个国家中，我们这些方面尚不成熟。不过，我就不要对此再继续唠叨了，因为你在这方面比我知道得更多，了解得更透彻。不管怎样，我坚信，在我们伟大之作《弄臣》各种奇妙成分的组合作用下，一个伟大而壮丽的架构完全可以在你强大并富有灵感的手中竖立起来。相信你对此也充满信心。

我真正想说的还是《摩西和亚伦》。之前在歌剧院你的
182 办公室里，我们的确就此事交换过几句，但那个晚上并不适合谈论这个话题，在此我对当时提起它的举动表示道歉。我明白，面对一部新作，它受到人们如此多的争议和评论，说明也存在同样大的需求，事实上，可以说需求和要求都极高——不仅对演员，观众也一样——（为什么他们现在比起在音乐史上，更容易对真正革命性和原创性的音乐做出回应？）这种情况下，我们只有绝对相信这部作品的价值，才能付出这么多的努力，牺牲那么多的自己，不仅在身体，还在情感，具体到歌剧院本身，还包括财政上的投入。我们最初承诺要做这件事的动机在我看来仍然理由正当，合法有

效：以我的判断力（而非说我的观点具有任何审美影响力），这部歌剧从主流来看，是一个高尚、朴素、不低头妥协的作品，在艺术性和历史意义上都至关重要。我无法接受托马斯·阿姆斯特朗爵士在剧院分委会上说的话——照他的说法，从声望的角度来看，我们错过了黄金时光。要是我们在三四年前做这件事，会成为一个轰动世界的大事，但现在来做已不会产生任何影响。当然，前期准备工作要做好，但应采取与让我们做《霍凡斯基之乱》或《卡捷琳娜·伊兹迈洛娃》[1]时非常不同的方式：必须邀请国外评论家；要在报刊上刊登相关文章，激起音乐界和普通大众的兴趣；要为柯芬园的老友协会和英国广播公司安排关于勋伯格及这部歌剧的专题演讲，可能的话，还可以选择去一两个大学做相关宣传。我认为，所有这些工作，"勋伯格迷们"都会乐意提供帮助——他们就好比如今狂热的音乐教派——或是像之前的瓦格纳迷或布拉姆迷；绝不应该小看他们的帮助。简言之，我认为，通过完全合法和高尚的手段，应该有可能为这部作品打造一个天时地利的"最佳氛围"。此外，由于它不属于那类能够进入固定剧目表的作品，在某种意义上也许就连《沃

[1]《霍凡斯基之乱》是穆索尔斯基未完成的歌剧，由肖斯塔科维奇演奏，1960年11月25日在列宁格勒的基洛夫首演，1963年6月18日在柯芬园上演（伯林为该次演出还专门写了一篇《历史备忘录》)。《卡捷琳娜·伊兹迈洛娃》是以肖斯塔科维奇1934年的歌剧《姆钦斯克县的麦克白夫人》为基础的改编版，1963年完成。1963年12月2日在柯芬园首次上演。

采克》都行[1]，那么，倘若我们的演出消失得无影无踪，或只是成为仅供人们敬仰的回忆，那就太遗憾了。我敢肯定，如此权威的歌剧可以制成唱片，这样的话，这些演出和唱片将成为记录勋伯格勃勃雄心和深刻思想的经典展示。从这个意义上说，我不明白为什么其影响就不能日积月累，最终成为伟大之作。如果完成这件大事，你一定会理所当然地成为一个开启大门的伟人：据我所知，迄今为止，这个作品在大的歌剧院，还没有过一流的演出［……］。倘若勋伯格一开始就不负热情似火的歌迷众望，那么，你本人和柯芬园无疑就
183 会在人们心目中得到认可，以这样一个歌剧史上新篇章的华丽展示，成为永久和引人瞩目的音乐服务殿堂。之前我从未经历过类似具有开创性重大意义的音乐作品出现；无论演员表演多么优秀，例如像布里顿——你以极端豪爽并令人印象深刻的方式为这位作曲家提供的服务，他清楚，大家也都清楚——但在我看来，音乐史学家们不会给予他同样重要的地位。当然我可能判断错误，但现状就是如此：普伦克、肖斯塔科维奇、普罗科菲耶夫比之不及，斯特拉文斯基，像他们一样，属于往日的旧章。

出于这些原因，且不说倘若我们突然放弃《摩西》该如何向公众交代，我要最热切地敦促你，请务必重新考虑这个问

[1] 阿尔班·贝尔格的三幕歌剧，用德文演唱，于 1952 年 1 月 22 日在柯芬园首次上演。

题［……］。当然，假如这部作品并非真正够好，甚至假如你不觉得被它吸引或根本不喜欢它，那就无须考虑。如果情况真是如此，也就无计可施了：因为显然没有别人可以做到——就连去考虑这种可能性都愚蠢无比，我们只能像男人一样勇敢面对惩罚。但我仍然有种感觉始终萦绕于心，挥之不去，那便是，除非我们大胆向前，尝试上演现代歌剧杰作——即便我们的主要关注焦点仍然是建立一个坚实的传统剧目宝库——否则我们将停滞不前或向后倒退；光靠布里顿、肖斯塔科维奇、亨齐还不足以确保这一点，尤其布里顿是一个非常合适的对象，能够为我们做出特别奉献。毫无疑问，《摩西》将让我们遭受相当严重的经济损失；但或许通过录制唱片及与英国广播公司合作，可以在某种程度上收支相抵。［……］

请原谅：相信你不会介意我这番激动的情感迸发，这件事实在让我感受太强烈了；相信其他董事会成员也会有看法：但我不想代表他们说话，也代表不了：当然，最终怎么做由你定夺，由你裁决。

［以赛亚］

致泰迪·科莱克

［1964 年］2 月 21 日

海丁顿宅

亲爱的泰迪：

原谅我向你提出旅行安排要求，除了你我还能拜托谁呢？情况是这样的。[……] 迈克尔森[1]诊断出我母亲患双眼白内障（我妈妈是守口如瓶的人，不希望任何有关自己的事被他人知道：很不合情理，但对八十多岁的人必须善意迁就，哪怕她们不是自己的母亲）。我敦促她到哈达萨医院请那位医术精湛的先生给她动手术。我想，手术是安排在下周
184 二吧（切记你什么都不知道），当然妈妈不希望我出现；事实上，因为各种令人不快的原因，我也的确无法出现在她面前。于是，艾琳提出她准备当一回不速之客，事先不说突然出现 [……]。因此，请你帮忙在大卫王酒店订一个住两晚的房间。她准备周五下午去哈达萨，不管是不是安息日，然后周六再去；如果你可以在周五晚上或周六陪她吃顿饭她会非常高兴。在艾琳抵达之前，不要透露任何情况给我妈妈。艾琳到达时肯定会向你告知。星期天上午一大早，她就离开以色列了。

千万不要考虑去洛德机场接她——完全没有必要，那样会让她感到不自在，因为她会觉得是对你时间和精力的巨大牺牲。不用说，众所周知，你的时间和精力应该全部放在思考如何办好音乐节上，而不是其他。但如果你可以与她在大卫王酒店聊聊，那就太感谢了——假如你可以请酒店派辆车

[1] 艾萨克·克劳德·迈克尔森（1903—1982），生于爱丁堡，眼科医生；1939—1946 年任中东地区英国地方自卫队眼科专家；1948 年移民以色列；1954—1973 年任耶路撒冷哈达萨大学附属医院眼科主任。

去机场接她，司机又能带些以色列货币给她，那就帮助太大了。这么乱糟糟的漫无头绪，让我再一次请求你的宽恕。[……]

你永远的

以赛亚 [……]

致玛丽·伯林

[1964年] 3月3日

海丁顿宅

最亲爱的妈妈：

因为眼下您无法阅读我的来信，我不会写得太过亲密，只是简单汇报一下。艾琳已平安抵家，身体健康，非常享受她的耶路撒冷之行，特别是与您相处共度的一天。[……]

感觉您希望能够读到《标准晚报》，所以我想最好帮您订一份。同时把最新的财经新闻放进去，我知道它就像游戏一样吸引你。我有幸在从伦敦开出的火车上与布罗姆先生[1]同行了一段，他极其温柔地询问您的近况；格林伯格夫人也问候您，她并不知道您在医院。因此，当我告诉她您一切都好时，她很开心：在电话里整整说了十五分钟，对您性格的方方面面大加赞美，而我则不停感谢她的好意与祝福。

[1] 布罗姆先生和格林伯格夫人应该都是玛丽·伯林过去在汉普斯特大街居住时的朋友。

另外，很高兴听到根据您父亲我外公特殊的政治算法，您比原先又年轻了两岁——真令人满意，您现在可以想象自己生活在1962年了。您看吧，因为没什么具体的东西可
185 说，我又在满嘴废话了。

现在来谈谈计划——这个话题总是令人愉快：我想，到25日您应该就恢复得很好了，可以自己回来，我会在您到达伦敦机场时去接您。当然，我也可以过去接您，但遗憾的是，27日前我都没空，电视台约了我和艾耶尔教授以及J. B. 普里斯特利先生在BBC做一个访谈节目[1]，让我们谈谈对某个愚蠢话题的看法：除了极端紧急的情况，很难取消。我知道您会说您不需要任何人，您完全可以自己走，等等，并知道您所言不假。[……]

我没什么可担心的——有什么需要请一定告诉我，我会立刻放在心上。艾琳回来把一切都跟我说了，我真的大大松了一口气。我当然知道诸事都会顺利，因为迈克尔森教授非常友善，总是及时把情况通报给我，但考虑到您不想让我担心的念头是那样坚定，总是隐藏您的疾病痛苦，老是轻描淡写，大事化小，说没有必要让我去，一切都很好，等等，我自然会心生疑虑，必须亲自派一个值得信任的代理前往亲自

[1] 伯林与艾耶尔和J. B. 普里斯特利一道做客首期“未来谈话录”；该节目于3月26日录制，在BBC第二套节目（4月20日）推出几天后的4月25日晚播出。这套录制的节目至今仍存于世，其录音文字可在以赛亚·伯林网上图书馆查询，地址为http：//berlin.wolf.ox.ac.uk/lists/nachlass/conversa.pdf。

察看。但艾琳同样带回来令人高兴的消息，现在我总算安心了［……］。此刻我真的没有什么可对您说了——如同在战争时代——就像战争时士兵常说的，“希望通过此信让我找到您”。

深爱您的

以赛亚

1962 年春全灵学院招收女性研究员的议案虽然注定逃脱不了失败的命运，但其中透露出来的改革活力却显而易见。一年后，随着《哈里森报告》[1] 的出版，这股活力倾注到一个相对容易被人接受的事项上来。该事项始于一个大学分委会，由即将升任默顿学院院长的罗宾·哈里森 [2] 任主席。哈里森调查了二百五十名左右持有各种大学职位但没有拿到研究员身份者的现状——这些人即所谓的“非大学教师”，并呼吁应该为他们提供更多的研究员职位。他的呼吁引发了全灵学院改革派的强烈共鸣，群情高涨。于是召开了学院层面的哈里森委员会会议，共同来商讨这个问题。大家带着满腔热情和善意，将 1963 年的大部分时间都投入到对此事的审议讨论中，结果却未见成效：最终学院仅新录用了三位研究员。然

[1]《关于大学体制下教学和研究更紧密融合的报告》（牛津，1962）。

[2]（阿利克）·罗宾·沃尔沙姆·哈里森（1900—1969），默顿学院院长，本科期间曾就读该学院，后（1950—1963）任古代史研究员及导师。

而，这一过程大大鼓起了学院的改革之风。

哈里森明确表示，在他心目中，默顿学院自古以来积累的捐赠基金“不是为维护特权提供保障，而是用来作为资源，
186 促进教育的进步”。他提倡学院之间进行财富再分配。[1] 全灵学院不可能对这个提议视而不见。1964 年春，学院开始起草规划，将一些多余的收入——这笔收入自 20 世纪 50 年代末以来已经增长到令人尴尬的数字——用来增加研究员职位，同时在学院盖一座新楼为这些人提供住宿。

伯林再一次发现自己站在“年轻的猛兽派”一边，与老派的“穴居人”相抗衡，这严重影响了他与约翰·斯帕洛的多年友谊。在 3 月份一次关键的投票会后，他写信给伯纳德·威廉斯：

> 此刻我的心情是，对一切都感到内疚，尤其是参与了全灵学院的投票——结果肯定让你感到满意——院长得了五票，学院的其他同事得了三十五票，因此，他放出话说准备辞职。每个人都在不停地道歉，但伤口并未止血。见到你时我会告诉你整个可怕的故事。唯有这一次，正义在压倒性的多数一边（正如你猜到的）。[2]

[1]《泰晤士报》1969 年 5 月 19 日第 10h 版。
[2] 致伯纳德·威廉斯，1964 年 3 月 13 日。

投票结果令斯帕洛陷入孤立境地，伯林将他比作道格拉斯·范朋克式的英雄，左右抵挡众多攻击者朝他万箭齐发。但令他没有想到的是，就像范朋克式的英雄一样，斯帕洛居然成功躲开了他的攻击者，并最终反败为胜。

致约翰·斯帕洛

1964年3月14日［手稿］

海丁顿宅

我亲爱的老朋友：

我一样也很苦恼。当然，不是针对学院的总体意向，在我看来那是正确的结果，我苦恼的是没有为你说话，投了你反对派的票。对此我耿耿于心，难以释怀，其难过程度，我敢肯定，甚至远远超过你此刻的内心想法。我有足够的公共良知，不投票给我认为对学院无益的人，或干脆弃权。但仅此而已：我希望我没有那么做［……］。我过去和现在都不喜欢克赖泽尔：但之前我以为，既然学院大多数人都是这种态度，我突然有一种完全从这个学院及其事务中被“疏远”的感觉，连自己都为此感到吃惊。我认为，学院对知识分子太不尊重，并发现斯多葛派关于如何不去介意别人想什么做什么的格言突然之间对我非常适用。我虽然参加委员会和学院的会议，却完全不在乎他们做什么。［……］只有斯图尔特（我这么认为）注意到我对学院情感发生的这一奇特变化，突如其来地就扯断了与它的联系（原谅这种自我中心的傲慢态度)，并说他也很乐于远离：但他与我不同，我的忠诚是制度性、习惯性的，根深蒂固。只是觉得无趣和游离在外罢了，头脑里只想着浪漫主义。可笑得很，让
187 我恢复忠诚之心的是与克罗斯曼的交谈：是他侮辱和践踏你我深爱和信任的牛津大学的企图，虽然我这方面的感情略有改变。

我对全灵学院的情感终于恢复了。它不会永远止步不前：不会永远仅像食堂管理员那样只专注单一的工作。它重新苏醒了。我认为它必须要么（原文如此?）奋力向前：如果它继续停滞不前，必将枯萎凋谢，并从外部被摧毁打败——这是克罗斯曼、莫里斯和纳菲尔德以及我们所有这些乌鸦嘴的预言。哈里森委员采用了这个观点：你一个人反对需要书面与大家沟通。我不打算写任何东西：有生以来，我还从未向学院同事传播过任何东西（我这么认为)，从未参与过游说活动，仅有一次例外，那时我满腔热情，迫切希望由你出任院长。可是当我收到贝劳福的信，那封信在我看来简直就是漏洞百出，满是谬误，于是我忍不住坐下来写了封信进行反驳：信写得很长，没什么文采。我的想法是：学院现在急需的是将哈里森报告中的思想集中到几个思路清晰的脑袋中，集思广益，共同来反驳贝劳福。这至少能将我们的讨论具体化，有助于避免那些噩梦般没完没了的混乱争吵。当然，我从未想到大家会达成如此高度的一致意见，或许我根本就没必要如此庸人自扰。我敢肯定，这种共识早已存在，

早在费希尔—伯林[1]报告问世之前就已存在：我们的报告不过只是总结了哈里森委员会绝大多数人的观点。我认为费希尔是一个比我更适合的起草人：至今仍对此确信无疑；不过，我还是小心翼翼跟你说了我的看法，而且不止一次。同时也很明确地对比尔·迪金[2]和詹姆斯·乔尔说了，希望大家到时不要感到意外。我没有参与“游说”（虽然此事并没有什么罪恶之处）。费希尔起草了哈里森报告的总结和对贝劳福的反驳信：那封信似乎将贝劳福都说得心服口服了。我在道德上有什么过错吗？不忠？暗度陈仓？我不觉得。我曾经想（至今依然认为），你的位置过于极端：一方面，你太傲慢，太瞧不起我们大部分同事（我敢说此话并没有冤枉你）；另一方面，在审美趣味上又太过考究，不愿寻求凌乱的妥协，深入“追究”和“试探”他们的想法或观点。A. H. 史密斯[3]在新学院诸事不顺，屡战屡败；但他与常人不同，似乎对任何事都不介意、毫不在意或干脆忘记：唯有没让他通过文学博士申请这件事重重伤了他。但你不同，很容易介意，就像文艺复兴时期充满美德和荣誉感的王子。你们全都是这样的：并非专业政治家，像丘吉尔而不是罗斯

[1] 亨利（“哈利”）·费希尔*，时任全灵学院研究员和财务主管，后（1975—1985）接替伯林，任沃尔夫森学院院长。

[2] 见原文第 260 页注 2。

[3] 阿利克·哈尔福德·史密斯（1883—1958），哲学家；1940—1944 年任新学院代院长（在赫伯特·艾伯特·劳伦斯·费希尔去世之后），1944—1958 年任院长；1954—1957 年任牛津大学校长。

福，富有想象力，坚韧不屈，目空一切；把更大的忠诚投入人际关系而非公共事务。天生的贵族气，往往因此要付出代价，因为你无法忍受平庸，哪怕是些微的庸俗也绝不容忍。
188 我想起当今的索尔兹伯里勋爵[1]，当他眼望着就连看似不肯妥协的同事——比如达夫·库珀[2]——都在 1939 年请求张伯伦帮忙谋个职位——“就像蚯蚓”，他说，“他们真的爬进来了”，而他则冷眼望着他们，不准备对他不喜欢，甚至可能鄙视的人做任何让步。当然，你对阴谋论深恶痛绝，但我却不是那么讨厌，虽然我不参与：我并未与费希尔进行过任何密谋，就像你和贝劳福一样。我鼓励他确立一个我能够给予支持的立场，但采取的是公开的方式；一拿到他的草稿，稍事修改后就立刻寄给你了，并未征集其他人的名字。你说好比“背上中了暗箭”：我知道你并非完全认真——我

[1] 罗伯特·阿瑟·詹姆斯（“波伯蒂”）·加斯科因—塞西尔，克兰伯恩子爵（1893—1972），1947 年受封索尔兹伯里侯爵五世；1924—1941 年任多赛特郡南部地区联合主义者议员。1938 年 2 月，为抗议张伯伦的外交政策行为，克兰伯恩随其上司安东尼·艾登（时任外交大臣）提出辞职；1940 年丘吉尔执政时期，他重新回到政府部门，任财政主计大臣；1942—1945 年及 1951—1957 年任上议院领袖；1952 年任联邦关系国务卿；1952—1957 年任枢密院院长。
[2] 1938 年 10 月，达夫·库珀，时任英国海军大臣，在慕尼黑问题上提出辞职。战争爆发后，张伯伦扩大了他的政府，任用了丘吉尔和艾登，但并未起用达夫·库珀。1939 年 9 月 21 日，库珀与首相会面，表面上是商讨他访问美国的计划：“我原以为他至少会有一两句后悔的话，对未能提供给我一个在政府工作的机会表示遗憾，并主动提出将来会给我机会。虽然这种话没有任何意义，但至少符合礼貌。结果他对此只字未提。”约翰·朱利叶斯·诺威奇（主编），《达夫·库珀日记：1915—1951》（伦敦，2005），第 278 页。

没有隐瞒任何东西——但我还是一样受伤了。你了解我的观点——他们属于正统的哈里森委员会的观点——但或许你依然会认为我对你表现出某种程度的“不忠”。但我真心认为（至今没有改变），学院停止大规模发展是不明智的：我们在委员会争论过这个问题，难道我做了什么有违道德，甚至不雅的事吗？我不觉得。如果你这么想，请求你对我直言。我深深地爱你，敬佩你，尊敬你：很高兴有机会说出这些话。下一次我还会投票选你当院长，包括几乎所有其他职位，现在如此，我想，今后任何时候也都是如此。我们相互都有互不买账的盟友，我想，这是不可避免的。但我并不急于在学院的争权夺利中冲锋陷阵，充当出头鸟的角色。你是避免不了的，而我只有在原则问题面前，才会当仁不让，绝不退缩。也许我们应该对这个问题有更深入的讨论，包括内容和途径，以及学院中舆情的转变（关于最近的民意，我真的一无所知），但我想你不会急于做这件事。我们意见相左，这种情况偶尔必然会发生，但如果你认为我在某些方面行为不当而又不直言相告，那我会觉得比任何公共问题都远远来得更加痛苦。我宁愿——绝无虚言——辞去研究员职位，到圣安东尼或纳菲尔德学院谋个教职（除此之外，我还能做什么呢？），也比天天担心被你在内心深处充满狐疑要好过得多，那会让我陷入万劫不复的不幸境地。我十分看重人际关系（亲密朋友），远超过学院的福祉，但有不同意见不是很“正常”吗？即便在公共场合？我和戴维·塞西尔之间曾

经也（就巴克斯顿问题）产生过很大分歧（当时我与他之间的
189 关系比现在更加亲近）[1]；而与斯图尔特之间，存在不同意见的事就更是数不清了（他曾经给我写了封信，猛烈攻击我在公开场合赞扬戴安娜·库珀的行为）；再说，其他任何一个亲密朋友不也都一样吗？就在一两天前，莫里斯还因为我们的研究员考试制度攻击我（“谁都知道他们是怎么选出来的”），要么就是批评我们没有贴出申请研究奖学金的广告（“大学里都传开了”）。我用刻薄的语言予以还击，以捍卫“我们的”立场——直到他做出让步的样子——尽管如此，我认为他关于公共关系方面的观点或许不无道理。[……]

我十分珍惜我们毕生的友情，其程度之深无法用言语形容（这一陈词滥调实际上再真实不过：只要能说出口的东西，必然有限，缺乏深度；任何本质和终极的东西，按照定义，都无法用言语包容，不论如何精心选择语言，多么真实可信，亲身经历，准确可靠），它是我的一生，我想还包括艾琳的一生，赖以依靠的坚硬磐石。那里出现任何裂纹，仅这一念头都令我无法忍受。不过，如果真的出现了一条裂缝，请尽管说。我知道人一般都不太喜欢面对现实，但至少我不这样：疑心更让人烦恼。比起土生土长的英国人，我在周遭环境中扎下的根须并不茂密——但从本质上看，我是

[1] 关于伯林与戴维·塞西尔之间就任命约翰·巴克斯顿问题产生的分歧，见原文第 635 页。

一个有根的人，而非无根的世界人（虽然我怀疑你有时会把我归入此类人等）。我一辈子都生活在牛津：第二次世界大战以来，我的生活便开始与你生活的一部分盘根错节交织在一起。这是一个爱与信任的告白，如果它让你觉得难堪——（就像D［黛洛维］夫人[1]说的，为什么老要让可笑的事情打扰最深切的情感体验？但这些搞笑举动总是与我如影随形。我无法一本正经，只能故作严肃）没办法，忍不住。就此。

你的

以赛亚

致阿兰·帕西—琼斯[2]

1964年3月16日

海丁顿宅

亲爱的阿兰：

［……］你一定得十分善待斯帕洛，他刚刚在全灵学院遭受了严重的挫败，同事中有三十五票反对他，支持者仅有三人，其中，我必须承认，不包括我——他被所有的支持者抛弃了。尽管如此，他高傲地站立在那里，并且，我必须加上一句，在一些人眼里显然还带着些杀气，但肯定是毫不屈服

[1] 弗吉尼亚·伍尔夫的小说《黛洛维夫人》（伦敦，1925）同名女主人公。

[2] 阿兰·帕扬·帕西—琼斯（1908—2000），作家和评论家，1948—1959年任《泰晤士报文学副刊》编辑；1960年离开英国移居美国，为《纽约先驱论坛报》撰写书评等。

的。他说准备辞职。我认为这不可能发生，也的确希望不会发生。在纽约，他能做的事越多越好，我敢肯定。至于为什么会是这种结果我一无所知：但对他说说全灵学院的研究员们有眼
190 无珠，缺乏判断力，这种话在目前状况下应该是他爱听的。

希望我们 4 月能够在纽约与你见面。

深深的祝福

以赛亚

伯林夫妇在美国度过了 4 月 15—23 日那个星期：伯林在巴尔的摩约翰·霍普金斯大学做了关于赫尔德的演讲，二人还去了华盛顿和纽约。

致诺埃尔·安南

1964 年 5 月 1 日

海丁顿宅

亲爱的诺埃尔：

收到你的来信我不知有多么高兴！我是指读信时无比享受。我也一样，到同一块草坪边缘来吃草了。我不确定我应该如何回应你组织举办的知识之夜，真了不起——应该是赞赏肯定的吧。特里林[1]因为他的谨慎、亲英派的薄脸皮和取悦他人

[1] 莱昂内尔·特里林（1905—1975），美国文学评论家、散文家，哥伦比亚大学英语教师，1932 年开始就读于该校本科，1948—1974 年任教授；1964—1965

的焦虑让我感到难堪。我在哈佛的朋友莫顿·怀特与他有点儿类似，相同的一半突显，一半隐藏，若隐若现的犹太血统，相同的薄脸皮，相同的神经质，相同的对那些他怀疑可能无法欣赏他全部价值的人的热爱；但我与他相熟已久，关系亲密，交往起来很舒适，而特里林当时让我感到颇不自在。[……]

我在纽约与鲍勃·西尔弗斯[1]初次见面，是在玛丽埃塔·特利的家里，一起的还有洛厄尔夫妇[2]。我真的非常喜欢他和他们夫妇俩。罗伯特·洛厄尔非常出色——话语缓慢，纯洁剔透，性格天真无邪，文质彬彬，但又与那些理想化之人很不一样，所有这些都讨人喜欢；不过话说回来，每个人都喜欢他，所以算不上什么不同寻常。西尔弗斯和我们俩相处甚好。在场的还有一位前牛津研究生，名叫沃尔[3]，是戴高乐的传记作家，感觉他是一个急于成功的年轻人，但人很聪明，对我很好，总之，那里的一切都让我迷恋，别无所求了，尤其是在国外。我度过了一个快乐的夜晚，与

年任牛津大学乔治·伊士曼讲席客座教授；1971—1972 年任全灵学院客座教授；著有《自由的想象》(1950)，该书使他成为“冷战时期美国知识分子的表率”(路易斯·梅纳德，“唯有遗憾：莱昂内尔·特里林与他的不满”，《纽约客》，2008 年 9 月 29 日，第 89—90 页)。

[1] 罗伯特·B.(“鲍勃”)西尔弗斯 *（生于 1929 年)，《纽约书评》合作主编。

[2] 罗伯特·特雷尔·斯彭斯（“卡尔”)·洛厄尔（1917—1977)，德高望重的美国诗人，其第二任妻子为作家伊丽莎白·哈德威克（1916—2007)，二人于 1949 年结婚。

[3]（安东尼)·尼古拉斯·玛丽亚·沃尔（1928—1996)，1958—1964 年任哈佛大学政府研究助理教授及历史文学导师；1964—1977 年任普林斯顿大学政治学副教授，1977—1978 年任教授。沃尔认识并敬仰戴高乐，是为他写传的极其合适的人选，但这一愿望未能实现。

西尔弗斯海聊所有我们共同的朋友——他拥有友善和快乐的性格，任何一个人，只要性格中具备这两种特质，就会立刻赢得我的好感，有时甚至会因此成为永远的朋友：我
191 终于明白为什么他和理查德·魏赫姆[1]二人显得那么相适应了。德怀特和玛丽[2]属于另一个不同范畴，此时此刻没有必要讨论他们。我认为她为阿伦特小姐[3]的辩护文有点儿过于

[1] 理查德·阿瑟·魏赫姆（1923—2003），1960—1963年任伦敦大学学院哲学讲师，1963—1982年任伦敦大学思维与逻辑哲学格罗特讲席教授。伯林认为他信仰的社会主义属于“魏玛共和国的类型［……］——放荡不羁，自由自在，要求道德自由、性自由及社会自由等，是事实上的文化布尔什维克主义”（致安贝托·莫拉，1961年7月5日）。

[2] 玛丽·泰蕾兹·麦卡锡（1912—1989），小说家、批评家和社会评论家。她为汉娜·阿伦特的《艾希曼在耶路撒冷：关于平庸之恶的报告》（伦敦，1963）所写的辩护文“色调和哭泣”，刊登于《党派评论》第31卷第1辑（1964年冬季号），第82—94页；伯林认为它是“一篇粗制滥造、不值一读的东西——玛丽对汉娜·阿伦特的爱显然超出了分析范畴”（致泰迪·科莱克，1964年2月21日）。麦卡锡与阿伦特的友谊产生了大量的信件往来，这些信件后来结集出版，书名为《朋友之间：汉娜·阿伦特和玛丽·麦卡锡的书信往来，1949—1975》，卡罗尔·布莱曼主编（伦敦，1995）；1938年，她与作家和文学评论家埃德蒙·威尔逊结婚；二人于1946年离婚。

[3] 汉娜·阿伦特（1906—1975），德裔犹太哲学家和政治理论家；师从马丁·海德格尔；被盖世太保审问后离开德国前往法国，在法国遭扣押后到了美国；在纽约，她成为集结在《党派评论》旁知识分子场景的一部分。伯林对她的作品和她本人有一种发自内心的厌恶：“我没有读过艾希曼这本书，但我必须向你承认，我对她没有尊重之心。她之前写的书，在我看来类似某种形而上的自由联想——［……］她关于人类境况的那本书，受到各类杰出人士的追捧，我却感到是建立在经不起一驳的虚假的历史命题上，缺乏真实性、新颖性和趣味性，就像托洛茨基曾经对斯大林演讲做出的评价一样。不过，我这么说可能有失公平，源于某些根深蒂固的个人偏见，因为1942年我认识她时，她是狂热的犹太民族主义者——如今却变成了其反面——这一点让我无论如何也接受不了。”（致伯纳德·克里克，1963年11月4日）伯林想到的托洛茨基的话可能来自托洛茨基死后出版的斯大林传。在书中，他形容斯大林的著作“枯燥乏味、了无生气、虚假不实”：《斯大林：对一

咄咄逼人；因为希望与她继续做朋友，所以我懦弱地选择了无所作为，闭口不言。但我想，你是能理解我的，尽管有些事真的很可怕，让人可以窥见究竟是什么让那些讨厌她的人对她恨之入骨；而德怀特，尽管他是那样的辉煌，那样的自主独立，身上还是有某些地方，完全像一个笨手笨脚的傻大个［……］：这种特质既可爱又令人抓狂。无论如何，见到他，我一样也非常高兴，向来如此，只有一次例外。那是在1940年，我与他初次见面，他认为我举止轻浮，正是他心目中典型的英国人形象。在他看来，如果每个人都像盖伊·伯吉斯和我一样毫不正经，英国活该输了那场战争。你可以想象1940年7—8月间我们的谈话会是什么样子。［……］

前几天参加皇家艺术学院晚宴时，我好想念你：在那里非常高兴地见到了当年所谓权势集团的几个成员，包括安东尼[1]、科尔德斯特里姆[2]、弗雷迪·艾什顿[3]——一些人神态

个男人及其影响的评价》，查尔斯·玛拉姆主编翻译（该书原准备1941年付梓，但一直推迟到战后才得以出版），第二版（纽约和伦敦，1946），第260页。

[1] 可能指安东尼（原文如此）·弗雷德里克·布伦特（1907—1983），1956年受封高级维多利亚勋爵，后（1979）因其俄罗斯间谍身份遭揭露而随之被撤销（该间谍组织还包括伯吉斯、菲尔比和麦克莱恩）；艺术史学家；1945—1952年任国王肖像检验员；1952—1972年任女王肖像检验员；1972—1978年任女王肖像和画像顾问；1947—1974年任科陶德艺术学院院长。

[2] 威廉·蒙吉斯·科尔德斯特里姆（1908—1987），1956年受封爵士；1949—1975年任伦敦大学学院美术施莱德讲席教授。

[3] 弗雷德里克·威廉·马伦达亚内·艾什顿（1904—1988），1962年受封爵士，后（1977）获英国功绩勋章，1933—1970年任皇家芭蕾舞团（1956年起沿用该名）主要舞蹈编导，1963—1970年任导演。

放松，表情安逸，以艺术赞助家的身份在内阁大臣之间穿梭
192 往来，如鱼得水；而另一些人则略显尴尬，目光挑衅，拿不定自己出现在这样一个地方，人格的完整性是否遭到了破坏。

我很喜欢约翰·霍普金斯大学：规模不大，但没有小家子气的忸怩作态，有许多头脑聪明之人可以交谈，温文雅静，看不见知识分子之间不顾脸面的公开残酷竞争，互相之间你争我斗，而是推崇一种霍布斯式的自然状态。如同哈佛大学：它不忸怩作态，不势利，不像普林斯顿大学那样，表面上和蔼可亲，骨子里却是真正的反动，尽管那里有搞笑的查理姑姑和美丽的温泉；它也不像耶鲁大学那么沉闷，噢，上帝，我在耶鲁时，虽然得到很好的招待，但真是感觉无聊至极。它很像康奈尔大学，甚至布朗大学，在宁静平和中追求完美卓越的知识分子目标，伴随着完美全面的评判标准。就我所见，这里的学生们既不受到勃勃野心的折磨，也远离各种社会或种族弊病的困扰。我曾经在普林斯顿发表过一个演讲，听众是经过特别挑选的研讨班成员，其中有羞答答的校长，表情阴沉的老朋友乔治·凯南，以及一副难为情忸怩样的斯图尔特（汉普希尔太太如今称她不是我的朋友，我俩自出生以来就相互认识，我想她应该已经时刻准备弥补）。明年我得作梅隆系列讲座[1]和伍德布里奇系列讲

[1] 伯林的六场梅隆讲座，总标题为“浪漫思想的来源”，于 1965 年 3 月 14 日至 4 月 18 日（原文第 213—216 页）在华盛顿特区的国家艺术馆举行。

座[1]——我真觉得我们已经完全成为唯利是图的希腊人，利用一切可能的机会去罗马：据斯图尔特说，一般人的看法都是，英国人来美国纯粹为了赚钱，或从事与赚钱相类似的工作，这个说法也许不完全正确，但已足以接近令人脸红的真相；此外，我也并不认为，我所抱有的英国知识界对美国的吸引力已经有所减少的想法完全错误：那些喜欢它的人之所以喜欢它，是因为它温文尔雅、文明礼貌，而不是因为有什么特别的东西值得学习［……］。

在一次英国社会科学院的会上，阿兰·泰勒郑重地告诉我，在他即将出版的牛津英国史中——20世纪史——他将宣称，当代影响最大的哲学家是弗雷迪·艾耶尔，在某种程度上也包括他的弟子赖尔；此外，书中还会对罗素有些许赞美，其他就没有人了——有一条关于维特根斯坦的脚注，对奥斯丁则只字未提。[2]我相信他有能力做这件事：也完全没有必要对类似这种事去自寻烦恼，但是，史学家们究

[1]“启蒙运动的两个敌人”（约翰·格奥尔格·哈曼与约瑟夫·德·迈斯特）四场讲座，于1965年10月25—28日在哥伦比亚大学举行。第二讲和第三讲的录音保存至今，其录音文字可在以赛亚·伯林网上图书馆查询：见〈http：//berlin.wolf.ox.ac.uk/lists/nachlass/〉。

[2]泰勒此处应该是在开玩笑：在列举的五位哲学家中，只有伯特兰·罗素在他的史书中被提到，并且与哲学毫不相干，泰勒有意避开了这个话题：“有些遗漏只能原谅我无知。［……］正如我不了解内燃机的原理［……］。我对现代哲学也不甚了然。无论如何，我之所以选择这些话题，是因为我感觉它们最迫切、最有趣，谈起来最让我感到得心应手。”A. J. P. 泰勒，《英国史：1914—1945》（牛津，1965），第vi页。

竟可以将一个时代描绘到何种程度，对此，我着实感到恐惧[……]。

这段时间里，我准备给全灵学院一些压力，把研究生教
193 育这件事推进一下。这个想法好吗？我看不出有什么不好的。古老人文学科的家园——这就不用说了——再加上一些研究生助学金——为什么不可以呢？圣安东尼学院或纳菲尔德学院尽管成立得晚，但总体而言，它们更注重历史、文学和人文学科[1]的建设。[……]

你的

以赛亚

6月，全灵学院俨然已成了改革者的天下，学院正式采纳了大家的议案，开始选聘更多科研人员，同时将院长家外面的庭院辟出一角（能看见他的住所），用来建大楼安置这些人才。后面这条提议自然令约翰·斯帕洛格外反感，他传出话去，表明自己的意图，以示反对。他还故意作对，刚愎自用地提出了研究生招生录取计划，显然是希望把注意力从已经通过的计划中转移开去。令他非常懊恼的是，上述想法已经形成一股不可抗拒的势头，成为改革平台的核心。两个选择摆在大家面前：学院要么参考纳菲尔德学院（社会科学）

[1] 伯林此处原文为：Geisteswissenschaften，与 Naturwissenschaften（自然学科）相对。

或圣安东尼学院（国际关系）的模式，招收一定数量的研究生，也可以与另一个已经有研究生的学院联手合作。自行单独行动所涉及的困难是相当大的，伯林更赞成与其他学院合作，他称之为“正在运行的企业”[1]。圣体学院是一个可以考虑的合作伙伴，但与圣安东尼学院结盟，其前景更令人兴奋。伯林相信这种合作能够为学院带来巨大变化，正如他后来向其同事哈利·费希尔所讲述的：

> 我并不反对其他计划——不过，我认为如果有机会成为联合王国占主导地位的研究机构，倒真不失为第二最佳方案——学院需要达到这样一个地位，但目前尚未做到。真正改变了反对派看法的是圣安东尼学院和纳菲尔德学院的存在：这两个学院与我们比起来，资源要有限得多，但总能产生更大的影响力，为学校做出更大贡献，也可以说为我们树立了学习的榜样。[……] 在我看来，我们必须有所作为，要么改变自己，要么与某个富有生气的小公司建立伙伴关系，接管过来，姑且这么说——然后完全将其吞并。当然，这么一来，将出现最为严峻的人事问题，谁来当院长？我可不愿面对这种问题。[2] 194

[1] 致哈利·费希尔，1964 年 12 月 30 日。
[2] 出处同上。

致玛丽·麦卡锡

1964年8月7日〈再不这样了！25日回应该像话些〉

〈寄自〉海丁顿宅

〈实际上，还包括帕拉吉阿根廷[1]旅馆等地〉

最亲爱的玛丽：

我这里听到从纽约来的消息，刊登在《泰晤士报文学副刊》[2]上针对阿伦特小姐关于艾希曼那本书的评论文章，作者不是别人，正是斯图尔特·汉普希尔和我本人！我相隔千里之外都听说了这个消息——此刻我写这封信时远在意大利——波托菲诺——那么，你人在纽约必定也听说了。这一令人印象深刻的情报作者据说是莱昂内尔·艾贝尔先生[3]，我不记得自己曾经见过此人。天赋理性之光会向你进言，这或许不完全准确。事实上，当然，这个说法没有半句实情。斯图尔特和我都跟这篇评论毫无关系，该报没有委托我们给予援手。不过，我确实知道作者是谁，对此我不否认：但按照这种情况下的通常做法，我郑重发誓，我从未，从未透露过此人是谁，因为这么做产生的极其可怕的后果会给人带来莫大痛苦。不过，如果你猜对了，我还是会予以确

[1] 阿尔伯格·阿根廷是帕拉吉的膳宿酒店，如今更名为阿根廷酒店。

[2] [约翰·斯帕洛]，"以色列法官：阿道夫·艾希曼案"，《泰晤士报文学副刊》，1964年4月30日，第365—368页。

[3] 莱昂内尔·艾贝尔（1910—2001），剧作家和散文家，1967—1979年任纽约州立大学布法罗分校英语教授。

认。我能给你的唯一线索就是，此人完全远离整个场景，他不是犹太人〈而且与犹太人毫无关系〉，不是对这个话题特别感兴趣的人，不是你认识的人，可以说《泰晤士报文学副刊》做了一个奇特的选择，一个完全没有独特想象力的人：你甚至会因为自己被他提到而深感厌恶，对此我完全理解并十分认同。我痛恨批评我的人，尤其当他们认为自己并非真正在贬低你。我始终不能原谅一个名叫马歇尔·科恩[1]的人，写了一篇十分无礼的东西，对我进行人身攻击，充满恶意，一副泄私愤的口气——任意发泄各种阴暗情绪——他把文章寄给我，同时附了一封信，说他不指望得到我的认同，但请我放心，说他很崇拜我，等等。借用某个粗鲁之人在纽约曾经说的话（将来有一天我会告诉你这个故事），像这样在公开场合侮辱你，私下又忙着道歉的人，见鬼去吧！ 195
至于书本身——我很高兴在这篇东西出来之前，我就已经把对阿伦特小姐的看法告诉你了，否则你也许会怀疑我有一点点偏见。事实上——虽然我没有认真读完这本书，在我

[1] 伯林曾于 1971 年 4 月 19 日写信给帕特里克·加德纳："我收到一封来自马歇尔·科恩的信，提出休战等要求，理由是诉讼时效已过，并且每当我走进房间，对他似乎完全视而不见，目光直接越过他看到对面墙上的做法，让他感到很不舒服——我很喜欢这个做法，已经实行了多年，绝对不愿意放弃。我想我必须行为高贵，宽宏大量，但不愿失去一个真正的敌人，至少是我见过的唯一一个。我的另一位敌人，威斯康星大学的奥尔西尼教授，认为我是一个不学无术的骗子，但我从未谋过面。我毫不怀疑他是一个博学可爱和德高望重之人，而那些高度赞扬他人作品的人则是可怜的弱智，他们都太容易上当受骗了。"

看来，应该还算是她比较好的作品之一，线索清晰，论辩有据，也较为敏锐深刻——不像她的其他作品，一如日耳曼语似的黑暗混沌云团，互不关联，信马由缰［……］。我忍不住会想，她对犹太复国主义者的态度，以及从某种程度上来说对犹太人的态度，有点儿像凯斯特勒[1]对共产主义者的态度——那里有某种东西会永远持续不断地惩罚她和我们：在公开场合如此宣扬究竟是否正确（你认为它是一项高尚的事业，是在坚持不懈追求真理；而我却不由自主将其视为一种自虐行为），这是个问题。不过，我们不要再继续讨论阿伦特小姐了。人们对马克斯·诺尔道[2]争论不休，眼见他声名鹊起，但很快又被遗忘，就好比围绕凯斯特勒和多伊彻等的争论一样。阿小姐和凯先生也概莫能外。［……］

春天，3 月和 4 月间，我将去华盛顿讲学。对这次要谈的话题我知之甚少，到时必定会陷入麻烦，而且我整个人处于才思枯竭的境地，所幸不是在其他方面。对比弗布鲁克的死[3]，我情不自禁感到高兴——对他的总体评价是，此人无

[1] 阿瑟·凯斯特勒（1905—1983），生于匈牙利的英国小说家、记者；年轻时的兴趣在犹太复国主义，后来关注点被共产主义取代，再后来移情自然科学，再再后来开始钻研超心理学。

[2] 马克斯·诺尔道（1849—1923），原名马克斯·西蒙·萨菲尔德，匈牙利出生的医生、作家和犹太复国主义者，19 世纪 90 年代出版备受推崇的书《堕落》（伦敦，1895），最早名为《走向灭亡》（柏林，1892）。

[3] 比弗布鲁克勋爵 6 月 9 日死于切克利苑，他位于萨里郡的家中。

比邪恶，但同时又无比可爱、开朗、愉快，令人无法抗拒：我在他家住过一个晚上，并有一次与他共进晚餐——在战争期间——当时觉得他沉闷无趣、毫无魅力，非常无聊，在各方面都令人反感，尤其是那些粗鲁差劲的玩笑，不着边际的不雅言谈，毫无吸引力的阴郁空虚，还有围绕在他周围溜须拍马、喜欢被人践踏和卑躬屈膝的受虐狂们。[……] 我现在很容易对周围的一切表现出过度的愤怒，想必这是年龄大和动脉硬化的征兆。为什么《新政治家》把《樱桃园》称为马克思主义的戏剧让我如此恼怒？为什么康纳·克鲁斯·奥布赖恩[1]让我生气？为什么一想到泰亚尔·德·夏尔丹[2]就令我火冒三丈？他是一个好男人，善良、博学、完美无瑕。为什么我事先就知道，凯斯特勒的新书将激怒我到无以言表的地步？为什么帕斯捷尔纳克，就因为他是最后一位 19 世纪作家，具有至高无上的道德，我便认为后来这些 196
人就连舔他的鞋子都不够格（借用一个俄国式表达）？谁也

[1] 康纳·克鲁斯·奥布赖恩（1917—2008），爱尔兰外交官、政治家和作家；1961 年 12 月从联合国和爱尔兰外交部辞职；1962—1965 年任加纳大学校长；1965—1969 年任纽约大学人文学科艾伯特·史怀哲讲席教授；1969—1977 年任都柏林东北区爱尔兰共和国众议院议员（工党）。

[2]（玛丽·约瑟夫）·皮埃尔·泰亚尔·德·夏尔丹（1881—1955），法国耶稣会会士和古生物学家，致力于使进化理论与基督教义和平共处。其著作不受梵蒂冈认可，直到死后才得以出版，其中最著名的当推《人的现象》（1938—1940）（巴黎，1955），伯纳德·沃尔的英译版《人的现象》（伦敦，1959）。“泰亚尔·德·夏尔丹 / 写出了《人的现象》/ 你当然必须知道 / 那是我们应该走的方向。”阿诺德·马林森，“皮尔丹人头盖骨”，收入《蓝色风帽下：大杂烩 1923—1985》，亨利·哈代主编（牛津，1986），第 217 页。

别寄什么书让我写评论。我不喜欢这个世纪，不喜欢代表这个世纪的一切，不喜欢没有实质内容的炫技和艺术爱好、古希腊亚历山大文学风格[1]和绳子魔术。我如饥似渴地读完了伦纳德·伍尔夫的自传[2]，崇拜至极，快乐至极；而对纳博科夫，尽管我对他有那么深的个人情感，却一行字都读不进去。大事正在发生。[3]在这种自悯自怜的情绪无限膨胀之前，我得停笔了。记得来信。

你的

以赛亚

〈附言：我把信通读了一遍，感觉愚蠢无比：请你原谅，但我无法重新再写一封了，我不值得你给我回信。但仍……

你见到《观察家报》上斯蒂芬、威斯坦和克里斯托弗的精彩照片了吗？你认为雪莱、拜伦、济慈看起来像他们吗？

[1] 指希腊化时代亚历山大流派的希腊诗人们奉行的精致复杂和高度修饰的文学风格。

[2] 伦纳德·西德尼·伍尔夫（1880—1969），作家及出版商；1912 年与弗吉尼亚·斯蒂芬结婚；伯林的《维柯与赫尔德》一书被题献者。其五卷自传——《播种》（1960）、《成长》（1961）、《重新开始》（1964）、《江河日下》（1967）、《旅程并非结局》（1969）——提供了了解布卢姆斯伯里文化圈及其知名成员的第一手资料；伯林这里提到的可能是自传的第三卷，时间跨度为 1911—1918 年，该卷本为伦纳德赢得了 1965 年 W. H. 史密斯文学奖；其早期各卷为本系列伯林书信集标题的确定提供了灵感源泉。

[3] 伯林此处原文为：Etwas ist Los。

为什么C. 伊舍伍德最终未能成功？[1]在我（和他的）青年时代，他毫无疑问是当时最好的英文散文作家。倘若奥登是个天才，但无聊得可怕，这是否意味着柏拉图、莎士比亚和但丁可能也是如此？古蒂、道蒂和肖普吉普[2]：你看我这人有多么可笑。所有这些都是因为要为A. 赫胥黎[3]写一篇祭文引发的。〉

1964年8月23日星期日，伯林在耶路撒冷出席了斯特拉文斯基宗教清唱剧《亚伯拉罕与以撒》的全球首演。斯特拉文斯基将该剧奉献给“新以色列国的全体人民”。虽然演出本身只收到“不温不火的掌声”，他出现在舞台上去取剑，还是“引发了经久不息的喝彩和掌声”。[4]斯特拉文斯基向观众说“Shalom”（您好）——据他自己承认，这是他唯一能说的

[1] 克里斯托弗·（威廉·布拉德肖）·伊舍伍德（1904—1986），英国小说家和剧作家，最有名的作品当为其20世纪30年代的小说《柏林的最后一班列车》（1935）和《再见，柏林》（1939）。然而，之后他一生中又出版了许多作品，却只有1964年的小说《单身男人》“被广泛认为是他的杰作”（彼得·帕克，《牛津国家人物传记词典》）。

[2]“古蒂、道蒂和肖普吉普”，他们仨曾被去世的乔伊斯先生称为欧洲的三大古典诗人（致克里斯托弗·赛克斯，1969年2月23日）。在《芬尼根守灵夜》（伦敦，1939）的第539页上，乔伊斯曾提到“那个最受欢迎的大陆诗人——还有古蒂、道蒂和肖普吉普——艾伯特·乔治”。

[3] 奥尔德斯·赫胥黎于1963年11月22日在洛杉矶的家中去世，这里提到的祭文是伯林为朱利安·赫胥黎（主编）的《奥尔德斯·赫胥黎》（伦敦，1965）所写。

[4]《泰晤士报》1964年8月25日第5b版。

希伯来语。罗伯特·克拉夫特分别在耶路撒冷首演和随后在古
197 城凯撒利亚举行的音乐会任指挥，第二场演出伯林未能出席。

致艾琳·伯林

1964年7月［应为8月］19日［手稿］

耶路撒冷大卫王酒店

亲爱的艾琳：

旅途一路顺利，平静无波：在拉帕洛市已开始想你。当时我独自坐在私人专车里——很喜欢——车厢不大，三个座位，有身份的牧师们由于要在随从的陪伴下前往某个秘密之地，于是选择了离开——我不在乎乘车——只是很快便陷入孤独、自我怜悯和对你的极度渴望中，[1] 比任何德国人都更严重。我试着读点书，暂时管用，但很快就失效了。[……]。总算平安到达——以色列航空公司的航班上并没有吵闹或无序的现象——“他们”正逐渐学会守规矩懂礼貌——叫我说行为上有点儿像塞浦路斯人——我受到普罗普斯 [2] 和加比·科恩 [3] 的隆重欢迎，一见面就迫不及待地问

[1] 伯林此处原文为：Sehnsucht。

[2]（阿隆）·兹维·普罗普斯（1904—1978），生于叶尔加瓦（如今的拉脱维亚），1961年创立以色列音乐节，使之成为一年一度的国际文化活动。其波兰裔妻子的名字是玛（丽）亚（生于1905/6年）。

[3] 加夫里尔（“加比”）·科恩（生于1928年），历史学家；1948年成为帕马奇组织成员（见后注）；1976年任特拉维夫大学教授，1983—1986年任历史学院院长；1965—1969年任工党议会成员。

候你和孩子们。真感谢他们。到了**那里**，我才知道，斯特拉
文斯基的首演是在星期日晚上，普罗普斯说他发了电报给
我，但我没有收到［……］。如果我事先得知，会安排晚一
天离开——对此我仍有些耿耿于怀。斯特拉文斯基明天到，
周四：我要不要陪科莱克一起去机场？我想还是不要了。如 198
果我无事可做……可能到时会非常搞笑：航班抵达后，隆
重欢迎，以表敬意，诸如此类。S. 夫人患有面部神经抽搐
症：我恐怕自己到时会觉得非常可乐。克拉夫特，加上神经
抽搐，整个场景可能会十分滑稽。我在这里“什么人”都
没见。有古城以拉他和茶（足矣）——我们的意大利朋友沙
格瑞[1]如今已是“教授”：没有人谈起本—古里安：我不会
主动提出去见他，但我感觉走之前必须见上一面，不能就这
么离开。我今天将与伊加尔·阿（隆）[2]一道吃午餐，然后

[1] 维托里奥·沙格瑞（生于1922年），1941年在巴勒斯坦加入英国军队时更名为丹·阿佛尼；2010年又根据自己的爱好将名字改为丹·沙格瑞（致亨利·哈代的电子邮件，2010年9月16日）；1949—1967年任职以色列外交部；1967—1969年任圣安东尼学院中东研究高级研究员；1972—1986年任海法大学国际关系教授；后成为犹太复国主义研究鲁本·赫克特讲席教授。

[2] 伊加尔·阿隆（1918—1980），原名佩科维茨，来自巴勒斯坦卡法尔塔沃尔地区；巴勒斯坦犹太社区（依休夫）地下军事组织哈加纳的战地指挥官。哈加纳成立于1920年，并成为独立后的以色列国防军的核心力量。后来，阿隆成为帕马奇的创始人之一。该组织（Plugot Mahats，意指“罢工力量”）是1941年5月哈加纳建立的精锐部队；1945—1948年，阿隆任帕马奇总司令，后任以色列国防军将军；锡安工党领军人物；1961—1967年任工党部长；1968—1974年任副总理；1969年2—3月任临时总理；1974—1977年任外交部长；阿隆计划的设计师，该计划提出了一个领土妥协方案，用来作为以阿和平共处的基础，于“六日战争”后立即制订。

就自由了！阅读书籍、享受宁静、放松休息，任我选择：大家都不在此地，全都不在，这还真是一大慰藉：托曼、肖勒姆[1]、桑伯斯基[2]（知道吗，他得在牛津待一整年）、威斯格、魏茨曼夫人、塞缪尔夫人[3]，来得正是时候。现在我必须出发去看我可怜的阿姨。科莱克对他养的猪和未上漆的条纹大理石非常满意，认为自己做了明智的选择。我给加比·科［恩］带了半瓶的白兰地。我的女佣“凯蒂”是印度人——口音举止与古比夫人一模一样，很讨人喜欢。我认为斯图尔特对人性——人类总体层面——的思考是非常正确和适当的——就像伏尔泰和马克思，而我往往情不自禁喜欢纠缠于细节：诸如，让他来制定法律并治理国家，由我来拯救他那些清规戒律的受害者：他可以是列宁，而我就是高尔基；[4]他会得到数以百万计的人的感恩戴德，而我则会有成百上千
199 人向我诉苦抱怨。因此，我们应当将世界划分开来。［……］

[1] 戈逊·格哈德·肖勒姆（1897—1982），耶路撒冷希伯来大学犹太神秘主义和犹太教神秘哲学卡巴拉教授，以德国数学家格哈德·肖勒姆之名开始其职业生涯。
[2] 塞缪尔·桑伯斯基（1900—1990），出生在德国的以色列科学家和历史学家；1949—1956 年任以色列研究委员会首位主任；1957—1999 年任耶路撒冷希伯来大学科学学院院长，自 1959 年起任科学历史与科学哲学教授。
[3] 哈达萨·古尔（1896—1986），塞缪尔子爵二世埃德温·赫伯特·塞缪尔（1898—1978）的妻子。
[4] 马克西姆·高尔基（阿列克谢·马克西莫维奇·佩什科夫的笔名）（1868—1936），俄罗斯作家、剧作家，有独立见解的马克思主义者。他通过其文章《新生活》批评 1917 年革命之后列宁的独裁做法，但在列宁的命令下，未能通过审查，他从此沉寂下来。后在国外住了很多年，1928 年返回苏联，成为苏联作家协会的首任主席（1934），支持社会主义现实主义。

我不断思念你：怡人的温暖也无法弥补。如果此刻我俩在一起，一定会喜欢这里：无需与人应酬，没有要完成的工作，从僻静的房间看出去，景色美不胜收。我爱你——我并不自由——也不希望自由——你必定也一样。

以赛亚

致安德烈·瓦利茨基

[1964年] 9月7日

〈帕拉吉；寄自〉海丁顿宅

亲爱的瓦利茨基：

[……] 我在意大利已经待了大约三个月，一直在努力工作；口述记录了大约十万字的零星文字——赫尔德、哈曼，甚至包括纪念第一国际的讲稿，准备在斯坦福演讲[1]——估计马里亚随时会抵达这里（意大利）——他从尼斯过来，经过这里，准备到其他地方去——我们一定会满怀深情地谈到你，相信到时你的耳朵会发烫——有什么书我可以寄给你的吗？据我所知，19世纪的思想流派中没有什么书让人感兴趣：你真的不想要凯斯特勒的书吗？关于天才是如何获得创见的？[2]

[1] 伯林以闪电速度，在10月的第一周访问了斯坦福大学，应胡佛研究所的邀请在那里做了一个演讲：该演讲后以“19世纪的马克思主义与国际组织”为名收入《现实感》出版：“我不得不在10月4/5日飞二十四小时到斯坦福大学（胡佛图书馆），然后立马回来，筋疲力尽，倒头便睡。这种疯狂行为似乎只有音乐家们才可能会有。”（致罗伯特·克拉夫特，1964年7月25日）

[2] 阿瑟·凯斯特勒，《梦游者：人类宇宙观变化史》（伦敦，1959），“一本从第

他历时多年写出这本书，可是，根据有关书评，在我看来这不过是一本关于业余爱好者心理学的自学成才的著作罢了。虽然收集了大量论据，却好比崇山峻岭中跑出的一只老鼠，实在微不足道。当然，我的言论可能有些偏颇。这里举行的陶里亚蒂[1]的葬礼是惊天动地的大事件，在罗马有一百万人参加：他是一个很有意思、出类拔萃的人。我刚刚在意大利特浓咖啡馆读到多伊彻的一篇文章，对他发起猛烈攻击。这篇文章完全被某种个人情感所左右，将陶里亚蒂描写为一件在斯大林手中可以任意弹唱的乐器，却对他何以能在西欧缔造最大的共产党组织缺乏深入分析。我认为总体而言，多伊彻是当今严肃政治作家中最不客观、最缺乏可靠事实论证的作
200 家：在“公平客观”的外衣下，他向左右两派均掷出有毒飞镖，加以恶毒攻击，除了他自己所属的托洛茨基分子和半托洛茨基分子小集团之外无一幸免；因此，他是世界上最不配拥有客观性、可靠性及良好判断力等声誉的人。但他作为小册子作家——作为史学家、思想家，还是有其价值的……

你〈诚挚的〉

以赛亚·伯林 [……]

一页到最后一页一直抓住你注意力的书。”（艾弗·布尔默—托马斯，《泰晤士报文学副刊》，1959年1月30日，第55页）

[1] 帕尔米罗·陶里亚蒂（1893—1964），1927—1964年任意大利共产党总书记。1944年3月，他结束了在苏联的流亡生活回到意大利。1944—1947年参加了国民联合政府，后来领导其政党参与意大利立宪政治。8月21日星期五，他在雅尔塔逝世，随后星期二在意大利首都罗马举行葬礼，声势浩大。

致尼古拉斯·纳博科夫

[1964年] 9月7日

海丁顿宅

最亲爱的尼古拉斯：

耶路撒冷！我两天前刚到这里——普罗普斯告诉我音乐会的日期有误，所以我只能看一场。我到机场迎接音乐家及其随从：在卢德大机场的停机坪上，场面壮观难以置信：科莱克、普罗普斯，拿着小小一束花的普罗普斯夫人[1]，手持花束和打印讲稿的提苏尔[2]。以色列航空的波音飞机徐徐停下，我们朋友的小小身躯从机舱里走出，披着头巾，天很热，阳光耀眼。紧随其后的是维拉·阿托诺夫娜[3]。他扑过来和我拥抱（我怀着真挚的情感亲吻他的脸颊，他的胡子没刮干净），接着，提苏尔先生和普罗普斯夫人把手中的鲜花放入斯夫人丰满的怀中，斯夫人几乎抱不住那些花了，我接过她的花，结果令自己看起来特别傻。大家聊了几句之后，提苏尔用优美激昂的男中音致了欢迎词（部长本应到场，却没能前来）。他们缓缓走向车子。这时一旁的露台上童声合唱团开始放声高歌——天知道他们在唱什么，幸亏斯特拉文斯基意识到孩

[1] 原文第199页注1。
[2] 雅各布·提苏尔（1906—1990），原名切尔诺维茨，来自立陶宛的维尔纽斯；以色列外交官（1953—1959年任驻法国大使），犹太复国运动领袖；1964年任以色列艺术节的主席。
[3] 维拉·阿托诺夫娜，伊戈尔·斯特拉文斯基的妻子（见原文第641页）。

子们是在为他们而唱，地上的红毯（真的）也是为他们铺的，然后他和蔼亲切地挥手致意。车子缓缓开走，留下我怀抱两束鲜花听提苏尔没完没了地讲述他那快乐的故事。然后我和科莱克发现要带去耶路撒冷的十四件行李（普罗普斯夫妇的行李，主要还是普罗普斯夫人的，他们俩作为助手跟着斯特拉文斯基的车一起走了，普罗普斯夫人作为女侍官表现极佳），只有十三件，一件不见了。顺便说一下，克拉夫特最后终于出现了——他唇边讽刺的微笑大约是那天下午我们在机场上看到的唯一真诚的反应。尽管如此，我还是喜欢和克拉
201 夫特聊天——他很聪明而且对荒谬的事情感知敏锐。虽然他做过对不起我的事，但他有一个潜伏在神经质之下颤抖着的灵魂，不时以某一感人而尴尬的方式挣扎而出。不见的那件行李，当然被认为装满了所有的乐谱，还有斯夫人的皮草和珠宝。我们发狂似的往巴黎打电话，大家都很紧张[1]，直到等所有人都到了耶路撒冷，才发现原来什么都没有丢，本来就只有十三件行李而不是十四件。他的确很累。排练马上开始。你觉得新作如何？对我而言，那就像楔形文字一样——也许它很好。理解《特雷尼》于我毫无困难。不管怎么样，他们对乐队相当满意，它们［即乐队］应该能够充分理解这部作品；可是那糟糕的男中音唱出来的一个个音符都是孤立无关的，他完全不明白自己为什么而唱，唱的是什么。［……］

[1] 伯林此处原文为：perepolokh。

伊戈尔·费多罗维奇［·斯特拉文斯基］自始至终心情都很好；他喝了很多的爱尔兰威士忌，酒量惊人，不过他更喜欢苏格兰威士忌，饮酒时心情淡定、平和、亲切友善。有时，他会纳闷自己是在耶路撒冷还是君士坦丁堡；别的时候他就比较专注。斯夫人因为神经痛卧床休息，偶尔下楼来与大家和蔼亲切地交谈。女侍官普罗普斯夫人好到了极致。提苏尔在机场、音乐会以及各个场合所致的欢迎词，活脱脱就像勒内·克莱尔的经典滑稽剧——浮夸，滑稽，令人戒心全无，虽然冗长但引人入胜。最令人满意的时刻是，他在大卫王酒店的记者招待会上介绍斯特拉文斯基，他提及亚伯拉罕当年打算把以撒作为祭品供奉给上帝的地方，就是如今的大卫王酒店，并在故事中加了一些合适的笑料。我请来的纳尔逊·格卢克教授[1]，对此很难抑制心中的愤怒，因为他知道事件的确切发生地是在西奈山。人们问斯特拉文斯基是否赞成以色列禁止演奏瓦格纳的音乐，他答道："在不准演奏瓦格纳音乐的同时，你也阻止了许多不一样的声音。《帕西法尔》是最令人生畏的暗潮涌动；《指环》则是和谐之作；我对这种反差很感兴趣。"克拉夫特觉得他有必要解释一下，《特雷斯坦》毕竟是斯特拉文斯基所写的这类音乐

[1] 纳尔逊·格卢克（1900—1971），美籍考古学家；辛辛那提希伯来联邦学院授予拉比一职，1947—1971 年任该学院院长；1932—1933 年、1936—1940 年及 1943—1947 年任耶路撒冷东方研究美国学院院长，他在约旦东部及东南部进行过几次重要的考古挖掘；1963 年 12 月登上《时代》杂志封面。

的鼻祖。斯特拉文斯基勉强同意《特雷斯坦》是个例外——而瓦格纳其他的音乐作品都是令人厌烦的滥情之作，以色列人禁演他的作品是毫无问题的。他还好心地提到我对歌词的贡献，导致一批当地记者包围了我：我拒绝了他们，很可能一些不好的言论迟早会出现在《新闻周刊》或是别的什么地方，让我很难受，当然斯特拉文斯基是根本不会在意这些的。

总的来说，整个演出过程大获全胜。因为他感觉很好，
202 因为耶路撒冷的演出大厅坐满了人，因为当他进场的时候所有人都起身致意，因为总理与内阁成员都出席了——还有美国大使[1]——他人不错，不过身形庞大[2]——是一团友善的肥肉。你应该看看当《亚伯拉罕与以撒》的第一个音符奏响时教育部长脸上的表情，他［斯特拉文斯基］指挥了《我从高高的天堂来到这里》和《诗篇交响曲》，克拉夫特则指挥了钢琴和弦乐随想曲以及《亚伯拉罕与以撒》。……

大家一直在谈论你，普罗普斯、泰迪、斯特拉文斯基、提苏尔，还有我——在各种介绍场合。你的缺席真令人感到遗憾。你真该来享受一下，有不少好玩的时刻，各色人等闹哄哄地登场，在一片白色和蓝色衬衫及一团团蓬乱的白发之中，几个外貌古怪的德国学者特别显眼——他们就像《读者

[1] 沃尔沃思·巴伯尔（1908—1982），1961—1973 年任美国驻以色列大使。
[2] 伯林此处原文为：toosha。

文摘》的编辑——所有的“前沿”大众，他们进入构图精美的瓷器图案中，蹒跚地走向指挥台，苍白、高雅、世故，毫无民粹[1]气质，而台下的观众饱受民粹思想浸淫；有许多困惑的听众，不知道这音乐表达了什么，还是万物都蕴含其中，而面对众人对自己的赞美，他们本人也跟着鼓掌喝彩，他响亮地说了“再见”之后，掌声更疯狂了：场面感人、可笑但非常温馨，你一定会很喜欢的。

以色列新总统[2]像前总统一般和蔼可亲，俄语口音也一模一样，现在总理也一样（本—古里安不是这样）。[……]

你还好吗？听说你不太好：斯特拉文斯基夫妇非常关心你的健康状况，正如你关心他们一样。别过度操劳！就算是你那伟大的艺术节，也没必要做到那么精益求精。我恳求你问问自己，你在这么快地透支自己为了什么？为什么你不生活得轻松一点？压力不要那么大，享受一下“甜蜜的生活”？和我多聊聊？9月13日后请你从柏林给我打个电话好吗——在那之前你就静养一下可好？我知道这么说徒劳无益，就像在水上写字一样。噢，你要是也在那家餐馆，就是大卫王酒店新开的地下摄政餐厅就好了。当时我不得不

[1] 伯林此处原文为：narodnik。

[2] 辛努尔·扎尔曼·夏扎尔（1889—1974），1949—1951年任以色列第一位俄籍教育部长，1963—1973年，在魏茨曼的继任者伊扎克·本—兹维之后，任第三任总统。

走到那位匈牙利钢琴师的跟前，他是在餐厅演奏的小爵士乐队的领队，我问他可不可以先等二十分钟左右，让斯特拉
203 文斯基先生吃完饭，再提供音乐服务——他欣然照办了——随后，斯特拉文斯基递给我一沓凌乱的纸片，上面潦草涂写着类似音符的内容，一半应该是探戈，一半应该是华尔兹，署名伊戈尔·曼图菲尔：那位匈牙利乐队领队虽然要了签名，但并未意识到斯特拉文斯基是谁，他告诉我："终于到这儿了；之前我在集中营里待过两年；住过可怕的地牢；此刻我在和科莱克先生聊天，他可是大人物；而如果我和别人——比如你——讲话，这在别的国家可能发生吗？瞧，本—兹维总统坐船时，我也正好在船上弹琴，我想合影，他先检查我的相机，确认没有问题，然后才让我拍照；本—古里安先生还问我是否开心；这样的事情哪个国家有？哪个国家？""让我们祝愿永远如此。"[1] 我感叹道。斯夫人很想看看阿拉伯人的耶路撒冷，但并未因此事过分烦扰我们。我会永远将芬利热切的情态铭记在心，善变，茫然，非常开心，微醺——与在纽约时迥然不同——我觉得，他在耶路撒冷开心多了——也许他在好莱坞过得很好。克拉夫特动情说着斯蒂芬是个好人，通人情，奥登多么不通人情，阿伦特小姐多么糟糕。

[1] 伯林此处原文为：Pourvu que ça dure。这是拿破仑·波拿巴的母亲莱提西娅（1750—1836）于 1804 年拿破仑的皇帝加冕仪式上所言（真实性存疑）。

一定要给我打电话。

你的

以赛亚 [……]

致罗兰·博登—穆勒

1964年9月7日

海丁顿宅

最亲爱的罗兰：

首先，请允许我对你关于戈德华特[1]的两封文采斐然的来信表达最深的谢意，我还没有读过比这更好的文章，它更高贵、更有趣、更敏锐、更具压倒性。[……] 我个人认为戈德华特赢得竞选带来的危险不大。我不太确定他能否打败肯尼迪；我也看不出他如何能够击败约翰逊。让我不安的，当然是他竟然能够获得这么多支持；即使他不参与竞选，被同一势力支持的其他人也可以在四到五年内轻而易举地获得众多支持者。然而，我并不知道，戈德华特的支持者是否只是那20%的旧时代的人——这样也足够多了——这些人在战争期间是反对参战的孤立主义者，他们不愿去欧洲，但在战争末期去了日本，支 204

[1] 巴里·莫里斯·戈德华特（1909—1998），生于亚利桑那州凤凰城，分别于1953—1965年及1969—1987年任亚利桑那州共和党参议员；1964年为共和党总统候选人；支持坚定的保守路线；他在1964年的大选中被林登·约翰逊彻底击败，他留下的新共和党主义成为理查德·尼克松、后来的罗纳德·里根以及老乔治·布什任职总统期间的执政基础。

持麦卡锡和麦卡伦[1]，但事实上，却是由来已久的南部“保守分子”、得州实业家、天主教偏执信徒、法西斯分子、狂热分子、神经质的政治分子、愤怒的前共产党员、各种不成功的权力追逐者，还有富人和反动派的组合，美国从来不缺少这些人[……]，这是乐观的看法。悲观的看法则是，很显然戈德华特不是希特勒；所以，也就是说，他不是一个恶心的躁狂者，而是一个快乐的、典型的美国男孩，友爱满满，仁心善举，极其单纯，浑然天成，可以沟通交流。只因为他不像麦卡锡，他是实现了的美国梦，与东海岸可怕的盎格鲁—撒克逊式的富豪阶级、溜须拍马的追名逐利者、控制美国政坛至今而又冷酷英俊的欧式绅士们无关，他代表着得州和亚利桑那州精神饱满、干劲十足、雄心勃勃、有阶级觉悟的开放性的前沿社会，在他的血管里流动着不同种族的血液，新鲜，充满活力，反欧，美式——那是出身低下的民众与被压迫者的反叛——因此，他比一个真正的法西斯躁狂者还要可怕许多。我认为他是危险的，而且我认为他的政策是混乱的，令人憎恶的[……]。然而，此刻，我还是认为，这一切此时都不会明了地呈现出来。

[……] 我有一种感觉，最后，是肯尼迪和他了不起的

[1] 二人均为爱尔兰裔，是美国参议员和激烈的反共者。约瑟夫·雷蒙德·麦卡锡（1908—1957），1947—1957 年任威斯康星州共和党参议员，利用其参议院常设调查小组委员会主席身份揭发在政府及公众生活中的“非美活动”；他所进行的政治迫害最后被证实是不可信的，而煽动性的“麦卡锡主义”一词反映出冷战中的暴行。帕特里克·安东尼·麦卡伦（1876—1954），1933—1954 年任内华达州民主党参议员；参议院内部安全分委员会主席，1950 年《国内安全法案》的主要提案人，该法案导致了国内偏执的反共迫害妄想症。

政府招来了这些恶魔，是肯尼迪将其对领导权，对冒险，以
及对强劲生活的极度渴望感染了全国。人们不需要在其中发
现些许法西斯主义苗头，但是“勇敢者”——以邓南遮[1]为
畸形代表的前法西斯时期的意大利精神——当然存在，而且
已经在美国人中引起了特殊情绪，煽动他们进入浪漫空想，
在那儿，被命运左右的人们——拿破仑主义——伟大的拿破
仑式冒险——在空中游荡，最重要的是，没有对重大事件的
被动接受，随波逐流，偏安一隅，只有和命运与艰难抉择的
持久不变的对抗——做完这些之后，他创造了一种氛围，在
这种氛围当中，戈德华特这样的人比普通政客更容易获得成
功。而我，大约是出于愤世嫉俗，更愿意相信普通政客。我
的看法是，只有那些热爱权力，享受权力的人，才能统治大 205
国；如果他们不热爱权力（像史蒂文森那样），他们就不好。
罗斯福、杜鲁门[2]、艾森豪威尔[3]，都是如此：罗斯福和杜鲁

[1] 加布里埃尔·邓南遮（1863—1938），意大利诗人、剧作家及政客；在第一次世界大战中服役，获得极大荣耀，后来成为极端民族主义政治领导人，获得了“勇敢者”——意大利精英突击部队（“arditi”意为“勇敢的”或“无畏的”）——的支持；他鼓动了早期的法西斯运动。

[2] 哈里·S. 杜鲁门（1884—1972；字母“S”没有实义），民主党政治家；1945年任副总统，罗斯福于当年4月去世后，杜鲁门在1945—1953年任美国第三十三任总统；执政期间，杜鲁门于1947年提出杜鲁门主义（见后注），1948年提出“马歇尔计划”，1948—1949年应对柏林空运事件，1949年促成北约成立，1950年美国介入朝鲜战争，明确了美国对冷战的回应。

[3] 德怀特·戴维（“艾克”）·艾森豪威尔（1890—1969），西欧盟军远征军的最高统帅；1950—1952年任北约最高统帅；1953—1961年任美国第三十四任总统；1956年，迫使英国从苏伊士撤军，从此结束了英法和以色列在当地的秘密协同军事行动。

门极其杰出，艾森豪威尔我很不喜欢——我觉得，他的脸最让我不悦，集中体现出他的自负、愚蠢以及毫无原则——就像他一直以来对“马歇尔计划”[1] 的态度和对麦卡锡的友好携手所显示出的那样——令人作呕。在某种程度上，我更喜欢塔夫特[2]，他是个诚实、生硬、刻板的人。尽管如此，我认为他就像带领英国走向灾难的内维尔·张伯伦一样，会带领美国陷入同样的灾难，他们太相似了。我最喜欢的总统人选还是杜鲁门，虽然我清楚地记得你指责杜鲁门主义[3]，但是在这点上我与你的看法有所不同。我对约翰逊也不那么反感；他粗俗、平庸、缺乏高尚情操，这些诚然可怕；然而在需要勇气的时候，他还是勇敢的。1939—1940 年间，在得州支持新政并非易事，他顶住了来自当地各类保守派的压力，无条

[1] 乔治·卡特利特·马歇尔（1880—1959），五星上将，1947—1949 年任美国国务卿；1950—1951 年任国防部长；1948—1951 年发起“欧洲复兴计划”和“马歇尔计划”。马歇尔是约瑟夫·麦卡锡无根据的“非美”主张的受害者：1952 年总统大选威斯康星州竞选活动中，艾森豪威尔——听从他助手的建议——删除了维护马歇尔——他战时的同僚——的一段话；当人们发现他删除的这段讲稿并公布在国家媒体上时，艾森豪威尔的支持率显著下滑；他私底下并不赞同麦卡锡，但是他没能利用总统的道德威信与之抗衡。

[2] 罗伯特·阿方索·塔夫特（1889—1953），律师，1952 年任美国俄亥俄州参议员。1952 年，在与艾森豪威尔争夺共和党总统候选人资格的激烈竞争中，被艾森豪威尔击败，这是他的第三次，也是他最后一次失败。

[3] 美国战后外交政策的核心部分。总统杜鲁门为应对共产党对希腊和土耳其的威胁，于 1947 年 3 月 12 日发表，苏联认为这是冷战中的战争借口。杜鲁门主义声称美国“支持抵抗武装的少数派分子或外来势力侵略企图的自由民众”：“建议支援希腊和土耳其”，该讲话以“向希腊和土耳其议会传递特殊信息：杜鲁门主义”为题转载于《1947：美国总统的公开文件：哈里·S. 杜鲁门 [……]》（华盛顿，1963），第 176—180 页，引文出自第 178—179 页。

件地支持罗斯福，并因此遭到了责难。我想，一种旧时代的理想主义还潜伏在他心灵的某个地方，他可以时不时把它召唤出来，就像他可以随意重启（也可以随心所欲地压制，恐怕）藏在某个偏远角落的资源。他想作为一位伟大、开明、致力改革的人民的朋友被载入史册——那完全不是我会反对的。我希望我能喜欢上这些权力争夺者中的任何一位——亚历山大爵士或是威尔逊先生——只要有一半就够了。[……]

致以我深深的爱

以赛亚

[……] 206

致梅耶·夏皮罗

1964 年 11 月 17 日

全灵学院

亲爱的梅耶：

我想问你一个问题——没时间的话可不必回答——或许只需提供参考文献也行。我问自己——包括你——18 世纪，社会、人口以及经济方面发生了什么，导致突然涌现出一大批非凡的年轻人，尤其是在 18 世纪 70 年代和 80 年代的德国？他们贫穷，“苍白而发热”，罹患肺结核——他们入职只是为了离职，他们欠钱，嗜赌，迷信星象，从一座城市游荡到另一座城市，忤逆他们的父母，早期人们称之为“狂飙突进运动”，之后又称之为浪漫主义？如果你读过有关施莱尔马赫[1]、施莱格尔兄弟[2]、瓦肯罗德[3]、诺瓦利斯[4]和他的弟弟伊拉斯谟[5]、蒂克[6]、斯蒂芬斯[7]等人生平的书，你会被这些混沌的年轻人身上的高度相似所震惊：他们对父母的反叛，蔑视各种形式的整洁、秩序和理性，贫穷，欠债，无法管理自己的生活，笨拙，缺乏社会经验、与女性相处不知所措，他们彼此间热情似火的男性友谊（瓦肯罗德在写给蒂克的信中，完全用的是天真无邪

[1] 弗里德里希·恩斯特—丹尼尔·施莱尔马赫（1768—1834），德国新教神学家、阐释学先驱；受浪漫主义者，尤其是弗里德里希·冯·施莱格尔的影响。

[2] 奥古斯特·威廉·冯·施莱格尔（1767—1845），德国浪漫主义诗人、批评家和杰出的翻译家，尤其以翻译莎士比亚戏剧而闻名。弗里德里希·冯·施莱格尔（1772—1829），哲学家、诗人和批评家，奥古斯特·威廉的弟弟；德国浪漫主义运动的核心人物，该运动早期期刊《雅典娜神殿》的创办者。

[3] 威廉·海因里希·瓦肯罗德（1773—1798），德国浪漫主义作家，他拓展了人们对绘画和音乐领域浪漫主义的关注度，尤其是通过他与德维希·蒂克的亲密友谊做到了这一点。在他去世后，德维希·蒂克使瓦肯罗德的《一个热爱艺术的托钵会修士的心声》增订版（1797）得以出版。

[4] 德国浪漫主义诗人、哲学家弗里德里希·冯·哈登伯格（1772—1801）的笔名，“魔幻理想主义”（该理论认为自然界可以因想象力而改变）的代表人物，他的唯一一部诗歌全集《夜颂》（柏林，1800），是纪念同年去世的其未婚妻和初恋对象克里斯蒂亚娜·威廉明妮·索菲·冯（1782—1797），以及其胞弟伊拉斯谟的诗意倾诉。

[5] 伊拉斯谟·冯·哈登伯格（1774—1797），诺瓦利斯最宠爱的弟弟。

[6]（约翰）·路德维希·蒂克（1773—1853），德国浪漫主义诗人和剧作家；在德国推广莎士比亚戏剧；他和女儿多萝西完成了自奥古斯特·威廉·冯·施莱格尔开始的译著。

[7] 亨利克·斯蒂芬斯（1773—1845），挪威裔哲学家和物理学家；曾在哥本哈根、基尔、耶拿和柏林求学，德国浪漫主义与丹麦浪漫主义间的重要连接人物；1832 年被柏林大学聘为教授；他致力统一科学、哲学和宗教，并对包括他的朋友弗里德里希·谢林和弗里德里希·施莱尔马赫等其他人颇有影响。

的同性恋词语），虽然他们与多萝西、卡罗利妮、雷切尔、汉娜·阿伦特之类的女人结婚，即使婚姻幸福的谢林[1]都对女人不断诋毁，并宣称只有男人才有能力接近无穷，获得真正的快乐或做出牺牲，等等。 207

还有，为什么在18世纪70年代和80年代突然到处都冒出各种预言家，神视者，卡里奥斯特罗[2]们，身上带着圣伤痕的女人，有催眠能力的、会催眠术的女人，圣经公会，神秘的鬼魂附体，对奇迹的期待，还有疯狂的赌博，全国性的博彩，理性主义、启蒙运动、传统和保守主义的普遍分离[3]？这些现象在工业革命最不彻底的德国甚至更为显著。我能如何了解这一切呢？你知道得多，肯定能告诉我吧？我不知道，有哪部研究18世纪的著述在经济、社会或社会学方面恰当地解释了这些兴起于18世纪70年代，并于18世纪90年代和19世纪初期达到顶峰的、翻天覆地而又灾难

[1] 弗里德里希·威廉·约瑟夫·（冯）·谢林（1775—1854），德国哲学家、德国浪漫主义的主要人物之一；与黑格尔同时代就读于图宾根大学，费希特的合作者；他于1803年与卡罗利妮（婚前姓米凯利斯，当时姓博默）（1763—1809）结婚，她与第二任丈夫奥古斯特·施莱格尔离异。
[2] 阿里桑德罗，迪·卡里奥斯特罗伯爵（1743—1795），可能是骗子朱塞佩·巴尔萨莫的化名，假冒炼金术师和魔术师，在18世纪晚期的巴黎社会十分活跃。
[3] 参见1964年12月14日致莫顿·怀特的信："为什么18世纪下半叶突然涌现非理性主义的浪潮，身上有着圣伤痕的女人，梦游者，田中农夫突然发布预言，出现了共济会成员和玫瑰十字会成员，还有那些18世纪40和50年代获胜的理性主义者的大规模撤退——这一切都终止于德国浪漫主义的爆发？"

性的社会转型。哈布瓦赫[1]统计了普鲁士人的自杀数字，但那就是我仅有的线索了，而且还只是结果而非原因。就我而言，你不能反对这一纯粹的、马克思主义的方法——如你所见，它暗示了改革的力量，就连我都似乎要在此力量面前屈服。温德博士似乎没法帮助我——哪怕是一份短短的文献目录都是奇迹了。

最诚挚的问候

你的

以赛亚

致罗兰·博登—穆勒

1964年12月31日

海丁顿宅

亲爱的罗兰：

圣诞快乐。新年快乐。你那幅精美的帕斯捷尔纳克所作的托尔斯泰的画像[2]，看起来不但生动逼真，而且带有一点儿德国式英雄崇拜的浪漫主义，它现在正高挂在书架之上，就在我对面，俯视着写信的我；它相当令人敬畏，让我不论

[1] 莫里斯·哈布瓦赫（1877—1945），受涂尔干影响的法国社会学家；著有《自杀的原因》（巴黎，1930）一书。

[2] 莱奥尼·欧西珀维奇·帕斯捷尔纳克（1862—1945），生于敖德萨的俄罗斯印象派画家，鲍里斯·帕斯捷尔纳克的父亲。他为他的朋友托尔斯泰和许多当时的名人如高尔基、里尔克、夏里亚宾、拉赫玛尼诺夫、爱因斯坦和列宁画了肖像。

是在生活中还是在“工作”中所做的一切，都显得那么渺小而又徒劳。我不知道托尔斯泰那令人生畏的眉毛、长胡子，乃至整张吓人的脸究竟是在皱眉还是在微笑，所以他这张年 208
迈的面孔当然就令我产生了这样的感觉。[……] 哲学家维特根斯坦曾经说过，为了送出有价值的礼物，送礼物的人所需要付出的不是金钱，而是精力，说得太对了。我看着这幅奇妙又感人的画像——越发地为自己变得有点儿多愁善感而感到愉快——每天如此，它已经成为我生活的一部分。真的太谢谢你了。

这段时间里，世界在继续前进（唉）。我更希望它停下脚步吗？我不太确定。不，总的说来，世界必须前进，即使这样会与种种令人不快的前景距离更近——比如我在华盛顿做的讲座，它令我发抖、哆嗦、震颤。[1] 我本来绝不应该接受这个邀请——主题，地点，整件事都不合适，我被这事缠住了，我所有的正事也因此停滞不前。但不要对此太在意。继续前进吧！事情很少如看起来的那样糟或是那样好。（这是我从各类深刻的经历中提炼而来的深邃真理，现在我把它送给你！）我对戈德华特没有足够的畏惧，你因此对我倍加严厉——但是在这一点上，我并未全错，尽管有二千五百万张选票，但在这样一个小国，不足为惧 [……]。我们这儿的处境更令人担

[1] 关于（梅隆系列）讲座，详见原文第 313—316 页。

忧[1]：一个左翼政党会因为缺乏经验而犯错、跌倒，这是很糟糕的。看起来，首要问题就是新任政府顾问不知如何在白厅执政，而当事态危急又不知道采取什么有效行动，哪个财政大臣去做什么，去英格兰银行找谁帮忙，等等——他们懂得这些，但我想他们中有些人会感到混乱而惊慌失措，于是便退缩逃避。而保守党虽然有诸多缺点，却不会这样，就像醉醺醺却又经验丰富的老船长，他们将船驶入港湾，虽然不一定是正确的港口，却清楚地知道自己驶向何方——我完全认同他们的目的——但是他们更有可能遭遇暗礁，发出哀号，并发生撞船的危险。所有工党的国内目标在我看来是极好的——但在三个方面，他们的行为正在或将会引起人们的担忧。

首先是欧洲[2]——除了某些对错参半的政策之外，英国还有很强的惧外心理，小家子气的英格兰本土主义，很不愿意受可怕的外国人干预，希望保留自己的福利国家体系和体面的民主制度，对抗来自米兰和莱茵兰的、抽着雪茄烟的欧
209 洲共同市场的支持者。这些我都理解，但它太不现实：英格兰的做事方式的确既低效又抠门——当然并非只有工人们如

[1] 在10月15日大选后，（哈罗德·威尔逊带领下的）工党以六席的微弱多数赢得自1951年以来的第一次大选，哈罗德·威尔逊出任首相。
[2] 自1961年麦克米兰政府申请加入欧共体——这个遭到盖茨凯尔领导的工党反对的提案，于1963年1月遭到了总统戴高乐的否决，英国的欧共体会员身份一直是内政的关键问题。1964年10月，首相哈罗德·威尔逊基于所在政党立场，大力反对麦克米兰1961年提出的申请，但第二年他自己为加入欧洲递交了两次申请。

此，他们的老板也是一样。已故的马科斯勋爵[1]，一位非常有见识的百货商店老板，多年来一直很郁闷地跟我抱怨，说他本人根本无法激发生产商们去生产人们想买的东西，那些生产商根本没有企业家精神、灵活性和想象力，也不打算有所作为，只想确保稳定收益，打打高尔夫球。一众艾森豪威尔们加上温思罗普·阿尔德里奇[2]们，置身英国产业经济而无所事事——如果你能想象得出这样一幅情形，你就明白是怎么回事了。但凡有什么办法能刺激一下这些人，让他们意识到他们自己以及他们的国家正处于极度经济危机之中，也是好的。工党政府能够如何打入他们的巢穴，不得而知；加入欧洲本来的确是会打乱当前局势，并往死水潭中注入活水湍流；然而其代价是颠覆原有秩序，不过，有真心实意地注重福利保障的强硬左翼政府，可以令这一变革软着陆。工党执政，加入欧洲，二者结合会是正确之选，虽然不论从历史原因还是道德原因方面来看，这似乎都不可能。

其次是教育：显而易见，需要做的事情有很多。（简直无法告诉你，牛津，尤其是全灵学院，目前是多么混乱不堪，恰如充满激情的改革者——比如我——与坚如磐石的传统派如约翰·斯帕洛之间的冲突。）不过，如果需要先过度

[1] 西蒙·马科斯（1888—1964），1944 年受封爵士，1961 年受封终身贵族，零售商、商业革新家；1916—1964 年任英国玛莎百货公司主席。

[2] 温思罗普·威廉斯·阿尔德里奇（1885—1974），美国律师、银行家，自由派共和党人；1953—1957 年任美国驻英大使。

扩张大学，然后才进行大学改革，任命大量校长，为学生过多、师资不足、建设失衡的学校引入更好的条件，这至少会令我们的人文教育水准土崩瓦解——当然在适当的时候会得到补救，但所付出的代价将昂贵得多。

再次是作为附属品的艺术：任何一届的工党政府都倾向于认为，我们可以做得和外国人一样好——英国歌手，英国球员，英国画家，英国民谣，噪声爵士乐队，人文艺术，工艺品，遑论所有这些昂贵、自命不凡、自视甚高的胡扯——比如昂贵的歌剧，女高音歌唱家卡拉斯，外国指挥家及其他——这会极大程度地损害英格兰的昂贵艺术形式——歌剧，电影，“外国”剧作家创作的戏剧等——目前这些艺术形式正处于鼎盛期。这很奇怪，比如，在我任董事的柯芬园歌剧院，如果有一个不那么明显倾向于伦敦金融区以及保守党的董事会，无疑是好事，要找既拥有社会主义观又出类拔萃，对歌剧又有鉴赏力的人，实际上是不可能的——是有两
210 位，可他们都是工党大臣，所以就没有别人了。真怪，我本以为有品位的杰出社会主义知识分子还是存在的——不仅要有品位，还得懂音乐，他们已经找了足足一年了；甚至连亲爱的斯图尔特也提名了几个人选。说到他，我不知道还要多久我们才能重新找回他，因为我无法相信他会在很长的一段时间内以普林斯顿为家，哪怕他一再向我保证，我此生还没有见过比他更爱国的英国人——而且还一点儿民族主义倾向都没有——没有见过像他一般不舍英伦故土的人。

说到牛津的教师们，希望《星期日泰晤士报》上关于沃伦报告会[1]的精彩辩论能令你乐不可支，你看过特雷弗—罗珀的文章吗？有没有看到斯帕洛的回应？无疑，如果没有充足的防御装备以应对任何可能对他的攻击，特雷弗—罗珀是不会投身战场的，下周日他会发出令人恐惧的一击——他已经遭受到双面夹击，一面是《星期日泰晤士报》的斯帕洛，另一面是无论怎样都不喜欢他的《观察家报》——我并不清楚他为什么要这么做，我只知道他相信自己所说的才是真相，并坚信自己所说的一切既直击要害，又优雅得体，令人震撼，就像一直以来的那样。我想，他认为如今自己好比皮卡尔中校[2]——是发现了在诸多谎言的隐瞒之下德雷福斯清白无辜的唯一一人，并且下决心要弘扬正义。我想知道他和亚历山德拉夫人[3]在洛杉矶是否过得快乐开心，眼下他们正隐匿在那里。他视自己为替天行道之人，代表绝对正义，巡查邪恶与软弱之辈，让他们接受理性的审判。然而，我本人无法相信事实真相与《沃伦报告》所宣称的结论

[1]《沃伦委员会报告》，即美国政府对肯尼迪总统遇刺的官方调查报告，于1964年9月27日发表，该报告认定李·哈维·奥斯瓦尔德系独自行动，这一结论从来没有获得普遍认可，当时对调查程序的质疑也开始传开，参见例如《泰晤士报》1966年9月26日的重要文章“枪声依然在回响”（第9a—b版）。

[2] 乔治·皮卡尔陆军中校（1854—1914），法国军事情报机构首脑，是揭露德雷福斯案件审判不公本质的关键人物（原文第174页注3）；他揭露之前长期极端的不公正处理，后由于反德雷福斯派的影响而被迫离开军队；在德雷福斯最终被证明无罪之后，他官复原职，1906—1909年在乔治·克列孟梭就职期间任战争部长。

[3] 原文第383页注1。

能有多大不同——与符合各党派、左翼、右翼所期待的事实真相能有多大不同，这不等于说它是错的：除非我沉迷于阴谋论，认定所有历史就是一个紧接着一个的阴谋，认定人们必须一直追问："这事件背后究竟有谁在操纵？""谁应该对此负责？"——共济会真的导致了法国大革命吗？耶稣会会士毒杀了契玛罗萨吗？犹太人挑起了1914年、1939年以及其他一切事件？共产党真的在用氟化水毒害美国人吗？对特雷弗—罗珀而言，世界确然处处可见光明与黑暗的身影，彼此斗智斗勇、狡猾而又持之以恒的阴谋家们，朝着他们可怕的目的地冷酷无情地匍匐爬行，只有寥寥几位夏洛克·福尔
211 摩斯阻挡着他们，这儿，那儿，凭借一己之力阻挡着令人恐惧的莫里亚蒂们。我不相信世界能够像那些一点儿也不相信阴谋论的人所要说的那样，丝毫不受阴谋论的影响，不过我认为休·特雷弗—罗珀也许脑子里装满了太多的天使与魔鬼，哪怕他充满热忱地痴迷于启蒙运动——真心实意地——哪怕他具有理性，对真理真诚渴望（比大多数历史学家都更为真诚），然而他的心智恰恰还是深受他所力图摧毁的中世纪敌人的魔鬼学的影响。但是，我还是要对他公平一点儿——我对他的学识深怀敬意，并且——很难得的是——我真心喜欢他。

还有什么我可以告诉你呢？艾文夫人[1]办了一场舞会，

[1] 克莱丽莎·安妮·斯宾塞—丘吉尔（生于1920年），艾文伯爵夫人，温斯顿·丘吉尔的侄女，1952年与安东尼·艾登（1961年受封艾文伯爵一世）结婚。

我们去不了（就我所知，除了几位很投入的舞蹈家之外，成年人都没有收到邀请）——为了帮她打发冬天，否则这个季节对她来说太阴冷了。斯帕洛正在打一场战争，为了不让全灵学院发生变局，他就像年迈的道格拉斯·范朋克所扮演的那些英雄，站在桌上，挥舞手中寒光闪闪的长剑，只身一人抵挡十七个杀手：场面壮观，但我担心这样救不了他。

你永远的，深爱你的

以赛亚　　[……]

致伯特尔·奥尔曼

[1965年] 1月9日

海丁顿宅

亲爱的伯特尔：

非常高兴收到你的来信，当然，我完全明白，自从你确信自己正在扫除诸多误解，修正被扭曲的形象，执行正义，出于纯粹的心理上的原因——如果不是其他方面的，你的序言只能是它原来的那样，冗长展开，逐步达到高潮，充满愤怒，至少开头部分是如此。这很好。但是，容我再次向你提出这条充满慈爱的前辈的建议，哪怕是冒着这条建议会被你掷回到我脸上的风险：论文不应是燃烧着熊熊怒火的控诉，虽然著书可以如此，如果你感到真理被蒙蔽、被践踏，显然愤怒也是应该的。[……] 你是一位充满激情、雄辩、热切的作家——像策马飞驰的波兰骑兵，奔向令人恐惧的艰难险阻——前方道路上，处处是倒伏着的木节虬曲的庞大树干与干涸多年的河床，很容易就令你马失前蹄。一定要处处小心，三思而行。想象一下，你的考官们所捍卫的是与你不可调和的立场——他们既无趣，又充满疑虑，还不一定有同情心！我这么说不是要挫你的锐气，我的用意恰恰相反：此刻，你的正义比马克思的正义还要至高无上，虽然二者毫无
212 共同之处。所以，你说我的建议也许会令你的序言篇幅又长了两三倍：如果那是必要的，那么就写得长一点儿吧——等整篇写完，你再把它删减得紧凑些，着眼整篇论文的总体结构（如果是写一本书，那又是另外一回事），你可以像做外科手术那样修改全文。我觉得自己好比絮叨的波洛尼厄斯，不是在劝告哈姆雷特，而是给西拉诺·德·贝尔热拉克[1]提建议。我会在英格兰待到 6 月底左右，然后可能会去意大利，所以告诉我你的计划，向你和你的妻子问好——我突然想起波洛尼厄斯与贝尔热拉克之外的另一幅场景：我就好比是年长的马克思写信恳求年轻的自己不要颠覆既成现实的权力。是的，年轻的马克思不会听，但是也请记住（除了天才之外），他从未完成过任何大作——他所有的著作，即便是最长的，也都只是展示

[1] 事实上，在莎士比亚的《哈姆雷特》剧中，波洛尼厄斯是在劝诫其子雷欧提斯："不要想到什么就说什么，凡事必须三思而行。"（第一幕，第三场，第 59—60 页）（萨文尼昂）·西拉诺·德·贝尔热拉克（1619—1655），法国军人、讽刺作家、激烈的善谈者。此处伯林的意思是，奥尔曼并非苦于哈姆雷特式的自我怀疑，而是面临他那不可抑制的锐气可能招致的危险。

了他冗长一生中的零落碎片——所有的著作，但他的论文不同，那可是清晰简明而又中规中矩的典范！

你的

以赛亚 [……]

1960 年 9 月，以赛亚伯林接受华盛顿国家美术馆邀请，将于 1966 年作有关美术作品的梅隆系列讲座，这是授予该领域学者的最高荣誉。1960 年 12 月，伯林正式接受了这一邀请，他提出的唯一条件，就是他可以不用在每次讲座之前提交书面讲稿："因为我感到照着讲稿念很死板，哪怕是对演讲者本人而言都缺乏信服力；所以我还是更喜欢看着笔记做讲座。"[1] 在伯林之前做过该系列讲座的学者包括伯林的同胞肯尼斯·克拉克（1953）与恩斯特·贡布里希[2]（1956），他们是著名艺术史教授，其讲座不仅大获成功，而且由此产生了重要著作：克拉克的《裸体：理想艺术研究》（伦敦，1956），贡布里希的《艺术与错觉：图像表征心理学研究》（伦敦与纽约，1960）。

接受委托之后，伯林为系列演讲的主题初步拟出提纲：

[1] 致亨廷顿·凯恩夫妇，1960 年 12 月 19 日。

[2] 恩斯特·汉斯·约瑟夫·贡布里希（1909—2001），后（1972）受封爵士，艺术史学家；1959—1976 年任伦敦大学沃尔伯格学院院长及古典传统史教授。

> 该系列讲座将关注浪漫主义的根源，即艺术、政治、哲学与人类行为总体的浪漫主义革命的共同根源，在我而言，这似乎是当下最决绝的一次与过去的决裂——比马克思主义或是任何工业革命的决裂都要彻底；如果
213 说它还不算是彻底改变了社会行为，至少它更深刻、更广泛地改变了社会、道德与政治理想、习惯、观点以及语言。[1]

对于这个系列讲座及其可能产生的反应，伯林惴惴不安，不止一次表示后悔接受了这项委托。但最终结果却证明，这是他一生中所作的最著名的讲座。讲座在华盛顿画廊举行，题为“浪漫思想的来源”，1965 年 3 月 14 日星期天开始，为期六周，每周一场——一场“在庞大听众群面前有备而来的天才即席演讲”[2]。

1964 年 9 月伯林给阿瑟·施莱辛格去信，预言自己在完成系列讲座之后将回到牛津，“然后我开始担忧自己的讲演有多么糟糕，与自己至今尚未写出，也不能按时交付的那本书又没有什么关联。这一切当然也很正常，而且对于像我这样的人尤为正常，因为，显然，我这个人本该是得过着更为轻松悠闲日子的（能这么说，我是颇感自豪的）”。[3] 一如既往，

[1] 致 J. 卡特·布朗（国家画廊助理主任），1964 年 11 月 16 日。
[2] 迈克尔·伊格纳季耶夫采访伯林录音之二四四。
[3] 致阿瑟·施莱辛格，1964 年 9 月 23 日。

伯林有关浪漫主义的研究计划没有成果问世，就是系列讲座的讲稿也是在他去世之后才付梓出版。[1] 要不是 BBC 有远见，录下了伯林的演讲，并于 1966 年 8 月与 9 月在 BBC 第三套节目播出，没有在场聆听讲座的人将永远无从得知讲座内容。

系列讲座结束之后，伯林的 BBC 节目制作人海伦·拉普写信告诉他，讲座受到热情欢迎，请他安心：

> 我写这封信只是为了告诉您，您的讲座正如我一直所了解的那样，非常成功，大家都非常喜欢，虽然您确实希望不要有相关评论，BBC 的评论家们实际上还是坚持要谈谈这次系列讲座——我拦不住他们，而且老实说，我也不想拦着他们。随函附上他们讨论的记录稿，相信这能驳回您所持的广播电台的评论家们不喜欢“高雅主题”这一看法。[2] 214

“评论家”是一个四十五分钟的讨论节目，在国内频道播出，9 月 11 日星期天，伯林最后一次讲座的前一晚，节目组成员谈了他们对“浪漫思想的来源”（这是 BBC 给伯林梅隆讲座起的标题）的感受，特别提到第五讲“放纵的浪漫主义”：

[1]《浪漫主义的根源》，亨利·哈代编（伦敦与普林斯顿，1999）。
[2] 海伦·拉普致以赛亚·伯林，1966 年 9 月 16 日。

埃里克·罗德[1]：[……] 这里令我感到新奇的是，虽然在英国长大，我知道英国浪漫主义受到德国思想家的影响，但要是没有伯林对这一领域广泛而全面的了解，我不会明白这些德国思想家之于浪漫主义运动有多么重要。在伯林的系列讲座中，他令我明白了，广义而言，在18世纪中期，几位如他所言出身寒微的思想家，提出了与贵族出身的启蒙运动思想家截然相反的看法，由此一个崭新的世界模式逐步成形。简而言之，启蒙运动思想家们认为世界就好比一组七巧板，可以拼接成一个完整图形，世界包含一系列的事实，可以被挖掘出来。而现在，新产生的世界模式则大相径庭，新模式认为世界就是黑暗而令人恐惧的潮涌。[……] 在这潮涌之中，为了生存，人们不得不凭借自己的意志，创造出各种价值观，各种意识形态——并 [……] 愿意为了这样那样的价值观或意识形态而付出生命。我认为，这就是伯林系列讲座的重点。依据这样的状况，伯林得出的事实结论是，各种极端而令人不快的意识形态已经产生，但也因此产生了新的包容形态。[……]

罗伯特·罗宾逊[2]：[……] 我感到自己面对的是一

[1] 埃里克·罗德（生于1934年），英国作家、广播员、评论家；后来成为精神分析执业医师，并从事相关的写作。

[2] 罗伯特·亨利·罗宾逊（1927—2011），广播员、作家，后来因主持BBC电视秀“摊牌”、第四套节目的“不列颠之不列颠”与“周末杂谈”而著名。

位贤哲——既是最渊博的智者，也是先哲。而且，我认为讲座引人入胜，即使讲演者的风格是如此磕磕巴巴、奇特古怪——就像是音乐厅里的一位站得笔直的人。不过那不是重点。在第五讲中，伯林滔滔不绝地提出观点，诸如自我通过与非自我的接触，意识到了自身——也就是世界——的存在，伯林的观点来自比他更早的哲学家，但我认为，那些哲学家并没有能够像伯林那样清晰而令人信服地表述了这些观点。我认为第五讲，还有整个系列讲座的真正价值，在于伯林表述了这些观点，他的讲座的作用就像雕塑用的黏土那样，支持并巩固了当今艺术、文化、哲学与心理学的概念。 215

戴维·西尔维斯特[1]：听了讲座，我对自己所处的时代比从任何同样长度的报告或是概述中了解的都更多。它给予我非凡的精神启示。这些讲座在一段时间之内还不会出版——如果它可以出版——我知道伯林会觉得将它付梓出版会很难。我希望BBC能尽早重播该系列讲座。[2]

[1]（安东尼）·戴维·伯纳德·西尔维斯特（1924—2001），作家、广播员、评论家与艺术馆长；“在他的巅峰时期，他是英国最有影响力的现代艺术的评论家”，其地位“有如约半个世纪之前的罗杰·弗莱”。（《泰晤士报》2001年6月20日第19a版）

[2] 1967年10月—11月与1989年6月—7月，BBC重播了伯林的梅隆系列讲座（讲座还在别的电台播出），现在（依据先前的约定）还可以在伦敦的大英图书馆的音像档案部或是华盛顿国家美术馆听到。最后一讲可以在以赛亚·伯林的虚拟图书馆找到〈http：//berlin.wolf.ox.ac.uk/lists/broadcasts/roots32.mp3〉。

致艾萨克·斯特恩

[约 1965 年 2 月 9 日；副本]

[海丁顿宅]

亲爱的艾萨克：

我确实急于（非原文如此）回复你1月17日的来信。我正处于惶惶不安之中——要在华盛顿作的系列讲座毫无准备，它们会一塌糊涂的：我不是太在意（可还是在意），接下去还有一本书要写，还要从没有价值的讲座中打造出一本书，由此产生的负罪感和羞愧感萦绕在我的心头，这样的前景让人扫兴，提不起一点儿劲来。但是，不用说，等我一到美国，我们还是要尽早见面，无论我的状况如何。我会在第一次讲座的前一天到达，也就是16号［应为14号］，星期天，然后就开始像我们的祖先那样悲鸣，在自己的头顶覆盖尘灰，希望自己死去。[……]

《传奇》[1] 听起来棒极了：我之前在音乐厅听过一次比较低水平的演出，觉得不好，我的感觉是错的，它的确是经典之作，划时代的作品，只是我太愚蠢了，正如托斯卡尼尼对已故的乔齐诺夫 [2] 所说的那样，当时后者抱怨道，虽然自己总体而言喜欢贝多芬，可《D调弥撒曲》他不是很懂——“也许是因为你愚蠢”，托斯卡尼尼说：希望对于《摩西和亚

[1] 伯林此处原文为：L'Histoire du soldat：lue，jouée et dansée（《士兵的故事：可作读本、剧本，亦可演舞剧》）。斯特拉文斯基创作的该作品分为两部分，歌词由查尔斯—费迪南德·拉缪创作；1918年在洛桑首演。

[2] 塞缪尔·乔齐诺夫（1889—1964），生于俄国的美国钢琴家与评论家；著有《托斯卡尼尼：亲密画像》（纽约，1956）。

伦》我的体验也是如此。[……]

这段时间里，希伯来大学正在制造大麻烦：特拉维夫受到慢待的怀斯博士在殊死作战，不仅拿下了特拉维夫大学，216 还发动了亚述人对抗犹太人的运动。我不得不加入无穷无尽有关此事的委员会；更别说还要劳心费神，为想来牛津的囊中羞涩的以色列学者们到处筹钱——他们翘首以盼，可一旦好不容易来到英国，却发现牛津这里的老师们既冷漠又不好客，令他们饱受心灵创伤，人生化作灰烬。噢，亲爱的，我这封信怎么变得如此忧伤。电话刚刚响了，艾琳告诉我，麦克米兰与普罗科菲耶夫创作的《罗密欧与朱丽叶》新近在柯芬园歌剧院上演，这几乎是一次不太体面的成功：观众为努里耶夫和芳婷[1]鼓掌长达四十分钟；这已经成为类似披头士那样的高雅而流行的盛况了，而且达到了令人难以置信的歇斯底里的程度[2]。我们还推出了精彩绝伦的《阿拉贝拉》，由费歇尔—迪斯考任主唱——演出大获成功，评论家们赞不绝口，柯芬园歌剧院的演出剧目已达到了相当高的水平，等等，不过该剧的全部配乐在我听来都有点儿矫揉造作：托

[1] 玛歌·芳婷·德·阿里亚斯（1919—1991），婚前姓玛格丽特（“佩吉”）·胡卡姆，1956 年受封（二等）高级英帝国女勋爵；自 1959 年起任英国皇家芭蕾舞团客座艺术家，此前曾任主演；后（1979）荣获首席芭蕾舞女主演称号。

[2] 肯尼斯·麦克米兰创作的《罗密欧与朱丽叶》于 1965 年 2 月 9 日在柯芬园歌剧院首演，努里耶夫和芳婷任主演，演出结束他们谢幕次数多达四十三次。但一些评论家认为，“一周后由克里斯托弗·盖博与林恩·西摩组成的更为年轻的配对的表演更为出色”（《泰晤士报》1965 年 2 月 18 日第 16a 版）。

斯卡尼尼的《费德里奥》，或是托斯卡尼尼的《福斯塔夫》，或是朱里尼的《唐·卡洛斯》，或是弗朗茨·沙尔克[1]的《唐·乔瓦尼》——所有这些歌剧哆哆嗦嗦唱不出什么，最著名、最有天赋的指挥的低微品位，是我们这个时代奇怪而令人不安的症候。唯有朱里尼是纯洁而高贵的，但他的艺术生涯在20世纪早期就戛然而止，仿佛一切伟大的艺术都淡出成为历史古董。这么说是否太悲观了？也许。[……]

[以赛亚]

2月11日，全灵学院的代表们在弗兰克斯委员会主持的大学内部调查会上作证。虽然改革议题已经在全灵学院讨论了两年，但在这方面进展甚微。1964年9月通过决议，同意批给罗宾·哈利森发起的一项合作计划一笔微薄的捐助，该计划旨在创立共同基金，以协助建立大学计划成立的两个新的“研究生社团”。然而，全灵学院所有的大门对这一动议毫
217 无所动，而弗兰克斯的目的是想让公众都能看到全灵学院没有辜负其公共义务。显然，全灵并没有做到这一点：全灵拥有巨大的财富，然而却在学术活动方面投入不足。然而，幸运的结果是——或者是权谋的结果？——1月30日，这个方案提交给弗兰克斯之前不到两周，学院以多数票通过决议，

[1] 弗朗茨·沙尔克（1863—1931），奥地利指挥，萨尔茨堡艺术节的联合创始人之一。

“应立即以一定方式把研究生教育纳入学院主体”[1]。斯帕洛后来坦承，如果该决议没有获得采纳，由弗兰克斯处理全灵学院的事情“本来会非常不同”[2]。虽然如此，延迟是他最有力的武器：他索性认为这次投票不具约束力，并未采取任何措施加以实施。受挫的伯林于5月写信给同事：

> 至于可怜的旧学院，似乎存在不同的观点，一派本质上想尽可能少做事，也想知道他们如何尽可能得以摆脱——而院长就是他们的领导者——另一派迫切地想利用现有的资源，为学院创造新气象，做些有用的事［……］。我的天——但是有这样一位狂热分子任主席，此事确实难以进行。[3]

致加勒特·德罗希达

［1965年］2月16日

海丁顿宅

亲爱的加勒特：

我完全赞同你的意见，毫无保留地。当然，我们知道佐尔蒂有缺点，不仅他自身有缺点，他的音乐也有缺陷——而

[1] 1965年1月30日学院会议，表决结果为三十一票赞成，十五票反对，两票弃权，见戴维·科特所写“全灵学院危机：改革案例”一文，《文汇》杂志，1966年3月，引文出自第3—15页中的第10页。
[2] 出处同上。
[3] 致罗杰·迈金斯，1965年5月18日。

你说的都是不容置疑的。的确，科林·戴维斯[1]是最好的英国指挥；但恐怕还不够；比彻姆[2]和汉密尔顿·哈蒂[3]也不会更好——在我们这个时代，从来就没有任何一位英国血统的指挥能比得上欧洲大陆的一流指挥，伟大的指挥更没有了。[……]科林·戴维斯指挥柏辽兹作品很精彩，指挥斯特拉文斯基作品也不错：莫扎特、威尔第、瓦格纳、施特劳斯——也许有一天他能够指挥得来吧。有他在英格兰是幸运的，免得如果哪天佐尔蒂走了，我们还得求助于他，因为我们无法找到另一位与他水准相当的指挥了——当然，他比其他所有的英国裔指挥都更为出色，普里查德的确不能望其项背——而拿他来换佐尔蒂，就像是拿香槟换麝香葡萄酒（其他英国指挥只是苹果酒），这事根本就不用考虑：尽管他造成了诸多麻烦，又十分自大，诸如此类，尽管（在我看来）他不能精准地指挥莫扎特作品，甚至指挥威尔第作品时也并不能一直保持高贵而优美的水准，但他还是享有世界级声誉的一流指挥——所
218 有的批评者都明白这一点，公众也都明白——在德国和中欧歌剧界他是无与伦比的，甚至在演奏与他的天赋不相符合的

[1] 科林·雷克斯·戴维斯（1927—2013），后（1980）受封爵士；1959 年任萨德勒的威尔斯剧院指挥，1960—1965 年任首席指挥，1961—1965 年任音乐总监；1967—1971 年任 BBC 交响乐团首席指挥，1971—1975 年任首席客座指挥；1971—1986 年任伦敦柯芬园英国皇家歌剧院音乐总监；1972—1984 年任波士顿交响乐团首席客座指挥。

[2] 托马斯·比彻姆（1879—1961），1916 年受封爵士；指挥家、作曲家和歌剧院监制；1932 年创立伦敦爱乐乐团，1947 年创立英国皇家爱乐乐团。

[3]（赫伯特）·汉密尔顿·哈蒂（1880—1941），1925 年受封爵士；爱尔兰作曲家和指挥家；1920—1933 年任曼彻斯特哈莱管弦乐团常任指挥。

作品时，他依然才华横溢，引人注目。戴维也许与他有点儿纠葛，而这其实是每一位剧院监制人与歌剧经理的命运，我们绝不能像斯卡拉那样做，从而失去了朱里尼。[……]

本杰明·布里顿说得绝对正确：如果没有他，《仲夏夜之梦》和《比利·巴德》就会失去吸引力，我们就会遭到没完没了、令人厌烦、充满破坏性的批评，指责我们对布里顿不公，为英国音乐做得不够，于是乎又会成为替本届政府受过的靶子，而此时，由于我们匈牙利指挥的杰出才能，我们被视为一份资产。为什么我要毫无节制地说这么多，而不是简单地说“对”？我想不出原因：只能是因为（我没有时间能把话说得简洁吧）。

你的

以赛亚

致凯·格雷厄姆 [1]

1965年3月5日［手稿］

全灵学院

亲爱的凯：

很遗憾，我没能与帕米拉一起吃顿饭[2]——但我不能总

[1] 这封信有两个版本——手稿和打字稿，二者内容并不一致。这里是（日期为3月5日）的手稿版本，以及来自（日期为3月8日）的打字稿版本的另外两封信，后者开篇说道：“我已经决定口述打字一封信给你，同时也把我的手稿寄给你，这么做只是为了表达我的善意、忠诚，以及与你的亲密关系，等等。然而，转念一想，我的手稿显而易见你依然无法看懂，这样又有什么用处呢？因此，这份手稿上有我珍贵的亲笔签名，另附一封打字稿的正式去信。”

[2] 帕米拉·贝瑞经常去美国。

是一点儿责任也不承担：眼下我就像一个黑人劳工（如果这个词还能使用）忙着准备这些该死的讲座，到现在我只做出了其中一讲的纲要。天知道其他几讲会如何。想到你就要来了，我很高兴。而且，我想“其他人”也一样高兴。包括玛丽安？去华盛顿见了她的西尔维斯特·盖茨[1]，活灵活现地跟我描述了她的情况——很高尚——比我高尚多了。大法官已经走了，我很难过。[2]他改变了我生命中很大一部分：如果没有他，我不会得到美国的工作，也见不到任何人：在美国的经历完全改变了我的人生，也永远提升了我的人生。我也很喜欢他——尤其是喜欢他那些众所周知的缺点——非常喜欢：那些会令别人感到厌烦的缺点，我反而总是会喜欢：
219 每当我看到阿瑟·古德哈特[3]觉得尴尬，或是沃尔特·李普曼[4]皱眉，或是玛丽安刺耳地来上一句，我就觉得自己既忠诚又卓越，还很自得，如果你明白我这么说的意思。他真的

[1] 西尔维斯特·格威特·盖茨（1901—1972），律师、银行家；1925—1927 年作为联邦基金项目研究员在哈佛学习时，盖茨一直是菲利克斯·法兰克福特的学生。他与伯林的终身友谊开始于 20 世纪 30 年代；应伯林的要求，他负责管理为运营沃尔夫森学院事务而创立的信托基金（原文第 301—303 页）。
[2] 菲利克斯·法兰克福特于 2 月 22 日去世。
[3] 阿瑟·古德哈特·莱曼（1891—1978），1948 年获荣誉学位，二等高级英帝国勋爵；美国出生的法学家，在英国度过大部分职业生涯，但保留美国国籍；1931—1951 年任牛津大学法学教授；1951—1963 年任大学学院院长；1958—1971 年任沃尔夫森基金会受托人。
[4] 沃尔特·李普曼（1889—1974），美国记者、散文家；1931—1967 年通过稿件辛迪加在包括《纽约先驱论坛报》在内的多家报纸上同时发表文章，很有影响的专栏作家，1962 年普利策奖得主。

是一个大好人，好男人，人类的荣耀，是我那模棱两可的反犹主义（我也因而对菲尔就这个话题偶尔的爆发深感理解）的解药：当不那么做反而是常态时，他表现得非常好：（用世俗的话来说）当他表现出庄严、明智与“聪明”就能更进一步时，他反而有意选择做个真诚和真实的人。我应该写信给玛丽安告诉她这一切：可是我不会这么做。我的讲座令我崩溃，好意的朋友寄来的两封信也令我烦恼——一封来自白宫的西班牙人，另一封来自美国国务院，他们（曾是我的学生，如今都是有身份的人）告诉我，《华盛顿邮报》[1] 发表了一篇有关我的令人生气而又轻率无礼的文章——一封信上说文章“可恶又轻率”，另一封信说文章重提那枯燥无趣的欧文·伯林的往事，坚称我有“语言障碍”，说我不擅长讲课（这是真的！），还用充满社会主义色彩的语言形容我。其中一封信还说，在我之前做过梅隆讲座的 K. 克拉克爵士和贡布里希教授，就没有我这样的遭遇，很同情我（这有点儿幸灾乐祸的味道）。噢，亲爱的！我希望自己对此不要过于介意：直率的敌意，好过被视为一个娱乐他人者：也许是来信者有所夸大了，可是他们互相并不认识，二者都表示愤慨。你觉得你能说服你的职员们解雇我吗？这将会是怎样的解脱啊！

[1] 在专栏（1965 年 2 月 28 日第 F7 版）中，玛克辛·切希尔描述伯林“来自波罗的海，并为轻微的语言障碍所累”。

我现在是隐姓埋名的存在——离群索居——我觉得自己不应被如此示众。我知道——依照严格标准——自己不是真的很好：但我就如此怪诞吗？我是这么一个滑稽可笑的人吗？所以我很像塞西尔·比顿？伊戈尔·卡西尼？[1]格劳乔·马克斯？[2]我终于开始在英国享受到默默无闻的生活，这是我早就该得到的：尤其是在牛津大学。我期待华盛顿之行，我想：我认为，就私人关系而言，我必须停止这些胡扯了。这不是你的错；但如果你同情我，我会很高兴：如果你赞同记者们侵犯了隐私权，他们简直不像人，令非公众面孔遭受公开羞辱。或者你会不顾艰难险阻，为他们辩护？或者你只在不那么艰难的情形之下为他们辩护？［……］

我希望我可以整天无所事事，只是看报纸：我喜欢别人的八卦：如果提到我，那我就死了。请你一定要特别敏感、善解人意、关心体贴。

爱你的

220 以赛亚

附言：我听说——由于我如今恶名昭著的语言障碍问

[1] 伊戈尔·卡西尼（1915—2002），婚前姓伊戈尔·卡西尼·洛耶夫斯基，美国匿名八卦专栏作家，是“乔里·尼克布洛克”专栏，即通过稿件辛迪加在包括《美国纽约日报》在内的多家报刊上同时发表的八卦专栏的第二化身（1945—1963）。玛莎·盖尔霍恩形容他的嘴“就像飞蝇围绕着的猪屁股”：《玛莎·盖尔霍恩书信集》，卡罗琳·穆尔黑德编（伦敦，2006），第122页。

[2] 手稿中没有这个名字，这是根据打字稿补上去的。

题——西堪萨斯大学已经决定不邀请我任导师：我告诉他们，其他人还抱怨我语言障碍不够呢，可是没有用。因此我打算起诉《华盛顿邮报》赔偿我的重大损失。[1]

致阿瑟·施莱辛格

1965年3月5日［明信片］

海丁顿宅

13日起我在喜来登花园酒店开始严格意义上的隐居：因讲座准备不足，我满怀恐惧；忧郁，自卑，厌恶抛头露面，对越南的事缺乏兴趣——我宁愿在无麻醉的条件下锯掉一条腿，也不愿做这些讲座：为什么我总是有受虐倾向？

以赛亚

致加勒特·德罗希达

［1965年］3月9日

海丁顿宅

亲爱的加勒特：

希望你正在享受中国之行，真是羡慕至极。我毫不怀疑，芭芭夫人[2]是最迷人和最宝贵的伴侣——你不必跟她重

[1] 附言是打字稿中加上去的。
[2] 亚历山德拉·纳德拉（“芭芭”）·梅特卡夫夫人（1904—1995），婚前姓柯曾；乔治·柯曾的小女儿，乔治·柯曾受封侯爵一世（1921），任印度总督；社交名流。

复第二个属性了。我一直渴望能去中国，但可能永远都去不了。正如战前我表示对美国一点儿兴趣也没有，然而去了美国之后，我的生活完全改变了。

现在你应该已经听说佐尔蒂已同意指挥《摩西》一剧，维拉尔[1]也同意了，所以我们这个项目启动了。无论结果如何，只有时间才能告诉我们。如果佐尔蒂本人参与了这个项目，我想此事不会不了了之，虽然我想戴维对这一项目的热情相应有所降低。我们必须关注此事，至少你和伯内特要关注［……］。我知道你会不断地提醒我对此事负有“道德”上的责任，然而反过来我还是要提醒你，如果不是因为你一直坚持要我写信给佐尔蒂，如果没有你始终如一的——这一点我不会否认——无私而值得赞美的怂恿，我本不该出这个
221 头的。

我相信，现在最重要的事情就是获得外部机构的同情与协助，比如 BBC 及欧洲广播电台和其他传媒机构。[2] 我认为你应该举办午宴招待重要的评论家——等筹备工作启动之后——让他们都兴奋起来，我想，坐在每一位评论家旁边的不是另一位评论家，而是一个狂热的摩西迷——汉斯·凯

[1] 让·维拉尔（1912—1971），法国演员、导演；1947 年创立阿维尼翁艺术节，并为法国人民国家剧院重新注入活力；《摩西和亚伦》是由彼得·霍尔制作，而不是如广告最初所说的由维拉尔制作。

[2] 在 6 月 28 日首演的那晚之前，媒体有大量相关报道，6 月中旬，佐尔蒂、制片人彼得·霍尔和设计师约翰·伯里在伦敦柯芬园英国皇家歌剧院的演讲之夜介绍了这一歌剧。

勒[1]、格洛克[2]，还有其他的勋伯格的粉丝，都应该在那里，还有戴维、佐尔蒂等。如果顺利，我们会获得很多的认同与援助——举办这样一个午餐会的主要目的，不仅仅只是宣扬我们做这件事是出于多么崇高的美德，而是全面讨论这个项目，强调我们遭遇到的惊人困难，寻求建议和帮助——哪怕是长篇大论地列举我们做得有多好，以及我们打算做得有多好，也不如举办这个形式的午宴更能令评论家们高兴的了。

夏加尔[3]任舞美设计师，对此我不是很满意。我认为乔治·哈伍德一直都很有用，应该给他一点儿激励，推动我们的事业：我写信告诉他《摩西》这事，他的回应非常友好。请容我再说一遍，整件事情完全是你来负责的：我相信午餐会将获得辉煌成功，并将请T. 阿姆斯特朗先生做华丽的演讲，介绍你隆重出场。

你的〈深爱的〉

以赛亚

[1] 汉斯·海因里希·凯勒（1919—1985），生于维也纳的小提琴家、广播员，并从事音乐方面的写作，写作手法非常有独创性，1959—1979年，经威廉·格罗克提议加盟BBC，在音乐部工作；推崇布里顿和勋伯格的作品。
[2] 威廉·（弗雷德里克）·格洛克（1908—2000），后（1970）受封爵士，钢琴家、评论家；1959—1972年任BBC音乐调控师；1968—1973年任柯芬园英国皇家歌剧院董事。
[3] 马克·夏加尔（1887—1985），生于俄国的法国画家和平面造型艺术家，受俄罗斯民间艺术和当代先锋派的影响；公共机构委托他创作的作品包括在纽约林肯中心的两幅大型壁画（1966）；他并未在1965年的柯芬园英国皇家歌剧院上演的《摩西和亚伦》中担任工作。

致莫顿·怀特

1965 年 3 月 18 日［手写明信片］

华盛顿特区喜来登酒店

你好吗？等我对自己将要在华盛顿国家美术馆作的系列讲座感觉没那么恐慌了（也许二十五年之后？），我会立即给你打电话：第一讲还算“顺利”，但那就像是不太有面子的开胃酒——配得上马歇尔·科恩——都是些反响不错的笑话和攻击——显得非常聪明。现在说点儿实在的，我觉得自己像乔治·爱德华·莫尔[1]——想必是你的说法——（莫
222 尔太太说：“我相信他们会喜欢你的文章，亲爱的”，“如果他们喜欢，那么他们是搞错了”。）因此，周一我会打电话给你，或者，像列宁说的那样，你打给我。

以赛亚

致帕特·乌捷欣

1965 年 3 月 25 日

华盛顿特区

亲爱的帕特：

痛苦仍在继续。我已经做完第一讲，实际上是两讲。第

[1] 乔治·爱德华·莫尔（1873—1958），哲学家；剑桥使徒社成员，而且还是对该社团很有影响力的一个人物，他对布卢姆斯伯里团体也很有影响力，不过不是其成员；1925—1939 年任剑桥大学三一学院研究员和哲学教授；1951 年被授予功绩勋章；1916 年与多萝西·米尔德里德·伊利（1892—1977）结婚。

一讲之后，一位法律界泰斗及单簧管演奏家热情洋溢地发表评论，把我比作演奏协奏曲的莫扎特。所以我不能抱怨什么了，尽管这个评论在某种程度上也是非常令人尴尬的。不过，我们还是不要一直谈我的事了——等我回来你都会知道的，关于皇家学院[1]，我还是一如既往地惊慌失措。还是说说正事吧［……］。

你听说此事一定不会吃惊，此刻，我因感冒而卧床休息，鼻窦炎等毛病又犯了——当然，这些事一点儿也不能让我妈妈知道——虽然星期天我得做下一次的讲座（第三讲），我不得不取消所有已经接受的这里以及纽约的邀请，结果是可怕的混乱。我人觉得不错，但2月份牛津的所有讲座终于产生影响了。我真该**退休**了。我无法想象，如果我在牛津卧床不起，把各种过多不必要的工作全部都推到你和其他人身上，会产生什么后果！所以现在你算是幸运的。请让我了解发生了什么事情，例如全灵学院谁选上了，斯帕洛很令我失望，没能给我预测是哪位院长［即告诉我是谁当选］。你或许可以打电话给马克斯［·贝劳福］，问问他我们同事的数量实际上是否有增加，如果有，那么具体增加了多少人，还有他们的名字是什么。

你永远的

以赛亚　　　　　　　　　　　　　　　　［……］

[1] 伯林将于4月28日在伦敦伯灵顿皇家艺术学院年度晚宴上做演讲（5月2日他给加勒特·德罗希达的去信，主题就是关于此事）。

致帕特・乌捷欣

1965 年 4 月 20 日星期二［手稿］

卡莱尔酒店

亲爱的帕特：

感谢上帝，所有讲座都结束了。这一切真是奇特，非常奇特：我指的是最后一讲，在上周日，在我离开讲台之后，所有那些自命不凡的华盛顿人，加上天知道是从哪儿来的各色学生，全都站起身来，致我以赫鲁晓夫式的热烈掌声：与其说我感到高兴，莫如说我深感惭愧：我的系列讲
223 座一定是花言巧语，所以产生了如此效果。然而，毫无疑问，如果要用一个庸俗的字眼来形容我的讲座，那就是所谓的“成功”——虽然，当然，讲座的每一分钟都令我讨厌，强烈地感觉自己像出卖色相的妓女。我知道这么想很病态。［……］

你的

以赛亚

致加勒特・德罗希达

1965 年 5 月 2 日

海丁顿宅

亲爱的加勒特：

谢谢你温暖无比的来信。很高兴我的炼狱已经结束了。

我不相信奥利维尔[1]或卡拉斯可以像我这样经历如此的痛苦。奇怪的是，我没有复制记忆的能力：在学校念书时我从来不能背诵诗句[2]——想到在那个时期必须做的所谓“重复”的事，我的学生生涯就变得黯淡无光。当然，我并不是做即兴演讲：在从美国回来的飞机上，我写了几句话——是打字的——我看了一次，两次，三次，想象自己大声朗读这些句子，然后又放弃了这个想法，在一张纸上做了笔记——又弄丢了——然后意识到晚餐期间我不能看着我的打字稿，因为它太长了，又在另一张纸上胡乱涂写——然后把自己投入深渊之中，既感到羞耻又感到绝望：绝望是因为自己居然能够对付这种场合了；羞耻是因为自己是虚荣的受害者，所以才会接受这样的邀请。显然，BBC 国内频道的所有听众那天晚上都听见了我说“这样可以了吗？我的上帝，我很高兴一切都结束了”，我还想到弗兰克·朗福德[3]的安慰话语，还有可以表示任何意味的哞哞声，从我另一位邻座约克大

[1] 劳伦斯·奥利维尔·科尔（1907—1989），1947 年受封爵士，后（1970）受封终身贵族并被授予功绩勋章（1981）；演员，他这一代最重要的莎士比亚阐释者之一；1962—1973 年任国家大剧院经理，1973—1974 年任副主任。

[2] 70 年代初期，没有先行通知，在位于班伯里路 60 号的沃尔夫森学院公共休息室，伯林背诵弥尔顿的《利西达斯》，选择此篇是应沃尔夫森学院杂志的提议（因为“利西达斯”词源意义是“wolf’s son”，即“狼之子”，读音恰好与学院名称“沃尔夫森”，即 Wolfson 相同）；伯林背诵诗歌的能力比他自己认为的显然更好。

[3] 弗朗西斯·安吉尔（“弗兰克”）·帕肯汉姆（1905—2001），1961 年受封朗福德伯爵七世；政治家、作家、慈善家，反对“宽容社会”的活动家；1964—1968 年任上议院的（工党）领袖，1965—1966 年任殖民地事务大臣，1966—1968 年任掌玺大臣。

主教[1]的嘴唇中发出来的。[2]不过，如果你以为这样可以了，我会很高兴。[……]

你的

224 以赛亚

致身份不明的通信者[3]

1965年［5月11/12日］

海丁顿宅

〈亲爱的迪克：〉

写这封信仅仅是想表达我是如何感激你们的款待。我们都过得十分愉快，但愿不至于给你带来太多麻烦——我想，因为这一切的缘故，我会永远热爱华盛顿，超过热爱其他所有的城市，并把华盛顿视作我的麦加，总是希望能回到那里。我不相信此前会有任何人像我一样对这座城市怀有同样热切的感情——在华盛顿，我几乎没有遇到任何令我懊恼的事，唯有愉悦的体验。秋天时等我到了普林斯顿，我可以再来看你吗？

[1]（弗雷德里克）·唐纳德·科根（1909—2000），1961—1974年任约克大主教，1974—1980年任坎特伯雷大主教。

[2] 依照惯例，皇家艺术学院年度晚宴上的演讲在BBC“家庭服务”节目中播出，即4月28日晚九点晚宴的时候。查尔斯·惠勒爵士代表客人们向伯林敬酒，伯林做出回应，并向艺术学院敬酒致意。

[3] 由于这封信来自华盛顿国家美术馆档案，伯林在那里发表了梅隆系列演讲（见原文第213—216页），它可能是写给当时画廊的工作人员的。

〈明天我们还要出席肯尼迪纪念馆开幕式——没有人知道该穿什么——那是花园派对吗？追悼会？赛马大会？是否要戴灰色的大礼帽？软毡帽？不戴帽？女王出场是否决定了我们的着装？还是要看肯尼迪夫人的出场来决定我们的衣着——二者的出场对我们是同样的要求吗？等等——我们还是等着看吧

你的

以赛亚・B.〉

1965年5月14日，在为纪念约翰・F. 肯尼迪总统而在英国兰尼米德建造的纪念园由英国女王揭幕。肯尼迪总统的遗孀杰奎琳・肯尼迪带领其家人出席，而在肯尼迪的总统任期内任英国首相的哈罗德・麦克米兰，代表纪念园的全体受托人，其中也包括伯林，发表了讲话。纪念园坐落在泰晤士河边，占地三英亩，由不列颠人民赠予美国，之所以选择这个地点，原因是英国自由大宪章纪念园就在附近不远。揭幕仪式举行的前一晚，杰奎琳・肯尼迪在一封私人信件中回忆道："我丈夫热爱历史，你们今天为他做的事能给他带来无上的快乐，这是我用言语无法表达的。[……] 在某种意义上，他今天又回归到了他所来自的传统。"[1]

[1]《泰晤士报》1965年5月15日第7a版。

致杰奎琳·肯尼迪

1965年5月14日［手稿］

海丁顿宅

亲爱的肯尼迪夫人：

没能见到您，言语难以形容我们——艾琳和我——是多么失望；我们只在兰尼米德那个陌生而又令人感动的下午，
225 在看台前，见过您——我感到自己的身份得到了提升——那里有一个漆得很好看的隔间（布置得就像芭蕾舞乐队指挥站的地方），在我们面前是世界上最知名、最重要，也是最令门楣生辉的人，每个人都充满感情、怀着深切而又恰当的庄严感说了自己想说的话，然后就像是在一场神圣的仪式中的表演者那样坐下来。我非常感动——但这只是事件本身。我们未能向您展示我们这座令人振奋的城市，很遗憾，这场仪式并不能够补偿这个损失。戴维·哈莱克[1]确实已经说得很清楚，几乎没有人想到，我们的"安排"是建立在流沙之上：当然，是因为有在伦敦，在德比郡，以及超长的"日程安排"，无论是您，还是（来自纽约州的）参议员，都不可能梦想去牛津走走看看。对此我十分理解。而且，我们无法遵从伊万杰琳·布鲁斯非常亲切的召唤出席晚宴，的确非常遗憾。不论称职与否，我是一名牛津大学的教师，当晚我已安排与本科生面谈，我始终有一种压倒一切的学术责任感，

[1] 哈莱克男爵任肯尼迪纪念园基金会主席。

它伴随了我毕生，具有令人吃惊的巨大威慑力。我感到自己必须努力成为一个尽职的好教授，做正确的事，践行承诺，辛勤耕耘，不陷入过多（世俗）的诱惑。反正人与人之间的关系很少是在大型宴会上得以蓬勃发展的，无论那些宴会是多么愉快和辉煌（尤其那次晚宴并不是一个欢乐的场合）。所以，我将做牛津老师做的事，和我的本科生谈话。然而，把希望延迟是令人沮丧的，也令人难以置信地感到忧伤。我确然非常高兴（艾琳也是一样）能得到您的允许去纽约拜访您。您两年前在艾尔索普家第一晚给予我的慷慨善意，至今我仍然感激不尽，永远都不会忘记。[1]

天啊！我记得那一整个夜晚——那天总统首次看到古巴的照片（我尽职尽责地把这一切都录了下来，用的是阿瑟·施莱辛格提供的录像带）——如您所想象的，当时我处于一种所谓的“状态”之中。总统对我很好，而我还是一直满怀着紧张、恐惧、景仰、兴奋、焦虑与恐惧。当我看到奇普·波伦，我就更加紧张而激动了——只能看，没法听，就像唇读者一样——对菲尔·格雷厄姆菲尔大约说了“你觉得他能行吧？”——菲尔半信半疑地摇头“我想他不太做得来”——就像一位面对世界首次亮相的新歌手，艺人，准新郎！我意识到，我——我的行为受到批评，人们正在谈论我。接着，我被安排坐在您身边（希望您能原谅这些老人才 226

[1] 原文第 122 页。

有的回忆——如果您已经看到这里并觉得还能勉强接受），所有一切都充满光明了。正如王尔德说到罗比·罗斯，当王尔德走出里丁监狱，后者前来迎接他，并摘下帽子——向他脱帽致意——对他说："男人们为小事去天堂。"[1]是您的义举解放了我。

此刻的牛津美极了：天还没有黑下来，今晚我所在的全灵学院正举行盛大宴会，在我给你写这封信的房间，可以听到狂欢的喧闹声阵阵传来（同时伴有争论声）。在一个公众或是半公众的地方，记录自己内心的思想，是最令人心情愉悦的事了。我们的房子充满了鲜花，也被鲜花包围，这对神经很有益：就是这会儿没有什么客人到访，你会看出这一点——你已经看出来了——我想，既宁静又愉悦。然而，你不能所有地方都去：我得耐心地克制自己的心灵。秋天我们会去美国，然后我希望会去东方。也许您在某个下午又会有空了——我们向您致以最诚挚的问候。

您诚挚的

以赛亚·伯林

[1] 罗伯特·鲍德温（"罗比"）·罗斯（1869—1918），记者、画廊老板，奥斯卡·王尔德亲密而忠诚的朋友。伯林这里提到的事情实际发生在1895年，当时是王尔德在里丁监狱服刑初期，罗斯在凯里街的破产法庭（王尔德必须出庭）的走廊里等候，向王尔德脱帽致意。

致 E. A. 罗斯[1]

1965 年 5 月 14 日［副本］

［海丁顿宅］

亲爱的罗斯先生：

我刚刚碰巧又看到你给贝尔和罗斯两位先生[2]的信，他们都回复了。你寄给我这封信的复印件，我不能明白你的逻辑，因此决定不做明确的答复，可是又一想，我的默许似乎表示同意，所以我决定还是要给你回信。 227

20 世纪 30 年代，没有哪个国家的政策不受到批评，我可以这么说，在有记录的人类历史上也一样没有。我无意捍卫英国政府在 20 世纪 30 年代的外交政策，也不为英政府后来在 20 世纪 30 年代后期或是 40 年代、战前、战时与战后采取的巴勒斯坦政策辩护；当时这些政策——其中一些与我有关——遭受大量的抗议和谴责。无论这些政策是如何具有灾难性，哪怕英政府有时的麻木无情给这些政策留下污点，

[1] 欧内斯特 · 艾伯特 · 罗斯（1879—1976），婚前姓罗森海姆；工程师，陆军中校（退役；1914—1919 年战时在欧洲服役），汽车爱好者。

[2] 犹太难民沃纳 · 梅耶 · 贝尔（1902—1976），财务顾问；维克托 · 罗斯（生于 1919 年），婚前姓维克托 · 西奥多 · 卡尔 · 罗森菲尔德，记者、出版商。二人是不列颠谢恩捐献慈善基金会联合主席，该基金会始于 1963 年，由犹太难民协会发起，后来该基金会明确与 1938—1939 年难民逃离德国与奥地利的二十五周年纪念相关联。该基金呼吁其成员“你曾经免费获得了自由的机会，现在请捐出你当年为了获得签证所愿意支付的一切”。奥姆利 · 贝尔，“从柏林到伦敦：荣获英帝国勋章的军官沃纳 · M. 贝尔”，《犹太难民协会会刊》，第 11 期，第 1 号（2011 年 1 月），第 5 页。该基金会资助英国科学院支持的讲座与学术研究。

但这些政策出自完全清晰的动机，任何一个由会犯错的人类治理的正常国家，都有可能因这些动机而摇摆不定；从这点来看，这些政策完全不同于极权国家的行为。不论这些政策如何，它们不会改变这一事实，即，就为难民提供庇护方面而言，英国比其他大多数国家，也许是所有其他的国家，拥有更好的纪录；1940年短暂的——也许是不必要的——恐慌很快结束，相比而言，在此期间英国所造成的伤害程度远远低于其他交战国甚至是中立国。德国人杀戮的人数以百万计，这你一定和我一样都知道，许许多多的这些事还是无法让他们自己相信——是啊，谁能相信？——如果他们留在原地，他们注定会死亡；在欧洲东北部，我们自己的家庭成员也是一样，如果他们愿意，他们本都可以移民，然而他们拒绝搬家，因为除非是迫不得已，人类总是故土难离，不愿相信会发生最糟糕的事情。毫无疑问，如果当初大多数自由国家采取不同的移民政策，更多人的生命就会得到拯救；但在我看来，一个国家乃至社群能够使其国民得以拯救自己的生命、自由和幸福的前景——尤其是当最大多数其他国家显然并没有这么做时——却要抑制由此自然产生的感恩之情，因为它们没有表现出真正的美德及利他主义，这样的指责既不公正，也不仁慈——我本该使用更为强烈的措辞——有记录的历史上有几个国家能够表现出这一点，而只要人性依旧，又怎么能去期待它们展现这些美德呢？基于这些原因，我要彻底否定你的论点，并真诚地希望很少有人想的和你一样。

你诚挚的

[以赛亚·伯林] 228

致 E. A. 罗斯

1965 年 5 月 25 日 [副本]

全灵学院

亲爱的罗斯先生：

感谢您 5 月 20 日的来信。恐怕我们的确意见不同。我想问你一个简单的问题：当你溺水时，如果有人救你，你会因为他没有能够救助与你处在相同困境中的其他人而拒绝感谢他吗？我知道，你可能不希望享有特权待遇，宁愿和他人一起溺水而亡，也不愿只有你自己一人获救；但这不是争议焦点。事实是，你拒绝向救你的人表示感谢，而你又的确向他求救了，他也的确救了你，即使他毫无兴趣这么做，只是因为要回应你的求救？如果你已经获救，并且在施救者的土地上构建自己的新生活，然后你说，"因为你，我才能活着，才能获得自由的机会，才可以追求幸福生活，但是你没能同样救助其他人，所以我欠你的就一笔勾销了"，那么千真万确，我们之间不存在任何共识。

你诚挚的

[以赛亚·伯林]

致科尼·丘柯夫斯基

1965年7月［即8月］1日［俄文手稿，编者译］

［寄自］全灵学院

[亲爱的科尼·伊凡诺维奇：

我从乐而忘忧的意大利写信给你［……］。安娜·安德蕾耶芙娜［·阿赫玛托娃］[1]来看我们——我不知道她在英国的感受——在伦敦，英国文化委员会为她选择的酒店很差：到了牛津入住的还是同一家——卓越而古老的——伦道夫酒店。我们尽了最大努力……她给我们所有人都留下了了不起的印象。她认为鲍拉是天才翻译家——她是非常庄重而严肃地做出如此评价的，她也有理有据地谴责格奥尔基·伊万诺夫[2]和马雅可夫斯基[3]，谴责他们说谎，散播
229 流言，她还谴责了美国各家出版商，他们偷偷摸摸进行了与

[1] 安娜·阿赫玛托娃（1889—1966），俄国诗人安娜·安德蕾耶芙娜的笔名，在俄国革命之前已经成名，当时她与“阿克梅派”运动有关联，因未能与苏联文学的正统保持一致而遭排斥，1923年至1940年期间不能发表作品。战时经过短暂的改造，不久之后境遇发生逆转，至少部分原因是1945年11月和1946年1月她与伯林的会面。在她的生命的末期，官方对她的不满有所缓和，她获准出国，接受国际的认可与评价：1964年，她是意大利的埃特纳—陶尔米纳奖的首位获得者，1965年6月5日，经伯林提议，她获得牛津文学荣誉博士学位（与她一起获得该荣誉的还有西格弗里德·萨松）。

[2] 格奥尔基·伊万诺夫·弗拉基米罗维奇（1894—1958），俄国诗人，与“阿克梅派”有关联，他离开俄国去了西方国家之后，与流亡运动文学有关联。

[3] 弗拉基米尔·弗拉基米罗维奇·马雅可夫斯基（1893—1930），俄国诗人、剧作家，他把未来主义与对反沙皇事业的热切支持结合在一起；1930年4月《泰晤士报》发布他的死亡消息，称其为“‘布尔什维克式’的‘宫廷诗人’的自杀”（1930年4月15日第15c版）。

她有关的交易。你瞧，她还数落了我，因为我翻译了屠格涅夫的作品——她对屠格涅夫的看法或多或少与她对陀思妥耶夫斯基的看法一致。这期间，出版商已经邀请我为《战争与和平》的新译本写一篇"新"序——《战争与和平》是世界上最不需要序言的书了，尤其还是我写的序言——我是文学家吗？还是研究托尔斯泰的学者？而你，据意大利报纸的传闻，已经为列宁格勒版的帕斯捷尔纳克作品写了序——这是真的，他真的需要有人介绍他［……］。沃兹涅先斯基[1]也前来拜访——我没有在牛津见到他——但在伦敦，我做了他的听众，听了他的讲座：他的确有独到之处——但人真的需要发出如此的喧嚣，成为如此一位振臂高呼的演说家？或许这就是赫尔岑习惯称之为"维柯老头"所说的"重现"[2]之一——因为他，我们再次回到荷马时代，"吟游诗人"，蹩脚诗人，俄罗斯史诗歌手[3]，大把大把的史诗，点燃了所有人的心，尤其是所有人的神经。现场十分喧哗，乐队演奏斯特拉文斯基的作品，毫无诗歌天赋的英文翻译叫喊着，老妇

[1] 安德雷·安德烈耶维奇·沃兹涅先斯基（1933—2010），苏联诗人、作家；因赫鲁晓夫时代给予更多的艺术自由而成名的新浪潮诗人中的象征人物。《泰晤士报》提到1962年11月他在莫斯科举行的一场诗歌朗读会，戏称他是"可以令一座体育馆满座的俄罗斯诗人"（1962年12月31日第9c版）。1965年5月底，他抵达英国进行为期两周的访问，其中包括6月2日在圣安东尼举行一场诗歌朗读会。

[2] 维柯提出历史循环变化的理论，还提出了该理论的术语，他称为 corsi e ricorsi（"出现与重现"）。

[3] 伯林此处原文为：bayans。

人们热烈地鼓掌——然而，他是（或许是）一个诗人：在牛津，所有的苏联学者都为之倾倒，也只有学者们了，比如像奥博伦斯基[1]等。至于我……他的血管里的确有热血在沸
230 腾，非常激动人心，他也根本不是傻瓜，而且还是你的崇拜者——所有这一切——然而，然而……不论怎样，他比塔尔西斯[2]更有天赋。

一定要来！这里的人们已经爱上你，如痴如醉。

你的

以赛亚·伯林]

致谢利·安格尔西[3]

[1965年8月初；手稿]

帕拉吉阿根廷旅馆

亲爱的谢利：

真棒！精彩极了。[……] 选择一个晴好天，给我们打

[1] 德米特里·德米特里耶维奇·奥博伦斯基（亲王）（1918—2001），后（1984）受封爵士，生于俄罗斯的历史学家；1961—1985年任牛津大学俄语与巴尔干历史教授，1950—1985年任牛津基督教堂学院的学者。

[2] 瓦莱丽·雅科夫列维奇·塔尔西斯（1906—1983），俄国作家、文学评论家和翻译家。他是苏维埃政权的批评者，1962—1963年，因为把自己的作品送到国外出版，他被关在精神病医院里；后来，他在小说《七号病房》中讲述了这段经历，小说英文版于1965年发行（伦敦和格拉斯哥），俄语版1966年发行（法兰克福）。

[3]（伊丽莎白）·谢利·沃恩·帕吉特（生于1924年），婚前姓摩根，安格尔西侯爵夫人，后（1983）受封高级英帝国女勋爵，作家；1949年，她曾协助伯林翻译屠格涅夫的《初恋》，与亚历克斯·布朗翻译的《罗亭》一起出版（伦敦，1950）。

电话，或是给我们来一封短信——从我们如此喜欢的肮脏的住所或是肮脏的海滩到有电话的地方有点距离，电话在厨房中间，女人们在做饭，洗涤，疾走，还有就是不断地尖叫。但还是可以联系上我的。如果你确定火车抵达玛格丽特站（或者是拉帕洛，如果你乘坐的那一趟列车**非常**特殊）的时间，艾琳可以去接你：距离都是步行可达的（我的天，我像疯了一样地走）。不要高估了海滩，它不是很起眼，在某个臭名昭著的场合未能赢得戴安娜·C. 的欢心，这事我可以随意向你和 / 或亨利描述。不过，我们有一艘不算太好的小船，还有一所正在兴建的房子：步行四百步，上山路，没有骡子或是驴子代步，如老式的英文导游书上常说的"苦也值得"。所以，告诉我们你几时来，我们将为你铺出一张简朴的地毯来迎接你。

深切致意

以赛亚 231

致约翰·斯帕洛

1965 年 8 月 7 日［手稿］

帕拉吉阿根廷旅馆

亲爱的约翰：

［……］我希望你能告诉我，6 日左右要不要去威尼斯参加一个七百人的大会 [1]——麻烦就是得赶出一篇论文——

[1] 会议 9 月举行，伯林没有参加。

还要译成意大利语——所有的会议都是巨大的时间浪费——对虚荣心的奖赏，自以为是，出风头，表现癖，才华横溢的“干预”——发言和没有发言都会产生同样的羞愧感——令人惊惧的多语言对话。（我不知道这支笔到底在写些什么——正如哈利法克斯夫人[1]在一次通信中说的，关于我对弗雷德里克·伯肯海德所说的话是否表达了我对已故同事、朋友以及老板的真实态度。）这些对话过程并没有传递什么令人感兴趣的内容，各方却假装听懂了，并假装对那些常常是难以理解的音节表示欣赏，等等。这个折磨人的问题，我显然必须自己解决。9月6日至8日左右，你会在威尼斯吗——谁这么说的？——这会影响我的决定——请不要就如何决定开愚蠢的玩笑——不过你又怎能如此而为。

你的

以赛亚

附言：当然，你会在那里，而我去不了，你会觉得……

[1] 多萝西·奥古斯塔·伍德（1885—1976），婚前姓昂斯洛，哈利法克斯伯爵夫人；1909年与爱德华·弗雷德里克·林德利·伍德（1881—1959）结婚，他1934年受封哈利法克斯子爵三世，1944年受封哈利法克斯伯爵一世；1941—1946年，伯林在时任华盛顿英国驻美大使的哈利法克斯手下工作。

致爱德华·布里吉斯[1]

1965年［8月］［原手稿遗失，此为打字稿］

寄自帕拉吉

亲爱的爱德华：

非常感谢你告诉我奥利弗的消息：我知道——至少在我离开英格兰之前的一个月，我想我就知道——他心里在想什么：他希望全灵学院减少研究生数（如果我们不打算招二百人或是招很多人），并提供研究设施——像普林斯顿那样——在限定的时间内，提供给牛津校内或是校外的学者。这个想法当时是由他的同事约翰·韦西[2]——《牛津杂志》非 232
常活跃的主编，一位“教育”经济学家，克罗斯兰[3]的伟大朋友——安插在他心中的。我认为这本质上不是坏主意，有这样的需求存在，没有道理如果有谁要写一本书，就非得通过诺丁汉、奥里尔或其他任何地方去美国，虽然在那里他们确实得到了经费和时间。这么做将令我们回到活跃的学术活动中，不过，也许我们沿着研究生这条路走得太远了，不

[1] 爱德华·布里吉斯（1892—1969），1939年受封英国二等高级巴思勋爵，1957年受封布里吉斯男爵一世，公务员，第一次世界大战老兵，1917年被授予十字勋章；1945—1956年任女王陛下财政常任秘书；1920—1927年及1954—1968年任全灵学院研究员。

[2] 约翰·欧内斯特·韦西（1929—1984），后（1976）受封终身贵族，经济学家；1962—1966年任伍斯特学院研究员和导师；1966—1982年任布鲁奈尔大学经济学教授。

[3]（查尔斯）·安东尼·雷文·克罗斯兰（1918—1977），工党政治家，在威尔逊和卡拉汉领导之下任内阁职务；1965—1967年任教育与科学大臣。

好中途换马。如果我们盖栋楼，可以将它用于多种用途：研究生可以用，研究学者也可以用，哪一头用得多可根据需求的迫切度而定。

当（我想）罗汉·巴特勒[1]和我最初提出这一计划，资助来自其他大学的学者时，罗杰·迈金斯[2]劝我说，我们永远也不会获得准许，自己把自己的津贴分给别人，即使是一个由校外“受托者”组成的委员会，也是会被利益同化的。现在对此我不那么确定。无论如何，我投票时不在那里，我会在普林斯顿待到1月。让我们尽快盖起房子来吧！不要在意房子究竟是为谁而建，不要因为伪爱国的顾虑，担忧建设不足而推迟这个计划，等等。而在研究生方面，我们就保住马的数量，保住比如说一年左右的时间。但我们要在弗兰克斯发布报告之前，清晰而大声地宣传我们的意图；[3]并且保持与奥利弗的联系，我相信，他渴望在私底下、非正式地、不断地为我们提供信息咨询。但如果要改革的是研究生制度，那就改革吧！无论怎样，都不要做无益的盘旋，也不要

[1] 罗汉·多利埃·巴特勒（1917—1996），历史学家、公务员；1938—1984年任全灵学院研究员。

[2] 罗杰·梅勒·迈金斯（1904—1996），1949年受封英国二等高级圣迈克尔和乔治勋爵，1964年受封谢菲尔德男爵一世；1925—1939年及1957—1996年任全灵学院研究员；1953—1956年任英国驻美国大使；1956—1959年任财政部联合常任秘书长；1960—1964年任英国原子能管理局主席。

[3] 牛津大学，尤其是全灵学院，非常紧张地等待着奥利弗·弗兰克斯委员会发布的调查报告；它于1966年5月发布。

在没有必要的情形之下过于慎重。

你永远的

以赛亚

格林德伯恩：**维特**！我的上帝！全是甜言蜜语，而且质量还非常之低。[1]

致艾琳·伯林

1965 年 9 月 16 日［手稿］

伦敦丽思大饭店

亲爱的艾琳：

我爱你，在任何时刻，一如既往地深深爱你——就像我
那最黑暗的 1954 年 [2] 的时候一样深沉——离开你我就活不 233
了，强烈地期待四天之后见到你！这压倒一切的情感，它是
那么有力量，遮蔽了所有一切，连我自己都为之震惊。

I.

1965年的整个秋季学期伯林都在休假，他应普林斯顿大学人文科学委员会的邀请，去普林斯顿访学。他

[1] 伯林的这个评价可以由以名字亲切称呼的编辑确认，这位编辑还是在校学生时就参加了马斯内这部歌剧的排练。

[2] 伯林与艾琳的关系始于 1954 年，当时艾琳与物理学家汉斯·哈尔本结婚，他们的私情导致强烈的情感混乱，见《伯林书信集（卷二）》，原文第 444 页。

于9月17日抵达美国，艾琳不久之后与他会合，在巴巴多斯度过新年之后，他们于1966年1月的第二个星期回到英格兰。在普林斯顿，伯林从学校图书馆获益颇丰："这里的资源是比牛津、伦敦多得太多了，而且实际上还有更多，多得惊人，千真万确！"[1]

致罗伯特·克拉夫特

1965年9月17日［手稿］

纽约卡莱尔

亲爱的鲍勃：

备忘录[2]是这样的：14号上演了你的《春之祭》，美轮美奂；《泰晤士报》评论家的话[3]真是龌龊。（希望你不要在意：朱里尼真的——我因此而佩服他——不读评论，活在自己的音乐里，对其视而不见。他的名气不如佐尔蒂与卡拉扬[4]，但

[1] 致赫伯特·尼古拉斯，1965年10月28日。
[2] 这封信写在纸上，抬头有"备忘录"字样，并印有位于纽约上东区著名的卡莱尔饭店的徽章与地址。
[3] 9月14日在皇家节日音乐厅举行的斯特拉文斯基的音乐会，部分曲目由电视播出，克拉夫特指挥了《春之祭》，以及在欧洲首演的《纪念奥尔德斯·赫胥黎的变奏曲》，斯特拉文斯基本人指挥《焰火》与《火鸟》。斯特拉文斯基的指挥获得《泰晤士报》音乐评论家的好评，与对克拉夫特的批评形成鲜明对比："最好还是忘了《春之祭》吧：它是试验性的、不保险的，可悲而沉闷，配上最令人不安的、最不合宜的电视布光排演。"（1965年9月15日第14a版）
[4] 赫伯特·冯·卡拉扬（1908—1989），奥地利指挥；1939—1945年任柏林国家歌剧院音乐总监，1955—1989年任柏林爱乐乐团音乐总监；20世纪30年代他是纳粹党成员，这一背景阻碍了他在第二次世界大战之后职业生涯的发展。

他生活与作品的价值远高于他们，最终将还给他公道。）我不知道他是谁：是曼？还是诺布尔？[1] 但如果是曼的评论，那么他写的垃圾与其他垃圾毫无不同——低俗的垃圾。我不知道这些人在哪些方面做得不好：莱格是一个失败的指挥，马丁·库珀[2] 是失败的二流作曲家，不要搭理所有这一 234 切。你为之辛劳的、你与之共事的、你所演绎的，都是不朽的人物，你现在比谁都了解他们，你所做的一切，可以确保你不仅在天堂有个席位（关于这一点我并非权威），在地球上也是一样。我这么对你说——曾经在你手上遭受过小小刺激[3] 的这个我——永远是你的朋友的我，是你公正无私的崇拜者：我这么说，不仅只是必须让你心情缓和；而是因为我相信，如我一样，你会为之深深介怀，不能像本应做到的那样，也做不到像那些伟大而无情的天才们那样（还有不是天才的那些人——比如米约[4]），将这些评论一拂而去。我担心你会因此永远退缩，但如果你对这些毫不在意，你也就无

[1] 威廉·萨默维尔（“比尔”）·曼（1924—1989），1960—1982 年任《泰晤士报》首席乐评；（约翰）·杰里米·诺布尔（生于 1930 年），1960—1963 年任《泰晤士报》音乐评论家。

[2] 马丁·迪普雷·库珀（1910—1986），1954—1976 年任《每日电讯报》音乐编辑；虽然库珀如此评论克拉夫特，但伯林十分尊重库珀对音乐的理解，对库珀把作曲与其广泛的文化基础联系在一起的能力尤为赞赏；他们的友谊开始于 1930/1931 年在牛津的荷里威尔音乐室偶然的会面。

[3] 见原文第 174—175 页。

[4] 达赖厄斯·米约（1892—1974），法国作曲家，尝试多调和声，并受爵士乐影响；因科克托发表的宣言《公鸡与丑角：音乐注脚》（巴黎，1918）而激发成立的作曲家团体的成员之一，并以“六人团”而知名。

法深入其间，对其进行阐释、理解了：对批评毫不在意，也不总是幸福的。[……]

但是，我这封信的真正目的，是要告诉你著名的斯普纳[1]（你知道首音误置吗？）在1921年对我的一个朋友说过，“哈罗德先生，你千万不要以为你自己不是你曾经以为自己是的那个人”。让他们都滚蛋吧：你的实力，你对音乐的深厚理解，不容置疑，举世闻名。[2] [……]

你的

以赛亚

致戴维·阿斯特[3]

1965年9月28日

普林斯顿

你要我做的事，希望我能做到——审阅两本关于肯尼迪的书[4]。我被肯尼迪这个人深深吸引了，虽然他具有我不愿

[1] 威廉·阿奇博尔德·斯普纳（1844—1930），牧师、学院院长，1903—1924年任新学院院长，因以他的名字命名“首音误置”而著名，“首音误置”具体指两个单词的首字母（通常）被调换。
[2] 伯林此处原文为：prestige mondial。
[3]（弗兰西斯）·戴维·兰霍恩·阿斯特（1912—2001），阿斯特子爵二世，沃尔多夫·阿斯特与南希（婚前姓兰霍恩）的五个子女中的第三个；1948—1975年任《观察家报》编辑。在20世纪30年代初，在巴利奥学院念本科时，伯林就认识阿斯特了，他们有共同的朋友，包括亚当·冯·特罗特（原文第345页注1）。
[4] 一本是阿瑟·施莱辛格的回忆录《一千个日子：约翰·F. 肯尼迪在白宫》（波士顿，1965），1966年为他赢得第二个普利策奖。

称之为法西斯式的、相当可怕的特质，令我感到不安，但当我见到他时，这些特质还是令我兴奋，甚至感到愉悦，而且之后还继续令我困扰［……］现在我手上有太多要做的事：无法顺利完成工作。当然，如果我有无限的时间，明年我可以做这件事——但这显然是不实际的。还有一个原因就是，我也有点儿太了解阿瑟·施莱辛格了［……］，等 235
等，所以，就像人们审阅朋友的著述会觉得尴尬那样，我感到做这些事会缚手缚脚的，整个事情都令人痛苦，拘谨而又不安。

［……］也许乔·艾尔索普——在所有人中——是可以为你做这件事的人选。他是个好作家（此刻他应该人在越南，要么就是忙别的事情），但他崇拜肯尼迪，肯尼迪很喜欢他，他会公正地处理好各个方面，无论是肯尼迪那拿破仑一般的特质——野心，精力，对失败的恐惧，充满浪漫激情的成功观，智力，无所畏惧的想法，激发和利用知识分子的能力——同时，我想乔可能不会希望曝光另外这些，他的庸俗，百万富翁的泳池，与一个又一个漂亮女孩调情，因循守旧，乏味平庸；或者，如果不找艾尔索普，也许加尔布雷思[1]会做这件事——你会得到有价值的作品，值得记住的作

[1] 约翰·肯尼斯·加尔布雷思（1908—2006），多产的、著名的、加拿大裔美国经济学家；著有《丰裕社会》（伦敦 / 波士顿，1958）；肯尼迪总统的顾问，1961—1963 年任驻印度大使，加尔布雷思在自己的回忆录《大使纪事》中叙述了这一段经历（伦敦 / 波士顿，1969）。

品，二人中的任何一位都能为你做到这一点。我的确见到了他，我被他迷住了，而且，从我这封信的最后二、三行，你可以看到我喜欢说一些关于他的事——他对文明与人文素质的尊重，他对权力的主动性，拿破仑也有这样的特质，多少算是吧。〈当然，“影响力”——他给美国和世界带来的变化——这绝对是在改变彗星——〉可是这件事我做不来，做不来。请原谅我。也许一年之后，我可以为你做这个，但在下个月左右我没有办法。

你永远的

以赛亚

11 月 6 日，伯林还在普林斯顿，全灵学院以三十五票对二十二票决定不招收研究生，这一决定与其在 2 月向弗兰克斯委员会递交的意向书完全对抗。替代方案是接收访问学者，这一方案由布莱恩·威尔逊在早些时候提出，他是研究生计划的主要反对者，他的方案后被采纳，1966—1967 年有十六人住校。就本身而言，这一举措后来证明是成功的，但它令学院“古老的结构［……］基本上未受干扰”[1]，对那些希望进行“真正的、长期的改革，改变学院结构和面貌”[2] 的人，这个方案带来的是深刻而痛苦的失望。伯林从未停止过

[1] 此处引用 A. H. 哈尔西著述（原文第 142 页注 4），第 736 页。
[2] 此处引用科特著述（原文第 217 页注 4），第 12 页。

希望全灵学院发生改革性的变化，但是11月6日的学院会议他没有出席，显然他对此是公开表示反对的。布莱恩·威尔逊宣读了一封信，信中伯林明确表示，他赞成访问研究员方案。由于伯林一直是研究生方案有影响力的支持者，他的方向性转变令他的昔日盟友深感失望。伯林的困难在于，鉴于院长的阻碍行为，以及随后无休止的讨论，伯林准备支持任 236 何有可能取得成功的改革方案。正如他在当年8月写给爱德华·布里吉斯的信中所说："如果要改革的是研究生制度，那就改革吧！无论怎样，都不要做无益的盘旋，也不要在没有必要的情形之下过于慎重。"

从1965年的春季到夏季，伯林得出结论，他最看好的与圣安东尼学院的联合方案已经失败："任何一方对此事均未表现出由衷的热情，一方是贫困而不情愿的新娘，另一方是富裕而胆怯的新郎，可以预见这将是不幸福的婚姻。所以就维持现状吧。"[1] 由全灵学院独自运行一个替代的研究生方案，对此伯林也没有兴趣，因为他觉得录取三十名左右的研究生，数量太少，没有什么意义，这一观点显然得到弗兰克斯本人证实。在这种情况下，加上伯林知道弗兰克斯本人青睐的访问学者计划，身在美国的伯林尝试脱离旧同盟，加入新同盟。可是到了最后一刻，传来圣安东尼学院合并方案有可能起死回生的消息，情况进一步复杂化了。通信的结果读来就像一

[1] 致罗杰·迈金斯，1965年5月18日。

出错误的喜剧，而全灵学院的门房成了倒霉的替罪羊：所有这一切本来是可以避免的，如果信件没有躺在学院的门房那里……无论事情的真相如何，那年秋天伯林的立场陷入混乱，他对此也坦率承认。9月初他写信给布莱恩·威尔逊：“缺席‘重要’会议，我既感到自己懦弱，但又为此松了一口气，因为其实我不太确定自己的立场：我天性是倾向于妥协的。”[1]

致哈利·费希尔

1965年10月8日

普林斯顿

亲爱的哈利：

我收到威尔逊的来信，信中附有关于学院未来的备忘录，信中威尔逊告诉我，这个方案得到广泛的支持，请求我也加入签名者当中。由于我人不在牛津，无法投票或者在“重要”（？）会议上发言，我对此犹豫不决。这个方案很吸引我。你也知道，我已经离开一段时间，没有参与这些事，所以我不知道发生了什么；但我的立场大致是这样的：我依然是圣安东尼学院方案坚定的支持者；我依然认为，仅凭这个方案就会产生为数众多的研究人员和研究生，如果需要，这样就已经能够吸引外部资金。但是，这个方案显然已经死亡，所以，就这一点而言，我必须（在心智上）把自己看作

[1] 致布莱恩·威尔逊，1965年9月7日。

一个鳏夫。 237

我们自己招收研究生的方案，不论有无基督圣体学院，在我看来都是退而求其次的最佳方案——我想我们不会将其执行得很好，但也不会太糟。这一方案当然优于（a）只是扩大我们永久性研究员的数量；（b）无所事事；（c）把钱拨到其他地方或是个人，像基金似的，给他们花，无论他们在哪里，而且与我们也没有什么特别的联系。但威尔逊方案（这最早是由我在最初的哈利森委员会上提出来的）确实很吸引我。除非是在伦敦，有英国社会科学院（或是奇怪的机构）提供资助（当然并不多），或是得到他们自己所在大学的资金（而这些大学又没有能力提供多少），英格兰其他任何地方的学者，手上虽然有工作想要完成，需要图书馆设施和一定量的空闲时间，可是却没法如愿。学者们主要来自牛津大学外，但还是来自英格兰的大学，采用轮流访学的方式，即由这些大学仅提供某种程度的支持，而不需要提供设施，外加一年最多一千至二千英镑的资助，这样的支持非常有用，也很受欢迎。这个方案当然也应扩展到牛津大学内。它可能并不会让我们与牛津大学有更多联系，但它会改变我们与知识界的关系，而且可以走更长的路，解答问题——回答那些目前不是很容易回答的问题——关于我们作为教育机构的目的和愿望。[……]

我目前对研究生方案的主要反对原因是，它不是大变革，不足以产生足够的变化——纳菲尔德学院招收数量相对较少的研究生，是不错的做法，会更开心，不过他们住在学院里。我们的学生没有住校，我不禁感慨——我总是如此——挨着其他财力充裕的学院，我们不能削减得太多［……］

以赛亚　［……］

致哈利·费希尔

1965年11月10日

普林斯顿

亲爱的哈利：

非常感谢你的电报和信件。［……］我希望学院已经确定这个或那个方案，该议题将不再重议。我同意，过多的手术会害死病人；比如过多地打开身体检查其器官的准确位置，等等。正如已故肯尼迪总统说到美国那样，我们必须让学院动起来。静止不动是死亡，而运动，即使朝着在一个不确定的方向，也是更好的选择。我认为这是你的观点，如果是这样，我赞同。［……］

我将在1月份回来，如果那时你要我跟院长谈谈——如果仍有必要——我会去谈，虽然极不情愿，因为我讨厌怒气冲冲的谈话，一直谈到凌晨三点（容我严肃地补充说明，不是我愤怒），等等。但如果有必要，我会去说，因为想必很
238 少有人真的跟他说话，孤立是他的不幸之一。上帝，在美国的英国学术界，现在开始憎恶全灵学院了！这是所有被疏远

者与被剥夺者与生俱来的仇恨——民众会奋起反抗的某种巴士底狱，这是奴隶与弱势群体反叛的开端。我捍卫学院。美国人要有意思得多。

你的

以赛亚 [……]

〈附附言：我妻子回国了（这封信是六天前口授的），她听说学院投票反对研究生方案［……］。如果你能简单写几句话告诉我发生了什么事，我将不胜感激。但是，你可能会太忙，也没有心情：但有件事是很清楚的，我们**必须赶紧盖楼**［……］。我完全理解你的感情，如果我们什么也不做，弗兰克斯一定会主持正义，设法将我们取消掉。伯林〉 239

英才聚集[1]

1965—1966：伊夫雷学院简史

你被赶散的人，就是在天涯的，耶和华你的神也必从那里将你召聚回来。

——《申命记》30：4

研究员们迅速产生明确而强烈的愿望，那就是：以赛亚·伯林，全灵学院研究员、社会及政治理论齐切利讲席教授，理应出任学院的第一任院长。

——弗兰克·杰塞普[2]

目前，[您] 正处于创造力的巅峰，又有一流的学术储备可资利用，本来可以在原创学术著述上大有可为的；想到您要就任乏味无趣的委员会主席之类的职务，把您的时间和天赋浪费在行政管理上，我简直无法忍受。

——马库斯·迪克致伯林，1965年12月27日

[1]“流亡者的聚集”是指离散各地的犹太人回归以色列的承诺，这令人联想到招纳“有资格的”非牛津学者到伊夫雷学院（原文第185—186、241—243页）。

[2]《牛津大学沃尔夫森学院简史》（牛津，1999），由斯图尔特·麦克罗与简·波特修订［即杰塞普所著《牛津大学沃尔夫森学院：早期》的修订版（牛津，1979)］，第9页。

住在汉普希尔夫妇隔壁，对伯林产生了灾难性的影响。他迫切地渴望能够在计划建立的新学院中领导其中一所。这些学院只不过是牛津大学里由最不起眼的低微之辈组建的午餐俱乐部罢了，这些人平日里满怀怨恨和仇视情绪，一旦成立了学院，自然兴奋不已。汉普希尔太太难辞其咎，她让周围洋溢着积德行善的氛围，越是出格越好。伯林认为自己可以帮助这些学院筹集资金，却无能为力，无论如何他需要至少三百万英镑。他希望将筹款与其他工作结合起来，但如果筹款是项任务，那么它本身就是一份全职工作，而且是一份很辛苦的工作。我给他发了电报、写了信，和他谈过这件事，但他异常固执。我希望，等他回来，牛津怀疑一切的气氛会治好他。他的这一想法全都来自他的信念，他坚信在英国没有人对他的研究学科感兴趣。唉，这也许是真的，然而面对许多心怀不满的化学家和地理学家，这一切显然于事无补。

——莫里斯·鲍拉致约瑟夫·艾尔索普

1966年1月1日 241

导言：从全灵学院到伊夫雷学院

20 世纪上半叶的牛津，仅凭它的人文学科本科教育，便可以傲然宣称自己是一所世界顶级大学。1945 年以后，牛津优势不复存在。发达国家的高等教育因科技的高速发展，以及随之而来对研究和研究生教育的重视，而发生转变。这是历届英国政府都明白的现实："第二次世界大战是一个分水岭：它标志着一个时期的开始，三十多年来，对英国大学科研的公开支持被认为是政府优先考虑的大事，是英国作为一个强大国家继续生存下去不可缺少的条件。"[1] 因此，如果牛津大学要保持其世界地位，它的传统优势就必须与理科领域的研究生教育并行，甚至被超越，自 1945 年以来，政府对牛津理科研究的资助迅速增加：但牛津古老的学院制结构对此该如何应对？

到了 60 年代中期，人们再也无法对这个问题视而不见。战后，牛津在科学领域的发展，发生在大学各系而非学院。牛津各学院主要致力于本科教学，学院在经济上并无兴趣为学者们提供研究员基金，哪怕这么做很有价值，成果卓著，但这些学者在其研究领域取得的成果，本科生极少能够读

[1] J. G. 达尔文，"一所世界大学"，《牛津大学史》第 8 卷（原文第 142 页注 4），第 625 页。

到。而本科生在主流理科的人数总是巨大的，而在较小的学科，他们则无关紧要：1962 年，物理专业有一百二十四人参加考试，冶金专业只有九人，农学十人，林学十一人，地质学十四人。（对比人文学科的考试人数，比如，哲学、政治学和经济学专业有二百四十三人，现代历史有三百二十一人。）因此，那些冷门理科学科的研究者很少能够获得全额研究员基金，并在非正式场合被称为“非牛津教师”。虽然无可否认他们取得了重要成就，但他们能享有的，如前校长阿瑟·诺林顿爵士所言，只是“半会员资格”。

“非牛津教师”不仅只是自然科学家们，还有许多人是从事社会科学研究的，如考古学、东方研究等。但大部分人工作地点在靠近城市北部的理科区——没有前途的腹地。到了 60 年代初，有迹象表明那里的居民日益不满，几乎要进
入战争状态，1961 年 11 月，微生物学家凡·黑宁根[1]主持 243
了非牛津学者的大规模集会，呼吁行动起来。部分因为这一事件，牛津在很短时间内连续召集了三场大学质询会（哈利森，1963 年；诺林顿，1963 年；诺林顿，1964 年），在界定并考量这一问题方面取得不少进展。

然而，大学对此的反应也受到外部因素的推动。纳税人

[1] 威廉·爱德华（“基茨”）·凡·黑宁根（1911—1989），1947—1966 年任牛津大学威廉·邓恩爵士病理学学院高级研究主任；1966—1979 年任细菌化学高级讲师；1965—1979 年任圣十字学院创建人及院长。

资助的是牛津大学自然科学领域的发展，而学院又向相关从业人员关闭大门。这显然是不公正的，这种不公正植根于牛津文理学科之间形成的历史、文化、知识上的鸿沟。在19世纪末，对自然科学的忽视也许被接受了，而且这种忽视甚至受到赞许，但在20世纪60年代，这是不可接受的，尤其这还是工党占据统治地位的时代。1964年1月，理查德·克罗斯曼就任10月当选的工党政府的内阁成员，“非牛津教师”问题获得有利转折。在一篇关于《罗宾斯报告》的文章中，他痛斥牛津和剑桥的排他性：

> 数以百万计的纳税人基金［……］已然拨付，其目的是供大学建设新科系之用。但这一目的常常悄无声息地就被破坏了，资金没有用到那些本有权利使用这些经费的教师们身上，而这些权利如果没有得到保障，牛津、剑桥大学教师们的生活确然十分困窘。今天，牛津55%、剑桥45%的教师都被排除在长存不废、寡头专享的高级休息室之外。[1]

莫里斯·鲍拉和约翰·斯帕洛，作为分别任古老学院的院长的人，都沉浸于牛津人文学科的荣耀之中，二人均为

[1] 理查德·克罗斯曼，“种族隔离教育”，《观察家报》，1964年1月26日，第10页。

高级休息室中最资深的前辈，对他们而言，非牛津教师“无足轻重”——这个词在牛津英文词典中被定义为“微不足道的或是可鄙的”人。这个词暴露了他们在社会阶级与学识上存有偏见，伯林也不能幸免。伯林也偶尔提到“无足轻重”这个词；但是，与他那些保守的同事们相比，他的态度有深刻差别，这将通过一系列大事件来证明。鲍拉本人并非对非牛津学者的困境无动于衷，1963 年 2 月 1 日他致信菲利克斯·法兰克福特，告诉对方说，他们

> 的确境况不佳——他们的妻子抱怨社会地位低人一等，他们不能享受免费餐，他们缺乏身份。但是，很难把他们所有人都接纳进来。他们中有些人并不够好，另一些虽然聪明，但很难对付，他们大多的研究课题对学院或多或少都没什么用处，他们每住进一个人，就意味着一个本科生得出去，当然，他们会在学院会议上说个没完，而且很愉快地知道，对如何确保一切正当运转之类的事，他们并不承担实际的责任。[1]

“正确的解决方案，”鲍拉说，“就是把所有能读能写（有些还不能）的人都集中到研究生院，并把一些研究生

[1] 华盛顿特区美国国会图书馆，菲利克斯·法兰克福特手稿，引自布莱恩·哈利森，“政府与管理部门”，《牛津大学史》第 8 卷（原文第 142 页注 4），第 736 页。

交给他们带。”这个想法经更为得体的语言包装之后，就是
244 1963 年诺林顿小组委员会的核心决议，该决议在提交给全体会议[1]的报告中建议成立两所新的研究生院。该报告 1964 年 2 月 25 日获得批准，并因此成立一个委员会，诺林顿被任命为委员会主席，该委员会耗时一年研究解决相关细节。1965 年 3 月 12 日，两所新的研究生院——圣十字和伊夫雷——正式宣布成立，每所学院均为男性与女性提供研究员基金，名额不超过七十人；每个将被分配“一定数量的研究生”——但糟糕的是，研究生的具体数量模糊不清。牛津还规定，那些已经在牛津任教五年，但是没有获得研究员基金的——“非牛津教师”——将有资格分到一个研究生，[2] 并且打算由这些新研究员构成圣十字和伊夫雷的理事机构。这部分地解决了后来被称为“资格”的问题，即如何在学院制结构中吸纳那些目前被排除在外的大学成员。

1965 年 8 月 9 日，“基茨”· 凡 · 黑宁根被任命为圣十字学院的第一任院长。他做的第一件事就是私底下接触伯林，讨论让他任伊夫雷学院负责人的事。凡 · 黑宁根建议，他们将协同工作：筹集到的任何款项都由这两所同时成立的学院均分。伯林拒绝了这个提议，伊夫雷只是名义上的一

[1] 大学高级教职员工决策会议。
[2] 他们的权利被写入了 1965 年 3 月 1 日起执行的授权章程：《牛津大学公报》第 95 期（1965 年 6 月 1 日），第 1256 页。

所学院：会有太多的研究员，学生太少，学术氛围感也会很薄弱。后来伯林说："为了生存，一所大学应该要吸收年轻人。"[1]

牛津想迅速地把"非牛津教师"转化为牛津教师，伊夫雷和圣十字两所学院因而诞生，而正如起初人们认为的那样，伯林认为这两所学院只相当于废纸篓，用来收纳那些"无足轻重"的人。两所学院都没有真正解决招收更多研究生这一需求，而这一直是《罗宾斯报告》的主要结论。在提交给弗兰克斯委员会的书面证据中，罗宾斯本人如此评论："我敢肯定，如果我们要对世界知识界的领军地位做出应有的贡献，我们必须比过去更认真地对待研究生教育。"[2] 伯林衷心支持这个观点，以他最近在全灵学院的亲身体验，他对罗宾斯的看法有更深刻的理解。在全灵学院，打造"不仅在牛津，而且在英国最大的研究生院和研究机构"的黄金机会已经被浪费了。[3] 与圣安东尼学院的合并没能成功，但伯林瞥见了这个项目的潜力。伯林在 1966 年夏天所写的备忘录 245
中指出，计划建立的两所研究生院都未能充分解决研究生数量的问题："由于缺乏资金与住宿条件，圣十字学院目前只能招收少量研究生。伊夫雷学院也是同样的情况，如果它打

[1] 雷蒙德·霍芬伯格与伯林的访谈，日期未注明。
[2]《弗兰克斯委员会报告》(原文第 293 页注 1)，i 48，第 94 段。
[3] 致哈利·费希尔，1964 年 12 月 30 日。

算实现其功能，就需要做实质性的转变，也就是重建。”[1]

1965 年 9 月 30 日，《牛津大学公报》刊登圣十字和伊夫雷两所学院的首批正式研究员名单，而当伊夫雷学院的新任研究员首次开会时，他们仍然没有领导人。10 月中旬，因为想得到一所并未被列入福利待遇条款中的房子，数学家查尔斯·库尔森[2]名望受损，到了 11 月 4 日，伊夫雷学院的研究员联系（当时在普林斯顿大学的）伯林，进行了第二次有效接触。[3]具体细节由艾琳转达给伯林，她在动身前往美国之前，与新任伊夫雷学院研究员塞西莉亚·迪克一起吃过饭。正式通知是通过校长肯尼斯·惠尔[4]给伯林打电话并去信传达的。表面上看，这是伯林已经拒绝过的同一邀约。然而，这一回是来自伊夫雷研究员们的主动邀请，也不会与圣十字学院捆绑在一起，作为他们的院长，伯林可以自由独立地行使职责。

伯林当时正在重组自己学术生涯的拼图，他渴望更多接触志同道合的学界同行，这样的人也许在美国东海岸可以找

[1] 伯林，“牛津大学新建研究生院的规划及其原由”，1966 年 6 月底 /7 月初。

[2] 查尔斯·阿尔弗雷德·库尔森（1910—1974），理论化学家；1952—1972 年任牛津大学数学劳斯·玻尔讲席教授，1972—1974 年任理论化学教授；1952—1974 年任瓦德汉姆研究员。

[3] 现有的信件可能无法揭示整个状况，或者确认此事发生的时间，不过伯林与塞西莉亚·迪克的亲密友谊（原文第 248 页注 3）可能是令伯林重新考虑接管伊夫雷学院的至关重要的原因。

[4] 肯尼斯·克林顿·惠尔（1907—1979），后（1966）受封爵士，澳大利亚出生的宪法专家；1929—1932 年任奥利尔学院罗兹学者；1944—1957 年及 1973—1979 年任全灵学院研究员；1956—1972 年任埃克塞特学院院长；1964—1966 年任牛津大学校长；1972—1979 年任利物浦大学名誉校长。

到，而不是在牛津或是英国任何地方。美国的魔力令伯林充满活力，但他绝无移民的打算。他有可能在纽约城市大学任客座教授一职，按照英国标准，那是一笔可观的收入，并因此使他考虑辞去他的齐切利讲席教授职位，转而作为一名高级研究员，以牛津为基地，定期访问美国，两地往返流动工作。这可能意味着离开全灵学院是件好事，而这好处（正如他所言）也是一目了然的。而伊夫雷学院的邀请，可能恰恰适合伯林这错综复杂的学术事业规划。

鲍拉、斯帕洛以及其他牛津—剑桥的朋友们写信力劝伯林拒绝邀请。他们没有看到的是——谁又可以看到呢？——只要伯林能够改变伊夫雷，他就会接受他们的邀请。伊夫雷将不会是一所头重脚轻、专属于自然科学家们、只收为数不多的研究生的学院及社交俱乐部，不是一所新型的牛津学院，而是传统模式的反转镜像。它不收本科生，而只招研究生；它不是以 246
人文学科为主导，而是以理科为主导；但是，它与传统的本科学院一样，拥有广泛的学科门类。1974 年 11 月在沃尔夫森学院举行的开幕典礼上，伯林回忆起这一方案背后的思考：

> 正如圣安东尼学院之于现代政治研究中的地位，纳菲尔德之于社会科学，我们之于自然科学也应该一样。然而，把科学家禁锢起来，令他们与人文学科隔绝，似乎是错误的，他们自己也不希望如此。学术种类本身的存在，就能防止过度近亲繁殖，避免乏味以及因而产生

的孤立感。一个社区绝不能只有单一的色彩：这将非常令人窒息。我们的研究生，与我们的研究员一样，文科与理科背景的必须都要有。[1]

同时，学生数量也一定要大，如传统大学一样：伊夫雷的规模会很大，研究生数达三百名。

正如伯林重新解释的那样，伊夫雷目前的邀请在任何方面都得分很高：这份邀请会令他在牛津拥有一个意义深远的——甚至是名声赫赫的——根基，他也可以定期去美国公休学术假；在牛津创立一个大型而多样性的社区将给他带来成功，而在全灵学院这显然不能达成；通过这么做，伯林可以满足自己内心深处的愿望，为曾经给予了他这么多的牛津与英格兰做些事情。而一切都取决于他是否能够筹集足够的资金来实现他的计划，而不必过于俭省（这是他坚决反对的），正是基于此，伯林有条件地接受了伊夫雷学院的邀请。

群星已排成完美的行列，指向伯林的目标。伯林得知他所熟悉的麦乔治·邦迪最近成为福特基金会董事，福特基金是少数几家能够以伯林所需的规模运作的慈善信托基金。在这个节骨眼儿上，艾琳赴晚宴时机缘巧合地坐在乔·艾尔索普旁边，通过艾尔索普，伯林得以了解邦迪是否会对此事有兴趣，他们见了面，伯林把此次会面形容为伊夫雷学院的史前史：

[1]《利西达斯》（当时沃尔夫森学院的院刊）第 3 期（1974—1975），第 4 页。

> 然后，我把事情讲给他听，我说我并不十分了解此事，但我知道有一些人，其中有相当杰出的科学家，没能获得研究员基金［……］。他对我说的话后来成为我广泛运用的宣传手段，这一策略完全是他的发明。他说："很多科学家准备前来美国；人才外流的状况正在发生。我们真的不希望加剧这种状况；因为从欧洲及其对抗苏联这个角度来看，我们并不希望从英格兰手中夺走科学人才（而这一说法在那个时候当然也是最接近他的想法的），我们不希望削弱英国。因此，如果你认为这样可以让科学家们留在英国，否则他们可能会来美国这边，这就是一个很好的理由。"我从未有过这样的想法，但 247
> 是，我认为这肯定是一个很好的宣传点，并且有一定的道理，于是我说："事实上，我怀疑——我不知道——这些人中的大部分是科学家，而不可避免的是，如果学院成立，在很大程度上它将是理科学院，甚至可能成为科学家们的基地，其地位正如圣安东尼学院之于现代政治研究，纳菲尔德学院之于社会研究。"这就是我的构想。[1]

邦迪准备出资一百五十万英镑，但条件是伯林能在英国找到同样数额的配套资金，这被证明是最难完成的任务。唯一能够满足伯林需求的机构是沃尔夫森基金会，但是在这个

[1] 雷蒙雷蒙德·霍芬伯格与伯林的访谈。

问题上该基金会的创始人艾萨克·沃尔夫森爵士和他的儿子伦纳德[1]非常依赖一位关键受托人索利·朱克曼爵士的意见，而后者被证明是坚决反对伯林计划的。朱克曼与当时的工党政府关系密切，这表明他有显著的反牛津—剑桥意识形态偏见，这一点在前牛津人理查德·克罗斯曼的文章里尤为明显。变革之风吹向古老的特权——为牛津增添荣耀的政策是逆风而行，难以为之争取支持。但是，帮助大学改变走向，令其在新的方向实现潜力——这是一个强有力的想法，对此伯林满怀激情与信念，并做好准备为之而战。

*　　　　*　　　　*

致塞西莉亚·迪克[2]

1965年11月12日[副本]

[普林斯顿]

亲爱的塞西莉亚：

艾琳回来了，带来神秘的传言，说正在寻求任伊夫雷学院院长的人选。我不知道具体计划是什么，或者能否得到经费，即研究生——如果没有他们，学院只会依然是一个学者

[1] 伦纳德·沃尔夫森＊（1927—2010），商人、慈善家，沃尔夫森学院的赞助人。
[2] 塞西莉亚·雷切尔·迪克（1927—1995），婚前姓巴克斯顿；1950—1951年及1953—1987年任玛格丽特夫人学院近代史讲师，1957—1987年任大学讲师；1965—1966年任伊夫雷学院研究员；1966—1994年任沃尔夫森学院研究员与总务长。1952年与伯林的朋友马库斯·威廉·迪克（1920—1971）结婚（1968年离婚），马库斯·威廉·迪克1963—1971年任东英吉利大学哲学系教授。

中心，其唯一目的还是各自所属的学会。牛津或是其他学院曾经给伊夫雷拨过任何款项吗？

但我真正的目的是想推动斯图尔特的主张［……］，有这个可能吗？我这是瞒着他给你写信，正如你一定会猜到的；我知道，莫里斯认为自己不擅长经营，然而他却经常在这一点上完全遭人误解。他认为我也一样，但他的看法同样不太正确。如果斯图尔特有被作为人选考虑的合理可能，如 248
果你同意，就促成他的意愿。［……］但是，如果有这样的工作要人做，又没有别人可以找到，这样的情况至少我会乐于得知——但如果有你或者其他人认为合适的其他人选愿意来，尤其是斯图尔特，那么请不要考虑我——我认为我应该不是最好的人选，虽然，我承认，将一批认真做事而又没有负担的新人集中在一起，这样的想法确实对我有吸引力。这封信的真正目的，是请你把斯图尔特的名字也放进考虑人选中，我认为这个方案很美妙，校长[1]可能也这么认为。我将在1月份回去，一点儿也不期待回到洒满鲜血的可怜的老全灵学院的战场上，那里似乎横下心来要自我灭绝了。但也许这么说过于悲观了。

我希望你和你的孩子都好。我们过得很开心。

你的

［以赛亚］

[1] 肯尼斯·惠尔。

致约翰·斯帕洛

1965年11月12日［副本］

［普林斯顿］

私人信函

我亲爱的老朋友：

艾琳带来学院的决定[1]，很奇怪的是，我感到惊讶和不安。［……］我的感觉是这样的：如果我们要迅速或几乎是仓促地前进，我们只能自救，刻不容缓。我们需要的不是两三个引人注目的名字——门面［是］无助于我们的——我们需要明确公开地证明自己的用处，即为那些想著书立说，需要在图书馆里待上一两年的学者们提供设施［……］。弗兰克斯是对的，他认为一所有钱的学院，如果有足够强烈的愿望要做点事情，那么它就可以做到，然后它还可以一直向别的基金会讨要、借贷或者偷取足够的钱来支付费用，只要数目不是大得离谱。令我感觉最强烈的是，我们必须采取某种大胆公开的举动，只要我们不会招致来自众人过多的敌意和对抗，而对此我们又不必付出过多的正当能量在道德上为自己辩护。这个大胆的举动必须包括付出比我们设想自己在谨慎时所能做到的还要更多［……］。这是一件奇怪的事情——在我去过的加拿大，还有美国东海岸，那里的大学有流亡的英国教授，他们心中充满对全灵的仇恨——这仇恨也

[1] 11月6日的决定（原文第236—237页）。

影响了美国同事们，对该学院的公开羞辱很是普遍。但是，
在我看来，通过宣布一个大胆的计划，我们可以避开这样的 249
状况，而不是受太多常识性的控制或节制，或是小心考虑多
少资金能办多少事等等这些想法的指引。[……]

我仍然感到惊慌失措；仍然感到学院对内让人深感不适，对外又极其不受欢迎。

原谅我的这些忧虑。非常抱歉，现在我不能在那里参加投票，虽然我也不可能在那里投票，在这里我还要履行最低程度的义务。[……]

你的

[以赛亚]

致莫里斯·鲍拉

1965年11月18日

[寄自] 海丁顿宅

亲爱的莫里斯：

[……] 普林斯顿真是相当不错，很像水疗胜地。很有绅士风度的地方，的确，到处是身材高大、金发碧眼的盎格鲁—撒克逊年轻人，谁都没有参与革命的激情。外国煽动者——大学学院的麦金太尔，全灵与蒙特利尔的查克·泰勒，还有斯图尔特·汉普希尔教授——正试图到处给人注入某种对美国政策的抗议情绪；然而，哈佛有数百人在抗议书上签名，而普林斯顿却无法筹集三四十个签名，这很典

型。斯图尔特把我安排在历史系——这个行为非常古怪——因为他认为我并不适合去哲学系或政治理论系，我已经怀着极大的善意接受了这一命运。历史学家们都很和善。斯通[1]已经脱胎换骨了——不再是牛津时期那个愤愤不平、傻瓜愚蠢、暴躁易怒的抗议者——他现在满足，快乐，包容——甚至胖了，总是幸福地微笑着，在那些英俊的雅各宾式激进分子之中飞来飞去。他对英格兰的态度是模棱两可的，就像大多数英国移民那样。我没有打算加入人才外流的大军。曾经在牛津待过的那些人中，有一种对牛津的怨恨——我说的是英国人——这种仇恨时不时会传染了那些没有去过牛津的美国人；而在另一方面，去过牛津的美国人，对牛津则是最忠诚而深情的。[……]

你自然会希望听到我们邻居[2]的消息，我们的关系好得
250 简直不自然，我们俩都渴望回到英格兰。自从研究所的罗伯特·奥本海默博士[3]指出，他从来没有见过斯图尔特在别处

[1] 劳伦斯·斯通（1919—1999），1950—1963 年任瓦德汉姆学院研究员；1960—1961 年任普林斯顿高等研究院成员，1963—1990 年任道奇历史教授。在美国，“[他] 从牛津的明争暗斗中解脱出来，十分活跃”；1965 年，他出版了“令他一举成名的书”，《贵族的危机：1558—1641》（牛津，1965）（迈克尔·汤普森，《卫报》1999 年 7 月 5 日第 18 版）。
[2]“我们和汉普希尔一家亲密无间（我的面颊，汉普希尔夫人的面颊，艾琳和斯图尔特就像天使盘旋在我们头顶之上——这就是我想要传达的奇妙意象）：这很奇怪，但并不突兀。”致赫伯特·尼古拉斯，1965 年 10 月 28 日。
[3]（朱利叶斯）·罗伯特·奥本海默（1904—1967），美国理论物理学家；1943—1945 年任洛斯阿拉莫斯科学实验室主任，负责制造了第一颗原子弹的曼哈顿计划；1947—1966 年任普林斯顿高等研究院主任、物理学教授。

像在这里一样高兴，我知道这不是事实。他渴望回去，当黑尔获得牛津职位的任命，虽然斯图尔特自己并没有申请，但这意味着又一扇大门朝他关上了。全灵也不会很愿意接受他回去当研究员，因为他们的观念突然转变了，并决定把钱花在研究所式的协会上——至少我是这么听说的。没有能参加长达一天的学院会议，我不后悔——上帝知道他们都说了什么，以及为什么他们做出如此决定；原则上，也许有人提议，让全灵腾出位置给来自地方、牛津以及剑桥的学者们，给他们一两年空闲时间，提供必要的相关设施，让他们如愿完成自己的著述；也许全灵这么做要好过招收四五十个研究生，那样只是杯水车薪，而且最后的状况想来还是不会有任何好转。但是，我从斯帕洛那里了解到，他们想要的是一些杰出人士，而且要的并不多，也不必为他们支付费用；我认为，这是不可能的，也是致命的；全灵的意义在于它有一些钱——也许并不像某些人猜想的那么多，但无论怎样也算是有钱了——这笔钱必须花在有需要的学者身上；有需要的学者不一定是一流的，只要他们不错，可靠、正派，在地方高校从事体面的工作，只是需要一两年的时间继续他们的研究；能够给他们提供所需设施，好过去寻找出类拔萃的奇才——那种人是不存在的——把他们摆在商店的橱窗里装点门面。至少这是我的看法，我也这么写信告诉约翰了。[……]

我确实去华盛顿过了一晚，住在乔那里，晚餐见到了麦克纳马拉夫妇，他们很可爱，麦克·邦迪，根据报纸上的消息，我想他正要从政府离职，将掌管福特基金会，我觉得他活泼得不自然，相当紧张，还见到了斯蒂芬·斯彭德，以及一些不认识的人。我与斯蒂芬、麦科恩[1]、中央情报局的前局长还有可怕的天主教反动分子进行交谈，话题是关于黑人的，既有趣又吓人。乔对于越南战争很狂热，他想一直战斗，战斗——这给他无限的满足感。我的建议是，一旦达成一个体面的僵局，就可以做些安排，从而让更少的人因此失去生命。可是我的建议极不受欢迎。他渴血，他对在越南的勇敢的美国军队——无疑他们是非常勇敢而出色的——的
251 期待，或多或少就像法国某些人对阿尔及尔伞兵的期待，越南的和平真会令他心痛的。然而，我还是非常热爱他和他妻子；我表示，麦克纳马拉真是一个很不错的人，只要有机会，他还是希望这一切能以某种看起来像是荣耀的停战方式结束，不至于丢面子，我的提法完全不受欢迎。要么是彻底地胜利，要么宁可什么也不要。[……]

说回私事：汉普希尔夫人太友善了，总感觉需要她个别辅导的少年犯数量没个够：有位犹太逻辑学家克里普克[2]，

[1] 约翰·亚历克斯·麦科恩（1902—1991），共和党政客，1958—1961 年任原子能委员会主席；1961—1965 年任中情局局长；提倡核能的非武器利用，以及结束核武器试验；因与约翰逊总统在越南政策上产生分歧，1965 年 4 月辞职。
[2] 索尔·阿隆·克里普克（生于 1940 年），杰出的犹太裔美国逻辑学家和语言哲学家；1958—1962 年为哈佛大学数学专业本科生；1962—1968 年在哈佛任教职，1968—1976 年在洛克菲勒任教职，后（1976—1998）在普林斯顿任哲学麦考什讲席教授。

她在凌晨两三点为他烹饪犹太食物，现在他去哈佛大学了，来得不再那么频繁；来自新泽西特伦顿迟钝的孩子，现在由没有人情味的专业心理学家和社会学家护理了，因此，她把过剩的情感寄托在一只流浪狗身上，它有主人，但因为人家没有喂饱它，所以她还是要定时投喂，结果这只狗现在胖得像滚圆的气球，而且还惹麻烦。我的邻居阿朗佐·丘奇教授[1]有可能会发疯，因为他晚上在隔音、密不透风的房间里工作，白天睡觉，听说最近已经喃喃自语了——这肯定会让汉普希尔夫人有事可做了。她对我非常友好：激动地宣布与我恢复和平。他们夫妇都渴望回家：他能否任伊夫雷学院的院长？他确实是一个很好的管理者，比你想象的还要更好：在全灵时他是一个非常好的总务长，而汉普希尔夫人能照顾好所有那些科学家的妻子们，还有他们疯狂的孩子们；如果不可能是他，我可以不？如果我在你的帮助下，能为伊夫雷从麦克·邦迪那里筹到一笔钱，那是否会是一件好事？我又很想离开全灵，我认为那里会变得很痛苦，很不舒服。[……] 但无论发生什么事情，即使全灵学院放弃研究生方案、遵从普林斯顿模式是正确的决定——这有可能——事实上，如果在一开始就问我，我想我应该也会这么说，（我承

[1] 阿朗佐·丘奇（1903—1995），美国逻辑学家和数学家；从 1929 年起在普林斯顿大学任教，1961 年起任数学与哲学教授；1967—1990 年任加州大学洛杉矶分校数学与哲学教授。

认）这个想法最初是我提出来的——只要约翰在那儿，就会有太多的争斗，太多的感情遭到践踏，产生太多的痛苦和愤怒，所以我不能离开全灵吗？是不是来不及申请去伊夫雷了？如果不是，请一定告诉我。这并不是说我一定会这么做——但是如果知道我能去，那是很好的——只是我不希望我去了，斯图尔特就去不了——如果他有任何可能会去，那
252 我肯定就不去了。领导塞西莉亚、申克博士[1]和门德尔松[2]等根本就不会吓倒我［……］。我无法提出申请，但如果他们要和我接触，我肯定不会立即拒绝。当然，我会高度珍视您的意见。

约翰逊的统治真是很奇特：他越狡猾，越是玩弄权术，就越是招人喜欢：所有的政治都被认为是肮脏的，而他就是这个特殊游戏中最好的玩家，所以他越是欺骗，越是作弊，他砍了越多人的头，他的战术越是粗鄙，他们就越高兴，就觉得他越强硬——更像一个领导者，一个精明老到

[1] 汉斯·格奥尔格·阿瑟·维克托·申克（1912—1979），布拉格出生的历史学家，1939 年 3 月德国入侵前不久离开捷克斯洛伐克并在牛津定居，1949 年起任欧洲经济和社会史大学讲师；1965—1966 年任伊夫雷学院研究员，1966—1979 年任沃尔夫森研究员（1968—1979 年任学位主任）；伯林曾为他所著的《欧洲浪漫主义思想：文化史论》（伦敦，1966）一书写序，该序言收入伯林的《观念的力量》一书中再次出版，标题为“欧洲浪漫主义的精髓”。
[2] 库尔特·阿尔弗雷德·格奥尔格·门德尔松（1906—1980），德国出生的英国医学物理学家；1933 年 3 月离开德国，应 F. A. 林德曼教授（彻韦尔勋爵，原文第 281 页注 3）的邀请，开始在牛津大学克拉伦登实验室工作；1955—1973 年任物理学高级讲师；1966—1971 年任沃尔夫森学院研究员，1971—1973 年任教授研究员。

的操作者。人们不会认为他高贵、英俊、慷慨、勇敢、仁慈、智慧——而只认为他有效率、无情、能力强、爱国。我敢说对威尔逊的感情也大同小异。威尔逊在这里很受尊重；英国政府的其他成员都不如他受尊重。斯图尔特[1]被认为是软弱的，卡拉汉[2]无足轻重，希利[3]自视过高，赢了小比分但又输掉大比分，而且他也充满了无法控制的政治偏见和激情，而各方都为盖茨凯尔哀叹，但无论在哪里都没有人钦佩希思。总体而言，我们似乎被人遗忘了。[……]

A. J. P. 泰勒的新书如何？[4]斯图尔特认为，心理分析并未带给他足够多的益处。我在一本纪念文集里为他写了一篇文章并给他看——这是一件荒谬的事——但我很想写一篇关于纳米尔的文章，他最恨纳米尔了，并为了他把文章收入

[1] 罗伯特·迈克尔·梅特兰·斯图尔特（1906—1990），后（1979）受封终身贵族；1964—1965 年任教育与科学大臣；1965—1966 年任外交大臣；1966—1968 年任首席国务大臣；1966—1967 年任经济大臣，1968—1970 年任外交与英联邦事务大臣。

[2] 伦纳德·詹姆斯·卡拉汉（1912—2005），后受封嘉德勋爵和终身贵族（均在 1987 年）；1964—1967 年任英国财政大臣；1967—1970 年任内政大臣；1974—1976 年任外交与英联邦事务大臣；1976—1979 年任英国首相；1961—1964 年及 1970—1974 年为影子内阁成员。

[3] 丹尼斯·温斯顿·希利（生于 1917 年），后（1992）受封终身贵族；1964—1970 年任国防大臣；1974—1979 年任英国财政大臣；1959—1964 年及 1970—1974 年为影子内阁成员。

[4]《英国史，1914—1945》（牛津，1965），牛津英格兰史的最终卷，第 15 卷；《泰晤士报》形容其“虽然非常有争议，但是出类拔萃”（1965 年 12 月 30 日第 11a 版）。

纪念文集。我认为这么做并不荒唐——你怎么看？我曾就此事问过他，他不是很高兴，但嘴上并没有说。

这里的黑人问题的确令人震惊：我的看法是，即便给予他们充分的权利，给他们就业机会，全面的社会公平——虽然做到这些依然困难——还是解决不了他们的问题，只要他们还是黑皮肤、卷头发。我的看法很不受欢迎。我还认为，只要有哪位化学家能发明一种物质，漂白他们的皮肤，拉直他们的鬈发，那这位化学家的贡献将远大于众多可敬而又善意的自由主义者，这种观点更是处处遭到
253 鄙视。我又忍不住把复国主义标准套用到这种局势中——最近纽约有个会议，会上有六百名教授现身，自称是社会主义者，从温和自由派到政党成员都有，一位黑人领袖跳起来说，“你们不会从我们这里夺走这个运动，这是我们的运动，我们不希望任何白人混进来”，这是一个相当新鲜的转变：他们甚至不要共产党人，或是任何白人帮手，不仅不要那些施惠者，而且拒绝即使是愿意与之合作的人，因为这是黑人运动，是革命性质的，其意图是颠覆白人社会，而不是获得他们的援助，即使白人们是以情操高尚的方式来援助他们。这是新倾向，相当凶险。当然，对大多数黑人而言并非如此，然而这是存在的事实，它必然会产生非常强大的后果。我想我们中没有谁能活着看到这个后果，但我为大约 2100 年时的白人种族感到难过。我觉得自己有点儿像乔：结局已经注定，很快我们就会去吃草了（如果

是那样）；然而，与此同时，普林斯顿正在焦急地试图招收至少 5% 的黑人，但就连这个目标也无法达到。纽约的危险是真实存在的——晚上我不能独自去乘地铁，那里罪案高发［……］。

你的

［伯林，贝利·克纳菲斯代签］[1]

致肯尼斯·惠尔

1965 年 11 月 19 日

普林斯顿

亲爱的肯：

首先让我对你在今天下午打来的电话中所说的鼓励话语表示深深的感谢。也许在你看来，我表示强烈倾向于接受你和伊夫雷的邀请，甚至没有回家商量一下，或是“踩踩点”，似乎在某种程度上有些冒失。你也知道，我一直在思考如何能令自己发挥作用——对我任齐切利讲席教授一职所起的作用，我没有什么自信——然而我意识到，从我成为牛津一员的那天起，牛津一直对我很好，我从牛津得到了太多——我不知道还有谁对我更好。这份邀请在我看来似乎是对我深

[1] 贝利·克纳菲斯（生于 1941 年，婚前姓克拉斯），1965—1967 年任伯林私人秘书；布莱恩·克纳菲斯·（巴鲁克·克尼帕斯）的前妻，1967 年与克里斯托弗·托尔金（生于 1924 年）结婚。

怀感激的牛津给予回报的机会，对此我真诚地感到荣幸，同时出于理性也感到紧张。我一直对研究生教育抱有强烈信念；而全灵学院认为它不是提供研究生教育的最佳学院，这
254 也许最终看来是对的，而这并不能令我减弱我个人想为此做点事的愿望，如果我能办到，在牛津无论给我什么位置都行。[……]

我认识到，启动伊夫雷项目，需要更多的钱——多得多的钱，这样才能够建造宿舍楼，为研究生提供设施，没有研究生，在我看来，这个学院——充其量——只能依然是——教师们的——一家快乐的会所而已——道德上令人景仰，但不太可能在智力与社会方面满足大学的需求，而在我看来，如今研究生这方面的需求更强烈了。我不知道自己属于哪种类型的筹款人；我认为自己是一个贫穷而低效率的化缘人［……］。我想我可以跪下来恳求沃尔夫森基金会。如果我的一切努力被证明是徒劳的，或是伊夫雷会对我失望（他们可能会这样），我想我们的协作可以在两年或三年的试用期结束时终止。我并不是说这是正式的预期：但我认为他们不会愿意承诺太多，不会比我承诺得更多。对于自己的力量，我没有过多的信心；他们很可能高估我了，我也不希望让他们觉得我既无带来改变的可能，来了伊夫雷又不走。[……]

你永远的

以赛亚·伯林

致布莱恩·威尔逊

1965 年 11 月 23 日

普林斯顿

亲爱的布莱恩：

非常感谢您的来信，结果并没有令我震惊。令我更为担心的是，如果我们开始时的规模不大，一切就会陷入困境。当然，如果我们要拯救自己，就必须有姿态——邀请十至十二位合作者，即使我们设施不足——不是名声显赫的，但必须是名副其实的学者，在牛津、剑桥以及其他英国大学，手上有项目在做，现在人在国外也没有关系。如果有栋楼，他们可以住得更好，不过即使是现在，有些人也愿意来，也许我们能仿效普林斯顿研究院的做法（伍德沃德[1]了解这方面所有情况）。有些是常驻教授推荐的人选，有些是其他学者想到的人选，写信告诉奥本海默，有的人想到了自己，在这些人选中我们进行了适当的筛选。凡是要我们立刻做出承诺的都是好事，而没有这种要求的则会比较糟糕。

我现在意识到，我的第二封信曾经提到，我不反对你在 255
方案中引用我的意见。可是现在你会收到一封信，之前它躺在全灵学院门房一堆垃圾的最下面而被忽略了。我让我妻子

[1]（欧内斯特）·卢埃林·伍德沃德（1890—1971），1952 年受封爵士；1919—1944 年及 1962—1971 年任全灵学院研究员；1947—1951 年任牛津大学近代史教授；1951—1956 年任普林斯顿大学高等研究院教授。

匆忙把信寄给你，想赶在那场重要会议之前跟你说，我已经收到我“盟友”的来信，在这种情况下，我还是不希望介入，哪怕在这场辩论中我的参与只是通过他人而实现的，因为与我通信的人已经动摇了我。不过，我想，你没有及时收到这封信，所以我的老盟友会怀疑我口是心非，这绝不是你的错，当然，也不是任何人的错，都怪我们的白痴勤杂工——要是我把去信委托给邮局就好了。没关系，就让过去永远埋葬吧。未来本身就很有趣了。

我很高兴这场争论没有让人感到痛苦，相信后来还发生了许多事。我将在1月中旬回来，相信在接下来的两个学期，当弗兰克斯风暴袭来，我们都需要系好安全带。

再次感谢你友好、充满信息量、非常有趣而又非常慷慨的来信。

你永远的

以赛亚

致哈利·费希尔

1965年11月25日

普林斯顿

亲爱的哈利：

十分抱歉要麻烦你一件事，而此事眼下只与我个人的烦恼有关。在给你的上一封信中，对威尔逊会引述我在一封信中表态支持他的方案一事，我表示惊讶与恐慌。我刚刚得到消息，情况大致是这样，我让我妻子寄出的信，本意是要在会议之前寄达威尔逊，恳求他无论怎样都不要让我牵涉到他的方案，我在信中说，由于收到消息，现在我意识到圣安东尼方案又得到重视了，我更喜欢圣安东尼方案，而非威尔逊方案——而我的去信在两三天之前他才收到，由于一些无法解释的原因，显然是某位白痴勤杂工的错，这些信（还有别的信）在全灵学院的门房里耽搁了几天，现在威尔逊已经收到信了，但既然马已经奔驰而出，也没有办法拦阻了。

但我现在明白，他为什么会真诚地认为我比事实上更支持他的方案——我以为——你的来信令我——急忙写信表态自己站在另一边，或是无论怎样的某种中立以及不存在的立场。对此我感到非常抱歉——我想这不会造成任何的改变，但此事至少令你觉得，我似乎表现出了奇怪的模棱两可的态度，我认为自己绝不是这样。[……] 但我想还是得给你写信，否则你有理由对我的行为感到困惑，认为你的来信对我 256
毫无影响。相反，你的来信对我产生了决定性的影响：障碍是纯技术性的——也许全灵学院的门房需要来场大刀阔斧的变革，和学院其他部门一样，当然，还是一样改不了。

整件事令我痛苦，我已经给院长写信这么说了——并不是说这么做一点儿益处也没有。自此，我将不再谈论自己在牛津的“位置”，维持和平。我将在 1 月中旬回来。以同样方式寄出的其他未送达的信件——我仍然无法理解为什么这些信件没有被正常转交——导致在其他方面也发生类似的复杂状况，我与学院的联系中断，我正花时间试图解释全灵学院神秘的信件投递服务。至于学院的未来，那是另一件事了。我打算——至少部分是这一切所导致的——为我自己在牛津的职业做出某些激烈的决定，不过，如果可以，等我见到你的时候，我会告诉你有关的一切。

你的

以赛亚

附言：你会怎么看我？我没想到实际上发生了什么，不理解为什么威尔逊会那样做。现在我完全理解了。

致肯尼斯·惠尔

1965年11月25日

普林斯顿

亲爱的肯：

我得报告——我想属于私底下性质，因为他可能不希望让人知道——莫里斯爵士发来电报，说他对伊夫雷与我有非常严重的担忧，他很肯定，我在伊夫雷会**十分凄惨**〈电文没有斜体字：但他的措辞非常激烈〉。我等待他的来信，虽然如此，依我的习惯，可能我还是会打电话给他。[……] 我不知道为什么莫里斯措辞如此激烈，有点儿吓着了我，但如果他认为如此，如果他的看法没有客观依据，那么也不会带来什么不同。〈我想约翰·斯帕洛也正在磨刀霍霍，不过那

不要紧。〉[1]

实际上，我要请你做的事情是：（a）告诉我，真实情况如何，最重要的是，你对此事的所有看法——你在哪些方面是支持的，哪些方面又是反对的——我一定承诺不泄露你对此所说的一切，因为我完全理解这将意味着什么；（b）对此事保密，直到我回来。〈让我们这么说，虽然我不可避免地会摇摆不定，但我倾向于投入伊夫雷的比例是六比四。〉 257

非常感谢这一切。

你永远的

以赛亚

〈附言：真正困扰我的问题是：如果没有更多的经费，可以收研究生吗？如果我筹不到钱，伊夫雷会成为一所真正意义上的学院吗？永远都不会？或者它只能是一家旅馆，一所乡村俱乐部，或是“中心”——如果是这样，我还是不是合适的人选？等我回去，我会很乐意讨论这些问题。但是，如果伊夫雷不能接受我以下两种情况，（1）每两年有一个学期不在学院；（2）我要延迟到1月中旬才回去；那就这

[1] 1965年12月22日，伯林给马库斯·迪克的信提到，斯帕洛表现得“仿佛我认为自己有布洛克的干劲和个性，［林纳克尔学院院长］［约翰·］班［伯勒］的家长作风，凡·黑宁根的进取心，［纳菲尔德学院院长］［诺曼·］切斯特的狡猾和实践能力，等等，很有趣，很好玩，很有恶意。我觉得他很享受这样的看法，他会认为我疯了，对此我并不惊讶。谁都没有他那种公益精神”。

样吧：我会接受撤回我的提名，也许因此还会如释重负。我觉得自己不能投入四分之三的精力，只能六比四：请告诉伊夫雷这一点。对此莫里斯已经造成很多损失了。如果你对他的悲观判断哪怕只有一半的赞同，也请告诉我，我会十分感激：希望他没有如此蛮横地把他手上的桨插入水中：无疑，他是被打动了，至少在主观上，而且是怀着最忠诚的、最利他的、最慈祥的动机！〉

致莫里斯·鲍拉

1965 年 12 月 3 日

普林斯顿

亲爱的莫里斯：

我深深地感激您的来信和电报。一刻也不要认为我对你的动机有任何程度的误解——我知道，起初你以为我的决定具有戏剧性、创业精神、值得尊敬，可后来你又认为这份工作如此可怕，我还没有明白它意味着什么，而且，鉴于我有如此的气质、习惯与眼界，我只能把这份工作搞砸。出于这个立场，你想拯救我，怀着世上最纯净的善良意愿，以你对我这个人以及我的能力的深刻洞察。你说的一切都充满智慧，切中要害，我都听进心里去了，我的冲动热忱也相应冷静了下来。但还是让我解释一下我的情况。

[……] 现在担任教授对我而言一点儿也不觉得厌烦——我的职责并不繁重，也不需要拼命工作，也没有什么

令我感到不愉快。这不是关键所在；问题不在这儿。我可以继续如此平静地生活，任教授，直到六十七岁，去讲学，进入委员会并出席会议（这我也很喜欢！），带研究生，这也是我很喜欢做的事。那么问题出在哪儿？从根本上说只有一点：我主要的兴趣，并不如人们所认为应该的那样，在社会和政治理论方面——告诉人们正义是什么，在美国烧兵役应征卡的权利是什么，在什么情况下人应该死，在什么情况应该杀人，等等——而是我一直在写并且打算写下去的思想史 258
（感谢上帝我几乎写完一本了，还需要大约四个星期时间完稿）。[1] 而对于这个问题，在英格兰没有人感兴趣，也从未有人感兴趣。[……] 因此，我感觉自己完全是孤立的，没有人可以和我谈论维柯、赫尔德，谈论 18 世纪的德国人，19 世纪的德国人和俄国人，甚至是文艺复兴的根源。我可以和谁谈谈这个？谁是专家？或者哪怕是个博学的业余爱好者也好？贡布里希，温德，整个瓦尔堡[2]，但他们研究得并不多。而每当我来到美国，至少有十几个比我优秀的学者在进行这个领域的研究，而且都是非常聪明且有趣的人，引进的与本地的都有，我确然可以从他们那里学到东西——这是

[1] 像以往一样伯林过于乐观了。该书 1976 年出版，书名为《维柯与赫尔德：思想史研究两例》，关于该书的坎坷故事，详见《启蒙的三个批评者：维柯、哈曼与赫尔德》一书的编者序。

[2] 即伦敦大学瓦尔堡研究所，当时（1959—1976）恩斯特·贡布里希任主任，埃德加·温德是前副主任（1934—1942）；该研究所主要关注文化史、艺术史及思想史，尤其是文艺复兴时期的。

我非常喜欢做的事情。一年前，纽约城市大学请我任艾伯特·史怀哲讲席教授一职[1]［……］，然而，我还丝毫没有为任何目的而离开英格兰的意向，我愿意不惜一切代价留在牛津：这是我的家，我与它有千丝万缕的联系，国外就是国外，完全不一样；这不是出于道德与政治上的考量。［……］最后，他们问我，能否在他们的每四学期或是我们的每六学期的周期里，去美国待一个学期，然后他们允诺给我的待遇总计只比我在牛津任教授的年薪少一点，少得不是太多。我说我可以考虑一下，但是，当然，这意味着我必须辞去我的牛津教职，因为我完全同意牛津的规定，即教授必须在牛津连续任教满三个学期中的三个学期，而不是六个学期中的五个——要么全部上满，要么就都别上。他们对此非常惊讶，但还是接受了。在美国，没有人能明白为什么不能每两年离开一个学期，因为他们都在四处游历。这部分解释了为什么美国这边的研究生没有得到很好的指导，除非是比较富裕的高校，如哈佛大学、普林斯顿大学、耶鲁大学等，那里有数量充足的教授。［……］这份邀请对我的吸引之处不是要放

[1] 1965 年，作为在全美范围开展的提升学术水平的计划的一部分，纽约高校设立了十个教授席位，其中五个席位是“艾伯特·爱因斯坦理学讲席教授”，五个席位是“艾伯特·史怀哲讲席教授”——后者是为纪念德国神学家、音乐家、志愿医生、诺贝尔奖得主、勋章得主艾伯特·史怀哲（1875—1965）而设的，史怀哲于当年 9 月 4 日去世。纽约城市大学邀请伯林任艾伯特·史怀哲讲席教授一职，但他还是拒绝了这个职位，因为这是一份全职教职；于是，纽约城市大学又邀请伯林任人文学科客座教授，伯林接受了这份教职（1966—1971）。艾伯特·史怀哲讲席教授一职后由阿瑟·施莱辛格自 1966 年至 1994 年一直担任，并赢得很高声望。

弃我的职位——这份职位令我非常舒适——而是我因此就可以去与对思想史感兴趣的人对话，在这里的任何地方都可以找到这样的人，而且要多少有多少，我可以用我能理解的语言和他们说话，而这个地方就是纽约及其附近城市。 259

就在这时，我收到伊夫雷学院的邀请。的确，我过去想过此事——但拒绝了——理由是伊夫雷既没有办学经费也没有研究生，在我看来并不真实；而当你问我是否愿意申请这个职位时，我说我没申请，我那时这么说当然是事实。但如果他们想要我，这件事的性质似乎改变了：我倾向于接受这份邀请的理由——当然我还没有接受——只是说，如果我提出的条件被接受了，我会强烈倾向接受这个邀请——具体有这些：(1) 我想为牛津大学做些具体的事情，学校对我一直很好，我想报答学校。在我看来，全灵极度欠缺某种社会良知的古老积淀，而恰恰因为这一欠缺，刺激了生命的活力。(2) 新的开始总是有吸引力的，令人振奋。(3) 这份邀请似乎相当令人满意——如果纽约城市大学给我薪水，我应该不需要从伊夫雷拿工资，同时每两年都可以定期离开三四个月，与思想史学家们讨论我研究的课题。(4) 这份工作，比在任何地方任研究员都更为实际，也不会那么含糊不定。当然，我知道，这份工作十分耗时——因为我得花大量的时间与这些人打交道——意味着要坐在办公室里，处理很多无聊的繁缛事务。这一切并不令我感到害怕。令我害怕的是如何筹款，我不知道自己是否擅长做这件事。[……] 我知道你说得绝对正确：那些研究员饱受屈辱与压迫，因他们过去的生活而历经强烈的痛苦，而且他们也很乏味无趣，他们的妻子可能更糟。我将不得不在一定程度上像耶稣使徒那样，用各种香膏慰藉他们的创伤，而且一直都会因为做了什么或是没有做什么而遭受批评，他们还将联合起来，杰塞普[1]和塞西莉亚领头，不断为难我。即使蒙他们恩准我可以定期离开学院去纽约，最终他们也会产生怨恨，抱怨我没有花足够的时间和他们一起；我将不得不每天早上从海丁顿通勤到伊夫雷，在大约九点三十分准点到达办公室，和秘书一起，处理文件，直到午餐时间，然后开展可怕的筹款活动，去大学教育资助委员会，去美国，等等，像可怜的比尔·迪金[2]以及其他人那样。我敢肯定，人们认为我只要去找［艾萨克·］沃尔夫森，打动他，拿到一百万，并把学院命名为沃尔夫森学院，然后就万事大吉了。事实也差得不远：人们一直尝试与老男孩一起做这事，但我肯定他现在真实的想法，是为纪念他的父亲而在耶路撒冷建造一座宏大的庙宇，或者是类似
260 的一项工程。而我唯一可以寄以希望的马科斯勋爵去世了，

[1] 弗兰克·威廉·杰塞普（1909—1990），1952—1976 年任牛津大学国外研究系主任；1965—1966 年任伊夫雷学院研究员，1966—1980 年任沃尔夫森学院研究员（并于 1974—1990 年任图书馆员）；著有《牛津大学沃尔夫森学院：早期》一书（原文第 241 页注 2）。

[2]（弗雷德里克）·威廉·丹皮尔（“比尔”）·迪金（1913—2005），1943 年获杰出服务勋章，后（1975）受封爵士，历史学家，温斯顿·丘吉尔的研究助理与文学合作者；1950—1968 年，创建圣安东尼学院，并承担为扩建的研究机构到处寻求资金的职责——他宣称不喜欢这份工作，但尽心尽责。他是艾琳·伯林的亲密朋友。

其余的人都不是非常有吸引力，也不是特别喜欢我。[……]

无论怎样，等回来我才会作决定。而且，我一回去就会尽快去见你。我认为惠尔清楚地理解我的立场，不会发生不恰当的期望和恐惧。我相信，我所问过的每个人——除了你我没有问过其他任何人（我也只给约翰写信了）——都将提出反对，因为人们都认为我是喋喋不休的半吊子，不是那种管理者，而且很不实在［……］。

同时，让我再次表示深深地被你的来信和电报所感动，并且绝不会因此反对你，我认为这真切象征着你我之间的终身友谊。

你的

以赛亚

附言：奇怪的是，艾琳相当支持我接受伊夫雷的邀请，并承诺她也会跟着做相应调整。相信我不是要逃避，我愿意当教授，我可以为了全灵不顾一切。再次感谢你。

致肯尼斯·惠尔

1965 年 12 月 13 日

普林斯顿

私人信函

亲爱的肯：

［……］关于此事，有一股微小而方向又完全一致的反对意见的细流正向我汇集。〈它正变得越来越密集：今天三

位令人尊敬的同事发来三份电报，指责我的“疯狂”！仿佛我要加入政党了：或是打算皈依罗马天主教：语气更加急迫。天啊！而且你无法发表意见。〉约有半打的好人认为我这是纯粹的精神错乱，虽然他们所用的表达方式不同。我已经认真考虑了你的电报，并“坚定立场”，虽然在你的信中并没有回答我最核心也最不谨慎的问题。你本人对此事的个人以及私下里的意见，也许等我们见面时你会告诉我。我的朋友们对此产生的意见分化是自然不过的，我必须自己下决心，而不是被某种模糊而又怡人的微风吹拂，一头扎进未知的世界。尽管如此，周围众口一致的反对之声令人气馁，难道此事的前景真的如此疯狂？

你永远的

261 以赛亚

致海伦·加德纳 [1]

1965 年 12 月 21 日［副本］

［普林斯顿］

亲爱的海伦：

［……］我希望自己不像此刻那么害怕，大部分课程在

[1] 海伦·露易丝·加德纳（1908—1986），后（1967）受封（二等）高级英帝国女勋爵；1942—1966 年任圣希尔达学院研究员与英国文学导师；1954—1966 年任文艺复兴时期英国文学的高级讲师；1966—1975 年任玛格丽特夫人学院研究员以及英国文学默顿讲席教授。

美国的好大学里教得更好，甚至比牛津更好。在古代史、古典文学、中世纪英国史等领域，我们可以保住至高无上的地位，并在哲学方面保住自己的地位（仅此而已）——诚实地说，我不知道英语方面如何，或许我们在自然科学的一些分支状况还好——但其他领域，即近代史、斯拉夫世界、东方、非英语文学、艺术，这里的确更好。你不会移民，我也不会，因为个人原因——因为我们就是我们，只能生活在我们所生活的土地上——还有道德、社会与政治的原因；但如果我现在是个年轻人，因为求知的考虑而摇摆不定，在决定选择一所英国大学安顿下来之前，是会三思的。在我看来，未来似乎并不太安全，这不是钱的问题，而是因为 20 世纪 30 年代、50 年代、60 年代来自欧洲的移民，加上人造卫星[1]引起的恐惧，还有州立大学的巨大进步。我尤其受到影响——我对思想史研究有兴趣——与其说我把它作为一门学科来教授，不如说它是我的内在追求——可是在英国我可以和谁谈论这个题目？而在美国这里，这个领域熙熙攘攘，热闹非凡，正如在德国、法国、意大利，甚至苏联那样。[……]

你的

[以赛亚]

[1] 伯林此处原文为：Sputnik。这是苏联卫星的类称（“sputnik”即俄语“卫星”），其中首颗卫星 Sputnik 一号于 1957 年 10 月 4 日发射。

致约翰·斯帕洛

1965年12月21日

普林斯顿

亲爱的约翰：

[……] 我对伊夫雷的想法大大地震惊了我自己——尚未收到你说要给我的来信——但或许口头说更好。我的“疯狂”在继续——莫里斯把这一切归因于众所周知的因离家太久而产生的紊乱。但我至今还是不像有些人：这里的研究院给我提供了工作——受人尊敬但也超出了我的能力，这是真的——我也想说服他们不要讨论这个问题。〈我的想法成形
262 了：如果我能立刻得到足够的钱——而免于像比尔·迪金那样捧着饭碗到处乞讨——我会考虑伊夫雷的邀请。如果不能，我就不能接受。不要给百万富翁们写信，警告他们不要理我，这是为了我自己。[……]〉[……]

你的

以赛亚

致伦纳德·沃尔夫森

1965年12月22日 [副本]

[普林斯顿]

亲爱的伦纳德：

为什么一天只有十二、十六，或是二十四小时？为什么一个人不能在同一时间做三四件事情呢？为什么我作为一个

学者，想做那么多事，想见那么多人，去那么多地方？我必须约束自己，牢记生命是短暂的，工作是漫长的，家中的主人是不耐烦的，奴隶们是会偷懒的，等等，在我们的祈祷文里就是这么说的。

但是，这封信的直接目的是要问你，等我1月回来，我能否去伦敦看你（我想你太忙，无暇来牛津），谈谈贴近我心灵的事情，和我本人直接相关的事情（我不会进一步提示，但你可能会或者可能不会猜测到，因为关于此事已经有太多传闻）。[……]

我因各种希望而情绪高涨，又因各种恐惧而困扰不已。我似乎已经到了生活的某个奇妙的转折点，即将出发去往未知海域。抑或也许并非如此。无论怎样，等见到你我会告诉你的。希望你身体健康，祝你圣诞快乐。

你的

以赛亚

致塞缪尔·桑伯斯基

1966年1月27日

海丁顿宅

亲爱的塞缪尔：

[……] 我强烈地感到有道义上的责任接受 [伊夫雷的] 邀请，只要能得到一笔小数目，比如说二百万英镑，然后用它来运转伊夫雷学院；如果得不到，学院该如何起步？

再者，如果我弄到了这笔钱，是否会令圣安东尼、圣凯瑟琳、林纳克尔、纳菲尔德等学院的院长们不开心，尤其是全灵学院的所有人？那里正进行着一场又一场可怕的宫廷革命和反革命运动，令人困惑而又来势迅猛，刚刚辞职的研究
263 员戴维·科特[1]打算在《文汇》中攻击这种局面［……］所以你看，我们已来到狭路险关。你是一场反革命运动的受益者[2]；我温和地倾向于对其举手赞成，如果它走得够远，因为我感觉不到那些燃尽我同事们的心灵与肺腑的可怕激情。学院似乎变得意志消沉，但是毫无疑问等你来时应该已经恢复原状了。需要找人管理让你来访学的那个计划，我的候选人是汉普希尔，但此时在全灵的血管中四处流淌着的是大量的毒液，什么人都选不出来，除非等一切安定下来，而且也不要指望院长了——他并没有抚慰他的研究员们的狂野心灵：他给他们电击，让他们活过来并加剧了他们的感情。你

[1]（约翰）·戴维·科特（生于1936年），历史学家与小说家，1959—1965年任全灵学院研究员，因学院未能录取研究生而辞职；1966—1967年任纽约大学与哥伦比亚大学客座教授；1967—1970年任布鲁内尔大学社会和政治理论高级讲师；著有《艾萨克与以赛亚：冷战异端的秘密惩罚》（伦敦和纽黑文，2013），审视在冷战的背景下伯林与艾萨克·多伊彻之间令人担忧的关系。在其发表在《文汇》上的文章（原文第217页注4）中，科特特别谴责了院长，认为他“根深蒂固地拘泥于过去”（第15页）：“为了维持现状，斯帕洛先生不仅把律师的操控经验带到学院，还深刻地领会了防御的第四维度——延缓。挫败感、强词夺理、‘再次考虑’（即重新考虑已经由学院做出的决定）、以压抑的惰性执行全灵事务，这样的氛围无疑只有小说家才能传达得出来。”（第7页）即使伯林私底下认可科特的批评，甚至是对斯帕洛的批评，他还是认为其文章结论比较轻率。
[2] 学院于1965年11月6日举行的会议上获得支持的访问研究员方案，使桑伯斯基得以到全灵访学，而该计划被视为对经历了激烈讨论的研究生方案的“反动”。

可以听到很多卑劣的流言！ [……]

有很多事要告诉你——留到我们见面时再说。在牛津，每个人都坐下来给弗兰克斯勋爵写很长的私人书信。这有用吗？还是我错了，是我不够虔诚，过于悲观？认为他们都把自己看得过重？还是扑灭这样的想法吧！我还是别说有违公民责任的话，然而这事情的结果绝对荒谬无比。

你的

以赛亚

致伦纳德·沃尔夫森

1966年2月3日

[海丁顿宅]

亲爱的伦纳德：

随信附上〈相当〉简短的备忘录，是因为我有一种感觉，不能简洁明了地说出的话，是不需要说的。（但请你务必包容我滔滔不绝的天性，我总是无法完全抑制。）无论结果如何，我很享受我们的午餐，并希望很快可以再见面，谈论所有事情，显然我们都喜欢这样的时刻。

你永远的

以赛亚 264

附言：1. 信中我没有提关于自己任〈学院〉院长的事，但如果到4月时资金得到保证，而不是没有得到，我会准备好这么做。这一点我已经告诉我未来的同事们了。

2. 关于宗教，我无能为力。英国大学不会接受天主教或是循道宗的学院，甚至连英国圣公会的学院都开始被视为不太合宜。伊夫雷学院不会与任何教派有瓜葛。另一方面，如果捐赠者希望如此，可以专门打造合作计划，例如与以色列通过雷霍沃特，或是有研究生与研究者的机构来进行合作。贝西[1]要求邀请法国人到圣安东尼学院；可现在基本没有，因为他们不来；如果他们会来，学院会为他们留位置。

3. 请快点将我从挂住我的钩子上放下来。我觉得这事有点儿荒唐，到了这把年龄，还要为我的“未来”操心。用哪种方式你来定，不要让这份痛苦持续太久！

与你共进午餐的那天，我还和弗兰克斯吃饭了，他非常热情，并说他会做任何事情来帮助我们，没有人可以拒绝他的建议！

致伦纳德·沃尔夫森

1966 年 3 月 4 日［副本］

［海丁顿宅］

亲爱的伦纳德：

我星期三与索利一人一起吃了晚餐。我以为我会见到科

[1] 圣安东尼学院于 1950 年创建，是一所研究生院，用的是法国商人的一笔一百五十万英镑的捐款，捐助人是安托南·贝西（1877—1951），1951 年受封二等高级英帝国荣誉勋爵；计划三分之一的学生是法国人，可是这一抱负从未实现。

克罗夫特[1]和多兹[2]，可索利说忘了叫他们来——也许这全是误会。无论怎样，我们的晚餐很愉快。你会收到我的备忘录——索利对它不反对，只是谈到了其他的替代方案——而这些，毫无疑问，总是对我们有利的。

还有什么是你想要我做的，我是否必须让我的心灵宁静
下来？我觉得那样的前景不无吸引力，只是我必须这么快就
做出决定。不管怎样，我想我现在必须开始给美国那边写信
了。我不知道索利是否被这样的事实所打动，现在所有的牛津
名流——校长奥利弗·弗兰克斯和各自然科学系部负责人——
都支持我，他们的确都很热情［……］，没有一点儿反对的声
音，如有必要，他们还准备签署联合声明书，意在解释为什
么他们认为这样的一所学院会给牛津科学界带来至关重要的不 265
同；而且，其影响力绝不仅仅只在自然科学领域。我也必须有
个人谈谈——尽管在我看来，他们无论是作为人类，还是在智
力上，都比我所属的这个世界优越。不再多说了。

你的

以赛亚　［……］

[1] 约翰·道格拉斯·科克罗夫特（1897—1967），1948 年受封爵士，1957 年获英国功绩勋章，1946—1958 年任哈威尔供应部原子能研究机构主任；1951 年与他人共同获得诺贝尔物理学奖；1959—1967 年任剑桥大学丘吉尔学院院长；1959—1967 年任沃尔夫森基金会受托人。

[2]（爱德华）·查尔斯·多兹（1899—1973），1954 年受封爵士；1927—1965 年任伦敦大学生物化学考陶尔德讲席教授，米德尔塞克斯医院考陶尔德生物化学研究所主任；1962—1966 年任皇家内科医学院院长；1965—1971 年任沃尔夫森基金会受托人。

致麦乔治·邦迪

1966年3月7日［打字稿，手写改正］

海丁顿宅

亲爱的麦克：

［……］我把备忘录寄给沃尔夫森基金会了，包括计划。该备忘录有十四页长；我已经令你免于体验我最雄辩的状态了，随信还附有缩略版本，包含所有基本事实——以及所有实质内容。我这边找不到谁来对该计划有所批评，即使是在很小的细节上——除了批评我如此鲁莽，竟相信自己能够管理这样的一家机构之外。对此，我就不要再发表什么意见了；他们可能是对的，但我（仍然）感到自信与热情。唯有以下几点相关情况想说明一下：

［……］牛津管理层表示了坚定的赞成态度——所有主要的科学家以及理学部的负责人也是如此——我还没有问其他人，除了奥利弗·弗兰克斯（他花了几个小时，精益求精地校勘了我较为粗糙的文本格式），不过我可以代表我那些“人文学科”的同事们。福罗瑞勋爵[1]帮助最大，精力也最充沛，你可能知道他，获得诺贝尔奖的澳大利亚人，发明

[1] 霍华德·沃尔特·福罗瑞（1898—1968），1944年受封爵士，1965年受封终身贵族，并被授予英国功绩勋章；澳大利亚的罗兹学者；1945年因其对青霉素研发所做的贡献分享诺贝尔生理学或医学奖；1935—1962年任牛津大学病理学教授；1960—1965年任英国皇家学会主席；1962—1968年任王后学院院长；1965—1968年任澳大利亚国立大学校长；1967—1968年任沃尔夫森基金会受托人。

了青霉素的那位，他很精明，聪明，人也好，刚刚卸任英国皇家学会主席，英国科学界主要的政治家。[……] 当然，我和我的老朋友也谈过了，就是左翼、怀有梦想而迷人的诺贝尔奖得主多萝西·霍奇金教授[1]，也是皇家学会晶体学教授，她对此事也很热心。于是事情就这样做起来了。这些人都说，他们十分欢迎这样一个机会，可以把他们最有研究能力的研究生和博士后同事送到这样一所学院，而且他们急切地参与研讨会、各种会议，并邀请业内和其他科学机构的同事，包括在美国和欧洲的，都来参与、讨论，并以各种方式进行合作。

之前我还从来没有见过作为一个团体出现的科学家们， 266
他们一点儿也不狭隘、无趣、不谙世事，他们似乎是一群很奇妙的人，我几乎要怀着神秘的钦佩之心仰视他们，与他们在一起，我感到不可名状的愉悦。我也不相信这样的感情会被磨灭（我不知道他们是否会）。[……]

现在，来说说更具体的细节。假设沃尔夫森基金会出资建一栋大楼：你能提供其余的资金吗？即相当于二百万英镑，或者再多一点？而如果沃尔夫森基金会提出，作为他们提供支持的条件，希望将学院命名为“沃尔夫森学院”，我

[1] 多萝西·玛丽·克劳福特·霍奇金（1910—1994），1965 年被授予功绩勋章，化学家、晶体学家，1964 年获得诺贝尔化学奖；1936—1977 年任萨默维尔学院研究员；1960—1977 年任英国皇家学会沃尔夫森研究教授；1977—1982 年任沃尔夫森学院研究员；1970—1988 年任布里斯托大学校长。

怀疑这是老男孩提的要求，你还愿意出钱吗？或者你会更愿意全部承担这个计划？［……］对此，我还得补充一下，我以前说过的，奥利弗本人也非常支持整个事情，他尽其所能不断怂恿我，时不时地提到他报告中的点点滴滴（目前在出版社锁着，由警察严加看守），鼓励我继续前进。我不知道你是否想让他给你写信——如果你愿意，我相信他会很乐意给你写信。

糟糕的是，我不能让伊夫雷的研究员和牛津等得太久——我必须对他们公平——因此我必须在4月中旬左右原则上拿出答案。沃尔夫森基金会知道这一点，正在召集特别会议专门讨论这一议题，所以我的问题是假设性的。假如他们出了他们那份钱，你会如何反应？［……］我对前景心怀恐惧，同时对实现这个方案的念头又很执着。如果有可能建立新的、非凡的、宏大的东西，做一件肯定会成为我们这个世纪重大发展的事——伟大的科学突破——那么逃避它肯定是懦弱的行为。

最后，让我再说一次，无论结果如何，我会永远永远感谢你——在我内心深处的私人银行里，永远有你一笔巨额存款——我只希望你能够用掉它，我的意思是，让我为你做点什么，在某个时候。我很感激乔——他遭到各方攻击，你也许想象得到——但我不是十分赞同他的意见，特别是他那些惊世骇俗的见解；我花时间为他辩护，并很乐意这么做。我真的很喜欢他，不在意他所有的缺点；拥有朋友是个奇迹，而且奇妙的是，我们还没有太老，还能做点事情。就让我以这个荒谬而浪漫的语气，为这封信收尾吧。

你永远的

[以赛亚] [……]

致阿瑟·古德哈特

1966 年 3 月 7 日 [副本]

海丁顿宅

亲爱的阿瑟：

[……] 伦纳德·沃尔夫森颇为这个想法所吸引——至少这是我的印象，但索利被证明是一个可怕的干扰，恰如你预期的那样。当我驳倒他的反对意见时（现在我不得不和他一起吃了三顿晚饭！）他嘟囔着替代捐赠方案，例如曼彻斯特，伯明翰，等等，我认为艾萨克爵士不想在那里被人纪念，被那样纪念。我在联系邦迪，但这是绝密。理想的结果是，从沃尔夫森基金会得到一百五十万英镑，再加上从福特基金会拿到二百万英镑。如果你确实见到怀赞斯基[1]或福特基金的任何其他受托人，你可以悄悄 267

[1] 小查尔斯·爱德华·怀赞斯基（1906—1986），1941 年由罗斯福任命为联邦法官；1965—1971 年任马萨诸塞州联邦地区法院首席法官；1952—1976 年任职于福特基金会管理机构。

地告诉他们，这个方案是如何大胆而有创意，对研究生项目在英国的发展是多么必要，特别是在科学领域，尤其是技术即应用领域——另外，政府真的没有钱，出于党派政治原因，或是可以想见的社会偏见方面的因素，正在考虑建设地方大学[1]，然而，我们的设施在这里，最杰出的教授也在这里，而接下来牛津大学可能必须为教师和研究人员提供条件，不论在地方可能发生什么。一旦英国沉没——如果我们不培养研究生，它必定会沉没，尤其是在科学领域——这将不利于欧洲，而如果该学院成立，它会吸收相当多的欧洲学生（这是福罗瑞的好主意），这实际上将促进欧洲合作。我真心相信这一点；福特应该也相信，邦迪当然是相信的。福特基金会是否会出钱？他们是否会介意学院名称是“沃尔夫森”？我肯定这是艾萨克的要求。如果他们确实介意，他们会出全部的钱吗？与邦迪谈判是绝对的秘密——没有官员知道这一点——这是他上任的第一年；像名誉校长一样，我想，他会有权提名自己的荣誉学位人选——在这种情况下，他将拥有拨款上千万的余地，肯定吗？这就是我希望之依托，但我认为，除非英国方面有拨款，否则他们不会给他钱。他们会问，如果技术人员这些

[1] 在编写其高等教育1963年报告时，罗宾斯勋爵“不断警示，在接下来的二十五年里，资源会向后来成立的平民与地方大学倾斜”。约瑟·哈利斯，“艺术与社会科学，1939—1970年”，《牛津大学史》，第8卷（原文第142页注4），第226页。

事情如此重要，为什么政府没有对其更加重视？是啊，为什么没有呢？［……］

在备忘录中提到的总金额为三百五十万英镑：我猜想可能会被缩减至三百万英镑，但不会再低了。听起来非常多；但很快大家就会发现，我面临着比尔·迪金式的可怕前景，手捧巨大的木碗，四处向各基金会乞讨。对此我还没有准备好。你可能想象得到，我现在正遭受剧烈的惊吓，（a）害怕失败，（b）害怕成功。你一定要来握住我的手，我真的需要。你好吗？你会专门飞过来？在你去开沃尔夫森基金会的会议前，我可以中途拦截你吗？

你的

以赛亚 268

致约瑟夫·艾尔索普

1966 年 3 月 13 日［手稿］

海丁顿宅

亲爱的乔：

［……］我一直在忙沃尔夫森的事。如果沃尔夫森盖楼，麦克捐钱，我将完全被套牢了。人们仍然认为我疯了（虽然我还不至于），但我的信念正在燃烧。我已经为麦克写了一份约定：现在也许他们已经做出这样或那样的决定了：与沃尔夫森先生共同生活并不容易——他是一位强迫症谈话者，只谈金钱与事业（他自己的）——艾琳几乎把自己看

作一位被俘的公主，不得不被展示给生意上的朋友：她抱怨得厉害，因为我渴望受虐（晚年才这样的），要把自己摆放在祭坛之上，我也许可能刚刚赴过特里马乔那些可怕的盛宴。佩特罗尼乌斯[1]说得完全正确：沃尔夫森先生可能是一个天才，天性大方，但他也是个爱嚷嚷、好虚荣、自我为中心的大亨：有点儿粗俗，你可能会觉得，和我们不是同类。然而，如果必须如此……当然，我更愿意得到福特的完全支持：这样就不用牺牲尊严，他们不苛刻（而沃尔夫森那边苛刻）。我想，现在你通过了解发生了什么事而温和地进行再次干预，为时已晚，也不太合适：不过，如果你可以……在沃尔夫森基金会，我的敌人是比尔·沃尔顿[2]的朋友索利·朱克曼：他不是什么好人［……］莫里斯聋了，他善良，忠诚，就像一座半死的火山：没有人知道火焰与熔岩会冲着谁迸发而出，会如何猛烈。你来吗？什么时候？

我与艾琳对你们俩致以最亲切的问候。非常想念你们：在任何方面而言，无论怎样看，你们的友谊对我（和她）都

[1] 盖厄斯·佩特罗尼乌斯·阿比特（约公元前27年—公元66），罗马作家，《讽世录》作者，该书仅部分现存于世，尼禄时期拉丁文讽刺作品，穿插诗歌体；第15卷的主体叙事部分描述了特里马乔的一场穷奢极欲的豪宴——一位粗俗、势利、无知的自由人暴发户。

[2] 威廉·特纳（“比尔”）·沃尔顿（1902—1983），1951年受封爵士，后（1967）被授予功绩勋章，作曲家。经朱克曼授意，1976年6月，沃尔顿为伦敦动物园新落成的狮子园揭幕式写了《锣鼓齐鸣》（朱克曼时任伦敦动物学会秘书长），该乐曲题献“索利·Z.，狮中之狮”。

是无比珍贵的。

祝福你

以赛亚 [……]

致伦纳德·沃尔夫森

1966 年 3 月 14 日

[海丁顿宅]

亲爱的伦纳德：

我很高兴在晚宴时见到你，这场晚宴真是让人尽兴，虽然你令我陷入忧郁。你真的认为 6 月——当所有其他竞争对手的方案都在争取获得认可的时候——将比一场特别会议更有利于我们的计划？ 269

我在剑桥见到了约翰·科克罗夫特先生——他令我十分愉快，带我看他的学院，真是令人仰慕的学院——关于牛津的事，我并没有试图收买他，因为，毕竟，他知道备忘录的内容，我不希望因为接受所有那些负担和责任而表现得过度焦虑——该方案对于英格兰未来的研究生教育意义重大，特别是在自然科学领域，他对此很理解——而不是对我个人的未来如何。我不能过于苛求自己，为了本身就富有价值的事业处处乞求支持。我对自己的承诺不多，流点儿汗水而已，谈不上热血，也但愿不要付出眼泪；我对沃尔夫森学院抱有最深切的信念，但在我看来，在这个阶段我已经做了所有我可以做的一切。如果是因为个性上的纠葛，对此你有过些许暗示，那我就无能为力了。然而，我确实想知道我已经取得了什么进展，我将此事的命运放在你的手中。我相信你会做出正确的决定，并且不要让我的悬念持续得太久[……]

你的

以赛亚

致雷蒙德·冯·霍夫曼斯塔尔

1966年3月16日［副本］

［海丁顿宅］

亲爱的雷蒙德：

附上一份我快件发往美国基金会的文件的机密副本——我修改了早期版本的一个段落，因为担心美国的基金会可能会说："既然情况如此糟糕，为什么英国政府不立即采取行动，出台大举措？而它并未采取如何措施，也许你的描述有所夸大。"在美国充分传达本届工党政府对牛津大学和剑桥大学的偏见，这是不可能的——平等是一个崇高的理想——为了追求平等，牛津大学和剑桥大学要求改革——但是，当社会正义的愿望表现为令人憎恨而又情绪化的形式，它会导致压迫和不必要的伤害，而不是改革。我不能把这些告诉美国人，因为这样是把家丑过于外扬了，但是如你所知，这是事实。如果你希望利用这一点，一定会大获成功，但一定要告诉我你在做什么，因为我不想过于草率，导致误会。我星

期六动身去意大利，星期五给你打电话。[……]

你的

[伯林，贝利 · 克纳菲斯代签] 270

致伯纳德 · 克里克 [1]

1966 年 3 月 29 日

寄自全灵学院

亲爱的克里克：

谢谢你送我的文稿。[2] 我主要的难题只是我对你的赞同多于（你认为的）你对我的赞同：不仅是针对显而易见的共同敌人（这是差异的抑制器，有利于我们最终解决问题），而是针对狂热的个人主义者——反规划者，自由放任政策的

[1] 伯纳德 · 克里克（1929—2008），后（2002）受封爵士，政治理论家；1957—1965 年任教于伦敦政治经济学院，后为高级讲师；1965—1971 年任谢菲尔德大学政治理论与制度教授；1971—1984 年任伦敦大学伯贝克学院政治学教授。

[2] 克里克给伯林寄去了他在谢菲尔德首次讲课的讲稿副本“自由政治”，并于同年由大学以小册子出版发行，再版收入克里克的《政治理论与实践》（伦敦，1973），第 35—62 页。该讲稿受到伯林《两种自由概念》（牛津，1958）的启发，并表达了与之不同的看法，讲稿包括以幽默诗体形式对克里克论点的概述，并作为附录放在发表的讲稿后面——而收入彼得 · 拉斯莱特与沃尔特 · 加里森 · 朗西曼（主编）的《哲学、政治与社会（第三系列）》（牛津，1967），第 194—214 页——以及本卷（第 603—605 页）中的讲稿，并没有包括这首幽默诗。伯林信中提到的“讲稿”，也许说明克里克寄给他的是演讲的记录稿，同时克里克也把其余单独部分作为附件一起寄给了他。

信奉者，哈耶克信徒[1]，甚至还有蒲鲁东主义者[2]（他们仇恨国家，并相信作为道德担保的小规模产权的神圣性），等等；而且，不仅因为这些人把不干预提升为最崇高的目标，而无视安全、正义、平等和简单人性化的要求，就像19世纪真正令人困扰的自由主义者，[……] 他们看到了最温和、最急需的社会改革——新经济政策与社会主义——中的极权主义怪物；也因为这样的人没有意识到，有些自由威胁了其他的自由；正如你所说，没有社会规划，有些自由就消亡了；如果人要享受非一元论者所要求的哪怕是最低程度的这些自由，那么法律必不可少——尽管边沁关于法律总是削减了自由的论断无比正确。对不起，我这句话太可怕了：但是，也许它并不真正复杂，也不模糊。我也一样把票投给了问心无愧的社会主义者：现在也会这样做。

我们有一个主要区别，那就是你想将自由（liberty）等同于行动（自由还可以是freedom，这两个词是否如你所言存在细微差别？也许）；而我要利用机会去谋求自由——得到它或是放弃它。显然，没有自由就没有行动——于政治是如此，其他亦如此——但没有行动也就没有自由吗？至少

[1] 弗里德里希·奥古斯特·冯·哈耶克（1899—1992），奥地利出生的英国经济学家，1974年诺贝尔经济学奖得主。他对自由市场的推崇，对凯恩斯主义经济学的强烈反对，成为20世纪后期新保守派思想的中心。

[2] 皮埃尔—约瑟夫·蒲鲁东（1809—1865），法国无政府社会主义者。他被人经常引用的名言“财产是盗窃”是他对其具有开创性意义的小册子的标题“财产是什么”这一问题的回答（巴黎，1840）。

进行政治活动，参与对共同目标的追求是自由啊——为什
么？我打算谴责社会中的逃避倾向，对“冷酷怪物中最冷酷 271
的怪物”（尼采，是吗？[1]）——国家——的恐惧感——对个人私权、艺术至上，烦躁而优越的、神经质或是挑剔的“别碰我”等的追求——成为流行。人们因此被削弱，阻碍其表达个性。但在禁止或是强烈不允许的社会（澳大利亚对不投票者罚款）中，的确忽略了康斯坦的诉求，即需要有一些空间，只要我想，我就可以倒立，可以像公鸡一样啼鸣。[2] 他们确实否定了一项权利：也许因此在其他方面增加了自由。我对此历来怀疑：他们肯定减少了不积极的状况，激发了公共精神与公共参与、社会公德、彼此关心等——但他们的自由呢？如果我有机会，如果门向我打开，以各种方式要我积极起来，我知道如果我愿意，我就可以这样，甚至如果我不愿意如此，我可以干脆选择静静坐着，为什么说我没有政治自由？我，你，这样的人可能会消减；这样的社会可能会衰退。也许有［是］（我应该同意，有）理由反对繁殖这种孤独的生命，反对象牙塔，反对穴居，而且这有可能导致生命

[1] 弗里德里希·威廉·尼采（1844—1900），德国哲学家、语言学家，基督教激进的批评者，也是西方文化和社会道德和哲学基础的激烈批评者；该引言来自《查拉图斯特拉如是说》（1883—1885）第一部分“新偶像”：“国家被称为冷酷怪物中的最冷酷的怪物。它冷酷地说着谎言；而这个谎言从它口中悄悄说出：‘我，国家，就是人民。’”

[2] 康斯坦，《政治的原则》（1815），第一章，“人民的主权”；《政治著作》，马塞尔·古谢编［（巴黎），1997］，第 318 页（例子是伯林的）。

力的丧失，“非人化”，失范，从而完全成为专制君主与无稽之谈的猎物。但是，为什么坐着不动就不是自由？抑郁就不是自由吗？虽然可悲，但仍然是自由？至少在政治上？（心理上这个词有另一种意义：当然，是认为恐惧症等同于实质上的受奴役与压迫状态而导致的混乱。）

你批评我的“消极自由”，说它是孤立或孤独。这不公平。（这真的误解了我的文章。）我专门讨论过，斯多葛—康德试图把自由等同于脆弱表面的收缩，对公共生活的酸葡萄心态：如果我不能得到自己所渴望得到的，那么我会抑制渴望，获得“自由”或是“解放”，不必受制于激情，被激情奴役。[1] 我也说了（我手边没有文稿，唉），这样的观点在逻辑上会得出结论，最彻底的自由就是死亡，像阿伦特小姐的自杀自由[2]——你不能压迫或奴役不存在的人！[3]
272 [……] 在我而言，“消极”自由的程度——当然我是这么说的[4]——取决于有多少门是对我真正开放的，门有多大，从

[1]“坚定认为我不能拥有的，必须告诉自己不要去奢望得到，削减欲望，或者成功地抵制了欲望，与满足了欲望一样美好，这是一个崇高的目标，但是在我看来，这无疑是吃不到葡萄就说葡萄酸的原则：我所没有把握的，我就不能真的想要得到。”L186。关于斯多葛学派学说，参见《自由论》，第 182、186 页；关于康德，见《自由论》，第 182 页注 1，第 183 页及第 184 页注 2。

[2] 在《时代的重负》（纽约，1951）第 410 页，汉娜 · 阿伦特认为，自杀是自由的“最后及显然是坚不可摧的保证”，在其他书中，她提及希腊 / 罗马人把自杀与高贵的勇气联系在一起，而其反面是自杀失败表明懦弱与奴性：《人的境况》（芝加哥，1958），36/30。

[3]“可能令我受伤的毁灭一切的过程的逻辑顶点即自杀。”《自由论》，第 186 页。

[4] 见《自由论》，第 177 页注 1。

门外往内看到的远景如何，而不是取决于我得把自己缩小，好进入最狭小的空间，四面被墙壁包围，令自己与其他人隔绝。[……] 活动的机会越宽泛——社会上、政治上等——一个人、一个团队的自由就更大，等等。而你不想把自由等同于门的开放程度，而是等同于实际通过这些门的队伍。为什么？列队是好的：静坐，自我专注，选择铺软木的房间，弃权，都有违人类本身最深刻的利益。你的，我的，马克思的，或是密尔的有关人性的观点，也许会包括这些：但为什么如此乖张的行为不是自由？“快走出你的角落，停止沉思，实现你的个性！”如果我不呢？“那我就得好好教育你(明白吗？)，从你身上把它找出来，无论你想要什么！”“所以，你会强迫我自由吗？”[……]

关于我们的真正分歧就说这么多吧。在我看来这些都是小问题；但你可能会认为它们都很关键；因为你认为我觉得只要一个人没有受到干预，他的政治权利就没有被剥夺，但我不是这么想的——我只是认为，如果他不行动，他在政治上就是自由的，只是这样的状况令人遗憾。“法律已经被废止。你可以自由地投票反对流氓，否认上帝，加入共产党，在电台说，马克思是一个狡猾的老骗子。”“我没兴趣。我是一个唯美主义者。”“奴隶！”这是你的意思的仿拟吗？如果是这样，那么我误解了你，正如你误解了我。

[……] 如果康德的社会是一个自由的社会（它的确是），那么它是自由的，因为更多的门已经打开，人类可以

进入，彼此之间建立更加“丰饶”而“有满足感”的关系。人类是否会这样做，取决于他们的性格和意愿；他们对生活、对彼此的爱，是否被高洁的理想所激发。但这些都不是自由，而是积极的权力：自由是积极的条件。我想这就是你所谓的自由（自由精神；自由观；自由人），我更愿意称之为权力。你想说，“他们是多么自由啊！他们的流动性多强，多么积极，他们的天赋是如何得到了丰富的实现发展”，而我想说，“多么自由！多么无拘无束！多么不羁——无论他们想往哪里去，他们就能去；没有什么能阻止他们！”对你而言，自由是生活；对我而言，自由是自由的境况。正如体面的生活标准使自由成为可能，自由也使理想的政治活动成为可能（或者，恐怕，不活动也成为可能：当然仅有自由是不够的；除非有积极的社会目标可供追求，去追求这些目标的政治自由没有什么用处——这就是你所说的吧？）。为什么这是因其微不足道而令人反感的小事？因为我的确说了。这与孤立和孤独有何关系？要求把门打开不同于悲惨地乞求独处，这顶帽子似乎根本就不适合我。如果你想苛刻，无论
273 怎样都可以（我相信自由，包括自由的滥用）；但既然你不希望被曲解，请倾听我说了什么。[……]

“自由就是利用它做点事。”请原谅我的“措辞”：做什么？我也不赞成只是静坐。我完全赞成行使权利，密尔大胆的、创造性的、独立的人（你说得对：我不应该说他关于自由的概念与他的积极理想没有多少关系，就像——如果我此

刻自负了一下——我对自由的概念与我的理想无关）——但为什么创造力、自我实现等等，就是自由？那些为了自由而死，为了自由而战的人，他们搬走枷锁，打破墙壁，消除了可怕的东西——他们不是为了创造而死的，他们只是为了让新鲜空气进来，让光明进来——使创造成为可能。我们再次回到原点，对此哈曼曾经说过："我啮咬、啮咬，将来继续啮咬，直至死去。"[1] [……]

你把我的赞词用于消极自由[2]，但你没有接着往下说，这样你的读者会想，我是在赞美追求我那愚蠢而甜蜜的意志的过程中没有任何障碍的令人反感的琐碎，这也是真正的误解。如果他往下读，他会看到其中一个论点（我好像记得——没有原稿唉！）是这样的，某些终极价值与目标彼此并不兼容：而在一个致力于积极自由的社会，（逻辑上和实际上）必然抑制了这些价值与目标：这与美好而"单纯的"不干涉有很大不同，虽然沿着后一条路线往下走，也是你所痛恨的走向反政治社会的第一步。首先，你把我列入怀疑主

[1]"理性是语言，是世界的普遍规律性。我啮咬这髓骨，我将一直啮咬，直至死去。"约翰·格奥尔格·哈曼，《书信集》，瓦尔特·齐斯默与阿瑟·亨克尔主编（威斯巴登和法兰克福，1955—1979），第177卷，第18页。见《启蒙的三个批评者：维柯、哈曼与赫尔德》，第250、323页。

[2] 他们所努力要实现的"消极"自由，在我看来，比起在伟大的、守纪的、专制的结构中追求通过阶层、族群或是全人类而实现的"积极的"自我克制的理想，是更真实、更人性化的理想：《两种自由概念》（原文第271页注2），第56页。

义的保守派休谟的阵营，然后你说我甚至不接受怀疑主义的自由派托克维尔的要求[1]——请注意，我的确说过，要求获得经常被称为自由（freedom 或 liberty）的那些事物——例如通过刚刚获得解放的民族而得到的自由——并不完全适用于消极或是积极的自由；我只是想知道，称其为自由，是否有助于说明问题，以免造成混淆。[……]

因此，对有些事情我们的确看法不同，我认为：例如，自由机会与自由活动。我不认为二者差距巨大，但差距是存在的；即使我们二人之间的差距，以及说“政治即权力”的人（如克罗斯曼或是《卫报》上更年轻一点的马昆德）之间的差距，或是真正的憎恨自由的人之间的差距，要大得更多。在其他方面，你的确曲解了我的意思：我的自由人不是自我孤立的、孤独的流亡者和隐士，从吞噬一切的魔鬼国家逃离。他们只需要并得到可以自由伸展臂肘的空间，并不时
274 问问自己，要走哪条向他们开放的道路，不过通常他们会充分地加入城邦。他们投票来压制自由的敌人的自由，心中怀有若干疑虑。这一点我希望你能明白。记住阿克顿[2]，原谅

[1] 积极的公民，康斯坦称其为“古人的自由”，与其相关的是人类作为自身历史的蓄意制造者的概念。参见《政治理论与实践》（原文第 271 页注 2），第 57—58 页。

[2] 约翰·爱默里克·爱德华·达尔伯格—阿克顿（1834—1902），1869 年受封阿克顿男爵一世，历史学家与道德学家；1895—1902 年任剑桥大学近代史钦定讲席教授，任教期间，为他的十二卷《剑桥近代史》奠定了基础——典型体现他特点的是，他计划撰写的所有章节无一完成。阿克顿还计划写自由史，但结果只做了大量笔记。

这封冗长的来信。我只能说，我对巴特菲尔德只说了寥寥几句，他变得更不高兴了；[1] 也再没有和我说话。

你最真诚的

以赛亚・伯林　　[……]

致《泰晤士报文学副刊》编辑 [2]

1966 年 4 月 15 日［艾琳・伯林的手稿，伯林修改］

全灵学院

先生——虽然怀着极大的兴趣与赞同阅读了 4 月 7 日的贵刊，但我惊讶地看到，在您的头版文章中，您指责我认为“常识和良好的判断力”是“理解人类活动方式”所需的一切。我不知道您为什么把如此荒谬的观点归咎于我，我对历史的看法不时在您的刊物中被误读，但从来没有到

[1] 在《自由论》第 137 页注 7（在《自由论》第 138 页），伯林说：“在那些虽然相信历史学家所说的历史条件，然而还是抗议其道德说教的人们当中，内部有致命的意见冲突，不论是像 E. H. 卡尔怀有鄙夷，还是像赫伯特・巴特菲尔德那样充满悲伤。”1953 年 10 月 15 日伯林致信给诺埃尔・安南：“唯一有理由感到生气的人却心怀愧疚了，像巴特菲尔德那样［他给我写了长达十页的信（1953 年 5 月 16 日）—［a］措辞甜蜜地抗议我对他观点的看法］。”1954 年 3 月 22 日伯林致信给莫顿・怀特：“现在我必须坐下来［……］，看看我能怎样安抚巴特菲尔德，在他的印象里，我疯狂地诋毁了他。”在（1954 年 4 月 10 日）回复巴特菲尔德的信中，伯林写道：“关于主要问题，我认为你是对的，即我们的起点最终是不可调和的。你认为谴责、痛斥并与道德问题作斗争的运动是狂妄、无知和危险的，而我，就整体而言，并不这么认为。”

[2] 发表时题为“历史的新途径”，《泰晤士报文学副刊》，1966 年 4 月 21 日，第 347 页。

这种程度：如果它只是个一笑而过的嘲讽，我就没有理由写这封信了；但它远远超出了这个程度，这是一个彻底的歪曲。

在您可能参考了的那篇文章中（《历史与理论》第1期），我论及历史解释的逻辑。在文章中我坚持认为：(a) 所有解释需要参考逻辑“模型”；(b) 在最典型的自然科学学科使用的模型和那些历史模型之间的类比，已经被实证思想家夸大了；因为 (c) 历史类型越是专门化，它就越是故意排除了生活的越多方面（如经济史、科技史、建筑史等）——其核心概念越多，如以什么作为证据、证明、有效
275 性、真实性等，它就与自然科学越是相似。历史叙事越是不那么专门化，越是寻求更多层面的描述、合并、整合与解释，它运用的概念越多，它也就越类似于那些普通的、非科学性的思想的模型；我为这个命题给出了逻辑理由。我接着说，历史需要从经验知识的任何来源或方法中汲取。由此可见，正如考古学、碑铭研究以及语文学在过去已经改变了历史性的写作，人类学、心理学、社会学可以改变，而且正在改变历史性的写作：至今也并无任何对历史学科的限制是想不到的。不过，认为科学知识（不论晦涩与否）对历史学家不可或缺，与认为历史本身就是一门自然科学，两种看法有很大的不同。整合由科学提供的资料，使其成为可信的对人类过去经验的记述，还没有（无论如何尚未）被证明可以简化为由一套原则和规律（或模型）控制的某种方法。而这种

简化，正是早期的实证主义者，如孔德[1]、巴克尔[2]，也许还有恩格斯（马克思从来就不是）的要求；而这已经成为一些现代哲学继承人向历史学家所展示的理想。新历史之于旧历史，正如后牛顿时期的天文学与力学之于中世纪或巴比伦的积累与经验法则；它将不再进行艰苦的描述与零碎分析，而转向由规律支配的社会学的一个分支。我斗胆将其形容为“假想的怪物”——对不相匹配的元素错误地联系与拼接。

当然，一切都可以量化——统计分析——应该行。电脑能做到的，他们就应该做到。如果艾德洛特教授[3]可以用IBM电脑向维多利亚的议会解释问题，他就给知识领域增加了新的认知。当芬利先生[4]用社会学方法讲到古代历史中的转变，我只能表露出热切的赞同：社会学可能最好与历史

[1]（伊斯特·玛丽）·奥古斯特·弗朗索瓦·泽维尔·孔德（1798—1857），法国实证主义哲学家和社会学家，他认为人类社会经过了三个发展阶段——神学、形而上学和“实证”，即科学。

[2] 亨利·托马斯·巴克尔（1821—1862），历史学家；《英格兰文明史》两卷本（伦敦，1857，1861）的作者：“在巴克尔那个时代以及之后的评论家们，认为巴克尔是孔德的英国弟子，但是，正如密尔所宣称的，巴克尔只同意实证主义的创始人关于人类行为以及文明历史由迷信发展至科学的进程的规律性基本概念等。”（托马斯·威廉·海克，《牛津国家人物传记词典》）

[3] 威廉·奥斯古德·艾德洛特（1910—1996），美国历史学家，因将统计方法纳入他的研究而知名，1947—1978年在艾奥瓦大学任教。

[4] 摩西·I.（原名艾萨克）·芬利（1912—1986），原姓芬克尔斯坦，后（1979）受封爵士，美国出生的左翼古代历史学家与社会学家，麦卡锡时代移居英国；1962年成为英国公民；1957—1976年任剑桥大学耶稣学院研究员，1976—1982年任达尔文学院院长。

学、法学、政治学、古典学术结合——这样会比寻求发现普遍的社会规律更富有成果。然而，这个领域与把历史进行总体量化的愿景相距甚远；只要情况如此，常识、历史洞察力
276 的深度、想象力的合成力量，显然对历史学家要比对于例如化学家更有必要（不过，这当然是不够的：虽然您似乎认为我把二者混淆了），无论这一领域如何对科学的影响力敞开大门。化学家无疑也需要这些天赋，但他们的学生至少可以应用一些相关原则而另辟蹊径。历史学家——至少是“通才”——就不能做到这样：维柯和黑格尔，韦伯和狄尔泰[1]（马克思，通过他自己的实践）已经告诉了我们许多。这是您的文章似乎不愿意接受的（不像您这一期的投稿者们以及他们所赞成的历史学家们）。

这一切无疑只是纯粹的哲学家们之间的一场争吵，与专业历史学家们没有多大关系。不过，既然已经提到了，我不妨把事情弄清楚。这并非我严肃的申诉；辩论性质的媒体文章没有，也不可能与学术刊物的标准相同。我写这封信只是为了否定一个荒谬的指控，并澄清是非。

敬启者

以赛亚·伯林

[1] 威廉·狄尔泰（1833—1911），德国哲学家、文学评论家和史学家；对社会科学和诠释学的发展有影响力。

致约瑟夫·艾尔索普

1966 年 4 月 20 日

海丁顿宅

亲爱的乔：

如果我能控制得了自己，你就永远都别想从我这里再得到一封手写信了——我知道。我觉得我仿佛已经完全失去了作为写字工具的手的功用，毫无疑问，这是全面萎缩与机械化的开始，我已经认命了。

这期间，我以自己独有的安静方式经历了不少事。首先在意大利度过了美好的一周；然后去以色列五天，处理了一下那所悲惨的大学的事务[1]，大学里的人们，像在以色列的其他人一样，活在巨额赤字之下，坚信美国迟早会派人来帮他们弥补亏损。英国和美国的学术代表团之间反差鲜明：我们是受人尊敬的团体，带领我们的是卓越的劳勋爵，科恩[2]，伟大的诺贝尔奖得主汉斯·克雷布斯爵士，理想主义的空想慈善家诺曼·本特威奇教授[3]，还有几位教授，我本

[1] 即耶路撒冷希伯来大学。

[2] 莱昂内尔·伦纳德·科恩（1888—1973），1943 年受封爵士，1951 年受封终身贵族，1951—1960 年任上议院执掌最高司法职务的议员；代表耶路撒冷希伯来大学做了许多志愿工作，该大学的莱昂内尔·科恩基金会是为了纪念他而建立的。

[3] 诺曼·德·马托斯·本特威奇（1883—1971），英国殖民官员，温和的犹太复国主义者；1932—1951 年任耶路撒冷希伯来大学国际关系学教授。退休后，他以该大学代表的身份工作，大学对他而言象征着现代犹太复兴。

人——一个沉稳、高尚、说话轻声细语、有点儿学究气、很
277 腼腆的代表团；在桌子的另一边面对我们的，是一帮红脸大亨，爱默生电台的老板，来自美国加州的几个人，一些非常激进的女犹太复国主义者，可能**刚刚**认识了罗斯福夫人，还有一位可怜被动的九等教授。两个代表团彼此并没有什么共同之处。他们认为我们是沉闷的英国学者，身无分文，面无血色，不知所云，觉得没法在我们面前讲笑话；我们认为他们是粗鄙而俗气的财阀，任何学智问题都与他们相距甚远，他们唯一在意的就是如何以最令人厌恶的方式成为公众人物，急于为了自己那可怕的荣耀而拉低这所大学的水准。所以你可以看到，我们的会面气氛是有些紧张的：以色列人不安地在我们之间斡旋，急于讨好两边，希望从我们这边得到知识的证明，从蓝喷泉［原文如此］那里获得现款。这一切结束后，我去了马萨达城堡希律王的宫殿[1]，得了流感，飞回英国，躺在床上得了严重的肺炎。我应该阻止麦克过来吗？不要！我身体里的鲍拉站了出来。我从病床上起身，与伦纳德·沃尔夫森、约翰·科克罗夫特爵士、索利·朱克

[1] 希律大帝于公元前1世纪在马萨达要塞北端建造的王宫，坐落在死海的西南岸一块圣像般的、露出地表的巨大岩石之上，公元66—73年反抗罗马统治的狂热派吉拉德人的最后堡垒；罗马人围困要塞两年之后攻破城堡，守城者集体自杀。

曼教授、麦克、谢帕德·斯通[1]、迪尔[2]的老助手、沃尔夫森基金会的秘书长哈罗德·雷德曼爵士及将军[3]等等，一起吃午餐。你会很享受那幅场景的。

麦克绝对了不起。他说话时，口气庄重、有力、真诚，带着一种高贵的雄辩之风，过去我从未听他如此说话。[……] 且不论他对我牛津事务的仁慈关注，他如此高雅的性格现在已经令我成为他一心一意的奴隶了。我确实很喜欢他，并认为他也喜欢我，至少目前是如此，之前并不总是这样。[4] 也许他需要的——因为每个人都是这样——就是道德

[1] 谢帕德·斯通（1908—1990），1952—1967 年任福特基金会国际事务总监；1967—1974 年任文化自由国际协会会长；1974—1988 年任阿斯本人文研究所的柏林董事。斯通曾从柏林取得历史博士学位（1933），同时在福特基金会任职时主持旨在鼓励美国和欧洲之间学术联系的项目的开展。

[2] 约翰·格里尔·迪尔（1881—1944），1937 年受封英国二等高级巴思勋爵；在布尔战争与第一次世界大战中服役；1941 年任陆军元帅；1941—1944 年任华盛顿英国联合参谋团团长。

[3] 哈罗德·雷德曼（1899—1986），1953 年受封英国二等高级巴思勋爵，第一和第二次世界大战的老兵；1952 年任陆军中将，1952—1955 年任帝国总参谋部副主任；1955—1958 年任直布罗陀总督兼总司令；1958—1967 年任沃尔夫森基金会董事兼秘书长。

[4]“再见，伯林”，是关于迈克尔·伊格纳季耶夫的评论文章。该文转载于《未获承认的立法权：公共领域的作家们》（伦敦，2002）一书，第 169 页。在文章中，克里斯托弗·希钦斯引述了“他的性格 [……] 总是如此”，还有就是原文下面倒数第二段，“我从来没有如此深切、如此强烈、如此长时间地仰慕任何人，像我在那四个小时里仰慕他那样”（后一句引文放在前一句的前面，两句引文放在一起，在省略号的两端）。希钦斯暗示，这些引文表明伯林支持邦迪对越南的看法，而没有说明引文完全来自关于沃尔夫森学院筹款的谈判。作为一个自称占领了道德制高点的作家，希钦斯应该避免这样的欺诈手法。他在谈他的论题时，本可以不用这些引文的，尽管他与伯林公开表示的对越南战争的反对态度可能存有分歧（第 310—311、601—602 页）。

278 的保证，真正的钦佩，而这恰是我给他的（我希望他注意到了）。我们取得了一些进展，虽然也许不是我所希望的。艾萨克爵士没有去；伦纳德·沃尔夫森对这个计划很急切；福特基金会的立场是，他们会一比一支持英国方面的资金，但不会单方面推进此事——这在我看来很妥当，但沃尔夫森家族打算出钱吗？

索利就像是头号反派：他强烈敌视这项计划，病态地反对牛津大学和剑桥大学，不是很喜欢我。[……] 我们现在必须耐心克制自己，我想得忍到6月，届时沃尔夫森家族要开会，而索利将尽全力来破坏该计划。我担心的是，到时候别的方案将会作为替代方案而被提出［……］，而除了我这项计划，别的方案没有论据支持，而索利将强烈反对我这个方案，全力反对，麦克又不在场，无法制止和纠正他的论据论点；而且，基金会很少会支持有争议的项目。好吧——我还抱有希望。我能做的也不多了。如果沃尔夫森家族不通过这项方案，或者没有足够的拨款，该计划对我而言就失败了。如果他们出钱，项目就大步启动了，你会成为它的父亲，要么就是艾琳，我想她跟你说过话。

但是，请务必向麦克转达，我没能在谢帕德·斯通面前做得到位，因为那样像是最可怕的一种奉承——我从来没有在如此长的时间里、如此深切、如此强烈地仰慕过任何人，像我和麦克一起的四个小时里那样。他和他的斯通先生来这里和我们一起吃晚餐，还有莫里斯、奥利弗·弗兰克斯、比尔·迪金，当然还有安·弗莱明［……］。安·弗莱明棒极了，她被弗兰克斯迷住了，理所当然地把他比作哈利法克斯勋爵[1]：只要是莫里斯所到之处，弗兰克斯必定走开；他们在理论上相处甚好，在实践中却并未如此。莫里斯让我担心：他声称在希腊邮轮上就一直生病，然后在机场心脏病发作——不很严重，但确是发作了。他觉得不舒服，应该休息却没有休息，他烟是戒了，但喝了太多白兰地。我觉得他有点儿想任由自己衰弱下去，但也还没有这样，要保住生命，又没有耐心这么做。虽然如此，他也许能恢复过来。当然，他与麦克在一起很奇妙，还解释说——在反对了几个星期的伊夫雷计划之后——他是最初的倡议者，而且，在牛津没有谁比他为研究生们做得更多；在他那副擎天巨神阿特拉斯般的肩膀上，担负着他毕生与反动势力进行可怕对抗并继续前进的重任；无论从哪个方面看，他所做的演讲都极为精彩与雄辩，虽然与事实关联不大，却以其独特的方式，荡气回肠，充满创造性与想象力，虽然并非是对现实的准确描 279
述。人与人之间相互调情，就连冷若冰霜的弗兰克斯夫人[2]

[1] 1941—1946 年，哈利法克斯任英国驻华盛顿大使，是伯林自华盛顿使馆发往外交部的报告的签署者。哈利法克斯的清高众所周知，而伯林与他保持热诚的关系，无疑他们与牛津的联系帮了忙：1933 年哈利法克斯被选为牛津大学校长，1934 年当选全灵学院荣誉研究员。

[2] 1931 年奥利弗·弗兰克斯与芭芭拉·玛丽·坦纳（1907—1987）结婚，“他的妻子是可怕的贵格会教徒，一块坚硬的石头”（致菲尔·格雷厄姆，1948 年 1 月底 2 月初）。

也明显融化了，皆大欢喜。如果一切进展顺利，在通往我们无疑是为了满足各方面利益而竖立起来的集清真寺—基督教堂—神殿—犹太教堂于一体的大楼的路上，在圣艾萨克学院的前厅，将放置艾萨克·沃尔夫森和你的巨大半身纪念塑像，一人一边，背对背。[……]

我们非常期待苏珊·玛丽的到来。你无法从越南抽身，这一点毫无疑问。我不知道已故的伊夫林·沃是否会喜欢那里的天主教徒。正如大家所指出的，他死了，以最圣洁的方式，在复活节星期天的早上[1]，在丘奇之后，但他同样很痛苦，他的死对莫里斯影响强烈。他的讣告似乎对我一点儿好处都没有。他是天才，疯狂，不招人喜欢，伪浪漫，一直处于精神痛苦之中，他是多么好的一个好友，有那么丰富的幽默感，应该不能只是与那些相当传统的人为伴。不安的马格瑞奇，无趣的克里斯托弗·赛克斯[2]，都配不上他。我不喜欢他，虽然我们对彼此彬彬有礼；在我看来，他似乎是在他去世时最好的英语作家；也许康诺利会为他写点值得读的文章。我不知道格雷厄姆·格林[3]会说什么——他必须说点什么：他们之

[1] 复活节在4月10日：沃在萨默塞特郡汤顿附近的弗洛里峡谷的家中去世。

[2] 克里斯托弗·休·赛克斯（1907—1986），作家、旅行家；1948年任BBC第三套节目副总监，1949—1968年负责专题节目部；1968年亚当·冯·特罗特的传记作者（原文第345页注1）；是沃的终身朋友，1975年成为沃的授权传记作者。

[3]（亨利）·格雷厄姆·格林（1904—1991），后（1986）获得英国功绩勋章；小说家，和沃一样皈依天主教；他们是牛津大学同代人，但是在多年以后才成为朋

间是奇怪的又爱又恨的关系，你可以想象得到。[……]

你的，爱你的

以赛亚

致麦乔治·邦迪

1966 年 4 月 28 日［副本］

海丁顿宅

亲爱的麦克：

[……] 你写给索利的信是一封杰作，但我怀疑它是否会带来多大的改变。在我看来，比起我们大部分还算理性的 280
动机，他的动机显然更不合情理；我后来试图在自己的头脑中总结一下他正式的反对意见是什么——除了认为牛津的自然科学已经枯萎之外——而这一点，在诸如福罗瑞、欣谢尔伍德[1]、威尔金森[2]和霍奇金等人看来，显然就是胡说——可

友。沃去世之后格林说："我们在政治上有很深的分歧，即使对同一教会我们的概念也截然不同，有时候某些流行媒体的记者试图把我们推入印尼人称之为对抗的那种境地，但伊夫林·沃对朋友的忠诚不可动摇，即使他可能会反感他们的意见，有时还反感他们的行为。我永远不能期望从他那里得到轻易的赞许或是温暖微弱的讨好，可每当我觉得需要他时，他总是在我身边。"(《泰晤士报》1966 年 4 月 15 日第 15c 版)

[1] 西瑞尔·诺曼·欣谢尔伍德（1897—1967），1948 年受封爵士，1960 年被授予英国功绩勋章；1937—1964 年任牛津大学化学李博士讲席教授；1956 年与他人共同获得诺贝尔化学奖；1964—1967 年任伦敦帝国学院高级研究员。

[2] 丹尼斯·黑格·威尔金森（生于 1922 年），后（1974）受封爵士；1957—1959 年任牛津大学核物理学教授，1959—1976 年任实验物理学教授，1962—1976 年任核物理系主任；1957—1976 年任牛津大学基督教堂学院学者。

我想不出哪怕是具体的某一点，不论是对是错。他说，已故彻韦尔勋爵[1]了解牛津，因此从来没有试图在这里建立一个自然科学中心，这是彻底的谬误：他发现克拉伦登实验室一片狼藉，就走了——多么可恶——他的身后是一流的物理学家组成的蓬勃发展的体系。[2]诸如此类。而他在不断动摇着伦纳德·沃尔夫森的信心，而后者向所有人寻求安慰：他现在提出去找教育大臣托尼·克罗斯兰。令我宽慰的是，从你的诸多文件中，我得知他是赞成这项计划的。[……]

当然，一旦我得到教务处主任准确的报告，我会把有关牛津大学会提供什么经济支持的具体细节寄给你。眼下，大学教育资助委员会的成员正在这里视察，他们很紧张，心事重重。我想我们从大学教育资助委员那里得不到什么——我们会申请的，当然，一旦他们听说所需款项的数额，就不会愿意给钱了。我不是怪他们，但这同样是一个典型的短视政策。英国工业界可能会为专项奖学金做点贡献；至于别的，

[1] 弗雷德里克·亚历山大·林德曼（1886—1957），1941 年受封彻韦尔男爵一世，物理学家，政府科学顾问；1919—1956 年任牛津大学的实验物理哲学（即实验物理学）李博士讲席教授，瓦德汉姆学院研究员；1921—1957 年任基督教堂学院实验物理哲学高级讲师与学者；1939 年起任温斯顿·丘吉尔的私人助理。“早在［林德曼］退休之前，他说服牛津大学建设的克拉伦登［实验室］就是不列颠最重要的物理学研究部门之一。”（罗伯特·布莱克，《牛津国家人物传记词典》）

[2] 其中一位是库尔特·门德尔松，伯林试图建立的学院未来的研究员。纳粹上台后不久，门德尔松离开德国，应林德曼的邀请加入了克拉伦登实验室，在那里，他主持了蓬勃发展的独立研究小组，极大地促进了克拉伦登作为低温与固态物理重要研究中心的声誉。（《泰晤士报》1980 年 9 月 19 日第 17f 版）

我就不能说我还抱有多大的希望了，但愿我能抱点希望。如今，对英国富人学养的轻视，是由来已久而又根深蒂固的传统；莫里斯要在牛津作罗曼尼斯系列讲座，这是我们演说年的中心事件，我试图劝说他，在演讲中对此做出谴责，呼吁让科学飞翔，不要限制，并请他的讲座继续坚持他那国宴之后所做演讲的风格，而不是他出版著述中刻意保持的温和风格。我觉得就像一个欧洲小国，在巴黎举行的马歇尔计划会议上，严厉的乔治·凯南，以及 1947 年的威尔·克莱顿[1]， 281
要求我介绍自有资源和未来发展（当年与现在一样，我都是两个世界之间的代理人之一）。然而，由此产生了诸多好结果。在我看来，这就相当于你在应对正悄悄蔓延的瘫痪与麻木，否则它可能波及我们自身。索利的立场与莫洛托夫的类似[2]，愿他遭受同样的命运：毕竟，莫洛托夫还活着，活得还不错，只是如今已经不怎么听说他了。我可能完全错

[1] 威廉·洛克哈特·克莱顿（1880—1966），美国棉花大王、行业管理者；第二次世界大战期间由罗斯福总统任命为商务部助理部长；1946—1947 年任主管经济事务的副国务卿；之后一段时间任国务卿马歇尔将军的无薪顾问，并且是战后“马歇尔计划”与《关税与贸易总协定》（GATT）的设计师之一。

[2] 维亚切斯拉夫·米哈伊洛维奇·莫洛托夫（1890—1986），苏联政治家和外交家，1930—1941 年任总理，1939—1949 年及 1953—1956 年任外交部长（伯林 1945 年进入苏联的外交通行证上有他的签名）；1939 年 8 月，《苏德互不侵犯条约》的共同签署者；坚定的斯大林主义者，1962 年，赫鲁晓夫将其撤职，开除出党，但在 1984 年再次入党；据丘吉尔描述，他的“微笑就像西伯利亚的寒冬”（理查德·欧文，“九十四岁，毫无悔悟的莫洛托夫得到了原谅”，《泰晤士报》1984 年 7 月 7 日第 5f 版）。

误，虽然没有什么根据，但我还是有一种感觉，认为索利在女王陛下政府的日子也是屈指可数了。真诚希望你交给伦纳德·沃尔夫森的那份文件，以其坚定立场和鲜明态度，能够在急需时起到中流砥柱的作用。

我不会再向你重复我的钦佩与感激，给你带来烦扰。〈不像莫兰爵士，关于我的回忆录会请教你的。〉[1]

你永远的

以赛亚　[……]

致伦纳德·沃尔夫森

1966 年 4 月 29 日［副本］

［海丁顿宅］

亲爱的伦纳德：

［……］我希望你不介意我对教育大臣字迹不清而悲观的预言。对此，我可能完全错了——我认识克罗斯兰，虽然不是太熟，我一直尊重他对公共问题的客观性与正直品质。他只是在私人问题上比较“难对付”；所以，怀疑他对牛津过度憎恶，这样的看法也许相当不对。我会很想了解

[1] 查尔斯·麦克莫兰·威尔逊（1882—1977），1938 年受封爵士，1943 年受封莫兰男爵一世，医生；1920—1945 年任职圣玛丽医院医学院。莫兰因撰写了他作为丘吉尔私人医生那段时期的回忆录《温斯顿·丘吉尔：为生存挣扎，1940—1965》（伦敦，1966）广受批评；莫兰为此辩解，他曾告诉丘吉尔，他打算写这本书，但伦道夫·丘吉尔在给《泰晤士报》的一封信中清楚表明，丘吉尔家族反对该书的出版。（《泰晤士报》1966 年 4 月 26 日第 13d 版）

他说了什么。麦乔治·邦迪和谢帕德·斯通见了他，想必是他们在伦敦的时候，在我们午餐之后的一两天，但他们是否向他提到这些事情，我就不知道了。我已经收到邦迪的来信，十分鼓舞人心。信中重申了他在午餐会中对我们说的话，他说他在二百万英镑之内有决定权，无须进一步请示 282
他的受托人，并表示了他对该计划的热切信心。他说，如果事情定了下来，这将是福特基金会在欧洲的最大捐助；这自然会引起其他潜在客户的惊讶，也许还有嫉妒，但他准备面对这一切。相反，如果事情没有成功，他的捐助意向将会被撤回，这笔资金就不会用在英国，所以，没有人会认为，如果沃尔夫森学院没有得到这笔款，英国的其他地方就会得到。我想，在午餐会上，他已经把所有这一切清楚地告诉了我们。他提出的条件就是我接受这份工作，这当然令我感动，也是我的荣幸，但这也有点儿吓到我了。不过，现在我不打算回头：我知道，每次一出现问题，或者我犯了错（我如何才能避免出错？我们谁也不能不出错），索利就会说“我告诉过你的”。而我没法不出错，也不会这么想。

心怀大希望，就此。

你永远的

以赛亚

附言：附上来自《泰晤士报》罗宾斯勋爵的一封信，你可能没有注意到。[1] 很有趣，因为罗宾斯遭到《泰晤士报》的指责，说他的著名报告对牛津大学和剑桥大学抱有偏见，想把学术的黄油均摊给过多大学，每所大学都只能得到薄薄一层，等等。他确实非常热心公益——我很了解他，也非常崇拜他；我曾在委员会与他共事，真心爱他，尊重他——但他没有让自己的民主倾向逃离开他——或是那种即便是伦敦，对牛津与剑桥的骄傲尖塔也会有的高山仰止的感觉。他本人［喜欢？］说，在教育界，出现高峰是不可避免的，人才吸引人才，肯定会有顶级学府，而那些黯淡无光的一定会对其感到嫉妒、怨恨和敌意，而这不能在制定政策时成为考虑内容。即使他这么说了，如果不想帮助最优秀的保持优势，那么真实的状况会是什么——保持水准，这样就不会出现全面滑坡？这在我而言是否太主观了？是我的眼睛没能看出某束巨大的光芒吗？也许吧。我急于解释说，这项计划并
283 不代表我个人生活会因此得到某种形式的提升。你也知道，我不会得到收入——我提出不领薪金，即使我的继任者会

[1] 1966 年 4 月 25 日《泰晤士报》的头版文章“大学的成本”，指责罗宾斯勋爵对高等教育推行“平均主义的政策”，这会使英国无法与“哈佛和伯克利们”竞争。罗宾斯在回复信中引用他的《1963 年高等教育报告》，指出他被曲解了：“人才应该吸引人才［……］。而且，这样的集中不仅是可能的，而且是大有好处的。”罗宾斯并不反对学术精英主义，而是反对在“固化学术机构，使其成为既定等级；［……］应该对卓越人才给予肯定和鼓励，无论他们在哪里，无论出现在什么领域”。1966 年 4 月 25 日第 11b 版；“大学的成本”，来信，4 月 26 日第 13e 版；引自前文所引用的书（原文第 167 页注 3），第 2、9 章，第 37 段。

领——学术上，这个职务也并不能表示对我有任何提升。那么，为什么我相信这个计划？因为，毕竟，这项计划里面即便没有热血，肯定也有汗水，而且，我想，还会有很多的眼泪。当我说自己唯一的动机就是，我认为这是一份非常值得做的工作，为牛津，也为英格兰，我不认为这是在欺骗自己，这一点每位与此有关的人都可以相信。我不能否认邦迪给予此事非凡的热情——这是我没有预料到的，因为我不知道他和他的受托人之间发生了什么——这令人鼓舞，而且是福特基金会政策的转折，也是牛津的命运转折点——但我真的不能往下说了，你说我是一个推销员，相信我，之前我从来没有推广过任何事业，说实话，我也不想再做什么宣传了。在这种情况下，我确实感到自己责任重大。[……]

致麦乔治·邦迪

1966年5月9日［副本］

［海丁顿宅］

亲爱的麦克：

[……] 17日，艾萨克爵士和他的儿子会来这儿踩点，应其要求，将与奥利弗·弗兰克斯校长和福罗瑞会面。[……]

我从伦纳德·沃尔夫森那里得到的印象是——你已经使他充分激发起来并坚定了决心——他希望在两点上得到满意结果，其中一点，我想是不可能的，而另一点很棘手：

1. 他在我们共进午餐时曾经提到，如果发生通货膨胀或是其他因素而导致你的捐资减少，他希望大学本身能够保证继续提供足够的捐赠。尽管这一偶然事件不大可能发生，西方大学总体而言都可以维持下去，但这种事牛津不能做。学院就是学院；如果变穷了，就减少活动。学院能做的就是量入为出，而这点沃尔夫森学院当然可以承诺。但这不是需要你去考虑的问题，幸运的是，牛津的决策层会与沃尔夫森父子谈谈，解决这个问题。

2. 他们不希望有来自政府或是教育界的反对意见或反面宣传。于是，雷德曼将军去见克罗斯兰了，虽然这个令人不安的秘密是传达给我的，但我也必须让你知道。我有一种感觉，此事在某种程度上是索利引发的，或者至少是出于对他的恐惧，他肯定已经在他的部门那里点拨过克罗斯兰或某个人。所有这些怀疑可能毫无根据，但在我看来似乎非常合理。克罗斯兰并没有大力反对这个方案，如我预想的那样，他说，穷人应该比富人得到更多，而曼彻斯特理工学院和斯
284 特拉思克莱德大学理应比牛津和剑桥得到更多捐赠，遗憾的是，伟大的美国基金会只认识牛津和剑桥一些像比尔·迪金和我等，并倾向于支持这些人，而非那些理应获得捐助的贫困而又弱势的学术世界，等等。但是，当然，沃尔夫森的受托人可以决定他们想做什么，等等，他曾经就这个问题与你本人长谈，而这些显然是他对谈话反思而得的成果。

当然，我不知道你与他的谈话结果如何，但从你与沃尔

夫森之间的沟通得到的印象是，他令你觉得他赞同你的意见，并暗示沃尔夫森会捐钱。雷德曼在他给沃尔夫森的机密备忘录中说：他与克罗斯兰曾争论过，并最终令他让步。他会采取这个政策，我并不感到惊讶：作为具有社会主义倾向的教育大臣，他无疑致力于平等政策——这在所有的知识产业界是致命的——而且，他让雷德曼去找大学教育资助委员会。我不知道沃尔芬登[1]会说什么，但我想通过某种途径跟他说，如果沃尔夫森不给牛津大学捐款，他们也不大可能支持斯特拉思克莱德大学：他们更有可能去捐建格拉斯哥、以色列等地的音乐厅。不管怎样，我看得出沃尔夫森父子希望获得某些受人尊敬的部门的嘉许：他们无须怀疑牛津对他们的反应；弗兰克斯、福罗瑞，还有其他五六位值得信赖的著名人士肯定乐于表达他们的赞同：但如果他们是希望政府能够做到这一点，可能就会有点困难：我将尽我所能来帮助他们，但能做到哪一步，我不知道。我对克罗斯兰的印象是——我和他不太熟，但是我知道——在关系到牛津的问题方面，他确然被倒置的势利心态所扰，急于表现得在任何方面都不偏向牛津：他不像克罗斯曼那样，明确表示反感，但

[1] 约翰·弗雷德里克·沃尔芬登（1906—1985），1956 年受封爵士，后（1974）受封终身贵族，1950—1963 年任雷丁大学校长；1963—1968 年任大学教育资助委员会主席；以其名字命名的 1957 年《沃尔芬登报告》建议，将成年男性双方自愿的同性恋私人行为非刑事化，沃尔芬登是提出这一报告的委员会的主席。1969—1973 年任大英博物馆总监和首席馆员。

对牛津怀有某种爱恨交织的感情，于是就产生了非常奇怪的结果，而且肯定不是盖茨凯尔等人会采取的那种理性路线。我认为在这方面首相会更理智，也更有建设性，除非我们的老朋友在首相那里说了什么——他的姓氏深深掩盖了他的本性[1]。决斗开始了，我觉得自己面对的是莫里亚蒂教授。

285 我 16 日与维克托·罗斯柴尔德[2]和劳登先生[3]一起吃饭。我讨厌被迫选择特雷弗—罗珀的立场（实际上，那也是罗宾斯的立场，虽然他被指倾向工业城市新办红砖大学，而且还有反牛津 / 剑桥的情绪——他仍然是一个非常理性的人），认为社会主义倾向的政府受嫉妒、怨恨、恶意，以及所有毫无慈悲心的方式所推动。我能想到许多社会主义者并非如此：但是你了解涉及的人，还有我，而目前事态不是那么简单。这就是我为什么要说沃尔夫森的第二个要求，即从政府圈子提取公众的支持，有点儿棘手。任何一个遭遇财政困难的政府都会吹毛求疵，这似乎疯了。如果他们只是袖手旁观，倒也无妨；也许，受到伦纳德·沃尔夫森的紧张

[1]“Zucker”的德语意思为“糖”。
[2]（纳撒尼尔·梅耶）·维克托·罗斯柴尔德（1910—1990），1937 年受封罗斯柴尔德男爵三世，后（1975）受封英帝国大十字勋章，动物学家；1950—1970 年任剑桥大学动物学系助理研究主任；1971—1974 年任内阁办公室中央政策研究组总干事和第一常任次臣。
[3] 约翰·雨果·劳登（1905—1996），1960 年受封二等高级英帝国荣誉勋爵，石油公司执行官；1952—1965 年任荷兰皇家石油公司总裁，1965—1976 年任主席；1966—1975 年任福特基金会受托人。

性格影响，我也要经历一个简短的无端恐惧时期。当然，在《新政治家》杂志上也可能会有批评意见，等等。这根本无所谓。我想我只需要尝试给沃尔夫森父子注入一点儿勇气，并告诉他们，这一切在五年之后都将不会有任何意义。

等到17日午餐会的时候，弗兰克斯委员会的报告就该出来了，我想它会受到公众瞩目，我那可怜的学院会受到攻击，我会避开记者们，他们急于攫取一句话然后将其扭曲成某个娱乐性的头条。不要相信你在英国媒体上看到的任何一个字！这是我能给你的唯一忠告。《泰晤士报》没有别的报纸那么糟糕，但现在它也现代化了，快要变成《纽约时报》了。

你永远的

以赛亚

致奥利弗·弗兰克斯

1966年5月9日［副本］

［海丁顿宅］

亲爱的奥利弗：

这是另一份机密文件。正如你会感觉到的，我有理由担心大臣的反应。显然，他对雷德曼说的话，和他可能对邦迪说过的话，很不一样。我不太知道为什么沃尔夫森认为有必要找他，但我猜想这件事是索利让沃尔夫森父子找教育大臣，又让教育大臣找他们。不管怎么说，我这颗多疑的心就是这么看这事的。我知道，克罗斯兰本来会采取的政策就是穷人应该得到比富人更多的钱，不过邦迪可能了解那种人，他的言论表现出某种更为个人化的特质，在我看来没能给他的品质加什么分。我想对此我没有什么可以做的，我也不打算尝试去做。不过，我看得出沃尔夫森父子需要宽慰：你的看法就能够令他们放心，事实上，如果有需要，如果他们发布声明
286 时而你的报告尚未引起激烈争论，你或许会愿意为他们和福特基金会的决定辩护。我想福罗瑞与牛津的其他科学家们也会如此。可是，我认为他们需要牛津之外的杰出人士私底下或是公开给他们吃定心丸，或者两样都要：我怀疑社会主义者们会做到这一点。无论他们真实想法如何，现在流行平均主义，即使是在知识界的事务上——而这将是致命的——在这方面，我们比较像柯芬园，不过，要说有什么区别，我们更像众矢之的，因为我们在社会性方面不是那么有“民族性”。[……]

你的

[以赛亚]

致麦乔治·邦迪

1966 年 5 月 18 日［副本］

［海丁顿宅］

亲爱的麦克：

[……] 我想，对于牛津的偏爱，甚至也许还包括对旧学院传统的坚硬代表——红木餐桌、银餐具、坚果、葡萄

酒——的偏爱，像我一样，令克罗斯兰有点儿不悦。不过，他咨询了这里市议会的一位工党委员，名叫皮克斯托克[1]，我想，皮克斯托克是克罗斯兰在这些事务上的顾问，因为他是校外委员会的官员，大概不会受到保守派偏见的影响，或者为摇摇欲坠、腐化堕落的旧学院所影响。皮克斯托克对此事毫不知晓——从来没有听说过有这样的计划——他认为在牛津要建立这样的一所学院是非常了不起的想法；在与克罗斯兰谈话之后，他给克罗斯兰写信说，当然，如果这所学院要像全灵那样成为特权与财富的中心，他是不会赞成的，但根据他对该方案的了解，它的理念与最热忱的社会主义志向完全一致。我没有说，他写这封信的时候，并未与弗兰克·杰塞普先生——他的上级，恰好也是伊夫雷学院研究员——谈过，但发生的这一切我一点儿也不知道。我从来没有遇到过皮克斯托克委员，但我认为他是一个非常明理的人。他在一两年内会任牛津市长，从未来可能会发生的有关建设问题的冲突等等来看——（如果一切顺利）这些问题必然都会出现——他的就任不会造成损害。[2] 现在的问题是，

[1] 弗朗西斯·（弗兰克）·文森特·皮克斯托克（1910—1985），矿工的儿子，铁路员工；1934—1937 年，赢得工人教育协会奖学金，进入王后学院攻读哲学、政治学和经济学；（以少校军衔）退伍之后，加入牛津的校外委员会，1978 年退休；1966—1978 年任林纳克尔学院研究员；1967—1968 年任牛津市长。

[2] 皮克斯托克是“互相冲突的牛津大学、校外委员会、地方教育主管、工人教育协会、工会，还有天知道的其他机构之间复杂来往的了不起的管理人和阴谋家”。弗雷德·英格利斯，《雷蒙德·威廉斯》（伦敦，1995），第 133 页。

287 如何把克罗斯兰—皮克斯托克的通信转达［原文如此：传达］给沃尔夫森父子。这一点，我想，应该由我来完成。关于地方战线就是这些了。

昨天，我们与维克托和泰丝·罗斯柴尔德一起吃晚餐，见到劳登一家——我不知道他的想法。他是如此谦和、优雅、出众，是圣安东尼的朋友，还有吉恩·布莱克[1]和比尔·哈考特[2]，我想——不过我们有过短暂的对话，就我而言非常满意，我承诺让他跟进了解项目的进程［……］。他的主要观点是，不希望看到人才过度外流到美国，造成随之而来欧洲被削弱的局面，对此他似乎完全正确。

分手后，夜里睡了几个小时起来，我就赶赴牛津，请艾萨克爵士和伦纳德·沃尔夫森吃午餐，他们和雷德曼将军一起——我还邀请了奥利弗、福罗瑞和肯尼斯·惠尔与他们见面。奥利弗真是个好人，他解释说，弗兰克斯委员会的报告，强调牛津大学的未来有赖以下几方面：(a) 学院；(b) 自然科学；(c) 研究生；而建立这所学院的目的与他和他的同事们的看法完全一致，他还说，牛津大学更可能采

[1] 老尤金·罗伯特（“吉恩”）·布莱克（1898—1992），银行家；1949—1963 年任世界银行总裁；1962—1968 年任布鲁金斯学会主席。

[2] 威廉·爱德华·哈考特（1908—1979），1922 年受封哈考特子爵二世，1957 年受封二等高级圣迈克尔和乔治勋爵；1931—1968 年任摩根·格伦菲尔公司总经理，1968—1973 年任主席；1963—1979 年任圣安东尼学院荣誉研究员。

纳［报告的］大部分建议（这是真的）。［……］

我不知道，这一切艾萨克·沃尔夫森听进去了多少，但伦纳德肯定听进去了。艾萨克非常有趣，向弗兰克斯提供了他公司的各种职位，很是开心。然后，我们都去看了学院选址，这迷住了老沃尔夫森，他们和布洛克一起喝了茶，然后兴高采烈地驱车回伦敦。［……］

你在纽约不久会有一些访客。［……］索利要来了，肯定会设法见你。我想这间接地是我的错，要是我没有开始这个计划……他可能觉得自己在你面前像个傻瓜，并会努力抹去这一印象。但我还是忍不住要觉得他是莫里亚蒂教授，觉得他心怀恨意要做最坏的事。由于其自身在政府官僚机构里的境遇悬而未定，他非常烦躁，情绪很不稳定。

更重要的是，艾萨克·沃尔夫森爵士要下榻纽约的皮埃尔饭店，从5月27日到（我想是）6月7日，并希望“带你去赴晚宴”。你一定要见他，会过得很开心的：他是苏格兰人和犹太人的混合体，劲头十足的加尔文主义犹太商人，不可抗拒。我真的觉得，现在他希望建这个学院了。他名声不好，是那种先向人信誓旦旦，然后突然又从对方脚下抽出地毯，并且说，伦纳德，或是受托人，或是某人，必须因为 288
在最后一分钟反悔退却而担责的人。但对于这项计划，这种事可能不会发生，因为它与世界上最伟大的建设事业联系在一起，其吸引力压倒一切。

[……] 记得给皮埃尔饭店的艾萨克爵士写封短信，那个环境对他太合适了。他与牛津教师之间的那些沟通会我永远不会忘记，总之，双方都很有信用。

你的

以赛亚

致伯纳德·威廉斯

1966 年 5 月 21 日［手稿］

全灵学院

亲爱的伯纳德：

沃尔夫森父子收到来自教育与科学大臣的来信，毫无保留地收回了他之前的保留意见：如果这是因为你或是谢利[1]为此事出力的结果——即使不是，你至少没有说过什么——非常感谢。回见。

你的

以赛亚

[1] 谢利·薇薇安·特雷萨·威廉斯（生于 1930 年），婚前姓布里顿，后（1993）受封终身贵族，工党政治家；1964—1966 年任政务次官、卫生大臣；1966—1967 年任劳工部政务次官；1967—1969 年任国务、教育与科学大臣，1969—1970 年任内政部大臣；1970—1974 年为影子内阁成员；1974—1976 年任价格与消费者保护大臣；后（1981）成为社会民主党（SDP）的创始人之一；伯纳德·威廉斯的第一任妻子（1955 年结婚，1974 年离婚）。

致伯纳德·威廉斯

1966 年 6 月 13 日

海丁顿宅

亲爱的伯纳德：

我写这封信，只是为了把这个很长的传奇故事讲完——请原谅我——我觉得你应该了解整件事。

上周二，教育与科学大臣见了我，他表现得非常友善开明。他首先说，收到雷德曼将军的建议后他反应冷漠——这是情绪反应，我很理解，因为他是支持平均主义的——他希望能够表达自己对此的懊悔，细想起来，很明显，这个建议对未来将是一件好事，总体上不仅对牛津有利，对英国的研究生教育与科学领域也是有力的促进，因此他写了这封信。然后，我们就这个问题进行了全面讨论，而在讨论中，他非常乐于接受我发自内心、既合宜又开明的观点。 289

我忍不住弱弱地问了下他对大学教师协会会议上所做发言的看法[1]——他说，他不记得自己确切说了什么，但或许

[1] 在克罗斯兰撤回他对沃尔夫森计划的反对意见之后不久，1966 年 5 月下旬，听说克罗斯兰在大学教师协会（AUT）上强烈地表示了对这一计划的反对意见，伯林不知如何是好。据当时出席会议的迈克尔·布洛克回忆，克罗斯兰转弯抹角地提及即将有“私人向不列颠某著名大学”大笔捐赠，并痛心地表示，如此的慷慨赠予只能令体制中有不良影响的不平等现象更为根深蒂固：“对于此事，我想知道这对我们这个国家的高等教育有没有益处——这样的馈赠是否对社会有利，或是对知识领域有益。”（1966 年 5 月 31 日伯林致伯纳德·威廉斯的信，概括了布洛克的描述。）

他曾谈到捐助者的随意性，如果公众关注这笔给牛津的巨额捐款，也许这会是一件好事——如果事情成功了——这样会令人们对获得如此馈赠的非常规与非制度性途径予以关注。我请求他，在将这份特殊的馈赠作为强调私人捐款不可解释性的论据的同时，千万不要忘了对这一非制度性慷慨的特例表达出起码的赞许。这一点，他允诺会做到，他说，如果公众关注对我们过于不利，他准备发表声明，称该计划已经征求了他的意见，并获得他的批准。我真的不能要求更多了。只能说——常言说得好——迄今为止，故事的结局很圆满，而他公开讲话和私下保证的不一致，必须归因于他自己内心真正而深刻的分歧。无论如何，在某种程度上，他还是让理性的考量占了上风。总之，我认为他的表现确实很好，我对人类终极理性的信念——从来就不是特别强烈——因此而得以加强。我毫不怀疑，你会很高兴得知这一切。

非常感谢你寄来的选印本，我将十分认真地拜读它。

你的

以赛亚

致伦纳德·沃尔夫森

1966 年 6 月 18 日［副本］

全灵学院

亲爱的伦纳德：

在决定命运的前一天，如果可以，我想和你谈谈。星期一早上我在伦敦，我会给你的秘书打电话，看看你是否能见我：我觉得我应该向你表明我的立场。我主要担心的是学院得到的捐赠不足，科克罗夫特非常明智而强有力地向我表明了这一危险。如果学院以你的名字命名，那么显然从其他来源募集捐赠的可能性就不大了；或者如你所知，我也不能手执圆帽、四处化缘，像其他学院目前必须做的那样；而你也不希望我这样做。无论如何，我想与你还有 / 或是艾萨克爵 290
士再谈半小时，如果可以。如果我在不可行的条件下提出要做什么事，这不合适，但请相信我理解你的苦衷。[……]

你永远的

[以赛亚]

致诺埃尔·安南

1966 年 6 月 22 日

海丁顿宅

亲爱的诺埃尔：

[……] 不知道沃尔夫森会怎么做——我怕他们会要么推迟此事，陷福特基金会于困境，要么给我的钱根本不够与福特基金会的捐赠额配套，这样的话就太可怕了，那我就不知道该怎么办，该说些什么了。如果他们问我，你是宁愿得到一百二十五万英镑，还是什么都得不到？我将不得不沉默了，因为我无法在捐赠不足的状况下建立这个学院，像比尔·迪金那样饱受折磨，可若真是这样，牛津会把我给撕

成碎片的。[……]

你的

以赛亚

〈附言：不要催促了：沃尔夫森父子已经给了一百五十万英镑——现在——此事绝密——他们已征询杰出人士的意见——弗兰克斯、罗宾斯、福罗瑞，还有你，等等。巴洛夫带来一条秘密消息，最高层也同意此事了。你是否介意被提及：如果是这样，请告诉雷德曼将军。我感到头晕、虚弱，这一切不像是真的，新闻发布会吓坏我了。上帝啊！我为什么要开始这个计划。〉

致约瑟夫·艾尔索普

1966年6月24日［手稿］

海丁顿宅

亲爱的乔：

这件事——整个项目——伊夫雷——沃尔夫森——即将大功告成：我感到茫然、惊恐，希望我没有开始这一切，甚至我自己不存在更好：《泰晤士报》的主编[1]（我向他们说了这事）告诉我："在您这个年龄做这件事真是勇敢无比！"我觉得自己九十七岁了，充满失败主义情绪。尽管如此，对

[1] 威廉·哈利。

失败的恐惧是可怕的激励，也许会令艾琳和我渡过难关。当
然，我也欢喜若狂：并希望赶紧记录下来，谁也比不上我， 291
能够拥有像你这样最好、最高贵、最忠诚也是最得力的朋友。你是一个大好人。（记住这一点。）如果没有你，这项事业不可能开展：沃尔夫森清楚地表明，要是福特不行动，他们也不会行动：如果没有你，麦克将几乎没有机会听说此事——我永远不会冒昧去接近他——你知道的——要是没有你从中斡旋，我永远也不会去找他。你的任务尚未完成：你必须跟我提些关于建筑师、政策等等有关一切的建议：等我们见面的时候（几时？ 9—10 月，在美国——或在此之前？）我会告诉你在此之前所运用的神奇的外交策略（还是给它一个礼貌的名称吧）：如何处理与大臣们，教育主管部门，对手们，百万富翁们，等等的关系。但这是你的胜利，也许就是我的葬礼。

以赛亚 292

院长任上
1966—1975：沃尔夫森学院创立

他文章中最精华的那些值得流传后世。[……] 然而，他最为影响深远永久的成就却在全然不同的另一个领域，那就是建立沃尔夫森学院 [……]。在将来世世代代的日子里，只要这个学院存在，所有在那里学习、任教、开展研究或著书立说的每个人，都欠了以赛亚一笔个人债务。

——布赖恩·马吉，“我认识的以赛亚”
《以赛亚·伯林的个人印象》

研究生教育与本科教育应该同样受到尊重：令这一观点成为现实，就需要做出重大改变。然而，尽管牛津应该在这方面带头，但学院之间的合作才是至关重要的，因为在学院制的大学里，那些没有完全融入大学的人不可避免地会遭受痛苦。

——《弗兰克斯委员会报告》[1]

[1] 牛津大学，《调查委员会报告》（牛津，1966），i 125（第 280 段）。

学术管理显然不仅需要精力和意志，而且还需要高度的想象力和创造力——有人认为［这］只需要专注，而且还可以相对轻松地为更崇高的目的付出精力，他们这是沉迷于某种酸葡萄心理，是在嘲笑他们自己做不到的事。这是众所周知的学界劣根性。

——伯林致纳菲尔德学院院长诺曼·切斯特

1966年7月13日 293

导言：从伊夫雷到沃尔夫森

你们哪一个要盖一座楼，不先坐下算计花费，能盖成盖不成呢？恐怕安了地基，不能成功，看见的人都笑话他，说："这个人开了工，却不能完工。"

——《路加福音》14：28—30

该由谁来在牛津的林顿路建造沃尔夫森学院？有哪位英国建筑师称得上是真正的大师？你想到哪些美国建筑师吗（他们之中有毋庸置疑的高手吗）？芬兰人之中有吗？或者荷兰人、日本人？我们必须在大约十天之内决定，而后雪崩将至；我们将接受纷涌而来的谴责，无论是做了什么显而易见的事，或者没有做这些事。

——伯林致戈雷·帕特，1967年5月26日

沃尔夫森基金会一旦决定配套资助相当于福特基金会的捐赠金额，伯林在牛津大学建立大型研究生院的计划就得以迅速推进。1966年6月27日，在牛津大学理事会周会上，宣布支持该计划，7月26日，牛津大学住校高级教职员全体会议专门召开会议，出台了包括五个部分的法令，就所有主要问题做出规定。牛津大学怀着"深切而温暖的感激之

情”接受了两笔相关赠款；[1] 征得福特基金会的同意，牛津以其捐助人的名字命名新成立的学院；新建的沃尔夫森学院并入伊夫雷学院，后者不复存在；根据规划许可，牛津把校区北部美丽的九英亩地块分配给新成立的学院，那里原本是霍尔丹家族的宅邸；伯林被委任为学院院长。为牛津研究生教育发展做了大量基础工作的阿瑟·诺林顿爵士，在牛津教职员全体会议上介绍新颁决议，并称赞伯林的特殊贡献，爵士的嘉许极为恰当：“正是由于他的热情和信心，以及他在英国与美国所享有的极高声誉，我们才获得了这些捐助。”[2]

伯林决定接受沃尔夫森学院院长一职，前提是所涉及捐款肯定会拨出并被接受。这是一个战略举措，旨在从捐助机构那边获得更多的话语权——尤其是从沃尔夫森基金会那里，因为伯林认为在两个捐助机构中，沃尔夫森基金会更有可能为其捐助设置条件。从一开始，他就试图与大学和捐助机构之间保持一定的距离，在学院成立的开始几年，他通过创建一个信托基金管理其事务，从而加强了学院的独立性。 295
该信托基金会起初由青霉素先驱、诺贝尔奖得主霍华德·福罗瑞爵士任主席。“由于它的目的是为了避免大学委员会的

[1] 沃尔夫森基金会允诺出资一百五十万英镑建造学院与配备学院全部设施；福特基金会捐赠四百五十万美元（一百六十二万英镑），用以支付教职人员的薪资、研究员奖学金、餐厅开支等。

[2] “1966 年 7 月 26 日牛津大学住校高级教职员全体会议上所做的演讲（沃尔夫森学院决议）”，文件夹 1（OUAUR6/WF/2，文件 1），引自“沃尔夫森学院起步于三百万英镑捐助”，《泰晤士报》1966 年 7 月 27 日第 12f 版。

过多干预，”伯林说，“大学委员会自然对它心有疑虑。”但这个信托基金的设立对于沃尔夫森父子同样也起到了抑制作用，伯林欢迎伦纳德·沃尔夫森参与基金管理，正是因为伦纳德“在机构内可能会比在机构外温驯得多”。伦纳德当然知道自己是受到了控制，而且在一定程度上还颇享受这种活跃的状态：1967 年 6 月伯林给他写信，请他批准学院的建筑师人选：“至于信托基金管理，我们都在你的手心里（不要笑——这是真的）。”[1]

在几乎整整十年里，伯林对新建学院的每一个细节都非常用心，直到他 1975 年 3 月退休。他工作认真，力求确保由他启动的这项计划顺利实现。但在 1966 年 9 月就任之后不久，伯林就因休学术假而匆匆离开牛津，前往纽约城市大学任访问教授。就在临走前，伯林写信给他的牛津同事约翰·西蒙斯：“我上任之后做的第一件事就是逃离岗位。我担心你会对此感到失望。”毫无疑问，的确有人这么认为。当沃尔夫森学院的有关消息一经泄露给了媒体，《观察家报》上就刊登了一则短讯，大意是说，在同意就任伊夫雷学院的负责人时，伯林已经“定下严苛的条件，要求必须保证他可以离开学院一定时间从事个人的学术研究”[2]。伯林确实与伊夫雷学院的研究员们商讨过那些对他的研究必不可少的

[1] 致伦纳德·沃尔夫森，1967 年 6 月 5 日。
[2]《观察家报》1965 年 12 月 12 日第 40c 版。

定期学术假，不过，研究员们欢迎这样的安排，其重要的原因是，这样可以使他们更多地参与学院管理；而且，重要的是，这样也使得学院免于支付院长薪资——因为伯林放弃了沃尔夫森学院院长的年薪，仅支取不多的差旅和接待费用。

伯林能够有较长时间不待在沃尔夫森学院，是经过慎重考虑的，其主要原因是他有优秀的副手。1966 年 7 月 28 日，学院正式成立的两天之后，牛津大学教务主任就学院进展情况如此写道："然而，也许最鼓舞人心的进展，是伯林已经定下由迈克尔·布洛克任沃尔夫森学院的财务主管，他是基督圣体学院的高级导师，正好也是牛津大学理事会周会的成员。布洛克处理学术事务非常有经验，精力充沛，拥有很好的判断力。"[1] 他对牛津大学与市议会的充分了解证明是无价的优势，同时他在研究员与研究生中也非常受欢迎。沃尔夫森学院的创建从而成为伯林、迈克尔·布洛克、研究员们，以及（自 1968 年起开始招收的）首批研究生共同 296
努力的成果，在等待学院落成的那段时间，狭小局促的生活条件使他们之间形成了深厚的同志情谊。

学院第一个临时的家，是一栋迷人的 19 世纪中期意大利风格的房子，班伯里路 15 号，距彻韦尔院址不远，1968 年 6 月，学院又搬到班伯里路 47 号（办公地点）与 60 号（教研地点），那里更宽敞一些。其时，研究员人数已经从

[1] 弗里奥特·桑福德致哈罗德·雷德曼，1966 年 7 月 28 日。

三十六人增至五十四人，首批研究生——共二十四人——当年秋天入学。学院决心早日招收毕业生，从而满足其首要的存在理由，而这令学院处于巨大压力之下，在学院新楼的落成日期推迟之后尤甚。人们希望，师生们预计可以在1973年秋季入住建成投入使用的学院，然而在那年夏天迈克尔·布洛克写道："我们下学期形势相当严峻。我们正到处寻找临时住所，安顿我们来自海外的新生和他们的家人。"[1]多重延误的原因是多方面的——劳动力与物资短缺，气候恶劣，设计问题（特别是平屋顶）——1973年10月伯林给麦乔治·邦迪的信中说：作为一所学院，我们做得相当不错——大家的精神面貌很好，因为在英格兰它总是处于各方干扰导致的困境之中——我们一直在向着最好的时刻靠近，只是过程有点漫长，不过，现在情况依然还是不错的。[2]

沃尔夫森学院建于产业关系恶化和通胀上升的时期，沃尔夫森基金会最后支付的学院建造费用高达二百六十万英镑左右，比他们当初承诺的捐赠额高了70%。如果当初在1966年预料到这样的状况，这个项目也许就不会启动了。然而，伦纳德·沃尔夫森没有退缩，事实证明他是伯林所需要的"非常忠诚的朋友"。他将增加的成本承担了下来，坚持不降低所用建材的质量，尽管他的受托人之一、伯林的

[1] 迈克尔·布洛克致伦纳德·沃尔夫森，1973年7月25日。
[2] 1973年10月26日的信。

莫里亚蒂——索利·朱克曼——对此持保留意见。

建成的学院大楼被认为在建筑与美学上都取得了成功。为了寻找合适的建筑师，学院建筑委员会代表仅在英国行程就达四千英里，去的地方远至赫尔辛基和纽约，遍访已经完成的建筑，然后才偶然发现了英国的鲍威尔与莫亚设计公司。建筑界权威尼古劳斯·佩夫斯纳[1]认为，鲍威尔和莫亚是“一流的建筑师，最好的学院建筑设计师，拥有与他们的名望相称的建筑作品”[2]，但显然他们却因为如此而遭到漠视——在伯林看来，这似乎是统治建筑界的奇怪逻辑。学院 297
于 1969 在彻韦尔院址破土动工，1974 年 11 月 12 日，牛津大学校长哈罗德·麦克米兰为其主持揭幕典礼。恰如伯林对学院的构想，学院建筑是传统与创新的结合：有三个四方庭院——本科学院的典型特征——另有二十栋家庭住房，有儿童游戏场地，艾琳·伯林捐建了托儿所，当时别的牛津学院并没有为入住的学者家庭提供这样的条件。偏离常规的安排还包括在师生休息室里不设高桌——这反映出学院研究员们的平等主义精神——以及学院管理机构和学院委员会吸收学生代表加入等。

学院师生入住建好的学院之后不久，伯林就退休了，他

[1] 尼古劳斯·伯恩哈德·莱昂·佩夫斯纳（1902—1983），后（1969）受封爵士；生于德国的建筑历史学家，以介绍英格兰各县郡建筑为主的《英格兰建筑》（1951—1974）多卷本的权威主编；1942—1969 年于伦敦大学伯贝克学院任教。
[2] 沃尔夫森学院档案，CM. 59.67：“寻找建筑师”。

一直打算等学院一切就绪后辞去院长一职，他留下了一所繁荣的学院，这所学院实现了他的许多期望。在他离开的那一学年，共有二百九十四名研究生，其中一百八十人（61%）是理学研究生，七十三人（25%）是文学研究生，四十一人（14%）为社会科学研究生。女性与男性的比例近似三比七，与后来的标准相比还是偏低，但这在那个时候非同寻常，当时牛津所有的本科学院（当然也包括全灵学院）都只招收单一性别的学生。[1] 沃尔夫森成为牛津最大的研究生院，1966年6月在发布沃尔夫森—福特基金公告之前不久，阿兰·布洛克如此评论："《弗兰克斯委员会报告》发布之后，在如此短的时间内牛津投出了充满信心的一票。《弗兰克斯委员会报告》强烈呼吁牛津大学发展研究生教育，而沃尔夫森学院大大增强了牛津大学的正向实力。我知道，要启动如此大胆的一个计划，没有谁能比以赛亚爵士拥有更高的成功几率。"[2]

伯林募集到来自英国与美国主要基金会的资金，成就卓著，沃尔夫森不仅在管理上是革命性的，在观念上亦是如此。到1966年，加强牛津的研究生教育，特别是在自然科学领域，这样的主张得到了广泛认可。然而，包括弗兰克斯在内，很少人能够清楚解释如何加强研究生教育。弗兰

[1] 牛津大学理事会周会，"沃尔夫森学院受托人年度报告，1974年10月1日［至］1975年9月30日"。牛津大学档案馆，HCI/I/ 第282段、第325段。
[2]"牛津获得捐款成立新研究生院"，《泰晤士报》1966年6月27日第12e—f版。

克斯敦促“在合理的时间内，每所研究生院应招收不少于一百名研究生”[1]，而新成立的伊夫雷与圣十字两所学院旨在为此“提供所需的主要条件”[2]。然而，两所学院既无办学场所，也没有资源，无法做到这一点，而弗兰克斯所渴望实现的整体提升需要“各学院的集体智慧”——这是一份乐观的处方，正是由于集体智慧的失败，才因此不得不成立了他这个委员会。

钱显然是至关重要的，但不是解决问题的唯一因素，雄心与远见也很重要。在迈克尔·布洛克记忆中的这个时代，298
就改革而言，懒散庸常成为牛津的主流气质：即便是改革者思索的也是如何能够尽量少做一点事——以求慰藉良知，遏制来自外界的批评。而伯林寻求的是如何可以做到极致，在他众多朋友的帮助下，他开始尝试这么做，新鲜空气因而得以涌入牛津学院——而这正是《弗兰克斯委员会报告》的主要目标之一，在纳菲尔德与圣安东尼两所学院取得的开创性成果的基础之上，通过创建一个不同的模式——大型的、多学科的、男女同校的、面向家庭的研究生院——伯林进一步向旧学院提出挑战，改变他们对研究生教育的态度。自此，本科学院不得不更多地考虑如何为研究生提供条件，否则，当他们最好的学生选择深造时，这些本科学院可能就会失去

[1]《弗兰克斯委员会报告》（原文第 293 页注 1），i 125，第 280 段。
[2] 出处同上，第 277 段。

他们。而这一模式是由伯林——一个局外人——打破的；然而，当他完成了他在沃尔夫森学院的职责，他还是不顾一切地回到了他的精神家园——全灵，而那里与他所创造的沃尔夫森几乎是对立的。

* * *

致肯尼斯·惠尔

1966 年 6 月 26 日［原始手稿遗失，此为口述打字稿］

牛津惠灵顿广场路里酒店

亲爱的肯：

请原谅我深夜还给你打电话——这是我与伊夫雷学院（目前依然还是使用这个名称）开会取得的成果。在我看来，最重要的事情是：牛津回复沃尔夫森父子，表示它同意基金会[1]“积极参与学院的设计与建设等事宜”，然而，与学院有关的一切事项的最终决定权归牛津大学（大学、信托基金、学院以及其他等等）。根据（他人）过去经验的判断，沃尔夫森父子能发挥出什么能量，我不能夸大其词——真的不能：这些都必须白纸黑字规定好，能够经得起律师明确解释；否则他们可能会否决我们的建筑师，停止资金流，提出诉讼，等等——艾萨克其人非常、非常强硬。成立［……］信托基金的想法很重要，虽然不是最重要的：这对于摸索中起步的学院而言很有帮助［……］

[1] 即沃尔夫森基金会受托人。

另外，还有一些不那么重要的事情：伊夫雷学院向牛津提出更名为沃尔夫森学院（不是沃尔夫森父子学院：学院对后一种称谓反应强烈）。完全无关紧要的事情有，我被提升任院长一职了：（没有具体领导职权）。愿你会议顺利。

你的

以赛亚 [……] 299

致克里斯托弗·希尔[1]

1966年7月4日［副本］

［海丁顿宅］

亲爱的克里斯托弗：

对我致以哀悼怕是还更合适一点，唉。但还是非常感谢你。征用？就凭这比布雷齐诺斯学院更低的收入，三百五十名研究生，还要养活这么多人？真丢人！可耻的纽卡斯尔精神！从你，一位高贵种族的领导者，到我，一位边缘群体的领导者！我们应当让古老的特权堡垒看看，哪里才是真正平等之所在。

你永远的

［以赛亚］

[1]（约翰·爱德华）·克里斯托弗·希尔（1912—2003），历史学家；1938—1965年任巴利奥学院研究员与导师；1965—1978年任院长；前共产党员，研究17世纪英格兰史的非教条马克思主义史学家。

致谢帕德·斯通

1966 年 7 月 13 日［7 月 4 日起草，副本］

［海丁顿宅］

亲爱的谢帕德：

［……］麦克在新闻发布会的主导地位对每个人都有利。我个人只是遭受了一点儿来自各种无线广播专家的折磨，而后在早晨七点十五分听到了自己语无伦次的几句话，居然还因此产生了说不清道不明的愉悦感，这是在奥尔巴尼[1]度过一个不眠之夜之后的事。总体而言，我必须承认媒体没有为难我们，我认为艾萨克爵士觉得他没有得到足够的赞扬——但在另一方面，这件事也没有招致什么值得担忧的批评。［……］

目前，我正在焦急地为学院寻找一位相当于总经理[2]的人选，牛津想往我那已经不需要扩大的羊群里再添一些羊，而我正为此抗争。[3]如果需要的话，我会以辞职来威胁他们：如果我辞职，那会是个大丑闻，资金回流，一千零一夜的故事发生了——哈里发再次变身烧炭者，坐在他的灰烬

[1] 位于伦敦西 1 区皮卡迪利大街和伯灵顿花园之间的一栋 18 世纪住宅楼，英国首都最时尚的地方。伯林夫妇自从 1963 年起一直住在这里，先后住过 A10、D6 和 K2 单元。

[2] 这封信的日期与迈克尔·布洛克被任命这个职位是同一天，但这封信更早的初稿也保存了下来，日期为 7 月 4 日，这解释了为什么伯林信中所说似乎与事实不一致的问题。布洛克于 1967 年 1 月就职，但自他任命之日起，他就与“学院的一切发展紧密相关”（弗里奥特·桑福德致哈罗德·雷德曼，1966 年 7 月 28 日）。

[3] 根据牛津的“权利”章程，沃尔夫森学院必须接收研究员（原文第 245 页注 2）；为把学院研究员数量控制在合理范围之内，伯林进行了长期斗争。

之中，福特与沃尔夫森基金会成为遥远的梦想。其实，我知道这样的状况不会发生，但让一些同事看到如此可怕的前景 300 还是有用的，否则他们不会明白研究生院与废纸篓之间的差异。可总经理人选真是很难找：牛津老师不实际，退休公务员既苛刻又自负；学院的建设者真的好难找啊。[……]

你的

[以赛亚]

致西尔维斯特·盖茨

1966 年 7 月 25 日

[寄自海丁顿宅]

亲爱的西尔维斯特：

[……] 我是在意大利口述记录这封信的，我已经远离上月经历的起起落落，真是非同凡响的经历。等我们见面，我想告诉你穿插于整个故事之中的各种计谋与反计谋。现在想起来仍惊恐万状 [……]。

是这样：约翰[1]应该已经把我的计划告诉了你——至少把我对你的请求告诉了你。你会问我，这是什么信托基金？

[1] 约翰·盖尔韦·福斯特（1904—1982），1964 年受封二等高级英帝国勋爵，律师；1924—1982 年任全灵学院研究员；1945—1974 年任柴郡诺斯威奇保守党下院议员；1967—1981 年任沃尔夫森学院受托人，1981 年成为荣誉研究员："与沃尔夫森父子相处得很好；粗鲁直率，因而很大程度上可以克服不可避免的自负，在公共问题方面，虽然他粗鲁天真，但非常诚实，热心公益。可能是我们需要的那种律师。"（来自这封信的省略部分）

首先，成立它的动机是这样的：在我看来，我要应对两个主要机构，两个都很难对付：一边是牛津大学；另一边是沃尔夫森父子公司。还有例如教育部、市议会以及其他机构，我们需要这些机构批建筑许可，等等。当然，还有福特基金会，如果没有它如此及时的支持，这个计划就无从开始。邦迪与福特基金会令人尊敬、很有风度，他们本身并不构成问题，而沃尔夫森父子当然就不一样了。这并不是说迄今他们表示出了任何邪恶或是令人尴尬的意图，可是以艾萨克爵士和他儿子伦纳德的个性，加之他们已经或计划捐资一百五十万英镑，并希望“积极参与”他们所捐助的学院的外观设计、建造以及设施安排——我们与他们的关系必然有些微妙。他们并无特别的计划，也不想把某位建筑师强加给我们（他们实际上聘用的人是拉斯登[1]），但他们希望学院能够迅速完工，成就艾萨克爵士更辉煌的荣耀，因为明年他将庆祝七十岁生日，他有意为学院奠基。伦纳德是个有点儿
301 神经质、缺乏耐心的年轻人——不如他那热情洋溢、强硬得多的父亲受欢迎——一点儿都不好对付：不过，我还挺喜欢他——虽然许多人并非如此。因为有个难相处的父亲，他犀利、敏锐、聪明而又神经质，但本质是善意的。他的自卑感

[1] 丹尼斯·路易斯·拉斯登（1914—2001），后（1976）受封爵士，英国建筑师，战后被广为聘请；他的作品包括建于伦敦泰晤士河南岸、受到普遍赞誉的国家剧院（1967—1976）。

不是来自某种情结，而确实是因为没有受过良好教育，加上“其貌不扬”，正如约书亚·雷诺兹解释如何表现大卫［王］那样[1]，总之，我可以告诉你许多关于他的趣事。无论怎样，我们要和他打交道——沃尔夫森父子当然会向我们提供成本核算专家，也许还有建材采购、建筑规划等方面的专家，当然也会有室内装修方面的专家，这些可能对我们很有用处。与此同时，我不能让他们控制一切。那是一个因素。

大学那边是截然不同的危险——除了总体性的迂腐、效率低下、复杂以及某种自然产生的羡慕与嫉妒——这些所有大学都有，只是程度不同的危险之外，我们这所学院所面临的巨大而奇特的问题是，它最初成立的初衷是成为非牛津研究员们的庇护所，依照牛津大学章程，它现在依然必须如此，虽然我已经明确表态，如果他们坚持要割下属于他们的那一整磅肉——也就是说，把各种流浪狗塞满学院，而且我也已经接受了三十六位了——他们并非都不优秀（其中一些人出类拔萃，而且大部分人也都非常出色）——学院将会被拖垮，这会危及牛津大学，招致某种不安，而愤怒的校外机构也会因此彻底取消捐赠。这只是极端的情况：我并不擅长讹诈：在这两种情况下，比起研究员们和我，信托基金仅仅因其由

[1] 约书亚·雷诺兹（1723—1792），肖像与历史画家、美术理论家。他认为贝尔尼尼的大卫雕塑“非常不好看”，雕塑家努力想塑造出一个生动的姿态，但他的构想却错把“偶然性当成了普遍性”。《关于奖品分配的话语，致皇家学院的学生，1771 年 12 月 10 日》（伦敦，1872），第 9 页。

卓越而可敬的人构成，就能对捐款方与牛津施加大得多的影响。而信托基金［……］的另一替代方案，是成立沃尔夫森学院与牛津大学的混合委员会——对牛津而言这个方案乏善可陈——该方案也没有打动沃尔夫森父子。然而，如果我们成立一个由杰出人士组成的信托基金会，吸收伦纳德·沃尔夫森作为受托人，那样对伦纳德就有直接的威慑作用，在机构内的他会比在机构外要驯服得多，而且，如果有必要，基金会可以轻而易举地以多数票否决他的意见，虽然我认为不会出现这种意外状况——事实上，我相信这种事不会发生——对于牛津，{这}将是一座更为强大的堡垒。[……]

莫里斯最初反对整个计划，现在他改变立场了——站在既成事实的一边，是他的信条。约翰的确无法理解我的动机；并且隐约感到受到了冒犯；如果我处于他的位置，我也会有这样的感受。在公共场合我绝不会这么说，私底下有时候我也会否认这一点，但是，在全灵学院，我有点儿像是在做噩
302 梦的感觉。现在，报死蠹虫正啮噬着全灵——它可能会在很长时间之后沉没，而在目前的制度之下，它不可能逆转这一趋势。约翰远比其他人优秀，正是因其优秀，如今全灵才如此衰颓；对于任何与牛津有关的事情，他内心深处是漠然的（而且如美国人所言，毫无私心），除了像停车场、建筑物保存，还有对变革的全面反对这些事情之外。全灵肯定出了问题，它发现对于自身的常规目标而言，自己太富有了，现在，学院目标没有任何变化，还抱怨自己太穷。但对此我不会谈

得太多，我祝愿院长和学院一切都好，离开它，我真心感到惋惜；自 1932 年以来，我或长或短、时断时续地待在全灵，因此我心怀感伤，我不得不放弃在全灵的住处，放弃那个住处的窗外景致，这令我几乎不能活下去。[1]［……］那里有可能成为一座阴郁的陵墓——看在上帝的分上，不要引用我说的话：这太伤约翰的感情了。他想要我发表公开声明，表示我对全灵学院如何忠诚，而离开它又是如何遗憾，以免有人会以为我认为自己逃离了一艘正在下沉的船。这不是我离开的缘由：但这艘船确实维护不佳，也缺乏起码的方向感。

请写信告诉我，如果信托基金会成立，你不会拒绝加入。［……］我向你提出这一请求，是对你的偏爱，你可一定不能拒绝。［……］

你的

［以赛亚］

7 月 4 日，戴维・夏皮罗[2]曾致信教育与科学国务大臣安

[1] 从伯林位于全灵大四方院的霍克斯莫尔大楼的房间可以看到拉德克利夫广场，他认为那是全欧洲最美丽的公共空间。

[2] 戴维・迈克尔・夏皮罗（生于 1934 年），1954—1957 年于新学院就读古典学专业；在他入学的第一个学期，作为四名新生之一参加由伯林和 E. H. 卡尔主持的、题为“1830 年以来俄国革命的一些先兆”的研讨班，与伯林相识；1959—1960 年任哈佛大学俄罗斯近代史亨利研究员；1963—1965 年为纳菲尔德学院俄罗斯近代史研究生；1965—1968 年任埃塞克斯大学政府学高级讲师；1968—1972 年于女王陛下的财政部任职；1972—1988 年任布鲁内尔大学政府学高级讲师。夏皮罗起初任《俄国思想家》编辑（合同日期为 1968 年），这一职位后由亨利・哈代与艾琳・凯利接任。

东尼·克罗斯兰（并寄信件副本给伯林、谢利·威廉斯和戴维·马昆德），这也许是伯林收到的对沃尔夫森学院计划措辞最强烈的信件。鉴于“攻击”的严重性以及伯林给予的有力而彻底的回应，这里收入这封信的全文很有意义。

亲爱的托尼：

我希望你对保罗·约翰逊[1]和《新政治家》提出诽谤控状，因为他在报道中说你“先是对”沃尔夫森学院“有所疑虑……而现在又充满热情”[2]。

303 我无法相信这是真的。你当然认为，沃尔夫森学院代表了以自命不凡的黄铜装饰的，据称是自然科学家们所渴望得到的旧式茶室。没有证据表明，牛津的自然科学家们遭到现有学院的冷落，如果自然科学研究生们羡慕纳菲尔德学院的设施，适当的做法是切实改善实验室设施，同时为已婚夫妇盖一些实用的居住单元。

当然，你会意识到，这一毫无价值的项目已有先例，并证明了该项目最终是徒劳无功的。圣凯瑟琳学院据称奇迹般地创立了牛津自然科学家们的地位，它有吗？圣凯瑟琳学院的成立，其功绩值得商榷；在学术上，它从一个四流学院变

[1] 保罗·比德·约翰逊（生于 1928 年），1955—1965 年为《新政治家》的编辑人员，1965—1970 年任主编。
[2]《新政治家》，1966 年 7 月 1 日，“伦敦日记”栏目，第 8 页：“在最初的疑虑之后，托尼·克罗斯兰现在充满热情，首相也是如此。”

身二流学院了。

你是否意识到，你所主持的教育体系有可能越来越精英化？你意图摆弄私立学校，而只能得到如此结果。你不让红砖大学与新建大学获得资金，于是导致牛津剑桥与其他大学之间的差距愈发扩大，而这也并不能成功迎合沃尔夫森和邦迪这些势利的社会群体。

你可以把这封信当作一份诉状。如果苏联当局给我签证，7 月 11 日星期一我会动身前往莫斯科和列宁格勒，在那里逗留两个半月。考虑一下你要如何为自己辩解，让我请你 10 月 2 日星期天来吃午餐并致辩词。我将以生蚝款待你，与你一起为了社会主义逝去的未来悲伤地喝上一杯。

致戴维·夏皮罗

1966 年 7 月 29 日〈数星期前口述记录，但打字员丢失了口述稿〉

［寄自海丁顿宅］

亲爱的戴维：

感谢你寄来给托尼·克罗斯兰去信的副本。如你所说，这是诽谤。它混杂了无知与偏见（我仅指有关沃尔夫森学院的观点——其余的则是另一回事）：而其中偏见比无知更甚，因为你知道现在这项计划与你所激烈抨击的那些截然不同。你也知道（因为我已经告诉你了，你没有理由不相信我——我过去什么时候、在什么事情上对你有过任何的欺骗？），该计划不是为科学领域的牛津人提供福利设施，不是建一所假冒的“旧式”学院，也不是为了延续接受美国人来访的旧传统。你也和我一样，都知道在牛津非研究员中煽动权利平等就可以博得充分的理解，也有恰当的社会理由［……］。你知道，无论过去还是现在，研究生们，尤其是科学领域的研究生们，为他们所做的还远远不够。［……］研究生们，博士后们，他们来到牛津，是因为这里有许多杰出的科学家。他们来牛津这里而不是去其他地方，这并非什么令人惋惜的事实，尽管它可能因而招致嫉妒。设备在这里，资源在这里，而持续不断的发明与发现的可能性（没有这些可能
304 性，教学质量就会下降）只能存在于有相对较大规模系部的地方，因此，从事某项研究的四位卓越科学家的退出——一位去世，一位移民，两位开始走下坡，这并不是毁灭性的。大学教育资助委员采取的方针是主要支持新建大学，我不会因此责怪他们：这似乎是一项完全合理的公共政策。既然如此，那么牛津和剑桥去哪里获得资助？——它们确实需要钱，科学，无论是自然科学领域还是其他领域，都是昂贵的，仅凭学院的课税，或是令其以最艰苦的方式精打细算过日子，不会产生足够的成果。

所有的这一切你都知道。那好吧：牛津的一半——“人文”的那部分——构成学院的有效入住人群，［……］而科学研究者们住在公寓楼里，去实验室工作，住所远离他们的同伴，这样不好，不合情理的不平等是可恶的事。如果我们

要招更多的研究生，鉴于牛津大学的教学水平非常高，因此如果他们来了，他们就可以让英国其他地方都出成果；如果他们中的许多人都成为科学家和技术人员（我不谈功利的动机，虽然这些动机已有足够的分量），而科学的进步是我们这个世纪最辉煌的成就了（未来的历史学家会赞美这些进步，而不是我们在文艺上的成就，文艺方面我们的成就也不错，但只能算中等水平）；所以，现在是让牛津醒来、承担责任的时候了，适用于文艺领域的也一样适用于科学领域。

这一部分是地位的问题。那些被视为劣等的人，要么一直暗淡无光，要么心怀怨愤，或者二者兼而有之。（我为什么要告诉你这些，在你而言是如此显而易见的事？可这是你逼我说的，因为你无情而鲁莽地无视所有这一切，还说什么旧式茶室等等，完全是一派胡言。）而关于地位平等的问题，在我们国家是超越一切的问题。你嘲笑圣凯瑟琳学院从四流地位上升到二流地位，为什么这就比某些红砖大学或它们的某个系部取得类似的升格更糟？为什么获得福特基金的捐款，令牛津的自然科学研究得到应有的平衡，就是错的？而且你也很清楚，建立一个中心，让科学家们能够聚在一起，举行学术会议，客座教授能够逗留，科学家们可以住下来，无论是在牛津，还是在英国的任何地方，这都是全新的做法。为什么试图把人们从目前这个——物质上而不是智识上——低劣的二流地位中解救出来，就是邪恶的？为什么这就是不公正的、荒谬的、“没有价值的”？平均主义政策的意思就是——盲目的那种——因为A不能得到某些东西，

B 就也不能得到，一块面包必须整齐地切分成两半，即使在某种条件下，一整块面包可以带来至关重要的不同。这是每一位聪明的社会主义者——自马克思与他的追随者起，直到列宁——所谴责的，对此你比我了解得更多。在俄罗斯，这种不平等只是被推向了极端，所以除了在莫斯科，别的地方的乐团就不好，除了有两所大学很好，别的大学就不好，等等，这就是把平均
305 主义做得过度了；可是，三流乐团的激增不也是不对的吗？

尽管如此，大学教育资助委员不推行这个政策是对的，因为需要它喂养的学校数量巨大，而且都必须喂养。所以就政府补助而言，牛津和剑桥必须排在次位，只要其他大学的条件像现在这样——那些的确不太幸运的大学，你也知道的，是红砖大学，而不是你那种。你说到势利，沃尔夫森学院是不会势利的。我们不打算模仿旧学院，穿戴令人尴尬的制服、帽子、长袍，手执魔杖，而那些新成立的大学似乎要这么做。有人认为这样很有趣，也很令人快乐，但在我而言，这至少也算得上是某种症候了，比起你对此的反应，我对此倒是更郁闷。如果邦迪希望支持牛津的某个自然科学项目，并且不愿支持科尔切斯特的项目，因为科学界人士已经说服了他，告诉他以英格兰目前的财务状况，它不可能在现有如此之多的大学系部的基础之上继续开设新的系部，而且科学发展最终还是取决于现有的基础（我接受这个说法，而且我问过的每个人都对此赞同），为什么这就是犯罪？没有教育——至少是普及教育，可以有研究，但没有研究就不可能有教育。因此，虽然如此考虑问题令

人感觉可怕，但是牛津、剑桥、伦敦大学，也许还有曼彻斯特、谢菲尔德、布里斯托的某些方面，是不可缺少的。基于这些原因，如果，如我对此事所坚信的那样，教育和科学大臣的心中有国家的利益，我相信，他不会在意你信中说的任何一句话。我想，自己是怀有对牛津一定程度的偏袒说这番话的，因为我觉得牛津如此重要，它不应该走下坡路，而目前私人捐助是防止这种趋势的唯一办法。如果我所说的存有偏见，而你毫无节制地大放厥词，所言更是偏激百倍。我不相信你真的相信你所说的一切，你只是认为你应该相信这些。10 月 2 日我不会在那儿，因为那时我人在纽约，因为这里没有人对我的研究课题感兴趣。这是否也不合情理？还是愚蠢可笑？我不会把我这封信的副本转寄教育大臣、谢利·威廉斯以及其他人，他们不仅可敬，而且聪明，如果他们爱你，他们会原谅你如此情绪化的措辞。我不打算把此事告诉任何人，这些话只对你说，因为这听起来既傲慢又可怕，如果人们听从你的建议，这将极大地损害英格兰无论是物质方面还是智识方面的发展。我的观点可能是褊狭的，而你的观点……

总之，我们不要继续争论此事了。我一直很喜欢你，对你的才能和社会正义感一直充满信心，再争论下去令我痛苦；事实上，比起你的攻击，你的语气更令我无法忍受。我恳请你想想，你可能弄错了，完全误解了。

你的

以赛亚 306

〈我仍然爱你——即使你理应遭到汉普希尔和卢克斯在《新政治家》上对我不认识的那位萨维尔先生的所有苛责。你还是懂得公正与不公正之间的区别的：如果你来可怜的老派沃尔夫森学院用餐（如果你的信被人发现了，你还需要乔装一下以免被人认出来），你不会对那些喝波尔图葡萄酒的科学家们唠叨个不停：是的，的确，我知道我对你那愚蠢的平均主义[1]的强烈不满不会削弱我个人的、不可改变的感情（我也不喜欢卡尔——而且，他曾公开说了一些深深伤害到我的不实言论：人们曾试图让我恨他）[……]。〉

以赛亚·伯林

致菲利普·约翰逊[2]

1966年8月4日

帕拉吉

尊敬的菲利普·约翰逊：

我往雅典的希尔顿酒店给你发了一份电报，回复你的来

[1] 伯林此处原文为：уравниловка。

[2] 菲利普·科特柳·约翰逊（1906—2005），美国建筑师，建筑风格的裁定者；他在纽约的设计作品包括林肯中心与纽约州立剧院（1964）的总体规划。沃尔夫森学院建设委员会在寻找建筑师时，他是考虑的主要人选之一："我收到菲利普·约翰逊寄自美国的来信，询问是否可以讨论这个问题。他很伟大，但我对他感觉有点儿紧张。尽管如此，反正他9月17日要来英格兰了，我看，在我走之前，9月18日或19日安排他了解一下情况没有什么坏处。不论怎样，谁也没有做出承诺。我已经订购了泰晤士与哈德逊出版社的一本非常昂贵的图册，《菲利普·约翰逊》，是为了颂扬他的作品而出版的。"（致弗兰克·杰塞普，1966年8月3日）

信，但是你已经离开了。〈约翰尼·沃克〉，那一天来吃午餐，他就是我的证人。

我〈非常〉想和你谈谈沃尔夫森学院：它有九到十英亩郁郁葱葱的一片土地，下面有条溪流经过；因为获得建设许可困难大得可怕，所以这个项目还悬而未决，他们反对聘请“外国”建筑师；学院的民主制度是说到做到的，我的同事们十分嫉妒他们的权利。

如果你来踩踩点，那就太好了。我会在意大利待到9月10日，然后就回到英国，待到大约9月20日，然后就去纽约，要是能逃避我的职责该有多好。你说9月17日——如果你可以提前两天左右，这会是很合适的安排；如果不可以，那9月18日也很好。〈我们可以一起吃午餐，出去走走。〉你能否让我在意大利就了解你的安排？你会考虑一下此事，我也感到很高兴，很自豪。

充满感激的

以赛亚·伯林 307

致莱昂内尔·罗宾斯

1966年8月18日［副本］

［寄自海丁顿宅］

亲爱的［莱昂内尔］：

［……］明年没有希望了。我已经有两个讲座——要出版讲稿的——定于1968年，提前这么早就做出这样的承

诺，似乎很荒唐，不过，如果1969年没有什么事，我想我可以做出某种道义上的承诺，而不是真正的承诺（违反真正的承诺，我会因为食言而遭受谴责）。[……] 此刻，我正坐在自己的金山上，苦思冥想该找哪位建筑师。我希望英国建筑师更好。如果邀请外国建筑师建造沃尔夫森学院，就会又有可怕的谩骂落在我这可怜老人的头上了。尽管如此，我认为，我们必须考虑绝对价值，想想是否造福后人，等等。

在我看来，最好的建筑师是一个日本人[1]，但他可能很难掌控。英国人都有不足之处。说到不足，我感到十分惭愧，刚刚出席了在威尼斯举行的音乐学家会议，实际上我向他们谈到了威尔第。[2] 大会专门讨论了他的作品，能受到邀请并在众多博学之士面前发言，我深感荣幸，他们之中大多数人都很清楚，在威尔第设法把《斯蒂费里奥》改写成更多人所知的《阿罗尔多》之前，贝里尼的《梦游女》的哪一个主题影响了《斯蒂费里奥》的第三幕第三短曲哪一部分的伴奏，等等。幸运的是，我说的他们一个字都没有听懂——即使他们懂英语，他们也不会听懂，然而他们也的确不懂英语，除我之外，其他人都用完美无瑕的意大利语发言。得知这点之后，我觉得自己简直就是个可怕的骗子，这一段时间

[1] 丹下健三（原文第315页注2）。
[2] "威尔第的'天真'"，后来发表在《哈德逊评论》第21期（1968），第138—147页（题献W. H. 奥登），并收入《1966年威尔第研究国际会议论文集》（帕尔马，1969），第27—35页；再版收入《反潮流》。

我还是不要在任何公众集会上做任何发言为妙。[……]

你永远的

[以赛亚]

致莫顿·怀特

1966年8月19日

[寄自] 海丁顿宅

亲爱的莫顿：

沃尔夫森的情况令我胆怯，让我惶恐，将我击碎，从各方面都令我不安。不知道接下来还会遇到什么，前面还有可怕的重重困难，不仅仅只是建造学院，等见面时，我会悉数奉告。[……] 你可 [以] 确信，我会扯着你的马甲啜泣。我现在觉得这是疯狂的行为，但不得不如此；没有回头路可走。 308

很高兴你在研究自由意志——在我看来，这是最古老而又最真实的问题，迄今为止没有人提供过答案，对于几乎任何一位智力普通的人，这仍是一个清晰易懂的问题，同时也是尚未解决的、无法解决的、明确的且不需要特别技术的问题——事实上，其难度比别的任何问题更有甚之。[……]

如果你真能来纽约城市大学，这就太令人高兴，太令人欢喜了。我们可以重温青春时光；所以一定要来。你、我，还有阿瑟——我觉得我们聚在一起，在某条奇特的道路中间，互相支持，携手并肩——对越南，对伯克利大学，对任何可以轻松愉快地采取非黑即白立场的问题，我们都没有明确的答案，因而注定要承受双方的谴责，谴责我们的劣性，而对此我们既承认又心怀抵触，这是因为对于我们的立场，或是我们的普遍立场，我们依然坚持普遍的怀疑主义，保持质疑，而不会因为我们认为他们代表正义或公平便有所改变——是时候应该把所有质疑者以及中间道路的占领者们载入历史了，他们不明白为什么埃及人必须溺死在红海里，并质疑以丑恶方式惩罚《圣经》里那些坏人物的做法是否公正；他们认为苏格拉底做得过头了，他们赞同《圣经》中冷漠懒散的伽流，卢奇安，伊拉斯谟，蒙田，等等，不太赞成斯宾诺莎，帕斯卡，赖尔，[……] 弗雷迪·艾耶尔，瓦格纳，甚至是梅耶，并且不因没有所谓的立场而感到羞耻，不签联名声明书，并且不会出现在醒目的先锋队伍中。[1] 我并不是说要为这些人辩护——我宁愿自己也是其中一员——然而，如果我真的很勇敢——……

你的

以赛亚

[1] 对照原文，这段话在细节上有所修改，它让人想到在汤姆·斯托帕的《真正的警犬》（伦敦，1968），第二部，其中有位代理戏剧评论家穆恩为所有副官所做的辩护："有时候我梦想革命，第二等级发动的血腥政变——主演们被他们的替角杀戮，魔术师被不知疲倦地微笑着的迷人女郎锯为两半，板球队被替补队员横扫—— [……] 助手、副手、副指挥官、第二名们、助手们组成的大军 [……] ——全世界的替身们，站起来！"

致埃里·坎度理[1]

1966年9月6日［副本］

寄自海丁顿宅

亲爱的坎度理：

［……］感谢你为哈利法克斯[2]所写的评论，我怀着极 309
大的乐趣与愉悦读完了。我认为你说的都是真的，但总体感觉或许有点儿过于苛刻。我认为，他对生活的看法既非肤浅亦非懦弱，但极其悲观——他认为未来总比现在或过去更加黑暗，没有必要急于奔向它，因为无论怎样它都将不可避免地到来，因此在自己的船上使用马达是自我毁灭行为。而如果有像捷克斯洛伐克这样的小撮杂草冒头，轻轻把它们拨开即可，而不是让它们缠住你，导致你的小船无谓倾覆。他相信伟大的稳定性：英国教会，罗马教会，美国，俄罗斯，印度，他认定抗拒这些实体的同时还能得大于失是不可能的；因此，他的"绥靖"政策不仅针对德国，而且也针对美国与印度，为此他遭到丘吉尔和索尔兹伯里的猛烈抨击，而他的绥靖思维并非源自怯懦，而是源自他阴郁的人生观。有观点

[1] 埃里·坎度理（原名埃利亚胡·阿卜杜拉·坎度理）（1926—1992），历史学家、政治科学家；1953—1990年在伦敦政治经济学院任教；1965—1990年任伦敦大学政治学教授。"如你所知，他是上层巴格达犹太人，在很大程度上因犹太复国主义而招致迫害，失去了他的地位、财产等［……］因为他的敌人，我很喜欢他"（致雅各布·托曼，1960年8月）。
[2] 弗雷德里克·温斯顿·福诺·史密斯，伯肯海德伯爵［二世］，《哈利法克斯：哈利法克斯勋爵的一生》（伦敦，1965）。

认为，他对欧洲所知甚少，并非真的相信希特勒有那么可怕，我认为，这说得不对，不全对，哪怕罗斯和其他人所说的大致都是这个意思。他反动，封建意识浓厚，还很散漫，喜欢享乐，又像个传教士，但他聪明绝顶，富有想象力，绝不肤浅或是盲目。当他去与戈林一起猎狐，我想他知道自己在做什么，而且此举当然是受到了艾登的鼓励，[1] 他从来就没有错过心怀恶意地指出这一点的机会。总之，你说他试图将所有讨厌的东西都一掸而去，这样的描述对他十分公允，但这可能是传记作者在某种程度上弄错了，他绝顶聪明，敏锐，由非常复杂而精细的材料打造而成——人们说他简单，在我看来那简直是开玩笑——但这一切并没有令他成功。虽然如此，总体而言，你的观点对的多，错的少，他是一个灾难性的政治人物，某种程度上即便在印度也是如此。[……]

你永远的

[伯林，贝利·克纳菲斯代签]

1937 年 6 月，由十多名作家和诗人组成的一个国际小组，其中包括 W. H. 奥登和巴勃罗·聂鲁达，向他们的英国

[1]（罗伯特）·安东尼·艾登（1897—1977），1961 年受封艾文伯爵一世；1935—1938 年、1940—1945 年及 1951—1955 年任外交大臣；1951—1955 年任副首相；1955—1957 年任首相。1937 年 11 月，哈利法克斯接受德国元帅赫尔曼·戈林（1893—1946）的邀请，去波美拉尼亚猎狐；艾登后来把此次显然带有外交色彩的访问作为张伯伦如何绕过外交部寻求实行绥靖政策的一个例子，但哈利法克斯战争后明确表示，艾登曾希望他能接受邀请。

同行分发了一份调查问卷，询问他们在西班牙内战中支持哪一方。问卷调查结果以《作家们在西班牙内战问题上采取的立场》（伦敦，1937）为书名出版，调查表明，压倒性多数支持共和事业，一百四十七名受访者中只有五人（其中有伊夫林·沃）站在佛朗哥将军一边。三十年后，塞西尔·伍尔夫和约翰·巴古利从这一倡议活动中得到灵感，出版了《作家们在越南问题上采取的立场》一书，伯林对此书亦有贡献："我对自己在20世纪30年代中期的感受依然记忆犹新——当时我全力支持西班牙共和，这一态度至今未改。我希望自己在越南问题上能够同样做到爱憎分明，毫不含糊。"虽然伯林无法像一百六十多位受访者之中的大多数人那样毫无保留地谴责越南战争，但他明确表示对此不支持： 310

> 在做了以上说明之后，这些道不清、理还乱的困惑和思绪依然萦绕在我心里，挥之不去。这里我想补充一点：除了赞同那些与我有同样疑问的少数人，我不由自主地从内心里更加靠近那些希望不惜任何代价结束战争的人，而不是他们的敌人。如果要我从这两个极端中做出选择，我毫不怀疑自己会选择哪一边。[1]

[1] 塞西尔·伍尔夫和约翰·巴古利（编），《作家们在越南问题上采取的立场：数国作家回答关于越南战争的两个问题》（纽约，1967），第20—21页。伯林回应的全文收入本书附录，"在越南问题上采取的立场"，原文第601—602页。

致布赖恩·厄克特

1966 年 9 月 7 日［副本］

海丁顿宅［于帕拉吉口述记录］

亲爱的布赖恩：

［……］我收到了一个叫塞西尔·伍尔夫[1]的人寄来的调查问卷，我想他一定是伦纳德·伍尔夫的兄弟，年纪可能只是比他稍大一点，比如说九十岁刚过——他说，西班牙内战期间，有份有趣的调查问卷寄给了各种各样的人，他还引用了几位来自不同作家的答复，等等，那么，做一个关于越南战争的类似问卷调查岂不是不错的想法？我希望我知道如何答复——我也不觉得自己是否确乎回答这些问题的合适人选。当然，我认为美国人不该介入战争；他们不应该在那里；如果可以，他们应该脱身；然而，要是美国人真的走了，我会觉得更紧张，现在——撇开威望和其他的一切不谈——他们在那儿的朋友，或是所谓的朋友会遭到屠杀，如果属于政治性质，那么屠杀就会更加惨烈，即使是对无辜的妇女儿童的无差别轰炸——至少对我而言。如果东南亚各国分崩离析，只是为了登上共产党的竞选彩车，这会令人不快地让人想起 20 世纪 30 年代中欧国家针对德国采取的行动，这与我对体制本身的看法无关。（我并不介意体制问题，如果他们愿意走

[1] 塞西尔·伍尔夫（生于 1927 年，所以尚未满四十岁），当时及现在都是塞西尔·伍尔夫出版社（1960 年成立）的所有人，目录学家，伦纳德与弗吉尼亚·伍尔夫的侄子。

向共产主义，当然就让他们去吧；没有什么，或者说很少有什么，是比反共十字军东征更可怕的。）这么说确实显得很软 311
弱，我真的不知道我是怎么想的。像吴丹[1]一样，对此我也像哈姆雷特一般踌躇，但幸运的是，我想什么并不重要，我还可以什么都不说，至少在此刻，只要坐在意大利的山间就可以，这里持续下雨，斯图尔特已经到了，好开心，斯蒂芬·斯彭德也会来。因此，我们也不是没有教化影响力。[……]

向你致以艾琳和我的问候

[以赛亚]

致薇拉·魏茨曼

[1966年] 9月22日 [副本]

海丁顿宅

亲爱的魏茨曼夫人：

我很高兴地看到您看上去如此健康，心境如此之佳；我很喜欢我们关于鲍勃·布思比的谈话。但是，等我又一次在第二天早上离开时，我发现自己对施泰因[2]写信给您提及的

[1] 吴丹（1909—1974），缅甸人，1961—1971年任联合国秘书长（接替达格·哈马舍尔德）；坦承执意结束越南战争。

[2] 伦纳德·雅克·施泰因（1887—1973），出庭律师；在圣保罗和巴利奥学院接受教育；第一个承认自己是犹太人并当选牛津学生联合会主席（1910）；1920年世界犹太复国主义组织遣散时任政治秘书；此后与哈伊姆·魏茨曼密切合作，并于1963年成为《魏茨曼书信集》英文版（伦敦，1968—1980）的顾问编辑，合作编辑第一卷（1885—1902），独立编辑第七卷（1914—1917）。

话题感到有点儿困扰，原因如下：我还没有读到鲍勃·布思比最初的声明，也没有跟进了解有关争议进一步发展的任何细节——无论是莱昂·西蒙[1]的信件、任何的反驳，或是任何的什么。我所知道的一切都是来自您，还有，我隐约记得在报纸上看到一些报道，厄斯金·奇尔德斯[2]和他的朋友们现在利用您的名字和权威作为他们指控犹太复国主义，尤其是魏茨曼博士的不良居心的附加证据，我感觉就是如此。如果我对这件事理解无误——我不知道是否正确——鲍勃·布思比说，魏茨曼博士曾在很早的时候和他谈过——我不知道那是什么时候——内容是：（a）他的政治主张是成立一个完全独立的犹太国家，（b）需要赶走阿拉伯人，可能通过和平手段。当然，在我认识魏茨曼博士之前，我并不知道他的头脑中想的是什么，而正如您所知道的，我和他
312 1938 年才相识。但在那之后，他与整个犹太复国主义运动一样，显然并不反对建立犹太国家的想法，他（这是我的印象）还准备接受比这退一步的形式，例如在英联邦内的自治领地位，甚至可能是联邦方案，让犹太人在他们自己的区域

[1] 莱昂·西蒙（1881—1965），1944 年受封爵士；1931—1935 年任邮政总局电讯电话部主任，1935—1944 年任储蓄部主任；犹太复国主义者，魏茨曼的支持者，退休后移居以色列；1946—1949 年任耶路撒冷希伯来大学执行委员会主席，1949—1950 年任理事会主席；1950—1953 年任以色列邮政银行总裁。
[2] 厄斯金·巴顿·奇尔德斯（1929—1996），作家、BBC 记者，1967—1989 年任联合国秘书处成员；支持巴勒斯坦事业，著有《关于阿拉伯世界的基本常识》（伦敦，1960）一书。

内保留完整的内部自治。当然，战争期间他接受了“比尔特摩纲领”[1]，但我不能说他是最积极的支持者之一。随着事态的发展，英国政府不仅在1939年，而且在1944年或1945年，准备置犹太人于当时还是阿拉伯人占主体的巴勒斯坦的统治之下，于是魏茨曼博士的看法自然改变了；结果，他当然成为犹太复国主义的热情支持者，但那是事态发展的结果，并非自20世纪20年代和30年代起就指导他行动的固有想法，因为这一想法并没有像引领例如修正主义者以及其他人那样引领他；他与他们的差别，似乎不仅在于以何种手段执行政策，也在于执行政策（无论如何直接）为何种目的。有关这一切，当然您所知道的一定远远超过了我；我只能在公开文件和1938年以后在我个人印象的基础上做出判断。

至于阿拉伯人问题，我知道，在1938年之后，他从未在公开场合，也没有在私底下对我或是我认识的任何人（或是任何人，就我个人所知）说过，他想赶走阿拉伯人。关于交换人口的问题偶尔有过讨论，毫无疑问，像所有犹太复国主义者一样，他本来更希望实现的局面是，巴勒斯坦同意完全让犹太人占领，不留任何一个本土的阿拉伯人，这必然

[1] 1942年5月，宣言（通常称为“比尔特摩纲领”）在纽约比尔特摩饭店举行的美国犹太复国主义者的会议上获得通过；宣言指出，必须解除犹太移民巴勒斯坦的限制，并在那里设立“犹太自治联邦”。

构成摩擦的根源——起码可以这么说——然而这似乎是乌托邦。如果他确实谈到赶走阿拉伯人，这将有违他在其政治生涯中作为犹太复国主义组织负责人的公开立场。如果鲍勃是对的——我无法直接获知他是否正确——这会令魏茨曼博士的立场处于最适宜的模棱两可的状态；也会令他难以驳斥他那些对手，以及所有反犹太复国主义者的指控，他们曾经想，而且现在依然想指控他以及整个运动在这方面极度虚伪——指控他在公开场合提出与阿拉伯人和平共处，而私下里却在思考摆脱他们的可能性。这种态度在我看来与我所了解和信任的那个他是不一致的，但是，唉，这又不足以证明传闻是没有根据的。如果有事实可以证明这一点，那么就必须面对真相，他的传记作者（我仍然没有放弃希望，有一天能为他写一篇长文）[1] 将不得不说到，和其他伟人一样，为了实现政治目的，他损害了自己的诚信，因言行不一而负
313 罪，而这正是他的敌人已经并正为此兴高采烈地对他提出的指控。我自然根本不愿相信这是真的，如果您能在这个问题上令我安心，我一定感到非常高兴与宽慰。然而，如果鲍勃说得没有错，那么这种不愉快的事实是不能否认的。[……]

我希望我可以诚实地说，我关心的主要是历史真相；我必须承认，我更珍视魏茨曼博士的荣誉。如果被迫得出结论，认为他对犹太国未来的核心问题反复无常，我会接受

[1] 他没有写，尽管早些时候他为魏茨曼写的两篇文章“长”得很合理。

的。但我必须如此吗？如果您告诉我必须如此，我一定照办。[……]

向您致以爱与忠诚，一如既往，

您永远的

[以赛亚]

伯林在纽约度过1966年的秋天，住在黑石酒店，履行作为城市大学人文学教授的职责。9月底他抵达美国，1967年1月中旬返回英国；艾琳一直陪伴在他左右，只在11月回牛津度过了一周。他们在巴巴多斯他们的朋友罗尼·特利家里度过新年。

致诺埃尔·安南

1966年11月2日

纽约城市大学

亲爱的诺埃尔：

[……] 首先，非常感谢你善意的来信，跟我谈纳米尔[1]——你一定知道，一个人拿起笔，给另外一个人写信——无论这位朋友如何了不起——只是为了告诉他，他们是多么喜欢他的作品，这是罕有的美德，仅凭这一点，就肯定能为他在天堂赢得一个位置。我写了一篇关于纳米尔的文

[1] 即伯林关于纳米尔的文章（原文第84页注5）。

章，因为我觉得这些轶事早晚都得写下来；除此之外，我为那位非凡的又不是很好的，但又非常了不起的人所倾倒——我不知道称其为天才是否合适：他无疑最具有天才气质。那篇为泰勒文集[1]所写的文章也有一点儿嘲讽的味道——这很像是在纪念孔德的演讲中谴责孔德；[2]但我天生就有的恶意肯定要大于我自己所承认的坏心眼——无论怎样，恶意很有快感。但是，我收到特德·卡尔的来信，说他没有把那封有趣的私人信件透露给《每日快报》，所以我必须给《文汇》写道歉信，这本书还将会有印刷错误。我不想伤害他的
314 感情：无论我们在公开场合争执多么激烈，无论他是有意还是无意地想压倒我，我都对他怀着友好的感情，一直如此，喜欢作为一个男人的他——不像多伊彻，我憎恶他，他很卑劣，我对他的厌恶与他所持观点无关。他的观点毕竟与比如C. C. 奥布赖恩的大同小异，而我才和奥布赖恩一起去过康奈尔，同行的还有斯图尔特和诺思罗普·弗莱[3]。奥布赖恩真是一个惊人的煽动家，他越是深入美国，就越谴责它，说越多尖刻的笑话，就越是令他们捧腹大笑，越是喜欢如此。我想，美国人是唯一喜欢遭到批判的民族，自狄更斯以来就

[1] 即《纪念文集》。

[2] 在《历史必然性》中（第40页），伯林指责孔德，特别是孔德“幼稚地渴望统一与对称，不惜以经验为代价”。

[3]（赫尔曼）·诺思罗普·弗莱（1912—1991），加拿大人，他那个时代最重要的文学理论家之一；1936年被授予牧师职；1939年加入维多利亚学院英语系；1967—1991年任多伦多大学本部大学教授。

是如此，这是民族自豪和自负感，加上民族受虐狂心理等以奇特比例融合在一起的结果。我蛮喜欢奥布赖恩——不太相信他说的话，觉得他像个爱尔兰流氓，在酒吧打架，和人斗殴，红脸庞，令人望而生畏，机灵，才智过人，但没有人性——因为他是从纯粹的政治角度看人，而不是把对方当作人来看。[……]

致以深切问候

以赛亚 [……]

致迈克尔·布洛克

1966年11月18日

纽约城市大学

亲爱的迈克尔：

非常感谢你11月8日的信，寄给我妻子的信件副本我会忠实地转给她的。[……]

三天前我曾与丹下[1]一起吃午餐，他答应1月底或2月初来牛津。我也收到佩夫斯纳的来信，说选择丹下将是一场民族灾难，一场悲剧，等等，他还说埃姆斯[2]才是合适人

[1] 丹下健三（1913—2005），日本建筑师；设计了广岛和平中心和纪念公园（1949—1956）。

[2] 查尔斯·埃姆斯（1907—1978），美国设计师、电影制作人、建筑师；他的妻子雷（1912—1988）是家具设计的创新者，他们采用标准组件的方法和材料——如模压胶合板和玻璃纤维增强塑料——制造家具，1945年后产品全面上市。

选——他说埃姆斯虽然是野蛮射手，却是天才。我已经了解
过埃姆斯，他主业是家具设计——他的设计是很难夸大的传
统风格，在纽约多家商店可以见到，所有认识他的人都说他
不会想到要盖房子的；他已经建好的房子被证明很糟糕（除
了他自己那栋小房子），他的确很明智，将自己的商业性坚
持到底，我不知道我听说的这些是否都是实情——我想双方
315 都有夸大其词吧。然而，我们身处充满仇恨与痴迷的宇宙，
旧时代有两个派系：包豪斯，他所有的仰慕者彼此相爱；科
林斯立柱是另一派，成员们彼此相爱，然后就是这样了，你
可以选其中一派。现在人们彼此讨厌，没有大家都接受的价
值观，唯有丹下得到除佩夫斯纳之外所有人的好评。他提到
鲍威尔和莫亚[1]，〈在他的上一封来信中，他说圣凯瑟琳学院
是“完美”与“非常伟大的杰作”，“是天堂一般宁静的避
风港！”所以。〉我们可能确实最后就是选他们了，除了史密
森[2]似乎更好之外——但至少会为某个享有世界声望的人来
一场预选战，这一点确认无疑。华盛顿国家美术馆的负责人

[1] 英国建筑事务所，1946 年成立，主要承接公共建筑项目的设计，特别是住房、医院与教学楼。菲利普·阿诺德·约瑟夫·鲍威尔（1921—2003），后（1975）受封爵士，与（约翰）·伊达尔戈（“亚科”）·莫亚（1920—1994）战前在英国 AA 建筑联盟学院相识。他们在牛津的其他建筑作品包括布雷齐诺斯学院的宿舍区（1960—1961），基督教堂学院的蓝猪方院和画廊（1965—1968），基督圣体学院的喜鹊巷附属楼（1968—1969）。

[2] 彼得·德纳姆·史密森（1923—2003）和艾莉森·玛格丽特·史密森（1928—1993，婚前姓吉尔），建筑师；二人 1949 年结婚；战后建筑界粗野派的发起人和代表人物。

刚刚从日本回来，他和他的妻子狂热地赞扬丹下，每个去日本看过他建筑的人都有同感。他可能对于我们不合适——他的建筑也许太宏大了——我觉得可能不实用，我们最后得找别人，对此我有充分准备。虽然如此，我们绝不能因为佩夫斯纳而推迟计划，据英国专家们说，他是建筑史领域顶级的权威，但是对正在发展的建筑界现状既无品位也无兴趣，至少没有识别力，可对于这些我并不了解。不过我现在确信，我们一定不能让任何人做我们的独家顾问，我们要请教所有人，集思广益。[……]

你的

以赛亚

致菲利普·哈尔本

1966 年 11 月 30 日 [副本]

纽约城市大学

亲爱的菲利普：

不知道你是否喜欢现在的纽约。下午街道十分拥挤，几乎难以穿行——我的办公室在一栋摩天大楼的十六层，楼下是一家伍尔沃思百货店，从办公室往下看，汹涌的人潮总会令我激动。有的人讨厌这一点；我反而很是喜欢。

听到这些你不会吃惊的，你的母亲总抱怨我们社交生活太繁忙，几乎每晚都要出去赴晚宴。虽然如此，有些场合我还是躲起来了，比如昨晚广场酒店举行了盛大的晚会（是杜 316

鲁门·卡波特[1]先生为凯·格雷厄姆夫人举办的，她也是我一位非常老的朋友了），凡是有点儿来头的人都收到邀请，男人们戴白色面具，女人们戴黑色面具，或者倒过来，我记不清了，你母亲还为此专门买了一个非常漂亮的面具。不少教授和知识分子得到邀请，例如特里林夫妇[2]，他们怀着最大的热情去赴宴了。然而，这对我而言实在承受不了：不论是因为害羞，或是虚荣，或是绝望地要固守学术尊严，或者无论是出于［什么］原因，我拒绝赴晚宴，但在最后一刻还是去了。我和广场外的人群站在一起，看着所有知名人士进去——这是奇观，今天上午媒体会有大量报道——不知何故，参加这样的聚会令我感到尴尬和羞愧——我的血管里一定还流淌着古老的激进主义血液。

你妈妈去参加晚会了，她过得很愉快——尽管回家相对较早，今天她自然就头疼了。不过，我们还是不顾一切地出门与一位俄罗斯夫人吃饭，我们得知，因为她的缘故，1930

[1] 杜鲁门·卡波特（1924—1984），原名杜鲁门·斯特雷克福斯·珀森斯，美国作家；中篇小说《蒂凡尼的早餐》（纽约，1958）的作者，他的《冷血：多重谋杀及其后果的真实叙述》（纽约，1965）非常成功；1966 年他举行了一场“十年乃至百年的盛会。五百名富人、知识分子或只因为是知名人士，均受邀参加他在纽约广场酒店举行的化装舞会”（《泰晤士报》1984 年 8 月 27 日第 10g 版）。女宾客戴白色面具，男宾客戴黑色面具。

[2] 戴安娜·特里林（1905—1996），婚前姓鲁宾，1929 年与文学批评家莱昂内尔·特里林结婚，自己也在文学批评领域成就卓然。她是作家及文化评论家，因其有时发表有争议而直言不讳的观点而著名，她是左翼文学媒体例如《党派评论》以及主流杂志《时尚》的撰稿人。

年著名俄罗斯诗人马雅可夫斯基自杀了——这在当时是一起令人震惊的政治事件，头条新闻。

晚宴太“麻烦”了，我觉得简直可怕。等你来时，所有的社交约会自然都会停止了，到那时，我们就可以像宗教信徒一般平静度过每个夜晚。彼得似乎过得不错，当然，他会做噩梦，梦见自己的考试分数不够高，但我觉得这样的梦也许并无现实依据。他似乎很开心，普林斯顿很适合他。

至于我，我正事做得不够多，因为得做自己的分内事，要口述书信，要应付那么多人打来的电话，那么多人似乎都希望与我见面，商谈学术问题，整个生活高度紧张，弄得我的工作计划连四分之一都没有完成。我必须真正安定下来，做点实实在在的事。你可以想象得到，布兰登先生与我做的长篇访谈令我恼火得很，[1] 因为访谈文章发表在了《星期日泰晤士报》上——他曾经郑重发誓，访谈不会在报纸上发表，只收入他的书中。但随后他违背了誓言，虽然他假装 317
对此事一无所知，[2] 这位《星期日泰晤士报》驻华盛顿通讯记者不知道在他的报纸上要发表什么内容，可内容却是他亲笔写出来的，说他不知道在我看来似乎不太可能。于是，他

[1] 这次访谈记录以“哲学家看未来”为题收入《与亨利·布兰登对话》（伦敦，1966），但同时也刊登在布兰登的报纸《星期日泰晤士报》上——这有违伯林意愿，题为“我的希望与恐惧”，1966 年 11 月 6 日，第 41—42 页。

[2] 如果伯林曾特别表示访谈内容不得在报纸上发表，布兰登应该会告知出版商（安德烈·多伊奇）。他是否表示过？在当时关于这一主题的许多信件中，并无直接证据表明伯林当时提出过这个关键问题。

每天给我们打两次电话，我总是不在家，现在他已经得到消息，知道我不太高兴，正试图跟我说好话以求弥补，对此我绝不迁就。最近以来，我［在］英国的曝光率过高了：先是《星期日泰晤士报》采访；然后是为纪念 A. J. P. 泰勒的那本书出版了，我为这本书写了一篇评论，而所有的评论家提及我的文章似乎都相当赞同；莫里斯在《星期日泰晤士报》上刊登的回忆录也给了我最高的赞美；[1] 等等。我真的不希望在报纸上被人提起，报纸为此付了钱，但又不是付给我。这里没有人理解我的心情，或者，就算他们明白，他们也假装不明白。我相信对此你是赞同的：与此同时，沃尔夫森学院倒是很高兴被人们提及，他们不断向我发送简短的备忘录，敦促我为他们弄到更多的钱。

福特假装破产了，无法给任何人捐什么钱。没什么可说的——在这车站，没有什么可说的 [2]——这事可以以后再谈。

特里林夫妇送他们的孩子去哈佛了，虽然从内心里他们想送他去普林斯顿，但他很想去哥伦比亚大学，或是待在纽约的某个地方，所以他们折中选择了哈佛。我们没怎么见到他们，他们出于责任早早地问过我们一次，现在我们之间的关系比较疏远。

[1] C. M. 鲍拉，《追忆：1898—1939》（伦敦，1966）。
[2]“在这车站，没什么可说的”；就我们所知，伯林说这句话有四次，其中一次他用“guerre”（战争）代替“gare”（火车站）：致玛丽·伯林，1964 年 3 月 3 日（原文第 185 页）。这句话的出处及其原话不明，也许是伯林家人之间的专门用语？

[……] 你妈妈又在催我了，希望你万事顺利，我们一切都很好。

〈爱你的

以赛亚〉

致加勒特·德罗希达

1966 年 12 月 2 日

纽约城市大学

亲爱的加勒特：

我认为是时候跟你报告有关纽约大都会歌剧院[1]的一切了（副本我会寄一份给伯内特）。你看到了吗？我是说建筑？ 318
整座歌剧院的建筑令人失望——我不会说它是灾难，它不仅令那些推崇最单调乏味的现代建筑的人失望（它本来是为了攻击评论家，迫使他意识到来自海外的可怕力量要打碎他的平庸外壳——这是鲁道夫[2]与布罗伊尔两位先生建筑作品的意图），[3]也令那些真心喜欢科林斯柱的，喜欢甜美与优雅的

[1] 1966 年，纽约大都会歌剧院搬离 39 号大街的原址，迁至西 62 号大街与 65 号大街之间著名的林肯表演艺术中心，9 月 16 日重新开放，新院址大楼由华莱士·K. 哈利森设计，工程分为九个阶段完成——剧院总经理鲁道夫·宾后来在《歌剧院五千夜》（伦敦，1972）一书中承认九段工期太长了（第 236 页）。
[2] 保罗·马文·鲁道夫（1918—1997），美国建筑师，里程碑式的、粗野主义的耶鲁艺术建筑大厦（1963）的设计师。
[3] 马塞尔·拉约什·布罗伊尔（1902—1981），生于匈牙利的美国现代主义建筑师，粗野主义代表作、美国纽约惠特尼艺术博物馆（1963—1966）的设计师。

人们失望。它不伦不类，令许多人备感遗憾；只有宁软弱无力地捍卫它。

宾先生根本谈不上有任何品位，所以产生如此结果一点儿也不令人吃惊。然而——当歌剧院外亮灯时，从广场拥入歌剧院的人们可以看得见夏加尔的壁画[1]〈这一切，还不算太糟糕。〉音乐大厅才是一无是处——黄金堆叠于黄金之上，宝石又堆叠在黄金之上，俗不可耐至此，也只有目睹才能相信——而且一看之后再难忘怀，因为它会在想象中挥之不去。德斯蒙德[2]在他的短评中对此相对比较仁慈，因为这里可爱的人们一次又一次地令他心软了；因此——我可以说他这么做很有道理：为什么要伤害公众的感情呢？——他的话说得很婉转。

洛斯剧院这个名字与它室内的样子很相称，就像关于塞西尔·B. 德·泽菲雷里的笑话完全合适一样。[3]开幕式当晚

[1] 夏加尔的两个大型壁画作品《音乐的胜利》与《音乐的源泉》装饰大都会歌剧院的大厅，从林肯中心广场即可见到（不过当阳光直射时壁画会被遮盖住，以免褪色）。

[2] 德斯蒙德·克里斯托弗·肖—泰勒（1907—1995），音乐评论家、记者；1958—1983年任《星期日泰晤士报》首席乐评。

[3] 洛斯剧院［原文如此］是由纽约出生的犹太商人马库斯·洛（1870—1927）于1904年创建的连锁剧院，最初它只是五美分即可入场的廉价影院，后来发展成为奢华的“电影宫殿”：其中最宏伟的五家于1929—1930年建于纽约，人称“神奇影院”，对其定义之一是它们“一定十分丑陋”（克里斯托弗·格雷，“国王已死！诸王万岁！”，《纽约时报》2007年3月11日第J6版）。弗兰科·泽菲雷里和传奇的好莱坞电影制片人及导演塞西尔·布［朗特］·德米尔（1881—1959）之间的这一滑稽对比，是对他们奢靡与丰裕的作品的取笑。

上演的歌剧很差劲，近乎灾难，没有人愿意为它辩护。除了普莱斯小姐，（显然）所有人都对音乐、舞台布景以及一切憎恶不已。[1]

而令我郁闷的是，宾从骨子里缺乏品位（这封信要变成可怕的诽谤了，我说话太不慎重，虽然只寄给伯内特和你，我还得要请求你们千万不可把这封信给任何人看，毁掉它）。

让我给你挨个说说每部剧吧。《茶花女》：总体相当不
错——除了最后一幕既难看又可笑——这是塞西尔·B. 制作 319
的。普雷特[2]的指挥很糟糕——糟糕的制作，乏味无趣得可怕。这是剧中唯一没有令我在最后一幕感到咽不下的（还有更糟糕的）表演，这部分莫芙小姐唱得很不好，[3]虽然她有很不错的声音，但是一点儿情感火花也没有，表演差劲，因此整部剧令人大失所望。唯一令人愉悦的声音来自梅里尔先生[4]，他的表演不好，但男中音演唱到位，非常好听，很柔和。我可以向你担保，虽然我们的《茶花女》中有些部分表演很糟，但它们从来没有沦落到这个地步。最后没有请塞西尔·B. 出来鞠躬谢幕，

[1] 大都会歌剧院重新开放，塞缪尔·巴伯的《安东尼与克莉奥佩特拉》首演，该版歌剧被认为是一场灾难，虽然蕾昂泰茵·普莱斯精彩演绎了克莉奥佩特拉。

[2] 乔治·普雷特（生于 1924 年），法国指挥；1961 年在伦敦柯芬园英国皇家歌剧院首演；1966—1971 年任巴黎歌剧院音乐总监。

[3] 安娜·莫芙（1932—2006），美国女高音，在 1966 年制作的威尔第的《茶花女》中扮演薇奥莱特，此前她已于 1959 年 11 月在纽约大都会歌剧院首演，扮演这一角色。

[4] 罗伯特·梅里尔（1917—2004），美国男中音；1945 年 12 月在大都会歌剧院首演，在大都会漫长的职业生涯中，成为多部剧目的主演；1967 年在柯芬园皇家歌剧院首演。

却请了制作人（伦特）出来致谢[1],这导致了许多麻烦。大家热烈地向每个人表示祝贺，但我可以向你保证，演出一无是处。

接下来，演得不好的是《乔康达》。这部剧向我展现了传统音乐可以是什么样子，可以没有任何灵感的火花，尽管芭蕾舞音乐优美，蒙特雷索[2]的舞台布置也非常精美，威尼斯风格的布景很棒，宾自然要说，这样的舞台布景过时了，倒退了二十年，但它确实赏心悦目：我相信他［蒙特雷索］为我们会做得非常好：泰巴尔迪的歌喉有如天籁——声线出色，我们应该聘用她，无论卡拉斯会说什么。很可惜，这部浮华虚夸、没完没了的歌剧浪费了她的才华，它就像是漫画式的意大利歌剧，十分滑稽好笑；在其他任何方面不可能有什么价值。为什么他们这样做，这是一个不解之谜，除了它一直都在演出剧目中之外，宁也无法解释还有什么别的理由。所以，这部剧没有什么可以让我们效仿的。

然后是《埃莱克特拉》。你知道，我不是施特劳斯的忠实粉丝。在我看来，这部剧相当不错：席佩斯[3]是一个二流指挥（缺乏力量，内心没有烈火激情，也缺乏权威性，但术业有专攻，不知何故总是给人无趣与柔弱的感觉；有点儿像

[1] 阿尔弗雷德·戴维斯·伦特（1893—1977），美国演员兼导演，与妻子（1922年结婚）林恩·方丹（1887—1983）组成了著名的戏剧搭档。

[2] 贝尼·蒙特雷索（1926—2001），意大利歌剧与电影导演，布景师和儿童图书插画家。

[3] 托马斯·席佩斯（1930—1977），美国指挥；1955 年于大都会歌剧院首演；为巴伯的《安东尼与克莉奥佩特拉》的首演任指挥。

我们的普里查德先生，不过比他低半个等级）——但他的指挥很得体。当然，尼尔森的演唱令人惊叹，舞台装饰没有问题，只是那个欧莱斯第斯[1]，一位可敬的美国演唱家，名字我记不清了，他穿得太少，看着很尴尬，他以僵硬而高贵的姿态在台上走动，就像一位中年银行副总裁，裤子不小心掉下来了，可还是不顾这个不幸的意外依然试图维护自己的尊 320
严——但尼尔森的表演从头到尾都很精彩，扮演克吕泰涅斯特拉的雷斯尼克[2]是克吕泰当之无愧的资深剧团演员，她的表演可圈可点。这出歌剧不能称其动人，雷蒙德[3]也去看了，认为演出很不好。所以，这也没有什么值得我们羡慕的。

真正惊艳的演出是《没有影子的女人》[4]，真的太棒了，指挥是伯姆[5]，所有的歌手都非常动人，沃尔特·贝瑞[6]，还

[1] 威廉·杜利（生于 1932 年），美国男中音；1964 年于大都会歌剧院首演，扮演叶夫根尼·奥涅金；在 1966 版的《埃莱克特拉》中扮演欧莱斯特（即欧莱斯第斯的德文名）。

[2] 雷吉纳·雷斯尼克（生于 1922 年），美国女（次）高音、歌剧导演；1944—1974 年在大都会歌剧院任歌唱演员（首演在《游吟诗人》中扮演莱奥诺拉）；1971 年在威尼斯任《埃莱克特拉》一剧导演。

[3] 雷蒙德·冯·霍夫曼斯塔尔的父亲雨果，为理查德·施特劳斯的这部歌剧写唱词。

[4] 1966 年大都会歌剧院上演理查德·施特劳斯的《没有影子的女人》(1919)，这是它在当年演出季的首次而又意外的成功。

[5] 卡尔·伯姆（1894—1981），奥地利指挥，擅长指挥理查德·施特劳斯的作品；1936 年在柯芬园首演，1957 年在大都会歌剧院首演；定期在萨尔茨堡艺术节和拜罗伊特任指挥。

[6] 沃尔特·贝瑞（1929—2000），奥地利男中低音；1950 年于维也纳歌剧院首演；自 1953 年起经常在萨尔茨堡艺术节露面；在《没有影子的女人》中扮演巴拉克，1976 年在柯芬园首演时再次扮演这个角色。

有其他来自维也纳的演员。指挥了解作品，舞台布景奢华，理应如此，灯光很好，就是结尾有点无线电城音乐厅[1]的味道，极其俗气，除此之外，整部剧无法用语言〈赞美，尤其是画家与女画家之间的场景〉。当然，佐尔蒂是和伯姆同样优秀的指挥，但是我们让谁来演唱呢？这些剧目上演时间相距很近，彼此竞争，似乎很荒谬。〈这是很打动人的一部作品：我绝对讨厌它。但它激发了中部欧洲的灵魂、语言、音乐及一切，正如普契尼之于那不勒斯人。〉

我知道，如果我喜欢施特劳斯，我可能很容易就因此兴奋不已，我不喜欢，但也不算讨厌。我想，大都会歌剧院做出的最好决定，就是让适合的维也纳指挥来演绎中欧音乐，它表现最糟糕的类型是意大利音乐，无论它有多好的歌手。奢华、艳俗、盛大的场面，煽情的高潮——他们最擅长的是完美的技巧。而维斯孔蒂[2]和朱里尼所代表的一切，他们都不擅长。泽菲雷里在这里已经江郎才尽了，我想，他应该从歌剧界退下来，好恢复他的名誉。〈1 月第三周我就回来，马上会赶去听柏辽兹等的音乐会：我昨晚见到了德

[1] 拥有六千个座位的宏伟的纽约无线电城音乐厅 1932 年开业，当时是一家轻歌舞剧院，后来这里成为举办音乐盛典、冰上表演等的场地。

[2] 卢奇诺·维斯孔蒂（1906—1976），莫德罗内伯爵，意大利电影与戏剧革新派导演，他的电影包括《魂断威尼斯》（1971）；他首次执导的歌剧 1954 年在拉斯卡拉首演；1958 年他以令人难忘的《唐·卡洛斯》在柯芬园歌剧院首演；这次成功之后在 20 世纪 60 年代又连续推出多部作品。

里[1]：他状态很好。我们没有什么需要向大都会学习的。〉

你的

以赛亚 321

致罗兰·博登—穆勒

1967 年 1 月 26 日

[海丁顿宅]

亲爱的罗兰：

非常感谢你寄给我的《波士顿环球报》的剪报。[2] 唉，这是一段美好友谊的终结，因为我无法想象阿瑟还会和乔说话。事实上，我收到的第二封信就是阿瑟给我也寄来了同一篇文章，发表在另一家报纸上的，而且那篇文章的标题更加刺眼和充满敌意。就是这样了。

与此同时，我们这边的《泰晤士报》上不断刊登支持或是反对越南战争的显要们的来信，比如来自一千二百所英国大学的签名信，其中牛津大学不是很有代表性，但是紧接着剑桥三所学院的院长写来一封强有力的信，随后是莫里

[1] 可能是加勒特·德罗希达之子亨利·德莫特·庞森比（“德里”）·莫尔（生于 1937 年），摄影师。

[2] 约瑟夫·艾尔索普，“施莱辛格的书荒唐可笑”，《波士顿环球报》1967 年 1 月 16 日第 11 版。文章开头说：“一个极其聪明的人，小阿瑟·施莱辛格，刚刚出版了一本关于越南的极其愚蠢的书。”这本书即《惨痛的遗产：越南与美国的民主，1941—1966》（伦敦，1967）。

斯·鲍拉爵士和他的同事一封温和一点儿的来信。[1]

我也不能说在这里过得十分平静——我讲课，打理沃尔夫森学院的事务，并试图阻挠那些居心不良者邪恶而狡诈的花样，但我必须说，尽管如此，尽管不得不去伦敦考陶尔德学院，在那里为所谓的精选听众（数百名学生，以及帕米拉·贝瑞夫人、安东尼·布伦特、贡布里希教授和小研究员）[2] 作讲座，我觉得自己的心情比在纽约度过的最平静的日子还要安宁。而移民到美国的想法，我必须说我的头脑中从来没有认真考虑过，现在更不会考虑了。亲爱的斯图尔特似乎很高兴能回来——从一开始他就从未真正离开我们，我想，无论怎样，他将回到普林斯顿，带着最最衰颓的感觉。[……]

致以深切问候。

你的

322 以赛亚

[1] 鲁斯·科恩（纽纳姆学院院长）、埃德蒙·R. 利奇（国王学院院长），以及李约瑟（冈维尔和凯斯学院院长）的反战信语带嘲讽地问道："我们是否不仅应该放弃我们的良心，还有我们对美国总统的判断？"对此鲍拉与七位牛津大学的同事表示："对在越南丛林中的美国士兵的尊重和善意，并不支持让他们留在那儿的政策。"（1967 年 1 月 25 日第 11c 版）

[2]（哈罗德）·约翰·戈尔丁（1929—2012），1962—1977 年任伦敦大学考陶尔德学院艺术史讲师，1977—1981 年任高级讲师；1976—1977 年任剑桥大学美术斯莱德讲席教授。戈尔丁是詹姆斯·乔尔的生活伴侣，在考陶尔德学院时曾是安东尼·布伦特的学生，后来是同事。

致阿瑟·施莱辛格

1967 年 1 月 31 日

海丁顿宅

亲爱的阿瑟：

乔是如此可怕，这事必然迟早要到来，并且当然对你的声誉毫无影响，虽然这可能会对他的名誉有点儿影响。我觉得，这事不仅只是两种性格，而是两个美国卷进来了。他知道我站在哪边。（我因此在麦克·邦迪面前遭受嘲笑，但没有退避。）

你一定会非常享受与波比·肯尼迪[1]在一起的场景，我们都被召来在联合辩论协会参加午宴，也就是与联合辩论协会的官员们一起；彭布罗克学院院长（麦克卡鲁姆）[2]；莫里斯·肖克[3]，来自大学学院的一位牛津人；肯尼斯·惠尔爵士（因为协会主席在他的学院）；协会主席的父母（他们的出席是协会主席安排的一步棋，这令人难为情，又令

[1] 罗伯特·弗朗西斯（“波比”）·肯尼迪（1925—1968），约翰·F. 肯尼迪的弟弟，罗伯特负责肯尼迪的总统竞选；被肯尼迪任命为司法部长（1961—1964 年任职）；1964 年在纽约州当选参议员；1967 年 1 月 29 日赴英国，在牛津联合辩论协会举行的人数众多的会议上首次演讲，其后重点回答了美国对越南政策的有关问题；1968 年遇刺身亡。

[2] 罗纳德·布坎南·麦克卡鲁姆（1898—1973），历史学家；1925—1955 年为彭布罗克学院研究员，1955—1967 年任院长；1967—1971 年主管温莎公园坎伯兰中心圣凯瑟琳基金会。

[3] 莫里斯·肖克（生于 1926 年），后（1988）受封爵士；1956—1977 年任大学学院政治学研究员与导师；后（1987—1994）任林肯学院院长。

人敬慕；他的名字是科恩[1]〈很有西中央公园的范儿〉）；范登·霍伊维尔[2]召唤来的肯尼迪参议员的朋友们：莫里斯·鲍拉、比尔·迪金，阿兰·布洛克还有我本人，布洛克没有露面。我们在协会里一字排开，等待王室成员到来。参议员进来了，与每个人正式握手，他看见我，特别亲切地招呼我，轻松愉快地对我说："那天我见到戴维了，他让我替他问候你。"我说："噢，谢谢你。你在哪里见到他了？""在爱敲竹杠的人那儿。"[3]听到这样的对话，我的同事们并不是特别意外，他们总是疑心我进入了与他们不完全一样的社交圈，所有的目光都聚集到我身上，这与比如说哈佛的相似人群投给你的眼神不同。肯尼迪在协会的表现光彩夺
323 目，他被问问题，并以高超的技巧回答问题——我可以判定，他有令人难以置信的天然魅力，而且，世上人人都喜欢

[1] 罗纳德·穆拉德·科恩（生于1945年），后（2001）受封爵士，生于埃及，具有西班牙系血统；他的父母是米歇尔·穆拉德·科恩（1913—1997）和索尼亚·索菲（婚前姓杜埃克），在苏伊士运河事件之后逃往埃及；1964—1967年在埃克塞特学院就读哲学、政治学与经济学专业；1967年春季学期任牛津大学联合辩论协会主席；后成为安佰深集团控股有限公司创始人兼主席（1972—2005）。
[2] 威廉·雅各布斯·范登·霍伊维尔（生于1930年），罗伯特·F.肯尼迪的助理，斯特鲁克和拉万律师事务所高级合伙人；后（1977—1981）任驻联合国的美国大使。
[3] 玛丽·爱丽丝（"爱敲竹杠的人"）（1895—1988），婚前姓加斯科因—塞西尔，1950年受封德文郡公爵遗孀；1917年与爱德华·威廉·斯宾塞·卡文迪许（1895—1950）结婚，1938年卡文迪许受封德文郡公爵十世；1953—1966年任女王陛下服装侍从女官长；1956—1970年任埃克塞特学院院长。玛丽夫人是伯林的亲密朋友戴维·塞西尔的姐姐，是波比·肯尼迪已故姐姐凯瑟琳·阿格尼丝（"基克"）·肯尼迪（1920—1948）的婆婆，"基克"1944年5月与玛丽夫人的大儿子哈廷顿侯爵威廉·约翰·罗伯特·卡文迪许（1917—1944）结婚。

校园男生式的人物，而这一点，以某种仿佛受到神灵启示的方式，他〈在他所有的学生听众〉看来正是如此。尽管有很多反越战人士喝倒彩，他依然赢得了热烈的鼓掌欢迎，你可能已经在《新政治家》上看到了，仅仅因为——虽然他没有说什么——他那种诸如青春时代等一切的理想主义显然是真实的，而在这里，与他同龄的人没有谁能够如此明确表明而不抱有一丝拘谨与尴尬，而他却简单直接，令人无须设防。每个人都非常喜欢他。[……]

希望你看到评论文章了，刊登在《星期日电讯报》或是《泰晤士报》上，评论遗憾地表示，伯特兰·罗素在智力上比你落后这么多——我明天要做有关托尔斯泰的讲座，这封信不能再往下写了。我想，在托尔斯泰生命的尽头，人们对他的看法就像现在对罗素的看法一样——〈非常自信的贵族〉在自己的领域是天才，但在社会和政治问题上表现古怪而愚蠢，虽然如此骄傲，如此卓越，无论他说什么，都不〈可攻击〉，他是某种独特的神圣怪兽，拥有神秘的魅力特质，而这并非仅仅来自他自身的成就领域。等他去世之后，就没有如此特殊的人了，他与19世纪的预言家们一起将成为纯粹的历史范畴。怀着如此深刻的历史反思，我就此停笔，去读读你好心寄给我的这篇有关当代史的文章。真的非常感谢你。

你的

以赛亚 [……]

致阿瓦·韦弗利

1967 年 2 月 24 日［手稿］

剑桥赫歇尔路 11 号

亲爱的阿瓦：

唉：3 月 8 日我将与莱斯特大学的校长共进午餐：在莱斯特。难道我一定要把英格兰的现代学院建筑全都看过一遍吗？就是那些我们的建筑师极为推崇，媒体也诸多赞誉，还因其美丽、独创性、适宜性、促进学习和思考而获颁奖项的，但一般说来，简陋难看得触目惊心，少有其他现代建筑——在美国、法国、芬兰、巴西这些国家也少见——可以与之相比的？为什么我们没有一流的设计师——只有不同水平的二流人选？你是否喜欢考文垂大教堂，摄政公园的皇家内科医学院？是否喜欢新的《泰晤士报》大楼？（你知道里
324 斯—莫格[1]先生吗？我很想了解你对他的看法。牛津那边的看法我知道。）苏塞克斯、埃塞克斯、东英吉利、华威、约克等等这些大学的建筑如何？我和我的同事们将乘坐某种滑稽的车辆，在未来大约十天的时间里把所有这些地方都走一遍，这就像匹克威克的旅程：上上下下跑，校长和财务主管款待我们，大家疲惫不堪地在各处建筑间穿梭，嘴上习惯性地赞美着那些雨水顺墙而下，显出大块丑陋的水渍条纹，粗

[1] 威廉·里斯—莫格（1928—2012），后受封爵士（1981）和终身贵族（1988），1960—1961 年任《星期日泰晤士报》金融和商业新闻编辑，1961—1963 年任政治和经济编辑，1964—1967 年任副主编；1967—1981 年任《泰晤士报》主编。

糙野蛮的混凝土曲线，赞美大学教育资助委员会设计的，只能放进狭小睡床，专门用来惩罚住宿者的起居室；赞赏性别、色彩、年龄的自由糅合；并对在这些不同群体之间筑起的坚固围墙表示同样赞赏。我得停笔了，这封信就好比一篇为了发表而写的伪尼科尔森[1]的书信，抱歉，但那就是我3月8日及之后好多个星期要忙的事了。

爱你的

以赛亚

5月19日，联合国秘书长吴丹宣布联合国紧急部队从埃及和以色列边境撤军，可能产生的结果是，对通往亚喀巴湾的蒂朗海峡实行控制，而通往南部以色列埃拉特港的海上航线将回到埃及手中。就在同一天，埃及宗教领袖得到本国政府指示，号召发动圣战，同时埃及加强了与以色列接壤的117英里长的边境线上的军事力量。5月22日，埃及对以色列船只关闭了蒂朗海峡，后来此事件升级为海上封锁。苏联向开罗表示支持，而阿拉伯国家开始动员支持埃及。5月22日，纳赛尔总统[2]在西奈半岛的空军基地宣布："我们现在面对着以色列，倘若没有

[1] 哈罗德·乔治·尼科尔森（1886—1968），外交家、政治家、作家，维塔·萨克威尔—韦斯特的丈夫；他的《日记与书信》，由其子奈杰尔编辑，分三卷出版（伦敦，1966—1968）。
[2] 迦玛尔·阿卜杜尔·纳赛尔（1918—1970），陆军军官，1952年废黜法鲁克国王的自由军官运动创始成员之一；1954—1956年任埃及总理，1956—1970年任埃及总统；1956年7月实现苏伊士运河公司国有化，加速了苏伊士危机。

英国和法国的支持，他们还想试试自己的运气，我们随时恭候［……］如果以色列想以发动战争来威胁我们，我们欢迎。”[1]

与此同时，约翰逊政府谴责封锁是非法的，是对和平的威胁，并暗中承诺给予以色列支持，后者考虑是先发制人打击封锁，还是等待联合国干预。由于联合国撤军首先导致了危机，从这方面看前景不佳，6 月 5 日早晨，以色列飞机摧毁地面埃及空军力量，并袭击叙利亚、伊拉克和约旦的机场。四十八小时之内，以色列伞兵已占领苏伊士运河东岸，六天
325 之后，以部队占领东部耶路撒冷、整个西岸和戈兰高地。而美国总统令指示美国第六舰队前往叙利亚海岸，致使苏联为支持阿拉伯国家而可能采取的干预也于事无补，6 月 10 日的停火使以色列拥有了既得利益。1967 年 5 月，身处伦敦的伯林“极度担忧以色列国的存亡”[2]。

致斯蒂芬·斯彭德

1967 年 5 月 30［副本］

［海丁顿宅］

亲爱的斯蒂芬：

我满脑子想的都是中东的事；如你可以想象得到的那样，这些事使我抑郁——抑郁极了。我最讨厌，甚至比可能

[1]《泰晤士报》1967 年 5 月 23 日第 1a—c 版。
[2]《你曾在哪儿》（原文第 172 页注 1），第 227 页。

发生不同阶段的战争的前景更让我讨厌的，是卡拉登勋爵[1]在联合国发表的那种言论。他说："幸运的是，埃及总统今天说的话比昨天温和了一点儿，而基于此，我们可以期望能够和平解决争端，等等。"这正是1935—1936—1937年间，关于希特勒曾经有过的言论。而当英国报纸出来说，"当然，目前的冲突非常危险，但除非我们对让阿拉伯人内心产生怨气的深层次问题加以审视，[并]尝试全面解决，否则冲突就无法解决"，这正是1936年德军占领莱茵兰时人们说的那种话——我想，这么说是因为对《凡尔赛条约》感到内疚（而我从来就没有这样的感觉），而如今，又是对苏伊士运河感到内疚了。[……]以色列人被告知要冷静，要温和，不要行动，不能因为存在合法的怨气而把世界推向战争，无论有多么合理正当，[……]这正像博厄斯[2]曾经如此评论捷克人，"如果那些该死的捷克人不复存在，我们这世界才有可能太平一点儿"——不仅是博厄斯，几乎每个人对以色列人都这么看——以色列就像一个弃儿，只是出生时各国还不够狠心掐死它，虽然阿拉伯人试过这么做；它的成长对谁都没有好处，它的利益与谁的都不一致，如果它消失了，所有

[1] 休·麦金托什·富特（1907—1990），1951年受封英国二等高级圣迈克尔和乔治勋爵，1964年受封终身贵族，外交家；1964—1970年任英国外交和联邦大臣及联合国常驻英国代表。
[2] 托马斯·谢里尔·罗斯（"汤姆"）·博厄斯（1898—1974），艺术史学家，伯林和其他人对他评价不高；1947—1968年任玛德琳学院院长；1958—1960年任牛津大学校长。

人会如释重负地叹息一声，伴随着一份逐渐褪去的愧疚感。在20世纪30年代，中欧还有不少小国，而这种状况现在是这个可怜的国家独有的了。美国人至少可以借口说，他们应该以某种方式采取行动，无论他们最终可能会做什么，但他
326 们须三思而行，避免遭到指责；但我认为英国不会在任何情况下采取行动——他们选择退出所有这类活动，而选择某种斯堪的纳维亚式的孤立，如果这个选择是有意识并公开做出的，会令人敬佩——而他们此刻态度特别暧昧，在我看来。然而，斯图尔特无疑会称所有这一切为民族主义，因为弗雷迪和迪签署了某些支持以色列的决议，保持严格中立。我深深地爱他，仰慕他，如你所知的那样，但在政治问题上，在我看来，他的行为就像萨特：所有疑虑带来的益处都归于他想认同的那一边，但那一边却不认同他。[……]

最近这段时间，我在痛苦地纠结要挑选哪位建筑师来建学院。我自己挑的人选是非常安全、比较保守的，我因而理所当然为此受到谴责，而所有那些不安全的、大胆进取的人选似乎都有这样或那样的缺点。这就好比选择格雷厄姆·格林或是安格斯·威尔逊[1]，而不是金斯伯格[2]或是《裸体午

[1] 安格斯·弗兰克·约翰斯顿·威尔逊（1913—1991），后（1980）受封爵士；小说家、传记作家；“20世纪50年代文学革命运动的活跃人物”，在60年代初，他“可能是英国最杰出的小说家”（马尔科姆·布拉德伯里，《牛津国家人物传记词典》）。
[2] 艾伦·金斯伯格（1926—1997），美国“垮掉的一代”诗人，《嚎叫及其他诗》的作者（旧金山，1956）；金斯伯格与威廉·伯勒斯之间的通信以及其他文章收入他们的《死藤水书信集》（旧金山，1963）。

餐》[1]。6 月 9 日，我去布兰代斯的途中会经过纽约，你碰巧会在那里吗？我住卡莱尔酒店——如果你在，一定要告诉我。

现在，再说说我对巴勒斯坦的悲观看法。如果真的爆发危机，那儿的犹太人被打败或是被消灭，这将是他们整个故事的终结；他们只剩下阴郁的小群体——而他们中的大多数人会或多或少地、成功地融入他们周围的环境，而保留一个骄傲的、小规模的核心，就像匈牙利新教徒，成为盛宴上的一具骷髅，失败与消亡的象征。[2] 为什么这可怜的东西得不到保护，为什么他们的边界得不到保证，他们的扩张被阻止，而他们的灭绝不能受到阻拦？我无法理解。我认为，他们极不得人心，对大家都碍眼——以色列并没有真正地修复那些问题，而仅仅是令其制度化了。让我以这忧伤的语调结束此信吧。

你的

[以赛亚] 327

[1] 威廉·苏厄德·伯勒斯（1914—1997），其所著自传体小说（巴黎，1959；纽约，1962），根据吸食海洛因上瘾期间记录的笔记而写；小说有意选择超现实的叙事方式，而且，根据玛丽·麦卡锡发表在《纽约书评》第一期上的评论文章，认为小说“恶心，有时讨厌，而且常常在同一处二者兼而有之”（“草地上的午餐”，《纽约书评》，1963 年 2 月 1 日，第 4 页）。

[2] 伯林的评论更适合波兰新教徒而非匈牙利新教徒：后者在 17 世纪日益遭到歧视，但仍然是重要的少数派，并在 18 世纪末得益于更高程度的包容而再次蓬勃发展，成为 19 世纪的全国运动。相比之下，现代的波兰新教的规模大为缩小了。

致伦纳德·沃尔夫森

1967年6月5日

海丁顿宅

亲爱的伦纳德：

给你写这封信，是因为免得周末电话找不到你。来自中东的消息使一切变得模糊不清了，我们突然全都又回到1940年——艾登说得对——他显然在上议院做了了不起的演讲。[1]而我仍得继续生活：这封信只是告诉你，经历了诸多酝酿，来来回回，去了芬兰以及其他地方之后，我们，即学院，已经决定选择一位英国建筑师——我们知道这会令你深感满意，而令你满意是我们考虑的因素。请相信我，在确定人选时，除了对你的感恩和理所当然的尊重之外，我们想与你一起专注进行所有的工作。建筑师的名字是鲍威尔与莫亚，提议需要获得建设委员会通过，然后是全体基金会成员，之后还要经过牛津大学理事会周会的两个委员会同意，我才能正式着手开始。[2]我想后两个机构不会阻碍此事的；至于信托基金会，决定权在你的手中（不要笑——这是事实）；他们是非常敏锐而成功的建筑师，唯一有问题的地方是，他们在行业的

[1] 我会说得直率一点；我感觉现在不是十年前，而是30年代［……］如果我们试图像在30年代应对捷克斯洛伐克问题那样应对今天的问题，即以牺牲以色列为代价，那么将会产生什么样的结果也是我们应得的。艾文伯爵安东尼·艾登，1967年6月1日中东辩论，英国议会议事录，上议院（第5系列），第283卷，全集，第80—81页。
[2] 牛津大学执行委员会，自1854年的牛津大学法案通过起成立；自2000年起纳入牛津大学委员会。

顶端，所以不接受订单——埃塞克斯大学，牛津的泰勒图书馆，莱斯特大学，等等，但显然他们同意做这件事——他们会做的——他们会投入到此事当中，因为他们都非常清楚，在牛津大学建一所学院，由此建立的最终声誉将远远超过他们可能会在英格兰建的任何其他大楼［……］——我们的主要困难，等你来信托基金会就会知道，当然还是缺钱，但是现在我不会吓你——这是以后的事了。［……］学院几乎是全票通过，仅有一位持不同意见者，不过他不是反对这个方案，而是想看到有三位左右的建筑师提交的设计方案等，而这将导致计划推迟九个月，加上一万五千英镑的花费。

现在，我得给菲利普·约翰逊和邦沙夫特公司[1]写信，这事可不是很容易。

你的

以赛亚 328

致菲利普·约翰逊

1967 年 6 月 7 日［副本］

［海丁顿宅］

亲爱的菲利普：

你完全正确，只是太正确了，我怀着忧伤的喜悦如是

[1] 戈登·邦沙夫特（1909—1990），美国建筑师；1937 年加入 SOM 建筑设计事务所，1949 年成为合伙人；1950—1952 年他设计的玻璃幕墙高层建筑纽约利华大厦树立了他的声望。

说——为人类的平庸而喜悦，就像德迈斯特伯爵那样。最后，如你所正确预测的那样，英国人赢了，慢慢地，坚持不懈地，通过消耗战，他们赢了。不能认为有些客观因素与此无关——事实就是，我们不如我们自认为的那么富有；学院必须迅速建起来，尽可能少花钱，又不至于盖出由大学教育资助委员会捐建的那种廉价的预制板房子——那种阴森森的、不断增多的棚屋，我们的现代大学建筑正慢慢形成的那种风格。

我的同事们否决了拉斯登、斯特林、桑迪·威尔逊，并坚持使用英国建筑师，他们得到了来自英国皇家建筑师协会、所有建筑领域记者等的强有力的、持久的支持，如你可能想象得到的那样。如果我是给自己盖房子，甚至是剧场、歌剧院、画廊，我想我应该经受得住这些冲击。但是，因为这是一所学院，必须通过七个委员会的审查，每个委员会都明确表示，它将为外国建筑师设置最巨大的障碍，在伴随着圣凯瑟琳学院盖起来而发生的那些争吵之后——你会同意我的看法，认为那些争吵几乎毫不值得——我怯懦地让步了。当然，也没有别的路子可走：要达到我们的最低要求，目前还有五十万英镑的资金缺口；无论如何，我们得借钱；沃尔夫森父子要求使用英国建筑师，你说得对，这个项目只会有一个阵线，实际上等于完全不对外开放。如果我们有无限的资源，或者至少是与圣凯瑟琳学院五六年前的资金相当，如果福特基金会不是这么害怕作为美国的压力形式被拖进这个项目——这一点可以理解——如果品位、想象力、勇气可以用来战胜消耗着这个国家的平庸与世俗，事情可能已经是另外一种局面了。但事实就是如此，而后果也将是如此，正如巴特勒主教曾经说过的那样，所以，我们为什么自求欺骗？[1]

我心怀悲伤地给你写这封信，但是，我必须补充一下，也许这么说很可耻：我并不愤怒。决定已经做出，我觉得自己好比慕尼黑会议之后的布鲁姆[2]，“既感耻辱又觉得宽心”。 329
我只希望结果将会不一样，并能很快在纽约或是其他地方见到你，讨论世上发生的一切事情，牛津大学和建筑就不要谈了。请不要让这一切继续发展了；实际上，我一直都不够谨慎。我的同事们爱你：但安全最要紧。鲍德温采取的就是这个政策，绥靖，善良的敌人。[3]

你永远的

[以赛亚]

[1]“事情与行动就是如此，而其后果也将是如此：那么，我们为什么渴望被欺骗？”约瑟夫·巴特勒，《在罗尔斯教堂的十五次布道》（伦敦，1726），第7讲，第136页（§16）。

[2] 莱昂·布鲁姆（1872—1950），1936—1937年、1938年3月至4月及1946年12月至1947年1月任法国总理，他是第一位获得这一职务的犹太人，社会主义者；在《慕尼黑协定》这一问题上务实支持达拉第，1938年9月，声称自己不满意执行该协定所采取的手段，他如此写道：“懦弱的宽心和耻辱将他一分两半。”（《大众》，1938年9月20日；被《泰晤士报》引用，1938年9月21日第10b版）

[3] 伯林此处原文为：l'ennemi du bien。斯坦利·鲍德温（1867—1947），1937年受封比尤德利伯爵一世；保守党政客，1923—1924年、1924—1929年及1935—1937年任首相；深切认同绥靖政策；“安全第一”和“相信鲍德温”是保守党在1929年大选中提出的平庸口号，结果选出的是工党政府。

致肯尼斯·克拉克

1967 年 6 月 7 日 [副本]

[海丁顿宅]

亲爱的 K：

经过大量的讨论，旅行，访问，信件往来，以及伴随着遵循最纯粹的民主原则进行管理的委员会和各学院决策过程产生的一切，我们放弃了雄心，不准备邀请卓越的外国建筑师了；仅仅出于经济上的原因，因为，像其他和我们情况相同的学院一样，我们最后发现还有五十万英镑的资金缺口 [……]。经过所有这些反反复复，我们终于决定选择鲍威尔和莫亚事务所，他们设计的基督教堂学院的画廊的确理念一流，建筑一流——至少在我们这些不是非常有视觉天赋的眼光中看来如此，希望你不要认为那样太没有魄力了。我们的一些建筑顾问向我们力推年轻的、没有什么经验的建筑师——毫无疑问，原则上使用那些正在攀向其能力巅峰的建筑师很不错，但没有迹象证明他们中有哪位是天才，我们看到的只是他们缺乏机会；由我们来当试验用的小白鼠，以证明他们的表现远远达不到他们所做的承诺，这样的风险对大多数人而言似乎太高了。实际上，只剩下鲍威尔和莫亚还符合他们那尚没有被大学教育资助委员会干预过的标准了，而且教资委似乎已经把大部分英国建筑师的翅膀都永久性地修剪了一遍。

非常感谢你不厌其烦地回答我提出的第一个问题。等学院建筑可以看得出大致轮廓了，我希望你能前来看看，谈谈你的想法。我敢肯定，你不会责怪我们没有选用雅各布森[1]。他可能是天才，但他的建筑令我感到窒息，像是监狱。

你永远的

[以赛亚] 330

致菲利普·汤因比[2]

1967年6月7日

海丁顿宅

亲爱的菲利普：

看起来似乎可以迅速大获全胜，而且，我完全赞成有气度的行为。然而我想，他们不可能表现出智慧或是真正的慷慨；我只是希望他们会如此。他们希望得到安全保障，这是合理诉求，不过要清除约旦的“危机”，甚至保住耶路撒冷的诱惑也许非常巨大，虽然我不希望如此。现在当然是给予阿拉伯人大规模经济补偿的时候，即使他们给不出；至少可

[1] 阿恩·埃米尔·雅各布森（1902—1971），丹麦建筑师和家具设计师；他设计的“蚁”椅受查尔斯·埃姆斯和雷·埃姆斯的热压胶合板整体成形的作品的影响；他为圣凯瑟琳学院所做的严肃的、高度图式感的设计（1959）引起了争议，而圣凯瑟琳学院最早的一批建筑如今被列为1945年后牛津一级保护建筑之一（1993）；1961年雅各布森被牛津授予荣誉文学博士。

[2]（西奥多）·菲利普·汤因比（1916—1981），历史学家阿诺德·汤因比之子；作家和评论家；1950—1981年任《观察家报》驻海外记者，同时也是编辑之一。他所著《朋友分离：三十年代埃斯蒙德·罗米利与杰斯珀·里德利回忆录》（伦敦，1954）一书中有对青年伯林的回忆。

以提出筹集贷款。如果阿拉伯人把这好意掷回他们脸上，那就只能那样了；但他们起码应该有这样的表示。我确实不时这么告诉他们；目前为止，此事还没有得到很大的回应；而你的直觉像往常一样很正确。我认为，令我，甚至也令他们不太高兴的，应该是比如《泰晤士报》上的言论，在致命的危险时期，它袖手旁观，而后到了胜利的时刻，它又告诫个不停，告诉他们不要残酷无情，不要悲观，要明智，等等。所有这些建议无疑相当有用，但不该出自那些在危难关头转过头去的人们的口中〈谁也不喜欢虚情假意的安慰〉；而幻想着要不是因为以色列的犹太人，英国人和阿拉伯人本会成为很好的朋友，这是一个非常顽固的神话。阿拉伯人根本就不希望在他们的国家出现白人，而俄罗斯人因此就不算白人了，他们是灰色人种。阿拉伯人在这件事上的态度我似乎完全理解；我从来没有因为他们怨恨在他们之中生活着犹太人而责备他们，但英国人和美国人仍然在相当程度上认为阿拉伯人喜欢和他们保持恭顺的关系，他们的态度无疑很可悲，而且整体而言是可耻的幻觉［……］

你的〈致以深切问候〉

以赛亚

6月11日，伯林获得马萨诸塞州布兰代斯大学授予的法学博士荣誉学位，他6月9日前往那里，途经纽约，两天后
331 返回伦敦。

致约瑟夫·艾尔索普

1967 年 6 月 11 日［手稿］

“院长专稿”［PA 100 发往伦敦］

亲爱的乔：

我刚刚闪电式造访了纽约与波士顿。当然，我做的第一件事就是给你打电话——无人接听。不过，在去波士顿的途中，我在拉瓜迪亚那里碰到了斯图［尔特·艾尔索普］，他报告了洛克菲勒晚会的情况：如此情况就一目了然了。我听了两个演讲：一个是阿维瑞尔［可能是阿维里尔］的，探究美国政策的智慧和胜利：与以往一样，他关于俄罗斯的评论很聪明，值得一听。另一场演讲是大使赖肖尔[1]教授的，探讨美国政策，主要针对亚洲政策的错误与缺陷。两个人似乎都讲得很好，只是观点完全对立：如果阿维瑞尔是对的，那么赖肖尔就是错的；反之亦然，然而两个人都说服了我。我没有严谨的判断力，我只是喜欢有趣的想法，而不是唯一的、明确的、永远的真理。可怕，我对自己充满蔑视。不过，当然每个人都谈到了阿拉伯、以色列等：我很害怕，我必须说，那位为人不错、温和年轻的以色列文化专员也很害怕，他在战争开始之前的星期天拜访了我，那是很早之前就

[1] 埃德温·奥尔德法瑟·赖肖尔（1910—1990），生于日本，会说日语的美国学者及外交官；1956—1961 年任远东历史学教授，哈佛燕京学社主任；1961—1966 年任美国驻日本大使。

安排好了的见面。接下来的星期四，我在伦敦与菲尔·凯泽[1]一起吃饭，在那里见到汉密尔顿[2]，《泰晤士报》、《星期日泰晤士报》等的超级编辑。“我希望我是这里唯一的亲阿拉伯派。”他说（他喜欢纳赛尔），所以曾经支持阿拉伯人。我想迄今以色列人已经拯救了东南亚条约组织、北约等：除了他们做过的、所经历过的那些更令人感动的精彩的事之外。菲利克斯会如何体验并喜欢这一切啊！而内阁、外交部，还有以色列以外的所有外交机构该有多烦。法国左翼，即使是萨特本该表示出亲以色列情感的，这也感动了我：与十分世故的纽约犹太知识分子们相比，我得说，很少有谁对可恶的民族主义表现的担心，会多过那些显然是更为明显的、大卫/歌利亚、犹太游击队领导人马加比式的丰功伟绩。在电视上看联合国，就像是一种药物：比方说叙利亚与美国代表之间的互殴，就好比一个讨厌而又聪明的男生与一位难堪却又不得不——至少不知如何不——克制住自己想挥

[1] 菲利普·梅耶·凯泽（1913—2007），1936—1939 年在巴利奥学院就读哲学、政治学和经济学本科专业（罗兹奖学金获得者），美国外交官；1964—1969 年驻圣詹姆斯法庭美国公使（即代表团副团长）。
[2]（查尔斯）·丹尼斯·汉密尔顿（1918—1988），后（1976）受封爵士；1950—1967 年任凯姆斯利（后来的汤姆森）报业的编辑部主任；1961—1967 年任《星期日泰晤士报》编辑；1967—1981 年任泰晤士报业公司总编。伯林坐在汉密尔顿旁边，来自以色列的新闻令他感到“振奋不已”，伯林对他说：“这表明，毕竟在天堂里是有上帝的。”对此，汉密尔顿回答说：“我想我是这里唯一的亲阿拉伯派。”那天，伯林夫妇晚宴待到很晚，“在步行回我们公寓的路上，扬扬自得”。《你曾在哪儿？》（原文第 172 页注 1），第 227 页。

出去的拳头的老师之间古怪、有失尊严而又幼稚的争吵。我敢肯定，以色列人的确不知道他们是否会被消灭。历史意识 332
（犹太人有太多的历史意识）是由这样的时刻创造的：最终，某种永恒的东西，思想或是艺术，将因之产生［……］可以根据美国人的不同反应写本小说，麦乔治［·邦迪］？他也许正合适：* 在我看来，他是真正的理性之人，不会受到偏见与黑暗情绪的影响——就像威尔逊与盖茨凯尔那样，具有一种罕见的、客观的政治评估能力。你同意吗？我会很高兴在帕拉吉见到你和苏珊·玛丽：艾琳也会很开心的。

爱你的

以赛亚

每当听到颇为沉重的“既非反犹，亦非反阿拉伯：毕竟，纳赛尔下台[1]可能非常危险：我们不要轻率从事”这些话，如弗兰克·盖尔斯[2]所言，我就有种恶意的快感。我更喜欢亲爱的玛丽埃塔恰如其分的本能心灵反应：没有什么比平静而又审慎的自负与无能为力更荒谬的了。

* 不过，关于沃尔夫森学院的事，知道我现在跟谁在打

[1] 1967 年 6 月 7 日《泰晤士报》以醒目头条刊登消息，在埃及耻辱性地输掉了“六日战争”之后，“纳赛尔提出辞职”；但只是下台了短暂的一段时间。
[2] 弗兰克·托马斯·罗伯森·盖尔斯（生于 1919 年），1961—1977 年任《星期日泰晤士报》海外版主编。

交道吗？我们选定建筑师了，哈哈。

致菲利普·汤因比

1967 年 6 月 27 日

海丁顿宅

亲爱的菲利普：

［……］ 最近我在美国逗留了两天，在那里看见左翼犹太社会学家直接表示他们站在以色列斗士们的一边，全身心都表现得兴奋愉快。他们对林肯军旅[1]如此，多伊彻对骑白马穿军服的托洛茨基是如此，而当日本在 1905 年成为战胜国时，各类亚洲人也是如此——这不是喜人的现象，但对于奴隶们以及被解放的奴隶们而言却是不可避免的。这很像议会的欣韦尔先生觉得“我们的孩子们做得很好”[2]。最近有人给一家报纸写封信说，他的犹太朋友拍着他的后背说“干得好！”，这令他
333 很恼火，对此我也有同感。格拉斯哥某教授也曾试图这么对我，我瞬间呆住了，也许这样不对，但不可避免。

你的

以赛亚

[1] 在西班牙内战中为共和事业而战的美国志愿者。

[2] 伊曼纽尔（“曼尼”）·欣韦尔（1884—1986），后（1970）受封终身贵族，前工党内阁部长，1950—1970 年任达勒姆伊辛顿选区议员；具有波兰犹太血统。他以咄咄逼人而著称，1967 年 6 月 7 日在关于中东的辩论中，他坦承：“我不怕阿拉伯人和纳赛尔的支持者，我不怕任何人，我有立场，我站在以色列国的一边。”（《议会文件》，下议院第 747 卷，全集，第 1071 页）

致贝利·克纳菲斯

1967 年 7 月 6 日［手稿］

帕拉吉

亲爱的贝利：

非常感谢您的来信。这里一切都不好：艾琳病倒了，(不要让汤森德小姐[1]太担心）起初以为她是心脏病发作，然后得知那不是心脏病，而是冠状动脉出了问题，我想是这样。但据当地专家说，她这是由于某种“血管机能”或是循环系统紊乱，导致心悸、晕眩、浑身无力等。她在疗养院住了两天，就要求住回家，感谢上帝，现在她又住进了一所疗养院，在拉帕洛，叫蓝色海岸之家，几位很好的修女在照料她，她好多了，不再相信（这样的想法并不荒谬，不完全荒谬）自己再也站不起来了。我不打算描述我自己的感觉了。反正现在一切都令人开心得多，只是她必须在这儿再休养十到十二天（我私下认为可能还会更久一点儿)，而莫里斯·鲍拉爵士依然残酷无情地来了，为了吃意大利面食，喝杜松子酒。8 日或 9 日彼得将从南斯拉夫回来，到时候我就能应付得好点了。现在谈正事［……］。

爱你的

以赛亚

[1] 薇奥莱特·弗朗西斯·维多利亚·汤森德（1894—1985)，在伯林婚后任伯林的打字员数年；后来她也承担了艾琳的秘书工作。

致菲利普·汤因比

1967 年 7 月 17 日

［寄自］海丁顿宅

亲爱的菲利普：

［……］这安详平静的客观超然，激怒了那些面临终结危险的人。当［以色列人］身处可怕的危险——至少大多数人肯定［认为］他们很危险，你我也如此认为——没有人来援助他们［……］以他们的处境，这种没有朋友的感觉在他们的处境中肯定是个重要因素，就像每个阿拉伯人内心深处都认为自己遭受了骇人听闻的不公。那么能怎么办？他们要么必须彼此对抗，要么强权势力就必然迫使他们缔结某种协
334 议——而协议尚未很好达成，却很可能就这么草草解决了。任何外人出于善意所提供的帮助或是和平方案都没有什么用处，尤其是这些方案永远是说教的、家长式的、善意的，面对的却是一个过于激烈而又难以对付的孩子。我永远不会忘记耶路撒冷艾希曼审判时期的我与他人的一次谈话，对方身份我已经完全忘记了。他说，大主教们雪片般的来信几乎将他们淹没，信中呼吁犹太人记住他们伟大的精神传统，以及他们为宗教之间的相互理解所做的了不起的奉献，并超越单纯的复仇念头，做一些高尚、高贵而又慷慨之事，“我们不想比其他人坏，但为什么总是希望我们表现得比别人好？”[1]

[1] 这些言论都让人联想到 1946 年伯林应魏茨曼的要求起草的有关恐怖主义的一

我明白他的意思是，在别人看来，以色列人是在接受测试，当他们做了什么令别人隐约感觉不太赞成的事情时，旁人就会说，“啊哈！他又这样了！”无疑这会令他们很不舒服，也自然会排斥所有来自外界的建议。犹太人与阿拉伯人如何才能想到一起？我根本不得而知。[……]

毫无疑问，犹太人犯有错误：他们从未有过真正的阿拉伯政策，如果他们说了什么关于难民问题的崇高话语，如果他们解释说，在安全问题之外他们并无领土野心，没有任何扩张目的，这会更好，也比较真实可信。至少到目前为止，就大多数以色列人而言是如此。同时，你可以想象得到，左翼犹太人——不一定是共产党人——希望犹太人表现出社会主义的理想行为，希望另一边表现出正常行为。在某种意义上，我理解他们，他们的出发点是对社会主义或共产主义解

段话，并在当年 12 月巴塞尔第二十二届犹太复国主义大会上被魏茨曼用到“总统声明”中，只是细节上略有不同。这段话被纳入演讲中，只做了细微的改动：“强求以其他国家的民族奋斗作为我们的榜样，是徒劳的。不仅情况不同，而且我们的目的也是唯一的。每个民族都必须以自身的标准应用于自身的行为，而只有我们必须以犹太传统为标尺考量我们的行为。我们的判断力也不能因炫目而自大的英雄主义而眼花缭乱。马萨达城堡以其所有的英雄气概，成为我们历史上的灾难。这不是我们的目的，为成就后人眼中的殉难传奇而投身毁灭亦非我们的权利。犹太复国主义标志着我们荣耀的死亡终结与通往新生的新道路的起点。我主张勇敢的忍耐，超人英雄般的克制，反对‘英勇的’自杀式暴力。我承认，比起暴力行为，这么做需要更坚强的品格，更强大的胆魄。我们的年轻人是否能形成真正的勇气，超越道德堕落的恐怖主义，这是历史问题给予他们的挑战。”巴内特·李维诺夫（主编），《魏茨曼·哈伊姆书信集》，B 系列，第二卷（耶路撒冷，1984），第 2 部，第 629—641 页，以上摘自第 636—637 页。魏茨曼把修改版寄给梅耶·威斯格并评论道：“以赛亚关于恐怖主义的那段话很有力量，对吧？”（1946 年 11 月 18 的信）

决方案的虔诚信仰；并认为民族主义并非其真实面目，即不是受伤的民族意识的病态表现，而是由于某种变相的“资本主义”而产生的疯狂的赘生物。但他们认为阿拉伯和非洲的进步令穷人走向更大的平等，而犹太人主观上是进步的，客
335 观上却是障碍。这是一种图式化的表现，在我看来很可怕[……]，正是马克思主义的这一点一直以来令我发疯——假造的模式，并将道德责任加诸其上，界定出好的、必须得到帮助的受害者（比如阿拉伯农民）[1] 和坏的、应该被抛弃的受害者（比如集中营难民）。每个有组织的宗教中都有一些这样的元素。不过，我说话开始像罗素和弗雷迪了，必须就此停笔。不过一定要争取见个面啊。

你的〈致以深切问候〉

以赛亚

致梅耶·夏皮罗

1967 年 7 月 20 日

［寄自］海丁顿宅

亲爱的梅耶：

[……] 至于中东，当然我是赞同的。贝京 [2] 的存在是

[1] 伯林此处原文为：fellaheen。

[2] 梅纳赫姆·贝京（1913—1992），生于白俄罗斯的犹太复国主义者；1943—1948 年任伊尔贡组织（民族军事组织）的指挥官。该组织系 20 世纪 30 年代初由哈加纳内部的极端分子在巴勒斯坦成立的右翼犹太复国主义军事力量，以恐怖

一场噩梦（还有斯特恩[1]等恐怖分子：我无法相信，对英国人的杀戮竟然远远优先于对阿拉伯人的杀戮），但老实说，我不相信，今天以色列有哪位有分量的人会希望国土从幼发拉底河扩大到尼罗河。[2]虽然这看法可能过于乐观了。[……] 可有趣的是，根据刚刚从那里来的人的叙述，整个俄罗斯和波兰的知识界热情地支持以色列；他们的政府越是谴责它，他们就越是觉得他们是丹尼尔和辛亚夫斯基的集合体。[3]而在美国人以及部分英国人那儿，会发现有反对意见，而他们的政府对于以色列倒是不那么敌对，但知识分子 336
中有一部分人心存疑虑，他们后退、左倾、右倾，林林总

主义方式对抗英国和阿拉伯的目标；1948 年独立后，贝京建立并领导了右翼自由党，任以色列议会反对党领袖，直至 1967 年“六日战争”结束，加入民族团结政府；1973 年任右翼利库德集团的领袖。

[1]“斯特恩帮”，系英国给亚伯拉罕·斯特恩（1907—1942）领导的犹太复国主义准军事恐怖组织取的名字，“为以色列自由而战的斗士”（以其希伯来语缩写 Lehi 而知名）；1940 年，斯特恩和其他人离开了伊尔贡组织，成立 Lehi，致力于与英国托管当局的对抗。

[2] 可能是伯林对刚刚读到的 I. F. 斯通发表在 1967 年 8 月 3 日《纽约书评》上“圣战”一文（第 6—14 页）的无意识回应（原文第 338—339 页）。斯通写道，“梦想着一个更大的、领土从尼罗河至幼发拉底河的以色列国（如《创世记》中所承诺的那样），而完全漠视阿拉伯居民命运的右翼犹太复国主义者”（原文第 8 页）。

[3] 尤利·马尔科维奇·丹尼尔（1925—1988）和安德烈·陀纳妥维奇·辛亚夫斯基（1925—1997），苏联作家，1965 年 9 月因其在国外以笔名出版小说，进行所谓的反苏宣传，而遭苏联当局逮捕。1966 年 2 月他们被审判并被判有罪，分别被处以在劳动营服刑五年和七年。该案在西方受到瞩目，被视为赫鲁晓夫自由化时代的终结标志，“是严厉的提醒，即共产党仍希望作家们 [……] 坚持共产主义者的行为标准”（“作家无言”，《泰晤士报》1966 年 2 月 15 日第 11b 版）。

总。当然，达扬[1]可能是个危险人物，但他并无成为像希特勒那样的元首的潜在可疑性，或者你认为我这是纯粹的沙文主义？我不否认，那些认为阿拉伯人取得了进步，这一点典型体现在纳赛尔等人身上，这样的立场因以色列而岌岌可危，因此应该彻底清扫干净——如果殖民地各民族要达到其社会自我实现的下一个历史阶段，这个一半是布尔乔亚一半又是社会主义的国家，必须与腐朽而反动的西方纠缠在一起，并因此不得不被消灭，这简直就是不幸——而这样一种大规模的现实主义行为，我很不喜欢。对某些缺点心怀不满——诸如沙文主义，无视阿拉伯人的权利和感受，各式各样的狂热等——这当然是天经地义的，这是一回事；而依照某种宏大的历史格局评价一个国家或民族，然后依照问题的答案形成个人观点：某一团体或是某一种族选择了历史进程的哪一边［……］，这又是另一回事了。再加上一定的自我怀疑、自我批评，甚至自我憎恨（以阿伦特小姐的方式），就是我认为可能吸引左翼犹太知识分子的概念了——正如以犹太复国主义狂热分子好斗姿态为代表的，同样不太讨人喜欢的，为“我们的孩子”的成就感到自豪的态度一样。桑伯斯基和他的妻子向我保证，在以色列，没有盛气凌人，没有

[1] 摩西·达扬（1915—1981），以色列将军、政治家；1948 年独立战争期间一举成名；1953—1958 年任以色列国防军参谋长；1956 年西奈半岛入侵的领导者；“六日战争”期间任国防部长；1974 年，因以色列国防军在 1973 年“赎罪日战争”爆发时缺乏应战准备而辞职。

沾沾自喜的炫耀，没有人叫喊，也没有人敲锣打鼓，我相信他们——因为我没有与之相反的证据。桑伯斯基对牛津研究员们的态度深感难过，因为当一个人类群体面临灭绝时，他们却转过头去，置身事外。但我并不感到吃惊，因为这些基督徒遍体鳞伤，伤口清晰可见。然而，当我得知荷兰人或是瑞士人付出了他们日常收入的一部分来弥补损失，支援一个遥远国家的国防，我不能不为之动容。〈我这封信是在意大利写的。在这里，除了大部分共产党人，左派几乎都非常热切地支持以色列。以色列人等同于抵抗运动，阿拉伯人相当于他们的老盟友法西斯。这样的看法可能不公平，但是可以理解。〉尽管有紧急呼吁，我还是拒绝去那里，因为在我看来，现在去那个国家有点儿俗了。我害怕凯旋的游行，害怕斯科普斯山上的集会。[1] 有人说我错了，不知道你是怎么看 337
的。我认为，一定有某个理性的、明智的观点，我可以以其为立场，而不至纠缠于鲍勃·西尔弗斯称之为斯图尔特式的、对四面楚歌的以色列的过度同情。

“你和我，只有我们是明智的，我们往前看也往后看……”我就不继续引述了。夏天能见到你将非常高兴，但

[1] 橄榄山的北部地区，今天耶路撒冷市界内，1948 年独立战争结束后，在约旦控制的领土内由联合国保护的犹太人飞地；1967 年“六日战争”的胜利使它回归以色列，这是极具象征意义的事实，也有战略意义。6 月 9 日，伦纳德·伯恩斯坦在那里举行了著名的音乐会，由泰迪·科莱克组织，获得犹太—阿拉伯青少年基金会支持，以色列总理列维·艾希科尔、扎勒曼·夏扎尔总统、本—古里安均有出席。

请告诉我该如何安排你的住宿。〈向莉莲致以我的问候〉

你的

以赛亚

〈附言：我刚读到I. F. 斯通[1]发表在《纽约书评》上关于中东的评论，这是一篇既有才华又思路混乱的文章[……]。斯通的主要错误，在我看来，在于他认为这个问题只是难民问题：犹太人，就其本身而论，不需要一个他们的身份已经不成问题的国家：如果——比如美国——吸收了所有的欧洲难民（如果需要，会有成百万之多），那本会比让阿拉伯人离开家园更令人乐见；总之，他相信大众同化的可能性——也就是认为这和在美国的意大利人或希腊人一样。[2]如果可能，我应该赞成这一点：犹太价值观的“纯粹生存”可以高价购买，而融入的愿望可能是失败主

[1] 伊西多·范斯坦（“伊兹”）·斯通（1907—1989），记者；第二次世界大战期间《国家》杂志华盛顿主编；自1953年起，在妻子的帮助下，在家中出版四页通讯《I. F. 斯通周刊》，以其具有独立精神——同时带有左倾色彩——的新闻调查迅速赢得全国知名度。

[2] 斯通专注于难民问题，但绝不将其呈现为问题的全部，而他关于同化与对以色列的看法比伯林所承认的要复杂得多。斯通如此写道：“尽管有犹太复国主义的意识形态，还必须承认，犹太人产生最具创造性成就的时期与他们在扩张与包容时期的多元文明有关：[……] 先知们的伟大之处，在于他们战胜了民族优越感。[……] 然而，犹太人不能拒绝承认以色列，正如以色列不能拒绝犹太人。理想的解决方案将允许犹太人以公民身份为多样性社会做贡献，而他们所在的国家就是他们的家园，而以色列也在一个复兴的阿拉伯文明之中作为一个犹太国家得到接受。”同前引书（原文第336页注4），第11页。

义的看法，但是判处某个人的后代无休止地陷于痛苦的自我意识之中，并因此不断产生诸如拉斯基、阿伦特、马克斯·勒纳[1]、苏兹贝格[2]、R. 阿隆之流，还有其他牺牲者以及错误意识的悲惨范例等，这也许是不道德的。但在我看来，问题还没有出现：足够规模的同化并未发展，其衰减速度正如纳米尔所见，太慢了，服用这个药物的病人还来不及康复就已经死去。因此，那些渴望属于并成为某个民族群体的人，绝不能因为他们的生活制造了与阿拉伯人的问题而遭受谴责。（他们当然已经遭受不公：东德人，苏台德人，切尔诺夫策人，也是如此；还有黑山人。问题是，其他的解决方案就不会导致更大的不公，置更多人于更大的苦难之中吗？自我陶醉地接受有缺陷的解决方案而不计其代价固然不好；而出于面对公众舆论、面对现实的恐惧就拒绝这些方案，难道不是更不好？像共产党人，犹太教理事会，还有斯通先生那样吗？）还有，美国犹太人不希望成为少数派（这没关系），并否认他们自己是少数派（这就不太好了），还痛恨向他们揭示了这一悲惨事实的一切。斯通提倡哪些新方案？比如停止从苏联移民，即使俄罗斯让犹太 338

[1] 马克斯韦尔·阿兰（“马克斯”）·勒纳（1902—1992），俄国出生的美国犹太记者、编辑、学者；1949—1992 年任《纽约邮报》专栏作家；1949—1973 年任布兰代斯美国文明研究教授。

[2] 阿瑟·海斯·苏兹贝格（1891—1968），1935—1961 年任《纽约时报》发行人；虔诚的犹太人。

人离开？在阿拉伯国家削弱犹太民族，使其成为一个难以对付的、充满恐惧的、潜在的受迫害的少数民族？他不知道他想要什么：他只是痛恨犹太沙文主义，我也一样。但这是不够的：与约旦和黎巴嫩结成关税同盟是可能的；但凶狠地暴露以色列的邪恶之处并不会有什么帮助——哦，该如何是好——〉

致菲利普·鲍威尔和伊达尔戈·莫亚

1967 年 9 月 21 日〈写在环球大厦会议召开前〉

［海丁顿宅］

亲爱的鲍威尔先生和莫亚先生：

我想，我是以极其英国的方式克制住了自己，在昨天以及你们来喝茶的时候都没有对你们说，我真诚地认为你们的学院设计非常有天赋、非常迷人，而你们如此迅速就完成了设计，令人为之惊叹。各社会群体之间协同共事的设想在我看来十分完美；四方院之间的联系也无懈可击；科研人工岛的设计是出色的创意，空间的利用率相当精巧。在此我真诚地想向你们致以最热烈的祝贺，我确信，你们昨天遇见的同事们也都这么认为。他们当然并没有因为我没有代他们表达出自己的情感而责备我，但要不是我马上跑开，他们早就这么做了。我（与他们）唯一有保留意见的一点是，你们认为有必要为学院后人保留那么多的发展空间，而我的确认为对此我们不需要有太多顾虑——未来自有未来的安排，无论怎样都会有的。我想我们不应因为扩展得太多而受到责备，即使我们把整个高地直至东南部分都占用了也没什么。我仍然认为，那片地方最美丽的景色就是河流的转弯处，而我们也许可以尝试如何让所有“公共”场所以及任何可能的地方都看到那片景观。[……]

让我再次说明，这封信的主要目的不是为了提出我的奇想，而是为了向你们强调，你们证明了我们有充分理由对你们抱有信心。我非常期待接下来数月愉快和富有成果的合作，你们专注于去想象，去实现，而我们则总是在一旁吹毛求疵、犹豫不决，而最终，我相信，我们不可避免地会向你们投降——〈虽然不是在一切问题上〉 339

你们非常诚恳的

[以赛亚·伯林]

1966年对苏联作家尤利·丹尼尔和安德烈·辛亚夫斯基进行的摆样子公审之后相当长的时间内，西方余波不断，这一事件主导了1967年11月—12月英苏协会理事会的讨论议题。英苏协会成立于1959年，其目的是为促进英国与苏联之间的非政治性文化接触，伯林是其理事会成员，虽然他从来没有密切参与协会事务。伯林参加了1967年11月29日的会议，会上，执行委员会的成员薇奥莱特·伯纳姆·卡特敦促协会就丹尼尔/辛亚夫斯基审判事件向苏联当局直接施压，她的对抗并不能反映会议成员的态度。作为折中方案，理事会主席菲茨罗伊·麦克莱恩[1]作为协会代表寻求与苏联大使会面，这样他可以私下表达协会的抗议。然而，薇奥莱特夫人并不因此感到满意，最终提出辞职。对于是否支持薇奥莱特夫人，伯林犹豫不决，与其说他是缺乏勇气，不如说他清楚地意识到自己的行为对他想帮助的持不同政见者可能产生的可怕后果。他一直记得，1945—1946年他在列宁格勒拜访诗人安娜·阿赫玛托娃，目睹她的悲惨境遇，而因为他的造访，阿赫玛托娃的境遇确然更加恶化了。

致薇奥莱特·伯纳姆·卡特

1967年12月7日

海丁顿宅

亲爱的薇奥莱特：

［……］我们必须考虑两个目标：(a) 不要让一个可耻的事件就这样不了了之，同时也不要抬高我们的嗓门；(b) 不让两位受害人——还有另外四位受害人的处境［更

[1] 菲茨罗伊·休·罗伊尔·麦克莱恩（1911—1996），1957年受封准男爵一世，外交家、军人、下院议员、作家、政治家；普遍认为是伊恩·弗莱明创作詹姆斯·邦德的灵感之一；1937—1939年任职英国驻莫斯科大使馆；此时（1959—1974）任比特岛与埃尔郡选区下院保守党议员；1959—1970年任英苏协会主席、执行理事，后（1977—1987）任协会会长；“我所认识的最强硬、最坚韧的苏联专家，在他们看来是危险而又聪明的对手”（来自下面这封信的省略部分）。

糟][1]。已经宣布了，他们在下周也会因为与同样的“罪行”相关而接受审判——这些目标互相冲突吗？在这个问题上我 340
有如下经验。1946 年我自苏联回来后，我对苏联个别人士令人震惊的境遇提出了一些不说是抗议，至少是批评意见吧。不久，我惊恐地得知，这一行为直接导致了一些人受害，其中包括（1）我的一些俄罗斯亲戚，他们当时被捕，遭到拷问。其中一位[2]被流放到西伯利亚；虽然不是在那里遇害，但流放到西伯利亚之后健康受到很大损害，恶劣的条件使他很快就死去了。（2）著名女诗人阿赫玛托娃遭到迫害，她是天才诗人，极其优秀，卓尔不凡。我和她是很好的朋友。1956 年，我与在莫斯科的她通电话，她暗示了一些信息；然后，等她两年前因被授予牛津大学学位来访，对我说了整个骇人听闻的故事。那是我对她完全合法的拜访导致的直接影响，而在我当年的拜访中我们只字未提政治；她以骇人的细节证实了我亲戚们的命运，出于我们的温暖友谊，她对此特别关注，而且可以说她调查过了。她为此写下极其

[1] 莫斯科指控三位俄罗斯青年作家，即尤里·加兰科夫、阿列克谢·多布罗沃尔斯基和薇拉·拉斯科娃出版地下文学杂志《凤凰—66》，指控的第四位受害人是亚历山大·金斯伯格，他编辑了一份关于丹尼尔—辛亚夫斯基审判的政见不同的报告。对他们进行的审判预计于 1967 年 12 月 11 日星期一在莫斯科开始。
[2] 列奥·伯林，伯林的叔叔，莫斯科大学营养学教授，1955 年在莫斯科街头死于心脏病突发，当时他看见了在西伯利亚监狱营折磨他的那个人（《伯林书信集（卷二）》，原文第 357 页注 2）。难道这是帕斯捷尔纳克《日瓦戈医生》中尤里死亡方式的原型？

动人的诗篇〈虽然美丽，但这些诗篇还是不能弥补令它们产生的事实缘由〉。现在她已经去世，但由于担心进一步的报复行为，此事不能再提。这与当初纳粹统治下的情况还有些不同——据我所知，在纳粹德国，还没有发生过因为国外亲朋的批评意见而导致迫害的具体事例，尽管，当然，这是有可能的。1948 年我知道这一切后，我开始屈服于这一威胁：就是说，我不在任何关于苏联行为的抗议信上签上我的名字，因为很明显，签名的结果很可能导致某些人遭受折磨和死亡［……］；这不是我的良心可以承受的——显然，这么做可能带来的痛苦，从任何意义上看，都远远大于在任何一封信上签上我的名字极尽想象可能产生的价值。因此，在这个问题上，我已〈经有过惨痛的个人〉经历，而我不想在会上说，因为我不确定在场还有谁。［……］阿赫玛托娃遭受羞辱，承受痛苦，以及我的两个亲戚不愉快的命运，我负有责任，这些依然沉重地压在我的良心之上，虽然我不可能了解在 1945 年只是与我会面就会产生如此后果，虽然我试图争辩说，不可能只是因为与我单纯的会面就导致这一切，而阿赫玛托娃相当清楚，就是因为这一切，并且提供了悲惨的确凿证据，从此我便只能三缄其口了。

341 而这，当然与协会及其理事会的正式行为是不一样的，可如果我们公开抗议，苏联是否会解散协会？他们可能会。他们已经收到来自各方对丹尼尔—辛亚夫斯基事件的如潮水般的抗议，而这显然不会给那些不幸的人的命运带来什么改变，只是令肖洛霍夫[1]这位卑劣的诺贝尔文学奖获得者，提出要对他们从重处罚，也许这只是做给我们看。我不认为苏联有多么重视与我们的文化关系，现在他们不惧怕我们，而美国人甚至是法国人的强硬姿态可能管用，因为他们看重与他们结成的临时联盟。现在，就实力政治而言，我们在他们眼里是大打折扣的。无论怎样，这都是我的感觉。对于此事，协会应该就此停止了，因为从我们的角度来看，它真的能起到什么作用吗？我怀疑只不过是为一些苏联知识分子——他们中大多数人是无辜的、可敬的，也许软弱到了至少能表现得很顺从的程度——充当导游和尽地主之谊的一个代理机构而已。当我见到他们，我意识到，他们能逃出边境来看看西方世界，由此而产生的喜悦是如此动人，如此强烈，非常值得促成。建立认真的文化关系的希望——除了在科学，也许还有文学以及各种类似主题的领域——不是非常现实。为了拯救我们的良心，说真话，我们难道要置这些由我们赞助才得以实现的交流于危险之中？也许我们想这么做，但我认为，那是推动问题的方式——而且，我看得出一些协会成员很可能不会这么想。同时，这件事我们必须面对。苏联肯定会继续犯罪，而我们将不时面临良心的拷问，

[1] 米哈伊尔·亚历大洛维奇·肖洛霍夫（1905—1984），苏联作家；在顿河旁的维申斯克地区出生并去世；1965 年因其史诗小说《静静的顿河》（1928—1940）荣获诺贝尔文学奖，《静静的顿河》成为读者最多的苏联小说；政治上活跃的共产党员，1939 年起任苏联作协副主席。

即使我们只选择关注最可怕的事例。尽管如此，我们也不能什么都不做。我本应认为最好就是请菲茨罗伊提醒我们的对应方——苏尔科夫——还有苏联大使[1]，理事会认为不能保持沉默，而且除非在这个“人权”年有望令这些受害者少受一点儿苦，没有人告诉我们怎么做。等我们了解到对方对我们的外交表态有何反应，才可以决定下一步做什么。[……]

爱你的

342 以赛亚

1967 年的最后一周伯林夫妇在耶路撒冷度过，1968 年 1 月的第二个星期回到英国。

致詹妮弗和赫伯特·哈特

1968 年新年［手写明信片］

耶路撒冷

如今的耶路撒冷宏伟美丽，令人难以置信——不再是瑞士小屋 + 布兰代斯［大学］。维克托［·罗斯柴尔德］刚刚来过这里，他很喜欢，因为人们就像款待一位高级文官一样款待他：加沙也许是可怕的，但自我中心的沙文主义者的心

[1] 米哈伊尔·尼古拉耶维奇·斯米尔诺夫斯基（生于 1921 年），苏联外交官，被认为是美国问题专家；1966—1973 年任莫斯科外交部美国部负责人，后任苏联驻英国大使。

情不会受影响，由于他们的最低需求在所有的外交机构都难获支持——他们想知道这是为什么，如果他们的行为表现出自我牺牲的人性，慷慨宽容，等等，他们生存下来并得到接受的机会也［不］会增加，对此他们更为郁闷。他们是对的，认为阿拉伯人不会接受他们手中给出的一切：在他们看来，其他人也是如此。对此我不知道该说什么。

I. B.

致麦乔治·邦迪

1968 年 1 月 16 日［副本］

沃尔夫森学院

亲爱的麦克：

5 月 2 日是个大日子，我们都满怀兴奋地期待着。女王陛下和爱丁堡公爵到了，在他们的专列包厢内进午餐（令我们既松了一口气，又有点儿失望），市政厅——市里——的那些人没有理由生气了。接着，他们将短暂访问萨默维尔学院（女王想看女子学院），那么到我们这边就是三点二十分？——我们支起了大帐篷，由我这个见惯大场面的老手（在我的人生中，我还从未参加过任何这样的仪式，实际上全身都在颤抖），尽可能以最尊贵的方式，慢慢地在前面为她带路，按照地位高低依次向她介绍各位迎接人员，最后介绍的是荣誉校长。在她完成了她礼节性的职能之后，所有那些庞大的车辆将驶往基督教堂学院，在那里，其他由鲍威尔和莫亚设计的建筑将被揭幕；也许是在附近的奥里尔学院，也有一家王室基金会，那里会提供丰盛的晚餐，勋爵们、女侍官们、郡治安长官，还有侍从武官，如此一众扈从就驱车慢慢驶远，而奠基石也就真正安放就位了。

不过，还是回到正经事上吧：如果有可能，您或福特基金会的任何一位代表如能在场，这将给学院，给我，带来极大的满足［……］。5月2日周四这一天，午餐之后，重要时刻便将来临！［……］

你的

343 [以赛亚]

致罗兰·博登—穆勒

1968年1月17日

海丁顿宅

亲爱的罗兰：

这封短信意在纠正你的一个误解。如果你认为我对越南的看法（我的看法与特里林太太相同）与我和谁之间的友谊有关，你就大错特错了：我与哪一位邦迪都不算关系特别的朋友，[1] 虽然我与他们之中的一位因为谈工作而度过了许多个愉快的夜晚，如果你将我产生如此看法的动机归咎于实际上

[1] 麦乔治·邦迪和他的兄长威廉·帕特南·邦迪（1917—2000），也是越南战争的支持者，先后任肯尼迪和约翰逊两位总统的外交政策顾问。

我是被打动的，这令我甚感羞辱。我之所以这么说，是因为我相信它：它可能是错的，但我依然相信，包括多米诺理论，对此，似乎除了澳大利亚诸派之外实际上只有我相信。[1] 我确实认为，屠杀更坏，或至少和战争一样坏，为了不任由人们被杀戮，战争有其道德理由，不论它可能多么卑劣，不论最初的战争参与者有何邪恶动机——这就是我们对于捷克人发生的事所采取的做法，而这并非不列颠政治史上特别值得骄傲的时刻。我知道在这一点上你不赞同我的看法，我也很明白，这件事还有非常强有力的另一面，因为我自己也为此感到非常痛苦，正如文章 [2] 所表达的那样；正如我在文章中所说的，赞成一方或另一方，就会很愉快，而且就有了盟友，这样要容易得多。我不能这么做。但是，让我们不要转化问题：我怀疑，对于此事我们的观点背道而驰。但我并不希望你认为我是因为不希望伤害某个人的感情，才有了这一观点，或者更糟糕的是，你认为我是出于与 x 或 y 的动机纯正或是不纯的友谊才会如此；这的确是你对于我所认为的一切的彻底误读——若你觉得我是傻瓜，觉得我无情，或是把我看作嗜血的猎鹰，也好过把我看作见风使舵的、像你所指的那类人。

[1] 多米诺理论，冷战期间美国政策的指导原则。多米诺理论认为，如果一个国家成为共产党国家，其邻国将跟随其后也成为共产党国家，多米诺理论被用来证明美国对越南干预的合理性，1966 年美国官员在西贡对《泰晤士报》记者理查德·哈利斯说："从根本上说，我们打这场战争的目的是为了阻止中国进攻澳大利亚。"（1968 年 2 月 14 日第 11e 版）
[2] 原文第 310—311、601—602 页。

好啦！

〈你好吗？别，我请求你千万别误解我的激烈抗议。你好吗？身体好吗？你为什么不回英格兰，2月底当我又住在可怕的、与绅士身份不符的黑石饭店[1]，你还会来纽约见我吗？

深爱你的

344 以赛亚〉

1968年，三本关于富有个人魅力的德国罗兹奖学者亚当·冯·特罗特[2]的书出版，特罗特因参与1944年7月的暗杀希特勒计划而被处死。[3]早在牛津时，伯林已经与冯·特

[1] 位于东58街50号的纽约饭店，1966—1970年间伯林喜欢用的通信地址："我们习惯住在黑石饭店，这里状况极为破败，疏于管理，反而有某种四海为家的惬意，但最终艾琳受不了（我可以忍受几乎所有的一切，这么说也许有些口是心非）：墙壁剥落，卫生间漏水，就连总台——迷人的沃龙佐夫—达什科夫伯爵——都开始变得太邋遢，虽然他是很亲切且有魅力的一个人。因此，我们就要搬去另一家酒店，它的名字令我难为情——它被称为丽兹大楼"（伯林致伊丽莎白·西夫顿，1970年6月29日）。罗曼·伊拉里昂诺维奇·沃龙佐夫—达什科夫（1901—1993），生于圣彼得堡附近的沙皇村，圣彼得堡附近沙皇的夏宫，在法国长大，但在纽约定居。

[2]（弗里德里希）·亚当·冯·特罗特·楚·索茨（1909—1944），曾在德国学习法律，1931年作为第一次世界大战以来首位德国罗兹奖学者来到牛津巴利奥学院。1933年，希特勒成为元首的消息令他退缩，但还是在当年回到德国。1940年他进入德国外交部的情报部门，因涉及7月阴谋，8月26日被处以死刑，行刑者在房梁上系挂钢琴弦绞死了他。在巴利奥学院教堂外的第二次世界大战纪念牌匾上刻有他的名字，是唯一的德国人。

[3] 这些书分别是：戴安娜·霍普金森的《香树》（伦敦，1968），克里斯托弗·赛克斯的《困扰人的忠诚：亚当·冯·特罗特·楚·索茨传》（伦敦，1968），以及克丽斯特贝尔·比伦贝格的《过去的我：英国女人战时在德国的经历》（伦敦，1968）。

罗特非常熟悉，两位新书的作者，戴安娜·霍普金森和克里斯托弗·赛克斯也曾咨询过他。伯林最初被冯·特罗特所吸引，但最终认为他具有矛盾性格，既是希特勒的受害者，又是烈士，但也对诸多知识上与精神上的诡辩负有责任，虽然他自己并没有完全意识到。[1] 自从1934年2月冯·特罗特写信给《曼彻斯特卫报》[2] 之后，他们的友谊就没能再度完全恢复。特罗特在信中猛烈地驳斥驻德国特约记者F. A. 沃伊特[3] 关于反犹太主义在德国盛行的报告，冯·特罗特写道，根据他本人在黑森州——被沃伊特描述为“因迫害而恶名昭著的”地区——的所见所闻，德国法院秉持严格的司法公正。冯·特罗特表示，“显然”，在法庭上“没有对犹太人的任何歧视”；他还暗示，在那里的街头并无官方严加制裁的暴力事件发生：“我多次与激进的冲锋队队员谈过，他们认为自己遵循他们领导者的种族信条，但绝不认为自己有运用暴力方式执行这些信条的正当理由。”沃伊特质疑冯·特罗特的声明，指出黑森州的犹太人遭受殴打是“众人所知的事实［……］只要有眼睛就能看到，有耳朵就能听到。如果亚当·冯·特

[1] 致奥布里·埃班，1961年10月31日。
[2]《曼彻斯特卫报》1934年2月21日第18页刊发冯·特罗特的来信，标题为“纳粹规则在黑森州：拒绝反犹太主义”；后面紧跟沃伊特的简短答复。
[3] 弗雷德里克·奥古斯都·沃伊特（1892—1957），德裔英国记者，1920—1933年任《曼彻斯特卫报》驻柏林通讯记者；第一个警示纳粹主义危险的外国记者，认为这是对所有欧洲文明的威胁；他孱弱的外表之下是伟大的道德与现实的勇气，是激烈的反极权主义者。

罗特先生既盲又聋，那么，对于犹太人成为‘法律上’不那么显眼的受害人至少也是同样的既盲又聋”。冯·特罗特遭处决的惨烈方式，令他成为牛津朋友特别痛苦的记忆，他的崇拜者戴安娜·霍普金森所著自传《香树》有一部分是为他而
345 写的挽歌。

致戴安娜·霍普金森[1]

1968年4月16日［手稿］

海丁顿宅

亲爱的戴安娜：

谢谢你寄来的部分信件内容[2]：吓着我了。我想，所有关于我遥远过去的点滴片段——还有也许不算太遥远的——都会吓到我。只要从别人那里见到来自过去的信件，我几乎都无一例外会感到惴惴不安：因为沧桑变化，而我似乎已经完全忘记了曾经是最重要、最要紧的那些事。我坦白说，这封信倒不是那么可怕。然而，在我看来它是那么虚

[1] 黛安娜·玛丽·霍普金森（1912—2007），婚前姓哈贝克，1931—1932年就读于玛格丽特夫人学堂，自她本科时期起就是伯林的朋友，当时她与亚当·冯·特罗特有浪漫关系；1936—1940年接受培训并成为广告文字撰稿人，并从事照顾难民儿童的工作；1939年与戴维·霍普金森结婚。

[2] 来自1933年11月伯林给她写的一封信（信件原文在《伯林书信集（卷一）》，原文第73—75页），当时伯林无意中从她的家拿走了一个银质框架的火柴盒，然后又弄丢了。这封信被篡改的版本出现在她的自传《香树》中（原文第345页），第121页。

夸、做作、愚蠢、不自然，令我浑身发热——当年我真的如此忸怩，如此不自然，我当年真的听起来如此虚假吗？我又感到坐立不安了。如果你真想出版这封信，我不会阻止你，或者说（我的意思是）试图劝阻你——虽然我更愿意由你来说这个（更真实一点的）故事：你会吗？如果你坚持把这封信放进你的书里：你当然有这个自由，让我请求你只是稍作修改，我已经用铅笔在信上做了记号了：这样会使这封信不那么怪异（也许）。哦，但我确实觉得好丢人！我明白，这是一件很小的事情，但这就像是第一次［听到］自己的声音被录下来：现在我懂了（我对自己说的），为什么那些人都觉得我虚假、无知、愚蠢、令人尴尬。我感到痛苦的尴尬。但是好吧，一定要依照我的要求，删去最糟的部分，亲爱的戴安娜！至于亚当，我也希望 C. 赛克斯不会把他写得太离谱。[1] 所有非常了解凯恩斯的人都被罗伊·哈罗德的法庭肖像给吓坏了：[2] 而克里斯托弗·S. 是诚实、善良和敏感的，他会做到最好：在作家那里找证据，不会有理想的结果。不过，如果你觉得有什么不对，就告诉他。不要让他猜测亚当是（a）或（b）或（c）等：让他下定决心，坚定地声明亚当是这样这样的，而不是那样的，不要再纠结于谁赞成或是谁又不赞成这样的

[1] 这里指的是克里斯托弗·赛克斯即将出版的新书（原文第 345 页注 2）。
[2] R. F. 哈罗德，《凯恩斯传》（伦敦，1951）。

声明；否则这就不是一本关于亚当的书，而是关于亚当在我们头脑中的投射了。如果是看《罗生门》那样异想天开
346 的电影，[1] 倒是可以，但那不是传记。黑白分明！那是理想的状态，我这又说回我那封愚蠢的信了！花花绿绿的！[2] 可怕！

爱你的

以赛亚

5月2日，女王为坐落在彻韦尔河旁、一派田园景致的沃尔夫森学院院址主持奠基仪式。出席者包括学院成员，邀请来的众多宾客，这所新成立学院的学生们，还有来自附近学校的学生，一群“情不自禁地满怀感激的人们”。这是一个特别愉快的日子，预示学院将有美好的未来。[3] 伯林的演讲是他所做的演讲中为数不多、最受认可的一次，据他朋友阿诺德·古德曼的描述：“他的风格高贵，庄严。[……] 他受邀演讲，要求长度不超百字，放慢语速，使用麦克风时格

[1] 大约是指电影《罗生门》(1950)，由著名日本导演黑泽明执导，影片中一个武士被强盗多襄丸谋杀，他的妻子也被多襄丸强奸，这一案件分别由三位主人公与唯一的证人做出互相矛盾的叙述。影片探讨了现实的多重看法以及真相难以捉摸的特性。

[2] 英国19世纪上半叶流行的“玩具剧场”，复制的微型舞台，根据流行戏剧中的人物制作的小人偶固定在纸板坐骑上，这些人偶成套出售，“黑白一便士，彩色两便士”，前者黑白两色，后者色彩鲜艳。

[3] 弗兰克·杰塞普，同前引书（原文第241页注2），1999年编辑，第18页。

外小心，他听从了建议，结果既令人赞叹，也令人有点儿惊讶。一位困惑的朋友离开会场时问我，‘演讲的那位真的是以赛亚？’”[1]

致克里斯托弗·赛克斯

1968年5月11日［手稿］

寄自海丁顿宅

亲爱的克里斯托弗：

这是真的？如他们告诉我的那样，你打算在即将出版的传记中使用我给亚［当］·冯·特罗特的信，是吗？[2] 如果是这样（即使不是这样？我又如何才能确定？），我陷入了焦虑和恐惧之中。我不记得自己可能写了什么：我的任何信件有可能会公开出版，全世界都会看到，这样的念头（我真幼稚——是吧）我从来就没有过——请不要令我忐忑不安，请告诉我是否确实如此。如果是，能否让我看看原文，并看看引用语境？我说过的话不值一提，这一点我真心认为，但我想这毕竟是我自己说过的话。如果这只是谣传，请原谅我。纽约正处在可怕的纷乱之中——学生暴动——愤怒的黑

[1] 阿诺德·古德曼，“伯林八十岁”，献于“以赛亚·伯林：世界与沃尔夫森——两个评价”，《牛津杂志》第48号（1989年夏季学期，第八周），第6页。
[2] 1933年10月26日与1934年7月底伯林致亚当·冯·特罗特的信（《伯林书信集（卷一）》，原文第62—63、90—91页），赛克斯的传记中引用了信件的节选部分，第100、110—111页。

人人数缓慢增加——先不要出版，好吗——等你收到这封信时，我（希望是）已经回到牛津了。

你的

347 以赛亚

致克里斯托弗·赛克斯

1968年5月24日

沃尔夫森学院

亲爱的克里斯托弗：

[……] 我读完了你寄来的全部手稿——在这丰富的水域里享受最大的“涉水的”快乐——但如你大致想象的那样，我也被你手稿中引用到的我书信中的两段给吓坏了。第二封信我依稀记得，第一封信我一点儿印象都没有了。你那边还有没有我写的其他的信？我私下写的信将会被出版，尤其是在我还活着的时候，这是我从来就没想到的事。恐怕这不是我谦虚，而是我觉得这不现实——而对我而言，这种可能性是强烈的冲击。当然，我宁愿不被引述，最好连提都不要提及，但如果这是不可能的，那么至少我必须试图获得最低程度的自我保护。[……]

现在谈谈关于“特罗特之争”的那封信 [……]。的确，1934年由于《曼彻斯特卫报》的那封信，特罗特与我的关系有了裂痕。我依稀记得这封信是对F. A. 沃伊特的驳斥，那时候沃伊特从德国发来一些非常真实、非常勇敢的报告。我说得对吗？我认为，而且那些怀疑暴行宣传[1]的人们同样认为，这封信只是暗示《曼彻斯特卫报》上关于犹太人受到的迫害有所夸大，而那就是他写信的唯一目的。由于我们都认为亚当就是他表现出来的那样，一个陷入困境的德国爱国者，并不擅长复杂的政治游戏（游戏也许是英勇而正确的，但也的确是复杂的，我们的眼睛肯定看不到），他的信使我们〈——即我和认识特罗特的牛津朋友们〉——愤慨——我不太记得“我们”具体都有谁；但我知道，谢拉·格［兰特］·达［夫］，特别是戴安娜，都为亚当辩护，并把我的感受归因于我的血统等事实，认为我当然会对这个问题特别敏感。这之后发生的事情我记不清了——我认为戴维·阿［斯特］告诉亚当，我尖锐地批评了他，据此亚当指责我“背叛”。亚当后来写信，告诉我这一切，请求我不要结束我们的友谊，并为他的行为做了长时间的辩解，最后（根据记忆，但不是很确定）为他信中所写的观点表示极大的后悔，即使他〈唯一的〉动机只是不要削弱当时他在德国的地位，等等。无论如何，我记得我当时被他的来信感动了，那似乎是发自肺腑而写的。你猜测得没有错，那是橄榄枝，也是自我辩解。我希望我能找到那封信就好了。无论怎样，我给他写了你现在手上的信（我很想看看它的副本，出于纯粹的好奇心与焦虑）。他对戴安娜的苛责最好就不要引述了好 348

[1] 内容包括对暴行（德语为“Greuel”）（夸张）叙述的宣传。

吗？我想这会伤害她的感情，这些内容表明他对她不好，他确实是这样的，虽然她可能还没有感觉到。但是，正如你看到的，我原谅他了，虽然我认为戴维·阿斯特很无聊，特别恶劣；而所有那些女孩——谢拉·G. D.、戴安娜、梅尔·林德[1]等——她们〈爱他并〉如此激烈地为他辩护，打动她们的情感远非出自道德或政治的判断。所有这一切非常使我恼火，可是他本人的来信中充满了这样的感情、快乐与魅力（如你所知，这是他尤为擅长的，而且，还运用得相当无耻，我这么说不是贬义——他是调情高手，最会哄骗人——那些不信任他的人，就是出于这个原因），我完全被软化了，也许在回信中说了过头的话，因此我就一发不可收拾了。对此，你非常善解人意，我很感激，我不介意你的引用。他们说我是一个容易受骗的家伙——然而，我还是宁愿不要过分多疑，这样比较明智。因此才有了我给菲利克斯·法兰克福特的推荐信（是 1936 年吧？），一直到 1939 年夏天我都对亚当怀着友好的感情，那是我最后一次见到他，虽然当时他的反纳粹观点无可置疑，但是他太含糊其词了，这令我对他的看法有所动摇，但并没有导致实质性的怀疑，直到 1939 年我看到他在英格兰——不仅在克莱夫

[1] 梅尔·林德（1912—1990），1930—1934 年在牛津大学学习经典阅读函授课程；伯林的学生、亲密朋友、一起度假的伙伴；威廉·海因曼出版社的审稿人；1938 年与杰克·加斯特（1907—2007）结婚。

登[1]，而且在牛津大学，后来还在美国——所说言论的报道。我因此遭到（美国人的）批评，指责我和个性可疑的人做朋友，还帮助他。

这真的就是我要说的全部了。[……] 至于戴维·阿斯特，了解现实并非他最擅长的事，对于此事，他似乎不可救药地被爱和崇拜所蒙蔽了。[2] 我收到戴安娜的信，她对你的书的看法平静得多，也更赞成你。克罗斯曼将在《观察家报》上为它写书评，我相信他会认为亚当行为的“辩证”矛盾性很有意思。这样，人们会更了解写书评的人，而非主体，所以如你所说，大家会皆大欢喜。

[……] 我重申，我宁愿完全被排除在此事之外，但如果你觉得这会是对真理的犯罪，并希望讨论亚当在 1934 年对我的承诺，以及对他发表在《曼彻斯特卫报》上的信的误读，那么无论怎样，就让我们谈谈此事吧。你说大学是有争吵的地方，是的，但此事肯定要比牛津人之间的典型争吵要 349
严重得多了，其政治争议真实存在——关于共产主义，也

[1] 靠近白金汉郡塔普洛、俯瞰泰晤士河的意大利式宏伟宅邸，属于阿斯特子爵二世沃尔多夫和他的妻子南希（戴维·阿斯特的父母）的财产。20 世纪 30 年代，阿斯特夫妇在此招待了一部分政治家和公众人物——均为绥靖政策的支持者。人们认为他们对政府决策施加了影响，此事遭媒体曝光，被称为“克莱夫登帮”的有害操控。

[2] 戴维·阿斯特委托克里斯托弗·赛克斯写传，致力为他的巴利奥学院同学及亲密朋友冯·特罗特洗脱同情纳粹，或是谋划与其英国朋友进行秘密交易的污名。

存在类似的紧张情形，那些也不是学术茶杯里的风暴，小题大作：〈(这些争端通常会导致许多人采取非常致命的行为，唉)〉

你永远的

以赛亚

致麦乔治·邦迪

1968年5月31日［副本］

［海丁顿宅］

亲爱的麦克：

你收到这封信时，我已经抵达纽约，对所有建议置之不理，非要出席哥伦比亚大学的毕业典礼，而典礼本应推迟举行的。[1] 我参加典礼不是因为贪恋荣誉学位，而是想到自己逃避的唯一动机竟是因为害怕尴尬，这一点本身就令我尴尬难堪。我打算给自己配一把水枪，如果有哪位好斗的学生靠近我，我就站起来面对他，对他说，牛津教师要变身了，虫子也要反击了，然后滋他一脸水。学生们只要稍稍表露出一点点不满，就会令教授们感到无比恐惧，比起这一点，1791年或是不管哪一年令每个人都感到的巨大恐惧，似乎都不算什么了。为什么教授们不能筑起自己的

[1] 4月，哥伦比亚大学被学生抗议搅得一团糟，最终警察采取暴力行动，驱赶占领大楼的抗议者。

路障？［……］

你的

［以赛亚］

1968 年 6 月 5 日子夜刚过，参议员罗伯特·肯尼迪在洛杉矶遭到致命枪击，他刚刚赢得民主党总统提名候选人加州预选的胜利；罗伯特于枪击的第二天 6 月 6 日凌晨死亡，刺客是西尔汉·西尔汉，巴勒斯坦人，强烈反对犹太复国主义，罗伯特对以色列的支持显然是其刺杀动机，虽然这从来就不是他竞选纲领的核心政策；罗伯特的主要主张是反对越南战争，保障弱势群体的权利。他的遇刺不可避免地与两个月前民权运动领袖小马丁·路德·金博士相提并论，也与他的哥哥、1963 年 11 月遇刺的约翰·肯尼迪总统之死相提并论，引起大西洋两岸媒体对不断增多的社会暴力事件，特别是美国枪支暴力事件大加评论。肯尼迪家族的一位朋友，艺人小萨米·戴维斯闻讯在伦敦说："如果美国真正在意，如果他们想阻止其领导人被杀害——不论是宗教领袖、民权运动领导 350
人、总统或是参议员，他们必须采取行动，收缴枪支，让无论长得是黑还是白的傻瓜和白痴没有机会碰到枪。必须没收枪支。"[1]

[1]《泰晤士报》1968 年 6 月 7 日第 5g 版。

致阿瑟·施莱辛格

1909［应为1968］年6月6日［手稿］

寄自海丁顿宅；实际是澳洲航空［途经伦敦］

亲爱的阿瑟：

请原谅我太匆忙，[1]我想说的话很多，但办公室不是谈私事的地方［……］。我真正想说的是［……］：你现在情绪消沉，首先是因为你的朋友，你爱的人，死了；而他可能已经开始建立的世界，不存在了：勇气，激进行动，精力，良好的意识，非极端主义，这些聚集在一起，本来有可能把美国和左翼从混乱的泥沼中拉出来，然而现在这不会发生了。至少走出来（从长远来看，我并不悲观；反正新世界不会对我们的口味）的方式将慢得多，代价也更高。［……］你为什么不找一处临时的真空？在牛津待一段时间，只是来住一阵，如果你喜欢，可以什么都不做，看点书，到处走走，考虑一下做什么最好，从个人角度或是政治角度反对尼克松[2]，

[1] 事件前一天，即6月5日，伯林正在纽约城市大学。施莱辛格在那里任人文学科艾伯特·史怀哲讲席教授，伯林听了施莱辛格在大学毕业典礼上所作的题为“美国1968：暴力的政治”的激昂演讲（《哈珀》杂志，1968年8月，第19—24页）。施莱辛格演讲时，罗伯特·肯尼迪尚在抢救；第二天伯林写这封信时，罗伯特已经离世。

[2] 理查德·米尔豪斯·尼克松（1913—1994），1969—1974年任第三十七任美国总统；1953—1961年任艾森豪威尔的副总统；1960年与肯尼迪竞选总统落败，但于1968年当选，并于1972年当选连任；由于卷入1972年6月在华盛顿水门大厦的民主党全国委员会总部的窃听事件，在国会开始进入弹劾程序后辞职（是首位因此辞职的美国总统）。

也可以反对马尔库塞[1]；眼下民意肯定很容易受到外界影响[……]。或者，如果你必须继续运作肯尼迪这边残余的势力，过些时候，到七八月来意大利看我们——我们的时间表不太好说，但我们可以聚聚。我请求你，不要陷入痛苦与绝望，虽然我可以理解；我不是身处事外说这些话（原谅我的说教）；我自己也很吃惊，此刻我坐在这里，忍不住落泪；我真的无法承受，在这霍布斯式的世界里，谁也无法安 351
然避开疯子，各种生活形式都在崩溃边缘颤抖不已；我渴望某种资产阶级的稳定性；可以保护所有私人的、内心的，与他人无关的活动不至于转变成为尖叫、呼喊与公共问题；所有最重要的一切，私人关系，内心生活，转化为社会学与心理学的问题——即使是清醒、体面的温和派造成的这种转化[……] ——也十分令我抑郁，但我知道你肯定是要度过一段黑暗的日子了；如果你觉得有用，就请来看我们吧。

爱你的

以赛亚

[1] 施莱辛格在毕业典礼上的演讲对赫伯特·马尔库塞和新左派提出严厉谴责，马尔库塞是新左派的思想领袖，鼓励人们相信暴力的政治作用。施莱辛格讽刺地指出，诉诸暴力行为的最终胜利者不会是左派的理想主义者，而是右派的残酷主义者（出处同上，原文第 23 页）。对马尔库塞其人，伯林实际上不像他给伯特尔·奥尔曼（原文第 136 页）的信中评论马尔库塞时那样肯定："在我看来他是个轻浮的人，有趣，相当聪明，口齿伶俐，和他谈话比较愉快，但终究只是咖啡馆里的闲谈者，就像马克思去科隆和巴黎之前与他有关联的那些'自由'的激进派"（致戈逊·肖勒姆，1972 年 2 月 18 日）。

致麦乔治·邦迪

1968 年 6 月 17 日

沃尔夫森学院

亲爱的麦克：

非常感谢你 6 月 4 日的来信，信中内容真让人高兴。在至少两年时间之内持有福特股份，对我们是非常合适的，其实我们可能会持有更长的时间。你写这封信的那天，我正在哥伦比亚大学经历奇特的折磨——绝望地寻求我无法通过自身努力而获得的博士学位［……］。

而第二天，这份痛苦就被一条可怕的新闻消除了，当时我正在学校听阿瑟做毕业典礼演讲，后来又见到他——在我看来，他的生活被撕成了碎片（我希望是暂时的）。我只希望随之而来的自证其罪的浪潮不会导致一些可怕的父亲般人物的出现，承诺纠正一切。此事在英格兰确实影响强烈，但几乎没有什么对美国的批评，只有真正的同情，这层特殊关系，已故的比弗布鲁克勋爵曾公开谴责的、我所宣告的这层关系，是毋庸置疑的。〈我常常想知道这是否真实，有意思的是，这是真的。〉

如果这个月底你来英格兰，一定要联络我，当然如果你不联系我，我也不会记仇，不过我确实看到过度发达的国家存在道德和社会问题，还有经济问题，而这些之前没有人预见到。这情况很像 4 世纪初的罗马帝国——但是，我不打算尝试效仿乔或汤因比教授[1]——如果我必须在他们之间做出选择，我还是宁愿选前者，我相信，你也一样。

你永远的

〈(获文学硕士的）以赛亚〉 352

致耶胡迪·梅纽因

1968年6月18日

沃尔夫森学院

最亲爱的表弟[2]：

你出于善意转发给我的信没有令我惊讶，我也收到来自S. F. 沃格尔[3]的消息，并且惭愧地躲避了他所有的请求。我不知道自己欠祖先什么：对这些如今看起来如此奇怪的人我怀有温暖的情感，但是，当我几年前来到纽约并拜访了由我们的表亲梅纳赫姆·M.[4]主持的“中心”，我就隐姓埋名

[1] 阿诺德·约瑟夫·汤因比（1889—1975），历史学家；1925—1955年任皇家国际事务研究所研究主任，伦敦大学国际史教授（并任研究教授）。他的周期性历史观，尤其是在其十二卷《历史研究》（伦敦，1934—1961）中提出的周期性历史观，经常成为伯林的批判对象。

[2] 耶胡迪·梅纽因（1916—1999），后（1993）受封终身贵族；俄罗斯犹太人后裔，生于美国，英国籍小提琴家，伯林的远房表弟；纳粹垮台之后，首位在柏林（由富特文格勒指挥）演奏的艺术家；他是音乐神童，但自20世纪40年代后期开始，主要专注于指挥与教学。

[3]（施拉加）·费维什·沃格尔（生于1936年），拉比，1960—2008年任英国伦敦仪式派基金会执行董事；在英国以“哈西德主义的面孔”而知名。

[4] 梅纳赫姆·门德尔·施内尔森（1902—1994），纽约仪式派犹太人领袖，这是哈西德犹太教的最虔诚的教派之一，施内尔森也是伯林的远房表兄；伯林的父亲

了，害怕被发现。在我还是个学生时，我和现任仪式派领袖的父亲就有书信往来，但恐怕对此我没有留下深刻印象。我绝对看不出你为什么应该（你肯定没有那些义务）像大卫[1]一样为他们演奏，尤其还是免费演出。如果你愿意，你可以给他们写封信，那么，也许我可以和你一起给他们写信，我乐意这么做，但也就仅此而已了。他们也许是神圣的，但在一定程度上也是野蛮的：尽管我得到我的守护神圣以撒的保佑，我还是打算与他们保持距离——他们运用了持续性的、高度发达的现代广告手段，虽然由于他们必须在这个不那么有吸引力的世界挣扎生存，使用如此手段也许可以得到原谅，但你不必无偿地与他们有什么联系，这就是我的感觉。不过，你的心地善良——如果你让步了，我就会有负罪感，但我个人仍会固守我的态度。不，不；你完全没有义务为了他们消耗自己，给他们写一封亲切的信就足够了。那天晚上，我看见你出现在罗伯特·莫利[2]主持的电视节目里，

门德尔·伯林很珍惜他的家族与仪式派创建人、史纽尔·扎尔曼拉比的关系，但伯林认为他们的现代代表人物是“令人警觉的狂热分子，提到他们之中任何一位都会令他的面孔绷紧，露出罕见的、与他个性迥异的厌恶神情”（迈克尔·伊格纳季耶夫采访伯林录音之十五）。

[1]《撒母耳记上》（16：23）：“从神那里来的恶魔临到扫罗身上的时候，大卫就拿琴用手而弹，扫罗便舒畅爽快，恶魔离了他。”

[2] 罗伯特·阿道夫·威尔顿·莫利（1908—1992），演员和剧作家，舞台与电影作品颇多；6月9日他推出电视节目“星期日夜间人”，伯林这里提到是这个节目吧？

还有戴维·塞西尔和塔里克·阿里[1]。塔里克真轻浮，不过，比起南希·米特福德[2]他还是好些，而后者在我看来令人生厌，只有你宁静出尘，丝毫不受他们的影响。[……] 353

〈爱〉你的

以赛亚

致琼·弗拉德[3]

1968年7月5日［手稿］

沃尔夫森学院

亲爱的琼：

[……] 我确实给斯基德尔斯基[4]的经费申请投了同意票：虽然赫伯特说，鉴于我所陈述的观点，他不明白我为什

[1] 塔里克·阿里（生于1943年），作家、左翼政治活动家；1968—1970年任《黑侏儒》编辑，1970—1973年任《红鼹鼠》编辑。

[2] 南希·（弗里曼）—米特福德（1904—1973），雷德斯戴尔男爵二世的女儿（七个孩子中的长女）；小说家；1933年与彼得·穆雷·伦内尔·洛德（1904—1968）结婚（1939年分居）；著有《寻爱》（伦敦，1945）、《恋恋冬季》（伦敦，1949）、《贵族义务》（伦敦和纽约，1956），以及其他畅销书。

[3] 琼·弗拉德*（1915—2013），社会学家和学院负责人。

[4] 罗伯特·雅各布·亚历山大·斯基德尔斯基（生于1939年），后（1991）受封终身贵族；历史学家；1965—1968年任纳菲尔德学院研究员；1968—1970年任职英国科学院；1970—1976年任约翰·霍普金斯大学历史学副教授。斯基德尔斯基向不列颠谢恩捐献慈善基金会申请经费，为英国法西斯领导人奥斯瓦尔德·莫斯利写传记。该基金的来源（原文第228页注2）使得斯基德尔斯基的研究成为敏感课题，1975年斯基德尔斯基的莫斯利传记出版，这成为严重的问题。该慈善基金由英国科学院管理，伯林与莱昂内尔·罗宾斯、恩斯特·钱恩和汉斯·克雷布斯都是赞助人。琼·弗拉德强烈反对斯基德尔斯基的申请，但从来没有直接向伯林提出过这个问题，二人的亲密友谊也没有因此受到影响。

么要投票。莱昂内尔·罗宾斯首先表示，在他而言，莫斯利是邪恶的化身：如果莫斯利走进房间，他莱昂内尔就马上离开。塞耶斯[1]没有这样说，只是对这个问题的重要性表示疑问，惠尔（主席）什么也没有说。赫伯特发言了，滔滔不绝说了一大通。他的大意是，对法西斯主义进行真实而合适的叙述不仅有助于披露真相，而且也有助于那些想了解并避免其邪恶的人。该基金的两个主要发起人也在，一位保持沉默，但与另一位强有力地对斯基德尔斯基项目表示赞成的发起人一样投了赞成票（斯基德尔斯基在面谈时表示，他将写到反犹太主义，以及纳菲尔德勋爵[2]对这一运动的贡献，等等），其理由是，对这一段历史的认真分析只会对受害者有用：他们会得到警示，那就是，即便有能力、有趣而又真诚的人也会导致这样的灾难，变得如此邪恶。之后，我也鼓足并不充足的勇气发言了，我的确说了，莫斯利会表现得
354 比我们想的要好，这令人尴尬；再有就是，莱昂内尔说他被赫伯特强有力的论辩打动了，不会反对这个项目；塞耶斯也是；我投了赞成票，因为——鉴于基金捐助者的意见——

[1] 理查德·西德尼·塞耶斯（1908—1989），1947—1968 年任伦敦大学经济学卡塞尔讲席教授。

[2] 威廉·理查德·莫里斯（1877—1963），1938 年受封纳菲尔德子爵一世，英国汽车制造先驱，1919—1952 年任莫里斯汽车有限公司董事长；大慈善家，牛津大学纳菲尔德学院的创建人；1930 年经济大萧条期间，他被奥斯瓦尔德·莫斯利说服，为其成立新党大量提供经济支持，认为新的政党会重振经济与社会；然而，随着莫斯利表现出日益明显的法西斯主义倾向，莫里斯撤回了对他的支持。

我看不出我们有何理由拒绝斯基德尔斯基，因为我们认为：(1) 他足够好；(2) 英国法西斯主义的危险性并未到需要暂时压制真相的地步；(3) 如果感觉有问题，最好的办法就是不要封锁信息。但是，我仍然深怀内疚（对我而言并不难），后来一起吃汉堡牛排三明治午餐时，我还尖锐地抨击赫伯特。如果你在场，如果你所说的恰如你所写的，我想你会赢的，甚至赢过亲爱的（亲爱的？）赫伯特。斯图尔特和魏赫姆认为我们本不会这么做。[……]

I. [……]

致琼·弗拉德

1968 年 7 月 7 日［手稿］

［邮戳为牛津］

亲爱的琼：

[……] 我正要认认真真给赫伯特写封信，谈谈牛津的高年级和低年级关系问题：[1] 不谈学科，但会说到听听本科生对课程的批评意见，以及他们抗拒将他们招募为技术力量的想法的合理性。托洛茨基的劳动营，对此左派有很大分

[1] 1968 年，赫伯特·哈特任牛津大学低年级成员关系委员会的主席，1966 年的《弗兰克斯委员会报告》中这个问题基本被忽略了，而在过渡时期，这个问题已经变得极为重要。哈特于 1969 年发布并正式实施的报告，提议改革学科体系以及让学生更多地参与大学的运作；报告一定程度上平息了通常只能任其自然发展的学生抗议，伯林强烈相信应该更频繁地了解并更加留意倾听学生的意见。不过，他给哈特的信一直拖到了 10 月 10 日。

歧：以培养全面发展的人作为理想似乎是古典而反动的，在某些人看来有点儿保守派的味道；或者只是在理论上接受它，而且只能在可怕的战争结束之后。当敌人已经被击溃，在正义的专政核心确立之后，我们都知道，当一切为时已晚的时候［……］我如何说明，这是幼稚的，这会以血流成河为代价，而其后也不会有普世之爱来统治世界？这正是悲惨的中间派，可鄙的温和派，秘密的、反动的、怀疑的知识分子们一直以来所为之深感痛苦的。波普尔、哈耶克，他们都过于教条，过于自负了，他们为人们开处方，可是又与人们的实际生活相距甚远：他们盲目自大，学究气十足。而乔姆斯基[1]又是太不负责任的空想家。我该跟随哪一个？我渴望有人领导，我天生就是英雄崇拜者，我渴望一面旗帜，如果我找到自己完全相信的一桩事业或是一位领袖，我会很容易就压制真理，在以似是而非的推理为依据的请愿书上签名，
355 攻击老朋友，就像一个党徒。也许是因为我知道我不会找到这样的事业或是领袖，我才能如此自信地说：我无人可以崇拜。［……］

I.

［……］

[1]（阿夫拉姆）· 诺姆 · 乔姆斯基（生于 1928 年），很有影响的美国语言学家、哲学家，心理语言学的先驱，尖锐的政治评论员；自 1955 年起加入麻省理工学院并任教；1969 年任牛津大学约翰 · 洛克讲师；持久而积极的美国外交政策的左翼批评家，坚决反对越南战争。

伯林书信集

Building:
Letters 1960 – 1975

卷三

建业年代:1960—1975(下)

[英国] 以赛亚·伯林 ____ 著
[英国] 亨利·哈代 马克·波特尔 ____ 编
陈小慰 叶长缨 张慧仁 ____ 译
陈小慰 ____ 统校

译林出版社

图书在版编目（CIP）数据

伯林书信集（卷三），建业年代：1960—1975/（英）以赛亚・伯林（Isaiah Berlin）著；（英）亨利・哈代（Henry Hardy），（英）马克・波特尔（Mark Pottle）编；陈小慰等译 .— 南京：译林出版社，2020.7

（伯林文集）

书名原文：Building: Letters 1960—1975

ISBN 978-7-5447-8289-0

I. ①伯… II. ①以… ②亨… ③马… ④陈… III. ①伯林（Berlin, Isaiah 1909—1997）- 书信集 IV. ①B561.59

中国版本图书馆 CIP 数据核字（2020）第 078052 号

For more information about Isaiah Berlin visit: https://isaiah-berlin.wolfson.ox.ac.uk

伯林书信集（卷三），建业年代：1960—1975　［英国］以赛亚・伯林 / 著　陈小慰等 / 译

责任编辑　陈　锐
装帧设计　韦　枫
校　　对　孙玉兰
责任印制　单　莉

原文出版　Chatto & Windus, 2013
出版发行　译林出版社
地　　址　南京市湖南路 1 号 A 楼
邮　　箱　yilin@yilin.com
网　　址　www.yilin.com
市场热线　025-86633278
排　　版　南京展望文化发展有限公司
印　　刷　恒美印务（广州）有限公司
开　　本　850 毫米 ×1168 毫米 1/32
印　　张　41.25
插　　页　8
版　　次　2020 年 7 月第 1 版
印　　次　2020 年 7 月第 1 次印刷
书　　号　ISBN 978-7-5447-8289-0
定　　价　188.00 元

致琼·弗拉德

1968年7月20日［手稿］

［牛津？］

［……］墨西哥。[1] 我害怕那个国度：我只在1944年[2]去过一次，住在一对富有的美国夫妇家中[3]（当时我比较穷，然而，你得原谅我说出这一可怕的真相，实际上这对我没有什么区别：我太容易适应了，我从来没有认真地穷过，从来没有对未来怀有实质性的焦虑感，只是成为自我蔑视的牺牲品——从不自怜——从不畏惧有形的痛苦[4]——虽然，我想，1940年我害怕过纳粹），并感到抑郁。那些壁画浸透在血泊之中——到处都是血——在库埃纳瓦卡，在墨西哥城：先是在里维拉[5]的一幅壁画中，阿兹特克人屠杀人类作为祭品；然后是西班牙人屠杀阿兹特克人；接着，在大学生喜欢称之为C18的画中，有人被杀害；然后又是在早期

[1] 琼·弗拉德（1968—1969年休学术假）于1968年夏天在墨西哥城的墨西哥学院讲学。

[2] 实际是1945年，见《伯林书信集（卷一）》，原文第535—536页。

[3] 德怀特·莫罗夫妇家。

[4] 伯林此处原文为：Elend。

[5] 迪戈·里维拉（1886—1957），墨西哥画家，墨西哥壁画运动的中心人物；与画家弗里达·卡洛（1907—1954）（两度）结婚。里维拉说教性的大众传世之作，如在墨西哥城国民宫（1929—1935）与库埃纳瓦卡的科尔特斯宫（1929—1930）的壁画，将前哥伦布的主题与革命的社会主义意象缠绕在一起，以此叙述墨西哥历史。然而，由于时隔二十三年，伯林对这些令人震撼的壁画记忆显然十分模糊：例如，即使是暴力主题，这些作品也不能说是“浸透在血泊之中”。

C19 壁画中，西班牙人在墨西哥革命中被屠杀；[1] 然后是善良的胡亚雷斯、马德罗、萨帕塔 [2] 等时期流淌的鲜血；最后的大幅壁画是一位游击队员，在他的脚下，一位农民的喉咙被（我想是）镰刀割断,游击队员说着“土地与自由”[3]。而
356 这些一动不动的印第安人瞪着天空，眼睛一眨不眨，狂热地凝视着太阳：这些画太僵硬了，也不人道。墨西哥城到处是游客，查普尔特佩克大会正在召开，[4] 各种大惊小怪，各种琐事：墨西哥改革酒店，但到了乡下就很偏远了，异乡人，D. H. 劳伦斯的感觉。[5] 那里不适合我：不适合快乐的犹太单身汉，滔滔不绝的俄罗斯知识分子的朋友；甚至不适合享

[1] 即墨西哥独立战争（1810—1821），最终战胜西班牙殖民当局。

[2] 贝尼托·帕勃罗·胡亚雷斯（1806—1872），1867—1872 年任墨西哥总统，1861—1867 年为抵抗法国墨西哥远征运动的领导人；他在办公室里去世，内乱使他的国家经受折磨。弗朗西斯科·因达莱西奥·马德罗（1873—1913），墨西哥革命者，1911—1913 年任总统；在军事政变中被谋杀。埃米利亚诺·萨帕塔（1879—1919），有影响力和受尊敬的墨西哥革命者；1910 年支持马德罗针对波尔菲里奥·迪亚兹（1830—1915）的独裁统治发动的政变，但是在政变取得成功之后，因马德罗未能履行土地再分配的承诺，迪亚兹发起了追求“土地与自由”的游击战争，在政府军的伏击中被杀害。

[3]“土地与自由”系墨西哥革命（1910—约 1920）的民粹主义口号，这一口号在里维拉为国民宫中央楼梯回廊所作的著名壁画上出现了两次，但伯林描述的形象实际上糅合了三个，也许是四个场景。

[4] 美洲战争与和平问题会议于 1945 年 2 月 21 日至 3 月 8 日在墨西哥城的查普尔特佩克（原文如此）城堡举行，会议结束时二十个美洲国家签署了《查普尔特佩克法案》，签约国承诺联合打击对任何美洲国家的侵略行为——美洲国家向着团结一致迈出了一大步。

[5] 小说家 D.［戴维］H.［赫伯特］劳伦斯（1885—1930）于 1923 年来到墨西哥，并在那里短期居住至 1924 年 5 月，写了《羽蛇》（伦敦，1926），探讨墨西哥的阿兹特克历史的原始力量对一位欧洲寡妇的巨大影响。

有特权的英国使馆一等秘书，如我，一切都可以打折享受，在外交人员聚居区受到精致而又周到的款待，人们递给我一杯又一杯的果汁：[1] 更像鲜血！适合托洛茨基 [2]、阿［拉斯代尔］·［麦］金太尔，或是凶残的反叛者，对我这种软壳的自由主义者不太合适。不过，我确实喜欢火辣辣的龙舌兰酒等。然而，看见那些脸上涂着油彩的吞剑者和吃火者，我就明白那些快活而可怕的欧洲中年人可能会是什么模样，也明白了书呆子们为什么要远离尘世，把自己关在修道院里。我在报纸上读到关于可怜的捷克的报道：[3] 塔里克·阿里甚至说，如果苏联在捷克斯洛伐克使用武力，他会带领"大规模"的示威游行队伍去苏联大使馆。那样会很好［……］

你的

I. ［……］

沃尔夫森学院逐渐成形，伯林深入参与其方方面面事务，包括学院的建筑设计。建筑师鲍威尔和莫亚打算利用彻韦尔

[1] 伯林此处原文为：jugo。

[2] 在墨西哥流亡期间（托洛茨基和里维拉与卡洛住在一起，直至生命的最后一年，托与卡洛有婚外情），1940 年 8 月 21 日，托洛茨基遇刺身亡。

[3] 1968 年 7 月期间，西方媒体愈加猜测苏联将使用武力扼杀 1968 年 1 月当选捷克斯洛伐克共产党第一书记的亚历山大·杜布切克（1921—1992）的改良政府。杜布切克的改革——即所谓的"布拉格之春"——不仅被认为是对莫斯科的威胁，而且也是对华沙和柏林的威胁：《华沙条约》未来的稳定性堪忧，杜布切克没有正确理解这一点。

河边地势建一个小码头，港口两侧是学院的主生活区，这样
的布局设计令伯林想起他所熟悉与喜爱的波托菲诺港。不过，
波托菲诺港面朝大海的建筑群是弧线铺开的，而建筑师为学
院码头两侧所做的最初设计是直线铺开的，这一方案后来在
南侧做了一个“曲柄式”的改动。虽然伯林声称自己对自然
之美没有感觉（“人才是我的风景”），[1] 他本能地对在如此蜿
蜒曲折的河岸线设计如此刻板的线条犹豫不决。1968 年夏
季，他从波托菲诺雨点般地给鲍威尔寄去多个波托菲诺的明
357 信片，希望说服他和莫亚改变方案。两位建筑师最终体面并
很有风度地让步了（虽然莫亚不如鲍威尔那么心悦诚服），后
来那里被称为“伯林墙”。

致菲利普·鲍威尔

1968 年 8 月 1 日［明信片］

牛津

继续纠缠你。［明信片］的色彩不好看：不过，你和莫亚据此想象一下这个方案应该不难。海岸线的弧度就可以说明问题了，肯定是吧？那里是否可以看作“彻韦尔”河岸的田园景致？蜿蜒曲折，树木，枝条，草丛，溪流，无一不是自有其不规则的复杂线条、梦幻般的图案——这里僵硬的方形线条是最合适的吗？容我请你们加上轻柔一些的设计，

[1] 原文第 359 页注 2。

[外] 形切不可过于生硬！

I. B.

致琼·弗拉德

1968年8月16日 [手稿]

帕拉吉

[……] M. 鲍拉爵士[1]。他敲诈生活（或是他的朋友们）而得其所获。他把自己强加给我们：我可以拿走几乎一切，反正欠了他许多。艾琳沮丧地哭泣，他叫嚷，打扰我们，毁了我们进餐的胃口，坚持专注于（对艾琳而言）毫无意义的战前牛津琐事（这些是我喜欢的，当然），而且放不下。他尽可能地吃，贪婪得可怕：他拿到什么就喝什么，像杂食动物，毫不挑剔，然后整个人变成酱紫色。他去爬我们家的山，爬上爬下，滑倒，跌跤，于是就明白了伊夫林·沃所谓的"流浪者"是什么形象了——这一切，视个人的价值观，可以称之为无法容忍的利用，或是辉煌伟大的勇气：我认为二者皆是。他决心迅速终结最后阶段，不管在这过程中烦扰了谁、侵犯了谁：精神，食欲，勇气，利己主义，无情，像是出现在错误的时间和地点的雇佣兵首领，只是看上去要滑稽委琐一些而已。我记起他早年的模样：我父母是如何一想到他们的儿子正被这拜伦式的、撒旦一样的毁灭者带坏就吓

[1] 当时在伯林帕拉吉住宅留宿的客人。

得浑身发抖；而如今他是多么可怜的一只老海豚，肥胖，满怀怨恨，满腹猜疑，以他可怜的努力来获取他所能获取的东西——得不到邀请，只有他的同事、边远地区的小学校长、规模不大的美国大学会崇拜他——好比未能成就功名的丘吉
358 尔——好比没有道德责任、神奇天赋，以及无可非议的正直人品的约翰逊博士——天哪！［……］

你的

I. B.

致玛丽埃塔·特利

1968 年 8 月 16 日［手稿］

帕拉吉

最亲爱的玛丽埃塔：

多么惬意的日子！有人曾经问德国诗人沃尔夫斯凯勒[1]（不是一流或二流的作家，只是一个寂寂无名的唯美主义者，犹太人，逃离希特勒统治之后在新西兰成为犹太复国主义者，并在那里去世，不过这不是重点：像一部糟糕的百科全书，我总是像撒胡椒粉似的，把诸多琐屑与无关紧要的小事实抛撒给人们，这只能徒劳无益地令他们的记忆混乱无章）。

[1] 卡尔·沃尔夫斯凯勒（1869—1948），诗人；生于达姆施塔特的一个贵族犹太家庭；1933 年 2 月 27 日德国国会纵火案当天离开德国前往瑞士；1938 年目睹反犹太主义在意大利兴起之后逃离；最终选择新西兰作为他的安身之所，因为那里与欧洲距离最远。

总之，当这位诗人被问到，他最喜欢什么样的风景，他回答说，“人才是我的风景”[1]。这句话于我是如此贴切，我不介意山水实景。如果我周围的人与我有共鸣，一切就很好；如果没有，那就什么都不是；没有什么可以弥补；只要有一个话不投机的人，一切便索然无味：在意这么多事是很烦人的，也不利于社交往来。那么可以试想一下，有亲爱的老朋友的陪伴，有我真正爱慕的人，加上心心相印而又友好的布拉德福德夫人（？）；住在一栋奇妙的别墅里，住在佛罗伦萨，一切可以是无休止地重访，重见，永远不觉得无聊，不会觉得沉闷，也不会过于熟悉，单调，统一；有美味的食物，有车（这确实有很大不同），还有钟情，欢乐，甜蜜，趣味，以及（最重要的——道德上有共鸣的朋友）我还有何求？我真的不在意天气：艾琳在意，罗尼也在意，大多数人都会在意，而我不会；我只在意人文风景——它和天气一样变化莫测，极不稳定，让人受其控制；可这一次，却堪称完美。我想说的是，我高兴极了，而且就我私下所知，艾琳和斯图尔特（M. 鲍拉爵士顽固地叫后者炖肉）也是如此——他们刚刚抵达，正好赶上与 M 爵士共进晚餐，他看上去闷

[1] 德文原文为：Menschen sind meine Landschaft。《来自手稿的演讲与选段》（莱比锡，1940），第 51 页，阿尔弗雷德·舒勒引述。舒勒“谴责浅薄而没有灵魂的人对自然及其生命力的无知，他认为，这种无知以犹太诗人卡尔·沃尔夫斯凯勒所说渎神之语为典型：‘人是我的风景’”。G. L. 莫斯，“国家社会主义的神秘起源”，收入迈克尔·R. 马如斯（主编），《大屠杀的起源》（《纳粹大屠杀》，第二卷）（西港 / 伦敦，1989），第 47 页。

闷不乐，但并不痛苦：他耳聋的程度取决于他吃喝了多少。
359 昨天晚上他大吃豪饮，听不到任何人（不只是我）对他说的任何一个字，脸上呈现出可怕的酱紫色。也许，这就是快步跑完人生最后阶段的最好办法；而我宁愿以温和的方式衰灭［……］再一次，再一次感谢你。那里很有田园的味道，平安喜乐，就像塞维利亚的理发师不止一次说过的那样。[1]

向你问候—

以赛亚 ［……］

致菲利普·鲍威尔

1968年8月17日［手写明信片］

波托菲诺

青翠的草地美极了——它为波托菲诺大大增色：不过即使没有草地，那里也比卡西斯，或是任何一座法国地中海港口城市更美，尤其因为它那精致的海岸弧线——一定，一定要令你的天赋解决这个问题！想想吧，想想在解决研究生妻子住宿、有篷车库、前直升机时代的生活等问题很久之后，后人对你的仰慕与感激。［……］

I. B.

[1] 伯林此处原文为：Pace e Gioia。在罗西尼的《塞维利亚的理发师》第二幕开始部分，（假扮成音乐教师“唐·阿隆佐”）的阿尔马维瓦伯爵一直令人乏味地重复着的一句台词。

致安娜·卡琳

1968 年 10 月 1 日

海丁顿宅

亲爱的 N：

[……] 急速加剧的野蛮行为令我沮丧——我以为，每一代都有——在我们的年轻人之中。在我那个时代，革命者对知识和智慧尚有某些尊重，并试图向“敌人”学习如何运用武器——不管这些武器可能是哲学、历史、数学或是科技——以达到其目的。而这一代人既无知又扬扬得意，运用机械化公式处理任何可能会非常困难或复杂的状况，他们仇恨整个历史，希望抛开过去（如果这意味着回到更久远的过去我倒能理解）——未来不可逆转，也不可利用，它仅仅是一个空洞的词汇！老派的虚无主义者至少认为他们尊重科学——而新一代虚无主义者混淆粗鄙与真诚，而谈及文化，他们真的会不由自主地伸手去捡拾铺在地上的石子。不过，我不能继续如此悲叹了：这样的叹息听起来就像是来自屠格涅夫这样腐朽的自由派，或者是《泰晤士报》上某些受到惊吓的上了年纪的准男爵。[……]

随函附上另一篇文章。[1] 这一切对德国人而言无疑司空 360

[1]“威尔第的‘天真’”一文的副本（原文第 308 页注 2），文章把席勒对幼稚与感性的差别论用在了作曲家身上。

见惯，只有英国人从来没有听说过席勒[1]之类。所以沙罗美震惊了，[2]我无法相信她的丈夫会那么震惊。已故的多伊彻会怎么说？比如，对于此事，他会谴责卡斯特罗吗？[3]我这是第一次真正感到郁闷，不是因为想到这普世的堕落，而是想到接下来这边我们得忍受尼克松，那边又得忍受勃列日涅夫。[4]从来没有像现在这样，我们生活在一个实际上没有谁可以指望的时代。不过我必须停笔了。马丁［·玛利亚］和他的教会一切都很好（不过也不能说好到令人印象深刻），但是你和我能怎么办？

你的

以赛亚

[1]（约翰·克里斯托弗）·弗里德里希·冯·席勒（1759—1805），德国哲学家、剧作家和诗人；受康德影响，特别关注审美经验的本质和价值，并成为德国启蒙运动的重要人物。

[2] 因苏联镇压“布拉格之春”而感到震惊。沙罗美·哈尔彭（1888—1982），亚历山大·雅科夫列维奇·哈尔彭的妻子（约1879—1956），俄罗斯出生的律师。第二次世界大战期间，经常参加纽约的左翼俄罗斯移民圈子的活动，伯林就是在那里遇到他；战后，哈尔彭夫妇住在伦敦，安娜·卡琳是他们的房客。

[3] 在捷克处于极度危机的时期，菲德尔·卡斯特罗明确让古巴站在苏联入侵的一边：“捷克政权正朝着资本主义迈进，不可阻挡地走向帝国主义。”（《泰晤士报》1968年8月24日第1e版）

[4] 列昂尼德·伊里奇·勃列日涅夫（1906—1982），1964—1982年任苏联共产党总书记；其任期内执政特点为加强对苏联内部持不同政见者的迫害，并且下令于1968年入侵捷克。

致莫顿·怀特

1968年10月15日

海丁顿宅

亲爱的莫顿：

［……］牛津人正坐立不安地等待着又一轮本科生暴动的到来，当然，真正的反叛者，其主要目的不是逼迫大学让步，而是通过挑起对抗和斗争从中学习革命斗争的真正技巧；赫伯特·哈特领导的委员会应该为大学改革制定合理方案——保守派坚持认为，本科生们（他们讨厌“学生”这个词）在很大程度上是被动的，不希望任何变化。我认为，就牛津而言［这］可能没有错；而自由派与激进派则坚持认为，无论本科生们被动与否，改革有许多理由（这是我所持的看法，虽然我可能被列入反动阵营）。我们有份激进杂志《新左派评论》，上面有篇精彩文章说到，真正的反革命分子与反动派阻挡了英国走向真正革命理想的步伐，这些人主要是“白种”外侨，其中有纳米尔、维特根斯坦（他被认为是重要的政治保守派、反革命和蒙昧主义 361
者）、波普尔、贡布里希，还有我自己，加上莫尔、奥斯丁及其他怪物的帮凶和煽动，以及仅存的光明之子盖尔纳和多伊彻——我想，那些死海古卷也是同样可靠的历史文献。［……］

你永远的

以赛亚

致伊丽莎白·哈德威克

1968年11月6日

沃尔夫森学院

亲爱的伊丽莎白：

谢谢你非常愉快的来信——虽然我们的政治局势前景灰暗，我却将其看作可以为永远不会死亡的讽刺提供素材。我们都渴望见到你和卡尔[1]。艾琳可能得再去看望她母亲，但我会一直在这里待到2月中旬工作开始，然后回纽约城市大学。阿瑟和那些大胡子学生——事实上，目前他们正拥入牛津，攻击全灵，在墙上张贴淫秽的涂鸦，其中有些还真有趣——我不敢口述，但可能会在手稿中附上。

[……] 学生们正颠覆一切，虽然不像哥伦比亚大学那样。事实上，从芝加哥大学、加州伯克利分校或是哥伦比亚大学来到牛津的美国人，对当地情形自然会心怀蔑视——与真正可能发生的状况相比，这里的怨愤情绪不是怨愤，暴行也不是暴行，学生活动［是］可悲而温顺的，这里的警察也远远比不上芝加哥的警察——对这些柔弱的业余革命爱好者，他们不屑一顾——非常倨傲。

今年的诗歌教授席位选举简直是愚蠢之举，最终结果混

[1] 哈德威克和她的丈夫、诗人罗伯特·卡尔·洛厄尔将赴牛津，1969—1970学年，洛厄尔为全灵学院访问研究员。

乱不堪。[1] 没有投票权的学生们希望是叶夫图申科 [2]——而他唯一的问题就是不懂英语，而且诗写得糟糕，对于参选的邀请他并没有回复，人们也不期待他回复；值得尊敬的候选人是罗伊·富勒 [3]。如你所知，他是个体面的诗人，亲切而又安静的律师——为人无可指责，比较乏味，作为讲师就更乏味（据我所知）；牛津教师们提名的候选人是伊妮德·斯塔基小姐 [4]，清醒、热情、无趣得可怕的爱尔兰老小姐，写了很多关于法国诗人的书，没有一本与那些枯燥、常规、守旧的学术书籍有何区别。她的房间布置得像她梦想中的中国妓院，渴望野性而又禁卫森严的感觉——在外表之下，而且 362

[1] 在之前（1966 年）牛津诗歌教授的选举（“兼具非直接拜占庭权术政治与英国越野障碍赛马的特点”）中，罗伯特·洛厄尔在“粗暴生硬的选举活动”之后落败于埃德蒙·布伦登；二人票数分别是 241 对 477（《泰晤士报》1968 年 7 月 18 日第 3c 版）。由于布伦登健康不佳而辞去该职，触发了 1968 年对这一职位的竞聘，在竞争的初期阶段，洛厄尔被认为是有成功机会的候选人，而最终他选择退出。这场竞争候选者多达十一人。

[2] 叶夫根尼·亚历山大洛维奇·叶夫图申科（生于 1933 年），苏联作家和诗人，赫鲁晓夫时期直言不讳的年轻诗人，并因此成名；1968 年他接受牛津诗歌教授候选人提名，是在本科生中最受欢迎的竞争者；然而，围绕他所声称的对苏联政府监禁的持不同政见的作家尤利·丹尼尔和安德烈·辛尼亚夫斯基的支持，依然有不少争议。

[3] 罗伊·布罗德本特·富勒（1912—1991），律师、诗人和作家；1968—1973 年任牛津诗歌教授；1970 年获女王诗歌金质勋章。

[4] 伊妮德·玛丽·斯塔基（1897—1970），法国学者；1934—1965 年任萨默维尔学院研究员；1945—1965 年任牛津法国文学高级讲师；在被诊断患有肺癌后辞去职位；1951 年斯塔基把“竞选和竞争”引入教授职位选举中，在连续成功运作了戴·刘易斯、奥登、格雷夫斯和布伦登的竞职之后，成为“几乎是官方的获胜诗人打造者”（《泰晤士报》1968 年 7 月 18 日第 3c 版）；但其本人两次参选均告失败。

是没有隐藏得很深的外表之下，她是甜蜜、无趣、喋喋不休的女学究。候选的还有四五位嬉皮士，垮掉的一代，疯子，等等，所以，无论发生了什么，真的没有什么大不了的。尽管如此，一切真的还算令人满意：继上个星期天伦敦大游行失败，[1] 大家都互相表示祝贺——警方说示威者表现很好，示威者也同意警方的说法，媒体说英格兰很了不起，奇怪的是，他们所说的都有一定的道理。没有真正想诉诸暴力的念头，哪怕是最疯狂的努力也未能产生如此念头。准备好度过一段安静的日子吧：这里真的相当沉闷，没有人会招待别人。乔治·凯南希望躲开巴结名流的社交活动，可最终他还是因为这里完全没有这些活动而感到恼火。这里谁也不会在意谁。〈牛津的人际关系——尤其是社会交往，是疏远而冷静的〉，而且你会发现，特里林夫妇所告诉你的并不完全正确。特里林是个英国狂（他依然还是），所以眼盲了——而他太太对我们的内心世界假想过度，眼也盲了。知道他们如此看待我们，看待我们彼此的关系，听到戴安娜还就此提出了非常清晰有力的理论，这的确很美妙。毕竟亨利·詹姆斯和 T. S. 艾略特在一定程度上刻意地弄错了；你不会受骗的〈——我向你承诺，并因为这一切而感到十分高兴和有

[1] 实际上是 10 月 27 日之前“那个星期天”：大约二万五千人参加了由塔里克·阿里（以及其他人）组织的反越战示威游行，这是组织者和警察预计人数的一半，是阿里所声称的十万人的四分之一。（“这一天，警察赢了人数寥寥的好战分子”，《泰晤士报》10 月 28 日第 1a—c 版）

趣（我希望并相信是这样）。

致以我们的问候

以赛亚

不，我不能附上那些涂鸦，还是等当面口头跟你说吧：不敢写在信里，等见面我告诉你，你就会明白缘故了。1968 年 11 月 6 日：真的是尼克松吗？[1] 我们如何承受这样的结局？〉 363

1968 年冬季，新沃尔夫森学院建筑成本已经大幅上升，超过了最初的估算，伯林不得不动员他的信托董事会成为向沃尔夫森基金会提出追加捐助的首批申请的后盾。当然，他一直与福特基金会的盟友麦乔治·邦迪通信，确保邦迪同步跟进事态发展。

致麦乔治·邦迪

1968 年 11 月 25 日［副本］

［海丁顿宅］

亲爱的麦克：

［……］如你所知，在此期间，我们已经向［沃尔夫森基金会］申请为数十万六千英镑的追加捐款，以支付购买及打理学院附近可自由处置的不动产的费用，这些不动产是受

[1] 美国总统选举的结果仍未最终确定：（当地时间）11 月 6 日中午，民主党候选人休伯特·汉弗莱承认理查德·尼克松取得竞选胜利。

托人鼓励我们持有的，作为未来的发展基础［……］；以及总建筑成本额外需要承担的10%的开支，即十五万英镑，这大概是现在建筑师给我们的预算数字（这完全在意料之中）。在这些方面，伦纳德先生对我们比较支持，并认为我们会在他的董事会遭遇某位——而且只有这位——受托人制造的麻烦。我真不需要再提到那个可怕的名字了。[1] 根据各种流传的说法，让人不由得血流加快，怒从中来。不论怎样，伦纳德先生在忠诚的布洛克的支持与帮助之下赢得了胜利。

我正等着阿兰·布洛克详细告诉我，我们的莫里亚蒂教授如何再次被打败；他表现出对牛津一贯的愤恨；并且声明，如果当初没有与他确认不会以任何可能的借口向牛津拨更多的钱，他本来绝不会接受最初安排的；有人告诉他，此事史无前例：没有谁要求如此承诺，也没有谁做出如此承诺［……］。经过一整个漫长上午的激战；最终尸横遍野，查尔斯·多兹爵士阵亡，斯卡曼法官先生[2] 一瘸一拐地离去，忠诚的陆军准将[3] 给我们打电话，告诉我们一切都很好。目前为止，一切都好——二十五万英镑入账。如果这笔钱还没有

[1] 索利·朱克曼，即下文提到的“动物学家”。

[2] 莱斯利·乔治·斯卡曼（1911—2004），1961年受封爵士；1961—1973年任英国高等法院法官；1973—1977年任英国上诉法院法官；1968—1979年任沃尔夫森基金会受托人。

[3] 大约是（阿伦德尔）·雷·利基（1915—1999），士兵，1968年以陆军少将军衔退休；1968—1980年任沃尔夫森基金会董事及秘书。不过也有可能是哈罗德·雷德曼，未经正式确认。

到位，我们真会陷入绝境——伦纳德的确是非常忠实的朋友——他有多喜欢与他自己的某位受托人的这些血淋淋的遭遇，我不得而知。在某个时刻他袒露内心，告诉我他认为自己在选择他的同事时并不总是对的，但在后来的场合中，他非常得体地收回了这个说法。动物学家肯定不会抛弃他，如果他能克制得了自己——沃尔夫森基金会是他手中唯一的权 364 力来源，权力是商品，为了获得权力、为了使用权力，他奉献了全部人生。自然，他询问福特基金会是否会提供配套资金，我不知道伦纳德对此怎么说——当然，我现在不打算跟你提出此事，在任何可预见的将来也不会，不过伦纳德可能会。我与可怜的比尔·迪金一样，都不喜欢乞讨捐助，迪金那边资金难以周转，而目前我们这边项目还可以继续进行。

关于我们被公认为要履行的、逐步吸收更多研究员的义务，牛津没说什么，希望我们会挺过去，有个关于移民政策的委员会，以及关于各学院的吸收能力等问题。我们已清楚表明，我们将尽到自己的责任，而且还会多尽一点责任，但也仅此而已了，目前为止，这一点尚未被任何人质疑。当前我们主要关注的是：(1) 获得遗传学教授席位〈唉，不行，竞选失败了〉，在我看来这是当前大家过度关注的话题；(2) 建立研究员—研究生的民主体系，这可能会吓坏一些老学院，但就我们而言似乎完全可行。我认为让研究生加入委员会甚至是行政机构不会导致什么致命后果。如果事情能尽早并尽量平静地进行，而且没有暴力行为——目前全灵学院那边似乎正在发生暴力行为——这可以成为人们接受的生活方式，对实际决策的达成并不会产生太大的区别；却能给予我们的研究生们——他们中的大多数人都是科学家——极大的道德满意感。这么做非常明智，不走极端。我们这里唯一一位雅各宾派是个社会学家（在哪里都是如此），只要他实际上没有与伦纳德先生或是艾萨克爵士见面，我认为我们可以与他和平共处，甚至相处甚欢。

牛津各学院的墙壁上出现了一些很有趣的涂鸦：其中尤为有趣的一幅涂鸦，画的是“克鲁泡特金[1]还活着，而且在巴利奥学院工作，比巴洛夫勋爵还有意思”。另一幅画的是“我们都不会拼写”。我就不再多说了，太浪费你的时间。

等到了2月再说。

你永远的

[以赛亚]

致塞缪尔与米利亚姆·桑伯斯基

1968年12月2日

海丁顿宅

亲爱的！

此信只是向你们发布喜讯，艾琳和我计划在12月22

[1] 彼得·阿历克谢耶维奇·克鲁泡特金王子（1842—1921），俄罗斯贵族和无政府主义者；1874年因煽动罪被判监禁，但于1876年越狱流亡，此后主要住在英国；批判马克思主义理论的中央集权元素。

日或23日前来圣城——26日、27日、28日三天我在雷霍沃特开会，讨论魏茨曼文集的出版问题[1]——第一卷经历了不少折腾，在我看来，这卷书信集编辑得很好，因为它收入了许多封琐碎而无趣的书信，有些人［认为］这部分书信会有损魏茨曼的名誉——他的一些老朋友觉得写这些信的不是他们所认识的魏茨曼，并因而感到尴尬和苦恼。你可以想象得到，我忠于伟大的纳米尔和韦伯斯特[2]的命令，认为一切都必须出版——无论那些内容是伟大还是琐屑，黑或白，尴尬或崇高；除了那些可能会伤害到仍在世者的感情的那部分，如果遇到这种［情况］，必须给出适当的脚注，说明某些书信没有收入书中，给出理由，告知这些信件保存在档案中，可供有诚意的学者查阅，并且有望在三十年后——或是某个可能的时间——会出版问世。我想出版这些书信会遭遇来自两方面的诸多反对：一方真心相信应该对出版的书信进行选择，认为无差别出版会成为政治损害或某种歪曲的源头；而另一方因为被禁止为魏茨曼写传，对出版机构怀有各种怨恨。所以毫无疑问，这个场合将一如既往地热闹 365

[1]《魏茨曼书信集》出版了二十五卷（伦敦，1968—1980）：第一本出版的是书信集卷一（1885—1902），由伦纳德·施泰因和格达利亚·约格夫主编。

[2] 查尔斯·金斯利·韦伯斯特（1886—1961），1946年受封英国二等高级圣迈克尔和乔治勋爵，历史学家；1941—1942年任纽约英国信息图书馆馆长；1932—1953年任伦敦政治经济学院国际史教授；1950—1954年任英国社会科学院院长。

非凡。[……]

你的

以赛亚

致凯·哈利[1]

1968 年 12 月 9 日

海丁顿宅

亲爱的凯：

真希望我能写点关于伦道夫的文字，[2] 但我真的做不到。我认识他，喜欢他，景仰他的军人美德——他不那么适应和平时期的生活——但关于他我没有足够的素材可说，你的名单上已经有足够多才华横溢而又有趣的作家了。我唯一可以提供给
366 你的是这样一个小故事：1946 年我在华盛顿见过他，就在他

[1] 凯瑟琳·墨菲（“凯”）·哈利（1904—1997），哈雷百货连锁公司联合创始人塞缪尔·哈利的女儿，记者、作家，华盛顿社交界名人，肯尼迪和丘吉尔家族的朋友；先后为富兰克林·德拉诺·罗斯福与肯尼迪助选，并且是后者就职委员会（1961）中有影响力的成员。

[2] 伦道夫·弗雷德里克·爱德华·斯宾塞·丘吉尔（1911—1968），记者、保守党政治家，温斯顿·丘吉尔的独子；1968 年 6 月 6 日去世，时年五十七岁。在凯·哈利（主编）的《伦道夫·丘吉尔，朴实的年轻人：朋友们为他所写的纪念文集》（伦敦，1971），伯林所写的部分是“伦道夫”，第 278—279 页：“在我看来，如果不完全是因为家教谨严的缘故，伦道夫可以说是太无所畏惧了，如果可以，他几乎什么都不怕，道德上如此，体格上亦然。他或多或少是本能地将行动配合语言，所导致的后果有时起了反作用。”（原文第 278 页）

父亲发表富尔顿演说[1]之前，他刚见了斯普鲁伊尔·布雷登[2]，后者是美国大使，当时回到国务院工作。二人显然有些分歧，布雷登把伦道夫整个人扔出他的办公室，而之前伦道夫显然打了他。衣衫不整的伦道夫被带回英国大使馆，我是他在使馆走廊上碰到的第一个人，我问他做了什么，他说："我拜访了国务院布雷登先生，他攻击我的国家，我就揍了他，每当有人说对我们国家不好的话，我总是要揍他们，你呢？"

他的观点有时和那些落伍的本科生一样，但他无所畏惧，诚实、忠诚、朴实，有时非常有趣，他有吸引人的气质，内心并不快乐，他的暴力倾向与缺乏控制往往令人产生深深的怜悯，使人放松戒备，激起对他的情感，他既疯狂又令人不安，但神情甜蜜可爱；〈充满柔情。

我说的这一切都不可公开，不可以！〉

非常爱你，你永远的——

以赛亚　[……]

伯林在纽约城市大学度过了1969年的春天。2月中旬抵达纽约，并于5月的第二个星期回到英格兰。他在哈佛、威廉姆斯学院、马萨诸塞州和北卡罗来纳大学分别开设讲座。3

[1] 1946年3月5日，丘吉尔在密苏里州富尔顿的威斯敏斯特学院接受荣誉学位时发表了著名的"铁幕"演说。

[2] 斯普鲁伊尔·布雷登（1894—1978），商人、外交官，因其在南美国家倡导干预政策而闻名；1945年任美国驻阿根廷大使；1945—1947年任西半球事务助理国务卿。

月底，艾琳的母亲在纽约去世，当时他们正好在那里。

致雅各布·赫佐格[1]

1969年2月18日

纽约

亲爱的雅科夫：

我刚到这里，就听说我的朋友、伟大的诗人罗伯特·洛厄尔，已经收到访问以色列的邀请，本周末他就会抵达那里。我不知道是谁出的这个主意。他是天才，非常情绪化，也古怪，当然也同样在那次不幸的会议上对纽约知识界说了
367 些不怀好意的怪话。我昨天见了埃利·威塞尔[2]，他对这一奇怪的举动极为关注。〈我把此事也告诉了哥伦比亚大学的两位教授，他们对此也很关注。如果事先没有刻意计划［也就是说，没有预谋］，这事就很荒唐了。〉我得说，这一定是华盛顿的文化参赞做的决定，完全是出于惯性的举动。虽然如此，他是要去以色列了，而且在此之前我也一定会跟他吃饭，谈谈——但是，你肯定知道，在冬天里他会间歇性地发狂，虽然他是奇才，有魅力，感人，出色，在任何方面都卓

[1] 雅各布 / 雅科夫 / 雅可夫·赫佐格（1921—1972），都柏林出生的以色列外交官；其父曾为爱尔兰、后为以色列的德系犹太人首席拉比，1983—1993年间以色列第六任总统哈伊姆（1918—1997）的弟弟；1960—1963年任驻加拿大大使；1965—1972年任首相办公室署长。参见《伯林书信集（卷一）》，原文第693页。
[2] 埃利泽（“埃利”）·威塞尔（生于1928年），罗马尼亚出生的美国作家、学者、人权活动家；奥斯维辛集中营和布痕瓦尔德集中营的幸存者；1986年获诺贝尔和平奖。

尔不凡——起初他是波士顿贵族，后来信奉了罗马，然后又改变了信仰——在上一次战争中，他因为反战活动而被关进监狱，现在他是反越战英雄，所以，外交部出于惯性地给予像他这样的访客如此待遇，将产生令人震惊的结果。不要认为我夸张了，因为我没有夸大其词。你能否尽量不要让外交部派某位呆板的年轻女子陪同他，免得她会满怀爱国热情地、真诚地、灾难性地在他的耳边反复宣扬国家的荣耀？〈这么做几乎令唐纳森夫妇成了反犹主义者，幸而他们被及时解放了。大卫王酒店（不，我不是开玩笑，唉）令他们发疯。〉

可以与洛厄尔会面的首先是诗人，例如古里[1]，还有特别困扰于与阿拉伯人关系的，担忧国家未来的那些人，质疑者，非正统人士，总之，不要任何宣传人员或是政府官员。毫无疑问，他既希望躲进各式波希米亚环境，但［也］期待被视为杰出人士：因此，他应该见见一两位部长，但不要和来自外交部的官员会面，外交部长[2]或雅丁[3]绝对不能

[1] 哈伊姆·古里（生于 1923 年），特拉维夫出生的诗人和作家；因报道 1961 年的艾希曼审判而知名。

[2] 阿巴·埃班（1915—2002），原名奥布里·所罗门；生于开普敦，以色列外交官和政治家；优秀的语言学家，1938—1940 年在剑桥大学女王学院本科学习，后来在该学院任教；1963—1966 年任外交部副部长；1966—1974 年任外交部长。“在工党内部，他常是一只孤独的鸽子，为英国从被占领土地撤军争论不休。”（《泰晤士报》2002 年 11 月 18 日第 29 版）

[3] 伊迦尔·雅丁（1917—1984），原名苏肯尼克，杰出的以色列战士，考古学家、政治家；1933 年加入哈加纳，即犹太国家防卫队，1947—1948 年任作战部长。1949—1952 年任以色列国防军参谋长；与本—古里安有冲突，并在退休后作为考古学家取得出色的职业成就；后来从政，是 1976 年民主改革运动共同发起人。

见，任何受到英国普通下院议员欢迎的人，他也不能见。我建议《国土报》的阿莫斯·埃隆[1]可以和他联系，并请他见一些敏感而又感到困扰的青年人。其次，在耶路撒冷与埃弗
368 拉伊姆·布罗伊多[2]会面没有害处，他会喜欢他，不过也就是有点儿喜欢而已。（让他远离爱国司机们，珀尔曼[3]，甚至连泰迪也别让他见到——他真是很奇怪的人，突然邀请他访问以色列，在我看来是疯狂之举，然而也只得如此了。）第三，在某种程度上，我想他应该见见某位对考古学有兴趣的、老练的军队指挥官，相信他会与士兵、足球运动员、实干家等等相处甚欢。〈他应该去军营里看看，和士兵们自由交谈。或者去访问某个可爱的、左翼的、有可能是政府肉中刺的基布兹合作农场。我知道，我这些意见之前已经写过了！这表明我是多么心烦意乱。〉在部长中，我想，他应该见见阿隆，我想还应该见见阿然。[4]他与想象力丰富的人谈得来［……］一定要让［他］见见肖勒姆和他的朋友们，总之就是要见到具有精神吸引力、个性突出的人。与总理简短

[1] 阿莫斯·施特恩巴赫·埃隆（1926—2009），奥地利出生的以色列作家，任《国土报》欧洲和美国事务栏目通讯员，《纽约书评》的固定撰稿人。
[2] 埃弗拉伊姆·布罗伊多（1912—1994），以色列作家，莎士比亚作品的译者。
[3] 摩西·珀尔曼（1911—1986），原名莫里斯·珀尔曼，英国出生的波兰裔以色列作家；他是伦敦政经学院哈罗德·拉斯基的学生，1948—1952年任以色列军方发言人；退休后致力于文学。
[4] 扎尔曼·阿然（1899—1970），俄国出生的以色列教育与文化部长。

会面[1]可能会让他觉得自己见过了大人物，如果他与总统会面，后者会乐于告诉他哈西德派的故事，而不是他不爱听的日常政治细节。他真正需要的是一个左翼基布兹农场，或者在军营里待上一个星期，与单纯的士兵们和他们的指挥官自由地交谈。他可能想去监狱走走，和法塔赫囚犯交谈——就让他去吧，如果不让他去，很可能会导致同样致命的后果。

老实说，我不希望被视为这方面的权威，但你是否认为你可以有技巧地让文化官员认为，当选择过于明显的左翼知识分子时，他们可以就这个问题与我〈或者至少是与哥伦比亚大学的西德尼·摩根贝瑟[2],或是乔治·巴克〉稍微谈谈？我希望一切顺利。等他回来时，我肯定在这里，我期望结果不是最糟，当然肯定也不会是最好——你要记住，他在纽约最亲密的朋友是阿伦特小姐，他完全赞同她对艾希曼等的观点。诗人和战士——对他而言这些人都是最好的，再加上一两位疯狂的画家［……］。

你的

以赛亚

[1] 当时是列维·艾希科尔（1895—1969），以色列工党的创建人，继本—古里安之后，自1963年至1969年2月26日他去世，任以色列总理，他去世的日子也是伯林这封信日期的八天后；接替艾希科尔任总理的是他的副手伊加尔·阿隆。阿隆任过渡时期的总理，3月17日之后由戈尔达·梅厄接任总理。艾希科尔任总理时促成了以色列国内原本不可能缔结的联盟，国际社会焦虑地关注着他的继任者将如何处理以色列在“六日战争”胜利后产生的未决领土问题：“在选择一位新总理的同时，以色列也将选择新的政策，如果这样的选择只是通过暗示进行就好了。”（“天才的主席”，《泰晤士报》重要文章，1969年2月27日第9a版）

[2] 西德尼·摩根贝瑟（1921—2004），1975—1999年任哥伦比亚大学哲学约翰·杜威讲席教授；因他热情而著名的机智很受伯林重视。

369 〈附言：我刚刚与三位当地知识界的人士共进午餐，他们也对此事表示惊讶。我答应阿然先生，要对他（以及你我）所担心的情况做点“什么”。如果罗伯特·洛厄尔——他的朋友们叫他卡尔——卡利古拉的简称——如预定的那样回来，如果我们的官方向导带着他参观，我的职责就不可能实现了，我们就束手无策了。不要告诉别人我的观点——如果他们原本就不知该如何是好，这只会让事情变得更糟。与此相比，伊夫林·沃就不算是个事了，不过，洛厄尔此行还是不至于太糟的。〉

伯林一直对斯图尔特·汉普希尔1963年移居美国的决定耿耿于怀，并在很大程度上将此事归咎于汉普希尔的妻子勒内的不良影响。自1965年秋天起，他不断寻求切实可行的方法以确保朋友回归故土。1968年原本由约翰·威斯登担任的剑桥哲学教授席位有了空缺，伯林四处游说，为汉普希尔争取这一职位，却没能成就此事。伯林总是乐于为其力争他认为合适的职位，因为在他看来，汉普希尔不仅是一流的哲学家，而且对青年学生有特别积极的影响。这一点，汉普希尔在普林斯顿大学的经历就可以证明，在闹学潮的背景之下，这是值得珍视的品质。伯林希望汉普希尔的回归还有更深层次的情感因素，正如他1965年11月18日在写给莫里斯·鲍拉的信中所说：“这将挽救一个生命，因为真正的英国人迄今仅此一位。”

致伯纳德·威廉斯

1969 年 2 月 19 日

纽约城市大学

亲爱的伯纳德：

在动身去纽约之前，我应该给你打电话，跟你说说我在基督圣体学院度过了一个不太愉快的夜晚，当时赖尔与 G. 欧文 [1] 一起吃晚餐，欧文邀请的另一位客人是内尔森·古德曼 [2]。晚餐中唯一的关键点是，赖尔想知道我认为谁应该接替威斯登 [3] 在剑桥的席位，我还没有提议人选呢，他就告诉我们所有人，在他看来这个职位应该给吉奇 [4]——他，吉尔伯特，是选举人——如果吉奇去了剑桥，自然就会吸引安斯康姆 [5] 也过去——剑桥只要用一个职位，就可以请来两个

[1] 格威利姆·埃利斯·莱恩（“格威尔”）·欧文（1922—1982），1963—1966 年任牛津大学古代哲学教授；1966—1973 年任哈佛大学哲学和古典学维克托·S. 托马斯讲席教授；1973—1982 年任剑桥大学古哲学劳伦斯讲席教授与国王学院研究员。
[2] 亨利·内尔森·古德曼（1906—1998），1951—1964 年任宾夕法尼亚大学哲学教授，1968—1977 年任教于哈佛大学。
[3]（阿瑟）·约翰·特伦斯·迪本·威斯登（1904—1993），1935—1993 年任剑桥大学三一学院研究员，1952—1968 年任哲学教授；1968—1972 年任俄勒冈大学特级哲学教授。
[4] 彼得·托马斯·吉奇（生于 1916 年），1966—1981 年任利兹大学逻辑学教授；1941 年与伊丽莎白·安斯康姆（见后注）结婚；夫妇二人均皈依天主教。吉奇的风格被称为“故作惊人式”（詹妮·泰克曼，“哲学家中的亨利·詹姆斯”，《纽约时报书评》，1991 年 2 月 10 日，第 24 页）。
[5]（格特鲁德）·伊丽莎白·玛格丽特·安斯康姆（1919—2001），哲学家；1946—1964 年任萨默维尔学院研究员，1964—1970 年任研究员；1970—1986 年任剑桥大学哲学教授与新堂学院研究员；路德维希·维特根斯坦极其忠实的门徒，在剑桥时她曾是维特根斯坦最喜欢的学生之一，也是其遗稿管理人、译者与编辑。

370 人，而这正是他们想要得到的；他说还从来没有出过很好的剑桥哲学学派——仅仅凭着莫尔和罗素曾经在剑桥居住过，并不能据此得出结论说剑桥就有哲学家或是有哲学学派。

于是我表示抗议，认为吉奇有点儿太疯狂了，不能把这么多工作往你那毫无过错的肩膀上放。他接着说，他很清楚我会提名斯图尔特，他说我的一生都在为斯图尔特争取他不应得到的工作，之前有全灵学院的财务主管一职，后来又是伦敦大学。斯图尔特是竭尽全力了，而他奉献出来的成果从来就毫无价值——作为一名哲学家，他全无用处，一直如此，而且与他的那些同样令人痛苦的、令人愤怒的同类相比，他还要更糟糕。他说的这些话，我完全接受不了，随后欧文插话说，无疑你会支持斯图尔特，因为在他之前这个职位是你的，你觉得难堪，[1] 对此吉尔伯特表示，这是最糟糕的理由，他决心已定。随后他又说了些难听话，我就不转述给你了，整个过程中我的反应并不算十分懦弱。而后他稍稍平静了，又提到皮尔斯是否远远好过目前为止提及的所有人选，等等。虽然如此，我还是要顺便警告你，既然他是你的同事，你会发现在这个问题上他的表现很不好，应该抵制他。他提出的唯一合理的是 R. 班伯勒 [2]

[1] 1967 年伯纳德·威廉斯被任命为剑桥哲学奈布里奇讲席教授，当时还没有满四十岁；伯林谨慎地为流放在外、更年长的斯图尔特·汉普希尔四处游说谋职；虽然没有正式申请这一职位，汉普希尔似乎希望成为考虑人选（伯林致赫伯特·哈特，1965 年 12 月 21 日）。

[2]（约翰）·瑞福特·班伯勒（1926—1999），哲学家，1950—1999 年任剑桥大学圣约翰学院研究员，1957—1991 年任大学讲师。

的优点，对此他毫不怀疑。就我个人而言，尽管斯图尔特打算在普林斯顿买房子，我相信，如果给他这个职位，他很可能会接受的，当然我不能完全肯定。可如果此事任由吉尔伯特胡作非为，那将是极大的耻辱，会毁了一个人，我认为对于剑桥而言也是真正的损失。无疑，斯图尔特把自己的生活搞得一团糟，或者让别人把自己的生活搞得一团糟——但如果因此就要惩罚他，在我看来这是邪恶而愚蠢的。恐怕，这一方面是出于吉尔伯特那古怪的虚荣心，另一方面则是由于斯图尔特除了他发表在《心灵》上的文章[1]之外，没有［表示］，或者是没有想过试图表示对大师足够的敬意。[……]

你永远的

以赛亚 371

致琼·弗拉德

1969 年 2 月 28 日［手稿］

新罕布什尔州达特茅斯学院汉诺威酒店

寄自纽约城市大学

亲爱的琼：

[……] 我要去哈佛做讲座，但大雪完全阻断了交通：

[1] 为赖尔的主要著作《心灵的概念》（伦敦，1949）所写的书评，《心灵》第 59 期（1950），第 237—255 页。汉普希尔的批评令赖尔很受打击，伯纳德·威廉斯一直认为这是汉普希尔和伯林都认为赖尔极爱面子的这一看法的缘由，而伯纳德·威廉斯对他的印象并非如此（经私人交流获知）。

汽车，飞机，火车，全都不能运行。讲座推迟了：绝妙的放松，多了一天准备，我的焦虑感也推迟了。其后，我会去威廉斯学院，在西马萨诸塞州的威廉斯敦。多好。我讲得很糟糕，不过听众们对我很客气；第二天上午十点有场会议，也许会有想讨论有关托尔斯泰这个或那个观点内涵的研究生来参加，可结果研究生们没有来。主持会议的教授**极为**尴尬，解释说学生们上午有课，等等。我不能说我因此很是欢喜——在我看来，这进一步印证了我对自己前一晚"表现"质量所做的评估——接着，讲座结束之后，年轻的教授们试图诱导我谈论 E. H. 卡尔，问我如何看待他对我的炮轰。对此，我的回应是不可原谅的轻浮之举，加上别人恶意的说长道短——尽管如此，主人们显然深深感到颜面无光。我于是解释道，学生们经常认为从我这里收获甚微，我是过时的人了，等等，还有别的、连我自己的虚荣心都不容我相信的类似的话——事实也不至于如此残酷——可我喜欢怀着深深的、虚假的谦卑这么说。事实上，我松了一口气：我去克拉克看了奇妙的艺术馆藏[1]——很棒的雷诺阿、德加、莫奈的作品，有一幅伦勃朗的作品，很美，还有一幅梅姆灵[2]的杰作——真的很棒——新罕布什尔州的汉诺威之行也很好。之所以跟你说这些，只是因为我觉得有趣：（自负地补

[1] 威廉斯敦的斯特林与弗朗辛·克拉克艺术学院。
[2] 汉斯·梅姆灵（约 1430—1494），佛兰德斯画派画家。

充一句，）此行我获益颇多。在达特茅斯这里有一群很出色的教授，令人印象深刻：还是一样的题目，因为羞耻感和对之前演讲稿的愧意，我的讲稿有所改善，研究生们也没有难为我。雪中，纤细的白桦树，河畔［原文如此］，就像某件庞大的乐器上近乎透明的琴弦，融入那纯净的蓝天雪野交汇的地平线，乡村回归了它原本的样子，即使是对有形世界眼盲如我者看来，这景色也的确美丽极了。所有 18 世纪新英格兰地区的房子、教堂、大学礼堂，也一样很美——几乎难以想象，这个国家既滋养了如此美丽的景色，又出了中西部巴比特式的中产阶级实业家[1]，以及纽约与加州神经质的犹太人。“人人”都在读菲利普·罗斯的《波特诺伊的抱怨》[2]（波特诺伊是俄语“裁缝”的意思，不过《纽约书评》并不 372
知道这一点，总体上）。东欧犹太裔母亲带大的孩子，在布鲁克林与布朗克斯厨房洗碗池边长大，如今他们的生活成为整个西方世界生活的最佳片段记录，够了！真的！哦，波多黎各时代的美国式写作何时才开始？你现在会说我这是疯狂

[1] 地产商乔治·F. 巴比特是辛克莱·刘易斯所著讽刺美国中产阶级生活的小说《巴比特》（纽约，1922）中的主人公。

[2]《泰晤士报》的理查德·琼斯如此评论罗斯所著的这本小说（纽约/伦敦，1969）（原文第 373 页注 2）：“这本书在美国被誉为荒谬幽默的杰作，但在英国人想来，［这］份幽默大约就和哭喊求助一样有趣。”（“庞奇和朱迪”，《泰晤士报》1969 年 4 月 19 日第 22e 版）伯林在致斯图尔特·汉普希尔的信中说道：“戴维·帕西—琼斯的批评不无道理，罗斯本可以写出一部杰作，但他改变了主意，决定写一本畅销书。”（1969 年 3 月 28 日）

的反犹主义，或是利希海姆主义[1]，但我再也受不了贝洛—卡津—马拉默德—罗斯的“区域”文化[2]了：它太幽闭，脆弱，可怕的自我放纵：它过于愉快地沉湎于意第绪语的泥沼之中——混杂着意第绪习语、精神分析、污言秽语，自怜、幽默、机智，还有一个饱受折磨的奴隶文化的窘迫的笑话（简言之，就像 H. 詹姆斯惯于形容的那样），做得过头了。这令人有点儿恶心：“毫无保留”的自传体，不惜笔墨，淹没了最低限度的克制，成为素材所需要的某种艺术结构。可它还是太粗糙，又给了以色列与犹太复国主义等以正当的理由，而二者恰恰是为了停止这一切而发明的：这完全是那些由黑人们出演的、扮着怪相唱着的、最令人羞愧的、犹太人的圣歌版本；至少在特拉维夫没人知道**这些** [……]。我为

[1] 乔治·利希海姆（1912—1973），生于德国的作家、历史学家、社会主义与马克思主义理论家。他是琼·弗拉德的朋友，外来侨民（外籍居民：见原文第 538 页注 2），与伯林一起取笑她，称她为“我们的移民夫人”。
[2] 索尔·贝洛（1915—2005），生于加拿大的美国小说家，俄罗斯犹太人血统。在他的畅销小说《赫佐格》（纽约，1964）的开头几页，主人公名为摩西·赫佐格的犹太学者正经历自信危机。他在纽约夜校作题为“浪漫主义的根源”的成人教育讲座，这也是伯林 1966 年在华盛顿所作的梅隆系列讲座的原本标题。因此，作者把讲座题目改为不那么会引发联想的“浪漫思想的来源”（而当伯林的讲稿于 1999 年出版之后，小说中的讲座又采用了早先的题目）。阿尔弗雷德·卡津（1915—1998），生于布鲁克林的作家、文学评论家，俄罗斯犹太人血统，他的自传体小说《三十而立》1965 年在马萨诸塞州波士顿出版。伯纳德·马拉默德（1914—1986），生于布鲁克林的美国小说家、短篇小说作家，俄罗斯犹太人血统，他的小说《修配工》（纽约，1966）于 1967 年赢得了普利策奖小说奖。菲利普·弥尔顿·罗斯（生于 1933 年），生于纽瓦克的美国小说家、短篇小说作家，加利西亚犹太人后裔。

可怜的旧以色列感到不安，尼克松 + 戴高乐 + 勃列日涅夫是否会摧毁这一切，或是尝试摧毁它？对他们而言，这些是如此讨厌：正如上面提到的恶心却又才华横溢的小说中那些令人无法忍受的、哭喊不休的、炫耀着的反英雄们［……］

你的

以赛亚

致伦纳德·沃尔夫森

1969 年 3 月 6 日［副本］

［纽约城市大学］

亲爱的伦纳德：

随信寄去两本书，你可能会有点儿兴趣。埃里克·戈 373
德曼[1]是一位非常狡黠的教授，在约翰逊总统任期结束之前就离开了他，约翰逊的忠诚追随者与不忠者都不认同他。首先，他在船沉之前就弃船而去，而他的离去被认为是导致船沉的原因之一；其次，他不是早早下船，而是到了很晚的时候才弃船而逃的老鼠，这令那些较早逃离的老鼠们比较尴尬。在我看来，他的书中有非常狡黠的分析，比别人写的更接近真相，他的书为历史学家们提出了诸多难题，例如如何

[1] 埃里克·弗雷德里克·戈德曼（1915—1989），美国历史学家；1963—1966 年任约翰逊总统特别顾问；1962—1985 年任普林斯顿大学首任罗林斯讲席教授；他的畅销书《约翰逊的悲剧》（纽约，1969），一部分内容是白宫回忆录，一部分是通史，国际上多家媒体同时发表。

评价那位奇怪的、现在为人们所深深痛恨的人，除了发动越南战争之外，他还做了许多好事、有益的事（在我看来），但现在我还不能这么说，公开场合不行，私底下也不行，这么说肯定会让同处一室的许多人感到不安。[……]

尼克松最新一次的演讲表现得非常称职。[1] 他就像走在极细的钢丝绳上，十分紧张，人数众多却不太同情他的观众们注视着他，他非常努力地、难为情地付出努力，流了不少汗，终于跨越深沟。这个国家渴望冷静下来——如今，肯尼迪那些推动国家前进的精彩演讲已经不适合他们，约翰逊有关建设宏伟社会的演讲也不适合他们——他们所需要的，就是从尴尬的困境中脱身，和平一点，从事正常的事务，做一些事情，免得要听黑人与学生等的疯狂尖叫，他们渴望艾森豪威尔那碌碌无为的几年，但他们得不到。然而，尼克松或是任何一个人选，可以制造某种缓和局面，让他们平静下来，哪怕只是将注意力转移到外交事务上，即便对此他们根本没有兴趣，只将其视为有趣的游戏，可以借此逃避他们已经意识到的国内日益增长的不满。

你的

[以赛亚]　　　　[……]

[1] 3 月 4 日晚，对欧洲各国首都的外交访问凯旋之后，尼克松举行了一场长时间的新闻发布会，发布会上，他自信地应对了当天包括越南战争在内的主要议题："这种很酷的、政治家的方式非常鲜明，贯穿了发布会全程六十分钟，其表现与发布内容都令人印象深刻。"（路易斯・赫伦，"尼克松警告河内，在会谈期间停止攻击"，《泰晤士报》1969 年 3 月 6 日第 6a 版）

致伯纳德·威廉斯

1969 年 3 月 7 日

纽约城市大学

亲爱的伯纳德：

[……] 我认为，总之，如果要避免可怕的事情发生，是时候采取正当的欺骗行动了——我担心涅尔会效法吉尔伯 374
特——至少他有可能如此——不论他犯了什么错，都将产生实质性后果，这可能不会给他们带来什么好处，但我认为他并不怎么能听得进别人的建议。另一方面，我想你一定和冯·赖特和斯特劳森谈过了——第二件需要警惕的、吉尔伯特不可接受的事。当然，你是对的——二人之中，伊丽莎白[·安斯康姆] 显然更胜一筹——我本人并不相信吉奇拥有卓越的智慧与天赋——他的才智走的是一条凶险而狭窄的道路，许多学者一定也曾如此，只是他们的记忆恰到好处地消亡了，而我无法不令自己这么想，如果你给了她这个职位，你就能同时得到他，而他们一起会制造出很大的混乱——刺激，激奋，伤害，欺侮，毁灭——他们带来的好处远不及利维斯[1]。不过，我也确实明白，如果出于某些原因斯图尔特不可能得到这个职位，那么就必须在她和戴维·皮尔斯之

[1] [弗] 兰克·[雷] 蒙德·利维斯（1895—1978），1932—1953 年任《观察》季刊编辑；1936—1962 年任剑桥大学唐宁学院研究员，1959—1962 年任大学英语高级讲师；“他那个时代的”——或者可以如此补充，也是任何时代的——“最具争议性的文学批评家”（《泰晤士报》1978 年 4 月 18 日第 18f 版）。

间选一个。[……] 我不嫉妒你有这个职责，可是我认为有一个人的人生需要拯救。我看不出我们可怜的老朋友有别的什么前途，他待在这儿，虽然关于他的生活他不时营造出某种欢欣愉悦的情态，我猜测这是在他妻子那令人疯狂（我想，现在这也令他疯狂了）的、反反复复的刺激之下的结果，这真是令人忧郁的前景；虽然，斯图尔特在美国是文化英雄，然而他还是渴望回家，这份思乡之情啮噬着他，随着岁月流逝一直啮噬着他，而他回英格兰时那副可怜而幸福的模样太让人难受了。现在，我已经做了我发誓自己不会做的事——趁着我不必为自己的行为承担任何责任，而你又承担了一定责任，我把我的焦虑转移给了你（似乎你并没有感觉到这些焦虑）。你要反驳吉尔伯特很可能会说的话，并且让其他人也一起反驳他，依据就是我们的朋友正以其超群智慧做他所做的事，我想应该强调他对学生的真正影响——仅仅凭借他的存在，就能引领对智力的尊重力量，还有就是你也赞同的——他对学生们在智识上与道德上所遇困扰的敏锐体察，而吉尔伯特和你的大多数选举人完全不具备这一特质。[……]

我就不跟你说纽约城市大学的哲学系了。一个了不起的、牢不可破的普遍规律是，教授们很少会欢迎明显比自己聪明的人存在，于是就有了哲学家们经常陈述的命题，即他们所在的系很出色，基本不需要改进。我无须告诉你，这样的结论距离对事实的真实评价究竟有多远。当本土哲学家更有价值的成果被提到时，当事人特有的反应就是很快地说句话，而且还是颇为生硬的话。[1] 不过，我能够超脱于这个系的命运，这令我高兴，虽然理论上说我属于这个系，而且我 375
已经不再提供不受他们欢迎的意见，这在过去以来似乎令他们担忧，事实上他们的担忧毫无必要。[……]

这里犹太人和黑人之间的争吵非常令人痛心。我禁不住想到，所有争端的最终根源，与其说是在于布鲁克林的犹太房东们，或者说是黑人们乐于与统治阶级同流合污，对流行的偏见表示赞同（虽然二者对争端都有所影响），不如说归根结底，是因为犹太人无可救药地崇尚知识——他们往往根据智力判断他人。因此，无论他们是否意识到，他们看不起这些愚笨的有色人种——奥斯丁过去称他们是榆木脑袋——犹太人能为黑人做的，至多就是试图帮助他们，以最热切和最居高临下的方式，像《纽约书评》做的那样，诸如此类。如果是一个身体发育良好的、有活力的、有暴力倾向的、愤怒的黑人，那么他最恨的就是这些聪明的、书呆子气的犹太自由主义者，他们克制了对黑人们的鄙视，很大程度上是出于对自身神经质的臣服状态的不满而向黑人们提供帮助。我真诚地相信，尽管如今这在你看来是疯狂的，如果以色列国终究生存了下来，犹太人和阿拉伯人之间的最终关系（虽然那里某些相同的因素由于完全相同的理由一样存在）将会

[1] 虽然努力查证这里提到的人是谁，但迄今为止还是无法确定。

更包容，而且确实会相当“自然”，而贝洛、马拉默德、罗思等诸位先生所揭示的不可救药的形式将继续恶化。人类的任何一部分的任何一部分的生活绝不可能[1]像犹太中低阶层这样得到更好的记录了——后贫民区的贫民区的第一代。[……] 这种时候你不在这里，真的很幸运。

请把你的讲稿寄给我。比起把胡言乱语当作案例，对其开展批评更像是康德风格，对造反分子[2]——这里人们如此叫他们——也更为尊敬。记得我在20世纪30年代与阿瑟·考尔德—马歇尔[3]的数次长谈，那么多人中，我偏偏和他谈到了纳粹——当时他力劝我，要把纳粹的表现视为心理疾病的症状，希特勒的所有言论都必须温和、认真地对待。如果我们所有人都善意地待他，理解他，他一定会恢复理智。这就像E. M. 福斯特在20世纪30年代对俄罗斯的态度那样，不管那里发生了什么，依然还是存在着很大的希望，虽然他们做着邪恶的事情，但为了能够从这些邪恶中产生好的结果，[4]即使是恶行，依然值得同情，在我看来，这恰恰

[1] 原文如此——也许是有意的？

[2] 闹学潮的学生。

[3] 阿瑟·考尔德—马歇尔（1908—1992），作家，圣保罗学校的伯林同代人；1927—1930年就读于赫特福德学院古典学专业。

[4]“我不是共产主义者，虽然如果我年轻一点，勇敢一点，也许我可能会是。因为我可以从共产主义中看到希望。它做了许多我认为邪恶的事情，但我知道它的用意是好的。”E. M. 福斯特，“英国的自由”（1935），《阿宾哲收获集》（伦敦，1936），第63页。

是那些对自己的活动价值有所怀疑的人的心态，他们把这份不安全感传达给了学生，而学生们会抗拒如此不确定的态度，虽然这么做不对，但无论如何也可以理解，学生们要求得到比自我怀疑，以及迈向自己充满困惑的渴望、可怜而胆 376
怯的步伐更为实在的东西。我没法不这么想：我始终认为，和所有人说话都应该使用同样的语气，而且应该是自己认为有充分的理由时才如此说，不应以一种特别同情、对待差生的态度对待他们，因为他们智力偏弱，就必须以一种守在床边的呵护方式来对待他们。把整个世界看作一座巨大的医院，每个人要么是病人，要么就是护士或医生，或者既是病人又是医生、护士，我最恨这样的世界观。[……]

说到这里，我想我一定得去听听特雷弗—罗珀作的关于希特勒的讲座；就在我所在的大学——仅几门之遥。昨晚我与埃德蒙·威尔逊一起吃饭——他不是很清醒——咆哮着说特雷弗—罗珀和泰勒不过是两个英国骗子，我温和地为之辩解。威尔逊大声地打着嗝，告诉我他为什么这么说，泰勒所说的是他知道并不真实的事，而特雷弗—罗珀逃避责任，根本没有讲清楚 17 世纪是怎么一回事，只是为了金钱与名利陷入糊涂的论战——傲慢，偏见——托尔斯泰，威尔逊，多兹，甚至利维斯，我想——什么都比智识上的见风使舵要更好些——互相吹捧，腐败堕落，拉帮结派，搞各种运动，这么做不仅滋生错误，也会导致痛苦——任何事都可能——但绝不能毁灭可以赖以进行争论的武器，使一切都沦为可怕的混乱。因此，我一直对自己说，我宁愿诡辩者令怀着善意的人们糊涂，至少在这么做时有人知道自己是在争取什么，反对什么，令武器保持锋利。最可怕的书呆子气也好过低劣的、逻辑紊乱的废话，以及狂热的辞令。[……]

你的

以赛亚

1963 年苏塞克斯大学校长 J. S. 富尔顿[1]曾致信伯林（1963—1966 年间伯林是该大学学术顾问委员会的成员），询问他对大学所支持的由艾萨克·多伊彻任苏联研究讲席教授这一提议的看法。伯林答复如下：

亲爱的约翰：

你的来信使我陷于残酷的两难境地。你说到的候选人，是我在学术界圈内就道德而言唯一无法忍受的一位。很难说清楚这在多大程度上是基于我对其学术与智力活动的客观判断，还是基于我的个人感觉。对此事置之不

377 理是非常错误的：当然，我无意反对阿萨·布里格斯[2]、

[1] 约翰·斯科特·富尔顿（1902—1986），1964 年受封爵士，1966 年封终身贵族；1959—1967 年任苏塞克斯大学校长。

[2] 阿萨·布里格斯（生于 1921 年），后（1976）受封终身贵族；1961—1976 年任苏塞克斯大学历史学教授，1961—1965 年任社会研究学院院长，1961—1967 年任校长助理；1967—1976 年任校长；1976—1991 年任牛津大学伍斯特学院院长；1978—1994 年任开放大学名誉校长。

考伯特[1]及其他人的想法——我也从来没有这样的念头，即使我有权这么做——对此我不敢确定。然而，我认为底线是存在的，即选择学术教师必须审慎，低于这个底线是不可以的。如果你想更详细地了解我的看法，我愿意和他们当面谈谈——我不想把这些话写在纸上。令我有这种感觉的仅此候选人一位——严格意义上说，我了解自己，再没有［其他］人我会如此反对了——当然，我认为政治观点，尤其是左翼观点，不应成为您的或是任何英国大学聘用学术工作人员的障碍。我本该赞成赖特·米尔斯或是霍布斯鲍姆[2]所说的话，极力赞成。

你真诚的

［以赛亚］[3]

伯林的信显然令富尔顿深为不安，在他本人与伯林见面之前，他打算让马丁·怀特——就是最初提名聘多伊彻任这一职位的人——先与伯林讨论此事。这期间，该方案就先搁

[1] 约翰·帕特里克·考伯特（1916—1999），1961—1972 年任苏塞克斯大学哲学教授，1972—1976 年任布拉德福德大学哲学教授。

[2] 埃里克·约翰·欧内斯特·霍布斯鲍姆（1917—2012），马克思主义历史学家；1959—1970 年任伦敦大学（伯贝克学院）高级历史讲师，1970—1982 年任经济和社会史教授；他是剑桥使徒会社成员（他曾是国王学院学生），也是英国共产党组织的长期成员；1956 年苏联镇压匈牙利起义后，他拒绝像其他人一样辞职。

[3] 伯林于 1963 年 3 月 4 日对 1963 年 2 月 28 日富尔顿来信的回复。

置了下来。[1] 在随后的信中，伯林说他见到了怀特（但没有见到富尔顿），并转述了他对怀特所说的话，但没有见到有关他们此次讨论的其他记录。六年后，《黑侏儒》上刊出一篇文章[2]，指责伯林令多伊彻的候选资格成为泡影，看起来他的确对此施加了有效影响，然而伯林激烈否认了这一指控。他是否忘了他在给富尔顿的信中说的这些话？或者，在与怀特交谈的过程中，他是否改变了立场，正如在下面这封信中他所说的那样？

致琼·弗拉德

1969 年 3 月 18 日

纽约城市大学

[……] 戴安娜关于哥伦比亚大学的文章没有得到足够的认可，[3] 为此她仍愤愤不平，为此与洛厄尔还起了隐晦而
378 复杂的争执——他给《评论》写了一封信，口气不太友好，
但是我完全不明就里——全然不解，你会这么说——这似乎

[1] 约翰·富尔顿致伯林，1963 年 3 月 7 日。
[2] “为佩里·安德森辩护”，刊于《黑侏儒》，“侏儒日记”栏目，1969 年 2 月 14 日，[12]。所提及的安德森的文章题为“国家文化的组成部分”，《新左派评论》第 50 期（1968 年 7—8 月），第 3—57 页；后收入亚历山大·柯克伯恩与罗宾·布莱克伯恩（编辑）的《学生力量》（哈蒙兹沃思，1969）中，第 214—286 页。
[3] 戴安娜·特里林关于哥伦比亚大学——她丈夫所在大学——学生动乱的文章，“在洛氏纪念图书馆的台阶上：自由主义和年轻人的革命”，发表于《评论》第 46 卷第 5 期（1968 年 11 月），第 29—55 页。

极大地冒犯了戴安娜，于是她就非常激烈地写了一封长长的信予以回击了。她邀请我们与梅勒[1]一起吃晚饭，而梅勒来不了，这令我大大松了口气，因为我认为我和他相处并不融洽——最近有个晚上我去了灵感剧场[2]，那里的谈话全是垃圾，比我去过的任何其他地方都更甚，显然是为了满足在场的女士们，她们热切地频频点头，盲目，愚蠢，像白痴一样。对这类场景的描述——狄更斯和陀思妥耶夫斯基有他们的方式——托尔斯泰也是，屠格涅夫可能会善良一点儿。与此同时，我收到来自威廉斯学院的一封信，类似学生部主任这样的一位写来的，信中问："上次您为我们学院做的有关托尔斯泰的讲座，其间令我们笑了好多回。我们是否可以如此认为，除了托尔斯泰的小说，您认为托尔斯泰的观点是可笑的？"我还得相当认真地给她回信，我想，当与一位真诚而热切寻求真理的听众谈话时，是绝不能流露出一丝嘲讽

[1] 诺曼·金斯利·梅勒（1923—2007），美国小说家；他的《夜幕下的大军：历史即小说，小说即历史》（纽约，1968）在 1969 年获非虚构类作品普利策奖；一位"雄心勃勃的作家，并且拥有与其雄心相匹配的自负"，一个"出现在各种场合的争斗者，暴躁易怒的闹事者，只要稍受刺激，就很乐意以头相撞、掰腕子、胡乱挥拳头"（查尔斯·麦格拉斯，《纽约时报书评》，2007 年 11 月 10 日，第 1、31 页）。
[2] 灵感剧场 1961 年 11 月在纽约开始，由舞蹈家及舞蹈编导谢利·布劳顿（生于约 1923 年）发起，他设想"戏剧创意的呈现可以摆脱百老汇机制在经济与创造性上的限制"（迈克尔·C. D. 麦克唐纳，《纽约杂志》，1969 年 5 月 19 日，第 46 页）。自 1966 年起，剧院推出了"讨论演出"，其中最令人难忘的是，1971 年 4 月 30 日诺曼·梅勒与戴安娜·特里林、女权主义者吉尔·约翰斯顿、杰奎琳·塞瓦略斯、杰曼·格里尔就妇女解放展开的辩论。

的。我得小心翼翼，必须如此。

鲍勃·西尔弗斯像以往一样讨人喜欢，他向你致以最深切的问候，这令我必须提及某个话题。某位好心的朋友已经给我寄来了《黑侏儒》文章的复印件，你可能已经看过了，文章称我指责佩里·安德森[1]是反犹主义者，而你对这种“无稽之谈”的传播负有责任（文章将你形容为我的帮手——我希望这会令你气血上涌，怒火中烧——我也不大肯定你并不是我“同伙”中的一员，也不知道我的这些“同伙”都是谁）。接着，他［即文章作者］极度地歪曲了本应保密的一件事，即苏塞克斯大学向作为潜在选举人的我咨询最近去世的多伊彻是否适合某个一直空缺的职位——事实上，我对怀特教授[2]说的是——有关这个话题他是我唯一见面谈到的人——我认为他并非是任俄罗斯历史教授的合适人
379 选，除非那儿另有他人也讲这门课，不那么狂热的，至少能够就该领域提出两方面观点的人，那么我应该基本上就会欢迎他来牛津或剑桥这样的大学任教，这样［会有］关于这个问题的争论，而且会有人提出至少一种以上的观点——但如果苏塞克斯大学希望他得到这份工作，不论其他选举人可能

[1]（弗朗西斯·罗里）·佩里格林（“佩里”）·安德森（生于 1938 年），英国马克思主义知识分子，1962—1982 年、2000—2003 年任激进的《新左派评论》的主编；1970 年成立新左派图书出版社。
[2] 罗伯特·詹姆斯·马丁·怀特（1913—1972），1961—1972 年任苏塞克斯大学近代史教授，1961—1969 年任欧洲研究学院院长。

会做什么，我当然不会反对这样的提议，也不会投票反对他，也不会从董事会辞职，或者就此事作任何文章，并且我会顺从他们的意愿，因为我认为大学应该聘用他们想要的人，而且，我也相信，处于如此智识水平的委员会，我也是其中成员之一，无论如何都应该解散。

此后，富尔顿又咨询了戴维·阿斯特的意见，阿斯特当然是多伊彻非常亲密的朋友，他说他确实很喜欢多伊彻，并且很敬重他，然而多伊彻已经变成一个愤怒的宣传者，无论怎样都没有学术价值了——这并非我提出的观点（虽然我认为这个观点并不离谱），于是此事就不再提起了。我知道学生中有传言［……］说，我在某种程度上否决了多伊彻，但是这说法完全不对。也许，如果我真的觉得他不合适，而我又没有决定反对他，是由于我的软弱。事实上，我的确告诉他们，他们可以依照他们的意愿做决定，不用问我对此事的看法，因为我认为应该允许大学犯错误，尤其是新成立的大学。

所以，《黑侏儒》一文所述与事实不符，文中还提到我说过“马克思主义者不应任俄罗斯历史教授”，这句话的真实性完全不可信，[1] 它显然很荒谬，难以想象我会持有如此观点。不过，我真正想知道的是，这一切是怎么发生的？是不是你以我的名义和你那些极端分子一起挥舞短棒导致的结

[1]《黑侏儒》一文中的原句是：“你不能让一位马克思主义者教俄罗斯历史。”

果？作为进步人物你是否令人无望地妥协让步了？令我担心的唯一的事情是，如果我成为斯帕洛和贝洛夫这些疯子的目标，这对我的学院不利——我非常厌恶个人在公开场合互殴，并不是为了什么原则，仅仅只是因为"我恨你说的话，我恨你这个人"，"我恨你恨我说的话，恨我这个人"，等等。除此之外，我一般认为，必须正式地痛斥虚假与有害的指控——即使我无法预见荒谬的诽谤可能产生的恶劣影响，如果可以，我也应该澄清是非，可是《黑侏儒》不会刊出我写的信，我也不希望给他们写信。

也许这并不重要。如我惯常的那样，我为此郁闷了六七
380 个小时。我要问问亲爱的鲍勃，他的想法如何，但除此之外，我想我最好什么也不做，高傲地对《黑侏儒》及其撰稿人不屑一顾，我认为，就此事而言，他们当然是令人不屑一顾的。但是，如果你仍然与这些人有接触，[1] 你可以告诉他们，《黑侏儒》所说的有关多伊彻的事纯属谎言，[2] 也就是说，即使我也许不认同多伊彻的观点和个性，我的立场一直十分明确：个人而言，我不喜欢他，可读他的书时我还是怀有某种钦佩之情的，也不打算投他的反对票，我会投票支持他获得如全灵、纳菲尔德或圣安东尼学院的研究员职位。

[1] 琼·弗拉德从未与他们接触：这是伯林的误解。
[2] "多伊彻不能获得苏塞克斯大学的教职，伯林对此负有责任"——这一说法更接近事实，不知伯林是有意掩饰，还是忘了此事？

[……] 我认为，与其说安德森的文章立场尤为反犹，不如说他是旧式的排外——认为邪恶的外国人会颠覆英国的民族传统——事实上，大多数的腐化堕落者是犹太人，这是历史事实，显然也是因为他们，才产生了如此结果，然而把国家的衰朽归咎于邪恶的外来移民，无论这些移民是哪些人，却令我不由得想到从德·迈斯特到反德雷福斯派，再到麦卡锡这些民族主义极端分子了。他们同时也小心翼翼地避免成为反犹主义者，而且他们有专属的犹太宠物，例如安德森。把我归到只要受到攻击，就高喊反犹口号的这一类人，这的确激怒了我，这种低俗行为是可忍孰不可忍。好了，说出这些，我感觉多少轻松了点儿。[……]

你永远的

以赛亚 [……]

致莫里斯·鲍拉

1969 年 4 月 2 日

纽约城市大学

亲爱的莫里斯：

这里比你想象的还要更糟。哥伦比亚大学一片混乱——教授们不知道接下来他们哪一次课会受到打扰，而如果受到了打扰，他们要怎么做？——他们可不可以走出教室？还有别的宁静安详的大学可去吗？或者，这两种应对方式都是懦弱和不合时宜的行为？政府当局正试图安抚抗议者，但没有人知道这样是否会导致更激烈的反抗，或者，这样会令激动的情绪有所平复？纽约街头到处都是耶稣——过去，法国人称他们是“有着美丽的耶稣头颅的年轻人”[1]——成百上千人，胡须长短与颜色各不相同，都很疯狂，都留着大胡子，都非常愤怒，犹太人，非犹太人，黑人，白人——我想象中的罗马帝国在其最后几年里，应该有点儿像如此情形。尼克松谨言慎行，同样，没有人知道他这样是否最终会导致大规模突袭[2]。乔预测越南战争很快就会取得胜利［……］。我们的朋友阿瑟·施莱辛格正遭受来自左翼与右翼的攻击，这种
381 状况过去也经常发生——他的主要敌人是麻省理工学院的圣人诺姆·乔姆斯基，下学期后者将在牛津做有关洛克的讲座。乔姆斯基指控阿瑟是知识界的叛国者，因为他对古巴问题撒了谎，并且把自己出卖给了可怕的政府当局；而阿瑟则细读了乔姆斯基的政论，认定他至少严重错误地引用了杜鲁门的一个言论。世纪俱乐部[3]总的说来支持阿瑟；而男生和女生大多支持乔姆斯基。我打算邀请乔姆斯基来沃尔夫森学院讲学，主题是“知识分子与后工业社会”，这应该会吸引不少听众——我觉得请一位高贵的，虽然有点儿过于理想主义且又不切实际的先知就这个题目谈谈，现在正是时候。乔

[1] 伯林此处原文为：un jeune home avec une［b］elle tête d’un Christ。

[2] 伯林此处原文为：razzia。

[3] 曼哈顿绅士的俱乐部，19 世纪建立，正式名称为“世纪协会”；1989 年起接受女性会员。

姆斯基在语言哲学方面成就卓越，即使并未赢得赖尔的称许，他的确是个非常严肃的人，但其道德品质令人肃然起敬。我担心斯帕洛不会太喜欢他，幸运的是，斯帕洛在圣凯瑟琳学院，而布洛克也在，布洛克会因为有位举世闻名的人物到来而感到骄傲。我与他相处得很好——正如查尔斯·泰勒，乔姆斯基自有其精神风范，聪明学识更是过人。查尔斯·泰勒来过这里，愤恨地抱怨蒙特利尔的野蛮人制造的骚乱。旧式马克思主义者已经倦鸟归林，年轻人根本不喜欢他们，也不喜欢任何与他们有关的著述或是理论，他们想要的是一个巨大的基布兹合作农场。洛厄尔去了圣地，尽管他出于总体上左倾的出发点预计会偏向阿拉伯人，他似乎对犹太人很欣赏。［……］我可怜的岳母去世了，在痛苦地熬过了两周之后，在卡莱尔酒店寿终正寝，享年八十七岁[1]。对于每个人而言，活着总是不容易的。我们昨天埋葬了她——葬礼很得体，并没有表现出多愁善感或低级趣味破坏气氛。艾琳没事，她渴望回家，但又不知道能否离得开我。斯诺勋爵在这里，不过他的名声幸运地受到了很大损害，虽然他已经在各类电视台聊了好几个小时，称赞同样在今天举行葬礼的已故总统艾森豪威尔。虽然他还是可以在当地赚不少钱，但已

[1] 伊冯娜·范妮·德·甘斯伯格男爵夫人（1882—1969），婚前姓多伊奇·德·拉·默尔，皮埃尔·德·甘斯伯格男爵的遗孀，实业家埃米尔·米歇尔·多伊奇·德·拉·默尔之女，于1969年3月28日去世。

成为一位遭受某种鄙视的人物。我不知道杜鲁门是否会得到同样荣耀的送别会——恐怕不会。我无法钦佩艾克，在我看来，他非常虚荣也非常愚蠢，虽然没有犯过比如狡诈、杀戮或是报复这类明显的罪过，可是也不具备什么美德。

现在正是向艾琳和她哥哥宣读她母亲遗嘱的时刻——虽然我受邀出席这个场合，因为要保持自己的品位，也不图得
382 到什么，我没有去。我们家的财务状况预计不会改善——即便有什么改变，那也是财务状况略有下降了，因为，唉，使我们能够以家中某些成员所习惯的方式在国外生活的赠予来源，已经消失了。我还不知道对意大利的那处房产有何影响，但会有影响的。

除了《纽约书评》还认为英国作家的确都很不错之外，相比 1950 年哈佛优雅平静的岁月，如今在这里，英格兰的，还有整个英国的作家和教授们的身价都在打折。我想，由于纽约市政府破产，我所在的大学很快也要解体了，所以我根本不知道自己还可以来这里任教多久。我收到戴维·塞西尔的短信，请我尝试帮他获得来此讲学的邀请，可如今已经不流行高雅文学了——而另一方面，特雷弗—罗珀老于世故——亚历山德拉夫人[1]就像是美国小说中疯狂的英国贵妇

[1] 亚历山德拉·亨利埃塔·路易莎·特雷弗—罗珀夫人（1907—1997），婚前姓海格，陆军元帅海格伯爵（1861—1928）的长女，他的妻子海格夫人即多萝西·莫德·薇薇安·海格阁下（逝于 1939 年）；亚历山德拉的第一次婚姻是于 1941 年嫁给海军少将克莱伦斯·丁斯莫尔·霍华德—约翰斯顿（1903—1996），

人——心不在焉，心烦意乱，想象着她那高贵纤细的脖颈之上有一顶王冠摇摇欲坠，总是对所发生的一切感到困惑不已。而另一方面，他在华盛顿没有像他的邀请人所期待的那样表现出色：要么就是转向某个题目——泰南或是吉本，或是别的任何一个题目——说个没完，要么陷入呆滞的沉默，直视前方，充耳不闻，一言不发，备受乔等人的抱怨。亚历山德拉夫人抱怨说，大学宴请特雷弗—罗珀，却把她托付给某位教师的妻子，不允许她出席任何这类餐会。她只能在四面透风的客厅里看书，而那位教师的妻子竭尽其所能，为她端上一道青椒蘑菇奶油鸡。他在普林斯顿大学讲学，主持人是个小人物，劳伦斯·斯通在他演讲开始之后才进来，坐在后排。演讲还没有结束，斯通就离开了，并出现在校园的某个角落驳斥他的演讲内容。二人之间没有发生任何形式的接触。罗珀关于希特勒的演讲相当不错，他捍卫希特勒，把他视作政治天才，将希特勒的民族主义与俾斯麦在民族主义方面的缺失进行对比，受害者是 E. H. 卡尔和泰勒。他所做的有关历史传奇小说，即斯科特的小说的演讲，就没有那么有趣，但是很优美。普拉姆[1]也在这里。今天我在世纪俱乐

霍华德—约翰斯顿在第二次世界大战期间任英国海军部反潜艇战争部指挥，亚历山德拉与他育有三个子女；1953 年，亚历山德拉开始与休·特雷弗—罗珀有婚外情，并且在经历了一场痛苦激烈的离婚之后，于 1954 年 10 月与特雷弗—罗珀结婚。

[1] 约翰·（哈罗德）·普拉姆（1911—2001），自 1946 年起任剑桥大学基督学院研究员；1962—1965 年任剑桥大学英国近代史高级讲师，1966—1974 年任教授。

部遇到了至少五位英国俱乐部知名人士。我想，随着时间流逝，他们的逗留将耗尽主人们的好客热情。[……]

383 以赛亚 [……]

致安娜·卡琳

〈不是［1969年］4月23日〉

纽约城市大学

亲爱的N：

我附上了一封给多伊彻夫人的信，你认识她，有段时间还希望我和她见面。多伊彻想让我为他的《非犹太教的犹太人》写一篇导论，但出于显而易见的原因我想最好还是不写了。[1] 你知道的，我一点儿也不喜欢他，认为他的观点在某些方面很可怕。然而，《黑侏儒》所说的是恶劣的谎言，令人震惊，令人愤怒。这一切起因于《新左派评论》上刊登的一篇文章，相信你还没有读过。佩里·安德森在文中说，英国本土文化被众多来自国外的白种移民所压制，比如波普尔、贡布里希、维特根斯坦，还有我——我们这些人由于无法改变出生地与出生日期，于是就成为某种立场反转的犹太长老——只是我从未跟任何人这么说——当然，我也从来没有指责他是反犹主义者。然而，接着，《黑侏儒》——我听

[1] 艾萨克·多伊彻，《非犹太教的犹太人》（伦敦，1968）；多伊彻妻子塔玛拉（原文第385页注2）为该书撰写序言。

说这是一份怪异而可恶的、由塔里克·阿里不负责任地主持发行的小刊物——上面刊登了一小段可怕的诽谤文字，指控我几项罪责：(1) 指控佩里·安德森是反犹太主义者——我认为这篇文章的确可能会令我觉得他是反犹的，可是，我肯定从来没有对任何人说过（更不会公开发表如此看法），不过你不必卷入此事；而且，文章还说，(2) 因为多伊彻是犹太人，我就不让他获得布赖顿的职位——佩里·安德森曾经称赞多伊彻——说我的这些指责毫无根据，而且，的确，就我过去的一贯表现而言，在指控别人犯有如此可怕的罪过之前，应该三思而行。我根本不会做这样的事，因为很显然，与他们纠缠会适得其反——他们会歪曲我说的每一句话，且不说其他——但我不希望多伊彻夫人认为我给她丈夫的辉煌事业设立了致命的障碍，所以我随信附上打算给她寄去的信件的草稿（我想我最好找个在布赖顿的人，比如马丁·怀特，来证实这的确是事实——他是个诚实的人，一定会这么做，因为我认为自己已经把整件事相当准确地跟他说了）。如果他证实了此事，那么我就可以寄这封信给她，可否请你与她沟通，告诉她我不是一个怪物——我不希望伤害她的丈夫，而且也确实克制了自己没有这么做，当然我不喜欢他对我的看法，总体上也不喜欢他的观点，特别是他对犹太人的看法。能否告诉她我真的没有如此可恶，告诉她《黑侏儒》所说的是彻头彻尾的谎言？你跟我说过，她是一个很善良的女人，给她造成如此痛苦，令她产生如此误解，

384 会使我很痛苦。你能做这件事吗？事实上，如果这个要求并非完全不切实际，等我回来，我会很乐于与她见面，当面对她这么说，如果她允许我这么做。我的确认为多伊彻很可怕，你知道的，然而，当我涉及与他有关的事情时，我竭尽全力了——也许不必如此。我不得不承认，在巴勒斯坦有人向我建议由他为魏茨曼博士写传时，我确实曾经暗示过，他可能不是理想人选。除此之外，我认为我没有对他的事业造成任何阻碍。〈我的上帝：一切都是多么恶劣而无聊啊！〉[1]

[……]

你的

以赛亚

致塔玛拉·多伊彻[2]

1969 年 4 月 22 日

纽约城市大学

亲爱的多伊彻夫人：

大约两个星期之前，我收到一份剪报，文章来自最近一

[1] 伯林此处原文为：Боже мой：как все гадко и скучно!

[2] 塔玛拉·多伊彻（1913—1990），婚前姓雷本哈夫特，生于波兰的记者、作家兼编辑；1947 年与艾萨克·多伊彻结婚："1946 年，艾萨克·多伊彻决定放弃新闻职业，转向当代历史研究，她对此起了重要作用。在艾萨克·多伊彻的研究中，她是他的学术伙伴、合作研究者、评论家与打字员。"（约翰·麦基尔罗伊，《牛津国家人物传记词典》）她还协助 E. H. 卡尔撰写其多卷本《苏俄历史》（伦敦，1950—1978），并编辑出版他的《共产国际与西班牙内战》（伦敦，1984）。

期名为《黑侏儒》的刊物（听说这是塔里克·阿里及其政治伙伴的宣传工具）。文中某匿名人士说，我（在私底下）称佩里·安德森先生发表在《新左派评论》上的一篇文章（文中他把我的观点归因于我的血统出身）是反犹太人的，还说我没有什么资格如此指责别人，因为我已经成功地阻止了已故的艾萨克·多伊彻就任苏塞克斯大学俄罗斯历史教授职位，理由是“马克思主义者不应任俄罗斯历史教授”。

所有这些言论都是无稽之谈，几乎不用我解释声明。虽然他们所说的一切在我看来骇人听闻，虽然我对此感到非常愤怒，但我不准备公开反驳他们，因为我与这里的各类左翼社会主义者谈过，他们认为，《黑侏儒》基本罔视我从未公开或私下有过如此言论的事实。我没有指控安德森先生是反犹主义：我不知道他是不是反犹主义者，我对此也毫不关心。与此相比，令我更多关注的是，有关我与已故的多伊彻先生是否任苏塞克斯大学俄罗斯历史教授一事的诽谤之词。相关事实是保密的，因此我不打算公开，而我对此事的全部回忆是这样的：

当时我是委员会成员，有责任就新成立的苏塞克斯大学 385
的学术标准发表看法。因而，在我有一定了解的领域内任命教授人选（不包括其他职位），我可能会有投票权，他们问过我，任命多伊彻先生任苏联研究教授是不是个好主意。我在口头上告诉了马丁·怀特教授自己的观点，我认为如果不是让多伊彻先生去创建一个研究领域，而是使现有的某个学科活跃起来，那么，他的非凡天赋将极大地有益于苏塞克斯大学：如果该系这一领域的方方面面由另一位专家负责，因为该领域并非多伊彻先生的主要兴趣方向，与他也不是十分相关，我会十分赞成。我还解释说，就我个人而言，如果他是在设有这样一个系，或是在这个领域至少还有一两位教师的某个学院——例如在牛津或是剑桥——的聘任人选，或是在任何一个机构任研究员，我会十分乐于支持他。不过，虽然我认为多伊彻先生并非苏塞克斯大学这一职位的理想人选，但很可能我还是被误解了：也就是说，如果苏塞克斯的人真希望聘任他，作为投票人的我肯定不会投票反对，或者以任何方式抵制他当选，我这么想仅仅是因为我认为大学应该有绝对的自由做他们认为正确的事，无论像我这样的外人认为此事明智与否；无论怎样，这就是我对此事会采取的做法。简而言之，如果苏塞克斯事实上希望给多伊彻先生这一职位，不论我有何疑虑，都不会有任何举动阻挠你的已故丈夫的任命，关于这个问题我也不会向任何人透露我的看法。

我确信，怀特教授还有当时的校长富尔顿勋爵，会证明这一点，你可以问他们。我不知道在这之后发生了什么。据我了解，他们还征求了与你丈夫关系更近的人的意见（其实我几乎不认识你丈夫，我们仅见过两次），结果，此后该学科没有设立相关职位，但我并不知道具体情况；我想说明的唯一一点是，如果苏塞克斯大学曾经希望任命多伊彻先生任苏联研究教授，他们可以这样做，并且也知道不会遭到任何来自我的反对。因此，在《黑侏儒》上发表的言论是完全没有根据的。

至于《黑侏儒》上提到，我主张“马克思主义者不应任俄罗斯历史教授”——这太荒谬了，任何一位了解我的人都相信（我希望如此）我是无辜的。比起我对你丈夫的不赞成态度，你丈夫对我如果有任何不认同，只会比我更为强烈；尽管如此，如果我任由这样的态度来有意左右他是否适合任学术职位的判断，这是有违所有知识分子的价值观的。事实上，在苏塞克斯的事情之后，有人问我是否愿意支持他在牛津大学的某个学院任研究员，我说我将很高兴支持这样的提议——他将为牛津带来值得热情关注的元素，哪怕我也许会 386
认为这一提议是多么错误，而对此牛津当然可以应付得了。然而，此事不了了之，我也没有听到更多的消息了。我写这一切是因为我认为你也许可能听说了这个传闻，并因此感到烦扰；面对毫无根据的诽谤，我也想为自己辩白。无论我做什么，说什么，此事都可能会纠缠着我。你一定要原谅我以如此方式占用你的时间，然而我确信，你会同样认为，说出真相永远是人们希望发生的事；没有哪个体面的人会坐视有人遭受错误和不公的指责而无动于衷，尤其是此人才华出众、勇敢、有天赋，并且因其政治信念而有可能遭受了许多苦难。

你的

以赛亚·伯林

5月13日塔玛拉·多伊彻回信，提出了——但没有回答——为什么苏塞克斯突然转变心意的问题。伯林在（6月2日）回复中，不认为她暗示他牵连此事，虽然她肯定暗示了，而断定她怀疑大学委员会阻止了任命；他又坚持说，如果苏塞克斯大学希望聘任多伊彻，他不会反对，虽然认为那会是个错误的决定，而且，如果被问到，肯定会如此表态。他声称不知道校方做出这个决定的原因，但校长“一定也征求过其他人的意见”。他极力为自己说的话辩解，并决定不向《黑侏儒》提起法律诉讼，“但如果是一个严肃的出版物做出这样的指控，我不会犹豫的。我已经与怀特教授查核了事实，毫无疑问，富尔顿勋爵将为此作证。[……]如果你告诉我，在这一事情的陈述中有令你感到不解、难以置信、误导或是不真实的部分，我将不胜感激。”他认为塔玛拉·多伊彻（6月8日）不置可否的答复表明她对此没有异议。无疑，他的想法是一厢情愿：但正如他在6月12日的信中所言，他给她写信的动机是为了“自证无罪”。

致安娜·卡琳

1969年4月23日

纽约

最亲爱的N：

[……] 我这亲爱的大学似乎被黑人武装分子占领了，不过，显然这里什么都没有发生，我才从哈佛回来，那边的

可怕状况这里也没有发生，康奈尔大学有二十个黑人手持大型长枪，《[纽约]时报》刊登了照片，看着的确相当可怕，[1] 但没有什么比得上日本发生的事，[2] 那里事情的起因也 387
许不是因为越南战争，不是因为黑人问题，不是因为城市污染，而只是因为心情忧郁。[3] 我认为这是一切的根源，虽然这种说法听起来不够严肃——当然，对这些现象进行“更深层次”的分析是可能的。毫无疑问，我们来日无多，我很高兴自己已经这么老了。[4] 我总是与可怜的赫尔岑深有共鸣，不过如今这样的共鸣已经到了疯狂的自我认同的程度。[……] 是的，我读完了《维特》[5]。我认为今天的年轻人不会读这本小说——它不够淫秽，自慰等只字未提，没有“关联性”，只有绝望感，而这是他们不可能体会到的，唉——与此相反，他们愉快地狂躁着，一点儿也不痛苦。痛苦者都是你那些来自魏玛的老朋友们，在他们而言，学生们只是纳

[1] 这张流传甚广的照片由美联社摄影师史蒂夫·斯塔尔拍摄。照片中美国黑人协会武装分子 1969 年 4 月 19 日自他们占领的康奈尔大学校园的维拉德·斯特瑞学生会大楼中现身，该照片刊登于 1969 年 4 月 21 日《纽约时报》首页。
[2] 1969 年 3 月 2 日，日本全面爆发学生动乱，在京都大学，警察与示威者之间发生冲突，有二百三十人受伤。
[3] 伯林此处原文为：khandra and toska。
[4] 1991 年伯林就民族主义问题接受内森·加尔斯特的采访，在访谈结尾部分，当伯林表示他认为消除文化差异有可能导致文化的灭亡时，也说了同样的一句话。“两种民族主义的概念”，《纽约书评》，1991 年 11 月 21 日，第 19—23 页。
[5] 歌德的《少年维特之烦恼》(1774)：对夏洛特无望的爱情，不能自拔的病态的多愁善感（在小说出版之后这种状态经常被称为“少年维特式性格”），令维特结束了自己的生命。

粹冲锋队队员，四处走动，手持巨大棍棒保护自己免遭“野蛮人”的袭击。所以才有哥伦比亚大学的克里斯特勒[1]（你认识他吗？），才有哈佛那些维也纳学派经济学家们，所以，我怀疑还有威特科尔[2]等人，他们极端右倾。左派更多是那些完成不了学业的[3]学生，以及来自不那么严谨的学科的老师们，例如英语文学领域、“社会研究”、神学等。[……]

你一定要帮我疏通与多伊彻太太的关系——这里有人告诉我，我确实可以对《黑侏儒》的诽谤提起诉讼，而且可以赢一大笔钱，但我不会这么做。我已经与布赖顿的怀特先生核实过相关说法，他曾向我征求过有关多伊彻的事，他宣称都是准确与真实的。我不知道多伊彻太太的地址，但会给牛津出版社寄去副本——抱着微小的希望[4]。此事真令我感到郁闷。

你永远的

388 以赛亚

[1] 保罗·奥斯卡·克里斯特勒（1905—1999），哲学家和文艺复兴思想权威，生于柏林。逃离纳粹德国来到美国，1939 年入职哥伦比亚大学。1948 年任副教授；1956 年任教授；1968—1973 年任伍德布里奇讲席教授（1973—1999 年任荣誉退休教授）。

[2] 鲁道夫·威特科尔（1901—1971），柏林出生的艺术史学家和意大利巴洛克艺术研究专家，离开纳粹德国来到英国；1934—1956 年在伦敦大学沃伯格研究所任职；1956—1969 年任哥伦比亚大学艺术学教授；1970 年任剑桥大学艺术学斯雷德讲席教授；1971 年任职于普林斯顿高等研究院。

[3] 伯林此处原文为：nedouchi [v] shiisya。

[4] 伯林此处原文为：na avos’。

致罗伯特·西尔弗斯

1969 年 5 月 30 日［副本］

［海丁顿宅］

亲爱的鲍勃：

很高兴你已经康复了，我渴望告诉你关于乔姆斯基在这儿的一切，虽然来了许多学生，迎接他的绝非毫无批评之声。为了听他主讲“知识分子与后工业社会”，有一千八百人专程来到牛津——我尽自己的所能主持了他的演讲，演讲的阐述风格很像是 20 世纪 30 年代中期的方式，充满魅力，头脑清晰，讽刺辛辣，而且是我在类似场合听到的最简版本的马克思主义。乔姆斯基确信，美国的外交政策完全由商业利益决定——如果换了复杂的方式来说，他的提法也许不太可信；但经过他的演绎，这完全就像戈兰茨左翼读书俱乐部发行的小册子：[1] 他的声音，他的仪态，他的魅力，他独一无二、不可抗拒的个性，使这一切神圣化了。我将与他就中东问题进行长谈，我肯定，他的观点一定是高贵、简单而平静的，就像温克尔曼 [2] 对古典艺术的概念——但又与经过核实的事实经验无关。我比以往任何时候都更喜欢他了，而且和他一起度过不少时间，不过他对现实经验的把握不

[1] 维克托·戈兰茨于 1936 年为抵制法西斯主义的兴起而成立的出版公司，出版的平价书中有乔治·奥威尔的《通往维根码头之路》（伦敦，1937）。

[2] 约翰·约阿希姆·温克尔曼（1717—1768），德国考古学家和艺术史学家，对希腊和罗马艺术进行阐释并将艺术史发展成为一门学科的开创性人物。

强。请你不要把我说的这些告诉别人，但是，当他在晚餐时严肃地告诉我们，杜勒斯[1]召［回］乔治·凯南，是因为他对苏联太友好了——事实上如你所记得的那样，他是不得不回来的，因为他在柏林机场说苏联政权比纳粹更坏，或者和纳粹一样坏（听到这个事实，乔姆斯基似乎非常吃惊）——看起来这完全没有什么不同寻常，不过我认为他的演讲很精彩。弗拉德太太不这么认为；她喜欢他这个人，但认为他的言论让她想到最为粗糙也最为简单的马克思主义，这也是她曾经追随过的主张，并已经在适当的时候表示了反对。确实，理论问题是微妙与复杂性的奇特结合，崇高的道德魅力与权威，极端的非现实，教条式的自信（这里的哲学家们拒绝接受他的学说，无论是在语言学还是哲学方面），使命感，纯粹的灵魂，对经验现实几乎仇视。如果他坚持主张知识分子应该永远说真话，从来不扮演政客，从不拖延或是妥协，无论他们的想法是多么乌托邦或是不切实际，都
389 会好得多。男生们——至少是激进的男生们——会热爱这样的思想，而每个年龄过了二十七岁的人对此则高度怀疑［……］

你永远的

[1] 约翰·福斯特·杜勒斯（1888—1959），律师、共和党政治家，1953—1959年在艾森豪威尔任总统期间任国务卿，是冷战时期核威慑的强有力倡导者。

致菲利普·汤因比

1969 年 6 月 4 日

沃尔夫森学院

亲爱的菲利普：

我刚刚从美国回来，愉快地想起你曾邀请我们到你那住上几天。6 月不合适，因为我手头积下了大量的事务要处理——我无法告诉你，处于现在这个位置，做我现在做的事，是多么奇怪［……］。

［……］你想回忆一下我们初次见面的情景，真是太可爱了。你说那是在杰里米［·哈钦森］的房间里，当时艾略特正在说话——在博蒙特街是吗？[1] 我记得那个场景，真切地记得：他先是在罗兹大楼用忧伤的声音朗读自己的诗作；然后回答问题，［同时］建议人们不要成为诗人；接着，我们在杰里米的房间谈话，他想讨论一些不那么严肃的题目，于是提到了德国诗人［原文如此］——威廉·布施[2]——那

[1] 1934 年，诗人、评论家和出版商托［马斯］·斯［特恩斯］·艾略特（1888—1965）参加了在博蒙特街寄宿楼举行的高端本科生讨论小组——佛罗伦萨俱乐部的聚会，博蒙特街寄宿楼由斯图尔特·汉普希尔和杰里米·尼古拉斯·哈钦森（生于 1915 年）共有，汉普希尔协助运营该俱乐部，哈钦森当时是莫德林学院哲学、政治学和经济学专业本科生（1933—1936），后成为出庭律师。1978 年受封终身贵族，他是戴姆·佩吉·阿什克罗夫特夫人的第三任丈夫（1940—1966），琼·奥斯本的第二任丈夫（1966—2006）。

[2] 伯林与艾略特谈论德国讽刺诗人和插画师威廉姆·布施（1832—1908）的能力让参加聚会的人感到惊讶，尤其是汉普希尔，相形之下，他觉得自己是“滑稽的英国人”（迈克尔·伊格纳季耶夫采访伯林录音之九十，引自汉普希尔）。

是一个小型聚会，出乎意料，艾略特非常亲切地与我谈话，这令杰里米和本［·尼科尔森］印象深刻。我也愈发怀旧了，然而，你愿意回到20世纪30年代吗？如果你擦一擦神灯，突然发现自己又回到了1935年，你愿意吗？即使你得到保证，不会预见到未来比你在当时已经预见到的更糟——你会真的想重温你当本科生的日子，参加那些在河上举行的派对，你会怀念辛克莱小姐、基督教堂学院、亚伯拉罕·拉撒路[1]和所有的一切吗？

致以爱的问候

390 以赛亚

致多萝西娅·海德[2]

1969年6月11日

海丁顿宅

最亲爱的多特：

［……］收到你的来信，受之有愧，却开心有加。你可以

[1] 亚伯拉罕·拉撒路（1911—1967），化名比尔·费尔斯通，20世纪30年代在牛津市镇政治活动中活跃而富有魅力的共产党员，1934—1935年领导针对将市议会地产与牛津北部的私人房产隔开的“卡特斯罗之墙”的民众抗议运动：“他有一头火红的头发，一双令人惊叹的蓝眼睛，无需麦克风，嘹亮的声音便响彻八方，从圣伊莱斯的一头到另一头。”奥利夫·吉布斯，《我们的奥利夫：奥利夫·吉布斯的自传》（牛津，1989），第92页。

[2] 多萝西娅·路易丝·海德（1907—1987），婚前姓阿什利—库珀，沙夫茨伯里伯爵九世之女，1935年与海德子爵一世安东尼·海德结婚；她是颇具才华的业余肖像画家，她本人的画像由奥古斯塔斯·约翰为她所画，时间大约在1930年。

想象我心中是多么欢喜。你对我那本薄薄的论文集的看法，但愿我能相信一分就好。[1] 其中有两篇文章令我遭受猛烈攻击，不仅包括来自无政府主义者或是研究生们，而且还来自被我的文章所激怒而做出批评的严肃认真的教授们——温和的自由主义者除外，来自右翼和左翼的打击仿佛雨点般落在我身上；天主教徒和共产主义者，分析哲学家和玄学家，《观察家》及各种学术刊物——联手对我饱以老拳，我就像一片颤抖着的树叶，但我不能退缩，因此才有了这些文章的再版。我想你那些年轻的研究生同学们[2] 不会认为我的文章对他们有任何启发——我希望他们会受到启发，但是在当今的舆论氛围之下，我想他们不会这么认为。如今最令人反感的，莫过于告诉人们没有千禧年，价值观崩塌，没有什么终极解决方案，牺牲某一价值并不能获得另一价值，不论选择哪一种价值，必定会有所牺牲——或者说，无论怎样，往往如此。这样的观点被认为是错的，愤世嫉俗的，或者两者都是，然而在我看来，与之相反的信念已经使我们遭受了可怕的痛苦，付出鲜血的代价，我因

[1]《自由四论》（伦敦和纽约，1969），现收入《自由论》。伯林将《自由四论》看作他个人最为重要的著作，他在书中提炼了关于政治自由的性质与重要性的核心概念，尤其是其“消极”之说——不受他人干扰的自由。书的开篇是一个很长的序言，也是伯林对诸多评论家所作的回复，而后是这四篇文章，分别是“20 世纪的政治观念”（1950）、“历史必然性”（1954）、“两种自由概念”（1958）和“约翰·斯图尔特·密尔与生命终极”（1959），其中特别是第三篇文章激发了大量二次文献的产生，直至今日仍势头不减。关于这本书充满波折的问世经过，见《自由论》。
[2] 多萝西娅·路易丝·海德在当地的继续教育学院念书时的同学，她在六十多岁时在该学院获得政治学文凭。

而对其抱有一定程度的怀疑，虽然不是十分怀疑，然而，对于所付出的代价，只有付出过高的人类生命与情感的代价才能得到的那些东西，我持某种容忍接受的态度——伊拉斯谟[1]，狄德罗[2]，还有我的英雄赫尔岑都这么认为（你读过他的自传
391 吗？现在已经出版了四卷本，这是整个19世纪，甚至几乎是有史以来最了不起的自传），但这么想的其他人并不多；更没有其他什么观点可以让人忍受生活。[……]

我终于六十岁了，虽然我对过去负有责任，在某种程度上对现在也负有责任，但我不再觉得自己对未来负有责任了——让年轻人尽其所能吧，对此，我们这一辈人不该太苛刻，不应冷嘲热讽。对于有些事，我不像以前那样介意了，不过我还是会在意不少事，当我发现自己遭到《新左派评论》的批评与《黑侏儒》的诽谤时（如果这些刊物档次高一点，我想我实际上是可以起诉他们对我的诽谤的），我不能让自己对此过于愤怒。我认为这些年轻人生活的世界远远比我曾经历过的一切，甚至包括20世纪30年代，更为可怕。那时，我们有非常坚实的希望，也有许多邪恶的敌人，无论是在个人方面还是在政治上——法西斯主义的确非常可憎，

[1] 德西迪里厄斯·伊拉斯谟（约1467—1536），荷兰人文主义学者和改革家，文艺复兴时期最伟大的人物之一；1516年出版了希腊语《圣经·新约》，附以有影响的拉丁文平行译本；1511—1514年在剑桥大学讲授神学和希腊语；曾住在英格兰密友托马斯·莫尔的家中写完了艰涩难读的讽刺作品《愚人颂》（1509）。
[2] 丹尼斯·狄德罗（1713—1784），法国哲学家，法国启蒙运动的领导人物，与伏尔泰齐名；早期世俗科学现代性自由思想的提倡者。

斯大林主义也是。无疑，在希特勒和墨索里尼、佛朗哥和张伯伦、达拉第和斯大林统治之下的欧洲，人们确实可以分辨黑白——在那个时代，罗斯福似乎是一个光明点，因为只有他没有惧怕未来，真正相信观念至关重要，相信聪明、创造性与才华不应是令人恐惧或是令人鄙视的品质，相信那些贫穷凄苦的人们打算去实现并为之投票的理想值得尝试实施。我想如今的情况并非如此，我有一种感觉，昔日的众神已经让年轻人失望了，正如苏联再也不能获得那种在20世纪30年代很容易就获得的、彻底而纯真的信任。所以，福利国家、繁荣、安全、效率提升等这些概念，吸引不了那些认为有必要为了某种有意义的理想——如果可能，还与其他志同道合的人一起——而牺牲自己的年轻人，我认为他们正在拼命寻找某种形式的自我表达，这种寻找将使他们逆潮流而上，而不仅仅只是无害而又舒适地随波逐流。因此，所有这一切冲击碰撞，而这可怕的厌倦感，我认为，终将成为所有不满的缘由，无论各国存在的具体差异是什么——越南战争、黑人问题等，我们害怕某些事：战争，经济崩溃，极权主义，而厌倦感更糟糕，18世纪的法国人称之为“英国忧郁症”[1]。缺乏具体的前景让人无法想象。停笔了，不能这样说个没完没了。

你永远的

[以赛亚] 392

[1] 伯林此处原文为：le spleen anglais。

致麦乔治·邦迪

1969 年 6 月 12 日［副本］

［沃尔夫森学院］

亲爱的麦克：

［……］如果你于——18 日星期五——上午十时三十分出席沃尔夫森学院受托人在伦敦环球大厦（你去过那里）举行的会议，他们将感到非常荣幸和愉快，还有很多关于建筑方面的重要问题需要解决。如果你们可以来——他们真会很高兴的，即使你没有留下开完整个会，而且一般说来这个会议一个小时到一个半小时就结束了（伦纳德缺乏耐心，有时候是一种美德）。由于伦纳德似乎对利特尔先生[1]和奥本海默先生[2]——我们的顾问——为我们买的股票有些意见，购买这些股票没有用到他的钱，所以我们打算让他从他的基金会出钱投资；我们私底下希望，如果他选的投资组合表现没有十分亮眼，为了不让他的大楼受到影响，他会认为自己有道义上的责任弥补一下亏空。您看出来了，此举的狡猾意图隐藏得并不深，所以他也看出来了；这就令一切都开诚布公，于是一切也就没有问题了。他不大可能会在受托人面前

[1] 伊恩·马尔科姆·戴维·利特尔（1918—2012），经济学家，1952—1976 年任纳菲尔德学院研究员；1971—1976 年任牛津大学不发达国家经济学教授。

[2] 彼得·莫里森·奥本海默（生于 1938 年），经济学家；1961—1964 年任职于巴塞尔国际清算银行；1964—1967 年任纳菲尔德学院研究员；1967—2000 年任牛津大学经济学讲师。

表示自己在投资方面运气不是太好，因此学院不会达到受托人计划实现的规模和品质。出于相同的原因，如果所有人都允许我们这么做，我们打算扩大信托基金，直至最终账目结清，如果信托基金不存在了，学院本身就得承担清偿责任：这是一个可怕的前景，如果受托人（包括“伦纳德先生”）来负责清偿肯定会好得多，是吧？我现在已经透露了所有的秘密想法，热烈邀请你星期五上午一定要来［……］。

你永远的

［以赛亚］

致西蒙·阿布拉姆斯基[1]

1969 年 6 月 13 日

沃尔夫森学院

亲爱的西蒙：

［……］至于 E. H. 卡尔：他很快就会来和我一起喝茶。我相信他不会被我所说的任何话打动。我觉得他有一样令我
嫉妒的武器，他可以把自己装进一个壳中，于是自由派资产 393
阶级对他的批评就影响不到他了。因为他明白他们的动机，就可以忽视他们，而他自己则乘着上升的自动扶梯，与新世界并行，无所畏惧。我完全反对这样的观念，但我羡慕他那狂热分子的天堂。

[1] 西蒙·阿布拉姆斯基（1916—2010），历史学家、目录学家和书籍收藏家。

当然，理性的哲学家认为，［在？］某个超验领域，可以自由选择时间与地点，康德可能这么说过。[1] 当然，选择自由同样适用于统治者和被统治者，暴君和被压迫者，行刑者和受害者，然而这种自由受到上千因素的限制（就是因为相信这一点，我得不到比我更为盲目的批评者的认可）。这种自由不仅被显而易见的障碍包围，而且，当然，在情感、社会、物质等方面，也为无知、激情、压力所困扰，只是程度不同；自愿的殉难仍然是存在的；英雄主义不是一个空洞的词汇。我们很钦佩英雄的牺牲，这份钦佩不同于我们仰慕美丽或是权力的方式。为什么一个生而为奴者不能够选择？他的视野可能更狭窄，但即使是这样的人，在其一生中，也必定有某些时刻，必须在不同目的、不同价值之间做出选择。在我这本书中 [2] 的第一篇文章里，我尝试指出，20 世纪的法西斯主义者与共产党人，不是为人们提供理性思考并回答那些痛苦的问题，而是试图以某种方式塑造他们，使他们失去提出这些问题的所有欲望；于是，问题就这样被冲刷得一干二净了。马尔库塞等人现在对自由资产阶级社会也提出了同样的指控——法西斯主义者和共产党人通过恐怖主义或是赤裸裸的信念灌输来运行（总体

[1] 阿布拉姆斯基曾经问道："哲学家是否理解超越时间、地点和空间的选择自由，或者他们和历史学家一样，受限于某个特定的时间、某个特定的国家和历史时期，也就是说，有一个相对的而不是绝对的方法？"伯林的回答似乎与这一问题没有密切关联。
[2]"20 世纪的政治观念"（原文第 391 页注 2）。

而言并没有成功：德国人，俄国人，还有中国人，虽然我不了解中国人，但实际上并非其体制所期望的、在完美制约之下的法西斯主义者和共产主义者等），而自由民主政体则是通过工业产品、面包和竞技场的腐化来运行的。无疑这么说有一些道理：选择范围可以视客观条件而人为缩小：即使是我，作为一个自由主义者，也会说与伊拉克农民谈政治自由是在嘲弄他；然而，伊拉克农民依然有其自由选择的领域，而这一点正是真正的决定论必定要否认的。[……]

当然，我受到了康德的影响，认为对这种选择可能性的认识，无论其范围多么狭窄，仍然是区分人与动物的标志之一；虽然计算机可能替代思考，却无法在真正意义上替代思考目的和行动的能力。[……]

你的

以赛亚 [……] 394

致琼·弗拉德

[1969 年 7 月？] 26 日 [邮戳日期 1969 年 8 月 6 日；手稿]

[帕拉吉]

[……] 阿纳尔多·M.[1] 太了不起了：他写的关于雅各

[1] 阿纳尔多·但丁·莫米利亚诺（1908—1987），后（1974）成为荣誉英帝国高级勋爵，无人能与之匹敌的古代史学家，生于意大利库内奥的一个犹太高级知识分子家庭；双亲皆死于第二次世界大战的集中营。他于 1939 年 3 月作为学术难民移民至英国，1951—1975 年任伦敦大学学院古代史教授。写这封信的前一天他刚同伯林夫妇在帕拉吉共进午餐。

布·伯纳德[1]的文章（当然，我不愿冒犯你，甚至不会提及他是谁——除了说他是弗洛·S. 弗洛伊德的叔叔——但斯帕洛可以告诉你，阿纳尔多·M. 语气亲切、略带嘲讽地提到了他），不仅文采斐然，显示出他博学多识，而且感人至深。我把这些感受告诉他了：他半棕褐色的脸庞，微微红了下——但他很高兴，他来时身着法兰绒便裤，披一件黑黑的羊驼呢夹克，像一位 1914 年以前的先贤（句子结束了：嗯，语法没错）。他现在讨厌理查德·魏赫姆，因为他鄙视知识，证据是他把伦敦大学学院哲学系变成了一个公社：他的小说[2]是无耻小人和表现狂存在的最后证据，那里找不到情感、知识以及文明关系。阿纳尔多·M. 不断提及自己在犹太家庭中长大，还引用希伯来文：我觉得感动、受宠若惊。我确信，他是 19 世纪学术界和欧洲启蒙运动的最后一位呐喊者，他对道德的要求高，但是学术视野广阔，人格高尚，带点知识分子的褊狭。我非常崇拜他，觉得与他一见如故：他不会泄气、猜忌、嫉妒，至少没有那些困扰我的性格弱点。昨晚我看到庞德[3]了，他沉默、闷闷不乐、令人不

[1] 莫米利亚诺对德国哲学家雅各布·伯纳德（1824—1881）的简要研究，那年以该哲学家的名字为书名出版（阿姆斯特丹 / 伦敦，1969）。
[2] 魏赫姆的唯一一部小说《家庭浪漫曲》[一个弗洛伊德术语]（伦敦，1969），采用一个试图给妻子下毒的学者写日记的形式。
[3] 埃兹拉·韦斯顿·卢米斯·庞德（1885—1972），生于爱达荷的诗人、评论家，意象派运动领导人，支持帮助了包括艾略特、乔伊斯在内的许多作家，1924 年起住在意大利，滋生了亲墨索里尼、反犹太的情绪；第二次世界大战期间在罗

快、长相帅气，像个天才，他只讲过两次话，声音低沉沙哑，充满世界末日的味道。一次是他发现 T. S. 艾略特诗中的格里什金——那个许给你天堂极乐的人[1]——是某个芭蕾舞星。[2] 我纠正了他的发音，立刻就后悔了：太没品位！
第二次是：他的情人说，“哎，埃兹拉，我们回家吧？”他 395
说“我们永远到不了那儿”，然后离开了。他抱怨听不懂我说的任何一句话：为此我紧张、难为情，比平常更加口齿不清。他本质上很不友善——且不说他的法西斯主义、疯狂和狂躁崩溃——但又显得高贵。再说一遍，他是一个不再发声的人。他朗诵自己写的另人讨厌的《诗章》[3] 的录音棒极了。至于我，你想知道吗？我觉得，为了写一篇可怜兮兮的文章，[4] 没完没了地研究维柯的材料［……］——还

马电台宣传法西斯；因被指控犯有叛国罪，被遣送回美国接受审判，但被认为不适合受审，1946—1958 年被关在精神病院；释放后回到了意大利。“谈到天才，你见过庞德吗？我在拉帕洛时和他一起用餐。他一句话都没说。我不知道他的声音是怎样的。他看上去非常帅气、出众。他在文学界的地位相当于勋伯格在音乐界的地位吗？他对后辈天才产生了巨大的、重要的影响，但他本人（也许）不是天才吗？”（伯林致玛丽·麦卡锡，1964 年 8 月 7 日）

[1]《不朽的低语》，出自《诗集》（纽约，1920）。诗的第五节是这样的：“格里什金很好：她的俄罗斯眼睛 / 因化妆而更加迷人 / 未穿紧身褡的美妙的胸部 / 许给你天堂的极乐。”

[2] 塞拉菲玛·阿丝塔夫娃（1876—1934），俄罗斯芭蕾舞星，舞蹈教师，在伦敦经营一所芭蕾舞学校，她的学生包括艾丽西亚·马尔科娃、玛歌·芳婷；庞德把她介绍给艾略特。

[3] 庞德一生中的大部分时间都致力于《诗章》的写作，这是一部晦涩难懂、万花筒式的长篇诗集，早在 1913 年就开始构思，但从未完成；人们认为那些诗极大地影响了现代诗的发展。

[4] 伯林的“维柯的知识论”，发表于《意大利文学》第 17 期（1965），第 420—

乐于其中——完全是逃避思考的行为，此项研究于我是艰难痛苦的事，还把我卷入了争论当中，我尤其讨厌那些争论。做学问时一些没完没了的细节——对脚注的脚注——可以带来无穷的快乐。尽管我那些思想僵化的自由主义同道写了亲切友好的信，提及我极端保守的政治观点，但我不是一个思想家：就文化历史[1]做出伟大总结的急切渴望，事无巨细地摘录参考那些默默无闻的意大利编辑的话——有点像卖弄学问，虽然我信仰真知，也喜欢做学问，但那并非真才实学。它给我机会去批评这两种人，他们要么在文化方面肤浅、狭隘，要么极喜欢用各种陈词滥调和党派标签；还给了我机会去发现自命不凡之人身上的假学问。因此我可以猛烈攻击（例如）多伊彻和他的反对者阿伦特小姐；可以抱怨说牛津的思想家们目光狭隘，马尔库塞的朋友们是骗子或半个骗子。但这又能带来什么安慰！我一直渴望且一直拥有真正的大师们相陪伴。我想，我本应该，在剑桥时向莫尔和维特根斯坦鞠躬致敬；1900 年在柏林时向马克斯·韦伯和维拉莫维茨[2]鞠躬致敬；在巴黎，自米什

431 页，修改后以“维柯的知识论及其根源”为题收入《詹巴蒂斯塔·维柯：国际研讨会论文集》和《启蒙的三个批评者：维柯、哈曼与赫尔德》。

[1] 伯林此处原文为：Kulturgeschichte。

[2] 乌尔里希·冯·维拉莫维茨—默伦多夫（1848—1931），他那个时代最重要的希腊学者之一；1897—1921 年任柏林大学希腊语教授；1908 年牛津授予他荣誉文学博士学位。

莱[1]之后就没人值得致敬了，我不膜拜那些留着山羊胡子[2]的
可敬之人，以及有奉献精神但极端枯燥无味的涂尔干和利维—
布吕尔[3]，他们就像法兰西团结的温和的捍卫者；在俄国——
啊：浓密的胡子——某些雄辩的正直的教授，却受到德国马
克思主义庸俗文人的鄙视。我不要再继续唠叨了。可怕的是，
意识到自己不怎么样但并不在意——除了关心人类以及人际
关系，其他都不在意——不像布卢姆斯伯里文化圈的成员，
他们在某种程度上甚至把那个简化为信条了——但以某种条
理不清、转瞬即逝、随意任性的方式。[4]没有为人类精神的不 396
朽大厦添砖加瓦，也不觉得惭愧。缺乏抱负？软弱无能？轻
浮？也许吧。但我就是这样的人。好了。再继续这样谈论自
己是件可耻的事（英国学校就是这样教育我们的）。[……]

——签名？为什么？

~~以赛亚~~

[1] 儒勒·米什莱（1798—1874），法国历史学家，1831—1852 年任国家历史档案馆馆长；十七卷《法国史》（巴黎，1833—1867）的作者；维柯的狂热信徒。

[2] 伯林此处原文为：barbiches。

[3] 吕西安·利维—布吕尔（1857—1939），法国哲学家和人类学家，他关于“原始”民族心智的著作非常著名。

[4] 当伯林还是个大学生的时候，他已阅读 G. E. 莫尔的《伦理学原理》（剑桥，1903），发现自己站在“开阔的平原上，阳光照耀”：“文笔异常清晰，论点在我看来完全令人信服，充满了高尚理想，引人入胜——令我无比陶醉。阅读它是我迄今为止最深刻的哲学体验。但是，三或四年之后，我却得出不同结论，认为它的论点完全错误，我至今还相信这一点：个人关系和对美的沉思不是人生的主要目的。”“被英格兰误解的道德家”，《泰晤士报高等教育增刊》1993 年 10 月 15 日第 20 版。

致汉密尔顿·费希·阿姆斯特朗[1]

1969年8月19日［手写明信片］

海丁顿宅

啊！我觉得弗拉基米尔·伊里奇不怎么样。我永远不会写他。要说出原因并不容易：主要因为我没法读他的东西。记得奇普·波伦夜夜在腋下夹一卷V.伊里奇的书上床；但我没办法让自己去穿越如此干旱枯燥的草原，一望无际、单调重复、乏味至极。是的，他是个伟人，一个更为成功的罗伯斯庇尔或克伦威尔（克伦威尔更有同情心一些），但我没法深入到他的"内心"去理解他。没有深入理解，就去评价他的学说、成就、预言、事实如何等等，我没法做到。我真的只对人的思想感兴趣，它体现在人的外表和脾性中正形象和性格的一部分：我觉得V.伊里奇晦涩难懂。[……]

你永远的

以赛亚 [……]

致西尔维斯特·盖茨

1969年8月30日［手稿］

帕拉吉

亲爱的西尔维斯特：

我多少天前就应该写这封信了：尽管理论上讲我确有闲

[1] 汉密尔顿·费希·阿姆斯特朗（1893—1973），1928—1972年任《外交事务》的编辑，这是美国对外关系委员会办的杂志；伯林很看重阿姆斯特朗，他经常邀请伯林为《外交事务》写稿，伯林觉得很难拒绝——这次是一篇关于列宁的文章。

暇，但客人们不断上门，我不得不在海滩、丘陵和邮局之间疲于奔命。布洛克每天都给我写信，伦纳德和伊恩·利特尔之间产生了严重危机——最后通牒即将到来——在伦纳德前线，每件事都因受到威胁而产生裂纹——股份——内部装修——多么幸运，我们在这些商品禁止交易的二十四小时前卖掉了我们的帕加马股份——这些占据了日常生活。但我们经常会听到你的消息：来自安妮，来自约翰，来自医院 […]。很遗憾地告诉你，我们在夏天刻意回避了老朋友。[1] 我是指我们的老朋友，你知道是谁（我不敢说名字：但你不会把这封信乱放吧？他也许会去拜访你：他老糊涂了，做的都是你不想他做的事）。每天，这种自由，这种不用忍受他在场的美妙的自由感，是我们放松、甚至是快乐的源泉，他可怜，令人抑郁，苛求，老是让人内疚，老是爱把谈话搞砸，让人难堪，粗俗，让人发疯，既让你感动而让你又无比反感，偏执狂，又聋又瞎，厚脸皮，动不动就生气。这么说话真是太不忠、太可怕了！ [……] 我正在阅读海涅谈德国哲学和宗教 [2] 的书，很有趣，很不错。他认为德国哲学家的著作极其冗长晦涩，康德要对此负责——他出于对科学的尊敬，发明了那些难解的术语——他不想让哲学轻松、 397

[1] 莫里斯·鲍拉——他此前一年到帕拉吉做客，让伯林疲惫不堪。
[2] 海因里希·海涅，《德国宗教与哲学》（首版于 1834 年用法语出版）。伯林谈及的那些段落出现在第三部分的开头，参见约翰·斯诺德格拉斯翻译的英文版《德国宗教与哲学：一个片段》（伦敦 / 波士顿，1882），第 106—111 页。

明晰、优雅，从而变得无足轻重——那是法国哲学——他要让哲学有分量，迫使你注意它，正装出场——华丽庄严、仪表堂堂；他创造了那些令人讨厌的术语，而德国人误把术语视为深刻。我明白为何德国人现在还恨海涅：太低劣，太搞笑了。他说康德杀死了上帝，而罗伯斯庇尔杀死了国王，而且是以一种平和的、有条不紊的方式做到的，他说我们应该害怕的正是这些不动声色之人。

艾琳说她非常爱你——

以赛亚

致 P. E. 特雷明希尔[1]

1969 年 11 月 13 日［副本］

［沃尔夫森学院］

亲爱的特雷明希尔先生：

谢谢您 10 月 28 日的来信。您说您很难理解为什么抗议者名单中有我的名字，他们反对牛津大学同南非羚羊队的在橄榄球比赛上合作。[2] 后来您把发生在苏联的迫害同南非的

[1] 帕特里克·爱德华·特雷明希尔（1912—1977），在锡兰（现斯里兰卡——译注）种植茶叶一直到 1954 年；英国联合国协会的成员。

[2] 到了 1969 年，抗议南非种族隔离的抵制运动方兴未艾，伯林作为牛津大学的院长之一，同其他四位院长联合起来，反对牛津大学同南非羚羊队在橄榄球比赛上有任何形式的合作，比赛将于 11 月 5 日在伊夫雷路举行。有可能举行的大规模游行迫使比赛场地换成了特威克纳姆，比赛在重重包围下举行。“羚羊队最终输了”一文发表于《泰晤士报》1969 年 11 月 6 日第 1d 版。

进行了合理的比较，并向我询问莫斯科大剧院芭蕾舞团等事项。关于那件事我想说两点：

1. 因为我们不能抗议每件事——即便因为那样做会影 398
响我们的抗议效果——我们也没理由对任何事都不做抗议。如果我们觉得抗议也许会有些效果，我们就这么做了。很明显，迄今为止抵制苏联没有取得任何实质上的效果——但是，如果出现了一个机会，确认我们可以影响舆论，姑且不论这种想法的对错，比如说，捷克斯洛伐克遭入侵后，我们有理由认为某种表态是有益的：出于这个考虑，随着苏联入侵捷克斯洛伐克，牛津取消了对一些苏联哲学家的官方接待。我对此态度明确。我相信，关于南非的政策，不像关于苏联的最糟政策那样，人们的观点及舆论已经定型，因此，某种表态、抗议是值得一做的。当然，我不认为，我们反对某些国家的政策，就要在原则上抵制那些国家公民参加的所有社会或艺术活动，我们只是在认为值得一做的时候做出一些表态。

2. 种族歧视包含着特别可怕的东西，因为不像压制舆论，它的受害者无处可逃。当然，我并不认为去迫害舆论方面的持不同政见者是值得推崇，甚至是可以原谅的，除非在很特殊的情况下——我的意思是，那么做的人认为他们通过采取压制性的措施，可以提高受害人的见识，教堂经常都是这么做的；我不认为，这个在绝大多数情况下都很荒谬的理由，甚至可以在那些持种族歧视立场的人们心里闪过。如果可以区分邪恶的不同程度，那么我认为，种族迫害比其他任何形式的不公平压制都更为可恶。

这些是我的理由。那也许是在今天的英国，南非比苏联受到更多批评的原因。我担心的是，如果它固执地走自己的路，批评会逐渐平息。

您真诚的

[伯林，代签]

致汉密尔顿·费希·阿姆斯特朗

1969 年 12 月 4 日

海丁顿宅

亲爱的哈姆：

非常感谢你 11 月 18 日的来信。每回见到装着你来信的信封，我总是很高兴。正像你［待在］一间房子里——比如说，就餐前在朋友家坐着，不知道还有谁会来参加饭局，完全了解自己的感受，知道见到他或她进来时，是高兴得心跳加快还是心头一沉。来自你的信封当然是让我高兴得心跳加快，虽然我知道信的内容有可能以这种或那种方式让
399 我深刻认识到自己的不足："政界中的知识分子"当然是个好话题［……］，但对我来说——真不愿出口——并非好话题。之所以说不好，是因为要想知道他们对政府机器有哪些影响，不论是在美国还是在英国，我们所需的内部消息，必须大大多于我掌握的或者说我过去所掌握的全部情况。我记

得战争期间在华盛顿时我对此话题做过思考——华盛顿那边个人主义气氛浓烈，人们并不在“为”哈利·霍普金斯[1]或唐·纳尔逊[2]或为任何人而设的部门工作，同英国制度化了的没有人情味的官场运作大为不同——但对我来说，当我在1946/1947年离开英国政府部门时，那一切都结束了，我不知道自那以后发生了什么，除了一些小道消息和报纸上说的，报纸上的消息真的很有限——我们要把鼻子紧紧地贴在窗户玻璃上，才能看到里面发生了什么。在英国，我从来都不知道真相。我不知道，比如说，被工党拉进去的大学老师们发挥了怎样的作用，尤其是在经济部门起了何种作用，那对我来说是一本密封的书。因此，如果我真的写了，那是仅凭印象写的，会显示出我的无知，我会感到愤怒并把它撕掉，而且真的不想重写。至于俄国，那又更为黑暗。我不是从政治的角度说的，而是指完全无法从外部去影响到它。我不知道我们能否在那个国家提及“民意”这两字。[……]

所有这些都是坏消息，对不起，还请原谅，但如果我不对你坦诚的话，我能对谁坦诚呢？在任何情况下，坦诚都是

[1] 哈利·劳埃德·霍普金斯（1890—1946），从纽约社会工作者变成了新政救济署主管，富兰克林·罗斯福最亲近的政治密友；1941年被任命为《租借法案》的负责人（参见《伯林书信集（卷一）》原文第367页），同年，他作为总统的私人特使，肩负着重要使命去见丘吉尔和斯大林。

[2] 唐纳德·马尔·纳尔逊（1888—1959），自1940年起富兰克林·罗斯福任命他为商务专员，为英国战争采购必要物质；1942—1944年任美国战时生产委员会主席。

一种让人感觉无比美妙的自由，不论拿什么来交换我都不愿意——我没有加入外交部，因为我觉得那样等于让一头巨牛踩在舌头上，[1] 如果我们不被允许说话，慢慢地我们就停止思考了，大部分外交官的情形皆如此，我认为。（我请求你，别叫我写那个，写制度造成的谨慎如何毁灭人们。谨言慎行是一个了不起的公共美德，却会在一定程度上摧毁人的个性。我是这么看的。然而，这不属于**外交话题**。）［……］

在此送上我对克里斯塔 [2] 的最真切的爱，并表示我的歉意，发自我内心的深深的歉意。

你永远的

400 以赛亚

致乔尔·赫斯特菲尔德 [3]

1969 年 12 月 5 日［副本］

［海丁顿宅］

亲爱的赫斯特菲尔德教授：

［……］当然，您来信的内容，谈及了问题的核心。一方面，我们想说人是负责任的，因此，选择这个概念就应该

[1] 埃斯库罗斯，《阿伽门农》第 36—37 页：“关于其他一切我不说了：一头巨牛已经踩在了我的舌头上。”

[2] 克里斯塔·冯·蒂佩尔斯基希（生于 1917 年），哈姆·阿姆斯特朗的第三任妻子；他们于 1951 年结婚。

[3] 乔尔·赫斯特菲尔德（1911—1980），1962—1979 年任伦敦大学学院英国历史阿斯特讲席教授。

被赋予一些意义——我们想说，我是自由的，其意思不仅是指如果我没有事先选择那样做，我就不该以特定方式行事，也指我本来没必要做出那样的选择；[……] 否则，不论我的性格、性情等如何深深影响到我的行动，我都不会只是外力作用下的玩物——这就排除了宿命论——然而，如果我的性格是先天注定的，那么，很明确的是，我抑制不住会那样行动，因为我就是我，事就是事，我的性格决定了一切，等等——这看起来和其他任何一种决定论一样苛刻，而且剥夺了“我本来可以有别的选择”这个概念的一切明确含义 [……]。显然，您和我，正确 [也就是，我们是正确的] 地假定，例如，卡尔的关于无可选择的高速公路这一概念，意指沿着那条高速路驾驶的我们没法向右或向左转，此概念不能概括历史上的人类行为——人们做了什么，遭过何种苦——只是概括了什么是人与人之间的关系、人性、人类等。那我们怎么办？我认为以下是明确的，在现有的证据前，您相信，我亦相信，当您拿起笔给我写信时，您实际上可以不这么做；不论您有何意图、性格如何、渴望说点什么，您本可以决定推迟写信或根本不写 [……]。如果不是这样的话，在人们“没法不那样做”这个概念面前——如果他们天生英勇，他们会表现英勇，如果他们天生脆弱，他们就会软弱、背叛等，这些概念的一整套复杂的东西，比如坚持原则反对强大的诱惑，拥有特别的优点去冲破可以清楚看见的万重困难，英雄的优点、英雄的恶习，等等，都消失殆尽了。我们可以拍拍某人的头，表扬他的英勇，就像我们拍拍一匹载着我们穿越了危险地域的强壮勇猛的马。这个社会崇拜美丽、勇气、解决问题的能力，并祝贺拥有这些品质的人们，但是，像宇宙中的一切那样，他们该怎样就怎样，为他们做了正确的而非错误的选择这个事实而喝彩的想法，只不过是按照我们对他们的看法对号入座罢了，因为如果他们正好符合我们的想象，是因为他们不可能以别样的方式行事，而只能是像他们已经做的那样。我不相信这些——我想这可能是事实，但如果真是这样的话，我们将不
401 得不彻底改变我们的词汇、思想和态度；然而，我无法接受的是，除了来自自然界的推测，会有其他东西可以像充足的证据那样支持这类想法——类推法并不是最强的逻辑武器。

但是，如果我不相信这些，我又相信什么呢？我不能很清楚地表达我的想法。只是当我说一个人可以在两个仅有的选择之间做出选择：以一种既有的方式做或不做什么时，我确实知道我在说什么。我坦率地承认——不这样做是不理智的——各种可能性依赖于环境、性格等，而且在过去，有时人们所认为的可能性多于实际存在的可能性——因此，如果人们实际上别无选择，却得到了夸奖或被责备，这种夸奖或责备便不适用。不论可能性多么小，行动的范围多么窄，总是可以有两种选择：做 X 这件事或不做，至少在许多情况下如此，以证明选择这个概念是个

事实。这是宿命论者声称不解的地方——而他们的理由，我认为，是非常值得尊敬的：他们按照因果关系的模式来认识世界——然后有理由坚持说，如果你随便把某个特殊的原因从一个特定的因果链中删除，结果是因果链中出现了一个空白，认为这仅仅是偶然性或随意性，不认为这是我们正在试图阐释的自由。当然，这是对的：这就是为什么在前一段落我绝望地说，需要有一个天才来给我们提供一个新的模式，不要总是因果关系减去因果关系［……］。两千年来，还没有人想出正确的模式，但我并不因此绝望。与此同时，并不是只有我看到了以下假设中存在的巨大困难：假设并不是所有的事都由因果关系支配，尽管如果我们试图科学地解释发生的事情时，去找原因是正确的；因此，当（我想是）维特根斯坦[1]说［……］，如果你说“因为Y我做了X”并认为Y是原因，你屈从于这样一个假设，那就是，如果同样的事情再次发生，Y会再次引起X——这就是所谓的一致性、规律性等；然而，“因为Y我做了X”，并认为Y不是原因而只是一个推理——“因为在我看来X才是通往Z的最佳手段”——我并不是说下次我要把Z看成我想要的结果之一，且忍不住做了X这件事。我也许做也许不做。原因需要定义，而推理不需要

[1] 确实如此，他在不同地方说过，比如，参见路德维希·维特根斯坦，《“哲学研究”初探：通常意义上的蓝皮褐皮书》（牛津，1958），第14—15页。

[……]。

允许我再说一遍：我真的很感激您的来信——不是因为信的内容，而是因为您不辞劳苦地说了这么多，而且说话的方式和过去一样。我的观点是，我再说一遍，当您说“凯撒跨过了卢比孔河”或“赫斯特菲尔德写了一封信给伯林”，然后有人问“为什么？”，我们可以回答说，“因为凯撒想征
402 服罗马”，或“赫斯特菲尔德想同伯林谈论某个问题”。紧接着的问题是，“如果凯撒或赫斯特菲尔德等想那样做，情况也刚好是他们所想的那样，是否可以说他们做的那些事是由因果关系决定的呢？”对这个问题的回答是“不”。凯撒可以待在高卢海岸，赫斯特菲尔德可以去散步或下棋，不能得出结论说，因为实际上做了这些事，所以跨越卢比孔河或写一封信的愿望更加强烈。做了就是因为做了，是因为凯撒或赫斯特菲尔德等做了这样的选择。尽管如此，这需要一个新的模式，我当然没能力提供。我只是希望人们能找到一个伟人，他能把苍蝇从苍蝇瓶里解救出来，像维特根斯坦过去常说的那样。[1]

您永远的

以赛亚·伯林 [……]

[1]“你在哲学上的目标是什么？——把苍蝇从苍蝇瓶里解救出来。”路德维希·维特根斯坦，《哲学研究》（牛津，1958），第309页。

致诺姆·乔姆斯基

1969 年 12 月 18 日

海丁顿宅

亲爱的诺姆：

非常感谢你寄来的给《文汇》杂志[1]的信的副本。[……] 如果他们不刊出你的信，你当然应该在别的地方发表。至于以色列，你是对的：如你所知，鲍勃将于月底和我一起去以色列。我不知道他会怎么看以色列。我建议让他见阿莫斯·奥兹[2]及类似的人——你谈到的那些以色列知识分子神智完全正常，尽管在我和他们看来，《泰晤士报》及其他报刊对以色列人的攻击非常有失公平。[3]尤其是我的一个叫爱德华·克里斯蒂安·霍奇金[4]的老朋友——我认识他已

[1] 有人在 1969 年 8 月的《文汇》杂志上对他的书《美国强权和新官吏》（纽约 / 伦敦，1969）进行了恶意的批评，此信是对该批评的回复；乔姆斯基回答了评论者提出的基于事实的部分，但认为文章的其余部分"纯粹只是诽谤"（《文汇》，1969 年 12 月，第 93 页）。

[2] 阿莫斯·奥兹（生于 1939 年），原名克劳斯纳，生于耶路撒冷的以色列作家，在 1967 年以后的以色列和平运动中表现突出；他的小说集《胡狼嗥叫的地方》，描写的是 20 世纪 50 年代某基布兹农场以色列普通人的生活，1965 年在特拉维夫出版；作为预备役军人参加了"六日战争"及"赎罪日战争"；1969—1970 年在牛津大学圣十字学院做访问学者。

[3] 最近在《泰晤士报》刊出的标题有"阿拉伯村庄在报复中被炸飞""以色列反对叛乱的无休止战争"，作者皆为帕特里克·布洛根，分别刊于 1969 年 10 月 27 日第 1d 版和 11 月 18 日第 8a 版。

[4] 爱德华·克里斯蒂安·霍奇金（1913—2006），《泰晤士报》的国际编辑，《阿拉伯人》（伦敦，1966）一书的作者；从约旦河西岸访问回来后，霍奇金发了一篇特别报道，没有特别提及纳粹，把约旦河西岸和 1969 年加沙的气氛同"1942 年初被占领的法国"的气氛做了比较。他还坚称，"以色列人至少和占领捷克斯

经三十年了，是个非常正直体面的人，但他是穆萨·阿拉
403 米[1]和其他出身高贵的巴勒斯坦阿拉伯人的好友，他对他在约旦河西岸的阿拉伯老朋友所表现出的消沉和愤慨情绪感到震惊，不加审核地报道了他们告诉他的关于以色列人的种种罪行，我想。我不认为你看到了讨论中的那篇文章，它只是夹在《泰晤士报》中的折页——我写信给他说我不和他讨论真相，因为我没有第一手的证据，但是，他把来自以色列的占有者同占领法国的纳粹和占领捷克斯洛伐克的俄国人做比较时流露出的憎恶语气，我觉得并非得体；把此种毫无疑问正发生在约旦河西岸的粗暴行为与以下情况相比会更加可行：比如，英国人在 20 世纪 30 年代炮轰以色列村庄，或 1912 年巴尔干地区相互间的暴行，等等。[2] 他承认说他很难过，我想是的，因为，说来稀奇，尽管我持那样的观点，但我们成了真正的老朋友。当然，我们这儿的“高质量”报

洛伐克的俄国人一样，决心粉碎所有反对力量”（“关于以色列占领区镇压情况的严峻报道”，1969 年 10 月 28 日第 11e 版）。

[1] 穆萨·阿拉米（1897—1984），毕业于剑桥的巴勒斯坦民族主义者、慈善家，建立并竭力维持一个位于约旦河谷、由阿拉伯发展协会保护的巴勒斯坦孤儿难民营；由于阿拉伯—以色列战争，他的努力举步维艰，但得到了美国和欧洲人的支持。

[2] 在得到授权托管美索不达米亚期间，主要是在 1922—1925 年（不是伯林说的 20 世纪 30 年代），英国人在镇压当地叛乱时动用了空军，这是三军中最划算的选择；空中警戒使得英国不用占领就控制了该地区，但也导致缺乏经验的英国皇家空军误炸了民用目标。《泰晤士报》回顾了 1912—1913 年的两次巴尔干战争：“说到暴行，任何一名士兵都不可能完全清白。”（《泰晤士报》1913 年 12 月 9 日第 7d 版）

纸，即《星期日泰晤士报》和《泰晤士报》，发动了反对以色列的战役，这可是新鲜事。阿拉伯产油国正在花大量的金钱做广告和宣传。这些是新近发生的事，很让人烦。犹太人的反应，我怀疑，不像纽约那样，他们私下里很愤怒，但在公众场合强忍住了。毫无疑问，英国政府，因为经济原因，变得亲阿拉伯了：公正和道德情感在这儿不起作用。这是一种小型的现实政治。

我本该就你的那篇文章（莫顿准备刊出的那篇）几个月前就写信给你。我怀着无比的喜爱和敬意拜读了，你知道的。我本人并不相信，两个民族共同管理的理想今天起会变得切实可行［……］。我不相信自1918年以来，曾经出现过某个瞬间，犹太人和阿拉伯人之间可能促成真正的共生关系；我并不是想为犹太复国主义者开脱，他们被指控没有明确的阿拉伯政策——他们显然应该为此受到指责——但我认为，可以这样说，双方缺乏足够的共同历史文化基础，以建立某种可以永恒的东西；就连在塞浦路斯的土耳其人和希腊人在历史上都有更多相似之处。边境问题又是另一个问题了。关于1936年的分割问题，我的看法同你的大相径庭：我想如果当时分割成功——这本来是可以做到的[1]——目前

[1] 1937年7月调查巴勒斯坦问题的英国皇家调查委员会（“皮尔委员会”）第一次提出了分治建议，从雅法到耶路撒冷划出一块永久的飞地，由英国管辖；大部分阿拉伯人拒绝了该计划，但犹太人意见不一。

404 的局面就可以避免，邻国不论如何不情愿，也会接受以色列国作为中东一个永久的组成部分；到现在也许会有关于普遍合作的想法或构想，当然，我同意，这是最后的唯一的希望。

我并不认为已经发生的一切对阿拉伯人来说存在极大不公。当然，我完全同意有不公之处；然而不那么做——让犹太人自己干着急——我克制自己不提那个众所周知的双关语——至少一样糟糕。我想魏茨曼说过：我们所能争取做到的，就是找到一个解决办法，把不公正降至最低——我认为那是当价值观出现冲突的情况下通用的衡量标准；如果坚持权利，就找不到解决办法，因为这些权利是相互冲突的，不论哪一方完胜，都是以压迫另一方为代价。

当然，我不认为，就我们所受的教育，且考虑到两千年来我们的境况，可以把阿拉伯人赶出家园，即便是赶出五十或一百英里之外，或把他们当作安全隐患，或鄙视他们，或把他们视同不存在，或把与他们通婚看作可耻行为，等等，尽管这么做可以理解，但我不认为这么做公正得体，不，那样既有失公正，也谈不上得体。问题是我们能否完全消除不公，即使可以结束犹太人无家可归的最小化的不公也要争取。我觉得在这方面你严重低估了沙格瑞说的[1]犹太文艺复

[1] 沙格瑞详细描写了关于意大利—犹太团体在“政治、经济、文化上的特征”，参见丹·V. 沙格瑞，“意大利犹太人的解放”一文，出自《解放之路：犹太人、国家、公民》（普林斯顿，1995），编者为皮埃尔·伯恩鲍姆和艾拉·卡茨尼尔森，第 208 页。

兴的真正源头。我认为它不仅仅是这样一个渴望：想要更为广阔的生存空间，这样东欧犹太人可以比维也纳或某波兰村庄的人更自由地发挥他们的潜能。还有一种真正的国家情感在里面，那就是，渴望不再过那种无疑让民族同化主义者感到有愧的虚假生活，且强烈渴望归属某个和平民主机构。这些先驱的主要观点，不是说新犹太社会要比其他社会更公正、更进步（我想你是这么想的），而是认为它属于他们自己，跟在海外犹太人聚居区相比，在这里他们可以更少操心自己在别人眼中的形象。当然，他们中的大多数相信社会公平会普及，跟西方那些堕落的国家比，社会公平会得到更完美的实现——所有能体现（我们所尊敬的）价值观的运动都始于他们想实现的最理想化的——虽说不是乌托邦式的——理念。然而，他们之所以理直气壮，不在于这些宏大的计划，而是因为他们希望纠正一个无法容忍的冤屈，给一个流血的伤口止血，这个伤口毁了许多人的生活。事实是，在这种情况下，这样做一定要付出代价——这个代价部分地要由阿拉伯人来承受——这对那些生性特别敏感的人来说是种 405
威慑，他们有这样的感受也值得尊敬；不过，问题在于某事是否可行，是否某些不公正行为无法避免，每当价值观出现冲突，这种状况的发生便在所难免。这样做可以保证（犹太人）得到更多福祉、更多公正、更多自由，保证堕落的人得到提升，病人得到医治——但代价是阿拉伯人必定要遭受某些冤屈（也许他们本不该遭受那么大的冤屈，但不管怎样都可能要遭受重大冤屈）。问题是，同样这些人，如果让他们在东欧堕落，或把他们流放到比如说拉美甚至美国，至少是短期或中期，在这些地方他们不得不面对困苦、敌意、迫害，那样痛苦和冤屈是不是会多得多；要是长期如此，恐怕我们会像凯恩斯曾说的那样，全部死去。

因此，我把这整个事件不仅仅看成一个既成事实，我们可以以此为基础，不去质问它的公正性，而将其视为我们力所能及、害处最小的举动，将不公的成分最小化，小于巴基斯坦的大屠杀，小于发生在比夫拉或苏丹的暴行（不可思议的大屠杀正在那儿发生，没人提及此事）。毕竟，现实情况是，犹太人最多看不起并厌烦在其国家里本土阿拉伯人出现在他们眼前，且错误地否认巴勒斯坦阿拉伯民族主义的存在（有点儿像祖父母那代人对农民[1]的态度），而阿拉伯人却真的希望将他们赶尽杀绝，这也许不奇怪，却是一种性质不同的情感。犹太人正面临最终灭绝的危险，不是在今天，就是在后天。如果他们担心，他们会有这种担忧的，苏联会在某个局部的冲突中，在没有任何干涉的情况下（而且不使用原子弹），把他们消灭；除非给他们某种安全保证，不论它如何不切实际，否则他们不会愿意放弃他们已有的任何利益。他们应该受到严厉指责吗？可是没人愿意给他们这种保证；即便那样做了也不是出于什么高尚的动机，而是出于担心税

[1] 伯林此处原文为：muzhiks。

收遭受损失，或者就俄罗斯来说，是担心失去反资本主义活动的基地——如果你对此进行最亲俄罗斯式的解读的话。

我们继续聊吧；我会把鲍勃介绍给奥兹及其他两个和他持相同观点的牛津大学以色列哲学家——其中一个是以色列学生组成的某革命组织的成员，该组织当然不赞成双边民族主义，是反斯大林主义—反勃列日涅夫主义的，而且其实质是值得尊敬的爱国主义，不是民族主义。我想就是这种爱国主义者才能做到相信以色列甚至“客观上”站在了某帝国主义先锋队的最前面；他们也不接受现在或以后同阿拉伯人成立一个联合国家的可能性。我认为，目前真正相信此种观点 406
的只是一小部分来自“玛至朋”组织[1]的人，奥兹和他的朋友们说该组织总共只有二十五人，（他们说）这些人是狂热的毛泽东主义者。

我想《国土报》肯定已经对你进行了非常恶劣的诽谤。我不会过于担心此事，但如果可能的话，我当然会找他们算账；然而，我确信真正激怒你的是美国犹太复国主义者。不过，你不应该把气出在以色列人身上。《国土报》把气出在你身上是大错特错了，英国《新左派评论》的作者们大肆攻

[1] 以色列社会主义组织，人们通常以它办的以希伯来文命名的月刊《玛至朋》（指南针）称呼它。1962 年以色列共产党的前成员建立了该组织，提倡以色列去犹太复国化，变成一个在统一的中东范围内的完整的社会主义国家。虽然人数不多，玛至朋在“六日战争”后发展壮大了，它反对持续占领被征服地区，得到犹太及阿拉伯左翼组织的支持。

击以色列同样令人震惊。这些人盲目支持阿拉伯恐怖主义者身上最血腥的元素，他们的分析是：阿拉伯人遭受了冤屈，因此自然而然会出现一种不管怎么说都呈病态的阿拉伯恐怖主义。当然，成了占领者和压迫者，肯定会让以色列人往腐化堕落方向发展，然而，奇怪得很，他们，或者至少他们中的许多人，是知道这一点的；他们不像苏联人民委员或希腊校官集团那样以玩世不恭的、荒谬的方式说话或思考。我相信他们想摆脱这种状况，愿意接受大国们提供的任何体面的提议。我不认为苏联已经准备好了，因为他们会失去太多的阿拉伯附属国，失去许多反对美国的机会。我真的相信，在某个全球一揽子交易中，以色列人会被粗暴对待，然后他们会绝望，表现得像大力士参孙，我不敢想下去。

我对巴尔—希勒尔的状况感到非常难过[1]。我希望我回来后可以跟你多讲一些。他是个令人尊敬的体面人，死心眼，顽固又令人感动，一个标准的耶克[2]，一个内心纯洁、愤愤不平的理性主义者：我非常喜欢他。我希望，我

[1] 约书亚·巴尔—希勒尔（1915—1975），原名奥斯卡·威斯特里切，生于奥地利的以色列逻辑学家、哲学家和语言学家，受到鲁道夫·卡尔纳普的影响，后来受诺姆·乔姆斯基的影响；在1948年独立战争期间同犹太国家防卫队哈加纳（见原文第199页注4）一同战斗。结束美国求学后，1961年起待在耶路撒冷，是耶路撒冷希伯来大学的逻辑学及哲学教授；他此时正遭受健康不佳的困扰，这可以解释伯林所表示信中的关切。

[2] 意第绪语 Yekke 是对移居到以色列的德国犹太人的贬义称呼，意指他们非常死板、讲规矩、守礼节。

会在3月底4月初到纽约。我们一定要见个面，继续聊此话题。

你永远的

以赛亚 407

致阿纳尔多·莫米利亚诺

1970年1月9日

海丁顿宅

亲爱的阿纳尔多：

[……] 我不知道鲍勃·西尔弗斯对以色列的看法：总理[1]在场的三个半小时的茶会显然没能给他留下深刻印象，我们也参加了茶会，总理费尽力气站起来，像一位毫不妥协的老妇人，拒绝了所有建议，在任何一件事上都寸步不让，双眼闪烁，显示出临战的强悍，像埃利斯岛上的移民老妇——一位来自那不勒斯的母亲，被家中成员团团围住，满心狐疑地看着一切、看着每个人，知道每个人都对她各有所求，形形色色，但她却不急于满足他们。你可能会比鲍勃更喜欢这个场面。他后来告诉我说，他不断对自己说“我不能

[1] 戈尔达·梅厄（1898—1978），婚前叫戈尔迪·梅博维西，乌克兰人；她的父母在1907年移居到美国，她在1921年（和丈夫一起）从美国移民到巴勒斯坦；20世纪30年代任马帕伊党及犹太人事务局的领袖人物；1956—1966年任以色列外交部长；1969—1974年任总理；1974年因人们批评以色列对“赎罪日战争”毫无准备而辞职。

让以赛亚失望”——他没让我失望。他非常通情达理，但没取得任何进展。他见到了许多强硬派和温和派，阿拉伯人和犹太人，听到了合并的谣言，但我想，跟来时比，离开时他心中充满了更多的同情，当然也了解到很多情况，但一切还不得而知。我愿他们一切都非常好，但帮助甚至支持他们都不容易做到。我不知道琼［·弗拉德］对这一切会怎么想，她5月份去那儿，我想。他们那种彻底孤独的感觉和“我们必须单独行动”[1]的绝望感有其独特效果——然而也有几个弗兰克[2]在那儿。

你的

以赛亚

致加勒特·德罗希达

1970年1月13日

沃尔夫森学院

亲爱的加勒特：

谢谢你12月26日的来信，我回到家后才看到，由于讨厌的关节炎，又上了年纪，我无法走路，去热那亚和希思罗机场都不得不坐着轮椅。［……］

[1] 伯林此处原文为：Faremo da se。

[2] 也许是指威廉·弗兰克（1917—2008），出庭律师，1958—1977年任《犹太纪事报》的编辑而极具影响力，该报是世界上最古老的犹太周报。此处意思不够清楚：也许那个弗兰克对成立英国—犹太协会的看法，对那些关于以色列的观点颇有微词，因为伯林说过在以色列也有不信奉国教者。

现在谈谈你很看重的那个剧本：你说的大都正确合理，但也有很不合理、乱发脾气之处。首先，关于《奥涅金》。想让它成为保留剧目显然是正确的。而且，我承认，指挥一个作品有不止一种方法（看下面关于《佩利亚斯》的评论）——因此佐尔蒂的风格，不论我如何担心（由于我的成长经历，我会把它看成感伤抒情、魅力四射的作品，描写的是19世纪的乡村房舍，它们位于落后但迷人的国家，比如俄国和爱尔兰，远离让人神经衰弱的欧洲中部），也许是可接受的。然而，不管我的反应如何，也许他将以他自己那无疑极富感染力的风格，导演一场精彩绝伦的演出。我不仅希望有人证明我错了（像你做的那样），还真心期盼这种事情发生，并且为我的担忧没能成为现实而鼓掌欢呼［……］。[1] 408

现在谈谈你那极不公平的指控，我是说关于《佩利亚斯》。[2] 我并不是要以牙还牙。当然，它是人们在20世纪能听到的最精彩的歌剧之一。我不会因那些杰出的评论家说的话而动摇，海沃思[3]（我觉得他性情乖张、令人讨厌），德斯

[1] 柯芬园1971年2月上演了柴可夫斯基的《叶甫盖尼·奥涅金》，由佐尔蒂任指挥，这是他最后一季任皇家歌剧院音乐总监，《泰晤士报》的音乐评论员威廉·曼对此剧赞美有加。（"一部让人上瘾的歌剧"，1971年2月15日第10c版）

[2] 德彪西的新歌剧《佩利亚斯与梅丽桑德》，由皮埃尔·布莱兹任指挥，1969年12月1日在柯芬园上演：之前的二十多年它都不在常备剧目里。

[3] 彼得·劳伦斯·弗雷德里克·海沃思（1921—1991），1955—1987年任《观察家报》的首席音乐评论家；非常喜欢德国传统音乐，撰写了一部关于奥托·克伦佩勒的重要传记。

蒙德［·肖—泰勒］（我非常尊敬他），马丁·库珀等实际上说的是，“演出太精彩了，但是……”；然后接着说，“在这种清晰、坚定、过于明晰的表演中，那种神秘、凯尔特的曙光、无法言说的渴望都到哪去了？”我认为，关于作品他们有自己独特的观念，他们只不过是那些观念的受害者，那些观念没有与众不同之处。关于托斯卡尼尼指挥的瓦格纳的作品，我们可以说同样的话——在其他指挥家表现庸俗的地方他的表演朴实无华，瓦格纳迷们极其喜爱的汤变成了特别清晰可辨的意大利面条，一团一团摆在面前。我喜欢这样的音乐——它听起来几乎像贝多芬了——但真正的瓦格纳狂感觉不爽。我个人认为德彪西应该会高兴的。［……］

你问我觉得柯芬园怎样才算“令人满意”！你完全清楚，像我们这种委员会，其任务就是激励我们的事业蒸蒸日上。毫无疑问，该赞扬时赞扬是正确的，拒绝赞美显得不够大度，甚至居心不良：但是，自鸣得意的危险远远大过过度的自我批评——尽管让评论家去赞扬，让公众蜂拥而至，让艺术家表达喜悦，让柯芬园的朋友们去表现他们的热情与忠
409 诚，但理事会和委员会如果看到了应该唠叨挑剔的地方，则必须继续唠叨不休、百般挑剔，不应为此指责他们的批评是吹毛求疵、毁灭一切。［……］柯芬园令人满意的方面有：

（1）真正有失水准的演出目前几乎已经匿迹。

（2）我们有时达到的高度，其他剧院基本上未能超越。当然，最好的首推原创剧《唐·卡洛斯》，之后是这些精

品：由萨瑟兰主演的原创剧《露琪亚》《卡夫和帕格》《没有影子的女人》，还有精彩的《指环》，我曾有一两次坐在那儿观看了整场演出，即便谈不上快乐之至，也是钦佩之至；卡拉斯主演的《托斯卡》无可匹敌，精彩绝伦的《游吟诗人》《奥泰罗》《帕西法尔》《费德里奥》《格赖姆斯》也都不错；美轮美奂的《沃采克》；还有非常不错的《比利·巴德》，以及引起轰动的《摩西和亚伦》，就像《唐·卡洛斯》，它成了极具影响力的世界性事件，每个人都对它了如指掌。如果泽菲雷里不擅长莫扎特（佐尔蒂也不擅长，尽管《女人心》相当不错），假如某些现代作品有点儿冗长，这是我们必须付出的代价。剧院要生存，必须有肖斯塔科维奇、蒂皮特、普伦克，虽然我认为《西班牙时间》（集中了佐尔蒂和彼得·乌斯季诺夫的最糟糕的缺点）庸俗到了极点——在我看来，它比臭名昭著的《命运的力量》还要低级庸俗。[1]我们绝没有什么好羞愧的；事实上，度过了那些艰难的、观众稀少、遭受正当攻击、早期过于强调爱国的日子后，柯芬园已经声誉鹊起了。我觉得我们现在比以往更加充满生机和活力，我想部分原因是因为我们的成功。理事会里都是可

[1] 皇家歌剧院 1962 年 9 月上演了威尔第的《命运的力量》，大量外来的歌唱家在其中演唱，使得票价高涨，但观众反应不好，谢幕时“人们一齐向女高音卡沃利·弗洛里安娜发嘘声，喝倒彩”，见哈罗德·罗森塔尔的《剧院礼仪》（信件），《泰晤士报》1962 年 10 月 2 日第 13d 版；参见 P. H. 弗兰克的回复，10 月 4 日第 9f 版。

爱的、有天赋的人们，所有人都互相喜欢，且喜欢所有的职员、剧院本身和管理层，我们都心情愉快，一切进展顺利，除了有时听到一两句责骂声——可以说，沃尔特·莱格对我们功德无量——责骂对我们只有好处。主要的错误是管理层（我是指戴维）没充分准备好进行自我批评，或接受理事会不满时提出的批评，毫无疑问，这些批评有时不着边际，但有时还是一针见血的。戴维会对此感到生气。但我们应该成为第一个指出缺点的人——英国传统中最好的部分认为，骚扰一群经历了艰辛考验、非常值得尊敬、竭尽全力的劳动者是卑鄙或不公正的，但这对艺术不利。[……] 应该鼓励、启发人们进行批评；可以被意见不同者打败，但不受他们约束：我有这样的感觉，一些最为正直、有最多话要说的人，有时因心肠太好而没说出他们心底里的不同意见。私下里说的更有价值；在某种程度上这是不可避免的、自然的，但应该在会议上强迫大家多说。你的脾性，恕我带着最大的敬意说说，是有时对批评不太耐烦，因为你有一种对整件事
410 情负责的强烈的个人责任感；我的一个弱点是品位单一，对人的美丽嗓音过度喜欢，而不管演技、舞台布景、歌唱家的性格、人类的弱点、金钱等。我们可以以这种方式要求整个董事会；但是，总的来说，应该鼓励他们像牛虻一样搅得人不得安宁，而不要像蒲扇那样只会给人送风。只要评论家们基本满意，公众没抛弃我们，我们就可以心满意足了。承办商和业余评论家之间的关系很难协调；但我认为有时应该更

严厉一些。尽管我毫不害臊地承认我很喜欢加那利舞，但我有一个感觉，我们的新管理层有点儿过于鄙视它；在某种艺术形式中寻求“意义”，而该艺术形式又经不起此种检验，这让我有点儿焦虑。但是，我们都是老年人，因此，也许彼得·霍尔和科林·戴维斯是对的。当然，我坚信他们应该有充分的自由，我们不应反复跟他们提要求。[……]

（3）好的方面是，这是我们的一大优势，我们应该指出这个事实，没什么人要阴谋，艺术家们不必经历［拉·］斯卡拉歌剧院，抑或纽约大都会歌剧院的恐怖事件，据我所知，这儿的总体气氛良好、友善，绝对没问题。指挥家、歌唱家，甚至卡拉斯都热爱柯芬园。

（4）还有一个好的方面是，经我们培训的英国公司和歌唱家出类拔萃，大大超过了甚至是十五年前的“现实主义者”的预期。[……]

（5）不好的方面是，我们应该指出这个事实，我们在寻找歌唱家方面热情不够。琼·英彭[1]已经尽力了，尽了她最大的努力了，但是，戴维不愿意建立与国外的联系（我怀疑，主要是语言不通）；乔治有种自然倾向，只从一些人那里寻求建议，而忽视其他人的意见，等等。这些造成了这样

[1] 琼·玛丽·艾琳·英彭（1916—2007），婚前姓威廉斯，音乐家的代理人和歌剧负责人；1962—1971 年任皇家歌剧院佐尔蒂的歌剧规划总监；被认为开创了帕瓦罗蒂的职业生涯，因为他在 1963 年聘请帕瓦罗蒂在《波希米亚人》中演出，替换生病的朱塞佩·迪·斯苔芳诺。

的事实：我们没有尽早在意大利、秘鲁或瑞典找到出色的年轻歌唱家新秀——在这方面，我认为格莱德堡歌剧院有时会好得多，我不知道他们是怎样做到的，但确实如此。[……]

（6）真正的要点是，柯芬园已经绝对成了伦敦，甚至是英国文化的重要部分，它至少和国家剧院一样重要，我认为它还要更重要，因此它非常独特；战前的情况并非如此。它和 BBC 一样，成了英国固有的民族传统的一部分，若不是你管理有方，这是不可能的——你清楚这点，无需我告知，然而我无比高兴这么做。瞧，你得到我的答复了。祝你事业欣欣向荣。

你永远的

411 以赛亚

致戈逊·肖肯 [1]

1970 年 1 月 21 日

沃尔夫森学院

亲爱的肖肯先生：

谢谢您 1 月 6 日的来信，读来十分有趣。如果我让您觉得海涅是个民族同化主义者，那么我严重误导了您。我知道海涅对“犹太文化复兴”感兴趣，他并不赞成淡化犹太教，

[1] 戈逊·古斯塔夫·肖肯（1912—1990），生于德国的以色列记者、作家和政治家；1933 年移居巴勒斯坦；1939—1990 年任《国土报》的编辑（1937 年起他父亲成了该报纸的老板）；1955—1959 年成为以色列议会的进步党党员。

使得它变成模糊的种族事件，那样会让犹太教像里塞尔[1]倡导的那样跟开明的新教关系更近，并使人们对“信仰犹太教的德国公民”充满鄙视。这一切我了然于心。另一方面，我确实认为，尽管他时常提及犹太人，偶尔讥笑基督教，议论财富，就受洗写专题论文，写忧伤的诗歌，说永远不会有人为他诵祈祷文[2]，还担心德国民族主义，尽管如此，可以看出他十分纠结。他没有提出任何针对犹太人的策略：不希望忽视他们，或像他的朋友马克思那样在某种意义上“清算”他们，也不希望像迪斯雷利[3]那样简单地用基督教代表自己履行了犹太教义。今天，我们的新主教休·蒙蒂菲奥里[4]，尽管他身为圣公会主教，却不断重申自己是犹太人，他从未放弃犹太信仰，只是通过信仰基督教履行犹太教义。他在一

[1] 加布里埃尔·里塞尔（1806—1863），德国政治家和律师，德国犹太解放运动的先驱。他提出，德国的犹太人不是一个民族，而是一个宗教教派，因此，应该像对待德国的新教教徒、天主教教徒一样平等对待他们。

[2]“哀悼死者的祈祷文”，在犹太人死后的头十一个月每天都朗诵，通常由死者的儿子完成。

[3] 本杰明·迪斯雷利（1804—1881），1876 年受封比肯斯菲尔德伯爵一世，保守党政治家，1868 年及 1874—1880 年任首相。迪斯雷利的父亲艾萨克·迪斯雷利（1766—1848），在遵从犹太教规中长大，但他让自己的五个孩子受洗为英国国教徒，部分原因是为了有更多的社交优势；然而，对已经是成人的迪斯雷利来说，正如奥布里·圣·里斯在他的一篇小说中写的那样，基督教堂是“完整履行犹太教义的地方”，引自《西比尔，或那两个国家》（伦敦，1845），第 256 页。

[4] 休·威廉·蒙蒂菲奥里（1920—2005），西班牙裔犹太人的儿子，青少年时期改信基督教；1970—1978 年任泰晤士河畔金士顿区副主教，1978—1987 年任伯明翰主教。参见伯林的文章“本杰明·迪斯雷利、卡尔·马克思与同一性的追求”，《英国犹太史研究会会刊 22》（1968—1969）（伦敦，1970）；收入《反潮流》。

些作品里大肆奚落犹太人，而在另一些作品中大肆哀叹犹太人受到迫害，这是他的特色——“狗有狗的想法”[1]这句话，跟《巴哈拉赫的拉比》[2]一样，都是海涅的特色。我的意思是，这整件事让他饱受折磨，因为致力于写德国人这个话题，因为他被他们迷住的同时又遭到他们的排斥，因为在他
412 的一生中，从某种意义上说，他写的无非是德国的中世纪、德国民族主义的恐怖事件、德国乡村的美丽，以及作为一名德国人的感受，他对最后这点感到难为情、痛苦，因此，他爆粗嘲笑德国人以及犹太人，但从不嘲笑法国人或异教徒世界，在他的一生中还曾有一个时期热烈赞美他们。我想我不同意说他对自己的犹太血统感到骄傲。是犹太人这件事对他影响至深，让他痛苦，虽没让他一生卑躬屈膝，但我认为他一定程度上有那种犹太种族的自我憎恨心理，可以说，他把它发泄出来了，发泄到了犹太人和他们的迫害者身上。总之，他难以接受自己的矛盾立场。我不认为在今天他会成为一个犹太复国主义者——也许在短时间内会是，但在那之后，像凯斯特勒或阿伦特小姐或他的那些不肖子孙（不论是作为人还是作家，我不会把他和他们做比较），他应该会回归某种“后犹太复国主义者”的普世主义，或不管怎样回归

[1] 伯林此处原文为：“Hund mit hündischen Gedanken”，此为海涅的诗歌《安息日公主》第五小节中的第一句，收入诗歌集《罗曼采罗》(1851)，第 206 页。
[2] 海涅未完成的历史小说《巴哈拉赫的拉比》于 1840 年出版。

某种观点，以表达他对纽约或特拉维夫的资产阶级犹太复国主义者的憎恨和鄙视。[……] 我觉得他是个受害者；比马克思敏感和诚实许多，他从未能像赫斯[1]那样疗愈自己，而是一直在伤害自己和别人，得了重度神经官能症，其直接原因是，他无法在这个世界找到自己的位置——从这些词的完整意义上讲，他既不是德国人也不是非德国人，既不是犹太人也不是非犹太人——重度神经官能症成就了宏伟华丽的诗篇和散文，但也出现了很多“滑稽之处”[2]——各种怪相，拙劣的插科打诨——至今还让人觉得尴尬。[……]

您真诚的

[以赛亚·伯林]

致罗伯特·西尔弗斯

1970 年 2 月 2 日 [副本]

[沃尔夫森学院]

亲爱的鲍勃：

瓦德汉姆学院的痛苦尚未结束。[3]《新政治家》杂志今

[1] 摩西·赫斯（1812—1875），生于德国的犹太作家和社会主义者。赫斯早年曾提倡让主流文化同化犹太人，但后来提倡在巴勒斯坦成立犹太国，他被认为是早期的共产党犹太复国主义者；从这个意义上讲，在伯林的眼里，他做到了“疗愈自己”。

[2] 伯林此处原文为：espièglerie。

[3] 瓦德汉姆学院正处于困难中，需要任命一位新院长接替将于 8 月退休的莫里斯·鲍拉。斯图尔特·汉普希尔是这一职位的竞争者，但该学院长期以来的传统

413 天本应谈及此事：弗雷迪的退选如何让学院陷入一片混乱中，虽然汉普希尔教授已在后方等候，但也于事无补。[1] 我有一种可怕的预感，最终，左翼会投票反对斯图尔特，就此决定他的命运。对他们而言，他是布卢姆斯伯里文化圈的一名知识分子，衣着过于讲究、过于时髦，总而言之过于高雅——那些右翼和老派人，二者意思差不多，认定他会厌烦行政管理的细微烦琐，而这实际上远远偏离了事实。我希望上帝能保佑他得到这个职位。我每时每刻为此祈祷，但还是觉得悲观。他已经比弗雷迪做得更好了——我不知道这种悲观的思考是否给他带来些许快乐，估计远远不够。

我已经读完了巴尔—希勒尔，这是一篇感人的文章，令人哀伤。我完全理解他的感情，然而他的积极建议同诺姆的一样，与任何可能的现实都没有关联。比如：他想限制移民，为了不要吓到阿拉伯人。为什么呢？每个人都知道，在正常情况下，移民以目前这种非常缓慢的速度在进行；但如果在南非和阿根廷有大屠杀发生——更不用说俄国了——

是从自己的教师中选出一人，A. J. "弗雷迪"·艾耶尔，自 1957 年以来就是学院的荣誉研究员，人们都认定他会接替鲍拉。伯林对汉普希尔的机会过于悲观，也许因为他太希望他成功了。

[1] 在《新政治家》杂志的"伦敦日记"栏目中（1970 年 1 月 30 日，143 页），安东尼·霍华德说瓦德汉姆学院选院长的过程"似乎没完没了"；"最被看好的候选人" A. J. 艾耶尔的退选，使得这一战场"乌云密布、一片混乱，据说斯图尔特·汉普希尔教授（现在是普林斯顿大学教授）虽然是外来的新候选人，还是引起了大家关注"。

那么，当然，这些人就会像现在的法国犹太人那样渴望移民——想移民的不是那些古老的家族，是那些在20世纪30年代和20世纪50年代渗透进来的。要阻止他们吗？如果要设立边界，这应该足够了。没有一个头脑清醒的人会认为一千一百万犹太人能够移民：如果犹太复国主义者认为每个犹太人都有责任前往以色列，那么，这种观点当然是愚蠢的——即便我也会予以谴责，我在艾萨克·斯特恩的纽约基金会等不同机构，在西德尼·摩根贝瑟以及极端狂热的复国主义者面前表示了谴责，没遭到反对。[……] 我不相信会有宣传者摆出救世主的派头，唾沫四溅地说要把所有犹太人聚集起来成立一个强大的国家，覆盖约旦、叙利亚、埃及等，从幼发拉底河到尼罗河。我认为他正手持长矛刺向一辆巨大的风车，可怜的人，但如果他假想出这样一幅景象，我不怀疑他会冲上去厮杀。某种意义上说，他的以下说法是完全正确的：犹太复国主义组织及其开展的运动已经达到了它的目的，应该宣布它已完成了使命，没有用处了——所有这一切留给后人的独特遗产是乐于助人的自然情感和渴望，就像20世纪20年代美国对其国内的爱尔兰人那样，甚至更甚 [……]。

另一方面，只要涉及被逐的阿拉伯当地人，他就坚持原则到无理的地步了。做一个少数民族不是件愉快的事。当然，原本不应该这样，每个人都应该善待别人，不应该让少数民族被迫去争取权利，而应该自由慷慨地赋予他们权利， 414

但我们知道不论在哪里，少数民族在一定程度上都是受委屈的一方。因此，不论以何种方式增加在以色列的阿拉伯人，我认为都是给双方带来痛苦。当然，两族共同管理的理想是极好的，但是，我们知道，这至少也要半个世纪后，等伤口愈合了，才可能实现。难民会受苦，但是以色列有权（甚至是渴望）成为一个独立存在的团体，要做出权衡。因此，制定的任何政策——允许每个生于现在是以色列国土的人回来；或者不允许他们回来；或者所有犹太人都有权利回来，不管人数多少；或者只有其母亲经过了宗教测试的那些人才能回来；或用其他任何一种归纳法——我认为都有可能不考虑实际具体的需要和情况，造成不必要的痛苦。[……] 老一代的领导人——也就是那个你满不在乎的夫人[1]——会认为犹太人处在不可安抚的、不愿为他们做任何事的敌人的重重包围之中，他们怀疑每个人，想要他们在每个国家的亲属都拥护且参与此事，致力于一项且仅此一项任务：逐步建立以色列国，反对其他一切主张、信念、理想——反对那些上了年纪的末世论先驱，因为他们同昔日的马克思主义者、托洛茨基主义者、毛泽东主义者等相似。一切都会过去的，那些有时可能不那么讨人喜欢，但在政治上道德上更为理性的、出生在以色列的犹太人[2]，以及其他没有被激怒的、来

[1] 指戈尔达·梅厄。
[2] 伯林此处原文为：sabras，希伯来语，指出生在以色列的犹太人。

自一样遥远的贝京和多伊彻（他们在某些方面彼此非常相似；在非常相似的环境中长大且有着非常相似的理想）的犹太人，只要允许他们存活，就同阿拉伯人达成妥协。巴尔—希勒尔呼吁各个大国强制执行解决方案，这又属于德国式行为了。他当然是个非常体面、正直的人，但把任何一种直线式的方案强加在一个紊乱的生长物上，无异于可怕的活体解剖。

同时，我为斯图尔特感到难过：许多不必要的伤害——好像必须达到一定数量一样——最近都降临到了他身上，有的还来自他自己的国家。也许，做一个世界公民就是要有所担当。

你永远的

[以赛亚]

致斯蒂芬·斯彭德

1970 年 2 月 5 日

沃尔夫森学院

最亲爱的斯蒂芬：

今天是个大好日子。首先，斯图尔特当选瓦德汉姆学院 415
院长已确认无疑。我刚给鲍勃·西尔弗斯写了一封无比悲观的信，说想到他不可能当选让我很难过，说斯图尔特在自己的国家受到了不应有的待遇，谈到他没得到的所有那些职位、真让人难过，等等。但这件事跟过去所发生的一切相比，真是好极了，我想，它将会给我、艾琳、你和其他人的生活带来很大的变化。这实在是一条极好的消息。所有年轻人都把票投给他，所有老一辈都反对他。学院同事反应不一，有的热情赞美他，有的则气急败坏。[1] 你可以想象，莫里斯正极力利用这一点做文章，表现得十分滑稽。我相信斯图尔特将轻松归来，再不会长时间地离开此岛，那样才是对的。我喜欢这个想法：老护墙板适合黑豹党人 [2] 藏身——院长住宅周围会常发生这类事。总是会发生各类退学，上流社会的茶会款待嬉皮士和居无定所的神秘中年女士，这些让瓦德汉姆学院研究员的太太们和沃尔夫森学院的毕业生们感到困惑。我们都会被管教，也许这是件很好的事。

今晚娜塔莎 [3] 和布莱兹 [4] 会来我们家共进晚餐，真是太好了。布莱兹随时都会到；我会穿上礼服陪他去做演讲，由一名研究生对他进行介绍，他将因不穿礼服而引人注目，

[1] 那时瓦德汉姆学院是牛津大学古老学院中最为激进、左倾的学院，汉普希尔明确支持招收女大学生，这一行为让他取得了决定性的支持，特别是那些较年轻的导师认为这通常是检验一个人是否持进步观点的标准。

[2] 激进的黑豹党成员，该党 1966 年成立于加利福尼亚，目的是为非裔美国人争取权利；黑豹党人的政治目的体现在 20 世纪 60 年代影响了美国校园的大范围的学生动乱中；汉普希尔还在普林斯顿大学时，积极参与这场反文化运动，帮助平息了有可能导致流血的冲突。

[3] 娜塔莎·斯彭德（1919—2010），婚前姓利特温，音乐会钢琴家，1941 年同斯蒂芬·斯彭德（他的第二任妻子）结婚。

[4] 皮埃尔·布莱兹（生于 1925 年），具有创新精神的法国作曲家和指挥，受勋伯格、斯特拉文斯基、梅西安影响；他担任过许多职务，如，1971—1975 年担任 BBC 交响乐团首席指挥，1971—1977 年担任纽约爱乐乐团首席指挥。

目的是展示某种新精神。我不想跟“新浪潮派”[1]有什么关联——我会讨厌不讲究形式的生活，虽然总体而言我讨厌各种形式。[……] 尽管我坚持穿礼服，我正不情愿地但坚定地倾向左翼，准备好欢迎康纳·克鲁斯·奥布赖恩。他将发表演讲，演讲主题是法农[2]和其他一些非洲人——更确切 416
地说他们是非洲激进派的宣传者——这会让斯帕洛、特雷弗—罗珀及其他老朋友陷入痛苦。自由主义向前冲！[3]

你的

以赛亚 [……]

致罗伯特·西尔弗斯

1970年3月19日［副本］

［沃尔夫森学院］

亲爱的鲍勃：

[……] 简而言之，我赞成划分严格的边界线，以色列不能超过此界线扩张，以缓和阿拉伯人的恐惧。但我不赞

[1] 伯林此处原文为：nouvelle vague，法国《快报》编辑弗朗索瓦丝·吉鲁创造的词汇，用以描绘20世纪50年代末期和20世纪60年代初期的新兴青年文化运动。

[2] 弗朗茨·法农（1925—1961），生于马提尼克的法国心理学家、活动家和作家，具有广泛影响的反殖民主义革命理论家；认为有必要在解放斗争中使用暴力而引起争论。

[3] 斯蒂芬·斯彭德1937年的反苏政治小册子的书名是《自由主义先锋》，由维克托·戈兰茨的左翼读书俱乐部出版。

成限制移民，因为这个国家的道德基础**不是**为难民提供庇护（若是这样，不能声称它是一个国家），而是关乎一个松散团体的奇怪生存，它神秘地保持了种种国家属性，存活了下来，但是它的生存方式是病态的，因没有领土作为基础而产生了可怕的斯坦纳—阿伦特狂想，[1] 只有给他们土地他们才可能正常发展，这似乎已经被实践证明。我最喜欢的赫斯把这比作埃及坟墓里发现的麦粒，三千年后进行重新种植，长势茂盛。从某种意义上说，发生这种事很烦人，然而它已经发生。因此，我们不能要求一个主权国家承诺限制移民；虽然事实上，如你所说，这样做没什么大碍。这涉及一点点的面子问题，这点面子不能丢，否则就是集体遭受侮辱。所有阿拉伯民族都非常清楚这点。国内沙文主义又是另一回事。我希望我认为它只有被围攻的分：即便这样，这种势头还是会增长，这是非常糟糕的。埃隆在《纽约书评》上说的话看起来再正确不过 [2]——但我不相信阿拉伯国家会允许他们逐

[1]（弗朗西斯）· 乔治 · 斯坦纳（生于 1929 年），生于巴黎的美国作家和学者；1961 年起为剑桥大学丘吉尔讲席研究员，1969 年起为特别研究员；1974—1994 年任日内瓦大学英语及比较文学教授。斯坦纳和阿伦特是伯林所讨厌的知识分子中的主要人物。“斯坦纳就是异化——如果曾有过‘没有根的国际主义者’［……］那就是他。”（致安娜 · 卡琳，1966 年 4 月 23 日）至于伯林引用的这个短语，它原先指苏联犹太人，参见《苏联的心灵》原文第 104 页注 1。

[2]“六日战争”结束后埃隆写了一篇评论文章，他说：“应该有个以色列国吗？［……］在过去的十年里，这种争论已经变得无关痛痒，当然也不切实际了，今天已经基本上不说了。移民以色列已经停止。尽管犹太复国主义有各种争论，二百五十万以色列人现在组成了一个国家：团结、聪明能干。对以色列人来说，

渐移民回来，虽然提供这样一个承诺无疑会是极好的历史记录。当然应该提供赔偿金，也已经提供了，但它的声音如此小，几乎没人听到——当你在那儿时我就对戈尔达说了这 417
些，她让埃班重申这点，但还是说得含混不清。[……] 你认为我夸大了他们的领导人，即阿拉伯国家的代表等给难民施加的压力？我不这样认为。虽然他们成了政治博弈中的棋子，但他们的情况还是很可怜，或者说可怖，以色列还是有责任为他们做点大事。以色列在道德上、政治上犯的大错是，“六日战争”结束后，没有提出某种极为宽宏大量的建议，借此宣称自己同意让一定数目的阿拉伯难民回来并愿意去筹集巨额数目的款项——大大超过以色列能够支付的数目——宣称［如果?］不把难民遣回“新月沃土”地带的空旷地区，以色列就会陷入真正的金融危机并影响到这个国家的生存。我毫不怀疑，这两个建议都会遭到阿拉伯人的公然蔑视，因为我想，到了这个时候，他们应该早已完全处于一种气急败坏且有点疯狂的状态中了——但是，还是应该提供这种帮助，并一再重申愿意提供帮助，也许，它会在某种形式上被接受。这样当然会从道德方面而不仅仅是政治方面缓和现在的局面：我相信，大量的阿拉伯人拥入以色列，结

这不是什么理论上的问题，而是个人以及团体的生存问题。对阿尔及利亚的法国犹太团体来说，他们除了这儿无处可去。”（《纽约书评》，1968 年 8 月 1 日，第 14—20 页，此段话出自第 14—15 页）

局只可能是最可怕的政治上的不融合，这还是从最轻的角度说。我看得很清楚，犹太人不能且不应该统治阿拉伯人，在我看来是最清楚不过的。即便完全由巴尔—希勒尔们和莱旺庭[1]们进行最自由、最理想的管理，我也不相信共生关系。从长远看，一切皆有可能，但在短期内人们会受苦并死去。因此，总体来说我坚持分开更好，不相信人工创建的多民族、多种族国家，不论他们在理论上如何正确。我准备一再重申此观点。当然，对于阿拉伯人在巴勒斯坦的问题，以色列人不闻不问，从一开始就采取了鸵鸟式的回避策略。也许他们会为自己辩护。当然，那些鼓吹建立一个两民族国家的人，那些体面的教授，[诺曼·] 本特威奇等，加上一两个在左翼基布兹的人，正在反对某件非常不公正且极其不幸的事情，可是这些人及这些人的立场既让人同情，又让人觉得清高——他们更像好心的老派无政府主义者，对警察和军队的存在挥着拳头，禁止任何人对他们施暴，然而，很明显地，事实上只需做某些激进的改革而已——那个分割计划，诺姆
418 认为它很邪恶，它实际上也是联合国 1948 年的决议[2]，该决

[1] 理查德·查尔斯（“迪克”）·莱旺庭（生于 1929 年），进化论生物学家和社会评论家，曾反对种族这个概念的正确性。

[2] 联合国安理会决议早在 1948 年就呼吁结束巴勒斯坦的暴力，实施 1947 年 11 月 29 日联合国大会 181（II）号决议（伯林这边指的肯定是这项决议）。这项决议提出了一个分割巴勒斯坦的计划：犹太人接受了该计划，但阿拉伯方面不接受，由于英国或联合国没能成功实施该计划，1948 年 5 月 14 日午夜英国对巴勒斯坦的托管结束后，该地区进入战争状态。

议引起了流血，是英国的政策使得流血不可避免，我想。如果彼时联合国管辖的犹太巴勒斯坦边界在当时关系还不错的各个大国那里得到了保证，如果联合国派了部队去反对前进的阿拉伯军队，就像他们在朝鲜做的那样，以色列的整体军备增长就不会发生，那样以色列就会中立，成为一个奥地利，我想。很明显的是，军事冒险在那个地区曾得到容忍，犹太人觉得被抛弃了，于是开始寻求盟友，去了苏伊士，拿下了约旦河西岸，想到一步走错就可能导致整体灭绝，他们什么都敢做。明显不过的是，以色列应该在道义上承认，是他们导致了难民的出现，应该对难民做出补偿，不论他们是主动逃离，是被迫跨过边界，还是出于其他原因成为难民。从政治上讲，我并不认为这会给他们带来任何好处。阿拉伯方面，渴望赶走犹太人，必要的话灭绝他们——除了某几个政治家[1]，突尼斯，或埃及，或黎巴嫩，或摩洛哥，从最上层到最底层，在 20 世纪 30 年代末就已经流行这种想法。这就是为什么我认为难民的困境和约旦河西岸阿拉伯人的命运是最重要的关乎人命的问题，以色列人想无视它们，这在道德方面是错误的，也是不明智的。让我感到悲观的是，即便他们表现出最高的德行，他们的总体前景也不会有很多改善——任何一种表态或甚至具体行动，都无法融化如此多人心中的仇恨。他们说难民的存在造成了这种局面，唉，这不

[1] 伯林此处原文为：politiques。

是真的，虽然听起来貌似有理。这样做使局面恶化，矛盾突出，造成了一种极端的恐怖主义心态，1934 年我在安曼见面交谈的阿拉伯人——当然还有巴勒斯坦阿拉伯人，甚至 1947 年我碰到的黎巴嫩人——都充满仇恨。我还是赞成以色列人撤离约旦河西岸，或者至少申明在某些条件下他们愿意这么做；至于在以色列内部建立一个巴勒斯坦阿拉伯政治实体——我认为那是一个纯伪满洲国[1]罢了，法塔赫会破坏或接管这个傀儡政权，它的存在会被认为只不过是以色列的一个花招而已，任何正派的阿拉伯人都必定会愤怒地予以拒绝。我错了吗？真还有什么今天的以色列人能做的，以保证某种程度的和平及整体的生存？我希望有。

你的

419 [以赛亚] [……]

3 月的最后一周及 4 月的第一周，伯林和艾琳在美国度过。他们待在纽约的黑石饭店；到纽约后，伯林前往俄亥俄州的哥伦比亚大学，参加一个重要的斯拉夫语大会；他还在密歇根大学的安娜堡分校发表了演讲。在纽约，他参加了在纽约城市大学举行的关于自由主义的会议，并和艾琳一起去普林斯顿大学，拜访了斯图尔特及其妻子勒内·汉普希尔。

[1] 1932—1945 年在中国东北建立的傀儡政权，目的是为了让日本在这一地区的军事征服和殖民剥削合法化。

致安德烈·瓦利茨基

1970 年 3 月 25 日［几天前口述］

海丁顿宅

亲爱的朋友：

［……］我还没空把你的书从头至尾阅读，亦未阅读你写的关于亲斯拉夫人的文章，但星期天我要出发去美国待上两周——在密歇根大学作关于俄罗斯历史主义的讲座，在美国斯拉夫研究促进会的“宴会”上演讲，谈艺术承诺，这是个陈腐不堪、已经被没完没了咀嚼过的老掉牙话题。我将谈及的论点大家都很熟悉：(1) 整个森林着火了。原因是圣西门的种子在某个特别敏感、易得到响应的时刻落入了俄罗斯的土壤——别林斯基或赫尔岑所谈的一切，勒鲁[1]、乔治·桑德[2]等谈得一样好，但是，语气、风格、表达的信念，当然还有产生的效果不同，造成了自食其果的效果：[3]首先这些被忽视的种子在西方腐烂，但落到了俄罗斯肥沃的土壤上时［它们］发芽并蓬勃发展——改一下比喻——然后回过头来攻击、改造西方。这种事一再发生，是东西方关系的一种特殊形式——称之为辩证太抬举它了——如果没有辩

[1] 皮埃尔·亨利·勒鲁（1797—1871），法国哲学家和文学评论家，对乔治·桑德产生了重要影响（是其终身朋友）。

[2] 乔治·桑德（1804—1876），法国浪漫主义小说家（阿芒迪娜）·奥萝尔·露西尔·迪潘的笔名，杜德望男爵夫人。

[3] 伯林的用词。可参见此演讲的后来版本“艺术的承诺：一份俄罗斯遗产”，收入《现实感》，见原文第 195—196 页及第 216 页。

证的眼光，我们所有的文化历史将蒙受巨大损失。

接着我提议，要保护［我崇拜的］英雄们——别林斯基、赫尔岑、屠格涅夫、托尔斯泰免于以下指控：由于他们对待艺术的态度，导致了某种不良的发展态势。我建议由实证主义思想家们对此负责。我还强调以下事实：想到“革命民主主义者”，就会想到艺术主题和社会主题之间的斗争尚未解决，这些屠格涅夫皆有谈及，几乎在同一年，别林斯基也说了同样的话［……］。屠格涅夫比可怜的别林斯基更喜欢这些矛盾。他的命运——作为一个自由主义者，他承受着
420 双重压力：左边是激进主义者，右边是坚持审美、不关心政治的作家——他是自那以后许许多多人处境的典范，我认为。某条线贯穿了伊拉斯谟、蒙田，也许还有孟德斯鸠、康斯坦、托克维尔、J. S. 密尔，他们都在寻求某种信条，但又都心怀疑虑，都陷入了种种忧郁中，你说得对，屠格涅夫从叔本华那里继承了这些忧郁，他们都无法直面这个观点：人性这根曲木绝然造不出任何笔直的东西——那是康德[1]的观点——然而，他们也都无法直面其中的矛盾。我想，“哈姆雷特与堂吉诃德”[2]这篇文章讲的就是这些。在我看来，“别

[1] 伊曼纽尔·康德，《带有世界主义目的普遍历史观念，1784》，收入《康德全集》（柏林，1900—），第八卷，第 22—23 页，它是伯林最喜欢的引言之一，伯林的《扭曲的人性之材》一书的书名即来源于此。
[2] 参见“哈姆雷特与堂吉诃德：一篇散文”［1860］，由罗伯特·尼科尔斯译成英文（伦敦，1930）。

林斯基已经战胜它且胜利地举起了一面更为坚定、轮廓鲜明、激进的未来旗帜”这个观点没有根据。可是，我为什么要拿这些烦你呢，在牛津秋季的讲座上我谈什么呢？——有个华而不实，名叫“罗曼尼斯讲座”的公众演讲活动，通常由某位外来的著名人物做演讲，但出于某种原因，今年违反了一切常规，变成由我来演讲了，我敢说这是因为在过去的三四年中他们没能从外面的世界中找到人；过去常常有哲学政治家——如格莱斯顿、霍尔丹、贝尔福[1]——现在找不到这种人了；连假冒的哲学政治家都非常稀罕，因此我不得不做此事。我应该谈文化历史的起源吗？它好像起源于法国16世纪的律师辩论，然后慢慢转变成维柯、赫尔德、黑格尔、伯克哈特等。我是否应该谈谈自由主义者在困难时期的可怕命运，谈屠格涅夫说的“没法让自己简单”[2]的那些人，虽然农民工、环境、历史、辩证法、未来、上帝、生产手段

[1] 威廉·尤尔特·格莱斯顿（1809—1898），自由主义政治家和作家，他在1892年做了首场题为“学术剪影”的罗曼尼斯演讲。理查德·伯顿·霍尔丹（1856—1928），1911年受封霍尔丹子爵，自由主义者，后加入工党，大法官；教育家及哲学家；和约翰·坎普一起翻译了叔本华的《作为意志和表象的世界》（伦敦，1883）。阿瑟·詹姆斯·贝尔福（“AJB”）（1848—1930），贝尔福伯爵一世，保守党政治家、哲学家；1909年的罗曼尼斯演讲者（演讲题目为“批评与美丽”）。
[2] 这是伯林1970年罗曼尼斯演讲的话题，11月12日在牛津做了该演讲，以《父与子：屠格涅夫与自由的困境》为名出版（牛津，1972），收入《俄国思想家》。在屠格涅夫的小说《处女地》（1877）的第37章中，主人公阿列克塞·德米特里耶奇·日丹诺夫给他的孩子们写了一封信，“我没法让自己简单”，见I. S. 屠格涅夫的《屠格涅夫十二卷集》（莫斯科/列宁格勒，1960—1968），第十二卷，第288页。同时参见《俄国思想家》第2章，原文第335、341页。

等都要求他们那样做？说到后者，也许我有点儿太急功近利了[1]——而且，因为我不是诗人或小说家，我没有义务对公众献上自己赤裸的灵魂，把牛津弄得跟过节似的。[……]

421 牛津没什么变化，只是偶尔有一些学生骚乱，零零星星地发生，随天气忽起忽落，这当然让纳菲尔德学院的某苏联历史学家非常生气。他对我说，在他看来，在这种情况下，只有极端保守者的表现合情合理。我倾向于同意他说的。但是，我有种屠格涅夫似的不安——当地的巴萨诺[2]们，虽然差劲，也许确实代表了某种令人担忧的未来，但后来我对自己说，我都六十了，这不是我的世界。我已经在自己生活的世界里尽量做到最好了，他们必须自己去面对骚乱——我的后辈们，那些四五十岁精力充沛的人们，是学生们攻击的主要对象。至于我，我体会过20世纪20年代末的“甜蜜生活”[3]，那是我有所了解的领域有真正天才的最后一个时期——那些领域指文学、音乐、对人与人之间关系的探索——但现在，如赫尔岑所说的，黑夜降临了。[4]我怀

[1] 伯林此处原文为：pro domo，意为“为了自己的家园”，即从局部出发，为了自己的小圈子的利益。

[2] 叶夫根尼·巴萨诺，屠格涅夫小说《父与子》（1862）中的主人公，自诩为虚无主义者，拒绝所有形式的传统权威。

[3] 伯林此处原文为：doucear de la vie。

[4] 伯林此处原文为：ruit nox。可能指赫尔岑的《往事与随想》中的悲剧章节“海上”，出自维吉尔《埃涅阿斯纪》第二卷，第250页，“ruit oceano nox”意为“黑夜降临海上”：《俄国人民与社会主义》（见原文第169页注1，在第170页上），第十卷，第372页。

疑，对我们来说更是如此。我心情忧郁，就此停笔。祝你天天快乐，热切期望我们很快能见面。你有任何造访西部的计划吗？有没有收到马里亚的信？——虽然他在写信方面的表现比我还糟，不要以为他对你的感情有变。他非常爱你，我更甚，但通信交流[1]是必要的。我卑微地俯首叩地，因我自己经常说到没做到。

你的

[伯林，代签]　　[……]

致 A. Z. 普罗普斯

1970 年 4 月 15 日［副本］

［海丁顿宅］

尊敬的阁下：

如果您坚持在美国邮政罢工期间写信给我，并寄往一个我已不用的地址，即便只是暂时不用，您怎能指望得到具体满意的答复呢？［……］我因喉咙痛卧床不起，这是我们古老的上帝的旨意，以惩罚我没给您回信——不管别的神是怎样的，我们的上帝根据以下规则办事：若提出的要求仅限于当地或国内，他会满足您，去西半球则不管您了。不管怎样，我希望能来参加艺术节，虽然何时何地怎么去尚不知道，但这只是一个愿望而非承诺，即便承诺了也不能保证 422

[1] 伯林此处原文为：pereklikat'sya。

来。因此，和往常一样，一切摇摆不定，但一切皆有可能。您要我说几句话，[1] 我敢说我无须多言：我是谁，对音乐哪有发言权呢？对此话题表态只会令我遭到鄙视和嘲笑。我能说的只有以下这些：

> 非音乐文化当然存在，但不论它们在其他层面的影响有多大，却因无法深广地感知人类情感，呈现出某种非人性的特征，而人类情感则无法替代和补偿。幸运的是，以色列并非如此，它的传统文化从一开始就有音乐：来自犹八[2]，他是一对犹太父母最小的孩子，是个天才。犹太人的历史从来不缺乏富有个性的音乐表达。第十届以色列艺术节代表着音乐传统在我们时代的高贵绽放，我很高兴地向它致意。这里提及个别音乐家的名字会招来反感：他们“都是大师，都技巧纯熟，都能阅读［即，阐述］［悦耳的］《摩西五经》”[3]。可以信心满满地说，只要犹太人，特别是以色列国存在，音乐以及音乐表演就不会从地球上消失。

您永远的

[以赛亚 · 伯林]

[1] 指表态支持 1970 年以色列艺术节，普罗普斯是艺术节的导演。
[2]“所有乐器如竖琴及管风琴的始祖”，《创世记》第 4 章第 21 节。
[3] 伯林引用了《逾越节哈加达》的话来形容音乐家们。原句是这样的：“即便我们都是大师，都技巧纯熟，都能阅读《摩西五经》，我们还是应该讨论《出埃及记》。”

致斯蒂芬·斯彭德

1970 年 4 月 16 日［副本］

［海丁顿宅］

亲爱的斯蒂芬：

非常感谢你把我那封语气可怜巴巴的东西寄还给我。的确有两回，我亲手用优美的文字写了自己对面包的迫切渴望，你应该收到了其中一份，可现在，我完全蒙了，只有一个公司能为我服务，可它清清楚楚地宣称，拒绝把东西寄往国外，只提供美国大陆境内的服务。真是条可怕的消息。能否求你发发慈悲，请求你，如他们建议的那样，他们似乎是这个意思，接收他们寄往斯托尔斯[1]的“托运包裹”，不用你亲自把它带回来给我——我不能给你增加这样的负担，虽然你也许会坐船送来——你只要把它拖到邮局，用海运、托运或其他任何方式把它寄给我，贴上一大大的标签，“斯迪克斯牌面包，海丁顿宅的老人迫切需要之物”？你这样做好 423
吗？然后由我寄回相关票据。［……］

我确实去听了弗雷迪的演讲，到得迟，一直站着以吸引注意力，但提前离开了，以表示他的演讲过于冗长：我只能这样做，以表明我是个被强行拉来的听众。我知道一切都糟糕得很，尼克松真的像《小红帽》里的狼。你应该记得，在这个故事中，他最终没有吃掉她，而是相反的结局。当然，我感冒了，加上

[1] 康涅狄格大学所在地，当时斯彭德正就职于此。

背痛和其他一切症状——只能待在床上，不用面对这个世界，真令我高兴。我本人是我所知道的最糟糕的躲避现实者——我还整天谈论选择和自由！——在纽约地下室，我在一群凶狠的激进分子面前所表现出的英勇行为，你尚未听说吧：很像屠格涅夫对巴萨诺或劳伦斯对情欲的热烈描绘——做出心理分析太容易了，唉——我真正关心的充其量只是斯迪克斯牌面包而已。

你永远的

[以赛亚]

致罗伯特·西尔弗斯

1970 年 5 月 29 日［副本］

［沃尔夫森学院］

亲爱的鲍勃：

此刻，我感觉要向你汇报点儿事。[……] 莫里斯爵士打电话给我，说："有个坏消息。斯通太太，劳伦斯·斯通的妻子，跟斯图尔特说瓦德汉姆学院不需要他，还散布谣言说没有人会欢迎他的到来。"真是一派胡言。我们都急切想见到他。唯一一个有敌意的人是斯通的朋友帕特·汤普森[1]，他表现得疯狂、愤怒，打定主意要找麻烦。我希望斯图尔特不会相信那些话。我已对汤普森谈了我对他的看法。他大吵大闹，

[1] 阿瑟·弗雷德里克（"帕特"）·汤普森（1920—2009），1947—1987 年任瓦德汉姆学院历史研究员和导师。

[……] 一个人就可以搞很多破坏并造成许多伤害。我担心会发生这种事。然而，斯图尔特的好脾气最终会（我想，这是不容置疑的事实）平息反对的力量。但是，莫里斯爵士告诉我这个可怕的消息时，并非完全没有某种轻微的恶意——我不能说他幸灾乐祸，应该是觉得好玩。总的来说，你最好对此事佯装不知，否则别人会认为这是散布谣言；斯图尔特会以为除了眼前所见还有别的什么；勒内会认为又要来什么竞选运动，而这些都非事实。然而，当我想到斯通时，也许他在普林斯顿是快乐的，但这更是他那可怕的妻子的错，而非他的 424 错；然而所有的学者，在他们人生的某个阶段，都曾嫉妒过，特别是那拨人，他们在某一特定位置上失败过，然后看到别人在他们认为属于自己的领地获得成功。这不是什么新闻。

此外，关于卡尔：我认为一切都好。他刚开始很不喜欢斯帕洛，到现在还不喜欢全灵学院、星期六穿礼服等，觉得它过于学院做派了，有太多愚蠢烦琐的礼节及诸如此类的无聊戒律。但我确信他接受埃塞克斯的那份工作是对的，他只需去那两天，其他时间可以待在伦敦过安静的生活，目前来看，这当然对他来说是最好的。我相信，他若待在纽约，绝对会垮掉。他在牛津大学给听众开了讲座，获得了巨大的成功，我则被视作一个几乎不存在的主持人——来了约莫七百人，比出席乔姆斯基讲座的人还多，我想，听众人数仅次于出席布莱兹讲座的人。他很高兴，读自己的诗作，并回答问题。我说他实际上无须介绍，只说他是罗伯特·洛厄尔先生。我的本意是恭维他。然而，我看到卡尔好像并不高兴。他说，人们在演讲的开头，通常调侃主持人对演讲者的介绍，但是在目前的情况下，唉，没办法做到这样了。我从他的这些话中感觉到了一丝失望。因此，我醒悟到了自己的责任，在演讲结束的致辞上对他给予恰当的赞美。他很高兴。之后他去我们家参加晚会，在那他见到了各式各样头脑激进的学生，我想，他过得很愉快。[……]

下次我要谈谈诺姆，以及新成立的阿拉伯—犹太相互理解促进委员会。这个委员会得到了坚定的支持，但我认为它是个严重的错误。现在我得去见访客了，实际上要见三位，他们正在隔壁那间可怜的秘书办公室汗流浃背地等着我。

你永远的

[以赛亚]

致尼古拉斯·纳博科夫

1970 年 6 月 25 日

海丁顿宅

亲爱的尼古洛维乌斯：[1]

所有的难民都在返回自己的国家。斯图尔特和妻子[2]

[1] 也许是指（马蒂亚斯）·弗里德里希·尼古洛维乌斯（1768—1836），哥尼斯堡书商和（包括哈曼、雅各比和康德等人在内的）出版商。但也有可能是其他姓尼古洛维乌斯的人，或许伯林心里有个特别的尼古洛维乌斯。

[2] 伯林此处原文为：Sooprooga，在俄语中指“妻子”。

（这个称呼太不适合她了！）回到了英国，瓦德汉姆学院的研究员们正在焦急等待这传奇式的一对——虽然人们所知的一切都未经证实——可关于他们乖张举动的传言正到处散播。我的工作是向他们保证说一切都会好的，是人们大大夸 425
大了怪异之处。然而，你能想象他们主持传统的大型集会吗？斯图尔特当然没问题——可 X？由于担心由此引发的后果，人们不敢说出这个名字，就像异教徒世界的人们不敢直接称呼那些神圣的符号。斯蒂芬也回来了。在大选正酣之际，我们去拜访他们，当时他们和斯图尔特、魏赫姆及其他人正处于绝望的深渊中。我自然对民意调查者[1]遭打脸感到得意扬扬——任何精心的预测被颠覆都让我无比高兴，所谓的预测认为，巨大的客观力量指引我们往未知方向趔趄前行，然而只有美国科学家知道方向。未曾料到、意外之事都让我开心不已——斯图尔特等认为我的这些观点极端保守——它们其实源自俄罗斯知识界内部，同我相信的其他东西一样，是 19 世纪 80 年代和 19 世纪 90 年代马克思主义者和反马克思主义者之间激烈争论的焦点，这些争论只对俄罗斯真正产生重要影响，那之后它们藏在我心中。洛厄尔的

[1] 在 1970 年 6 月 18 日的大选中，保守党以三十人的压倒多数卷土重来：在五次重要的民意调查中，只有一次预测保守党会赢。民意调查中工党的早期表现鼓舞了哈罗德·威尔逊首相，他要求进行 6 月选举，但他的计划遭到惨败，民意调查的“公然错误”，“使得要求选举成了某种盖普洛轮盘”（下院议员彼得·布雷克的原话，刊登于《泰晤士报》1970 年 7 月 3 日第 3c 版）。

表现也不够克制——他将在英国再待两年——伊丽莎白有多高兴，我不知道——我希望，在我们这个安静的环境，偶尔会有爆发，会有所谓的纽约文化界放荡不羁的破坏性因素出现。洛厄尔迟早会和某人一起离开，会引起普遍的混乱和痛苦，但同时，他会令人同情、感动，他的才气远在他人之上。他和奥登的关系让我着迷。他们根本不喜欢对方：然而他们提及对方时，用词都小心翼翼、略带赞赏，但异常谨慎——就像托尔斯泰和陀思妥耶夫斯基——总的来说，关于同时期同一地方作家之间的关系可以写一篇论文（论文会吸引同样的公众），他们俩觉得有责任和对方建立起某种联结，因此他们之间的关系既复杂又尴尬，他们又极力想加以掩饰——司汤达和巴尔扎克[1]、福楼拜和梅里美[2]之间的关系当然也曾如此。我必须
426 停笔了——我那按规矩办事的内人催我赶快走，不允许我写完此信。你会对此事见怪不怪的。我必须唐突结束这封信，心中绝望至极、眼泪顺着脸颊流下，我是个怕老婆之人［……］

你永远的

I.

[1] 法国小说家司汤达（1783—1842），马里·亨利·贝尔是他的笔名；“从他们那个时代起直到今天，人们都把他和奥诺雷·德·巴尔扎克（1799—1850）扯在一起。［……］文学史专家通常认为他俩是 19 世纪现实主义的先驱”：见约瑟夫·弗兰克的文章“巴尔扎克与司汤达”，《塞万尼评论》第 56 期（1948），第 126 页。

[2] 古斯塔夫·福楼拜（1821—1880），法国小说家，他出版的第一部作品是《包法利夫人》（巴黎，1857）。普罗斯佩·梅里美（1803—1870），法国小说家、剧作家和短篇小说家，其《卡门》（1845）（巴黎，1846）激发了比才的歌剧创作灵感。

“然而在什么时候？什么地方？在欧洲？在可怜的耶鲁撒冷吗？（这将如何收场？以大屠杀的形式？‘我们的’犹太人跟阿拉伯‘游击队’战斗？我**无法忍受**［字迹模糊］胡子拉碴的犹太‘革命分子’！）自我仇恨非常可怕——不由分说的反犹主义！我更喜欢胆小的**自由主义者**。”[1]

致麦乔治·邦迪

1970年7月8日

沃尔夫森学院

亲爱的麦克：

整个世界都处于财政困境中，我们也不例外。圣安东尼学院宣布说它正处于崩溃的边缘；我隐约觉得他们正充满希望地看着我们，认为我们是个新兴国家，可以支撑起旧经济：已经和他们协商好了，在我们的过渡期内，从学生人数寥寥，到住宿紧张，再到沃尔夫森学院发展如日中天这段时期，他们那崭新的华丽餐厅[2]将容纳我们多出的学生。目前建设工期已经被拖延了——大概拖延了两三个月——伦纳德先生今天来视察，目的是责问承包商们，不过这些人也是他自己挑

[1] 伯林此处原文为：когда же？ где же？ в Европе？ в бедном Иерусалиме（как все это кончится ？ большим кровопролитием ？ в котором «наши» евреи будут бороться с Арабскими «гъерильясами» ？ *ненавижу* [*illegible epithet*] бородатых еврейских «революционеров» ！ Selbst-hass ужасная вещь—авто-анти-семитизм！ Предпочитаю трусливых *либералов*.）

[2] 在伯林任职院长期间，沃尔夫森学院成员众所周知的托尼餐厅。

选的。他们向他保证说一切都会按时完工，我们没有别的选择，只好相信他们。改变不了的事情最好不去想。[……]

目前的主要问题是财政上的：我们和其他各方一样，遭受了一样多的损失。根据你的基金做出的安排，福特基金会的股份要到这个月末才能出售，你也知道，它们的价值已急剧下降，我们的学术计划似乎前景不妙。我们去哪儿省出钱来呢？若大楼一直维持现状，单是财政这块，即使能勉强应
427 付，也会很困难；若减少住宿的研究生人数，我们会让一些房间空在那儿没用；跟学生索要房间或就餐的全额费用亦不可行，因为我们要同牛津的其他学院保持竞争力，他们也在为研究生建设新楼［……］。考虑到这些，我们不能削减学生人数、降低他们的生活质量或削减给他们的补助；因此，唯一能省钱的只有访问学者、访问教授等这些“奢侈资源”，实际上，我们处处能省则省。由于很明显的原因，我们很不情愿这样做［……］；目前面临的麻烦，原因之一是我们的投资价值正在缩水，特别是我们所持的福特股票。在此郑重地请求你们：能否在1972年到1973年，当我们急需帮助时（现在还没到那地步），向我们伸出援手？你们也许会说，即便福特股价翻了一番，你们也不会叫我们把收益退还给你们，这样说很合情理，然而这没法从逻辑对称的角度做出回答。我——或是沃尔夫森学院的董事们，也一样回答不了。他们敦促我写信给你——期望你在现阶段做出某种承诺，这怎么可能呢？［……］当然，如果需要，我可以详细说明每

个财政方面的细节，关于收入的大致支出情况，在研究生、职员、设备、地方税、学校捐赠、食品、日常开支等各方面的开支比例如何，有多少结余部分用于学术方面——诸如科研、邀请著名访问学者等（这方面的经费目前少得可怜——我都不敢去想它，每隔一天我就夜不能寐，虽然不会彻夜不眠，但至少要花一小时左右的时间盘算此事）。[……]

当然，与此同时，我们也有一些振奋人心的消息：研究员比我预想的出色多了；研究生们看上去心情愉快；在最近的政治动荡中，当然从美国标准看其规模不算大，在学院内部，我们的四十名研究生，相互之间关系融洽，与研究员们也和谐共处。[……] 许多优秀的研究生来自牛津大学——我从未预料过会有这么多，这与其他大学完全不同，他们向往心目中的自由气氛——他们来自所有那些出类拔萃的学院（包括瓦德汉姆学院，他们的院长正准备在一片赞誉声中光荣退休），这虽然不一定会导致摩擦，但在一定时候会导致其他学院不满，他们会觉得为什么学院最好的本科生都跑我们这来了，而他们自己却留不住这些人继续读研。想想我们那么其貌不扬、挤在班伯里路的两栋房子里，所有这些，在某种意义上真是令人称奇：或许没什么可奇怪的，也许正是我们那亲切友好的平等主义气氛吸引了一些才华出众的文、理科学生。我们的学生就是最好的宣传员——他们在来信的一开头就说，因为“可口的饭菜”（原文如此！）以及他们在沃尔夫森学院邂逅的“愉快伙伴”使得他们想来这里。我们确实没有付钱给任何人叫他们 428

称赞我们：气氛非常友好、令人愉悦。当我们的大楼从林顿路末端的那片嘈杂泥地上拔地而起时，若我们仍能做到这样，便可以说，我们没事了。财政问题让我抑郁，但学院在社会上的良好口碑又让我满心欢喜。因此，我真的要得精神分裂症了。我们就像以色列国：危机重重，但内心安稳乐观，然而远没他们顽固，没他们那么目光短浅、不讲道理。

瞧，我说出来了，我的灵魂就获得了拯救。[1] 不论你有何看法，盼来信。

你的

以赛亚

致迈克尔·布洛克

[1970 年 8 月 12 日或 12 日前收到；手稿]

阿巴诺泰尔梅奥洛罗吉奥皇家大饭店 [2]

亲爱的迈克尔：

[……]1. 博丁顿 [3] 和戈德菲格尔小姐。[4] 还有院长房间

[1] 参见原文第 102 页注 2。

[2] 此地有泥巴疗法。

[3] 保罗·博丁顿（1913—1998），1967—1980 年任沃尔夫森学院大楼建设的负责人，1970—1980 年任编外研究员；“有着宽阔的后背，任务压身，他都出色完成”：伯林在牛津大学沃尔夫森学院正式揭幕典礼上的演讲，1974 年 11 月 12 日，《利西达斯》（沃尔夫森学院杂志）第 3 期，第 6 页。

[4] 伊丽莎白·戈德菲格尔（生于 1936 年），家具及室内设计师，匈牙利建筑师埃尔恩·戈德菲格尔之女，沃尔夫森学院最近请她做顾问，协助学院的内部设计。

的装修（**不是**“总统套房”，否则我立马辞职）——艾琳想装修所有三个房间：书房、咖啡厅和餐厅，装修的钱可以由 A. B. 信托机构直接付给学院：通过这种方式购买的物品从一开始就是学院的财产。此外我还搬了自己的东西进来：如，我现在坐的沙发和扶手椅等，因为用的时间久了我舍不得离不开它们。因此应该可以实现戈德菲格尔小姐的预算，也会稍微减少一些开支。

2. 关于邦迪的信。当然，你在附信中非常精确地说明了我能获得的真正好处，但我不敢肯定 L.［伦纳德］先生会赞成这样的做法。邦迪显然想说 L. 先生不应该欺负我，让我去筹款［……］，还说，我给他的信，显然是在 L. 先生的鼓动下写的，这表明 L. 先生是故意让我做有失身份的事，对此邦迪极不赞成，想解救我（并觉得我本不该做那样的恶事）——我知道他是这样想的。邦迪觉得我“滥用”了自己，我一点儿都不在乎，但这样去指责 L. 先生倒不错：他可不喜欢邦迪把他看作欺人的驾驶员，而我则是那头虚弱的驴，在沃尔夫森学院的大棒和福特基金会的胡萝卜驱使下听其摆布。因此（因为事实也是如此），这很能说明，要为一 429
个名叫沃尔夫森的学院筹到任何外来款项是多么艰难。

［……］与此同时，关节炎和坐骨神经痛轮流折磨我——出现一种症状时另一症状则会消失——旧的形式逻辑（欧德·柯尔布斯，1928）把这种情况叫作对进退两难困境的抗拒。我躺在一块板上，身上涂满了黏黏的灰黑泥浆，全身发热，疗效值

得怀疑，做法很中世纪，想到自己的罗曼尼斯讲座，既缺观点又缺材料，成了我的噩梦（等你和埃莉诺[1]9月1日晚十点到达时，估计我已经精神失常，没办法和大家一起坐在桌边了）。后来人们对我进行冲洗、敲打，并把我扔到有辐射的池子里，据说这会使我精神奕奕、容光焕发，但实际上我溜回了床上、在字典的帮助下读起了《晚邮报》[2]。这就是我的悲惨生活：等你到达时——艾琳和我热烈期盼着这一天——估计我已恢复回人样了。见到什么都不用奇怪。六十一岁是危险的年龄。

你永远的

以赛亚 [……]

致琼·弗拉德

1970年8月11日［手稿］

阿巴诺泰尔梅奥洛罗吉奥皇家大饭店

亲爱的琼：

我们到了。这栋客房的设施非常朴素：很像我的父母在20世纪20年代初期常去的那种饭店。那时，我母亲还不会为它的费用感到恐慌。到了20年代末期，我们降低要求入住二、三等房间。后来我不住那种客房了，住在众所周知的、貌似放荡不羁但价格非常便宜的意大利客栈或寄宿学校

[1] 迈克尔·布洛克的妻子（见原文第633页）。
[2] 意大利最古老的日报之一，在米兰出版。

（但从不住那种廉价小旅馆）。这有点儿恋旧：就像在赫伯特记忆中，破产前的父亲是富有的。[1] 艾琳喜欢这里，因为虽然这儿低于她父母的标准，但大家有着相同的文化背景，人们可以推测其他房客的身份，他们也推测你的身份，我们的邻居——很明显是来自纽约西部的犹太人——据彼得［·哈尔本］说（他在这儿待过一晚，偷听到他们的话）——认为我们是美国**黄蜂**——虽然我的身份有点儿让人困惑：**来自**西西里岛，但明显被同化了。莫里斯不声不响地走了：应该说，他比两年前随和多了，那时他非常易怒，也更偏执。他临走时说，“我认为这是成功的交接”，我只能接受。把泥抹在人 430
身上——就像巴黎的石膏像：刚开始腿不见了，然后是手臂；人躺在泥床上，又暖和又舒服，但我认为这么做毫无益处。按摩也不起作用：但只要艾琳能够忍受，这儿的无聊生活肯定会有益于我，有浴池、有高尔夫，她应该能活下来。

［……］我一直在阅读屠格涅夫的作品或关于他的文章：开始对他有了相当了解——（对罗曼尼斯讲座和牛津大学毫无益处！）他是不是更像斯蒂芬·斯彭德——总是被误解，喜欢向人们解释他如何被误解，急于取悦每个人，尤其是吹毛求疵的年轻人？但同时又喜欢刻薄地挖苦一切？或者像戴维·塞西

[1] 赫伯特·哈特的父亲西米恩·哈特（1871—1953），是哈罗盖特的著名裁缝并制作毛皮衣。1921 年他的生意垮了，他把儿子从切尔滕纳姆学院转到布拉德福德文法学校。这个改变很适合赫伯特，他在那儿学业顺利，待他上牛津大学时，其父已东山再起了。

尔，不喜欢令人讨厌、老爱自省的非上层阶级作家，清楚知道他的书谁喜欢、谁不喜欢、为什么喜欢，公然喜欢绅士——或像我一样，没完没了说啊说啊，让那些严肃的人、冷酷的人及全世界的劳动阶层不满？抑或真的像托尔斯泰那样自负？

你永远的

以赛亚

致尼古拉斯·纳博科夫

1970年9月12日

［寄自］海丁顿宅

卡里斯莫：

明年一定要和我一起去阿巴诺。泥巴太美味了。那些女士们待在室内的恒温游泳池（放射性水）坚定而缓慢地游着，虽然不如泥巴美味，她们一样会让你感到愉快。特别是那些美国的百万富婆，让你浮想联翩。一位已届高龄的棕榈滩败家女子——已经八十多岁了——想起自己许多年以前同艾琳交往过。米尔斯坦太太（妻子）和斯特恩太太（母亲）似乎很讨厌对方，但斯特恩太太和蔼得多：还有来自彼得堡的米兹诺奇太太，我想，她在佛罗伦萨或者巴黎，或这俩城市教钢琴。周围还有一些类似的女士，［她们］在布加饭店[1]（配有空调装置）组成了一个俄罗斯侨民群，我过去常去该饭店。

[1] 现为泰尔梅—布里斯托尔布加饭店。

与此同时，我苦于要撰写一篇关于屠格涅夫的讲稿——他是所有俄罗斯作家中被攻击得最猛烈的一位。《前夜》之后，他的每篇小说都遭到了来自左右两派的猛烈批评。他把所有的时间都花在跟每个人道歉上了，同右派解释为什么他有点儿左，同左派解释他为什么没那么右，卡特可夫[1]不断指控他对年轻人卑躬屈膝（kuvyrkaniya），19 世纪 60 年代的新左翼 431
俄国期刊不断指控他对皇帝卑躬屈膝（别林斯基和赫尔岑是旧左翼分子）。自 1860 年以来，俄国自由主义就非常不景气了，现在的自由主义教授非常痛苦是预料之中的，他们有着完全相同的症状，即同情年轻人，但对他们的方法感到恐惧，处处感到尴尬，遭到来自前后左右四面八方的攻击（这是屠格涅夫的描述）。过去这种事日复一日年复一年一直都在发生——但是托尔斯泰和陀思妥耶夫斯基自身足够强大，不依附任何人，外界不敢这样对待他们，而可怜的屠格涅夫真的很像斯蒂彭纽斯基[2]——（也像你和我）他迫切希望年轻人不

[1] 米哈伊尔·尼基弗诺维奇·卡特可夫（1818—1887），保守派俄国作家、编辑和记者；负责屠格涅夫著作的编辑工作；是别林斯基、赫尔岑和巴枯宁的朋友。他从一个思想解放的亲英派变成了一个有影响力的民族主义者，支持沙皇亚历山大三世的保守政策。参见《俄国思想家》第二版，第 321—322 页等。

[2] 很明显，伯林和纳博科夫用此绰号称呼斯蒂芬·斯彭德，他于 1967 年辞去《文汇》杂志的编辑职务，原因是美国中情局暗中资助这份杂志，而斯彭德对此并不知情。伯林也不知道中情局的参与。弗朗西斯·斯托纳·桑德斯，在她的书《谁承担后果？中情局与文化冷战》（伦敦，1999）中指控说，伯林在公众知情前就知道中情局的暗中资助（认为伯林只是强烈反对它遮遮掩掩，但并没有反对它的参与），她用语轻蔑、出处语焉不详，初步看去，这些指控同以下书信集中的大量证据并不一致：包括伯林书信集，以及威廉·海特、迈克尔·乔塞尔森、尼古

要抛弃他，害怕人们不断找到证据，莫名地把他同中情局的特工加以联系。那些日期不同的信否认他跟赫尔岑、拉夫罗夫[1]等有任何关系。还有一些信件否认跟宪兵队的那些恐怖将军以及沙皇的那些令人作呕的奴才有任何关系，这些信即便现在读来都让人唏嘘，也让人心生同情。我准备就这点开一个讲座，人们肯定会认为讲座是自我反省、赞成悠闲生活[2]，但事实全然不同（你看我，就像我的主人公，开始否认……）不管怎样，明年12月我们当然应该一起去圣地。[……]

以赛亚　　[……]

致琼·弗拉德

1970年9月18日[3]

［寄自］沃尔夫森学院

亲爱的琼：

432 关于马基亚维利。[4]我知道自己没能说服你。让我再尝

拉斯·纳博科夫和斯蒂芬·斯彭德的书信集。如果此说不实，那么她写的关于劳伦斯·德·纳维尔的回忆也一样有误。她的注释还使得罗伯特·布鲁斯·洛克哈特认为，伯林在战争期间为位于华盛顿的美国政治战执行机构（在注释中代号为“心理”）工作：事实上，布鲁斯·洛克哈特的日记的主编肯尼斯·扬把这个（错误的）说法添加到日记中，参见《罗伯特·布鲁斯·洛克哈特爵士的日记》第二卷（伦敦，1973），第733页。

[1] 彼特·拉夫罗夫（1823—1900），原名彼特·拉夫罗维奇·米尔托夫，俄国哲学家、社会学家和社会主义革命者；土地与解放运动民粹组织成员。

[2] 伯林此处原文为：Pro domo，参见原文第421页注5。

[3] 出自9月8日帕拉吉的磁带录音，弗拉德已离开。

[4] 那个初夏琼待在帕拉吉期间，他们讨论了马基亚维利——伯林写了一篇关于

试一次。通常的看法以及你的看法是（虽然我不想这样说），马基亚维利写的是如何建立一个可以长治久安的国家——他十分详尽地提出了他心目中建立长治久安的国家的唯一高效方法，在这个过程中，他完全不做任何道德考虑，即他不在意他推荐的方法是否道德，因为他对此不感兴趣。也许他很清楚，抑或不清楚以下事实：它们违反了基督教以及欧洲当前的道德观。但即便他对此了然于胸，他也不会说。就好像他喜欢为法老建金字塔，又点明这样做必须用掉五十万的奴隶。至于这样做是否人道、是否骇人听闻，他不问自己，也不回答此类问题。其中有何道德意涵是他人的事，他不管。

我坚决不同意这一观点。马基亚维利在《罗马史论》中（在《君主论》中没说得那么明确，但确有谈及）明确说明，他钦佩哪些人，还说他希望意大利人变得像罗马共和国的公民，或伯里克利时代的雅典人，或者至少是在“好”皇帝统治下的罗马帝国公民。他需要能重新创造这些条件的人——是想要这些人，而不仅仅是告诉你如何生出他们，或他们应该长成啥样。他对腐败的论述清楚地表明了他的道德观，[并且] 表明他有自己的道德观。你不想称之为道德观，因为这个词让你想到的是希伯来式、康德式的法则——我也一

他的论文，最终出版时题为“马基亚维利的独创性”（收入《反潮流》及《人类的恰当研究》）。阿纳尔多·莫米利亚诺也参与了讨论，他来帕拉吉“让我特别愉悦，他带来了一个藤篮子，里面装了用七种语言写的、他想我会感兴趣的各类书”（伯林致罗伯特·西尔弗斯，1970 年 9 月 23 日）。

样，但托洛茨基就是这个意思，他谈到了“康德派—自由主义—贵格会—素食主义者的一派胡言”[1]，他还认为，比如，对马克思主义者来说，完全没有这些法则。他们所谈的不过是某种理想社会，以及这种社会所产生的人，要么就是需要哪些人来建立这样一个社会。因此，他们根据以下原则判断一切：对于削弱人类理性、潜力等，是支持还是反对，是促进还是阻碍，有意识还是无意识，由个人还是集体完成。不管马克思主义理想是怎样的，这就是所谓的马克思主义道德，我认为。

也就是从这个意义上，可以说马基亚维利是个道德主义者，即，他清楚什么人是一个理想的人，但他没有把他同某些人普遍接受的标准联系起来——比如，自然法则，人类不能对其置之不理；比如，某个关于“正常人”的概念，此人遭到各种侵犯：残暴或剥削、强制的愚昧，或诸如此类的对待［……］

我认为，我们之间讨论的焦点是：能否说马基亚维利阐述或至少表达了某种道德理想。我想你是有所保留的，比如，
433 关于亚里士多德的道德观——无关清规戒律，而是关乎什么样的人才是理想的繁育对象，这类人只能在诸如不超过一万

[1] 在《恐怖主义和共产主义》（彼得堡，1920）一书中，英文版书名为《为恐怖主义辩护》（伦敦，1920），第 61—63 页——托洛茨基写道：“对我们来说，我们从不关注康德派—教士、素食主义者—贵格会谈及的‘人类生活的圣洁’。”

公民的城市，才可能产生——这才是道德的意涵，因为我认为你眼中的道德是一系列的“该”或“不该”，我认为对我及我们认识的大部分人来说，亦如此。也许，对其他人，如尼采，道德不是这样的，尼采当然是个道德家，不然他是什么？马克思也不会同意此观点，不管他认为自己是何种人，马克思若不是个道德家，就不会用魔咒束缚那么多人。社会学或经济学都不会让人们死去或者说杀死他们，除非它们包含了很强大的道德因素，即以某种名义提出一种理想生活。

但所有这些人都认为自己对以下问题找到了答案：人们应该怎样生活、应该做什么。他们觉得别人的答案都是谬误，唯有自己的逻辑前提和方法清晰易懂。马基亚维利和他们不一样的地方是，虽然他的逻辑方法和前提足够清楚，但他并不坚持说一个有理性的人应该相信他所相信的东西，应该按照他的建议行动（虽然他恨不得人们会这么做）；如果这个有理性的人选择听从基督教牧师，他注定在政治方面无所作为，如果他执意这么做，马基亚维利对他将无言以赠。

如果你读《君主论》的最后一章（它热忱祷告出现一位意大利救世主），如果你考虑到他对笨人和蠢人充满了怒火和蔑视，哀叹世风日下，认为只有最猛的药才可能治疗那些一直都醉心于堕落以及往下坡路走的人——即便强权采用无情的残酷手段也只能勉为阻挡，凯撒·波吉尔或许可以做到——你肯定会同意以下观点：他对何种东西能让一个国家运转得好不感兴趣，而主要关注我们怎样才能回到罗马或希腊的全盛时期，因为只有在这个框架内人们才能发展他所认为的最令人满意的、最可称颂的、最好的生活；基督徒显然不会同意，因此，要打倒他们，因他们阻碍了他想要看到的结果。他告诉人们，如果他认为的最后的价值储存库——祖国——处于危险中，那么，一切便都没有高贵卑贱、好坏之分，任何方法都可行。人们会忘记日常的价值观，投入一切挽救唯一值得为之活的东西——城市公民身份。如果这不是最热烈的道德训诫，那它是什么？如果愿意，你尽可以把它叫作政治道德，但对他来说，没有什么别的道德了。事实上，他认为，这么说吧，道德是政治的分支，跟亚里士多德的想法一模一样。没有无关政治的道德，至少他对这些都全无兴趣（当然，他知道有种道德，基督教道德）。这为什么不是一种很强的道德立场呢？为了阐明这点，他告诉人们
434 说，他们长久以来接受的教育与唯一值得去奋斗的理想，也即某个辉煌的异教徒世界，是矛盾的；还说，对一个身心健全的人来说，普通道德同唯一值得过的生活是矛盾的——我的上帝！即便现在，这些也是人们有意视而不见的，因为人们总喜欢认为，所有的好东西可以通过本领、好运气得到，即便不是在此生，也会在其他地方得到它们。而如果马基亚维利说的都是真话，这些便都不可能了。

怎么样，我是否说服你了？我想没有。

你永远的

[伯林，希尔顿—波茨代签]

致罗伯特·西尔弗斯

1970年11月6日［副本］

海丁顿宅

亲爱的鲍勃：

［……］啊，中东！我们的余生注定要活在它的阴影下吗？你是否不愿遭受无法控制的局面的折磨——至少我们自己和我们的朋友无法控制？我不愿意。我记不起在我自己的生活中有过这样的时期——自20世纪30年代以来我读报时都会忧心忡忡——最快乐的时期是1942—1945年，说起来令人尴尬。我完全理解生活在以下这样一个社会为何会让人充满向往：一切正朝着一个人们都认可的方向艰难地胜利前进。然而，我对此感到羞愧，而且，目前其前景非常渺茫，因此这是个非常抽象的建议。我希望乔姆斯基觉得一切都在好转，也许连玛丽·麦卡锡都这么觉得；埃德蒙和我不这么觉得。你呢？尽管挫折重重，你是否觉得你正充满了自由及理性的力量向上攀登？向前？而不是挣扎着不要落在人后？我希望你真的是那样。不受历史力量的终极意义影响的人，我一个也没见到，正是这些力量驱使着人们，比如说，我自己，朝着心中的方向前进。在这么多信徒中间做个无神论者真可怕！

你的

［以赛亚］

11月12日，在牛津大学的谢尔登剧院，伯林做了牛津大学年度公开演讲，即罗曼尼斯讲座，演讲的主题是屠格涅夫和“自由主义的困境”，有半自传性质。这场讲座酝酿了很久，是伯林最令人难忘的讲座之一。他在5月写信给诺埃尔·安南：

> 我今年要作一场罗曼尼斯讲座（当然，要确认莫
> 里斯已经先作了一场，否则你可以想象人们会说什
> 435 么），打算讲屠格涅夫，他这一生都腹背受敌（一边
> 是陀思妥耶夫斯基，最喜欢乡绅；另一边是长胡子
> 的学生、伦敦和巴黎的革命者，他钦佩他们，他们私
> 下里也喜欢他）：但永不屈服（虽然他知道，跟一辈
> 子都进退两难相比，那样做更为容易，而且，遭受的
> 责备也会更少）。[1]

伯林打算主要讲屠格涅夫“在他自己的一生中备受争议的立场，还有，在某种程度上，他和我们这个时代相关的自由主义困境。[……]演讲的听众是[……]谁也不知道会有谁：它对公众开放，也许来的人很少”。[2]

[1] 致诺埃尔·安南，1970年5月13日。
[2] 致J. 阿莫斯，1970年10月14日。

致罗伊·哈罗德

1970年11月17日

海丁顿宅

亲爱的罗伊：

［……］非常感谢你那些温暖人心的话——你写的内容以及你提笔写信这个行为，表明你非常大度，说明你性格善良，请恕我这么说。

我也喜欢屠格涅夫。关于艺术，他对不同的人说的话大为不同——据莫泊桑[1]讲，屠格涅夫曾经说过，认为小说有道德或政治意图是荒谬的，如同说一首交响乐或一幅画有此意图。另一方面，他确实说过诸如此类的话，"这不是纯文学的时代——因为鸟儿在树上叽叽喳喳地叫。这个时代太严肃了"，等等。当托尔斯泰邀请他参加一个致力于纯文学、不涉政治的刊物时，他拒绝了。"我知道政治是个肮脏的沼泽地。大街上也有尘土、污泥，然而我们不能没有城镇。"[2]确实，他对不同的人说不同的话。我认为你的解释完全正确；我想屠格涅夫只是认为应该说真话，看到什么就说什么，而不管其是否涉及道德或政治因素——他不喜空谈理论——他讨厌所有的理论，称它们为"绝对准则"，尤其讨

[1] 盖伊·德·莫泊桑（1850—1893），法国长篇及短篇小说家。

[2] 这些话出自他1858年1月29日及4月7日（旧历）致托尔斯泰的信。I. S. 屠格涅夫，《屠格涅夫全集》（莫斯科/列宁格勒，1960—1968），第3卷，第188、210页。更确切的翻译参见《俄国思想家》，第307页。

厌深奥的或宗教方面的理论（这使得他和托尔斯泰产生了矛盾）——一旦他表达了自己的道德或政治态度，通过艺术改变了读者的观点，他就满足了。他确实是个伟大的艺术家。连俄国政府也惧怕他，他最后一次访问俄国时，他们千方百计让他无法逗留太久。他声称自己想象力匮乏——他所写的
436 一切在某种程度上都来源于生活。他的写作都是从实际生活中观察到的某个情境开始，然后将其转变成艺术作品，否则他根本无法开始写作——因此他无法写历史小说，而他写的每一篇小说，据他讲，都来自某个他亲身经历过，或别人向他描述过的具体情境——从来都不是想象出来的。[……]

一定拜读你的齐切利系列演讲文集[1]，一出版就读。我的演讲文集如果真能出版，也希望给你寄一份。

非常、非常感谢你的来信。真的很感动。

你永远的

以赛亚 [……]

致安娜·卡琳

1970 年 11 月 17 日

海丁顿宅

最亲爱的 N：

唉，整天处于如此糟糕的状态中，我甚至都无暇见

[1] 哈罗德 1970 年作的齐切利系列讲座，由全灵学院主办，第二年以《社会学、道德与玄虚》为书名出版（伦敦，1971）。

你——你知道我有多难受——一切了结后我才能见人。你说的一切总是完全正确、入木三分——只有以俄国作为背景，我才会真的想说点心里话。其他情况下可能都是应景话[1]。只要我的演讲一出版，就会给你寄几份过去，如果它真的出版的话。我想它会在2月份的某个时间被播出，感谢上帝，那时我不在此地。像往常一样，整个演讲过程我都痛苦万分，我宁可用麦克风！我还犯了个可怕的错误。我为什么要说杜勃罗留波夫[2]谈到了“体制”，该词后来在魏玛、今天在美国重现——意指令人痛恨的制度，革命者在打倒它之前必须先脱离它？他并没有说这个词。谈到“环境”[3]时，他的意思就是我们大家都熟知的该词之意——我不敢肯定是否他首开了这个风尚——我想“体制”一词确实出现在书上了，意为某种哲学学说。不论如何，我先是犯了一个错误，然后把更多的理论建立在这个错误之上。很典型，很可怕。此外，关于“盒子”的整段话并未出现在《当代》里——审查时被删掉了——后来才出现在车尔尼雪夫斯基主编的修复后的文本中，那时距杜勃罗留波夫去世已经很久了——跟你说这些，是因为你至少明白我说的——还有谁会明白呢？即

[1] 伯林此处原文为：konstruiert。
[2] 尼古拉·亚历山大洛维奇·杜勃罗留波夫（1836—1861），俄国文学评论家，在激进知识阶层，也许他的影响仅次于别林斯基；自由主义期刊《当代》（*Sovremenik*）的撰稿人，自1857年后任该刊首席评论家。
[3] 伯林此处原文为：sreda。

437 便奥博伦斯基也不太明白。在整个集会中我只看到一个脑袋——我进去时见到的唯一一个——卡特可夫[1]的。我并未说起这个小插曲：在普希金节上，屠格涅夫拒绝在公众场合同他[2]握手——就我所知，这是他唯一的一次在公众场合对俄国人或朋友不礼貌——我也没跟人说他把自己的痛风称作“卡特可夫炎症”[3]。那会有点儿残忍，我想。[……]

（爱）你的

以赛亚

致欧文·查德威克[4]

1970年11月27日［副本］

［沃尔夫森学院］

亲爱的查德威克：

唉，关于艾萨克爵士对艺术和科学的真正兴趣，我和您一样知之甚少，我怀疑这是因为没什么值得我们去了解。我

[1] 乔治·卡特可夫（1903—1985），生于俄国，圣安东尼学院研究员，1959—1971年任苏联制度及经济学的讲师。参见《伯林书信集（卷二）》，原文第71页注6。

[2] 即米哈伊尔·卡特可夫，乔治·卡特可夫的叔祖父（见原文第431页注2）。

[3] 伯林此处原文为：“katkovka”，意为“卡特可夫炎症”。出自1877年5月23日致米哈伊尔·马特维奇·斯塔斯宇勒维奇的信，收入I. S. 屠格涅夫的《屠格涅夫全集》（莫斯科 / 列宁格勒）之《书信集》，第12章 /（卷一），第160页。

[4]（威廉）·欧文·查德威克（生于1916年），后来荣获高级英帝国勋爵勋章（1982）和英国功绩勋章（1983）；1956—1983年任剑桥大学塞尔文学院院长；1958—1968年任剑桥大学教会史迪克西讲席教授，1968—1983年任现代史钦定讲席教授。

曾不得不就此话题为一家不知名的期刊[1]写过文章——不得不求助于同行的看法：在19世纪及20世纪，英国贵族甚少赞助学习，此事主要由各种不同的富商做，比如——我想不起19世纪除了末期，之前还有过什么知名富商，我在头脑里快速浏览了下，有伯明翰的约瑟夫·张伯伦，利兹的布拉泽顿，布里斯托的威尔斯，诺丁汉的布特，最后是牛津的纳菲尔德，他是我关注的对象——我的恩人。

关于热爱学习这一传统，即便是俄国及东欧最贫穷的犹太人，也有可圈可点的地方，所罗门·沃尔夫森——艾萨克的父亲——就来自东欧，有这一特殊家世渊源的富人天生就支持学习，但其他富人的想法则各式各样。我担心我对你帮助甚少。当然，艾萨克是个狂热的宗教分子——犹太教中最简单的那类原教旨主义者——虽然我猜想他并非很了解犹太教中的神学或历史元素，但他忠于他对父亲的记忆，坚信教规至关重要，这些使得他做了自己民族历史宗教的最强有 438
力支持者，而这个国家拥有所有那些犹太人——以及有影响力的富人。

我有一个感觉——不过，这肯定不能为您的演讲提供材料，还有可能让您分心——他就像一个中世纪商人，通过建

[1] 文章题目为“伟大的施主”［指艾萨克·沃尔夫森］，《雷霍沃特》［期刊，由魏茨曼科学研究所及纪念哈伊姆·魏茨曼机构主办］，1968年夏季版，第18—21页。

教堂和寺庙、资助人们念主祷文和称颂万福玛利亚，觉得他和天堂之间建立起了稳固的联结，在人世间已没什么遗憾了。在我看来，他就是这样的人——不仅性情快活、精力充沛、乐天开朗，还富于想象、不知疲倦、和蔼可亲、慷慨大方，像一名阿拉伯酋长那样醉心于宗教活动——如伊本·沙特[1]——同时忙于大型企业世界中一点一点却不乏残忍的掠夺。他一早就起床，花很多时间祷告，然后到办公室，我想他是第一个到的。他严格遵守犹太假日，并要求家人也这么做——很清楚家人有时会感觉厌烦——但教规就是一切。他的儿子伦纳德是个充满热情的自学者，读吉本、纳米尔、麦考利、惠勒—班纳特[2]，以及任何别人向他认真推荐的书，真心尊重并理解通常而言的教育、学习、知识分子的生活。

我担心我让您失望了：如果您把艾萨克同他的基金会相提并论，我觉得不会有什么错。我无比期待并将心情愉快地去聆听您的讲座。

您真诚的

[以赛亚·伯林]

[1] 伊本·沙特（约 1880—1953），沙特阿拉伯的第一任国王，在其领导下，该国获得潜力巨大的石油资源与财富。

[2] 约翰·惠勒·惠勒—班纳特（1902—1994），历史学家，乔治六世的御用传记作家；1939—1945 年任职于纽约的英国政府部门；1950—1957 年任圣安东尼学院研究员，自 1959 年起任皇家档案馆的历史顾问。

致雅各布·赫伊津哈[1]

1970年12月16日［副本］

［沃尔夫森学院］

亲爱的赫伊津哈先生：

当然，我本该在许多天以前，就把您的打字稿寄还给您——阅读它带给我极大的喜悦和乐趣。您写的内容，约有65%是我同意的——如果我能同您再谈一次，百分比也许会提高，但我同意或不同意又有什么关系呢？我想可以有不同意见的唯一依据是：您认为奥斯本[2]在作品中爆发出的 439 庸俗和对公众趣味的可怕侮辱，只不过是事实而已，即，那是他自己没有魅力、缺乏教养的表现。我认为在很大程度上的确如此——然而其中的对话——至少舞台上的对话——我没读过他的剧本，也没打算读——设计得非常巧妙——成功吸引了即便是最勉强的观众（比如说我）的注意力——我认为，那说明他在那方面很有天赋，即便他的天赋并非最高；此外，我确实认为它表现了年轻人的心态，虽然是以一种极端夸张、讽刺的方式表现的——也许这有必要，因为如果要

[1] 雅各布·赫尔曼（“吉米”）·赫伊津哈（1908—1994），著名的荷兰驻伦敦记者、作家，第二次世界大战期间供职于荷兰在纽约的新闻部门；保罗·亨利·斯巴克的传记作者。

[2] 约翰·詹姆斯·奥斯本（1929—1994），戏剧家、演员。英国戏剧公司把他的剧作《愤怒的回顾》（1956）搬上舞台，这改变了战后的英国戏剧：他对工人阶级单调乏味生活的赤裸裸的描写代表了一个新的剧种，即，“厨房洗涤剧”，奥斯本本人被认为是“愤怒的一代”的代言人。

穿透表象，您必须穿透传统习俗的“外壳”或“硬皮”——那并非今天的年轻人，而是过去的年轻人的心态——他们获得了父辈希望他们得到的金钱、安全感、教育、地位等，但不快乐，感到“疏离”，即，和社会格格不入，没办法让自己理性，从而变得神经质、焦虑不安、脾气暴躁，而且，总体而言，他们大都反对传统政治（不像现在的年轻人），非常讨厌所有的口号、所有的规则、所有的理想、左派和右派规划的一切，渴望摧毁一切，进入另一个世界，虽然关于这个世界他们一无所知。这是愤怒的浪漫主义者的心态，在人类历史的其他时期也可看到，虽然对其的表达也许不会如此粗俗、暴力——比如，在 18 世纪末 19 世纪初的德国，甚至法国的某些时期，还有俄国 20 世纪 20 年代的那些诗人和作家，他们的心态属于 1917 年的俄国十月革命前，那时的流行观点是：普希金是垃圾，莎士比亚毫无价值，所有的资产阶级情绪，包括封建情绪，“真正的男子汉”把其当作可怕的负担——俄国共产主义的所有先驱都认为这种态度令人讨厌、不负责任。他们在政治上越暴力、越疯狂，如列宁，他们的文学、艺术品位则越墨守成规、越传统——人们把这叫作文化布尔什维克主义，它遭到了俄国革命者的严厉谴责，然而它在柏林、汉堡等地滋长起来，对奥登、伊舍伍德等人的早期心态产生了很大影响。我不该就当代文学、意识等来一场演讲，这方面我可没信心——真的非常感谢您把文章寄给我，我带着感激之心将其归还。

您真诚的

[以赛亚·伯林] 440

致加比·科恩

1971年1月4日[副本]

[海丁顿宅]

亲爱的加比：

[……]本月不能来以色列，我真的非常抱歉——唉，就目前来看，我要到明年此时才能来。[……]来自中东的消息，现在看来，有些不妙——很难解释俄国人的凶猛[1]——这些事总是跟国内压力、紧张有关系，并非仅出于外交政策上的考虑；因此我认为，人们普遍不满，比记者报道的更为严重，虽然它不至于像一百年前的今天那样，动摇国家的基础。我很高兴我不是一名俄罗斯历史学家，我这里意指俄国的历史学家。因为记录这样一个国家太令人难受了：公民或其他任何人认为值得为之而活、有时是值得为之而死的每个人类目的，政府总是进行压制、嘲笑、无情对

[1] 在1970年12月21日的一场演讲中，苏联总理阿列克谢·柯西金发誓说，苏联支持阿拉伯人反对以色列的“正义斗争”。演讲前，莫斯科同埃及代表团召开了高层会议，这是10月1日纳赛尔葬礼后首次召开此种形式的会议：“既然现在我们和我们的阿拉伯朋友在一起，我们可以很肯定地说，以色列侵略者和那些在背后支持他们的人，永远不可能达到他们在中东扩张政策中制定的目标。”(《泰晤士报》1970年12月22日第1e版)

待、反对，少有平静期——记录历史时，能给人带来些许安慰的那些人，都强烈反对这个国家或做到了对其无动于衷——我想，这个记录没能被其他任何一个国家赶超，因为即便是西班牙或土耳其，对少数民族终究是很友好的。这个政府，不论如何，一些在以色列的人们还是对它怀有某种感情、喜爱、某种忠诚，我想，一旦政府稍稍示好，甚至只要不表露恶意，他们的感情就会喷涌而出！已经解放了的奴隶还在怀念鞭子，此时奢谈什么人类解放呢？［……］

你的

［以赛亚］

致保罗·戈尔—布思

1971 年 1 月 6 日［副本］

［海丁顿宅］

亲爱的保罗：

外交部的文件对大众公开的日子正一天天临近，缓慢但不容变更，对此我既感兴趣又不无担忧。当然，占据我脑海
441 的是 1942 年后大使（有时是别人）从华盛顿发往伦敦的某些电报和快讯。我无须细说它们的内容属于何种性质，这个你肯定记得，虽然不消说，我可能记得更清楚。它们并不包含什么特别的秘密，一般说来，我也不能宣称说它们的大部分内容，即便是初稿，是我写的。理论上讲，它是集体智慧的成果，在实践中有时也是如此。我担心的是，在这众多稿

件中，有许多是对美国公众人物的思考，有的用直言不讳、有时显然是冷嘲热讽的语言撰写，如果正式出版了，感到尴尬、感情上受伤的，不仅仅是朋友们、崇拜者，以及其中提到的那些人的后裔，在某些情况下，我敢说是在许多情况下，还会伤害那些还在世的名流显贵——艾奇逊们、哈利曼们，以及诸如此类的大人物，其他一些小人物就不用提了。当然，这类材料中的某些内容会被拿掉，不给历史学家和记者看，但这种事总是很难操作，而且，我认为，对这些文件也不会采取什么保密措施。另一方面，我并不认为美国会以我冒犯了它为由，永远禁止我入境。因此我想，这是否是个好主意：让一些严肃的、完全胜任的历史学家查阅，挑选并出版其中的部分材料，他们不会仅仅对其中一些好玩的昙花一现的八卦感兴趣，而电报在某种程度上就是这些内容。[1]

[……]

你永远的

[以赛亚]

[1] 后来，经过筛选的一些官方文件以《华盛顿快讯：1941—1945：来自英国使馆的每周政治报道》（伦敦，1981）为书名出版，编者为 H. G. 尼古拉斯（参见原文第 453 页注 2），他是战争期间伯林在伦敦情报部的主要联络人。它们很乏味，一位评论者说它们写的“是美国当地人关心的事（劳资纠纷等），以及一些泛泛之谈，令人读来昏昏欲睡”（《伦敦书评》，1981 年 11 月 5 日，第 16—17 页）。伯林为该书作序，收入《伯林书信集（卷一）》。而跟在官方文件后面的附录（不得体的“私货”）则有趣多了，伯林把它寄给了朋友们，主要是尼古拉斯。可以在网站（http：//berlin.wolf.ox.ac.uk/published_works/f/lnicholas.pdf）上读到伯林和尼古拉斯来往信件的副本，虽然不够全。

致尼古拉斯·亨德森[1]

1971年2月8日［副本］

［沃尔夫森学院］

亲爱的尼克：

也许，你现已收到了约翰·斯帕洛谈瓦利茨基的来信。我曾收到瓦利茨基一封令人心碎的来信，他没在信里具体说
442 什么，但解释说，到今年年底或明年初，他想回到全灵学院，或牛津大学的任何一个学院。我完全能想象他的心境，非常急切地想帮助他。

如果我的学院有经费（目前我们不支付任何人的费用），我很愿意邀请他来我的沃尔夫森学院；但因为他需要钱生活，只有他以前待过的全灵学院可以帮助他。然而，我已告诉他们我打算从一份教育信托基金中拿出五百英镑支援他们，这应该会让他们的态度软化一些。约翰·斯帕洛在感情方面完全倒向瓦利茨基，喜欢他；至于我，你知道的，对他充满挚爱；但全灵学院的一些愤世嫉俗者说，如果他真的像给我的信中（我摘录了其中一些合适的部分译成英语并呈递给了委员会）所描绘的那样痛苦，他为什么不立刻就来，而要等到10月或1972年1月？答案显而易见，他有

[1]（约翰）·尼古拉斯·亨德森（1919—2009），后（1972）受封圣迈克尔和圣乔治高级爵士；外交家及作家；1963—1965年任外交大臣的私人秘书；1965—1969年任驻马德里公使，1969—1972年任驻波兰大使；1972—1975年任驻联邦德国大使。

职责要完成，而且他并没有什么人身危险，加上办这些繁杂的例行手续需要时间，等等。可是，我在全灵学院的两三个前同事在此事上态度可鄙——他们设置障碍（并不十分可怕），也许是因为他们担心其中有诈，一想到全灵学院的院长，他们就有此担心。然而，一想到这点我就发狂：即便没有人身安全问题，这个可敬的人只是想要一个活着呼吸的机会，这对全灵学院来说很容易做到，毕竟它不穷，然而，该机会却取决于一些极度卑劣者的胡思乱想及心胸狭隘的诡计。

你会收到约翰的来信，询问相关信息[1] [……]。我无须请求你告诉我，对一个诚实、开明、道德上敏感的人来说，在波兰的任何一个大学教一门政治敏感的专业，现在的感受会是如何。[……]

爱你的

[以赛亚]

我最好没写此信：里面包含太多痛苦的情感，不得不谈及那些让人无法忍受的人，虽然没有指名道姓。这样说似乎很可怕，然而，你父亲[2] 去世也许是件好事：那些怪物会把

[1] 伯林明确希望，因亨德森是驻波兰大使，进一步促成瓦利茨基这件事。

[2] 休伯特·道格拉斯·亨德森（1890—1952），经济学家；1934 年起任全灵学院研究员，1951—1952 年任该院院长，他因冠状动脉血栓突然死于任上。

他那非凡的耐心逼至超出极限。我听起来像罗斯。这种情绪一定会传染的。

1971年2月中至5月初伯林待在美国，4月的第二周回
443 英国看望母亲，后又去美国，此次艾琳没有同行。他访问了西雅图（2月21日至26日）、温哥华（2月26日至3月3日）、华盛顿、堪萨斯及查尔斯顿、南卡罗来纳等。

致约翰·惠勒—班纳特

1971年2月19日［副本］

纽约

最亲爱的约翰：

［……］就我个人而言，邮局罢工绝对是件很棒的事[1]——这是一段天堂般自由自在的时期，不会收到各种信件：古怪的印度毕业生要求沃尔夫森学院立刻录取他，上了年纪、没有学位的美国反战者亦提出同样要求，还有其他一些怪人——还有关于建筑延期的惨淡报道，各类毕业生已经就地破产，等等。关于我们国内的事我能告诉你什么呢？我认为，事情并未发展成革命危机。邮局工人并不真心想罢工，但他们的领导不得不

[1] 邮局工人工会联盟举行了正式罢工，时间从1971年1月19日持续到3月8日；这是战后持续时间最长的全国性罢工，也是那个冬天的第三个主要公共部门罢工。邮局工人要求工资增加13%；但只增加了8%，再没提高，他们选择了恢复工作。

组织罢工，否则会有人指责他们为工人做得太少，比如，说他们还不如码头工人的领导，[1] 那样会危及他们在工会的位置。因为没人真正挨饿或遭受剥削，大部分工人觉得他们只不过在亏钱，并且在选择短期还是长期的私利之间左右为难。欧洲共同体是个大议题。鲍威尔先生 [2] 求助于工会正取得巨大成功，工会可能成为他最有力的支持者，去反对东方佬和欧洲人，因人们对他们怀有同样的仇恨——他向工会保证，如果加薪要求得到满足，不会对通胀有任何影响，这下工会高兴了，但财政部被逼到了绝路。我狂热支持进入欧洲共同体，不然我们会在政治上无足轻重、经济上陷入困境、受极其狭隘的地方主义引领，已经开始有此苗头了。加入欧洲在短期内会引起混乱和痛苦，但拒绝加入最终会让我们成为另一个葡萄牙，或至多成为另一个瑞典，那就太悲惨了。所有的反对者，虽然表面上关心的是经济、生活水平等，实际上是害怕、鄙视外国人——英国现在 444
是个孤立主义者，程度比过去任何时候的美国都严重得多，这是衰退前的焦虑症状，我认为这是无法避免的。我不相信会有

[1] 1970 年 7 月 16 日至 8 月 3 日举行了国家码头工人罢工：工资涨了近 7% 后，码头工人停止罢工。

[2]（约翰）· 伊诺克 · 鲍威尔（1912—1998），1950—1974 年为代表南威尔士区伍尔弗汉普顿的保守党议员；1960—1963 年任卫生大臣。1968 年 4 月 21 日鲍威尔被逐出了影子内阁，因为他的领导爱德华 · 希思认为，他发表的反对伯明翰移民的那场演讲（刊登于《泰晤士报》1968 年 4 月 22 日第 1b 版）带“种族倾向”且有煽动性（所谓的“血流成河”演讲）。不再任前座议员后，他经常对政府政策提出尖锐的批评；虽然总体上不反对欧洲自由贸易，但他反对英国加入欧洲共同体。后（1974—1983）成为代表南部地区的北爱尔兰统一党议员。

春季选举，我同意你说的，我们国家还没准备好加入欧洲共同体，就像以前，希特勒也让我们措手不及。我们本该做好准备，如果我们只是等待事情缓慢发展，代价总是会高得多。[……]

你的

[以赛亚]

致琼·弗拉德

1971 年 3 月 15 日［手稿］

纽约城市大学

最亲爱的琼：

[……] 纽约没什么变化：我这人观察能力特差，因此你可忽略我说的，但我没看到什么大改变。三胞胎也还是一点儿都没变：戴安娜继续尖声叫嚷着左派的邪恶；莱昂内尔坐在那儿，仿佛一道纤弱的银光，伤心地笑着，笑朋友、同事、人类的荒谬和麻木；埃德蒙·威尔逊则优秀多了（你认识他吗？他是那儿的最后一个伟人：腆着将军肚、老眼昏花等特点全有，而我天生敬仰英雄，真的崇拜他；他那美丽、出色、极其敏感、知名度高的准俄国妻子[1]让我想起伍尔夫太太，她也让艾琳紧张）——威尔逊，一直都在阅读

[1] 艾琳娜·玛姆·桑顿·威尔逊（1906—1979），婚前叫海伦—玛尔特·玛姆·冯·施瓦岑施泰因，埃德蒙·威尔逊的第四任（也是最后一位）妻子。他们于 1946 年结婚；她父亲是普鲁士贵族，母亲则是俄国贵族。

索尔仁尼琴[1]和曼德尔施塔姆夫人[2]——现在认为俄国人太
可怕了——每个人遭受的不外乎是折磨、蹂躏、彻底的失
败，人们不断陷入可怕的泥淖中，无法自拔，等等——他的
结论是，俄国人都是施虐与受虐者——是骗子、手上沾满血
污的野兽，或是正在流血的受害者——遭受过多伤害、过于
恶毒、过于令人作呕，他简直无法继续写下去——他对他们
的描写，几乎比其他任何人都写得更好。“告诉我，”他说，
“告诉我，你觉得我在《到芬兰车站》[3]中是否对列宁太客气 445
了？”我的确曾跟他说过列宁是个冷酷的恶魔，而他过去常
说列宁对共产党员很好，亲切地帮助其他同志且富有成效。
“是的，”我说，“你是太客气了。”“我在下一版中会把那些
全改了。”他说。就像那些讣告作者，得知关于“写作对象”
的更多信息后——便写信给《泰晤士报》要回自己的文稿、

[1] 亚历山大·伊萨耶维奇·索尔仁尼琴（1918—2008），苏联小说家。《伊凡·杰尼索维奇的一天》写的是他八年来待在古拉格劳改营的经历，于 1962 年出版，当时正值赫鲁晓夫的自由化运动，但到了 1969 年，索尔仁尼琴被苏联作家协会开除，第二年被禁止去斯德哥尔摩领取诺贝尔文学奖。因为在国外出版了《古拉格群岛》（俄语版，巴黎，1973 年 12 月末；英文译本初版，伦敦，1974），他于 1974 年被捕并被流放，但最终于 1994 年回到俄罗斯。

[2] 娜杰日达·雅科夫列维奇·曼德尔施塔姆（1899—1980），苏联作家，阿克梅派诗人奥西普·埃米尔耶维奇·曼德尔施塔姆（1891—1938）的遗孀，曼德尔施塔姆死于前往西伯利亚劳改营的路上；娜杰日达写的回忆录（1970，1972），由马克斯·海沃德译成《希望对抗希望》及《被遗弃的希望》（伦敦，1971，1974），它们分别描绘了她丈夫受到的迫害和死亡，以及她自己的守寡经历，背景都是斯大林主义的压迫和文化堕落。

[3]《到芬兰车站》（1940），该书研究了从米什莱到马克思和恩格斯的欧洲社会主义和革命的演变；书的结尾概述了托洛茨基和列宁的性格。

再做一些诋毁，而“写作对象”则正在彭布鲁克的某处安静地阅读。圣体学院皮德科博士[1]过去经常这么干。我刚从西雅图（朝气蓬勃、充满活力）、温哥华（英国味十足、非常漂亮）和堪萨斯（我在那为了赫伯特跟一位教授辩论，他认为赫伯特的报告[2]过于爱护学生——好像学生们不能像那些乏味狭隘的教授那样，对知识和社会做出理性的判断——我为赫伯特热烈辩护——为自己的好战感到吃惊——如果你认为我温和、易妥协，你应该同堪萨斯大学的那些人聊聊，哈哈！）回来，回到此句的开头，现在我回来了。噢，海默韦特小姐！[3]她带来那么多麻烦！卡梅尔学院培养的沙南先生！[4]

[1] 弗雷德里克·伯纳德·皮德科（1885—1952），数学家，1921—1950年任牛津大学基督圣体学院研究员。“他是个要求很高的人，高标准、严要求［……］，同事和学生想得到他的关注，必须达到他的这些标准。”（《泰晤士报》1952年7月2日第8e版）
[2] 指赫伯特·哈特1969年的一份报告，谈牛津大学的师生关系（参见原文第355页注1）。
[3] 苏珊·菲丽西蒂·海默韦特（生于1948年），经济学家；1969—1974年为沃尔夫森学院数学专业研究生。“不巧的是，20世纪60年代末学生革命运动的领导人中有几个是沃尔夫森学院的。伯林夫妇解决了一场迫在眉睫的危机——有人计划通过邀请工会中的所有政治家参加聚会——把一袋煤灰倒在他们某些人的头上。乔治·史密斯记得，在班伯里路60号，看到以赛亚坐在扶手椅里，周围的地上都是学生，这是个经典场面。”出自迈克尔·阿盖尔的“以赛亚·伯林以及牛津大学沃尔夫森学院的创立”，该文章对伯林1998年6月20日在沃尔夫森学院基金会晚宴上的演讲做了小修改，收入《大学校史1997—1998》。
[4] 迈克尔·阿瑟·沙南（生于1946年），纪录片制片人、作家和教师；1968—1974年为沃尔夫森学院哲学专业研究生，其间和伯林一起工作，并为BBC撰写音乐评论、制作关于当代音乐的纪录片。“我并非哲学专业优秀生，但因对音乐的共同爱好同以赛亚走到了一起”（www.mchanan.com/who-me/）。牛津郡的卡梅尔学院主要是犹太男女同校的寄宿学校，成立于1948年（1997年关闭），沙南在这待了三年，然后上基尔本语法学校。

噢犹太人！所有犹太人！[1]他们能保持沉默半小时该多好——可他们举着手臂问我（在西雅图时）："教授，对于正在进行中的世界革命，以及它想摧毁现行美国政府的合理想法，你是怎么想的？"我只能（弱弱地）说："我没想过把它和康德（我讲座的话题）联系起来，但我确实认为它是个问题，有可能［……］占据一个人的心灵。"——噢，天哪！我很想远离各种事件——但我还是体验到了做巡回喜剧演员的感受，今天在一个地方明天跑到另一处：不是说像，我简直就是名喜剧演员，而你从未、从来都没有体验过此种感受。[……]

你的

以赛亚 446

致伯纳德·沃尔[2]

1971年4月13日［副本］

［纽约城市大学］沃尔夫森学院

亲爱的伯纳德：

关于拉丁文礼拜仪式[3]这件事，我完全站在你这边，然

[1] 伯林此处原文为：Alles die Juden。

[2] 伯纳德·沃尔（1908—1974），作家、翻译家，（和他的妻子芭芭拉一起同为）天主教活动家、评论家；《天主教先驱报》专栏作家；1967—1973年直接参与了恢复传统拉丁文弥撒的运动。

[3] 为了鼓励更多的世俗信徒参加仪式，自20世纪60年代中期起，罗马天主教会允许用本地方言做大部分弥撒，导致大量弥撒不使用拉丁文，许多人联名向梵蒂冈呼吁保存传统的拉丁文弥撒，这些人包括：弗拉基米尔·阿什克纳齐、莫里

而我真的认为，让我就此话题去跟教皇呼吁恐怕不太好；实际上，我想，因此事并不关乎死亡，那当然就会削弱我们的立场。但是，上帝，类似的事发生在其他信仰中——抛弃希伯来人、希腊人等等。我的感觉一直都是——只要跟希伯来人的犹太教堂有关，如果犹太教堂有真正的危险，我明天就会上街。

你的

[以赛亚]

致亚历山大·格申克龙[1]

1971年4月21日［副本］

纽约

最亲爱的！[2]

此信目的是为了告知：我这些天想打电话给你，问候你的健康及总体状况，咨询你对当今重大问题的看法。据我了解，你刊出了一篇文章，把我们的朋友E. H. 卡尔击倒在地

斯·鲍拉、阿加莎·克里斯蒂、格雷厄姆·格林、琼·萨瑟兰、耶胡迪·梅纽因。(《泰晤士报》1971年7月6日第5a—b版)

[1] 亚历山大·格申克龙（1901—1978），经济史学家；自1948年起在哈佛任教，1956—1975年任首位沃尔特·S. 巴克讲席教授。他的父亲亨里克，是德美同盟组织的一位政治活动家，1941年被苏联秘密警察处死。

[2] 伯林此处原文为：Drazhaishiy。

了[1]——亚历山大·埃利希[2]是这样跟我说的——他还告诉我说，你对他说的话给予关注，这过于抬举他了，你用了战争中的强有力武器把一艘小小的、无足轻重的船击溃了。这篇东西我尚未读到，想到你已经读了，我自然感到非常满意。“他罪有应得”这个概念的基础是惩罚报应理论，事实上只有该理论让惩罚这个概念具有了重要性（真的吗？）。如果我们听准男爵夫人伍顿[3]以及其他现代思想家说的，惩罚的目的只是威慑、改进、教育（这些是宗教法庭所做的辩护），那么，诗意的公正，以及某种程度上说一般意义上的公正，就变得空洞无意义了。因此，我为你的行为鼓掌，不仅代表我个人，而且是基于黑格尔说的最崇高的普遍原则。请务必按上述号码打电话给我，或者，我打电话给你。如果我无从知晓你身体康健且“正专注于自己的事”，会不开心 447

[1] E. H. 卡尔在1967年的一篇文章中严厉谴责了格申克龙对19世纪欧洲工业化的描述；到了1968年5月，格申克龙在剑桥大学的某场爱伦·麦克阿瑟系列讲座中，“很好地变本加厉地反击了卡尔”，卡尔“被活着烤了——或者说被扔进了（经济）史的垃圾堆，也可以这么说”，这是其中一个评论家的观点：约翰·P. 麦凯，《现代历史期刊》，第43期（1971），第134页。卡尔的攻击，“关于苏联工业化的一些思考”，收入C. H. 范斯坦（编）的《社会主义、资本主义和经济增长：献给莫里斯·多博的文章》（剑桥，1967）；格申克龙的反驳，则收入《俄国镜子中的欧洲：关于经济史的四场演讲》（剑桥，1971）。
[2] 亚历山大·埃利希（1912—1985），生于俄国，经济学家，犹太人；1955年起在哥伦比亚大学任教，1959—1966年任副教授，1966—1981年任经济学教授。
[3] 芭芭拉·弗朗西丝·伍顿（1897—1988），婚前姓亚当，1958年成为终身贵族，经济学家和社会学家。作为1966—1979年刑罚事宜咨询委员会的成员，她领导的一个分委会于1970年9月出台了一份报告，建议用非/半拘役代替监狱服刑。

的。向你太太送上我最温暖的问候。

你真诚的

以赛亚 [……]

致阿瑟·施莱辛格

1971 年 4 月 22 日［无称呼或署名］

纽约城市大学

谢谢你给我寄来约斯特[1]的文章。他的话说得非常得体，但都是官样文章，没什么用处。如果犹太人和阿拉伯人都是世纪俱乐部的成员，他们会听这些布道并从中受益。哎呀，对于真正能感动阿拉伯人或犹太人的东西，他毫无感觉（至少迄今为止我这么认为）。[……] 约斯特说领土从未给人带来安全感，哎，这话可不对，老生常谈罢了，事实上他文章的大部分内容亦如是——没有恶意、真诚、得体、小心翼翼，他所有的老生常谈皆如此。俄国人当然因得到了波罗的海港口，而免遭来自北部的德国人和斯堪的那维亚人的袭击；意大利占领了北部边境的阿尔卑斯通道后，就免遭侵略了；无法想象，以色列若没有占领内盖夫的任何地方，它怎能在“六日战争”中取胜。然而，我不是战略家，也许这一切全是废话，但我不相信

[1] 查尔斯·伍德拉夫·约斯特（1907—1981），美国外交官和作家；1930—1971 年间断性地任职于外交部；1969 年被提名为美国驻联合国常任代表，尼克松和基辛格在中东问题上的顾问；1971 年退休，专心写作和教书。

那种普遍的主张，认为只有各种协议才能保证安全〈若事事都遵守联合国的协议，那可不牢靠〉。我完全同意美—俄等各国混合部队驻扎在这整片土地上，以总体上保证犹太人和阿拉伯 448 人不要虎视眈眈地盯着对方。我还希望，以色列人归还约旦河西岸的领土，能还多少就还多少，不要去统治所有那些阿拉伯人——虽未超过一百万，但还是人数众多——他们目前生活在那儿。[……] 我忍不住认为，语言比领土更不值钱——萨达特[1]的继任者没必要记住他说过的话，然而即便在今天，边境还是更为重要。但是，我有理由怀疑我碰到的以色列人（目前才几个）所表现出的过度主和倾向，但即便是我，亦不建议他们接受约斯特计划，除非他们单纯出于礼节而准备自杀——希望他们不要成为人人眼里的讨厌之人，他们已是、目前还是这种人，在我们的有生之年，他们可能会一直往此方向发展。总之，我并不乐观——但我觉得，中东对抗导致重大战争的可能性微乎其微，然而——我有可能再次无可救药地错了——吴丹的警告对我的作用，犹如莱奥尼·安德烈耶夫那有点儿歇斯底里的写作对托尔斯泰的影响："他在尖叫，但我并不害怕。"[2]

[1] 安瓦尔·艾尔·萨达特（1918—1981），1964—1966 年及 1969—1970 年任埃及副总统，1970—1981 年接替纳赛尔任总统；1973 年领导埃及参加"赎罪日战争"，但后来同以色列和解，同梅纳赫姆·贝京一起被授予 1978 年诺贝尔和平奖；被伊斯兰教极端主义者暗杀。

[2] 莱奥尼·尼古拉耶维奇·安德烈耶夫（1871—1919），俄国表现主义作家、戏剧家及业余摄影家；他的剧本描述了 1905—1917 年期间革命所造成的破坏；十月革命后他移居芬兰，并在此逝世。他对托尔斯泰的评论有多个版本，并未包括

我只是不相信会发生重大战争，因为现在双方都决意不让其发生。如果形势真的开始变得险恶，阿拉伯人和犹太人会开始有非常不同的表现，可怜的捷克人就是个例子，他们的命运——受到谴责，被认为是苏台德地区德意志人的压迫者——以色列人显然不会忘记。[……] 我想，约斯特先生之于慕尼黑，本该像威廉·海特[1]那样，是出于最明智、理性、崇高的动机。然而从原则上讲，德国人——或奥地利人——声称苏台德地区是他们的，当然和阿拉伯人声称巴勒斯坦是他们的一样糟。我的想法很简单：如果达扬，萨达特的强硬官员，和来自这儿的某人——甚至是尼克松自己——能达成某种协议，会是有效的。否则我疑虑重重。

致米利亚姆·格罗斯[2]

1971年5月4日

纽约城市大学

亲爱的米利亚姆：

449 非常感谢你，建议我评论娜杰日达·曼德尔施塔姆。[3]

伯林所提及的，最常见的是“他想吓唬我，但我并不害怕”。

[1] 威廉·古迪纳夫·海特（1906—1995），1953年获圣迈克尔和圣乔治勋章，外交官，1953—1957年任英国驻苏联大使；1958—1976年任新学院院长。

[2] 米利亚姆·玛丽安娜·格罗斯（欧文夫人）（生于1938年），婚前姓梅；1965年同约翰·格罗斯结婚（1988年离婚），1993年同杰弗里·欧文（爵士）结婚；文学编辑和自由记者；1969—1981年任《观察家报》文学副主编。

[3]《希望对抗希望》（参见原文第445页注3）。

我希望我能做到，然而，我没时间好好阅读这本精彩的书，而且，我真的没那个勇气：它让我苦恼万分。我认为，它是我读过的最为高贵、缜密、高高在上、让人泄气的书之一——不知不觉地让你感到沮丧，比索尔仁尼琴更甚——但如果我把我的想法说出来，我会尴尬的：我讨厌把自己的灵魂对公众敞开，可在这件事上就得这么做——不能像对待其他类似书籍那样简单地评论它。它表达出了1945年及1956年我在俄国时感觉到的所有恐惧。过去我常问自己，如果我忽然发现自己是俄国人，该怎么办，我本来很可能就是俄国人。我很清楚，如果那样，我会打破脑袋自杀：我会不想活了。在这本无比可怕的书中，所有这些感觉，以一种最可怕的方式，又回来了。[……]

你永远的

以赛亚

5月13日，迈克尔·阿迪恩爵士，女王的私人秘书，来信邀请伯林前去接受功绩勋章。这项荣誉是王室唯一的私人礼物，由爱德华七世创设，奖励“那些人：王室的臣民，在王室服务方面立了大功，或者在艺术、教育、科学和文学推广方面有显著成就，或者我们认可的类似卓越成就”[1]。痛苦

[1] 斯坦利·马丁，《功绩勋章：一百年来无可比拟的荣耀》（伦敦，2007），第566页（评选章程并未全文公开刊出）。

了几天后，伯林于5月18日同意接受此荣誉。阿迪恩告诉他说，王室会在5月27日星期四傍晚宣布此消息，而报纸要到第二天才会报道此事："如果你觉得确实有必要，你有时间采取回避措施。但还是会收到朋友们的祝贺，其中，我希望你会允许我表示祝贺。"[1]伯林真的左右为难，不知道是否该接受，他通常都缺乏自信："我要神经分裂了——我该拒绝吗？那会不会更糟？等等。当然，在适当时候我会摆脱这种状态，但在此过程中，我让可怜的艾琳受了不少折磨：没有狂喜，只有痛苦的自我反省和不知所措。"[2]

致戴维·塞西尔
1971年6月2日［副本］

［沃尔夫森学院］

亲爱的戴维：

450 ［……］非常感谢你的电报。我希望我能告诉你我的感受，但我正左右为难，不知如何是好。当我收到白金汉宫的来信时，我的第一感受是不知所措，然后便陷入极度的郁闷当中：一方面，对我的过高评价在我看来极为荒唐，如果接受的话，此事会显得很不合情理，会有很多人愤愤不平，而且，此事会不可避免地让学者和其他人心情抑郁；另一方

[1] 1971年5月24日的来信。
[2] 致杰克·唐纳森，1971年6月4日。

面，当然，这是我得到的最高赞美，或许是我此生能得到的最高赞美。如果我审视自己，客观地从外人的眼光进行审视，并问自己：我真的属于这一阶层吗？这些人中包括了吉尔伯特·穆雷[1]，罗素，G. E. 莫尔（他得此荣誉同我有部分关系），卢瑟福[2]，以及其他人？——答案很简单。我觉得我像格鲁乔·马克思："我不愿加入那种要让我成为其成员的俱乐部。"我做了什么？没有大部头的书，只有一系列小册子——倘若此荣誉授予G. N. 克拉克[3]这样的人，我会觉得很无聊，但也不会觉得不恰当。还有，我连你都比不上（我没有丝毫奉承的意思），你写了那么多好文章，整个地位也比我高得多——完全实至名归。即便是K. 克拉克我也望尘莫及，他在公众中享有极高的影响力，受到广泛认同，为我们国家带来了文明。在我看来，不论是克拉克，还是某个出

[1]（乔治）·吉尔伯特·艾梅·穆雷（1866—1957），古典学者及自由国际主义者；1908—1936年任牛津大学希腊语钦定教授；国际联盟中的杰出人物，"即便在生前，他已被当作某种世俗圣人"（克里斯托弗·斯特雷，《牛津国家人物传记词典》）；1941年获功绩勋章。

[2] 欧内斯特·卢瑟福（1871—1937），1914年受封爵士，1931年受封纳尔逊及剑桥卢瑟福男爵一世，生于新西兰，科学家，被认为是核物理的奠基人；1907—1919年任曼彻斯特大学物理实验室兰沃西讲席教授和实验室主任；1919—1937年任剑桥大学卡文迪许实验室实验物理教授及实验室主任；1908年获诺贝尔化学奖，1925年获功绩勋章。

[3] 乔治·诺曼·克拉克（1890—1979），1953年受封爵士，历史学家；1931—1943年任全灵学院经济史齐切利讲席教授及研究员；1943—1947年任剑桥大学三一学院现代史钦定教授及研究员；1947—1957年任奥里尔学院院长；1961—1975年任全灵学院研究员。

色的科学家，都更为合适；当然，他必须有天才的表现——或有科学发现，或改变了某学科的整个方向——或创作出了艺术杰作；或者至少，即便不是伟大的胜利，也取得了一些建树或创造了某种工作方式且影响深远（像南丁格尔小姐[1]），得到了所需名望。我记得当索利获此荣誉时我非常愤怒，因为我认为那会让勋章掉价——如果我从他人的眼光来看自己，也会有此感受吗？这些仅仅是神经质的感受吗？我敢说它们不是。因此我电话艾琳，告诉她发生了一件可怕的事。“什么？”她问道。“我被授予了一项荣誉。”“什么，
451 最高荣誉？贵族头衔？”“不，比那糟糕得多。我会毫不犹豫地拒绝贵族头衔，哪怕只是因为我不想被迫在下议院做一场演讲，或者不想让人们对我施压：他们认为贵族有道德义务谈此或彼话题——不，不要。但事情要糟糕得多，糟多了。”“什么荣誉呢？”“功绩勋章。”我回答道，显然口气中夹带着绝望的呻吟。与此同时，我当然也觉得无比激动，有种瞬间从一名烧炭人变成某个哈里发的感觉。我思忖是谁给女王提这个建议的。我认为是惠勒—班纳特，我想我的猜想应该不会错。然后我回家了，艾琳和我一起双双陷入了真正的忧郁中。我的上帝呀，我想，莫里斯会说什么？——他对

[1] 弗洛伦斯·南丁格尔（1820—1910），护理机构和军队医疗服务的改革者；1854 年率领一支私人护理远征队参加克里米亚战争，在其指导监督下，斯库台湖部队医院的护理水平得到显著提高；英国维多利亚时期的标志性人物，1907 年获功绩勋章。

这枚勋章是那么朝思暮想。到头来他会不会发生中风？如果我接受的话，我会不会成为他死亡的原因？罗斯是否会在公众场合侮辱我？那真的会让我无法忍受；即便韦奇伍德小姐的功绩勋章——他非常喜爱她——在他眼里也是完全不值、不配的。[1] 他真的可能因此大发雷霆。此事至少迫使我做了一些可笑的想象。（结果，莫里斯很坦然地接受了此事。“你是否认为，”他说，“他们会在圣约翰学院说，‘这是自布莱克受封贵族头衔以来最好的消息’？[2] 或者‘那会挫挫鲍拉的傲气吗’？”）因此我头脑成天想着此事，拿不定究竟要还是不要，在这种可怕的状态中，时间一天天过去，有那么四五天吧，我始终没法做出决定。如果接受，会不会让自己显得很可笑？我想，正是这点真正让我感到烦恼。人们会不会很愤愤不平？如果我认为他们这样是错的，那么我准备自认不凡，让他们见鬼去——可是否应该和他们心有同感呢，如果这样，接受此荣誉是否合适？［……］这件事我只跟约

[1] 维罗妮卡·韦奇伍德于 1969 年荣获功绩勋章，是仅有的第三个获此殊荣的妇女——她之前是弗洛伦斯·南丁格尔（1907）和多萝西·霍奇金（1965）。A. L. 罗斯曾在牛津大学教过韦奇伍德，认为她是个杰出的学生，但认为她获得的荣誉本该属于他自己，“她拿走了我的功绩勋章”（唐纳德·亚当逊，“A. L. 罗斯：一种欣赏”，《国际文学季刊》，第 6 期，2009 年 2 月，〈http：//interlitq.org/issue6/donald_adamson/job.php〉）。韦奇伍德致力于公共服务事业，包括代表国家美术馆、维多利亚—艾伯特博物馆开展工作。
[2] 罗伯特·诺曼·威廉·布莱克（1916—2003），后（1971）受封终身贵族；历史学家，迪斯雷利的传记作者，1947—1968 年任基督教堂学院政治学研究学者及导师；1968—1987 年任女王学院院长。

翰·斯帕洛谈过，他非常同情我。我阐述了所有不接受的理由，因为，如果一个同我相似之人接受了它，而我是旁观者，从外人的立场看，我也会有点儿愤愤不平，最后他说："嗯，如果你觉得那样的话，如果是我，也许我会拒绝。"就在那一刻，我意识到自己并不想这样做，于是回家写了一封礼貌的信，表示接受。

与此同时，王室已经等了八天，还私下送口信给我的秘书们，询问是否寄出了给阿迪恩[1]的回信，并恳求说不要让
452 我知道有这些询问。等到我写了回信并得知它什么时候会在媒体刊出时，我做了安排，准备逃离这个国家，因为我以为媒体会让我很难堪，会想法收集我的各种逸事等。但结果证明，这不过是我的虚荣心作祟罢了，只有《星期日泰晤士报》刊出一则愚蠢的特写——很滑稽，虽然虚假不实，但确实很滑稽，居然会刊出——还有《泰晤士报》刊出了一篇非常不准确的报道。[2]艾琳觉得我们就像罪犯，犯了可怕的罪，知道自己总有一天会被发现，却不敢勇于面对。我不认为自己神经质，但在这种特殊情况下，在我看来，沉默至少是一种真实有效的反应，表达温和的反对（如威廉·海特，

[1] 迈克尔·爱德华·阿迪恩（1910—1984），1951 年获高级维多利亚勋爵勋章，后（1972）受封终身贵族；1953—1972 年任女王的私人秘书及皇家档案馆馆长；自 1972 年起任女王的特别侍从武官。

[2] 伯林被说成"沃尔夫森学院院长及社会政治理论齐切利讲席教授"（1971 年 5 月 28 日第 1e 版），其实他在 1966—1967 学年结束时从后一职位退休了。

在街上碰到艾琳时，说他没就此事写点什么，是因为不知道要说什么！）。我想我会习惯这一切的，当然，这是一件大好事。我引以为傲、心花怒放。我的学院将为我举办晚会，有人会在晚会上发表演讲，我会回应大家的提问。一切会恢复正常，许多美妙的感受会随之而来。

我个人感觉，要么每件事的标准都下降了，要么我得到了过高的回报，但不管怎样，我这种感觉不会全错吧，会吗？我想这一切皆缘于极度缺乏自信，无药可治。我感到抱歉，把这些一股脑儿全部倾倒给你，但我又能向谁诉说呢？我渴望给人写封信，说我真正的感受跟大多数人想象的如何大为不同，且对此事的想法同托尔斯泰迥异。我不认为：荣誉毫无意义；享受荣誉带来的快乐既可鄙又虚荣；把人们区别开来并分三六九等的每种做法都是嫉妒的根源，因此必须予以废除。我不认为：越多花样、越多徽章、越多愿望得以实现或破灭、越多竞争（条件是我无须参加竞争），就会越快乐、越多审美愉悦；就会越多元，越多古怪离奇之事，越多起起落落、无法预料的曲折艰辛；就越会去反抗所有墨守成规的生活、规章制度、去战胜焦虑、逾越界限、吸引注意力。实际上，古怪疯狂的罗斯会赞成哪些，而温彻斯特公学的校友们又会反对哪些，会很有意思。然而，我的信念跟我的实际反应和行为显然大相径庭。我该中止这不由自主、冗长乏味的心理分析。

我只想说，我真的非常感激你的来信——它让我恢复自

信、真正找回自我，走在大街上时，内心更为坚定，不担心朋友、同事、邻居说我骄傲自大。最好笑的一封信来自赫伯
453 特·尼古拉斯[1]，装模作样地模仿忠实的佃农向地主表示祝贺；最预想不到的信来自新学院的杂役女佣，絮絮叨叨地谈克里斯托弗爵士·考克斯[2]的房间如何杂乱无章以及他的怪癖行为。最最怪异的还是那些人，他们在我面前尴尬得不知说什么好，戴着面具，藏起种种讽刺奚落，开始说某件事，然后打断自己、假装真的想谈别的事，等等。

莫里斯的表现和过去一样。“有特雷弗—罗珀的消息吗？”“没有。”“我也没有。有古德哈特的消息吗？”“有。”“噢，我没收到他的任何消息；那太反常了。内阁那边呢？其他人呢？”诸如此类。有种熟悉、温馨的感觉，就此搁笔吧。

我们一定要再见面。我还是觉得困惑。你是否觉得我这样很怪、很蠢、很白痴？如果是，你的感觉完全正确。

你永远的

[以赛亚]

[1] 赫伯特·乔治·尼古拉斯（1911—1998），1956—1969 年任牛津大学纳菲尔德学院制度比较研究讲师；1969—1978 年任美国历史和制度罗兹讲席教授；1951—1978 年任新学院研究员。

[2] 克里斯托弗·威廉·马切尔·考克斯（1899—1982），1950 年获圣迈克尔和圣乔治勋章；古代史专家及教育家；1926—1970 年任新学院研究员；1940—1970 年任一系列专注于国外教育及发展的政府部门的顾问；伯林对这位牛津老朋友怀有很深的感情。

致弗雷德·里德利[1]

1971年6月21日

沃尔夫森学院

亲爱的里德利教授：

我刚收到一份阿伯拉斯特先生[2]攻击我的文章——因为与我相关的那期《政治研究》出版时，我在国外，尚未阅读。我想正常情况下你们不刊出信件或回信，如果这是你们的原则，我并不想要求你们为了我而打破规矩。但是，这篇文章太过无礼、缺乏实质内容，字里行间充斥着恶意的人身攻击，也许我不该保持沉默，虽然我很想那样做。我还记得 454
阿伯拉斯特先生曾是这儿的大学生，他的表现似乎完全符合他那众所周知的性格和抱负。您允许您的优秀期刊（我觉得最后两期尤为有趣，因政治理论在其中占了一定的比例）刊

[1] 弗雷德里克·费尔南德·里德利（生于1928年），1965—1995年任利物浦大学政治理论及制度学教授；1969—1975年任《政治研究》编辑。

[2] 安东尼·埃德蒙·阿伯拉斯特（生于1937年），早先做过记者，是《论坛报》的职员，自1970年起在谢菲尔德学院教政治学，后（1989—2000）成为该学院的政治学讲师。著有《西方自由主义的兴衰》（牛津，1984）及《自由万岁！歌剧里的政治》（伦敦，1992）。他对伯林进行的攻击广为人知，在其文章"洞察与修正：关于以赛亚·伯林的《自由四论》"[《政治研究》总第19期（1971年第1期），第81—86页]中，他暗示说伯林不诚实，因伯林在该书的序言中说他并没有对书中的各篇文章做实质性修改。尤其是，他嘲笑伯林在排名方面所做的修改："在起初的版本中［后来的版本是'从芝诺到斯宾诺莎，从诺斯底派到莱布尼兹，从托马斯·霍布斯到列宁和弗洛伊德'］，名单的开头是'从柏拉图到卢克莱修'，接着是诺斯底派和莱布尼兹，但托马斯·霍布斯换上了托马斯·阿奎那，感觉好像一定要有某个托马斯似的。"

出这些，我自然觉得遗憾。我必须补充说，我根本不想同阿伯拉斯特先生争论，我认为，任何一名正派人都不值得与之一斗——我的回信刊出后（不一定要以信件的格式刊出，由您定），假若他又写一篇回复，而您也觉得把它刊出是正确的，我这边不会再回复了。

此事由您定夺。

您真诚的

以赛亚·伯林

致《政治研究》编辑

1971 年 6 月 21 日［手写订正的打字稿］

沃尔夫森学院

对阿伯拉斯特先生的简短反驳

先生：

我对《自由四论》中的观点或重点做了更改，但我从未想过，阿伯拉斯特先生会对此更改有看法（发表在您 3 月份的期刊），而我又必须进行回应。他走得太远了，怀疑我的诚实，因此我不能保持沉默。有人曾说过，到了某个点，忍耐就不再是美德了。我不明白，我在书的序言开头的表达，清楚准确，对此并未做大更改，至于我做的那些更改，目的是希望能更正早先版本中的错误及晦涩之处，这为什么不能成为每个订正的充足理由。阿伯拉斯特先生煞费苦心地一一核对了所有订正。当然，我同意，任何人都有权质疑我对霍布斯或密尔或弗洛伊德所做的诠释（可以说，阿伯拉斯特先生试图纠正我对斯宾诺莎的看法时，是基于以下大错特错的认识：斯宾诺莎没有关于意志的学说），或我对恩格斯或列宁做的解读（不明白阿伯拉斯特先生为什么认为，我的观点是马克思主义者认为知识就是从实践中分离出来的理论？），不管他的话有多刺耳。然而，阿伯拉斯特先生无权在毫无证据的情况下，说我动机不纯，在引用历史文献时缺乏道德、胡乱引用。我认为此种影射令人反感，且同一本学者型或学术型的严肃杂志极度格格不入。

您真诚的

以赛亚·伯林 455

致罗兰·博登—穆勒

1971年6月22日

沃尔夫森学院

亲爱的罗兰：

非常感谢你那善意的来信。当然，当我收到那封关于功绩勋章的来信时，我立刻陷入了郁郁寡欢的情绪中。首先，任何形式的公众声望都让我沮丧；其次，我很清楚我的“功绩”被严重高估了，我认为我自己看得很清楚的东西，别人一定也看得很清楚［……］。相信我，这不是谦虚，也不是对或错的问题，而是显而易见的事实。

遗憾的是，你不得不离开你在波士顿的公寓，可我看这无法避免。你会喜欢在瑞士的生活吗？那儿很好，安静、舒适、文明，位于中心位置，你可以做一些短途旅行，不会有蜂拥的人群[1]，而且不管怎么说你离我们更近了，还可以来我们这儿［……］。

我还能告诉你什么呢？我们将参加校庆[2]午宴，会碰到一堆老朋友——奥登、安东尼·布伦特、史蒂文·朗西曼[3]，他们在此地被授予荣誉学位；也许他们只是希思和各位官员的陪衬，对那些官员来说，这些荣誉是半送给他们的。欧洲共同体怎样？你对它有何看法？我觉得罗伊·詹金斯[4]勇气可嘉，已声明支持它；威尔逊当然会丢面子——过去曾发声明支持它，现在他的策略是，假装条款还不够好，不管怎样他要非常仔细地核对每一个条款，然后宣布说我们不能加入。而实际上这些条款，要说有什么不同的话，

[1] 伯林此处原文为：bousculades。
[2] 牛津大学的夏日庆典，举行颁发牛津大学荣誉学位、纪念捐赠者等活动：encaenia 一词来自希腊语，意为“供奉典礼”。那年的庆典于 6 月 23 日举行；荣获名誉学位的人员中包括总理爱德华·希思。
[3] 詹姆斯·科克伦·史蒂文森（“史蒂文”）·朗西曼（1903—2000），1958 年受封爵士，历史学家；撰写了著名的三卷本《十字军东征史》（伦敦，1951—1954）；独立谋生，自 1945 年后没有稳定的学术职位，但四处讲学；1971 年在牛津大学被授予荣誉文学博士学位。
[4] 罗伊·哈利斯·詹金斯（1920—2003），后受封终身贵族（1987）和功绩勋章（1993）；传记作家及工党和社会民主党政治家；1964—1965 年任民航大臣，1965—1967 年任内政大臣，1967—1970 年任财政大臣，1974—1976 年任内政大臣；后来任欧盟委员会主席（1977—1981），以及牛津大学名誉校长（1987—2003）。

稍稍好于过去工党政府完全准备好要接受的那些，当时由戴高乐负责盖章。这表明威尔逊是个机会主义者，他明显是这种人。所有的政治家都是，但有些人更有技巧，表面上看不出来。很奇怪的是，威尔逊——到末了既简单又天真——没能做到那样。美英处于同样的低谷中——都不想被别人领 456
导——不管他是哪位现任的或哪个进入大众视域的领导人。这种情况令人难过，我无法想象结果会怎样。对美国失去信任让我非常吃惊——事实是，现在没有哪个紫脸男人会在毕业典礼上站起来，发表旧式的共和党演说，呼吁四肢匀称的年轻人，带着对上帝和家庭的信仰，去闯荡世界、服务社会——他们现在做不到了，不仅仅是因为担心遭到嘲笑，而是因为他们对自己失去了信心，那些演讲在他们听来会有些愚蠢——这是新出现的令人吃惊的事实，即便十年前也无法预测到这点。在这种忧郁的心境中，带着感激，我结束此信。

你永远的

[以赛亚]　　[……]

致 A. J. 艾耶尔

1971 年 7 月 20 日［7 月 12 日口授］

［帕拉吉］

亲爱的弗雷迪：

谢谢你关于欧洲共同体的来信。我符合所有的条件——

我不支持现任政府，完全赞成加入欧洲共同体，但我已就此事在两份声明上签名——一份是格莱德温勋爵送给我签的，另一份是别人送来的，我记不起名字了——我不想继续在类似文件上签名了，担心让自己变成笑柄，而且我不认为那对威尔逊会有任何影响，因为他知道知识分子怎么想，但毫不在乎，我是这么想的。

莫里斯之死也让我无比震惊。[1] 他本要来这儿和我们待在一起的。收到电报时，我忽然意识到我生命中会留下怎样巨大的空白，我几乎整个成年生活中都有他。我想你和其他人肯定也有同样的感受。周六我要在圣玛丽学院的教堂致悼词，这也是我回来的目的，但我可能讲得不好。然而人们要求我致悼词，我也不太好拒绝。我想，由肯尼斯·克拉克来做应该会更好。他的死很突然，我听说，大概忍受了一小时的疼痛——我想这也是他所希望的方式：快速、利落，迅速了结。在我眼里，他是我们青年时期的大救星——他当然影响了我。至于你呢，我想，那时已比我更为自由了，现在也一样，不需要打破那么多的传统和禁忌。他谈论死亡已经
457 多年了，对他来说，最可怕的莫过于长期生病，以及最后时刻对死亡的恐惧。因此，本来状况可能会糟得多。

[1] 鲍拉于 1971 年 7 月 4 日死于瓦德汉姆学院；他葬在附近的圣十字教堂墓地。伯林在耶路撒冷时得知他的死讯，特意［从帕拉吉］返回牛津，在 7 月 17 日鲍拉的追悼会上致辞（收入《个人印象》），追悼会在牛津大学圣玛丽学院的教堂举行。

转念一想，我为什么不能在关于欧洲共同体的无数声明上签名呢？——反正我已经把信寄给乔治·威登菲尔德[1]了。

你的

[以赛亚]

致罗兰·博登—穆勒

1971年7月19日

帕拉吉（寄自沃尔夫森学院）

最亲爱的罗兰：

你的上封来信让我心中充满愉悦。非常遗憾，在这炎热的夏季，你要着手迁居[2]（我没去想你的年龄——你保养得很好——如果我到七十岁时有你现在的状态，我就很满意了）。当然，我意识到，美国不适合老年人待，但欧洲适合；住瑞士酒店的主意真是太棒了，我们可以更常见到你，这会带来多大的快乐啊。人们不常见面是因为他们的住处离得太远了，生活被太多杂事填满，人们没能做出明智的选择，而是允许各种事件、各类人物主宰了自己的生活，而非自己做

[1]（阿瑟）·乔治·威登菲尔德（生于1919年），1969年受封爵士，后（1976）受封终身贵族，出版商；生于维也纳，1938年德奥合并期间移居英国；和奈杰尔·尼科尔森一起创建了威登菲尔德与尼科尔森出版公司；1948年起任董事长；1953年出版伯林的《刺猬与狐狸》，这个著名的书名是他取的。

[2] 伯林此处原文为：dèmènagement。博登—穆勒已八十高龄，准备1972年移居洛桑。

出决定——至少我是这样的，艾琳也一样，我想。你总是精心选择自己走的路，让人既嫉妒又钦佩。

关于莫里斯·鲍拉，你说得完全正确。我真的极其难过。我年轻时他为我做了很多——在牛津，他是被谈论最多的人，父母们一想到他对孩子们可能施加的坏影响，就不寒而栗，虽然他一直是个正面的重要人物形象。他那断断续续的大叫大嚷和特殊风格，深深影响了如康诺利和伊夫林·沃，以及我们在内的所有人，这是因为他内心有可怕的不安全感。你如果走近他，就会发现他其实很亲切、令人感动，真正给人力量、热心助人，但他在年少时肯定受过伤害，他的余生都是带着感情站在偷猎者一方，即便他是代表官方走近猎场看守人。这让他最终成了一名朋友和盟友——他从未加入过那个华而不实的机构，多数派。他支持他称之的“不道德阵线”——所有那些少数派，而团结的“沉默的
458 大多数”不喜欢他们。虽然对政治漠不关心，但他对越南问题的感受和你一样强烈。而且，他支持 1926 年总罢工中的工人，总是大胆地反法西斯、反纳粹，在许许多多给媒体的信上签名，抗议任何形式的压迫和镇压。有人因此嘲笑他，说他因签名太多得了黏液囊炎等。有时我也觉得有些好笑，但我一直认为他令人尊敬、勇敢、正确。不管怎样，如今他走到了人生的尽头，我真的感到悲痛。我会非常想念他。

你说没觉得对物质财产依依不舍。那样很好，但人随着年纪增大，当然会对物品、房间、熟悉的地标产生感情，是

因为我们的活动范围更有限了吗？你不应该太信佛教——我可怜的朋友埃利奥特·菲尔金[1]宣扬该学说，希望自己断舍离，泯灭对物品的热爱。不要扔掉你对之怀有真正情感的东西——在自己的周围摆放些熟悉物件，除非确有必要，不要改变自己的生活，即便住在瑞士的酒店。[……]

请一定再写信给我们。我不敢告诉你，艾琳和我刚去耶路撒冷待了一周。关于此事你有你的看法，我对苏联也保留我的看法。

你永远的

以赛亚

致格列布·斯特鲁维[2]

1971年7月19日

沃尔夫森学院

〈亲爱的格列布·彼得洛维奇！〉[3]

[……] 非常感谢您的来信。我很高兴您正在编辑阿赫玛托娃的第三卷。您对“后白银”时代做出了特别贡献，永

[1]（阿瑟）·埃利奥特·菲尔金（1892—1968），1923—1938年在国际联盟秘书处任职，1938—1953年任常设中央反鸦片委员会秘书，该委员会率先提倡对国际毒品实行控制；他退休后住在滨海阿尔卑斯省的圣雅克—德—格拉斯。

[2] 格列布·彼得洛维奇·斯特鲁维（1898—1985），生于俄国，曾就读于巴利奥学院，文学史专家、翻译家、诗人及评论家；1947—1967年任加州大学伯克利分校斯拉夫语言文学教授。

[3] 伯林此处原文为：Дорогой Глеб Петрович。

远不会被忘记。[1] 我很高兴能为此作证。现在，谈谈您问到的问题。[……]

希望我记得您说的普宁 [2] 写给阿赫玛托娃的那封信。[3]
459 我相信您是对的，海特小姐 [4] 确实把您提到的那篇东西寄给我了，但我不记得此事了。[……]

您说得很对，我从来没有见过鲍里斯·安雷普 [5]，据我记忆所及，我从未见过他。[……] 然而，1945 年我拜访阿赫玛托娃时，她给我看过一枚戒指——我希望我能向您描述它，但我的视觉记忆很差，我肯定它有一部分是黑色的，也

[1] 20 世纪的头二十年通常被称为俄国诗歌的"白银时代"。斯特鲁维重新编辑了以下诗人的作品：安娜·阿赫玛托娃、奥西普·曼德尔施塔姆、鲍里斯·帕斯捷尔纳克、尼古拉·扎波洛茨基，重新唤起了俄国人和西方人对他们的兴趣。在编辑阿赫玛托娃的作品时，他发现她一些诗篇的灵感出自伯林 1945—1946 年对她的拜访，阿赫玛托娃本人也部分同意此观点。参见《个人印象 2》，第 253—254 页。

[2] 尼古拉·尼古拉耶维奇·普宁（1888—1953），1926—1938 年为阿赫玛托娃法律上的（第三任）丈夫，他是 20 世纪 20 年代最受欢迎的艺术评论家之一，支持俄国先锋派，反对国家资助的社会主义现实主义；1953 年死于西伯利亚战俘营。

[3] 尼古拉·普宁 1942 年 4 月 14 日写给安娜·阿赫玛托娃的信，收入普宁的《被爱照亮的世界：日记、信件》[英文书名为 *The World is Bright with Love: Diaries, Letters*]，济可夫编辑（莫斯科，2000），第 354—356 页。

[4] 阿曼达·翠丝·海特（1939—1989），撰写了《安娜·阿赫马托娃与玛琳娜·茨维塔耶娃》（伦敦 / 纽约，1972）及传记《安娜·阿赫玛托娃传：充满诗意的朝圣之旅》（牛津，1976）。

[5] 鲍里斯·瓦西里维奇·安雷普（1883—1969），生于俄国，镶嵌设计师和画家，主要在英国工作，尤为擅长马赛克铺贴。他根据威廉·布莱克《地狱的箴言》的主题创作了泰特英国美术馆八角画廊 II 的地板（1923），英国国家美术馆的折中学派系列（1926—1952）也是他的作品，其中包括一幅阿赫马托娃的肖像，名为《怜悯》。

许它上面镶了黑宝石，她说那是鲍里斯·安雷普给她的礼物。她确实说过，某种程度上他是她同国外世界的最后联结，确实如此，在她所有的俄国好友中，按时间顺序，他是那些人中最后一个出国的，并待在国外了。[……]

在第三页，您说我在战争期间（或战争一结束）在列宁格勒拜访了安娜·阿赫玛托娃。实际上，（我想）此事发生在1945年11月，肯定是战后。至于诗歌《没有主人公的长诗》[1]是否对我有所暗指，我不知道；我并不想主动表示什么；那支"雪茄"，她提及的那些镜子（《诗五首》中的一首诗中亦有提及，肯定是指我对她的拜访），还有《毁灭》[2]——我很确信她把我的来访同她在1946年所遭受的耻辱联系在一起了——确实在某种程度上和我相关。然而，我相信我们不能，或者说不应该以此种方式来鉴别诗中的明确所指：诗歌把许多人物、各种象征、诗意变形等融合在一起了，而且，任何一个偶发事件都有可能引发诗歌创作；因此，即便我的来访，当然，最重要的是她对此的想法，确实出现在她的诗中，也不能因此说诗中所写是板上钉钉的事实，而只能说它是创作经验中的一个可能因素，是诗歌的核心。[……] 我也许是二十五年来首位拜访她的外国人，这件事的确对她影响很大，我因此在她的诗歌中赢得了我受之

[1] 见原文第505页注3。
[2] 伯林此处原文为：pogibel'。

有愧的不朽地位。但仅此而已。

您真诚的

以赛亚·伯林

附言：[……] 也许有点儿夸张，但我这一生都对公开私人“信息”一事，有着深深的、强烈的恐惧，不论它如何
460 无伤大雅——我请求您在这方面尽您所能，保护我。[……] 如果您能寄一份普宁的那封信的复印件给我（阿赫玛托娃说把该信寄给鲍里斯·安雷普和我），我将不胜感激。

致奥斯伯特·兰卡斯特 [1]

1971 年 8 月 2 日［手稿］

帕拉吉

亲爱的奥斯伯特：

你的来信让我**无比**高兴。当我被告知要由我来致悼词时，我真的是万分忧虑：在那场特殊的集会中，我要顺着那些弯弯曲曲的台阶拾级而上，真是太可怕了。我的确找到了

[1] 奥斯伯特·兰卡斯特（1908—1986），后（1975）受封爵士，剧院设计师、漫画家、社会评论家、建筑评论家；因在《每日快报》中开设“口袋漫画”栏目而声名鹊起，他于 1939 年加盟该报；该报首席作家乔治·马尔科姆·汤姆森说：“让人恼火的是，在《每日快报》，兰卡斯特不仅是唯一一位会画画的人，他的写作也是这栋建筑中最好的。”（贝维斯·希利尔，《牛津国家人物传记词典》）他和贝杰曼、奥登、斯彭德、戴·刘易斯一起就读于牛津大学（1926 年被林肯学院录取）。

托词，我恳求说，由斯帕洛来做，不是更好吗？他认识莫里斯的时间更长，在莫里斯活着时，也许他们之间的关系是最亲密的。要么是 K. 克拉克？或莱兰兹[1]？或罗伊？你认为我突出强调莫里斯的善良及他的那些坚定品质，是对的，我很感激。想想，只要提及这个腐蚀年轻一代的人，那些非常严肃的老家伙[2]都会气得发抖！如巴利奥！林赛！戴维·阿斯特！萨姆纳[3]！这些人盲目且愚蠢，自身拘谨又约束别人；但莫里斯敞开胸怀接受一切——然而我真正想说的是，我觉得你和他一样好、一样善良慷慨，写信给自始至终处于困扰中的我。我无法习惯这样的事实：正与各种肤色胖瘦不一的大学教师们参加一场盛大会议时，那个伟大的声音在我的电话中响起，声音洪亮，"我有一则**消息**。不，这消息锁不住。斯帕洛给其中一个孩子写了封令人震惊的信……"再不会有这个声音了。一切都和以前不一样了，至少对我来说是这样，对你来说也差不多，我想。非常感谢你。告诉安

[1] 乔治·汉弗莱·沃尔弗斯坦（"达迪"）·莱兰兹（1902—1999），文学学者、戏剧导演及演员；1927—1999 年任剑桥大学国王学院研究员，1935—1962 年任该校大学讲师，教授英国文学。
[2] 伯林此处原文为：senes severiores。出自卡图卢斯《诗集》第 5 首第 2 行（原文为"senum severiorum"）。
[3]（本尼迪克特）·汉弗莱·萨姆纳（1893—1951），1925—1944 年任巴利奥学院历史学研究员及导师；1944—1945 年任爱丁堡大学历史学教授；1945—1951 年任全灵学院院长；"因早年的家庭熏陶，要过'美好生活'，成为一个有着宗教般朴素性格的人"（《泰晤士报》1951 年 4 月 26 日第 6d 版）。

妮[1]我爱她：她很早就清楚地看到了莫里斯的高贵品格。谢谢你的来信。

你的

461 以赛亚

致诺埃尔·安南

1971年9月21日

沃尔夫森学院

亲爱的诺埃尔：

在帕多瓦见到你，我亦是高兴万分——我爱西尔维斯特，但他那时心情忧郁。这件事会给我的生活带来很大改变，带给我纯粹的直接的快乐。要知道我总是喜欢见到你，不论在哪个场合、见面时间多长、在何地。我们当然知道，当有人忽然穿门而入时，自己的感受是什么，是高兴还是不快；即便喜欢并尊重来客，我们有时也会感到不快，但当不喜欢来客时，我们总是不快的。全灵学院饮食服务处的屏幕曾是很好的工具，它会显示，当别人突然出现时，你的真正感受是什么——它会立刻记录下来。

现在，谈谈南非。曾有人叫我去，但我没去，个中原

[1] 奥斯伯特·兰卡斯特（第二次婚姻，1967）同安妮·埃莉诺·斯科特—詹姆斯（1913—2009）结婚。

因你也知晓，雷德克利夫—莫德[1]勋爵因此批评我，他参照的是伯利[2]原则。我的观点是：如果一个人很强硬，不担心踩到自己的脚，到处乱抨击别人，比如，像 A. J. P. 泰勒或杰克·霍尔丹[3]那样，或像其他不敏感的人能做到的那样，那么他可以去南非。你告诉他们许多令人难堪的事实，并不担心那会惹谁生气、激怒谁、连累谁等，这样做当然有好处，可以保持沟通的开放性，鼓励自由主义者及其他人。然而，如果一个人非常担心伤害到别人的情感，就像我现在、屠格涅夫过去那样，我怀疑你也是这样的，而他深入了解情况的许多方面，看到了问题的多个侧面，十分了解

[1] 约翰·普利马特·雷德克利夫·雷德克利夫—莫德（1906—1982），1946 年受封高级巴思勋爵，1967 年受封终身贵族；1961—1963 年任英国驻南非大使；1963—1976 年任大学学院院长；“完全出于同情南非政府的种族隔离政策，莫德在行为举止和言论方面小心翼翼、保持正确，并没有让自己的人格受损或背叛自己的信仰”（罗伯特·阿姆斯特朗，《牛津国家人物传记词典》）。

[2] 罗伯特·伯利（1903—1982），1967 年获圣迈克尔和圣乔治勋章，1935—1947 年任查特豪斯公学校长，1949—1963 年任伊顿公学校长；1964—1967 年为南非金山大学教育学访问学者；1967—1971 年任伦敦城市大学人文社会学教授。伯利利用他在金山大学的访问学者身份，鼓励培养自由民主的传统，他认为那对一个没有种族隔离的南非来说是至关重要的，他把种族隔离等同于纳粹主义并对它一样痛恨。

[3] 约翰·伯顿·桑德森（“杰克”）·霍尔丹（1892—1964），遗传学家、科普作家（“我希望我有荷马的声音 / 歌颂直肠癌：‘癌症真好玩’”，《新政治家》，1964 年 2 月 21 日，第 298 页），1937—1957 年任伦敦大学生物统计学教授；1957 年离开英国前往印度，1961 年成为印度公民；1962—1964 年任奥里萨邦（现在叫奥迪萨邦）政府遗传学和生物统计学实验室主任。“富有创新精神——生气勃勃，总是愿意体谅别人——有时又想破坏、摧毁一切——各方对他的评论。”（《泰晤士报》1964 年 12 月 2 日第 13a 版）

那种痛苦、矛盾的局面，且一些非常体面的人正处于那样
462 的境况中，那么他是无助于事的。那儿的自由主义者完全清楚这儿有许多人理解、同情他们，谴责种族隔离，等等。毕竟，当一个人成为某个体制的宾客，对其评论就会感觉受到某种限制：即便那么做了，也是做出了许多让步，然后变成一位尊贵的客人；如果此人确实杰出或是位知名人士，或以善于启迪人心著称，他会想让该体制变得好那么一点点。因此，我想我不同意伯利—莫德的主张——我相信联合抵制，条件是联合抵制真的会对体制产生影响，即会影响那些相对弱小的政权。面对中国、苏联，甚至美国时，联合抵制显然行不通，但它会对希腊或葡萄牙起作用，通过影响大众对那些国家的感情，至少起到某些作用，这些国家没办法做到对此毫不在意（以色列和阿拉伯等国家的情况也一样）。虽然南非人也许态度强硬、狂热，但持续不断的反对、抱怨、联合抵制、不为白人观众演出以及其他行为，有可能削弱那儿的某些东西——所有这些都基于这样的假设：你不可能简单地扫清这一切障碍，随便说出你我心里想说的，如果我去那儿，绝不可能做到这样——如果你能做到这样，那么我会说，行，也许你应该去，尽管结果可能未必如愿；如果你不能，我觉得那对光明和进步的这一派没有任何好处。伏尔泰去了普鲁士，但对腓特烈大帝的臣民没有任何帮助；狄德罗拜访凯瑟琳，汤因比、巴克教授等都对纳粹政权的缺陷做了反思，茹弗内

尔[1]、汤因比[2]拜访希特勒等，全都无济于事。相反地，在我看来，以下主张是不正确的：人们应尽一切可能去理解。当人们理解得差不多了，或人们以为自己理解得差不多了，就会采取某种态度并坚持这一态度，就没有必要相互联系交接了。无论如何，这是我的想法——我在想，比如，斯图尔特会怎么想。如果我处在你的地位，会听从自己的意愿。在这些事情上听从直觉是最好的。

爱你的

以赛亚

[……] 463

致阿瑟·施莱辛格

1971 年 9 月 21 日

海丁顿宅

亲爱的阿瑟：

读着你上封来信，我心情复杂，既为你高兴又感到害

[1] 伯纳德·德·茹弗内尔·德斯·乌尔西（1903—1987），法国哲学家、政治经济学家，犹太人。他赞成恢复法德邦交，1936 年 2 月为了巴黎米迪人去见希特勒；这段时期并非只有他一个人相信希特勒的谎言，因此任自己被其利用，为德国的外交政策做宣传，虽然是不知觉的。

[2] 阿诺德·汤因比于 1936 年 2 月访问柏林时见了希特勒，出访的目的是就“温习和平”这个主题对德国法律学会发表演讲：正如演讲的题目，汤因比相信英国和纳粹德国之间可能达成可贵的妥协，而且，认为希特勒也想要这样的结果；回国后，他在机密备忘录中对总理和外交大臣透露了此信息。

怕。[1]我亦知晓关于斯图尔特[2]和汤普森[3]的事。但之前从未听说过你这次的死里逃生——虽然幸免于难，还是让人吓出一身冷汗。我很同情亚历山德拉[4]——艾琳的胸部有一肿块，两次被警告（还好是误诊），我相信当时我的恐惧不比她少，我们等待诊断结果的那段时间真是无法言说。人难免有一死这个事实不能带来丝毫安慰。我读了斯图尔特在《新闻周刊》上的文章[5]——知道我们所有朋友，包括大众，读后都很佩服，我想，我毫不怀疑他的表现非常勇敢——人们对艾尔索普家族的一些人还能说什么呢，[他们] 是真正的罗马人，他们所有人都是，最后的罗马人。但不知为何，他

[1] 施莱辛格最近从胸部摘除了一个恶性病变部位：它是一个外科医生朋友偶然发现的，施莱辛格和他一块去游泳，那朋友“有点儿不自信地”力劝他“赶快把那个东西做掉”（施莱辛格致伯林，1971 年 9 月 2 日）。

[2] 斯图尔特·乔汉纳·奥利弗·艾尔索普（1914—1974），约瑟夫·艾尔索普的弟弟，自 1945 年起二人一起为《纽约先驱论坛报》报业辛迪加的“事实”时事栏目合作写稿；自 1958 年起独立工作，定期为《星期六晚邮报》写稿，从 1968 年起直到他逝世，为《新闻周刊》的某每周专栏撰写文章；1971 年被诊断出患有白血病，《缓期执行：一种回忆录类型》（伦敦，1974）记录了他同疾病进行的勇敢斗争。

[3] 卢埃林·爱德华（“汤米”）·汤普森（1904—1972），美国外交官、苏联问题专家，1957—1962 年及 1966—1969 年任驻苏联大使；“因为个人比较低调，不如乔治·凯南或奇普·波伦有名气，但他无疑是更为成功的外交官”（《泰晤士报》1972 年 2 月 8 日第 14g 版）；1972 年 2 月 6 日死于癌症。

[4] 1971 年施莱辛格同他的第二任妻子亚历山德拉·坦普尔·艾伦（生于 1936 年）结婚，她婚前姓埃米特，第二年他们唯一的孩子，一个男孩（记者及政治评论员罗伯特·埃米特·肯尼迪·施莱辛格）出生。

[5] 斯图尔特·艾尔索普的文章“驯服猛兽”描述了他个人同癌症进行的斗争，他以更广阔的社会为背景，描写了社会同“猛兽”进行的斗争。（《新闻周刊》，1971 年 9 月 6 日，第 2 页）

选择把自己的窘境写成文章，不论出于多么大的真诚、多么渴望说真话，或是多么想给他人安慰，这件事总让我觉得有些难堪。我不认为我们应该为了大众，把自己的内心想法全部倾倒而出，即便这样做对大众很有益处。波德莱尔说所有诗人都这样做，作家也差不多是这样，所以这是不可避免的另一种形式的出卖灵魂。[1] 然而，把自己的经历变成艺术品，从经历中创作出有生命的东西来，跟直接在公共媒体披露私人情感，这二者之间还是有所不同。也许我过分挑剔了，令人讨厌。[……]

至于尼克松，我不认为他对共产主义有发自根本的反 464
感——我仍然认为这是他性格中的唯一无私之处——有任何削弱的苗头。跟中国人玩不要讲什么放弃终极目标，就像不要跟斯大林提俄德条约一样。列宁，还有可能赞成这点。这叫“把短剑深深插入敌人的脊梁”，它当然扰乱了形形色色的共产党派别，还在他们中间制造了令人可喜的混乱局面。[2] 奇普和阿维里尔当然不太高兴：奇普一直都是鹰

[1] 查尔斯·皮埃尔·波德莱尔（1821—1867），法国诗人、评论家、散文家和翻译家（以翻译埃德加·爱伦·坡的作品著名）。在“火箭”中，他写道：“艺术是什么？出卖灵魂。”“火箭”是他的“日志”的第一部分，收入《遗著和未发表的信件》（巴黎，1897—1898），第 71 页。

[2] 1971 年 7 月，尼克松总统接受中国之邀访问北京（他于 1972 年 2 月访华），使得人们猜测美国会支持中国申请联合国安理会和联合国大会的席位，9 月 16 日总统宣布华盛顿支持中国，同时重申美国对中国台湾的承诺；莫斯科和河内对中美恢复邦交的前景都不看好。

派；我怀疑，阿维里尔一直把跟俄国人和解当作首要目标。你呢？我勉强是个问心无愧的实用主义者——我们行事时要根据情况的变化，且尽自己所能去赶上规则方面的变化，当然，跟着感觉走。我不否认，苏联（或中国）体制强加在不情愿的人们身上，或者毁灭以色列（我不认为阿拉伯人说的消灭犹太人只是哗众取宠或集市上的叫嚣而已）会让我真的绝望。

同时，我们正对欧洲共同体问题进行痛苦的辩论。它不像退位或慕尼黑或苏伊士那么糟——家庭没因此分裂——但它引起了热烈的讨论。罗伊·詹金斯和玛丽埃塔到我们意大利的家待了两个晚上——我当时没想过他有天会成为首相。[1] 在我看来，他不是个机会主义者，他从原则出发，并借助于清醒的理性的推论，但他不像盖茨凯尔偶尔会顽固，尽管盖茨凯尔伪装得好，可以看出他的顽固。他在政治上最大的也是唯一的弱点，当然是托利党人非常喜欢他：这才是搞垮他的真凶——而不是那些他非常喜欢的乡间房屋、俱乐部等。真的是个对宗谱充满热情的人！精确地知道有多少印度总督成了侯爵、多少没成为侯爵；谁得到了怎样的贵族爵位，何时得、为何得、怎样得到。他对社会公正有着敏锐的感知，我想，他的脑袋是不可能变糊涂的。迄今为止，对双

[1] 詹金斯在 1970—1972 年是工党的副领导人；后来他成为社会民主党的第一领导人（1982—1983），他参与创建了该党。

方来说，他都是最好的一个——比希利好，希利也许更能干更坚定，但在大多数人眼里他太傲慢了，而且他在任何一个党派的任何一个部门都没有根基。然而，这二人都聪明、正派，而卡拉汉则不一定。凯（提及希思便想起了她）好吗？我真的应该给她写信、问她何时会来英国，我也想问你同样的问题——对我来说，人与人之间的关系仍是一切——我试着问过迪克·克罗斯曼这个问题，他脸上流露出的茫然表 465
情，我从未在其他人脸上见到过。他的日记当然会给许多国家带来欢乐，但［若］有哪位历史学家将其视为重要资料，则需要接受严格的心理历史学课程教育。[1]［……］

你永远的

[以赛亚]

致格列布·斯特鲁维

1971年9月24日

沃尔夫森学院

亲爱的格列布·彼得洛维奇：

［……］我觉得普宁的信非常精彩，这一点毋庸置疑。我的记忆力越来越差了：完全不记得以前读过。但我不想由此推论说阿曼达从未把它给我。我读的时候非常入迷，觉得完全是份全新的东西——我无法相信，如果我以前读过它，

[1] 克罗斯曼死后出版的《一位内阁大臣的日记》（共三卷，伦敦，1975—1977）。

我头脑中会一点儿印象都没有。不再说这个了。我很高兴读到了它。我也在想，阿赫玛托娃为什么希望我读它；我想，我也理解它里面说的，虽然我的理解不够透彻——我理解，为何鲍里斯·安雷普看到我的名字这样放在他的名字后面时，感到吃惊。我认为，阿赫玛托娃眼里的生活，由一系列互不相关的重要事件组成，与出现在她生活中的各个特殊人物相关，她在作品中把这些象征性地描写成她同他们的会面；由于她的想象力，这些事件也许有所改变。普宁给她写了一封告别信，她显然非常感动，会是那样的。在某种程度上，她在对我和安雷普说再见，虽然我毫不怀疑，我们俩同她的关系完全不同。至于黑戒指，我敢说也许我糊涂了——她确实跟我说过它，好像是告诉我说她把它送给安雷普了，而不是安雷普送给她。

至于您的评论（您删掉的那段让我非常好奇，因为它与一位仍然在世的人有关联），您知道吗，她从未在巴黎见过安雷普——至少我认为没有——因为他得了重病，认为自己的外表变化太大，也许头脑也有些变化，使得他不愿意在老朋友面前出现；她也对自己的外表无比在意——事实上，她令人难过地臃肿发胖了，您记得吧——多少出于同样的原因，她不愿意见他，他也是出于同样的原因不愿意见她。我
466 不认识安雷普，您知道的，但我想，他是一个骄傲的、自尊心强的人；她也把自己大大地浪漫化了，即便从她的诗歌都可以看出来。在这些情况下，每一场会面都很重要，外表非

常重要，每一份关系，不论其多么亲密、意义深远，都被加以详尽描述，用的是充满了文学情感的字眼。我认为，如果我所有这些猜测是对的话，就能够很好地解释他们之间的关系。我完全明白，为什么安雷普无法理解普宁的信为何也要拿给我看，但我完全理解，相信我，虽然我确信，我同阿赫玛托娃的关系，（起码根据阿赫玛托娃跟我讲过的）同安雷普与她的关系非常不一样，而且，完全不是不够细腻的鲍里斯·帕斯捷尔纳克想象的那样，如果他的姐妹们对此事的叙述真实可信。关于这我已经说得够多了：当然，我的目的不是想解释清楚普宁（即安雷普）所“不理解”的“神秘和动机”。[……]

阿赫玛托娃从未成为我的牛津“客人”。她被告知不得待在任何私人寓所——至少她是这么跟我说的——如您所知，她住在伦道夫酒店，虽然她的确有来我们家和我们以及奥博伦斯基夫妇一起用餐，但这是件微不足道的小事。至于她的“不幸”，您是对的：我当然认为我的到访没给她带来什么好处，虽然当齐尔蒙斯基[1]访问牛津时，我问过他，他否认说我的到访给她带来任何特别不快的后果。但是，她当然相信她是“客人”，并且希望自己对此笃信不疑，这成了

[1] 维克托·马克西莫维奇·齐尔蒙斯基（1891—1971），俄国文学学者及语言学家，编辑了阿赫玛托娃的诗歌——《阿赫玛托娃诗集》（列宁格勒，1976）。他于1966年在牛津大学被授予荣誉文学博士学位。

她眼中自己的部分形象。[……]

您永远的

以赛亚·伯林

致伯纳德·威廉斯

[1971年] 10月13日

海丁顿宅

亲爱的伯纳德：

我明白你说的了。我无法着手撰写斯图尔特的生平，甚至很可能没法活着看到它刊出，因为我对此事有种可怕的感觉。我匆匆赶写了赫伯特·哈特的生平，感觉还算顺手，撰写惠勒—班纳特的生平时，也还游刃有余。但我对斯图尔特有点太了解了，全用《泰晤士报》式的风格，或其他任何风格把他的一切写出来，我没法做到，除非给我施加巨大的道德压力，幸好我自己没觉得有这样的压力。[1] 如果你不想
467 写——我能理解你不写的原因——那么我想也许我们可以推荐专业的撰写讣告的人 J.［约翰］S.［斯帕洛］，他会很高兴做这件事，但是（在看了一眼他为我写的讣告之后）[2] 他所描绘的形象你我可能都不容易认出来——如果还能活着读到

[1] 话虽这么说，他还是为《泰晤士报》起草了汉普希尔的讣告，正式刊文有删节。

[2] 斯帕洛为《泰晤士报》起草了有关伯林的讣告，还将其给伯林看了，但最后刊登出的版本是斯图尔特·汉普希尔写的。

它的话。然而，也许这没有关系——《泰晤士报》——对子孙后代来说——又价值几何呢？ [……]

我很好奇，不知你和新院长[1]之间的这种互相依存的关系，结局会如何——我不想让你难堪，详述1937年左右在萨尔茨堡，我、伊丽莎白·鲍恩[2]、斯图尔特和她待在一起的故事。道德观要大致服从于人们与之合作的那些人的官方信仰——那对个人来说是痛苦的，从哲学上来说也并非不重要：人们为什么脱离，比如说，共产主义？是什么令他们震惊？不是智识方面出了差错，而是他们同行的道德范畴。我刚刚在斯坦福大学就此话题做了一场慷慨激昂的演讲。我不确定演讲是否成功。我想和你谈谈这个话题。就是这个让我远离政治——盖茨凯尔是我见过的政治家中，唯一一位虽然在其他方面不会太残忍，但在许多方面令人讨厌的政治家：这就是所谓的不负责任的态度——我希望我知道如何摆脱它。

你永远的

以赛亚 [……]

[1] 伊丽莎白·利拉·米莉森特（“萨利”）·奇尔弗（生于1914年），婚前姓格雷夫斯，公务员及学者；1964—1971年任伦敦贝德福德学校校长，1971—1979年任牛津大学玛格丽特夫人学院院长。

[2] 伊丽莎白·多萝西娅·科尔·鲍恩（1899—1973），小说家，战前起便是伯林的密友之一，1952年守寡。她的壮举是，为了保住祖先的房子——科克公司的鲍恩宅邸，她在美国讲课、教书。1959年，迫于无奈，她将其卖给了一位农民，这位农民很快就把房子拆毁了。“彻底结束了”，她在《鲍恩宅邸》（第二版，伦敦，1964，第459页）中非常克制地说道。

致阿兰·布洛克

1971 年 10 月 26 日［副本］

［沃尔夫森学院］

［亲爱的阿兰］：

我向你保证，对两种“情况”都实话实说，没有一点儿保留。11 月 5 日我必须去伦敦听一场艾萨克·斯特恩的音乐会：他是我的一个好朋友，我发誓我不愿错过这次机会，我想见他，也许之后还和他一道用餐；汉弗莱·沃尔多克[1]邀请我于 11 月 18 日参加在格雷律师学院举行的一场
468 宴会——须系上白领带之类的——我不认为这事特别令人兴奋，但我在 2 个月前确实答应人家会参加，仅仅因为我收到了邀请，而且很高兴自己被邀请了，我真的不认为自己有脸不去。沃尔多克应该是律师学院的法官委员会主任，很早以前就开始大张旗鼓、细致认真地准备宾客名单及一切了，至少我是这么想的。我痛恨要拒绝你的两份邀请，真的［……］。也许我可以找个可怕的借口不去斯特恩的音乐会（对沃尔多克我不能这么做）。你可以给我多长时间考虑呢？也许你的秘书可以在一两天后打电话给我？非常、非常、非常抱歉。

［以赛亚］

[1]（克劳德）·汉弗莱·梅瑞狄斯·沃尔多克（1904—1981），1961 年受封爵士；1947—1972 年任全灵学院国际公法齐切利讲席教授和研究员；1973—1979 年任联合国国际法院法官。

致艾萨克·斯特恩

1971 年 10 月 26 日［副本］

［沃尔夫森学院］

亲爱的艾萨克：

我不知道你在哪儿，你的代理人不愿透露一个字，他们无疑是对的，但还是很让人烦，阻碍我们之间的亲密友情。当你发誓说（的确如此，是你从科西嘉岛打来电话中说的），你会参加演奏，我就郑重申请了本月 30 日的门票，可是，在无数个星期后，我收到一张语气干巴巴的小卡片，告诉我这场音乐会取消了。让我惊恐的是，得知你将在 11 月 5 日演出，可我已答应那天——几个星期前，实际上几个月前就答应了——同我这个大学的校长用餐，我不能说我想听一场某人的音乐会，然后爽约，不论其是个多么高贵的天才或多么亲密的朋友。为什么你不能像萨莎·施奈德及他的乐队[1]那样在午夜演奏呢？那个时间比晚上八点神秘多了，也更容易增进亲密感，[2]八点时人们要么在消化急匆匆吃下去的晚餐、正感觉不太舒服，要么在思考要过多久再去哪儿吃下一顿。相

[1]（亚伯拉罕）·亚历山大（“萨莎”）·施奈德（1908—1993），原名艾布拉姆·施内德，生于俄国的犹太人，小提琴家和指挥家，1938 年在美国定居；1932—1944 年及 1955—1967 年（1967 年乐队解散）任布达佩斯四重奏的第二小提琴手；1972 年成立勃兰登堡乐队。经常和艾萨克·斯特恩、女低音歌唱家莫林·福里斯特一起在以色列艺术节上举行慈善音乐会，这个三人组合成了当地众所周知的“斯特恩乐队”（参见原文第 336 页注 3）。
[2] 伯林此处原文为：Innigkeit。

信我，午夜音乐会将会棒极了，如果有人说他们会很累、很无聊，相信我，这些人根本就配不上听音乐，也不值得与他们打任何交道。打倒资产阶级！我的好朋友及同事威廉·海特爵士的女儿，准备出版她的自传——她是个很左、很革命

469 的女孩——书名是《资产阶级海特》。[1] 我要怎么跟父母们或孩子们说：这个开玩笑的书名，对一本毫无幽默感但热情、愚蠢之极的书，不太合适呢？其实我为什么要说呢？让书和作者接受他们的命运吧。带着怒气，就此停笔，此信表达的是痛苦、悔恨、温和的谴责，以及想尽快见到你的渴望。

你的

[以赛亚]

致杰克·唐纳森

1971年10月28日

海丁顿宅

亲爱的杰克：

我是否告诉过你我同圣保罗[2]的校长和董事们一道用午

[1] 特雷萨·海特（生于1940年），1958—1961年在玛格丽特夫人学院学习历史，1968—1970年为该学院经济学研究生，新学院院长威廉·海特及他的妻子伊丽斯的女儿；牛津大学的毕业生；非常激进的书《资本家海特》的作者，她在书中写道："牛津教育的目的是训练人们为资本主义服务并使它永存。"（第7页）

[2] 伯林强烈反对圣保罗公学对录取非基督教学生实行正式的限额，由于申请该校的人数多，可能对来自犹太家庭的学生最为不利；他设法见了相关的权威人士，但是，见过他们后，他决定，新的限制一旦出现在学校简介中，他就退出圣

餐？简直跟下地狱一样。我打算把你寄给我的明信片，至少寄给校长，[1] 还明令他要归还，他既谨慎又易受影响（我希望）。圣保罗预备学校的校长 [2] 和圣保罗校友俱乐部的主席（路易斯·格拉克斯坦爵士、上校），[3] 都完全赞成实行限额，他们所表现出的圆滑、虚伪，真是令人作呕：比他们提出的其他任何具体建议都更令人作呕。我来的时候感觉自己虚弱无力，急于得到安抚或妥协；可是，不，我发现自己怒火中烧（处于一种很少见的不妥协状态），看起来像一个不怕流 470
血的真正的闹事者，我都不认得自己了。让人无比痛苦的一帮人！我据理力争，但表现很糟，离开那时心中无比沮丧。我处于被动的局面：就等宣布了。我想我不得不大张旗鼓地退出。

你永远的

以赛亚

保罗校友俱乐部（他是该俱乐部副主席）：并且真的在 1972 年 4 月退出（致路易斯·格拉克斯坦爵士，4 月 13 日）。

[1] 托马斯·爱德华·豪沃思（1914—1988），1952—1962 年任温彻斯特公学的第二校长；1962—1973 年任圣保罗公学的校长；1973—1980 年任剑桥大学玛格德琳学院的研究员和高级导师。

[2] 亨利·约翰·格尼·科利斯（1913—1994），1957—1973 年任科利特克特预备小学（圣保罗公学的预备学校）的校长。

[3] 路易斯·哈利·格拉克斯坦（1897—1979），1953 年受封爵士；1963—1978 年任英国交通酒店有限公司的董事长；作为圣保罗公学的一名学者，格拉克斯坦曾是老波林俱乐部的主席（1966—1969），伯林写此信时他就任该职，他的继任者是查尔斯·（雷金纳德）·惠勒（1904—1975）爵士；他曾服务于两次世界大战，并在战时快讯中被提及，1948 年退休时获得上校的荣誉称号。

致奥马尔·卡米尔·哈利克[1]

1971 年 11 月 25 日［副本］

［沃尔夫森学院］

亲爱的哈利克博士：

很高兴收到您有趣的来信。我按照您的提问顺序回答您的问题。

［……］如您所知，赫斯的犹太复国主义——虽然不是这个叫法——在任何情况下都不是那种咄咄逼人的民族主义。他确实把犹太人看成一个民族，并同意你我的看法，土地对民族身份来说至关重要。我应该说明，赫斯不是一个拉比——马克思有时那样叫他，带着嘲笑的意味，指的是他对他的人民有着无可救药的依赖性（马克思自己是跟人民完全分离的），也许，这是讽刺他的宗教气质和道德形象，而马克思对此二者是毫不关心的，您可以想象得到。不论马克思怎么看他，赫斯，虽然生于一个宗教气味浓厚的家庭，但不是犹太教或其他任何宗教的循规蹈矩者。

您很自然地问及赫斯对巴勒斯坦阿拉伯人命运的看法。我想他写作时——19 世纪 60 年代——还没有巴勒斯坦人民的说法。阿拉伯人是土耳其统治下的臣民，占领着大片的领土，

[1] 奥马尔·卡米尔·哈利克（1921—2009），生于海法的巴勒斯坦人，在耶路撒冷、罗马、伦敦及纽约受过教育；自 1949 年起任沙特常驻日内瓦联合国使团的研究顾问。

跟埃及，甚至叙利亚比，它的人口都是最少的，至少在新月沃土一带如此。我毫不怀疑，如果有人问他关于巴勒斯坦阿拉伯居民的未来这种问题，他会痛恨征服这一想法，他会认为，许多人也是那样想的，虽然犹太人有权利拥有一个自己的国家，虽然他们对民族身份的感觉同他们对耶路撒冷和巴勒斯坦的记忆及象征密不可分，用赫斯那有点儿黑格尔式的眼光来看，他们能够也只能在那块他们令人惊讶地魂牵梦绕了几千年的土地上正常地实现这个想法；会认为可以通过双边或多边的努力，跟这个国家的阿拉伯本土人达成某种和平协议，或者进行自愿的人口交换，并慷慨补偿那些离乡背井的人，当然前提是他们自愿离开，或诸如此类。这无疑是不现实的：在民族主义增长的时代，温和、理性、和平的解决 471
方案通常变得难以实现。然而，我认为这是他所希望的，在这点上他不像他的偶像马克思，他可是至死都对马克思忠诚有加，马克思把民族身份看作资本主义社会经济体制的副产品——至少在现代社会是这样——不管这些或那些人是否有权得到这片或那片土地，他会把民族性这个问题当作资产阶级的无稽之谈。无论如何，马克思赞成普鲁士人吞并丹麦的土地，恩格斯还认为捷克人被融进更高级的德国文化中是好的——他们非常鄙视且渴望废除让人厌烦的民族小国，因为它们阻碍了集中发展。这些并不是赫斯的看法，这也是他同正统的马克思主义者的主要区别之一。我想，跟您，当然还有我一样，他肯定会对我们目前的局面感到非常沮丧。我想他肯定会同意那些人的说法，当权利之间出现真正的冲突时，事情变得无法解决——人们希望能做到的是，尽可能把不公平降至最低。至于这是什么，人们可以有不同看法——但如果人们遵守这个原则，流血冲突当然可以避免。至少这是我的看法。

让我非常吃惊的是，您认为因为您是个巴勒斯坦阿拉伯人，我甚至会犹豫是否要回答您的咨询。我不是个野蛮人，若我表现得如您所说的那样的话，那我就既野蛮又讨厌了。我向您保证，许多人的想法和我是一样的（我的意思是说，您可以很容易地从我写的关于摩西・赫斯的文章中[1]看出他们的想法），如果有人说，他们憎恨那些因最近的一些事件而不得不离开他们国家的巴勒斯坦阿拉伯人，他们会生气。您真的不应那样想，如果您来英国、想见我，我当然欢迎你。如果权利之间的最激烈冲突——更不用说观点了——会导致无法磨灭的仇恨，那人类应该从地球上消失——或者不是人类消失，不管怎样，那些故意在心中种下仇恨的人应该消失。我担心我现在说话的风格都像赫斯了，我只希望，您不会像马克思那么讨厌可怜的理想主义者赫斯那样，不喜欢我。

您真诚的

472 [以赛亚・伯林]

[1]《摩西・赫斯的生平与思想》，1957 年 12 月伯林的吕西安・沃尔夫纪念演讲（剑桥，1959），演讲在英国犹太历史协会的赞助下举办；收入《反潮流》。

致厄休拉·尼布尔[1]

1972年1月21日

沃尔夫森学院

亲爱的厄休拉：

收到你的来信，真是太好、太好了。很高兴你喜欢来牛津，你当然应该回来。至于维斯坦，希望我知道写信给他要寄往何处——请告诉我地址，因为我猜他准备来基督教堂学院，但认为他理应受到更热烈的欢迎（看在上帝的分上，不要跟他说我告诉你这些）。显然，他把自己看作国王学院的E. M. 福斯特；我想，实际上人们只是勉强同意他来。你那基督教堂学院的主人，说我是“活的登山宝训”，我现在还很喜欢这个说法——它是什么意思？——他对整个局面感到无比焦虑。[2] 然而，如果他来了住在这里，当然会使得基督

[1] 厄休拉·玛丽·尼布尔（1907—1997），婚前姓凯珀尔—康普顿，生于英国的纽约神学家，1931年成为美国神学家卡尔·保罗·莱因赫尔德·尼布尔（1892—1971）的妻子；1946年创建了哥伦比亚大学巴纳德学院的宗教系，1946—1965年任该系教授。

[2] 1969年奥登暗示说他想回到基督教堂学院，他曾是该学院的本科生，说要像E. M. 福斯特回剑桥的国王学院那样回去。福斯特于1946年获得国王学院荣誉研究员的称号，自1953年起便永久住在那儿，甚至还住他以前的导师的房间：“在这儿，他成了一位人们熟悉且非常热爱的人物，成了他自己一直热爱的文明、自由价值观的象征。”（尼古拉·博曼，《牛津国家人物传记词典》）可是，1972年基督教堂学院授予他荣誉奖学金后，奥登发现牛津比以前“更吵闹、更拥挤了”，而“那些去欢迎他的导师们发现，他不再是他们记忆中英明的谈话高手了”。他还“在基督教堂学院的贵宾餐桌上问那些道貌岸然的用餐者，何时开始手淫、何时开始在浴室撒尿，震惊四座”：彼得·康拉德，《想象美国》（纽约，1980），第215页。

教堂学院得到它所不配的名声，对它来说是巨大的成功，我想写一封信给他，告诉他，不管怎么说，我听到此消息时是多么高兴。你知道他在哪吗？在纽约吗？是不是把信寄往那儿？虽然我无疑可以在这里获知他的地址，但我还是喜欢你告诉我。[……]

你能想象我要去参加犹太复国主义大会吗？这是真的！我之前从未参加过，希望永远不用参加；想不出比这更没有意义且耗人精力的事了。至于威斯格，一定要读他的书，[1]它既有趣又令人不快，既粗俗又温馨感人，一方面自我中心得让人疯狂，对不喜欢的人充满敌意，对喜欢的人虚情假意过度恭维，但另一方面，说到底，整本书还是体现了一个让人敌意顿消、无所不在、大慈大悲的调停者的真诚表白——正如比兹雷[2]的回答，当基督教堂学院的某位教师问他是否
473 养肥了那只比兹雷太太过去拴在绳子上、为圣诞节准备的鹅时，他说："鹅已经死了，可许多坏人却还活着。"我盼着收到你寄给我的那本书，盼着见到你。

[……] 维斯坦在基督教堂学院举办的沙龙值得参加。

[1] 梅耶·沃尔夫·威斯格，《梅耶·威斯格……迄今为止：梅耶·威斯格自传》（伦敦，1971），该书描绘了犹太复国主义的现代历史，从 1917 年的《贝尔福宣言》到 1948 年独立。

[2] 约翰·戴维森·比兹雷（1885—1970），1949 年受封爵士，1925—1956 年任牛津大学古典考古与艺术专业教授；1919 年结婚，妻子是玛丽·H. 比兹雷（约 1882—1967），婚前姓布鲁门费尔德；刚结婚的那些年，他们在基督教堂学院养了一只鹅，玛丽·比兹雷常带着鹅散步到汤姆方庭。

我还不确定沙龙是否欢迎我——希望你去帮我了解。桂冠诗人戴·刘易斯[1]写了一首纪念鲍拉和塞菲里斯[2]的迷人诗歌，我担心他快要死了。他看起来惨不忍睹——可怜的人。你何时来呢？维斯坦在哪？他在哪？

爱你的

以赛亚

致伯纳德·威廉斯

1972 年 1 月 21 日［手稿］

海丁顿宅

亲爱的伯纳德：

是的，我当然听到了一些风声。[3]斯图尔特不吐露一字，独自吞下一切且不反刍：因为性格及战争的训练，他成了未知秘密的保险柜，虽然一些秘密早已众所周知。我嫉妒他这种只进不出的才能：他就像以色列国，相信那些盟友及

[1] 塞西尔·戴·刘易斯（1904—1972），诗人，同尼古拉斯·布莱克一样，同时还是小说家；1968—1972 年的桂冠诗人；死于 5 月 22 日。这儿提到的诗是《希腊人，爱希腊的人》，发表于《康希尔杂志》第 1070 卷（1971/1972 冬季版），第 99—100 页。歌颂的是三人的友谊——在瓦德汉姆学院，鲍拉曾是戴·刘易斯的导师，他们于 1968 年在罗马同他们的朋友塞菲里斯最后一次重聚。

[2] 乔治·塞菲里斯，原名乔治厄斯·斯蒂利亚努·塞弗里阿迪斯（1900—1971），希腊诗人、评论家及外交官；1957—1961 年任希腊驻英国大使；1963 年获诺贝尔文学奖；塞菲里斯强烈反对希腊的军事独裁，伯林和塞西尔·戴·刘易斯都支持设立一笔纪念基金，用来帮助希腊政治犯们的家人及其抚养的亲属。

[3] 关于威廉斯为了昆廷·斯金纳的妻子帕特里西娅·斯金纳而决定离开自己的妻子谢利。

支持者是不求回报的。但我确实听说此事了，我想，是听诺埃尔说的，不像其他人那样，我是真的喜爱，且真的尊敬诺埃尔，他看起来真的很担心，说这件事的时候没有任何玩笑的意味，而是充满同情。首先，我要告诉你，你写信给我，让我深深感动；其次，我有这样的经历：为了自己的幸福，给别人（比如已故的哈尔本博士，以及他的孩子们——还有其他人，别问我是谁）带来痛苦和悲伤。于我而言，这份特殊的经历发生在我人生的迟暮之年，我几乎无法相信是我自己被卷入了这种典型的困境中。我曾坚定地（现在看来，那样过于一本正经了，缺乏道德上、情感上的敏感性或
474 包容心）谴责这种纠葛，总是以我的伯父伯母的道德观为准绳。女诗人阿赫玛托娃说托尔斯泰就是这样对待安娜的，托尔斯泰的认知比我们深刻多了，但他屈从于令人憎恶的道德传统。我怀疑，跟我比，事情过去（及现在）对你来说还更糟：不仅仅因为我是“自由的”，还因为你的脑袋比我的更富哲理性，且思路清晰、不回避推论，不论它们是多么令人不快且是在一些前提下做出的；你觉得必须清楚地表达正义、不欺骗他人，而就我们所知，其他人则有意无意地糊弄过去，[……] 这样，事情不论对他们自己，还是对别人来说，都变得容易多了，但你我今天不会（将来也不会）这样做，我现在头脑一片模糊，这也许和我对非理性主义的兴趣有关。然而更糟的是，为了和睦、舒适或者甚至正义、爱情等，欺骗他人——或试着欺骗自己的真实情感，我在帕福斯

的时候没想到这点，［如果］那时想到了，可以证明休谟所说的目的有互不相干的多样性多有道理——而你和斯图尔特的理性主义集权制没道理。各目的之间会有冲突：不论你选择什么，你会遭受（且给别人带来）损失和痛苦[1]，努力把它想清楚并去调和明显的冲突，进行更高级的综合及否定[2]，超越它们，然后获得最终的和谐，“永恒的女性，引领我们向前”[3]，在我们的上空飞扬[4]——朝着崇高的目的，每一件事之间最终达成和解，天堂和地狱结合，知识与美德和幸福结合——所有这些只不过是逃避以下事实的崇高借口：冲突在所难免，你到哪都逃不掉，要去直面所谓的“情况”。你肯定已经经受了许多内疚和痛苦。我可以武断地说，这些无法避免，否则你得遭受其他内疚和痛苦，或者谎言、自我欺骗及各种饶舌。我觉得对于不想再婚的谢利（她是个信

[1] 帕福斯位于塞浦路斯的西南部（伯林于1971年9月8—17日到此地参加一场在尼科西亚举行的会议），作为阿佛洛狄忒的出生地而闻名于世，她是掌管性欲及爱的女神，诞生于岸边的海浪泡沫中。在索福克勒斯《安提戈涅》中的第781—800页，合唱队向她祈求保佑。伯林引用了开场白中的头两个词，“噢，爱情在战争中是不可战胜的”。伯林认为每种情感（比如欲望，拟人化地把其叫作厄洛斯或阿佛洛狄忒）是独特的，没法翻译成另一种语言。这是关于伯林观点的一个特殊的例子，他认为，价值观、目的是不能简化的，是多样的，它们之间可能会有无法解决的冲突，就像在《安提戈涅》中，神的法和公民法之间的冲突。

[2]“否定”：“Aufhebung”是黑格尔的一个术语，意思是把某种东西（通常是冲突）提升至更高处后同时把它毁灭。

[3] 歌德《浮士德》第二部分的最后一句（12110—12111行）是：“永恒的女性，引领我们向前。”

[4] 伯林此处原文为：schwebt uns hinauf，伯林记错了最后一行诗句。

徒，我想）以及你的女儿来说，确实会有问题，孩子们总是想对父母双方都忠诚，但我想你会处理得比别人好。我曾面对同样的问题，但我的前任（指艾琳的前夫——译注）去世确实让事情变得容易多了。我假定并希望你们打算一有条件就结婚，我现在非常支持婚姻，正如我过去过着僧侣般的日子时对它毫无兴趣。她，帕特里西娅，非常非常善良、美丽。当时，我很高兴自己能认识她。言语难以形容我对你们
475 的衷心祝福：我的看法是，你不用担心什么，真的，不论被抛弃的配偶们（可怕的词）要重建生活有多么艰难——你身在其中——你会快乐的。这是肯定的。你的朋友们也会认为这样很好、会很高兴。在这种情况下，伤口会愈合的：伤疤没什么。也有人反对完全没有痛苦的生活。[……]

你的

以赛亚

致维托雷·布兰卡[1]

1972年1月25日［副本］

［沃尔夫森学院］

亲爱的布兰卡教授：

不论在何种情况下，我都高兴收到您的来信。唉，我

[1] 维托雷·布兰卡（1913—2004），意大利学者、翻译家、薄伽丘专家；1953—1988年任乔治·契尼基金会的秘书长，该基金会位于威尼斯的圣乔治·马焦雷岛。

无法在4月9—11日来威尼斯，因为我将不得不待在这儿，对此我感到非常遗憾。我还要补充说，陀思妥耶夫斯基对我来说不是个轻松的话题，他是个伟大的天才，我对他过敏：我读他的作品时，感觉就像进入了缠人的梦魇，除了他所描述的东西，其他一切都不存在了——但同时我也急于从中醒来。曾有一名俄国评论家说，他通过一个放大镜审视这个世界，不仅把他所看到的物体放大了，而且把光线集中到一起燃烧它们，实际上无异于将其烧焦，使其变形了。我认为这是真的：但这不足以做一篇论文。因此，带着巨大的遗憾，唉，我只好拒绝。要是您想谈谈屠格涅夫……以及19世纪俄国批评就好了——但一个人不可能同时拥有一切。

衷心祝福您。

您真诚的

[以赛亚·伯林]

致罗伯特·西尔弗斯

1972年2月9日

[沃尔夫森学院]

亲爱的鲍勃：

你这次的欧洲之行，我们没能见到你，真是太遗憾了。但我们还是抱有一丝希望，但愿你再次来欧洲时能够见到你——我们3月5日去印度，然后去波斯（伊朗的旧称——译

注)，3 月 23 日回来，照顾我的老母亲，和她一道举办逾越节
476 家宴——我想，是两人私下里举行，因为她现在有点儿虚弱。关于此事，我现在和亲爱的西德尼很有同感，他写了一封令人捧腹的信，内容是他在纽约的陪审服务，在此期间他证明法官有买卖圣职罪等，并使得法官被定罪，导致事情变复杂了。

我很高兴你去了科佩城堡——一栋迷人的房子。可以看出，里面肯定进行过富有人情味的谈话，因为客厅相当小——德·斯塔尔夫人[1]肯定是一个很好的女主人，尽管她对一切都充满了无止境的欲望，且相貌平庸。

关于 A. W. 施莱格尔同康斯坦之间的会面。[2]你的想法非常正确：他［康斯坦］是个非常聪明的人。现在没有人对他的观点真正感兴趣了，哈罗德·尼科尔森[3]写了一本关于他的很糟糕的书，他在书中隐约把康斯坦看作自己，认为他是作家兼杰出但失败的政治家——但康斯坦是个有独到见解的自由主义者，在某些方面比托克维尔更有趣，对

[1]（安妮·露易丝）·杰曼·德·斯塔尔（1766—1817），婚前姓内克尔，多产的法国作家，有个爱举办沙龙的母亲，父亲是个瑞士银行家。她的法国沙龙以及日内瓦附近的家族庄园科佩城堡，吸引了当时的要人；她是个很强势的人物，政治阴谋家，私生活不检点，在公共场合举止轻率，使得塔列朗评论道：“看来德·斯塔尔夫人写了一本小说［《戴尔芬》］，在小说中她和我都作为乔装成女人的人物出现。”（转引自安东尼·鲍威尔的“康斯坦的悖论”，《泰晤士报文学副刊》，1949 年 7 月 1 日，第 428 页；无法找到第一手资料）
[2] 本杰明·康斯坦和奥古斯特·威廉·冯·施莱格尔都是德·斯塔尔夫人的密友，康斯坦和她长期保持暧昧关系，而金钱使得关系变得更加复杂。
[3]《本杰明·康斯坦》（伦敦，1949）。

法国革命的感受和我对俄国革命的感受很相似。有天我问埃里克·霍布斯鲍姆，他是否觉得他的党派——他仍是它的忠诚成员——也许谈不上忠诚，只是成员之一——相比较而言，应该总体上为痛苦大大多于快乐负责，流了那么多血却没什么可以夸耀的东西，条件是我们从人的角度而不是从无情的宇宙力量的角度来估算，在宇宙力量面前我们只能像弗朗科·文图里[1]做的那样，弯腰表示我们的敬意，因为那些自然事件超出了我们的理解范围。令人奇怪的是，他同意了，而这样做有啥价值呢，我真的不知道。我很享受同他的会面。他很适合做理查德的朋友，很适合做我的泛泛之交。[……]

那个牛津大学的巴勒斯坦人——我忘了他的名字了——非常一本正经地回复了那封某个尤里写的、疯狂的歇斯底里的信，它让我极度不舒服[2]——信的语气和内容不像一个能
够在正常社会中和别人共处的人，尽管它有着乔姆斯基式的 477
忧伤——他很快会让每个神智健全的人都发疯。他让我想起 1913 年《春之祭》刚上演时的一个情节。你记得吧，其中的一个少女准备牺牲时，随着一种特别急切且美妙的韵律颤抖、摇晃、发抖、哆嗦：这时观众席响起了声音，“噢，医

[1] 弗朗科·文图里（1914—1994），意大利历史学家和启蒙学者；1958—1984 年任都灵大学历史学教授；1947—1949 年住在苏联，做学术研究并撰写了著名的《论俄国的民粹主义》（都灵，1952）；伯林为英译版写了序，英译版书名为《革命的根源：19 世纪俄国民粹派和社会运动的历史》（伦敦，1960）。
[2] 尤里·戴维斯与阿塔拉·曼苏尔，“以色列与巴勒斯坦人的交换”，刊于《纽约书评》，1972 年 2 月 10 日。

生”。人们喊了几遍，声调越来越高；另一个人喊道，“来一个牙医，快点啊！”我对你通信者的感觉大致如此。此外，因我刚收到 A. J. P. 泰勒一封赞美我的信，必须向你汇报说，我认为他关于间谍的那篇文章是荒谬的；[1] 斯图尔特说每一个说法都错误百出，人人都很容易把它驳倒，如果该文章不是如此明显地荒谬可笑，低于一切可能想到的水平，特雷弗—罗珀也许会做出回应，但即便他，我想，也不会屈尊做这样的事。就此结束我惯有的长篇大论——其余的一切则都棒极了。[……]

明天我去剑桥，将拜访 E. H. 卡尔及他那可敬的太太。还要拜访伯纳德·威廉斯，他现在已经同斯金纳太太确定了关系；影子内政大臣，可怜的天主教徒，正在某个地方伤心不已；她是个不错的女子，能干，可以成为英国的第一位女首相，但目前这种状况无助于提升她的地位。我没能确切地知晓那儿发生的事，但这令人伤心，伯纳德心中充满了内疚。[……] 让我感到害臊的是，我出现在一部私人拍摄的关于牛津哲学的电影中，同时出镜的还有弗雷迪·艾耶尔、斯图尔特、戴维·皮尔斯（《观察家报》说他也许是在世的

[1]“透过锁眼”，刊于《纽约书评》，1972 年 2 月 10 日，第 14—18 页，在这篇文章中，以他那典型的好战文风，泰勒评述了最近出版的四本内容关于第二次世界大战间谍的书：“当间谍有所发现时，通常在报纸上也能读到那个发现。[……] 对任何想从事间谍活动的人，我推荐泰勒法则（现已被专家们普遍接受）：英国外交部没有掌握任何秘密。它的骑手，也值得关注：克里姆林宫也没掌握很多秘密。至于美国国务院，甚至不值得假定它有什么节操。美国国务院是通过阅读报纸知晓、掌握秘密的。”

最伟大哲学家——我建议以后叫他 GLP，他的孩子们已经这么叫了)，还有艾丽丝·默多克、斯特劳森等等。我还真的让赫伯特·哈特也参与了，但是影片发起人沙南兄弟，[1] 两位有进取心的犹太男孩，认为他讲的话学术味道过浓、没趣，想把他从影片中删除。为了保住他，我进行了艰苦的斗争，因为是我劝他参加影片拍摄的，我怀疑电影拍得很糟——我还没看，因为影片放给各类广告宣传人士看的那天晚上，我感冒了。我想，这部影片还会制成盒式录音带。

你的

[以赛亚] 478

致 G. S. 卢梭 [2]

1972 年 2 月 14 日

[沃尔夫森学院]

亲爱的卢梭博士：

[……] 我非常快乐地读了你关于纳米尔 [3] 的那篇文章。

[1] 1972 年迈克尔和诺埃尔·艾伦·沙南（生于 1939 年）制作了六部时长一小时的关于牛津哲学的纪录片，集体称作《逻辑之道》，来自第一部电影的名字——取自那条离高街不远的鹅卵石路，这条路穿过牛津大学一直到莫顿大街。赫伯特·哈特实际上未参与该片的拍摄。

[2] 乔治·塞巴斯蒂安·卢梭（生于 1941 年），文化史学家；1966—1968 年任哈佛大学讲师，然后任助理教授；1968—1969 年任加州大学洛杉矶分校英语专业助理教授，1969—1976 年任副教授，1976—1994 年任教授。

[3] G. S. 卢梭，“纳米尔谈纳米尔”，《伯克与其时代的研究》，总第 8 期（1971 年秋季版），第 2016—2041 页。

我认识的纳米尔同他的遗孀描述的纳米尔大相径庭。这并不奇怪，她认为她有义务引领他重回基督怀抱——当我遇到他时，他是个激烈的反教权主义者，教士、拉比、牧师或任何人都不喜欢他——实际上，那是20世纪20年代、20世纪30年代及大半个20世纪40年代的纳米尔——改变信仰后的纳米尔在精神方面显然成了完全不同的另一个人。我相信她对他的画像是他所希望的那种——事实上，也来自他对她描述自己时她所受到的启发。在我眼里他是个完全不同的人：一个伟大的人以及知识界的伟大创新者，他取得名声的特殊方式，给同时代人留下了非常深刻的印象（也是历史记录中让人印象深刻的大事件）——他改革了历史的写作，还成了当时在世的最杰出的犹太复国主义知识分子——这些几乎没有出现在她的描述里。首先，当然不应该批评她——她说她自己不是专家，这些留给他的同道朋友。其次，她避开这些是因为她完全不支持他生活中的这些方面：即便我在以色列碰到他们在一起时，当他由托曼照看着、忙于在这个国家进行田园之旅时，她显然不怎么高兴，很不喜欢犹太设施的总体质量，而他则很感动——感动到落泪，我看见了——然而她避开这些，这可以理解，但传记的目的是记录他的改变过程，这在某种程度上是不应该的。不过由它去吧。他将因为他的作品而不是他的性格而不朽，关于他性格的记忆会慢慢消逝。[……]

你真诚的

[以赛亚·伯林]

致罗伯特·西尔弗斯

1972年2月15日

[海丁顿宅]

亲爱的鲍勃：

[……]我还在等待斯图尔特评罗尔斯[1]的文章——我觉得它会像伦纳德·伍尔夫评莫尔的文章——高贵的评论家评论严肃高贵的思想家——这种事让克罗斯曼非常恼怒。谈到克罗斯曼，他刚给我寄了他日记中的一些章节，叫我要妥善保管，因为它们与安全高度相关——我还未读一个字，但会去读的。它肯定好玩，肯定有可读性，肯定有趣，真的。我不敢肯定他希望我就哪些做出评判，尽管此话题是我的禁区，我仍觉得有点儿受宠若惊。 479

戈伦韦·里斯关于他自己以及伯吉斯的书得到了广泛的评价，总的来说得到的肯定比预期的要多：[2]休·特雷弗—罗珀完全上当了，戈伦韦把自己描述成一个可怜的威尔士男孩，无法处理好同萎靡不振的英国贵族的关系——我就是他在此地的同时代人，事情不是这样的：戈伦韦的父亲是威尔士的牧师，家中殷实，他可以毫无困难地融入牛津，和

[1] 约翰·波德莱·罗尔斯（1921—2002），1960—1962年任麻省理工学院哲学教授；1962年进入哈佛大学哲学系，1975—1979年任哲学约翰·考尔斯讲席教授。斯图尔特·汉普希尔评论了他的开创性著作《正义论》（哈佛，1971），发表于《纽约书评》特刊（1972年2月24日，第34—39页）；该书写于越战期间，被认为复兴了哲学研究；罗尔斯强调个人权利，反对公共利益中的功利主义传统。

[2]（摩根）·戈伦韦·里斯，《接踵而来的灾祸》（伦敦，1972）。“以鲍斯威尔笔调记叙的伯吉斯不可能被描述得更好或者更令人同情了。”（A. P. 莱恩，《泰晤士报》1972年2月10日第12e版）

以下这些人一样：比如，上一代的西蒙，[1]或者赫伯特·哈特，或者成千上万的聪明男孩，他们并非来自公学，但可以毫无困难毫不费力地融入牛津——那些起来造反的通常是来自公学的、有负罪感的男孩，如奥登或斯蒂芬。

[……] 我猜曼德尔施塔姆夫人的第二卷提到了我，[2]海沃德现在正翻译该书。显然与阿赫玛托娃的麻烦有关，想到她会说什么，我就发抖。我希望她说的是真相。

你的

[以赛亚]

致《世界观》编辑

1972 年 2 月 23 日［副本］[3]

[沃尔夫森学院]

先生：

480 很高兴我和詹姆斯·雷斯顿先生[4]一样，相信没有人轻

[1] 约翰·奥斯布鲁克·西蒙（1873—1954），1940 年受封西蒙子爵一世，律师及自由主义政治家，父亲是一名公理会牧师。西蒙拿到奖学金（1891）进入了瓦德汉姆学院，在古典人文学课程大考中获第一名，曾是牛津辩论社的主席；1897—1954 年任全灵学院研究员。

[2]《希望被遗弃》（参见原文第 445 页注 3），在第 357—358 页提到了伯林，错误地说伯林在 1954 年派一些牛津学生去看望左琴科；更早的那卷《希望对抗希望》中没有提到伯林（伯林只出现在添加的作者讣告中）（参见原文第 445 页注 3）。

[3] 该信作为《判断历史专题论丛》的四篇文章之一刊出（不是以信件的形式，删去了第一个句子中的“最终”一词），标题是“我们所希望的历史”，《世界观》总第 15 期（1972 年 7 月），第 16 页。雷斯顿的文章是《并非仅凭权力》。

[4] 詹姆斯·巴雷特（“斯格蒂”）·雷斯顿（1909—1995）。生于苏格兰，获普利

慢上帝，历史最终会对政治家和人们所犯的罪做出公正的裁决。但是我发现我很难放弃以下想法：不管怎样，从长远看，决定历史学家做出结论（尽管会有一些例外，那是闪光点）的是征服者和强大的军队。超过一个半世纪以前，伊曼纽尔·康德写道："起义让瑞士、荷兰、英国有了宪法，现在人们称赞这些起义给人们带来幸福，但如果这些反抗失败了，历史学家会认为，要像处置重要的犯罪分子那样把起义发起人处死。"[1] [……] 亚历山大、西庇阿、尤利乌斯·凯撒、查理曼大帝都在战争中赢了；如果他们没赢，我们的史书会大为不同——不仅仅是事件、人类自身的历史进程都会不一样，因为世界对他们的判断是人类进程中非常重要的部分，若他们失败了，从中得出的结论会大为不同。假设拿破仑成功地侵入了俄国和英国，在他自己的帝国制定了他的永久法律，每个记者、校长、受过教育的绝大多数会做出怎样的"历史结论"，有人怀疑过吗？假设希特勒，或者甚至凯泽[2] 在战争中赢了？有个故事，也许是杜撰的，有一个比利

策奖的新闻工作者、作家；1953—1964 年任《纽约时报》驻华盛顿首席记者，1964—1968 年任副主编。

[1]"俗话说：'那也许在理论上是对的，但在实践中并不可行'"（1793），《康德全集》（柏林，1900—），第 8 卷，301 页。

[2] 普鲁士的威廉二世（1859—1941），原名弗里德里希·威廉·艾伯特·维克托王子，1888—1918 年任德国皇帝和普鲁士国王；1918 年 11 月退位并流亡荷兰，尽管同盟国想办法引渡他、让他接受审判，他还是死在了荷兰，他被控"严重违反了国际道德及协约的神圣不可侵犯性"（《泰晤士报》1919 年 7 月 7 日第 13f 版）。

时人，德国军队1914年侵略他的国家，并残酷地镇压了他们的反抗，他问一位德国军官他是否会害怕历史的评判。“不，”据说这位军官回答道，“因为历史由我们来撰写。”胜利者很少被裁决：失败者、少数派、遭到迫害的人有时会留下自己的回忆录，后人据此修正胜利者对自己成功的叙述。但此种情况不常发生。罗马人赢了，但犹太人的作品里尽是不利于他们的证词；欧洲人剥削并侮辱了中国人，中国人撰写了作品让欧洲人的后裔感到羞愧，欧洲人自己的历史很少或者基本不记录这些内容。目前更是不要希望此做法会自然盛行，因为我们这个世纪的暴行如此之多以至于胜利者阶层都感到愤慨。这是新现象，但我们可以希望有更多的正义，因为那些植根于人们心中的人类价值观在历经了这么多个世纪后，并没有改变很多。然而，为了让人们更普遍地意识到道德良心，我们这个世纪不得不付出了可怕的代价。我想，雷斯顿先生心里正是有这种愤
481 慨；虽然我也怀疑这样是否有用，我和他的态度一样：我希望这种信念是对的，虽然它还没有被历史所证明。

您忠实的

[以赛亚·伯林]

以赛亚·伯林爵士，功绩勋章获得者、英帝国二等勋位爵士、英国社会科学院院士

应印度文化交流协会的邀请，3月5日伯林夫妇飞往印度，伯林将进行首场胡马雍·卡比尔纪念讲座。一星期后他

们飞往伊朗，去英国驻德黑兰大使彼得·拉姆斯博顿爵士那里做客："这里到处都是炮弹。到处都是俄国人。有意思。人们机智地避而不提以色列，但显然人们在秘密地忙着进行各种各样的交易。"[1] 他们还去了波斯波利斯、伊斯法罕、设拉子，之后于3月22日回到英国，本来他们没这么早回，但第二天得参加在牛津大学举行的授予伦纳德·沃尔夫森荣誉民法博士的仪式："所有附属国国王都要参加为皇帝的儿子举行的盛宴，因此，毫无疑问，我只能迫不得已，大老远从德黑兰一路飞回来出席这个不用说极其无聊的仪式。"[2]

致克里斯托弗·麦肯

1972年4月11日

[沃尔夫森学院]

亲爱的克里斯托弗：

非常感谢你那封有趣的长信——我当然和诺曼·布朗[3]很熟悉——许多年前当他是巴利奥学院的奖学金获得者时（你知道他曾是奖学金获得者吗？），我教过他，自那以后我

[1] 致多利·德·罗斯柴尔德，1972年3月14日。
[2] 致约翰·罗伯茨，1972年2月23日。
[3] 诺曼·奥利弗·布朗（1913—2002），美国哲学家和历史学家；1946—1962年在康涅狄格州的卫斯理大学任教；后来在罗切斯特大学和加利福尼亚大学（圣克鲁兹分校）任教；曾在牛津大学读古典人文课程，当时伯林是他的导师。他把弗洛伊德学说的思想应用于西方文明史中，专注性爱学，他的作品在20世纪60年代的反文化运动中很受喜爱。

们一直是朋友。我想，如果稍微逼他一下，他会承认我们之间牢不可破、非常融洽的友情。他眼里的我是这样的：尽管偶遇到各种各样如同被掩埋的金子一样的人物——哈曼、维柯，这些思想家给人以真正的启迪，且大胆创新、突破不成文的规范、打破禁锢——尽管如此，我却没有从他们那学到什么，而是继续我那可怕的、中庸的传统路线，心胸狭隘、目光短浅，就像一个已经见过光明的人，却不认得光明，这比那些一直都待在黑暗中的人还要糟糕。可是，我非常喜欢他，希望你代我向他致以最亲切的问候。

482 [……] 在我看来，你说的关于美国的一切都非常正确——我刚发表了一篇关于乔治·索雷尔的文章，[1] 在《泰晤士报文学副刊》1971 年最后一期刊出。当时若我的手头上有的话我会给你寄一份的——在我看来，索雷尔正以一种非常可怕的方式，染指目前正在毁灭我们的大部分事情；他同时赞扬列宁和墨索里尼，几乎把他俩相提并论，在思想史中他显然是个特殊人物：他非善良之辈，说了很多可怕的话，如果他今天还活着的话，他会领导某种骇人的毁灭性强的运动，成就会比已故的黑格尔们，如卢卡奇 [2] 和马尔库塞大得

[1] “乔治·索雷尔”，克莱顿讲座，《泰晤士报文学副刊》，1971 年 12 月 31 日，第 1617—1622 页；收入西蒙·阿布拉姆斯基（主编）的扩充版《卡尔纪念文集》（伦敦，1974），也收入《反潮流》。

[2] 格奥尔格·卢卡奇（1885—1971），原名格奥尔格·贝尔纳特·勒温格，匈牙利哲学家、文学评论家，曾是政府部长，20 世纪最具影响力的马克思主义思想家。他的重要作品《历史与阶级意识》（柏林，1923），英文版书名为《历史与

多，因为他的反智主义解放了他，让他可以进行颠覆性的行动，去反对在他眼里可恶的、自由主义的资产阶级文化——他真的想回到荷马时代、回归自然生活，或者不管怎样，回归某种充满激情的活动，不用受到以下束缚：谨慎、自我批评、合理性、胆怯和自由主义价值观。我该停止这种唠叨了。

请一定告诉我你那些书的进展情况。

你永远的

[以赛亚]

致路易斯·格拉克斯坦

1972 年 4 月 13 日

[沃尔夫森学院]

亲爱的路易斯先生：

您是否记得大约一年前，收到了一位圣保罗校友俱乐部的家长写给我的信，信的内容是关于该校对非基督教学生实行限额，我就此写了一封信给我的同事马克斯·贝劳福，表达了我的惊讶、实际上是震惊之情，没想到圣保罗学校居然会采取这样的政策，我认为把这作为正式的政策之一，道

阶级意识：马克思主义辩证法研究》（伦敦/马萨诸塞州坎布里奇，1971）。“我对卢卡奇的看法是矛盾的：他显然是个非常有天赋的人，说过精彩的话，写了一大堆胡说八道的东西，有些是常见的黑格尔式的行话，有些则是很可怕的官样文章、正统的斯大林式的东西。同时，他确实开创了新方法：把马克思主义应用到经济学范围之外，这只有具备了某种天赋的人才能做到。”（伯林致罗纳德·桑德斯，1972 年 4 月 21 日）

德上令人无法接受。几个月后，我受到温克沃思先生[1]的邀请，参加了在布商公会大厅举行的午宴，当时您也出席了，
483 出席的人还有贝劳福教授、该校的校长、小学部的校长、布商公会的书记员，午宴后我们就此事进行了充分的讨论，在场的大多数赞成此规则出现在招生申请表或学校说明书中，并为之辩护，我认为那些辩论毫无说服力。我不再重申我给贝劳福教授的原信中的观点，我知道，那些跟此事有最直接关系的人传阅了那封信。我只是想说，倘若某种表达使得思想自由的人，不管他有何种宗教信仰，退缩或至少感觉到道德上的不安和难堪，那么它在内容方面肯定有错得离谱的地方。我不想评论管理者的宗教政策本身：但是，如果这种政策沿袭的是臭名昭著的偏见，我没必要提醒您这种偏见有着漫长且可怕的历史，采取这样的政策我觉得无法容忍。

贝劳福教授让我看过新的、修改过的规则。在我看来，跟早先那份比，它们只是在长度上有所区别。我看不出，对非基督教学生的限额定为“七分之一”是有所改进的，早先那份说的是“85% 为基督教学生”，新的表达更加赤裸裸，数据更模糊：但本质上没什么改变。就我记忆所及，我们的确讨论了规则的修改问题，我的观点是，应该删除大部分带攻击性的话语。我的结论是管理者们最终拒绝了这些建议。如果我的假设是对的，我要通知您，作为圣保罗校友俱乐部

[1] 约翰·彼得·温克沃思（1908—1986），1961 年任布商公会主席。

的主席，我特此宣布辞去该职务。我当然非常不情愿去中断一份维持了四十多年的关系。然而我清楚地看到，我从孩提时代起就熟知的该学校的精神，其相关部分已经改变很大或者消失了。除非万不得已，我不喜欢表态，退出校友会且不再担任职务，让我感到非常痛苦，如我当时写的那样，我深感荣幸被授予这一职务。可是，我没有别的选择。校友会默许一项我认为道德上无法忍受的规则，我只能退出，我相信，您会高兴的。请求您告诉圣保罗校友俱乐部委员会的成员们，以及所有需要解释的人，我的退出及辞职，还有背后的原因。

当我最初说我有可能这样做时，您非常善意地说希望我重新考虑此决定。我向您及委员会的成员保证，我的确重新考虑了，但发现我别无有尊严的选择。

您真诚的

[以赛亚・伯林] 484

致尼古拉斯・雅各布斯[1]

1972 年 4 月 14 日［副本］

沃尔夫森学院

亲爱的雅各布斯先生：

非常感谢您把布卢门贝格[2]的书寄给我。实际上我有德

[1] 尼古拉斯・迈克尔・雅各布斯（1939），翻译家，1991—2010 年任利伯瑞斯出版社（德国文学方面的专家）社长。

[2] 沃纳・布卢门贝格（1900—1965），德国历史学家，活跃的社会主义者；1933

语版，但我很高兴有英文版的，其序言大大瓦解了布卢门贝格本人深信的大部分观点。我的确认识他；他迷人、谦虚、学识渊博，我想，他是世界上最后一位能够毫无障碍地自如阅读马克思手稿的人。这是梁赞诺夫[1]亲自教他的。我请求他告诉我，我的那本旧作主要有哪些不足；[2]我不止一次逼他这么做。他认为，马克思对他妻子的行为，我没有予以足够重视，也没有提到他的私生子（当然，我写书时并不知道此事），[3]对他性格中的弱点未给予足够重视。他告诉我说，在他所认识的所有英国社会主义者中，科尔[4]最讨厌马克思：认为他虽然有天

年反纳粹抵抗运动中汉诺威社会主义阵线的发起人；1936 年 8 月逃到阿姆斯特丹（在此去世）以逃避抓捕；1945—1965 年任荷兰国际社会史研究所德国研究室负责人；著有德文版《卡尔·马克思：图文并茂的传记》（汉堡附近的莱茵贝克，1962），英文版（伦敦，1972）与德文版同名。

[1] 戴维·梁赞诺夫（1870—1938），原名戴维·鲍里索维奇·戈登达科，生于乌克兰的马克思主义理论家、学者、革命家；致力于收集和出版马克思及恩格斯的著作，1921 年成立了苏联马克思—恩格斯协会；斯大林清洗运动的受害者，1938 年 1 月 21 日被处决。

[2]《卡尔·马克思：生平与环境》（伦敦，1939），始终未绝版。1948 年出第二版、1963 年出第三版、1978 年出第四版、2013 年出第五版（由亨利·哈代主编）。

[3] 海伦（“琳蘅”）·德穆思（1820—1890），马克思家的终生仆人，在伦敦产下了私生子弗雷德里克·刘易斯（“弗雷迪”）·德穆思（1851—1929），长大后在伦敦当体力工人。1962 年，阿姆斯特丹的某档案馆公开了一份显然是恩格斯最后一位管家路易丝·弗赖布格尔写的信的打印稿；信上说，恩格斯在弥留之际对马克思的女儿埃莉诺说，她的父亲亦为琳蘅孩子的父亲。尽管看似可信，一些学者和传记作者也接受该说法，但几乎没有其他证据证明该故事的真实性。路易丝·弗赖布格尔于 1950 年逝世。伯林在该书出第四版（牛津，1978）时增加了一条关于弗雷迪·德穆思的脚注。

[4]（乔治）·道格拉斯·霍华德·科尔（1889—1959），社会主义者、政治理论家、历史学家；牛津大学社会政治理论齐切利讲席教授（他于伯林之前获得该职位），1944—1957 年任全灵学院研究员；1957—1959 年任纳菲尔德学院研究员。

赋，却没能把社会主义改变得更好一些（很重的话!）；对一切反人性的、压迫人的东西负有责任，对运动狂热，等等。告诉我说，他，布卢门贝格，不同意这些，但他尊重科尔的情感；至于我，他认为，我写的关于经济的那部分最为薄弱（这当然是对的，虽然其他部分可能也薄弱），还认为我夸大了恩
格斯对马克思的影响，而恩格斯把马克思的头脑弄得糊里糊 485
涂，且对他的大胆设想负有责任。此外我没法让他再说什么了：他的表扬也许是出于谦虚和礼貌，我怀疑是这样。[……]

您真诚的

[以赛亚·伯林]

致奥马尔·哈利克

1972 年 4 月 17 日［副本］

［沃尔夫森学院］

亲爱的哈利克教授：

您 3 月 3 日的那封来信既有趣又感人，非常感谢，我刚从伊朗回来，刚刚读到。我必须承认，您说的一切对我来说并不完全陌生，但您的描述充满了强烈的个人情感，因此我希望自己的回信同样真诚。

我同情犹太复国主义者，但我并未对以下两个事实视而不见：对您所描述的阿拉伯人，移民们肯定经常表现出生硬、完全不近人情的态度，这样肯定会导致痛苦、沮丧、敌意；中肯地说，这些特点并不局限于他们，但这并不能免除他

们的罪过。您说得完全正确：犹太复国主义在一开始的时候，或者说在它获得明确的政治影响之前，不含任何暴力因素：它是一种理想的马志尼[1]式的民族主义，跟宗教信仰密切相关，我认为，暴力的发生只是对突发障碍的回应。事实是，在最后没办法时，发生了代尔亚辛村[2]和凯比亚村[3]事件，它们同以下记忆有关：德国人、波兰人、波罗的海人等灭绝欧洲犹太人的做法，以及发生在雅法的暴乱、希布伦、萨法德和其他地方的杀戮。[4]这可以解释这种“强烈反冲”，当然，不能说这种抵制有其合理性——两次黑色事件，不论颜色深浅，都与白色无缘。但是，从历史的角度看，这是犹太人在极度绝望之下的
486 作为，而阿拉伯人在同样的迷茫和绝望下的表现则与之相反。

犹太人来此的动机很简单；他们不希望在哪都是少数民族，因为他们的历史是漫长的殉教史。他们刚在外国某块土

[1] 朱塞佩·马志尼（1805—1872），意大利民族主义领导人、共和主义者、民主主义者，一生的大部分时间都在流放中度过，1931 年在马赛时创立了爱国组织青年意大利党（Giovine Italia）；意大利复兴运动的推动者之一，在 1861 年意大利作为君主国统一后，他继续为其成为共和国而奋斗。

[2] 1948 年 4 月 9 日，二百五十四名阿拉伯平民在此被屠杀，杀戮者为伊尔贡和斯特恩帮恐怖主义者，其中包括以色列的未来首相梅纳赫姆·贝京；杀戮使得阿拉伯人逃往巴勒斯坦。

[3] 约旦的一个村庄，1953 年 10 月，以色列国防军一支精锐部队对该地发动报复性袭击；在这次袭击中大量房子被毁、六十九名村民——男人、女人和孩子——死亡。

[4] 在 1921 年 5 月初的雅法暴乱中，犹太人是阿拉伯人袭击的目标，在被杀害的近九十人中，犹太人过半。1929 年 8 月底，在希布伦、萨法德发生了针对犹太人的袭击，导致许多人死亡：近七十人死于希布伦屠杀，这些都证明了宗教教派间的紧张局势，给受委托管理的官方造成了很大麻烦。

地的一个角落安顿下来，便立即可能招来迫害，并最终成为现实，他们不得不再次流浪。因此，他们希望，在某个地方，自己能成为多数派；不再永远是易受攻击的少数派，只能选择殉教或屈辱的顺从，在哪都屈辱地活着。他们被告知，实际上会把广阔的阿拉伯领土的一角给他们，它被模糊地定义为“民族家园”。没人真正知晓它的意思。但毫无疑问的是，那些英国官员，从一开始，他们在印度和非洲受到的训练即是，要小心当地居民情感上的敏感性，而且阿拉伯人的总体困境让他们动容，忍不住认为把移民强加给阿拉伯人是不公正的——正如您所述，我相信您是对的——这些移民是完全陌生的人，所以英国官员显然同情阿拉伯人，除了少数例外，基本都“不太”执行英国殖民部得到议会拥护、代表官方立场的政策。我无法告诉您委托管理时期的历史——我无法胜任此事，这封信上讨论它也不太合适，而且，我希望您对此比我更了解——然而，显而易见的是，一边受到来自阿拉伯人的敌意，另一边又是英国官员公然对他们冷酷无情，犹太人被激怒了。他们来自那些曾迫害他们的国家。他们得到的承诺是：自由、发展、自治；但体验到的却是猜疑和阻碍。他们中的一些人确实觉得身陷困境，认为自己迟早会被西方抛弃，被扔到他们的敌人阿拉伯人中间，而阿拉伯人会消灭他们，就像欧洲人过去经常做的那样。哈吉·阿明曾悲观地暗示：20 世纪 30 年代中期以后的就是他们的命运。其余的就不用我告诉您了：人们对他们的反感孕育了他们的侵略倾向，不管怎样，他们带着幻想希望来到此地，但幻想破灭得太快了。如果他们之前知道这儿有多少阿拉伯居民，他们又是多么不受欢迎，他们还会来吗？我不知道。我认为，他们必须面对残忍的不公平的迫害，至少在易北河东部是这样，而西方没去阻止，而且他们知道，作为无家可归的难民，不论去哪，他们都极其不受欢迎，因此，他
487 们不仅寻求《贝尔福宣言》[1]的庇护，还盼着得到弥赛亚的拯救，这甚至都已经渗入到无信仰者的灵魂中，因为他们的教育同《圣经》以及每天的祷告密不可分，和那些古老名字有关的每件事在精神上把他们团结起来，那些名字是自尊和骄傲的唯一源泉，他们仍然拥有这些品质——如果没有这些，他们根本无法面对生活；他们的乡愁持续了近两千年，真是令人震惊。然而，毫无疑问，阿拉伯人受到了不公正的待遇，否认这点等于不讲道理或者伪善；但是，住在阿拉伯人中间的许多犹太人已经觉得自己是外人，因此，对于阿拉伯人受到的不公正对待，他们的感受并不强烈。我并未提

[1]《贝尔福宣言》，由阿瑟·詹姆斯·贝尔福当外交大臣时草拟，作为一封信送给（沃尔特）·罗斯柴尔德勋爵，信上的日期为 1917 年 11 月 2 日，是英国政府的一份正式声明，表达了对犹太复国主义愿望的同情："英国政府赞成在巴勒斯坦建立犹太人民族家园，将尽一切努力促成此目标的实现，必须讲清楚的是，我们不会做任何事损害巴勒斯坦当下非犹太群体的公民及宗教权利，或损害犹太人在其他任何一个国家享有的权利及政治地位。"《犹太复国主义评论》第 7 期（1917 年 11 月），第 102 页；"巴勒斯坦之于犹太人"，《泰晤士报》1917 年 11 月 9 日第 7e 版。该宣言承诺在两次世界大战的间隔期，英国支持犹太移民及建立以色列国。

及权利，也没说如果人们都更温柔、更善良、更加小心翼翼，尽量减少误解，不要相互视而不见或攻击对方，人类会怎样。世界已经这样了，不论走了哪条路，严重的不公平都会出现：唯一的问题是，哪条路更糟？如何对其加以衡量？一方面，人们对犹太人当然有偏见；另一方面，人们对阿拉伯人一样有偏见。英国官员不知道该如何是好。他们极希望这个局面以某种方式自行化解。1936 年他们努力镇压阿拉伯人，因为他们反对犹太移民；1938 年他们又努力镇压犹太复国主义的愿望。面对恐怖主义，民主完全无济于事：这也许是可怕的事实，但这是千真万确的；英国人在 1929 年及 1931 年尽量向阿拉伯骚乱者屈服，结果弄得一团糟，最终让这个国家——唉，在某种程度上陷入了犹太恐怖主义当中。不管怎样，此事让我感到恐惧，即便现在想起这事，我也感到几分羞愧。

您的推想完全正确，所有这些，既没有出现在犹太复国主义运动创始人的著作中，也没出现在激发了德国民族主义的赫尔德的著作中（虽然早在 19 世纪的第一个十年，暴力已经出现在德国民族主义者的著作中）；在马志尼关于意大利人的著作中，您同样看不到这些，我想，它们也没有出现在有关阿拉伯人觉醒的著作中。这些事情发生了，它们不是某种信条导致的（也许德国人的例子除外），而是由于环境、人性的弱点、愚蠢、破坏倾向，以及人们极不愿意面对痛苦现实的心理。我们所能做的，就是促进以下局面的形成：把不公正、痛苦、侮辱、苦难及贫困降至最低。如果我们从这个目标出发，不管怎样，问题有可能得到暂时解决：如果我们不这样做，而是谈论权利、自尊、国家荣誉及绝对公正，那么随之而来的是流血，结局会比刚开始的时候更糟。至少这是我的看法：它不太受欢迎，也不怎么振奋人心。20 世纪遭受了史前时代以来最深重的苦难：然而，似乎没有一位大人物从中吸取任何经验，他们只是做了大量形而上学的归纳。我不想再烦您了——我只是想告诉您，我完全理解、深深同情您信上所言，
488 尽量回答您提的问题——但回答得不够好，我想。希望您原谅我，如果您有来此地，请一定来看我。

您真诚的，

[以赛亚·伯林]　　[……]

致 J. 尼克松小姐

1972 年 4 月 21 日［副本］

［沃尔夫森学院］

亲爱的尼克松小姐：

回答您 4 月 4 日关于苏格拉底审判和死亡的问题，当然，我并不知道您读的那三页节选有哪些具体内容。但是，柏拉图的《申辩篇》[1] 讲的是苏格拉底的审判，《斐多篇》[2] 讲的是

[1] 公元前 399 年在雅典苏格拉底接受审判时，柏拉图为他做的申辩，反对关于苏格拉底不虔诚的指控。苏格拉底被定罪并被判处死刑。

[2] 柏拉图关于苏格拉底最后几个小时的记录。在此期间，苏格拉底和他的朋友

他的死亡，阅读它们的主要原因是——就我们所知——苏格拉底是相信人们可以通过运用自己的理性，跟随理性推出的结论去发现这个世界上有什么，人们应该做什么、怎样生活等真理的第一人。他公开为自己的观点辩护，并坚持说人们可以对他人的观点展开批评，不论那些观点拥有者拥有多少权力、多大权威，不论这种批评会让他们或大多数人多么生气；他不认为人们仅仅去否认、攻击自己不喜欢的观点就可以了，而是相信要通过理性的方法去反驳它们，当别人这样做时，任何正常人自己也可以这样做并检验别人是否正确。总之，他相信通过理性的手段毫不妥协地追求真理永远都是对的，这样做还有助于消除人们头脑中的无知、偏见和无用之物，他认为它们应该为我们的错误、痛苦和邪恶负责——还有，不要打破规则，因为那样做缺乏理性。他的公开批评让人们非常生气（不管怎样，这些人正心情不爽，因为他们刚刚输了战争，结局很糟），他们决定杀死他。后来所有的科学、所有的知识都建立在他的原则性及其勇气之上，他对自己认为正确的东西坚持到底，不管谁会听，也不管自己会多么不得人心。

您真诚的

[以赛亚·伯林] 489

们谈论死亡的本质及永生，然后饮下那杯置他于死地的毒酒；斐多是叙述者，苏格拉底最忠诚的学生之一。

致西蒙·阿布拉姆斯基

1972 年 4 月 25 日

海丁顿宅

亲爱的西蒙：

[……] 至于斯特拉文斯基，他当然是个俄国作曲家，科萨科夫 [1] 的学生，所有艺术家刚开始时都是某位大师的学生并继承了某些风格；然而，斯特拉文斯基对“斯拉夫”和声以及节奏的处理总是带有讽刺的味道。当整个艺术世界 [2] 都强烈反对把艺术跟民粹派、人道主义、社会责任感、热忱的道德说教扯上关联时，他走向了成熟。艺术家中他最恨列宾 [3]，他还曾对我说，穆索尔斯基 [4] 的风格适合粗人。[5] 所有这些都非常不公平。穆索尔斯基是个伟大的独创型天才；然而，虽然斯特拉文斯基会听他的作品消磨时光，甚至为他的

[1] 尼古拉·安德烈耶维奇·里姆斯基—科萨科夫（1844—1908），俄国作曲家和指挥家，因精彩的管弦乐《天方夜谭》（1888）而著名。他对斯特拉文斯基，即他最有名望的学生的影响，在《火鸟归来》中特别明显。

[2] 伯林此处原文为：mir isskustva，意为“艺术世界”，1898 年在圣彼得堡形成的俄国先锋派艺术家非正式协会采用了该名称，他们在 1899—1904 年期间出版的期刊也以此为名（狄亚基列夫是该杂志的编辑）。

[3] 伊利亚·叶菲莫维奇·列宾（1844—1930），生于乌克兰的画家和雕刻家，19 世纪末俄国现实主义运动中的领军人物。

[4] 莫捷斯特·彼得洛维奇·穆索尔斯基（1839—1881），俄国作曲家，他的作品包括歌剧《鲍里斯·戈杜诺夫》（1874），钢琴组曲《展览会上的图片》（1874）及《死之歌舞》（1875—1877）。他死后里姆斯基—科萨科夫及其他人对他的作品进行了改写，但大部分现代作品用的是他原先的乐谱。

[5] 伯林此处原文为：dlya khamy，即 dlya khama/khamov。

某部歌剧写了结尾，却完全不欣赏穆索尔斯基的作品。他认为，该团体创始人巴拉基列夫[1]极其讨厌——不像柏辽兹那么糟，但差不多。以狄亚基列夫为中心的整个团体，以及后来在巴黎由科克托[2]引领的他们的弟子等，都是强烈反对政治的美学家，他们最讨厌革命，讨厌蛊惑人心的宣传、大众为了公平和仁爱奋起反抗，等等。英国的希特维尔们[3]，虽然不那么有天赋，亦如此；至少，他们中的某些人在某些时候是这样。归根结底，早期苏联艺术中的世界主义精神，是 490
为了反抗传统的资产阶级趣味。斯特拉文斯基可能讨厌庸俗，然而，他也讨厌以下做法：如反抗社会无法接受的政体；嘲弄严肃的道德反抗，反抗社会不公、消费社会等。他信仰东正教，喜爱同教会有关的一切，强调纯粹的审美和快

[1] 米里·阿列克谢耶维奇·巴拉基列夫（1837—1910），俄国作曲家、钢琴家及指挥，对俄国的音乐事业非常热心。自 1861 年起，他成为俄国青年作曲家乐队“五人帮”中的核心人物——其他四人是居伊、鲍罗廷、穆索尔斯基、里姆斯基—科萨科夫。

[2] 让·莫里斯·尤金·克莱门特·科克托（1889—1963），法国作家、艺术家和电影制作人；法国先锋派的领军人物，狄亚基列夫和斯特拉文斯基的合伙人之一。

[3] 希特维尔家族是个文学之家，包括以下兄妹：（弗朗西斯）·奥斯伯特·萨谢弗雷尔·希特维尔（1892—1969），准男爵五世，作家；萨谢弗雷尔·希特维尔（1897—1988），准男爵六世，作家；伊迪斯·路易莎·希特维尔（1887—1964），1954 年受封（二等）高级英帝国女勋爵，诗人、传记作家。“[他们]创作了将近二百卷的诗歌、小说、传记，以及音乐、艺术、文学方面的评论，表达了有他们自己特色的现代主义：是立体主义、未来主义及达达主义的混合物，最好称作‘希特维尔主义’。”（G. A. 切瓦斯科，《牛津国家人物传记词典》）他们是出色的孩子，其父准男爵四世乔治·里尔斯比·希特维尔（1860—1943）一样出色，是个既保守又有创意的人。

乐，鄙视他所称之的斯塔索夫主义[1]，这些使得他的立场变得极端保守、传统。但他反民粹主义，不赞成不是为了艺术而艺术，比如带着民族的、社会的或道德的目的。因此，他恨所有的社会主义者、共产主义者、自由主义者等，且高度强调为艺术而艺术——认为列宁和俄国革命残忍、野蛮、对美的东西深恶痛绝。他不喜欢陀思妥耶夫斯基，也不喜欢托尔斯泰，喜爱契诃夫、普希金、伊夫林·沃、T. S. 艾略特、天主教及东正教礼拜仪式——他怎么可能喜欢俄国的“国立”学校或欧洲的类似现象呢？他恨瓦格纳也是出于同样原因。我不能没完没了地这样一直写，这个话题太有趣了，聊起来永无止境——他是我熟悉的天才中最伟大的一个——他知道他是不朽的，而且想到这点他很高兴。

但是，尽管他旅行去了俄国——在那里看到、闻到、听到的一切，让他动容不已，他在俄国度过了青春期及早期成年阶段——却无法容忍那样的政权：他成了一个爱美国的人，带着热忱为共和党投票；他一直信仰东正教，因为那是他父亲、他童年时期的信仰，它给他慰藉、快乐——这里面并不含有自觉的民族主义成分。

你的

以赛亚

[1] 伯林此处原文为：Stasovshchina，指专横跋扈的评论家弗拉基米尔·瓦西里耶维奇·斯塔索夫（1824—1906）。

致安格斯·威尔逊

1972 年 4 月 27 日［副本］

［沃尔夫森学院］

亲爱的安格斯：

关于弗雷迪，我能告诉你什么呢？我想，他的书《语言、真理和逻辑》，在 1935 年或 1936 年出版，[1] 该书在哲学界引起了轰动，就像一份宣言，引发了激烈的反对，且让一些人高兴地改变了观念，还把一大批人从他们认为是形而上学的妄想或囚笼里解放了出来。他之后再也没能取得与之媲美的成功，但这个没必要说了。1939/1940 年有很多关于空袭注意事项或艾耶尔袭击注意事项的笑话，据说是年纪比艾 491
耶尔更大的保守哲学家们制造的。[2] 过去他在部队时——威尔士卫队——他可以做到在读一本书的同时听一场必须听的讲座，还都听进去了，因为他过后能够复述讲座的内容，这让其他军官感到钦佩、惊奇。他的第二本书中的地点是“卫兵的仓库”，在哲学史上并不常见。他非常讨厌奥斯丁，曾如此描述这个令人敬畏的人物：“奥斯丁是一只灰狗；自己不想跑，因此咬伤别的灰狗，所以它们也不能跑了。”可是，若你采用这个故事，他会知道是我说的，所以最好不要用。

[1] A. Z. 艾耶尔的《语言、真理和逻辑》（伦敦，1936）。
[2] 空袭注意事项（ARP）是第二次世界大战期间英国民防的一部分。

事实上，弗雷迪有点儿像马克西·比尔博姆[1]，有人曾这样对他说，“我不喜欢肉麻的吹捧，而且还当面讲”，马克西回答道，“噢，是吗？我没那么特别”。我还能想起的他的另一条妙语是，他把存在主义描述成在特定的哲学情况下“戏剧化的同义重复”。噢，亲爱的，真抱歉，我怎么也想不起更多了。我很高兴他将得到这个学位[2]——英国的大学对他有失公正，想想他的名望以及极想得到官方承认的渴望。

你永远的

[以赛亚]

致戴安娜·特里林

1972年5月18日

海丁顿宅

最亲爱的戴安娜：

我本该几周前就写信给你，谈谈那些女子学院。我本人对他们没有影响力——你的到来，会让他们感到高兴、自豪、荣幸、感激——我向你保证，他们不配得到你——因为我有时被邀请去那儿进餐，无意中听到他们的谈话，水平很

[1]（亨利）·马克西（米利安）·比尔博姆（1872—1956），1939年受封爵士，漫画家、作家及评论家；不论写哪种文章，他都是出色的文体学家，萧伯纳给他取的绰号是“盖世无双”；他完成的唯一一部小说是那本才华横溢的《朱莱卡·多卜生》，或《牛津爱情故事》（伦敦，1911）。

[2] 艾耶尔获东安格利亚大学文学荣誉博士学位（1972），威尔逊1966—1978年在该大学任英国文学教授。

一般［……］。要是有那样一所我本人想建议你去、有便利设施的学院，我会很高兴这么做的——比如，如果你一年以后，即1973年来，我会张开双臂欢迎你，那时的条件才对得起你（至少，我希望是这样）。无论如何，我一有消息就会告诉你。

这段时间，我一直在收听关于我的朋友莫里斯·鲍拉
的广播，许多人——戴·刘易斯、汉普希尔、贝杰曼[1]等， 492
在节目中提及他的敏锐、聪明，以及令人同情的往事——但也有一些离奇的言论，比如诺埃尔·安南的话，大意是莫里斯是个伟大的改革者，发明了弗兰克斯委员会，因此彻底改变了这儿的一切，不像糟糕的极端保守的剑桥，成了令人绝望的深渊，正在加速往后倒退——或者类似的话。莫里斯当然赞同一切充满生机和进步的力量，但实际上和弗兰克斯委员会完全无关，就我所知，也没有制定任何激进的改革计划，虽然他鼓励每个人朝不同方向发展。克拉克勋爵坚称，在20世纪20年代，当剑桥大学和布卢姆斯伯里统领英国文化时，是莫里斯阻止了这一切，并在20世纪30年代使得牛津大学成为影响英国知识界的领头羊。这是个无比夸大其词的说法：凯恩斯、弗吉尼亚·伍尔夫、福斯特、伦

[1] 约翰·贝杰曼（1906—1984），1969年受封爵士；非常受欢迎的诗人及播音员，致力于保护濒危（通常是旧式的）建筑瑰宝；1972年获桂冠诗人称号；离开牛津时没拿到学位，但是他在那儿收获了莫里斯·鲍拉的友谊和帮助。

纳德·伍尔夫等人在20世纪30年代同在20世纪20年代的影响是一样的。虽然莫里斯靠巨大的冲劲以及大量的格言警句等帮助牛津赢得了这样的名声：精彩绝伦、万众瞩目、玩世不恭的领地，但他对英国知识界的影响为零。他是个了不起的人，影响了我们大家，喜欢人们有思想，赞成益智，反对各种狭隘和停滞，但他恰恰缺乏那种知识分子的影响力。然而，K. 克拉克在节目中说了这些话后，虽然不一定产生深刻影响，但成千上万人听到了。历史终究是不可靠的。

〈非常爱你

你的〉

以赛亚 [……]

致戴安娜·特里林

1972年6月9日

海丁顿宅

最亲爱的戴安娜：

[……] 我认为新学院还要过段时间才会接受女性学员进入——他们首先得对允许其拥有女性的规章进行投票，然后才决定是否立刻接收，像另外四个真的已经准备接收女大学生（是否接受女研究员尚不清楚）的学院一样；而这件事，尽管有海特的热忱倡议，由于某人缺席以及另一个人的软弱，没有得到必需的三分之二多数票，海特的倡议在某种

程度上可能还起了相反的作用。他们获得了这一权利，却没有通过投票去行使该权利。[1] 典型的牛津现象。与此同时，493
巴利奥学院和基督圣体学院想招收女性研究员，但不管怎样，尚未打算招收女本科生。事情就是这样。我怀疑希望不大。即便你成为我高桌（英国大学里院长和导师的餐桌——译注）上的一员也没什么用——也没有所谓的高桌，只有简陋的临时设备，你不会喜欢的。去圣安东尼学院比没地方去好吧？女子学院是个敏感的话题，我的建议是不动声色地观察，看看能做点什么——我只跟两个学院谈了此事，他们都很热情——但能否实现则是另一回事了。你可以写信给海特，问他们究竟持何种态度，主要不是新学院而是其他学院，因为他直接参与此事，了解的情况比我多得多——而我呢，待在一个尚未完全成型的学院，可以从容地冷眼旁观这些发生在欠发达的老牛津世界中的争吵，而我们借此步入新的进步时代。

[……] 戈伦韦的书值得大谈：你没猜到是谁写了《泰

[1] 从 20 世纪 60 年代中期开始，牛津大学开始迟疑不决地采取措施，取消本科学院实施的性别限制，到了 1974 年，其中五个学院（布雷齐诺斯学院、赫特福德学院、耶稣学院、圣凯瑟琳学院及瓦德汉姆学院）有招收女本科生；十年后除了圣希尔达女生学院，其他学院都招收男女学生，而该学院到 2008 年才开始录取男生。新学院早在 1964 年 6 月对招收女生进行投票，到了 1965 年 6 月，通过修改新学院章程中的具体措辞（把句子“学院只招收男生不收女生”改成“学院招收男女学生”），新学院试图将这一规定付诸实践，但没有得到必需的三分之二多数票。这次挫折后，该学院在 1974 年迎来了它的第一个女研究员，到了 1979 年才首次招收一批女学生（包括本科生和研究生）。

晤士报文学副刊》上的评论？我认为，只有一个人会引用已故的莫里斯爵士说过的那句可怕的话，[1] 我从未听过那些话（也许他说此话时有些恼火，但绝不会在我面前说这种话）——只有一个人——你的一个老朋友——他在伦敦大学身居高位——简言之，诺埃尔。当然，这是社会学的研究方法，你已从牛津、剑桥等大学学会了此方法吧？戈伦韦认为评论对他本人而不是对书充满了敌意。你读了克罗斯曼写的刊登在《新政治家》上的评论吗？恶毒多了；文章中说的有些是真相，但很明显欲置人于死地。[2] 每个人都认为它写得相当精彩。但我不同意：它读起来引人入胜，这是出于个人原因，我无法替别人做出解释，但我认为不如他的其他那些真正精彩的著作。我们当然必须谈谈此事，快点来吧。告诉莱昂内尔我爱他——我们渴望见到你俩，在意大利之行前好好聊聊。

〈你的

494 以赛亚

[1] 据说鲍拉曾抱怨说伯吉斯“指甲上有屎，耳朵后有阴茎垢”；[诺埃尔·安南的文章]“伯吉斯：流氓变恶棍”评论了（摩根）·戈伦韦·里斯的著作《接踵而来的灾祸》，发表于《泰晤士报文学副刊》，1972 年 2 月 11 日，第 141—142 页，该句话出自第 142 页第 2 栏。

[2] 克罗斯曼认为里斯依旧对伯吉斯怀有明显的“痴迷”，这破坏了他论述的客观性：“与其说它揭露了外交部的间谍网，不如说它是一份详尽的辩解，为里斯先生在时间还来得及的情况下没有告发伯吉斯进行辩解［……］作为伯吉斯的画像，《接踵而来的灾祸》非常成功；但作为一份辩解，想解释作者危机前后的表现，它完全失败了。”（《新政治家》杂志，1972 年 2 月 25 日，第 242—243 页）

最新消息：圣希尔达学院今天已做决定，让你成为他们教师休息室中的一员——太好了！

伯林〉

致伦纳德·沃尔夫森

1972年6月9日［副本］

［沃尔夫森学院］

［亲爱的伦纳德：］

你父亲和你都建议说，我们应该像大不列颠岛上的任何一个其他学院一样，有一个盾形徽章，整个学院的老少都觉得此建议甚好。学院就是学院，学院的所有特征要与之相配。符号标志在人们生活中并非无关紧要。我猜，约翰·福斯特，作为一名快活的功利主义派，可能有几分嘲笑此种想法——但他根本不了解各学院的需要，不明白为什么所有的学生不能一起吃住在一个巨大的中心里（那样更经济）。在这个反对所有传统、认为历史乃一派胡言的乐天派眼里，象征主义毫无意义。对此我并不赞同。我高兴地看到，我在沃尔夫森学院最最傲慢的同事也反对约翰的观点，即便他这样做被约翰认为是失去理智。因此，我请求拥有这样一个徽章，并在账单上加上这笔小钱。学院希望能得到允许，使用你们的家族纹章，以便“有所不同”，如学者们所要求的那样。他们希望，你们会把这当作对你们家族表示敬意，这种敬意是由衷的；还希望你当然不会剥夺他们的这种真情表达，即便建筑费用会增加四百英镑。你是否会考虑这样一种可能性，把这些纹章刻在学院大门上？既已投下一便士，不妨再花一英镑！尤其是在下一届或再下届（？）政府让一英镑变成一便士之前。我没有另外再写信给你父亲，但我知道这是他的、也是我的愿望。回归传统！

[以赛亚]

致汉密尔顿·费希·阿姆斯特朗

1972 年 6 月 13 日

沃尔夫森学院

亲爱的哈姆：

我是最最靠不住的一个。的确，我情有可原：最主要的那个原因提起来让人伤心不已。虽然我已经老了，但我还有
495 母亲，当然比我还要老。她已经九十三岁了，得过中风，现在正处于医生们冷淡称之的“临终状态”。简言之，她只认得我、艾琳、医生和其中一个护士。也许这不是几天的事，可能要几周，我得一直上伦敦，以便她在临终前能得到些许安慰。此事让我心神不安——我写作或讲话都语无伦次了。然而，我还是必须承认：我实在无话可说。无话可讲还要去写点什么，即便像我这样一般不会无话可说的人，都没法做到。[……] 我能否做点什么挽救这个局面，填满你为我保留的那几页空白？英国有没有这样一个人，你希望我去劝说他写点什么？——你指名任何一个人，不论我是否认识，我

都会去哀求他/她按照你说的去做。请告诉我，并把我拖出这痛苦的深渊，或者，相反，让我待在痛苦中，因为我罪有应得。这是我不得不写的最让人丢脸（亦让自己丢脸）的信件之一。请原谅我吧。

你永远的〈带着悲伤（发自内心）及悔悟（痛彻心扉）〉

以赛亚

附言：转达对克里斯塔的问候，如果她读完此信后还能勉为听之！

致汉密尔顿·费希·阿姆斯特朗

1972年6月19日

海丁顿宅

亲爱的哈姆：

无法完成你的要求，我依然内疚不已——亦无法为《纽约书评》写一篇关于埃德蒙·威尔逊的恰当得体的文章，我觉得完全做不到[1]——康德说“应该意味着能够”[2]——即便做不到，我还是感到惭愧以及严重的自责。

写此信是想告诉你，为什么在19世纪或之前（这很明

[1] 他确实没写（威尔逊于6月12日逝世）。十五年后他撰写了“埃德蒙·威尔逊在牛津”，收入《个人印象》第二版。

[2] 即，人们不能因没完成自己没能力做到的事而被指责——这是康德的观点（并非如伯林所言）。

显）从未有人预测说，民族主义会在20世纪成为最强劲的横扫世界的唯一力量。其他事情都预测到了——军事/工业综合企业、俄国和美国的崛起、德国的侵略、穷人的反抗、社会主义革命、巨大的科技变革等等——但就是没人预测：除非与民族主义联合起来，否则任何运动在这种历史时刻都没有成功的机会。可是，关于这点人们又能胡诌些什么呢？

[……]

496 说到这里，想起了一件事：这儿有一位研究英美关系的研究生意想不到地向我转述了我写的一份快讯，而我自己则一个字都想不起来了。里面的所有文字让人感觉怪怪的，有些话明显很白痴。我认为我不必为错误的预测或者我在其中所表现出的总体态度感到羞愧，但是其中有一些扬扬得意的，甚至是批判性质的、针对各种人物的个人评论——特别是针对过去常来看我的犹太复国主义者（比如我们的朋友内厄姆·戈德曼博士[1]），该研究生给我看了一些——上帝保佑，那些被我调侃过的人可千万别听到这些话——那些调侃也许毫无道理可言——否则我就要倒大霉了！我认为外交部公开所有这些个人书简有点儿不负责任，谈的都是琐事但可能会得罪其中一些名字被提及的人（比如，我不太

[1] 内厄姆·戈德曼（1895—1982），犹太复国主义者，生于立陶宛，在德国接受教育，第二次世界大战期间驻扎在纽约；1936年世界犹太人大会创立时的领军人物，1953—1977年任该组织的主席；也是1956—1968年世界犹太复国主义者代表大会的主席。

喜欢艾登先生对我的报道所作的评论，他写的备忘录不太礼貌）[1]——哦，亲爱的，生活要继续，我想，可三十年前随便说的话，我却为此得报应了……

你永远的

以赛亚

致艾琳娜·威尔逊

1972年6月19日［手稿］

海丁顿宅

亲爱的艾琳娜：

我给你写了四五封信，都全无用处［……］。我能说什么呢？你知道的，我非常喜欢埃德蒙，在所有活着的人当中——我最尊敬他（无论如何我是一个崇拜英雄的人，他曾以他那极具个性风格、率直而亲切的方式，指出了我的这个特点）。在他面前我会产生俄国人的种种情感：爱，喜欢他说的每一句话，以认识他为傲，同时他喜欢我这件事让我受宠若惊又无比高兴；我非常爱他，担心自己说的东西愚蠢、琐碎、庸俗，但（同时）又（也许对也许不对）相信他一定

[1] 丘吉尔很感兴趣地读了伯林的《华盛顿快讯：1941—1945》，在1944年1月27日给艾登的便笺中，丘吉尔评论说："那些概述都写得非常好。我有种感觉，他们充分利用一切，展示了一幅有点儿过于热心美国事务的图画。"艾登第二天评论道："我同意。也许有种过于慷慨的东方风格。"国家档案馆，外交部第371/38537号。

会原谅我；他的一切都深深地打动了我：他的性格，他的脆弱，他待人天真的态度——虽然他拥有可怕的权力[1]——他信任朋友、理解他们，有时过于慷慨，他有着各种各样非凡的美德和优秀品质，我真是——如俗话所说——为和他同在
497 一个地球而感到自豪［……］。我不会跟你说，他去世时，是所有语种中最伟大的评论家——毫无疑问，他是的，但我又有什么权利说那些呢？鲍勃·西尔弗斯希望我为他的期刊写一篇关于埃德蒙的文章，但我做不到：我不能以一个文学专家自居，那样太无礼了。［……］他身上有种东西，比二三十年代的文学生活**古老得多**——他应该会更喜欢那些生机勃勃的英国作家——韦尔斯、切斯特顿、阿诺德·班纳特、吉卜林、萧伯纳等，亨利·詹姆斯过去经常和这些人一道用餐——不谈风格、美学体验或技巧，而是雄性十足地谈论人、情妇、金钱、生活：因此他讨厌20世纪40年代谨小慎微、备受保护、过于敏感的英国文学圈——更喜欢年纪稍长、胡子拉碴的**健谈者**及捣蛋鬼，如康普顿·麦肯兹[2]（他现在九十五岁左右了）。我不该再唠叨了。他的墓志铭应该是：他是某某人，他有话说，总是有话说，除非有话说，

[1] 伯林此处原文为：terribilità。

[2]（爱德华·蒙塔古·安东尼）·康普顿·麦肯兹（1883—1972），1952年受封爵士，小说家，实际上是八十八岁。他在英国的爱德华时代因写《食人族》（伦敦，1912）和《不祥之街》（两卷本，伦敦，1913—1914）而声名鹊起——F. 斯科特·菲茨杰拉德承认受到后一本书的影响。他后期的著作包括《荒岛酒池》（伦敦，1947），伊林电影制片厂把它改编成了电影（1948），令人难忘。

否则便不开口。除了他身上的人性优点以及善于深深打动他人的天性，我就说这些吧。

我们能说什么呢？无话可说。我感到抱歉。请原谅我。[……] 在我的余生，我会永远哀悼埃德蒙。

非常爱你的

以赛亚

[……]

致罗伯特·沃克勒[1]

1972 年 7 月 10 日

沃尔夫森学院

亲爱的罗比：

先别焦急。安静下来。你应该知道，在此事上你绝对没有官方的或非官方的发言权，审核你的人不会去征求你的意见——也几乎不可能征求我的意见。不要再想此事了。[……] 不要同这些审查员私下交流，或者弄一篇特别有趣或吸引人的文章给他们看，证明自己有好口碑，等等。我确信，不论在理论还是在实践上，这样做完全正确。我相信，如果别人认为你知道谁应该谁不应该审核你，为了遵守规则

[1] 罗伯特·吕西安·沃克勒（1942—2006），生于法国，政治思想史学家，研究卢梭和启蒙运动的专家；他的牛津大学博士论文写的是卢梭的社会思想（纳菲尔德学院，1976），导师是伯林，约翰·普拉门内兹是他的本科导师；他任教于几所大学，包括 1971—1998 年任教于曼彻斯特大学。他把《卢梭》（牛津，1995，历史大师系列）献给伯林。在他寻找合适工作期间，伯林常给他写推荐信，不过均未起到作用。

498 及学术纪律、保证过程的纯洁，他有可能整个取消你的资格。因此，看在上帝的分上，**不要**去动那些念头。不要担心，除了论文，什么都不要想，让自己冷静下来，希望并相信一切会公正进行，不因她的眼睛被绷带蒙住了而向她耳语。你几乎是我见过的最焦虑的人，而且通常——无疑，你有许多原因让自己焦虑——并不是什么严重的事；只是心里装有许多担忧，要找一个恰当的对象来为之焦虑。这种情况下我会吃一片安定——或半片——读百科全书上的文章，按照字母顺序一篇一篇读，直到自己又能清醒面对现实。这个疗法是奥尔德斯·赫胥黎推荐给我的，对我很有效。希望对你同样有效。

你永远的

以赛亚

致凯·格雷厄姆

1972年7月17日［手稿］

海丁顿宅

最亲爱的凯：

一年多来杳无音讯、信息全无，这是从未有过的，是时候见个面或至少联系彼此了。已经很晚了——此时已是凌晨两点多——我太老了，老糊涂了，疲惫不堪，无法讲点稍微有趣的东西——但因为明天要去意大利，忍不住给你写封信。［……］

请一定告诉我你夏天准备怎么安排。艾琳和我可能从1月6日起在普林斯顿大学待上三个月左右——至少，我会在那待上三个月——艾琳是否受得了尚不知道。那时，世界杯的胜负已经揭晓，可以说，整个世界看待总统选举也是这个态度。我必须说，如果基辛格[1]真的做到让越南北部在某种程度上摆脱中国及俄国——不管通过什么手段，通过对俄国实施经济援助或跟中国达成某种妥协——他的名字将载入历史；所采取的行动也会成为自俾斯麦[2]或《苏德互不侵犯条约》[3]以来最为成功之举。事实上，他配得上一个脚注，虽然内容会相当长。你会选谁呢？我希望自己对两位候选人都充满热情——想必麦戈文[4]很杰出，但我无法为他提起热情——不明白为何——正如我以前无法为史蒂文森提起热情。我这儿有阿瑟发表在《标准晚报》上的一篇文章，解释 499

[1] 亨利·阿尔弗雷德·基辛格（生于1923年），生于德国的美国外交官；1973—1977年任美国国务卿；1972年的《限制战略武器条约》、美国同中国恢复邦交，以及美国从越南撤军的总策划者，因美国从越南撤军成为1973年诺贝尔和平奖的获得者之一；但是，在越战期间，他参与了美国空军秘密轰炸柬埔寨的策划。
[2] 奥托·爱德华·利奥波德·冯·俾斯麦（1815—1898），劳恩堡公爵，普鲁士政治家，1871—1890年任德意志帝国首相；利用普法战争的胜利（1870—1871）统一了德国境内的各公国。
[3]《苏德互不侵犯条约》，1939年8月23日签署，该条约把明显是死敌的两个国家联合起来，以方便他们进攻并瓜分波兰，双方商定了各自势力的影响范围，然后把目光投向别处。该条约是由莫洛托夫和德国的（乌尔里希·F. W.）约阿希姆·冯·里宾特洛甫磋商而达成的，里宾特洛甫于1938—1945年任希特勒的外交部长；《苏德互不侵犯条约》是里宾特洛甫最为成功之举，使得希特勒认为他高过了俾斯麦，但之后失势；他在纽伦堡接受审判，被判处死刑，处以绞刑。
[4] 乔治·斯坦利·麦戈文（1922—2012），美国政治家；1963—1981年任南达科他州民主党参议员；支持民权，反对（国内外）贫困和妇女运动等；1972年作为民主党总统候选人，他除了在自由主义最盛行的马萨诸塞州赢得支持，在其他州都输给了尼克松。

说麦戈文远非一个孤立主义者，他的那些政策实际上是艾森豪威尔政策的翻版，虽然这篇文章充满热忱，且对惹怒他的邪恶的英国记者们充满了怨恨，但没什么说服力。他还写了一封尖锐的信给我，附上许多关于拉宾大使[1]的不端行为的剪报——命令我指示以色列政府去封住他的嘴。我颇费了一些劲，让他相信以色列政府并不听我的，几乎不太可能给他们下达命令去约束这个不良分子，或至少叫他停止为尼克松唱赞歌。我很高兴他们已经有了孩子——很难想象孩子的长相，想想阿瑟和亚历山德拉的遗传基因——孩子们要多久才会有可辨认的大致不变的脸庞呢？要等上三四年吗？至于综合二人的特征，再也没有比他们俩差别更大的了——还好没有人会问我和艾琳这个问题，这让我松了口气。怎么突然会谈到这样一个奇怪的话题——我不应再就此唠叨了；只因为夜已深，我思绪混乱，开始胡言乱语了。

我必须停笔了。这封信的目的是希望得到你仍在世的迹象，并送上我对你终身的无尽的爱。

你的

〈非常爱你的

以赛亚

[1] 伊扎克·拉宾（1922—1995），生于耶路撒冷，以色列将军及政治家；1968—1973 年任驻华盛顿大使；继戈尔达·梅厄之后于 1974—1977 年任以色列首相（1992—1995 年再次任以色列首相）；在犹太复国主义者反抗托管期间，他任帕尔马奇的指挥官；在“六日战争”中任参谋长，表现突出。

我意识到你长久以来保持沉默可能出于什么原因，但我**希望**不是那个原因。[1] 如果是那个原因，那更应该恢复我们那长久、独特、愉快的友谊——它从未被乌云笼罩过，我很高兴能这样说。我不想再结交新朋友了：老朋友比什么都弥足珍贵——你说呢？〉 500

致琼·弗拉德

1972 年 8 月 26 日［手稿］

阿巴诺泰尔梅奥洛罗吉奥皇家大饭店

亲爱的琼：

一个多么（肉体上而言——可是，如过去人们常说的，那对一个像我这样又瞎又聋的人算得了什么呢？感谢上帝，我甚至不会有草率的传记作者——否则，朋友们随意提及的那些证据——在斯蒂芬·斯彭德、菲利普·汤因比的书中可以找到——会让我成为一个没有理性的怪物：一个毫无感情的唠唠叨叨之人）……！这样一个美化自我的开场白后，言归正传：一个多么不平常的夏天啊！跟你在这儿的时候比，我在意大利的日常安排相对固定多了，但鲍勃·西尔弗斯来的那两天除外（他自个儿来的，夫人没来，她着凉了，或者她说她着凉了。如果我是她的话，也会那样说的，如果我有那份勇气的话），因为用艾琳的话说，尽是聊聊聊

[1] 原因不详。

个没完。还有亲爱的阿巴诺。它就像1910年的巴特洪堡，我想，这也是我被吸引到此的原因。最为奇怪的是——跟那个美丽死板的社会政体有了接触（渴望堕落[1]，我认为安南勋爵的表达很机智），碰到了一个上了年纪的俄国房东——**任何**一部俄国19世纪小说中的人物形象，但特别像屠格涅夫笔下的人物——我从他的口音判断出他是俄国人。他在泳池问我，是否试过那辆健身脚踏车？说话时用的是礼貌的老派法语。“你有俄国口音”，我大胆地说。那之后，迪安谢夫先生劝说艾琳和我去参加人们在威尼斯为狄亚基列夫和斯特拉文斯基举行的礼拜仪式：“听起来有点儿可怕，”他说，“这么说吧：是一个纪念仪式——宗教……庄严……但或许也很**好玩**。”确实好玩。我们见面时再聊。有里法尔[2]以及最最痛恨斯特拉文斯基的敌人及诽谤者。在圣米迦勒岛［……］。

你永远的

以赛亚　　　　［……］

[1] 伯林此处原文为：nostalgie de la boue，意为“渴望堕落”。而安南的双关语还有另一个字面意思，“向往泥土”——伯林当时待在威尼斯阿巴诺泰尔梅的水疗度假村，此地以泥土疗法闻名。
[2] 谢尔盖·米哈伊洛维奇（“塞吉”）·里法尔（1905—1986），生于基辅的有争议的芭蕾舞演员、舞蹈编导及导演；1925年任俄罗斯芭蕾舞团的首席芭蕾舞演员；分别于1930—1944年及1947—1958年任巴黎歌剧院的芭蕾舞指导。

致汉密尔顿·费希·阿姆斯特朗

1972 年 8 月 28 日 [手稿]

帕拉吉

亲爱的哈姆：

谢谢你的宽容，令人心情愉快。我觉得自己的那篇文章比你想的差多了——你给了我鼓励，我很感激。唉，我**今天**才收到你的校稿（意大利邮政服务很差，至于特快专递，你知道吗，和没有一个样）。我已对校稿进行了修正——我没法在周末寄出，因周末已过了——欧里庇得斯说，即便神灵 501
本人也无法改变过去——但我现在就赶快把它们寄出，以航空、快递等方式——但我对投递速度不抱什么希望。[……]我会尽最大的努力。意大利人发英语电报肯定发不清楚，尤其是一份特长电报。然而，如果你叫我发电报，我就照办。你要想象一下，在一个小小的意大利邮局里，我站在最前面，发一千字的电报，排在我后面的有：要发电报给女儿的母亲、给姨妈的外甥女、给同伙的二流骗子。但我还是会这么做的，然后被这个队伍打死。发电报的费用极其昂贵，你从给我的费用中扣除吗？要不然怎样？不论如何，你下达的命令，我都会服从。

爱你的

以赛亚

致奥利弗·盖茨[1]

1972年11月1日［手稿］

海丁顿宅

亲爱的奥利弗：

约翰昨晚打电话说西尔维斯特又病倒了。一分钟前艾琳把电话打到我这里，告诉我他去世了。[2]［……］你知道的，我非常爱他。我们第一次见面是在四十年前——在全灵学院，当时还有约翰·斯帕洛，后来菲利克斯也在；我还记得我立刻对他充满了仰慕，思忖我是否能得到允许再次见他。很快，我们真的又见面了，我越来越认识到：他要求甚高，富有教养，在思想、道德，尤其是审美方面极为严谨苛求。当我们成为朋友后，我感到非常自豪：一个如此非凡的人和我结交，而我这个人才智平平，是个非常差劲的学者，经常不识好歹。这种自豪感伴随我的余生，他的友谊一直是我无比快乐且自豪的源泉：有了它，我把自己想得更好了，可以说，我其实没那么好，当我陷入自我怀疑和自责时，它给我支持——跟别人谈论他尤其让我快乐——等于告诉人们自己的水平可以有多高、有多稳，简直就是某种虚荣心的满

[1] 奥利弗·盖茨（生于1937年），西尔维斯特·盖茨和他的第二任妻子宝琳（婚前姓牛顿）的儿子；商人，1960—1967年任职杜邦公司；1967—1987年为L. 曼塞尔公司的合伙人和股票经纪人；1987—2010年任财务顾问。1940年，菲利克斯·法兰克福特邀请西尔维斯特·盖茨的孩子们住到他家里，度过战争期，他们在那儿住到1942年。

[2] 西尔维斯特·盖茨于11月1日去世，享年七十一岁。

足。他帮了我无数忙，尤其是担起了主管学院基金会的任务，该任务既枯燥乏味又吃力不讨好。[……] 我真的只是想说我很爱他，会非常怀念他，艾琳也一样，和他建立起了属于他们二人之间的友谊——希望你节哀——无论如何，不必回信。

你的

以赛亚 502

1972 年在德黑兰，伯林获知朋友雅各布·赫佐格的死讯，他曾是以色列驻加拿大大使以及以色列四任首相的顾问。收到消息后他写信给多利·德·罗斯柴尔德[1]：“出于极度伤心，给你发这封电报，我个人真的非常喜欢他，作为朋友，他对我非常挚爱、敏感、体谅，且不说他对以色列做出了（我认为）无与伦比的独特贡献。他明智、谦逊、机灵、无比忠诚、爱国，但并没有表现出民族主义（这极为罕见）。”[2]10 月，伯林在耶路撒冷发表了纪念雅各布·赫佐格的首场演讲，题目是“战时华盛顿的犹太复国主义政治：个人回忆片段”[3]。演讲被翻译成希伯来文刊出，以连载的形式刊登于 10

[1] 多萝西·玛蒂尔德（“多利”）·德·罗斯柴尔德（1895—1988），婚前姓平托，詹姆斯·阿芒·德·罗斯柴尔德的妻子；和丈夫一样，她是个慈善家及犹太复国主义者；伯林对她忠心耿耿，且对她的许多慈善付出不遗余力地提供了许多建议。
[2] 信写于 1972 年 3 月 14 日。
[3] 耶路撒冷，1972；收录于《伯林书信集（卷一）》附录（原文第 663—693 页）。

月3日至11日的《国土报》(I. F. 斯通认为该报是“以色列最好最为客观的日报”)。[1] 然后，伯林和以色列舆论家及政治家纳桑·耶林—莫尔[2] 在该报展开了激烈论战，争论的话题是：第二次世界大战期间纳粹对犹太人的大屠杀，战时华盛顿知道多少，关键的是，本来可以多做点什么来避免这场悲剧。耶林—莫尔的三篇文章（10月18—20日）中第一篇的题目是“工作——压制抗议：以赛亚·伯林在等待了三十年之后认错”。伯林不确定怎样才能最有力地回应耶林—莫尔的攻击，在11月前半个月，他给《国土报》的编辑戈逊·肖肯寄了两封内容不同的回复信件，第二封（内容短些）附在11月13日的信中，于11月17日刊出。

致《国土报》编辑

[1972年11月6日；副本]

海丁顿宅

先生：

刚刚收到耶林—莫尔先生刊登于贵报10月18—20日的那些文章，文章写的是关于我的赫佐格纪念演讲。他对情况的描述和解释同我描述的（我相信我的描述基于现实）如此

[1] 出处同上（原文第336页注4）；10月7日星期六没有连载。

[2] 纳桑·耶林—莫尔（1913—1980），原名纳桑·弗里德曼—耶林；生于波兰的格罗德诺；原先为修正派犹太复国主义者，也是“斯特恩帮”恐怖组织的领导人之一，后成为左翼和平主义者，主张以色列从约旦河西岸撤军。

不同，我认为我们之间无法展开严肃的讨论。二人之间的价值观存在巨大差异，这些价值观无可避免地会影响我们对过去的认知。至于耶林—莫尔先生对本人的（毫无根据的）个 503 人看法，我不想学他的样，去思索他的动机。

然而，我必须对您的读者负责，修正耶林—莫尔先生某些严重失实的陈述，因为他至少严重曲解了我本人的陈述和信念，这也是我写此信的唯一目的。他声称我“相信我们和英国之间从未存在隔阂”。我对英属巴勒斯坦托管地犹太人定居点依休夫和英国政府之间关系不和所做的评论，以“白皮书”为最权威依据，反驳了他的这个说法。[1] 谈及美国对“白皮书”实施的反应时，他声称我“不仅认为没有必要进行强烈抗议，而且，如果（在美国）有任何抗议要爆发的迹象，我便着手防止其发生并予以压制”（10 月 18 日）。还说，我“时刻准备着让犹太人解除武器，避免向美国施压，这样它就不会对美国政府产生影响，而此事却可能给英国政府带来压力”，说我“视所有正常的压力为谎言和诽谤”。第一条指控比第二条更为骇人，但它们都是完全错误的。在 1941 年，我在纽约任英国情报官员时，我指

[1] 尽管有《贝尔福宣言》，巴勒斯坦犹太人定居点和英国托管政府之间的关系充其量是多变的；1937 年 7 月，皮尔委员会草拟了一个计划，提出把巴勒斯坦分为两个国家的解决方案，但 1939 年 5 月的“白皮书”彻底改变了该计划，它限制向犹太人出售土地，限制更多的犹太移民，并构想了一个独立国家，在此国家，阿拉伯人因人数上的优势，成为起支配地位的选民。

出，美国的犹太舆论，特别是犹太复国主义舆论是非常亲英的——即便在俄国参战后。我的工作是说服犹太报纸刊登有关英国在战争中付出努力的相关信息——我怀着毫不动摇的热情从事此项工作。1942 年，我调到华盛顿，唯一的任务是向伦敦汇报美国的舆论。没有人教导我或期望我在任何事上对任何人施加影响。我从来没有，也没法做到去抑制即便是最极端的犹太复国主义宣传。我赞成魏茨曼的观点，他们的一些宣传实际上起了反作用，但我非常清楚，抑制它会导致怎样的怨恨，无法也没想去阻止它。那时我见到的所有派别的犹太复国主义者都知道我的想法，尤其是，我个人赞成在英国或多国的保护下组成一支犹太军队，然而耶林—莫尔先生说我“对支持它而引发的骚动感到尴尬、麻烦”，更糟的是，他说我“认为而且希望最终的结论是，五百万犹太人几乎无法影响美国的政策”。我在演讲中明确表示，虽然英国官员层面持有此看法，但众所周知，我并不赞成这个观点，并明确表示自己低估了美国犹太舆论的终极力量，然而，说我“希望事实证明它和我想
504 象的一样微弱”是个可怕的指控，毫无根据。还说，是我，而不是外交部，认为犹太人承受压力是“谎言和诽谤”（10 月 19 日），或者说我“不希望废除‘白皮书’”，这些都毫无根据。我希望有一个犹太国，但也许和耶林—莫尔先生期望的犹太国不一样；如果我在 1943 年不希望废除“白皮书”，那是因为，如我所说，我当时并不知道巴勒斯坦内阁

委员会的观点，不知道他们倾向于分割领土（10月20日）。我并没有如他（10月19日）所说，把巴勒斯坦政权和英国政府进行对比。我只是说，而且这么说完全正确：伦敦的英国正派官员，其中有些人是反对“白皮书”的，但由于美国的犹太复国主义者对英国政府进行了污蔑和诽谤，他们认为该污蔑和诽谤有失公正，全都被激怒了，只好进行反击。

我还可以继续举例。但也许上述例子足以说明您的投稿者的手段和可信度。

您真诚的

[以赛亚·伯林]

致格列布·斯特鲁维

1972年11月6日

海丁顿宅

亲爱的格列布·彼得洛维奇：

[……] 如果您和曼德尔施塔姆夫人有联系，我想请您帮个忙：我本人不想给她写信，因为不认识她，况且也不知道信该寄往何处。然而，如果您有其他事写信给她，也许可以加上一句：她在她的回忆录第二卷中说，是我“组织”了来自牛津的学生小分队，去“营救”日丹诺夫[1]及

[1] 安德烈·阿列桑德洛维奇·日丹诺夫（1896—1948），苏联政治家及文化检察

斯大林的受害者，这个说法不管怎样都毫无根据。[1] 有可能是一两个人提到了我的名字，他们想见阿赫玛托娃或其他人，因为我在 1946 年无疑谈到了我在 1945 年秋天及冬天见到的作家们——这是唯一可能引起她误解的线索，我希望她知道真相。我十分清楚，那些作家因不想通过卑躬屈膝的表现来挽救自己，处境危险，我至少不会派人去看望他们，让他们处境尴尬。至于她对以下两个问题的思
505 考：阿赫玛托娃在《没有主人公的长诗》[2] 中提及我，以及我的到访在阿赫玛托娃的生活中所扮演的“重要”角色，这些阿赫玛托娃本人来牛津时已经跟我说得很清楚了，我们俩当时都见到了她，与曼德尔施塔姆夫人的报道并不相符。但这点就不用跟她特别指出了——您知道的，阿赫玛托娃让一切都加上了浪漫色彩，而且倾向于作悲剧的阐释；无疑我的到访确实让她苦上加苦了。可是，整本书几乎对每一个人都严厉指责，倘若我未能幸免，也没什么

官；1934—1948 年任列宁格勒共产党第一书记，在 1941—1944 年列宁格勒遭受围攻期间领导该城市的防御工作。1944—1948 年作为意识形态中央委员会书记，领导了血腥的政治运动，意在清除西方文化及科学对苏联社会的所有影响。他于 1948 年 8 月突然逝世，斯大林后来指控一群犹太医生谋杀了他。

[1] 见原文第 480 页注 4。

[2] 伯林此处原文为：Poema bez geroya，阿赫玛托娃篇幅最长的作品，通常被认为是她的代表作。她 1940 年在列宁格勒时开始撰写该诗，一直到 1962 年才完成创作，把伯林 1945—1946 年的到访写进了她的诗。伯林认为它“是一个诗人对生活、对城市的过去所做的某种最后的回忆”(《个人印象》第二版，第 237 页)。

好抱怨的。

您的〈送上我亲切的问候〉[1]

以赛亚·伯林

致塞缪尔·桑伯斯基

1972年11月13日

海丁顿宅

亲爱的塞缪尔：

[……] 你提到了我的纪念赫佐格演讲。我确实读了耶林—莫尔的那些文章，当然让我很生气——我已想好对他的失实陈述进行全盘反驳——他可以有那些可怕的观点，但这是另一个话题——可我不想跟他发生任何关系，哪怕是，如弗路德曾说的，不愿跟牛津的历史学钦定讲座教授弗里曼[2]发生——“哪怕是敌意的关系”。因此，我可能会写一封信给肖肯，只对最严重最可怕的指控进行反驳，他可以刊出或

[1] 伯林此处原文为：с теплым приветом。

[2] 爱德华·奥古斯塔斯·弗里曼（1823—1892），专门研究诺曼征服英格兰的历史学家，1884—1892年任历史学钦定讲席教授，弗路德继他之后获得该职位。弗里曼咄咄逼人且固执己见，特别对弗路德有异议，他二十年来在《星期六评论》发表匿名评论，想毁坏弗路德的学术名声。人们知道弗里曼是那些攻击文章的作者，1879年弗路德写了一个庄严的回复，结语是：“现在，如果说我和弗里曼先生之间有什么个人争论，事情到此为止。[……] 我不会再跟他进行任何争论了。”J. F. 弗路德，“浅谈弗里曼先生”，《19世纪》第5卷，第26期（1879年4月版），第618—637页，见第637页（此处原文为第367页，应属笔误，该引言出自结语，应是第637页。——译注）。弗路德的教授讲座吸引了大量听众，比弗里曼多得多。

不刊出此信[1]。我演讲的目的，当然是，阐明那些成为各种政策基石的、非常明智、深思熟虑的设想，是如何被历史炸得灰飞烟灭的——并阐述错误的设想有时也导致明智的举动；阐述像本—古里安那样沉迷的托钵僧，有时对事件的洞察力比那个极具天赋且聪明、理性的魏茨曼更为深刻。我唯一在意的指控是，说我在犹太人遭大屠杀时态度冷漠。我希望能记得那些年里我们所了解的事。我的印象是，1942—
506 1944 年报道的目的，并不是为了影响美国犹太人或非犹太人的舆论。[2] 我也许错了，但我记忆中是那样的。当然，艾登在下院发表了演讲，而且，下院议员站起来为在波罗的海诸国和波兰被屠杀的犹太人默哀一分钟——我想应该是发生在 1944 年末，[3] 撰写演讲稿时我甚至没想到此事，但后来经

[1] 伯林指的是，用这封更短的信（参见原文第 509 页），取代他已经寄出的那封（参见原文第 503—505 页）。

[2] 根据 1942—1944 年间伯林从华盛顿寄回的同时期的新闻快讯，证明伯林的记忆是对的。这些快讯很少提及报纸上关于犹太人遭大屠杀的报道，参见 H. J. 尼古拉斯主编，《华盛顿快讯：1941—1945》（参见原文第 442 页注 1），只在第 240 页有一处提及此事。通过调查两家发行量大且伯林肯定能看到的报刊——《华盛顿邮报》和在伦敦出版的《泰晤士报》（1943 年 5 月伯林叫他的父母订阅后者，并寄到华盛顿给他），发现同盟国的报刊对犹太人遭大屠杀的报道根本没有一个现时代的读者所想象的那样全面。到了 1942 年冬天，才出现一份清楚准确的概述，报道关于纳粹统治下的欧洲正在发生的事（更多详情可参见原文第 510 页注 1）。

[3] 1942 年 12 月 17 日，外交大臣安东尼 · 艾登在下院宣读了一份国际宣言，该宣言会在同一时间在华盛顿和莫斯科公之于众，谴责纳粹对欧洲犹太人实施的“残酷的冷血的灭绝政策”：“德国官员［……］正在把希特勒经常重申的灭绝欧洲犹太人的意图付诸实施。［……］遭血腥屠杀的受害者人数估计成千上万，全都是无辜的男人、女人和孩子。”在来自南伊斯灵顿的工党议员威廉 · 克卢斯的建议下，整个下院议员在辩论结束后，起身低头默哀（《议会辩论》，下院，1942

人提醒，我确实记起来了。然而，不管怎样，驱逐出境的消息逐渐传出；当然，人们猜测暴行在继续，但是没有人高声呐喊，没有出现骇人听闻、结局悲惨的新闻报道，引发真正的、广为人知的行动。彼得·柏格森和他的朋友们[1]，修正主义者们[2]，伊尔贡成员们[3]，等等，确实组织了游行、做了宣传等，但是温和的犹太复国主义者认为他们全都是追求轰动效应者，所做之事害多利少，会激怒罗斯福和美国官员，使得犹太复国主义者迫于压力要去实现的终极目标——建立国家、废除“白皮书”等——变得更为艰难。我不明白，为什么那些在美国的犹太复国主义者肯定掌握的新闻从未真正公之于众；为什么这些新闻要由那些名声不好的人来公开，没什么人相信他们。不管怎样，如果此事在犹太人中引起了 507

年 12 月 17 日，第 2083 卷；“纳粹对犹太人犯下的罪行”，《泰晤士报》1942 年 12 月 18 日第 8b 版）。

[1] 希勒尔·库克（1915—2001），伊尔贡组织的发起人之一。通过化名为彼得·柏格森，他成了第二次世界大战期间美国修正派犹太复国主义的发言人；1942 年起，“柏格森小组”越来越专注于公开纳粹控制下欧洲犹太人的极端困境，但它使用的手段遭到美国犹太复国主义者和各犹太组织的反对。

[2] 弗拉基米尔·亚博京斯基（1880—1940），修正派犹太复国主义创建者，以及倡导者中的领军人物之一，对修正派犹太复国主义的定义是：托管政府变成一个“殖民化政权”，监督犹太人向巴勒斯坦大规模移民，他们在约旦河东西两岸的定居，以及成立一个国家所必需的所有机构的创建。修正主义者为右翼扩张论者，拒绝魏茨曼那种渐进主义的温和做法。V. 亚博京斯基，“巴勒斯坦的犹太人：修正主义者和托管”（信件），《泰晤士报》1929 年 9 月 6 日第 8b 版。

[3] 伊尔贡的支持者们（原文第 336 页注 2），右翼犹太复国主义者的军事力量，自 20 世纪 30 年代起活跃在巴勒斯坦；该组织幕后策划了 1946 年 7 月 22 日发生在大卫王酒店的炸弹袭击事件，超过九十名不同国籍人员被炸死，很多人受伤。

巨大骚动，我当然会做出汇报，我的部分职责就是汇报各媒体的反应以及舆论的主要导向。然而，我相信，没有发生更多的事，只有各地传来的一些零星新闻，以及一个个互不关联的恐怖故事，没有由各种信息叠加的、富于戏剧性的报道。甚至关于乔尔·布兰德[1]，我也是在战后的各类书籍和文章上知道他的。然而，由它去吧。当然，我明白，那些人会激动，因为他们的记忆跟那时发生的一切绑在了一起，听着过去虚虚实实的故事长大的年轻人也会那样激动。我觉得值得把这些事情记录下来，也许仅仅作为一项作业，看看从不同视角出发，即便涉及这种生死攸关的历史事件，事实会变得多么不同。你本人是怎么想的？肖肯告诉我说，《国土报》自 1942 年末以来确实刊登了关于大屠杀的可怕故事，用了黑色边框等——但我住在华盛顿的象牙塔里，对这些事一无所知。作为一个赞成犹太复国主义的英国官员，我只能够汇报所知道、感觉到以及做过的事。此事到此为止吧。

[……]

[1] 乔尔·布兰德（1906—1964），匈牙利犹太人及犹太复国主义者，匈牙利犹太援助和救援委员会领导人之一。1944 年 5 月阿道夫·艾希曼通过他向同盟国提出一项交易：用匈牙利的犹太人交换军事设备和基本食品——所谓的“以血换物”交易；英国和美国认为这是纳粹的诡计，目的是开始和平谈判、分裂同盟国；苏联人当场拒绝，说不予考虑。布兰德和其他人则认为，这是一个机会，但被错过了。《泰晤士报》报道了此事，标题为“一个荒谬的提议”：“英国政府清楚任何德国或德国发起的提议价值几何。他们知道，除非取得胜利，欧洲的犹太人和其他受压迫的民族不会有安全感。”（1944 年 7 月 20 日第 2 版）

我认为伦纳德·伍尔夫不出版弗吉尼亚和维塔·萨克威尔—韦斯特在一起的那些年里发表的大量反犹言论，是正确的。[1] 毫无疑问，某一天它会出版，会引起更多争论；就像埃兹拉·庞德和 T. S. 艾略特的反犹主题，不时会突然冒出来——他们的朋友们为他们辩护，好像他们确实持有这些观点不是清楚的事实，好像需要的是解释，而不是道歉。

你永远的

以赛亚

致戈逊·肖肯

1972 年 11 月 13 日 [副本]

[海丁顿宅]

亲爱的肖肯先生：

谢谢您 11 月 5 日的来信。到现在您应该已经收到我的信了，里面附了一封给您作为一名《国土报》编辑的信，以备刊出。因为我不想重新开始这场已经平息下来的辩论，什么都不要刊出也许是最好的，或者，刊出一封更短一些的 508
信，我在此附上。您来决定哪个办法最好：我当然想反驳耶林—莫尔先生那些极为无礼的指控，它们事实上毫无根据；

[1] 指 20 世纪 20 年代末期，当时弗吉尼亚·伍尔夫同作家维多利亚·玛丽（“维塔”）·萨克威尔—韦斯特（1892—1962）有浪漫关系。《一个作家的日记：弗吉尼亚·伍尔夫日记选》（伦敦，1953），由她的丈夫伦纳德·伍尔夫编辑，删去了那些段落。

但如果这样会引起进一步的争论，我宁愿其不刊出。我这样做［主要］不是因为这件事本身的性质，而是因为我不愿意和这样一个精神错乱、不负责任的人发生任何关系，哪怕是同他争论。我不认识他，只在英国的电视上见过一次：感觉他是个粗暴、狂热的人，有点儿精神错乱，采访他的人看上去也很怕他。您觉得他是个出色的舆论家、一个有趣的人。墨索里尼、罗什福尔[1]和莫拉斯[2]也是这样的人——然而，他们给所在的社会都造成了很大的危害，看不出有什么好处。所有这些跟耶林—莫尔先生的观点倒没什么关系，人们可以同意或反对他的观点，他的观点也许有趣或论证在理——是他的个性让我反感。

利夫内[3]当然另当别论：我认识他，他是个天生的持不同政见者，不管政府怎么样，天生就反对政府，一个心怀不满但完全正常的人，不像我眼里的耶林—莫尔。您腾出了一些空间给我，他感到愤慨，对此我并不介意，再次谢谢

[1] 维克托—亨利·罗什福尔，罗什福尔—吕赛侯爵（1830—1913），法国政治家、记者和辩论家，随着年纪增大从极左派变成了极右派，在 19 世纪 90 年代末变成了一个杰出的反德雷福斯派（参见原文第 174 页注 3）。

[2] 查尔斯·（玛丽·弗蒂乌斯）·莫拉斯（1868—1952），法国极右翼政治理论家和作家，1899 年发起的法兰西行动政治运动中的杰出人物，为该组织的日报《法兰西行动报》撰写反犹太人的文章；被指控为通敌卖国者，解放后被判处终身监禁。

[3] 埃利泽·利夫内（1902—1975），原名叫利本斯坦，生于波兰的犹太复国主义活动家、记者；第二次世界大战期间哈加纳和马帕伊的宣传家，后成为马帕伊议会成员。

您——这是您的好意，我一直都会心怀感激：但我的确痛恨他指控我对犹太人遭大屠杀无动于衷。在这点上，我感觉您部分同意我的诽谤者说的，这让我感到惊讶，我思忖您为何会这样想。我相信我已在我的演讲中明确表示：战争期间，几乎每一个美国犹太群体都对“白皮书”感到愤慨，这种愤慨一直都存在；他们中的几乎所有人都谴责英国的巴勒斯坦移民政策，虽然悲伤或愤慨的程度不一；欧洲犹太人遭大屠杀的真实新闻并没有给他们带来震撼，假若他们是通过报刊或广播知道此事，应该会感到震惊。《国土报》并没有渗进美国犹太人或非犹太人的舆论圈：慢慢传来一些有关驱逐出境的消息，比如从巴黎传到我的妻子和她的朋友们耳朵里，但我不记得美国公众——即便是犹太人——对恐怖事件感到惊骇，一直到后来的日子。

[……] 我所记得的情况是（当然，我的记忆很不完整），艾登告诉下院，波罗的海诸国和波兰的犹太人遭到屠杀，然后下院为死者默哀一分钟；美国的媒体对此肯定有报 509
道。毫无疑问，也有关于集中营之类的报道，然而，就我记忆所及，没有关于毒气室的新闻——或者，至少没有那种能引发不管是犹太人还是普通大众进行大规模抗议的新闻，去反抗前所未闻的恐怖行径。[1] 我不知道为什么会这样。后来我

[1] 1943—1945 年的《华盛顿邮报》和《泰晤士报》都有关于纳粹使用毒气室的报道，虽然此类新闻并不多，但内容清楚确凿。比如，在 1944 年 7 月 8 日的

得知，有人计划想炸毁通往集中营的铁路，但据称俄国人拒绝给飞机加油，还有，出于这样那样的原因，让英国皇家空军去执行这件事没能成功。当然这些都是**马后炮了**。[……]

我不知道，美国或英国可以做些什么去营救犹太人——也许戈德曼和其他人是对的，我们做得不够。但是当时并没有人同我谈及此事，不论是美国的犹太复国主义者还是我那些来自以色列的访客——很明显，它不是政治关注的前哨中心。因此，我必须坚持我的观点：倘若美国或英国政府不愿意，试图强迫他们采取行动是不可能的（除非拿出我一无所知的证据），那样做还可能在战争期间加快促成冲突，并必然导致跟美国政府关系疏远，在战争结束后，会让犹太复国主义愿望付出巨大代价。但我不想再重复所有这些了——我的演讲中已经表达得很清楚了。当然，真正发生的是，极端分子的犹太复国主义宣传，使得美国国务院和英国外交部下

《泰晤士报》中有这样一篇报道，标题是“匈牙利犹太人的命运：毒气室的谋杀”，结论是：“当德国人在 1942 年下半年开始屠杀波兰犹太人时，奥斯维辛的毒气室无法对付所有受害者，因此又建了两个死亡集中营——特雷布林卡和拉瓦—鲁斯卡，在利沃夫附近。在这三个集中营内，自 1939 年以来，超过二百万波兰犹太人被杀害。”（第 3c 版）《泰晤士报》早在 1942 年 11—12 月就刊登了图文并茂的系列新闻，揭露大屠杀的本质，并促成同盟国于 12 月 17 日发表联合声明（参见原文第 507 页注 21）。如，“纳粹反犹太人的战争：毁灭波兰”（1942 年 12 月 4 日第 3a 版）；“纳粹反犹太人的战争：蓄意的灭绝计划”（1942 年 11 月 24 日第 3e 版）；“反对犹太人的恐怖行动：欧洲大屠杀”（1942 年 12 月 7 日第 3e 版）。后一则报道最后几段的小标题是“最终解决方案”：“在欧洲的所有地方，德国人正在召集会议，或颁布命令，去实施他们称之为‘犹太人问题的最终解决方案’。所有这些细节来自敌方本部，因为他们公布了计划的详细内容。”

决心发表一份由美国总统和英国首相共同签署的联合公告，禁止犹太复国主义宣传。故事的始末还有待知晓——华盛顿犹太人中的知名人士阻止了此事的发生，[1] 任何卷入此事的 510
犹太人的表现都可圈可点。即便现在，我还不能讲这件事的来龙去脉，因为它会连累依然在世的人们，那是对他们优秀表现的劣等奖励。某天我可能会私底下告诉你发生了什么，然后你会知道耶林—莫尔 / 利夫内对整件事的看法是多么毫无道理。但是，我现在不能在信中把此事告诉你，即便我要因此遭受不公正的指控。让它去吧。

我还在想，是什么使得您认为，不论过去还是现在，我看事情跟您和其他在以色列的人如此不同。您是个忙人，我不想给您增加不必要的负担；但如果您让我知道，为什么您认为我的诽谤者有可圈可点之处，我会非常感激的。即便魏茨曼的策略是建立在后来证明是错误预测或部分错误预测的基础上，它们当时又有什么坏处呢？我认为，他的策略只给犹太人和犹太复国主义带来了好处，尤其是避免了犹太复国

[1] 英美拟在 1943 年夏天，由罗斯福总统和丘吉尔首相签署反对犹太复国主义愿望的联合声明，此举遭到了伯林发起的犹太复国主义秘密组织的破坏。计划中声明的起因是，同盟国担心支持犹太人建立家园会不利于中东地区的战争。是伯林告诉犹太复国主义报纸出版商乔治·巴克（“目前依然在世的人”之一）关于联合声明的传闻，然后巴克游说 1934—1945 年任财政部长的小亨利·摩根索(1891—1967)（和巴克一样，是“犹太知名人士”之一），小亨利力劝罗斯福放弃了此声明；到 1943 年 8 月初，该声明被废除。伯林成功地在他的外交部上司面前隐瞒了他在此事件中所扮演的角色，直到临死前才把此事告诉他的传记作者。参见《伯林传》，第 117—118 页。

主义和美国罗斯福政府分裂，让这种关系一直维持到杜鲁门当政时期。在杜鲁门眼里，至少犹太复国主义合理、道德上正派、政治上严肃、值得关注，这都要归因于早期没有采取过激的策略。不管怎样，我认为，那些过激策略不可能会产生好的效果，或者挽救哪怕是一条犹太人生命。也许我错了，但如果真是这样，要说服我，仅仅靠耶林—莫尔的文章是不够的。

您真诚的

[以赛亚·伯林]

致雅各布·赫伊津哈

1972 年 11 月 21 日［副本］

［沃尔夫森学院］

亲爱的赫伊津哈先生：

很抱歉，您的打字稿[1]在我这放了这么久，但是在我还没好好阅读它之前，我不想把它还给您——因为我的生活，在某些方面，几乎和卢梭一样没规律——虽然，我希望，原因和他的不同，或者，不会导致同样灾难性的后果——我霸占它的时间长了些，有点儿不太合理，我只希望那没给您造成任何不便。

[1] 估计是赫伊津哈的早期草稿：《一个圣徒发迹的奥秘：让·雅克·卢梭的悲喜剧》（伦敦，1976）。

我总觉得卢梭不讨人喜欢。他是某些东西了不起的试金
石——何种东西尚不清楚——因为人们永远都对他的写作、
他的个性有所感触，或是钦佩，或是某种自我认同，或者反 511
感，甚至是厌恶，但从来不会无动于衷。这本身，就表明他是独特的，表明他触及了关于活着的问题，这些问题今天依然存在。那么久以前触及的神经现在还在颤动，这常常能证明其有某种深刻的洞察力：当波普尔真的对柏拉图感到生气，或者马基亚维利依然让巴特菲尔德感到惊骇，或法国一大堆作家自德·斯塔尔夫人开始带着激情或真正的敌意描写卢梭，而且关于他的争论一直到今天还在继续——这表明他点出了某种永恒的，或者说至少是长期存在的问题，它存在于所有人，或者至少我们自身的文明中。在此篇文章中，你指控他是个偏执狂，以自我为中心、精神错乱严重，通常是个耽于各种（我不喜欢的）幻想的妄想狂，这完全同我对他的成见不谋而合。倘若我活在 18 世纪，见到卢梭，我会感到紧张，甚至害怕，若我见到卡莱尔或瓦格纳，或 D. H. 劳伦斯或其他“愤怒的”先知们也会有此感受，这些先知在神学的讲道不再受欢迎之后，开始对着人类咆哮。

我很喜欢您的文章——它是一篇小品文，无情地揭露了此讨厌之人，他歇斯底里地呼喊同情和理解，至少在我眼里，毫无感人之处，一如他的怪异行为不招人待见。然而，他不但有文学天赋，还是一位有着深刻洞察力的思想家，我认为这是无可否认的，即便最恨他的敌人，也不否

认这点——格里姆[1]和爱尔维修[2]，甚至是狄德罗（我无法抗拒他的魅力），有时和他相比亦显得肤浅——除了所有这些，他显然说了一些话，而且他的说话方式第一次拨动了人们的心弦，公开表达心声，描绘了自己的形象，无疑，那些心声和自我形象可以说一直都在那儿，但之前没有人把它们如此生动、饱含激情地清楚表达出来。19世纪的文学，在某种程度上——浪漫主义运动本身——如果没有这种自我启示的重要之举，虽然不能说无法想象，但肯定会大大不同；尽管他谈到自己时经常是病态的、错误的、自负的，甚至到精神错乱的地步，且把自己浪漫化、戏剧化，这些可以被看作一系列症状；而且他对意识、潜意识心理状态的描述并不可靠。

我不想跟您唠叨众所周知的老生常谈：关于康德如何真正受他影响，即，在道德领域——与在科学或其他领域的知识完全不同——没有专家这个概念，在该领域所有人在认知和知识方面是平等的；文明是监狱这个概念，布莱克、托尔斯泰、劳伦斯等全都衷心赞同，而你我是非常反对的；那些反对服从的说教；关于自然人的理想社会，今天的年轻人对

[1] 弗里德里希·梅尔基奥尔·冯·格里姆男爵（1723—1807），作家、外交官，生于巴伐利亚。

[2] 克劳德·阿德里恩·爱尔维修（1715—1771），法国哲学家和教育家，《百科全书》的发起人之一；他的《论精神》（1758）影响了杰里米·边沁和功利主义的发展。这是《自由及其背叛》的第一个话题。

此充满热情——所有这些，不能说他是瞎扯蛋，不能说它是一个发疯的、受伤的自大狂的胡言乱语：它明显代表了一种对整齐、秩序、建制、讲堂、等级制度、牧师、专家等的恒久不变的反抗；这些在其他时间会以别的形式爆发，特别是当形式变得过于僵化，社会变得过于保守、呆板、冷漠的时候。 512

但是，不随波逐流，像您现在做的那样，是勇敢且恰合时宜的举动——刊出这篇文章，我唯一担心的是，人们会指责您忽视了感动几代读者的东西，这些感动不仅在《新爱洛伊斯》[1]中，在《忏悔录》[2]也有，尽管它们自我伤害式的妄自尊大显而易见，冷静和多疑兼具的评论家们经常发现自己读得入迷。这不仅仅是文学才能——他的作品有展示心灵的特点：触及了人隐藏在内心的心理中心，帕斯卡、陀思妥耶夫斯基、尼采亦如此，也许，是他们的心理异常，使得他们变得如此不可理喻（我对帕斯卡一无所知——也许他是可爱的），也使得他们能够看到事物。我钦佩你一心一意地去撕毁面具、揭开真相的勇气——不论对马克思还是卢梭均无例外。我很喜欢这篇文章，这也是它在我这放了这么长时间的

[1]《朱莉》或《新爱洛伊斯》（1761），卢梭写的书信体小说，获得了巨大成功，小说描绘了一个热烈的爱情故事，对当时的道德观念提出了批判，但点明出路是道德和解和道德再生。

[2] 卢梭在《忏悔录》的开头所说的话，是前所未有的自我启示，该书写于他在1764—1770年被流放期间，死后才得以出版；《忏悔录》被认为是传记文学的奠基之作。

原因。非常感谢您把它寄给我。

您真诚的

[以赛亚·伯林]

致雅各布·托曼

1972年11月21日［副本］

［沃尔夫森学院］

亲爱的雅科夫：

［……］现在谈谈我和耶林—莫尔之间的主要问题。您说得对——也许我没有充分估计到那些听我讲座或读我文章的人的反应。但我确实有就讲座的事咨询了一两个人，虽然，也许太迟了。您知道的，我总是在最后期限前才完成工作，很难做到有条不紊、安静、沉着、悠闲地在规定时间前把事情完成；我只能在压力下工作，干到最后一刻，让印刷厂的学徒工在门口等得不耐烦（这个维多利亚时期的比喻确实描绘了我的工作方式）。当我到耶路撒冷时，我的确把文章给阿瑟·劳里和加比·科恩看了，实际上，还给亚
513 伯·哈尔曼[1]本人看了，我敢说彻里克[2]也许也读了。他们

[1]（莱斯利）·亚伯拉罕（“亚伯”）·哈尔曼（1914—1992），以色列外交官和大学管理者，生于伦敦，在牛津接受教育，1959—1968年任驻华盛顿大使；1968—1983年任耶路撒冷希伯来大学校长。

[2] 伯纳德·彻里克（1914—1988），生于都柏林，以色列大学行政官员；自1947年起任耶路撒冷希伯来大学公众与媒体关系部主任，1968年起任副校长。

都没提出任何反对意见，也没人警告我说要防范可怕的陷阱或雷区，有可能突然就在我面前发生爆炸。因此我继续前进。我认识到，外交部的文件肯定会引发人们的讨论，因此认为在讲座中谈及自己的文章是明智的，然后就把此事抛开了：如果它受到了攻击——我已忏悔，灵魂已获救——我所写的，我已经写上了。[1] 这是我能采取的唯一态度了。可您当然是非常正确的，他们成长的环境使得他们认为：一切都是他们自己双手创造的，外国势力与之无关，英国人在某种意义上是敌人和迫害者，美国人是患难之交，但在战争期间几乎不存在，所取得的一切是帕尔马赫组织等努力的成果。[2] 我的话肯定让一些人觉得非常刺耳。[……] 除非人们采取大胆明确的某种极端立场，那常能得到尤其是浅显易懂的花言巧语的支持；如果人们像我这样，总是不可自制地采取中庸立场（性情使然，此种立场取决于各种条件限制，不一而足），任何一种观点的热烈支持者都会感到不满，还肯定会遭到更为慷慨激昂的支持者的攻击——我没法不这

[1] 伯林此处原文为：dixi et salvavi animam meam—quod scripsi，scripsi。这是本丢·彼拉多给祭司长们的回复，他们抱怨他撰写的、放在耶稣将要被钉的十字架上的标题，“拿撒勒人耶稣犹太人的王”。“犹太祭司长们对彼拉多说，不要写‘犹太人的王’，而要写耶稣说的，‘我是犹太人的王’。彼拉多回答说，‘我所写的，我已经写上了’（《约翰福音》第 19 章：21—22 行）。”参见《启蒙的三个批评者：维柯、哈曼与赫尔德》，第 252 页。
[2] 即凭借武力：帕尔马赫组织（见原文第 199 页注 4）和英国合作，保卫巴勒斯坦免遭轴心国的侵犯；然而，一旦威胁过去，英国人想停止该组织的运作，却未能成功。此后他们转向协助建立以色列国，无视英国托管政府。

样：我坚持怀疑论的自由主义，而您坚持的是更为激进的自由主义，这样肯定会产生两种阵线，经常会有某种交火。人们只能用威尔伯福斯主教[1]的思想来安慰自己，他说："我总是陷入各种麻烦，但我永远是清白无辜的。"所以不管它了。［……］

您永远的

514 ［以赛亚・伯林］

致戈逊・肖肯

1972年12月11日［副本］

［海丁顿宅］

亲爱的肖肯先生：

您的来信及附件十分有趣，非常感谢。我毫不怀疑《国土报》当时确实刊登了关于纳粹占领区暴行的新闻，但我还是没法在以色列以外，或者更确切地说在巴勒斯坦以外（当时还叫此名）——找到任何一个人——说他是通过公众渠

[1] 塞缪尔・威尔伯福斯（1805—1873），牛津以及温彻斯特教区的主教，绰号是"圆滑的山姆"，是迪斯雷利因他油腔滑调的样子给他取的，但是，根据其传记作者的说法，一位夫人问威尔伯福斯为什么会有这样的绰号，他回答说："夫人，这是因为我总是陷入各种麻烦，但又总能摆脱那些麻烦，并证明自己清白无辜。"乔治・威廉・丹尼尔，《威尔伯福斯主教》（伦敦，1891），第214页。他猛烈抨击查尔斯・达尔文的进化论，1860年6月30日在牛津大学博物馆，他同托马斯・亨利・赫胥黎进行了一场著名的对话，就此话题与赫胥黎展开争论，名誉扫地。

道，比如说报纸或收音机，或除情报处（关于它，不论在过去还是现在，我都一无所知）之外的政府部门的谈论中，得知纳粹正对犹太人进行大屠杀。我知道，像利夫内那样的人抱怨说：虽然《国土报》等媒体经常刊登一些事实，但是，它们所占的空间，同那些每天发生的事件、同各种各样的国内话题相比，所占比例太小；因此，这些事情得到的关注实在太少了。如果在巴勒斯坦情况如此，那在英国、美国它们会得到更多关注吗？至于我，我只能说，我所见到的犹太复国主义领导人并未跟我谈及此类事，不仅仅是魏茨曼不谈这些，虽然他很尽职地参加群众集会、语气笼统地谴责暴行；本—古里安、夏里特[1]、戈德曼，甚至我见到的修正主义者也都不谈这些，他们迫切想要建立犹太军队、废除“白皮书”，或者进行更为猛烈的宣传以反对英国亲阿拉伯，但没人提及营救欧洲犹太人的具体措施（我后来听说有轰炸火车和集中营的计划，但在当时的媒体或舆论中，并未占据显著位置），因为它作为一个目标跟犹太复国主义政治政策的总体目标并无关联。不过，我还是有可能错了，如果您帮我指出来，我会很感激的。美国报纸上的栏目很散，在很长的一段时间内，有大屠杀的新闻零星出现；但记者们对大屠杀的

[1] 摩西·夏里特（1894—1965），原名谢尔托克，生于乌克兰，犹太复国主义者及以色列政治家；1933—1948 年任犹太事务局政治部主任；1948—1956 年任以色列外交部长，1954—1955 年任总理。

报道不够集中，因此，未能形成哪怕一次轰动效应。

这个问题涉及两个方面：(a) 在当时美国的战时犹太复国主义政治背景下，为什么关于犹太人遭大屠杀，我很少谈论？(b) 为什么美国的犹太领导人本该做更多事却没有做？犹太人或犹太复国主义者在大屠杀发生时，是否尽力了？

我可以就第一点做些说明，第二点就不多说了。当然，要回忆起三十年前的所知所想所感，会很困难。但我敢说这
515 么表述没错：不论同盟国政府的情报部门，或政府本身，或个人，或犹太复国主义者，或犹太领导人，在战争的不同时期，即在同盟国的军队到达集中营之前，掌握了哪些消息，普通的报纸读者或广播听众，以及普通政府官员并没有特别的新闻来源渠道，也不了解纳粹占领区的事，关于大屠杀知之甚少。我不是想极力低估这件事：我们当然都认为纳粹占领区的犹太人有生命危险，他们正遭受折磨或死亡——但有多少犹太人受此折磨、怎样死去、在哪儿死去，则无从知晓。大部分犹太人相信“白皮书”注定会让无辜的人死去，当然，我在演讲中也确实突出强调了这点。然而，除此之外，我们这些普通人、普通官员又知道什么呢？在 1942 年，我想，是詹姆斯·德·罗斯柴尔德[1]在下院发表了一场

[1] 詹姆斯·阿芒·埃德蒙·德·罗斯柴尔德（1878—1957），英国犹太人社区的领导人之一，强烈支持犹太复国主义；生于巴黎，因第一次世界大战期间在英国陆军服役，战后取得了英国公民的身份；1929—1945 年为伊利镇的自由党议员。

演说，之后议员们为犹太死难者默哀片刻，我想是为波罗的海诸国的犹太死难者默哀，但我现在记不起具体说了什么；[1] 纽约也举行了集会，魏茨曼、拉瓜迪亚 [2] 等在集会上发表演说，谴责纳粹的暴行；也许在其他地方，伦敦或美国的其他城市也有此类集会；我的确记得，在所有人中，偏偏是哈罗德·比利 [3] 大概在 1944 年（我想 1942 年太早了，但很难说）跟我谈及基吉尔博伊姆 [4]，此人从华沙逃走，描述了华沙犹太人区的反抗，但由于他的话几乎没得到什么关注，暴行继续进行，没人加以制止，他自杀了——然而，此事并未对美国的报刊或广播产生丝毫影响；比利谈及此事，是因

[1] 伯林在此谈及的下议院这一幕发生在 1942 年 12 月 17 日（参见原文第 507 页注 2）：罗斯柴尔德代表在英国以及整个欧洲的犹太人表达谢意，感谢艾登对纳粹暴行的“有力、公正的谴责”，在场的人们表示“同情和支持”，但下院议员是在威廉·克卢斯的鼓动下起立默哀的。

[2] 费奥莱洛·亨利·拉瓜迪亚（1882—1947），意大利犹太血统的美国共和党政治家；1933—1945 年任纽约市长期间因正直及倡导民众去反对特权阶层而声名大震；第二次世界大战前后密切配合罗斯福民主党政府的工作。

[3] 哈罗德·比利（1909—2001），1961 年获得圣迈克尔和圣乔治勋章，学者和外交官；1946—1969 年就职于英国外交部；1969—1975 年在伦敦大学玛丽皇后学院任历史学讲师。1946 年比利负责英国巴勒斯坦部，成了欧内斯特·贝文最亲密的顾问，赞同外交大臣亲巴勒斯坦的观点，他们在托管解散后都遭到了犹太复国主义者的谩骂。

[4] 斯穆尔·基吉博伊姆（1895—1943），波兰工会会员及同盟党政治家；1927—1933 年华沙城市议会中的犹太工人代表；参加了 1939 年的华沙保卫战；后来逃到西方，致力于保卫波兰犹太人的利益。他认为同盟国在波兰犹太人被灭绝一事上不作为，于 1943 年 5 月 12 日在伦敦自杀以示抗议。“他长期支持波兰犹太人的运动，强烈要求联合国应该对德国人采取报复行动，认为这是挽救其教友免遭完全灭绝的最后手段。”（《泰晤士报》1943 年 5 月 19 日第 3g 版）

为基吉尔博伊姆强烈反对犹太复国主义，并指责（据比利
516 说）犹太复国主义领导人更关注巴勒斯坦和未来，而不关注处在困境中的欧洲犹太人。我不知道有谁相信了基吉尔博伊姆说的，然而即便信了，他们并没有让自己的看法广为人知［……］。我的总体看法是，毫无疑问，犹太人遭灭绝的传闻，或犹太领导人在专门召集的集会上表达怨恨和愤怒，《纽约时报》的栏目也许有相关报道，但这些报道和其他新闻相比很不突出；而且，从未出现过任何一个高潮时刻，因为从未出现能引起强烈震撼、令人难以置信的关于大规模恐怖行径的报道，而后来证明那正是大屠杀的本质。出于这个原因，如果你读过犹太复国主义或犹太领导人的演讲和其他公开声明，我不相信（也许我错了，因为我只有模糊的记忆），你能在比如本—古里安的演讲中发现许多此类信息，在魏茨曼的演讲中此类信息可能还更少。修正主义者或伊尔贡演说家和宣传家，即便对英国政策进行最激烈、最凶猛的攻击，也只是痛斥"白皮书"，或英帝国主义，或亲阿拉伯主义，或反犹太主义等，目的是鼓动人们支持建立一个犹太国家，它是犹太复国主义的总体规划；至于紧急营救纳粹受害者，把它作为目的，不论是否切合实际，他们毫不关心，这让基吉尔博伊姆非常痛心，也使得比利很喜欢基吉尔博伊姆。

迄今为止，我已同多个同龄人谈过此事，他们在伦敦、纽约或华盛顿经历了战争，他们中有犹太人和非犹太人；英国人、美国人、犹太复国主义官员、犹太社区的工作者一致

认为：关于纳粹占领区发生的事，他们知之甚少；彼得·柏格森以及他的美国朋友们所做的鼓动宣传，未引起重视，且被认为缺乏我们现在所说的“可信度”。因为人们认为他们散布轰动新闻、不负责任、政治观点过于激进，人们带着不同程度的真诚谴责他们激怒了美国政府官员，效果适得其反。他们认为这些美国官员本来是同情犹太人的，现在却对攻击做出了相反的回应，因为攻击者的信用遭到怀疑，且采用的手段过于夸张。无疑人们极不情愿去相信最坏的事，只要有可能，他们就把这些想法抛之脑后。我的观点是，这种关于大屠杀和进一步严厉镇压犹太人的报道，虽然不时出现在类似《国土报》和其他犹太出版物上，但这些报道不够频繁，也不够集中，某种程度上被大量的其他战争新闻湮没了。实际上，我记得，当苏联反法西斯委员会［……］抵达纽约时，报纸上都是与他们相关的报道；报道的重点是波兰、俄国等地犹太人的英勇抵抗，根本没谈及他们遭受的损失。没有像利迪策暴行[1]那样的新闻，强调突出当时正在发 517

[1] 该村庄位于布拉格西北部，有503位村民，被纳粹夷为平地，以报复解放捷克组织暗杀（暗杀发生于1942年5月27日，人死于6月4日）海德里希·莱因哈德（1904—1942），党卫军上将，波希米亚及摩拉维亚地区的副总督，大屠杀方案的决策者之一。毁灭始于1942年6月10日：利迪策的男村民被射杀，大部分女人被送往拉文斯布吕克集中营，孩子们被毒气毒死或者按照“生命之源”计划被掳走。纳粹把他们的暴行拍成电影，并且利用布拉格的电台广播他们的意图。《泰晤士报》及时报道了此事（“一个捷克村庄被消灭：为了莱因哈德的野蛮复仇”，1942年6月11日第4c版），利迪策很快成了纳粹恐怖活动的代名词。

生的恐怖行径。这就是为什么，当人们去了集中营、真相被披露后，产生了巨大、震撼、势不可挡的深远影响。我的观点是，我再说一遍，涌入的新闻和消息大多局限于犹太复国主义运动、英国及美国官员的反应等，关于犹太人遭屠杀的新闻所占的比例很小——事后看来，几乎不可思议——这是因为那些新闻既不够准确，又没有足够重视悲剧的一面，不够醒目。假若此事曾在美国的犹太人中引起骚动，那么，报纸、许多英国出版业的官方记者、美国记者写的东西都会有所反映。是否政府知道更多消息但故意隐瞒——是否政府，甚至犹太领导人对新闻进行审查——我无从知晓。也许有新闻审查。我只是尽量回忆当时了解的一切。

至于第二点，即是否本来可以做更多的事，我此前并未谈及，因为在当时华盛顿进行的英—美—犹太复国主义讨论中，没人提出这个问题，虽然可以说，该问题本应被提出。似乎我把自己局限于以下议程中：有争议的问题、冲突、犹太复国主义实际战略战术的几个转折点、其盟友及反对者。我跟一些以色列人交谈过，我认为，不论是大屠杀还是对此进行的反抗，在巴勒斯坦也不是特别重要的议题（然而关于这点我也只是道听途说）。我当时以及战后听到过的唯一建议，是轰炸载有注定要死的受害者的火车，以及集中营火葬场本身。我无从知晓此想法得到了多少拥护、为何没有实施；我只能说，在我所知道的华盛顿各政府圈子里，它并未引发足够多的公众争议或热情，人们没有认真对待它。这个事实本身就很可怕。但我

只讨论实际发生的事，而不是应该做或可能做的事。[……]

关于大屠杀最后说一句：如果批评者是对的，那么，犹太复国主义领导人应该是达成了某种共谋，对此集体保持沉默。然而，这点不太可信。确实存在某种程度的缄默，但这是他们 518
因为对真正耳闻的零星消息，比如基吉尔博伊姆的证词，没有多想或者不信。对于发生的事，上述解释更为合理，并没有故意采用温和劝说的政策，故意把事情化小，禁止披露本应会引起愤怒的事，以便不去强烈抗议同盟国的政策。在1945—1946年，人们无比痛苦、愤怒。这是因为真相被揭露了，否则，无法解释1943年至1945年人们的反应，我想。也许您不同意，如果不同意的话请在有空时告知，我将非常感激——我不想没完没了地讨论此事，增加您的负担，此话题既重要又让人痛苦。

您真诚的

[以赛亚·伯林]

致凯瑞尔·菲兹伦[1]

1973年1月9日

海丁顿宅

亲爱的凯瑞尔：

非常感谢你12月23日的来信。不管怎样，你不像《泰

[1] 凯瑞尔·菲兹伦（生于1910年），原名凯瑞尔·季诺维耶夫；家乡是圣彼得堡，祖父是该市市长，从该地移居外国后用菲兹伦这个名字；获得英国国籍并在外交部任职；后来成为颇受好评的俄—英文学翻译家。

晤士报文学副刊》上的那位匿名评论者[1]，认为我写屠格涅夫的那篇文章很差，他辱骂、嘲笑、谴责那篇文章，把它批得体无完肤，甚至可怜的屠格涅夫也未因其小说而遭到过如此恶劣的攻击。针对他的一些荒谬指控，我不得不做出回复：我讨厌这样做，因为我认为，总体而言，对于那些恶毒的评论，作者们应该保持淡定，一笑了之、容忍它们。可是他实在有点儿太过了。[……]

现在，谈谈19世纪俄国人的“自由主义西方价值观”。不错，赫尔岑很讨厌西方资产阶级价值观，甚至在
519 1848年以前就是这种态度，因为我们通常是（错误地）从那些革命失败的日期算起。即便他，当然还有那些温和派，随便举几个，如格兰诺夫斯基[2]、斯坦科维奇[3]、博特

[1] 这位匿名评论者实际上是理查德·哈利·弗里伯恩（生于1926年），1967—1988年为伦敦大学学院的斯拉夫语和东欧研究学院俄国文学教授，其评论“自由主义的困境”发表于《泰晤士报文学副刊》，1972年12月22日，总第1553期。弗里伯恩认为：“以赛亚·伯林爵士喜好以偏概全的归纳［……］，虽然他似乎提供了普遍的判断，却使得问题变得过于简单且涉及范围过窄。”他还郑重其事地说，伯林“在对待那些他声称由本人翻译的俄国文本时，没有严格遵守他自己的学术责任标准。很明显，别林斯基原文的开头段遭到了未经确认的删节和歪曲，而且，以赛亚爵士根据论文需要，重新编排了《父与子》的正文。关于巴扎诺夫的原型以及小说目前所取得的学术成就，同事实有误”。

[2] 季莫费·尼古拉耶维奇·格兰诺夫斯基（1813—1855），俄国历史学家，曾在柏林求学，受到兰克和黑格尔影响，变成了强烈主张西方化的人，在莫斯科大学做演讲传播他的信仰，受到了包括亚历山大·赫尔岑在内的等人的崇拜。

[3] 尼古拉·弗拉基米罗维奇·斯坦科维奇（1813—1840），俄国哲学家和诗人，关于知识分子在进一步推进俄国启蒙运动中扮演何种角色，他的看法影响了包括别林斯基、巴枯宁、赫尔岑在内的许多人。

金[1]、安年可夫[2]及自由主义历史学家们，在1847年以前还一直是极度偏向“西方”的；所有那些老师、年轻医生、工程师、农业学家以及其他人，别林斯基的著作就是针对他们出版的，阿克萨科夫[3]认为这些人是别林斯基的狂热信徒，亲斯拉夫的宣传对他们没有任何影响——所有这些19世纪50年代的人们一直到契诃夫剧本中的人物，都狂热赞美西方的文明、进步、科学、公民自由，赞美宪政民主党，其实是右翼社会主义革命党和社会民主工党在第一次世界大战前所相信的一切。[4]别林斯基是个特例，因为他从一种狂热的信仰转向了另一种，但即便是他，从19世纪40年代初一直到他逝世，当然也相信某种西方模式，它可以是某种模糊意义上的“社会主义”，或是他到了生命晚年所相信的某

[1] 瓦西里·彼得洛维奇·博特金（1812—1869），俄国散文家、评论家和翻译家，年轻时是个温和的自由主义者，和斯坦科维奇以及那些主张西化的人结交。
[2] 帕维尔·瓦西里维奇·安年可夫（1813—1887），俄国文学评论家，和那些主张西化的人如博特金、别林斯基、赫尔岑及屠格涅夫等是朋友。其回忆录《辉煌十年》(1880)，记录了19世纪40年代俄国文化的繁荣景象，伯林1954年的诺斯克利夫系列讲座采用了该标题，在英国广播公司播出，这些演讲收入《俄国思想家》。
[3] 谢尔盖·季莫费耶维奇·阿克萨科夫（1791—1859），俄国小说家，在生命的晚年才凭借两本半自传性质的书在文学界赢得声誉：《家族纪事》(1846—1856)和《孙子巴可洛夫的童年》(1858)，它们详细记录了俄国贵族的生活；他的两个儿子康斯坦丁和伊万都是亲斯拉夫派中的杰出人物。
[4] Kadets（宪政民主党）为首字母缩略词，用来称呼自由主义宪政民主党的支持者，该党于1905年10月在莫斯科成立；该党得到专家们的支持，其队伍中还有许多贵族；社会主义革命党（SRs）在1917年的二月革命中起了重要作用，但后来分裂解散，俄国社会民主工党（SDs）则分裂成布尔什维克和孟什维克两派。

种资本主义模式。他一直都是过激的——断头台一直都离他很近——以消灭某种西方人观念中的进步的敌人为使命，虽然这个概念的内涵从一个时期到另一个时期截然不同。我们哪天一定要讨论下这个问题，正如你说的——目前在这一精彩话题上尚未有权威观点。

你永远的

以赛亚

致戈逊·肖肯

1973年1月11日［副本］

［沃尔夫森学院］

亲爱的肖肯先生：

520 刚刚收到您1月3日的来信，非常感谢。感谢您回信如此简洁、清晰——然而，我想我真的不同意您对战时美国进行历史分析时的某些观点。

我认为，从1941年到1942年，或1943年，甚至是1944年，美国犹太人不可能像他们在1947年或1948年那样采取行动——我认为，即便在1945年，他们都不可能那样做。部分原因是，如您所说，他们崇拜罗斯福——这不是没有原因的。他确实为美国的所有少数民族做了许多事；某种意义上讲，他是新世界的捍卫者，他们有理由相信自己因此会得到更多公平对待。罗斯福新政不是一种幻想。在巴勒斯坦难民这个特殊问题上，我现在相信，他当时是不屑的，可那时人们都不相信或不知道这点。然而我相信，本—古里安并不认为，美国犹太人事实上本来能够做到给罗斯福施加某种压力，西尔弗[1]正是为此而努力；当他告诉我说美国犹太人只是两股力量的源泉之一时，他是从金钱、移民、总体热情及思想等方面做的考量——但他从未欺骗自己说他们在华盛顿可以做许多事；在这点上，我认为，他和魏茨曼并无二致。

至于彼得·柏格森，我认为，即便他当时完全致力于营救欧洲的犹太人，也不一定能取得很多成果。我认为，在1944—1945年，匈牙利和罗马尼亚的犹太人本可以得到营救，因为同盟国正节节胜利，而这些国家弱小可欺；如果同盟国当时去欺负它们，或者选择同法西斯领导人对话，即便同盟国并不给他们提供卡车等，也会有大量的生命获救——他们没有这么做，当然应该遭受严厉的谴责。无疑，他们害怕俄国怀疑他们同敌国有接触，俄国人对这点极端敏感。同盟国的反应，包括政府和官员在内，是预料中的，不能说他们邪恶，虽然后果令人震惊。我不相信，他们仅仅因为犹太人的压力就会去做这件事。我想，这是我们俩在历史观上的不同之处。所有这些都是本来可能发生的事，我们俩都无从

[1] 阿巴·西莱尔拉比·西尔弗（1893—1963），生于立陶宛的美国拉比以及犹太领导人；利用其非凡的雄辩口才，在美国为犹太复国主义事业赢得了有力支持，1947年联合国就巴勒斯坦问题进行重要磋商时，他是主要发言人之一。

证明彼此的观点。

您说的关于德国犹太人的一切，当然，都没有错：人们对日益上涨的反犹太主义，有种真正的恐惧。若美国的犹太人团结起来发出呐喊，应该会影响公众舆论——但这样做的前提是，消息来源必须完全可以信赖，仅仅由犹太事务局、斯蒂芬·怀斯[1]发布消息是远远不够的，很明显，美国政府
521 及同盟国政府禁止了消息的传播。我当然不认为政府应免于谴责。但我不相信，犹太人除了通过大声呐喊、挥舞拳头、尽一切可能来让自己的良心得到些许安慰外，还能做什么，基吉尔博伊姆在英国已经那样做了。我真的不认为痛苦的呐喊会有什么实际效果。然而，也许这些只是我个人对美国犹太人处境的大致分析，当然，我也可能是错的。不过，此刻不要继续让这些事烦扰您了，很抱歉这样没完没了。但我们真该就此事好好聊聊。

希望您会来英国，那样我们可以谈谈。

您真诚的

[以赛亚·伯林]

[1] 斯蒂芬·塞缪尔·怀斯（1874—1949），生于匈牙利的美国拉比、犹太复国主义者及社会改革家，从事犹太复国主义活动五十年，在此期间与包括魏茨曼在内的许多人发生冲突，“直到最后，犹太世界在某种意义上分成了两个阵营，分别有两个强有力的领导者——一边是魏茨曼博士，紧抱巴勒斯坦和犹太复国主义；另一边是怀斯领导的犹太国际活动”（怀斯的讣告，《泰晤士报》1949 年 4 月 21 日第 6d 版）。

致阿瑟·克鲁克[1]

1973 年 1 月 15 日

海丁顿宅

亲爱的克鲁克：

首先，感谢您那非常善意、充满同情、温暖人心的来信。然而，我必须说，您的评论者成功地设法掩饰了你信中提及的、他向你表示过的敬佩之情。他的身份对我来说并不是什么秘密——我必须承认，我的那句话“弗里伯恩教授谈论屠格涅夫的标准之作”——实际上完全不是这么回事——而是我故意设置的陷阱，结果旗开得胜：把大家误导到如此地步，希望你的读者们会原谅我。一位充满怨气的教授[2]——在回复我的信件时，信件开头表现出来的那种可怕的强颜欢笑，我担心，是心中各种情感撞击冲突的结果，这是最为可怕的现象之一。我记得很清楚：他在牛津时，跟他的听众说，思想不是他的特长——说 19 世纪俄国的社会和政治思想中涉及的所有那些关于德国形而上学、黑

[1] 阿瑟·查尔斯·威廉·克鲁克（1912—2005），1959—1974 年任《泰晤士报文学副刊》编辑。

[2] 伯林以信件的形式回复该评论（参见原文第 519 页注 2），信件以“父与子”为标题刊出，《泰晤士报文学副刊》，1973 年 1 月 12 日，第 40 页。他觉得有些批评简直是“毁谤、虚假、无知，应受谴责”，他强烈反对。《泰晤士报文学副刊》把信给弗里伯恩看了，他的回复在同一期刊出：“让我高兴的是，以赛亚爵士在信中对我的批评做了有力、充分的反驳。对评论的这种反应让评论者忙个不停，也至少让他得到安慰：有人读了他写的东西。我希望借此机会，祝以赛亚爵士在新的一年里，心智方面活力无限。”

格尔等的部分，对他来说高深莫测，还说思想并非文学的一部分等。这是他在勃然大怒中做出的解释中，最为令人尊敬的部分。你谈到了观念冲突问题，当然，我不在意这个，我在意的是，他语气恶毒且完全没有论据支撑。不论谁批评
522 我，我想当然地认为他们肯定是对的——我确实犯了他们说的那些错，也许还犯了其他许多错误：正如我在给你的上一封信中所言，对于我全力挑起的此次争论大爆炸，我隐约感到不安。但是，此次事件证明这位教授是只十足的纸老虎。[……] 莱昂内尔·特里林（我劝他不要为了我参加争论）给我打电话，问我评论者是谁——他最近出的那本书的评论者非常生气，因为特里林没向他致谢，而他认为特里林肯定知道其身份——我的回答合乎道德，说我不知道——特里林问我，我是否认为他有些神志不清——他认为这是他有生以来在一份严肃的期刊上看到的最为离奇、最令人尴尬的文章。因此，我相信，这不仅仅是因两个作家观念完全不同而写下的东西：请原谅我，我请求你下次录用该教授谈及思想的任何文章时，要小心——他的脑子有毛病。[……]

抱歉谈了这么多。我对那句误导大众的句子再次表示歉意，写那句话的目的完全是为了核实那个评论者的身份，出乎意料地大获成功。我真的讨厌树敌：我希望我知道该教授为何同我作对——恐怕只是为了生存吧——看来他将不得不再忍受一阵了。

说到这里，我克制自己，没给您寄上一封信，信中摘

录了许多引言，论及**出生自由**的英国人，出自《论出版自由》[1]，是全灵学院的院长鼓励我寄的。请一定转告该教授，我准备宽宏大量些，不揭露他，他本来罪有应得！

您真诚的

以赛亚·伯林

致亨利·哈代[2]

1973年1月18日［副本］

［沃尔夫森学院］

亲爱的哈代：

我知道钻研普尔[3]并非易事，从你的描述看，普尔似乎是个可怕的知识分子，成天把显要的名字挂在嘴边以自抬身价。我知道，读一本思想象伦敦大雾中的公共汽车那样难以 523
辨认的书，是什么滋味——稍纵即逝——一个巨大的身影隐

[1]《论出版自由：约翰·弥尔顿就出版自由致英国议会的演讲》（伦敦，1644），他强烈呼吁取消审查制度。

[2] 亨利·罗伯特·达格代尔·哈代（生于1949年），编辑、出版商，偶尔也写作；1967—1969年在牛津大学基督圣体学院攻读古希腊罗马文学，1969—1971年在此攻读心理学、哲学；1971—1972年任教于什鲁斯伯里中学；1972—1976年为沃尔夫森学院哲学专业的研究生（他并非伯林的弟子，1974年获哲学学士学位，1976年获哲学博士学位）；后（1977—1979）任牛津大学出版社编辑，然后成为沃尔夫森学院的研究员；1974年起任伯林的编辑，自1996年起为伯林的文学受托人。“实至名归：著名校长之孙”（H. H. 哈代）：伯林，《附言》。

[3] 罗杰·普尔（1939—2003），文学理论家；1969—1989年在诺丁汉大学任英国文学讲师，后来升为高级讲师。伯林要求哈代阅读普尔的《深层次主体性研究》（1972），并给出自己的观点。

约可见，我们几乎看到了它的形状，可瞬间便消失在迷雾中；过去我读怀特海[1]时会有那样的感觉——我们常绝望地面对着那些浓密的丛林，眼前一片可怕的黑暗。然而，猛然之间，他会从林中突显而出，来到一片空地上，所有那些思想一下显出了更大价值，因为有所理解后你会觉得如释重负——这就像人们花了精力去阅读，就喜欢厚厚的书。[……]

根据你对那本书的评论，我得到以下信息：总体而言，普尔反对任何干巴巴的零星事实——反对实证主义、精确以及查证等。尽管我尊敬且对浪漫主义着迷，而且我这辈子都强烈反对实证主义，但我不想对理性主义有任何怀疑。我认为，理性能做的事，就应该用理性去完成；计量法能做的，应该用计量法做；科学能证实的事（那是非常非常多的），应该由科学来证实；只有帝国主义——相信他们能解决所有的问题，他们不能解决的问题就不叫问题，他们相信最终解决方案，相信包罗万象的一元论——是错误的。过程参与者的观点异于旁观者，虽然在某种意义上“事实”是一样的，或者可以说是一样的。因此维柯等 [……]

希望你什么时候可以来跟我谈谈这些话题；如果我因此

[1] 阿尔弗雷德·诺斯·怀特海（1861—1947），数学家和哲学家；伯特兰·罗素在剑桥三一学院时的数学导师，与怀特海合著《数学原理》（三卷，剑桥，1910—1913）；1924—1937 年任哈佛大学哲学教授。

不得不读普尔，我会去读的，但请一定事先告诉我是否真的需要这么做。如果你想来此和我谈这些话题，我当然很愿意，而且很感激，所以，请一定告知你的想法。[……]

你真诚的

[以赛亚·伯林]

致尼古拉斯·雅各布斯

1973 年 1 月 19 日

海丁顿宅

亲爱的雅各布斯先生：

非常感谢来信和书——抱歉的是，因为我不在国内，今天才读到，所以赶快写信向您致谢。

首先，关于车尔尼雪夫斯基：我可以向您保证那不是讽刺漫画或自我嘲讽——他是个没有一点儿幽默感的人，他的真实意图是创作出一个“纯粹”的英雄形象，不像巴扎罗夫那样在小说的结尾自我怀疑——在某篇关于屠格涅夫的回忆
录中有个叙述——不一定可靠——说巴扎罗夫的一个原型同 524
车尔尼雪夫斯基的主人公原型一模一样。[1] 我记忆所及，屠格涅夫被问及这是否真的是同一个人时——里面有隐晦地

[1] 车尔尼雪夫斯基影响深远的小说《怎么办？》(1863)，为呼应屠格涅夫的《父与子》(1862) 而写，书中最广为人知的人物形象，是清教徒革命者及苦行者拉赫美托夫。

提及某个被逮捕并被送往西伯利亚的人——他心不在焉地回答说也许是的。整个故事由一位女士讲述，我们没有特别的理由相信或不信她的回忆，当然，屠格涅夫同托尔斯泰一样，并不喜欢车尔尼雪夫斯基。屠格涅夫曾同车尔尼雪夫斯基关系良好，开始时车尔尼雪夫斯基很崇拜屠格涅夫，但是他们闹翻了，这是必然的结局，到最后屠格涅夫的立场跟托尔斯泰多少有些相似了——托尔斯泰鄙视车尔尼雪夫斯基，说他“有股臭虫的味道”——最终，由于车尔尼雪夫斯基死板、眼光太过狭窄，加上缺乏审美感受——至少托尔斯泰、屠格涅夫以及他们的朋友们这么认为——导致别人对他产生极度的反感。也有社会贫富差距的因素。必须承认，我阅读车尔尼雪夫斯基费了九牛二虎之力——不像文图里，不但钦佩他，而且真的很喜欢阅读他写的东西，我想——不过，车尔尼雪夫斯基非常认真地观察俄国事件，尽管他承担着许多责任且过着不平凡的生活——然而，他身上还是有非常天真、简单的一面——这些在这部感人且荒谬的小说中有所体现——这是我的看法——尤其体现在他最后几年的小说中。晚年的他坐在故乡的床上，堂吉诃德式的瘦腿伸在外面，穿着睡衣，对一位采访他的社会主义女士说，他认为人们能做到的最棒之事，就是把一部关于动植物的法国百科全书译成俄语，那样人们可以从中获得很多教益。事实是，他在没有确信和妻子对政治、社会的所有看法绝对一致前，不同她结婚——同她生活在一起，他并不快乐，她对他态度恶劣——当他对她的某个观点有所怀疑时，他会整夜无眠，直到第二天早上她跟他保证说一切都 OK，他才如释重负——所有这一切构成他的形象：非常勤奋、井井有条、无比认真、专注投入，马克思都钦佩他，并非毫无理由——可是，作为一个人，他是个高贵的理想主义者，但极其无趣。

您真诚的

以赛亚·伯林 ［……］ 525

致谢拉·索科洛夫·格兰特

1973 年 1 月 19 日

海丁顿宅

最亲爱的谢拉：

你的那些小烦恼我就懒得理了——没什么新鲜的[1]——想知道，在短期内，你是否会到我们这来——若来，你是否住我们家——何时来？艾琳和我将于 2 月中旬去纽约待上三周，我想你不至于刚好在那个时间离开爱尔兰吧——那里应该比这里好——关于何事能让我们理所当然地去爱尔兰，你确实说得对——鲍恩宅邸年老的女主人正在慢慢死去[2]（我

[1] 伯林同谢拉·索科洛夫·格兰特的终身友谊，不时地因他们之间亲切的相互指责而中断，靠他那潮起潮落般的爱（她曾这样描述）得以维持，见《伯林书信集（卷一）》，原文第 232 页注 4。

[2] 他们的老朋友伊丽莎白·鲍恩，仅过了几周后于 2 月 22 日逝世。

的意思是，比你或我死得快），此事本身便让人忧伤——在一种最特别、最感人、前现代、特美妙的情形下，我确实去了都柏林，在三一学院发表演讲——还在那儿看到了我的老朋友迈尔斯·狄龙[1]，他现已不在人世了——我想，这种时刻已经到来：读《泰晤士报》时，不时读到同龄人的死讯——也有一些人，读到这些时感到骄傲，想到自己还活着，比别人活得更长——我完全没有这种感觉——你还未到此年纪，这种事不会对你产生什么影响，但是有一天，有一天……总之，你会来吗？下个秋天，我们可能会待在韦克斯福德，但在那之前不会去。在此期间，来不来请一定告知。你的那些责备冤枉我了，你很清楚的；但它们的的确确让你得到了一份回复，这可是好事。

你永远的

以赛亚

致阿瑟·施莱辛格

1973年1月23日

沃尔夫森学院

亲爱的阿瑟：

谢谢你为罗曼尼斯讲座说了好话——我从格申克龙那儿

[1] 迈尔斯·狄龙（1900—1972），爱尔兰历史学家和哲学家，1960—1968年任都柏林高级研究院凯尔特研究所所长，于1972年1月18日逝世。

收到了一封语气严厉的来信，他认为，我把19世纪的俄国及其反对者的状况同美国哈佛大学的游手好闲之徒相提并论，而这些人心中并无不满，只不过是心理不正常的白痴而已——这样说似乎有失公平。他并没有清楚地说出这些——
来信中忧伤多于愤怒，然而很明显我触到了他的痛处。我相 526
信，他认为我的讲座对俄国文学以及我们所代表的一切有侮辱的意思。但我很高兴的是你喜欢它。戴安娜·特里林也喜欢它，认为讲的都跟她有关。奥登也喜欢它。所有这些都让人高兴。[……]

你永远的

以赛亚

致亚历山大·格申克龙

1973年1月24日［副本］

［海丁顿宅］

最亲爱的！

刚收到你谈及我讲座的来信［……］。你没必要告诉我你的真正感受：你知道的，你对我的爱，让我觉得特别温暖；你担心伤害我未设防的情感，因此手下留情，只是暗示说，你认为该讲座类比不当、感情用事、没有价值、目光短浅、不可理喻，且对屠格涅夫以及过去都是一种侮辱。［……］现在你随时都会写信给我，就像赫尔岑过去常给屠格涅夫、那个年老的从良男妓写信，因他白发苍苍、易于做出没有价值的让步、易于安抚。[1] 然而请相信我，你错了。你认为，不能把以下二者拿来比较：一方是19世纪真正发生恐怖事件的沙俄，产生了巴扎罗夫式的复仇人物；另一方是我们的西方世界，有着相当没教养、落后的伪革命分子——他们或是愚蠢的人类伤员，靠父母过着好日子，或是可悲的不学无术的年轻人[2]，有的坏到需要性教育或精神治疗，或者，仅仅需要某个恼怒的成年人狠扇他们一耳光。当然，我不否认，这二者之间存在巨大差异；但是，即便我没讲，我相信，骚乱的根本原因是无聊倦怠，只有富人才患这种病。但这样的解释还不够透彻：为什么会有这种倦怠？因为没有给那些在理想主义边缘挣扎的年轻人提供足够多的真正的圣坛。他们，至少是英国的年轻人，过去可以去各个殖民地，他们认为（不管后来发生什么）自己对当地人负有神圣的职责；他们有的加入共产党，帮助失业者及为饥饿而游行的请愿者，还劫富济贫；有的参加了反对希特勒的战争；有的加入了美国和平部队；有的还为了某种值得为之受苦的事业而遭受苦难。这些道路现在都被堵死了——在英美国家，贫困问题不再严重、普遍，它不再是新鲜的、强有力的动机——他们能做什么呢？然而，你大都从愚蠢的学究角

[1] 因赫尔岑曾说屠格涅夫是一个"白发苍苍的从良男妓"[《赫尔岑全集》（原文第169页注1，在第170页），第18卷第35页]，参见《俄国思想家》第二版，第336页注4。
[2] 伯林此处原文为：nedorosl's。

度做出评判，这些学究属于心理不正常的野蛮一代，谢天谢地，他们现在正在死去。相信我，这些都是更为深刻、重要 527 的现象溅起来的泡沫而已。马克思—功利主义的世界，还有圣西门的世界，都会很快消亡。然而，我不应该突然陷入预言状态。我很清楚，在目前正在进行的战争中，我站在哪一方，虽然有时当我方走得太远时，我也感到羞愧。然而，有种戴高乐称之为“突变”的情况正在发生——我们西方文化的支柱：和平、理性、纪律、自由、艺术，似乎已力不从心。当然，你谈到那些年轻人对艺术毫无兴趣，甚至不在乎人际关系——赫尔岑的两条绝对真理——可是，我从来没说过他们在乎这些。我相信，某些你不想发生的大事正在发生，这绝对无可避免，但我不希望你更加讨厌我，因此我愿意接受批评。该文将在《纽约书评》[1] 刊出，出于爱我，你有机会挽救我，让我不犯这些错：你认为我肤浅地感情用事，说些假开明的胡话，[2] 很明显，你认为我犯了这些错，而且我还无比错误地把俄国的过去和我们的现在进行对比，把噩梦般的黑色独裁统治同令人反感的、短暂的幻想进行比较，这些幻想被那些喜爱探索的学生弄破灭了，他们根本不在乎隐私、真理、知识或艺术和科学领域一切有价值

[1] 1973 年 10 月 18 日，第 39—44 页；1973 年 11 月 1 日，第 22—29 页；1973 年 11 月 15 日，第 9—11 页。
[2] 伯林此处原文为：beliberda。

的东西。所有这些，我准备同你展开详细的辩论。我承认第三部分的开头[1]太老套了，像一个马克思主义者说的陈词滥调——我会对此做些修改——但只做一些小修改。因为虽然我同意，转折点有时是由比任何一名爱概括的历史学家所推断的更为弱小、神秘、不可预测的原因所导致——我比任何人都更相信这点——但是马克思主义的公式也有启发性，当然，是仅就19世纪而言，我认为他只真正了解这一时期。

非常感动的是，你小心翼翼地希望不要伤到我的感情——在认为我的论文毫无价值的情况下，你写的信还如此小心翼翼、如此有礼貌［……］

你永远的

528 ［以赛亚］

1973年2月，伯林在普林斯顿高等研究院仅待了不到两周的时间；1月初，他母亲身体欠佳使得他取消了在此待上三个月的计划。

[1] 讲座首次出版时此部分的开头是，“当某种生活方式及其制度束缚并阻碍社会上最充满活力的生产力时——指经济、社会、艺术及知识阶层各领域的生产力——该生活方式在抵制这些生产力的过程中被慢慢摧毁，历史上关键的转折点到来了”（第50页）；1973年再版时，开头改成了，“据说，当人们越来越觉得某种生活方式及其制度束缚并阻碍社会上最充满活力的生产力时——指经济、社会、艺术及知识阶层各领域的生产力——该生活方式没有足够的力量抵制它们，这时往往会出现历史上关键的转折点”（《俄国思想家》第二版，第342页）。

致谢拉·索科洛夫·格兰特

1973年3月13日

海丁顿宅

最亲爱的谢拉：

此刻我因流感卧病在床，有了一些迫不得已的闲暇，否则我会花更多时间，慢慢领会你的那些小烦恼（如果把过去的四十来年都算上，可谓典型），并且让它们像以往一样，产生刺激效果。我决意同赫伯特及某人一起去康沃尔，[1] 也许只待几天，因为那儿生活条件普遍艰苦。因此，艾琳和我高兴地想，也许我们有望住在你那众所周知条件好得多的房子里。但如果我们确实来韦克斯福德，我们已答应同另一个人——德里克·希尔[2]一起住，他人很好，为学院画了我的肖像：在某个类似爱尔兰乡村农夫的外表下，是一幅比真人英俊得多的画像。这么一个经过乔装打扮的样子，留给子孙真是再好不过了。

至于伊丽莎白，没人知道她当时是否明白自己快要死了。她似乎已不再想爱尔兰，临终时，她说希望葬在基尔多雷里的阿兰[3]的旁边，且任何地方都不要举行追思会——这

[1] 赫伯特和詹妮弗·哈特（谢拉·格兰特在牛津的同时代人和终身朋友）经常去葛兰港的兰姆勒德拉宅邸游玩，它位于康沃尔南部海滨，詹妮弗·哈特在此度过童年时光，并和姐姐马里耶拉一起从父母那儿继承了这栋房子。把詹妮弗说成是“某人”，参见《伯林书信集（卷二）》，原文第59页注1。

[2]（阿瑟）·德里克·希尔（1916—2000），肖像和风景画家；生于汉普郡，在多戈尼尔郡定居，它位于圣哥伦布的教区，靠近丘吉尔村。

[3] 阿兰·查尔斯·卡梅伦（1893—1952），教育家，1923年同伊丽莎白·鲍恩

些都是她的个性使然。大约在她去世前两周，我在医院见到了她，她看上去像幽灵和僵尸；她的声带已发不出声音，很难听懂她的低语；她在朗读她最喜欢的故事，某年轻女作家写的。我紧张地喋喋不休地说着话，说着一些她兴许根本就
529 不想听的故事，我感到尴尬、多余。查尔斯·里奇[1]就在附近某处——他是她在过去的几十年中最关心的人，我感觉她仁慈地，甚至是亲切地看着我，但希望我赶快离开。离开她后，我去看望我九十三岁的老母亲，她身体一点儿也不好，因此我度过了有些忧郁的一天。之后，飞往美国做讲座，上床睡觉时感冒更严重了。这一年太多人去世——西尔维斯特·盖茨、莱斯利·哈特利[2]、奥利弗·伍兹[3]、索尔兹

结婚；1935—1945 年任校园广播中央议会大臣；第一次世界大战时的国会议员，卡梅伦“身材结实且有军人风采”，但一些人认为他傲慢自负又极端保守；但他也以“勇敢且讨人喜欢”被后人铭记，对妻子忠心耿耿，把她文章中长长的段落背得滚瓜烂熟。（讣告，《泰晤士报》1952 年 9 月 4 日第 6e 版；迪尔德丽·图米评伊丽莎白·鲍恩，《牛津国家人物传记词典》）

[1] 查尔斯·斯图尔特·阿尔蒙·里奇（1906—1995），加拿大外交官及日记作者；1962—1966 年任驻华盛顿大使；1966—1967 年任北大西洋理事会大使；1967—1971 年任加拿大驻英国高级专员。里奇在第二次世界大战期间开始同伊丽莎白·鲍恩有染——他们没有真正完婚，当时他大部分时间驻扎在伦敦；他们的友谊一直持续到她逝世。

[2] 莱斯利·波勒斯·哈特利（1895—1972），小说家和散文家；《送信人》（1953）的作者，哈罗德·品特把它改编成一部著名电影的剧本（1970）；多年来任国际笔会英国分会的主席。

[3] 奥利弗·弗雷德里克·约翰·布莱德利·伍兹（1911—1972），1935—1970 年间（除了 1939—1945 年）任职于《泰晤士报》，1967—1970 年任《泰晤士报》总编的首席助理；伯林就读牛津本科期间的同时代人。

伯里勋爵和朱迪·蒙塔古[1]。哈特利对我来说没什么，但其他人我真的很在乎，虽然程度不同。他们去世时都已不再年轻，我觉得他们活得比我想象的要长。戈伦韦和玛吉[2]昨天打电话给我了，说玛吉身体很不好，但我自顾不暇，没法去看望她。我必须说，这是一封让人愁闷的信，但这得怪你自己，是你让我想起了这些逝去的人们。我忽然明白，即便是最没希望的婚姻，也无比重要。比如，伊丽莎白没能从阿兰的死中走出来，你记得吧，他是个极其无趣的人，几乎无趣到令人难以置信的地步，可是，没有他，她连买双鞋都不会，二十多年前他去世后，她完全变了。[3]戴安娜·库珀也是这样的；往近了说，我母亲和岳母也一样。然而，牛津大学教师们的遗孀倒是有所不同，我忽然发现，有些人刚好相反，在那些无比杰出的丈夫们去世后，她们得到了极大的解脱——这些思考会让我无缘无故地变得充满恶意——我们什么时候也许可以谈谈这些，但信上就不再多说了。在这种欢

[1] 朱迪斯·弗尼夏（“朱迪”）·蒙塔古（1923—1972），一位备受喜爱的社会人士，“几乎是故意举止轻率”（讣告，《泰晤士报》1972年11月14日第16f版）；她是自由党内阁大臣埃德温·塞缪尔·蒙塔古（1879—1924）和其妻（比阿特丽斯）·弗尼夏（婚前姓斯坦利）（1887—1948）之女，虽然也有人提出其亲生父亲是埃里克·埃德纳姆，达德利伯爵三世；她在1962年同弥尔顿·真代尔结婚。
[2] 玛格丽特（“玛吉”）·尤因，婚前姓莫里斯，1940年同戈伦韦·里斯结婚；二人都死于癌症，他死于1979年12月12日，之前刚为《文汇》杂志写了关于《反潮流》的评论，充满溢美之词（1979年10月，第23—25页）。
[3] 在其丈夫死后，伊丽莎白·鲍恩给伯林写信说，她之前从未体验过哀悼的滋味，他曾是“我的父亲和母亲［……］。现在我［……］‘没有任何近亲了’”（1952年10月8日的来信）。

快的气氛中，就此停笔吧。

〈你永远永远的

以赛亚

艾琳说想在爱尔兰时去拜访你，我已警告过她，说你的生活方式很糟糕，并对我们自己的健康状况感到深深的忧

530 虑。可她不以为然。〉

致罗伯特·乔伊斯 [1]

1973 年 4 月 26 日［副本］

沃尔夫森学院

亲爱的鲍勃：

万分感谢你的来信，在我的心最需要温暖的时候，你温暖了它。当然，对于那些匿名的诽谤者，我们可以采取傲慢的态度，回以“他们说——他们说了什么？让他们说去吧”[2]，然而，有时我们确实会在意，特别是当这种攻击属于个人谩骂时，人们会兴奋地谈论：这个人是谁，他的动机是什么，等等。[……]

[1] 罗伯特·普拉瑟·乔伊斯（1903—1984），1928—1962 年为美国外交官及情报官员；约瑟夫·艾尔索普的朋友；毫无疑问，伯林在华盛顿与他认识；他于 1973 年 4 月 13 日写信给伯林，对有人在《泰晤士报文学副刊》匿名攻击伯林的罗曼尼斯讲座表示痛心（见原文第 519 页注 2）。

[2]（苏格兰）伯爵马歇尔的名言。

你非常正确：怀疑主义者和自由主义者，以及所有那些看问题较为全面、尽量避免全身心投入到他们认为并不值得的事业中的人，肯定会让所有那些全力以赴或愤愤不平的人发狂，而且，只要发现自己在战场附近，他们就跟屠格涅夫本人一样，变成了不情愿的圣塞巴斯蒂安。这是无法避免的：只要我们关注真理或正义，甚至理性及体面的人际关系，就会觉得箭射偏了很没尊严——当两极分化突然出现，要把每种东西都分成非此即彼时，会有一批最初的受害者。这也许是令人讨厌的老生常谈，但我必须说，我们可以有时畅所欲言，有时保持沉默。我想，当激烈的争论出现时，我已基本明白我会站在哪一边，即便我并不总是能勇敢地说出来——即便我支持且依然支持（我这里指的是英国、美国、民主—金权政治、以色列等）的那一方做了令人感到羞愧的事。我们会为自己这一方感到羞愧，但不会抛弃它，尤其当它正在遭受攻击——除非它的表现非常恶劣，我们才会同它断绝关系，那也是由我们自己且只能由我们自己决定。在这点上，我坚信，你和我们所喜欢、钦佩、认识的大多数人，都是这样的。我记得同唐纳德·麦克莱恩就此话题发生过激烈争论，那是第二次世界大战后期他驻华盛顿使馆期间，自那以后我们的关系就恶化了——我只是在华盛顿见过他，我想，那是在 1943 年，之后二人的分歧便再没消除。我当时本应猜到他属于某个狂热组织，但我太蠢了，没能认识到这点。我不喜欢极端主义者；不知道这算不算是一个缺点，但我就是这样的。

我悲痛地得知，我由衷喜欢、确信你也由衷喜欢的一个人昨日去世了：我是说哈姆·阿姆斯特朗，我非常喜欢且钦佩他。我认为他是个极其高贵的人：非常正直、真诚，为人踏
531 实，头脑清楚，心地仁慈，属于19世纪黄金时期那代人；他的父亲在庇护九世[1]时代成为罗马的领事并非没有来由。虽然不该这么说，但出生、血统、个人特征和本性决定了他是——我几乎不敢说出这个词——一名绅士。他一直是这样一个老牌绅士，并由此遭受各种各样的痛苦，尤其是有过两次不幸的婚姻（虽然其两任妻子过去、现在都不是让人讨厌的人），但我想克里斯塔给了他幸福。伦敦《泰晤士报》登的关于他的讣告过于简短、枯燥、不够全面，所以我动手给他们写了一封信，我的也不够全面，但比他们的好些［……］。[2]他的确是个了不起的好人，过着非常令人尊敬的生活，是美国的道德遗产，美国此刻（原谅我，但你知道我对美国的感情）无比需要他，我们这儿也一样。不久前我曾问自己，如果发生了可怕的暴行、或骇人的不公正行为，英国有谁能给予猛烈的反击，且人们全都会尊敬地言听计从，吉尔伯特·穆雷（实际上，他并不是非常勇敢），或者已故的索尔兹伯里勋爵在其鼎盛时期，

[1]“庇护九世”：乔瓦尼·玛丽亚·马斯塔伊—费雷提（1792—1878），1846—1878年为教皇庇护九世。

[2] 伯林在4月24日阿姆斯特朗死后不久写了评论：“他一点都不浮夸或一本正经，本性自然、正直、仁慈，对人热心，对思想有强烈兴趣，感动了那些想抗拒他的人们，尤其是那些爱怀疑的年轻人，他们开始认为他是美国‘制度’的柱石。”（1973年4月28日第16f版）

或理查德·亨利·托尼可能会成为那样的人，或者，美国的伊莱休·鲁特[1]或史汀生[2]或霍姆斯[3]或勒尼德·汉德[4]。那现在呢？是不是每一代的老人都有此感慨？然而，老实说，我想不出一个名字。哈姆·阿姆斯特朗属于这个小群体。我跟《泰晤士报》并没有这样说，因为那样听起来太像说教了。[……]

你永远的

[以赛亚] [……]

致马克斯·海沃德[5]

1973年4月27日

沃尔夫森学院

亲爱的马克斯：

非常感谢你关于曼德尔施塔姆太太的来信。我尚未以应 532

[1] 伊莱休·鲁特（1845—1937），美国律师、共和党政治家、外交官；因促进了北美及南美之间相互理解，加上其他因素，1912年获诺贝尔和平奖。

[2] 亨利·刘易斯·史汀生（1867—1950），美国律师、共和党政治家，曾为五届总统服务，包括（尽管党派不同）富兰克林·罗斯福；1940—1945年任战争部长。

[3] 小奥利弗·温德尔·霍姆斯（1841—1935），美国法学家，1902—1932年任美国最高法院大法官；美国内战期间为南方邦联而战，曾三次身负重伤；就一些话题如言论自由的界限等撰写了措辞优雅的法律意见书。

[4]（比林斯）·勒尼德·汉德（1872—1961），美国法学家，1924—1951年任第二巡回上诉法院的法官；令人尊敬的谈宪法自由的评论员，关于言论自由以及司法克制的评论尤为著名。

[5]（哈利）·马克斯韦尔（“马克斯”）·海沃德（1924—1979），俄国文学学者及翻译家；1956—1979年任圣安东尼学院的研究员；在西方，人们普遍认为他是20世纪俄罗斯文学的泰斗，还翻译了包括安娜·阿赫玛托娃、娜杰日达·曼德尔施塔姆、鲍里斯·帕斯捷尔纳克、亚历山大·索尔仁尼琴等在内许多人的作品。

有的认真态度阅读第二卷，因为它就像第一卷一样，让我心情低落。每每读完第四句话，我就陷入了忧郁，很难从中解脱——我继续阅读，但非常痛苦，就像活在梦魇中。

[……] 关于我扮演的“未来客人”角色，我没什么可说的：曼德尔施塔姆太太关于此事的想象力和别人一样丰富，也许还更丰富。它很像发生在梦中，或者是想象力的偶然飞越——当事人是被动的，仅仅是“原材料”而已，作者本人经历了此事但无法加以解释；就我而言，是有机会偶然超越我的荒原。[……]

你的

以赛亚

致弗兰克·哈迪[1]

1973年5月2日［副本］

［沃尔夫森学院］

亲爱的弗兰克：

非常感谢来信，它谈及我写的奥斯丁片段。[2] 你在1923年对清晰的怀疑，和魏茨曼博士完全一样，他过去常常谴

[1] 威廉·弗朗西斯·罗斯（“弗兰克”）·哈迪（1902—1990），1926—1950年任牛津大学圣体学院哲学研究员及导师，1950—1969年任院长；伯林在牛津大学圣体学院时的哲学导师，对伯林的写作风格以及思想方法产生了很大影响：“他极其聪明、谦虚、尖锐——任何一篇修辞学文章，不管它如何无伤大雅，我们都要清晰准确地解释清楚意思，否则就通不过。非常让人泄气；但他公正、友善。”（迈克尔·伊格纳季耶夫采访录音之五）

[2]“奥斯丁与早期牛津哲学”一文的作者为以赛亚·伯林及其他人，收入《J. L. 奥斯丁研究文集》（牛津，1973）；收入《个人印象》。

责莫尔过于清晰——他认为莫尔就像一条非常浅的清澈见底的小河，把值得研究，甚至是值得思考的一切都暴露了。你怀疑我夸大了（可能会这样，我不否认这点）“势不可挡的反形而上学经验主义”。然而，这并不仅仅是逻辑实证主义——1936 年式的“卡尔纳普—艾耶尔—智慧”的全面爆发——而是普遍否定一切声称从纯粹思考得出的关于世界的解释——这里的纯粹思考在某种意义上是指，例如，罗斯[1]当然认为我们可以通过纯粹思考认识宇宙——当时大部分优秀的年轻人也持同样看法——［……］所有的汉普希尔们，布朗们，以及格雷厄姆—哈利森[2]们，当然，当时还有奥斯丁本人，都持这种观点；不管奥斯丁个人有哪些观点、赞同什么，可以说他有两三年是艾耶尔的积极追随者；实际上，他随后也承认了，可那时这样说（我不得不承认这点）已无关大碍了。我声称《语言、真理与逻辑》一书让普里查德[3] 533

[1]（威廉）· 戴维 · 罗斯（1877—1971），1938 年受封英帝国高级勋爵，哲学家；1929—1947 年任奥里尔学院院长；（同 J. A. 史密斯一起）编辑了大部分亚里士多德翻译系列，是他那个时代亚里士多德研究的英国领军人物。
[2] 弗朗西斯 · 劳伦斯 · 西奥多 · 格雷厄姆—哈利森（1914—2001），1933—1937 年就读于莫德林学院古希腊罗马文学专业，1938 年就职内政部；1957—1963 年任副政务次官。
[3] 哈罗德 · 阿瑟 · 普里查德（1871—1947），1928—1937 年任牛津大学圣体学院道德哲学怀特讲席教授及研究员。普里查德对人对己甚严，是名令人畏惧的争论对象；和他的同事 H. W. B. 约瑟夫及哈罗德 · 约阿希姆一样，A. J. 艾耶尔的《语言、真理与逻辑》中“充满激情地捣毁偶像”，以及作者本人年轻人式的自信使他感到“大为愤慨”。《牛津国家人物传记词典》：理查德 · 魏赫姆评艾耶尔（引言出处）；戴维 · 罗斯评普里查德。

痛苦的理由如下：当艾耶尔出现在哲学学会时，他厌恶地看着艾耶尔，艾耶尔跟他说话时，他拒绝直接回应，而是同第三方说话——比如，同我，或甚至同约瑟夫[1]说话（约瑟夫准备同艾耶尔交锋，某种意义上他还非常赞赏用长剑猛刺）——“告诉他X，Y，Z等”，好像他自己没法同这个可怕的异端者直接讲话。他极其无礼，约瑟夫也一样。你知道的，约阿希姆[2]不太参加这些聚会，但我过去常和他一起用午餐，他满怀怨恨地谈此可恶之人以及他的恶劣影响——可恶的人是指，艾耶尔。我确实对约阿希姆说过，普里查德和约瑟夫在“争吵不休”，而对他们来说，他只不过提供了“喋喋不休”的话题，这确实表明了他们之间沟通失败。然而，他们都把艾耶尔当作哲学虚无主义的一个种类，其罪行甚至超过罗素，对其的共同敌视当然把他们团结到了一起。

你谈到了J. A. 史密斯[3]。是的，当然，他确实在亚里士

[1] 霍勒斯·威廉·布林德利（“约巴格思”）·约瑟夫（1867—1943），哲学家，1891—1943年任新学院研究员；他阐述了“‘伟人’哲学的本质特征，而且他的阐述比他同时代的人都更好：是深深扎根于柏拉图和亚里士多德学说的一种哲学”（《牛津学刊》，1943年12月2日，第98页）。

[2] 哈罗德·亨利·约阿希姆（1868—1938），1919—1935年任新学院逻辑学威克姆讲席教授及研究员：“终极信念尚不稳固的哲学家有着以下优势：他还会接受出乎意料的观点以及突发的精彩悖论。对约阿希姆来说，这是不可能的。”（讣告，《泰晤士报》1938年8月2日第12b版）

[3] 约翰·亚历山大·史密斯（1863—1939），1910—1936年任形而上学哲学韦恩弗利特讲席教授；亚里士多德牛津翻译系列的高级编辑。“据说，自1891年以来，写于牛津的任何一本哲学书都提到了史密斯给予的帮助，向他致谢，但是没有一本书是他本人写的。”（讣告，《泰晤士报》1939年12月20日第11d版）

多德研究方面对约阿希姆产生了深远的影响：可是，到了我提及的时代——20 世纪 30 年代中期——他已不太为人注意了。我的同时代人，甚至比我年纪大些的人，当然还有我的晚辈，没有一人在谈到任何观点的发端时提到他。这也许不公平，但情况确实如此。在最早的一波经验主义洪流中，一切同先验或“必然联系”哪怕有一点点关系的东西都被扔出了窗外——人们只听剑桥实证主义哲学家，以及斯特宾小姐[1]伦敦 534
圈子的声音，该圈子在圣诞节期间聚会。在亚里士多德学会会议期间，尤因[2]独自一人发出弱小的声音向古老的真理致敬，且大胆提及罗斯，甚至约瑟夫和道斯·希克斯[3]。涅尔[4]

[1]（莉齐）·苏珊·斯特宾（1885—1943），1933—1943 年在伦敦贝德福德女子学院任哲学教授，是英国第一位获得哲学讲席资格的女性，在剑桥时受 G. E. 莫尔的影响很大。她的做法“早于那一代明智的、爱揭露真相的哲学家，他们在第二次世界大战后才回来，主要是到牛津”，且“很好地反映了那些人的思想倾向及严肃风格”（玛丽·沃诺克，《牛津国家人物传记词典》）。
[2] 阿尔弗雷德·西瑞尔·尤因（1899—1973），1931—1954 年任剑桥大学伦理学讲师，1954—1966 年任哲学讲师。维特根斯坦在英国哲学中占统治地位，而尤因完全不受其影响，这使得他“不受欢迎且比较没有影响力”，然而，他对“许多时髦的哲学理论提出了中肯、尖锐的批评，而且表达清晰、有说服力”（讣告，《泰晤士报》1939 年 12 月 20 日第 21h 版）。
[3] 乔治·道斯·希克斯（1862—1941），1904—1928 年任伦敦大学学院的哲学教授。
[4] 威廉·卡尔弗特·涅尔（1906—1990），1932 年在埃克塞特学院任哲学讲师，1933—1960 年任研究员；1960—1966 年任牛津大学圣体学院伦理学怀特讲席教授及研究员；他认为，在“那些思想更为开明的老一辈哲学家中”，“艾耶尔对牛津哲学产生了有益的影响”（理查德·魏赫姆评 A. J. 艾耶尔，《牛津国家人物传记词典》）。

被允许提及斯托特[1]，只允许提及布罗德[2]的名字。关于这些**牛津野兽派**，就谈这些吧。至少，这是我记忆所及。然而，你很可能是对的，我是在很有限的基础上得出的结论，可能发生了许多我并不了解的事；但我只是想描述那些会议的气氛，以及在他们眼里世界是怎样的，我不想谈那种“绝对正确的”现实观，普里查德怀疑洛克持有此观点。就我记忆所及，当我问普里查德，对查尔斯·莫里斯论理想主义逻辑的书有何看法时，他说，“书写得很活泼”，关于约瑟夫论伦理学[3]的书他说，“我希望他没写这本书”。

你永远的

[以赛亚]

6月3日在特拉维夫大学，伯林被授予了荣誉博士学位；

[1] 乔治·弗雷德里克·斯托特（1860—1944），1903—1936年在圣安德鲁斯大学任逻辑学及形而上学教授；1891—1920年任《心灵》杂志编辑；作为一名心理学权威，斯托特“在当代哲学中的心理学思考方面，也许是洛克、伯克利及休谟的最直接继承者”（《泰晤士报》1944年8月19日第7f版）。
[2] 查理·邓巴·布罗德（1887—1971），1933—1953年任剑桥大学骑士桥哲学教授；受到了罗素和G. F. 斯托特等人的影响，他想获得骑士桥教授席位，但维特根斯坦1929年回到剑桥，光芒盖过了他，他讨厌维特根斯坦那么受欢迎，认为其“很快盗走了本来可能属于布罗德的所有风头”（安东尼·奎因顿，《牛津国家人物传记词典》）。
[3]《伦理学问题》（牛津，1931），在书中，约瑟夫就普里查德在1928年的牛津就职讲座“义务与利益”中对“正确”和“好”的本质的讲述，提出了异议：“约瑟夫先生的其中一个主要目的是，表明普里查德关于这些问题的理论是荒谬可笑的——然而，当然值得为此种荒谬写上一本书。”约翰·莱尔德，《心灵》，第40期（1931），第381—185页，本引文出自第382页。

获得荣誉学位的还有伦纳德·伯恩斯坦，他是一名作曲家、指挥及钢琴家。535

致罗兰·博登—穆勒

1973 年 6 月 11 日

海丁顿宅

亲爱的罗兰：

［……］听说你身体很好，我很高兴。艾琳说你各方面情况都很好。如你所知，我刚去了以色列，来去匆匆，还不得不在特拉维夫大学做了一个讲座，这是我最不愿意做，也根本做不好的一件事。我知道，你认为我一旦话题涉及那个不幸的国家就变得特别敏感，即便同比我温和得多的艾琳聊天，提到它时我也是无比谨慎、小心翼翼——不过，我准备跟你说的是个无关痛痒的故事。我们在一个相当美丽的校园的户外坐着，举行一个历时很长的仪式，在观众稀稀拉拉的掌声中，二百五十个硕士学位被缓慢地授予各个人。接下来依次是校长、获得荣誉学位的人演讲，最后是财政部长演讲。所有的硕士学位授予完毕后，出席者正觉得百无聊赖时，一群举着标语牌的人出现了，很明显他们想“扰乱”整个进程：他们是学校的初级职员，抱怨工资太低。我问坐在身旁的院长是怎么回事；他解释说之前同这些人谈过话，虽然无法说服他们不举行抗议活动，但他们答应说示威活动时会表现得温和友善、不会有暴力或过激行为。因此，他们

举着巨大的标语牌来回游行。财政部长意识到这整件事是冲着他来的，决定赶紧完成演讲，免得再坐一个半小时，做抗议者的靶子，而我们则不得不坐在那儿直到结束。他开始演讲了，一场不错的关于学术水准的传统演讲。但只要他一谈到学术水平，那些抗议者就用话筒大喊“没有面包，谈何水准”，或诸如此类的话；他一谈到学术质量，他们就喊“没有面包，谈何质量”。慢慢地，一切都变得滑稽可笑起来，就连坐在我周围的那些傲慢人士都笑出了声。这时，财政部长意识到必须采取行动：他改变了演讲的整个进程，对着那些抗议者说：“我有一辆大型轿车停在外面，这是给我作为财政部长的待遇。我提议结束演讲，反正演讲已经过长了，接下去我马上要去耶路撒冷处理公务。如果愿意，来五六个人和我一起上车，在车上同我谈论你们的委屈，我相信会有补救措施的。还是以友好的方式，停止这种孩子气的行为，任命一个代表团，坐上我的车，我们一起去耶路撒冷。”他
536 的话引发了热烈的掌声、笑声，示威停止了，六个中坚分子上了他那辆确实算大型的轿车，混乱结束了。我认为，他们也许有点儿无礼，但还算文明。我们的仪式继续进行。我想，你也许喜欢听这段学生闹事的新花样。[……]

布赖恩［·厄克哈特］也出席了，带着那种特殊的复杂情感谈论联合国，其中夹杂着真诚、绝望、严肃、幽默，以及过分谦虚、现实和浓厚的悲观情绪。我相信，谈及那个令人不快的组织，任何严肃的人都有同感。

还有什么要告诉你呢？没什么事——我已经告诉同事说我准备退休了，最多再过一两年。我含着眼泪乞求他们，在我入土为安前，不要采取各种措施，让这个新兴的、非常美丽的学院变得更为肮脏不堪——那以后，他们爱怎么干都行。这种维多利亚式的感情喷发有时有效、有时无效，我们就这样继续过活。发生在普林斯顿研究院的可怕争吵真让人伤心——我不知道艾琳是否告诉你此事——有点儿好玩，但的确太野蛮了。再没有比一个暴怒的学院更可怕的了——没有宽恕、没有和解，只有终身的对抗和仇恨。和着这种悦耳的争斗声，我准备停笔了，再次感谢你的精美礼物，又美又实用。这么久没见到你了，真是遗憾之极。

你永远的

以赛亚

致耶胡迪·梅纽因

1973 年 7 月 2 日［副本］

［沃尔夫森学院］

亲爱的耶胡迪：

法国使馆的那场见面太短暂了。我们来迟了，因之前不得不去参加了卡彭特大师的宴会——所以我身着盛装，人们都问我为何服饰如此讲究，我回答说，“没办法——性格中有庸俗的一面——某种表现癖——会过去的”。告诉你吧，有人认为我确确实实是这样想的，特里维廉勋爵[1]吓了一大跳，当他认为我不在听时，还跟另一个人说：他之前没想到我是这样的人，但有时人们不得不修正自己原先的看法。这让我很开心。希望你让我知道你的夏季安排——也许我们可以
537 以在某时某地安静地见面，不要总在那种庄严无比的大会上碰面，我们的贵族身份总是会让我们受到那些大会的邀请——我真的会很感激。[……]

代我向戴安娜送上最深切的爱，我希望我们能见面。

你的

[以赛亚]

致道格拉斯·维利尔斯[2]

1973年7月11日

[海丁顿宅]

[亲爱的维利尔斯先生：]

[……] 阿瑟·凯斯特勒对我论点的态度有失公允。我并不认为，用他的话说，“应该容忍那种无礼，不论它多么恼人、让人无法忍受”，或者说，犹太人或其他任何人“有

[1] 汉弗莱·特里维廉（1905—1985），1955年获得圣迈克尔和圣乔治勋章，1968年受封终身贵族，外交官；1958—1961年任驻伊拉克大使；1962年任外交部副政务次官；1962—1965年任驻苏联大使。

[2] 道格拉斯·维利尔斯（生于1936年），摄影家和作家；主编了《明年耶路撒冷见：20世纪的犹太人》（纽约和伦敦，1976），此信出自该书，登在第106页上（回应阿瑟·凯斯特勒的《重要的抉择》，出处同上，第98—105页）。

权按照非理性情感行事”。不论过去还是现在，我的论点都是：要求社会意识形态的同质性，因为少数民族令人讨厌或举止“粗俗愚蠢、前后矛盾”（这些确实是我说的）而想要灭掉他们，是反自由的、是胁迫，既无理性亦不人道。我认为，这也是柏拉图、T. S. 艾略特及阿瑟·凯斯特勒的立场，虽然他们的表现方式非常不同：这在上一个半世纪的欧洲构成了“统合”民族主义的核心，现在它几乎无处不在，告诉人们要发自内心地认同当下的民族精神，而不仅仅是表面上遵守现行的法律习俗；要不然逃离，或者，充其量在自己不喜欢的外人遭到那样的待遇时保持沉默，查尔斯·莫拉斯和他的追随者过去把这些外人称作**外邦人**[1]。不应该（或不能）忍受差异，而要将其铲除、消灭的想法，在我眼里，正是野蛮社会同文明社会的区别所在。

如果我的理解没错，凯斯特勒先生认为：仅仅是这些没有被同化的少数民族的存在，特别是那些没搞清楚自己真正身份的少数民族的存在的事实，就必然会导致冲突，因此，为了他们自己，也为了大多数人的利益，他们应该设法让自己的孙辈融入大多数中，这样做才是理智之举。然而，我认为，这样并不好，因为多样性是好事，而不是坏事，任何一个有着丰富过

[1] 伯林此处原文为：métèques。在古希腊城邦，“外邦人”是指在城邦享受某些权利，但不享受政治权利的外国人；在19世纪末的法语中，这是个贬义词，查尔斯·莫拉斯倡导的法国民族主义行动把犹太人、新教徒以及共济会会员都称为“métèques”（外邦人），认为他们是“来自内部的敌人”。

去、倡导和平的人种的消失，对人类来说都是无端的损失；而且，不论此做法对个体而言如何可行，很明显，对大众而言它是
538 行不通的。即便我们不重提德国犹太人的可怕命运、苏联犹太人的经历，在许多情况下，那些带着极大热情相信并实践同化的男男女女的孙辈，似乎表明这个进程（令人悲哀地）并不像他们所希望的那样：祖父母辈可以强迫自己吃酸葡萄，但孙辈觉得很不舒服。当然，我并不指望尊敬的朋友阿瑟·凯斯特勒接受此观点，我相信，他也不指望我接受他的观点。然而，我们俩都不会因为这些分歧而过得更糟，他也许认为，这也是不够尊重逻辑的表现，他相信在重大社会问题上可以通过集体的激进选择来最终解决问题。在这方面，我们也会继续坚持各自的不同意见：我会继续容忍，甚至尊敬他的观点，即便他不愿意容忍我的观点。[……]

[您真诚的

以赛亚·伯林]

致伯纳德·威廉斯

1973 年 7 月 18 日

海丁顿宅

亲爱的伯纳德：

非常感谢你的《自我问题》[1]：是我正准备动身去意大利

[1]《自我问题：1956—1972 哲学论文集》（剑桥，1973），伯纳德·威廉斯的第一部文集。

时收到的，不论我去哪里，它都将伴随着我。不用说，我是你的粉丝，更不用说，你的风格及内容都让我着迷。此外，感谢你提供的地址。

至于《新政治家》杂志，那篇文章[1]很明显是弗朗西斯·霍普[2]所写，我觉得其水平几乎在吉莉·库珀[3]之下，作者自信能让文章的活泼程度仅次于盖尔纳，付出了可怜的努力，但写得很差。斯图尔特对《新政治家》杂志的虔诚是超越一切的，但我被说成纳菲尔德学院院长让他感到无比震惊："天哪，《新政治家》应该有校对员吧？有助理编辑吧？这太无知了！真是荒谬至极！"我认为，可怜的弗雷迪也被漫画家马克·博克瑟[4]画得糟透了。至于那些关于斯图尔特、你和我的脏话，在意料之中：我们皆非失败者，那些失败者因此感到生气，觉得己不如人。上面这句评论听起来像 539

[1]"牛津大学的聪明人士"，《新政治家》1973年7月6日，第8—11页，在第10页上。

[2] 弗朗西斯·霍普（1938—1974），1957—1960年在新学院教历史，1960年被推举为全灵学院研究员；后来在《文汇》杂志和《新政治家》杂志工作；1974年3月3日死于巴黎空难，机上345名人员无一生还，当时他是《观察家报》驻巴黎记者。

[3] 吉莉·库珀（生于1937年），1969—1982年任《星期日泰晤士报》专栏作家，写她作为一名职场妻子的经历；《如何维持婚姻》（伦敦，1969）及《如何在朝九晚五的职场中生存》（伦敦，1970）的作者。

[4]（查尔斯）·马克·（爱德华）·博克瑟（1931—1988），漫画家（"马克"）及杂志编辑；1962—1965年任《星期日泰晤士报》杂志的首席编辑；1966—1979年任《星期日泰晤士报》杂志的助理编辑，被评为1972年度最杰出漫画家。之前未出版的伯林画像出现第541页，画上的伯林口中说出"许多极其智慧、晦涩难懂的话"。

罗斯的风格，然而包含真理，这很难得。

非常爱你们俩。再过差不多三分钟我就动身了。

[伯林，帕特·乌捷欣代签]

致利季娅·丘柯夫斯卡娅[1]

1973 年 7 月 25 日［俄语手稿的编辑翻译稿］

海丁顿宅

[亲爱的利季娅·科尔涅耶夫娜：

［……］ 您寄给我的东西真是非常非常有趣，我无比感激，1908 年发表的那篇关于托尔斯泰的文章[2]以及那些信件[3]，我已读了至少两遍——读时兴致勃勃（读你父亲出版的任何东西，我都兴致勃勃）。关于托尔斯泰的那篇文章——尽管用的是热烈的语气（我本人认为这种语气最
540 为“吸引人”），我个人觉得那是写得最好的关于托尔斯泰

[1] 利季娅·科尔涅耶夫娜·丘柯夫斯卡娅（1907—1996），俄国作家和诗人，儿童作家科尼·丘柯夫斯基的女儿，科学家马特维·布隆斯坦（1906—1938）的妻子，布隆斯坦是斯大林肃反运动的受害者；安娜·阿赫玛托娃的终身朋友；诺贝尔奖得主安德烈·萨哈罗夫受到批评，她为之辩护，导致她于 1974 年 1 月被苏联作家协会开除。“她是个无比勇敢、正直、坚定不移的女性，从不说一句自己并不真正相信的话。她和当权者的冲突是不可避免的，但她毫无惧色地冷静地面对他们，在苏联，不论过去还是现在，这样的人寥寥无几。”（伯林，《卫报》1996 年 2 月 9 日第 13 版）

[2]“艺术天才托尔斯泰”，《粮田》，1908 年第 9 期，专栏第 75—104 页；收入《青春》杂志，1971 年第 9 期，第 87—94 页。

[3]“K. 丘柯夫斯基的历年书信”，L. 克里斯丁作序并加以评论，《文学杂志》，1972 年第 1 期，第 152—182 页。

的文章之一——科尼·伊凡诺维奇着重描写了托尔斯泰所拥有的那种“消极感受力”，诗人**约翰·济慈**曾对此做过描绘[1]——勒南[2]曾在巴黎屠格涅夫的葬礼上发表讲话，非常错误地认为其拥有此能力——那种不可思议的把自己换位成他人的能力——成了另一个人——变成了安娜、皮埃尔、丹尼索夫、一匹马（正是屠格涅夫说过，托尔斯泰本人也许曾是一匹马，能够回忆起“他之前的生活”——噢，上帝！我像个半文盲孩子，在给你的信中犯了那么可怕的语法［错误］！）——把读者移植到其他肉体内——每个肉体都有它自己的中心、氛围和“旋律”——而非把读者钉在某个无名的唱针上，在那上面，各种品性——属性——被串在了一起，即，那些闪光但已毫无生机的小短文，被最为著名的法国作家，巴尔扎克、福楼拜，甚至普鲁斯特所深深喜爱。所有这些都极其微妙、深刻、精彩，伊凡诺维奇文章的每个部分皆如此——非常令人陶醉——既非空谈，亦无学究气，但“本能地”充满了生命力和“现实色彩”——像赫尔岑的著作一样生动活泼——一切都很自然，就像托尔斯泰本人（19世纪）的作品——使得它更为轻快、活泼，而且，阅读后不 541

[1]“消极感受力，即一个人能够安于不确定、迷茫和怀疑的状态，不急着去寻找事实及合理性。”致乔治及托马斯·济慈，1817 年 12 月 22 日。在此，伯林把消极感受力等同于移情作用，但这个移情者必须“把自己换位成别人”，像伯林说的那样，这当然又更进一步了。

[2]（约瑟夫）·欧内斯特·勒南（1823—1892），法国哲学家，1883 年 10 月 1 日在巴黎屠格涅夫的葬礼上发表演讲。

会让人感到消沉，而人们读马修·阿诺德（或奥维斯雅尼克—库利科夫斯基）或任何一位德国作家——卢卡奇，特别是托马斯·曼，则有此感受。[1] 我觉得有趣的还有（虽然出于各种原因，此点并未提及），托尔斯泰呈现出那种拥有土地的贵族的态度。他作品中的生动人物，要么是贵族，要么属于与贵族——或地主——保持密切关系的那个世界——该世界只有特殊类型的农民（即他那种的——非卡拉塔耶夫式的），还有奶牛、马、狗、河流、树木、天空和大地；其他人物形象有时极其单调乏味，而且农民被程式化了：神圣、简单的**乡巴佬**——而中产阶级——资产阶级——根本不存在！陀思妥耶夫斯基或契诃夫笔下的世界似乎对其遥不可及。他就是上帝——创造了仅有托尔斯泰的亲戚、朋友和熟人的世界：只有贵族。然而，他创造了一个完整的想象世界：当你阅读他时，其他世界不存在。他笔下的一切都被赋予了生命：可以称之为泛神主义，或泛托尔斯泰主义——一切皆由**他**命名，就像亚当的伊甸园——没有其他东西、其他人、另一个大自然、其他名字或语言。然而，我不应这样长篇大论——没完没了——让你烦——你是个如此天真之人——给我带来如此多的真正快乐。再谈件关于托尔斯泰和

[1] 马修·阿诺德（1822—1888），评论家和诗人；德米特里·尼古拉耶维奇·奥维斯雅尼克—库利科夫斯基（1853—1920），作家及文学评论家；格奥尔格·卢卡奇（见原文第 483 页注 2）；托马斯·曼（1875—1955），小说家。

伊凡诺维奇的事：跟福楼拜当年的抗议一样（“他在说教！还讲大道理”[1]），他抗议托尔斯泰卖弄大道理，认为一棵橡树——大自然——神，天和地的创造者，不应该忽然讲起话来——还会做演讲。这就是为什么已故的 B. L. 帕斯捷尔纳克曾对我说（当我告诉他阿赫玛托娃对契诃夫着迷时），契 542
诃夫是唯一一位不对读者进行说教的俄国作家——（“他摧毁了艺术中的一切——那是我们对福楼拜的回答”——这是他的原话）——这样说是对的。然而，我认为——我还曾就此出版了一本小册子——（《刺猬与狐狸》——这是一篇文章）——在那种分裂中——一方对**一切**充满了**抑制不住**的兴趣（“崇高的”！抑或是个错误或庸俗的指控？），了解整个多姿多彩的大千世界——而另一方则固执地希望一切臣服于一个单一、简单、中心的道德兼精神原则——以解释一**切**，或者把**一切**简单化，使得一切变得透明、清晰且汇聚在一起——就像那根绿色小棍棒[2]——通过**词语**而不是通过艺术和想象（想象来自恶魔）来做到这点，因想象力会改变

[1] 见《俄国思想家》第 28 页。伯林此处原文为：“il moralise! et il philosophise”，福楼拜的原话是“il se répère et il philosophise”［“他重复自己，他讲大道理”］。致屠格涅夫，1880 年 1 月 21 日，古斯塔夫 · 福楼拜，《致屠格涅夫——未发表的信件》，由杰拉德 · 盖里主编（摩纳哥，1946），第 218 页。

[2] 在托尔斯泰还是个孩子时，他的哥哥德米特里 · 尼古拉耶维奇 · 奥维斯雅尼克—库利科夫斯基告诉其兄弟姐妹说，他知道一个会让每个人都高兴的秘密。还说他把此秘密刻在了一根绿色棍子上，棍子埋在他们祖产亚斯纳—波良纳的某峡谷边缘。

一切、让人产生幻想，这种“紧张状态”——摩擦——这种冲突，伊凡诺维奇把它描述得如此精彩（他说，在许多情况下，人们把说教当成了艺术，但是托尔斯泰则刚好相反——他的艺术魅力在于说教）——那是真正的电光，他作品中的亮点——那种摩擦——镰刀砍到石头时瞬间产生——构成了托尔斯泰笔下的“英雄”思想和情感基础（“为什么我这么做？过这样的生活？”，“也许这一切都是幻觉以及可耻的自我欺骗？——糟糕的信仰”[1]——屠格涅夫正是这样嘲笑托尔斯泰，让其非常生气）——正是此种冲突让一切鲜活起来：没有它，他就成了狄更斯第二（第二而不是第一）抑或一个现实主义者而已？咳，就像屠格涅夫说的，“够了”！[2]我老了，爱喋喋不休了！我在 1949 年或 1950 年撰写了（或者说匆匆地口述了）关于列奥·尼古拉耶维奇·托尔斯泰的文章，倘若我那时就读过伊凡诺维奇的文章，我写的就会大不一样，或者根本就不会去写它：反正，伊凡诺维奇已经把最重要的说出来了。他写的东西在如此长的时间内鲜为人知，真是遗憾！［……］

带着深深的感激及“知识分子的同情”

以赛亚·伯林

[1] 伯林此处原文为：mauvaise foi。
[2]《够了》，屠格涅夫一篇小说（1864）的标题。

附言：天哪，信写成了这样——好像从未受过教育的愚笨之人所写！我就像一个因心中充满了恐惧而不想弹琴的钢琴家——所有的音都弹错了。请原谅我这样乱写，原谅这一整封所谓的“信”。]

致琼·弗拉德

1973 年 8 月 23 日［手稿］

帕拉吉

亲爱的琼：

耶路撒冷一片沸腾，九十六岁高龄的卡萨尔斯到处受到热情款待：他又弹琴又指挥，对演奏者大喊大叫，还流泪，然而当他不搞音乐时，必须把他裹在披巾里（我渴望那样），由他年轻的波多黎各妻子扛着他。就像一个无比庸俗的美国好莱坞场景——向以色列致敬或诸如此类——由一名百万富翁组织，“聚会设计师”提供协助——那是一种新 543
兴职业——各种聚会的设计者——负责各相关来宾、布景、音乐、音效——用来迎接梅厄太太：唱着出自《你好，多莉！》[1] 的咏叹调向她欢呼，只是把多莉换成了戈尔达。大卫王墓室的幕后合唱，即便是最庸俗的以色列人也会感到尴

[1]《你好，多莉！》——非常受欢迎的百老汇音乐喜剧（1964），后被改编成电影（1969），多莉·列维这个角色，舞台上由卡罗尔·钱宁扮演，荧屏上由芭芭拉·斯特赖桑德主演。路易斯·阿姆斯特朗演唱的主题曲令人难忘，1964 年为其赢得了格莱美奖。

尬：然而，很明显她喜欢这套，感动到落泪，处于一种无比幸福的状态中。我认为我本应有闲暇时间。然而，我不得不一直像一名牙医或心理分析家那样工作。主顾们络绎不绝——每天工作十四到十五个小时。[……] 这儿非常非常炎热。你真的应该去圣地：那儿的气氛特别适合你这样的犹太人鉴赏家[1]：德国人、俄国人、“盎格鲁—撒克逊人”(来自斯托克纽因市和利兹市)，一切会让你高兴、吃惊又感动不已。我们 15 日回去——抱歉这封信写得很不像样。太累了。

爱你的

以赛亚

致戈逊 · 肖勒姆

1973 年 8 月 25 日 [手稿]

帕拉吉

亲爱的戈逊：

我去了耶路撒冷，回来了。最令人惊讶的现象是九十六岁高龄的帕勃罗 · 卡萨尔斯：双腿无力、没有食欲，但拉起大提琴来，却是那么坚定有力，琴声优美嘹亮；简直难以置信，他指挥着所有那些年轻的俄国犹太人，动作如此干净有力（他从来都不是一位优秀的指挥家，但他是个指挥家），

[1] 伯林此处原文为：Judenkenner。

期间还夹杂着蹩脚的英语，谈什么是艺术以及艺术对他的重要性。我看到他在某间房里和本—古里安见面：本—古里安看起来像一尊制作精良的其本人的蜡像，脸色红润健康、做工精美，可是对于正在发生的事情既无记忆亦无兴趣。卡萨尔斯对他的高龄表示祝贺（他比卡萨尔斯年轻九岁），后来，得意地对别人说，“老家伙都有点儿疯疯癫癫，不是吗？”[……]

你的

以赛亚

致诺埃尔·安南

1973年8月31日［副本］

［沃尔夫森学院］

亲爱的诺埃尔：

刚收到你那篇关于莫里斯的文章[1]及来信。你太不自信了：文章生动、热诚，有很强的可读性，没有人能够像你那样把这位老朋友写得这么好，你的文章揭示了所有那些我在官方报告中不能提及的内容——不论如何，你知道得更多且描述得非常精彩。我带着极大的乐趣和钦佩之情阅读它，当然也有一些不同看法。[……]

[1]“我爱的人”初稿，安南给休·劳埃德·琼斯（编者）的稿件，《莫里斯·鲍拉：一场庆典》（伦敦，1974）。

此外，第 6 页谈到我撰写的关于马克思的那本书。这无
544 疑是莫里斯写的，但完全是虚构的内容。费希尔[1]并未提及此事，因此我没有受到伤害，他只是说，把该书从原来的大部头——我在 1936 年曾请求增加字数——压缩成家庭大学丛书的样式——“就可以了”[2]。但是，莫里斯确实跟我（和其他人）说过，该书像是“从拉脱维亚语翻译过来的”，这让人有些恼火。我认为他确实是这么想的，但我并不太认同他对文学的判断，这当然成了麻烦的根源之一。[3]就我所知，费希尔对此书未作任何评论，所以当然不可能跟莫里斯说过这些，他觉得莫里斯有趣但庸俗，从未跟他说过什么实在话。然而，既然莫里斯写了这些，就让它保持原样吧，虽然费希尔的女儿[4]，圣希达学院院长——她了解真相——会写信给我，愤怒地否认这些话。在莫里斯看来，我的写作水平很糟，但我并不为此特别烦恼：这就成了麻烦的根源之

[1] 赫伯特·艾伯特·劳伦斯·费希尔（1865—1940），1937 年获功绩勋章，历史学家和政治家，1918 年教育法的作者，1925—1940 年任新学院院长，出类拔萃。

[2] 1933 年 11 月费希尔联系伯林，叫他为家庭大学现代知识系列丛书写一本马克思的传记；伯林接受了该任务，花了五年时间撰写此书，1939 年 9 月出版（参见原文第 8 页注 5）。起先合同规定的是五万字，1938 年在伯林的请求下增加至六万五千字。伯林写了十万多字，出版时把它删减至七万五千字。

[3] “我们希望伯林先生多写一些短句，然而，从另一方面讲，必须承认，他那精致、严谨、典雅的新古典风格也颇有魅力。”（R. D. 查奎斯，“以马克思之名”，《泰晤士报文学副刊》，1939 年 10 月 7 日，第 570 页）

[4] 玛丽·蒂希亚·萨默维尔·班纳特（1913—2005），婚前姓费希尔，公务员；1965—1980 年任圣希达学院院长。

一——实际上，最根本的麻烦是——我完全无法对他后期的著作表示赞赏，他把一本书献给了我，但即便那本书我也**无法**读下去。他感觉到了这点，非常愤怒。西尔维斯特·盖茨的情况大致相同，莫里斯极其钦佩和热爱他，是莫里斯的朋友，但他认为莫里斯的作品毫无价值，他在活着的最后十年尽量避免见到莫里斯，因为他说莫里斯永远只谈他的学术荣誉——他的荣誉博士学位等（他有许多这种学位——除了英国的，还有哈佛、巴黎的，等等，你会提到那些吗？），他觉得和莫里斯在一起无聊透顶，但莫里斯对此一无所知，还抱怨说他打电话时西尔维斯特总是出门了：他到底去哪了？我接着要继续谈对他的不同看法：我们所有人眼中的莫里斯肯定不同——就像我们眼中的苏格拉底、柏拉图、色诺芬各个不同——我想谈谈我的看法。

慷慨大方。是的，当然，他冲动时会慷慨大方，对你、1939—1940 年的勒内·艾耶尔——以及别人、可怜的大学生、阿德里安·毕肖普[1]（他跟莫里斯对你说的一切相符，莫里斯眼里的他就是那样的）皆如此。然而他也吝啬，对那些向他寻求帮助但又让他烦，或让他心里内疚的人，他都是此种态度，比如，他不同意 G. E. 莫尔拿到牛津大学的学 545

[1] 赫伯特·弗朗西斯（“阿德里安”）·毕肖普（1898—1942），1919—1923 年就读于剑桥大学国王学院古典文学专业，一个不名一文、放荡不羁的同性恋者，鲍拉仰慕并纵容他，将他比作奥斯卡·王尔德，鲍拉则扮演罗比·罗斯的角色；他于 1942 年 6/7 月间离奇地死于德黑兰，当时显然是为英国情报处工作。

位——“太明显了”，他说，他的意思是莫尔明显是布卢姆斯伯里文化圈的杰出人士，并因此觉得莫尔可恨。他曾受到布卢姆斯伯里文化圈的无情冷落。在意大利和我们一起时，他没有请任何人喝一杯，即便在我们没法弄到足够的里拉维持开支时，他还厚颜无耻地和我们讨价还价。当然不应该透露这点：他对金钱的态度非常神经质，一想到钱就无法忍受，总是跟我讲他即将陷入贫困——身后却留下了十三万英镑。可见他的神经质非常严重。他并非一贯大方，只是在冲动时对某些人大方、偶尔大方一下，正如他所有那些火山爆发式的冲动表示。

关于汉弗莱[1]和丹巴宾[2]。你应该知道，虽然莫里斯非常喜欢汉弗莱·豪斯（我的挚友），但豪斯却公开鄙视莫里斯，对此莫里斯并不介意，因为他认为汉弗莱鄙视我们所有人。至于丹巴宾，莫里斯讨厌他。因此，这整件事就是典型的夸张想象，他有意这样说，轮流说着玩而已：你知道的，他可以对 X 说雪莱一团糟，五分钟后又对 Y（比如，D. 塞西尔）说雪莱是最高贵的英语诗人。显然，他这样做不用付任何代价，只是鲁莽冲动、随便玩玩而已，诗歌、画作、人们都让

[1]（阿瑟）·汉弗莱·豪斯（1908—1955），文学学者；1931 年当选瓦德汉姆学院卓别林研究员及英语讲师，但在 1932 年因信任危机辞职；1948—1955 年任牛津大学英国文学大学高级讲师；1950—1955 年为瓦德汉姆学院高级研究员。
[2] 托马斯·詹姆斯·丹巴宾（1911—1955），1937—1955 年为全灵学院研究员；1945—1955 年为牛津大学古典考古学讲师。

他激动不已，他很喜爱转瞬即逝的波峰，讨厌谨慎小心、深思熟虑——这些都是真的——诚信对他来说是个空洞的概念。他像一名骑兵一样撒谎，目的是赢得胜利、改善生活、侮辱敌人、善待朋友、从困境逃脱；很怕被发现（“才不会呢”），让人对他没有疑虑，觉得他热心肠——然而没有一点儿真话。

他不喜欢斯帕洛。一点儿都不喜欢他。莫里斯在斯帕洛年轻时大力提携他（莫里斯对我们所有人都是这样），但是到了 20 世纪 50 年代，他开始对约翰心生恐惧：他**什么**都敢说，**什么**都敢做：从内心反感他的观点，**喜欢**他陪伴左右——他们曾非常亲密——却不喜欢他本人。所有这一切都是相互的：约翰喜爱“老（战前的）莫里斯”，但认为院长是个“聒噪无聊之人”。莫里斯的逝世让约翰难过，也让他清楚地看到了自己的处境。这是肯定的。因此，请一定把你的说法稍微改改吧！他所喜爱的真正的朋友是：(1) 达迪——他永远不会错；(2) 布思比；(3) 西瑞尔 · 康诺利。拥有这些朋友，他真的非常快乐。还有，伊丽莎白 · 鲍恩差不多也可以算。还有罗伊 · 哈罗德，虽然莫里斯认为他势利可笑，但是他们之间有着深厚的老交情。他非常喜欢你，尽管他说过我们所有人的坏话。他对托尼 · 奎因顿[1] 充满

[1] 安东尼 · 梅瑞狄斯 · 奎因顿（1925—2010），哲学家；1949—1955 年任全灵学院研究员，1955—1978 年任新学院研究员；1978—1987 年任三一学院院长，后（1982）受封终身贵族。

546 感激。（“像某位S那样工作……，像某位S那样讲话……，但斯帕洛不能算”），至于对他自己在瓦德汉姆学院的晚辈同事，他喜欢斯图尔特但并非出自真心，不喜欢弗雷迪（这与琼·莱·弗莫尔[1]有关，他深深爱恋她）。奇怪的是，他对我耿耿于怀。他嫉妒的，不仅仅是我一个人。他觉得我太幸运了：得到太多我不配有的好运气，我受封爵士让他无比恼火。他反对我去沃尔夫森学院（在理事会上大吵大闹，让大家都觉得尴尬）。然而，虽然我属于对原先讨厌的人后来会慢慢喜欢上的类型，但一旦喜欢上便终生不会改变。当然，我的一生有许多要感激他的地方。他的确在20世纪30年代塑造了我，那时他已痛下决心执意要终止对贵族的喜爱（他在20世纪20年代非常喜欢贵族）。我确实有很多地方要感谢他，我之所以有今天、有现在的思想和感情，都跟他有莫大关系。因此，当我获得功绩勋章时（“富人的荣誉爵位”，他对西瑞尔·康诺利说），非常担心其反应。我以为他会对此事非常反感——他本人那么想得到它——因此我给他写了封信，由衷地赞美他，并对是我而不是他获得勋章表示歉

[1] 琼·伊丽莎白·莱·弗莫尔（1912—2003），原名艾尔斯—蒙塞尔，父亲是博尔顿·梅瑞狄斯·艾尔斯—蒙塞尔（1935年受封蒙塞尔子爵一世）；交际花——“肤色非常白皙，大大蓝蓝的近视眼”，这是阿兰·帕西—琼斯（曾是她的未婚夫）在《笑的奖赏》（伦敦，1987）第82页对她的描述——杰出的业余摄影师，她认为自己的崇拜者有西瑞尔·康诺利、斯蒂芬·斯彭德及莫里斯·鲍拉；她在1968年（第二次）结婚，之前同旅行作家及军人帕特里克·迈克尔（“帕蒂”）·莱·弗莫尔（1915—2011）同居多年。

意。他表现得相当大度，给你（也给我）写了信。我敢说，此事让他备受煎熬，但他表现得可爱、英勇。如果是K. 克拉克获得勋章，他不会那么介意，因为他爱克拉克，而且并不知晓克拉克在圣诞节期间想办法避开他。你知道吗，在他的最后几年，一些朋友为避开他而做出的种种努力既可恶又可鄙。我认为，关于他对我的妒忌之情（唉，每个人都可以为此作证：斯帕洛忘不了他说过的那些骇人的话，斯图尔特当年也曾对此表示不满），你着墨太多了些——我认为，这种妒忌跟伴随我们一生的、对彼此的挚爱相互扯平了——只有当我俩单独相处时才感受到此份挚爱——那时的感觉非常美妙——但只要还有别人在，则常常感觉很糟——相互诋毁、相互忽略，认为对方无足轻重。如果你真那么写了，我会成为可怕情感的典型，我认为这不但令人尴尬而且离题。在这点上，我请求你，不要谈及我这种为他“辩解”的策略。我确实总是息事宁人，这是真的，否则，真的会愤怒：他被嫉妒（不是羡慕）吞噬了。但并非“辩解”——只是害怕——只是急于和解——“和解”——甚至“急于”想做得更为正确。我只是害怕毫无来由的怒火：与其说我尊敬他，毋宁说我确实爱他——直到他逝世（他的所有老朋友以及牛津的每个人，包括鲍勃·布思比和K. 克拉克——也许不包括达迪？——都有这种感觉）。唉，他知道，我不是那么在乎他对我的爱——他想称赞我对他的爱——那有点儿牵强，而且也赞的不是地方。然而，不知怎么地，我的确在他的宇宙中占据一个稳固的位置。他认为我轻而易举就得到一切；因此老是喜欢攻击、挑剔、贬低生活，挑剔我和他自己。他相信唯出版为大，不甘人后——不知道他的那些书并没有多大价值，当然，有时也会这样想，毕竟，书摆在那儿——
547 一架子书——齐刷刷站在那儿藐视其敌人：佩吉[1]，高[2]，洛贝尔[3]，弗伦克尔[4]，特雷弗—罗珀——这些学者中的一些人认为，他是个骗子，腐蚀了年轻一代（穆雷有此想法——还有

[1] 丹尼斯·莱昂内尔·佩吉（1908—1978），1971 年受封爵士；1950—1973 年任剑桥大学希腊语钦定讲席教授，1950—1960 年任三一学院教授级研究员；1959—1973 年任剑桥大学耶稣学院院长；1971—1974 年任英国社会科学院主席。他和安德鲁·高一起编撰了两卷本的《希腊诗选：古希腊短诗》（剑桥，1965）："他看人看事都有着强烈的非黑即白的倾向，这使得他很难看清楚生活的复杂性[……]。尽管早期二人曾建立起友谊，但他后来和莫里斯·鲍拉关系疏远，看不起后者的学问。"（休·劳埃德·琼斯，《牛津国家人物传记词典》）

[2] 安德鲁·西德纳姆·法勒·高（1886—1978），剑桥大学古典文学学者，三一学院研究员，1925—1951 年任古典文学大学讲师，一位深受尊敬的经典文本方面的编辑。他是个令人生畏的老师："一些学生确实因他的冷漠和刻薄而不喜欢他；对于拿给他看的作业，他的惯常评论是，'噢，你死定了，孩子！'他表达过的最高赞美是，'还不坏'。"（休·劳埃德·琼斯，《牛津国家人物传记词典》）

[3] 埃德加·洛贝尔（1888—1982），生于罗马尼亚的希腊语学者，1936—1959 年任牛津大学纸草学讲师；1938—1959 年任女王学院高级研究员；自 1934 年起主编俄克喜林库斯纸莎草古文稿系列丛书，他的余生都致力于此事。

[4] 艾德瓦德·戴维·莫蒂埃·弗伦克尔（1888—1970），生于柏林的古典文学学者，1934 年移居英国，在 A. E. 豪斯曼的支持下当选为牛津大学基督圣体学院拉丁语教授（1935—1953）；觉得在英国定居颇为不易，"刚开始以及在后来很长时间，由于不会随机应变且待人冷漠，疏远了许多好心人"（休·劳埃德·琼斯，《牛津国家人物传记词典》）；随着时间的推移他变得温和了，很好地融入了他的领养家庭。

所有的德国人——还有莫米利亚诺,除了迈纳斯[1]和赛姆[2],其他所有人真的都那样想)。他一直对死亡充满恐惧——超过了他无法摆脱的要挟者等堵在门口的妄想和恐惧[3]——他一心想着此事，无法摆脱。他（这值得讲讲）非常非常不快乐：战争的灾难过后——没有工作及诸如此类的事——再没真正快乐过。校长的职位稍微赶走了一些不快——他对自己进理事会获得多数投票而感到自豪、高兴——然而，偷猎者变成了猎场看守人要遭受痛苦：他渴望和以前的“不道德先锋”（他本人的话）在一起，但永远斩断了那个可能性。接着，我们俩在1947年一起去了意大利，他常常畅谈自己所受过的伤害：那时，我们的友谊真的牢固了，可是，唉，嫉妒女神把事态搞大、弄糟了。

你称赞他的诸多任命。噢，天哪！你无比正确，任命就是一切。那个老伙计——我曾和他一起是董事会成员——他开始推举一名候选人，接着，如果发现很多人反对，便迅

[1] 罗杰·奥布里·巴斯克维尔·迈纳斯（1903—1989），1963年受封爵士，古典学者，维吉尔《田园诗》权威专家；继弗伦克尔后于1953—1970年任牛津大学基督圣体学院拉丁语教授。

[2] 罗纳德·赛姆（1903—1989），1959年受封爵士，后（1976）荣获功绩勋章，罗马史学家；1949—1970年任牛津大学西洋古代史卡姆登讲席教授，1970年起任沃尔夫森学院研究员。

[3] 鲍拉的绰号之一，“那头犀牛”，掩饰了他对批评的极度敏感：“尤其是他的同性恋状况总是让他焦虑。同菲利普·里奇、阿德里安·毕肖普、恩斯特·坎托罗维奇的亲密友情，由于害怕被曝光及要挟，受到了伤害。”（莱斯利·米切尔，《牛津国家人物传记词典》）

速做出调整。那些俄语职位的任命非常糟糕，我问他为什么，比如，为什么宁愿选择某个英国文化委员会中的希腊脓包，而不是史蒂文·朗西曼。答案让我发狂：史蒂文被说成一个毫无价值的剑桥女王，而希腊人则“知道该如何对待
548 伟人”。他终止了韦德—格里[1]的延长任期，虽然后者是其朋友且对其满怀敬佩，因为只有采取这个办法才能赶走弗伦克尔，而此人是他那个时代最伟大的学者，尽管他对莫里斯粗鲁无礼。此信正在慢慢变成对莫里斯的学术角色的批评谴责了。我要说他是一个超级优秀的校长，当政的那些年颇受爱戴；还曾是名杰出的院长；他们都说他没有业绩，欺骗、蒙骗他们，且在任期的最后一年表现糟糕，然而，他让学院的队伍壮大了一倍，并让他们名声在外，他们无疑为他感到无比自豪；对瓦德汉姆学院的每一个人，不论其优秀、差劲还是平庸之辈，他都对他们忠心耿耿，热忱、坚定地保护他们，令人赞叹。就像战争期间的英国情报大臣布兰登，接替库珀后，士气大涨：[2] 在瓦德汉姆学院，没有人可以随便批

[1] 亨利·西奥多·韦德—格里（1888—1972），西洋古代史学家；因 1916 年著名的索姆河战役被授予十字勋章；1914—1939 年任瓦德汉姆学院研究员；牛津大学西洋古代史威克姆讲席教授，1939—1953 年任新学院研究员。1953 年 1 月 27 日，巡视董事会反对让韦德—格里及弗伦克尔延长任期。大概是鲍拉作为校长反对延长韦德—格里的教授任期，这导致了弗伦克尔遭到类似的待遇。

[2] 丘吉尔在 1940 年 5 月任命达夫·库珀为情报大臣，这份任命并未鼓起他的士气，库珀在 1941 年 7 月从该职位卸任，如释重负；其接班人布兰登·布拉肯“带来了一股冲击力，使得整个部门一扫以前的萎靡不振”，他极为娴熟地应对媒体，与公众沟通。（詹森·托姆斯，《牛津国家人物传记词典》）

评他人而不受惩罚。他是独一无二的牛津人，光芒盖过了其他人，比剑桥的谢帕德[1]还要夺目——他的存在使得教师和学生们觉得自己的生活——比其他任何人都更有意义——他们，甚至那些批评他的人，甚至博厄斯、斯帕洛、海特、基督教会学院的所有系主任，都有此感受。他的学问非常古怪，你曾经引用了一个笑话形容我的忙碌：那些俄语单词，毫无疑问出自他口，唉，错误太多，就像一个人说，“从莎士比亚之前的弥尔顿们”。无意中暴露了这么可怕的错误，他的译文中真有不少低级错误，连受人雇用的廉价文人都会避免。我亦不认为他是名知识分子，他对各种思想——相对[……]而言或精神体验——基本不感兴趣，不知是否因为受到约瑟夫影响，哲学让他不快。我认为，你谴责知识分子不近人情，是仅仅基于狭窄的布卢姆斯伯里文化圈而得出的结论[……]。然而，这一切都让莫里斯很不舒服，他的生活离不开具体可见的形象、感受，尤其是视觉可见之物，以及一腔热血。

我批评这个、挑剔那个，说三道四，是不是扯太远了？也许吧。毕竟，你关于莫里斯的那篇文章写的是你眼中的莫里斯；如果这是你的所见所闻，那么，我以托尔斯泰、布卢

[1] 约翰·崔西德·谢帕德（1881—1968），1950年受封爵士，古典学者；1933—1954年任剑桥大学国王学院院长；非常优秀的戏剧学教师，亦是很受爱戴的学院领导，他在国王学院的任期超过了正常的任职期限。

姆斯伯里圈子及所有人的名义发誓，这是你应该说的，我们结束此话题吧。还有三件事：(1) 如果我是你，不会写与晨早习惯相关的那些琐碎事（“那把牙刷”指的什么？），不会写造访你的卧室，也不会使用那些不雅词汇。个别读者会觉得有些恶心：虽然公众[1]已经对这些习以为常，可这儿的
549 人，包括莫里斯最喜爱的那些妇女，会不习惯——这是我的想法，纯属我个人过于挑剔。(2) 那些诗歌：当然，写给阿德里安的挽歌非常精彩，你引用的部分非常感人，然而，我认为，献给戈伦韦·里斯那个大无赖的诗歌若无详细的注解，会过于晦涩难懂。那三首全灵学院选举组歌——或者说，比如，关于罗斯的那首——则没那么晦涩。终其一生，莫里斯都害怕他的诗歌落入那个小圈子以外的人手中。[2] (3) 如果你确实想在此篇文章中提到我，用那些实际上我不配接受却无疑让我高兴的溢美之词，那么，我在此请求你，不要只提及我是他的学生（那绝对没错），也稍微说说我耐心地承受了他的所有侮辱，那些是善意的朋友们告诉我的，考虑到他的名誉，我只能接受它们——那是我为了友谊而乐意付出的代价——还可以简单地提及下面的事实：尽管我遭受了这

[1] 伯林此处原文为：der grosse Publikum。
[2] 这些诗歌现已出版，书名为《古钟楼中的新蝙蝠》（见原文第 57 页注 2），只附了一些相对详尽的注解。伯林提到的诗歌是：《老大夫》、《一位年轻的老人》和《选举组歌》。前者是“鲍拉向某位他所认为的导师致敬［……］。它是一篇幽默的文学杰作，有含蓄的色情描写”［莱斯利·米切尔，《莫里斯·鲍拉的一生》（牛津，2009），第 129—130 页］。

一切，尽管有人重复那些俏皮话时我本能地觉得难受，然而，我们之间的深厚友谊维持了一生——而他同西尔维斯特、约翰·斯帕洛、亨利·约克[1]等人的关系则并非如此，不过，你也许不想写这些，因为你对此并无直接印象。

再说一件事：你可以找一个持中立态度的旁观者谈谈约翰和莫里斯、莫里斯和我、莫里斯和西瑞尔［·康诺利］之间的关系。可以找安·弗莱明聊，莫里斯一直到死都非常爱她，可她可能并不喜欢他，虽然她带给他许多快乐。她谈到他，谈到他对你、我、不论谁的态度时，都入木三分，且态度公正，完全没有恶意。她对他出人意料地好，对约翰也是。莫里斯对她的爱超过了他对芭芭拉的爱，[2]在我和莫里斯交往期间，其仅次于他对琼·艾尔斯—蒙塞尔的爱，我猜琼是他这辈子喜欢的男女中最爱的一个，琼（在某种意义上）也爱他。

唉，我说太多了，可能很令人讨厌，我本不想这样。当有人碰触我的牛津中枢神经时，我的反应也许过于强烈了。我请求你，不要全信信中所言。毁掉这份有损名誉的信件，

[1] 亨利·文森特·约克（1905—1973），小说家“亨利·格林”；那群牛津学生之一——还有西瑞尔·康诺利、伊夫林·沃、约翰·贝杰曼等人——他们深受鲍拉的影响，至于约克，鲍拉对象征主义的解释对其影响尤为深刻。

[2] 芭芭拉·朱迪斯·哈钦森（1911—1989），先后为维克托·罗斯柴尔德、雷克斯·沃纳及尼克·吉卡的妻子，“富有，永不满足，掠夺成性，聪明恶毒，浑身散发着魔鬼般的性魅力”［塞琳娜·黑斯廷斯，《罗沙蒙德·莱曼》（伦敦，2002），第 267 页］。

而且，如果你愿意，就当这封信从来没写过。你的文章显然赞美生命、赞美这个开放的世界，为年轻人、鲁莽者、非弗
550 兰克派（弗兰克支持他，但既不喜欢也不钦佩他）展现了什么是慷慨大方、没有心计、开明宽容（决定不去军官统治的希腊于他是巨大的牺牲，他征求我的意见，我说他是对的，他无疑非常高兴、感激；我请求他改来意大利）——展现了创新、勇于走前人未走之路的精神，以及发自内心的理性。他一遍又一遍地回顾道金斯的故事。[1] 他真的也是这样走的。这是个极其感人且恰当的结尾：他的逝世和你文章的结尾皆如此。我读它时无法不热泪盈眶。

爱你的

[以赛亚]　　[……]

致迈克尔·布洛克

1973 年 9 月 4 日［手稿］

帕拉吉

亲爱的迈克尔：

在希斯罗机场可怕的喧嚣中（我的感受），一旦停止交

[1] 20 世纪 50 年代鲍拉得感冒时，曾在私人疗养院住过，他害怕在医院里缓慢走向死亡，嫉妒理查德·麦吉利夫雷·道金斯教授（1871—1955）的命运。道金斯是牛津大学拜占庭和现代希腊专业名誉教授，1955 年 5 月 4 日他在牛津大学公园路上倒下去世，享年八十三岁："亲爱的道金斯在学院前面倒下，优雅地死去。他在街上倒下，走向永恒。［……］理想的结束，希望我也能那样死去。"［致诺埃尔·安南，（1955 年）6 月 12 日］

谈，我就像往常一样，陷入了深深的怀疑中［……］。然而，深思熟虑后，当飞机在阿尔卑斯山上空颠簸时，我认为这是对的。伦纳德总是因小失大，此事就是遵循此规则的一个杰出案例：拒绝放弃 E 大楼后——他一人独自启动了该流程，造成了目前的困难。拔河的双方必须且只能是环球建筑公司和那些参与学院建设的公司，而那些建筑是纪念沃尔夫森家族的（为什么克罗斯曼在《泰晤士报》上把它称为沃尔夫松：他们会不高兴的），我们不应该参与。［……］

至于我们，最近被大火包围了：这已是八天内的第五场大火，火灾大概下午一点左右在我们家附近发生，非常可怕，没有水泵，没有灭火器，农民们发怒了，他们猜测当地警察、市政官员和房地产开发商沆瀣一气，跟宣传造路并废除保护有关：目的是提高价格。让人既兴奋又不安。我们会活下来的。

以赛亚

致谢拉·索科洛夫·格兰特

1973 年 9 月 24 日

沃尔夫森学院

亲爱的谢拉：

爱尔兰之行真是糟糕至极。画家德里克·希尔邀请我们参加韦克斯福德节，我们接受了。但是后来，也许欠考虑，我们还同意去他在多尼戈尔的家，因为他说想给艾琳画像。

551 他人非常好且有天赋，但容易生气（这点像你——我不那么爱生气，但可能没那么友善、那么有天赋）。因为学院委托他为我作的画像并未得到很好的宣传，我怀疑，他希望我把画像的复制品拿到日报社发行，你可以想象，我可不急于这么做。他现在提出搞“揭幕仪式”，这也是我避之唯恐不及的。不论如何，我不想再激怒他了：他写信给我，尖锐地说，如果我总共只有四五天的时间（现在非学校放假期间，我不能离开更长时间），我们想去南部是不可能了——我们必须从他那儿经贝尔法斯特返回。因此，这次的美妙计划又泡汤了，我渴望前来，艾琳也一样，尽管你毫无道理地讥讽我们所习惯的那种生活方式。然而，这次显然来不了了。那根脆弱的但至今为止从未断裂的细线已经将我们的友谊维系了四十年，我们不应该让它变得更细；我不是害怕它突然折断，只是担心，随着时间的推移加上没付出任何努力，它变得越来越细，直至消失。不该发生这种情况。[……]

与此同时，形势的变化真的让我感觉无比郁闷。

你的〈非常爱你

爱你的——〉

以赛亚

10 月 6 日午后不久，埃及和叙利亚的地面部队，在苏伊士运河和格兰高地对以色列发起了同步攻击。这一天是赎罪日，犹太人一年中最神圣的日子，是祷告和斋戒日。以色列人被打了个措手不及，交战后兵力又不如对方。在接下来的四十八小时内，埃及人和叙利亚人获得了巨大的战争利益：占领了大片土地。七十二小时后，以色列后备兵开始反击：以色列部队最终跨过苏伊士运河，突破敌阵，楔入埃及二十英里，收复了格兰高地，并往前推进到离大马士革三十五英里范围内。10月22日，联合国采纳了以美苏作中间人达成的停战协定，力促交战各方停火，停战协定终于生效，这在很大程度上要归功于美国国务卿亨利·基辛格的穿梭外交。虽然以色列人可以声称在这场冲突中获得了胜利，但由于在两个前线进行残酷的持久战，蒙受了重大损失。战争结束后，整个以色列完全没有凯旋的喜悦。战前，人们猜测美国在中东的政策要变，因为美国必须和沙特阿拉伯保持良好关系，而且由于美国支持以色列，其他产油国，尤其是利比亚，采取了更加咄咄逼人的姿态。石油的供应和价格越来越成了西方政府要考虑的因素，所有在以色列或海外的犹太人，对此都忧心忡忡。 552

致丹·沙格瑞

1973年10月8日［副本］

［沃尔夫森学院］

亲爱的丹：

非常感谢你9月25日的来信。要回答你关于和平的疑问，今天并非好日子。在此特殊之日，即便是以色列最大的敌人都不会指责它侵犯了叙利亚和埃及的边界；然而，哎，这不是我要说的。我认为：阿拉伯人的动机，除了那些特别明显的以外，是想感动那些列强，让他们强加一份“解决方案”；不论以何种形式，比起目前的边界划分，会对埃及人，甚至叙利亚人更加有利；唯有以色列会提出反对，这样的话，人们又可以指责以色列是唯一一个妨碍和平进程，妨碍石油自由流通，危及沙特、埃及、约旦、摩洛哥等政权安全的国家；然后，基辛格先生和勃列日涅夫先生会联起手来，解除以色列的武装，也许还会解除阿拉伯人的武装，这样可以在一定程度上保护阿拉伯领导人免遭“黑色九月”恐怖组织的暗杀，否则，倘若阿拉伯领导人愿意参与发出一些和平倡议，就会有遭暗杀的危险。我是不是想多了？很有可能。不管怎样，这属于国际关系范畴，我呢，如你所知，对此领域一窍不通。让我们作以下假设：生活要继续；该回的信赶紧回；即便在最让人担忧、难过、痛苦的事件发生时，人们并未放弃和平事业；而我会想法一一回答你信中提出的问题，好像我们只是天天盼望着过节，住棚节、欢庆圣法节等。[……]

[以赛亚]

附言：不知此信何时会到你手中，我最好先把它放上一两天，直到局势更明朗些。我们目不转睛地盯着电视，所有那些住在圣安东尼学院内或附近的以色列人都如此。以色列使馆叫他们不要回去——我是指那些后备兵，他们感到沮丧、忧虑，且从道德和政治角度对我和艾琳充满了深切同情。

致麦乔治·邦迪

1973 年 10 月 26 日［副本］

沃尔夫森学院

亲爱的麦克：

此刻整个世界被厚厚的乌云笼罩着，而我还要让某个小小角落更黑暗些，简要跟你说说关于沃尔夫森学院那些大楼的伤心事。作为一个学院，我们做得很好——士气高昂，当 553
整个集体遭受压迫时，英国人总是有此表现——这样的好时光已经持续了相当一段时间，目前情况依然尚好。学术方面我们成绩斐然，尽管某些英国学者难免有古怪之处，包括我们自己，但我认为，我们这个集体的人员，不论是老师还是学生，比全灵学院、新学院、纽约城市大学，甚至，我敢说，比哈佛大学一些陷入困境的学院，都更为理性和明事理。然而，那些大楼的情况不太妙。

承包商，约克郡的谢泼德先生，曾发誓说他们会在一年半前完成大楼建设。自那之后，他们又几次信誓旦旦做出承诺；去年 5 月时，他们坚信，到了 7 月，一切将大功告成——只需用眼睛看看，都可以证明此话何其荒谬，但这套把戏被一再重复。［……］

何时会全部建好呢？建筑师说，如果施工方的表现还跟过去的一两年一样，此问将无解。其中最重要的原因，我怀疑是施工方对能否从伦纳德那里拿到满意的结算款（以色列和埃及的情况跟这个非常相似）心存疑虑。麦克米兰先生会活到主持学院揭幕典礼吗，我是说，十年之后？还有各位研究员，能活到那个时候吗？

言归正传，回到正事上来。伦纳德想知道福特基金会是否会考虑给予配套，或者说帮忙促成追加的资助款项，若想把这栋大楼建好，这笔资金必须到位。我想我能猜到你的答案，尽管伦纳德满怀渴望地回想起 1967 年的那二百万英镑，当时**他**不愿给予全额配套。如果你不理会我的询问，我想我能正确理解你的沉默——然而，如果你给我写封可以呈给伦纳德看的信，我将不胜感激［……］。

这一切让人郁闷，但我的心情还好——也许是因为想到 1975 年夏天我就要退休，自然不用负责任了：到处在开秘密会议以及研究员会议，讨论继任问题；气氛友好活跃。请一定来看我们，不管是出于个人还是官方的安排。代我和艾琳向玛丽问好。

你的

以赛亚

致莱昂内尔·特里林

1973 年 11 月 8 日

沃尔夫森学院

亲爱的莱昂内尔：

［……］看到你和戴安娜的名字出现在《纽约时报》刊

出的那篇充满尊严、让人印象深刻的亲以色列的文件中，真是喜出望外。这个文件比牛津导师们手中，实际上在英国所 554
有大学传阅的粗俗、几乎令人不快的那份不知好多少倍。我曾经在《泰晤士报》一份无比浮夸的文献上签过名，[1] 因为没有别的地方可签，而我又想列队其中。这个特殊时刻对美国人无疑轻松些；我们的政府眼下亲阿拉伯的态度，可谓直截了当、毫不讳言；而威尔逊先生则表达了亲以色列的观点。所有的在野党总是亲以色列，所有的执政党总是亲阿拉伯，然而，如此玩世不恭、虚情假意，屈从于石油利益，这样做的确让人良心不安，且在一定程度上让国家受辱。保守党，我怀疑还包括阿拉伯人自己，最终会在政治、经济上为此付出代价——一定会的，虽然代价不会很大。至于以色列，迟早会被瓜分的：凶手可能就是自己的亲人这个事实[……] 并不能使这个过程更为愉快。就像菲利克斯·法兰克福特的妻子（依然活着，但情况很糟）曾对我说的，"'他们'（指当时在巴勒斯坦的犹太人）在世界上'没有'一个朋友。他们只有我这个朋友"。如今他们唯有以南非和尼克松为友，真的不需要所有那些阿拉伯人和非洲人，他们是敌人。如果被压迫得太厉害，他们可能会做出大大超过马萨达

[1] 伯林作为英国—犹太协会的理事会成员之一在那封信上签名："我们同情以色列，这份同情心因我们有着共同的历史经历而增加了，我们相信，这次靠苏联提供装备而进行的猛攻会不可避免地损害我们效忠的英国的战略利益。"（1973 年 10 月 22 日第 15g 版）

事件那样的行为，[1] 这样的话，最后只有中国人受益。不过，我不应该任由这种末日想象走得太远。

你永远的〈艾琳向你问好，当然还包括戴安娜——〉

[以赛亚]

致阿格尼丝·黑德勒姆—莫利 [2]

1973 年 11 月 26 日［副本］

［沃尔夫森学院］

亲爱的阿格尼丝：

你的来信——信上所言以及你写信给我这个事实让我深深感动。最终，人们的道德品质由何种材料构成，才是最重要的。正如 P. G. 沃德豪斯所说（我们的朋友 B. 莫里斯很喜欢他的这句话，在许多公共场合引用过它），“老朋友啊，你的麻烦是，你没有灵魂，而只有灵魂会信守诺言”。你说的一切都是真的且令人感动：尤其是关于亚力克［·道格拉斯—霍姆］爵士，单单从脸部就可以看出你谈及的他的一切品质。他受到很多人的热烈爱戴，但我从来都不喜欢他：我亦见过他，但无法与之交谈，亦不急于这么做。当然，他
555 们也许会固执地继续在以色列生活，且两耳不闻窗外事。然

[1] 即发生像马萨达那样的集体自杀事件（参见原文第 278 页注 1）。
[2] 阿格尼丝·黑德勒姆—莫利（1902—1986），历史学家；1932—1970 年任牛津大学圣休斯学院研究员和导师；1948—1971 年任牛津大学国际关系学蒙塔古·伯顿讲席教授。

而，我认为，埃及同利比亚的唯一区别是，埃及认为它可以分阶段逐步摧毁以色列，而利比亚则想把它一举歼灭。当以色列人说“巴勒斯坦人有充分的权利”时，是委婉的表达，意指他们有权利瓦解以色列国，我希望这是错误、夸张的说法，然而，反面的证据比比皆是。不论过去还是现在，以色列人一直有些不太聪明，但他们不是坏人，在欧洲只有阿登纳[1]和威利·勃兰特是他们真正的朋友——勃兰特告诉他们说，别人对他们的敌意程度让他惊讶不已——不在乎跟阿拉伯人搞好关系——他在特德·希思身上看到这点。他们感到痛苦、绝望。我并不责备他们，对于这整件事，我的感受比以前任何时候都更加强烈。你读了巴菲·达格代尔的回忆录吗？[2]我觉得它既有趣又感人。与此同时，如果阿拉伯人继续这样下去，西方真的有走向经济大萧条的危险，且在接下来的五年左右，在开发出除太阳能外别的替代燃料前，会有巨大的危机：这会导致混乱和暴力，让中国人捡大便宜。

[1] 康拉德·赫尔曼·约瑟夫·阿登纳（1876—1967），德国政治家；1917—1933 年任科隆市长，后被纳粹免职；1945 年和他人共同创办了基督教民主联盟，1949—1963 年任联邦德国第一任总理。“没人怀疑，他看到纳粹屠杀犹太人时心中的无比愤恨，以及就职后尽力予以补偿的决心。”（“阿登纳博士的朝圣之旅”，领导者专栏，《泰晤士报》1966 年 5 月 4 日第 13a 版）1966 年访问以色列，成为魏茨曼科学研究所的荣誉研究员。

[2] 布兰奇·伊丽莎白·坎贝尔（“巴菲”）·达格代尔（1880—1948），婚前姓贝尔福，作家及（非犹太裔）犹太复国主义者；首相 A. J. 贝尔福的侄女，亦是其传记作者；伯林参考了《巴菲：布兰奇·达格代尔的日记，1936—1947》，N. A. 罗斯主编（伦敦，1973）。

你去参加集会真是太棒了——比我本人去棒多了——我感到愧疚且对你充满感激。祝福你。

你永远的

[以赛亚]

致尼古拉斯·纳博科夫

1974 年 1 月 22 日

海丁顿宅

最亲爱的朋友！最亲爱的人！[1]

如果你无法阅读我表述清晰的手写明信片，我没别的选择，只好求助于技术的帮助了。很高兴得知你已经离开“隔离区”,[2] 回到家里了。也许你不应该如此经常出门旅游。记住帕斯卡说的——“世界上所有的疾病缘于人们不能安静地待
556 在室内。”[3] 众所周知,你和我都没遵守此规则。奇普过去虽然身兼各种公职，却遵守这个规则：但现在不再遵守了，你说的关于他的一切完全正确。随信附上我写的一段小小的悼词，

[1] 伯林此处原文为：Carissimo druzhishche! Dearest Starina!

[2] 伯林此处原文为：lazaretto。

[3] 伯林此处原文为：“Tous les maux du monde vont de ce，qu’on ne reste pas transquillement dans une chambre”。该引言照例不够准确。在《思想录》第 26 卷，帕斯卡写道：“人类的痛苦缘于他们不知道如何安静地待在室内。”(tout le malheur des hommes vient de ne savoir pas se tenir en repos dans une chambre.)

它的复印稿已经寄给埃维斯了，写了就是要寄给她的。[1] 我想，我会一直哀悼他的过世，你也一样。他聪明、活泼、友善，拥有你说的正义感，以及率性不羁的中欧人性格，这些是他留给我们的伟大资产——远离美国、俄罗斯以及世界［……］

我一直都在思考以色列问题——无可否认，基辛格暂时拯救了他们，让他们免于同埃及再打一场战争，而这本来有可能发生。整个过程都非常精彩。[2]［……］我想白宫和我们政府的关系变得有点儿冷淡了。我无法想象基辛格和道格拉斯—霍姆怎能建立起哪怕是一丝丝的友好关系，我无法相信他和希思会配合得很好。也许我错了，然而，为了西方世界的利益、西方的价值观、以色列［……］等等，欧美之间的连接不应该突然完全中断，哪怕只中断半小时。我觉得这是受到了，如果不是纯粹意义上的知识分子的影响，至少是凯·格雷厄姆世界的影响，该世界同我们的世界有很多共性。新上任的英国大使意识到了这点，他曾经荣幸地以美丽的拉姆斯博顿（彼得爵士阁下）[3] 名义，

[1] 奇普·波伦于 1974 新年那天逝世，伯林的评论刊登在接下来那周的《泰晤士报》上："他就像鸟类学者研究鸟类一样研究苏联领导人，他写的关于那些布尔什维克的小短文，［……］出神入化地模仿了他们的声音和表达，读来既有趣又令人信服。"

[2] 1 月 18 日星期五，埃及和以色列签署了一份协议，把部队从苏伊士运河沿岸撤离，这是自"赎罪日战争"以来，两国向关系正常化迈出的重要一步。此外交成就要直接归功于亨利·基辛格的穿梭外交。

[3] 彼得·（爱德华）·拉姆斯博顿（1919—2010），1972 年荣获圣迈克尔和圣乔治勋章；1963—1967 年任巴黎英国大使馆办公处主任；1967—1969 年在英国外交部任职，1969—1971 年为英国驻塞浦路斯高级专员；1971—1974 年任英国驻伊朗大使，1974—1977 年任英国驻美国大使。

在德黑兰盛情招待过我们。我曾热忱地督促他要好好培养知识阶层。我有种感觉，是各个大学把约翰逊总统赶下了台，此外，对尼克松的攻击，且不论其后果如何，来势汹汹，也是出自那些书呆子——就是他们制造了紧张状态。这是个非同寻常的局面：也许跟1916—1917年的俄国有些相似，但当时人们没意识到这点，至少，对此感受不深［……］。英国从未发生过这种事——工党政府假装它曾发生过，然而那不是事实——有一些经济学家、统计学家等，但根本不用考虑英国的这些知识分子（英国没有真正的知识阶层）。但在美国他们是一股强劲的力量。1968年，他们在法国也刮起
557 了一阵旋风，但仅此而已；英国的学生们占领了各栋建筑，但最终并未产生决定性的影响；在美国，肯特州立大学让事情发生了根本的改变。[1] 我希望有人记录下所有这些。

在以色列，只有两种真正严重的危险：其一是耶路撒冷，他们无法说服自己放弃它，这是明智的，然而侯赛因[2]若想生存，也得继续争取耶路撒冷。也许基辛格会再次获得

[1] 1970年5月4日星期一，当国民警卫队的成员向抗议越南战争的人群开火时，四名来自俄亥俄州肯特州立大学的学生被枪杀，另有九名学生受伤；之前的4月30日星期四，尼克松在国家电视台宣布他们正在柬埔寨对越共发动大规模攻势。肯特州立大学的杀戮事件加剧了反对越战的呼声，也给尼克松政府施压，要求结束战争。

[2] 侯赛因·本·塔拉勒（1935—1999），1953—1999年为约旦国王，在中东政治陷入大混乱期间，通过不结盟为约旦争得稳定和繁荣；为了保住自己的王座，参加了1967年的“六日战争”，但败给了以色列，丢了约旦河西岸以及东耶路撒冷，且让不受欢迎的流亡的巴勒斯坦解放组织待在约旦。

成功，方法是通过某种煞费苦心的黎巴嫩关系网，这里面机制十分复杂，通常一名犹太市长的继任者是一名穆斯林，然后再由一名基督徒继任，这样，所有圣地都享有治外法权，有他们自己的印章和钱币，而且，一个个小梵蒂冈组成的复杂关系网同耶路撒冷这个半国际化的飞地彼此交错——那个古老的城市——由以色列人和约旦人组成的混合委员会管辖。我不认为这种局面可以持续，但也许它至少会让局势“缓和”一阵。对以色列人来说，真正致命的是在约旦河西岸有个巴勒斯坦国。如果侯赛因当国王，他们可以忍受。我猜测，那个独立的国家只能被俄国人或中国人用作反以色列行动的平台，而且那意味着以色列作为一个国家的终结。我相信情况必然会是这样。如果在恐怖主义者的武装监视下举行公投，他们肯定会选阿拉法特，即便镇上随处可见的阿拉伯律师、医生等并不想那样。然而，目前走廊尽头仍有灯光闪烁，这已经超出了以色列人过去的期望，以前我和艾琳在那儿时，人们普遍都忧心忡忡。[……] 我并不真的担心人们会出卖以色列：我觉得，对英、法在近期危机中的表现所感到的愤慨，足以激励人们支持波斯、土耳其、以色列等国去反抗那些潜在的亲俄的阿拉伯国家，如叙利亚和伊拉克。可是，我要停止所有这些无聊的思考了——艾琳，我那忠诚的妻子，正监督我，说我已经同你聊了约一小时了，该停了。她向你和多米尼克问好，我也一样。我们将在3月见到你：她希望你已收到了她和我从米什肯努寄出的明信片，也

希望你原谅我这漫无边际的喋喋不休——一位多余人的无所事
558 事的思考。我们是那个高贵阶层的最后代表。有充足的迹象表明，我的继子彼得正朝那个方向发展，然而他没有受到过广阔的俄罗斯大草原的熏陶，它让人打开心灵、永不停歇。

你永远的

还是那个老朋友[1]

IB

致奥布里·摩根

1974 年 2 月 4 日［副本］

［沃尔夫森学院］

亲爱的奥布里：

［……］那篇关于奇普·波伦的小文，主要是为其妻子埃维斯而写，因为我觉得《泰晤士报》上的讣告，虽说有提及那些公开的基本事实，但并未涉及他私人的一面，因此我以为，她会希望有人谈谈他的那一面。我认为这样做没错。在我的文章刊出之前，W. 海特爵士发了一篇很中肯的文章，帕特里克·赖利[2]则发了一篇有点儿可笑的文章，赖

[1] 伯林此处原文为：тот же старый друг。

[2]（达西）·帕特里克·赖利（1909—1999），1957 年获圣迈克尔和圣乔治勋章，外交官；1957—1960 年任驻苏联大使；1960—1964 年任英国外交部副政务次官；1965—1968 年任驻法国大使；1969—1980 年任巴黎国家银行（它的前身是英法银行）主席。

利在莫斯科和巴黎与他共事过，但赖利只谈及在戴高乐将军的陪伴下，波伦可以打下多大的一袋鸟——这让我想起了四十年前的《泰晤士报》——有些事在英国变化不大，虽然我们目前的情况很让人无语。既不想有所行动，又对生活缺乏激情，这让我感到忧虑，如果你在此地，你也会忧心忡忡；也许我太过悲观了，但我们的两大党似乎都被发生的事件惊呆了，把其看作外力的结果，认为对此无能为力，不认为他们可以付出足够的精力和思考对其进行彻底的修正。因此，我真是佩服温斯顿和其他那些意志坚强、情感丰富的人，只要他们不是怪物，或想要坚持人们反对的生活方式。

我不要再继续说教了。很感激康斯坦丝[1]亲笔来信——目前我不在美国，虽然很快可能会去那儿待上大约一周——来来去去——去伊利诺伊大学的厄巴纳分校做一场演讲，居然是这么一个地方，只是把它作为去美国的一个借口罢了——你可以想象，我时常渴望能去美国——不论局势看起来多么漆黑一团，美国最能给我鼓劲。由于母亲的原因，我不能跑太远、待太长时间：她现已九十四岁，不认得我，但不管怎样还活着，我怕万一医生召唤我去她床边，所以只敢去那些一得到通知就能立马赶回的地方。因此，我只能做半径不大的短程飞行，可我还是打算冒险去美国待上七到 559

[1] 康斯坦丝·卡特·摩根，奥布里·摩根的妻子（见原文第 115 页注 2）。

十天。我12月去过圣地了，为的是看看那儿的情况，真是一片惨状啊。这样一个民族，撇开我们自身对它抱有的个人情感，的确，他们显然太自信、太过于自命不凡了，他们认为命运掌握在自己手中，可以对它掌控自如。不料，突然感觉自己成了列强们的玩物，并对此无能为力（不像英国，可能也有此感，但实际上并非如此，不管怎样还未到此地步），就像一个一直获得各种奖项的男孩，突然在某场可怕的初级考试中没能通过。尽管嘴上可以说，被迫面对现实很好，实际上非常痛苦。我在那儿时，他们处于非常混乱的状态，互相争吵；然而，尽管他们依然要面对各种危险——他们中的一些人似乎确信一两年后还会来场战争，而他们对赢得战争毫无把握——他们还是非常渴望生存下去。总之，同他们交谈令人振奋，虽然他们讲希伯来语的时候越来越多、讲英语的时候越来越少，同他们的沟通不像从前那么自如。

和你一样，我还是一名自由主义者。显然，选择坚定地支持一方或另一方，比走在两种极端之间无比狭窄的一条小路上，容易多了——这里的一方指憎恨年轻人的老人，另一方指憎恨老人的年轻人；或者，一方指浮夸的现存体制，另一方指没头脑、胡子拉碴、有些歇斯底里的无业游民。只能这样了。我们就是这种人，所以我们应该坚持下去（这种高贵的斯多葛主义同我内心易于动摇并不相符，然而我认为，我至少在自己学院的研究生们面前，相当成功地隐瞒了这点）。我将于1975年夏天退休，我觉得够了；现在，我还得想法解决一些问题，比如，一名年轻人要求同一位女士入住已婚人员宿舍，而那位女士严格说来并非其妻，诸如此类。但我宁愿做这些事，也不愿处在希思的位置。真心希望我们很快能见面。我希望从约翰和鲁斯那里听到你的消息。

你永远的

[以赛亚]

玛丽·伯林2月13日在久病之后溘然长逝；第二天她被葬于威尔斯登—格林犹太公墓，葬在伯林的父亲门德尔旁边，他死于1953年12月："她不是一位快乐、知足的寡妇。"[1] 560

致琼·弗拉德

1974年2月16日［手稿］

海丁顿宅

最亲爱的琼：

谢谢你的来信。我母亲想必是安详地走的：看护注意到，大约下午三点时，她的呼吸比之前更弱（她患有某种支气管炎），后来实际上就停止呼吸了。四小时后我得知这个消息。葬礼于第二天举行，一切都结束了。当然，某种意义上讲，

[1] 伯林致谢拉·索科洛夫·格兰特，1974年2月19日。

我很久以来都料到此事会发生，并试着想过它会对我产生何种影响——母亲在离世的前几个月，已同外界没有任何联系——但现实非常不同，痛苦得多，是慢慢累积起来的痛苦。没有悲伤（当然人们会想此人是否是个浅薄的畜生：难道我不应感到深深的难过吗？为什么我没有大声哭泣？我怎能，可显然我能够，再面对这个世界？难道我不应该羞愧、不觉得羞愧吗？），但感觉到一种深入骨髓的孤独：一种被抛弃感[1]，生命中最古老的那个根断了，它曾把我们同某种无比坚固的、不可摧毁的往昔绑在一起，而这些往昔是在种种危机出现时，在我们无比沮丧失意、鄙视自我时，潜意识中的依靠。不仅如此，唯一的那个人走了：我知道，不论发生什么，她总是愉悦的，仅仅因为我是我，不是因为什么品德——因为我这样或那样，或因为我爱她、帮助她，等等；这一切出于本能、无可替代，这条绳索永久地断了，我成了某种偶然的存在，没有目的、没有神圣的计划——我现在很理解存在主义者，我们存在，也不妨并不存在：反正都一样。这就是我的感觉。这种感觉无疑会过去的，时间的确会抚平一切，只是这种感觉十分怪异［……］。

爱你的

以赛亚

[1] 伯林此处原文为：Verlassenheit，意为“抛弃”、“孤独”。

致尼古拉斯·纳博科夫

1974年2月19日

海丁顿宅

最亲爱的尼古拉斯：

它终于发生了，我的母亲不在人世了。是真的，她在九十四岁去世，最后的三个月里，同外界没有任何联系——她变得越来越小、越来越瘦，直到最后看起来像静止的蜡像——我过去很怕去看她，且理解了为什么柏拉图、基督教传统等，都把身体看作仅是灵魂的囚笼、是一盏灯笼而已， 561
跟它里面的光明、黑暗没什么内在联系。不久前，她得了轻微的支气管炎，照看她的护工说其呼吸有点儿重，当时医生安慰我说没必要转去伦敦，特别是我当时正患感冒。后来，陪在她房间的那个看护打电话说，我母亲的呼吸，之前是均匀的，但似乎突然之间变得无声无息；她赶紧起身查看，发现她已经去世了。我并不反对以这种方式死去，比斯特拉文斯基被诊断出疾病常住医院好。她13日上周三离世，差三天满九十四岁。上周四我们把她埋在威尔斯登公墓我父亲旁边，他的墓碑上有一首中世纪风格的诗，由一位有激情但天才不高的诗人[1]所写，该诗人是家庭犹太教堂的祈祷文领诵者。他模仿11世纪西班牙的阿拉伯—希伯来语诗人，用韵诗称颂我父亲的美德。我母亲墓上的碑文会更朴素，不会谈

[1] 伯林此处原文为：rifmoplyot。

及她曾经当过里姆斯基—科萨科夫一天的学生。[1]

虽然此事在我心里预演过无数次，但它真的发生时，就像屋顶被掀翻了，尽管伊夫林·沃认为这会让我们睁开双眼凝视永恒的光辉，就我而言，我只有无家可归之感，同我祖辈联系的最后一条根断了。亲爱的尼乌塔［·卡琳］，和亲爱的沃尔夫[2]，以及亲爱的沙罗美参加了葬礼，让我感动不已；伊德伯格先生也来了，他过去常卖巧克力给她，边哭泣边断断续续诉说，夹杂着德语、俄语、里加口音。伊德伯格先生过去同情共产党，然而到八十岁时他突然倒向了右翼；他被称为“巧克力拉尼克”，他亦如此称呼自己。杂货店、蔬菜水果商和肉店的老板也派了代表前来吊唁——**还可以活得更长**，[3] 正如屠格涅夫那伟大的评论。［……］

我一直以为，当母亲去世时，除了忧伤，我会体验到某

[1] 玛丽·伯林，天生一副很好的女高音嗓子，渴望成为歌唱家，持有皇家俄罗斯音乐社里加分社的学生证。通过一位表兄，他是里姆斯基—科萨科夫（参见原文第 490 页注 1）的朋友，玛丽成了该作曲家的一名学生。然而，她的父亲，萨尔曼·伊切克·沃什诺克（1861—1941），“一位最最可怕的宗教盲从者，不允许家里有钢琴”，立刻禁止了这种冒险行为。（伯林，《荒岛唱片》，BBC 广播第四套节目，1992 年 4 月 19 日）
[2] 马克·米哈伊洛维奇·沃尔夫（1891—1987），生于俄国的律师，起初获得圣彼得堡律师资格；1920 年同妻子一道离开俄国，在伦敦定居，1926 年获得林肯律师协会的律师资格；沃尔夫夫妇（以及他们的女儿塔蒂亚娜）是亚历山大及沙罗美·哈尔彭夫妇（沃尔夫在彼得堡认识了亚历山大，四十多年来他们在伦敦的同一家律师事务所工作）、卡琳夫妇以及安格尔西夫妇的亲密朋友；由于伯林和沃尔夫都为人道信托基金服务，他们经常接触，该基金成立于 1946 年，做的是教育慈善，沃尔夫是该基金的荣誉秘书，而伯林则是受托人。
[3] 伯林此处原文为：dovol’ no。

种可耻的如释重负的感觉，如人们常说的那样。可我并无此感。我关于自由的概念显然有不对的地方。 562

你永远的

以赛亚[1]

致斯图尔特·汉普希尔

1974年2月23日［手稿］

海丁顿宅

亲爱的斯图尔特：

不，确切地说，不是沉闷的一击，而是一种孤寂和被切断的感觉：似乎整个世界的话语、象征、隐喻及关联都顿时消失。当然，还有内疚：当她寂寞、难过时，我本该更经常去看她；去看她时本应表现得更有耐心，而且不应该反驳那些我认为（在家庭关系中总是这样的，我知道，可是……）固执的谬论、幻想或搪塞之言等。所有这些现在回过头来抽打着我，而且还将继续，我想，随着时间的推移，它会减弱。大家都在传我是一个多么孝顺的儿子，对此我感到惭愧：因为事实并非如此。她经常且很容易让我生气。讲完了所有这些话，我应该承认，她同外部世界没有联系，的确使得她的离世至少对我来说好受些。你知道得很清楚，我受她的影响非常之大：所有那些赫尔德式的信念都建立在那个丰厚、稳

[1] 伯林此处原文为：Исайя。

固的传统上，而我有十年的光阴就是那样被抚养长大的。

你曾说，跟20世纪30年代后期的我相比，现在我的很多观念同我母亲的更为接近了。我不敢肯定是这样，对此表示怀疑。记得1936年在去爱尔兰的船上，你对我说："我过去以为是在同一名社会主义者和实证主义者讲话，可现在发现你是个犹太复国主义者以及现象学家。"我过去是，现在也是：现在是，永远是。[1] 你呢？过去、现在都是一名爱国者、表象主义者以及抵制休谟者，一名维赫式的、准黑格尔本质论[2]的存在论者：难道你不是吗？披着科学的弗洛伊

563 德式外衣？我确信如此。[3]

我固执地坚信自己的判断，莫里斯过去常对此感到很生气，此自信来源于我的母亲（她很喜欢莫里斯）。我很高兴你和她相处时感到轻松自在。毫无疑问，因流亡他乡，她对基本价值观的审视越发严格了：乔治［·威登菲尔德］爵

[1] 伯林此处原文为：ora e sempre。

[2] 伯林此处原文为：rerum natura。

[3] 伯林对汉普希尔以及他本人特点的影射，是基于其一生中对哲学的讨论和理解，其意思可能只有在亲密友谊的框架内才能够被完全理解，是友谊给了他启发。尽管如此，其中可能包含了他的某些重要特点。汉普希尔希望伯林对社会组织以及物质分配有坚定的观点，避开排他主义者的忠诚，成为一位逻辑实证主义者，致力于对整个世界做出最简化的经验主义阐述。进一步了解后，他发现伯林实际上坚持犹太人重新占领巴勒斯坦这样一个古老的梦想，他相信经验所衍生出的内容大大超出了严格的经验主义者所允许的范围。对伯林来说，汉普希尔是个忠诚的英国人，跟伯林一样，他认为我们的精神生活比朴素的经验主义所许可的更为丰富；他赞同人们广泛思考人类文化的发展以及现实的内容；但认为这些思考如果用弗洛伊德那些准科学理论表达的话，则看起来更有分量。

士、戈伦韦、伯吉斯当即被否决；拉什米勒维奇[1]没良心；肖勒姆虚荣嫉妒；诸如此类；她可怜赫伯特·H.，你则以大获全胜的方式通过了审视（弗雷迪也是不及格）。她有着无穷的精力，幻想着她本来可能成为何种人，热爱易卜生、汉姆生[2]、D. H. 劳伦斯、高尔基的《在底层》[3]、威尔第、《卡门》，所有各式各样充满活力的自我表达，喜欢莫里斯，不喜欢那些发出嘘声让人们安静下来的人，畏惧粗犷的生命力，不赞同时亦只是优雅、淡淡地嘴角一现。置身于各种学术关系和虚伪的环境中，同她交谈确实让我振作：我会怀念那些交谈（已经在怀念了），非常怀念，更不用提其他那些显而易见的感受了。我想我的犹太中心性的确（你这样认为）来自她、她的世界、她的俄罗斯—犹太文化之根，我父亲身上没有这些。噢，天哪，霍里克罗夫特大道的消失留下了真正

[1] 所罗门·拉什米勒维奇（1891—1953），生于里加的犹太知识分子、孟什维克社会民主主义者，流亡到伦敦，成为他做木材生意的表兄莱昂内尔·沙利特的法律顾问，沙利特是门德尔·伯林的合伙人。他对年少时期伯林的思想产生了深刻影响："他是第一个让我喜欢上观点的人，那些能答疑解惑的有趣观点。"（迈克尔·伊格纳季耶夫采访录音之六）参见迈克尔·伊格纳季耶夫采访录音之四十二至四十四。

[2] 克努特·汉姆生（1859—1952），原名克努特·彼得森，挪威小说家、诗人以及戏剧家，《饥饿》（哥本哈根，1890）一书的作者，该书充满创新精神、极具影响力；1920 年获诺贝尔文学奖；在第二次世界大战期间因为支持希特勒而臭名昭著。

[3]《在底层》（1902 年初次公演），马克西姆·高尔基的四幕剧；以冷酷的现实主义笔触描绘了一群穷困潦倒者的经历以及他们之间如何相互影响，故事发生在 1900 年代下诺夫哥罗德市的一栋寄宿公寓里，此为高尔基的出生地。

的创伤。在我所住过的房子中，那个家最为真实：之后住的都是带家具的房间了。[1] 我确信你比其他任何人都更理解这点，我很高兴你过去、现在都这样：这对我来说是莫大的安慰。

你的

以赛亚

1974 年 3 月伯林夫妇在美国待了十天；15 日晚上伯林在伊利诺伊大学的厄巴纳分校做了一场演讲，之后他们待在

564 华盛顿和纽约，3 月 23 日星期六回到英国。

致沃特·伊坦

1974 年 4 月 26 日［手稿］

海丁顿宅

亲爱的沃特：

你的来信抵达时我正在美国，在那里待了约莫一周。否则我会早点儿告诉你：从过去到现在，我都对你感激不已。我母亲非常安详地走了，上一刻还有呼吸，下一刻便气息全无。我无须告诉你，不论我多么经常、多么具体地想象过此事，当它

[1] 伯林此处原文为：chambres meublé [e] s。2009 年，人们为霍里克罗夫特大道 49 号向英国文化遗产组织申请蓝色牌匾，以纪念伯林在 1928—1997 年期间断断续续住在此地。此申请被延迟至 2017 年处理，理由是“现在就断定他会有永久名声和影响力为时尚早”（约翰·卡特尔致亨利·哈代，2010 年 7 月 22 日）。

真的发生时，当时是何种感觉，因为你是知道的。我母亲确实是个极为纯正的犹太人，是她为之感到自豪的犹太传统和犹太文化令人尊敬的代表。我所拥有的信仰和世界观，直接源自她立场坚定、毫不动摇地给我的犹太教育，但更多源自她那无所畏惧的性格。而我呢，犹豫不决、自我怀疑，缺乏她身上显示出的那种坚定的价值观，以及令人赞叹的完整心灵，我从未能真正达到她的水平。我年事已高，此事让我的生活有了裂缝：好像我的心被挖走了一大块。我爱父亲，他的离世令我十分悲痛，但并未使我的过去一扫而空，而母亲的死却打断我生命中重要的一环。我很高兴地看到你的父亲已年届九十，愿他长寿！然而，当他和他的父辈们团聚时，我想，你也会感受到某种分离感，会有一条鸿沟把你和过去隔开：你会觉得痛苦、迷茫。我妈妈是个为了所有犹太价值观而战的勇猛斗士：天生有犹太复国主义精神。[1] 当我想起她时，我觉得非常脆弱、信心不足。然而，我发现我年纪越大，越认同她那些坚定的价值观。也许这是老年人的固执，人们称之为变保守了，若果然如此，我也没办法。她对人及其价值有坚定的看法，尤其是坚定地认为要解放被奴役、被殖民的犹太人，他们渴望被陌生人接受，但又心怀不满、有些逆来顺受、有些嫉妒、感到惭愧——我的所有这些看法都受到她的影响。她就是那个打破幻象的人，埃米尔·马

[1] 伯林此处原文为：anima naturaliter Sionista。

莫尔施泰因[1]和亚伯·哈尔彭[2]心中充满了许多幻想，在她面前会感到心虚，因为她不是个容易妥协的人，并不同情人类的弱点，在这点上她像魏茨曼、莫斯及本—古里安等人。她不赞同阿哈龙主义[3]，不赞同绥靖政策，她钦佩决断力、活力、权力，跟她的姐妹伊达·萨姆诺夫一点儿都不像，伊达长期救助跛子、瘸
565 子、盲人，直至自己成为他们中的一员。我不应该再这样唠叨了。非常感谢你。但愿我们很快又见面。艾琳向你和比蒂[4]问好。

你的

以赛亚

致阿兰·布洛克

1974 年 4 月 30 日［副本］

［沃尔夫森学院］

亲爱的阿兰：

［……］我在 1945 年以前完全不认识贝文[5]——除了报纸

[1] 埃米尔·马莫尔施泰因（1909—1983），伯林在圣保罗中学时的同时代人，在英国广播公司的欧洲部工作。

[2] 沃尔夫·亚比兰（“亚伯”）·哈尔彭（1909—1943），生于德国，伯林在圣保罗中学以及牛津大学的同时代人；1932 年 7 月加入英国籍；为德比伦敦金属经纪公司工作；第二次世界大战期间加入英国皇家空军志愿后备队，1943 年 3 月服现役时被杀。

[3] 即像《圣经》中亚伦的那些人对待埃及人那样，不和敌方进行外交谈判。

[4] 伊坦的（第二任）妻子，比阿特丽斯·莱文森·锡安（1923—2004）。

[5] 布洛克当时正在为其三部曲《欧内斯特·贝文的一生与时代》（伦敦，1960—1983）的第三部即最后一部进行调研；前两卷已经在 20 世纪 60 年代出版，第三卷的书名为《外交大臣，1945—1951》，正等待相关英国档案对外开放。

等报道的以外，对他一无所知。工党在野时有些亲犹太复国主义，所有在野党都这样：只是当他们当政时，出于显而易见的原因，便彻底变了，这也许跟个人情感无关。因此，贝文肯定出席过某些犹太复国主义演讲，或者曾在一些亲犹太复国主义的决议上签过字。如你所说，魏茨曼［……］也许真的试着同工党政治家打过交道，因他认为他们会是友善的。我相信贝文反犹太人吗？我敢说，在1945年以前，同其他普通工会会员相比，他并没有更排犹。我认为，所有那些手上长满老茧的辛勤劳作者，都和赫鲁晓夫一样，对资产阶级知识分子、犹太人、外交官、大学导师等，心怀疑虑，不太喜欢。我想，所有国家的人们都本能、自然地持有这种态度。然而，我认为，当贝文不喜欢犹太人时，他的不喜欢比大部分人都更强烈；当他去外交部工作时，那儿的人们立刻感到紧张，急于取悦于他——他们努力工作——他觉得在那儿当权易如反掌。对那些想指导他的人——比如，弗兰克·罗伯茨——他不喜欢；对公开向他极尽奉承之能事的人，如鲍勃·迪克森[1]——这些是我1945年11月在莫斯科亲眼所见（那是我唯一一次见到贝文）——便予以认可。我从未见过像鲍勃·迪克森和克拉克·科

[1] 皮尔逊·约翰（“鲍勃”）·迪克森（1904—1965），1950年荣获圣迈克尔和圣乔治勋章，1943—1948年任外交大臣的政务次官；1954—1960年任英国驻联合国常驻代表；1960—1964年任驻法国大使。当贝文的日程安排过紧、外交部长们的会议“越来越密集”时，迪克森不得不充当他上司的“陪同、顾问、演讲稿撰写者兼行政官员”（皮尔斯·勒德洛，《牛津国家人物传记词典》）。

尔[1]那样如此公开、拼命阿谀奉承他人之人，科尔是驻莫斯科
大使。所有这一切均被如数笑纳；克拉克·科尔曾冷笑着告诉
566 我们说，这正是他打算使用的伎俩，我的天，它真的管用。

我谈及所有这些的目的，只是想强调以下事实：虽然贝文精明、强硬、聪明绝顶、胸怀宽广，这些是毫无疑问的，然而，他也有很强的虚荣心；那些伤害其虚荣心的人，如拉斯基，他不喜欢（你亦不喜欢拉斯基，我也一样）；那些迎合其虚荣心的人，如 G. D. H. 科尔，他便与其友好相处——科尔当然也与他交好（我从未亲眼看见他俩在一起）——原因是，科尔自己虽然也虚荣，但他透明、简单、真诚、有奉献精神，不会公开激怒贝文。因此，这并非说明贝文不喜欢左翼知识分子——他只是不喜欢那些同他相处不好，或害怕他，或观点与他完全相悖之人，我敢说，他不喜欢那些犹太复国主义官员亦出于同样的原因，而他们几乎都不是左翼知识分子。当然，他确实有一两个犹太朋友——值得一提的有蒙塔古·梅耶[2]，他的儿子[3]是威尔逊的朋友和前

[1] 阿奇博尔德·约翰·科尔·克拉克·科尔（1882—1951），1935 年荣获圣迈克尔和圣乔治勋章，1946 年受封因弗查普尔男爵一世，外交官；1942—1946 年任英国驻莫斯科大使，1946—1948 年任驻华盛顿大使。

[2] 蒙塔古·莱文森（“蒙蒂”）·梅耶（1880—1961），原名蒙塔古·梅耶·梅耶，1906 年创办了蒙塔古·L. 梅耶木材商贸有限公司。

[3] 约翰·芒特·蒙塔古·梅耶（1915—1979），1933 年加入蒙塔古·L. 梅耶有限公司；1961 年起任董事及总经理；哈罗德·威尔逊任该公司的顾问约十年时间（自 1951 年起），它是英国在木材进口方面首屈一指的公司。

雇主。我认识蒙塔古·梅耶先生——他在贝文所待的乡村有一个农场——因为他是个木材商人，同我父亲有生意往来。他绝非友善之辈。能干、冷酷，很清楚自己的价值。他曾对我父亲说："记住，伯林先生：我并非一个价值高于5 000英镑的绅士。"

我想查尔斯·韦伯斯特可能是对的：我并不认为，在1945年以前，贝文同各类犹太人有很多交往。然而，那句著名的时髦话——"想排在队伍的最前面"——是那么自然流畅地从他口中蹦出。可我同意你说的：我认为，他的反犹太主义可能跟一般人差不多，要不是因为巴勒斯坦和1945年，它本来不会影响他的总体态度和政策。自那以后，我想，他把巴勒斯坦想成了这样一个国家：到处都是拉斯基，头脑聪明、行动敏捷，同时又华而不实、徒有其表、傲慢自大、令人反感，欺骗了很多单纯、略带些野蛮但本质上是正人君子的阿拉伯贝文们；纽约许多身躯肥胖、叼着雪茄的犹太资本家煽动拉斯基们这样做，这些资本家自己不去，却派出了各种破船，一些拉斯基会被淹死，但是那些成功登岸者让英国政府以及单纯的阿拉伯人痛苦不堪，而这些阿拉伯人本该在此之前早已组成工会。或者类似这样的事。我不认为这完全是幅漫画。

我并不对贝文怀有特别的敌意——但1945年我在莫斯科见到他时（我此前跟你提过），我觉得我从未见过如此排外、如此自负之人。我只记得他说的一句话。有人批评斯大

林，他说，“我不明白你为什么那样说——他只不过是个试图前行的人；这没什么不对”，很好玩。我没有任何证据，
567 说贝文在1945年前特别反犹太主义，或者说，实际上没有任何跟他有关的反犹证据。然而，工党的许多领导人，如道尔顿[1]，他在1945年的工党计划中提出的政策要点超出了犹太复国主义者的最狂热梦想，[2]但就个人而言他显然是反犹太主义的，每个认识他的人都可证明这点。艾德礼也是反犹太主义的（你可以问罗伊·詹金斯），赫伯特·莫里森[3]也一样（你可以问约翰·福斯特）。在类似位置上——唯一一位不反犹的人——克里奇·琼斯[4]，他害怕贝文，私下里确实曾经抱怨说贝文过于反犹，超出了正常范围；克里斯托

[1]（爱德华）·休·尼尔·道尔顿（1887—1962），1960年受封终身贵族，工党政治家；1940—1942年任战时经济大臣；1942—1945年任贸易委员会主席；1945—1947年任财政大臣。

[2] 1944年12月的工党大会未经投票就同意向犹太复国主义做出战后承诺，这一承诺写入主要由道尔顿执笔的一份政策文件：“鼓励阿拉伯人离开、犹太人进入［巴勒斯坦］。［……］阿拉伯人拥有属于他们的许多广阔领土；不应该要求把犹太人逐出巴勒斯坦这块小小的地方，它还没有威尔士大。”《工党第四十三届年度大会报告》（伦敦，1944），第9页。道尔顿的传记作者写道：“托利党人奥利弗·斯坦利的话大有深意，工党的承诺是‘犹太复国主义等等’。”本·平洛特，《休·道尔顿》（伦敦，1985），第390页。

[3] 赫伯特·斯坦利·莫里森（1888—1965），1959年受封终身贵族，工党政治家；1940—1945年任内政大臣及国土安全大臣；1945—1951年任副首相及枢密院大臣。

[4] 阿瑟·克里奇·琼斯（1891—1864），拒服兵役者（1916—1919年被关押），工联主义者及工党政治家；1940—1945年在劳工部任其朋友欧内斯特·贝文的政务次官；1946—1950年任殖民大臣。

弗·梅休[1]，从这个意义上讲，直接继承了贝文的所有态度，但他声称，他一点儿都不反犹，我想；虽然事实上，到现在为止，他当然是激烈的反犹太主义者，不像比利那样，虽然强烈反对犹太复国主义，但不是反犹太主义者。[……]

你的

[以赛亚]

1974 年 5 月 22 日，在英国社会科学院的理事会上，讨论了由谁继任丹尼斯·佩吉爵士当院长的问题，大家达成了高度共识，赞成由伯林继任。在 7 月 10 日社会科学院的年会上，人们一致推选伯林为院长，再无其他提名。因此，他评论学术问题得更加小心，至少在公共场合如此。那年早些时候，荷兰新闻记者科内利斯·波尔[2]采访他时，他曾由着性子，“激烈评论社会学家们”，谴责他们“那些高深难懂的语言经常被认为是科学术语”。[3]他后来写信给波尔： 568

[1] 克里斯托弗·帕吉特·梅休（1915—1997），后（1981）受封终身贵族，1945—1950 年为工党议员；1946—1950 年在贝文手下任外交政务次官，1951—1974 年继贝文之后成为沃尔维奇东部选区的议员；1964 年他希望被任命为哈罗德·威尔逊手下的副外交大臣，但最终被任命为（皇家海军）国防大臣，他认为这是因为威尔逊不赞同他有突出的反犹太复国主义倾向；1974 年加入自由党。
[2] 科内利斯·卢贝尔图斯·波尔（1927—1990），荷兰新闻记者，供职于《新鹿特丹及阿姆斯特丹商报》（日报）；后成为海牙报纸《祖国报》的主编，还成为《大众商业报》编辑队伍中的一员。
[3] 伯林致波尔，1974 年 5 月 13 日。

我希望没说过那些话——但是，我了解自己，我担心很可能那样说了：我当然说了类似的话，虽然它们并不比二十年前我在一份英国期刊所说的更尖锐、更无礼；[1] 自那以后，我的观点并未完全改变。我言辞激烈，是因为我认为自己此前所言较为无趣，好像让您觉得厌烦，然后我自己也觉得厌烦，因此我转向了另一个话题：关于它，我的观点尖锐，虽然不一定公正、不一定让人接受。我记得很清楚，我确实说过，社会学的许多方面对各行各业的社会福利工作者来说非常有用［……］。我后来接着说，在过去，有社会学家做了大胆重要的归纳概括，不论它们是否正确，都很值得调查研究——［……］还说有此才干的人归纳了各种普遍原理，如果它们正确，会对人们的生活产生很大的影响。然后我接着说，社会科学变成了一个大工厂，有大量学者派头的社会学家并不做此类事；后来我说了许多玩笑话，让我痛苦的是，您忠实地进行了报道。[2] 我记得我曾特意要求您别提这些，因我只是信口说说，有些夸张，目的是

[1] 伯林为《时代与潮流》的“旅途笔记”栏目撰写的稿件，于 1949 年 11 月 12、19、26 日刊出，作为附录收入《伯林书信集（卷二）》，标题为“美国大学的知识分子生活”，原文第 749—760 页，具体参见第 751 页。
[2] 其中的一个玩笑（根据波尔的报道）是，社会学家让他想到一群身着深海潜水服的人进入一个挤满人的房间，目的是想知道人们在干什么。这些人看起来与众不同、令人难忘，可是，如果你仔细听他们说的话，你听到的是我们所有人在日常对话中产生的那些普通想法，它们也许合乎情理或毫无意义，但被转化成了准科学术语表达出来。

> 为了刺激，私底下说着玩的，它们不是我愿意为之负责的公正判断。任何一位体面的社会学家（“我最好的朋友们”——这是典型的讽刺，我希望您不要报道——事实上，您向我承诺过不报道这些）都有理由感到愤慨，拒绝接受对正经严肃的专家的攻击，攻击的原因是，他们那些才华一般、不谨慎的社会学同行荒谬可笑到了极点。我必须向您坦白，我在荷兰读者、实际上是所有读者面前都感到惭愧，因为我成了这样的人：没有看出19世纪及20世纪早期的社会学家的才华［……］，亦没看出更为优秀的我自己同时代人的才华。[1]

5月中旬，伯林即将成为英国社会科学院下一任院长期间，他再次致信波尔，进一步为自己的言论辩护。

致科内利斯·波尔

1974年5月27日［副本］

［沃尔夫森学院］

亲爱的波尔先生：

是我要向您道歉。我真的觉得很抱歉，甚至让您有点儿生气了——你知道的，我最不愿意那样了，因为我认为一切终 569
究主要是我自己的过错。我知道自己讲话太快、含含糊糊，如

[1] 引文出处参见原文第568页注7。

果有时人们误解了我，也没什么好抱怨的——这种事之前发生过，我本应从中吸取教训，为他人和自己考虑，不要接受那些富有同情心、非常仁爱、彬彬有礼的人的采访。[……]

嗯，至于社会学等，相信我，我的确非常认真地请求过您，并没有半开玩笑的意思，请求您不要就此特殊话题引用我的原话——事实上，我告诉过您，这种不负责任的言论让我在哈佛以及其他地方惹了可怕的麻烦。我当然意在把以下两者进行对比：一是经验社会学，即便它一无是处，它当然有用；二是那些堂而皇之的普遍原理，它们很少能引起我们的注意，从而改变我们的信念或行为，即便它们是正确的。如果您说我并未同你说过这些，当然，我完全相信——有时我们记住的是自己愿意相信的东西，而非我们事实上说过的话——此事的情况肯定如此。我现在相信我没说过此话，而您也不可能报道过这些。当然，我担心的是，人们可能对这些话信以为真。我准备走马上任，进行一些跟英国社会学家有关系的活动——我最不愿意看到的是，他们认为我对他们这个群体有着根深蒂固的偏见。也许我有；然而，我当然想尽可能表现得好像我没有，尽可能表现得公平公正。如果他们读了您的文章，他们对我的怀疑（我担心，这种怀疑并非空穴来风）会大大增加，这当然会使得我的工作变得非常费力、艰难。出于这个原因，加上对正义和真相的关注，促使我给您写这样一封言辞激烈的信。希望我能够相信，一名社会学家读到这些归到我头上的表述时，会认为它们是没有恶意、“半开玩笑”的话，故意用了讽刺手法而已。但如果我是一位社会学家，我想我可能会生气，把说过此话的作者看成一位蛮横武断、怀有偏见、因循守旧的牛津反启蒙主义者，一切真正进步的敌人。反动体制中墨守成规、怀有偏见、不思进取的庸人抵制进步，勇敢的先锋以及革新者正为此而同他们进行斗争。此描述或许也只是个讽刺，但我认为，它很接近我的国家中大部分社会学家的信念和情感，虽然我不太愿相信这点。[……]

我六十五岁了，应该对自己有足够的了解，不应仅仅因为很喜欢我们之间的交谈，就让自己误入歧途。真的是我自己的错，当然要向您表示歉意。

您真诚的

[以赛亚·伯林] 570

致阿米兹·伊兰[1]

1974年6月6日［副本］

［沃尔夫森学院］

亲爱的阿米兹：

你的论文我已读了一半，非常愉快、很受教育、读得入

[1] 阿米兹·伊兰（生于1932年），特拉维夫大学犹太复国主义研究院的研究员，圣安东尼学院的高级准成员。伯林正在评论的是伊兰的1974年牛津大学哲学博士论文草稿，论文题目为“英国巴勒斯坦政策中美国干预的起因及发展，1938—1947”。

迷。你非常生动地讲述了一个关于压力和政策的政治故事。我读完整篇论文时，会再次写信给你——这会儿得中断阅读，去给哲学学士进行政治学考试。

到目前为止，我想提出以下意见：我不相信魏茨曼或怀斯只是被罗斯福骗了，虽然，在某种程度上，罗斯福的随和、和蔼可亲欺骗了他们。你的以下说法完全正确：你说，直到 1943 年左右，罗斯福对此事介入不深，他认为可以通过某种方式做出犹太复国主义者能接受的调解；到了战争中期，因要做更多战略上的政治经济方面的考虑，他变得更为谨慎、隐秘，开始认真对待阿拉伯人。不过，从性情上说，你肯定也是这样想的，他倾向于尽可能拖延时间、留下回旋的余地、让一切悬而未决：他取悦犹太人、阿拉伯人以及其他每个人，没拿定主意最后该做什么，如果事情变得太棘手，他就拖延或忽视它们，所以激怒了他自己的政府部门、内阁以及外国势力，但他们也没法强迫他表态，除非事关重大。我敢说，他最终会让犹太人失望的，尤其在他会见了伊本·沙特之后——即便取得了很多成效 [原文如此]，他也会出尔反尔。我认为魏茨曼对这位伟大总统“滑头”的一面略知一二，然而，他没什么好牌可打，他认为，考虑到罗斯福的盛名和个人能力，他若和罗斯福以及华盛顿的其他重要人物谈判，成功的机会会更大些，他不能依赖于煽动犹太人和其他支持者，若做得过火，会（实际上已发生过此类事情）激怒并让那些真正制定政策的人产生敌意。从杜鲁门手

里获得内盖夫，他起的作用表明此种个人外交政策有时会为他创造奇迹。[1] [……] 571

我并不指望你会同意我说的以下事实：以色列是按照魏茨曼的想法建起来的。然而，我还是想说，1948 年出现的以色列国——工会 / 资本家混杂在一起；它在政治上、情感上被边缘化了；它的经济体制是混合型的，不受任何社会或政治信条的约束；统治它的制度继承自英国托管国［原文如此］，并受其影响；议会在结构上是松散的，从一开始就模仿西方的议会——但在概念上大大地魏茨曼化了，并非伯尔·卡茨尼尔森[2]或本—古里安或社会主义者或修正主义者想要的官方版本。以色列后来的演变则是另一回事了：特别是以色列工人党马帕伊及其右翼反对者的历史，[3] 他们当然

[1] 1947 年 11 月 19 日，哈伊姆·魏茨曼和杜鲁门会面，要求计划中的犹太国包括内盖夫，这样可以通到红海。杜鲁门随后强烈支持该建议，它被纳入 11 月 29 日联合国大会的分割方案（第 181 号决议）中。在伯林眼里，1948 年 5 月 14 日以色列国成立后，劝说杜鲁门立即承认该国，魏茨曼也起了决定性的作用。参见伯林的《传记事实》，收入梅耶·W. 威斯格与乔尔·卡迈克尔合编的《传记：众人笔下的哈伊姆·魏茨曼》（伦敦，1962；纽约，1963），第 17—56 页中的第 54—55 页。

[2] 伯尔·卡茨尼尔森（1887—1944），生于俄国，1909 年移民到巴勒斯坦，卷入了那儿的犹太复国主义劳工运动；劳工报《话语》的主编，1939 年 5 月的“白皮书”颁布后，他强烈支持犹太人非法移民至巴勒斯坦并创建一个犹太国家。

[3] 马帕伊（首字母缩略词，出自希伯来语 Mifeget PoaleiEretz Yisrael，意为“依瑞兹以色列工人党”）：1930 年成立的社会主义犹太复国主义政党，1948 年后成为以色列最重要的政治团体。它为以色列推出了一系列领导人，包括本—兹维、本—古里安以及梅厄。其右翼反对党包括赞成扩张主义的自由运动党，由梅纳赫姆·贝京在 1948 年 6 月创建，1973 年并入新成立的利库德联盟。

抛弃了自由党—工党魏茨曼化的非意识形态，至少在某种程度上是这样。关于这点，我们也可以讨论。

同时，非常感谢你把论文寄给我，我极不情愿地暂停阅读——那些哲学学士写的论文非常枯燥无味。

你真诚的

[以赛亚]

致麦乔治·邦迪

1974 年 7 月 22 日［副本］

［沃尔夫森学院］

亲爱的麦克：

你没能在 6 月访问牛津，我觉得非常遗憾，艾琳也一样——我想你应该会觉得这次访问会很愉快，甚至可能（谁知道呢）对整个沃尔夫森学院留下深刻印象。我还是无法让他们接受罗穆卢斯或雷穆斯作为徽章——我无法装作不知道他们为何不接受。我的墙上挂着一幅很不错的母狼画，当伦纳德·伍尔夫（Woolf 与 wolf 同音——译注）拜访我时，我把它藏了起来。

如你所知，我们将在 11 月 12 日举行正式的揭幕典礼，届时名誉校长哈罗德·麦克米兰阁下、艾萨克爵士、伦纳德先生及其太太们都会出席，我们还请了沃尔夫森学院信托基金以及沃尔夫森基金会（我在想朱［克曼］勋爵是否会
572 赏脸光临；我们肯定会邀请他）的成员等，以及五六百位

各式各样的人物，他们所有人都将站着听我瞎扯，然后伦纳德将发表精辟讲话，还有，我期待名誉校长的精彩演说，他还将宣布正式启用这些大楼（虽然届时它们已经使用一段时间了）。福特基金会呢？你希望派某个人作为代表吗？[……]

我应该做个补充，全国学生联合会已宣布，在11月的某个星期，会有一系列全国范围的游行示威——根据最坏的事情总会发生的原则，它肯定会发生在我们举行典礼那周。阿拉伯恐怖主义者也许会想法暗杀艾萨克爵士、伦纳德以及本人等。伦纳德坚持要求爱德华·希思先生作为其嘉宾出席，如果希思先生接受，与阿拉伯恐怖主义者相勾结的爱尔兰恐怖主义者也会想法暗杀他。[1] 有些事并非如我们所愿不会发生——唉，往往事与愿违——我想我就补充这些吧，刚刚和警察做了一番交谈。如果12日晚上七点我还活着，我会感到如释重负，到那时其他活动均已结束，只剩学院舞会了，就连学生对此亦不感兴趣，当你热情退却之刻，正是他们情绪高涨之时。

这期间，我的继任者亨利·费希尔爵士阁下问，他是否最好去福特基金会露个面，见见你，或许，也见见一些基金会成员。我不觉得此事很迫切，但他想这么做，且愿意为此去纽

[1] 那时主要是爱尔兰共和军（IRA）发动的反英恐怖活动猖獗；1974年12月一颗炸弹扔在了前首相爱德华·希思的伦敦宅邸，但他此前并未参加揭幕典礼。

约一趟。老实说，我并不认为他这么做是为了获取别人的好感(虽然他也许会这么做)，而是表示一种基本的礼貌。[……]

你也许已听说了，他的主要竞争对手是迈克尔·布洛克，我非常喜爱他，在学院的建设方面，他的功劳盖过了其他所有人，他希望继任是完全正常、合理的。所有选择都意味着有人落选，许多选择还会让人极度失望——当然，如人们所愿，他表现得非常大度，而且会继续保持大度，至少眼下如此。费希尔对他非常友好，我深深地为他难过，学院的一半人都为他难过，倘若你把研究生们也计算在内的话，就不只一半了，可在这些事情上学生没发言权，虽然他们非常爱他。一方以绝对多数票胜出（严格来说，不过是向大学理事会推荐)，亨利·费希尔爵士获得了将近三分之二的选票。我认为，倘若费希尔打算把许多事情授权委托别人做（我过去精于此道，尽管如此，似乎并未发生什么不幸的事)，他会干得很好。我同布洛克的合作既亲密又愉快，我异常欣喜地看着这整件事，好像没什么内疚——这都
573 是托你的福，如你所知，没有你，伦纳德不会做出丝毫让步。毫无疑问，大家都认为一切都是你的错，虽然我也做好准备，接受一些责备之声，然而迄今为止，没有人，即便亲爱的伦纳德也没说一句责备的话，我们见面时，他无比亲切友好。

我 3 月中旬离开——我的继任者想在那个时间上任——然后我就是个退休的老人家了。我盼望着那个时刻的到

来——如果可能，你和玛丽[1]一定得来，在这儿待上几天。到了春季，邀请你参加英国社会科学院的年度盛宴——就是说，会有规模空前的大量学者聚集在同一个屋檐下——只要你开口，会寄给你一张精美的请柬。这可能是我能提供的最后一点赞助了。在所有人中，我最想把请柬寄给你。

你永远的

[以赛亚]

致沃特·伊坦

1974年7月22日［副本］

［沃尔夫森学院］

［亲爱的沃特：］

很遗憾18日没见到你。我知道会见不到你，为此还写了信给你父亲告知此事——真的很佩服他还能如此好地控制自己身体的所有机能和感觉：即便我母亲，在那个年龄，四肢和精神都没他好。至于英国社会科学院，人们向我保证说，如果我谢绝的话，就没有院长了。好像没有其他人想做。我指出了自己所有那些显而易见的缺点，可是，如果明年3月份我离开学院了，就没什么真正有力的借口了，除非说自己无能，过去的日子已证明，这点对社会科学院来说不起作用。关于要有幽默

[1] 麦乔治·邦迪同在拉德克利夫学院受过教育的教师玛丽·巴克敏斯特·洛思罗普（生于1925年）于1950年结婚；他们有四个儿子。

感的问题，你完全正确——学者们并不是最容易相处的人，你对此很清楚，确实没有其他办法来减少那些激烈情绪的大爆发，它们不时打断各种学术讨论，比如，关于选举候选人以及资助名额分配的讨论。希望在那方面能有些八卦跟你聊聊。

你永远的

[以赛亚]

致阿瑟·劳里

1974年7月22日 [副本]

[沃尔夫森学院]

[亲爱的阿瑟：]

574 非常感谢你发来的电报，令我觉得无比亲切——我只想说，那份工作完全不是一份挂名差事，它涉及开办讲座、同政府协商以及诸如此类的事情，我非常讨厌做这些事，也完全不在行。那我为什么接受呢？我想，完全是出于虚荣心，潜意识中喜欢继续被称作院长之类，也因为愚蠢。我怀疑我被选上的原因是，所有那些真正令人敬畏的学者们互相之间争得天昏地暗。我得此荣誉本质上同夏扎尔[1]相似，而他除了我行我素之外，真的是个非常好的演讲者，鼓舞了许多美国拉比——显然我没有（也不想有）这种能力。非常感谢

[1] 1963年夏扎尔成为在妥协情况下产生的以色列总统候选人，两方敌对的极端主义者都能接受他。

你，代问珍妮特好。

[以赛亚]

1972年6月17日凌晨时分，有人闯入了民主党全国委员会在华盛顿特区水门大厦的办公室。据嫌疑人交代，他们是为尼克松竞选连任总统班子中的一名核心成员工作，这一说法遭到白宫的极力否认。11月，尼克松以压倒性的优势在选举中胜出。然而，《华盛顿邮报》两名喜欢追根究底的记者，卡尔·伯恩斯坦和鲍勃·伍德沃德，率先发表了一份堪称典范的调查报道，使尼克松政府为了保证竞选总统连任成功参与犯罪活动的内幕大白于天下。在接下来旷日持久的法庭调查期间，尼克松再次滥用其职务特权，拒绝交出会把其卷入共谋罪的白宫办公室谈话录音带，参议院打算投票弹劾总统。为了避免遭弹劾，尼克松于1974年8月9日辞职。尽管尼克松从未受到起诉，其继任者杰拉尔德·福特赦免了他与"水门事件"相关的所有罪行，但他的下属并未受到赦免，其中一些人后来因参与"水门事件"受到审判并坐牢。

致罗兰·博登—穆勒

1974年9月11日［手稿］

威尼斯

亲爱的罗兰：

非常感谢你的来信。我确实记得曾跟你说过，当尼克松代替艾森豪威尔来伦敦参加某庄严典礼时，我发现他非常不招人待见——那是为默默无闻的 G. I. 而举行的纪念典礼——我想。他去了牛津并获得高度评价，高度称赞他的不仅是激进的 A. J. P. 泰勒——其目的主要是为了跟正派的意见对着干——他声称尼克松富有魅力——还有那些非常喜爱
575 他的罗兹学者，他们大都是民主党。我进行了争论，但毫无效果：他们确实记得肮脏的加利福尼亚竞选，海伦·盖哈根·道格拉斯 [1]，以及布朗州长 [2] 等所有那些事；然而一切都已变成模糊的往事了。当然，在意大利和法国，所有这些愤慨似乎会显得奇怪：所有的政治家都是骗子，大都是为了中饱自己的私囊——尼克松至少这么做了，目的是为了增加自己及其团体的影响力——这有什么好奇怪的呢？在我们生活的这个时代还会感到奇怪吗？他所犯的唯一罪行将被揭发了，诸如此类。一些比较拘谨的人听到已发布的录音带中的黑帮行话时，的确退缩了，但其余的人——我亲爱的朋友

[1] 海伦·玛丽·盖哈根·道格拉斯（1900—1980），婚前姓盖哈根，1922—1938 年以海伦·盖哈根之名活跃于剧院及歌剧舞台。她是罗斯福及其新政的有力支持者，自由党人，1945—1951 年当选为加利福尼亚州民主党女性国会议员；1950 年她和理查德·尼克松竞选参议员席位，竞争非常惨烈，尼克松因此赢得了“狡猾的迪克”（她取的）绰号，因其竞选团队曾经粗暴诋毁她的名誉。

[2] 1960 年 11 月竞选总统失利后，1962 年理查德·尼克松决定竞选加利福尼亚州州长。肯尼迪总统力劝时任州长、民主党人埃德蒙·杰拉德（“帕特”）·布朗（1905—1996）发起一场激烈的竞选战役，肯尼迪说他在 1960 年打败了尼克松，但布朗会把尼克松埋葬。竞选过程有些残酷，之前被看好的尼克松败北后，告诉记者说：“你们再也不会见到尼克松四处奔忙了。这是我的最后一次记者招待会。”（《泰晤士报》1962 年 11 月 8 日第 12e 版）

约翰·斯帕洛，痛恨那些傲慢的自由主义情感，给《泰晤士报》写了一封长信，声称尼克松遭到了出版界的集体追踪，并说在这种气氛下怎么会有正义可言？等等。[1] 然而总的来说，英国人的感受和美国人相似，法国人、德国人、意大利人则有不同看法。盎格鲁—撒克逊国家认为“欧洲大陆上的人”玩世不恭，而这些人则认为盎格鲁—美国人非常虚伪。这很像 19 世纪。我们时代的历史**会**给出非常**不同**的版本：基辛格会成为国际关系的重要改革者，而他跟中央情报局的关系、在智利政变中所扮演的角色则会被忘记或得到宽恕。尼克松的形象会非常古怪：他比哈丁 [2] 更为聪明，积极勇敢，可他显然不仅缺乏正常的道德考量，还对人民的反应视而不见，有着严重的心理缺陷，与骗子和恶棍深交，一个大骗子、诈骗犯，还有点儿自欺欺人，且不说他品德不良、罪行累累。现在人们正为福特赦免了他而争吵不休 [3]。即便

[1] 斯帕洛写道：“美国人民不时暗杀他们的总统；但直到今天，他们才在全世界瞩目下用慢动作完成此事。”（1974 年 8 月 21 日第 13e 版）

[2] 沃伦·盖玛利尔·哈丁（1865—1923），1921—1923 年任美国第二十九届总统；执政期间去世，各种政治丑闻和腐败为其总统生涯蒙上了阴影。

[3] 杰拉尔德·鲁道夫·福特（1913—2006），1974—1977 年任美国第三十八届总统，1974 年 9 月 8 日，就职一个月后，他“完全彻底、无条件地”赦免了其前任理查德·尼克松自 1969 年 1 月 20 日就任总统以来可能对“美国人犯下的所有罪行”。福特清楚地表示，做出这样的决定对他来说非常艰难，他后来为此饱受批评，但是他决意“坚定地合上并封存此书”：《对签署特赦理查德·尼克松公告［公告第 4311 号］的说明，1974 年 9 月 8 日》，出自《美国总统的公开文件：杰拉尔德·R. 福特，内含总统发布的公开信息、演讲及声明，1974 年 8 月 9 日至 12 月 31 日》（华盛顿，1975），第 101—103 页，引文出自第 102—103 页。

不宽恕，尽量去忘记也是明智的：人们畏惧旷日持久的审
576 判、上诉、重审，因为这些事会妨碍人们去关注更为重要的政治问题，且让梦魇继续。然而，对于一个并不受到文化、种族、宗教或语言、朝代等约束，而是建立在一整套成文法则上的国家，尊崇法律、宪法、正义肯定是压倒一切的，而这些法则显然受到了蔑视，福特的行为就像一位君主，一位可以随意赦免他人的王子。我想，美国人为此感到痛苦不堪，同时憎恨、鄙视尼克松。

与此同时，我的朋友格雷厄姆太太在这场重大的混乱中大获全胜，我希望她一切皆好，她表现得非常勇敢——可是，她若不是很富有的话……我的确了解左翼的感受和想法。[1] 就我个人而言，我宁可他们继续审判：不应该大赦拥有巨大财富或权利的罪犯，T. 罗斯福过去常这样称呼他们。

目前我们在威尼斯，下午我要在契尼基金会做一场演讲，用英语讲，这儿没人听得懂，我会紧张飞快地完成演讲，在不熟悉的场合，我总是这样——接着我会同意大利教

[1] 凯·格雷厄姆拥有的《华盛顿邮报》在揭露“水门事件”方面起了关键作用，顶住了尼克松政府让她和其报纸保持沉默的恐吓，“尤其在早期的那几个月，《华盛顿邮报》几乎是独自面对在选举中获胜、报复心切的尼克松政府——政府决意毁坏其报纸的名声——格雷厄姆承受了巨大的个人压力。但她从未动摇过。”“《华盛顿邮报》的发行人在‘水门事件’中让尼克松下台，成为美国最具影响力的女性之一。”（格雷厄姆的讣告，《泰晤士报》2001 年 7 月 18 日第 17a—f 版）

授们一块用餐——明天早上有一场研讨会，天知道会用什么语言——然后同契尼伯爵一起用午餐，他是基金会的创办者和资助人，一位上了年纪的法西斯教主，（我怀疑）他并不比尼克松好多少，尽管其影响力可能会小一些。诉讼时效法三十年后还起作用吗？所有的法国及意大利贵族，包括新老贵族，举止摇摆不定，我们是不是也应该给自己的道德情感放个假？我们是否应该忘记，比如说，温莎公爵夫人[1]的亲法西斯情感，不要在那些还活着的朋友面前提及此事，他们描述了她的可怜境地：寂寞、失聪、与世隔绝？与此相反的做法都是报复？我们可以同 O. 莫斯利爵士夫妇待在同一房间吗？我很想听听你对此的看法。

我现在必须去准备那场没人听得懂的演讲了——对有关各方都是一场折磨——

非常爱你的

以赛亚 577

[1]（贝茜）· 沃利斯 · 辛普森（1896—1986），婚前姓沃菲尔德，后来姓斯宾塞，温莎公爵夫人，1937 年 6 月结婚，丈夫是爱德华王子（1894—1972），温莎公爵，前国王爱德华八世。1937 年 10 月，温莎夫妇到德国拜见了希特勒，公爵行纳粹军礼。他的亲纳粹主义影响了她："人们普遍认为，她同情法西斯，甚至有人声称她为德国情报部门工作，但是没有证据表明她持有深思熟虑的政治观点，更没有证据表明她喜欢参与此类活动。[……] 在生命的最后十四年她日渐衰老；最后五年过着完全与世隔绝的生活。"（菲利普 · 齐格勒，《牛津国家人物传记词典》）

致布鲁斯·菲利普斯[1]

1974年10月1日［副本］

［沃尔夫森学院］

亲爱的菲利普斯先生：

这是对您9月5日来信的回复。在信上，您问及沙尔韦小姐[2]同弗里伯恩教授之间关于别林斯基的争论。我首先要申明，在这方面我也许不是个恰当的咨询人选，因为我对弗里伯恩教授著作的看法同他对我著作的看法几乎一样：我们二人互不买账。［……］

尽管如此，我还是会尽量客观地谈论此事。我认为，别林斯基的生平和著作“奇怪地互不相干”的论点同事实正好相反。弗里伯恩教授说得对：苏联评论家把别林斯基“慢慢地变成了僵化的苏联官方雕像”。但并不能因此把别林斯基的观点同他的生平割裂开来。再没人像他那样，生活同写作的关系如此紧密。不仅仅是他的信件——它们高居最感人的俄语作品之列——他的评论文章，以及他所有的文学作品皆概莫能外，它们奠定了他享有的名声和影响，不论在其生前还是死后，过去、现在都从未改变。至于别林斯基是否“神经

[1] 布鲁斯·洛瓦特·菲利普斯（生于1944年），当时为牛津大学出版社现代语言编辑。

[2]（伊丽莎白）·安妮·维多利亚·沙尔韦（生于1943年），1961—1964年就读于萨默维尔学院现代语言（俄语）专业；1967—1969年任查托与温达斯出版社编辑，1969—1976年任牛津大学出版社（驻伦敦办事处）编辑。

过敏、患病”，同他那个人风格极强的说话语气大体无关，事实是他把一些哲学观点——德国或法国的——转化成了自己的个人经历和话语——他这样做了，也不管自己是理解还是误解了康德、费希特[1]、席勒、黑格尔、孔德、青年黑格尔派等。别林斯基总是在说教，他那痛苦而真切的深厚情感、无可指摘的品格、在自己的立场不断改变时所投入的道德热情，正是这些让其性格、生平和话语对同时代人产生了巨大的影响；正是这些，在1847年他死后的一个世纪，由于他的直接影响以及人们对这一影响的反应，改变了俄国写作的方向。他的生平、情感和著作浑然一体，这一点已为世所公认，所有提笔写他的人都强调这点。因此，把他的观点（以及它们的哲学源头）同其生平及他与同时代人的各种关系割裂开来的做法有点儿令人惊讶——如此对待他，比这样对待其他任何作家都更为奇怪。同他的生平有密切关系的那些同时代人——巴枯宁、屠格涅夫、卡特可夫、博特金、赫尔岑、 578
涅克拉索夫——遭受了同样的外来影响，阅读相同的哲学文章，那个圈子人们的整个人生——他们是俄国知识阶层的奠基人——倘若对他们那些形而上学的道德观点，以及他们的个人情况、性格和历史并非有所了解、理解，你会觉得难以

[1] 约翰·戈特利布·费希特（1762—1814），德国哲学家，康德的学生；他的第一本书被错误地认为是其老师的著作；他被认为是第一位伟大的后康德唯心主义哲学家；他的早期著作对青年时代的黑格尔以及浪漫主义作家，比如诺瓦利斯，产生了深刻的影响。

读懂。这需要的不仅仅是——或者不管怎么说需要一些——文学分析以外的能力。19世纪70年代佩平[1]描写的关于别林斯基的日常生活，以及伊万诺夫·拉左姆尼克[2]撰写的那些文章，若配上一篇专家导读，即便现在也值得去翻译出来。

我只能说，当我写作或谈论此话题时（到现在我已记不起我这样做有多少年头了），没法不时常提及当时的“学术气氛”，当然，它亦受到了不仅是俄国而且是西方知识分子历史的某些影响。人们提笔写陀思妥耶夫斯基或托尔斯泰时，也许可以不提及这些——那样写陀思妥耶夫斯基会困难许多——但若那样写别林斯基，则没什么价值。这听起来可能有点儿以偏概全，然而我认为事实就是如此。至于对过去的作家进行心理学研究——用准心理分析法——我不认为此种做法有说服力，除非它由一名非常谨慎、博学、想象力丰富的专家来完成，如埃里克森谈路德。[3]

对值得说的，我的观点就是这些。当然，其他比我更有见解的人，也许有不同的看法。

您真诚的

[以赛亚·伯林]

[1] 亚历山大·尼古拉耶维奇·佩平（1833—1904），《别林斯基：生平与书信》（两卷本，圣彼得堡，1876）。

[2] 拉左姆尼克·瓦西里耶维奇·伊万诺夫—拉左姆尼克（1878—1946），原名伊万诺夫，文学评论家，撰写了大量评论别林斯基的文章。

[3] 埃里克·洪布格尔·埃里克森（1902—1994），《青年路德：心理及历史研究》（伦敦，1958）。

致诺埃尔·安南

1974 年 10 月 17 日

沃尔夫森学院

亲爱的诺埃尔：

关于“实干家”[1]，谢谢你——它确实是个愚蠢的标题，想想其他的实干家是戴维·塞西尔、恩斯特·贡布里希、斯蒂芬·斯彭德及约翰·韦恩[2]等。标题看起来非常滑稽，连 BBC 都承认了。还有一些人联合起来，要求取消这个节 579
目，理由是把那个时间段用来广播当代英国作品更好——再没有比这更让我难受的了，但是，像纳米尔过去常说的那样，别把此话告诉太多人。

至于退休，我翘首以盼它的到来，其心之切，简直难以用语言形容——英国社会科学院的工作对我来说足够了。至于余生，我准备用于研究思想史领域一些非常生僻的话题——若缺乏学术训练，它们既晦涩又难懂；若不够精确会显得像卖弄学问；过于笼统，除了一个非常小的圈子，没人对它们感兴趣。

[……] 托斯卡尼尼。当然，他带来了改变。我的确知

[1] 安南祝贺伯林参与 BBC 广播第三套节目思想家的《荒岛唱片》中“实干家”栏目的播出，它是个长篇连播节目，知名人物在节目中讲述生平故事，他们的回忆中穿插了自己最喜欢的音乐片段。伯林的那集于 1974 年 10 月 12 日首次播出。

[2] 约翰·巴林顿·韦恩（1925—1994），小说家和诗人；1971—1972 年为牛津大学青铜鼻学院创造艺术系的第一研究员；1973—1978 为诗学教授。

道，比如说，《英雄交响曲》第三乐章的奇怪节拍，他往往让音乐迅速飞过——特别是当他指挥自己并不擅长的莫扎特作品的时候，[……]。我的意思是，当他真正在指挥、人们既能看见又能听见他时，他看上去如此权威，让现场的听众相信唯有这音乐才是真理——那么富有张力、真诚庄重、雄伟壮丽，完全将人征服——确切地说不是快感，而是陶醉以及某种敬畏之情。这种紧张感传遍全身，即便多少年过去，不管别人再怎么解读，都显得浅薄、粗俗。此种感觉持续至今：除了［布鲁诺·］沃尔特指挥的莫扎特和舒伯特，至于比彻姆，你永远不知道他何时会表现优秀——他的表现是非常优秀还是非常糟糕，取决于他的心情——还有克伦佩勒指挥的贝多芬，还有马勒，我想。其余的人给这些人系鞋带都不配。所有艺术都有开端、发展和高潮。19 世纪 30 年代末乐队指挥首次出现在巴黎，在 1870 年至 1914 年间指挥的地位变得非常之高——托斯卡尼尼以及马勒是那时最伟大的指挥家，然后是细化、衰退阶段。维柯如此；我想，斯宾格勒[1] 亦如此。我认为，艺术在某一特定时期都是这种发展轨迹。（来一句老生常谈）托斯卡尼尼曾是真正的珠穆朗

[1] 奥斯瓦尔德·斯宾格勒（1880—1936），德国哲学史学家，著有《西方的没落：世界历史形态学纲要》（两卷，维也纳 / 慕尼黑，1918—1922），由查尔斯·弗朗西斯·阿特金森译成英文，书名为《西方的末落》（两卷，伦敦，1926—1928），书中说文明的进步呈周期性，从春到夏到秋，然后不可避免地走向冬的凋零，约一千年一个周期。

玛峰，当今的卡拉扬和佐尔蒂不过是盖满了别墅的亚平宁山脉；洁白的冰雪——甚至就连草木茂盛的丘陵和山谷（富特文格勒）[1]——已不复存在。

你的

以赛亚 580

致多萝西·谢利[2]

1974年10月18日［副本］

［沃尔夫森学院］

亲爱的谢利太太：

我对您充满感激，您的来信谈及跟我有关的音乐节目，让我非常感动。希望我们不是被称作“实干家”——当人们想到戴维·塞西尔、贡布里希教授、约翰·韦恩以及我本人时，它听起来像空洞的恶搞！我很高兴您对“圣洁女神”[3]有那样的感受——当然像是天使在歌唱。我听过卡拉

[1]（古斯塔夫·海因里希·恩斯特·马丁）·威廉·富特文格勒（1886—1954），德国指挥家及作曲家，一生的大部分时间都在柏林爱乐乐团，因与纳粹合作而于1946年受到审判，但被宣判无罪，恢复指挥生涯。

[2] 多萝西·谢利（1895—1978），婚前姓霍华德，弗雷德（里克）·约瑟夫·约翰·谢利（1890—1967）的遗孀，谢利在1935—1962年任坎特伯雷国王学校的校长。

[3]“圣洁女神”，歌剧《诺玛》（1831）中的著名咏叹调，《诺玛》为意大利作曲家文森佐·贝里尼（1801—1835）的作品。在其职业生涯中，玛丽亚·卡拉斯多次成功饰演这个高难度的角色诺玛，但是，1958年1月2日在罗马歌剧院的大型演出中，她在第一幕结束时离开了剧院，当时看演出的人中有意大利总统乔瓦尼·格隆基（1887—1978）。虽然她后来声称自己嗓子出了问题，人们普遍推测

斯演唱这首咏叹调，并非在您提及的罗马那个可怕的场所，而是在柯芬园听过两次，在罗马的阿根廷剧院至少听过一次。她唱得非常精彩，有着皇家的威严和气派。我尚未听过她录的“圣洁女神”的唱片，我敢说比罗莎·庞塞尔[1]录的更好。但是，是罗莎·庞塞尔向我推荐它的——我从此对她忠心不二。她声音纯净——唱片的效果不太好——既甜美又抒情，非常感人、令人留恋，浪漫、怀旧，虽然七十八转的唱片[2]也许不够好，但它改变了我对意大利歌剧的总体看法，自那以后，我从不听更早以前的作品。我当然应该听卡拉斯的唱片。您肯定是对的。

至于托斯卡尼尼，他是响当当的权威，自他之后，再听其他任何人指挥的贝多芬交响乐，当然还有威尔第的《安魂曲》，都觉得浅薄、没说服力［……］。如果他在天堂指挥，天使一定会被吓坏——事情该怎么做，他不允许任何人任何权威发号施令——天堂的居民是幸运的：然而，表演的天使必须经过审查——审查什么我不说。非常感谢您的来

她是抗议剧院某一分区的观众表现出不欣赏她的态度，“显然罗马之前已不喜欢卡拉斯夫人。《信使报》认为，若在米兰，她的表现应该会不一样”（《泰晤士报》1958 年 1 月 4 日第 5c 版）。

[1] 罗莎·庞塞尔（1897—1981），原名罗莎·庞奇洛，美国女高音，因声音纯美、歌唱技巧娴熟而著名，她在柯芬园的首次登台是 1929 年饰演诺玛。

[2] 一种黑胶唱片，每分钟七十八转，一直到第二次世界大战，这是商业唱片的标准转速（后来被每分钟三十三和四十五转所取代）；许多历史经典唱片都是从七十八转开始的。

信：它真的让我很快乐，我对此充满感激。一个人永远无从知道别人对他的品位有何看法，这使人们极易沉溺于己见而自得。

您真诚的

[以赛亚·伯林] 581

致斯蒂芬·斯彭德

1974年11月4日

海丁顿宅

亲爱的斯蒂芬：

[……] 对以色列的迫害真的是愈演愈凶：起先，因为它饱受压迫，所有的好人都支持它，然后，因为它占了上风，他们又反对它；如今，它显然又再次处于被压迫地位。然而，我担心的是，要到没有以色列了，人们才会清醒。他们屡屡犯错——我认为，再次让宗教政党进入政府是极端愚蠢的行为。我认为以下想法极其糟糕：认为是犹太狂热分子团体在公元70年导致了耶路撒冷的厄运。[1] 我认为，外交部对待他们的政策令人作呕、简直无

[1] 在戈尔达·梅厄辞职后，伊扎克·拉宾于1974年6月3日组成了以色列政府，在以色列议会仅是一席多数，10月30日拉宾让国家宗教政党进入其联合政府，增加了席位数目；拉宾政府最初组建时，是以色列国独立后首次没让宗教政党的教长进入政府。犹太狂热分子团体是公元1世纪的一个犹太政治组织，疯狂反对罗马的统治，在公元66年的起义中扮演了重要角色，这次起义导致后来成为皇帝的提图斯在公元70年占领并把犹太人逐出耶路撒冷。

法用语言表达，可他们这么做时还乐在其中——权宜之计的外表下是冷漠及恶意——只有在此事上，我和克罗斯曼的看法是一致的，但他至少没有试图掩饰他的冷漠、恶意。[……]

你的

以赛亚

致哈罗德·罗森塔尔[1]

1974年11月7日［副本］

［沃尔夫森学院］

亲爱的罗森塔尔先生：

在《歌剧》创刊二十五周年纪念之际，您向我约稿，我深感荣幸。[2]我想，我可以写1916年在圣彼得堡首次听夏里亚宾演唱《鲍里斯》的感受，那时我才七岁；或写《费加罗》在伊斯坦布尔的一家剧院上演，第二幕发生在一座后宫（写这个是否会让我永远拿不到土耳其签证？）；或写在德国通货膨胀期间，西格弗里德的马匹吃了哈根的胡子（哎，这并非我亲眼所见，但尼古拉斯·纳博科夫说他亲眼看到了；

[1] 哈罗德·戴维·罗森塔尔（1917—1987），歌剧讲师、播音员及评论者，1950年《歌剧》杂志创办时成为哈伍德勋爵的助理编辑，1953—1986年任该杂志编辑。

[2] 伯林的文章为“令人难忘和印象平平的演出”，刊于《歌剧》第26期（1975），第116—120页。

我思忖，我写他所经历之事，是不是一种欺骗）。总之，估计我可以写一篇简短的搞笑文章，为彼得·霍尔的观点提供可怕的证据：他认为人们俨然对歌剧摆出一副屈尊的态度。可是，我的问题是，能否在圣诞节过后很快完成此文，582
因为还有一整个可怕的学期在等着我，但是我会尽量去完成，如果无法完成，我会提前告知。不过别抱太多指望！

[……]

您真诚的

[以赛亚·伯林]

致伊恩·威廉斯 [1]

1974 年 11 月 20 日［副本］

［沃尔夫森学院］

亲爱的威廉斯先生：

谢谢您 11 月 11 日的来信。至于决定论，我认为情况比人们普遍想的要更为复杂些。我不认为它只涉及不确定性——海森堡原则。即便我无法同时确定一个既定粒子的位置和速度，我也不认为那就是大家都能明了的随意或自

[1] 伊恩·迈克尔·威廉斯（生于 1958 年），当时是赫尔语法学校的一名学生，后来伯林得知此情况时，很是吃惊："他的校长，显然是一位善良、仁慈的人，他有理由［……］认为孩子应该受到鼓励"；伯林及时给阿兰·蒙蒂菲奥里写了一信（信写于 1975 年 3 月 4 日，此处先引用），帮他询问关于 A-level（英国高中课程——译注）的选择等。他后来（1977—1980）在巴利奥学院读 PPE 课程（哲学、政治学和经济学课程）。

由。波普尔的假设是，预测这种行为本身对预测的事件会产生影响，因为该事件在宇宙中有它自己的因果关系，这个假设可能更为中肯。然而，假设我被告知说，我的世界之外的人能够预测我做的每一件事，而这样一位观察者却没法预测他自己的行为，此事实并不能给我带来多少安慰。假设有人进入一个房间，给我一个密封的信封，叫我描述，比如说，我一刻钟内的所有经历，我的所见、所闻、所看、所想等，能讲多少讲多少；假设我讲完后，打开信封，发现里面精确地描述了我做的大部分事情，我当然会感到震惊，你不会吗？[1] 难道你不会觉得，你所相信的自由意志受到了严重影响？可是，我敢说，从理论上讲，除非决定论是经验性理论，否则它既无法被证实也无法被证伪。如果它是经验性理论，那么，（我认为）至少可以收集赞成或反对它的证据。[……]

您真诚的

583 [以赛亚·伯林]

[1] 伯林经常用这个思维实验来表明，如果让一个决定论者预测人们的内心活动细节，会有多么惊人的结果。然而，正如此处（以及别处）的陈述，此论点当然是有缺陷的，因为知晓决定论者试图做这件事后，人们肯定会改变事先经过预测的总体意识流，而实验对象被要求做的、对此意识流进行的描述也会受影响。在此案例中，需要重申的是，递交信封发生在预测之后，之前先预测了信封里所描述之事，对内心活动的编辑描述也发生在递交之前。还可以有进一步的改进和限定，在此就不详述了。

致麦乔治·邦迪

1974 年 12 月 9 日［副本］

［沃尔夫森学院］

［亲爱的麦克：］

［……］希望你参加了我们的揭幕典礼。可以说，一切顺利进行——但之前担心的慌张和偏差亦有出现。你知道的，沃尔夫森学院的人，一定会带一大堆亲戚、朋友、各种各样的客人来参加。麻烦在于不知道他们实际上会带多少人来。你的假设可能是一打人，有时到了最后一刻，他们带来两打人，这就给后勤带来很大麻烦。女王学院奠基时，他们带来了格拉斯哥的弗雷泽勋爵，他是位乐于合作的领导人，毫无疑问，艾萨克爵士二三十年前请了他：他是个红光满面、性情快活的老家伙，同其兴高采烈的妻子结伴而来。弗雷泽勋爵此次又出现在名单上，身份是保守党中央办公室主任。[1] 至少还有另外一位弗雷泽勋爵，在下次的典礼上肯定会出现［……］。他还邀请了特德·希思，但希思在最后一刻拒绝了，他不愿意在歌剧中扮演一位没台词的持长矛者。

还有更糟糕的：他还邀请了以色列大使及夫人，他们当

[1] 理查德·迈克尔·弗雷泽（1915—1996），1962 年受封爵士，1974 年成为终身贵族；1959—1964 年任保守党研究处主任，1970—1974 年任该研究处主席。我们没能查出另一位弗雷泽勋爵是谁。

然立刻就欣然接受了。[1] 迈克尔·布洛克，出于天真，在学院全体大会上解释说警察应针对此事采取安全措施，当时参加大会的有学生和其他各类人。[2] 一位印度夫人问大使是以何种身份参加典礼——“作为学院的客人”，迈克尔回答道，这个回答正确（所有来宾都是学院的客人）但不够完整。接着是一阵明显的寂静，气氛紧张——我不在场，否则我可能会解释说，这是沃尔夫森学院的节日，我们不想细查来宾们的政治面貌。没过多久，一位非常神经质的、强烈亲阿拉伯但并不爱国王的波斯人，在学院掀起了某种情绪。开始有人传播愚蠢的谣言，说要采取紧急的应对措施。揭幕典礼安排
584 在某个星期二。星期天，有人给迈克尔送来一封信，信的作者是一名女孩，她的教名那个月从谢拉变成了利亚姆（她是达拉莫一名矿工的女儿，而利亚姆是男子的名字），她是学院的在读研究生；信的大意是，虽然她并不特别喜欢示威游行，但是会有一场游行示威，很容易找到大量的阿拉伯人

[1] 吉迪恩·拉斐尔（1913—1999），原名鲁费尔，生于柏林的以色列外交官，1934 年移居巴勒斯坦；1940 年同努里特·韦斯伯格结婚，以色列独立后和摩西·夏里特一起创建了以色列外交部；“六日战争”期间任以色列驻联合国代表；1968—1972 年任外交部的总司长；1973—1977 年任驻英国及爱尔兰大使。

[2]“我们有学院［即全体］大会这种东西。它把每个人——勤杂工、学生、所有人团结在一起。他们没有行政权力，但是他们可以向管理委员会提出建议。管理委员会总是接受其建议，它的运行很顺畅。在骚乱期间，在大规模的学生闹事期间，他们完全不受其约束。其领头人在沃尔夫森学院。他说只要涉及该学院的事，他都不反对。如果每个人都那样的话……这不是批评。我们是理想的讲民主的学院。想想，它偏偏在我的管辖之下。真令人吃惊，我想。”（迈克尔·伊格纳季耶夫采访录音之二十七）

（他们为此在圣安东尼学院整装待发），他们会出现在游行队伍中，封锁堵塞那条长街，而沃尔夫森学院的人们、麦克米兰、各个学院院长等人必须沿着那条必经之路走过来。星期天晚上我电话伦纳德，警告他可能发生这种事，他向其父亲做了汇报，二人都非常紧张（请把这封信销毁——毕竟，学院的未来可能正处于紧要关头）。首先，艾萨克宣布说他不会来；后来伦纳德希望我同以色列大使吉迪恩·拉斐尔联系，说不定他突然觉得自己得了重感冒。“我是不是要告诉他，”我问道，“《泰晤士报》《卫报》肯定会做相关报道，倘若他来了，那些提及你名字的宣传报道会让你觉得尴尬？”我奉命让他们对此事完全没有兴趣，某种意义上我能理解为何这样做。后来我打电话给大使阁下，告诉他可能发生的事。我问自己，如果他说类似于“你是否希望我不要来”这种话时，我应该回答“是”还是“不是”。显然，我必须否认我宁可怎样——那样太可鄙、丢脸、不当、恶心了。可是，我打电话干嘛呢？告诉他沃尔夫森学院的人们不在乎后续宣传，我想。那样跟他说会不会合适？抑或什么也不说？难道人们不应该举止高贵、庄严，一切顺其自然？这些想法折磨着我，我焦虑到了极点，给他打电话，听到我的担心，他轻快地回答道，“哦，我们经常收到这样的通知。我会告诉我们的人，谢谢”——然后挂断了电话。我的烦恼就此结束，感觉好多了。

然后我派人把利亚姆叫来，同她谈了两个半小时。我解释说，我们不想反对沃尔夫森学院的朋友们，但她的朋友们对这整件事的了解有误。她被我磨得筋疲力尽，最后同意取消游行，一切顺利进行。麦克米兰发表了他最好的演讲之一——非常风趣、得体，尽管他有三分钟的时间记不起艾萨克·沃尔夫森爵士的名字——人们忍住没笑出来[1]——在他绞尽脑汁回忆、翻看笔记时，其同事和来宾都很好地控制住了自己——这非常符合传统、令人满意。谢帕·斯通和阿
585 兰·布洛克手挽手来了，然而坐在上座是希普斯先生[2]，我非常喜欢他；我认为他是个机灵、有趣的聪明人，表现出的沉着冷静值得赞扬，因为他的衣服那天早上被偷了，穿的是借来的奇怪服装（看在上帝的分上，别让他知道我跟你说了此事）。

现在一切又恢复了平静。我很快要退休，人们对此并未表现出过分的等不及情绪。媒体对沃尔夫森学院做了非常得体的报道——报道了建筑、人物以及学院的宗旨。《泰晤士报》的确大肆宣传说我们资金短缺[3]——这是真的，弄得伦

[1] 伯林此处原文为：fou rire。
[2] 戴维·希普斯（1916—2000），加拿大人权提倡者；第二次世界大战期间作为加拿大军队的一员在欧洲服役，荣获十字勋章；后为联合国教科文组织及其他机构工作，1959 年进入福特基金会，20 世纪 60 年代成为其在尼日利亚和突尼斯的代表；能左右基金会的决定，约在 1975 年发起大型国际人权项目；1976 年退休。
[3]“新学院资金短缺”，此为原话。该报的教育记者提姆·德夫林说：“以赛亚·伯林爵士［……］在揭幕典礼前跟我说，‘我们没有足够的资金资助任何学术研究’。”（1974 年 11 月 13 日第 18d—e 版）

纳德有点儿不高兴——我跟他说，那样也许会使得某个不知名的百万富翁给我们捐点儿什么，我的努力招致了以下评论："我宁可别人嫉妒我，也不愿别人同情我。"我后来想，如果我只有这两种选择的话，我会选哪个呢，应该是后面那个吧。然而，我敢说，人类都可以分成这两大类。

来看看我们学院吧，如果可能的话，趁我还在任，即3月15日之前来，如果来不了，就在那之后来，真的值得你来看看，即便只是瞧瞧这儿的建筑。20日罗斯特罗波维奇[1]将免费为我们演奏，票房收入用来创建学院音乐社。因此，我们至少有个很好的开局。我希望你能出席，但我想这是不可能的事。索利·朱克曼给我们发了一封非常亲切的电报，祝贺我们的揭幕典礼。作为回报，我将邀请他参加4月24日英国社会科学院的宴会——如果你在欧洲，也请来吧。你将美美地享受以下乐趣：听我咕哝一大堆考究的话，还可以听到首相的发言，你能拒绝掉这些吗？

我们国家真的处于困境当中。不管短期内会发生什么，美国人因足够热爱生活、充满生命力，加上拥有各种资源，他们会重新振作并朝某个方向前进——我对此坚信不疑。德

[1] 姆斯蒂斯拉夫·列奥波尔多维奇·罗斯特罗波维奇（1927—2007），后（1987）成为KBE（英帝国爵级司令勋章）阁下，俄国大提琴演奏家、钢琴演奏家和指挥家，1956年去西方国家巡演，1957年被莫斯科音乐学院任命为大提琴教授。他在1970年公开支持亚历山大·索尔仁尼琴，导致自己被放逐，1975年离开苏联前往美国，1977—1994年期间在华盛顿特区任国家交响乐团的音乐总监和指挥。他在沃尔夫森学院举行的音乐会包括三首巴赫的无伴奏大提琴组曲。

国人亦如此。我认为人们夸大了法国人未来的光明前景。至于我们国家，我真的宁可不说什么——至少这一次，我处于和乔类似的境地。最后，我敢说，所有的预言都会成真——然而，我们会比乔所预言（这是个好词）的更早遭到报应。

代向玛丽问好。

非常爱你的

586 [以赛亚]

致 F. T. 戴维斯 [1]

1974 年 12 月 13 日［副本］

沃尔夫森学院

亲爱的汤米：

［……］我只能遗憾地说，现在没有一个院长有权让任何人进他的学院。古老的奖励模式过去还苟延残喘——比如，莫德林学院的院长过去还有三个名额，他可以把它们给老朋友的儿子等，但即便这个权力也已成为历史。据我所知，在任何一个学院，均由各委员会进行招生，而院长甚至不在委员会名单中（比如，瓦德汉姆学院）。汉普希尔很高兴提供帮助，但他真的爱莫能助。我猜，那些权贵如伍斯特

[1] 弗朗西斯·托马斯（“汤米”）·戴维斯（1906—1988），情报官员及实业家；自 1937 年起进入考陶尔德学院董事会；1938 年主动提出做情报工作，后被委派到特殊行动执行局，加强了与在美国同行的情报联络。

学院的弗兰克斯勋爵、林肯学院的特伦德勋爵，[1] 还有其他勋爵可能当招生委员会的主席，然而，大原则是招生导师负责一切，人们必须向他提出申请。你的荷兰朋友可能不相信这些，然而事实如此——我曾不得不为此写信给艾琳在法国的朋友解释，他们觉得难以置信；还曾就研究生招生问题写信给我自己在美国的朋友（比如，给乔治·凯南以及至少一位参议员写过）。他们不相信，然而这是真的，在此方面，牛津大学比剑桥有过之而无不及。世上没有任何理由不让瓦德汉姆学院以正常方式拒绝一名男孩，然而圣彼得学院也许是更好的选择——指对学术方面并非特别强的人而言。那个学院的院长亚历山大·柯克兰［·凯恩克罗斯］爵士 [2]，曾是财政部的专家，感觉自己肩负着国际义务，如果你认识任何曾在财政部工作过的人，比如谢菲尔德勋爵 [3]，可以告知他你的情况——我只能做到这样了。这就是我们目前生活其中的时代——想当初，在 20 世纪 40 年代鲍拉当院长的黄金时光里，就连我，新学院的一名小人物，都能让一名荷兰青年进入瓦德汉姆学院学习，那青年的父

[1] 伯克·圣·约翰·特伦德（1914—1987），1962 年受封巴思高级勋爵，1974 年受封终身贵族；1963—1973 年任内阁大臣；1973—1983 年任林肯学院院长。
[2] 亚历山大·柯克兰（“亚力克”）·凯恩克罗斯（1911—1998），1967 年荣获圣迈克尔和圣乔治勋章；1961—1964 年任英王陛下政府经济顾问；1964—1969 年任政府经济局的主席；1969—1978 年任圣彼得学院院长；1972—1996 年任格拉斯哥大学名誉校长。
[3] 罗杰·迈金斯（见原文第 233 页注 4）。

亲是我父亲的生意伙伴，但那些可爱的旧时光早已一去不复返了。

你的身体好吗？去年夏天你没来，波托菲诺成了伤心之地。你又因蚊子而不来吗？不希望这样。

你的

587 [以赛亚]

致诺埃尔·安南

1975年1月13日

海丁顿宅

亲爱的诺埃尔：

[……] 因为沃尔夫森学院的课程——课排在星期二下午五点——我本月以及下个月都不能来柯芬园董事会。有件事也许可以在我不在时解决（也许到时已庭外和解了，但如果你去问问图利，我将不胜感激）。我预定了一个本月21日的包厢，并邀请了十一位客人。今天，我被告知，我们的新代言人威尔士亲王，那天晚上会大驾光临，我是否要让步？当然只要让步——除了那么一两个上了年纪、身份高贵的不适合待在那个像铁路卧铺车厢一样的地方，我猜我可以把其他所有人拉到国王的吸烟室去。当然，我做出让步时尽量显得有风度——你还能怎样呢，为了柯芬园的利益等，我“很高兴”这么做。我想，是否这需要事先通知？这么说吧，把平民甚至贵族撵走前，王室人员至少需要提前多少时间通

知？加勒特可以毫不费劲地建立一套学说——克劳斯[1]呢，我想，可能要加勒特勋爵或你的“引导”——和塞恩斯伯里[2]保持一致，我们知道，他**非常**重视这类事情。请一定提及这件事，并说我跟往常一样急切地想合他们的意，但是需要同王室谈谈某些规定。以下两件事令人担忧：(1) 我们的王室爱上音乐了；(2) 他们的日程安排中有了一些不必要的闲暇时段。(我不是在抱怨。我比过去稍稍更拥护共和政体了。)

你永远的

[以赛亚]

致诺埃尔·安南

1975 年 1 月 16 日星期四［手稿］

海丁顿宅

亲爱的诺埃尔：

我改变主意了，我恳求你，别提以下问题：在预订包厢

[1] 克劳斯·阿道夫·莫泽（生于 1922 年），1973 年受封巴思高级勋爵，后（2001）受封终身贵族，生于柏林，英国统计学家、公务员；1961—1970 年任伦敦经济学院社会统计学教授，1970—1975 年为客座教授；1967—1968 年为中央统计办公室主任、政府统计局主任；1974—1987 年接替德罗希达勋爵任皇家歌剧院董事。

[2] 约翰·达旺·塞恩斯伯里（生于 1927 年），后（1980）受封爵士，1989 年受封终身贵族；1967—1969 年任 J. 塞恩斯伯里公共有限公司副主席，1969—1992 年任主席；1969—1985 年任皇家歌剧院总监，1987—1991 年任主席。

前，王室应该给出什么样的事先通知。即便人们认为关于此
588 事我有那么一点点小题大做，我都会感到非常尴尬。德罗希达夫妇经常因肯特公爵夫人、女王母亲等而不得已迁往他处——把自己卷入一些无聊的传统礼节问题是要付出代价的。如果我更拥护共和政体，是出于个人的不满：不是出于什么伟大的动机。所以请什么也别说。[……]

以赛亚

致 I. F. 斯通

1975 年 2 月 13 日［副本］

［沃尔夫森学院］

亲爱的伊兹：

自从上次在牛津见过你后，我一直带着赞同和钦佩之情阅读你发表在《纽约书评》上的文章。确实，在尼克松问题上，已达成了广泛共识。除了谈国家自我净化以及一个新开端，如此多本来意见不一的人在道德上团结一致（还产生了合乎情理的共同愤慨，这很难得），仅仅这个事实，对恢复越战梦魇后自己同胞中正派人的信仰就起了很大作用——尤其你，发现自己是绝对的多数派——统一战线——当中的一员时，肯定有种不可思议的感觉，统一战线由优秀人物和普通人、激进派和保守派共同组成，这种事只发生在革命期间，或感觉宣战是正义的时候（众所周知，后来发生的往往变成了另一回事）。你最近那篇关于中东的文章，确实让我

不安，倒不是因为它里面的论点，我个人赞同那些观点，然而，谈及犹太人该或不该做什么时，文章的语气以及它的含义让我吃惊。你抗议罗伯特·塔克先生[1](且不管他是谁)或你提及的另一个人的观点，因他们认为占领阿拉伯部分海岸并攫取油井是可能的，也许还是可取的，我很能理解你的抗议；你反对以色列或美国的鹰派，担心他们联合起来，担心先发制人的战争，担心阿拉伯人的领土被掠夺，等等，这些我都理解；你认为这样做愚蠢、危险，属于古老、邪恶的炮舰外交法，而且，当然会对如此行事的人起反作用。关于这些我都没有不同意见。我同意那些建议是危险、错误的，会煽动侵略行为，因此我亦希望《评论》没采用那篇文章。

可是，你说他们不应刊发这篇文章，因为这份期刊是美国犹太人协会发行的，说此种态度可能煽动反犹太主义；总之，不应该由犹太人来倡导乃至发布这些政策——我不 589
同意。我简直无法相信你会这么想。难道不正是同样的想法，1939—1940 年让许多身居高位的美国犹太人内心感到恐惧，担心若过于强烈地反对希特勒，会被别人认为是好战者——担心人们指控他们把美国拖入一场犹太战争？我很清楚地记得在 1941 年美国参战前，我同已故的海军上将刘

[1] 罗伯特·查尔斯·塔克（1918—2010），在哈佛受过教育，美国政治科学家及历史学家；1962—1984 年为普林斯顿大学政治学教授以及国际关系学 IBM 讲席教授；1963 年成为普林斯顿大学俄罗斯研究项目的创始主任。

易斯·L. 斯特劳斯[1]的谈话，他积极支持老上司赫伯特·胡佛[2]，倾向于赞同美国优先委员会[3]，虽然他也许不像罗森沃尔德[4]那么偏激，当时罗森沃尔德的立场极不光彩。也是在那一年，林德伯格[5]提出了同样的论点，警告犹太人不要煽动美国卷入战争，那场演讲理所当然地毁了他的政治前程。你是否真的坚持认为，就因为某人是犹太人，即使他认为某一假定路线是正确、有利或值得探讨，也不应该把它说出来，因为那会引起某些圈子的敌意？我坚信，你不会用这种论点去警告犹太人吧？德国、俄国、美国的犹

[1] 刘易斯·利希滕斯坦·斯特劳斯（1896—1974），1917—1919 年在比利时同赫伯特·胡佛的救济委员会一起工作；1929—1941 年为库恩—洛布财团的合伙人；1941 年为美国海军军备局海军预备军官；1945 年 11 月成为海军少将；美国核武器计划的主要倡导者；对朱利叶斯·罗伯特·奥本海默怀有强烈的敌意及不信任感。
[2] 赫伯特·克拉克·胡佛（1874—1964），1929—1933 年任第三十一届美国共和党总统；第二次世界大战期间强烈反对美国介入欧洲战事；但是在珍珠港事件后号召大家去取得全面胜利。
[3] 美国优先委员会：一场全国性运动，鼎盛期有八十万人参加，致力于强烈反对美国卷入欧洲战争；该组织在法国沦陷后成立，珍珠港事件后被解散。
[4] 莱辛·朱利叶斯·罗森沃尔德（1891—1979），商人及艺术收藏家；1913 年同伊迪丝·克莱门汀·古坎德结婚；接替他的父亲朱利叶斯·罗森沃尔德，1932—1939 年任零售业巨头西尔斯百货公司的主席；1940 年 9 月美国优先国家委员会成立后不久就加入了该委员会。
[5] 查尔斯·奥古斯特·林德伯格（1902—1974），美国飞行员，1927 年进行了首次单人跨越大西洋的飞行。他饱受批评，因为他代表美国优先委员会进行了各种活动，尤其因为他在 1941 年 9 月 11 日艾奥瓦州得梅因的一次演讲中有反犹言论："我们国家的各个犹太组织不应该鼓吹战争，而是应该千方百计反对战争，因为他们将是品尝到战争后果的第一批人"；宽容"会输给战争和破坏"。（《华盛顿邮报》1941 年 9 月 12 日第 13 版）

太资产阶级过去常常警告犹太人，不要成为社会主义者或共产主义者，因为那等同于犹太人支持颠覆活动，会危及整个国家。我反对为了油井侵犯阿拉伯部分海岸，理由是，不管它是谁的倡议，那样做在政治上是愚蠢、危险的，道德上是错误的。然而，如果有人认为那样做在政治上有利/或道德上正确，不管此人的观点多么错误，因为他是犹太人，怀疑他会有“好处”，担心他会惹恼大多数人，就命令他保持沉默，这在我是完全不能接受的。（尤其是）你，不能持有此观点，因为你相信思想的自由、表达的自由。[……] 590

我知道，美国犹太人某些圈子表现出的沙文主义让你生气；以色列的宗教政党拒绝承认他们对阿拉伯人做了恶事，这让你觉得无法忍受，我也一样；你担心再次发生大屠杀，你认为犹太鹰派及美国鹰派正在加大此种可能性。然而，不论对犹太人还是对阿拉伯人，都要公平公正；在约旦河西岸一个阿拉伯国家的边缘讨生存，不论是阿拉伯还是俄国的外国部队，都可以进入该国，这即便对以色列的生存来说都不是什么好兆头，更不用提如何正常发展了。然而，你并不认为，即便对以色列鸽派中最最温和的人来说，此事也非常堪忧；你亦不赞同以下看法：倘若把约旦河西岸、加沙地带等还给阿拉伯人，真的极有可能在可以预见的将来带来和平，以色列犹太居民中的大多数会同意这么做的。我认为你有种感觉，犹太人或犹太复国主义者犯了罪孽，因此他们必须表现得特别好——要比一般人更好——需要的话，[1] 甚至采取毁灭性的方法——目的是为了避免霍布斯定律，即任何事均胜过暴力死亡；也为了按照以下原则生活，即完美的正义胜过生存或其他一切。这真的会是你的观点吗？

[……] 不论从道德还是从功利的角度看，以色列对待阿拉伯人的态度还有很多要改进的地方。我并没有忘记以色列对代尔亚辛村的大屠杀或对凯比亚村的袭击，[2] 也不认为阿拉伯人的暴行可以掩盖我们对那些事件的责任，事实上，我在报刊上也说过这些。可是，我从你的字里行间察觉到紧张情绪，你觉得不出所料，犹太人又开始行为不端了；需要不断监督他们，以防他们又结交了错误的朋友（此次是和并不在乎以色列而只在乎美国和石油的异教徒结交）；若犹太人没有达到某道德标准，你就想谴责他们，而对其他人则无此道德要求；你认为自己是犹太人，有权利说这些，还认为，你为他们感到羞愧，且在公众场合把此感受告诉每个人，是正确的。我觉得你这样做对他们不公平。我刚从以色列国回来，不管怎样，这是一个非常民主、开放、人性化的社会，在公共场合可以听到猛烈的批评，而在中东的其他国家，如果人们这么做，可能会被关进监狱，有时还被弄死。大多数人的思想倾向，跟占少数的鹰派非常非常不同，这些

[1] 见原文第 278 页注 1，第 335 页注 1，第 555 页注 2。
[2] 见原文第 486 页注 2 和注 3。

鹰派给了巴解组织[1]可乘之机；他们已经准备好做出巨大的让步，同正锐意毁灭他们的阿拉伯人和平共处。然而，以色列被阿拉伯人、激进主义者、无处不在的共产主义者描述成“法西斯”、“罪犯”，应该被立即消灭，而这些人，即便 591
萨特、西蒙娜·德·波伏瓦[2]、让·丹尼尔[3]，以及除了法国左翼极端分子外的所有人，都觉得他们令人恶心，最终都反对他们。在美国的犹太人中，我觉得，也只有乔姆斯基和阿伦特小姐真的这么想，我认为这是一种自我诱发的虚荣和无知，令人失望。你不是这样的，不管你说了什么，我都会继续读你的文章，因为我个人非常喜爱、非常尊敬你，但我认为——在这个问题上——你真的错了。我知道，你并不像肖勒姆义正词严地指责汉娜·阿伦特那样，极度缺乏同情心。

[1] 巴勒斯坦解放组织：巴勒斯坦各个阿拉伯组织组成的联盟，1964 年成立，目的是消灭以色列、建立独立的巴勒斯坦国；渐渐变成由法塔赫领导，参与了游击队和恐怖组织对以色列的袭击，他们从约旦、后来从黎巴嫩这些巴解组织的基地发动袭击。

[2] 西蒙娜·德·波伏瓦（1908—1986），法国存在主义哲学家、小说家及女权主义者；《第二性》（巴黎，1949）的作者，让·保罗·萨特的终身伴侣；他们都是欧洲某个知识分子组织的成员——其他成员包括让·丹尼尔、雷蒙·阿隆——他们最近宣布，除非联合国教科文组织撤销它的 1974 年 11 月决议，否则他们不参加其组织的一切活动，1974 年 11 月决议由阿拉伯国家和华沙公约国家提出，实质目的是赶走以色列——借口是它的考古工作正在毁坏耶路撒冷的历史建筑。

[3] 让·丹尼尔（生于 1920 年），原名让·丹尼尔·本赛德，生于阿尔及尔附近卜丽达的一个西班牙裔犹太家庭；1944—1945 年同勒克莱尔将军并肩战斗；后来成了一名记者，为《信报》全程报道了阿尔及利亚的战争；1964 年同别人一道创办了左翼周刊《新观察家》，成了编辑部主任和一名专栏作家。

那么，你为什么要说那些不公正的话呢？

你永远的

[以赛亚]

致莫顿·怀特

1975年2月22日［邮戳日期？］

［海丁顿宅］

亲爱的莫蒂：

［……］英国社会科学院，恐怕是由我“挂帅”了，我很想告诉你它的内部运作情况——那些来自苏格兰和北爱尔兰大学的社会学家，对社科院里没有他们的代表感到不满，给我带来了可怕的压力——当然，也有来自社会学界的压力：毕竟，我们英国应该大概有三千名社会学家，他们当中有多少人是英国社会科学院的成员呢？想尽办法、付出极其艰辛的努力后，有了第一位成员（名叫格拉斯的人口统计学家，令人讨厌但非常能干），后来，经过更多的艰苦努力，有了可商榷的盖尔纳，可哲学组拒绝把他纳入自己的队伍。举行的会议跟你想象中的非常相似——稍显浮夸，人们低声说话，各个学科之间、各位代表之间半遮半掩地抑制自己的偏见和敌意；有时也搞笑，对此你我都习以为常了。我最恐惧的是“宴会”上一年一度的可怕演讲，首相会作为贵宾出席——我干不好这类事，根本做不来。上帝！与此同
592 时，牛津大学也发生了好些令人兴奋的事：关于伟大的布

托[1]引发了争议——牛津大学理事会忽然精神失常，授予这位巴基斯坦总理一个学位；我的同事贡布里希，老贡布里希的儿子，谴责说这是把荣誉授予一位他认为满手血腥的暴君，即便他并不对达卡大屠杀[2]负有直接的责任，他也是位名誉有损之人，因为他在某种程度上默许了此事的发生，该屠杀导致了许多教授的死亡，而他因为个人或职业的原因（他是个梵语学者）认识这些教授。他得到了赫伯特·哈特的大力支持。站在另一方的是整个学院，包括特雷弗—罗珀（布托是他的学生）以及那些声名狼藉的家伙，他们认为牛津大学不应该授予他学位，但既然授予了，就不应该收回——还有一些人指责牛津大学虚伪——既然我们把学位给了杜鲁门（长崎）[3]，塞尔温·劳埃德（苏伊士）[4]，甘

[1] 佐勒菲卡尔·阿里·布托（1928—1979），1950—1952 年就读于基督教会学院法律专业，1971—1973 年任巴基斯坦总统，1973—1977 年任总理，1979 年被处死。在 1975 年 1 月 21 日的礼拜会上，沃尔夫森学院研究员理查德·贡布里希反对授予他荣誉民法博士学位的提议，此事后来进行了投票表决（参见后注）。

[2] 1971 年 3 月 25—26 日晚上，在针对东部巴基斯坦分离主义运动的行动中，巴基斯坦军队屠杀达卡大学的学生和教学人员，因该大学是政治抗争的中心；3 月 26 日东部巴基斯坦宣布独立，引发了武装斗争，结果是孟加拉独立。

[3] 杜鲁门总统下令对长崎使用原子弹，于 1945 年 8 月 9 日投放，距 8 月 6 日在广岛投放第一颗原子弹仅三天。是否有必要投放原子弹及其涉及的道德问题引发了很多争论；杜鲁门 1956 年在牛津大学获得了荣誉民法博士学位。

[4]（约翰）·塞尔温·布鲁克·劳埃德（1904—1978），后（1976）受封终身贵族，保守党政治家；1955—1960 年任外交大臣，1960—1962 年任财政大臣，1963—1964 年任下院领袖。劳埃德之前赞成通过协商解决苏伊士运河危机，但是他衷心拥护安东尼·艾登首相的军事冒险行动；1960 年被授予牛津大学荣誉民法博士学位。

地夫人（那加人）[1]，为何忽然对布托耿耿于怀？也许我们应该干脆停止授予政治家学位（我赞同），但既然我们这么做了……接着是许多骚动、投票，反对授予布托学位的票数多出两票。后来发现有两名在场人士没有法定的投票权[2]——结果，双方票数均等：校长当时让人宣布平局，他本来可以，也应该打破这个平局，但事后这么去做是不合法的（人们不能事后知道结果了再投票）。接着是更多的会议、更多的骚动、更多的媒体报道、更多的老朋友断交——有点儿像
593 当地的慕尼黑或苏伊士运河危机。我一点儿都不兴奋，舒服地在一旁观望，思考着这整件事情，恐怕还非常乐在其中。正是此类事情让各大学变得可笑，即便法律上的细节掺杂道德因素，而道德标准却在此事上起到了全部作用，这是从未有过的。然后，古德曼勋爵[3]被任命为大学学院院长：他友

[1] 英迪拉·甘地（1917—1984），印度女政治家，贾瓦哈拉尔·尼赫鲁的独生女；分别于1966—1977年、1980—1984年任总理。1966年2月，她刚上任后不久，就同那加人的领导人见面，试图永久结束他们十年来的独立斗争（那加兰邦在印度的最东北端，同缅甸接壤）。然而，谈判破裂，该地区实行了戒严令。甘地夫人在1971年被授予牛津大学荣誉民法博士学位。
[2] 1975年2月11日，牛津大学教职员大会以155票对153票反对授予佐勒菲卡尔·阿里·布托荣誉学位。后来发现多数票中有两票是两名研究生所投，他们并不知自己无权投票。2月25日进行了重新投票，投票人数以及反对布托的人数（239票对183票）都急剧增加。后来，在1985年1月，授予首相撒切尔夫人荣誉民法博士学位的提议以738票对319票被否决后，牛津大学开始停止授予在任的政治家荣誉学位。
[3] 阿诺德·亚伯拉罕·古德曼（1913—1995），1965年受封终身贵族，古德曼·德里克律师事务所的创始人兼顾问；1972—1978年任皇家歌剧院的理事；1976—1986年任大学学院院长。

善、能干，是个了不起的协调人，无私、非常有趣，身材高大——会受到大学生的热烈欢迎，受到导师们的欢迎，但不会受到其他学院的院长们的欢迎，我怀疑他自己也不会觉得待在这儿很愉快。他的世界里都是勋爵、房地产开发商、右翼工党议员，以及快乐、放荡不羁的非上层人士；至于他是否能愉快地适应迂腐、自大、权威霸气十足还很托罗洛普（英国小说家——译注）式的牛津气氛，我非常怀疑——但也许他可以。毫无疑问，我们现在可以为音乐、戏剧、大学学院，甚至牛津犹太教堂争取到更多资金。他是个热心肠的犹太人，对此毫不掩饰，热爱伦敦、热爱以色列、热爱社团组织，而且还真的会开非常滑稽的玩笑。不管怎样，这是一项非常奇怪的任命，但并非不光彩（除非，你像我一样，相信所有此类的任命原则上应该给学者，或至少给知识分子；我的确相信应该这样做，但我想我属于少数派——在此种情况下什么是光彩什么是可耻，我想，取决于我们**文化圈**[1]的共识）。

很高兴听到史蒂夫和尼克的消息。毕竟，在我们的生活中，最最让我们牵挂的还是自己的孩子——不要阻止他们从事学术研究。到处充斥着虚伪。有些人能够保护自己不卷入其中，通过潜心钻研某个学科，洁身自好，过体面的生活。

[1] 伯林此处原文为：kulturkreis。这个词语同 20 世纪初期文化人类学维也纳学派有关联，他们认为文化及科技方面的进步从创新中心向外扩散。

而另外一些人，比如你和我，却被周围世界的任何风吹草动所惊扰。你的孩子们很可能属于前面那种人。

你的

以赛亚

致伯纳德·威廉斯

1975 年 2 月 24 日

海丁顿宅

亲爱的伯纳德：

无论如何，一定要来观赏《奥涅金》啊［……］。至于《玫瑰骑士》，当然是庸俗之作。（对于用这类术语思考的人来说，该词有某种很清晰的含义，任何对生活或艺术进行有
594 意识思考的人都难免用此类词语［……］。斯特劳斯写的任何作品都无法完全摆脱庸俗，这句话也适用于马勒、拉赫玛尼诺夫，以及那个时期整个中欧—斯拉夫的艺术世界，直到斯特拉文斯基、康定斯基、包豪斯学派等带来一股猛烈、冷酷的新蛮族之风——这里的中欧，因为这些原因，包括了意大利。我完全理解人们对维吉尔·汤姆森[1]的新法—俄音乐的热情，该音乐被认为是一场“净化风暴”，因之前是瓦

[1]（加尼特）·维吉尔·汤姆森（1896—1989），美国作曲家。他从哈佛毕业后，住在巴黎，同斯特拉文斯基、科克托、埃里克·萨蒂及“六人组”作曲家们有接触，同格特鲁德·施泰因有艺术方面的合作；1937—1951 年任《纽约先驱论坛报》的首席音乐评论家。

格纳的继承者虚张声势的后浪漫主义音乐，给人无比窒息、幽闭和恐惧之感。我更喜欢那个时期格拉纳多斯[1]和里姆斯基—科萨科夫美如风景明信片的音乐。）[……]

你的

以赛亚

牛津大学决定不授予佐勒菲卡尔·布托荣誉学位，这一决定让其推荐人休·特雷弗—罗珀感到羞辱，他指责在教职员大会上的失败是因为“左翼和犹太人”[2]，它导致了与以赛亚·伯林的一次尴尬的交易。

致彼得·盖伊[3]

1975年3月4日［副本］

［沃尔夫森学院］

亲爱的彼得：

非常感谢你寄来的致特雷弗—罗珀的信的副本。我亦写

[1] 潘塔莱翁·恩里克·乔奎因·格拉纳多斯·坎皮纳（1867—1916），西班牙钢琴家和作曲家，他吸收了加泰罗尼亚和西班牙的民间音乐传统，创作出了独具特色的民族音乐。

[2] 克里斯托弗·希金斯，“布托先生注定失败的努力”，《新政治家》，1975年2月28日，第272页。

[3] 彼得·盖伊（生于1923年），原名彼得·约阿希姆·弗罗利希，生于柏林的美国历史学家，他的家庭在1939年逃离纳粹德国，定居美国；1962—1969年任哥伦比亚大学的历史学教授；1969—1984年任耶鲁大学欧洲比较思想史教授，1984—1993年任历史学斯特林讲席教授。

信给他，并收到了回信。当然，他谈到了自己的亲犹太主义，说不明白为什么关于一个事件的原因所做的社会学假设不能被公开，等等。他还详述了自己对“潜意识”动机的思考。这一切非常令人难以置信，而且，我认为他的情绪失控令人恐怖——它告诉我们许多他自己的而不是他人的潜意识状态。我会给他回信，顺便告诉他关于左翼的逸事：有人说《新政治家》杂志的编辑[1]同布托先生共度圣诞。很高兴收到你的来信。

你永远的

595 [以赛亚]

致休·特雷弗—罗珀

1975年3月4日［手稿］

海丁顿宅

我亲爱的休：

谢谢你的两封来信。自从写信给你后，我发现自己在保护你免遭反犹太主义、种族主义等类似的指控，这些指控更多来自非犹太人，而不是犹太人（只有两三个犹太人就此事跟我谈过）。碰巧我先后走访了两个（本科生）大学教员办

[1] 安东尼·米歇尔·霍华德（1934—2010），记者及播音员；1961—1964年任《新政治家》的政治记者；1965年任《星期日泰晤士报》的白厅记者；1966—1969年任《观察家报》驻华盛顿记者，1971—1972年为该报的政治专栏作家；1970—1972年为《新政治家》的助理编辑，1972—1978年任该杂志编辑。

公室，他们都就此展开了讨论，他们大部分是些什么人，我一无所知。我不像你那样能欣赏（原谅我——我忍不住这样说）犹太人，我在这些陌生人面前为你辩护，理由是我知道你没有那些反犹情绪，因此，你使用那些归到你头上的词语时没有充分估计到它们可能产生的后果。我不敢肯定，最后这句话是我的真实想法——我无法让自己相信，你不知道如今把“左翼”和犹太人二词相结合会产生历史联想——其至少始于《法国犹太人》[1]那个年代，而从德雷福斯案到皈依法西斯的奥·莫斯利爵士的行为，人们已不再追究——因此，使用此类客套话时，即便它是对某个情况的真实写照，也可能充满挑衅、语气不当。也正是这种情况，让我做出回应——倘若那些导师们的愤怒还不成气候，不用反应过度，而我说的那些导师，据我所知，没有一个是犹太人——我过去、现在都会这样做。你说，如果某件事是真的，为什么不能公开呢？许多事情都是真的——私人情感，“潜意识中的”动机——这些都不应被公开，这样才能保持体面，避免无端的残忍——我相信你是同意的。然而，在此事上，我怀疑你对事实的陈述，想同你辩论一番。你说，开口反对布托的人中，大多数是犹太人：兰伯特？格雷顿？埃尔文？你真的把列维神父也称作犹太人吗？如此算来，只有哈特和那个

[1]《法国犹太人：当代史随笔》（两卷本，巴黎，1886），爱德华·阿道夫·德吕蒙（1844—1917）的高调排犹作品，他是反德雷福斯派中的领军人物。

神秘的本特利了。我亦不相信，对犹太人或其他任何人实施的大屠杀是出于“潜意识”，然而，倘若说是出于意识，是为了让人们对以下指控反应敏感：如一些政府或组织被指控与发生在越南、非洲或其他地方的大屠杀有关联，不管这些指控是对还是错。这属于如何解读的问题。我再说一遍，我没觉得你有任何种族歧视倾向，且从未对此有过任何怀疑。但是，我想，是否在某种状态下，你并不（也许是“下意识地”）把人们分为君子和其他人两类，把犹太人和左翼（除了一些明显的例外）归入“其他人”中。这么做影响到了你
596 那（我还是这样想）令人遗憾的分析，并造成了你是一名“犹太监督者”的印象。当然，我接受你说的一切，就你我而言，这件事到此为止吧。唉，我周四没法去那儿，因为我发现自己早就已答应带三名客人去柯芬园——我已在几个星期前写信给 J. C.，表示了歉意。我担心此事还会继续产生反响，但我已无所谓了。

你永远的

以赛亚

附言：有人告诉我《新政治家》杂志的编辑同布托先生共度圣诞，那个阿贝·巴鲁埃尔[1]，善于捕捉新闻、披露消

[1] 阿贝·奥古斯丁·巴鲁埃尔（1741—1820），法国大革命期间流亡英国的法国耶稣会牧师，他认为法国大革命是百科全书派、共济会会员以及光照派教徒的一

息的人，会如何报道此事呢？希望你身体好些了。

伯林于1975年3月中旬（3月15日）卸任，不再任沃尔夫森学院院长。学院举行了晚宴，戈弗雷·林哈特和伯林都发表了演讲。一名初级研究员、一名研究生（该生还试图用语言表达伯林当院长期间他就读该学院的感受）和伯林的院长继任者还表演了音乐节目。

致亨利·哈代

1975年3月15［应是16］日［手稿］

沃尔夫森学院

来自（前）* 院长

亲爱的亨利：

如果说你的信让我感动，甚至说让我动容，都过于轻描淡写了。我们大家平时都避免带上任何感情色彩，或者说避免哪怕是一丝丝明显的情感流露，但感情总是难以阻挡。你的信对我意义重大，我无法用语言表达，即便对自己也难以言尽；我对你充满了无限感激，不仅仅感谢你的这份情感表达，用语言表达情感并不容易，我对一切都充满感激，尤其感谢你，也感谢沃尔夫森学院所有你那些至交好友：感谢他

个反基督教阴谋；他的法文版《回忆录：阐述雅各宾主义的历史》（与英文版一起在伦敦出版，1797—1798）一书阐述了此观点。

们为学院的付出——特别是——为我的付出。人心的温暖、道德和理性的自然流露、正直、诚实、洞察力、坚定不移、认准目标的高贵、公德心以及纯粹的人类尊严，这些都不可替代。我全心全意地向你表示由衷的感谢。说实话，在我漫
597 长的一生中，沃尔夫森学院的这段经历最美好、最幸福，而且，我必须承认，也最快乐。在我那如同声音嘶哑的拨奏曲一样的告别演说中，我本应提及：那些研究生是多么优秀，我真是这么想的，他们就像奇怪的飓风、突如其来的旋涡、急流以及其他一切；我认为，我们学院真正避免了其他机构貌似常有的紧张、分裂、怀疑、内讧等；我认为，那些声称我们有以上麻烦，甚至去制造这些麻烦的人只是微不足道的极少数人，而即便是这些人，面对面碰到时，也会发现他们是非常善良的好心人，只是（有些）思维混乱而已。我是不是过于沾沾自喜了？我怀疑是这样。若果真如此，你要纠正我。不管怎样，我在沃尔夫森学院的日子非常快乐：我更加努力工作，经历了许多改革事件，在许多情况下感受到了强烈的情感，然而，我从未如此快乐过，从未如此喜欢、尊敬过这么多人，或者说，我只觉得自己生活在一个非常温暖、甜蜜的人类社会中。该打住了。只是想说我（和艾琳）现在、以后都一直对你所做的一切充满了无限感激：非常感谢你那简直是令人难忘的来信，我们应该继续合作——那是我快乐的源泉。

你的

以赛亚

*写于深夜。

附言：音乐剧《数字》[1] 是部杰作，只是我从未在“情报机关”待过——区区“情报处”而已——一个渺小得多的部门。 598

[1]（指伯林卸任晚宴上的音乐会演出——译注）人们给《名人录》中关于伯林的部分词条配上音乐，乐曲出自莫扎特《魔笛》的帕帕盖诺 / 帕帕基娜二重唱。鲁斯·帕德尔（生于 1946 年，1973—1981 年任沃尔夫森学院古典文学专业初级研究员）饰演帕帕基娜，亨利·哈代饰演帕帕盖诺，哈利·费希尔钢琴伴奏。其中一行是“情报机关的战时服役经历”，这确实错了，后来更正为“英国情报处的战时服役经历”（http：www.wolfson.ox.ac.uk/~hardy/dugpubs/tunes/tmr/Tracks18.wma）。

附　录

在越南问题上采取的立场

此文谨为回答两个问题：美国入侵越南，你是赞成还是反对？在你看来，如何解决越南国内争端？

我对自己在20世纪30年代中期的感受依然记忆犹新——当时我全力支持西班牙共和政府，这一态度至今未变。我希望自己在越南问题上能够同样做到爱憎分明，毫不含糊。我不知道战争会以何种形式结束。或许从一开始，美国人把军队派往越南这一举动本身就已酿成大错。我希望此事一开始就交给越南人，让他们从自己的利益出发自行解决。在我看来，越南似乎在真诚呼吁，反对他国干涉其内政。但目前这个时候，我并不希望美军撤退，因为它可能导致对美国盟军和盟友的大肆屠杀——完全可能——不问真假，一旦发现，格杀勿论。不错，越南村庄遭受狂轰滥炸，无辜之人不断被杀，这些足以骇人听闻。可是，在我看来，置他人于不顾，听任其惨遭敌人屠杀，则更是令人发指。如何保证这一切不会发生？又或者如何保证美军的全面紧急撤退不会导致其他南亚、东亚国家的政府遭受惊吓，不得已向一些政权屈服，而他们的人民对这些政权大多深恶痛绝。我们经常听到的是，这些国家的现有政权并不比共产党政权好多少，一样也不受民众欢迎；但我对此表示怀疑。就因为相信没有人会施以援手，而将人民置于失去自由的境地，或者在外来势力的高压下更换政府——制造一种因惶恐不安而一拥而上随大流的景象，如同20世纪30年代末发生在中欧的情况一样——任何一个正派人都不会愿意看到这种情况发生。我不知道这种类比是否正确，但要说它站不住脚却需要令人信服的理由。我对越南的总体局势了解不够，不清楚他们宣传的各种方法是否可行，其中包括沃尔特·李普曼、富布赖特参议员、小阿瑟·施莱辛格教授等提出的撤军、飞地等诸如此类的建议。如果这些方法有可能阻止以上提到的两种不幸发生，我当然会全力支持。但我认为它们在道德上根本无法立足，而且也不清楚这样一种政策在现实中究竟有多少可操作性。即便如此，如果要我投票，我还是会投赞成票的。

如此一来，我就把自己置身于必须对自己的回答进行说明的尴尬境地。我希望能够理直气壮、不容置疑地回答“是”或“否”，就像大多数朋友们那样。在西班牙问题上，我感觉不论对错，并不存在任何质疑。同样，在有关南非、罗德西亚、西班牙、葡萄牙或是1956年的布达佩斯问题上，也一样泾渭分明、不存疑义。对朝鲜战争，我态度明确——联合国在我看来采取了恰如其分的正确行为。可是，我着实羡慕那些在越南问题上能够一如既往态度鲜明的人。美国人正处于骑虎难下的境地，毫不令人羡慕；且不说还有国家威望和世界权力平衡的问题；可是，如果不讲任何条件实行撤军，很可能适得其反，导致更多残酷行径的发生，更多人要因此受苦受难，与这一举措所希望达到的目的背道而驰。任何解决途径，只要尽可能少地造成破坏和压迫，我都支持。我不赞成对某个绝对原则采取就算天塌下来也莫让公义失道的立场：更不赞成开展意识形态的斗争，傲慢自大或是头脑简单地固执己见，一定要把我们自己的做法或体制强加给其他国家，因为这些国家有属于他们自己的，可能与我们大相径庭的传统和追求。

我很清楚，以上所言并未明确回答你的问题。但我肯定，与我一样经历上述困惑、备感纠结的一定大有人在。

在做了以上说明之后，这些道不清、理还乱的困惑和思绪依然萦绕在我心里，挥之不去。这里我想补充一点：除了赞同那些与我有同样疑问的少数人，我不由自主地从内心里更加靠近那些希望不惜任何代价结束战争的人，而不是他们的敌人。如果要我从这两个极端中做出选择，我毫不怀疑自己会选择哪一边。

塞西尔·伍尔夫与约翰·巴古利（主编），《作家们在越南问题上采取的立场》（纽约，1967：西蒙与舒斯特），[2]，20—21。

“自由之政治”：大众版总结

伯纳德·克里克

1966年，克里克受伯林的《两种自由概念》触动，有感而发，在谢菲尔德学院发表了教授就任演说“自由之政治”，此为用诗体对该讲座的要点进行重述。另见原文第271页注2。

以学术的睿智为幌子，选择一个大人物来攻击，
以掩盖其个人的弱点与不足；
于是，我就像皮查姆对洛基特，
朝另一个人尽情辱骂，恶语相向，
此人才华远在我之上，是大师，我的兄长，
他就是教授以赛亚·伯林爵士。
选中他为目标，并非其不可救药的弥天大罪，
而是因为他如同恋爱中的自由主义者，
不情愿再向前走远；
每当粗粝的政治
呼唤和号召自由，
他总能觉察出不当和欠缺。
我不选择争吵，只是在茶余饭后

从《两种自由概念》[1]中挑挑骨头。

在其就任演说中，以赛亚爵士，

身为牛津大牌教授，却温良谦逊，称其认为，

积极自由和消极自由二者应明确区分；

如果非要选择：当然选择纯贞处子，而非轻佻娼妓。

积极意味着不择手段非要获得某个事物，

这种欲望曾经让德国和俄国的先贤们丧心病狂；

这一处事观念发展到极端，

就好比古时候犹太教的狂热信徒在镜子里只看到自己的领袖脸庞，

而我照镜子时，若看到的仍然是冥顽不化的自己的反射，

那么，我就一定会免于过错，被迫获得了自由。

获得了正确选择的自由，

为每个他人的黑色一九八四打开了大学之门。

消极至少可以维持我的本色，

背靠汗牛充栋的书橱，摆出大学教师的派头

悠闲安坐，

精心挑选美酒、香茗及咖啡，

但心里清楚各有所好无须计较。

世上万物就是如此，一切均好，

[1] 由牛津大学出版社出版，在其更精心设计的克拉伦登地址。

它让我不再胡思乱想天堂地狱，
却令我目的不清无所适从，
当躁动不安的自由提出“有何可为？”
试图将浪迹四方的中世纪吟游诗人和娇柔的自由带回家国，
此举本身几乎就是在自我反驳，
而伯林审慎而又明智地
触及这一问题，精确明晰，恰到好处。
就像老妇人走在冰上免不了摔倒；
自由当然不是小心翼翼，
但至少必须小心翼翼达到目标，
萨特与汉娜·阿伦特高深莫测地发话，
自由是日常生活，是每天每日，
是在公众视野中粉墨登场
某些声称新锐的游戏，
通过某种共同合约
塑就某个我们曾经缺乏的手工制品。
自由不是逃避自己的国家，
如同电脑随机选择陌生人相亲，
也不只是某个“自我意志”的愤怒主张，
它更像是填补社会差距的所为，
让孤独的我靠近慷慨激昂的示威大众，
它是我蜷缩在床单下的裸体，

是身穿制服，街头上不可一世的人们。
自由是为其粉饰加彩，却不知
粉饰了这鱼龙混杂的人群之后
会有什么随之而来；
但它只管一味美饰，完全不去思考，
从不曾着手开展的空想。
自由女神总是对我百般虐待
但我不会受虐狂般吞声忍气，
也不在乎如何对她予以回击，
而只关心两者如何交际互动。
无礼者将我们的自由称为"早餐食品"，
伯林对此不予答复——
的确如此，不过是伯奇—本纳博士的瑞士牛奶什锦麦片粥
足以满足生活的大部分需求。
但是，政治不能由美学家来衡量，
我对正焖烧着上好红肉的政客并无怨言。
但我们得保护自己，防止那些想吞食生肉的人
喝我们心灵的血，还大声要求再来一份。

*　　　*　　　*

自由是西塞罗，是伯里克利，
而不是卑躬屈膝的 T. D. 韦尔登
在牛津跳蚤身上拔毛。

自由是林肯、利尔本，是威廉泰尔，
而不是歌德笔下那位文质彬彬的学究，
来自地狱的怀疑论者
摆出牛津教师的做派从事消极软推销。

现代怀疑论者的人类堕落说，
并不见诱惑者甜言蜜语蛊惑人心，
而只需什么也不做。

反伯林的言论到此为止，
忘恩负义的无耻之徒——我直言不讳，
亦真亦假的陈述不过是一场游戏。

难道打板球就意味着我们永远只能防守？
让沾满奶油的锡纸去大行其道，
直到落得好似培尔·金特的观点被剥去包裹的皮囊？

生活是实实在在的存在，
生活是自由选择，
生活是创造性地冲调
提神醒脑的咖啡，
而不是催人昏睡的汤药。

生活是你也是我
一起构成同生共存的社会，
人与人相互独立又相互依靠。

年表：1960—1975

请告诉大使1月17日之前我们很可能无法返回。具体原因请不用担心。以赛亚。

——致贝利·克那菲斯的电报，1966年12月27日

以下记述的事件分为两部分。第一部分为伯林生平中发生的重大事件，以及与牛津大学相关的事件；第二部分为国际大事，尤其是信中涉及的重大事件。在每年年末则会列出当年伯林出版著作的详细清单，完整文献请上网查询（http：//berlin.wolf.ox.ac.uk/lists/bibliography/）。从这些记录中，读者可以大致了解伯林积极活跃的日常生活内容。虽然它们无法逐一全面地反映伯林丰富多彩的社交活动，但他在意大利逗留期间的经历记录对此有所展现，读者可以从中窥见一斑。

我们力图连续性地记录伯林的日常活动，但一些日期并不绝对准确，因为他可能同时在两地穿梭往来。此外，地名为“牛津”的记录，却可能包括他到伦敦及英国其他地区的行程。

伯林在普林斯顿大学的讲学活动通常得到普林斯顿高等研究院的资助。他在牛津的家庭住址为海丁顿旧大街海丁顿宅。宿舍在牛津大学的全灵学院，一直到他成为沃尔夫森学院的院长。

1960年2月3日	哈罗德·麦克米兰在开普敦发表演说“变革之风”。
3月5日	哈罗德·麦克米兰当选牛津大学名誉校长。
3月21日	南非沙佩维尔大屠杀：警察放火焚烧抗议者，造成六十九人死亡。

5 月 5 日	苏联宣布击落美国 U-2 间谍机。
5 月 23 日	本—古里安宣布以色列对德国纳粹高官阿道夫・艾希曼实行审判。
6 月 29 日—7 月 3 日（五十一岁）	于威尼斯：参加纪念托尔斯泰逝世五十周年纪念大会。
6 月 30 日	刚果获得独立，但很快陷入旷日持久的内战。
7 月 5 日—9 月 13 日	于波托菲诺的西普利西纳别墅，其间一周游览威尼斯、萨尔茨堡及维罗纳（8 月 1—7 日）。
9 月 13 日—1961 年 3 月	于牛津
11 月 2 日	企鹅图书出版社因出版《查泰莱夫人的情人》被控犯有出版淫秽作品罪，经法庭审判无罪。
11 月 3 日	盖茨凯尔当选工党领袖。
11 月 8 日	在美国总统大选中，约翰・F. 肯尼迪以微弱优势打败对手理查德・M. 尼克松。
11 月 23 日	于伦敦老友酒店准备国际笔会的赫蒙・乌尔德纪念演讲，“托尔斯泰与启蒙”，该演讲词于 1961 年 2 月 7 日在 BBC 第三套节目播出，3 月 19 日重播，1961 年 2 月在《文汇》刊登。
12 月	接受邀请，1965 年在华盛顿做梅隆系列讲座。
	帕斯捷尔纳克的文学助手奥尔加・伊文斯卡娅在苏联入狱。

1960 年出版著作汇编

弗朗科・文图里的《革命的根源》导言

"历史与理论：科学史观"（《历史与理论》）

"马克思"，收入J. O. 厄姆森主编，《西方哲学与哲学家简明百科全书》

"詹巴蒂斯塔·维柯的哲学思想"（《18世纪意大利的艺术与思想》）

"绝非人间天堂"，评莱因赫尔德·尼布尔的《民族与帝国》（《卫报》）

评理查德·哈尔的《处于变革与革命之间的俄国名人雅士肖像》（《英国史评论》）

评亨利·弗博格的《法国启蒙运动中的历史悲观主义》（《法国研究》）

（与他人合作）"南非抵制运动"（致科学与国际安全研究所的信）

1961年	1月3日	美国与古巴断绝外交关系。
	1月9日	法国公投，通过戴高乐的阿尔及利亚独立计划。
	2月22—23日前后	会见由英俄友好协会赞助访问伦敦的苏联代表团。
	3月10—17日前后	于伦敦大学学院医院动鼻腔手术。
	3月16日	南非脱离英联邦国家。
	3月30日—4月10日	于尼斯，与玛丽·伯林同行。
	4月11日	前往波托菲诺的西普利西纳别墅；耶路撒冷开始审判艾希曼。
	4月12日	苏联宇航员尤里·加加林少校成为进入太空第一人。
	4月17—19日	古巴"猪湾"入侵事件。
	4月19—24日	于巴黎丽兹酒店
	4月22日	阿尔及利亚发生"将军叛乱"事件。
	4月24日—7月14日	于牛津
	5月5日	阿兰·B. 谢帕德中校成为第一位进入太空的美国宇航员。
	5月18日—6月15日	在《听众》杂志上与E. H. 卡尔就历史必然性展开辩论。

6 月 6 日（五十二岁）	录制关于平等问题的专题讨论会，“寻找定义”：BBC 第三套节目 11 月 25 日播出，12 月 24 日重播。
7 月 10 日	录制专题讨论会，“平等、教育及文化”：BBC 第三套节目 1962 年 1 月 29 日播出，2 月 23 日重播。
7 月 15—23 日	日内瓦：主持苏联历史编撰学专题大会。
7 月 24—27 日	于意大利都灵
7 月 27 日—9 月 4 日	于波托菲诺斯潘蓝帝都酒店，后住帕拉吉阿根廷旅馆。
8 月 10 日	英国申请加入欧洲经济共同体。
8 月 13 日	柏林墙动工。
9 月 4—21 日	经罗马前往以色列，参加以色列音乐节；参观位于斯德伯克的以色列集体农场。
9 月 18 日	联合国秘书长达格·哈马舍尔德死于罗德西亚北部的空难事件。
9 月 21 日—11 月 7 日	于牛津：10 月在海丁顿宅招待斯特拉文斯基夫妇，提议将《圣经》中亚伯拉罕与以撒的故事作为以色列音乐节一首曲子的歌词。
11 月 8 日前后—12 月 1 日	印度：在德里举办讲座（11 月 13 日），题为“拉宾德拉纳特·泰戈尔与民族意识”；11 月 16 日与艾琳会合；游览加德满都、马德拉斯、孟买等地。
11 月 29 日	在 BBC 印度国家广播电台发表广播演说“历史的哲学”。
12 月 1 日	于牛津（至 1962 年 3 月底）
12 月 15 日	约翰·菲茨杰拉德·肯尼迪重申美国做出的承诺，维护越南独立。

1961 年出版著作汇编

“政治理论还存在吗？”（《法国政治学杂志》）；后以英文形式转载于彼得·拉斯莱特与 W. G. 朗西曼合编的《哲学、政治与社会》，第二系列

（未署名）“研究机构”，《人文与社会科学研究：英国社会科学院调查报告 1958—1960》第九章

“托尔斯泰与启蒙”，1960 年国际笔会赫蒙·乌尔德纪念演讲（《文汇》）

评埃里·坎度理的《民族主义》（《牛津杂志》）

“什么是历史？”（与 E. H. 卡尔的通信），《听众》

（与他人合作）致布达佩斯内阁会议主席费伦茨·穆尼克的电报，要求释放伊斯特万·比博（《时代》杂志引用）

1962 年 1 月 10 日	就“言论自由”议题采访班博·加斯科因，为联合电视台（ATV）制作节目；2 月 11 日播出，2008 年刊登于《罗慕路斯》（沃尔夫森学院）。
3 月 19 日	《埃维昂协议》签订，通过阿尔及利亚独立。
3 月 23 日之前	录制专题讨论会，“民族与国家之间的平等”：3 月 30 日在 BBC 第三套节目播出，4 月 15 日重播。
3 月 24 日前后—4 月 26 日	以色列：亚美尼亚州长会（3 月 27—29 日）；4 月初与艾琳和继子们会合。
4 月末—7 月 30 日前后	于牛津
5 月 31 日	艾希曼服绞刑。
7 月 10 日（五十三岁）	首个通信卫星 Telstar 发射。
7 月末—9 月 12 日前后	于波托菲诺 / 帕拉吉
9 月 12 日前后—17 日	于牛津

9月17日前后—1963年1月	哈佛：任福特客座研究教授至1963年1月；11月的第一周与艾琳会合。
10月16日	华盛顿：伯林在为波伦夫妇举办的告别宴会上见到约翰·菲茨杰拉德·肯尼迪；肯尼迪得到情报，并有照片证明，苏联在古巴部署导弹基地。
10月22日	肯尼迪就古巴核导弹危机问题向全体美国人发表电视讲话。
10月28日	尼基塔·赫鲁晓夫同意将导弹撤离古巴。
11月初	在白宫用餐。
11月12—15日	在耶鲁大学举办斯托尔斯系列讲座："政治思想的三个转折点"。
11月30日	吴丹被任命为联合国秘书长。

1962年出版著作汇编

"传记事实"，收入梅耶·W. 威斯格与乔尔·卡迈克尔合编的《传记：众人笔下的哈伊姆·魏茨曼》

"哲学的目的"（《洞察》[尼日利亚]；《星期日泰晤士报》转载）

"卡尔先生的大军"，评E. H. 的卡尔《什么是历史？》（《新政治家》）

（未署名）"灾难之路"，评汉斯·科恩的《德国的思维》，以及乔治·皮博迪·古奇的《法国概况：先知与先驱》（《泰晤士报文学副刊》）

1963年	1月25日—4月7日	于牛津
	1月14日	戴高乐成功行使否决权，禁止英国进入欧洲经济共同体。
	1月18日	休·盖茨凯尔去世。
	2月14日	哈罗德·威尔逊当选英国工党领袖。
	4月7—14日	与玛丽·伯林同游尼斯。
	4月14日—7月25日	于牛津（其间自4月17日起在伦敦

	大学学院的医院住院两周)
6月4日	约翰·普罗富莫因其与应召女克莉丝汀·基勒的绯闻辞职。
6月16日(五十四岁)	在白金汉宫用餐。
6月26日	约翰·F. 肯尼迪:“我是柏林人”
7月1日	“金”·菲尔比“三号罪犯”身份暴露。
7月25日—8月5日	以色列:分别于耶路撒冷与赫兹利亚。
8月5日—9月13日	于意大利帕拉吉阿根廷旅馆,其间前往威尼斯(8月21—27日)。
8月28日	小马丁·路德·金在华盛顿发表“我有一个梦想”的演讲。
9月13日—12月2日	于牛津
10月18日	哈罗德·麦克米兰辞职;亚力克·道格拉斯—霍姆于次日成为首相。
10月23日	论高等教育的《罗宾斯报告》发表。
11月22日	肯尼迪在达拉斯遭暗杀;林登·约翰逊任总统。
12月2日—1964年1月8日前后	于加利福尼亚:拜访太平洋沿岸地区英联邦研究员;12月初与艾琳会合;在纽约度圣诞节和新年。

1963年出版著作汇编

为克拉拉·厄克特主编的《生死问题》撰稿,论非暴力反抗问题

“历史笔记”,收入《霍凡斯基之乱》(柯芬园英国皇家歌剧院剧目)

为“这些书为何遭冷落?”栏目撰稿(《20世纪报》)

(与他人合作)“兰格医生被驱逐事件”(致《泰晤士报》的信)

1964年 1月9日—4月15日	于牛津
2月1日	与亚历山大·肯德里克的谈话录“牛津之路”,在美国CBS电视台播出。

2 月 7 日	披头士乐队抵达纽约，开始在美国的巡回演出。
2 月 28—29 日	艾琳前往耶路撒冷医院探望玛丽·伯林。
3 月 6 日	在圣安德鲁斯大学讲学。
3 月 18 日	奥利弗·弗兰克斯受命任牛津大学调查委员会主席。
3 月 26 日	与 J. B. 普利斯特利及 A. J. 艾耶尔一起录制“未来谈话录”，4 月 25 日在 BBC 电视台播出。
3 月 27 日	联合国维和部队在塞浦路斯开始工作。
4 月 15—23 日	分别于普林斯顿、华盛顿、巴尔的摩、纽约
4 月 24 日—5 月 3 日前后	于牛津
5 月 3/4 日前后—15 日	爱琴海之旅：游览了伊斯坦布尔、雅典和罗兹岛。
5 月 15 日—6 月 5 日	于牛津
6 月 5 日—8 月 19 日	于波托菲诺；7 月 9—15 日前后看望玛丽·伯林。
6 月 12 日（五十五岁）	瑞弗尼亚审判在比勒陀利亚举行：纳尔逊·曼德拉和其他七人以蓄意破坏罪被判终身监禁。
7 月 2 日	美国总统林登·约翰逊签署《民权法案》。
7 月 27 日	又一批五千名军事顾问被派往南越。
8 月 19—24 日	于耶路撒冷：参加《亚伯拉罕与以撒》的全球首演式（8 月 23 日）。
8 月 24 日—9 月 7 日	于波托菲诺
9 月 7 日—10 月初	于牛津

10月4日前后	于斯坦福：在胡佛图书馆发表演讲："19世纪的马克思主义与国际主义"，收入《现实感》。
10月6日前后—1965年1月初	于牛津
10月14日	小马丁·路德·金获诺贝尔和平奖。
10月15日	列昂尼德·勃列日涅夫继赫鲁晓夫任苏联领导人；工党在英国大选中以不到六席的多数票胜出，哈罗德·威尔逊任英国首相。
11月3日	林登·约翰逊赢得美国总统大选。

1964年出版著作汇编

为《梅耶·W.威斯格》一书撰稿

"菲利克斯·法兰克福特在牛津"，收入华莱士·门德尔森主编的《菲利克斯·法兰克福特颂》

主席报告，"希望释放恐惧"（《亚里士多德学会论文集》）

"霍布斯、洛克与麦克弗森教授"，评C.B.麦克弗森的《占有性个人主义的政治理论，从霍布斯到洛克》（《政治季刊》）

"关于民族特性"（《远见》）

"本—古里安画像"，评莫里斯·埃德尔曼的《本—古里安：政治传记》（《犹太纪事报》）

"价值判断的理性"（《律法》）

为约翰·基普和利利安娜·布里斯比主编的《苏联映射下的当代历史》撰稿（大意转述）

"奥尔加·伊文斯卡娅"（致《观察家报》的信）

为"马克斯勋爵之死"栏目撰稿（《犹太观察家与中东评论》）

1965年 1月4日前后	于罗马
1月初—3月初	于牛津

1 月 24 日	温斯顿·丘吉尔爵士去世。
2 月 11 日	代表全灵学院为弗兰克斯委员会提供证词。
3 月 2 日	“滚雷行动”开始，美国对北越发动战略性轰炸。
3 月 12 日	牛津大学宣布创办两所研究生院：圣十字学院和伊夫雷学院。
3 月初—4 月末	华盛顿：3 月 14 日—4 月 18 日在华盛顿国家艺术馆作 A. W. 梅隆系列讲座：“浪漫思想的来源”，1999 年以《浪漫主义的根源》之名出版。
3 月 28 日	小马丁·路德·金率领民众举行民权示威，从塞尔玛游行抵达亚拉巴马州位于蒙哥马利的州政府。
4 月 12 日	为庆祝约翰·肯尼迪图书馆口述历史工程项目落成，接受小阿瑟·施莱辛格关于肯尼迪的采访。
4 月末—7 月中旬	于牛津
4 月 28 日	在英国皇家学会的周年晚宴上，向学会发表祝酒词；当晚在 BBC 国内频道播出。
5 月 14 日	参加兰尼米德的肯尼迪纪念园揭幕仪式。
6 月 6 日（五十六岁）	安娜·阿赫玛托娃获得牛津大学授予的名誉文学博士学位。
6 月 28 日	歌剧《摩西和亚伦》在柯芬园英国皇家歌剧院首演。
7 月 7 日	关于油画《音乐会中场休息》的访谈，在 BBC 第三套节目播出。
7 月 12—14 日	于巴黎

7月14日前后—9月初	于帕拉吉，其间8月5—7日前后经威尼斯游览维罗纳。
7月28日	林登·约翰逊增派了五万人的美国军队赴越参战；爱德华·希思当选保守党领袖。
8月9日	“基茨”·凡·黑宁根被任命为圣十字学院的首任院长；后推荐伯林负责伊夫雷学院；遭伯林谢绝。
9月9日前后—16日	于牛津
9月17日前后—1966年1月12日前后	普林斯顿大学客座教授，9月底艾琳前来陪同；其间到其他各地讲学，包括纽约、肯塔基和多伦多。
9月22日	联合国安理会一致通过决议，要求从4月开始的印巴之战无条件停火。
10月16—17日	全美各地及伦敦举行反越战的示威游行。
10月25日前后—28日	在哥伦比亚大学作伍德布里奇系列讲座，“启蒙运动的两个敌人”（哈曼与迈斯特）。
11月	有条件地接受邀请，成为伊夫雷学院院长；获得福特基金会代表麦乔治·邦迪的有条件资助。
11月9日	英国废除（谋杀罪）死刑（1969年该决议被永久化）。
11月11日	伊恩·史密斯宣布《罗德西亚的单方面独立宣言》。
圣诞与新年	于巴巴多斯（在罗尼·特利家做客）

1965年出版著作汇编

为朱利安·赫胥黎主编的《奥尔德斯·赫胥黎》撰稿

为伊恩·坎普主编的《纪念迈克尔·蒂皮特六十岁诞辰研讨会文

集》撰稿

“赫尔德与启蒙运动”，收入厄尔·R. 瓦瑟曼主编的《18世纪面面观》（与H. L. A. 哈特合作）；“牛津大学的研究生培养”，收入《牛津大学调查委员会》（弗兰克斯改革委员会）

“论维柯的历史知识理论”（《意大利文学》）

评C. P. 考特尼《孟德斯鸠与伯克》（《当代语言评论》）

“一位伟大的俄罗斯作家”，评奥西普·曼德尔施塔姆的《奥西普·曼德尔施塔姆散文集》（《纽约书评》）

“德·托克维尔的思想”，评杰克·里弗里的《亚历克西·德·托克维尔的社会和政治思想》（《史学》）

1966年	1月12日前后—3月中旬	于牛津：与伦纳德·沃尔夫森商谈沃尔夫森基金会如何资助伊夫雷学院之事。
	2月3日	苏联首次遥控无人驾驶宇宙飞船“月球9号”在月球着陆。
	2月14日	苏联作家尤利·丹尼尔与安德烈·辛亚夫斯基因为其作品在西方出版被发配至古拉格集中营。
	3月19日前后—25日	于帕拉吉和波托菲诺
	3月25日—4月4日前后	于以色列：商谈耶路撒冷希伯来大学相关事项。
	3月31日	英国大选；工党获得九十六席的多数。
	4月4日前后—7月19日	于牛津
	5月12日	《弗兰克斯报告》对外公布。
	6月2日	美国太空探测测量器登陆月球。
	6月27日（五十七岁）	牛津大学理事会周会对伯林针对沃尔夫森学院的计划表示支持。
	7月20日（至9月初）	于帕拉吉，其间前往威尼斯参加意大利歌剧作曲家威尔第专题大会（7月

	30日—8月4日)。
7月26日	教师大会颁布法令，创办沃尔夫森学院，由伯林任院长。
8月10日—9月12日	伯林1965年的梅隆系列讲座，在BBC第三套节目播出，1967年10月5日—11月6日重播。
8月13日	中国宣告发动“文化大革命”，清除资本主义影响。
9月5—21日前后	于牛津
9月22—28日	于纽约：在纽约城市大学任人文客座教授；在美国接受亨利·布兰登的采访，采访结果以“我的希望与恐惧”为题在11月6日《星期日泰晤士报》刊登，似乎有悖伯林所愿。
12月28日—1967年1月6日	于巴巴多斯，拜访罗纳德·特利。

1966年出版著作汇编

马克·拉伊夫主编的《俄国思想史》导言

H. G. 申克的《欧洲浪漫主义的思想》序言

“L. B. 纳米尔：个人印象”，收入马丁·吉尔伯特主编的《一个世纪的冲突，1850—1950：A. J. P. 泰勒纪念文集》

（与玛丽·麦卡锡和其他人合作）“奠基者”（致《时代》杂志的信）

“伟大的血祭诽谤案”，评莫里斯·塞缪尔的《血祭指控：贝里斯案的离奇来历》（《犹太纪事报文学副刊》）

“历史的新途径”（致《泰晤士报文学副刊》的信）

1967年	1月6—13日	于纽约
	1月13日—3月19日	于牛津

2月3日	为中学六年级学生发表系列演讲“欧洲的浪漫主义运动”，收入“四大杰出人物”系列，在BBC国内广播电台播出。
3月9日	斯大林之女斯维特拉娜·阿利卢耶娃叛逃至西方国家。
3月19日—4月18日	于纽约城市大学
4月18日—6月9日前后	于牛津
5月16日	戴高乐投反对票，否决英国加入欧洲经济共同体的第二次申请（否决结果于12月正式登记在案）。
6月5日前后	选定鲍威尔与莫亚为沃尔夫森学院建筑设计师。
6月5—10日（五十八岁）	以色列、埃及、叙利亚、约旦和伊拉克之间发生第三次中东战争（“六日战争”）。
6月10—12日	于波士顿与纽约：获马萨诸塞州布兰代斯大学授予的荣誉法学博士学位。
6月12日前后—7月初	于牛津
7月6/7日	尼日利亚—比亚法拉战争爆发。
7月初—9月中旬	于帕拉吉：艾琳患病，在意大利休养。
7月14日	发生种族冲突，先是在新泽西的纽瓦克市，后在底特律和华盛顿相继爆发。
9月13日前后—12月24日	于牛津
10月2日	英国第一艘北极核舰艇启用。
10月20日	加利福尼亚州奥克兰举行“停止征兵”示威游行。
12月末和新年	于耶路撒冷

1967 年出版著作汇编

G. L. 塞德勒的《东方世界的出现：政治思想七论》序言

为塞西尔·伍尔夫与约翰·巴古利主编的《作家们在越南问题上采取的立场》撰稿

（与他人合作）“牛津基金背后的几个问题”（致《泰晤士报》的信）

（与他人合作）“维克托·戈兰茨”（致《泰晤士报》的信）

1968 年

1 月 10 日—2 月末	于牛津
1 月 30 日	越共发动“春节攻势”：西贡美国大使馆被占领。
2 月底—3 月 3 日	于纽约城市大学
3 月 4 日—4 月 4 日	于牛津
3 月 14 日	在大学教师年会上发表讲话：“知识分子的作用”，4 月 23 日播出，8 月 11 日重播，5 月 2 日在《听众》刊登。
4 月 4—11 日	于帕拉吉；4 月 4 日马丁·路德·金在田纳西州孟菲斯市遇刺。
4 月 11 日—5 月 5 日	于牛津
5 月 2 日	英女王为沃尔夫森学院奠基；巴黎学生示威者与警察发生暴力冲突，索邦大学被迫关闭。
5 月 5—12 日前后	于纽约和普林斯顿
5 月 13 日—6 月初	于牛津
6 月 5 日	罗伯特·肯尼迪参议员在洛杉矶遭枪击身亡。
6 月初	于纽约：参加哥伦比亚大学毕业典礼。
6 月 6 日—7 月 26 日（五十九岁）	于牛津
7 月末—9 月 20 日前后	于帕拉吉

8 月 20/21 日	苏联、东德和波兰军队入侵捷克斯洛伐克，由此结束了“布拉格之春”。
9 月 20 日—12 月末	于牛津
10 月 5 日	北爱尔兰伦敦德里郡举行民权示威游行，以暴力结束。
10 月 17 日	在墨西哥奥运会授奖仪式上，两位美国黑人运动员在领奖台上以静默表示抗议。
10 月 23 日前后	录制“威尔第与席勒”，于 1969 年 1 月 11 日在 BBC 第三套节目播出，1968 年以“威尔第的‘天真’”为名在《哈德森评论》发表。
11 月 6 日	理查德·尼克松赢得美国总统大选。
12 月末—1969 年 1 月初	于耶路撒冷

1968 年出版著作汇编

亚历山大·赫尔岑的《往事与随想：亚历山大·赫尔岑回忆录》导言

评理查德·派普斯所作“布尔什维克主义的根源：青年列宁向知识分子的演变”，收入理查德·派普斯主编的《革命的俄罗斯》

“威尔第的‘天真’”（《哈德森评论》）

“知识分子的作用”（《听众》）

为“年度好图书：我的个人最爱”栏目撰稿（《观察家报》）

1969 年	1 月初—2 月中旬	于牛津
	1 月 24 日	伦敦政治经济学院在学生暴力抗议后暂时停课。
	2 月 13 日—5 月 11 日前后	纽约城市大学：其间到哈佛和北卡讲

	学，并访问达特茅斯学院。
3月17日	戈尔达·梅厄成为以色列首位女总理。
5月2日	当局开始镇压校园抗议活动，哥伦比亚大学学生静坐示威游行结束。
5月11日前后—7月末（六十岁）	于牛津
7月20/21日	美国宇宙飞船“阿波罗11”号登上月球：尼尔·阿姆斯特朗成为第一个踏上月球的人（7月21日）。
7月底—9月13日前后	于帕拉吉（正值维罗纳上演“精彩绝伦的”歌剧《唐·卡洛斯》）
8月14日	宗派暴力事件后，英国军队被派往北爱尔兰。
8月13日—9月末	于牛津
9月末	于意大利：参加马基亚维利专题大会。
9月末—1970年3月22日	于牛津
11月5日	南非羚羊队与牛津队在特威克纳姆举行球赛期间，发生了反种族隔离示威游行活动。

1969年出版著作汇编

《自由四论》

迈克尔·尤德金主编的《通识教育：非专业人才教学专题论文集》序言

“社会变革之危害”，收入阿隆·W. 沃纳、迪恩·莫尔斯及托马斯·E. 库尼主编的《变化的环境》

“维柯的知识论”，收入乔治·塔利亚科佐与海登·V. 怀特主编的

《詹巴蒂斯塔·维柯：国际研讨会论文集》

“人类思想史上最具胆略的创新者”（维柯，《纽约时报杂志》）

“答奥尔西尼”（《思想史杂志》）

1970 年 3 月 22 日— 4 月 9 日前后	分别于纽约、纽约城市大学、普林斯顿大学；俄亥俄州立大学哥伦布分校；密歇根大学安娜堡分校。
4 月 9 日前后—8 月初	于牛津
5 月 4 日	四名学生在俄亥俄肯特州立大学反战示威游行中被美国国民警卫队射杀身亡。
6 月 18 日（六十一岁）	英国大选：保守党以三十席的大多数重新执政；爱德华·希思任首相。
8 月初—20 日	于帕拉吉，其间游览了位于帕多瓦阿巴诺泰尔梅的温泉。
8 月 20—24 日	于牛津
8 月 24 日—9 月 21 日	于帕拉吉
9 月 6 日	四架飞机遭巴勒斯坦恐怖分子劫持，其中三架后来在约旦机场同时爆炸。
9 月 21 日— 1971 年 2 月中旬	于牛津
10 月 8 日	诺贝尔文学奖授予亚历山大·索尔仁尼琴。
11 月 9 日	夏尔·戴高乐去世。
11 月 12 日	在牛津大学作罗曼尼斯讲座，“父与子：屠格涅夫与自由的困境”，1971 年 2 月 14 日在 BBC 第三套广播节目播出，9 月 5 日重播，1972 年公开发表。

1970年出版著作汇编

R. D. 米勒的《席勒与自由理想：席勒哲学著作研究兼评康德》序言

“本杰明·迪斯雷利、卡尔·马克思以及对自我的探求”，收入《英格兰犹太历史社会的交易》

“犹太宗主魏茨曼”，收入《领袖哈伊姆·魏茨曼》

1971年 2月6日	北爱尔兰“问题”升温，首个英国士兵在执勤时遭杀害。
2月17日—5月初	分别于纽约、西雅图和温哥华
4月7日前后—14日	看望住在伦敦的玛丽·伯林。
4月14日—5月初	回到纽约（艾琳没有同行）。
5月初—6月25日	于牛津
5月27日	白金汉宫宣布功绩勋章获得者名单。
6月25日—7月1日（六十二岁）	于帕拉吉
7月2—10日	于以色列
7月10日—9月7日	于帕拉吉；其间回牛津参加莫里斯·鲍拉的追悼会（7月17日），游览了帕多瓦的阿巴诺泰尔梅（8月14—24日）。
9月8—17日	于塞浦路斯首都尼科西亚：参加“人性与意识形态”专题大会。
9月18日前后—11月末	于牛津
10月25日	联合国投票通过，中华人民共和国在联大的合法席位于11月15日恢复。
12月末—新年前后	分别于耶路撒冷和特拉维夫
12月16日	吴丹辞去联合国秘书长一职；由库尔特·瓦尔德海姆接任。

1971 年出版著作汇编

《莫里斯・鲍拉爵士，1898—1971》

“乔治・索雷尔”（《泰晤士报文学副刊》）

“马基亚维利之问”（《纽约书评》）

“伦道夫”，收入凯・哈雷主编的《真诚青年伦道夫・丘吉尔》

“柴可夫斯基与叶甫盖尼・奥涅金”，《1971 年格莱德堡歌剧音乐节剧目》

（与他人合作）“乔治・塞菲里斯”（致《纽约书评》的信）

“受勋的以赛亚・伯林爵士答编者的信”（《犹太纪事报》）

1972 年 1 月初—12 日前后	取道罗马前往帕拉吉。
1 月 9 日	英国煤矿工人举行四十多年来未见的全国大罢工。
1 月 12 日—3 月 5 日	于牛津
1 月 22 日	爱德华・希思在同意英国加入欧洲经济共同体的协议上签名。
1 月 25 日	就广播公开大学“变革的时代”课程，接受题为“浪漫主义的根源”的采访，10 月 16 日在 BBC 第四套节目（公开大学）播出，10 月 21 日重播（之后每年播出）。
1 月 30 日	“血色星期天”：在伦敦德里郡，十三名示威者遭英军杀害。
2 月 21 日	理查德・尼克松成为访问中华人民共和国的第一位美国总统。
3 月 5—22 日	于印度和伊朗：在新德里作首场胡马雍・卡比尔纪念讲座，该文后以“康德：民族主义的罕见来源”为题收入《现实感》。

3月22日—8月	于牛津
3月23日	参加牛津大学授予伦纳德·沃尔夫森荣誉民法博士仪式。
4月13日	因圣保罗学校强行对非基督教学生入学实行限额，退出圣保罗校友俱乐部。
4月19日	录制“天才詹巴蒂斯塔·维柯”，9月25日在BBC第三套节目播出，11月29日重播，9月28日在《听众》发表。
5月22日	理查德·尼克松成为访问莫斯科的第一位美国总统。
5月26日	美苏签署关于核武器的限制战略武器会谈1号协议。
8月—9月末	于帕拉吉，8月底前后在帕多瓦的阿巴诺泰尔梅度过一周时间。
9月5/6日	十一名参加慕尼黑奥运会的以色列代表团运动员遭巴勒斯坦恐怖分子杀害。
9月底/10月初	于以色列：10月2日发表纪念雅科夫·赫左格首场演讲，“战时华盛顿的犹太复国主义政治”。
10月初—1973年2月	于牛津
11月6日	录制与斯图尔特·汉普希尔的对话节目：“民族主义问题”，由布莱恩·麦基主持，11月30日在ITV（泰晤士电视台）播出。
11月7日	理查德·尼克松赢得美国总统大选。
12月19日	“阿波罗17”号宇宙飞船全体人员返回地球，阿波罗计划宣告结束。

1972年出版著作汇编

《父与子：屠格涅夫与自由的困境》

《战时华盛顿的犹太复国主义政治：个人回忆片段》

弗里德里希·迈内克的《历史主义：新历史观的兴起》序言

“弯曲的枝桠：关于民族主义”（《外交事务》）

《雅各·赫左格博士》（《犹太纪事报》）

“詹巴蒂斯塔·维柯”（《听众》）

“我们所希望的历史”（《世界观》）

“乔治·索雷尔”（致《泰晤士报文学副刊》的信）

（与他人合作）“纪念塞西尔·罗斯”（致《犹太纪事报》的信）

（与肯尼斯·伯克合作）“关于马基亚维利的交谈”（致《纽约书评》的信）

“我爱犹太复国主义”（致《以色列国土报》的信）

1973 年	1 月 1 日	英国、爱尔兰与丹麦成为欧洲经济共同体成员国。
	2 月 9 日前后—25 日	于普林斯顿：由于玛丽·伯林健康状况欠佳，减少了讲学行程；于 2 月 19—22 日以“文化史的根源”为题举办了三场高斯研讨会。
	2 月末—5 月 20 日	于牛津
	5 月 20—23 日	于瑞士
	5 月 23—30 日	于牛津
	5 月 30 日—6 月 4 日	于以色列：获特拉维夫大学荣誉博士学位（6 月 3 日）。
	6 月 5 日—7 月（六十四岁）	于牛津
	6 月 27 日	尼克松总统投票否决结束轰炸柬埔寨的提案。
	7 月—9 月 17 日	于帕拉吉
	8 月 10 日	为公开大学课程《19 世纪的小说与遗产》作“托尔斯泰的艺术观和道德

	观”讲座，在BBC第四套节目（公开大学）播出，8月11日重播（之后每年播出）。
9月17日—12月末	于牛津
10月6日	埃及与叙利亚对以色列发起攻击，“赎罪日战争”开始。
10月17日	十一个阿拉伯国家宣布将减少石油生产，除非以色列从占领地撤退。石油危机加剧。
10月22日	联合国停火协议得到交战各方接受，但战争仍在继续。
11月13日	英国宣告进入紧急状态：为节省燃料，1974年1月1日—3月4日实行“每周三天工作制”。
12月14日	录制《俄国人对历史的关注》，1974年7月24日在BBC第三套节目播出，1975年3月17日重播；1975年10月29日在澳大利亚广播公司播出。
12月17日	政府进一步采取紧缩措施，缩减公共支出，增加税收。
12月21日	中东和平会议在日内瓦召开。
12月末—1974年1月初	于以色列

1973年出版著作汇编

“奥斯丁与早期牛津哲学”，收入《J. L. 奥斯丁研究文集》

“反启蒙运动”，收入《思想史词典》

“国中之国”（《犹太纪事报彩图杂志》）

“沃尔夫森学院奠基随想”（《利西达斯》）

“汉密尔顿·费希·阿姆斯特朗”（《泰晤士报》）

“父与子”（致《泰晤士报文学副刊》的信）
为“年度最佳图书”栏目撰稿（《观察家报》）

1974年	1月初—3月13日	于牛津
	2月13日	患病多年的玛丽·伯林去世；亚历山大·索尔仁尼琴被苏联驱逐出境。
	2月28日	英国大选出现无多数的“悬浮议会”结果；哈罗德·威尔逊成为少数的工党政府首相（3月4日）。
	3月13—23日	分别于芝加哥、纽约、华盛顿
	3月23日前后—5月18日	于牛津
	4月10日	戈尔达·梅厄宣布辞去以色列总理职位；伊扎克·拉宾接任
	4月24日	录制专题讨论会“拜伦：诗人还是神话”，5月5日在BBC第三套节目播出。
	自5月18日前后起	于苏黎世
	5月—7月/8月	于牛津
	5月9日	录制与乔恩·韦西的对话节目“平等、自由与多样化”，此为系列节目“平等观出了什么问题？”之一，6月19日在BBC第三套节目播出，12月23日重播。
	7月/8月—9月8日（六十五岁）	于帕拉吉
	7月10日	在英国社会科学院年会上当选主席（至1978年6月29日）。
	8月9日	理查德·尼克松因“水门事件”面临弹劾，辞去总统职位；杰拉尔德·福特接任。

9月8—14日	于威尼斯：在契尼基金会发表演讲（9月10日）。
9月14日前后—12月末	于牛津
10月1日	为广播系列节目“实干家”录制节目，10月12日在BBC第三套节目播出，1976年9月11日重播。
10月10日	英国大选：工党以三席的微弱多数重新执政；哈罗德·威尔逊成为首相。
11月12日	沃尔夫森学院新大楼正式启用，牛津大学名誉校长哈罗德·麦克米兰剪彩。
11月21日	伯明翰酒吧遭爱尔兰共和军恐怖分子袭击，发生爆炸事件。
12月13日	通货膨胀率达18.3%。
12月20日	俄罗斯音乐家罗斯特罗波维奇到沃尔夫森学院演出；协助成立学院音乐社团。
12月末—1975年新年	于以色列

1974年出版著作汇编

《自然科学与人文学科的分离》，第二届泰克西纳纪念讲座

“参议院外交关系委员会”（1943），收入托马斯·E.哈契主编，“美国国会山情况概要：1943年为英国外交部提供的绝密研究报告”（《威斯康星州历史杂志》）

为《阿瑟·列宁在1974》撰稿

“C. E. 波伦先生：对苏联领导人的近距离研究”（《泰晤士报》）

“雷蒙德·冯·霍夫曼斯塔尔先生”（《泰晤士报》）

为“从米索朗基到阿普里斯宅——对拜伦的重新评价”专栏撰稿（《听众》）

为“曾记否”专栏撰稿（《泰晤士报文学副刊》）

"俄国人对历史的关注"节选收入"年度撷英"(《听众》)

1975 年 1 月初—4 月底	于牛津
2 月 11 日	保守党推选玛格丽特·撒切尔为其首位女性领袖。
2 月 13 日	英国煤矿工人领袖接受工资最高增加 35% 的条件，停止罢工。
3 月 15 日	从沃尔夫森学院院长一职卸任。

1975 年出版著作汇编

《约翰·彼得罗夫·普拉门内兹，1912—1975》

多·奈与以萨迦·本—阿米主编的《英国犹太人的文化生活研究》序言（关于以色列大使亚伯拉罕·哈尔曼）

"对浪漫主义意志的崇拜：理想世界观的反叛"(《意大利文学》)

"令人难忘和印象平平的演出"(《歌剧》)

亚里士多德学会的主席报告(《英国社会科学院院刊》)

牛津大学沃尔夫森学院正式成立典礼上的讲话(《利西达斯》)

有关约翰·惠勒—班纳特的两篇文章（第一篇未署名）(《泰晤士报》)

（与他人合作）"作家与小众专业领域"（致《泰晤士报文学副刊》的信）

重要人物生平

以下简介包括一些与伯林相关的重要人物或经常提及的人物，主要为提供信息之用，不适于放入脚注。这些增补注释涉及的人名，在正文脚注及索引中首次出现时用星号在其姓名旁加注标示，如以赛亚·伯林*。此部分涉及的人物和在脚注中一样，主要集中于本卷书信涉及的时期。已经收入前两卷书信中的相同条目会在其末尾标示出来。

阿布拉姆斯基，西蒙（1916—2010），历史学家、目录学家及藏书家。生于白俄罗斯首都明斯克，其父为东正教拉比语[1]国际知名学者，1932年逃离俄罗斯流亡至英国。阿布拉姆斯基早年没有受到多少正规教育，但于1935年进入耶路撒冷希伯来大学修读历史与哲学，后成为马克思研究权威人士。1941—1958年曾加入共产党。第二次世界大战爆发之际他被迫滞留英国，并进入图书出版业。后来，在伯林和詹姆斯·乔尔的支持下，开始走上学术道路，1965年成为圣安东尼学院高级研究员，1966—1969年任耶路撒冷希伯来大学当代犹太史讲师，1969—1974年任高级讲师，1974—1983年任希伯来语和犹太语研究高尔斯密讲席教授。在其学术生涯中，他一直热衷于藏书，专门收集希伯来语古旧珍本和手稿，以及有关社会主义和政治理论的善本。他还多年任索斯比拍卖行顾问，这一身份曾使他得以抢先一步，阻止了该拍卖行准备在1986年7月3/4日实施的几封名人书信出售计划。这些书信是有人从伯林在全灵学院住处偷窃来的赃物。虽然拍卖目录中仍然保留，实物已从拍卖货品中撤下。

[1] 中世纪希伯来语——译注

艾尔索普，约瑟夫·赖特（“乔”）（1910—1989），专栏作家和外交时事评论员。生于康涅狄格州一个古老的贵族家庭。其母为科琳·道格拉斯·艾尔索普（1886—1971），婚前姓罗宾逊，后姓科尔，是美国总统西奥多·罗斯福的侄女，同时也是埃莉诺·罗斯福和艾丽丝·朗沃思的表亲。1945年到1974年，艾尔索普为《纽约先驱论坛报》报业辛迪加撰写长期专栏“事实”（其间与胞弟斯图尔特合作至1958年），产生了巨大影响。尽管其家族长期支持共和党，艾尔索普本人却是约翰·F. 肯尼迪的早期支持者，并帮助其在1960年的总统选举中获胜。用伯林的话来说，他是这位新任拿破仑身边忠心耿耿的“元帅”之一：“谈不上言听计从，但十分得宠——常常被喜爱地揪耳朵”（致格莱德温·格莱德温，1962年11月12日）。艾尔索普是一位激进的反共分子，他坚定支持美国介入越南战争，这使他最终失去了影响力。他还是一位地下同性恋者，1957年曾差点受到苏联国家安全委员会克格勃的胁迫。1961年与华盛顿政治名媛苏珊·玛丽·帕顿（1918—2004）结婚，其婚前姓杰伊，已故的前夫小威廉·S. 帕顿曾是外交官，也是艾尔索普的好友；艾尔索普夫妇于1973年离婚。“至于亲爱的乔·艾尔索普，那美妙的男低音发出来的声音前所未有地优美动听——包括他在参演那些幼稚愚蠢的歌剧中发出的恶魔靡菲斯特般的狞笑声，还有紧随其后高亢的‘啊啊’声，会持续两到三分钟，最后就这么空空如也地结尾收场，让人好比听到自己的教名一般捕捉不到任何实质含义。”（致格莱德温·格莱德温，1974年10月18日）。《伯林书信集（卷一）》，第703页；《伯林书信集（卷二）》，第786页。

安南，诺埃尔·吉洛伊（1916—2000），1965年被授予终身贵族荣誉。历史学家，学院院长。战时，安南在军队服役，负责情报工作，战后回到他曾经就读本科的剑桥大学国王学院任研究员。1956—1966年任国王学院院长；1966—1978年任伦敦大学学院院长；1978—1981年任伦敦大学校长；1967—1978年还同时任柯芬园英国皇家歌剧院董事。安南与伯林一样，对思想史饶有兴趣，并为弗吉尼亚·伍尔夫的父亲，同时也是作家和文学批评家的莱斯利·斯蒂芬撰写传记。1962年，在向罗伯特·奥本海默推荐安南去普林斯顿大学做客座研究员的信中，伯林写道："关于他本人和他的著作，我相信您一定已经了解：他是布卢姆斯伯里圈的指定继承人和王储式人物，凯恩斯对他行使了某种手扶顶祝福礼，而他写作的莱斯利·斯蒂芬传记则好比对这一圣坛的隆重献礼。此后他一直是极具活力的学院院长，大学的改革者。他还是某个政府俄语教学委员会的主席，同时参与负责新办大学校长的任命工作，诸如此类。他能力超群，并且拥有一半美国血统。"（致罗伯特·奥本海默，1962 年 12 月 4 日）

艾耶尔，阿尔弗雷德·朱尔斯（"弗雷迪"）（1910—1989），1970 年受封爵士，哲学家。1928—1932 年就读于牛津大学基督教堂学院古典人文学专业，后任瓦德汉姆学院讲师。1946—1959 年任伦敦大学思维与逻辑哲学格罗特讲席教授，1959—1978 年为逻辑学威克汉姆讲席教授及牛津大学新学院研究员；其著作《语言、真理与逻辑》（1936），"使当时的哲学界为之震惊"，却在整个战前的牛津大受欢迎，是年轻大学教师们谈论的中心话题。他们聚集在全灵学院伯林的房间里，对其津津乐道（理查德·魏赫姆，《牛津国家人物传记词典》）。艾耶尔第一次婚姻是在 1932 年，妻子为勒内·奥德—里斯（参见相关词条），二人于 1941 年离婚；艾耶尔的第二次婚姻在 1960 年，妻子为阿尔伯塔·康斯坦丝（"迪"）·韦尔斯（1925—2003），婚前姓查普曼，是一名记者、小说家和播音员。《伯林书信集（卷一）》，第 703 页；《伯林书信集（卷二）》，第 786 页。

本—古里安，戴维（1886—1973），原姓格鲁恩，政治家。生于波兰的波伦斯克，其父为民间犹太复国主义者，他本人则参加了犹太社会民主工党；1906 年移民到巴勒斯坦，开始使用希伯来名本—古里安，并成为犹太劳工运动领袖以及以色列总工会和以色列工党的核心人物。1935 年，他开始任犹太复国主义执行委员会主席和巴勒斯坦犹太事务局主席，并因此成为犹太社区（伊休夫）具有影响力的领袖。第二次世界大战结束后，他带领犹太复国主义者抵抗英属巴勒斯坦托管地，亲自指导了 1948 年 5 月以色列建国的整个过程，并使之安然抵御了随之而来的阿拉伯人的多次进攻。1948—1953 年任以色列总理；之后辞职，退隐到位于北内盖夫的基布兹（以色列集体农场）斯德伯克；1955—1963年重新任总理，之后再次突然离职，退隐斯德伯克；1965—1967年重出江湖，就任分化出来的新党拉菲（以色列工人列表党）领导人，但于1970年退出以色列国会席位。1973年12月1日，在斯德伯克去世。

贝伦森，伯纳德（1865—1959），原姓伯恩哈德·沃尔夫洛琴斯基，艺术史家、收藏家，意大利文艺复兴时期研究的权威人物。贝伦森生于立陶宛的一个犹太人家庭，举家移民到美国。他转信基督教，成为美国圣公会教徒，后来到了意大利，又成为一名天主教徒。在定居意大利前，他曾就读于哈佛大学并在欧洲学习。贝伦森为收藏家们购买文艺复兴时期的艺术作品提供咨询，因此而获得巨额佣金，大发其财。1907年，他购买了佛罗伦萨郊外塞提涅亚诺的伊塔蒂别墅，并一直居住到去世。在那里，他收藏了许多珍贵书籍、照片和艺术品，后将这些收藏品连同整个别墅一起遗赠给哈佛大学，作为意大利文艺复兴研究中心。《伯林书信集（卷二）》，第787页。

伯林，艾琳·伊丽莎白·伊冯娜（婚前姓德·甘斯伯格；后姓伯林），其父为皮埃尔·德·甘斯伯格男爵，银行家，生于俄罗斯，后定居巴黎。其母为伊冯娜·多伊奇·德·拉·默尔，一位法裔犹太实业家之女。艾琳的第一次婚姻是在1934年，丈夫为安德烈·斯特劳斯（1903—1939），艺术品收藏家朱尔斯·斯特劳斯之子，二人育有一子，迈克尔·斯特劳斯（参见相关词条）；艾琳的第二次婚姻在1943年，丈夫为汉斯·哈尔本（参见相关词条），他们育有两个儿子，分别为彼得·哈尔本和菲利普·哈尔本（参见相关词条），二人于1955年离婚；艾琳的第三段婚姻开始于1956年，丈夫为以赛亚·伯林（参见相关词条）。与艾琳结婚使伯林得到极大的安定感和满足感，这一点充分体现在海丁顿宅——伯林夫妇位于牛津的家中。在她的鼓励下，伯林于1965年11—12月间接受了伊夫雷学院院长一职。她十分关心沃尔夫森学院的兴建、设计和发展，全身心投入其中，成为兢兢业业的“第一夫人”；该学院的第一艘八人赛艇就是以她的名字“艾琳”命名的。1948—1979年，她还任巴黎丽兹酒店的董事之一，参与了1961年的修缮计划。《伯林书信集（卷二）》，第792页（“哈尔本”词条）。

伯林，以赛亚（1909—1997），1909 年 6 月 6 日生于里加；1922—1928 年就读于伦敦的圣保罗学校；1928—1931 年就读于圣体学院古典人文学专业，1931 年获得古典人文学一等荣誉学位；1932 年获得 PPE（哲学、政治学和经济学）一等荣誉学位；1932—1938 年获全灵学院奖学金；1932—1938 年任新学院哲学讲师，1938—1950 年任研究员；1941—1942 年第二次世界大战期间在纽约为英国情报部效力；1942—1946 年在华盛顿英国大使馆任职；1945 年 9 月—1946 年 1 月在莫斯科英国使馆任职；1950—1967 年在全灵学院（1950—1957 年任全灵学院研究员，1957—1967 年任社会与政治理论齐切利讲席教授）；1966—1975 年任牛津大学沃尔夫森学院院长；1966—1971 年任纽约城市大学人文学科教授；1959—1961 年任英国社会科学院副院长，1974—1978 年任院长。

名誉职位：1954—1965 年及 1974—1987 年任柯芬园英国皇家歌剧院董事；1963—1964 年任亚里士多德学会会长；1963—1966 年任苏塞克斯大学学术顾问委员会委员；1960—1964 年任英联邦（哈克尼斯）奖学金评审委员会成员；1967—1979 年任肯尼迪奖学金委员会委员；慈善信托基金受托人；1962 年任《哈伊姆·魏茨曼的书信与文稿》编委会成员。

客座教授经历：1962 年，哈佛大学；1965 年，普林斯顿大学。

举办的讲座：1965 年在美国华盛顿的国家艺术馆举办 A. W. 梅隆美术系列讲座；1971 年在华盛顿大学举办丹兹系列讲座。

荣誉奖学金及研究员基金：1967 年圣体学院古典人文学科；1974 年剑桥大学沃尔夫森学院；1975 年牛津大学沃尔夫森学院。

名誉博士学位：赫尔大学（1965）；格拉斯哥大学（1967）；东安格利亚大学（1967）；布兰代斯大学（1967）；哥伦比亚大学（1968）；剑桥大学（1970）；伦敦大学（1971）；耶路撒冷大学（1971）；利物浦大学（1972）；特拉维夫大学（1973）。

出版作品包括：《自由四论》（1969），《父与子：屠格涅夫与自由的困境》（1972），《战时华盛顿的犹太复国主义政治：个人回忆片段》（1972）。

1956 年伯林与艾琳·哈尔本结婚（参见艾琳·伯林词条）。1957 年受封爵士，1971 年被授予英国功绩勋章，但在 1979 年拒绝了贵族爵位。《伯林书信集（卷一）》，第 704 页；《伯林书信集（卷二）》，第 787—788 页。

伯林，（玛莎）·玛丽（约 1880—1974），婚前姓沃什诺克（“沃尔夫森”），伯林的母亲，是其丈夫门德尔的大表妹。1974 年她去世后不久，伯林在写给斯图尔特·汉普希尔的信中坦承母亲对他人格形成的影响：“我想我的犹太中心思想［……］来自她的俄罗斯—犹太文化之根：我父亲身上没有这些。”（1974 年 2 月 23 日）他可能比自己以为的孝顺得多——“大家都在传我是一个多么孝顺的儿子，对此我感到羞愧：因为事实并非如此。”（出处同上）——他总是对自己看望母亲不够频繁，或者与母亲相处时不够耐心而耿耿于怀。1961 年，在他利用复活节与母亲一同游览尼斯之前，曾给谢利·安格尔西写了一封信。信中他写道：“我很爱母亲，她的活力始终不减，一如既往。但和她单独待上十天，那种沉闷也十分可怕——这种感觉你一定明白。明明挚爱某个人，对其忠心耿耿，并且真正发自内心地为与其共处感到高兴，却必须忍耐令人痛苦的无聊沉闷——这究竟是种什么样的感觉？”《伯林书信集（卷一）》，第 704 页；《伯林书信集（卷二）》，第 788 页。

伯林，门德尔（1884—1953），木材和鬃毛商人、伯林的父亲。伯林形容他为“一个温柔、聪明、羞怯的男人，对感情用事的强势妻子言听计从”（迈克尔·伊格纳季耶夫采访伯林录音之十三）。但门德尔并不像妻子一样，在儿子生活中占据着不可动摇的地位：“我爱父亲，他的离世令我十分悲痛，但并未使我的过去随之一扫而空，而母亲的死却打断了我生命中重要的一环。”（致沃特·伊坦，1974 年 4 月 26 日）。尽管如此，正是门德尔的远见，让一家人得以逃出后革命时期的俄罗斯；也正是门德尔的勤勉，使得一家人能够在英国安身立命，开始新生活。他给儿子的一个珍贵礼物是将儿子送入圣保罗中学学习，即便儿子没能获得本该得到的奖学金也仍然坚持下来。他曾经撰写发表了一篇自传体文章，题目为“为了儿子”，收入《以赛亚·伯林传：

以赛亚·伯林的个人印象》。《伯林书信集（卷一）》，第704—705页；《伯林书信集（卷二）》，第788页。

波伦，查尔斯·尤斯提斯（“奇普”）（1904—1974），美国外交官、苏联问题研究专家。获哈佛大学欧洲历史学学位，德国钢铁生产大亨克虏伯家族的远亲，这些使波伦“更像是一个‘欧派’美国人”（《泰晤士报》1974年1月3日第14e版）。1929年加盟外交部后，波伦被专门挑选出来研究俄国问题，而当时的美国尚未正式承认苏联政府。在其外交生涯中，他曾多次访问并逗留莫斯科。1943年起波伦就职于美国国务院，任罗斯福总统的联络官，并在杜鲁门政府时期继续担任该职。之后，他先后出任美国驻苏大使（1953—1957）、美国驻菲大使（1957—1959）和美国驻法大使（1962—1968）——驻法大使的任命反映了肯尼迪总统在“近乎偏执的戴高乐反美政策”盛行时期对波伦外交手腕予以高度信任（出处同上）。1935年，波伦与埃维斯·霍华德·泰耶尔（1912—1981）结婚。二人的第一次相遇是在1934年，当时埃维斯正在莫斯科美国大使馆探望任初级外交官的弟弟。《伯林书信集（卷二）》，第788页。

鲍拉，（塞西尔）·莫里斯（1898—1971），1951年受封爵士，古典学家，1938—1970年任瓦德汉姆学院院长。1917—1918年第一次世界大战期间，鲍拉曾服役于皇家野战炮兵团。之后来到牛津大学，在那里度过了接下来的一生。他多年任瓦德汉姆学院院长：“这个学院成了他记忆中唯一一个永远的家。这里也是他改造的社区，他管辖的法庭，他一手建立起的学术论坛，如今已享誉全国。他十分清楚设立大学的目标。他看到了热爱生活之人与只喜欢破坏各种美好生活可能性的人之间持续不断的斗争。他戏称自己‘反假学究、反精英、反一本正经、反巴利奥’。”（L. G. 米切尔，《牛津国家人物传记词典》）鲍拉对许多牛津的年轻人产生了巨大而积极的影响，尤其是对伯林。他们结成了“非常深厚的终生友谊”，即便到了最后——也还是如伯林所言——“我对他的爱［……］多过我对他的尊敬。”（致诺埃尔·安南，1973年8月31日）。《伯林书信集（卷一）》，第705—706页；《伯林书信集（卷二）》，第789页。

布洛克，迈克尔·乔治（生于1920年），历史学家、教育家、学院院长；1950—1966年任牛津大学圣体学院当代史与政治研究员兼导师，1951—1970年任大学讲师；1967—1976年任沃尔夫森学院副院长兼财务主管；1977—1978年任埃克塞特大学教育学院教育学教授兼主任；1978—1988年任纳菲尔德学院院长；《大改革法案》的作者。为了实现自己的新学院建设计划，伯林于1966年夏四处招聘负责大楼基建的"总经理"。这一职位不仅需要勤勉耐劳，聪明能干，还要精通大学运作方式。更重要的是，按照伯林的看法，此人必须有幽默感。1966年7月，他致信伦纳德·沃尔夫森，称他终于找到了这位"学院建造师"："经学院一致推选（记住，我们是一个民主集体），我们选出了一位优秀人士，他名叫迈克尔·布洛克［……］非常能干，性格坚忍顽强。做事认真，正直可敬，极具奉献精神——我非常喜欢他，尊敬他。不过，他的学究气有点儿重过了头，别让他一副谦虚的外表给迷惑了！"（致伦纳德·沃尔夫森，1966年7月13日）。1949年他与埃莉诺·霍普·布洛克（生于1921年）结婚，她婚前姓莫里森，1940—1943年就读于牛津大学玛格丽特夫人学院英语专业；1943—1945年任职英国政府海军部秘书处；1945—1949年在苏格兰任学校教师。育有三子。

布洛克，阿兰·路易斯·查尔斯（1914—2004），1972年受封爵士，1976年获终身贵族荣誉，历史学家，1960—1980年创立圣凯瑟琳学校并任首任校长。布洛克曾经与伯林在新学院的教师休息室时常见面，因为1945—1952年间他是那里当代史的研究员兼导师；在此期间，他写作完成了颇有影响力的《希特勒：对暴政的研究》（1952）；离开新学院后，他就任了圣凯瑟琳学院学监（院长），后将其改建为全日制大学——学院设施完整，建筑风格前卫，以理科为主——伯林以他为楷模，在建设沃尔夫森学院过程中对其做法加以仿效。应伯林的请求，布洛克成为信托基金会的一员，负责监管学院的建设和早期运作。后来，他自己也成为沃尔夫森基金会的受托人。1969—1973年，他成为牛津大学首位专职校长，在当时那样一个学生躁动不安的年代，这一职位充满的挑战尤其巨大。他喜欢四处筹措资金——享受追逐的刺激感觉——并于1990年成功筹措到一个编辑出版项目的启动基金，本卷书信集是其中一个部分。

邦迪，麦乔治（“麦克”）（1919—1996），国家安全顾问、学者、行政管理官员。三十四岁时，便就任哈佛大学的学院院长，之前他曾是政府学的副教授。1953—1961年，他获得终身教职，在当时被公认为是一个巨大的成功，也因此在1961年被肯尼迪总统看中，任命他为总统“国家安全事务特别助理［……］”，尽管传统上其家族一直拥护共和主义。邦迪作为核心人物，参与了当时所有重要外交政策的制定，包括“猪湾”入侵及古巴导弹危机等事件，但人们记得最牢的是他极力鼓动美国干预越南事务：虽然越战早期他就离开了政府，但仍是越战“主要设计师和捍卫者”之一（理查德·霍尔布鲁克，评《鸽子无错》，《纽约时报》2008年12月28日第B12版）。邦迪是一位“行动知识分子”（第136页注4）——“出类拔萃之辈”（1972年，戴维·哈伯斯塔姆用这一诅咒性讽刺标题控告越战背后的决策者）。1965年6月他的头像登上《时代》杂志封面。但是，时年12月，在与约翰逊总统产生意见分歧后，他猝然离开政坛，并于1966—1979年成为福特基金会主席。伯林利用这一恰当时机，向他提出资助沃尔夫森学院的请求。这项大工程若没有邦迪的个人支持，几乎不可能完成。伯林与他相识大约在1949年的上半年，可能在哈佛大学，当时他们都是那里的客座讲师；也可能在华盛顿，二人在那里有共同的朋友。

博登—穆勒，罗兰（1891—1980），艺术品鉴赏家；曾就读伊顿公学和奥里尔学院，主修英文和法文。第一次世界大战期间，他曾在法国部队医院做志愿者，1924年移居美国，成为著名室内装修设计师；在波士顿与艺术收藏家查尔斯·贝恩·霍伊特（1889—1949）共同生活（二人也一同居住在瑞士和缅因州的房子里）。1972年初，博登—穆勒搬到洛桑市高档豪华的皇宫酒店居住，酒店每天为他更换干净床单。二人都为博物馆捐赠了大批艺术品。博登—穆勒政治立场激进，并且总是喜欢用尖锐的方式表达自己的想法；对此伯林虽不苟同，却十分欣赏他对时事的评论和看法：“博登—穆勒给我的来信中，针对戈德华特（参议员）的批评是有史以来最妙不可言的抨击性文字，比西塞罗或左拉的雄辩更庄严显赫。真是太精彩了。”（致阿瑟·施莱辛格，1964 年 9 月 23 日）他在给玛丽·麦卡锡的信中写道：“我对他由衷挚爱……他是他所在时代的最后一个见证人，早在 1910 年的时候，他就认识许多比他年长很多的人。关于他与普鲁斯特关系的故事美轮美奂。”（1964 年 8 月 7 日）《伯林书信集（卷二）》，第 789 页。

卡尔，爱德华·哈雷特（1892—1982），历史学家和外交官。第一次世界大战期间，卡尔因为不适合在前线服役，进入外交部，1925—1929 年被派往里加英女王陛下政府的公使馆任二等秘书；在那里他掌握了俄语，回到英国后，撰写了陀思妥耶夫斯基、赫尔岑及其所在圈子，以及巴枯宁等的传记。随着他对俄罗斯工业化和德国政治的学术兴趣日益高涨，1936 年，他离开外交部，转而到位于阿伯里斯特威斯的威尔士大学任教授职位。1939 年，他出版了富有创见的《二十年危机》一书。该书专题探讨后凡尔赛时期的国际关系问题，产生了广泛影响。1955—1982 年，卡尔任剑桥三一学院高级研究员，其间他主要完成了十四卷的巨作《苏俄历史》。他的写作助手包括传记作家艾萨克·多伊彻的遗孀塔玛拉·多伊彻。他在剑桥大学所作的特里维廉系列讲座以“什么是历史？”为题发表（1961），颇具争议，由此也引发他与其主要针对目标之一的伯林在《听众》杂志上展开了一场论战，“虽然我们在辩论当中有时话说得极其难听，所幸我们的私人关系并未因此发生改变，而是一如既往地继续保持亲密无间”（伯林致 H. P. 西蒙，1971 年 5 月 27 日）。

塞西尔，（爱德华·克里斯蒂安）·戴维（加斯科涅勋爵）（1902—1986），索尔兹伯里侯爵四世之子，侯爵三世（1885—1886 年、1886—1892 年及 1895—1902 年任英国首相）之孙；1924—1930 年任瓦德汉姆学院研究员，1939—1969 年任新学院研究员；1948—1969 年成为英国文学哥德史密斯讲席教授。塞西尔著书立说及教学的内容主要围绕 18 世纪和 19 世纪的英国作家。在获得牛津大学哥德史密斯讲席教授职位后，塞西尔曾经威胁说，如果他走后由汉弗莱·豪斯（1908—1955）——一位受人尊敬的新学院的文学学者——来接替位置，他就辞职，因为他更看重另一人选——约翰·巴克斯顿（1912—1989），一位

“业余绅士”式的人物。此人在1949—1979年任职新学院期间，在人们记忆中或许更像是一个鸟类学者，而不是英国文学研究员。这件事引发了众怒，并因此影响到他与伯林的多年友谊。《伯林书信集（卷一）》，第706页；《伯林书信集（卷二）》，第789页。

克罗斯曼，理查德·（霍华德·斯塔福）（1907—1974），工党政治家兼日记作者；1930—1937年任新学院哲学研究员和导师；1934—1940年任牛津市议会工党组织领袖；1945年在工党获得压倒性多数的胜利中当选考文垂东区议员，直至1974年2月。1946年克罗斯曼任英美巴勒斯坦委员会委员后，成为哈伊姆·魏茨曼的至交，并转而信仰犹太复国主义。根据布思比勋爵的说法，他对犹太复国主义事业的支持“严重阻碍了”他的政治生涯（讣告补遗，《泰晤士报》1974年4月15日第8g版）。据《泰晤士报》报道，在克罗斯曼身上，“典型体现了涉足政治，尤其是涉足工党政治的知识分子的长处与局限所在”（1974年4月6日第16e版）。由于其中产阶级的出生背景——曾经毕业于温彻斯特学院——他始终得不到艾德礼和其他党派成员的信任，连续十九年始终只是一位普通的后座议员。一直到1963年，克罗斯曼有力协助哈罗德·威尔逊竞选成功，终于迎来进入内阁的机会。1964年10月，他首次成为内阁成员，于1964—1966年出任住房及地方政府事务大臣；1966—1968年任下院领袖及枢密院大臣；1968—1970年任社会福利事务大臣；1970—1972年还任《新政治家》杂志主编。伯林与其相处不欢，在他去世后不久，曾致信斯蒂芬·斯彭德，称他是“一位并不招人喜欢的朋友”（1974年4月9日）。《伯林书信集（卷一）》，第707页。

德罗希达，加勒特（1910—1989），原姓（查尔斯）·加勒特·庞森比·摩尔，1957年受封德罗希达伯爵十一世，报刊业主及歌剧院经理；1945—1970年任《金融时报》所有人及常务董事，1971—1975年任董事会主席；1951—1958年任柯芬园英国皇家歌剧院董事会秘书，1958—1974年任董事会主席；德罗希达“相貌英俊，外表慵懒，但其实内心包裹着铁一般的决心，不达目的，誓不罢休”（杰里米·伊萨克斯，《牛津国家人物传记词典》）。在他任董事会主席期间，柯芬园英国皇家歌剧院得到蓬勃发展。关于他，最具传奇色彩的莫过于他发给同事和雇员的语气犀利的备忘录（即众口相传的“德罗希达式电报”），对与他持不同看法的评论家们，他也一样采取这种方式，直言不讳：那些倒霉的作者往往会在他们的评论即将见报的当天清晨，一大早就收到通过摩托车快递员送来的严厉指责：“如果住在附近［……］，德罗希达甚至会穿着拖鞋、睡衣或晨衣，亲自上门说服”（出处同上）。在伯林眼中，他是一个“奇特的混合体，尽职尽责、兢兢业业，同时又享乐放纵，颐指气使。但他工作出色，足矣。”（致杰克·唐纳森，1963 年 2 月 11 日）

费希尔，亨利（“哈利”）·（阿瑟·皮尔斯）（1918—2005），1968 年受封爵士；曾任法庭律师、法官和学院院长。他是家中的大儿子，其父为坎特伯雷大主教。费希尔行走在两种职业中游刃有余：他既是一位出色的法律从业人员——1960 年被任命为皇家律师——同时又在 1946—1973 年间任全灵学院的研究员，1961—1966 年他还是学校的资产处财务主管，并于 1965—1967 年任副院长。1968 年，他成为王座法庭高等法院的法官，但很快就感觉与社会相脱节而不满这份工作，仅干两年便辞职了。此事在法律界引起争议，尤其是他离职后直接在伦敦金融区谋得一个收入不菲的经理职位（事实上，法律界一个不成文的惯例是禁止立刻重操律师职业）。1970—1975 年他出任 J. 亨利·施罗德·威格合作有限公司的经理，并于 1973—1975 年任施罗德国际有限公司董事。但在 1975 年，他离开了金融界，回到牛津，接替伯林任沃尔夫森学院的院长，直至 1985 年。

弗拉德，琼·埃丝特（1915—2013），社会学家，学院院长；1947—1962 年于伦敦大学教授社会学（伦敦政经学院及教育学院）；1963—1972 年任纳菲尔德学院的专任研究员；分别任职牛津大学调查委员会（弗兰克斯委员会）（1964—1966）、大学教育资助委员会（1964—1974）及社会科学研究委员会（1970—1973）；1972—1983 年任剑桥大学纽纳姆学院院长。1938 年她与公务员彼得·弗拉德（1911—1960）结婚。传言他与牛津的间谍网有染，詹妮弗·哈特（参见相关词条）就属于这个圈子。弗拉德的朋友罗伯特·斯基德尔斯基在一篇悼文中这样形容她："英国社会学教育领军人物之一"，其学术生涯是"智慧、魅力与实力战胜阶级与性别歧视的典范"(《卫报》2013 年 4 月 5 日第 38 版)。琼·埃丝特通过弗兰克斯委员会的工作认识了伯林，并成为其挚友之一。本卷书信集便题献于她。

弗兰克斯，奥利弗·舍维尔（1905—1992），1962 年受封海丁顿的弗兰克斯男爵；哲学家与公务员。1927—1937 年任女王学院的哲学研究员和讲师，1937 年被任命为格拉斯哥大学道德哲学教授。战争时期在供应部任职，战后回到牛津，任女王学院院长（1946—1948）。这是唯一一个"他毕生真正想要的"职位（亚历克斯·丹切夫，《牛津国家人物传记词典》）。在牛津过了一年的快乐时光后，他再次被政府召唤，受外交大臣欧内斯特·贝文之命，帮助他协调欧洲对马歇尔计划的反应。1947 年 9 月，时任欧洲经济合作委员会主席的弗兰克斯，成功化解了十六国的不同利益冲突，将其融进一份报告［伯林参与了其中的部分工作：《伯林书信集（卷二）》，第 35—39 页］，为马歇尔计划在华盛顿获得通过起到了重要作用。他也因此被任命为英国驻华盛顿大使（1948—1952）。在任期间，他为大西洋两岸架起沟通桥梁做出了又一大贡献——与迪恩·艾奇逊合作起草了政府间协定，使北大西洋公约组织得以创立。这项工作完成后，弗兰克斯离开了外交界，1953—1975 年任劳埃德银行董事（1954—1962 年任主席），并兼任施罗德集团董事（1969—1984）。1962—1976 年，他重返牛津，任伍斯特学院院长，并带领牛津大学调查委员会开展工作（1964—1966），最终形成《弗兰克斯报告》。弗兰克斯是一位极富道德权威以及"实践智慧"的人（丹切夫，出处同上），伯林在 1966 年筹建沃尔夫森学院项目中得到他的巨大支持；次年，弗兰克斯受邀任新建沃尔夫森学院的荣誉研究员。《伯林书信集（卷二）》，第 791 页。

格雷厄姆，凯瑟琳（"凯"）（1917—2001），婚前姓梅耶；报刊发行商。1963 年其夫（菲尔）·格雷厄姆自杀身亡后，她成为《华盛顿邮报》事实上的出版人；之前其夫继承了格雷厄姆的父亲尤金·梅耶的出版事业。虽然她踌躇满志，宣称要让《华盛顿邮报》雄霸报业天下，却因为缺乏经验和所处时代局限，女性很难承担此重任。不过，在报业史上的困难时期，她还是表现出了卓越不凡的领导能力，给予其主编和一线记者强有力支持，使他们得以穷追不舍，揭开了“水门事件”的真相，并直接导致尼克松总统辞职。当年伯林曾致信给她：“在最近的一次宴会上［……］，有人问我是否认识华盛顿的哪位重要人物，我几乎不敢说认识你：因为这么做听起来好像我厚颜无耻，有意抬出名人显贵以提高自己的身价。”（1974年11月4日）《伯林书信集（卷二）》，第791—792页。

哈尔本，汉斯·亨利希（1908—1964），原姓冯·哈尔本，核物理学家。曾与艾琳·斯特劳斯结婚。艾琳婚前姓德·甘斯伯格（见艾琳·伯林词条），生有两个儿子，后成为伯林的继子，分别名为彼得·哈尔本和菲利普·哈尔本。《伯林书信集（卷二）》，第792页。

哈尔本，彼得·弗朗西斯（生于1946年），出版商；艾琳·伯林的次子，伯林的继子。《伯林书信集（卷二）》，第792页。

哈尔本，菲利普·亚历山大（生于1950年），细胞生物学家，专门从事糖尿病研究；艾琳·伯林的三儿子也是最小的儿子，伯林的继子；瑞士日内瓦大学遗传医学与发展教授。《伯林书信集（卷二）》，第792页。

汉普希尔，（格蕾斯·伊莎贝尔）·勒内（1909—1980），婚前姓奥德—里斯，其父为英国皇家海军陆战队的探险家托马斯·奥德—里斯上校。她的第一次婚姻在1932年，丈夫为A. J. 艾耶尔（参见相关词条）——二人于1941年离婚；第二次婚姻在1961年，丈夫为斯图尔特·汉普希尔（参见相关词条）。在伯林看来，勒内·汉普希尔完全束缚了丈夫的手脚，在1962年10月23日给艾琳的信中，伯林说“她是一个魔鬼”——这么说是因为他认为汉普希尔夫妇移居美国让他的朋友们深感难过，而此举完全应该归咎于勒内；不过，1970年汉普希尔夫妇回到牛津时，伯林和勒内的关系至少在表面上还算友好。

汉普希尔，斯图尔特·纽顿（“汉斯”）（1914—2004），哲学家。曾就读于巴利奥学院古典学专业，最早认识伯林是在第二次世界大战前伯林获得全灵学院研究员一职期间，之后二人便开始了持续一生的友谊；伯林向泰迪·科莱克（参见相关词条）推荐汉普希尔时写道：

“我想他应该是我在英国最喜欢的人；拜托一定要善待他。”（1959 年 4 月 20 日）汉普希尔是伦敦大学思维与逻辑学格罗特讲席教授（1960—1963），之后离开去普林斯顿大学任教授（1963—1970）。此举遭到伯林的坚决反对，并在之后想方设法使他回心转意；汉普希尔后来的确回到英国，回到牛津，接替莫里斯·鲍拉（参见相关词条），任瓦德汉姆学院院长（1970—1984）。1961 年汉普希尔与朋友兼同事 A. J. 艾耶尔（参见相关词条）的前妻勒内·艾耶尔（参见相关词条）结婚，婚前二人曾经保持了长期的情人关系，并在艾耶尔夫妇婚姻关系期间生有两个孩子；但伯林对此从未觉察。《伯林书信集（卷一）》，第 709 页；《伯林书信集（卷二）》，第 792—793 页。

哈特，赫伯特·莱昂内尔·阿道弗斯（1907—1992），法律哲学家，学院院长。19 世纪波兰和德国犹太移民的后裔。1926—1929 年哈特就读于新学院古典学专业，1932—1940 年任大法官法庭律师，事业辉煌。1941 年与詹妮弗·威廉斯（参见相关词条）结婚；并经其推荐，开始为英国安全局（军情五处）工作，一直到第二次世界大战结束。受威廉斯社会主义思想影响，他在战后放弃了收入颇丰的律师职业，成为新学院哲学研究员及导师（1945—1952）。1952—1968 年任牛津大学法学教授；同时任牛津大学大学学院教授，1969—1973 年任研究员；1973—1978 年任牛津大学布雷斯诺学院院长。20 世纪 50 年代末，他与帕特里克·德夫林爵士产生了争论，焦点是刑法在执行严格的公共道德方面究竟应该适用到什么程度——哈特反对这一观念——此事使他成为举国知名人物。“大家一致公认他是 20 世纪最杰出的英国法律哲学家”（托尼·奥诺尔，《牛津国家人物传记词典》）；1966 年他谢绝了爵位。赫伯特与詹妮弗·哈特是伯林在牛津最亲密、最长久的朋友。《伯林书信集（卷一）》，第 710 页；《伯林书信集（卷二）》，第 793 页。

哈特，詹妮弗·玛格丽特（1914—2005），婚前姓威廉斯，公务员兼历史学家。其父为知名出庭律师。从青年时代起，詹妮弗·威廉斯就对各种进步思想耳濡目染，1932—1935 年就读于萨默维尔学院现代史专业之前，她就已经“接受了某种‘人文享乐主义’，这个思想主要来自布卢姆斯伯里派”（玛格丽特·霍华森，《独立报》2005年3月31日第35版）。牛津毕业后不久，她加入了共产党，并迫切加入公务员队伍，成为潜伏其内部的“间谍”或“卧底”；1936—1947年她被派往内政部工作，1941年与赫伯特·哈特（参见相关词条）结婚，二人从1937年起开始同居。其结婚属于特许，因为按照常规，本来是不允许女性公务员结婚的，她的受重视程度由此也可见一斑；不过，1945年其夫成为新学院哲学导师后，她也随之离开了公务员队伍来到牛津。1951—1952年任纳菲尔德学院研究员，1952—1981年任圣安妮学院历史研究员及导师。1983年，在BBC一次采访中，毫无防备的她被问及有关战前与共产党的联系，由此因蒙受叛国的污名而遭到指责和诽谤，其夫也毫无理由地受到牵连，并因此精神崩溃；在其1998年出版的自传《别再问我》中，她驳回了所有这些指控。《伯林书信集（卷一）》，第722页（“威廉斯”词条）；《伯林书信集（卷二）》，第793页。

卡琳，安娜（“尼乌塔”）（1896—1984），BBC广播节目制作人。生于莫斯科，1912—1919年就读于德国莱比锡大学。1921年卡琳与父亲一同移居英国，从事自由作家等工作；1940年6月加入BBC。她的背景和语言技能对新成立的监听部是极其宝贵的财富。起初派驻伊夫舍姆，负责监听抄收德国广播节目。1946年1月，受任《家事谈》节目制作人，并因此与新创办的第三套节目有了联系，就是在这个节目中，伯林与其认识。“她是一位富有灵感的广播演讲节目制作人，无所畏惧的流亡者。她似乎结合了英国式的公共服务理念与俄罗斯的知识观念，将其作为道德权威”（迈克尔·伊格纳季耶夫采访伯林录音之二〇四）。《伯林书信集（卷二）》，第794页。

科莱克，西奥多（“泰迪”）（1911—2007），行政官员。生于匈牙利，在维也纳一个犹太复国主义者家庭长大。1935年移民巴勒斯坦；在以色列建国过程中发挥核心作用。曾经为一个叫“哈加纳”（原文第199页注4）的犹太复国主义组织工作，并任职欧洲犹太事务局；以色列独立后在刚起步的外交部任职；1952—1965年任本—古里安总理办公室总干事；1958—1965年任政府旅游公司主席；1965年奉本—

古里安之命，(出于无奈) 参加竞选耶路撒冷市市长，当选后以杰出的表现一直任职至1993年。在1967年埃及、叙利亚、约旦和以色列之间爆发“六日战争”后，全面负责耶路撒冷市的重新统一工作。伯林写道：“他是以色列国内为数不多的杰出人物之一，待人热情、包容，以智慧和人道态度对待耶路撒冷的阿拉伯人。他通过这一方式，有效避免了更多的痛苦和冲突产生。”(致卡尔·波普尔，1972年10月25日)《伯林书信集 (卷二)》，第795页。

纳博科夫，尼古拉斯 (1903—1978)，原姓尼古拉·德米特里耶维奇，作曲家、教师、作家、文化大使；小说家兼诗人弗拉基米尔·纳博科夫的侄子。如其他贵族成员一样，尼古拉斯·纳博科夫逃离了后革命时期的俄国，投奔西方国家，并加入围绕在巴黎狄亚基列夫和俄罗斯芭蕾舞团周围的流亡人群。在那里，他遇见了伊戈尔·斯特拉文斯基 (参见相关词条)。1964年他为这位作曲家写作的传记，从某种意义来说是这段岁月的真实记录。与斯特拉文斯基一样，他在美国定居，并于1939年加入美国国籍。1945—1947年任柏林美国军事政府民间文化顾问。1951—1963年任文化自由大会总干事，组织了多场大型文化盛会和音乐节；在文化自由大会因为其得到中央情报局秘密资助的内幕暴露而夭折后，纳博科夫任了几个讲师职位，主要在普林斯顿大学和纽约城市大学。在向艾萨克·斯特恩解释为什么他认为纳博科夫不适合任1964年以色列音乐节组织者的原因时，伯林说：“倘若纳博科夫是一个专横跋扈、冷酷无情的狄亚基列夫式的天才，能够不择手段，将自己的意志强加于其‘愤怒的合作伙伴’，那事情也许能成，尽管会在身后留下许多尸体。问题是，他身上我们喜欢的所有特质都与这样一种性格背道而驰，格格不入。他不是一个独裁者，只要一遇到不同意见或任何挫折或困难障碍，不论它们是否合理，他都会无一例外地陷入没完没了的绝望之中，半是理解，半是同情，但就是不会去伤害别人。他是不会踩着别人的尸体向前走的人。”(1962年4月26日)《伯林书信集 (卷二)》，第795—796页。

夏皮罗，梅耶 (1904—1996)，艺术史家、艺术家、博学家。生于立陶宛犹太家庭，三岁时移民美国；一直在纽约生活和工作，对这座城市极富认同感。1928年他与小儿科医师丽莲·米尔格拉姆(1902—2006)结婚——育有两个孩子——在整个30年代，他们在格林威治村的家一直是“左翼成员经常光顾之地”(约翰·罗素，《纽约时报》1996年3月4日第D10版)。1928年起夏皮罗在哥伦比亚大学教授艺术史(他从该校毕业时年仅十九岁)，一直到1973年退休。先后任教授(1952—1965)、大学教授(1965—1973)和荣誉教授(1973—1996)。夏皮罗对参加各种其他学术社团饶有兴致，1968年任牛津大学美术学施莱德讲席教授。作为一名教师，他闻名遐迩，尤其精通罗马式雕塑以及19世纪末和20世纪初的艺术，但切入点却兼收并蓄，融会贯通：“事实上，夏皮罗的学术精髓恰恰在于他从来不是孤立片面地看待任何艺术、信仰或是语言。”(出处同上)《伯林书信集(卷一)》，第715页；《伯林书信集(卷二)》，第797页。

施莱辛格，小阿瑟·梅尔(1917—2007)，作家、学术与自由政治评论家；1946—1954年任哈佛大学历史学副教授，1954—1961年任教授；1966—1995年任纽约城市大学人文学科艾伯特·史怀哲讲席教授，1995—2007年为名誉教授。施莱辛格曾利用休学术假的机会，分别于1952年和1956年参加总统竞选工作，支持民主党候选人阿德莱·史蒂文森，但1956年转而效忠约翰·F. 肯尼迪，并于1961—1964年成为新任总统的“特别助理”。后来，他又代表已故总统的弟弟罗伯特·F. 肯尼迪参加竞选，后者于1968年获得民主党提名。1967年伯林在信中提到他的这位朋友：“可怜的阿瑟如今已成为美国所有激进分子和揭露丑闻者针对的替罪羊——不知道他怎么就成了这样一个目标。我刚刚读到一位语言学教授，也是他本人所在领域的天才人物(诺姆·乔姆斯基)关于他的一篇文章，发表在《纽约书评》上，语气慷慨激昂，称他是彻头彻尾、诡计多端的政客和行贿者，根本不够格任教授，等等。我会一如既往地忠实于他，捍卫他，可他不知怎么搞的，把自己弄得这么不讨人喜欢，就像乔一样——如果二人来一场你死我活的相互残杀，不会有多少人为他们哭泣，尽管你我眼中会充满发自内心的泪水。”(致帕米拉·贝瑞，1967年2月20日)《伯林书信集(卷二)》，第797—798页。

西尔弗斯，罗伯特·本雅明（生于1929年），《纽约书评》创办人兼联合主编，1947年毕业于芝加哥大学，当时年仅十九岁。1950年曾经短暂任康涅狄格州州长、民主党人切斯特·鲍尔斯的新闻秘书，后到军队服役（1950—1953）。在随军驻扎在巴黎北约总部期间，他到索邦大学和巴黎综合理工学院学习，由此建立了一些人脉关系，使他得以在1954—1958年成为《巴黎评论》的总经理。1958年，他回到纽约，任《哈珀》杂志副主编；1963年，在《纽约时报》因印刷工人罢工而被迫关闭期间，他离开了《哈珀》杂志，与芭芭拉·爱泼斯坦（1928—2006）联合创办了《纽约书评》，后者也是他的联合主编，直到她去世。1964年，伯林与西尔弗斯初识于纽约，很快便十分珍视与他的友谊，尤其看重他基于理性的客观判断能力。1969年末，他们曾一起访问以色列，其间伯林致信给埃德蒙·威尔逊，信中他写道："我们来此地作一年一度的圣诞朝拜，同行的是充满怀疑和想象力丰富的鲍勃·西尔弗斯：不到四十八小时内，他已成为洞察整个局势的权威人物（对此无人不服），尽管令人生畏的黛博拉——以色列总理戈尔达·梅厄夫人——找他进行了一次严肃的谈话。"（致埃德蒙·威尔逊，1969年12月28日）

斯帕洛，约翰·汉柏里·安格斯（1906—1992），古典学家、律师，1952—1977年任全灵学院院长。由于受其同性恋倾向控制"非常严重"（伯林致约翰·洛厄，1989年2月27日），斯帕洛性格十分复杂——好斗、果敢、乖张，喜欢挑衅，才华过人。但是，到20世纪60年代初，很显然，面对英国高等学校面临的巨大挑战，作为院长的他并不打算变革求新，寻找解决方法。他没有让全灵学院——牛津大学最有底蕴、最享有名望的学院之一——走在改革的前列，而是将其当作阻碍改革的堡垒。这是伯林准备离开学院的主要原因之一，虽然那里有他的许多好友，尤其是斯帕洛本人。《伯林书信集（卷一）》，第716—717页；《伯林书信集（卷二）》，第798页。

斯特劳斯，迈克尔·朱尔斯（生于1936年），艾琳·伯林的长子，伯林的继子，1961—2000年任索斯比拍卖行印象派与现代艺术部主任，1959年与玛格丽·唐威（生于1932年）结婚（2003年离婚）。

著有《画作、激情与眼光：在索斯比拍卖行的生活》（2011）。

斯特拉文斯基，伊戈尔·费多罗维奇（1882—1971），作曲家、指挥家、钢琴家及作家。1982年在圣彼得堡附近地区出生，里姆斯基—科萨科夫的学生。斯特拉文斯基与狄亚基列夫为俄罗斯芭蕾舞团联合创作的曲目，使他在第一次世界大战前就已处于音乐泰斗的地位，其中最著名的包括《火鸟》（1910）和《春之祭》（1913），他也因此成为20世纪最有影响和最重要的作曲家之一。1914年离开俄国后，他先是居住在瑞士和法国，最终于1934年定居美国，并于1945年获得美国国籍。他的第一次婚姻在1906年，妻子为堂妹叶卡捷琳娜（“卡佳”）·加芙莉洛夫娜·诺森科（1980/1981—1939）；在她去世后，他于1940年第二次结婚，妻子为维拉·阿托诺夫娜·波塞特—西林—苏帝姬娜（1888—1982），婚前姓波塞特，早在1921年，二人便开始有了暧昧关系。伯林非常崇拜斯特拉文斯基，并因为自己曾经为其“神圣庄严的男中音管弦乐叙事歌剧”《亚伯拉罕与以撒》（1962—1963）（第103页）建言和撰写歌词深感自豪。

泰勒，阿兰·约翰·珀西瓦尔（“A. J. P. ”）（1906—1990），历史学家；1930—1938年任曼彻斯特大学讲师，1938—1961年任莫德林学院现代史导师，1938—1976年任研究员。1928年泰勒开始在越南专门从事外交史研究（他会说五国语言）。除了产出数量惊人的学术成果外，他还给报刊撰写文章，定期发表广播演讲，并成为最早一批“电视大学教师”。他的学术声望随其《争夺欧洲霸权的斗争：1848—1918》（1954）一书的出版得以巩固，但没能赢过休·特雷弗—罗珀（参见相关词条），痛失1957年的钦定教授职位。此事令他内心结怨，郁郁寡欢，并导致他的一些判断极其矛盾乖张。在致阿兰·布洛克的信中（1963年1月1日），伯林曾用嘲弄的口气谈到他的写作风格：“泰勒可以向我们展示，马克思主义与列宁毫无干系，后者在1917年发动十月革命，完全是出于偶然的心血来潮。”而对伯林，泰勒在1981年写给妻子艾娃的信中说道：“人们都喜欢以赛亚，在我看来不可思议。他是很有趣，一举一动令人印象深刻，无时无刻都在向人暗示，他的话句句意义深远，可这一切又有什么意义？”A. J. P. 泰勒，

《致艾娃的信：1969—1983》（伦敦，1991），第438—439页。

泰勒，查尔斯·马格雷夫（“查克”）（生于1931年），加拿大哲学家；毕业于巴利奥学院；1956—1961年任全灵学院研究员；1961—1976年在麦吉尔大学教授政治理论（1973—1976年任哲学教授）；1963—1971年与蒙特利尔大学哲学系建立合作关系；后成为牛津大学社会和政治理论齐切利讲席教授（1976—1981）——伯林的第二位接任者。

特雷弗—罗珀，休·雷德沃（1914—2003），后（1979）受封格兰顿达克男爵，历史学家；1957—1980年任牛津大学现代史钦定教授、奥里尔学院研究员；1980—1987年任剑桥大学彼得学院院长。1954年，他与亚历山大·霍华德—约翰斯顿夫人（1907—1997；原文第383页注1）结婚，她原为克莱伦斯·霍华德—约翰斯顿海军少将的妻子。伯林写道：“读了埃德加关于贡布里希的文章，我得说他还真是铁面无情[1]，名副其实的焦土作战行动。真是一个可怕之人，内心如此充满憎恨。在某些方面会让人联想到特雷弗—罗珀与人辩论时的冷酷无情。”（致科林·哈迪，1973年4月5日）

乌捷欣，帕特里西娅（“帕特”）（1927—2008），婚前姓雷斯本，是伯林最喜欢的、为他工作时间最长的秘书，也深受艾琳喜爱。在牛津时，她先是为经济学家约翰·希克斯工作，然后是全灵学院的马克斯·贝劳福，但在1961年末与其争吵闹翻。正好伯林对她“觊觎”已久，于是被伯林接纳，对此她深怀感激（见她写给亨利·哈代的简历）。1965年8月她随丈夫谢尔盖迁居格拉斯哥时，伯林怅然若失，很不开心。1970年10月，她告诉伯林打算返回牛津（伯林回信说，她的信“使这一天，这一周，这一月，这一年顿时添辉生色，变得不同寻常”，1970年10月28日）。1972年4月，与其丈夫友好分手后，她与伯林的融洽合作开始了新的篇章。帕特尤其擅长管理，从容稳健，

[1] 埃德加·温德一直（用其受害者的话说）“认为让人名誉扫地是其职责”，欧内斯特·贡布里希关于阿比·沃伯格的传记（1970）：见E. H. 贡布里希，“两种思想”，《伦敦书评》，1984年4月5—18日，第4版。

办事高效。伯林的学术和社交活动频繁，兴趣广泛，加上他个人本来就不善条理（对此他欣然承认），经常杂乱无章，但她却将其安排得井井有条。她儿子是前 BBC 广播制作人尼古拉斯（“尼克”）· 乌捷欣，她本人偶尔也编撰一些葬礼纪念诗文，其中最著名的有《来自牛津郡的墓志铭》(1980)。

瓦利茨基 · 安德烈（1930 年生于华沙），其父为艺术史家迈克尔 · 瓦利茨基。他分别在罗兹大学和华沙大学就读（1957 年在华沙大学获博士学位）；先后就任华沙大学波兰科学院哲学与社会学学院副教授（1960—1964）、大学讲师（1964—1968）、当代波兰哲学与社会思想系主任（1968—1981）、教授（1972—1981）；1966—1967 年任全灵学院客座研究员；后成为首位巴黎圣母院历史系奥尼尔讲席教授(1986—1999)。在伯林眼中，瓦利茨基是 19 世纪和 20 世纪代表俄罗斯与波兰社会政治思想的领军权威，在 1963 年 9 月 5 日致乔治 · 威登菲尔德的信中他写道：

> 在我看来，目前有一个国家正在谈论一些很有趣的思想意识形态问题——并且已经持续了一段时间——那就是波兰。那里学术思想正在蓬勃萌发，而其所在的环境条件危险与自由并存，足以产生群聚效应，引发各种学术思想的大爆发。[……] 我认识瓦利茨基，他认真有趣，见解独到，胆识过人。他经常前往华沙，对那里的总体状况持批评态度，但仍然坚持不懈地住在那里，著书立说，影响周围人。

二人的关系在瓦利茨基的《与以赛亚 · 伯林的交往：两位知识分子间的友谊》一书中有文字描述（法兰克福 / 牛津，2011）。1969—1989 年间，他在牛津大学出版社出版了六部专著。

魏茨曼，哈伊姆（1874—1952），化学家、政治家；1949—1952 年任以色列开国总统。生于白俄罗斯平斯克城附近犹太人定居区。从年轻时代起就一直受犹太复国主义思想的教育。他在柏林大学学习化学专业，获瑞士弗里堡大学博士学位，后在日内瓦大学任教，在那里，他遇见了未来妻子薇拉·查兹曼（见薇拉·魏茨曼词条）。1904年，魏茨曼获得曼彻斯特大学的初级研究员职位，1913年成为讲师。通过与《曼彻斯特卫报》主编C. P. 斯科特的交情，他得以接近许多杰出公众人物，包括A. J. 贝尔福。他对犹太复国主义事业巧妙娴熟的宣传鼓动，有力促成了1917年11月《贝尔福宣言》的出台。这件事带来的直接效应是，他于1920年当选犹太复国主义组织领袖，一直到1946年，虽然中间间断了几年（1931—1935）。在创办耶路撒冷希伯来大学和丹尼尔·西弗研究所（后改名魏茨曼科学研究所）的过程中，他都起到了重要作用。魏茨曼1910年便加入了英国国籍，是坚定的亲英派，两次世界大战期间他都倾力为英国政府工作，第二次世界大战时甚至痛失在英国皇家空军志愿后备队任空军上尉的爱子迈克尔。《贝尔福宣言》的问世，开始时似乎证明了他对英国政府坚定不移的信心并非事出无由，但随后英国官方政策的摇摆不定，使他的地位在更为激进的新一代犹太复国主义者当中变得岌岌可危。虽然1949年他成功当选以色列首任总统，但在相当一段时间内，他基本处于被架空的地位，没有机会发挥其政治主动作用。战争期间，伯林与魏茨曼在华盛顿结为挚友，虽然他深识魏茨曼的才华，努力在诽谤者面前捍卫他的声名，但也十分清楚他的局限所在："对与英国之间的关系存在的种种缺陷，尽管魏茨曼也极为不满，但还是将其作为整个政策的基础。到末了，连他自己也深信不疑，英国背叛了他，这是一道极深极深的伤口，抑或可以说，是他一生中最大的悲剧。"伯林，"传记事实"，收入梅耶·W. 威斯格与乔尔·卡迈克尔合编的《传记：众人笔下的哈伊姆·魏茨曼》（伦敦，1962；纽约，1963），第26页。《伯林书信集（卷一）》，第721页；《伯林书信集（卷二）》，第799页。

魏茨曼，薇拉（1881—1966），婚前姓查兹曼，生于俄国，在日内瓦当医学生时与哈伊姆·魏茨曼相识，1906年二人在英国结婚。1920年她与人合作，创办了国际犹太复国主义妇女组织，第二次世界大战期间，她参加了青年阅读经文运动。以色列独立战争期间和战后，致力于伤兵的康复工作。她去世数年后，伯林谈到曾经拒绝了让他写一篇常规性讣告的邀请："我会感到羞愧，特别是面对那些和我一样熟悉她的人——提及这位‘高尚亲切的夫人’，再也没有什么比所有那些形容词更令人敬畏的，诸如她的尊严、魅力、灵巧、智慧、独立思想、幽默感等。披露未加修饰的真相显然是不合时宜的，即便我有勇气这么做——不管怎么说，在我看来，真实的她是：骄傲、势利、冷酷、多愁善感，说话尖刻奚落，缺乏对犹太人和所有他人的爱心，自怨自艾、装腔作势。但我还是非常喜欢她，她对我很好，我们相处得十分愉快。”（致朱利安·梅尔泽，1971年8月19日）。《伯林书信集（卷二）》，第799页。

怀特，莫顿·加布里埃尔（生于1917年），哲学家、思想史家；1953—1970年任哈佛大学哲学教授；1970—1987年任普林斯顿大学高等研究院教授，1987年成为荣誉教授。1940年与露西娅·佩里（1909—1996）结婚。与伯林建立了长期友谊，二人之间有大量书信往来。相关内容见其自传《一位哲学家的故事》（1999），特别是第17章，“以赛亚·伯林：哲学与思想史之间的桥梁”。《伯林书信集（卷二）》，第799页。

威廉斯，伯纳德·阿瑟·欧文（1929—2003），哲学家；全灵学院研究员（1951—1954），新学院研究员（1954—1959）；伦敦大学学院哲学讲师（1959—1964）；伦敦大学贝德福德学院哲学教授（1964—1967）；剑桥大学国王学院哲学奈特布里奇讲席教授及研究员（1967—1979）和院长（1979—1987）。威廉斯事业初期的辉煌志向在剑桥大学得以实现，就任奈特布里奇讲席教授期间，他开始密切参与国王学院的管理工作，并撰写了一系列重大著作，最早一本名为《论道德》（1972）；1971年当选英国社会科学院院士。他的哲学思想，尤其是他坚决反对将复杂的人类体验简单化，其本质与伯林的思想十分相近，而且二人都热爱歌剧。1968—1986年威廉斯任英国国家歌剧院（之前为萨德勒威尔斯歌剧院）董事，并曾任歌剧院委员会主席。他的第一次婚姻在1955年，妻子为谢利·薇薇安·特雷萨·布里顿·卡特林（后成为克罗斯比的威廉斯男爵夫人），生于1930年，二人的婚姻关系于1974年解除；第二次婚姻在1974年，妻子为帕特里西娅·劳·斯金纳（生于1942年），婚前姓德怀尔，原为剑桥大学出版社历史与社会科学高级责任编辑，后成为哈佛大学出版社欧洲区主编及伦敦国家美术馆的出版商。伯纳德与帕特里西娅·威廉斯是伯林夫妇的亲密朋友，经常造访他们在牛津和意大利的家。

沃尔夫森，艾萨克（1897—1991），1962年受封准男爵一世，企业家、慈善家。出生并成长在格拉斯哥一个庞大的东正教犹太家庭——19世纪90年代，他穷困潦倒的双亲从俄属波兰移民英国——艾萨克·沃尔夫森之前一直做父亲的帮手，父亲以裱画为生，后来依靠自己的力量成立了旅行销售公司。1926年，他在伦敦与伊迪丝（1907—1981）结婚，其父为拉尔夫·斯贝特曼；二人育有一子，名叫伦纳德（参见相关词条）。1926年，沃尔夫森参与收购了“大全百货”邮购零售公司（1930年起更名“英国大全零售集团”），之后在公司里迅速进步，1933年成为公司联合执行董事，1946年成为董事长。他精明能干，开展多元化经营，很快就获得巨大收益。他只发行不具投票权的普通股股票，始终保留个人对公司的控制权。到他去世之前，英国大全零售集团的股票市值已达约三十亿英镑。这一非凡的成功“基于一个信念，即只有获取的财富能够造福于大众利益，它才正当合理——这典型反映了东正教犹太民族精神，而他正是在这种精神的熏陶下成长起来的”（杰弗里·阿尔德曼，《牛津国家人物传记词典》）。1955年，他设立了沃尔夫森基金会，妻子和儿子作为共同受托人。基金会拥有大全零售六百万英镑的股票，其目标为推进健康、教育、自然科学以及人文科学的发展，同时致力于修建大型基础设施，包括学术与研究机构。艾萨克·沃尔夫森历任基金会主席（1963—1972）和总裁（1972—1986），以及终身名誉总裁（1986—1991）。到1991年，基金会已捐出款项达约一亿三千万英镑，其中包括两笔大额捐款，用于建造两所研究生院——均以其姓氏冠名——其中一所建于牛津大学（1966），另一所建于剑桥大学（1977）。1962年，沃尔夫森成为伦敦联合犹太教会堂首个东正犹太教的堂主。他的加入象征着“英国犹太人内部权力从老一辈的英国化家庭移交到19世纪末来自东欧的移民后代身上”（出处同上）。他1962年受封准男爵，并获得众多不同荣誉，其中包括：英国皇家学会会员（1963），格拉斯哥市荣誉市民（1971），牛津大学沃尔夫森学院创办研究员（1967），以色列魏茨曼科学研究所名誉研究员（1959）；虽然他并未如人们所预期的被授予终身贵族称号，却在有生之年目睹儿子获得了这一荣誉（1985）。

沃尔夫森，伦纳德·戈登（1927—2010），后（1985）受封终身贵族，企业家、慈善家；艾萨克（参见相关词条）与沃尔夫森夫人（伊迪丝）的独生子；英国大全零售集团董事（1952—1962）；执行董事（1962—1981）；联合董事长（与其父合作）（1981—1986）；独立董事长（1986—1996）；与父母共同任沃尔夫森基金会创办受托人（1955），并从1972年起任主席。伦纳德·沃尔夫森对历史极感兴趣，让J. H. 普拉姆和阿兰·布洛克（参见相关词条）等杰出的历史学家成为沃尔夫森基金会受托人。他还设立了年度沃尔夫森历史奖（1972）。人们不可避免地会将他与其富有超凡魅力的父亲做比较。相比之下，伦纳德·沃尔夫森平常比较害羞，但在管理风格上却说一不二，雷厉风行。1977年他受封爵士，1985年成为终身贵族，获得马里波恩的沃尔夫森勋爵称号。他的第一次婚姻是在1949年，妻子为露丝·斯特林（1991年二人婚姻关系解除）；二人育有四个女儿。他的第二次婚姻在1991年，妻子为埃斯特尔（婚前姓费尔德曼），迈尔克·杰克逊的遗孀，有一个继子和一个继女。伦纳德·沃尔夫森是一位观察力敏锐的犹太人，1972—1982年任犹太福利委员会主席，对在以色列和伦敦开展的各种相关活动给予支持。他继承了父亲的慷慨性格，持续不断地捐款馈赠沃尔夫森学院，在那里新建了以他名字命名的阶梯教室。

通信人与信件来源索引

尼古拉斯·霍尔

本索引兼作参考文献目录，为希望查阅本卷中任何信件原件（有时为副本或复印件）的人提供参考。词条后数字为原书页码，见本书边码。

通信人信件的来源用方括号标出。信件来源位于姓名之后，如果所谈及的信件只有一封，则来源位于该信件的页码之后。如果通信人信件的来源不止一个，则主要来源位于通信人姓名之后，其他来源位于相关页码之后。若未专门给出信件来源，则该信件（或信件副本）为相关通信人或其继承人所提供。

信件的正本和副本同时提供时，所给出的来源即为正本的来源。仅提供信件的副本时，文本中会插入“[副本]”的字样，位于信件日期之后。在某些情况下，正本出现在以赛亚·伯林书信文集中（收藏于牛津大学博德莱安图书馆），尤其是通信人的信件在通信人去世后回到伯林手上。

具体参考信息按照档案馆要求提供。其他除牛津大学博德莱安图书馆中的伯林书信文集外，不再提供详细信息：其所在档案馆通常可以很便利地查到这些信息。

本索引中使用的缩略语：

[123/4]	Oxford，Bodleian Library，MS. Berlin（by shelfmark/folio）牛津大学博德莱安图书馆伯林手稿（按排架号/文件夹顺序查询）
Beinecke	Beinecke Library，Yale 耶鲁大学贝内克图书馆
Bodleian	Bodleian Library，Oxford 牛津大学博德莱安图书馆

Chatto	Chatto and Windus Archive，Reading University 雷丁大学查托及温德斯档案馆
Codrington	Codrington Library，All Souls College，Oxford 牛津大学全灵学院科德灵顿图书馆
CT	‘connective tissue’，i.e. editorial commentary “结缔组织”，即编者按
Ford	Ford Foundation，New York 纽约福特基金会
ISA	Israel State Archives 以色列国家档案馆
LOC	Library of Congress 国会图书馆
JFK	John F. Kennedy Library，Boston 波士顿约翰·F. 肯尼迪图书馆
NGA	National Gallery of Art，Washington 华盛顿国家艺术馆
NUL	National and University Library of Israel，Jerusalem 耶路撒冷以色列国家与大学图书馆
NYPL	New York Public Library 纽约公共图书馆
PSF	Paul Sacher Foundation，Basel 巴塞尔保罗·萨赫尔基金会
ROH	Royal Opera House Archives，Covent Garden 柯芬园英国皇家歌剧院档案馆
WCA	Wolfson College Archive，Oxford 牛津大学沃尔夫森学院档案馆
Weizmann	Weizmann Archives，Rehovot，Israel 以色列雷霍沃特魏茨曼档案馆

- A -

- B -

- C -

- D -

- E -

- F -

- G -

- H -

- I -

- J -

- K -

- L -

- M -

- N -

- O -

- P -

- R -

- S -

- T -

- U -

- V -

- W -

- Z -

总索引

维姬·罗宾逊

(词条后数字为原书页码，见本书边码。姓名前面的星号表示收入“重要人物生平”。伯林的著作直接出现在条目下，其他人的著作出现在作者条目下。年表未收入索引。)

- A -

- B -

- C -

- D -

- E -

- F -

- G -

- H -

- I -

-J-

- K -

- L -

- M -

- N -

- O -

- P -

- Q -

- R -

- S -

- T -

- V -

- W -

- Y -

- Z -

译后记

2017年的端午，中国北方已开始经受罕见的三十五摄氏度的高温天气，而南方却难得的气候宜人。白天微微的热，早晚依然凉风习习，令人想到莎士比亚笔下英国的夏天，温润舒适。空气中弥漫着粽子的清香，而前后历经又一个三年的《伯林书信集（卷三），建业年代：1960—1975》译稿，在这怡人的季节里完成了最后一个字的统稿校订工作，准备交稿了。

回首眺望，自2007年译林出版社与译者联系，开始《伯林书信集（卷一），飞扬年华：1928—1946》的翻译工作，之后接着译卷二《启蒙岁月：1946—1960》，再到如今卷三译稿杀青，中间经历了整整十年光阴。而2017年，恰逢伯林（1909—1997）去世二十周年。不知是人为的安排还是天意巧合，总之，这套跨越了四十五载春秋，记录了伯林从1928年到1975年的心路历程，充满写信人博学、诙谐、八卦、机敏、嘲讽的三卷本书信集鸿篇巨著，其接近三百万字的翻译，经过近十年在这个时间点完成，使其在原著本身内容具有的不同凡响之外，又增添了别样而独特的纪念意义。

在卷三原文第564页注4，我们读到以下内容：2009年，相关人士曾为霍里克罗夫特大道49号向英国文化遗产组织申请蓝色牌匾，以纪念伯林曾于1928—1997年期间陆续居住在此地的历史。该申请被延迟至2017年处理，理由是“目前就断定他将名垂青史，流芳后世恐为时尚早”（约翰·卡特尔致亨利·哈代，2010年7月22日）。时至今日，我们看到，伯林作为英国哲学家、观念史学家和政治理论家，以及20世纪最杰出的自由思想家之一的牢固地位历久弥坚；他在世界范围内产生的影响深远而广阔；围绕他学术思想所投入的关注和展开的相关研究工作持续而蓬勃。这些都进一步证明了以赛亚·伯林的思想在当今社会中依然充满活力，他留下的个人学术遗产为世人所珍视。时间和历史用事实见证了这一切。

伯林不仅以其对自由价值的阐释和多元主义思想充分展示了他作为“思想巨人”的一面，还在花甲之年，以“惊世之举”证明他同样绝非“行动的矮子”。如果说卷一写于伯林十八岁至三十六岁期间，正处于他事业和身心的“飞扬年华”，卷二记录了伯林从三十六岁到五十一岁期间的“启蒙岁月”，那么，涵盖其五十一岁至六十六岁人生阶段的卷三，则是他大展宏图的“建业年代”。其间，他最大的成就是在牛津成立了新的研究生院，并勇敢出任院长。从为之筹资、助其发展，到创新改革、成绩斐然，该学院造福了无数后人，实现了他曾经的愿望，即在有生之年的某个时期，能够尝试靠他自己的力量来组织各方资源，从事一项利人行善的建设项目。

1960年至1975年，不论对英国还是对整个世界，都是一段不平凡的岁月。肯尼迪遭暗杀，阿尔及利亚革命，古巴导弹危机，越南战争，等等。其间所发生的公共事件贯穿于以赛亚·伯林的书信当中，同时他也写下了对这些事件的反应和看法。与此同时，伯林本人的生活也高潮迭起，精彩纷呈。除任各种学术职位外，还频频发表广播演说，并出现在电视和电影纪录片中，广受欢迎。自始至终，他都保留了“狐狸型”学者的特点，学术涉猎广泛，同时广交各界名流，始终保持着对文学、音乐和艺术的酷爱。所有这些，都在其书信中一展无余。如编辑哈代所言：“一如既往地，他的信中自始至终充溢着八卦说笑和严肃深邃的思考评论，既有讽刺挖苦的幽默，又有温馨感人的私人情感流露。他笔下的话题无所不包，通信对象遍及世界各地，其中不少是赫赫有名的杰出人物。他讲述自己的观点，对自己在各地游历中接触、交往、涉足的人和地方总是有感而发。社会和知识的喜剧再一次找到其理想完美的观察家和解说者，即便在重大事件发生之时也不为所动，始终如一。在其鼓舞人心同时又令人抓狂的复杂本性之下，他让自己的独特个性得到了充分展示。毫无疑问，他是20世纪最出色的写信高手之一。”

2009年《伯林书信集》卷二在英国出版之际，《经济学人》杂志曾经刊登专文称：“这位自由主义的杰出理论家确实堪称一名才华横溢的健谈者和狡黠诡异的八卦客；而伯林书信的读者同样将在字里行间源源不断地发现不变的恶念、智趣与人性洞察力。……平均每页三到四个的脚注让读者有幸了解上千名伯林认识或谈及的政治家、公职人员、学者、音乐家和社会名流；单凭最后一点，他的书信便是对往昔社会环境的一份独特记录。”这一特点在卷三同样得以延续。同卷一和卷二一样，卷三除书信正文外，大量文字为编辑的注释，对信中所涉人名与事件的出处进行详尽考证和说明。同时还提供了附录、年表、重要人物生平、通信人与信件来源索引、总索引等，为读者全面了解该卷书信的历史和社会背景提供了便利。

全书由陈小慰、叶长缨、张慧仁合译。陈小慰负责翻译封面、序言、“1960—1965：社会与政治理论讲席教授（续）”（大部分）、附录（在越南问题上采取的立场、“自由之政治”：大众版总结）、年表、重要人物生平、通信人与信件来源索引、总索引等；叶长缨负责翻译“1960—1965：社会与政治理论讲席教授（续）”（小部分）、“1965—1966：伊夫雷学院简史”、“1966—1975：沃尔夫森学院创立”（小部分）；张慧仁负责翻译“1966—1975：沃尔夫森学院创立”（大部分）。陈小慰同时负责全书的统稿和审校修订工作。

最后，同样还是出自真诚和谦卑的恳求：由于本书篇幅浩大、思想深邃、细节繁复，如有任何翻译失误之处，敬请专家、学者和读者指正，以利于本书再版时修正。

陈小慰

2017 年端午于榕城